COLLECTION OFFICIELLE

DES

ORDONNANCES DE POLICE.

PARIS. — IMPRIMERIE DE PAUL DUPONT.

COLLECTION OFFICIELLE

DES

ORDONNANCES DE POLICE

Depuis 1800 jusqu'à 1844,

IMPRIMÉE PAR ORDRE

De M. GABRIEL DELESSERT,

PAIR DE FRANCE, CONSEILLER D'ÉTAT, PRÉFET DE POLICE.

TOME DEUXIÈME.

PARIS,

LIBRAIRIE ADMINISTRATIVE DE PAUL DUPONT,

RUE DE GRENELLE-SAINT-HONORÉ, 55.

1844

COLLECTION
OFFICIELLE
DES ORDONNANCES
DE LA
PRÉFECTURE DE POLICE.

1815.

N° 755. — *Ordonnance concernant les glaces et neiges* (1).

Paris, le 8 janvier 1815.

Le directeur général de la police du royaume,

Vient d'ordonner des travaux extraordinaires pour faire casser et enlever les glaces et neiges dans les rues de Paris. Il compte sur le zèle des habitants à seconder ses efforts et à coopérer à l'exécution de ces travaux, en prenant les mesures prescrites par l'ordonnance de police du 7 novembre 1814, concernant le balayage des rues, et notamment par les articles ci-après :

11. « Dans les temps de neige et de gelée, les propriétaires ou « locataires seront tenus de balayer la neige et de casser les glaces, au-« devant de leurs maisons, boutiques, cours, jardins et autres empla-« cements jusques et compris le ruisseau.

« Ils mettront en tas, les neiges et glaces ; en cas de verglas, ils « jetteront des cendres, du sable ou des gravois.

12. « Il est défendu de déposer, dans les rues, aucunes neiges et « glaces provenant des cours, ou de l'intérieur des habitations, sous « les peines prononcées par la loi.

13. « Il est également défendu aux propriétaires ou entrepreneurs « de bains et autres établissements tels que teinturiers, blanchisseurs, etc., « qui emploient beaucoup d'eau, de laisser couler sur la voie publique, « les eaux provenant de leurs établissements pendant les gelees.

14. « Les concierges, portiers ou gardiens des établissements pu-« blics et des maisons domaniales, sont personnellement responsables « de l'exécution des dispositions ci-dessus, en ce qui concerne les éta-« blissements et maisons auxquelles ils sont attachés.

15. « Les contraventions seront constatées par des procès-verbaux « qui nous seront adressés.

16. « Il sera pris, envers les contrevenants, telles mesures de police « administrative qu'il appartiendra, sans préjudice des poursuites à « exercer contre eux devant les tribunaux. »

Le directeur général de la police du royaume, D'ANDRÉ.

(1) V. les ord. des 7 janv. 1835, 26 déc. 1836, 14 déc. 1838 et 7 déc. 1842.

COLLECTION

OFFICIELLE

DES ORDONNANCES

DE LA

PRÉFECTURE DE POLICE.

1815.

N° 755. — *Ordonnance concernant les glaces et neiges* (1).

Paris, le 8 janvier 1815.

Le directeur général de la police du royaume,

Vient d'ordonner des travaux extraordinaires pour faire casser et enlever les glaces et neiges dans les rues de Paris. Il compte sur le zèle des habitants à seconder ses efforts et à coopérer à l'exécution de ces travaux, en prenant les mesures prescrites par l'ordonnance de police du 7 novembre 1814, concernant le balayage des rues, et notamment par les articles ci-après :

11. « Dans les temps de neige et de gelée, les propriétaires ou « locataires seront tenus de balayer la neige et de casser les glaces, au-« devant de leurs maisons, boutiques, cours, jardins et autres empla-« cements jusques et compris le ruisseau.

« Ils mettront en tas, les neiges et glaces ; en cas de verglas, ils « jetteront des cendres, du sable ou des gravois.

12. « Il est défendu de déposer, dans les rues, aucunes neiges et « glaces provenant des cours, ou de l'intérieur des habitations, sous « les peines prononcées par la loi.

13. « Il est également défendu aux propriétaires ou entrepreneurs « de bains et autres établissements tels que teinturiers, blanchisseurs, etc., « qui emploient beaucoup d'eau, de laisser couler sur la voie publique, « les eaux provenant de leurs établissements pendant les gelées.

14. « Les concierges, portiers ou gardiens des établissements pu-« blics et des maisons domaniales, sont personnellement responsables « de l'exécution des dispositions ci-dessus, en ce qui concerne les éta-« blissements et maisons auxquelles ils sont attachés.

15. « Les contraventions seront constatées par des procès-verbaux « qui nous seront adressés.

16. « Il sera pris, envers les contrevenants, telles mesures de police « administrative qu'il appartiendra, sans préjudice des poursuites à « exercer contre eux devant les tribunaux. »

Le directeur général de la police du royaume, D'ANDRÉ.

---

(1) V. les ord. des 7 janv. 1835, 26 déc. 1836, 14 déc. 1838 et 7 déc. 1842.

N° 756. — *Ordonnance concernant les amphithéâtres d'anatomie et de chirurgie* (1).

Paris, le 11 janvier 1815.

Nous, directeur général de la police du royaume,

Considérant qu'il importe de renouveler les dispositions de l'ordonnance de police du 15 octobre 1813, concernant les amphithéâtres d'anatomie et de chirurgie, et d'y apporter quelques changements reconnus nécessaires;

En vertu des articles 2 et 23 de l'arrêté du gouvernement du 12 messidor an VIII,

Ordonnons ce qui suit :

1. Il est défendu d'ouvrir dans Paris, aucun amphithéâtre particulier, soit pour professer l'anatomie ou la médecine opératoire, soit pour faire disséquer, ou manœuvrer, sur le cadavre, les opérations chirurgicales.

2. Il est également défendu de disséquer et de manœuvrer les opérations sur le cadavre dans les hôpitaux, hospices, maisons de santé, infirmeries, maisons de détention, etc.

3. Les dissections et exercices sur l'anatomie et la chirurgie ne pourront être faits que dans les pavillons de la faculté de médecine et dans l'amphithéâtre établi près de l'hôpital de la Pitié.

4. Les corps de toutes les personnes décédées dans les hospices de la Pitié et de la Salpêtrière, demeurent affectés aux dissections qui pourront avoir lieu dans l'amphithéâtre de l'hôpital de la Pitié. Il sera pris, en outre, pour cet amphithéâtre, jusqu'à concurrence de cent cadavres dans l'hôpital des enfants, s'il y a lieu.

Les corps de toutes les autres personnes décédées, soit dans l'hôpital des enfants, soit dans les différents hôpitaux, hospices, prisons, etc., même ceux qui auraient été ouverts, seront délivrés sur les bons du doyen de la faculté de médecine et transportés dans les pavillons de la faculté.

Sont exceptés les corps des personnes décédées dans les trois cliniques de la faculté et de celles dont les parents réclameraient les corps pour les faire enterrer à leurs frais.

5. Les cadavres ne pourront être enlevés que vingt-quatre heures après le décès.

6. Il ne pourra être pris aucun cadavre dans les cimetières.

7. Les débris des cadavres seront portés soigneusement au cimetière de Clamart, pour y être enterrés.

8. Il est enjoint à ceux qui sont chargés d'enlever les cadavres pour les transporter, soit aux amphithéâtres ci-dessus désignés, soit au cimetière, d'observer la décence convenable.

9. Les cadavres seront portés dans les amphithéâtres, dans des voitures couvertes, et pendant la nuit.

10. Les contraventions seront constatées par des procès-verbaux qui nous seront adressés.

11. Il sera pris envers les contrevenants telles mesures de police administrative qu'il appartiendra, sans préjudice des poursuites à exercer contre eux, devant les tribunaux, conformément aux lois et aux règlements de police.

12. La présente ordonnance sera imprimée.

Ampliation en sera adressée à LL. EE. les ministres de la guerre et de l'intérieur, à S. E. le grand-maître de l'université, à M. le préfet du

(1) V. l'ord. du 25 nov. 1834.

département de la Seine, au conseil général d'administration des hospices civils de Paris, à la commission exécutive de l'administration des hospices, au doyen de la faculté de médecine, et à chacun des chirurgiens de service près des hospices ou hôpitaux.

Les commissaires de police, l'inspecteur général de police, les officiers de paix, l'inspecteur général de la salubrité et les préposés de la police sont chargés de tenir la main à son exécution.

Le directeur général de la police du royaume, D'ANDRE.

N° **757**. — *Ordonnance concernant le remblai pour l'exhaussement du terrain près la levée de l'aqueduc (entre les faubourgs Saint-Denis et Saint-Martin).*

Paris, le 17 janvier 1815.

N° **758**. — *Ordonnance concernant des mesures d'ordre à observer à l'occasion de la translation des dépouilles mortelles du roi Louis XVI et de la reine, à Saint-Denis.*

Paris, le 19 janvier 1815.

Nous directeur général de la police du royaume,

Vu la lettre de M. le marquis de Dreux-Brézé, grand maître des cérémonies de France, par laquelle S. Exc. nous informe que la translation des dépouilles mortelles du roi Louis XVI et de la reine, sa femme, aura lieu le 21 janvier présent mois, à sept heures du matin,

Ordonnons ce qui suit :

1. Vendredi prochain, 20 janvier, à deux heures de l'après-midi, il sera fait un balayage extraordinaire

Dans la rue d'Anjou Saint-Honoré,

Dans la rue du faubourg Saint-Honoré, à partir de la place Beauveau jusqu'en face de la rue Royale ;

Sur la chaussée des boulevards du nord, depuis la rue Royale jusqu'à la porte Saint-Denis ;

Et dans la rue du faubourg Saint-Denis, depuis la porte Saint-Denis jusqu'à la barrière.

Au besoin, les glaces et neiges seront cassées, relevées et mises en tas.

Les habitants seront tenus de faire effectuer ce travail, chacun en ce qui le concerne, au-devant de leurs maisons, murs, jardins et terrasses.

2. L'inspecteur général du nettoiement fera procéder dans la soirée, à l'enlèvement des boues, glaces et neiges qui pourront se trouver sur cette partie de la voie publique.

3. A compter de l'heure fixée pour le balayage extraordinaire et pendant la journée du lendemain 21 janvier, il est défendu de déposer aucunes ordures et de jeter ou laisser couler aucunes eaux ménagères sur les parties de la voie publique désignées par l'article 1.

4. Le samedi 21 janvier, à compter de six heures du matin, les habitants des rues, places et boulevards désignés par le même article, feront disparaître les caisses ou autres objets exposés sur leurs croisées.

5. Le même jour, à compter de la même heure jusqu'après le départ du cortége, aucune voiture étrangère à la cérémonie (celles des princes du sang et des ministres étrangers exceptées), ne pourra circuler ni stationner dans la rue du faubourg Saint-Honoré, depuis la rue de la Pépinière jusqu'à la rue Royale ;

Dans la rue de la Pépinière, depuis la rue du faubourg Saint-Honoré, jusqu'à celle Sainte-Croix ;

Dans les rues Sainte-Croix, Thiroux et Caumartin, depuis la rue de la Pépinière jusqu'au boulevard, et dans toutes les parties de la voie publique comprises dans cette enceinte ;

Aucune voiture ne pourra également circuler ni stationner à compter de six heures du matin, jusqu'après le retour du cortége, sur les boulevards du Nord, depuis la rue Royale jusqu'à la porte Saint-Denis :

Dans la rue du faubourg Saint-Denis, depuis la porte Saint-Denis jusqu'à la barrière ;

Et sur la route de Paris à Saint-Denis, depuis la barrière jusqu'à Saint-Denis.

6. La grande route de Paris à Saint-Denis est exclusivement réservée pour le cortége, pour les voitures des princes et celles des ambassadeurs et ministres étrangers.

En conséquence, les personnes étrangères à la cérémonie ne pourront sortir de Paris, en voiture, par la barrière Saint-Denis.

Elles pourront arriver dans cette commune par le chemin de la Révolte ou par Aubervilliers.

7. Les personnes qui voudront se rendre de Saint-Denis à Paris, en voiture, ne pourront également suivre la grande route.

Elles pourront arriver à Paris par le chemin de la Révolte ou par Aubervilliers.

8. Le sous-préfet de l'arrondissement de Saint-Denis et le maire de Saint-Denis feront les dispositions nécessaires pour le stationnement des voitures dans cette commune, en se concertant avec les officiers de police qui seront sur les lieux.

9. Il est défendu aux personnes à cheval ou à pied de traverser le cortége.

10. Il est défendu également de construire ou faire construire aucunes estrades ou établissements de ce genre, et de placer sur la voie publique des bancs ou des chaises.

Tous ces objets seront détruits ou enlevés.

11. L'inspecteur général de la salubrité fera déblayer, avant huit heures du matin, toutes les avenues de la Métropole.

12. La circulation des voitures, autres que celles des personnes qui se rendront à la Métropole, sera interdite dans les rues de la Juiverie, de la Lanterne et du Marché-Palu, depuis neuf heures du matin jusqu'à la fin de la cérémonie.

13. Les voitures des personnes qui se rendront à la Métropole seront mises en stationnement sur les quais qui bordent la Cité.

14. L'inspecteur général de la police est autorisé à prendre toutes les mesures qui pourraient être nécessaires pour le maintien de l'ordre et de la sûreté publique. Il se concertera avec les commandants de la force armée.

15. Il sera pris, envers les contrevenants, telles mesures de police administrative qu'il appartiendra, sans préjudice des poursuites à exercer contre eux devant les tribunaux.

16. La présente ordonnance sera imprimée, publiée et affichée.

Le sous-préfet de l'arrondissement de Saint-Denis, les maires des communes de Saint-Denis, de Clichy, d'Aubervilliers et de Saint-Ouen, l'inspecteur général de la police, les commissaires de police, les officiers de paix, l'architecte-commissaire de la petite voirie et l'inspecteur général de la salubrité, sont chargés, chacun en ce qui le concerne, de tenir la main à son exécution.

Le directeur général de la police du royaume, D'ANDRÉ.

N° 759. — *Ordonnance concernant les cochers des voitures de louage* (1).

Paris, le 27 janvier 1815.

Nous, directeur général de la police du royaume,

Vu les articles 2, 22 et 32, de l'arrêté du gouvernement du 12 messidor an VIII, et l'article 1 de celui du 8 brumaire an IX,

Ordonnons ce qui suit :

1. Tout cocher ou conducteur d'une voiture de louage doit être inscrit au département de la police de Paris, et y avoir obtenu un livret.

2. Les livrets délivrés en vertu de l'ordonnance de police du 4 mai 1813, concernant les fiacres et les cabriolets de place dans l'intérieur de Paris, et autres règlements antérieurs, seront renouvelés.

Les cochers seront tenus de se pourvoir d'un nouveau livret et d'une médaille avant le 1er mars prochain.

3. Les propriétaires loueurs qui conduisent une de leurs voitures sont également tenus de se pourvoir d'une médaille.

4. Les médailles leur seront délivrées au département de la police de Paris ; elles seront en cuivre pour les cochers ; elles pourront être en argent ou argentées pour les loueurs.

Chaque médaille portera les noms et les prénoms de celui qui l'aura obtenue, avec la légende, cocher de carosse de place, ou cocher de cabriolet de place.

Il y aura, en outre, sur celle du cocher, le numéro de son livret, et sur celle des loueurs le mot propriétaire.

5. A compter du 1er mars prochain, les cochers auxquels il n'aura pas été accordé de nouveaux livrets et une médaille ne pourront continuer leur état.

6. Il est défendu aux cochers de prêter leur médaille à qui que ce soit, sous peine d'être privés irrévocablement de leur médaille et de leur livret.

Les loueurs qui prêteront leur médaille seront privés du numéro de leurs voitures.

7. Les livrets qui seront délivrés aux cochers désigneront l'espèce de voiture qu'ils pourront conduire.

Il est défendu : 1° aux cochers de voitures à quatre roues de conduire des cabriolets ; 2° aux cochers de cabriolets de conduire des voitures à quatre roues.

8. Aucun livret ne sera délivré, si le cocher n'est âgé, au moins de 18 ans, et s'il n'est porteur d'une carte de sûreté ou d'un permis de séjour.

9. Les livrets délivrés aux cochers et conducteurs des voitures de place resteront en dépôt au département de la police, jusqu'à ce que les cochers et conducteurs aient trouvé à se placer.

10. Lorsqu'un cocher ou conducteur aura quitté le service d'un loueur, son livret restera déposé au département de la police jusqu'à ce qu'il ait trouvé du service chez un autre loueur.

11. En échange des livrets déposés en exécution des deux articles précédents, il sera délivré aux cochers ou conducteurs un bulletin de dépôt.

Ce bulletin sera rapporté, dans le jour, par le loueur chez lequel les cochers ou conducteurs auront pris du service.

---

(1) Rapportée. — V. l'ord. du 15 janv. 1841, les arr. des 15 janv. et 18 fév. 1841 et l'ord. du 25 mai 1842.

12. Les livrets ne seront remis qu'aux loueurs au service desquels entreront les cochers ou conducteurs.

Les loueurs retiendront les livrets entre leurs mains.

13. Tout cocher ou conducteur conduisant une voiture doit être muni : 1° du livret du maître contenant le numéro, le permis de stationnement et la présente ordonnance ; 2° de son permis de séjour, s'il n'est pas domicilié à Paris. Il portera sa médaille sur la poitrine, attachée à la boutonnière de son habit d'une manière assez ostensible, pour que les personnes qui l'emploieront puissent en prendre facilement connaissance.

14. Aucun cocher ne peut quitter le service d'un loueur, sans l'avoir prévenu cinq jours d'avance.

Le loueur sera tenu d'en faire mention sur le livret du cocher.

15. Les loueurs ne peuvent être forcés à recevoir plus d'un congé le même jour.

16. Tout conducteur ou cocher en quittant le service d'un loueur, lors même que le loueur lui aurait refusé un congé d'acquit, est tenu de lui remettre le livret du maître contenant le permis de stationnement de la voiture qu'il était chargé de conduire.

17. Toute coalition tendant à imposer des conditions aux loueurs est défendue aux cochers, sous les peines de droit.

18. Tout apprenti devra être muni d'une permission délivrée par nous.

Cette permission ne lui sera donnée que sur le certificat de son maître.

19. Les apprentis ne pourront jamais conduire seuls.

20. Les apprentis ne devront point monter sur le siége pendant la nuit.

21. Tout cocher ou conducteur est tenu de représenter le livret contenant le numéro, le permis de stationnement et la présente ordonnance, à toute réquisition des préposés de la police et de l'administration des droits réunis, ainsi que des personnes qui auront fait usage de sa voiture.

22. Les loueurs, cochers et conducteurs sont tenus, lorsqu'ils changeront de domicile, d'en faire, au moins huit jours d'avance, leur déclaration au département de la police de Paris.

23. Les contraventions à la présente ordonnance seront constatées par procès-verbaux des commissaires de police, des officiers de paix et des préposés de la police.

24. Il sera pris envers les contrevenants les mesures de police autorisées par les lois, sans préjudice des poursuites à exercer contre eux devant les tribunaux.

25. La présente ordonnance sera imprimée et affichée.

Les commissaires de police, l'inspecteur général de police, les officiers de paix et les préposés du département de la police de Paris sont chargés d'en assurer l'exécution.

Le directeur général de la police du royaume, D'ANDRÉ.

N° 760. — *Ordonnance concernant les masques pendant le carnaval* (1).

Paris, le 28 janvier 1815.

---

(1) V. les ord. des 10 fév. 1828, 10 fév. 1830 et 23 fév. 1843.

N° 761. — *Ordonnance (1) qui prescrit l'impression et la publication de l'ordonnance du roi du 24 décembre 1814, concernant le poids des voitures et la police du roulage (2).*

Paris, le 28 janvier 1815.

N° 762. — *Arrêté concernant les cabriolets sous remise* (3).

Paris, le 4 février 1815.

Nous, directeur général de la police du royaume,

Vu l'article 5 de notre ordonnance du 14 novembre 1814, concernant les cabriolets,

Arrêtons ce qui suit :

1. Les numéros des cabriolets sous remise seront en chiffres arabes blancs de 54 millimètres (2 pouces) de hauteur et de 9 millimètres (4 lignes) de plein sur un écusson fond noir broyé au vernis gras, conforme au modèle ci-joint.

A cet effet, les cabriolets sous remise seront appelés chaque jour, successivement, par ordre de numéros, suivant leur inscription portée sur l'ancien registre de l'administration.

2. Les loueurs seront tenus de représenter les cabriolets déjà enregistrés, et, s'ils les ont vendus, de justifier qu'ils ont fait la déclaration de la vente, voulue par l'article 8 de l'ordonnance précitée, ou des motifs qui les en auraient empêchés.

3. Il sera ouvert un nouveau registre d'inscription et délivré de nouveaux numéros pour les cabriolets loués sous remise, au fur et à mesure qu'ils seront représentés.

4. Le numérotage sera fait aux frais des loueurs, par le peintre de l'administration de la police, et à son bureau situé quai des Orfèvres.

Il devra être exécuté en trois jours. L'écusson sera peint le premier jour et les numéros trois jours après : faute par le propriétaire d'un cabriolet de le représenter le troisième jour, il ne sera plus admis au numérotage qu'après une nouvelle déclaration.

5. La feuille de marquage, semblable à celle des voitures de louage, et portant le signalement du cabriolet, sera certifiée par le peintre, pour être remise à la troisième division.

6. Il sera payé soixante-quinze centimes par chaque écusson numéroté ou deux francs vingt-cinq centimes pour les trois écussons.

Le peintre ne pourra rien exiger en sus de ce prix, sous quelque prétexte que ce soit ; il est personnellement responsable de toute négligence dans le numérotage.

7. Les conducteurs de cabriolets sous remise seront tenus d'avoir un livret à l'instar des cochers de remise ; ils seront dispensés de porter la médaille des conducteurs de cabriolets de louage.

8. Les loueurs devront tenir un registre-journal des cabriolets confiés aux conducteurs, pour y avoir recours au cas de plainte, contestation ou contravention.

Ce registre sera visé, une fois par trimestre, par le commissaire de police du quartier.

---

(1) V. les ord. des 12 sept. 1816, 29 déc. 1817, 4 avril 1820, 27 août 1821, 21 juin 1823, 14 août 1824, 15 mars 1826, 25 oct. 1827, 19 août 1828, 31 janv. 1829 et 18 avril 1843.

(2) V. cette ord. à l'appendice.

(3) Rapporté. — V. l'arr. du 25 fév. 1842 et les ord. des 5, 6 et 10 oct. 1843.

9. Expédition du présent arrêté sera envoyée aux commissaires de police et aux officiers de paix de l'attribution des voitures, qui sont chargés d'en assurer l'exécution et de nous en rendre compte.

Ampliation en sera adressée au peintre de l'administration de la police.

Le directeur général de la police du royaume, D'ANDRÉ.

N° **763**. — *Ordonnance* (1) *qui prescrit l'impression et la publication de l'ordonnance du roi, du* 27 *janvier* 1815, *concernant les maladies épizootiques* (2).

Paris, le 18 février 1815.

N° **764**. — *Ordonnance qui interdit le passage des voitures de roulage sur le chemin de halage qui conduit de Neuilly à Puteaux.*

Paris, le 18 février 1815.

N° **765**. — *Ordonnance qui prescrit l'impression et la publication de l'ordonnance du roi, du* 14 *janvier* 1815, *concernant les manufactures, établissements et ateliers qui répandent une odeur insalubre ou incommode* (3).

Paris, le 20 février 1815.

N° **766**. — *Ordonnance concernant l'exhaussement du sol du plateau intérieur de l'Observatoire.*

Paris, le 27 février 1815.

Nous, directeur général de la police du royaume,

Vu 1° la demande du sieur Vaudoyer, architecte de l'Observatoire, sur la nécessité d'ouvrir une décharge de gravois pour l'exhaussement du sol du plateau intérieur de cet établissement, et d'employer à cet effet les gravois des déblais ou démolitions dans le quartier de l'Observatoire;

2° L'ordonnance de police du 2 septembre dernier, qui affecte les gravois dont il s'agit au remblai du terrain de l'abattoir situé au-delà du boulevard de l'Hôpital;

Considérant que les travaux relatifs à l'exhaussement du sol du plateau de l'Observatoire sont commandés par des motifs d'utilité publique,

Ordonnons ce qui suit :

1. Les gravois provenant des déblais ou démolitions dans le quartier de l'Observatoire seront transportés sur le sol du plateau intérieur de l'Observatoire.

En conséquence, l'ordonnance de police du 2 septembre dernier,

---

(1) V. les ord. des 16 avril 1825 et 31 août 1842.

(2) V. cette ord. à l'appendice.

(3) V. cette ord. à l'appendice.

concernant le remblai du terrain de l'abattoir, situé au-delà du boulevard, cessera d'être exécutée en ce qui concerne les gravois dont il s'agit, mais seulement pendant le temps que dureront les travaux relatifs à l'exhaussement du sol du plateau de l'Observatoire;

2. Les gravatiers occupés dans le quartier de l'Observatoire, dont les voitures chargées prendraient une direction contraire à ce qui est prescrit par l'article précédent, seront arrêtés et conduits au département de la police; leurs chevaux seront mis en fourrière.

3. La présente ordonnance sera imprimée et affichée.

Les commissaires de police, l'inspecteur général de la police, les officiers de paix, l'inspecteur général de la salubrité et les préposés de la police sont chargés d'en surveiller l'exécution.

Le directeur général de la police du royaume, D'ANDRÉ.

N° 767. — *Ordonnance* (1) *qui prescrit l'impression et la publication de l'ordonnance du roi du 4 février 1815, portant règlement sur l'exercice de la profession de boulanger dans la ville de Paris et sa banlieue* (2).

Paris, le 28 février 1815.

N° 768. — *Ordonnance concernant la vente de la viande à la halle de Paris par les bouchers forains* (3).

Paris, le 28 février 1815.

N° 769. — *Ordonnance concernant la prohibition de la chasse* (4).

Paris, le 1er mars 1815.

N° 770. — *Ordonnance concernant le percement, le curage, la réparation et l'entretien des puits* (5).

Paris, le 8 mars 1815.

Nous, directeur général de la police du royaume,

Vu les règlements de police des 18 novembre 1701 et 4 septembre 1716, les ordonnances des 20 janvier, 3 décembre 1727, 15 mai 1734 et 15 novembre 1781;

Vu les arrêtés du gouvernement des 12 messidor an VIII et 3 brumaire an IX,

Ordonnons ce qui suit :

§ Ier. — Percement de puits.

1. Aucun puits ne sera percé, aucune opération d'approfondisse-

---

(1) V. l'arr. du 16 déc. 1816, l'ord. du 9 juin 1817, l'arr. du 21 nov. 1818, les ord. des 13 avril 1819, 24 juin 1823 et 8 avril 1824, les arrêtés des 27 mai 1827 et 20 mai 1837, l'ord. du 2 nov. 1840 et l'arr. du 29 août 1842.

(2) V. cette ord. à l'appendice.

(3) V. les ord. des 25 nov. 1817, 3 oct. 1827 et 25 mars 1830.

(4) V. l'ord. du 23 fév. 1843.

(5) V. l'ord. du 20 juill. 1838.

ment, de sondage, de réparation et autres ne seront entreprises dans Paris, sans une déclaration au département de la police.

L'entrepreneur y désignera l'endroit où on a le projet de faire les travaux.

2. Dans un mois, à compter de la publication de la présente ordonnance, les entrepreneurs, perceurs, cureurs, sondeurs et autres ouvriers travaillant à des puits, dans le département de la Seine, seront tenus de se faire inscrire à l'administration de la police de Paris.

3. En exécution de la loi du 22 germinal an 11, les ouvriers sondeurs de puits seront tenus d'avoir des livrets.

Les cureurs seront pourvus d'une médaille qui leur sera délivrée au département de la police.

4. Il est enjoint à tous entrepreneurs de puits de ne se servir que d'ouvriers porteurs de livrets.

5. Dans un mois, à compter de la publication de la présente ordonnance, les puits, quel que soit leur genre de construction, seront entourés de mardelle en maçonnerie ou avec des barres de fer.

A défaut de mardelle, les puits situés dans les marais seront défendus par une enceinte formée par un mur en maçonnerie ou en terre, d'un mètre de hauteur, à un mètre au moins de distance du puits.

Le tout à peine de l'amende déterminée par les règlements des 18 novembre 1701 et 2 décembre 1727, maintenus par l'article 484 du Code pénal.

§ II. — Curage.

6. Il est défendu d'employer au curage d'un puits des ouvriers qui n'auraient pas de médaille.

7. Les cureurs ne pourront descendre dans les puits, pour quelque cause que ce soit, sans être ceints d'un bridage dont l'extrémité sera tenue par un ouvrier placé à l'extérieur.

8. Les puits abandonnés ou qui sans être abandonnés pourraient être soupçonnés de méphitisme, ne seront curés qu'après les précautions prescrites par l'instruction annexée à la présente ordonnance (1).

On prendra les mêmes précautions lorsque les travaux auront été suspendus pendant vingt-quatre heures.

9. Si nonobstant les précautions indiquées par l'instruction, un ouvrier était frappé du plomb, les travaux seront suspendus.

Il est enjoint aux propriétaires, locataires et entrepreneurs d'en faire, sur-le-champ, la déclaration, à Paris, au commissaire de police, et, au maire, dans les communes rurales.

10. Lorsqu'un puits sera reconnu méphitisé, il sera par nous statué si les eaux peuvent être coulées dans le ruisseau sans danger, ou s'il est important, pour la salubrité, de les faire transporter à la voirie de Montfaucon ; dans ce dernier cas, l'opération ne pourra être faite que par des ouvriers vidangeurs, et dans des tinettes hermétiquement fermées.

§ III. — Réparation.

11. Les maçons appelés pour travailler à la réparation ou à la reconstruction d'un puits dont l'eau aura été trouvée corrompue ne pourront y travailler qu'avec les précautions ci-après.

12. Tout maçon chargé de la réparation d'un puits sera tenu, tant que durera l'extraction des pierres des parties à réparer, d'avoir à l'extérieur du puits autant d'ouvriers qu'il en emploiera dans l'intérieur.

13. Chaque ouvrier travaillant à l'extraction des pierres d'un puits

---

(1) V. l'instruction annexée à l'ord. du 20 juill. 1838.

à réparer, sera ceint d'un bridage dont l'attache sera tenue par un ouvrier placé à l'extérieur.

14. Si des ouvriers maçons sont frappés du plomb, pendant la démolition ou réparation d'un puits, les travaux seront suspendus, et déclaration en sera faite, dans le jour, à Paris, au commissaire de police, et, au maire, dans les communes rurales.

La démolition ou réparation ne pourra en être reprise qu'avec les précautions qui seront prescrites par l'autorité locale, sur l'avis des gens de l'art.

§ IV. — Entretien.

15. Il est enjoint aux propriétaires ou principaux locataires des maisons où il y a des puits de les entretenir en état de service et garnis de cordes, poulies et seaux, ou d'avoir soin que les pompes ou autres machines hydrauliques qui y seraient établies, soient constamment maintenues en bon état, de manière qu'on puisse s'en servir en cas d'incendie, sous les peines portées par les ordonnances de police des 20 janvier 1727, 15 mai 1734 et 15 novembre 1781.

§ V. — Dispositions générales.

16. Les entrepreneurs sont responsables des contraventions aux dispositions de la présente ordonnance.

17. Les ouvriers qui trouveraient dans les puits, soit des objets qui pourraient faire soupçonner un délit, soit des effets quelconques, en feront la déclaration chez un commissaire de police, à Paris, et au maire, dans les communes rurales.

Il leur sera donné une récompense s'il y a lieu.

18. Les contraventions seront constatées par des procès-verbaux qui nous seront adressés.

19. Il sera pris envers les contrevenants, telles mesures de police administrative qu'il appartiendra, sans préjudice des poursuites à exercer contre eux devant les tribunaux.

20. La présente ordonnance sera imprimée et affichée.

Les sous-préfets des arrondissements de Saint-Denis et de Sceaux, les maires des communes rurales du ressort du département de la police, les commissaires de police, l'inspecteur général de la police, l'inspecteur général des carrières, les officiers de paix, l'architecte-commissaire de la petite voirie, l'inspecteur général de la salubrité et les préposés au département de la police sont chargés, chacun en ce qui le concerne, de tenir la main à son exécution.

Le directeur général de la police du royaume, D'ANDRÉ.

LOUIS, etc.,

Nous avons ordonné et ordonnons ce qui suit :

1. Nous nommons préfet de police le sieur Bourrienne, conseiller d'Etat.

2. Le chancelier de France et le directeur général de la police du royaume sont chargés de l'exécution de la présente ordonnance.

Donné au château des Tuileries, le quatorze mars mil huit cent quinze.

Signé LOUIS.

N° **771.** — *Ordonnance concernant des mesures de police relatives à la séance de la Chambre des députés, du 16 mars, où S. M. se rendra.*

Paris, le 15 mars 1815.

Nous, conseiller d'Etat, préfet de police du département de la Seine et des communes de Saint-Cloud, Sèvres et Meudon du département de Seine-et Oise ;

Vu la lettre de M. le marquis de Dreux-Brezé, grand-maître des cérémonies de France, par laquelle S. Exc. annonce que S. M. se rendra demain au Corps-Législatif, à trois heures,

Ordonnons ce qui suit :

1. Le jeudi 16 mars, jour où le roi se rendra au palais de la Chambre des Députés, la circulation et le stationnement des voitures, autres que celles des autorités ou des personnes invitées, seront interdits, à compter de une heure après-midi, jusqu'après le retour de S. M. au palais des Tuileries,

Sur les quais de la rive droite de la Seine, depuis la rue du Petit-Bourbon jusques et compris le quai de la Conférence,

Sur les quais de la rive gauche, depuis le Pont-Neuf jusqu'à l'esplanade des Invalides,

Dans la rue de Bourgogne,

Dans la rue de l'Université, depuis l'avenue de Labourdonnais jusqu'à la rue du Bac,

Dans la rue du Bac, depuis celle de l'Université jusqu'au Pont-Royal.

Sur le Pont-Royal, sur la place Louis XV et sur celle du Carrousel.

2. Les voitures des autorités ou des personnes qui se rendront des quartiers de la Seine au palais de la Chambre des Députés arriveront aux cours de ce palais par les rues du Bac et de l'Université.

Celles des personnes qui se rendront des quartiers de la rive droite, arriveront par le Pont-Neuf et suivront les quais depuis la rue Dauphine jusqu'à la rue du Bac, pour aller au palais de la Chambre des Députés par les rues du Bac et de l'Université.

Le quai d'Orsai est exclusivement réservé pour le passage des voitures de S. M. et de la cour.

3. Les personnes invitées, qui se rendront en voiture au palais de la Chambre des Députés, ne pourront y arriver que depuis une heure jusqu'à deux heures et demie.

4. Il est défendu de traverser les cortéges.

5. Il est pareillement défendu de monter sur les parapets des quais et des ponts.

6. L'inspecteur général de police prendra toutes les mesures qui pourront être nécessaires pour le maintien de l'ordre et de la sûreté publique.

7. La présente ordonnance sera imprimée et affichée.

L'inspecteur général, les commissaires de police, les officiers de paix et les préposés de la préfecture de police sont chargés de tenir la main à son exécution, chacun en ce qui le concerne.

Le conseiller d'Etat, préfet de police, **BOURRIENNE.**

DÉCRET IMPÉRIAL.

Au palais des Tuileries, le 20 mars 1815.

NAPOLÉON, empereur des Français et roi d'Italie, etc.,

Nous avons décrété et décrétons ce qui suit :

1. M. le comte Réal, conseiller d'État, est nommé préfet de police.

2. Notre ministre de la police générale est chargé de l'exécution du présent décret.

Signé NAPOLÉON.

N° 772. — *Ordonnance concernant l'ordre à suivre lors du défilé des voitures qui iront à Longchamp* (1).

Paris, le 21 mars 1815.

N° 773. — *Ordonnance concernant le percement, le curage, la réparation et l'entretien des puits.* (2).

Paris, le 4 avril 1815.

N° 774. — *Ordonnance concernant les bains dans la rivière et les écoles de natation* (3).

Paris, le 6 mai 1815.

N° 775. — *Ordonnance concernant des mesures d'ordre à observer à l'occasion de la présentation des confédérés des faubourgs Saint-Antoine et Saint-Marceau, à S. M. l'empereur.*

Paris, le 12 mai 1815.

Nous, conseiller d'État, préfet de police,

Étant informé que les habitants confédérés des faubourgs Saint-Antoine et Saint-Marceau ont obtenu la faveur d'être présentés à S. M., dimanche prochain 14 du courant ;

Ordonnons ce qui suit :

1. Dimanche prochain 14 mai, présent mois, à compter de sept heures du matin, jusqu'après le défilé des confédérés du faubourg Saint-Marceau, aucune voiture ne pourra circuler ni stationner sur le boulevard d'Austerlitz, à partir de la barrière de Fontainebleau jusqu'à la place Valubert, sur cette place, sur le pont d'Austerlitz, sur la place Mazas, et sur le boulevard Bourdon, à partir du quai Morlans jusqu'au boulevard de la porte Saint-Antoine.

---

(1) V. l'ord. du 10 avril 1843.

(2) V. l'ord. du 20 juill. 1838.

(3) V. les ord. des 20 mai 1839 et 25 oct. 1840 (art. 187 et suiv. et 225).

2. Le même jour, à compter de huit heures du matin, jusqu'après le défilé des confédérés des faubourgs Saint-Antoine et Saint-Marceau, aucune voiture ne pourra également circuler ni stationner sur les boulevards du Nord, à partir de la porte Saint-Antoine jusqu'à la rue Napoléon, dans cette rue, sur la place Vendôme, dans les rues Castiglione et de Rivoli et place du Carrousel.

3. A compter de une heure de l'après-midi, la circulation et le stationnement des voitures seront interdits :

Sur la rive droite de la Seine, à partir du pont des Tuileries jusqu'à la place de Grève, sur cette place et dans les rues du Martroi, du Monceau Saint-Gervais et Saint-Antoine jusqu'à la place de la Bastille.

Et sur la rive gauche, depuis le pont des Tuileries jusqu'au pont Saint-Michel, dans les rues de la Vieille-Bouclerie, Saint-Séverin et Galande, sur la place Maubert et dans les rues Saint-Victor, du Jardin-des-Plantes et du marché aux Chevaux jusqu'au boulevard.

La circulation des voitures sur les parties de la voie publique ci-dessus désignées ne pourra être rétablie qu'après le passage des confédérés.

4. Sont exceptés des prohibitions prononcées par les articles précédents, les voitures des personnes qui se rendront au palais des Tuileries, les courriers de la malle et les diligences.

5. L'inspecteur général de police est autorisé à prendre toutes les mesures nécessaires pour assurer l'exécution des dispositions ci-dessus ordonnées, en se concertant, à cet effet, avec les commandants de la force armée qui sera sur les lieux.

6. La présente ordonnance sera imprimée et affichée.

L'inspecteur général de police, les commissaires de police, les officiers de paix et les préposés de la préfecture de police sont chargés, chacun en ce qui le concerne, de tenir la main à son exécution.

Le conseiller d'Etat, préfet de police, comte RÉAL.

N° 779. — *Ordonnance concernant des mesures de police relatives aux cérémonies qui auront lieu à l'occasion de l'acceptation de la constitution au Champ-de-Mai.*

Paris, le 30 mai 1815.

Nous, conseiller d'État, préfet de police,

Vu les lettres de S. Exc. le ministre de l'intérieur et de S. Exc. le grand maître des cérémonies,

Ordonnons ce qui suit :

1. Les représentations gratuites qui auront lieu dans les spectacles, demain mercredi 31 mai, commenceront toutes à quatre heures du soir.

2. Jeudi prochain, 1er juin, la voie publique sera déblayée à sept heures du matin ;

Les boues et immondices seront enlevées au plus tard à huit heures,

Et l'arrosement devra être terminé à dix.

3. Il est défendu de construire ou faire construire aucuns amphithéâtres, estrades ou autres établissements de ce genre.

Il est également défendu de placer des chaises et des bancs sur la voie publique, même sur les talus du Champ-de-Mars.

Les commissaires de police et l'architecte commissaire de la petite voirie feront enlever tous ces objets.

4. Le même jour, à compter de neuf heures du matin jusqu'après le retour du cortège de S. M., la circulation et le stationnement des voitures, autres que celles des personnes qui se rendront au palais des Tuileries ou au Champ-de-Mai, seront interdits, savoir :

Pour la rive gauche de la Seine,

Sur les quais, à partir du pont des Tuileries inclusivement jusqu'à la barrière de la Cunette, dans la rue du Bac, depuis le pont des Tuileries jusqu'à la rue de Sèvres et dans la rue de Sèvres, à partir de la rue du Bac jusqu'à la barrière,

Et dans toutes les parties de la voie publique comprises dans cette enceinte.

Et pour la rive droite,

Sur les quais, à partir de la rue des Poulies jusqu'à la barrière de la Conférence, sur la place de la Concorde, sur celle du Carrousel, dans toutes les avenues des Champs-Élysées, dans les rues de Marigny, des Champs-Elysées, de la Concorde, de Saint-Florentin et de Rivoli.

MM. les électeurs et députés devront être munis de leurs billets d'invitation.

5. Les voitures des personnes qui arriveront à Paris par la route de Sèvres seront dirigées sur Vaugirard.

Celles qui arriveront par les routes de Neuilly et de Saint-Germain ne pourront entrer dans Paris que par la barrière du Roule.

6. Les personnes qui se rendront en voiture au Champ-de-Mai ne pourront y arriver que par les endroits ci-après désignés :

Celles qui habitent les quartiers situés sur la rive droite de la Seine passeront sur le Pont-Neuf où leurs voitures seront réunies en une seule file, elles suivront les quais jusqu'à la rue d'Iéna, et cette rue jusqu'à l'angle de la rue de Grenelle.

Celles qui habitent les quartiers situés sur la rive gauche passeront par la rue de Grenelle où leurs voitures seront réunies en une seule file à partir de la rue de Belle-Chasse, pour arriver à l'angle de la rue d'Iéna.

Toutes ces voitures se réuniront sur la chaussée qui borde les fossés de l'hôtel des invalides, et formeront une seule file pour arriver au Champ-de-Mai par l'avenue de la Motte-Piquet.

Immédiatement après la descente des personnes, les voitures seront dirigées par la rue de la Bourdonnais, l'avenue de Lowendal et la place de Fontenoy, pour aller stationner sur les avenues de Saxe et de Breteuil.

7. Les maîtres sont invités à donner l'ordre formel à leurs cochers de ne pas rompre les files et d'aller au pas.

8. Le stationnement des voitures désignées par l'article 6 est spécialement interdit sur la place de Fontenoy, dans les avenues de Lowendal et de Tourville et dans les avenues extérieures du Champ-de-Mars.

9. Les voitures placées dans les avenues de Saxe et de Breteuil ne pourront être remises en mouvement qu'après le retour du cortège de sa majesté au palais des Tuileries.

Elles ne pourront traverser la rivière sur les ponts d'Iéna et de la Concorde.

Ces deux ponts seront exclusivement réservés pour le passage des personnes à pied.

10. Le passage d'eau en bachots ou batelets ne pourra avoir lieu qu'au port des Invalides.

Il ne pourra y avoir plus de douze personnes dans chaque bachot.

Les passeurs d'eau seront tenus de se pourvoir de bachots en nombre suffisant, pour que le service se fasse avec sûreté et célérité.

Il leur est enjoint de désigner aux officiers de police ou à la garde les individus qui, par imprudence, exposeraient la sûreté des passagers.

11. Il est défendu de monter sur les parapets des quais et ponts, sur les balustrades de la place de la Concorde, sur les arbres des Champs-Elysées et du Champs de-Mars, sur les piles ou théâtres de bois dans les chantiers, et sur les barrières au-devant des maisons.

12. A compter de huit heures du soir jusqu'au lendemain matin, aucune voiture ne pourra circuler sur les quais qui bordent les deux rives de la Seine, sur la place du Carrousel, sur celle de la Concorde et dans les rues de Rivoli et de l'Échelle.

Sont exceptées les voitures des personnes qui se rendront au palais des Tuileries, les courriers de la malle et les diligences.

13. L'inspecteur général de la police prendra toutes les mesures non prévues qui seraient nécessaires pour le maintien de l'ordre et de la sûreté publique.

Il se concertera, pour l'exécution, avec les commandants de la force armée.

La présente ordonnance sera imprimée et affichée.

L'inspecteur général de la police, les commissaires de police, les maires des communes de Vaugirard, de Sevres et de Neuilly, les officiers de paix, l'architecte commissaire de la petite voirie, le contrôleur général du recensement et du mesurage des bois et charbons, l'inspecteur général de la navigation et des ports, l'inspecteur général de la salubrité et tous les préposés de la préfecture de police sont chargés, chacun en ce qui le concerne, de tenir la main à son exécution.

Le conseiller d'Etat, préfet de police, comte RÉAL.

N° **777.** — *Ordonnance concernant des mesures de police relatives aux jeux et divertissements qui auront lieu aux Champs-Élysées, à l'occasion de l'assemblée du Champ-de-Mai.*

Paris, le 3 juin 1815.

Nous, conseiller d'Etat, préfet de police,

Vu la lettre de S. Ex. le ministre de l'intérieur, et celle de M. le conseiller d'Etat, préfet du département de la Seine;

Ordonnons ce qui suit :

1. Dimanche prochain 4 juin, la voie publique sera déblayée à sept heures du matin.

Les boues et immondices seront enlevées au plus tard à huit heures,

Et l'arrosement devra être terminé à dix.

Jeux aux Champs-Élysées.

2. Le même jour, à compter de midi, la circulation et le stationnement des voitures, autres que celles des personnes qui se rendront au palais des Tuileries, seront interdits sur les quais de la rive gauche de la Seine, depuis le pont des Arts jusqu'au quinconce des Invalides, et sur ceux de la rive droite, à partir de la rue des Poulies jusqu'à la barrière de la Conférence, sur le pont des Tuileries, sur la place du Carrousel, sur celle de la Concorde, dans toutes les avenues des Champs-Élysées, dans les rues de Marigny, des Champs-Élysées, de la Concorde, de Saint-Florentin et de Rivoli.

3. Les voitures des personnes qui arriveront à Paris par la route de Sèvres seront dirigées sur Vaugirard.

Celles qui arriveront par les routes de Neuilly et de Saint-Germain ne pourront entrer dans Paris, par la barrière de l'Étoile.

4. Des commissaires de police veilleront à ce que l'ordre soit maintenu pendant la distribution des comestibles qui se fera aux Champs-Élysées.

En cas de trouble, la distribution sera suspendue jusqu'à ce que l'ordre soit rétabli.

5. Le passage d'eau en bachots ou batelets ne pourra avoir lieu qu'au port des Invalides.

Il ne pourra y avoir plus de douze personnes dans chaque bachot.

Les passeurs d'eau seront tenus de se pourvoir de bachots en nombre suffisant pour que le service se fasse avec sûreté et célérité.

Il leur est enjoint de désigner aux officiers de police ou à la garde les individus qui, par imprudence, exposeraient la sûreté des passagers.

Illumination générale.

6. Les habitants de Paris sont invités à illuminer la façade de leurs maisons dans la soirée du dimanche 4 juin.

7. A compter de huit heures du soir jusqu'à minuit, aucune voiture ne pourra circuler ni stationner dans Paris.

Sont seuls exceptés de cette disposition ;

Les voitures des personnes qui se rendront au palais des Tuileries, les courriers de la malle et les diligences.

8. Il est défendu de vendre, d'acheter des fusées, pétards, boîtes, bombes et autres pièces d'artifice, et d'en tirer dans les rues, promenades, places publiques, cours et jardins, ou par les fenêtres des maisons.

Les pères et mères et chefs de maisons sont civilement responsables de leurs enfants, de leurs ouvriers ou domestiques.

Les marchands de pièces d'artifice sont personnellement responsables de l'exécution du présent article, en ce qui les concerne.

Feu d'artifice sur la place de la Concorde.

9. Il ne sera laissé aucun bateau, train ou portion de train de bois sur la rivière près le pont de la Concorde.

Les bateaux, trains ou portions de trains qui s'y trouveraient seront remontés jusqu'au milieu du bassin, aux frais et risques des propriétaires.

10. Il est défendu à toute personne de s'introduire sur le port Bonaparte et de s'y placer pendant le feu d'artifice.

11. Il est défendu de monter sur les parapets des quais et des ponts, sur les balustrades de la place de la Concorde et sur les arbres des Champs-Élysées.

12. Il sera placé des pompes, des tonneaux et des seaux à incendie partout où il sera jugé nécessaire, pour porter des secours au besoin.

13. L'inspecteur général de la police prendra toutes les mesures qui pourraient être nécessaires pour le maintien de l'ordre et de la sûreté publique.

14. La présente ordonnance sera imprimée et affichée.

L'inspecteur général de la police, les commissaires de police, les maires des communes de Vaugirard, de Sèvres et de Neuilly, les officiers de paix, le commandant du corps des sapeurs pompiers, l'inspecteur général de la navigation et des ports, l'inspecteur général de la salubrité et tous les préposés de la préfecture de police sont chargés, chacun en ce qui le concerne, de tenir la main à son exécution.

Le conseiller d'État, préfet de police, comte RÉAL.

N° 778. — *Ordonnance concernant des mesures de police relatives à l'ouverture de la session des deux Chambres* (1).

Paris, le 6 juin 1815.

Nous, conseiller d'État, préfet de police,
Vu le cérémonial pour l'ouverture de la session des Chambres,
Et la lettre de S. Exc. le grand-maître des cérémonies,

Ordonnons ce qui suit:

1. Demain mercredi, 7 juin, jour de l'ouverture de la session des deux Chambres, la circulation et le stationnement des voitures seront interdits à compter de deux heures de l'après midi jusqu'après le retour des cortéges;

Sur la place et le pont de la Concorde;

Sur le quai Bonaparte jusqu'au quinconce des Invalides, sur le boulevard des Invalides jusqu'à la rue de Vaugirard, dans la rue de Vaugirard jusqu'à la rue de Tournon, dans les rues du Brave et de Seine, sur les quais Malaquais, de Voltaire et du Louvre, sur le pont et le quai des Tuileries jusqu'à la place de la Concorde, et dans toutes les parties de la voie publique qui se trouvent comprises dans cette enceinte.

2. Les voitures des autorités ou des personnes qui se rendront des quartiers de la rive gauche de la Seine au palais de la chambre des représentants, arriveront aux cours de ce palais par les rues du Bac et de l'Université.

Les voitures des autorités ou des personnes qui s'y rendront des quartiers de la rive droite, arriveront soit par le Pont-Neuf ou par le pont des Tuileries.

Celles qui arriveront par le Pont-Neuf suivront les quais jusqu'à la rue du Bac.

Celles qui arriveront par le pont des Tuileries, se réuniront en une seule file à celles venant par le Pont-Neuf, et arriveront au palais de la chambre des représentants par les rues du Bac et de l'Université.

3. Il est défendu de traverser les cortéges.

4. Il est défendu de monter sur les parapets des quais et des ponts.

5. L'inspecteur général de la police prendra toutes les mesures non prévues qui seraient nécessaires pour le maintien de l'ordre et de la sûreté publique.

Il se concertera, pour l'exécution, avec les commandants de la force armée qui sera sur les lieux.

6. La présente ordonnance sera imprimée et affichée.

L'inspecteur général de la police, les commissaires de police, les officiers de paix et les préposés de la préfecture de police sont chargés de tenir la main à son exécution.

Le conseiller d'État, préfet de police, comte RÉAL.

---

(1) V. les ord. des 2 nov. 1816 et 26 fév. 1830.

N° 779. — *Ordonnance concernant des mesures d'ordre à observer à l'occasion de la rentrée du roi dans sa capitale.*

Paris, le 8 juillet 1815.

Nous, préfet de police,

Ordonnons ce qui suit :

1. Aujourd'hui samedi, 8 juillet 1815, à compter de deux heures, la circulation et le stationnement des voitures sont interdits sur la route que suivra le cortége de S. M.

La circulation des voitures ne pourra être rétablie qu'après l'arrivée de S. M. au château des Tuileries.

2. L'inspecteur général de la police, les officiers de paix et tous les préposés de la préfecture de police sont chargés de tenir la main à l'exécution de la présente ordonnance.

Pour le préfet de police, RIVIÈRE.

Paris, le 9 juillet 1815.

Le Roi a nommé :

M. Decazes, conseiller à la cour royale de Paris, préfet de police de cette ville.

N° 780. — *Ordonnance concernant l'ouverture de la chasse* (1).

Paris, le 22 août 1815.

N° 781. — *Ordonnance concernant les mesures de police qui doivent être observées les 10, 17 et 24 septembre à l'occasion de la fête de Saint-Cloud* (2).

Paris le 8 septembre 1815.

N° 782. — *Ordonnance concernant le commerce des porcs et de la charcuterie* (3).

Approuvée par S. Exc. le ministre de l'intérieur, le 28 octobre 1815.

Paris, le 25 septembre 1815.

Nous, conseiller d'État, préfet de police,

Considérant que depuis longtemps les charcutiers de Paris ne peuvent se procurer les marchandises dont ils ont besoin pour leur approvisionnement habituel que par l'intermédiaire d'un petit nombre de charcutiers, soit forains, soit de Paris, exerçant en gros le commerce de viandes de porcs ;

(1) V. l'ord. du 22 août 1843.

(2) V. l'ord. du 6 sept. 1843.

(3) V. les ord. des 27 sept. 1815, 24 nov. 1819, 1er avril 1821, 3 déc. 1829, 19 déc. 1835 et 12 juin 1843.

Qu'il résulte de cet état de choses que le prix de cette espèce de viande a dû augmenter pour le consommateur dans la proportion du bénéfice que produit aux charcutiers en gros ce commerce intermédiaire;

Considérant, en outre, qu'au mépris des règlemens sur la matière, les charcutiers en gros établis à Paris, font le commerce de porcs abattus, même de porcs sur pied, dans leurs abattoirs; qu'ils diminuent d'autant par cette contravention journalière, l'approvisionnement de la halle de Paris et donnent lieu par là au renchérissement de la marchandise;

Vu les lettres patentes des 26 novembre 1754 et 26 août 1783, l'arrêt du parlement du 22 août 1769, la sentence du Châtelet du 7 mars 1778, ensemble les arrêtés du gouvernement du 12 messidor an VIII et 3 brumaire an IX,

Ordonnons ce qui suit :

1. Il est défendu d'acheter et vendre des porcs vivants, dans le ressort de la préfecture de police, ailleurs qu'au marché de la Maison-Blanche, commune de Gentilly, et dans les foires de Champigny, Brie-sur-Marne et Saint-Ouen, à peine de trois cents francs d'amende. (*Ord. de police du 22 nov. 1727.*)

2. Les porcs achetés pour l'approvisionnement de Paris sur le marché et dans les foires, mentionnés en l'article précédent, ne pourront être introduits que de jour et par les barrières ci-après désignées, savoir :

1° Les porcs achetés sur le marché de la Maison-Blanche, par la barrière de Fontainebleau.

2° Les porcs achetés dans les foires de Champigny et Brie-sur-Marne, par la barrière de Vincennes.

3° Et les porcs achetés à la foire de St-Ouen, par la barrière de Clichy.

3. Les porcs achetés dans les foires et marchés situés hors du département de la Seine, et destinés pour l'approvisionnement de Paris, ne pourront y entrer que par les barrières du Roule, Saint-Denis et Fontainebleau.

4. Les conducteurs des porcs achetés sur le marché de la Maison-Blanche, devront être munis d'un certificat du préposé à la surveillance du marché.

Les conducteurs des porcs achetés aux foires établies dans le département de la Seine, et dans les foires et marchés situés hors de ce département, seront tenus de justifier d'un certificat délivré par le maire du lieu, constatant l'achat et la quantité de porcs achetés et confiés au même conducteur.

Ces certificats seront visés aux barrières par les employés de la direction de l'octroi et représentés aux agents et préposés de la préfecture de police, à toute réquisition.

5. Il est défendu de faire le commerce de porcs vivants dans Paris, à peine de confiscation et de deux cents francs d'amende. (*Lettres patentes du 26 août 1783, art. 13.*)

6. A compter du 15 décembre prochain, il est défendu aux charcutiers exerçant le commerce en détail à Paris, d'abattre et brûler des porcs dans Paris partout ailleurs que dans les abattoirs ci-après désignés, savoir : dans les abattoirs tenus par les sieurs Aubert, rue des Vieilles-Tuileries; Alexandre, rue de Carême-Prenant, et de la dame veuve Plainchamp, femme Garnier, rue Saint-Jean-Baptiste, à la Pologne. (*Lettres patentes du 26 novembre 1754, du 26 août 1783, art. 11, sentence de police du 27 mars 1778.*)

7. Les sieurs Aubert, Alexandre et veuve Plainchamp, ne pourront percevoir plus d'un franc cinquante centimes pour abat, préparation et transport d'un porc.

8. A compter de l'époque fixée par l'article 6, les charcutiers forains approvisionnant la halle de Paris et les charcutiers de Paris exerçant le commerce en gros, ne pourront faire abattre et brûler leurs porcs que dans l'abattoir établi rue du faubourg du Roule, n° 80.

9. Le propriétaire dudit abattoir ne pourra percevoir plus d'un franc par porc abattu et préparé dans son abattoir.

10. Il est défendu aux maîtres d'abattoirs de faire le commerce des porcs et de la charcuterie.

11. En conséquence, et à partir de la même époque, il ne pourra être introduit dans Paris aucune viande de porc abattu.

12. Les charcutiers détaillants à Paris, ne pourront, sous aucun prétexte, faire abattre leurs porcs dans l'abattoir affecté aux charcutiers exerçant le commerce en gros.

13. Les porcs abattus et préparés dans l'abattoir affecté au commerce en gros, ne pourront en être retirés que pour être transportés directement à la halle, les jours de marché.

Ils seront préalablement coupés en quartiers à deux côtes au-dessus du rognon. (*Arrêt du parlement du 22 août 1769, lettres patentes du 26 août 1783.*)

14. La vente du porc frais amené à la halle, devra être faite dans le jour.

Il est défendu, sous aucun prétexte, d'en remporter ou resserrer à peine de confiscation et de deux cents francs d'amende. (*Mêmes lettres patentes art. 6 et 8.*)

15. Les règlements et ordonnances concernant le commerce de la charcuterie, continueront d'être observés en tout ce qui n'est point contraire à la présente ordonnance.

16. Les contraventions seront constatées par des procès-verbaux qui nous seront adressés.

17. Il sera pris envers les contrevenants telles mesures de police administrative qu'il appartiendra, sans préjudice des poursuites à exercer devant les tribunaux.

18. La présente ordonnance sera imprimée et affichée.

Ampliation en sera transmise à la direction de l'octroi.

Les sous-préfets des arrondissements de Saint-Denis et de Sceaux, les maires des communes rurales du ressort de la préfecture de police, les commissaires de police à Paris, et notamment celui des marchés, le commissaire inspecteur général des halles et marchés et les préposés de la préfecture de police sont chargés de tenir la main à son exécution.

Le conseiller d'Etat, préfet de police, DECAZES.

N° 783.—*Ordonnance concernant les courtiers gourmets piqueurs de vins* (1).

Paris, le 25 septembre 1815.

Nous conseiller d'État, préfet de police,

Vu 1° le décret du 15 décembre 1813, portant règlement sur le commerce des vins, à Paris, section 5;

2° Les arrêtés de L. Exc. le ministre secrétaire d'État de l'intérieur et le garde des sceaux, ministre secrétaire d'État au département de la justice, chargé par intérim du portefeuille de l'intérieur, en date

---

(1) V. l'ord. du 23 sept. 1820.

des 19 janvier et 12 août dernier, contenant nomination de quarante-un courtiers gourmets piqueurs de vins près la halle de Paris;

3° L'ordonnance de police du 14 octobre 1762, concernant la vente sur les ports et dans dans la halle aux vins, des vins qui y sont amenés par les marchands forains,

Ordonnons ce qui suit:

1. Les dispositions de la section V du décret du 15 décembre 1813 (1), concernant les courtiers gourmets piqueurs de vins, seront réimprimées et affichées avec la présente ordonnance.

2. Chaque courtier gourmet piqueur de vins sera tenu d'avoir un registre coté et parafé par le secrétaire général de la préfecture de police, sur lequel il inscrira, jour par jour et sans aucun blanc ni interligne, les ventes auxquelles il aura concouru, les noms des vendeurs et acheteurs, la désignation de la marchandise, les prix et conditions de la vente.

3. Il est défendu aux courtiers gourmets piqueurs de vins d'aller au-devant des bateaux chargés de vins, de retenir ou d'arrher la totalité ou partie des marchandises qu'ils contiennent pour en opérer le placement. (*Ord. du 14 oct. 1762.*)

4. Il est enjoint aux courtiers gourmets piqueurs de vins, de rechercher et faire connaître aux préposés de la police, les vins falsifiés ou mixtionnés, même ceux qui ne seraient altérés qu'avec de l'eau, qui pourraient être mis dans le commerce.

5. Les courtiers ne pourront piquer les pièces et prendre des essais, si ce n'est en présence du propriétaire, du commissionnaire ou d'après leur autorisation.

6. Il est défendu à toute personne sans qualité, de s'immiscer, sur les ports et à l'entrepôt, dans l'exercice des fonctions attribuées par le décret précité tant aux courtiers gourmets piqueurs de vins, qu'aux courtiers de commerce près la Bourse de Paris.

Il sera pris envers les contrevenants telles mesures de police administrative qu'il appartiendra, sans préjudice des poursuites à diriger contre eux, conformément à l'article 24 du décret du 15 décembre 1813.

7. Les contraventions, tant aux dispositions du décret du 15 décembre 1813, qu'aux dispositions de la présente ordonnance, seront constatées par des procès-verbaux qui nous seront adressés.

8. Les commissaires de police, et notamment celui du quartier du Jardin-du-Roi, l'inspecteur général de la navigation et des ports et les dégustateurs sont chargés de tenir la main à l'exécution de la présente ordonnance.

Le conseiller d'Etat, préfet de police, DECAZES.

N° 784. — *Ordonnance concernant l'alternat des charcutiers de Paris à la halle* (2).

Paris, le 27 septembre 1815.

Le conseiller d'État, préfet de police,

Vu :

1° Les demandes réitérées du commerce de la charcuterie, afin que les charcutiers de Paris approvisionnent la halle, à tour de rôle, les jours de marchés ;

---

(1) V. ce décret à l'appendice.

(2) V. les ord. des 24 nov. 1819, 1er avril 1821, 3 déc. 1829 et 12 juin 1843.

2° Les règlements de police des 20 novembre 1696, 20 novembre 1698 et 25 décembre 1742, ensemble l'article 1 du titre 16 des lettres patentes du 26 novembre 1754 et l'article 6 des lettres patentes du 26 août 1783;

3° Les articles 2 et 3 de l'arrêté du gouvernement du 12 messidor an VIII,

Ordonnons ce qui suit :

1. Les quarante places affectées à la vente en détail du porc frais et salé sur le carreau de la halle sont conservées.

Ces places continueront d'être exclusivement occupées par les charcutiers de Paris.

2. Les charcutiers de Paris qui ont déclaré vouloir approvisionner la halle y seront appelés à tour de rôle, pendant un mois, à compter du 1er novembre prochain.

3. Le tour de rôle sera déterminé entre les charcutiers par la voie du sort.

4. Il sera procédé au tirage au sort par les délégués, en présence du commissaire de police du quartier des marchés et du commissaire inspecteur général des halles et marchés, dans la forme déterminée par l'article suivant.

5. Il sera formé une série de numéros en nombre égal à celui des charcutiers qui auront déclaré vouloir approvisionner la halle.

Les noms des charcutiers seront portés sur autant de bulletins séparés, lesquels seront placés dans une boîte à ce destinée.

A l'appel de chaque numéro un bulletin sera tiré.

Les charcutiers auxquels seront échus les quarante premiers numéros approvisionneront la halle pendant le mois de novembre prochain;

Ceux auxquels seront échus les quarante numéros suivants approvisionneront la halle pendant le mois de décembre suivant;

Et ainsi de suite jusqu'au retour de la série des quarante premiers numéros.

Il sera dressé procès-verbal du tirage et de ses résultats par le commissaire de police.

6. Tout charcutier compris au procès-verbal qui, sans cause légitime et sans en avoir averti, manquera, à son tour, à approvisionner la halle en sera irrévocablement exclus.

7. Les charcutiers manquants seront remplacés par un nombre égal de charcutiers pris dans la série suivante.

8. Le remplacement ne préjudiciera point à l'ordre du tour de rôle.

9. Les charcutiers sont tenus d'occuper leurs places par eux-mêmes, leurs femmes ou leurs enfants âgés au moins de seize ans.

Il leur est défendu de faire desservir leurs places par aucune autre personne, sous quelque prétexte que ce soit, à peine d'être exclus de la halle.

10. Il est défendu aux charcutiers de peser et de vendre autrement qu'au poids métrique et de faire usage de contre-poids. (*Arr. du ministre de l'intérieur du 28 mars* 1812, *art.* 12.)

11. Il est défendu de faire aucune vente aux lumières, sous peine d'exclusion de la halle.

12. Il est défendu aux charcutiers de vendre à leurs places toute espèce de charcuterie préparée, sous peine d'être privés de leurs places.

13. Les contraventions seront constatées par des procès-verbaux qui nous seront adressés.

14. Il sera pris envers les contrevenants telles mesures de police administrative qu'il appartiendra, sans préjudice des poursuites à exercer contre eux devant les tribunaux.

15. La présente ordonnance sera imprimée et affichée.

Les commissaires de police, et notamment celui du quartier des marchés, le commissaire inspecteur général des halles et marchés, les inspecteurs des poids et mesures et les préposés de la préfecture de police sont chargés, chacun en ce qui le concerne, de tenir la main à son exécution.

Le conseiller d'Etat, préfet de police, DECAZES.

N° 785. — *Instruction concernant la surveillance de la rivière, des ports, des chantiers de bois de chauffage et des places de vente du charbon de bois* (1).

Paris, le 28 septembre 1815.

LOUIS, etc.,

Nous avons ordonné et ordonnons ce qui suit :

M. le comte Anglès, ministre d'État, est nommé préfet de police.

Donné à Paris, en notre château des Tuileries, le 29e jour du mois de septembre, l'an de grâce mil huit cent quinze.

Signé LOUIS.

N° 786. — *Ordonnance concernant les cabarets, cafés, guinguettes et autres lieux publics établis hors les barrières* (2).

Paris, le 3 octobre 1815.

Nous, ministre d'État, préfet de police,

Considérant que l'ouverture des guinguettes, cabarets, cafés et autres lieux semblables établis hors les barrières se prolonge fort avant dans la nuit, et qu'il en résulte des désordres qu'il est important de prévenir et d'éviter;

Vu l'article 9 du titre 1 de la loi du 22 juillet 1791,

Ordonnons ce qui suit :

1. A compter du jour de la publication de la présente ordonnance, les guinguettes, cabarets, cafés, estaminets, billards et autres lieux de réunion ouverts au public, hors les barrières de Paris, seront fermés à dix heures précises du soir.

2. Il est défendu aux maîtres desdits établissements, leurs garçons et agents de service, d'y recevoir personne et d'y donner à boire, manger, danser ou jouer au delà de l'heure prescrite par l'article précédent.

3. Les contraventions à la présente ordonnance seront constatées par procès-verbaux et rapports des autorités et officiers civils et militaires.

4. Il sera pris envers les contrevenants telles mesures de police administrative qu'il appartiendra, sans préjudice des poursuites à exercer contre eux devant les tribunaux conformément aux règlements.

5. Les maires et adjoints des communes rurales, les officiers de gendarmerie et de la garde royale, l'inspecteur général de la police et les officiers de paix sont chargés de tenir la main à l'exécution de la présente ordonnance.

Le ministre d'Etat, préfet de police, comte ANGLÈS.

---

(1) V. les ord. des 24 mars 1824, 26 mars 1829 et 25 oct. 1840.

(2) V. les ord. des 3 avril 1819 et 31 mai 1833.

N° 787. — *Ordonnance concernant les mesures d'ordre à observer à l'occasion de la messe du Saint-Esprit.*

Paris, le 5 octobre 1815.

Nous, ministre d'État, préfet de police,

Vu la lettre de M. le marquis de Dreux-Brézé, grand-maître des cérémonies de France, par laquelle S. Exc. nous fait connaître que le Roi se rendra vendredi prochain, 6 octobre, à l'église métropolitaine de Notre-Dame, pour assister à la messe du Saint-Esprit,

Ordonnons ce qui suit :

1. Vendredi prochain, 6 octobre, à compter de dix heures du matin jusqu'au retour de S. M. au château des Tuileries, aucunes voitures autres que celles des personnes qui se rendront à Notre-Dame ne pourront circuler ni stationner : sur la place et dans la rue du Carrousel ; sur la place du Louvre ; dans les rues des Poulies et du Petit-Bourbon ; sur le quai du Louvre, depuis le Pont-Royal jusqu'à la rue du Petit-Bourbon ; sur le quai de l'École ; sur le Pont-Neuf ; sur le quai des Orfévres ; dans le Marché-Neuf ; dans la rue du Marché-Palu ; dans la rue Neuve-Notre-Dame ; sur le Parvis ; dans la rue Fénelon, et sur les quais qui bordent la Cité.

2. Les voitures des autorités ou des personnes qui se rendront à la messe du Saint-Esprit, seront mises en stationnement sur le quai situé au nord de la Cité, depuis le pont de la Cité, jusqu'au Pont-au-Change.

Le quai de l'archevêché sera exclusivement réservé pour les voitures de S. M.

3. Les voitures stationnées sur le quai situé au nord de la Cité, ne pourront être mises en mouvement qu'après le départ de S. M.

4. Il est défendu de monter sur les parapets des ponts et des quais.

5. L'inspecteur général de la police prendra toutes les mesures nécessaires pour assurer le maintien de l'ordre. Il se concertera avec les commandants de la force armée qui sera sur les lieux.

6. La présente ordonnance sera communiquée à M. le commandant général de la garde nationale, pour qu'il veuille bien faire les dispositions convenables pour en assurer les dispositions.

7. Elle sera imprimée et affichée.

L'inspecteur général de la police, les commissaires de police, les officiers de paix et les agents de la préfecture de police sont chargés de concourir à son exécution, chacun en ce qui le concerne.

Le ministre d'Etat, préfet de police, comte ANGLÈS.

N° 788. — *Ordonnance concernant les incendies* (1).

Paris, le 28 octobre 1815.

N° 789. — *Ordonnance concernant les étrangers à la ville de Paris* (1).

Paris, le 8 novembre 1815.

---

(1) V. l'ord. du 24 nov. 1843.

(2) V. les ord. des 10 juin 1820, 19 nov. 1831 et 15 juin 1832.

N° 790. — *Ordonnance concernant la police de la rivière et des ports, pendant l'hiver et dans les temps de glaces, grosses eaux et débâcles* (1).

Paris, le 10 novembre 1815.

N° 791. — *Ordonnance portant interdiction momentanée de la circulation des voitures sur le pont de Saint-Cloud.*

Paris, le 11 novembre 1815.

N° 792. — *Arrêté concernant le droit d'abri à la Halle aux farines* (2).

Paris, le 17 novembre 1815.

Nous, ministre d'État, préfet de police,

Vu l'ordonnance du roi du 24 octobre 1815, relative au droit d'abri des places occupées par les détaillantes de farines à la halle de Paris,

Arrêtons ce qui suit :

1. L'ordonnance du roi du 24 octobre 1815 sera imprimée et affichée dans l'intérieur de la halle avec le présent arrêté (3).

2. La perception du droit établi par ladite ordonnance sera faite par le premier commis au bureau du contrôle de la halle aux grains et farines.

3. Le contrôleur de la halle est chargé de surveiller l'exécution de l'ordonnance ainsi que du présent arrêté, et de nous en rendre compte.

Le ministre d'État, préfet de police, comte ANGLÈS.

N° 793. — *Ordonnance concernant la vérification annuelle des poids et mesures* (4).

Paris, le 8 décembre 1815.

N° 794. — *Ordonnance concernant les porteurs d'eau à tonneaux* (5).

Paris, le 13 décembre 1815.

---

(1) V. les ord. des 1er déc. 1838, 5 déc. 1839 et 25 oct. 1840 (art. 203 et suiv.).

(2) V. les ord. des 12 déc. 1821, 7 nov. 1823 et 25 nov. 1829.

(3) V. cette ord. à l'appendice.

(4) V. les ord. des 14 déc. 1820, 15 déc. 1825, 27 oct. et 29 nov. 1826, 23 nov. 1842 et 1er déc. 1843.

(5) V. les ord. des 28 juillet 1819, 24 oct. 1829, 14 juin 1833, 31 mars 1837 et 15 avril 1843.

1816.

Nº 795.—*Ordonnance concernant le commerce des fourrages* (1).

Paris, le 12 janvier 1816.

Nous, ministre d'État, préfet de police,

Vu les ordonnances du 6 octobre 1632, de décembre 1672 et du 7 juillet 1786;

Les articles 423 et 458 du Code pénal;

Les articles 2, 24, 32 et 33 de l'arrêté du gouvernement du 12 messidor an VIII (1er juillet 1800), et l'article 1 de l'arrêté du gouvernement du 3 brumaire an IX (25 novembre 1800),

Ordonnons ce qui suit :

1. Les fourrages (foin, luzerne, trèfle, sainfoin et paille) expédiés par terre pour l'approvisionnement de Paris, et destinés à être vendus, seront exposés dans les endroits ci-après désignés,

Savoir :

1° Dans la rue du Faubourg-Saint-Martin. Les voitures seront placées sur deux rangs :

Le premier rang sera formé du côté de l'hospice des Vieillards, à commencer de cet hospice jusqu'à la rue des Morts;

Et le second, de l'autre côté, vis-à-vis l'hospice des Vieillards, jusqu'en face de la rue Château-Landon;

2° Dans la rue de Beauveau, depuis l'entrée du marché de Beauveau, par la rue Lenoir, jusqu'à la rue de Charenton, et dans la rue du Marché, depuis la fontaine jusques et compris la rue d'Aligre;

3° Dans la rue d'Enfer, entre l'ancienne et la nouvelle barrière.

Les voitures seront rangées de manière à ne pas gêner la circulation.

2. Les fourrages expédiés par eau seront exposés en vente sur les ports ci-après désignés,

Savoir :

1° A la Râpée, dans la partie supérieure de l'ancien port de pierres à plâtre, dans un espace de trente-six à quarante mètres;

2° Au port des Miramiones, au-dessus du port aux cotrets, dans un espace de cinquante mètres;

3° Au port de la Grenouillère, vis-à-vis la rue de Belle-Chasse.

Les bateaux seront, autant que possible, rangés en boyard et de manière à ne pas gêner le service de la navigation.

3. Il est défendu de vendre des fourrages sur la voie publique partout ailleurs que sur les places et ports ci-dessus désignés, à peine de deux cents francs d'amende. (*Ord. de police du 7 juillet* 1786, *art.* 3 *et* 4.)

---

(1) V. les ord. des 25 mars 1828, 30 oct. 1829, 6 fév. 1830 et 13 sept. 1834.

4. Il est défendu d'acheter des fourrages sur les marchés et ports pour les y revendre, sous peine de confiscation et d'amende. (*Ord. du 6 oct. 1632 et de déc. 1672, chap. 3, art. 23.*)

5. Il est défendu d'aller au-devant des voitures et bateaux chargés de fourrages, de les arrher ou de les acheter, et d'apporter empêchement à leur arrivée sur les places et ports, à peine de confiscation et de cent francs d'amende tant contre le vendeur que contre l'acheteur solidairement. (*Ord. de déc. 1672, chap. 3, art. 2, et du 7 juillet 1786, art. 4.*)

6. Les conducteurs de bateaux chargés de fourrages seront tenus d'en faire la déclaration aux préposés aux arrivages. Ils indiqueront les ports affectés à la vente des fourrages où ils désirent se rendre, mais ils ne pourront descendre qu'après avoir obtenu un passavant.

7. Les bateaux qui seraient mis à port sans déclaration préalable, ou sans passavant, ou sans permis de l'inspecteur, ou dans un port non affecté à leur destination, seront remontés au-dessus de Paris aux frais et risques de la marchandise.

8. Aussitôt qu'un bateau de fourrages aura été mis à port, la vente devra s'ouvrir et être continuée sans interruption.

Dans le cas où un marchand ne se conformerait point à cette disposition, le bateau sera retiré du port et celui qui sera en tour de passer prendra sa place.

Le bateau retiré ne pourra être remis à port qu'après tous les bateaux qui se trouveraient à cette époque entrés dans Paris, en destination pour le même port.

9. Les fourrages doivent être enlevés au fur et à mesure de leur déchargement. Il ne peut en être déposé ni vendu sur la berge.

10. Si les fourrages amenés en bateau étaient mouillés et avaient besoin d'être étendus sur le port pour être séchés et bottelés, il ne pourra être procédé à ces opérations que d'après un permis de l'inspecteur.

11. Il est défendu aux botteleurs d'entrer dans les bateaux sans y être appelés par les vendeurs ou les acheteurs, qui sont libres d'employer qui bon leur semble pour faner, botteler et enlever leurs foins.

12. Il est défendu de jeter des fourrages dans la rivière, à peine de cent francs d'amende. (*Ord. de déc. 1672, chap. 16, art. 3.*)

13. La vente des fourrages aura lieu sur les places ou marchés, tous les jours, excepté les jours de fêtes et les dimanches;

Savoir :

Du 15 mars au 15 octobre, depuis six heures du matin jusqu'à deux heures;

Du 15 octobre au 15 mars, depuis huit heures du matin jusqu'à deux heures.

Elle aura lieu sur les ports aux jours et aux heures déterminés pour la vente des marchandises arrivées par eau.

14. Les fourrages qui arriveraient sur les marchés ou dans les ports pour des destinations particulières, constatées par lettres de voiture, devront être enlevés sans retard et conduits directement aux destinations indiquées par les lettres de voiture.

15. Les bottes de fourrages doivent être composées d'une même nature et qualité. Il est défendu d'y introduire des matières avariées, de mauvaises herbes ou de la litière, le tout à peine de confiscation et de l'amende prononcée par l'article 423 du Code pénal.

16. Chaque botte de foin vieux, ainsi que celles de trèfle, de sainfoin et de luzerne, devront être, en tout temps, du poids de cinq kilogrammes (dix livres environ).

Le poids de chaque botte de foin, trèfle, sainfoin et luzerne nouveaux est réglé ainsi qu'il suit :

Depuis la récolte jusqu'au 1er octobre, à six kilogrammes et demi (treize livres environ);

Depuis le 1er octobre jusqu'au 1er avril, à cinq kilogrammes et demi (onze livres environ);

Et depuis le 1er avril jusqu'à la récolte, à cinq kilogrammes (dix livres environ).

Les bottes de paille doivent être, en tout temps, au moins de cinq kilogrammes (dix livres environ).

Le tout à peine de confiscation et d'amende. (*Ord. du 7 juill. 1786, art. 5, et lois des 16-24 août 1790, tit. 2, art. 3, § 4.*)

17. Les bottes qui n'auraient pas le poids requis, et celles qui seraient composées de fourrages de mauvaise qualité seront saisies, transportées et déposées dans les greniers de la halle aux veaux jusqu'à ce qu'il ait été statué. Il en sera dressé procès-verbal par le commissaire de police qui nous le transmettra.

18. Il est défendu d'établir des magasins ou dépôts de fourrages dans des parties de maisons autres que les greniers. Il ne devra y avoir, au même étage, aucun ménage ou habitation ayant âtre, cheminée, poêle ou fourneau, à peine de l'amende prononcée par l'article 458 du Code pénal.

19. Il est défendu de fumer dans les magasins et dépôts de fourrages et d'y porter de la lumière, à moins qu'elle ne soit renfermée dans une lanterne close, sous peine de deux cents francs d'amende. (*Ord. du 15 nov. 1781, art. 5.*)

20. Les contraventions seront constatées par des procès-verbaux qui nous seront adressés.

21. Il sera pris envers les contrevenants telles mesures de police administrative qu'il appartiendra, sans préjudice des poursuites à exercer contre eux devant les tribunaux.

22. La présente ordonnance sera imprimée et affichée.

Ampliation en sera transmise à la direction de l'octroi.

Les sous-préfets des arrondissements de Saint-Denis et de Sceaux, les maires des communes rurales du ressort de la préfecture de police, les commissaires de police, l'inspecteur général de la police, les officiers de paix, le commissaire inspecteur général des halles et marchés, l'inspecteur général de la navigation et des ports, et les préposés de la préfecture de police sont chargés de tenir la main à son exécution.

Le ministre d'Etat, préfet de police, comte ANGLÈS.

N° 796. — *Ordonnance concernant les masques pendant le Carnaval* (1).

Paris, le 13 février 1816.

N° 797. — *Ordonnance concernant la prohibition de la chasse* (2).

Paris, le 1er mars 1816.

---

(1) V. les ord. des 10 fév. 1828, 10 fév. 1830 et 23 fév. 1843.

(2) V. l'ord. du 23 fév. 1843.

N° 798. — *Ordonnance concernant l'emploi des nouveaux poids et des nouvelles mesures* (1).

Paris, le 18 mars 1816.

Nous, ministre d'État, préfet de police,

Vu l'arrêté de S. Exc. le ministre secrétaire d'Etat au département de l'intérieur, en date du 21 février dernier, et relatif à l'emploi des poids et mesures dans le commerce en détail;

Vu aussi le décret du 12 février 1812, concernant l'uniformité des poids et mesures, et l'arrêté de S. Exc. le ministre de l'intérieur, du 28 mars suivant, pour l'exécution de ce décret;

L'ordonnance de police du 2 juillet 1812, concernant l'émission des mesures et poids usuels;

La décision de S. Exc. le ministre de l'intérieur, du 12 octobre suivant;

Les articles 2 et 26 de l'arrêté du gouvernement du 12 messidor an VIII et l'article 1 de l'arrêté du 3 brumaire an IX,

Ordonnons ce qui suit:

1. L'arrêté pris le 21 février dernier par S. Exc. le ministre secrétaire d'État au département de l'intérieur, relativement à l'emploi des poids et mesures dans le commerce en détail, sera imprimé, publié et affiché avec la présente ordonnance (2).

2. Conformément à l'article 2 de l'arrêté précité, les marchands en détail ne pourront plus faire usage dans leur commerce des fractions décimales des poids et mesures, quand bien même les uns et les autres auraient été revêtus du poinçon de la présente année, et il leur est défendu de les conserver dans leurs magasins et boutiques et sur leurs comptoirs ou étaux.

3. Ils seront tenus d'employer exclusivement dans leur commerce les poids et mesures déjà en émission en vertu du décret du 12 février 1812,

Savoir:

1° Pour le débit des bois à œuvrer, matériaux et autres objets de construction, la toise (égale à deux mètres, et le pied (égal à un tiers de mètre).

2° Pour la vente des toiles, étoffes et autres tissus, l'aune (égale à douze décimètres), divisée en demi, quart, huitième, seizième et trente-deuxième, ainsi qu'en tiers, sixième, douzième et vingt-quatrième.

3° Pour la vente du charbon de bois, des grains et autres matières sèches, le double boisseau, le boisseau, le demi-boisseau et le quart de boisseau (égaux à un quart, un huitième, un seizième et un trente-deuxième d'hectolitre).

4° Pour la vente des graines, grenailles, farines, fruits et légumes secs ou verts, du lait, du vin, de l'eau-de-vie et autres boissons ou liqueurs, le litre, le demi, le quart, le huitième et le seizième de litre.

5° Pour celle des marchandises qui se vendent au poids, la livre (égale au demi-kilogramme), la demi-livre, le quart de livre ou quarteron, l'once, la demi-once, le quart d'once ou deux gros, et le gros qui se divise en soixante-douze grains.

---

(1) V. l'ord. du 30 déc. 1839.

(2) V. cet arrêté à l'appendice.

6° Et pour la vente de l'huile en détail, les mesures représentatives de la livre, la demi-livre, le quarteron, le demi-quarteron, l'once et la demi-once.

4. Les dispositions de l'article 3 de l'arrêté précité ne seront applicables aux marchands, fabricants, commissionnaires et autres faisant le commerce en gros concurremment avec le commerce en détail, que pour ce dernier genre de commerce.

5. Les balanciers sont autorisés à fabriquer et vendre des poids de deux, quatre, six, huit et dix livres, représentant un, deux, trois, quatre et cinq kilogrammes, et les marchands sont autorisés à s'en servir.

6. L'ordonnance de police du 2 juillet 1812 continuera d'être exécutée en tout ce qui n'est pas contraire aux dispositions de la présente.

7. Les contraventions seront constatées par des procès-verbaux qui nous seront transmis.

8. Il sera pris envers les contrevenants telles mesures de police administrative qu'il appartiendra, sans préjudice des poursuites à exercer contre eux devant les tribunaux.

9. Les sous-préfets des arrondissements de Saint-Denis et de Sceaux, les maires des communes rurales du ressort de la préfecture de police, les commissaires de police, l'inspecteur général de la police, les officiers de paix, l'inspecteur général de la navigation et des ports, le contrôleur ambulant du recensement et du mesurage des bois et charbons, le commissaire inspecteur général des halles et marchés, le contrôleur de la halle aux grains et farines, les inspecteurs des poids et mesures et les préposés de la préfecture de police sont chargés de tenir la main à l'exécution de l'arrêté de S. Exc. le ministre de l'intérieur du 21 février dernier et de la présente ordonnance.

Le ministre d'Etat, préfet de police, comte ANGLES.

N° **799**.—*Instruction concernant la surveillance de la rivière, des ports, des chantiers de bois de chauffage et des places de vente du charbon de bois* (1).

Paris, le 25 mars 1816.

N° **800**.— *Ordonnance concernant les secours à donner aux noyés asphyxiés ou blessés, et les mesures de police à prendre pour la levée des cadavres retirés de la rivière, ou trouvés sur la voie publique, et partout ailleurs* (2).

Paris, le 25 mars 1816.

---

(1) V. les ord. des 24 mars 1824, 26 mars 1829 et 25 oct. 1840.

(2) V. les ord. des 2 déc. 1822, 1er janv. 1836 l'inst. y annexée, et l'arr. du même jour.

N° 901. — *Instruction du conseil de salubrité sur les mesures que les nourrisseurs doivent prendre pour opérer la désinfection de leurs étables et pour préserver leurs bestiaux de l'épizootie.*

Paris, le 26 mars 1816.

Ces mesures, beaucoup plus importantes qu'on ne le croit généralement, tendent à prévenir le retour de la maladie, en empêchant les animaux de la prendre dans les étables où elle a fait des ravages et où on les introduirait; comme aussi à maintenir la salubrité des étables, en indiquant les moyens de n'y introduire que des animaux non suspects.

Depuis que l'épizootie contagieuse règne dans le département de la Seine, plusieurs nourrisseurs, par un désir de gain mal entendu, pour ne pas perdre des pratiques anciennes et lucratives que la perte de leurs bestiaux aurait éloignées, ont renouvelé leurs étables et ont perdu de nouveau leurs animaux; quelques-uns les ont remplacés jusqu'à trois fois, et trois fois ils ont éprouvé les mêmes accidents.

C'est pour prévenir ces pertes, c'est pour mettre les nourrisseurs en garde contre tous les moyens par lesquels la contagion peut se communiquer; c'est, enfin, pour leur indiquer tout ce qu'il y a à faire pour l'éloigner que cette instruction a été rédigée.

Quelques nourrisseurs ont déjà tenté de désinfecter leurs étables, mais les moyens qu'ils ont employés étant insuffisants ou mal dirigés, ils n'ont point réussi. Le plus grand nombre, par exemple, a fait des fumigations d'acide muriatique oxygéné, ou a blanchi à l'eau de chaux, mais ces moyens employés sans ceux qui doivent indispensablement les précéder n'ont fait que constituer les nourrisseurs dans des dépenses non moins inutiles que décourageantes.

Si les nourrisseurs veulent lire attentivement cette instruction, ils verront comment ils doivent se conduire, et ils peuvent être sûrs que, s'ils suivent à la lettre les préceptes qu'elle renferme, ils se préserveront du malheureux fléau qui, depuis deux ans, leur fait éprouver tant de pertes. Mais il faut qu'ils se persuadent bien que la plus petite précaution, celle qui paraît la moins utile à prendre, est souvent celle qui est la plus essentielle.

Les précautions que doivent prendre les personnes chargées du soin des animaux sont surtout dans ce cas: ces précautions qui d'abord semblent devoir être les plus faciles à exécuter, sont au contraire les plus difficiles, les plus minutieuses, celles qui n'ont jamais été bien prises, et peut-être celles au défaut de l'exécution desquelles on doit attribuer la grande partie des pertes; les nourrisseurs ne se doutant pas des moyens par lesquels la contagion se propage, et ne connaissant pas l'importance de ces précautions, les regardent comme inutiles et les négligent entièrement.

Dans le premier chapitre, ils trouveront les moyens de désinfecter une étable;

Dans le second, les précautions que doivent prendre les personnes chargées du soin des animaux;

Et dans le troisième, celles que l'on doit prendre à l'égard des animaux eux-mêmes, lorsqu'on les introduit dans une étable désinfectée.

CHAPITRE Ier.

Précautions à prendre pour désinfecter une étable.

Soit que l'étable ait contenu des animaux malades, soit qu'elle n'en ait pas encore renfermé, et en la supposant vide, les précautions suivantes doivent toujours être prises dans un temps d'épizootie, avant d'y introduire de nouveaux animaux.

1° On fera enlever de l'étable tout ce qui s'y trouve; les fumiers, les ustensiles; on ôtera les toiles d'araignées, on lavera à grande eau et avec un balai rude toute l'étable, les murs, les planchers, les fenêtres, les pavés, les auges ou crèches, les râteliers, etc.

2° Si les murs, principalement ceux de face et de retour sont dégradés, crevassés, ils seront repiqués et recrépis.

3° Les auges ou crèches et les râteliers seront plus particulièrement lavés, balayés, brossés ou frottés, aussi à grande eau, s'ils en valent la peine; dans ce cas, les crèches devront être, après ce lavage, blanchies ou varlopées; sinon le tout sera brûlé sur-le-champ, parce que ces objets gardés n'ont que trop souvent été de nouveaux conducteurs du mal, à une époque où on ne les soupçonnait plus.

4° Si l'étable est pavée, les pavés seront enlevés, lavés et replacés à chaux et à ciment; si elle n'est pas pavée, la terre en sera enlevée au delà de toute l'épaisseur imbibée de l'urine et des excréments des animaux, il y sera rapporté de la terre franche ou du blanc de salpêtre, et l'aire ou le sol en sera battu convenablement.

5° On fera laver, brosser ou passer au feu tous les ustensiles qui auront servi ou que l'on destinera à l'usage des animaux et des étables, et qui en vaudront la peine, comme longes, chaînes, licols, anneaux, fourches, pelles, seaux, brouettes, civières, etc., et on les exposera aux fumigations ci-après indiquées. Les autres seront brûlés de suite; on n'achètera surtout rien de vieux ou de hasard pour le service des animaux, et on ne se servira pas des couvertures de laine qui auraient pu être employées pour les bêtes malades.

6° On fera boucher bien soigneusement et sûrement tous les trous à rats, à souris, à chats par lesquels ces animaux pourraient s'introduire; plusieurs observations ayant fait soupçonner qu'ils n'étaient point étrangers à la propagation des épizooties contagieuses.

Fumigation d'acide muriatique oxigéné.

7° Avant de prendre ces précautions, pendant leur exécution et après, on fera, dans l'étable, l'une ou l'autre des fumigations suivantes :

On ferme les fenêtres, les portes, excepté celle par laquelle la personne qui fait l'opération doit sortir, ensuite on prend, muriate de soude (sel commun), quatre-vingt-dix grammes (trois onces), oxyde noir de manganèse en poudre, sept grammes (deux gros), acide sulfurique (huile de vitriol du commerce), soixante grammes (deux onces); on mêle les deux premières substances exactement, on les met dans un large vase de terre vernissé que l'on place sur un réchaud rempli de charbon allumé, puis on verse dessus l'acide sulfurique après l'avoir étendu de la moitié d'eau, et l'on se retire en fermant la porte. On peut faire entrer les animaux dans l'étable quelques heures après.

Cette dose est pour une étable de six vaches; on l'augmente suivant la grandeur de l'étable, et dans ce cas on doit y placer deux ou trois de ces appareils, ce qui vaut mieux que de mettre tout dans un seul.

Fumigation d'acide nitrique.

On prend un vase, on y verse environ soixante grammes (deux onces) d'acide sulfurique, on le met sur le réchaud et l'on jette de temps en temps, dans l'acide sulfurique, une ou deux pincées de nitrate de potasse (sel de nitre) réduit en poudre. Cette fumigation, bien moins volatile que la première, est par conséquent moins efficace.

8° La projection du vinaigre sur une pelle rouge, ainsi que l'action de brûler dans les étables différentes herbes aromatiques, des baies de genièvre, des savates, de vieux cuirs si communément employés par les nourrisseurs ne peuvent point être regardés comme des moyens désinfectants. La fumée qui résulte de la combustion de toutes ces substances masque la mauvaise odeur, mais ne détruit point le principe contagieux quand il existe, et ne sert par conséquent à rien.

9° Le blanchissage à la chaux, l'action d'enduire les murs d'une couche de goudron, de frotter les crèches et les râteliers avec de l'ail et du vinaigre, ne détruisent point la contagion; ils recouvrent momentanément la bave et les autres matières animales qui en sont chargées, s'usent au bout d'un certain temps, et les matières remises à nu communiquent de nouveau la maladie sans que les nourrisseurs soupçonnent cette nouvelle cause.

10° Des nourrisseurs placent aussi dans leurs étables des boucs, des chèvres, des cochons, dans la persuasion que ces animaux chassent le mauvais air par l'odeur qu'ils exhalent; cette odeur ne peut que le corrompre davantage et rendre l'étable plus malsaine. L'eau et le feu sont les deux grands moyens de désinfection.

CHAPITRE II.

Précautions relatives aux personnes chargées du soin des animaux.

11° Les personnes, avant de se charger du soin des animaux, feront laver et lessiver tous les habillements avec lesquels elles auraient pu approcher d'autres animaux; elles les exposeront aussi plusieurs fois aux fumigations indiquées.

12° Elles auront une grande blouse de toile qu'elles mettront avant d'entrer dans l'étable, qu'elles quitteront en en sortant, qui sera destinée à ce seul usage et qui sera lavée très-souvent.

13° Les nourrisseurs ne permettront pas aux personnes chargées du soin de leurs animaux et ne se permettront pas à eux-mêmes d'aller visiter aucune autre étable ni lieux où il pourrait y avoir d'autres bestiaux.

14° Ils ne laisseront entrer personne dans les leurs: l'exécution de cet article entraîne la nécessité de ne point se servir de trayeuses étrangères, et l'interdiction sévère de l'entrée des étables aux bouchers, aux marchands de vaches et aux autres nourrisseurs.

15° Ils ne laisseront pénétrer dans les étables aucun chien ni autres animaux. S'ils ont un chien, il sera tenu à l'attache hors de l'étable, et ne pourra jamais sortir hors de la maison.

16° S'ils ont des chevaux ou des ânes pour leur service, ils les tiendront dans une écurie à part et les feront soigner par une personne qui n'entrera point dans la vacherie.

CHAPITRE III.

Précautions relatives aux animaux.

17° Les animaux nouvellement achetés, ou ceux destinés à entrer dans l'étable désinfectée, seront, avant d'y entrer, lavés par tout le corps avec de l'eau, ensuite bouchonnés et frottés jusqu'à ce qu'ils soient séchés et jusqu'à ce qu'il n'y ait plus sur aucune partie de leur corps, surtout aux fesses et au ventre, ni crotte, ni fiente qui restent souvent chargées de la matière de la contagion. L'eau devra être tiède pour les vaches nouvellement vêlées.

18° Dans l'été, pour empêcher autant que possible les mouches d'entrer dans les étables, on les tiendra fermées. Les fenêtres seront ouvertes, mais garnies de châssis de toile claire ou de treillis qui n'empêcheront point la circulation de l'air.

19° On surveillera les fourrages et autres aliments; on s'assurera d'où ils viennent; on se gardera bien surtout de ceux qui pourraient provenir des nourrisseurs qui auraient déjà perdu leurs animaux ou cessé leur commerce.

20° Les mastigadours, les billots d'ail, d'assa-fœtida, de sel, de poivre ne nuisent en aucune manière à la santé des animaux; au contraire, ils la fortifient en aidant la digestion, mais ils sont inutiles pour empêcher la propagation de l'épizootie, et ceux d'ail et d'assa-fœtida ont l'inconvénient de communiquer leur odeur au lait.

Les membres du conseil de salubrité :

Signés HUZARD, E. PARISET, A. PETIT, J.-J. LEROUX, DEYEUX, DUPUYTREN, CADET DE GASSICOURT, DARCET, MARC.

Vu et approuvé par nous, ministre d'Etat, préfet de police,

Comte ANGLÈS.

N° **802**. — *Ordonnance concernant l'ordre à suivre lors du défilé des voitures qui iront à Longchamp* (1).

Paris, le 9 avril 1816.

N° **803**. — *Ordonnance concernant le tir des armes à feu et des fusées dans Paris* (2).

Paris, le 11 avril 1816.

Nous, ministre d'Etat, préfet de police,

Informé qu'on se permet assez souvent de tirer, dans Paris, des coups de fusil, de pistolet ou d'autres armes à feu, ainsi que des fusées, boîtes ou pétards, etc.;

Considérant que, pour prévenir les graves inconvénients qui peuvent être la suite de cette contravention, il importe de renouveler les règlements prohibitifs et de rappeler les dispositions des lois existantes à ce sujet,

Ordonnons ce qui suit :

1. Il est expressément défendu à toute personne de tirer aucun coup de fusil, de pistolet ou autre arme à feu, ainsi que des fusées, des pétards, des boîtes, des bombes ou autres pièces d'artifice, dans les rues, dans les cours ou jardins et par les fenêtres des maisons, pour quelque cause et occasion que ce soit, à peine de quatre cents francs d'amende, de laquelle les pères et mères pour leurs enfants, et les maîtres et chefs de maisons pour leurs apprentis, compagnons, serviteurs et domestiques seront civilement responsables. (*Ord. de police du 15 nov. 1781, art. 15, Code pénal, art.* 484.)

---

(1) V. l'ord. du 10 avril 1843.

(2) V. l'ord. du 8 août 1829, art. 77.

2. Les personnes qui occasionneraient la mort ou la blessure des animaux ou bestiaux appartenant à autrui, par l'emploi ou l'usage d'armes à feu ou de pièces d'artifice, encourront en outre les peines prononcées par l'article 479 du Code pénal (amende de onze francs à quinze francs).

3. Celles qui, par la même cause, blesseraient quelqu'un par défaut d'adresse ou de précaution, encourront les peines prononcées par l'article 320 du Code pénal (emprisonnement de six jours à deux mois, et amende de seize francs à cent francs).

4. Celles qui, par l'emploi ou l'usage d'armes à feu ou de pièces d'artifice, commettraient involontairement un homicide par maladresse, imprudence, inattention, négligence ou inobservation des règlements, ou en seraient involontairement la cause, encourront les peines prononcées par l'article 319 du même Code (emprisonnement de trois mois à deux ans, et amende de cinquante francs à six cents francs).

5. Les commissaires de police et les officiers de la gendarmerie royale de Paris constateront les contraventions par des procès-verbaux qui nous seront adressés.

6. Il sera pris envers les contrevenants telles mesures de police administrative qu'il appartiendra, sans préjudice des poursuites à exercer contre eux devant les tribunaux.

7. La présente ordonnance sera imprimée, publiée et affichée.

Les commissaires de police, les officiers de la gendarmerie royale de Paris, les officiers de paix et tous les préposés de la préfecture de police sont chargés, chacun en ce qui le concerne, de tenir la main à son exécution.

Ampliation en sera adressée à M. le duc de Reggio, commandant en chef de la garde nationale de Paris, pour qu'il veuille bien concourir à son exécution par un ordre du jour, et par tous les autres moyens qui sont à sa disposition.

Le ministre d'État, préfet de police, comte ANGLÈS.

N° 904. — *Ordonnance concernant le transport des gravois sur le quai de Chaillot.*

Paris, le 17 avril 1816.

N° 905. — *Ordonnance concernant la vente de la volaille et du gibier.*

Paris, le 23 avril 1816.

Nous, ministre d'État, préfet de police,

Considérant qu'au mépris des règlements de police, des personnes se permettent journellement d'aller au-devant des voitures chargées de volaille et de gibier pour les acheter ou arrher; que d'autres en achètent sur le marché de la volaille pour les colporter dans les rues et places publiques;

Considérant qu'il importe de réprimer de semblables désordres, et par conséquent d'assurer l'exécution des anciens règlements qui ont été renouvelés par les ordonnances de police des 22 ventôse an XII (13 mars 1804) et 27 janvier 1812;

Vu les articles 2, 32 et 33 de l'arrêté du gouvernement du 12 messidor an VIII (1er juillet 1800) et l'arrêté du 3 brumaire an IX (25 novembre 1800),

Ordonnons ce qui suit :

1. Les articles 12, 13, 15 16 et 17 de l'ordonnance de police du 27 janvier 1812, concernant la vente de la volaille et du gibier, seront réimprimés et affichés avec la présente ordonnance.

2. Les autres dispositions des ordonnances de police des 22 ventôse an XII et 27 janvier 1812 précitées continueront de recevoir leur exécution.

3. Les contraventions seront constatées par des procès-verbaux qui nous seront adressés.

4. Il sera pris envers les contrevenants telles mesures de police administrative qu'il appartiendra, sans préjudice des poursuites à exercer contre eux devant les tribunaux.

5. Les sous-préfets des arrondissements de Saint-Denis et de Sceaux, les maires des communes rurales du ressort de la préfecture de police, les commissaires de police, l'inspecteur général de police, les officiers de paix et les préposés de la préfecture de police sont chargés de tenir la main à l'exécution de la présente ordonnance.

Le ministre d'Etat préfet, de police, comte ANGLÈS.

N° **806**. — *Ordonnance concernant les bains dans la rivière et les écoles de natation* (1).

Paris, le 1er mai 1816.

N° **807**. — *Ordonnance concernant les personnes logées en garni dans les communes rurales du ressort de la préfecture de police.*

Paris, le 8 mai 1816.

Nous, ministre d'État, préfet de police,

Informé que les lois et règlements concernant la police des maisons garnies ne sont pas exécutés, dans les communes rurales du ressort de la préfecture de police, avec assez d'exactitude, et qu'il importe d'en rappeler l'observation pleine et entière aux aubergistes et logeurs de ces communes ;

Vu les articles 2 et 7 de l'arrêté du gouvernement en date du 12 messidor an VIII,

Ordonnons ce qui suit :

1. Les personnes qui exercent l'état d'aubergiste, de maîtres d'hôtels garnis ou de logeurs, dans les communes rurales du ressort de la préfecture de police, sont tenues d'avoir un registre en papier timbré pour l'inscription des voyageurs français ou étrangers.

Ce registre doit être coté et parafé par le maire de leur commune ou par son adjoint. (*Ord. du* 8 *nov.* 1780 *et loi du* 22 *juill.* 1791, *art.* 5.)

2. Il est enjoint aux aubergistes, maîtres d'hôtels garnis et logeurs, dans lesdites communes rurales, d'inscrire jour par jour, de suite,

---

(1) V. les ord. des 20 mai 1839 et 25 oct. 1840 (art. 182 et suiv., et 225).

sans aucun blanc ni interligne, les noms, prénoms, âges, qualités, domiciles habituels et professions de tous ceux qui couchent chez eux, même une seule nuit; à l'effet de quoi ils sont tenus de se faire représenter leurs passe-ports ou autres papiers de sûreté.

Le registre doit indiquer la date de leur entrée et celle de leur sortie. (*Ord. du* 8 *nov.* 1780, *art.* 5, *et loi du* 22 *juill.* 1791, *art.* 5.)

3. Lesdits aubergistes, maîtres d'hôtels garnis et logeurs représenteront leur registre, à toute réquisition, soit aux maires des communes rurales ou à leurs adjoints, soit à la gendarmerie, soit enfin aux préposés de la préfecture de police qui pourront aussi le viser. (*Loi du* 22 *juill.* 1791 *art.* 5.)

4. Faute par eux de se conformer aux dispositions ci-dessus prescrites, ils encourront les peines prononcées par les lois. (*Amende depuis six francs jusqu'à dix francs inclusivement, art.* 475 *du Code pénal*, 2e *paragraphe; et emprisonnement pendant cinq jours, en cas de récidive, art.* 478 *du même Code.*)

Ils seront, en outre, civilement responsables des restitutions, des indemnités et des frais adjugés à ceux à qui un crime ou un délit commis par des personnes logées sans inscription aurait causé quelque dommage, sans préjudice de leur responsabilité dans le cas des articles 1952 et 1953 du Code civil. (*Art.* 73 *du Code pénal.*)

5. Il leur est enjoint de faire exactement connaître au maire de leur commune, les noms, prénoms, âges, qualités ou professions. et le lieu de résidence habituelle des étrangers ou autres logés chez eux, et ce, dans les vingt-quatre heures de leur arrivée.

Ils sont également tenus de faire la déclaration de leur sortie dans le même délai.

Le tout sous les peines prononcées par le Code pénal et citées au 1er paragraphe de l'article 4 ci-dessus.

6. Il sera pris envers les contrevenants aux dispositions précitées telles mesures de police administrative qu'il appartiendra, sans préjudice des poursuites à exercer contre eux par-devant les tribunaux, conformément aux lois et règlements.

7. La présente ordonnance sera imprimée, publiée et affichée.

Les sous-préfets des arrondissements de Saint-Denis et de Sceaux, les maires et adjoints des communes du ressort de la préfecture de police sont chargés de tenir la main à son exécution.

Ampliation en sera adressée à M. le chef de la première légion de la gendarmerie royale de France pour qu'il veuille bien concourir à son exécution par les moyens qui sont à sa disposition.

Le ministre d'Etat, préfet de police, comte ANGLÈS.

N° 808. — *Ordonnance concernant les chiens errants* (1).

Paris, le 10 mai 1816.

(1) V. l'ord. du 23 juin 1832.

N° **809**. — *Ordonnance concernant l'établissement formé par le sieur Triozon-Sadourny sur un terrain connu sous la dénomination de Gare projetée de l'Hôpital* (1).

Paris, le 25 mai 1816.

Nous, ministre d'Etat, préfet de police,

Vu 1° l'arrêté de M. le conseiller d'Etat, préfet du département de la Seine du 24 septembre 1814, portant permission au sieur Triozon-Sadourny, d'approprier le terrain qui lui appartient sur le bord de la Seine, commune d'Ivry, connu sous la dénomination de Gare projetée de l'Hôpital, et l'étang que renferme ledit terrain, de manière à former des chantiers et magasins pour le commerce de déchirage de bateaux;

2° Le mémoire par lequel le sieur Triozon expose que, dès cette année, son établissement a servi à garer des bateaux et autres marchandises pendant le temps des glaces, mais que des mariniers, sans égard à la nécessité de laisser libre l'entrée du canal pratiqué dans son terrain, et qui communique à la rivière, se permettent de garer des bateaux et trains à l'embouchure dudit canal;

3° Et le rapport de l'inspecteur général de la navigation et des ports contenant son avis,

Ordonnons ce qui suit :

1. L'embouchure du canal aboutissant à la Seine, pratiqué sur le terrain appartenant au sieur Triozon-Sadourny, situé commune d'Ivry, et connu sous la dénomination de Gare projetée de l'Hôpital, sera libre en tout temps.

2. Il est défendu aux mariniers, voituriers par eau et à tous autres de garer, sous aucun prétexte, leurs bateaux ou trains à l'embouchure dudit canal et d'en gêner l'entrée en aucune manière.

3. Les contraventions seront constatées par des procès-verbaux qui nous seront adressés.

4. Il sera pris envers les contrevenants telles mesures de police administrative qu'il appartiendra, sans préjudice des poursuites à exercer contre eux devant les tribunaux.

5. La présente ordonnance sera imprimée et affichée.

Le maire de la commune d'Ivry, l'inspecteur général de la navigation et des ports et les préposés de la préfecture de police, sont chargés de tenir la main à l'exécution de la présente ordonnance et de nous en rendre compte.

Le ministre d'Etat, préfet de police, comte ANGLÈS.

N° **810**. — *Ordonnance concernant les chevaux qu'on essaie ou qu'on exerce et qu'on mène à l'abreuvoir dans Paris* (2).

Paris, le 1er juin 1816.

---

(1) V. l'ord. du 25 oct. 1840.

(2) Identique à l'ord. du 26 déc. 1823 qui est elle-même rapportée par l'ord. du 9 mai 1831.

N° 811. — *Ordonnance concernant les processions de la Fête-Dieu* (1).

Paris, le 8 juin 1816.

N° 812. — *Ordonnance concernant le remblai des carrés de l'esplanade des Invalides.*

Paris, le 12 juin 1816.

N° 813. — *Ordonnance concernant des mesures d'ordre à observer à l'occasion du mariage de S. A. R. Mgr le duc de Berry.*

Paris, le 14 juin 1816.

Nous, ministre d'Etat, préfet de police,

Vu la lettre de S. Exc. le ministre de l'intérieur, en date du 28 avril dernier ;

Et celle de S. Exc. le grand-maître des cérémonies de France, en date du 5 juin présent mois,

Ordonnons ce qui suit :

PREMIÈRE PARTIE.

DISPOSITIONS POUR LE 16 JUIN, JOUR DE LA RENTRÉE DE SA MAJESTÉ DANS SA CAPITALE.

Nettoiement extraordinaire.

1. Samedi prochain, 15 juin présent mois, de huit heures à neuf heures du soir, il sera fait un balayage extraordinaire dans tous les quartiers de Paris.

Les habitants feront effectuer ce balayage, chacun en ce qui le concerne, au-devant de leurs maisons, murs, jardins et terrasses.

2. L'inspecteur général du nettoiement fera procéder, pendant la nuit, à l'enlèvement des boues.

3. A compter de l'heure fixée pour le balayage extraordinaire jusqu'au lendemain soir, il est défendu de déposer aucunes ordures et de jeter ou laisser couler aucunes eaux ménagères sur la voie publique.

Interdiction des voitures.

4. Dimanche prochain, 16 juin présent mois, à compter de deux heures de l'après-midi jusqu'après l'entrée du roi dans Paris, aucune voiture ne pourra circuler ni stationner dans l'avenue de Vincennes, depuis l'angle formé par cette avenue et celle de Charenton jusqu'à la barrière du Trône, ni sur les boulevards extérieurs, depuis la barrière de Charenton jusqu'à celle de Charonne.

5. A compter de la même heure jusqu'après l'entrée du roi aux Tuileries, la circulation et le stationnement des voitures seront interdits :

Dans la rue du Faubourg-Saint-Antoine, sur la place de la Bastille,

---

(1) V. l'ord. du 9 juin 1830.

sur les boulevards intérieurs du nord, depuis la porte Saint-Antoine jusqu'à la porte Saint-Honoré, dans les rues basses qui longent ces boulevards, et dans les rues Royale et de Rivoli.

La circulation et le stationnement des voitures seront pareillement interdits,

Dans la rue Saint-Honoré, depuis la porte Saint-Honoré jusqu'à la rue de la Ferronnerie ; dans la rue de la Ferronnerie, sur le quai de la Mégisserie et sur la partie du Pont-Neuf, depuis le quai de la Mégisserie jusqu'à l'angle du quai de l'Horloge ; sur les quais de l'École et du Louvre; sur le Pont-Royal ; sur le quai des Tuileries ; et dans toutes les parties de la voie publique qui se trouvent comprises dans cette enceinte.

Exception.

6. Sont seuls exceptés des dispositions des articles 4 et 5 de la présente ordonnance, les voitures des personnes qui se rendront au château des Tuileries, les courriers de la malle, les diligences et les voitures employées à l'arrosement.

Pots à fleurs.

7. Il est enjoint aux habitants de Paris de faire disparaître les caisses, pots à fleurs ou autres objets exposés sur les croisées, et dont la chute pourrait occasionner des accidents ; notamment aux croisées des maisons qui bordent le passage du roi.

Sa Majesté passera par :

La rue du Faubourg-Saint-Antoine ; les boulevards intérieurs du nord, depuis la porte Saint-Antoine jusqu'à la rue de la Paix ; la rue de la Paix ; la place Vendôme ; la rue Saint-Honoré, depuis la place Vendôme jusqu'à la rue de l'Arbre-Sec ; la rue de l'Arbre-Sec, la rue des Fossés-Saint-Germain-l'Auxerrois ; le Louvre ; la rue et la place du Carrousel.

SECONDE PARTIE.

DISPOSITIONS POUR LE 17 JUIN, JOUR DU MARIAGE DE S. A. R. MONSEIGNEUR LE DUC DE BERRY.

Nettoiement.

8. Lundi prochain, 17 juin présent mois, toutes les parties de la voie publique devront être balayées à six heures du matin au plus tard.

L'enlèvement des boues sera terminé à huit heures.

9. La Bourse, les ports et les chantiers seront fermés.

Cérémonie à Notre-Dame. — Interdiction des voitures.

10. Le même jour, à compter de huit heures du matin jusqu'après la rentrée du roi aux Tuileries, aucune voiture ne pourra circuler ni stationner :

Sur les quais de la rive droite de la Seine, depuis le Pont-Royal jusqu'à la place de Grève inclusivement ;

Sur les quais de la rive gauche, depuis le Pont-Royal jusqu'au pont Saint-Michel ; sur le Pont-Royal ; sur le Pont-Neuf ; sur le pont Notre-Dame ; sur le pont Saint-Michel ; sur le quai des Orfèvres ; dans la rue de la Barillerie ; sur le Marché-Neuf ; dans les rues de la Lanterne, de la Juiverie et du Marché-Palu ; dans la rue Neuve-Notre-Dame ; sur le parvis Notre-Dame ; sur la place et dans la rue de Fénelon ; sur les quais qui forment l'enceinte de la Cité, et dans les rues comprises dans cette enceinte.

Exception.

11. Sont seuls exceptés des dispositions de l'article précédent les voitures des personnes qui se rendront au château des Tuileries ou à la Métropole, les courriers de la malle, les diligences et les voitures employées à l'arrosement.

Pots à fleurs.

12. Les habitants de Paris feront disparaître les caisses, pots à fleurs et autres objets exposés sur les croisées, et dont la chute pourrait occasionner des accidents; notamment aux croisées des maisons qui bordent le passage du roi.

Sa Majesté passera par :

La place et le guichet du Carrousel, le quai du Louvre, le quai de l'Ecole, le Pont-Neuf, le quai des Orfévres, la rue du Marché-Neuf, la rue et la place du parvis Notre-Dame.

Le chemin sera le même pour le retour du roi aux Tuileries.

Arrivée à Notre-Dame.

13. Les personnes qui se rendront à la Métropole devront être munies de leurs billets d'invitation.

Celles qui auront des billets pour les travées basses du sanctuaire et du chœur devront arriver depuis neuf heures jusqu'à onze heures.

Toutes les autres devront arriver depuis huit heures jusqu'à dix.

Celles qui arriveront en voiture passeront sur le Pont-Neuf.

Leurs voitures arrivant des deux extrémités de ce pont se réuniront à l'entrée du quai des Orfévres pour arriver, sur une seule file, à la Métropole.

14. Il est enjoint aux cochers de conduire leurs chevaux avec prudence et précaution, de ne pas rompre la file et d'aller au pas; ceux qui occasionneraient des accidents seront arrêtés sur-le-champ et conduits à la préfecture de police; les chevaux et la voiture seront mis en fourrière.

Stationnement des voitures.

15. Les voitures des personnes invitées à la cérémonie seront mises en stationnement sur le quai de la Cité, sur le quai aux Fleurs, et, au besoin, sur le Pont-au-Change.

16. Le parvis Notre-Dame, la rue, la place Fénelon et le quai de l'Archevêché seront exclusivement réservés pour le stationnement des voitures de la cour, du corps diplomatique et des autorités constituées.

17. Il est défendu aux cochers de quitter les rênes de leurs chevaux : les domestiques suivront les voitures jusqu'au lieu du stationnement.

18. Aucune voiture ne pourra être remise en mouvement qu'après le départ de Sa Majesté et de son cortége.

L'ordre de départ sera donné aux cochers par les officiers de paix chargés du maintien de l'ordre sur les lieux.

Jeux aux Champs-Élysées. — Interdiction des voitures.

19. Lundi 17 juin, à compter de midi jusqu'au lendemain, la circulation et le stationnement des voitures seront interdits :

Sur la place Louis XV, dans la grande avenue des Champs-Elysées, sur le quai de la Conférence, dans l'avenue de Marigny, et dans toutes les rues qui aboutissent aux Champs-Elysées.

20. Les voitures qui arriveront à Paris par la route de Sèvres seront dirigées sur Vaugirard.

Celles qui arriveront par la route de Neuilly ne pourront entrer dans Paris par la barrière de l'Etoile.

Passage d'eau.

21. Le passage d'eau en bachots ou batelets ne pourra avoir lieu qu'aux ports des Invalides, de Chaillot et de Passy.

Il ne pourra y avoir plus de douze personnes dans chaque bachot.

Les passeurs d'eau seront tenus de se pourvoir de bachots en nombre suffisant pour que le service se fasse avec sûreté et célérité.

Il leur est enjoint de désigner aux officiers de police ou à la garde les individus qui, par imprudence, exposeraient la sûreté des passagers.

Distribution de comestibles.

22. Les commissaires de police veilleront à ce que l'ordre soit maintenu pendant les distributions de comestibles qui auront lieu aux Champs-Elysées, à deux heures après-midi.

En cas de trouble, les distributions seront suspendues jusqu'à ce que l'ordre soit rétabli.

Illumination générale.

23. Les habitants de Paris sont invités à faire illuminer la façade de leurs maisons dans la soirée du lundi 17 juin présent mois.

24. Des pompes, des tonneaux, des seaux à incendie seront placés, en nombre suffisant, partout où il sera jugé nécessaire.

Il est défendu aux pompiers de quitter leurs pompes ni leur poste.

25. A compter de huit heures du soir jusqu'au lendemain matin, aucune voiture ne pourra circuler ni stationner dans Paris.

Sont seules exceptées de cette disposition les voitures des personnes qui se rendront au château des Tuileries.

Dispositions générales.

26. Il est défendu de tirer des coups de fusil ou autres armes à feu pendant les journées des 16 et 17 juin, ainsi que des fusées, pétards, boîtes, bombes et autres pièces d'artifice, dans les rues, promenades, places publiques, cours et jardins, ou par les fenêtres des maisons.

Les commissaires de police, les officiers de paix, la gendarmerie royale de Paris et de la Seine, les commandants des postes de la garde nationale et des troupes de ligne arrêteront immédiatement les contrevenants à la présente disposition, pour être traduits et jugés conformément aux lois et ordonnances.

Les pères et mères et les chefs de maisons sont civilement responsables des faits de leurs enfants et de leurs ouvriers ou domestiques.

27. Pendant les mêmes journées, il ne pourra être construit aucun amphithéâtre, estrade ou autres établissements de ce genre, ni être placé des chaises ou des bancs sur la voie publique.

Les commissaires de police et l'architecte-commissaire de la petite voirie feront détruire ou enlever tous ces objets.

28. Il est défendu de monter sur les monuments et édifices publics, sur les toits, sur les arbres des boulevards ou des Champs-Élysées, sur les parapets des quais et des ponts, sur les piles ou théâtres de bois dans les chantiers et sur les barrières au-devant des maisons.

On arrêtera immédiatement les contrevenants.

29. Les commissaires de police ainsi que les officiers de paix ne pourront quitter le poste qui leur aura été confié qu'après la retraite du public.

Ils feront toutes les réquisitions nécessaires aux commandants de la force armée pour qu'elle reste en activité jusqu'au moment où ils pourront se retirer eux-mêmes.

50. L'inspecteur général de police prendra toutes les mesures nécessaires pour le maintien de l'ordre et de la sûreté publique.

Il se concertera, pour l'exécution, avec les commandants de la force armée qui sera sur les lieux.

51. Il sera pris envers les contrevenants telle mesure de police administrative qu'il appartiendra, sans préjudice des poursuites à exercer contre eux devant les tribunaux.

52. La présente ordonnance sera imprimée, publiée et affichée.

L'inspecteur général de police, les maires des communes de Sèvres et de Neuilly, les commissaires de police, les officiers de paix, le colonel de la ville de Paris, le commandant en chef du corps des sapeurs-pompiers, le commissaire de police de la Bourse, l'architecte-commissaire de la petite voirie, l'inspecteur général de la navigation et des ports, le contrôleur général du recensement et mesurage des bois et charbons, l'inspecteur général de la salubrité et les préposés de la préfecture de police sont chargés, chacun en ce qui le concerne, de tenir la main à son exécution.

Le ministre d'Etat, préfet de police, comte ANGLÈS.

N° 814. — *Ordonnance concernant l'ouverture des spectacles gratis.*

Paris, le 16 juin 1816.

Nous, ministre d'Etat, préfet de police,

Vu la lettre à nous adressée par S. Exc. le ministre de l'intérieur, le 13 juin présent mois,

Et celle de M. le directeur général chargé du portefeuille du ministère de la maison du roi, en date du 15 du même mois,

Ordonnons ce qui suit :

1. Les représentations gratuites qui auront lieu dans les spectacles de Paris, le mercredi 19 juin présent mois, commenceront toutes à quatre heures et demie du soir.

Les portes seront ouvertes au public à quatre heures.

2. L'inspecteur général de police, les commissaires de police, les officiers de paix et les préposés de la préfecture de police sont chargés, chacun en ce qui le concerne, de tenir la main à l'exécution de la présente ordonnance.

Le ministre d'Etat, préfet de police, comte ANGLÈS.

N° 815. — *Ordonnance concernant les processions de la Fête-Dieu* (1).

Paris, le 20 juin 1816.

---

(1) V. l'ord. du 9 juin 1830.

N° 816. — *Ordonnance concernant les joueurs d'orgues dans les rues et places publiques* (1).

Paris, le 4 juillet 1816.

Nous, ministre d'Etat, préfet de police,

Considérant que le nombre des joueurs d'orgues, dans les rues et places publiques, s'est accru considérablement dans le ressort de la préfecture de police;

Que ceux qui exercent cette profession donnent souvent lieu à des plaintes, soit à raison des chansons licencieuses qu'ils se permettent quelquefois de chanter, soit à raison des embarras qu'ils causent dans les rues et places où ils stationnent;

Qu'à défaut de moyen aisé de reconnaître ceux qui donnent lieu à ces plaintes, les coupables ne peuvent être que difficilement réprimés,

Ordonnons ce qui suit :

1. A dater d'un mois après la publication de la présente ordonnance, personne ne pourra jouer de l'orgue dans les rues et places publiques de Paris ou des communes rurales du ressort de la préfecture de police, qu'il n'en ait obtenu de nous la permission, laquelle sera renouvelée tous les ans.

2. Toute permission accordée jusqu'à ce jour est annulée.

3. A l'avenir, aucune permission ne sera renouvelée ou accordée que sur un certificat de bonnes vie et mœurs délivré, à Paris, par un commissaire de police, et dans les communes rurales, par le maire, sur la déclaration de deux témoins domiciliés.

4. Tout individu ayant la permission de jouer de l'orgue dans les rues et places publiques de Paris ou des communes rurales du ressort de la préfecture de police sera tenu d'avoir une plaque où sera inscrit le numéro de sa permission.

Cette plaque devra être portée ostensiblement et de manière à être facilement aperçue.

L'orgue devra porter le même numéro.

5. Aucun joueur d'orgue ne pourra chanter d'autres chansons que des ariettes ou vaudevilles extraits des pièces de théâtre représentées.

6. Tout joueur d'orgue sera tenu, à la première réquisition des officiers de police, de cesser de jouer ou de chanter dans tout lieu public où l'injonction lui en serait faite.

7. Les contrevenants seront arrêtés et conduits, à Paris, devant un commissaire de police, et dans les communes rurales, devant le maire, pour de là être envoyés, s'il y a lieu, à la préfecture de police; il sera pris envers eux, telle mesure de police administrative qui sera jugée nécessaire, sans préjudice des poursuites devant les tribunaux.

8. La présente ordonnance sera imprimée; elle sera affichée dans la ville de Paris et dans les communes rurales du ressort de la préfecture de police.

Les sous-préfets des arrondissements de Saint-Denis et de Sceaux, les maires des communes rurales du ressort de la préfecture de police et leurs adjoints, les commissaires de police, l'inspecteur général de police, les officiers de paix et les agents de la préfecture de police sont chargés de tenir la main à son exécution.

Le ministre d'Etat, préfet de police, comte ANGLÈS.

---

(1) V. les ord. des 2 sept. 1822, 10 sept. 1828 et 14 déc. 1831.

N° 817. — *Ordonnance concernant le trafic des billets de spectacle et les commissionnaires à l'entrée des théâtres* (1).

Paris, le 6 juillet 1816.

Nous, ministre d'Etat, préfet de police,

Informé des inconvénients qui résultent, chaque jour, du trafic des billets de spectacle que font à l'entrée des théâtres les commissionnaires et autres personnes ;

Instruit des abus qui se sont introduits dans le service des commissionnaires des théâtres et des plaintes qui sont fréquemment portées à ce sujet ;

Voulant faire cesser ces désordres et réprimer ceux qui, à l'avenir, s'en rendraient coupables ;

Vu l'article 12 de l'arrêté du gouvernement du 12 messidor an VIII, qui nous attribue la police des théâtres en ce qui touche la sûreté des personnes, et nous charge de prendre les précautions nécessaires au maintien de la tranquillité et du bon ordre tant au dedans qu'au dehors des spectacles,

Ordonnons ce qui suit :

TITRE Ier (2).

Interdiction de tout trafic de billets de spectacle.

1. Il est défendu, à quelque personne que ce soit, d'acheter ou de se procurer des billets de spectacle pour les revendre.

2. Il est également défendu aux limonadiers, marchands de vin et liqueurs et aux traiteurs voisins des théâtres, de faire, par eux-mêmes, ou de laisser faire par leurs garçons et gens de service, le trafic des billets de spectacle, soit dans l'intérieur, soit à l'extérieur de leurs établissements.

3. Ils pourront, suivant les circonstances, être responsables des contraventions à l'article 1 de la présente ordonnance qui seraient commises dans l'intérieur de leurs établissements, par des personnes autres que celles attachées à leur service.

4. Les directeurs de spectacles, buralistes et autres personnes attachées à un théâtre ne pourront distribuer, permettre ou souffrir qu'il soit distribué des billets de spectacle hors des bureaux ou avant leur ouverture.

5. Aucun buraliste ne pourra vendre plus de six billets de spectacle à la même personne, à moins qu'il n'y soit spécialement autorisé par le directeur, qui, dans ce cas, demeurera responsable de l'emploi illicite qui en serait fait.

6. Les officiers de paix et les gendarmes de service aux spectacles arrêteront et conduiront au bureau de police tout individu qu'ils trouveront vendant des billets de spectacle.

7. Les contraventions aux articles précédents seront poursuivies conformément au § 3, article 2, titre 2 de la loi des 16 et 24 août 1790, et aux articles 471, 475 et 479 du Code pénal.

TITRE II.

Des commissionnaires à l'entrée des théâtres.

8. Il est établi, pour le service public, à l'entrée des théâtres, des commissionnaires nommés par le préfet de police.

---

(1) V. l'ord. du 22 nov. 1838.

(2) Ce titre est rapporté expressément par l'art. 4 de l'ord. précitée du 22 nov. 1838.

9. Ils peuvent seuls stationner, en cette qualité, à l'entrée des spectacles.

10. Ils sont spécialement chargés d'ouvrir les portières des voitures, d'appeler les cochers à la sortie des spectacles et d'être prêts au service que le public peut attendre d'eux.

11. A l'expiration du mois qui suivra la publication de la présente ordonnance, toutes les permissions de commissionnaires à l'entrée des spectacles, délivrées jusqu'à ce jour, seront annulées.

12. Ceux qui voudront obtenir de nouvelles permissions en feront la demande, dans le même délai, à la préfecture de police.

Ils produiront, à l'appui de leur demande, un certificat de bonnes conduite, vie et mœurs, délivré par le commissaire de police de leur quartier, sur l'attestation de deux personnes connues.

13. Les permissions ne seront valables qu'après avoir été visées : 1° par le commissaire de police du domicile du commissionnaire; 2° par le commissaire ou un des commissaires de police chargés de la surveillance du théâtre pour lequel les permissions auront été délivrées.

14. Les commissionnaires seront tenus de représenter, à toutes réquisitions, leurs permissions aux officiers civils et militaires.

15. Les permissions ne seront valables que pour un an.

Elles seront renouvelées tous les ans selon les formes prescrites par les articles 12 et 13 ci-dessus.

16. Les commissionnaires à l'entrée des spectacles porteront une plaque de cuivre, sur chaque face de laquelle seront inscrits le numéro de leur permission et la désignation du théâtre auquel ils sont attachés.

17. Les commissionnaires porteront cette plaque ostensiblement et à découvert, sous peine de se la voir retirer ainsi que leurs permissions.

18. Il est expressément défendu aux commissionnaires à l'entrée des spectacles de s'en éloigner et d'aller chez les limonadiers, marchands de vin, traiteurs, marchands de liqueurs, depuis l'ouverture des bureaux jusqu'après la clôture des spectacles, sous peine de se voir retirer leurs permissions.

19. Il est défendu aux commissionnaires à l'entrée des théâtres, 1° d'acheter ou vendre des billets de spectacle; 2° de se tenir près des bureaux de distribution ou dans les files des personnes qui veulent se pourvoir de billets, à peine d'être privés de leurs permissions et plaques, et, en outre, d'être poursuivis comme il est dit à l'article 7 ci-dessus.

20. Il sera pris envers les contrevenants à la présente ordonnance, et notamment envers les commissionnaires, garçons limonadiers, traiteurs et marchands, telle mesure de police administrative qu'il appartiendra, sans préjudice des poursuites à exercer contre eux, ainsi qu'il est dit à l'article 7.

21. La présente ordonnance sera imprimée : elle sera affichée partout où besoin sera, notamment à l'extérieur des théâtres.

22. Les commissaires de police, l'inspecteur général de police, les officiers de paix et les préposés de la préfecture de police sont chargés de tenir la main à son exécution.

Le colonel de la ville de Paris et les officiers et sous-officiers de la gendarmerie royale sont requis de leur faire prêter main-forte au besoin.

Le ministre d'Etat, préfet de police, comte ANGLÈS.

N° 818. — *Ordonnance concernant des mesures d'ordre à observer à l'occasion de la revue de la garde nationale qui aura lieu le 8 juillet, jour anniversaire de la rentrée du roi dans sa capitale* (1).

Paris, le 6 juillet 1816.

N° 819. — *Ordonnance concernant le remblai sur le terrain de l'Abattoir, situé au delà du boulevard de l'Hôpital.*

Paris, le 11 juillet 1816.

N° 820. — *Ordonnance concernant le nouveau marché Saint-Martin-des-Champs* (2).

Paris, le 12 juillet 1816.

Nous, ministre d'État, préfet de police,

Vu 1° le décret du 30 janvier 1811, portant qu'il sera établi un marché dans le jardin de l'ancienne abbaye Saint-Martin, et que le marché Saint-Martin, actuellement existant, ainsi que ceux formés sans autorisation et par usage sur la voie publique, dans les rues Saint-Martin et Saint-Denis, seront entièrement supprimés quand ledit marché sera établi ;

2° Les articles 2 et 32 de l'arrêté du gouvernement du 12 messidor an VIII (1er juillet 1800) ;

Ordonnons ce qui suit :

1. En exécution des articles 1, 2 et 4 du décret du 30 janvier 1811, les détaillantes de comestibles placées sur l'ancien marché Saint-Martin et sur les marchés des carrés Saint-Martin, Saint-Denis, et partie de la rue Saint-Denis, seront transférées sur le nouveau marché établi dans le jardin de l'ancienne abbaye Saint-Martin.

2. Cette translation aura lieu le 20 du présent mois de juillet.

Le marché tiendra tous les jours, depuis le lever jusqu'au coucher du soleil.

3. Les places du marché Saint-Martin-des-Champs seront tirées au sort, en présence du commissaire de police du quartier des marchés et du commissaire inspecteur général des halles et marchés.

4. Les détaillantes de comestibles qui sont dans l'usage d'étaler sur les marchés susmentionnés, désigneront six d'entre elles pour être présentes au tirage.

Il sera dressé procès-verbal de cette opération par le commissaire de police du quartier des marchés.

5. A compter du même jour 20 juillet, il est défendu de vendre toutes espèces de comestibles et marchandises quelconques sur les anciens marchés Saint-Martin, des carrés Saint-Martin et Saint-Denis.

Il est pareillement défendu de former des étalages de comestibles et d'en vendre sur éventaires ou places fixes, dans les rues adjacentes au marché Saint-Martin-des-Champs, et sur tous autres points environnants de la voie publique.

---

(1) V. l'ord. du 6 juillet 1817.

(2) V. l'ord. du 12 juill. 1816, p. 49, et celle du 24 nov. 1836.

6. Il est défendu d'étaler des marchandises dans les passages réservés pour la circulation du public.

7. Les contraventions seront constatées par des procès-verbaux qui nous seront adressés.

8. Il sera pris envers les contrevenants telles mesures de police administrative qu'il appartiendra, sans préjudice des poursuites à exercer contre eux devant les tribunaux.

9. La présente ordonnance sera imprimée et affichée.

Les commissaires de police, et notamment ceux du quartier des marchés et de Saint-Martin-des-Champs, l'inspecteur général de police, les officiers de paix, le commissaire inspecteur général des halles et marchés, et les préposés de la préfecture de police sont chargés de tenir la main à son exécution.

Le ministre d'Etat, préfet de police, comte ANGLÈS.

N° 821. — *Ordonnance concernant la fixation du prix de location des places sur le marché Saint-Martin-des-Champs* (1).

Paris, le 12 juillet 1816.

Nous, ministre d'Etat, préfet de police,

Vu 1° le décret du 30 janvier 1811, relatif aux marchés de Paris et le décret du 24 février suivant ;

2° La décision de S. Exc. le ministre de l'intérieur, en date du 25 avril dernier, portant fixation du prix des places sur le marché Saint-Martin-des-Champs ;

Ordonnons ce qui suit :

1. Les places du marché Saint-Martin-des-Champs sont divisées en deux séries, et seront louées aux prix suivants :

1re Série, massif du midi, trente centimes par jour et par place ;

2e Série, massif du nord, vingt centimes par jour et par place.

2. Le droit d'abri sera payé par semaine et d'avance.

Le produit en sera versé dans la caisse des hospices civils de Paris.

3. La perception du prix des places sera faite par un préposé de l'administration des hospices, à dater du jour de la publication de la présente ordonnance.

4. La présente ordonnance sera imprimée et affichée.

Le commissaire de police du quartier des marchés, et le commissaire inspecteur général des halles et marchés sont chargés de tenir la main à son exécution.

Le ministre d'Etat, préfet de police, comte ANGLÈS.

N° 822. — *Ordonnance concernant l'usage des ustensiles et vases de cuivre, les comptoirs des marchands de vins, et les balances des marchands de sel et de tabac* (2).

Paris, le 17 juillet 1816.

Nous, ministre d'Etat, préfet de police,

Vu 1° la déclaration du roi du 13 juin 1777, l'article 30 des lettres-

---

(1) V. l'ord. du 12 juill. 1816, p. 48, et celle du 24 nov. 1836.

(2) V. les ord. des 23 juill. 1832 et 7 nov. 1838.

patentes du 1er novembre 1781, l'article 20 du titre 1er de la loi du 22 juillet 1791, et l'article 484 du Code pénal;

2° Les articles 2 et 23 de l'arrêté du gouvernement du 12 messidor an VIII (1er juillet 1800), et l'article 1 de l'arrêté du 3 brumaire an IX (25 novembre 1800);

Ordonnons ce qui suit :

1. Il sera fait de fréquentes visites des ustensiles et vases de cuivre dont se servent les marchands de vin traiteurs, aubergistes, restaurateurs, pâtissiers, charcutiers et gargotiers établis dans le ressort de la préfecture de police, à l'effet de vérifier l'état de ces ustensiles, sous le rapport de la salubrité.

2. Les ustensiles et vases empreints d'oxyde de cuivre (vert de gris) seront saisis et envoyés à la préfecture de police, avec le procès-verbal constatant la saisie.

3. Les ustensiles de cuivre dont l'usage serait dangereux par le mauvais état de l'etamage, seront transportés sur-le-champ chez le chaudronnier le plus voisin, pour être étamés aux frais des propriétaires, lors même qu'ils déclareraient ne pas s'en servir.

4. Il est défendu aux marchands désignés en l'article 1 de laisser séjourner dans des vases de cuivre étamés ou non étamés aucuns aliments et aucunes préparations, quand même ils seraient enveloppés de linge.

5. Les comestibles gâtés, corrompus ou nuisibles, qui seraient exposés en vente, seront confisqués et détruits. Les délinquants seront poursuivis conformément à l'article 20 du titre 1er de la loi du 22 juillet 1791.

6. Il est défendu aux marchands de vin d'avoir des comptoirs revêtus de lames de plomb, aux débitants de sel et de tabac de se servir de balances de cuivre, et aux nourrisseurs de vaches, crêmiers et laitiers, de déposer le lait dans des vases de cuivre; le tout à peine de confiscation et de trois cents francs d'amende. (*Déclar. du roi du* 13 *juin* 1777, *art.* 1er.)

Les débitants de sel et de tabac ne pourront se servir que de balances de fer-blanc ou battu.

7. Les lames de plomb, les balances et les vases de cuivre qui seraient trouvés chez les marchands désignés en l'article précédent, seront saisis et envoyés à la préfecture de police, avec les procès-verbaux constatant les contraventions.

8. Les commissaires de police et les maires des communes rurales du ressort de la préfecture de police sont chargés de faire les visites prescrites par la présente ordonnance et d'en dresser des procès-verbaux, qu'ils nous transmettront.

9. Le commissaire inspecteur général des halles et marchés, l'inspecteur général des boissons et les inspecteurs des poids et mesures concourront à l'exécution des dispositions ci-dessus, et nous rendront compte du résultat de leurs opérations.

10. Il sera pris envers les contrevenants, telles mesures de police administrative qu'il appartiendra, sans préjudice des poursuites à exercer contre eux devant les tribunaux.

11. La présente ordonnance sera imprimée et affichée.

Les sous-préfets des arrondissements de Saint-Denis et de Sceaux, l'inspecteur général de police, les officiers de paix et les préposés de la préfecture de police sont chargés de concourir à son exécution.

Le ministre d'Etat, préfet de police, comte ANGLÈS.

N° 823. — *Ordonnance portant interdiction momentanée du passage sur le pont de Saint-Cloud.*

Paris, le 13 août 1816.

N° 824. — *Ordonnance qui détermine le nombre de trotteurs sur le marché aux chevaux et en règle le service* (1).

Paris, le 19 août 1816.

Nous, ministre d'Etat, préfet de police,

Informé que des marchands de chevaux confient leurs chevaux à des enfants pour les faire trotter sur le marché, que la faiblesse et l'inexpérience de ces enfants peuvent donner lieu à des accidents graves qu'il importe de prévenir ;

Considérant que le plus sûr moyen de remédier à un pareil désordre est de déterminer les conditions d'après lesquelles les trotteurs pourront être admis et d'en régler le service ;

Vu les articles 32 et 38 de l'arrêté du gouvernement du 12 messidor an VIII (1er juillet 1800) ;

Ordonnons ce qui suit :

1. Il y aura sur le marché aux chevaux un nombre déterminé d'individus chargés de faire trotter les chevaux.

Les marchands auront, néanmoins, la faculté de faire trotter leurs chevaux par leurs domestiques ou garçons d'écurie, mais à la charge de les faire enregistrer préalablement au bureau du commissaire de police du marché.

2. Le nombre de trotteurs est provisoirement fixé à vingt.

3. Ils seront nommés par nous sur la présentation du commissaire de police du quartier Saint-Marcel.

4. Ils ne pourront être admis s'ils ne sont âgés de seize ans au moins, et s'ils ne fournissent des répondants connus et domiciliés.

5. Le salaire des trotteurs ne pourra excéder soixante-quinze centimes par cheval ou par heure qu'ils seront employés.

6. Les trotteurs seront tenus de se pourvoir d'un chapeau rond, d'une veste de drap bleu, avec collet montant de drap rouge, d'un pantalon de drap gris et d'une paire de bottes.

7. Ils porteront sur le bras gauche une plaque indiquant leur état et le numéro de leur enregistrement.

8. Dans le cas où des trotteurs maltraiteraient des chevaux, ou donneraient lieu à des plaintes fondées, le commissaire de police du quartier Saint-Marcel est autorisé à leur retirer la plaque, sauf à nous en rendre compte pour être statué définitivement.

9. Il est défendu aux enfants de fréquenter le marché aux chevaux pendant sa durée.

10. Les contraventions seront constatées par des procès-verbaux qui nous seront adressés.

11. Il sera pris envers les contrevenants telle mesure de police administrative qu'il appartiendra, sans préjudice des poursuites à exercer contre eux devant les tribunaux.

---

(1) V. les ord. des 3 déc. 1816, 21 fév. 1820, 3 et 12 sept. 1823, l'arr. du 27 oct. 1828 et l'ord. du 19 déc. 1829.

12. La présente ordonnance sera imprimée et affichée dans le marché et aux environs.

Elle recevra son exécution dans un mois à compter du jour de la publication.

Les commissaires de police des quartiers Saint-Marcel et des marchés, l'inspecteur général de la police, les officiers de paix, le commissaire inspecteur général des halles et marchés et les préposés placés sous sa direction sont chargés de tenir la main à son exécution.

Le ministre d'Etat, préfet de police, comte ANGLÈS.

N° 825. — *Arrêté contenant instruction pour l'inspecteur général et l'inspecteur général adjoint de la navigation et des ports* (1).

Paris, le 21 août 1816.

Nous, ministre d'Etat, préfet de police,

Vu, 1° l'arrêté du 28 mars 1809, portant que l'inspecteur général de la navigation et des ports exercera concurremment avec le contrôleur général du recensement et mesurage des bois et charbons, les fonctions attribuées à ce dernier par les arrêtés et règlements concernant l'approvisionnement de Paris en combustibles;

2° L'arrêté du 25 juillet 1816, qui attribue à l'inspecteur général adjoint de la navigation et des ports la direction spéciale du service du recensement et mesurage des bois et charbons, ainsi que la surveillance de la perception du droit de mesurage, sans préjudice des attributions qui lui sont conférées par les règlements existants pour l'inspection de la navigation et des ports;

Considérant que l'article 2 de ce dernier arrêté, en chargeant l'inspecteur général adjoint de la direction du recensement et mesurage des combustibles et de la surveillance de la perception du droit de mesurage, n'a pas déterminé d'une manière positive les attributions de cet inspecteur, tant dans l'exercice de ce service spécial que dans ce qui concerne celui de la navigation et des ports;

Et voulant fixer exactement les rapports de l'inspecteur général avec son adjoint, dans les fonctions qui leur sont respectivement confiées;

Arrêtons ce qui suit :

§ 1er. — Navigation et ports.

1. L'inspecteur général adjoint est sous les ordres de l'inspecteur général de la navigation et des ports.

2. Il l'aidera sur tous les points de l'inspection générale dans le ressort de la préfecture de police.

Il transmettra aux agents de la navigation tous les ordres qu'il recevra de l'inspecteur général; il en surveillera l'exécution et lui en rendra compte.

3. Dans les cas urgents, l'inspecteur général adjoint est autorisé à donner directement les ordres qu'il croira nécessaires aux inspecteurs et préposés du service de la navigation et des ports, à la charge par lui d'en rendre compte dans le jour à l'inspecteur général.

4. Les inspecteurs particuliers de la navigation et des ports, ainsi que les préposés qui sont sous les ordres de l'inspecteur général, sont

---

(1) V. l'arr. du 20 juin 1832.

à l'égard de l'inspecteur général adjoint ce qu'ils sont relativement à l'inspecteur général.

5. Lorsque l'inspecteur général adjoint aura connaissance de quelque contravention, il en dressera procès-verbal qu'il transmettra à l'inspecteur général, ou il lui en fera rapport suivant les circonstances.

6. En cas de maladie, d'absence ou de tout autre empêchement légitime, l'inspecteur général adjoint remplacera l'inspecteur général.

7. L'inspecteur général adjoint étant spécialement chargé, sous les ordres de l'inspecteur général, d'inspecter le recensement et le mesurage des bois et charbons, il remplira, à cet égard, les fonctions attribuées au contrôleur général de cette partie du service. Il surveillera, en outre, la perception du droit de mesurage des bois et charbons et du pesage des marchandises.

8. Il aura sous sa direction immédiate, le contrôleur ambulant, les inspecteurs, les préposés au recensement et mesurage des bois et charbons et les préposés au pesage et mesurage publics. Ils lui adresseront leurs rapports.

9. Les inspecteurs particuliers de la navigation et des ports sont en même temps inspecteurs particuliers des combustibles et du pesage et mesurage public ; en conséquence, ils surveilleront ce service sous les ordres de l'inspecteur général adjoint auquel ils rendront compte.

10. Le contrôleur ambulant remplacera, quant à ce service, l'inspecteur général adjoint dans tous les cas de maladie, absence ou tout autre empêchement légitime.

11. Tous les ordres émanés de nous, en ce qui concerne les attributions spéciales confiées à l'inspecteur général adjoint, lui seront adressés par l'intermédiaire de l'inspecteur général.

12. Les rapports particuliers de l'inspecteur général adjoint, ainsi que ceux de ses subordonnés pour le même service, nous seront transmis par l'inspecteur général avec ses observations, s'il y a lieu.

§ II. — Recensement et mesurage des bois et charbons; surveillance de la perception du droit de mesurage et pesage publics.

13. L'inspecteur général de la navigation et des ports nous indiquera toutes les améliorations qu'il jugera utiles et nécessaires au bien de ce service.

14. Les améliorations que l'inspecteur général adjoint serait dans le cas de nous indiquer pour le bien du service dont il est spécialement chargé, nous seront directement adressées par l'inspecteur général avec ses observations et son avis.

15. Il y aura, comme par le passé, un bureau central d'inspection générale dans lequel l'inspecteur général et son adjoint auront chacun un cabinet séparé.

16. Ils se concerteront pour nous faire connaître incessamment le nombre des employés dont ils auront respectivement besoin pour les écritures de leurs bureaux, sans augmenter le nombre de ceux qui existent aujourd'hui.

Ils nous soumettront aussi la distribution entre eux des frais de bureau alloués jusqu'à présent.

17. Toutes les dispositions de l'instruction du 26 décembre 1812, qui ne sont pas contraires à celles du présent arrêté, sont maintenues.

18. La présente instruction sera imprimée.

Le ministre d'Etat, préfet de police, comte ANGLÈS.

N° **826**. — *Ordonnance concernant les mesures d'ordre à observer à l'occasion du jour de la Saint-Louis* (1).

Paris, le 23 août 1816.

N° **827**. — *Ordonnance concernant les barrières sur les boulevards intérieurs* (2).

Paris, le 26 août 1816.

Nous, ministre d'Etat, préfet de police,

Considérant que les permissions d'établir des barrières au-devant des propriétés qui bordent les contre-allées des boulevards intérieurs de Paris n'ont été et ne doivent être accordées que pour raison de salubrité, afin d'empêcher les dépôts d'ordures et d'immondices (3);

Que, sur une grande partie des boulevards du nord, et particulièrement dans les quartiers très-fréquentés, ces barrières n'ont généralement aucun but d'utilité publique, qu'elles gênent même la circulation par leur saillie sur l'intérieur des contre-allées, et donnent lieu dans l'enceinte des barrières, à des dépôts de toute nature, à des ouvrages et des établissements qui nuisent aux arbres;

Considérant qu'il importe de faciliter la circulation sur les boulevards et de veiller à la conservation des plantations, qui ne contribuent pas moins à la salubrité qu'à l'ornement de cette promenade;

Vu l'ordonnance des prévôts des marchands et échevins de la ville de Paris, du 8 avril 1766; le décret du 27 octobre 1808, et les articles 2, 21, 22, 23 et 34 de l'arrêté du gouvernement du 12 messidor an VIII (1er juillet 1800);

Ordonnons ce qui suit :

1. A l'avenir, et à compter du jour de la publication de la présente ordonnance, il ne pourra être établi de barrières au-devant des propriétés bordant les contre-allées des boulevards intérieurs de Paris, si ce n'est pour raison de salubrité publique, et après avoir obtenu la permission nécessaire à cet effet.

Ces barrières seront établies hors des contre-allées des boulevards et à cinquante centimètres au moins du corps des arbres, sans pouvoir néanmoins excéder un mètre cinquante centimètres de saillie, à partir du nu du mur.

2. Les barrières actuellement existantes ne pourront être réparées.

Elles seront supprimées du moment où il y aura nécessité de les réparer, pour être rétablies, s'il y a lieu, à l'alignement déterminé par l'autorité.

3. Il est défendu de faire des dépôts et de former aucun établissement dans l'enceinte des barrières, sans une autorisation spéciale.

4. Les contraventions seront constatées par des procès-verbaux qui nous seront adressés.

5. Il sera pris envers les contrevenants telles mesures de police administrative qu'il appartiendra, sans préjudice des poursuites à exercer contre eux devant les tribunaux.

---

(1) V. l'ord. du 23 août 1824.

(2) V. l'ord. du 4 mai 1840.

(3) V. à l'appendice l'ord. royale du 24 déc. 1823 (art. 5).

6. La présente ordonnance sera publiée et affichée.

Les commissaires de police, et notamment ceux des quartiers qui avoisinent les boulevards intérieurs, l'inspecteur général de la police, les officiers de paix, l'architecte-commissaire de la petite voirie, l'inspecteur général de la salubrité et les préposés de la préfecture de police sont chargés de tenir la main à son exécution.

Le ministre d'Etat, préfet de police, comte ANGLÈS.

N° 828. — *Ordonnance concernant l'ouverture de la chasse* (1).

Paris, le 28 août 1816.

N° 829. — *Ordonnance concernant les propriétaires et conducteurs de voitures de transport ou de chevaux et les aubergistes.*

Paris, le 28 août 1816.

Nous, ministre d'Etat, préfet de police,

Considérant qu'il résulte beaucoup d'accidents du défaut d'observation des lois et règlements concernant la police des voitures de roulage, et autres voitures de transport, et qu'il importe d'en rappeler les dispositions;

Vu les ordonnances des 17 juillet, 15 novembre 1781 et 21 décembre 1787, les lois des 22 juillet 1791 et 3 nivôse an VI (23 décembre 1798), le décret du 23 juin 1806, les articles 1383, 1384 et 1385 du Code civil, et les articles 319, 320, 471, 475, 476, 479 et 484 du Code pénal;

Vu également les articles 22 et 32 de l'arrêté du gouvernement du 12 messidor an VIII (1er juillet 1800), et l'article 1 de celui du 3 brumaire an IX (25 octobre 1800);

Ordonnons ce qui suit :

1. Tout propriétaire de voitures de transport est tenu d'y mettre ou faire mettre une plaque de métal, sur laquelle ses noms et domicile seront peints, en caractères apparents et lisibles. Cette plaque doit être clouée en avant de la roue, et au côté gauche de la voiture, à peine de vingt-cinq francs d'amende : l'amende sera double si la plaque portait soit un nom, soit un domicile faux ou supposé. (*Loi du 3 nivôse an* VI, *art.* 9 (23 *décembre* 1798). *Décret du* 23 *juin* 1806, *art.* 34.)

2. Les propriétaires de charrettes, haquets, tombereaux et autres voitures de transport employées pour l'usage du public dans la ville de Paris, continueront de faire à la préfecture de police, la déclaration de leurs noms et demeures et du nombre de voitures qui leur appartiennent.

Il leur sera délivré un numéro qu'ils feront peindre sur la plaque prescrite par l'article précédent.

En cas de changement de domicile, ils sont tenus d'en faire la déclaration à la préfecture de police.

3. Les voitures de roulage et autres voitures de transport doivent être bien conditionnées et entretenues en bon état.

Conformément à l'ordonnance de police du 21 décembre 1787, les

---

(1) V. l'ord. du 22 août 1843.

voitures qui servent au transport du bois, des planches, des pierres, des moëllons, des gravois et autres objets qui, en tombant, peuvent occasionner des accidents, ne pourront être chargées au-dessus des ridelles ou des planches de clôture, à peine d'amende et d'emprisonnement. (*Art. 475, § 4 et art. 476 du Code pénal.*)

Les ridelles ne pourront, dans aucun cas, être suppléées ni sur-élevées par des bûches ou piquets placés perpendiculairement pour retenir le chargement.

4. Les falourdes de harts, les fagots et les tonneaux pourront être transportés sur des haquets, pourvu qu'ils y soient solidement assujettis.

5. Il est défendu aux voituriers et charretiers de détourner ou laisser détourner aucune partie des marchandises chargées sur leurs voitures, à peine d'être poursuivis devant les tribunaux, comme coupables ou complices de vol.

6. Il leur est enjoint de conduire directement à destination les marchandises dont le transport leur est confié, sans qu'ils puissent s'arrêter en route.

7. Conformément au paragraphe 3 de l'article 475 du Code pénal, les rouliers, charretiers et conducteurs de voitures ou de bêtes de charge sont obligés de se tenir constamment à portée de leurs chevaux, bêtes de trait ou de charge, et de leurs voitures, et en état de les guider et conduire.

En conséquence, il est défendu aux rouliers et charretiers de faire trotter et galoper leurs chevaux et de monter dessus. Ils se tiendront à pied, près la tête du limonier, pour être à portée de se servir des guides ou du cordeau, et de pouvoir diriger leurs chevaux.

Les charretiers pourront, néanmoins, monter dans leurs voitures, lorsqu'elles ne seront attelées que d'un cheval, pourvu qu'il soit retenu par des guides solides et en bon état, mais toujours sans pouvoir le faire trotter ni galoper; ils seront tenus de le conduire au pas.

8. Il est défendu de confier des voitures à des enfants hors d'état de les conduire, à peine de cent francs d'amende. (*Ord. de police du 21 décembre 1787, art.* 1er.)

Les conducteurs doivent avoir au moins 18 ans.

9. Les rouliers, charretiers et conducteurs de voitures sont tenus d'occuper un seul côté des chemins ou voies publiques, de se détourner ou ranger devant toutes autres voitures, et à leur approche de leur laisser libre au moins la moitié des chaussées, routes et chemins, sous les peines portées aux articles 475 et 476 du Code pénal.

10. Il est défendu de faire stationner sans nécessité, sur la voie publique, aucune voiture attelée ou non attelée, sous les peines prononcées par l'article 471 du Code pénal.

11. Les aubergistes sont tenus de placer dans leurs cours les voitures des rouliers ou voyageurs qui logeront chez eux.

Néanmoins, dans les communes rurales, lorsque les cours des aubergistes ne seront pas assez spacieuses pour contenir toutes les voitures, ils pourront en faire stationner le long de leurs maisons, en obtenant préalablement la permission du maire de leur commune. Dans ce cas, les aubergistes devront ranger les voitures de manière que la circulation soit libre, et placer une lanterne allumée pendant la nuit, pour que les voitures, laissées sur la voie publique, soient aperçues des voyageurs, à peine de cinquante francs d'amende. (*Ord. du 17 juill. 1781, art.* 11.)

12. Il est défendu de conduire ou faire conduire sur la voie publique et aux abreuvoirs, plus de trois chevaux ou mulets, y compris celui sur lequel le conducteur sera monté; comme aussi de confier la conduite de ces chevaux ou mulets à des enfants au-dessous de

18 ans ou à des femmes et de les faire courir ou trotter dans les rues, à peine d'amende et d'emprisonnement. (*Ord. de police du 21 déc. 1787, art. 4 et art. 475 et 476 du Code pénal.*)

13. Il est défendu d'entrer avec de la lumière dans les lieux qui renferment des fourrages, à moins que cette lumière ne soit contenue dans une lanterne close, à peine de deux cents francs d'amende. (*Ord. de police du 15 nov. 1781, art. 5.*)

Il est enjoint d'avoir dans les écuries des lanternes fixes, pour prévenir les accidents du feu.

14. Les propriétaires de voitures et de chevaux et les aubergistes sont responsables du dommage causé non-seulement par leur fait, ou par leur négligence ou imprudence, mais encore du dommage causé par le fait des personnes dont ils doivent répondre. (*Art. 1383, 1384 et 1385 du Code civil.*)

15. Les contraventions seront constatées par des procès-verbaux qui nous seront adressés.

Les voituriers, rouliers, conducteurs de voitures ou de chevaux non domiciliés dans le ressort de la préfecture de police, seront tenus d'y élire domicile et de fournir caution, pour sûreté de l'amende encourue ; faute par eux de ce faire, la voiture ou l'un de leurs chevaux sera, par voie de police administrative, arrêté et mis en fourrière, si mieux n'aiment les contrevenants consigner l'équivalent de l'amende et toujours en élisant domicile.

Dans le cas où il en serait résulté quelques blessures, les charretiers et conducteurs pourront être arrêtés et retenus jusqu'après le jugement de l'affaire. (*Loi du 22 juill. 1791, art. 28.*)

16. Il sera pris envers les contrevenants telles mesures de police administrative qu'il appartiendra, sans préjudice des peines prononcées par les lois et règlements, notamment par les articles 319, 320 et 479 du Code pénal.

17. La présente ordonnance sera imprimée, publiée et affichée.

Les sous-préfets des arrondissements de Saint-Denis et de Sceaux, les maires des communes rurales du ressort de la préfecture de police, les commissaires de police, l'inspecteur général de police et les officiers de paix, les chefs du service extérieur et les préposés de la préfecture de police sont chargés de tenir la main à son exécution.

Elle sera adressée à M. le colonel de la ville de Paris, commandant la gendarmerie royale, et à M. le commandant de la gendarmerie du département de la Seine, pour en assurer l'exécution par tous les moyens qui sont à leur disposition.

Le ministre d'Etat, préfet de police, comte ANGLÈS.

N° 830. — *Ordonnance concernant les mesures de police qui doivent être observées les 8, 15 et 22 septembre à l'occasion de la fête de Saint-Cloud* (1).

Paris, le 6 septembre 1816.

N° 831. — *Ordonnance concernant l'ouverture de la chasse* (2).

Paris, le 7 septembre 1816.

---

(1) V. l'ord. du 6 sept. 1843.

(2) V. l'ord. du 22 août 1843.

N° 832. — *Ordonnance concernant les diligences, messageries ou autres voitures publiques* (1).

Paris, le 12 septembre 1816.

Nous, ministre d'Etat, préfet de police,

Vu les décrets des 13 floréal an XIII (20 mai 1805) et 28 août 1808, et l'ordonnance du roi du 24 décembre 1814, concernant les diligences, messageries ou autres voitures publiques ; et les articles 319, 320, 475, 476, 479 et 484 du Code pénal ;

Vu également les articles 22 et 32 de l'arrêté du gouvernement du 12 messidor an VIII (1er juillet 1800), et l'article 1 de celui du 3 brumaire an IX (25 octobre 1800),

Ordonnons ce qui suit :

1. L'article 5 du décret du 30 floréal an XIII (20 mai 1805), les articles 1, 2, 3, 4, 5, 6, 7, 8, 9, 10, 11, 12, 13, 14 et 16 du décret du 28 août 1808 et l'article 2 de l'ordonnance du roi du 24 décembre 1814, seront de nouveau affichés avec la présente ordonnance (2).

2. Les propriétaires de diligences, messageries ou autres voitures publiques continueront de faire à la préfecture de police la déclaration prescrite par l'article 1 du décret du 28 août 1808 ; ils sont aussi tenus de nous donner connaissance des changements qu'ils apporteraient soit dans la destination ou la capacité de leurs voitures, soit relativement au jour et à l'heure de leur départ, de leur arrivée et de leur retour.

Il sera remis aux entrepreneurs un certificat de leur déclaration.

Ce certificat sera visé par le commissaire de police du quartier du lieu de l'établissement.

3. Les registres que les entrepreneurs de diligences, messageries ou autres voitures publiques sont obligés de tenir, conformément à l'article 4 du décret du 28 août 1808, continueront à être cotés et parafés par nous.

4. Un tableau placé dans l'endroit le plus apparent du bureau, indiquera le prix des places et du transport des effets et marchandises.

L'extrait de l'enregistrement des ballots, malles et paquets, qui doit être donné aux voyageurs, aux termes de l'article 4 du même décret, contiendra, en outre, la mention du lieu de la destination, du prix de la place ou du transport et de la somme payée d'avance.

5. Il sera procédé à de fréquentes visites des diligences, messageries ou autres voitures publiques.

Ces visites seront faites par le commissaire de police du quartier, assisté des gens de l'art.

6. Les commissaires de police pourront interdire provisoirement l'usage des voitures reconnues hors d'état de servir, sauf à nous en rendre compte dans les vingt-quatre heures.

7. Les conducteurs de diligences, messageries ou autres voitures publiques devront être âgés de dix-huit ans au moins.

Les livrets dont ils doivent être pourvus, aux termes de l'article 11 du décret du 28 août 1808, continueront à être délivrés à la préfecture de police.

8. Conformément au paragraphe 3 de l'article 475 du Code pénal,

---

(1) V. les ord. des 29 déc. 1817, 4 avril 1820, 27 août 1821, 21 juin 1823, 14 août 1824, 15 mars 1826, 25 oct. 1827, 19 août 1828, 31 janv. 1829 et 18 avril 1843.

(2) V. ces décrets et cette ord. à l'appendice.

les postillons et conducteurs de diligences, messageries et autres voitures quelconques sont tenus de guider et de conduire leurs chevaux avec prudence.

En conséquence, il leur est défendu de les conduire au galop ou au grand trot dans les rues de Paris et dans les communes du ressort de la préfecture de police ; ils ne pourront mener leurs chevaux qu'au petit trot dans les rues larges et seulement au pas dans les rues étroites ; le tout de manière à pouvoir éviter toute espèce d'embarras et prévenir les accidents.

9. Les contraventions seront constatées par des procès-verbaux qui nous seront adressés.

10. Il sera pris envers les contrevenants telles mesures de police administrative qu'il appartiendra, sans préjudice des peines prononcées par les lois et règlements, notamment par les articles 319, 320 et 479 du Code pénal.

11. La présente ordonnance sera notifiée aux entrepreneurs de diligences, messageries et autres voitures publiques, et à leurs postillons ou conducteurs par les maires dans les communes rurales, et par les commissaires de police à Paris; cette notification sera constatée par des procès-verbaux qui nous seront transmis.

12. Les sous-préfets des arrondissements de Saint-Denis et de Sceaux, les maires des communes rurales, les commissaires de police, l'inspecteur général de la police et les officiers de paix, les chefs du service extérieur, les préposés de la préfecture de police et les préposés aux ponts à bascule sont chargés de tenir la main à son exécution.

Elle sera adressée à M. le colonel de la ville de Paris, commandant la gendarmerie royale, et à M. le commandant de la gendarmerie du département de la Seine, pour en assurer l'exécution par tous les moyens qui sont à leur disposition.

Le ministre d'Etat, préfet de police, comte ANGLÈS.

N° 833. — *Ordonnance concernant le commerce de bois à œuvrer.*

Paris, le 12 septembre 1816.

Nous, ministre d'Etat, préfet de police,

Vu l'article 10 du chapitre 2 et les articles 3 du chapitre 3 de l'ordonnance royale du mois de décembre 1672 ;

Vu aussi les articles 32 et 33 de l'arrêté du gouvernement du 12 messidor an VIII (1er juillet 1800), et les articles 1 et 2 de l'arrêté du 3 brumaire an IX (25 octobre 1800) ;

Considérant que les chantiers de bois à œuvrer comme ceux de bois à brûler, ne doivent être établis que dans des lieux propres à ces sortes de dépôts et hors de toute nuisance ;

Considérant, en outre, que lors de l'entrée dans Paris, des bois à œuvrer achetés à l'extérieur, il se pratique des fraudes très-préjudiciables au produit de l'octroi ;

Ordonnons ce qui suit :

SECTION Ire.

Établissements de chantiers.

1. Il ne peut être tenu aucun chantier de bois à œuvrer dans le ressort de la préfecture de police, sans une permission délivrée par nous.

2. Dans un mois, à compter de la publication de la présente ordonnance, tout marchand de bois à œuvrer, actuellement établi, qui voudra continuer son état et conserver son chantier, sera tenu d'en demander et obtenir la permission.

Il joindra à sa demande un plan figuré du local, avec indication des dimensions et des tenants et aboutissants.

3. Les marchands de bois à œuvrer, autorisés à tenir chantier, sont obligés d'avoir à la porte extérieure de leur chantier, un tableau indicatif de leurs noms et de leur profession.

4. Les marchands de bois à œuvrer qui n'auront pas obtenu la permission de continuer à tenir leurs chantiers, par des motifs de sûreté publique ou de salubrité, ne pourront y rentrer de nouvelles marchandises.

Ces chantiers, aussitôt après la vente des bois à œuvrer qui s'y trouvent, seront fermés.

SECTION II.

Arrivage, garage, tirage et vente des bois.

5. Les marchandises de bois à œuvrer, destinées pour Paris, y seront directement amenées. (*Ord. du mois de fév.* 1415, *chap.* 12, *art.* 1er, *et ord. de* 1672, *chap.* 3, *art.* 3.)

6. Il est défendu d'aller au-devant des marchandises de bois à œuvrer et d'en acheter en route. (*Ord. de* 1672, *chap.* 3, *art.* 2.)

Il est également défendu d'en vendre au regrat, à peine de confiscation et d'amende. (*Lettr. patent. du* 11 *août* 1649, *art.* 35.)

7. Les trains seront fermés dans les gares et dans les ports, avec bonnes et suffisantes cordes attachées à des pieux d'amarre.

8. Il est défendu d'embarrasser par des bois ou autrement, les pieux et anneaux qui servent à amarrer les trains et bateaux.

9. Il est défendu de faire arriver et garer aucun train dans les parties du port réservées pour les passages d'eau et pour les coches, et généralement de gêner en aucune manière le service de la navigation et des ports.

10. Le lâchage des trains de bois à œuvrer pour les ports de Paris, ne peut commencer avant le jour et doit cesser à la nuit tombante.

Les trains ou parties de trains seront conduits par quatre mariniers au moins.

11. Les marchands de bois à œuvrer seront tenus d'avoir en propriété des bachots et des cordes de repêche pour le service des trains qui leur sont destinés.

12. Les trains et les bateaux de bois à œuvrer ne pourront être tirés et déchargés qu'aux ports affectés à cet usage.

Les bois à œuvrer ne pourront être vendus sur bateau ni être empilés ou vendus sur la berge, ni y rester déposés sous quelque prétexte que ce soit. Ils doivent être enlevés et rentrés au fur et à mesure du tirage ou déchargement.

SECTION III.

Dispositions générales.

13. Quiconque amènera des bois à œuvrer à Paris ou dans les chantiers des communes rurales, sera tenu de justifier, à toute réquisition, de lettres de voiture en bonne forme. Ces lettres de voiture indiqueront les quantités et qualités des bois, le lieu du chargement, l'époque du départ, les noms de l'expéditeur, du marchand ou de tout autre individu à qui ils seraient adressés et du marinier chargé de les conduire. (*Ord. de* 1672, *chap.* 2, *art.* 8 *et* 9.)

14. Lorsqu'une voiture chargée de bois à œuvrer, entrera dans Paris, le charretier devra être muni d'un bulletin énonçant la quantité de pièces qu'il conduira, leur qualité et leurs dimensions respectives, le nom du propriétaire du chantier et la destination des bois.

15. Il est défendu d'amener et d'exposer en vente des bois défectueux à peine de confiscation. (*Ord. de* 1672, *chap.* 3, *art.* 19.)

16. Il est défendu de travailler dans les chantiers de bois à œuvrer à la lumière, d'y fumer ou d'y porter du feu, même dans des chaudrons grillés, chaufferettes, etc.

Les marchands ne pourront aller dans leurs chantiers, pendant la nuit, qu'avec une lanterne close.

17. Les contraventions seront constatées par des procès-verbaux qui nous seront adressés.

Il sera pris envers les contrevenants telles mesures de police administrative qu'il appartiendra, sans préjudice des poursuites à exercer contre eux devant les tribunaux.

18. La présente ordonnance sera imprimée et affichée.

Les sous-préfets des arrondissements de Saint-Denis et de Sceaux, les maires des communes rurales du ressort de la préfecture de police, les commissaires de police, l'inspecteur général de la police, les officiers de paix, l'inspecteur général de la navigation et des ports, le contrôleur ambulant des chantiers extrà muros et les préposés de la préfecture de police sont chargés de tenir la main à son exécution.

Le ministre d'Etat, préfet de police, comte ANGLÈS.

N° 834. — *Ordonnance concernant les cabriolets bourgeois et sous remise* (1).

Paris, le 28 septembre 1816.

Nous, ministre d'Etat, préfet de police,

Considérant que des personnes négligent de se conformer aux mesures prescrites pour la circulation des cabriolets ; qu'elles s'exposent ainsi non-seulement à voir leurs voitures arrêtées et mises en fourrière, mais encore à des condamnations judiciaires ;

Voulant rappeler les dispositions des règlements à cet égard, et en assurer la stricte exécution, afin de prévenir les accidents ;

Vu les articles 2, 22 et 32 de l'arrêté du gouvernement du 12 messidor an VIII (1er juillet 1800), et l'article 1 de celui du 3 brumaire an IX (25 octobre 1800) ;

Ordonnons ce qui suit :

1. Toute personne domiciliée dans le ressort de la préfecture de police, qui est propriétaire d'un cabriolet, pour son usage particulier, ne peut le faire circuler qu'après en avoir fait la déclaration à la préfecture de police.

2. Les propriétaires de cabriolets loués sous remise à des particuliers, à la journée, au mois ou à l'année, continueront de faire la même déclaration.

Il leur est défendu d'exposer et faire stationner leurs cabriolets, sur aucun point de la voie publique, pour être loués.

3. Il sera délivré à ceux qui feront les déclarations prescrites par

---

(1) Rapportée. — V. l'arr. du 25 fév. 1842 et les ord. des 20 avril, 5, 6 et 10 oct. 1843.

les articles précédents, des numéros pour être mis sur leurs cabriolets.

Il leur est défendu de les faire circuler sans numéro.

4. Les cabriolets destinés uniquement à l'usage personnel de leurs propriétaires, seront numérotés au-dessous de la capote, sur le panneau de derrière, et sur les deux panneaux de côté.

Les numéros seront en chiffres arabes blancs de 81 millimètres (3 pouces) de hauteur et de 7 millimètres (3 lignes) de plein, sur un écusson fond noir, conforme au modèle ci-contre.

5. Les cabriolets loués sous remise continueront à être numérotés par le préposé de l'administration de la police, qui est chargé de ce service.

Les numéros seront dans les dimensions fixées par l'article précédent, sur un écusson fond noir, suivant le modèle ci-contre.

6. Les chevaux de cabriolet porteront au col un grelot mobile de cuivre battu, dont le bruit puisse avertir les passants.

Pendant la nuit, les cabriolets seront garnis de deux lanternes adaptées à chaque côté de la caisse, et allumées à la chute du jour.

Il est défendu de conduire les chevaux de cabriolet avec rapidité; ils ne pourront être menés qu'au petit trot, et seulement au pas dans les marchés, à la descente des ponts et dans les rues étroites.

Le tout sous les peines prononcées par les articles 475 et 476 du Code pénal.

7. Les dispositions prescrites par l'article précédent sont applicables aux cabriolets de place.

8. Il est défendu à tout propriétaire ou conducteur de cabriolets de les laisser conduire par des hommes âgés de moins de dix-huit ans ou par des femmes.

9. Les propriétaires de cabriolets seront tenus, lorsqu'ils changeront de domicile, d'en faire préalablement la déclaration à la préfecture de police.

En cas de vente des cabriolets, il en sera fait aussi la déclaration, tant par le vendeur que par l'acheteur.

10. Les personnes non domiciliées dans le ressort de la préfecture de police, qui viendront à Paris avec un cabriolet à leur usage particulier, exhiberont leur passe-port dans le cas où leur cabriolet serait arrêté comme ne portant pas de numéro, lanternes ni grelot.

11. Les contraventions aux dispositions ci-dessus seront constatées, soit par des procès-verbaux, soit par des rapports des officiers de paix ou préposés de la police, qui nous seront transmis.

12. Il sera pris envers les contrevenants telles mesures de police administrative qu'il appartiendra, sans préjudice des peines prononcées par les lois et règlements, notamment par les articles 319, 320, 475, 476 et 479 du Code pénal.

Dans le cas où il serait résulté quelques blessures de la contravention, le conducteur du cabriolet pourra être arrêté et retenu jusqu'après le jugement de l'affaire. (*Loi du 22 juill. 1791, art. 28.*)

13. La présente ordonnance sera imprimée et affichée.

Les sous-préfets des arrondissements de Saint-Denis et de Sceaux, les maires des communes rurales du ressort de la préfecture de police, les commissaires de police, l'inspecteur général de police et les officiers de paix, les chefs du service extérieur et les préposés de la préfecture de police sont chargés de tenir la main à son exécution.

Elle sera adressée à M. le colonel de la ville de Paris, commandant la gendarmerie royale, et à M. le commandant de la gendarmerie du département de la Seine, pour en assurer l'exécution par tous les moyens qui sont à leur disposition.

Le ministre d'Etat, préfet de police, comte ANGLÈS.

N° 835. — *Ordonnance concernant des mesures d'ordre à observer à l'occasion de la messe du Saint-Esprit et de l'ouverture de la session des Chambres* (1).

Paris, le 2 novembre 1816.

Nous, ministre d'Etat, préfet de police,

Vu les lettres à nous adressées par S. Exc. le grand-maître des cérémonies de France, le 31 octobre dernier et le 1er du courant,

Ordonnons ce qui suit :

§ Ier. — Des dispositions relatives à la messe du Saint-Esprit.

1. Dimanche prochain, 3 novembre présent mois, jour où le roi se rendra à l'église Notre-Dame pour assister à la messe du Saint-Esprit, aucune voiture ne pourra circuler ni stationner, à compter de huit heures du matin, jusqu'après la rentrée de S. M. au château des Tuileries ;

Sur la place et dans la rue du Carrousel ; sur la place du Louvre ; dans les rues des Poulies et du Petit-Bourbon ; sur le quai du Louvre, depuis le Pont-Royal jusqu'à la rue du Petit-Bourbon ; sur le quai de l'Ecole ; sur le Pont-Neuf, sur le quai des Orfévres ; dans le Marché-Neuf ; dans la rue du Marché-Palu ; dans la rue Neuve-Notre-Dame ; sur le Parvis ; dans la rue Fénelon, et sur les quais qui bordent la Cité.

2. Sont seuls exceptés des dispositions de l'article précédent, les voitures des personnes qui se rendront au palais des Tuileries ou à la Métropole, les courriers de la malle et les diligences.

3. Les voitures des personnes qui se rendront à Notre-Dame, seront mises en stationnement sur le quai de la Cité, à partir de la rue Saint-Landry, sur le quai aux Fleurs, et, au besoin, sur le Pont-au Change.

4. Le parvis Notre-Dame, la rue, la place Fénelon, le quai de l'Archevêché, et, au besoin, partie de celui de la Cité, seront exclusivement réservés pour le stationnement des voitures de la cour, de celles du corps diplomatique, des ministres et des membres des deux chambres.

§ II. — Dispositions relatives à l'ouverture de la session des Chambres.

5. Lundi prochain 4 novembre, jour où le roi se rendra au palais de la Chambre des Députés pour y faire l'ouverture des chambres, la circulation et le stationnement des voitures, autres que celles des personnes qui doivent y assister, ou qui auront des billets d'entrée, seront interdits, à compter de neuf heures du matin jusqu'après le retour de S. M. aux Tuileries,

Sur la place du Carrousel ;

Sur la place Louis XV ;

Sur les quais de la rive droite de la Seine, depuis le Pont-des-Arts jusqu'au quai de Billy ;

Sur ceux de la rive gauche, depuis le Pont-des-Arts jusqu'au quinconce des Invalides ;

Sur le boulevard des Invalides jusqu'à la rue de Vaugirard ;

Dans la rue de Vaugirard, depuis le boulevard jusqu'à la rue de Tournon ;

---

(1) V. l'ord. du 28 fév. 1830.

Dans les rues de Tournon et de Seine jusqu'au quai;

Et sur toutes les parties de la voie publique comprises dans cette enceinte.

6. Les voitures des personnes qui se rendront des quartiers de la rive gauche de la Seine au palais de la Chambre des Députés, arriveront aux cours de ce palais par les rues du Bac et de l'Université.

Celles qui s'y rendront des quartiers de la rive droite, arriveront, jusqu'à onze heures, par le Pont-Royal et la rue du Bac, ou par le Pont-Neuf, en suivant les quais depuis la rue Dauphine jusqu'aux rues du Bac et de l'Université.

Après onze heures, elles ne pourront s'y rendre que par le Pont-Neuf, en suivant la même direction.

Elles seront mises en stationnement dans la rue de l'Université, à l'ouest du palais de la Chambre des Députés; et, au besoin, sur l'esplanade des Invalides.

Le quai d'Orsai sera exclusivement réservé pour le stationnement des voitures de la cour.

§ III. — Dispositions générales.

7. Il est défendu aux cochers de quitter les rênes de leurs chevaux.

Les domestiques suivront les voitures jusqu'au lieu du stationnement.

8. Aucune voiture ne pourra être remise en mouvement qu'après le départ de S. M. de l'église Notre-Dame ou de la Chambre des Députés.

L'ordre de départ sera donné aux cochers par les officiers de paix chargés du maintien de l'ordre sur les lieux.

9. Il ne pourra être construit aucun amphithéâtre, estrade ou autres établissements de ce genre, ni être placé des chaises ou des bancs sur la voie publique.

Ces objets seront détruits ou enlevés.

10. Il est défendu de monter sur les parapets des quais et des ponts.

11. L'inspecteur général de police prendra toutes les mesures nécessaires pour le maintien de l'ordre et de la sûreté publique.

Il se concertera, pour l'exécution, avec les commandants de la force armée qui seront sur les lieux.

12. Il sera pris envers les contrevenants telle mesure de police administrative qu'il appartiendra, sans préjudice des poursuites à exercer contre eux devant les tribunaux.

13. La présente ordonnance sera imprimée et affichée.

L'inspecteur général de police, les commissaires de police, les officiers de paix et les préposés de la préfecture de police sont chargés de tenir la main à son exécution.

Le ministre d'Etat, préfet de police, comte ANGLES.

N° 836. — *Avis concernant le ramonage et les secours à porter en cas d'incendie* (1).

Paris, le 22 novembre 1816.

---

(1) V. l'avis du 10 janv. 1828 et l'ord. du 24 nov. 1843.

N° 837. — *Ordonnance concernant la police de la rivière et des ports, pendant l'hiver, et dans les temps des glaces, grosses eaux et débâcles* (1).

Paris, le 26 novembre 1816.

N° 838. — *Ordonnance qui prescrit l'impression et la publication de l'article 3 de l'ordonnance du roi du 23 octobre 1816 concernant les cabriolets de place* (2).

Paris, le 30 novembre 1816.

N° 839. — *Ordonnance concernant le commerce des fruits, légumes, herbages, fleurs en bottes et plantes usuelles* (3).

Paris, le 2 décembre 1816.

N° 840. — *Ordonnance concernant la police du marché aux chevaux* (4).

Paris, le 3 décembre 1816.

Nous, ministre d'Etat, préfet de police,
Vu les ordonnances du roi des 3 juillet 1763 et 14 août 1777 ;
L'arrêt du conseil d'Etat du roi du 16 juillet 1784 ;
Et les articles 2, 23 et 32 de l'arrêté du gouvernement du 12 messidor an VIII (1er juillet 1800), et l'article 484 du Code pénal,

Ordonnons ce qui suit :

1. Le marché aux chevaux établi à Paris, sur l'emplacement situé entre la rue du marché aux chevaux et le boulevard du midi, continuera d'avoir lieu les mercredis et samedis.

Si le jour fixé pour la tenue du marché, se trouve un jour de fête, le marché tiendra la veille.

2. Le marché sera ouvert, en tout temps, à deux heures de l'après-midi.

Il sera fermé, savoir, à cinq heures, depuis le 1er octobre jusqu'au 31 mars, et à sept heures, depuis le 1er avril jusqu'au 30 septembre.

L'ouverture et la fermeture seront annoncées au son d'une cloche.

3. Il est défendu de vendre des chevaux sur le marché avant l'ouverture.

Le marché sera évacué immédiatement après l'heure de la fermeture.

---

(1) V. les ord. des 1er déc. 1838, 5 déc. 1839 et 25 oct. 1840 (art. 203 et suiv.).

(2) V. cette ord. à l'appendice.

(3) V. les ord. des 25 nov. 1817, 31 oct. 1825, 21 sept. 1829, 28 mars et 5 avril 1831 et 28 juin 1833.

(4) V. les o[illegible]es 21 fév. 1820, 3 sept. et 12 déc. 1823, l'arr. du 27 oct. 1828 et l'ord. du 19 déc. 1829.

4. Il est défendu de laisser des chevaux sur le marché, sans être attachés ou tenus.

Il est défendu d'en attacher aux barrières et aux arbres.

5. Lorsque des chevaux devront être vendus à l'encan, la criée ne pourra en être faite que sur le terrain de l'ancien marché aux porcs.

6. Les jours de marché, il est défendu d'attacher ou faire stationner aucun cheval dans les rues adjacentes au marché.

Il est pareillement défendu d'y faire stationner des voitures. Elles seront rangées sur le boulevard, dans la rue de la Muette, le long des murs du cimetière, et dans la rue de la Cendre, le long du mur à droite en entrant par la rue du marché aux chevaux.

7. Les voitures destinées à être vendues avec les chevaux, continueront d'être placées dans la demi-lune, en tête du marché, côté du boulevard.

8. Les chevaux de trait ne pourront être essayés que dans la rue dite de l'essai, et les chevaux de selle que sur la chaussée du marché.

9. Les chevaux ne devront être essayés que par les trotteurs ou par les domestiques des marchands ou leurs garçons d'écurie, conformément à notre ordonnance du 19 août 1816.

Le trotteur ne pourra conduire que deux chevaux à la fois, y compris celui sur lequel il sera monté.

10. Il est défendu de faire sauter des chevaux par-dessus les barrières du marché.

Les chevaux qui seront vendus comme sauteurs, pourront être essayés dans un lieu indiqué pour cet usage.

11. Le vendeur et l'acheteur qui conviendront de déposer le prix des chevaux, se présenteront au bureau du commissaire de police, pour effectuer le dépôt. L'enregistrement du dépôt sera fait en leur présence, et signé d'eux. S'ils ne savent ou ne peuvent signer, il en sera fait mention.

12. Le registre énoncera la nature des espèces dans lesquelles le dépôt aura été fait, ainsi que les noms, prénoms, professions et domiciles du vendeur et de l'acheteur.

Il contiendra aussi le signalement des chevaux vendus et les conditions de la vente.

13. A l'expiration du délai fixé pour la garantie d'usage ou conventionnelle, la somme en dépôt sera remise en mêmes espèces et sans frais au vendeur ou ayant droit, si dans l'intervalle il n'est point survenu d'oppositions.

14. Il est défendu d'amener au marché et d'exposer en vente des chevaux attaqués de la morve ou d'autres maladies contagieuses, à peine de cinq cents francs d'amende. (*Arrêt du conseil d'Etat du roi du 16 juill. 1784 art.* 7.)

15. L'inspecteur fera conduire les chevaux soupçonnés d'être attaqués de maladies contagieuses, devant l'expert vétérinaire, qui les examinera sur-le-champ.

D'après son rapport, le commissaire de police ordonnera provisoirement les mesures d'urgence que les circonstances pourront exiger et il nous en rendra compte.

16. Les chevaux reconnus atteints d'une maladie contagieuse, susceptible de guérison, pourront être remis aux propriétaires, à la charge par eux de les représenter, à toute réquisition.

Ils seront déposés provisoirement dans l'endroit qui sera indiqué par le commissaire de police.

17. Les chevaux attaqués de maladie contagieuse reconnue incurable, seront, sur notre ordonnance, remis à l'equarrisseur pour être abattus.

Les propriétaires pourront néanmoins requérir la visite contradictoire de leurs chevaux.

Dans ce cas, les chevaux seront placés dans des lieux particuliers à ce destinés, et les frais de fourrière seront à la charge des propriétaires qui déposeront d'avance le montant des frais de fourrière pendant huit jours.

18. En cas de partage, nous nommerons, s'il y a lieu, un tiers expert.

19. Il sera procédé à l'ouverture des chevaux abattus, et dressé procès-verbal du genre et du degré de la maladie.

Les harnais seront brûlés ou échaudés. Les garnitures en métal et les fers du cheval seront remis au propriétaire, sur sa réclamation. (*Arrêt du conseil d'Etat du roi, du 16 juill. 1784, art. 5 et 6.*)

20. Les contraventions seront constatées par des procès-verbaux qui nous seront adressés.

21. Il sera pris envers les contrevenants aux dispositions ci-dessus, telles mesures de police administrative qu'il appartiendra, sans préjudice des poursuites à exercer contre eux devant les tribunaux.

22. La présente ordonnance sera imprimée et affichée.

Les commissaires de police, notamment celui du quartier Saint-Marcel, l'inspecteur général de police, les officiers de paix, le commissaire inspecteur général des halles et marchés, et les préposés de la préfecture de police sont chargés de tenir la main à son exécution.

Elle sera adressée à M. le colonel de la ville de Paris, commandant la gendarmerie royale, pour en assurer l'exécution par tous les moyens qui sont à sa disposition.

Le ministre d'Etat, préfet de police, comte ANGLÈS.

N° 841. — *Ordonnance concernant la vérification annuelle des poids et mesures* (1).

Paris, le 10 décembre 1816.

N° 842. — *Arrêté concernant les visites à faire chez les boulangers.*

Paris, le 16 décembre 1816.

Nous, ministre d'Etat, préfet de police,

Vu les réclamations qui nous ont été adressées par un grand nombre de boulangers et desquelles il résulte qu'ils n'auraient pas participé en proportion des quantités de pains qu'ils ont fabriqués, à l'indemnité que le gouvernement fait payer aux boulangers pour les pertes qu'ils éprouvent ;

Considérant qu'il est juste d'appliquer d'une manière fixe et relative l'indemnité à laquelle chaque boulanger a droit pour les pertes qu'il éprouve, en raison de la quantité de pain qu'il cuit ;

Considérant qu'il importe que l'administration soit en état d'apprécier le mérite des réclamations des boulangers, afin de se mettre à l'abri de toute surprise ou mauvaise foi ;

---

(1) V. les ord. des 14 déc. 1820, 15 déc. 1825, 27 oct. et 29 nov. 1826, 23 nov. 1842 et 1er déc. 1843.

Considérant que le plus sûr moyen d'atteindre ce double but, est de faire constater, d'une manière positive, la quantité de pains que chaque boulanger fabrique, et que, pour obtenir ce résultat, il est indispensable d'assujettir, chaque jour, les boulangers à une surveillance exacte,

Arrêtons ce qui suit :

1. Il sera fait, chaque jour, chez tous les boulangers des visites particulières, à l'effet de vérifier et constater, par procès-verbal, la quantité de pains que chaque boulanger aura cuits pendant la nuit, et celle qu'il serait dans le cas de cuire dans le jour.

2. Ces visites seront faites par les commissaires de police et par leurs secrétaires, par dix officiers de paix, par cent vingt brigadiers de gendarmerie ou gendarmes, et par soixante-quatorze inspecteurs de police.

3. Les visites auront lieu à six heures du matin, au plus tard, jusqu'à sept heures. Les pains de quatre livres et au-dessus seront comptés, le nombre et l'espèce seront constatés par un procès-verbal qui sera signé par le vérificateur et par le boulanger.

4. Si le boulanger déclare qu'il fera une ou deux fournées dans le jour, il sera tenu d'indiquer l'heure à laquelle il devra enfourner, afin que les pains soient vérifiés en pâte.

5. Les secrétaires des commissaires de police, les brigadiers de gendarmerie ou gendarmes, les inspecteurs et les boulangers qui auraient signé un procès-verbal reconnu faux, seront traduits devant les tribunaux.

6. Le présent arrêté sera imprimé, mais il ne sera point affiché. Il en sera adressé aux commissaires de police, un nombre suffisant d'exemplaires pour en être remis à chaque boulanger. Il en sera aussi remis un exemplaire à chaque vérificateur.

Le ministre d'Etat, préfet de police, comte ANGLÈS.

N° 843. — *Arrêté qui ordonne aux ouvriers de porter constamment et ostensiblement la médaille dont ils sont pourvus* (1)

Paris, le 21 décembre 1816.

Nous, ministre d'Etat, préfet de police,

Arrêtons ce qui suit :

1. Il est ordonné à tous les ouvriers employés sur les ports, halles, marchés, dans l'entrepôt général des vins et eaux-de-vie, au commerce et transport des charbons, aux commissionnaires stationnés sur la voie publique et à l'entrée des théâtres, aux colporteurs, aux afficheurs, aux brocanteurs, aux cochers de place et aux allumeurs de lanternes, qui sont autorisés à exercer leur profession par la préfecture de police, de porter constamment et d'une manière ostensible soit pendant leurs travaux, soit après leurs travaux, même les jours de dimanche et fête, la médaille dont ils sont pourvus.

2. Les individus désignés dans l'article précédent et qui seraient trouvés sans être ostensiblement porteurs de leur médaille en seront

---

(1) V. les ord. des 25 mars 1818, 28 juin 1829, 1er avril 1831 et 30 déc. 1834.

privés pendant un temps que nous nous réservons de déterminer selon les circonstances.

3. Expédition du présent arrêté sera adressée aux commissaires de police, à l'inspecteur général de police, aux officiers de paix, à l'inspecteur général de la salubrité, au commissaire inspecteur général des halles et marchés, au contrôleur de la halle aux grains et farines et aux inspecteurs généraux de la navigation et des ports qui sont chargés, chacun en ce qui le concerne, d'en faire sans retard la notification aux parties intéressées, d'en surveiller l'exécution et de nous en rendre compte.

Le ministre d'Etat, préfet de police, comte ANGLÈS.

N° **844**. — *Ordonnance concernant les glaces et neiges* (1).

Paris, le 23 décembre 1816.

1817.

N° **845**. — *Arrêté concernant l'organisation et la discipline à maintenir parmi les ouvriers employés au commerce et au transport du charbon de bois.*

Paris, le 29 janvier 1817.

Nous, ministre d'Etat, préfet de police,

Considérant qu'il s'est introduit parmi les ouvriers employés au commerce et au transport du charbon de bois, des abus très-préjudiciables aux intérêts du commerce et des consommateurs, et que le meilleur moyen de les réprimer est de renouveler les anciens règlements rendus sur cette matière et de prescrire même d'autres dispositions pour le maintien de l'ordre et de la discipline parmi ces ouvriers;

Vu les ordonnances, règlements et instructions des 8 juin 1787, 6 février et 13 avril 1790, 5 mai et 27 mai 1793, 20 pluviôse an 12 (10 février 1803), 29 messidor an 12 (18 juillet 1804), 21 novembre 1809, 2 mars et 10 avril 1810, 2 et 26 décembre 1812, 25 février 1813 et autres actes concernant la police des ouvriers sur les ports;

Vu aussi le rapport des inspecteurs généraux de la navigation et des ports, en date du 28 octobre 1816,

Arrêtons ce qui suit :

1. Nul ne peut être porteur de charbon de bois ou garçon de pelle sans une permission délivrée par nous.

(1) V. les ord. des 7 janv. 1835, 26 déc. 1836, 14 déc. 1838 et 7 décembre 1842.

Les porteurs de charbon et garçons de pelle continueront à être pourvus d'une médaille délivrée à la préfecture de police.

Il est enjoint aux uns et aux autres de porter la médaille d'une manière ostensible.

2. Les garçons de pelle continueront d'être nommés par nous sur la présentation du commerce.

Le commerce les dirige et les paye ; il peut, lorsque les circonstances l'exigent, les suspendre provisoirement de leur service. Il sera statué par nous dans les cas de renvoi définitif.

3. Les permissions délivrées aux porteurs et garçons de pelle contiendront leur signalement ; la médaille portera le numéro de l'enregistrement, les prénoms, nom et surnom de l'ouvrier.

4. Tout individu qui voudra obtenir une permission de porteur de charbon ou être garçon de pelle, sera tenu de produire un certificat de bonne conduite délivré par le commissaire de police de son quartier, sur la représentation de ses papiers de sûreté.

5. En cas de changement de domicile, les garçons de pelle et porteurs de charbon en feront, dans trois jours, la déclaration au contrôleur général du recensement et du mesurage des bois et charbons, sous les peines portées en l'article 13 ci-après.

6. Tout porteur de charbon ou garçon de pelle qui s'absentera de Paris, ou qui renoncera momentanément à porter du charbon, sera tenu de déposer sa médaille et sa permission entre les mains du contrôleur général, qui nous en rendra compte.

7. Les porteurs de charbon et garçons de pelle seront tenus, en même temps, de déclarer si leur renonciation est définitive ou momentanée.

8. Tout porteur de charbon qui, après avoir déposé sa médaille, serait plus de six mois sans la reprendre, sera rayé des contrôles, et il sera définitivement disposé de sa médaille, à moins qu'il ne justifie d'empêchement légitime.

9. Les porteurs de charbon ne peuvent être en même temps garçons de pelle.

Il est défendu aux garçons de pelle de porter du charbon et du poussier.

10. Il est défendu aux garçons de pelle et porteurs de charbon, à leurs femmes et à leurs enfants, de faire en détail le commerce de charbon, braise et poussier, à peine de cent francs d'amende et de confiscation. (*Ord. du* 19 *juin* 1755.)

11. Les porteurs de charbon pourvus de permission et de médaille ont seuls le droit de transporter du charbon dans Paris.

12. Il est défendu aux porteurs de charbon :

1° De porter du charbon une heure après la clôture des ports et places de vente ;

2° De transporter du charbon en voiture sans une permission émanée de nous ;

3° De laisser des sacs de charbon dans les bateaux, dans les places de vente, sur les quais, sur aucune partie de la voie publique et en dépôt dans les maisons et allées ;

4° De cacher la médaille ou de la mettre en gage ;

5° De porter deux sacs de charbon à la fois ;

6° Il leur est enjoint d'enlever le charbon aussitôt qu'il est mesuré et mis en sac ;

7° Et de faire connaître leur changement de domicile.

13. Les contrevenants aux dispositions contenues dans l'article précédent seront punis par la privation de la médaille.

Pour la première fois, pendant dix jours ;

Pour la deuxième fois, pendant quinze jours ;

Pour la troisième fois, pendant un mois ;
Et pour toujours, après la troisième fois.

14. Il est défendu aux porteurs de charbon :

1° De s'immiscer dans le mesurage du charbon ;

2° De mettre du charbon dans la mesure ou d'en ôter ;

3° De remplir les sacs de charbon sans mesurage préalable, et de fouler le charbon dans la mesure ;

4° De mélanger du charbon de diverses qualités ;

5° De porter du charbon d'un port à un autre ;

6° De porter du charbon pendant la nuit ;

7° D'entrer du charbon même à col dans Paris ;

8° D'être plus de cinq à la fois dans un bateau ou près d'un tas de charbon dans les places de vente ;

9° D'entrer dans les bateaux ou dans les places pendant les heures où la vente est suspendue ;

10° Aux garçons de pelle de prêter leurs pelles aux porteurs de charbon pour remplir leurs sacs ;

11° Il est enjoint aux porteurs de charbon de porter directement le charbon au domicile des consommateurs.

15. Les contrevenants aux dispositions contenues dans l'article précédent seront punis par la privation de la médaille ;
Pour la première fois, pendant quinze jours ;
Pour la deuxième fois, pendant un mois ;
Et pour toujours, après la seconde fois.

16. Dans les cas où les porteurs de charbon et garçons de pelle seraient prévenus de vol, il nous en sera fait rapport par le contrôleur général, qui néanmoins, et suivant la nature de l'accusation, est autorisé à retirer provisoirement la médaille aux prévenus.

17. Tout acte d'insubordination d'un porteur de charbon ou garçon de pelle, sera puni par la privation de la médaille pendant un mois, et pour toujours en cas de récidive.

18. Tout porteur de charbon ou garçon de pelle privé momentanément de la médaille et qui néanmoins continuerait à travailler sur les ports et places de vente, sera privé pour toujours de la médaille.

19. Tout porteur de charbon qui fera une fausse déclaration sur la qualité du charbon ou du poussier dont sera rempli son sac, sera pour toujours privé de sa médaille.

20. Le contrôleur général du recensement et du mesurage est chargé de l'exécution du présent arrêté.

Il prononcera les peines ci-dessus déterminées, dans les cas spécifiés ; sa décision sera exécutée provisoirement, sauf le recours au préfet de police.

Nous nous réservons de statuer sur tous les cas extraordinaires et non prévus.

21. Le contrôleur général nous rendra compte immédiatement de toutes les contraventions au présent arrêté, dont les porteurs et garçons de pelle se seraient rendus coupables.

22. Le présent arrêté sera imprimé, et il en sera remis un exemplaire à tous les préposés à la surveillance du commerce et au transport du charbon.

Le ministre d'État, préfet de police, comte ANGLÈS.

N° 846. — *Ordonnance concernant les masques pendant le carnaval* (1).

Paris, le 13 février 1817.

N° 847. — *Ordonnance concernant la vente du charbon de bois arrivant par terre* (2).

Approuvée par S. Exc. le ministre secrétaire d'État au département de l'intérieur le 14 mai 1817.

Paris, le 24 février 1817.

Nous, ministre d'Etat, préfet de police,

Considérant que l'approvisionnement de Paris en charbon ne peut être constamment assuré qu'en soumettant la vente de cette marchandise à un mode qui puisse faciliter également le débit de tous les charbons, quelle qu'en soit la nature et la qualité;

Que ce mode existe quant aux charbons amenés par eau;

Qu'il n'a point encore été établi pour les charbons par terre;

Que, de ce défaut de règlements, il résulte dans la vente des charbons de bois amenés par terre, des abus et des désordres auxquels il importe de remédier;

Après avoir entendu les délégués des deux commerces;

Vu les articles 2 et 32 de l'arrêté du gouvernement, du 12 messidor an VIII (1er juillet 1800);

Et l'ordonnance de police du 2 décembre 1812, concernant le commerce de charbon de bois;

Ordonnons ce qui suit :

1. A compter du 1er juin prochain, le charbon de bois amené par terre aux places d'Aval et Cisalpine sera vendu à tour de rôle.

2. Il ne pourra être mis en vente en même temps plus de tas de charbon qu'il n'y a de mesures dans chaque place (3).

3. Le tour de rôle de la vente des charbons existant dans les places audit jour, premier juin prochain, sera réglé par la voie du sort.

Celui de la vente des charbons qui arriveront après cette époque, sera déterminé par la droite des arrivages.

4. Pour établir le tour de vente des charbons qui existeront sur les places à l'époque ci-dessus fixée, il sera, dans les derniers jours du mois de mai, procédé, par les commissaires de police des quartiers de Popincourt et du Roule, en présence et assistés du contrôleur général du recensement et du mesurage des bois et charbons, des délégués du commerce du charbon amené par terre, des marchands ou facteurs, et de deux mesureurs nommés, l'un par le commerce et l'autre par nous, à l'inventaire général des charbons appartenant à chaque marchand dans les places d'Aval et Cisalpine.

Procès-verbal de cette opération sera dressé par les commissaires de police, chacun en ce qui le concerne.

5. Immédiatement après l'inventaire, il sera procédé, entre les marchands de chaque place ou facteurs, au tirage au sort pour déter-

---

(1) V. les ord. des 10 fév. 1828, 10 fév. 1830 et 23 fév. 1843.

(2) V. les ord. des 25 mars 1833 et 15 déc. 1834.

(3) V. l'ord. du 26 sept. 1821.

miner le tour de rôle de vente des charbons. Ce tirage sera fait en présence du contrôleur général, des délégués du commerce et des commissaires de police qui en dresseront procès-verbal.

6. Pour établir l'ordre de vente des charbons qui arriveront, à compter du jour de la clôture de l'inventaire, il sera tenu, par le concierge de chaque place, un registre exact des noms des marchands expéditeurs, des quantités de charbons arrivées, du jour et de l'heure de chaque arrivage.

7. Les mesures sur chaque place seront, à compter dudit jour, 1er juin prochain, exclusivement affectées à la vente des tas de charbons des marchands auxquels seront échus les premiers numéros dans l'ordre du tirage au sort, et passeront, dans le même ordre, aux tas des autres marchands, jusqu'à l'épuisement des charbons énoncés en l'inventaire à l'article de chacun d'eux.

8. Il sera tenu registre exact des quantités de charbons vendues par ou pour chaque marchand en tour de vente.

9. A compter du jour où la vente successive des charbons compris dans l'inventaire sera terminée, celle des charbons amenés sur les places, depuis la clôture de l'inventaire, aura lieu suivant la date du jour et de l'heure de leur arrivage, pour la quantité arrivée à cette date et constatée par une lettre de voiture.

10. En conséquence, les marchands ou leurs voituriers seront tenus de se munir de lettres de voiture en bonne forme, énonçant les quantités de charbons chargées sur chaque voiture et de les représenter au concierge de chaque place. (*Ord. de 1672, art. 8; Arrêté du 28 juin 1778, et Ord. du 11 septembre 1779, art. 8.*)

11. Faute par le marchand ou le voiturier de représenter la lettre de voiture au moment de l'arrivage, le tour de vente ne prendra date que du jour et de l'heure de la représentation de cette lettre.

12. Dans le cas où un marchand en tour de vente retiendrait la mesure pendant un jour sans en faire emploi, la mesure passera au marchand premier en tour.

13. Le marchand qui aura perdu son tour de vente, ne pourra, s'il n'a pas d'autres charbons sur la place, reprendre son tour qu'après l'épuisement des quantités de charbons qui seront enregistrées au moment où la mesure lui aura été retirée.

Si ce marchand a d'autres charbons sur la place, il pourra reprendre son tour à la date de l'enregistrement de son second arrivage; mais seulement pour la quantité qu'il aurait dû vendre au tour qu'il aura perdu; ses tours de vente ultérieurs seront successivement retardés, et son dernier tour sera mis à la queue de la liste à la date du jour et de l'heure où la mesure lui aura été retirée.

Il en sera fait mention expresse sur le registre du concierge.

14. Indépendamment des mesures établies à chacune des deux places d'Aval et Cisalpine, il pourra être mis à la disposition du commerce, une mesure pour les provisions qui auront été autorisées par nous sur la demande des consommateurs et qui ne pourront être au-dessous de soixante hectolitres.

15. Immédiatement après le mesurage de chaque provision, la mesure à ce affectée sera retirée par le concierge pour rester sous sa garde et responsabilité.

16. La mesure de provision ne sera jamais livrée pour le poussier.

17. L'article 48 de l'ordonnance du 2 décembre 1812 est maintenu; en conséquence, il est défendu de séparer la braise du poussier.

18. Néanmoins, la braise amenée ou envoyée en nature de braise, sera vendue en cet état et selon le tour d'arrivage.

19. Il est défendu aux porteurs de charbons d'être plus de cinq à la fois à la même mesure.

20. A compter du jour de la publication de la présente ordonnance, il est défendu d'établir dans Paris aucun entrepôt particulier de charbon de bois, quelle qu'en soit l'origine.

21. Il sera désigné un emplacement affecté au dépôt et à la vente des charbons de bois résultant de cette fabrication de produits chimiques.

22. A compter du jour où cet emplacement sera en état d'être employé à sa destination, il ne pourra plus être amené de charbons dans les entrepôts particuliers actuellement existants. Ces entrepôts seront fermés aussitôt que la vente des charbons qui y seront alors déposés sera terminée.

23. Les marchands auront la faculté de vendre par eux-mêmes ou par l'un de leurs fils, les charbons qu'ils feront arriver aux places de vente, mais ils ne pourront se faire remplacer que par les facteurs préposés à cet effet.

24. Les facteurs seront nommés sur la présentation des délégués et électeurs du commerce. Cette présentation sera faite par une liste de candidats, à raison de trois pour chaque place vacante ; néanmoins, les facteurs maintenant en fonctions pourront être conservés sur la demande du commerce.

25. Il est expressément défendu aux facteurs de faire directement ou indirectement, pour leur compte personnel, le commerce de charbon, de braise ou de poussier.

Il leur est également défendu de recevoir aucuns poussiers des marchands, à quelque titre que ce soit.

26. L'ordonnance du 2 décembre 1812, concernant le commerce de charbon de bois, continuera de recevoir son exécution, en tout ce qui n'est pas contraire aux dispositions de la présente ordonnance.

27. Les contraventions seront constatées par des procès-verbaux qui nous seront adressés.

28. Il sera pris envers les contrevenants telles mesures de police administrative qu'il appartiendra, sans préjudice des poursuites à exercer contre eux devant les tribunaux.

29. La présente ordonnance sera soumise à l'approbation de S. Exc. le ministre secrétaire d'Etat au département de l'intérieur.

30. Elle sera imprimée et affichée.

Les commissaires de police, notamment ceux des quartiers de Popincourt, du Roule, des Quinze-Vingts et de la Monnaie, l'inspecteur général de police, les officiers de paix, le contrôleur général du recensement et du mesurage des bois et charbons, l'inspecteur à l'arrivage des charbons par terre, et les préposés de la préfecture de police sont chargés de tenir la main à son exécution.

Le ministre d'Etat, préfet de police, comte **ANGLÈS.**

N° 848. — *Ordonnance concernant l'échenillage* (1).

Paris, le 26 février 1817.

(1) V. l'arr. du 1er mars 1837.

N° 849.—*Ordonnance concernant la prohibition de la chasse* (1).

Paris, le 1er mars 1817.

N° 850.—*Ordonnance qui défend d'entrer au parterre des théâtres royaux avec des armes ou des cannes* (2).

Paris, le 23 mars 1817.

Nous, ministre d'Etat, préfet de police,

Vu les articles 2, 12 et 36 de l'arrêté du gouvernement du 12 messidor an VIII,

Ordonnons ce qui suit :

1. Il est défendu à toutes personnes d'entrer au parterre des théâtres royaux avec des armes ou avec des cannes.

2. La présente ordonnance sera imprimée et affichée partout où besoin sera, et particulièrement à l'extérieur et à l'intérieur des théâtres royaux.

Les commissaires de police, l'inspecteur général de police, les officiers de paix et les préposés de la préfecture de police sont chargés, chacun en ce qui le concerne, de tenir la main à son exécution.

Le ministre d'Etat, préfet de police, comte ANGLÈS.

N° 851.—*Ordonnance qui défend d'entrer au parterre des théâtres secondaires avec des cannes ou avec des armes* (3).

Paris, le 27 mars 1817.

Nous, ministre d'Etat, préfet de police,

Vu les articles 2, 12 et 36 de l'arrêté du gouvernement du 12 messidor an VIII;

Vu notre ordonnance du 23 mars présent mois,

Ordonnons ce qui suit :

1. Les dispositions de l'article 1er de notre ordonnance précitée, portant défense à toutes personnes d'entrer au parterre des théâtres royaux avec des armes ou avec des cannes, sont étendues aux théâtres secondaires de la capitale, et y seront observées à partir de ce jour.

2. La présente ordonnance sera imprimée et affichée partout où besoin sera, et particulièrement à l'extérieur et à l'intérieur des théâtres secondaires.

Les commissaires de police, l'inspecteur général de police, les officiers de paix et les préposés de la préfecture de police sont chargés, chacun en ce qui le concerne, de tenir la main à son exécution.

Le ministre d'Etat, préfet de police, comte ANGLÈS.

---

(1) V. l'ord. du 23 fév. 1843.

(2) V. les ord. des 27 mars 1817 et 22 fév. 1828.

(3) V. l'ord. du 22 fév. 1828.

N° 852. — *Instruction concernant la surveillance de la rivière, des ports, des chantiers de bois de chauffage et des places de vente du charbon de bois* (1).

Paris, le 28 mars 1817.

N° 853. — *Ordonnance concernant les cabriolets de place de l'intérieur de Paris* (2).

Paris, le 31 mars 1817.

Nous, ministre d'État, préfet de police,

Vu, 1° les représentations qui nous ont été faites par les entrepreneurs loueurs de cabriolets de l'intérieur, afin d'obtenir une augmentation du prix des courses;

2° Le décret du 9 juin 1808, relatif au droit établi sur les voitures de louage, qui stationnent sur la voie publique;

3° L'article 66 de l'ordonnance de police du 4 mai 1813, qui règle le prix des courses des cabriolets de l'intérieur;

4° L'ordonnance du roi du 23 octobre 1816, par laquelle le droit de stationnement sur les cabriolets de place, est porté de cent francs à cent soixante francs par an;

En vertu des articles 2, 23 et 32 de l'arrêté du gouvernement du 12 messidor an VIII (1er juillet 1800),

Ordonnons ce qui suit :

1. Le prix des courses de cabriolets pris sur place, pour circuler dans Paris, est fixé ainsi qu'il suit :

Pour chaque course......................	1 franc	25 centimes
Pour la première heure....................	1	50
Pour chacune des heures suivantes........	1	25

2. Il est défendu aux conducteurs de cabriolets d'exiger, sous quelque prétexte que ce soit, des prix plus forts que ceux déterminés par l'article précédent.

3. Les dispositions de l'ordonnance de police du 4 mai 1813, auxquelles il n'est pas dérogé par la présente, continueront de recevoir leur exécution.

4. La présente ordonnance sera imprimée et affichée.

Les commissaires de police, l'inspecteur général de police, les officiers de paix et les préposés de la préfecture de police sont chargés d'en surveiller l'exécution et de nous en rendre compte.

Le ministre d'État, préfet de police, comte ANGLÈS.

(1) V. les ord. des 24 mars 1824, 26 mars 1829 et 25 oct. 1840.

(2) Rapportée. — V. l'ord. du 15 janv. 1841, les arr. des 15 janv. et 18 fév. 1841, et l'ord. du 25 mai 1842.

N° 854. — *Ordonnance concernant l'ordre à suivre lors du défilé des voitures qui iront à Longchamp* (1).

Paris, le 1er avril 1817.

N° 855. — *Ordonnance concernant les étalages mobiles sur la voie publique* (2).

Paris, le 24 avril 1817.

Nous, ministre d'Etat, préfet de police,

Considérant qu'il s'est établi de toute part, sur la voie publique, des étalages qui compromettent la sûreté et donnent lieu à des accidents très-fréquents;

Que le plus grand nombre de ces étalages existe sans permission;

Qu'ils portent un préjudice considérable au commerce;

Que le public ne peut y trouver d'avantage et qu'au contraire, il est exposé sans cesse à être trompé;

Vu les ordonnances et règlements en cette partie et notamment l'ordonnance de police du 28 janvier 1786, article 16;

L'ordonnance du roi, du 2 décembre 1814.

L'article 70 de la Loi sur les finances du 25 mars dernier;

Et les lettres de S. Exc. le ministre secrétaire d'État de la police générale, en date des 17 et 23 avril présent mois;

En vertu des articles 21 et 22 de l'arrêté du gouvernement, en date du 12 messidor an VIII (1er juillet 1800),

Ordonnons ce qui suit:

1. Il ne pourra, sur aucun point de la voie publique, être formé d'étalage de marchandises quelconques sans notre permission.

2. Il ne sera accordé aucune permission d'étalage de marchandises neuves ou en pièces, telles que draperies, merceries, bonneteries, lingeries, parfumeries, quincailleries, tabletteries, porcelaines, faïences, poteries, verreries et autres de cette espèce.

3. A compter du 1er mai prochain, aucune marchandise de la nature de celles énoncées en l'article précédent, ne sera tolérée en étalage sur la voie publique.

Les autres étalagistes devront se pourvoir d'une permission, avant le 1er juillet aussi prochain: à compter de cette époque, ils seront tenus de se retirer de la voie publique, s'ils n'ont obtenu une permission.

4. Tout étalage devra pouvoir être porté à col et n'aura que les dimensions qui seront autorisées.

5. Il ne sera accordé de permission d'étalage qu'à des personnes ayant au moins un an de domicile à Paris.

6. Toute personne qui voudra obtenir une permission d'étalage, remettra sa demande au commissaire de police de son quartier, qui nous la transmettra avec son avis.

7. Les permissions accordées à des étalagistes vendant des marchandises, autres que des comestibles, ne leur seront remises, qu'après avoir justifié du payement de leur patente pour l'année.

---

(1) V. l'ord. du 10 avril 1843.

(2) Abrogée. — V. les ord. des 8 nov. 1819, 21 août, 31 oct. et 2 déc. 1822, 19 juin 1830 et 20 janv. 1832.

A cet effet, il sera délivré à chacun d'eux un bulletin qu'ils présenteront au receveur des impositions pour être admis au payement de la patente.

8. Les permissions sont personnelles et ne pourront être concédées ni transmises.

En conséquence, aucun étalagiste ne pourra avoir plus d'un étalage, ni faire tenir son étalage par un tiers.

9. Les permissions ne sont valables que pour un an.

Elles sont d'ailleurs, en cas de raisons graves, révocables en tout temps.

10. Tout étalagiste autorisé est tenu, à peine de révocation de sa permission, de placer d'une manière apparente à son étalage, une plaque indicative du numéro de sa permission.

11. Il sera tenu de représenter sa permission à toute réquisition des commissaires ou agents de police.

Il sera également tenu, conformément à l'article 70 de la loi du 25 mars dernier, d'exhiber sa patente acquittée, à toute réquisition des commissaires ou agents de police.

Sont exceptés de cette dernière disposition, les étalagistes qui vendent en ambulance sur la voie publique, les fruits, les légumes, le beurre, les œufs, le fromage et autres menus comestibles.

12. Les contraventions à la présente ordonnance seront poursuivies conformément aux articles 471 et 474 du Code pénal.

13. Les marchandises, ustensiles et objets étalés sur la voie publique, seront saisis et déposés à la préfecture de police pour sûreté du payement de l'amende et des frais, si mieux n'aiment les contrevenants en consigner l'équivalent.

14. Les contraventions seront constatées par des procès-verbaux qui nous seront adressés.

15. Il sera pris envers les contrevenants telles mesures de police administrative qu'il appartiendra.

16. La présente ordonnance sera imprimée et affichée.

Les commissaires de police, l'inspecteur général de police et les officiers de paix, les chefs du service extérieur et les préposés de la préfecture de police sont chargés de tenir la main à son exécution.

Elle sera adressée à M. le colonel de la ville de Paris, commandant la gendarmerie royale, pour en assurer l'exécution par tous les moyens qui sont à sa disposition.

Le ministre d'Etat, préfet de police, comte ANGLES.

N° 856. — *Ordonnance portant défense de faire sortir du pain de Paris.*

Paris, le 1er mai 1817.

Nous, ministre d'État, préfet de police,

Considérant que les sacrifices supportés par la ville de Paris pour maintenir le pain à un prix modéré, autorisent à empêcher qu'on n'en sorte des barrières,

Ordonnons ce qui suit :

1. Il est défendu de faire sortir du pain de Paris.

2. Le pain qu'on tenterait de sortir, sera saisi au profit des indigents par les employés de l'octroi, et transporté aux bureaux de charité.

3. Les employés de l'octroi dresseront rapport de la saisie, et il nous sera transmis avec le récépissé du pain qui aura été déposé aux bureaux de charité.

4. Les commissaires de police, l'inspecteur général de police, les officiers de paix sont chargés de concourir à l'exécution de la présente ordonnance.

Il en sera adressé une ampliation à M. le directeur des droits d'entrée et de l'octroi, et à M. le colonel de la ville de Paris, commandant la gendarmerie royale, pour en assurer l'exécution par tous les moyens qui sont à leur disposition.

Le ministre d'Etat, préfet de police, comte ANGLÈS.

N° 857. — *Ordonnance concernant les bains dans la rivière et les écoles de natation* (1).

Paris, le 5 mai 1817.

N° 858. — *Ordonnance concernant l'arrosement* (2).

Paris, le 8 mai 1817.

N° 859. — *Ordonnance concernant le remblai sur le terrain de l'Abattoir, situé au delà du boulevard de l'Hôpital.*

Paris, le 26 mai 1817.

N° 860. — *Ordonnance relative à des mesures d'ordre pendant l'exécution des travaux de l'égout de l'abattoir Montmartre à construire dans les rues Rochechouart et Cadet* (3).

Paris, le 3 juin 1817.

N° 861. — *Ordonnance concernant les processions de la Fête-Dieu* (4).

Paris, le 5 juin 1817.

---

(1) V. les ord. des 20 mai 1839 et 25 oct. 1840 (art. 187 et suiv., et 225).

(2) V. les ord. des 17 mai 1834, 1er juin 1837 et 27 juin 1843.

(3) V. pour les dispositions générales, l'ord. du 18 mai 1829 concernant des mesures d'ordre pendant la construction de deux égouts dans les rues de Poitiers, de l'Université et du Bac jusqu'à la rue de Sèvres.

(4) V. l'ord. du 9 juin 1830.

N° 862. — *Ordonnance concernant la boulangerie de Paris* (1).

Paris, le 9 juin 1817.

Nous, ministre d'Etat, préfet de police,

Considérant que l'administration de la réserve a pris les mesures nécessaire afin de pourvoir à la consommation journalière en pains, de la ville de Paris,

Ordonnons ce qui suit :

1. Il sera fait entre les boulangers de Paris une répartition, relative à la force de leur commerce, des farines fournies par la réserve.

Cette répartition sera faite à la préfecture de police et arrêtée par le conseil d'administration de la caisse syndicale des boulangers.

2. Pour l'ordre de la comptabilité et pour la garantie du recouvrement des fonds, les farines seront versées sur le carreau de la halle et le prix en sera acquitté entre les mains des facteurs, à raison de quatre-vingt-douze francs soixante centimes le sac du poids de cent cinquante-neuf kilogrammes.

Les facteurs verseront le prix dans la caisse syndicale qui en comptera avec la caisse de la réserve.

3. Tout le pain fabriqué sera fait avec la même farine et vendu à un prix uniforme et proportionnel à son poids, ainsi qu'il est fixé ci-après, savoir :

Le pain de douze livres, trois francs;
Le pain de huit livres, deux francs ou quarante sols;
Le pain de six livres, un franc cinquante centimes ou trente sols;
Le pain de quatre livres, un franc ou vingt sols;
Le pain de deux livres, cinquante centimes ou dix sols;
Le pain d'une livre, vingt-sept centimes et demi ou cinq sols et demi;
Le pain d'une demi-livre, quinze centimes ou trois sols.

4. Tout le pain mis en vente, doit avoir le poids pour lequel il est vendu, sous la réserve de la tolérance déterminée, soit par des règlements, soit par l'usage.

Les boulangers sont tenus d'avoir leurs balances sur leur comptoir, et ils ne pourront refuser de peser le pain à quiconque l'exigerait (2).

5. Les contraventions seront poursuivies devant le tribunal de police municipale, soit sur les procès-verbaux dressés par les agents de l'administration, soit sur la plainte légale de la partie lésée.

6. Les boulangers emploieront à la fabrication du pain, toutes les farines qui leur seront délivrées par la réserve. Il leur est expressément défendu de vendre des farines, soit en sac, soit à la petite mesure, à leurs pratiques.

---

(1) Révoquée. — V. l'ord. du 28 fév. 1815, l'arr. du 21 nov. 1818, les ord. des 13 avril 1819, 24 juin 1823, 8 avril 1824, les arr. des 27 mai 1827 et 20 mai 1837, l'ord. du 2 nov. 1840 et l'arr. du 29 août 1842.

(2) *Tolérance* accordée soit par des règlements, soit par l'usage sur les espèces de pains ci-après :

Poids des pains.	*Tolérance.*
Pain de douze livres	5 onces.
Pain de huit livres	4 onces.
Pain de six livres	3 à 4 onces.
Pain de quatre livres, dit demi-long	4 à 5 onces.
Pain de quatre livres ordinaire	2 à 3 onces.
Pain de deux livres	1 once 1/2.
Pain d'une livre de toute espèce	1 once 1/2.
Pain d'une demi-livre de toute espèce	1 once.

Le boulanger qui dénaturerait des farines ou qui n'en emploierait pas la totalité, et qui serait convaincu d'en avoir fait sortir de sa boutique ou de son magasin, sera pour toujours privé de l'exercice de sa profession, et son établissement sera supprimé. La préfecture de police pourvoira, dans ce cas, à la consommation de ses pratiques, soit en distribuant aux autres boulangers du quartier les livraisons qui lui étaient faites, soit en plaçant dans sa boutique, si le service public l'exige, un préposé et des ouvriers pour continuer la fabrication.

7. Pour garantir les intérêts des boulangers, l'administration de la Réserve prend à son compte toutes les farines formant leur approvisionnement particulier. Le prix leur sera payé au cours de ce jour. Elle prend aussi à son compte les farines provenant des marchés à terme, d'après les déclarations reçues par les commissaires de police les 6 et 7 du présent mois de juin.

Pour garantir également les intérêts de l'administration, les farines qui deviendront ainsi la propriété de la Réserve, seront sous la garde et la surveillance du commissaire de police de chaque quartier qui fera jusqu'à épuisement, et chaque jour, la remise de la quantité de farines nécessaires à la fabrication et à la vente du jour suivant. Le commissaire de police conservera la clef du magasin sur la porte duquel il mettra le scellé, ainsi que sur toutes les communications avec le magasin.

8. Afin de prévenir toute erreur, les farines en vrague ou sur le plancher seront ensachées dans des sacs de trois cent vingt-cinq livres, avant que la remise en soit faite par le commissaire de police.

9. Il sera placé jusqu'à nouvel ordre chez chaque boulanger un préposé de l'administration qui se rendra chez lui à l'heure où commence la fabrication. Ce préposé vérifiera s'il reste des pains de la veille, passera la nuit chez les boulangers, constatera la quantité de pains de divers poids, par procès-verbal signé de lui et du boulanger, et il ne se retirera que lorsque la distribution du pain aura été faite.

Le procès-verbal de cette opération sera remis au commissaire de police, pour nous être envoyé immédiatement.

10. Les commissaires de police feront, chaque jour, avant la distribution, chez deux boulangers successivement, une contre-vérification. Le boulanger qui serait trouvé en fraude sera rayé sur-le-champ du tableau et son établissement supprimé.

11. Il sera payé une indemnité aux préposés de l'administration qui seront employés à ce service extraordinaire. Ils seront jusqu'à nouvel ordre à la disposition des commissaires de police qui les feront alterner et les emploieront à toutes les mesures d'ordre et de surveillence qu'ils jugeront nécessaires.

12. Les articles 3, 4, 5 et 12 de la présente ordonnance seront affichés à la porte et dans l'intérieur de la boutique de chaque boulanger.

13. Les commissaires de police sont chargés, sous leur responsabilité, d'assurer la stricte exécution des dispositions ci-dessus. Ils dresseront tous procès-verbaux nécessaires et nous les transmettront immédiatement.

14. La présente ordonnance sera notifiée individuellement à chacun des boulangers par les commissaires de police de leurs quartiers respectifs.

Elle sera imprimée et adressée aux commissaires de police, à l'inspecteur général de la police, aux officiers de paix, au contrôleur de la halle aux grains et farines et aux syndics des boulangers. Il en sera remis un exemplaire à chacun des préposés pour leur servir d'instruction.

Le ministre d'Etat, préfet de police, comte ANGLÈS.

N° [illegible]3. — *Ordonnance relative à des mesures d'ordre pendant l'exécution des travaux de l'égout de l'abattoir de Ménilmontant à construire dans les rues des Amandiers et du Chemin-Vert* (1).

Paris, le 1er juillet 1817.

N° [illegible]4. — *Ordonnance concernant des mesures d'ordre à observer à l'occasion de la revue de la garde nationale, qui aura lieu le 8 juillet, jour anniversaire de la rentrée du roi dans sa capitale.*

Paris, le 6 juillet 1817.

Nous, ministre d'État, préfet de police,

Vu la lettre par laquelle M. l'aide-major général de la garde nationale nous informe que, mardi prochain, 8 juillet, le roi passera la garde nationale en revue sur les boulevards du nord ;

Ordonnons ce qui suit :

1. Mardi prochain 8 juillet, présent mois, la voie publique devra être balayée à six heures du matin au plus tard.

L'enlèvement des boues sera terminé à huit heures.

2. La bourse, les ports et les chantiers seront fermés.

3. Le même jour à compter de dix heures du matin jusqu'après la rentrée du roi aux Tuileries, aucune voiture ne pourra circuler ni stationner,

Sur la place du Carrousel, sur la place du Muséum, dans la rue du Petit-Bourbon ;

Sur les quais de la rive droite de la Seine, depuis le Pont-Royal jusqu'au Pont-Marie exclusivement ;

Sur la place de Grève ;

Dans les rues du Martrois, du Monceau et du pourtour Saint-Gervais ;

Sur la place Baudoyer ;

Dans la rue Saint-Antoine jusqu'à la place de la Bastille ;

Sur les boulevards du nord, depuis la porte Saint-Antoine jusqu'à la porte Saint-Honoré ;

Dans les rues basses qui longent ces boulevards ;

Dans la rue de la Paix, sur la place Vendôme, dans la rue Castiglione ;

Et dans la rue de Rivoli, depuis la rue Castiglione jusqu'au Carrousel.

4. Sont seuls exceptés des dispositions de l'article précédent les voitures des personnes qui se rendront au château des Tuileries, les courriers de la malle et les diligences.

5. La chaussée des boulevards depuis la porte Saint-Antoine jusqu'à la rue de la Chaussée-d'Antin et la contre-allée intérieure de ces boulevards, sont exclusivement réservées aux troupes. Il est défendu aux personnes à pied d'y circuler ni stationner. Elles ne pourront circuler ou stationner que sur les contre-allées extérieures.

---

(1) V. pour les dispositions générales, l'ord. du 18 mai 1829 concernant les mesures d'ordre pendant la construction de deux égouts dans les rues de Poitiers, de l'Université et du Bac jusqu'à la rue de Sèvres.

6. Les habitants de Paris feront disparaître les caisses, pots à fleurs et autres objets exposés sur les croisées, et dont la chute pourrait occasionner des accidents; notamment aux croisées des maisons qui bordent les rues et boulevards désignés article 3.

7. Il est défendu de tirer des coups de fusil ou autres armes à feu, pendant le journée du 8 juillet, ainsi que des fusées, pétards, boîtes, bombes et autres pièces d'artifice, dans les rues, promenades, places publiques, cours et jardins, ou par les fenêtres des maisons.

Les commissaires de police, les officiers de paix, la gendarmerie royale de Paris et de la Seine, les commandants des postes de la garde nationale et des troupes de ligne arrêteront immédiatement les contrevenants à la présente disposition pour être traduits et jugés conformément aux lois et ordonnances.

Les pères et mères et les chefs de maisons sont civilement responsables des faits de leurs enfants, et de leurs ouvriers ou domestiques.

8. Il ne pourra être construit aucun amphithéâtre, estrade ou autres établissements de ce genre, ni être placé des chaises ou des bancs sur les points désignés par l'article 3.

Les commissaires de police et l'architecte commissaire de la petite voirie feront détruire ou enlever tous ces objets.

9. Il est défendu de monter sur les monuments et édifices publics, sur les toits, sur les arbres, sur les parapets des quais et des ponts, sur les piles ou théâtres de bois dans les chantiers et sur les barrières au-devant des maisons.

On arrêtera immédiatement les contrevenants.

10. L'inspecteur général de police prendra toutes les mesures nécessaires pour le maintien de l'ordre et de la sûreté publique.

Il se concertera, pour l'exécution, avec les commandants de la force armée qui sera sur les lieux.

11. Il sera pris envers les contrevenants telle mesure de police administrative qu'il appartiendra, sans préjudice des poursuites à exercer contre eux devant les tribunaux.

12. La présente ordonnance sera imprimée et affichée.

L'inspecteur général de police, les commissaires de police, les officiers de paix, le colonel de la ville de Paris, le commissaire de police de la bourse, l'architecte commissaire de la petite voirie, l'inspecteur général de la navigation et des ports, le contrôleur général du recensement et mesurage des bois et charbons, l'inspecteur général de la salubrité, et les préposés de la préfecture de police, sont chargés, chacun en ce qui le concerne, de tenir la main à son exécution.

Le ministre d'Etat, préfet de police, comte ANGLÈS.

N° 365. — *Instruction sur les moyens de conserver la santé des moissonneurs.*

Paris, le 14 juillet 1817.

Nous touchons à la moisson. Le travail qu'elle exige est trop important pour qu'un gouvernement, ami des hommes, ne cherche pas à conserver la santé de ceux que ce travail emploie. C'est pour seconder, à cet égard, la sollicitude du roi, que son excellence le ministre d'État, préfet de police, a chargé son conseil de salubrité de rédiger l'instruction suivante, laquelle sera adressée à MM. les maires et à MM. les curés des communes rurales du département de la Seine.

Le premier objet que le conseil de salubrité recommande à la sagesse des propriétaires et des fermiers, c'est le bon choix de la nourriture destinée aux moissonneurs. La cherté du pain que nous avons éprouvée, et la qualité inférieure des blés de l'année, ont été surtout ressenties par les ouvriers de cette classe : et il est d'observation qu'après une nourriture peu salubre, ou prise en quantité trop petite, les corps sont singulièrement disposés aux maladies. Pour s'opposer aux effets d'une telle disposition, le point essentiel est de donner une bonne nourriture aux moissonneurs. Le fermier est dans l'usage de leur préparer et de leur distribuer de la soupe. Quelque bonne que soit cette soupe, et avec quelque économie qu'elle soit faite, il est aisé de la rendre meilleure encore, et à moins de frais. Il suffit pour cela d'adopter l'emploi de la gélatine, et de l'associer, pour la confection de la soupe, à la viande et aux légumes que l'on emploie d'ordinaire. Seulement ces divers ingrédiens doivent y entrer dans des proportions différentes, et voici les proportions que prescrit l'expérience.

On met dans la marmite la quantité d'eau accoutumée : mais, au lieu d'y mettre autant de viande qu'auparavant, on n'y en met que le quart; et, pour remplacer les trois autres quarts, on emploie de la gelatine, à raison de deux onces pour trois livres de viande. On fait bouillir; on écume ; puis on ajoute les légumes, choux, carottes, navets, panais, céleri, oignons, etc. autant qu'à l'ordinaire, et après le temps convenable, la soupe se trouve faite. Cette soupe présente plusieurs avantages. Dabord, elle est plus économique, puisque trois livres de viande coûtent au moins trente sols, et que deux onces de gélatine ne coûtent que quatre à cinq sols. En second lieu, cette soupe est aussi savoureuse et aussi nourrissante que la soupe ordinaire; outre cela, elle est plus salubre ; car, comme elle est beaucoup moins chargée de principes putrescibles, elle s'oppose au développement des fièvres bilieuses, et combat à cet égard l'influence de la saison. Enfin, rien n'est plus facile que de rendre cette soupe plus agréable, plus rafraîchissante et plus antiputride. Il ne faut qu'ajouter beaucoup d'oseille aux autres légumes, et en relever, si l'on veut, la saveur par l'addition de quelques feuilles de laurier. ou de quelques herbes odoriférantes, ou de quelques clous de girofle; quant aux précautions à prendre, dans la confection de cette soupe, elles sont consignées dans le prospectus ci-joint, où l'on voit quel est à Paris le dépôt où l'on peut s'approvisionner de gélatine.

Ordinairement l'eau est la boisson des moissonneurs ; mais l'eau n'est pas de bonne qualité partout. Il est des lieux où elle contracte un goût de bois, de plantes de marécage. Une telle eau est mauvaise. Il importe, en lui ôtant cette saveur, de lui ôter ce qu'elle a de pernicieux : c'est à quoi l'on parvient tout de suite, soit en la faisant passer au travers d'une couche de charbon pulvérisé, soit en tenant plongés dans cette eau, quelques sacs de toile ou de crin remplis de morceaux de charbon concassés grossièrement ; soit mieux encore, en faisant reposer cette eau dans des seaux de bois, dont l'intérieur aurait été flambé, et serait resté charbonneux. Enfin, dans les grandes chaleurs, l'eau ainsi épurée deviendra rafraîchissante et salutaire, si l'on y ajoute une petite quantité de bon vinaigre, ou quelques gouttes d'eau-de-vie, ou mieux encore du vinaigre et de l'eau-de-vie, assez seulement pour lui donner une très-petite pointe de saveur.

Quant à l'eau vaseuse, il faut la rejeter absolument.

Dans les communes dont le territoire a été inondé en partie, soit par les pluies, soit par les débordements, comme les fièvres y sont ordinairement plus multipliées et plus opiniâtres, outre les mesures ci-dessus proposées, le conseil estime qu'il est indispensable de prendre la précaution suivante. MM. le maires feraient, pour le compte de leurs communes respectives, l'achat d'une ou deux pièces de vin blanc ou rouge de bonne qualité. Ce vin, par l'addition des plantes amères, ou de teinture dont on trouvera la recette ci-après, deviendrait une liqueur tout à la fois fortifiante et antiputride, que l'on distribuerait chaque matin aux ouvriers, par petites rations de cinq à six cuillerées à bouche; ce qui équivaut à un poisson. Le moissonneur prendrait cette ration avant de se mettre au travail; il mangerait en même temps un pain, afin qu'imbibée, dans ce pain, la liqueur fit un plus long séjour dans l'estomac, et eut une action moins vive sur cet organe. L'effet inévitable de cette liqueur sera ou de prévenir les fievres de la saison, ou d'en rendre le caractère plus doux, la guérison plus facile et la durée plus courte.

Dans le cas où ces fièvres viendraient à paraître, il serait nécessaire de donner de préférence chaque matin aux ouvriers, une ration de vin de quinquina. (Voyez ci-après.)

Du reste, le conseil de salubrité recommande aux moissonneurs de ne point travailler la tête nue, de ne pas boire froid quand ils ont trop chaud, de ne pas se reposer ou s'endormir sur la terre froide et humide, etc. Ils ne doivent pas oublier qu'il est dangereux de passer trop vite du froid au chaud, et surtout du chaud au froid; car c'est delà que viennent les coliques et les dyssenteries dont ils sont si souvent affligés.

Les membres du conseil de salubrité de la préfecture de police,

DEYEUX, J.-J. LEROUX, PETIT, MARC, CADET DE GASSICOURT, DUPUYTREN, HUZARD, D'ARCET, PARISET.

Vu et approuvé par nous ministre d'État, préfet de police,

Comte ANGLÈS.

Préparation des vins et des teintures dont l'usage est conseillé dans la présente instruction.

VIN D'ABSYNTHE.

Prenez une pinte de vin blanc : faites-y infuser, pendant vingt-quatre heures, deux gros d'absinthe sèche.

VIN DE QUINQUINA.

Prenez une pinte de vin rouge : faites-y infuser, pendant trois jours, une demi-once de quinquina gris, concassé.

Teinture d'absyntne.

Prenez une pinte d'eau-de-vie à vingt degrés : faites-y infuser, pendant vingt-quatre heures, deux onces d'absinthe sèche.

Teinture de quinquina.

Prenez une pinte d'eau-de-vie à vingt degrés, faites-y infuser, pendant trois jours, deux onces de quinquina gris, concassé.

Avec ces teintures, on fait du vin d'absinthe et du vin de quinquina.

Vin d'absinthe.—Sur une pinte de vin blanc, mettez une demi-once de teinture d'absinthe.

Vin de quinquina.—Sur une pinte de vin rouge, mettez une once de teinture de quinquina.

NOTA. Il ne faut mêler les teintures aux vins, qu'au moment de l'usage.

N° 866. — *Ordonnance concernant le service des tonneliers employés sur les ports et dans l'entrepôt général des vins et eaux-de-vie* (1).

Paris, le 31 juillet 1817.

Nous, ministre d'Etat, préfet de police,

Considérant qu'il importe au maintien de l'ordre et à l'intérêt du commerce des vins, de régulariser le service des tonneliers employés sur les ports et dans l'entrepôt général des vins et eaux-de-vie ;

Vu les articles 37 et 38 du règlement du 2 janvier 1814 ;

Ordonnons ce qui suit :

1. Le service de l'entrepôt général des vins et eaux-de-vie et des ports sera fait par des tonneliers nommés par nous, conformément à l'article 31 du règlement du 2 janvier 1814 et sans préjudice des dispositions de l'article 19 de l'arrêté de M. le préfet de la Seine en date du 17 septembre 1816.

2. Le nombre des tonneliers est fixé à cent; néanmoins, dans le cas où les besoins du service l'exigeraient, ce nombre pourra être augmenté sur la demande du commerce des vins.

3. Les tonneliers porteront ostensiblement une médaille qui leur sera délivrée par nous. Cette médaille portera d'un côté les armes de la ville, et de l'autre, entrepôt général des vins et eaux-de-vie.

4. Les tonneliers auront un chef et un sous-chef qui seront choisis parmi ces ouvriers, désignés par eux, et nommés par nous sur la présentation du syndicat du commerce des vins et d'après l'avis de M. le directeur général des contributions indirectes.

5. Lorsqu'une place sera vacante parmi les tonneliers, il y sera pourvu par nous sur la présentation qui nous sera faite par le commerce de vins, d'un sujet valide, et dont la capacité aura été reconnue par un examen qu'il subira à cet effet en présence du syndicat du commerce et des chefs et sous-chefs des tonneliers.

6. Le chef des tonneliers recevra le montant de leur salaire et leur en fera la distribution ; il est comptable envers eux, chaque semaine, de la totalité de la recette.

7. Il dirigera lui-même les travaux ; il composera les équipes, moitié des ouvriers les plus âgés, moitié des plus jeunes, et il les distribuera suivant les besoins de l'entrepôt et de chaque port.

8. Les tonneliers se rendront, tous les jours, au bureau principal de la tonnellerie, situé port de la Tournelle, pour être employés conformément à l'article précédent.

9. Les tonneliers manquant à l'appel, qui sera fait avant l'ouverture des ports et de l'entrepôt général, seront privés de la médaille, pour la première fois pendant huit jours, pour la seconde fois pendant quinze jours et pour la troisième fois, pendant un mois.

10. Lorsque le nombre des tonneliers sera insuffisant pour le service, le chef y pourvoira par l'appel des ouvriers des ports en état de travailler ; le salaire de ces ouvriers supplémentaires sera réglé, de gré à gré, entre le chef des tonneliers et les auxiliaires.

11. Le chef des tonneliers inscrira, tous les jours, sur un registre à ce affecté, les tonneliers présents, ainsi que la distribution des équipes.

12. Les équipes seront dirigées par des chefs particuliers, qui seront nommés par le chef des tonneliers. Chacun de ces chefs sera

---

(1) V. l'arr. du 22 janv. 1840.

pourvu de l'état nominatif des ouvriers attachés à son équipe; il sera tenu de le représenter à toute réquisition, à qui de droit.

13. Les tonneliers ne pourront, sous aucun prétexte, quitter l'équipe à laquelle ils auront été attachés lors de la distribution du travail, à peine de perdre le salaire de leur journée.

14. Les chefs d'équipes seront tenus de fournir à la fin de chaque journée, au chef des tonneliers, un état signé par eux de la quantité de pièces qui auront été déchargées, et des diverses réparations qu'elles auront exigées; ils rendront compte aussi de la conduite des ouvriers pendant le travail.

Les ouvriers employés isolément fourniront les mêmes renseignements au chef des tonneliers.

15. Ces états serviront à établir le compte général des travaux de la semaine et à faire la répartition du salaire.

16. Le tonnelier qui se sera blessé en travaillant pour le compte de la compagnie recevra, pendant tout le temps de son inactivité, la totalité de la paye du tonnelier en activité.

Il ne pourra lui être accordé aucune indemnité s'il était dans un état d'ivresse.

Les blessures seront constatées par un chirurgien, sur le certificat duquel le secours accordé au blessé, sera continué ou retiré.

17. Les tonneliers trouvés en état d'ivresse dans les bateaux ou dans l'entrepôt général seront privés de la médaille pendant huit jours.

18. Les tonneliers convaincus d'avoir débondonné ou piqué des pièces de vin ou d'eau-de-vie dans les bateaux, sur les ports ou dans l'entrepôt, soit pour boire, soit pour emporter ou autrement, seront pour toujours privés de la médaille, sans préjudice des poursuites à exercer contre eux devant les tribunaux.

19. Les tonneliers seront tenus d'aller prendre et de rapporter au magasin les cordages, planches et autres ustensiles dont ils auraient eu besoin dans la journée.

20. Les tonneliers employés sur les ports et dans l'entrepôt général se conformeront strictement aux dispositions de l'arrêté de M. le conseiller d'Etat, préfet du département de la Seine, en date du 17 septembre 1816, et aux lois et réglements des contributions indirectes et de l'octroi de Paris.

21. A compter de la publication de la présente ordonnance, les boissons ne pourront être sorties des bateaux qui les auront amenées à port, que par les tonneliers pourvus de médailles, exclusivement à tous autres individus, si ce n'est en cas d'urgence et dans l'intérêt général du commerce.

22. Les tonneliers sont collectivement et solidairement responsables des avaries qui proviendraient du fait et par la faute de l'un ou plusieurs d'entre eux, aux marchandises ou aux bateaux dont le déchargement leur sera confié.

23. Lorsque la perte aura été légalement constatée, le chef des tonneliers sera tenu d'en rembourser le montant à qui de droit.

24. Il est défendu aux tonneliers d'exiger des prix plus élevés que ceux portés au tarif approuvé par S. Exc. le ministre de l'intérieur, le 23 février 1815.

25. Le prix des travaux extraordinaires sera réglé de gré à gré, entre le commerce et le chef des tonneliers.

26. La compagnie des tonneliers sera constamment pourvue des ustensiles nécessaires à ses travaux.

La valeur de ces ustensiles ne pourra être au-dessous de cinq mille francs.

27. Il sera fait, au mois d'avril de chaque année, en présence du

syndicat du commerce et de l'inspecteur général de la navigation et des ports, un inventaire estimatif de tous les ustensiles appartenant à la compagnie

Expédition de cet inventaire nous sera transmise par l'inspecteur général de la navigation et des ports.

28. Les ouvriers qui à l'avenir seront admis parmi les tonneliers, payeront une somme de cinquante francs pour leur portion contributive dans la valeur du mobilier de la compagnie.

29. Lorsque, par suite de décès, abandon ou révocation, la médaille d'un tonnelier sera vacante, la compagnie remboursera au titulaire ou à ses héritiers la somme de cinquante francs.

30. Pour subvenir aux diverses dépenses de la compagnie, il sera fait aux tonneliers une retenue de dix centimes sur chaque journée de travail. Cette retenue s'opérera à la fin de la semaine, lorsque les tonneliers recevront leur salaire.

31. Les ouvriers non employés après l'appel du matin, et qui voudraient travailler en ville, seront tenus d'en prévenir leur chef et de verser entre ses mains à la fin de chaque semaine, les dix centimes par journée de travail exigés par l'article précédent.

32. Les fonds provenant des perceptions prescrites par les articles 27, 29 et 30 serviront à payer :

1° L'achat et l'entretien des cordages, planches, chemins, etc., formant le mobilier de la compagnie ;

2° Les avaries de marchandises ou de bateaux provenant du fait des tonneliers ;

3° Les secours à accorder aux blessés conformément à l'article 16 ;

4° Et les frais de bureau.

33. Le chef des tonneliers tiendra un registre exact des sommes reçues et dépensées.

Il en fournira tous les mois un état qui sera vérifié, arrêté et visé par le syndicat du commerce des vins, et par l'inspecteur général de la navigation et des ports qui nous les transmettra.

34. Nous nous réservons de statuer à la fin de chaque année, et dans l'intérêt des tonneliers, sur l'emploi des fonds excédant les besoins de la compagnie, comme aussi de prescrire, en cas d'insuffisance, les moyens de subvenir à ces mêmes besoins.

35. Il nous sera rendu compte des contraventions à la présente ordonnance, et il sera pris envers les contrevenants telles mesures de police administrative qu'il appartiendra.

36. La présente ordonnance sera soumise à l'approbation de S. Exc. le ministre de l'intérieur.

Elle sera imprimée et affichée.

Les commissaires de police, l'inspecteur général de la navigation et des ports et les préposés de la préfecture de police sont chargés de tenir la main à son exécution.

Le ministre d'Etat, préfet de police, comte ANGLÈS.

Vu et approuvé,

Le sous-secrétaire d'Etat au département de l'intérieur,

BECQUEY.

N° 867. — *Ordonnance concernant des mesures d'ordre à observer à l'occasion du jour de la Saint-Louis* (1).

Paris, le 23 août 1817.

N° 868. — *Ordonnance concernant l'ouverture de la chasse* (2).

Paris, le 23 août 1817.

N° 869. — *Ordonnance concernant des mesures d'ordre à observer dimanche prochain, 31 août, à l'occasion des réjouissances qui auront lieu aux Champs-Elysées pour la Saint-Louis* (3).

Paris, le 30 août 1817.

N° 870. — *Ordonnance concernant les mesures de police qui doivent être observées les 7, 14 et 21 septembre, à l'occasion de la fête de Saint-Cloud* (4).

Paris, le 5 septembre 1817.

N° 871. — *Ordonnance concernant les pièces de trente et de quinze sous.*

Paris, le 14 septembre 1817.

Nous, ministre d'Etat, préfet de police,

Informé que, depuis quelques jours, plusieurs personnes se sont permis de refuser en payement les pièces d'un franc cinquante centimes (30 sous) et celles de soixante et quinze centimes (15 sous) et ont donné lieu au bruit dénué de fondement de leur prochaine démonétisation ;

Vu l'article 3 de l'arrêté du 12 septembre 1810, conçu en ces termes :

« Les pièces dites de trente sous et de quinze sous, circuleront pour « la valeur d'un franc cinquante centimes, et de soixante et quinze « centimes; mais elles ne pourront entrer dans les payements que « pour les appoints au-dessous de cinq francs. »

Vu l'article 475 du Code pénal qui porte, paragraphe 2 :

« Seront punis d'amende, depuis six francs jusqu'à dix francs inclusivement........., ceux qui auraient refusé de recevoir les espè-

(1) V. l'ord. du 23 août 1824.

(2) V. l'ord. du 22 août 1843.

(3) V. l'ord du 23 août 1824.

(4) V. l'ord. du 6 sept. 1843.

« ces et monnaies nationales, non fausses ni altérées, selon la valeur « pour laquelle elles ont cours. »

Ordonnons ce qui suit :

1. Il est défendu de refuser les pièces dites de trente sous et de quinze sous pour leur valeur d'un franc cinquante centimes et de soixante-quinze centimes, dans tous les payements au-dessous de cinq francs, et pour les appoints au-dessous de ladite somme dans tous les autres payements.

2. Les contraventions à la disposition ci-dessus seront constatées par procès-verbaux et poursuivies conformément à l'article 475 du Code pénal.

3. La présente ordonnance sera imprimée et affichée dans le ressort de la préfecture de police.

Les sous-préfets des arrondissements de Saint-Denis et de Sceaux, les maires et adjoints des communes rurales, les commissaires de police, l'inspecteur général de police, les officiers de paix et les préposés de la préfecture de police sont chargés de tenir la main à son exécution.

Le ministre d'Etat, préfet de police, comte ANGLÈS.

N° 872. — *Ordonnance concernant l'abattoir à porcs établi au faubourg du Roule.*

Paris, le 16 septembre 1817.

Nous, ministre d'Etat, préfet de police,

Vu l'ordonnance du 25 septembre 1815, concernant le commerce des porcs et de la charcuterie;

Vu pareillement l'article 3, § 3, titre 11 de la loi des 16—24 août 1790 ;

Considérant que l'abattoir à porcs établi au faubourg du Roule est réservé exclusivement au commerce en gros, pour l'abat des porcs ;

Que le commerce en gros du porc frais ne peut et ne doit se faire qu'à la halle les jours de marché ;

Que tous les porcs abattus et préparés dans l'abattoir du Roule ne doivent en être retirés que pour être transportés directement à la halle et y être vendus les jours de marché ;

Qu'en conséquence toute vente, tout achat particuliers de porc frais dans l'abattoir du Roule, constituent une contravention tant aux règlements généraux sur les approvisionnements qu'à l'ordonnance du 25 septembre 1815, spéciale pour le commerce de la viande de porc ;

Que dès lors les charcutiers détaillants n'ont aucun motif de fréquenter l'abattoir du Roule, puisque, d'une part, ils ne doivent y faire aucun achat, et que, de l'autre, des abattoirs particuliers sont destinés exclusivement à la réception et préparation des porcs par eux achetés pour leur commerce,

Ordonnons ce qui suit :

1. L'entrée de l'abattoir du Roule est interdite aux charcutiers détaillants.

2. Le préposé de l'abattoir du Roule est autorisé à renvoyer tout charcutier détaillant qui s'y présenterait.

3. Les contraventions à la présente ordonnance seront constatées

par des procès-verbaux qui seront transmis au tribunal de police pour y donner telle suite qu'il appartiendra.

4. La présente ordonnance sera imprimée et affichée, notamment à la halle, dans les abattoirs à porcs et au bureau des délégués des charcutiers.

5. Les commissaires de police des quartiers des marchés et du Roule, le commissaire inspecteur général des halles et marchés, le préposé de l'abattoir du Roule et les préposés des marchés sont spécialement chargés de tenir la main à son exécution.

Le ministre d'Etat, préfet de police, comte ANGLÈS.

N° **873**. — *Ordonnance concernant des mesures d'ordre à l'occasion de la cérémonie qui aura lieu mardi 28 du courant, à une heure, jour auquel sa majesté posera la première pierre du piédestal de la statue équestre d'Henri IV sur le terre-plein du Pont-Neuf.*

Paris, le 27 octobre 1817.

Nous, ministre d'État, préfet de police,

Vu la lettre en date du 25 du courant, à nous adressée par S. Exc. le grand-maître des cérémonies de France,

Ordonnons ce qui suit :

1. Mardi prochain, 28 octobre, la circulation et le stationnement des voitures autres que celles des personnes invitées à la cérémonie, ou de celles qui se rendront au château des Tuileries, seront interdits à compter de onze heures du matin, jusqu'après la rentrée du roi au château,

Sur le Carrousel ;

Dans les rues des Poulies et du Petit-Bourbon ;

Sur les quais de la rive droite de la Seine, depuis et y compris le Pont-Royal, jusques et y compris le Pont-au-Change ;

Sur les quais de la rive gauche, depuis le Pont-Royal, jusques et y compris le pont Saint-Michel ; sur le quai des Orfévres ; sur le Marché Neuf ; dans les rues de la Barillerie et de Harlai ; sur les quais de l'Horloge et du Marché aux Fleurs.

2. Les personnes invitées à la cérémonie et qui voudront s'y rendre en voiture, doivent être arrivées à midi et demi au plus tard ; passé cette heure, aucunes voitures, autres que celles des princes et princesses du sang, ne seront plus admises à pénétrer sur le Pont-Neuf.

3. Les voitures, autres que celles du cortége et des princes du sang, seront mises en stationnement dans la cour de Harlai, et sur le quai des Orfévres au-dessus de la rue de Harlai, dans la rue de la Barillerie et sur le quai du Marché aux Fleurs.

4. La place Dauphine et la rue de Harlai sont exclusivement affectées au stationnement des voitures du cortége de S. M. et de celles des princes et princesses du sang.

5. Le Pont-Neuf dans toute sa longueur, les quais de l'Horloge et des Orfévres jusques à la rue de Harlai, et le quai de Conti depuis le Pont-Neuf jusqu'à la rue Guénégaud, sont exclusivement réservés pour le placement, pendant la cérémonie, des détachements qui formeront l'escorte du roi. Le public ne pourra s'y placer que sur les trottoirs.

6. Aucune voiture ne sera remise en mouvement après la cérémo-

nie, qu'après que le cortége aura quitté le Pont-Neuf, et après le départ des princes et des princesses du sang.

7. Elles ne pourront revenir sur le Pont-Neuf que sur une seule file, et ne le quitter que par l'une de ses extrémités sans passer sur le quai de l'Horloge ni revenir sur celui des Orfévres.

8. Il est défendu de monter sur les parapets des quais et des ponts, ni sur les boutiques et autres établissements qui sont sur le Pont-Neuf; les contrevenants seront immédiatement arrêtés.

9. Les étalages mobiles qui sont sur le Pont-Neuf ou sur les quais environnants seront enlevés.

10. Les parties de la voie publique sur lesquelles le cortége de sa majesté doit passer, seront soigneusement nettoyées.

Sa majesté partira du château des Tuileries à midi et demi précis, son cortége passera par le Carrousel; la rue du Carrousel; le Louvre; la rue du Petit-Bourbon; le quai de l'Ecole; le Pont-Neuf.

Sa majesté retournera au château des Tuileries par le Pont-Neuf; le quai de Conti; le quai Malaquais; le quai des Théatins; le Pont-Royal; le guichet du Carrousel.

11. La présente ordonnance sera imprimée et affichée.

L'inspecteur général de police, les commissaires de police, les officiers de paix et les préposés de la préfecture de police sont chargés d'en assurer l'exécution.

Le ministre d'Etat, préfet de police, comte ANGLÈS.

N° 874.—*Ordonnance concernant des mesures d'ordre à observer à l'occasion de la messe du Saint-Esprit et de l'ouverture de la session des Chambres* (1).

Paris, le 3 novembre 1817.

N° 875. — *Ordonnance concernant le balayage des rues dans Paris* (2).

Paris, le 14 novembre 1817.

Nous, ministre d'État, préfet de police,

Vu l'ordonnance de police du 8 novembre 1780, concernant le balayage, etc.;

Celle du 15 novembre 1781, concernant les incendies;

Celle du 28 janvier 1786, concernant la liberté et la commodité de la voie publique;

Vu les articles 2 et 22 de l'arrêté du gouvernement du 12 messidor an VIII (1er juillet 1800),

Ordonnons ce qui suit :

1. Les propriétaires ou locataires sont tenus de faire balayer régulièrement, tous les jours, au-devant de leurs maisons, boutiques, cours, jardins et autres emplacements.

Le balayage sera fait à partir du ruisseau dans les rues à deux pavés. Les boues et immondices seront mises en tas près des bornes.

Dans les rues à chaussée, le balayage sera fait depuis le milieu de

---

(1) V. l'ord. du 26 fév. 1830.

(2) V. les ord. des 29 oct. 1836, 28 oct. 1839 et 1er avil 1843.

la chaussée. Les boues et immondices seront mises en tas, le long des ruisseaux, du côté de la chaussée.

Nul ne pourra pousser les boues et immondices devant les propriétés de ses voisins.

2. Le balayage sera terminé, tous les jours, à huit heures du matin, depuis le 1er octobre jusqu'au 1er mars, et à sept heures, depuis le 1er mars jusqu'au 1er octobre.

En cas de négligence, les commissaires de police feront balayer aux frais des propriétaires ou locataires.

3. La paille provenant des paillasses ne pourra être déposée sur la voie publique qu'aux heures ci-après, savoir :

1° De sept à huit heures du matin, depuis le 1er octobre jusqu'au 1er mars;

Et de six à sept heures du matin, depuis le 1er mars jusqu'au 1er octobre.

4. Il est défendu de brûler de la paille dans les rues et sur aucun autre point de la voie publique, à peine d'amende (article 6 de l'ordonnance de police du 15 novembre 1781, maintenu par l'article 484 du Code pénal).

5. Il est également défendu de déposer dans les rues, aucunes ordures et immondices, provenant de l'intérieur des maisons, après le passage des voitures du nettoiement, sous les peines prononcées par les règlements.

6. Les verres, les bouteilles cassées, les morceaux de glaces, de poterie, de faïence, etc., seront déposés le long des maisons, séparément des boues et immondices.

7. Il est défendu de rien jeter dans les rues, par les fenêtres et croisées.

8. Il est défendu de déposer des terres et gravois au-devant des maisons, après deux heures de relevée.

Les terres et gravois déposés au-devant des maisons, devront être enlevés dans le jour.

En cas de négligence, les commissaires de police les feront enlever aux frais des propriétaires.

9. Les étalagistes autorisés à occuper des places dans les rues et sur les halles et marchés, seront tenus de les balayer matin et soir, et de rendre les places nettes, sous peine d'en être expulsés.

10. Il est enjoint aux desservants des voitures de place de balayer, deux fois par jour, les places affectées au stationnement, sous peine de révocation, savoir :

Le matin, avant que les voitures arrivent sur les places, et le soir, à quatre heures.

11. Les habitants de la campagne et autres qui ramassent, dans Paris, des immondices et du petit fumier, ne pourront le faire que de grand matin. Ils se serviront de charrettes closes en planches, claies ou toiles. Il leur est défendu d'éparpiller les tas de boues ou de fumier.

12. Ceux qui transportent du fumier-litière, sont tenus de le contenir sur leurs charrettes par des bannes.

13. Dans les temps de neige et de gelée, les propriétaires ou locataires seront tenus de balayer la neige et de casser les glaces au-devant de leurs maisons, boutiques, cours, jardins et autres emplacements jusques et compris le ruisseau.

Ils mettront en tas, les neiges et glaces. En cas de verglas, ils jetteront des cendres, du sable ou des gravois.

14. Il est défendu de déposer dans les rues, aucunes neiges et glaces provenant des cours, ou de l'intérieur des habitations, sous les peines prononcées par les règlements.

15. Il est défendu aux propriétaires ou entrepreneurs de bains et autres établissements, tels que teinturiers, blanchisseurs, etc., qui emploient beaucoup d'eau, de laisser couler sur la voie publique, les eaux provenant de leurs établissements pendant les gelées.

16. Les concierges, portiers ou gardiens des établissements publics et des maisons domaniales, sont personnellement responsables de l'exécution des dispositions ci-dessus, en ce qui concerne les établissements et maisons auxquels ils sont attachés.

17. Les contraventions seront constatées par des procès-verbaux qui nous seront adressés.

18. Il sera pris envers les contrevenants, telles mesures de police administrative qu'il appartiendra sans préjudice des peines déterminées par les règlements précités, et par les articles 471 et 474 du Code pénal.

19. La présente ordonnance sera imprimée et affichée.

Les commissaires de police, l'inspecteur général de police, les officiers de paix, l'architecte commissaire de la petite voirie, l'inspecteur général de la salubrité et les préposés de la police, sont chargés de tenir la main à son exécution.

Elle sera adressée à M. le colonel de la ville de Paris, commandant la gendarmerie royale, pour qu'il en assure l'exécution par tous les moyens qui sont à sa disposition.

Le ministre d'Etat, préfet de police, comte ANGLÈS.

N° — 876. *Ordonnance concernant le commerce des fruits, légumes, herbages, pommes de terre, fleurs en bottes et plantes usuelles* (1).

Paris, le 25 novembre 1817.

Nous, ministre d'Etat, préfet de police,

Considérant combien il importe, pour l'intérêt général des consommateurs, de tenir la main à ce que les marchés journaliers soient constamment approvisionnés en objets de première nécessité et d'empêcher que rien de ce qui doit y être amené n'en soit détourné;

Que tel a été, dans tous les temps, le but des règlements rendus sur la matière des approvisionnements;

Que le maintien de ces règlements est spécialement confié à l'autorité et à la vigilance de l'administration municipale par les lois des 24 août 1790, titre XI et 22 juillet 1791;

Vu les ordonnances des 28 septembre 1590, 6 octobre 1632, 1691, 15 février 1721, 25 juin 1757, 6 mars 1758, 17 juin 1778, l'édit de décembre 1672, le règlement du 2 mai 1790, les lois des 16—24 août 1790 et 22 juillet 1791, et les articles 471, 475, 479 et 484 du Code pénal;

Vu aussi les articles 2 et 33 de l'arrêté du gouvernement du 12 messidor an VIII (1er juillet 1800) et l'article 1 de celui du 3 brumaire suivant (25 octobre 1800);

Ordonnons ce qui suit:

1. La partie des halles du centre, connue sous le nom de place des Innocents, les rues de la Lingerie, de la Ferronnerie, des Fourreurs et de Saint-Honoré, jusqu'à celle des Prouvaires, la rue de la Poterie, les rues de la grande et petite Friperie, la place dite le Légat, la rue aux Fers, la rue du Marché aux Poirées et le terrain dit la Pointe-Saint-Eustache, demeurent spécialement affectés à l'exposi-

---

(1) V. les ord. des 31 oct. 1825, 21 sept. 1829, 28 mars et 5 avril 1831, et 28 juin 1833.

tion en vente des fruits, légumes, pommes de terre, herbages, fleurs en bottes et plantes usuelles.

2. Ces emplacements se divisent en trois parties principales:

La première partie, destinée à la vente en gros des fruits, légumes, pommes de terre, herbages et plantes usuelles, et au commerce des fleurs, comprend la place des Innocents, les rues aux Fers, de la Féronnerie, des Foureurs et de Saint-Honoré jusqu'à celle des Prouvaires, la rue de la Lingerie, celle de la Poterie, celles de la grande et petite Friperie, et au besoin celle du Contrat-Social.

La seconde partie, destinée à la vente en détail, des fruits, légumes, herbages, plantes usuelles et pommes de terre, comprend le pourtour du carreau des Innocents seulement sous les abris, la rue de la Poterie et la place dite le Légat.

La troisième partie, réservée à la vente en détail des légumes, herbages et poirées seulement, comprend, quant à présent, et jusqu'à ce qu'il en soit autrement ordonné, le marché aux Poirées et le terrain dit la Pointe-Saint-Eustache.

3. L'emplacement destiné à la vente en gros des fruits, légumes, pommes de terre, herbages, et plantes usuelles, est divisé en plusieurs parties.

Chaque partie est affectée à la vente des denrées de même nature, et les marchands sont tenus de s'y placer dans l'ordre indiqué par le commissaire inspecteur général des halles et marchés.

Aussitôt après le déchargement des voitures, elles doivent être conduites sur les emplacements affectés à leur stationnement.

4. La vente en gros des fruits, légumes, pommes de terre, herbages et plantes usuelles aura lieu, tous les jours, comme par le passé.

Le marché sera ouvert à quatre heures du matin, du 1er avril au 1er octobre, et à cinq heures pendant le reste de l'année.

L'ouverture du marché sera annoncée au son de la cloche.

Une heure après l'ouverture, la cloche sera sonnée une seconde fois.

5. La vente en gros cessera à dix heures du matin, du 1er octobre au 1er avril, et à neuf heures pendant le reste de l'année.

La fermeture sera annoncée au son de la cloche.

6. Pendant la première heure du marché, les préposés de la préfecture feront la vérification des denrées exposées en vente. (*Ord. du 17 juin 1778, art. 1er.*)

7. Pendant le même intervalle de temps, les denrées à destinations particulières de commerce, bien constatées, devront être enlevées, sauf lotissage s'il y a lieu, et celles exposées en vente seront examinées par les acheteurs.

8. Les marchandises achetées ne pourront être enlevées que quand le prix en aura été convenu entre le vendeur et l'acheteur, et qu'après le second coup de cloche. (*Lois du 16—24 août 1790, titre XI, art. 2, §. 3.*)

9. Les vendeurs et acheteurs sont libres de faire enlever par qui bon leur semble, les marchandises achetées.

10. Les marchands forains ne peuvent conduire leurs denrées et marchandises que sur les marchés affectés par la présente ordonnance pour en faire la vente.

Sont exceptées les marchandises amenées à somme, qui pourront, comme par le passé, être amenées et vendues dans les marchés détachés.

11. Il est défendu aux marchands forains d'en vendre ou de recevoir des arrhes sur les routes, dans les rues, dans les auberges, dans les cafés et partout ailleurs, sous peine de confiscation et d'amende. (*Ord. du Châtelet, du 28 sept. 1590, et du 17 juin 1778, art. 1 et 2.*)

12. Il est défendu d'aller au-devant des voitures pour acheter ou pour arrher aucune espèce de denrées. (*Ord. du Châtelet, du* 28 *sept.* 1590. *de déc.* 1672, *chap.* 3, *art.* 2. *et du* 17 *juin* 1778 *art.* 3.)

13. Il est défendu de se jeter sur les marchandises avant ou après leur déchargement sur les carreaux. (*Ord. des* 25 *juin* 1757, 6 *mars* 1758, *et* 17 *juin* 1778.)

14. Il est défendu aux marchands forains d'emmagasiner dans Paris les denrées qu'ils auront amenées, et à toutes personnes de les recevoir en dépôt ou magasin. (*Ord. du Châtelet, du* 28 *déc.* 1590, *de* 1691, *art.* 6. *Edit de déc.* 1673, *chap.* 3, *art.* 24, *et ordonnance du* 15 *fév.* 1721.)

15. Les marchands forains ne pourront vendre que par eux-mêmes ou par des personnes de leur famille, les denrées qu'ils amèneront sur les carreaux. (*Ord. du Châtelet, du* 28 *sept.* 1590.)

16. Il est défendu d'apporter au marché et de vendre des fruits et des légumes pourris, défectueux ou de mauvaise qualité. (*Ord. du* 15 *fév.* 1721, *et loi du* 22 *juill.* 1791, *titre* 1er, *art.* 20.)

17. Il est défendu de mettre au fond des paniers, des fruits d'une espèce et d'une qualité inférieures à celles des fruits qui sont au dessus, comme aussi de mettre dans les paniers d'autres bouchons que ceux qui sont nécessaires à la conservation des fruits. (*Ord. de* 1672, *chap.* 3, *art.* 20, *et du* 17 *juin* 1778, *art.* 1.)

18. Les marchands forains sont tenus de se retirer des carreaux immédiatement après la vente et l'enlèvement de leurs denrées, et, pour le plus tard, aux heures désignées en l'article 5, pour la fermeture de la vente en gros. (*Ord. du* 15 *fév.* 1721, *règl. du* 2 *mai* 1790, *art.* 2 *et* 8. *loi du* 16–24 *août* 1790, *titre IX*, *art.* 3, § 3.)

19. Les marchandises non vendues seront mises en resserre pour être représentées et mises en vente au marché suivant, sous les peines portées en l'art. 11 de la présente ordonnance.

20. Le courtage et le regrat sont prohibés sur les carreaux. En conséquence, il est défendu d'acheter des marchandises en gros pour les revendre soit en gros, soit en détail sur les carreaux affectés à la vente en gros. (*Ord. du* 6 *oct.* 1632, *édit de déc.* 1672, *chap.* 3, *art.* 23, *loi du* 16–24 *août* 1790, *titre XI*, *art.* 3, § 3.)

21. Il est défendu aux forts et gens de peine des halles de percevoir aucuns salaires pour des frais de déchargements qui n'auraient point été effectués.

22. La vente en détail des fruits, légumes, pommes de terre, herbages et plantes usuelles aura lieu tous les jours, depuis le lever jusqu'au coucher du soleil.

23. Il est défendu aux détaillants de vendre ailleurs qu'aux places qui leur sont assignées. (*Code pénal*, *art.* 471, § 4.)

24. Nul ne peut s'installer sur le carreau pour la vente en détail des denrées, sans une permission émanée de la préfecture de police.

25. Aucun détaillant ne pourra, sous aucun prétexte, réunir deux places, lors même qu'il en payerait la location, faire plusieurs commerces, ni avoir de boutique dans Paris.

26. Les détaillants ne pourront faire aucune association avec les marchands forains pour la vente de leurs denrées. (*Ord. de* 1691, *art.* 5, *et du* 17 *juin* 1778, *art.* 6.)

27. Il est défendu aux détaillants de faire venir des denrées à leur destination sur le carreau.

28. Tout détaillant sera tenu d'acheter par lui-même.

29. Ceux qui voudront obtenir des places sur le carreau devront produire des certificats des commissaires de police de leurs quartiers respectifs, qui attestent leur bonne conduite et leur résidence à Paris depuis un an.

30. Les détaillants seront obligés de mettre au-devant de leurs étalages un écriteau portant leurs noms et les numéros de leurs places, à peine de perdre leurs places.

31. Toute place qui sera deux jours de suite ou trois sur dix sans être occupée en personne par le détaillant qui l'aura obtenue sera réputée vacante, lors même que la location en aurait été payée, et il en sera disposé immédiatement, à moins que le détaillant ne justifie d'un empêchement légitime.

32. Il ne pourra être placé de parasols, tables, tréteaux, et autres étalages quelconques, que par les marchands et détaillants, ou sur la demande expresse qu'ils en feront aux particuliers qui sont dans l'usage d'en louer.

33. Les marchands et détaillants ne pourront établir d'étalages à demeure hors des abris. Ils devront enlever chaque jour tout ce qui aura servi à leurs étalages.

34. Il ne pourra être attaché à fer, fiches et clous, aucun étalage, toiles, ni bannes aux abris des marchés.

35. Les contraventions seront constatées par des procès-verbaux qui nous seront adressés.

36. Il sera pris envers les contrevenants aux dispositions ci-dessu telles mesures de police administrative qu'il appartiendra, sans préjudice des poursuites à exercer contre eux devant les tribunaux.

37. La présente ordonnance sera imprimée et affichée.

Les sous-préfets des arrondissements de Saint-Denis et de Sceaux, les maires des communes rurales du ressort de la préfecture de police, les commissaires de police, l'inspecteur général de police, les officiers de paix, le commissaire inspecteur général des halles et marchés, et les préposés de la préfecture de police sont chargés de tenir la main à son exécution.

Elle sera adressée à M. le colonel de la ville de Paris, commandant la gendarmerie royale, et à M. le commandant de la gendarmerie du département de la Seine, pour en assurer l'exécution par tous les moyens qui sont en leur disposition.

Le ministre d'Etat, préfet de police, comte ANGLÈS.

N° 877. — *Ordonnance concernant la vente de la viande à la halle de Paris par les bouchers forains* (1).

Paris, le 25 novembre 1817.

Nous ministre d'Etat, préfet de police,

Considérant qu'il s'est introduit des abus dans le commerce de la viande que les bouchers forains font à la halle, et qu'il importe de les réprimer;

Vu les articles 2, 21 et 33 de l'arrêté du gouvernement du 12 messidor an 8, l'article 1 de celui du 3 brumaire an 9, et l'article 19 de l'arrêté du 8 vendémiaire an 11,

Ordonnons ce qui suit :

1. Les vingt-cinq places affectées aux bouchers forains, sur le carreau de la halle de Paris, sont conservées.

2. Les bouchers forains continueront à approvisionner la halle à tour de rôle, tous les mois.

---

(1) V. les ord. des 3 oct. 1827 et 25 mars 1830.

3. Les bouchers forains qui veulent approvisionner la halle seront tenus d'en faire la déclaration au commissaire-inspecteur général des halles et marchés, à son bureau, soit à Paris, soit sur les marchés de Sceaux et de Poissy.

4. Les bouchers forains qui seront admis à approvisionner la halle, seront désignés par le sort et proportionnellement par canton de justice de paix.

5. Tout boucher forain, qui, sans cause légitime, manquera, à son tour, à approvisionner la halle, en sera exclus.

6. Les bouchers qui manqueront, à leur tour, à approvisionner la halle, seront remplacés par des bouchers pris parmi ceux qui se trouveront dans le même canton de justice de paix.

7. Le remplacement ne préjudiciera point à l'ordre du tour de rôle.

8. Les bouchers forains sont tenus d'occuper leurs places par eux-mêmes, leurs femmes ou leurs enfants âgés au moins de seize ans, conformément à l'article 13 de l'ordonnance de police du 26 mars 1811.

9. Il leur est enjoint d'amener leurs viandes dans des voitures couvertes.

10. Ils apporteront leurs viandes coupées, c'est-à-dire les bœufs en demi-quartiers, les veaux et moutons en quartiers.

11. En arrivant à la halle, les bouchers forains représenteront aux préposés la quittance du droit d'octroi par eux payé.

12. Si la quittance énonce des quantités de viande plus ou moins considérables que celles apportées, le boucher sera exclus de la halle.

13. Les bouchers forains ne pourront introduire de viande dans Paris que les mercredis et samedis.

Il leur est défendu d'en amener, les mercredis et samedis, ailleurs qu'à la halle.

Le tout sous peine d'être privés des places qu'ils y occupent.

14. Les contraventions seront constatées par des procès-verbaux qui nous seront adressés.

15. Il sera pris envers les contrevenants aux dispositions ci-dessus telles mesures de police administrative qu'il appartiendra, sans préjudice des poursuites à exercer contre eux devant les tribunaux, conformément aux lois et aux règlements.

16. La présente ordonnance sera imprimée et affichée.

Ampliation en sera transmise à la direction de l'octroi.

Les sous-préfets des arrondissements de Saint-Denis et de Sceaux, les maires des communes rurales, les commissaires de police, le commissaire-inspecteur général des halles et marchés, et les préposés de la préfecture de police sont chargés de tenir la main à son exécution.

Le ministre d'Etat, préfet de police, comte ANGLÈS.

N° 878. — *Ordonnance concernant la police de la rivière et des ports, pendant l'hiver et les temps de glaces, grosses eaux et débâcles* (1).

Paris, le 2 décembre 1817.

---

(1) V. les ord. des 1er déc. 1838, 5 déc. 1839 et 25 oct. 1840 (art. 203 et suiv.).

N° 879. — *Ordonnance concernant la vérification annuelle des poids et mesures* (1).

Paris, le 6 décembre 1817.

N° 880.— *Ordonnance concernant les neiges et glaces* (2).

Paris, le 24 décembre 1817.

Le ministre d'Etat, préfet de police, vient d'ordonner des travaux extraordinaires tant pour l'enlèvement des neiges que pour faire casser et enlever les glaces dans les rues de Paris. Il compte sur le zèle des habitants à seconder ses efforts et à coopérer à l'exécution de ces travaux, en prenant les mesures prescrites par l'ordonnance de police du 14 novembre 1817, concernant le balayage des rues et notamment par les articles ci-après :

13. « Dans les temps de neige et de gelée, les propriétaires ou locataires seront tenus de casser les glaces au-devant de leurs maisons, boutiques, cours, jardins et autres emplacements jusques et y compris le ruisseau.

« Ils mettront en tas les neiges et glaces ; en cas de verglas, ils jetteront des cendres, du sable ou des gravois.

14. « Il est défendu de déposer dans les rues aucunes neiges et glaces provenant des cours ou de l'intérieur des habitations, sous les peines prononcées par les règlements.

15. « Il est également défendu aux propriétaires ou entrepreneurs de bains et autres établissements, tels que teinturiers, blanchisseurs, etc., qui emploient beaucoup d'eau, de laisser couler sur la voie publique les eaux provenant de leurs établissements, pendant les gelées.

16. « Les concierges, portiers ou gardiens des établissements publics et des maisons domaniales sont personnellement responsables de l'exécution des dispositions ci-dessus, en ce qui concerne les établissements et maisons auxquelles ils sont attachés.

17. « Les contraventions seront constatées par des procès-verbaux qui nous seront adressés.

18. « Il sera pris envers les contrevenants telles mesures de police administrative qu'il appartiendra, sans préjudice des peines déterminées par les règlements et par les articles 471 et 474 du Code pénal. »

Le ministre d'Etat, préfet de police, **ANGLÈS.**

N° 881.— *Ordonnance qui prescrit l'impression et la publication de l'ordonnance du roi du 13 août 1817, et du règlement du ministre des finances, du 21 novembre de la même année, relatifs à l'indemnité à payer par les entrepreneurs de voitures publiques aux maîtres de poste* (3).

Paris, le 29 décembre 1817.

---

(1) V. les ord. des 14 déc. 1820, 15 déc. 1825, 27 oct. et 29 nov. 1826, 23 nov. 1842 et 1er déc. 1843.

(2) V. les ord. des 7 janv. 1835, 26 déc. 1836, 14 déc. 1838 et 7 déc. 1842.

(3) V. cette ord. et ce règlement à l'appendice.

N° 882. — *Consigne générale des gardes de police de la gendarmerie royale de Paris, aux théâtres* (1).

Paris, le 29 décembre 1818.

N° 883. — *Ordonnance concernant le placement des voitures des marchands forains qui approvisionnent les halles du centre* (2).

Paris, le 31 décembre 1817.

Nous, ministre d'Etat, préfet de police,

Vu la loi des 16-24 août 1790, titre XI, article 3, § 1, 2 et 3, l'article 471 du Code pénal, § 4, et l'article 475, § 3 et 4, et les articles 2 et 22 de l'arrêté du gouvernement du 12 messidor an VIII,

Ordonnons ce qui suit :

1. Il est défendu aux marchands forains, jardiniers et maraîchers qui approvisionnent les halles du centre en fruits, légumes et verdure, et aux marchands de son, grains et grenailles, qui approvisionnent la halle au blé, de faire stationner leurs voitures dans les rues, sur les ponts, quais et places publiques.

2. Les marchands forains de fruits, les jardiniers et maraîchers, les marchands de son, grains et grenailles, feront retirer leurs voitures des carreaux des halles et des environs de la halle au blé aussitôt après leur déchargement.

3. Celles de ces voitures qui devront rester en stationnement seront conduites dans le parc établi rues des Prouvaires et du Four, dans les terrains clos de Saint-Magloire, de Saint-Jacques-l'Hôpital ou tous autres, de manière qu'il n'en reste aucune sur la voie publique, à moins que tous les terrains clos en soient remplis.

4. Il est défendu de placer des chevaux à l'attache dans les rues et places, et notamment sur la place Gatine.

Néanmoins, les marchands forains qui sont dans l'usage de mettre leurs bêtes de somme à l'attache dans la rue de l'Aiguillerie, pourront continuer à les y placer.

5. Les marchands de fromages sont tenus d'envoyer leurs voitures dans le parc désigné en l'article 3, ou dans tous autres terrains clos.

Il leur est défendu de les faire stationner dans la halle à la viande et partout ailleurs.

6. Les voitures des marchands de beurre et œufs stationneront dans la rue du Jour.

7. Les voitures des marchands de pois et haricots verts seront conduites dans les terrains désignés en l'article 3.

En cas d'insuffisance de ces terrains, elles pourront stationner dans les rues Française et Mauconseil, mais jusqu'à huit heures seulement.

Passé huit heures, les voitures de pois et haricots verts, qui seraient stationnées sur la voie publique, seront conduites dans les terrains clos.

8. Les voitures des marchands de marée et d'huîtres seront placées dans la rue Montorgueil, depuis la rue Tiquetonne jusqu'à la rue du Cadran.

---

(1) Révoquée. — V. la consigne du 14 juin 1842.

(2) V. les ord. des 28 janv. 1829, 21 janv. 1832, 29 oct. et 19 déc. 1836, et 27 sept. 1842.

9. Les voitures stationnées sur la voie publique seront dételées et, autant que faire se pourra, engerbées.

10. Il est défendu aux boulangers, bouchers et charcutiers qui approvisionnent les halles, de laisser stationner leurs voitures sur aucun point de la voie publique.

11. Les voitures ci-après désignées seront retirées des lieux de stationnement sur la voie publique, savoir :

Celles des marchands de beurre et œufs, une heure après la fermeture de la vente en gros ;

Celles des marchands de pois et haricots verts, au fur et à mesure des ventes ;

Celles des marchands de marée et d'huîtres, à onze heures au plus tard en été, et à une heure au plus tard en hiver.

12. Il est défendu aux marchands forains et notamment aux marchands de beurre, œufs, marée et huîtres, de faire amener sur les points de stationnement des meubles, effets et marchandises quelconques, pour en faire le chargement.

13. Les aubergistes et gardiens auxquels les marchands forains confient la garde de leurs chevaux et voitures, sont garants envers eux des contraventions à la présente ordonnance.

14. Les garçons d'auberge sont tenus de se pourvoir de livrets.

15. Il est défendu aux garçons d'auberge de se servir de fouets pour conduire les chevaux.

16. Les garçons d'auberge se conformeront aux règlements de police sur la conduite des chevaux aux abreuvoirs.

Les garçons d'auberge porteront, au bras gauche, une plaque indicative de l'auberge à laquelle ils sont attachés.

Tout garçon d'auberge, non pourvu de plaque, sera expulsé des carreaux, sans préjudice des poursuites à exercer contre son maître, conformément aux dispositions de l'article 3, § 3, titre XI de la loi des 16-24 août 1790.

17. Les précédentes ordonnances continueront à recevoir leur exécution en tout ce qui n'est pas contraire aux dispositions de la présente.

18. Les contraventions seront constatées par des procès-verbaux qui nous seront adressés.

19. Il sera pris envers les contrevenants et notamment envers les aubergistes, telles mesures de police administrative qu'il appartiendra, sans préjudice des poursuites à exercer contre eux devant les tribunaux.

20. La présente ordonnance sera imprimée et affichée.

Elle sera, en outre, notifiée à chacun des aubergistes qui reçoivent en garde des chevaux et voitures de marchands forains, par le commissaire de police du quartier des marchés.

21. Les commissaires de police, notamment ceux des quartiers des Marchés, Saint-Eustache et de la Banque de France, l'inspecteur général de police, les officiers de paix, le commissaire-inspecteur général des halles et marchés, le contrôleur de la halle aux grains et farines, et les préposés de la préfecture de police sont chargés de tenir la main à son exécution.

Elle sera adressée à M. le colonel de la ville de Paris, commandant la gendarmerie royale, pour en assurer l'exécution par tous les moyens qui sont à sa disposition.

Le ministre d'Etat, préfet de police, ANGLÈS.

1818.

N° 884. — *Ordonnance concernant la police intérieure et extérieure des spectacles* (1).

Paris, le 7 janvier 1818.

N° 885. — *Arrêté concernant le service de police dans l'intérieur des théâtres.*

Paris, le 17 janvier 1818.

Nous, ministre d'Etat, préfet de police,

Arrêtons ce qui suit :

1. La force armée étant spécialement chargée du maintien de l'ordre à l'extérieur des spectacles et du placement des voitures, les commissaires de police et officiers de paix restent chargés de la surveillance et de la police à l'intérieur des théâtres.

2. M. S...., officier de paix, continuera d'être chargé de l'attribution des théâtres.

3. Sont chargés du service de la police et de la surveillance aux théâtres royaux, MM.......

4. Sont chargés du service de la police et de la surveillance aux théâtres secondaires, MM.......

5. Par les dispositions ci-dessus, il n'est rien changé à l'attribution spéciale des théâtres secondaires, qui reste la même sous la direction de M. S...., officier de paix. Il continuera d'envoyer à chacun de ces théâtres un inspecteur permanent qui, en son absence, sera sous les ordres de l'officier de paix de service.

6. Il y aura toujours de service, dans les théâtres royaux, au moins deux inspecteurs.

7. La surveillance, à l'intérieur et à l'extérieur des théâtres, aura lieu conformément à notre ordonnance du 7 janvier présent mois (2).

Le service intérieur des théâtres commence au moment de l'ouverture des bureaux de distribution des billets.

Le service extérieur doit commencer au moins une heure avant l'ouverture de ces bureaux.

M. D...., officier de paix, est chargé de la surveillance exté-

(1) V. les ord. des 16 juin 1806, 10 août 1807, 6 juill. 1816, 23 et 27 mars 1817, l'arr. du 2 déc. 1824, les ord. des 12 fév. 1828, 31 janv. et 9 juin 1829, l'arr. du 8 fév. 1831, les ord. des 26 déc. 1832, 3 oct. 1837, 17 mai et 22 nov. 1838, l'arr. du 10 déc. 1841 et la consigne du 14 juin 1842.

(2) V. l'ord. du 12 fév. 1828.

rieure pour le placement et le défilé des voitures, de concert avec les officiers et adjudants de gendarmerie.

8. Du moment où commence le service intérieur des théâtres, le commissaire devra se tenir au bureau de police. Si sa présence est nécessaire dans la salle ou dans l'intérieur du théâtre, il pourra être remplacé, au bureau, par l'officier de paix de service.

Mais le service du bureau de police est permanent; il ne doit jamais y avoir d'interruption jusqu'après l'entière évacuation de la salle, et tout doit se concerter entre les commissaires et les officiers de paix, de manière à ce que cette disposition soit scrupuleusement observée.

9. Les inspecteurs de police, de service dans un théâtre, sont tenus de circuler dans les corridors et au pourtour du parterre, afin d'être toujours à portée d'observer, de rendre compte et d'exécuter les ordres qui leur seraient donnés.

10. Le commissaire, de service dans un théâtre, rendra compte, dans son rapport journalier, du résultat de sa surveillance; il nous adressera un rapport particulier, immédiatement après le spectacle, toutes les fois que les cas l'exigeront.

11. Aussitôt que les spectacles seront finis, les officiers de paix, de service aux théâtres royaux, transmettront à l'inspection générale, pour qu'il nous en soit rendu compte, le rapport de leur surveillance, respectivement.

L'officier de paix, chargé de l'attribution des théâtres, transmettra de même un rapport contenant le résultat de sa surveillance spéciale dans les théâtres secondaires, et, toutefois, sans négliger d'y joindre un article séparé pour ce qu'il aurait recueilli de relatif à la surveillance dans les théâtres royaux.

12. M. l'inspecteur général est chargé de surveiller l'exactitude du service tant à l'intérieur qu'à l'extérieur des théâtres, et nous en fera rapport.

13. Toutes dispositions contraires à celles du présent arrêté sont rapportées.

14. Expéditions du présent arrêté seront transmises à MM. les commissaires de police et officiers de paix pour l'exécution, chacun en ce qui le concerne.

Expédition en sera également transmise à M. l'inspecteur général.

Il en sera donné communication à M. le colonel d'armes, commandant la gendarmerie royale de Paris.

Le ministre d'État, préfet de police, comte ANGLÈS.

N° 886. — *Ordonnance concernant les masques* (1).

Paris, le 22 janvier 1818.

N° 887. — *Ordonnance concernant la prohibition de la chasse* (2).

Paris, le 25 février 1818.

---

(1) V. les ord. des 10 fév. 1828, 10 fév. 1830 et 23 fév. 1843.

(2) V. l'ord. du 23 fév. 1843.

N° 888. — *Ordonnance concernant l'ordre à suivre lors du défilé des voitures qui iront à Longchamp* (1).

Paris, le 17 mars 1818.

N° 889. — *Ordonnance concernant la translation et la police de la Bourse* (2).

Paris, le 18 mars 1818.

Nous ministre d'Etat, préfet de police,

Vu, 1° la lettre de M. le comte Chabrol, conseiller d'Etat, préfet du département de la Seine, en date du 16 du courant par laquelle il nous annonce que les travaux et les dispositions à faire dans le nouveau local destiné à la tenue de la Bourse sur le terrain des Filles-Saint-Thomas, seront incessamment terminés, et que la translation de la Bourse devra avoir lieu, lundi prochain 23 de ce mois;

2° Les articles 2 et 25 de l'arrêté du gouvernement du 12 messidor an VIII,

Ordonnons ce qui suit :

1. A compter du 23 du présent mois de mars, la Bourse cessera de tenir dans la galerie dite de Virginie, au Palais-Royal.

A compter de la même époque, elle tiendra provisoirement dans un bâtiment situé sur le terrain des Filles-Saint-Thomas, et qui a sa principale entrée sur la rue Feydeau.

2. La Bourse continuera de tenir tous les jours, excepté les jours de repos indiqués par la loi.

3. La Bourse tiendra depuis deux heures jusqu'à trois pour les négociations des effets publics, et depuis deux heures jusqu'à quatre pour les opérations commerciales.

4. Il ne pourra être fait, à la Bourse, aucune négociation des effets publics ni aucune opération commerciale, après les heures fixées par l'article précédent.

5. L'ouverture et la fermeture de la Bourse seront annoncées au son d'une cloche.

La cloche sera aussi sonnée à trois heures, pour annoncer la clôture des négociations des effets publics.

6. La Bourse sera évacuée à quatre heures précises.

7. Il est défendu de faire stationner, pendant la tenue de la Bourse, des voitures de place et des cabriolets de louage dans les rues Feydeau et des Filles-Saint-Thomas.

8. Les contraventions seront constatées par des procès-verbaux qui nous seront adressés.

9. Il sera pris envers les contrevenants telles mesures de police administrative qu'il appartiendra, sans préjudice des poursuites à exercer contre eux devant les tribunaux, conformément aux lois.

10. La présente ordonnance sera imprimée et affichée.

Ampliation en sera adressée à M. le conseiller d'Etat, préfet du département de la Seine, et à MM. les syndics et adjoints des agents de change et des courtiers de commerce.

---

(1) V. l'ord. du 10 avril 1843.

(2) V. les ord. des 14 avril 1819, 24 janv. 1823, 2 nov. 1826 et 12 janv. 1831.

Le commissaire de police du quartier Feydeau, le commissaire de police de la Bourse, l'inspecteur général de police, et les officiers de paix sont chargés de tenir la main à son exécution.

Le ministre d'Etat, préfet de police, comte ANGLÈS.

N° **890**. — *Instruction concernant la surveillance de la rivière, des ports, des chantiers de bois de chauffage et des places de vente du charbon de bois* (1).

Paris, le 25 mars 1818.

N° **891**.— *Ordonnance de police concernant les ouvriers* (2).

Paris, le 25 mars 1818.

Nous, ministre d'Etat, préfet de police,

Vu, 1° les articles 2 et 10 de l'arrêté du gouvernement du 12 messidor an VIII (1er juillet 1800), et l'article 1 de celui du 3 brumaire an IX (25 octobre 1800) ;

2° la loi du 22 germinal an XI (12 avril 1803), relative aux manufactures, fabriques et ateliers, et l'arrêté du gouvernement du 9 frimaire an XII (1er décembre 1803) ;

3° La lettre du ministre de l'intérieur, du 4 nivôse suivant (26 décembre 1803),

Ordonnons ce qui suit :

1. Les articles 6, 7, 8, 9, 10, 11, 12, 13, 14 et 15 de la loi du 22 germinal an XI (12 avril 1303), et l'arrêté du gouvernement du 9 frimaire an XII (1er décembre 1803), seront imprimés et affichés (3).

2. Les livrets dont les ouvriers doivent être pourvus continueront d'être délivrés, savoir : à Paris, par le commissaire de police du quartier des Marchés, préposé à cet effet ; et, dans les communes rurales, par les maires ou adjoints.

3. Le livret portera en tête le timbre de la préfecture de police, les nom et prénoms de l'ouvrier, son âge, le lieu de sa naissance, son signalement, la désignation de sa profession et le nom du maître chez lequel il travaillera au moment où le livret lui sera accordé.

4. Il sera payé par chaque ouvrier la somme de soixante-quinze centimes pour le prix de son livret.

Ce livret, sur papier libre, sera coté et parafé sans frais.

5. Tout ouvrier qui viendra travailler dans le ressort de la préfecture de police, sera tenu, indépendamment des formalités exigées par les lois et règlements concernant les passe-ports, de se présenter, dans les trois jours de son arrivée à Paris, devant le commissaire de police du quartier des Marchés, et, dans les communes rurales, devant le maire ou l'adjoint, à l'effet d'obtenir un livret.

6. Les maîtres devront faire inscrire leurs apprentis, et produire leurs contrats d'engagement dont il sera fait mention au registre d'in-

---

(1) V. les ord. des 24 mars 1824, 26 mars 1829 et 25 oct. 1840.

(2) V. les ord. des 18 juin 1822, 1er avril 1831 et 30 déc. 1834.

(3) V. cette loi et cet arrêté à l'appendice.

scription, savoir : à Paris, dans le délai de huit jours, et, dans les communes rurales, dans le délai d'un mois.

7. En sortant d'apprentissage, l'ouvrier sera tenu de se pourvoir d'un livret sur lequel il sera fait mention de son congé d'acquit.

8. Il est défendu à tout individu qui emploie des ouvriers, d'en admettre aucun, s'il n'est pourvu d'un livret et s'il n'y est fait mention du congé de son dernier maître, à peine de dommages-intérêts envers celui-ci et d'amende. (*L. du 22 germ. an* XI, *art.* 12, (12 *avr.* 1803), *art.* 471, 475, 479, *et* 484 *du Code pénal.*)

Aussitôt après l'admission d'un ouvrier, le maître sera tenu de faire viser le livret par le commissaire de police du quartier de son domicile, et par le maire dans les communes rurales.

9. Tout ouvrier sortant d'une manufacture, d'une fabrique, d'un atelier ou d'une boutique après avoir rempli ses engagements, sera tenu de faire porter son congé sur son livret, et de faire viser ce livret, à Paris, par le commissaire de police du domicile du maître dont il aura quitté la boutique ou les ateliers, et, dans les communes rurales, par le maire ou l'adjoint.

10. Tout ouvrier qui désirera voyager, sera tenu, 1° de faire viser son dernier congé, à Paris, par le commissaire de police préposé pour les ouvriers, et, dans les communes rurales, par le maire ou l'adjoint;

2° De prendre un permis de voyager qui sera inscrit à la suite de ce visa et qui sera délivré, à Paris, à la préfecture de police, et, dans les communes rurales, par le maire ou l'adjoint.

Les permis délivrés par les maires ou adjoints seront visés à la préfecture de police.

11. Tout ouvrier qui aura perdu son livret ne pourra en obtenir un second que sur le certificat d'acquit des deux derniers maîtres chez lesquels il aura travaillé. Ce certificat devra énoncer s'il était libre de tout engagement envers d'autres maîtres.

Si le livret a été perdu en voyage ou au retour d'un voyage, le duplicata n'en sera délivré que sur une attestation de moralité donnée par quatre maîtres patentés de la même profession.

12. Il sera pris envers les contrevenants aux dispositions de la présente ordonnance telles mesures de police administrative qu'il appartiendra, sans préjudice des poursuites à exercer contre eux devant les tribunaux. (*Lois précitées, art.* 8.)

13. La présente ordonnance sera imprimée et affichée.

Les sous-préfets des arrondissements de Saint-Denis et de Sceaux, les maires et adjoints des communes rurales du ressort de la préfecture de police, les commissaires de police, à Paris, les officiers de paix et les préposés de la préfecture de police sont chargés, chacun en ce qui le concerne, de tenir la main à son exécution.

14. Elle sera adressée à M. le colonel commandant la gendarmerie royale de Paris et à M. le commandant de la gendarmerie du département, pour en assurer l'exécution par tous les moyens qui sont à leur disposition.

Le ministre d'Etat, préfet de police, comte ANGLÈS.

N° 892. — *Ordonnance concernant les caisses, pots à fleurs et autres objets dont la chute peut causer des accidents.*

Paris, le 1er avril 1818.

Nous, ministre d'Etat, préfet de police,

Considérant que la sûreté publique est journellement compromise par les caisses, pots à fleurs et autres objets exposés sur les entablements, corniches, croisées, auvents et lieux élevés des maisons de Paris; que beaucoup de particuliers établissent en saillie des préaux et jardins, au moyen de faibles planches mal assujetties;

Considérant que cet oubli des règlements a déjà eu des suites funestes, et que les accidents qui ont lieu tous les ans se renouvelleraient encore si l'autorité chargée de veiller à la sûreté publique ne faisait cesser un abus si dangereux;

Vu l'édit du mois de décembre 1607, les ordonnances du 1er avril 1697 et 26 juillet 1777, la loi des 16 et 24 août 1790, et les articles 319, 320 et 471 du Code pénal;

En vertu de l'arrêté du gouvernement du 12 messidor an VIII (1er juillet 1800),

Ordonnons ce qui suit:

1. Il est défendu à tous propriétaires et locataires des maisons situées dans la ville de Paris, de déposer, sous aucun prétexte, et de laisser déposer sur les toits, entablements, gouttières, terrasses, murs et autres lieux élevés des maisons, des caisses, pots à fleurs, vases et autres objets pouvant nuire par leur chute.

On ne pourra former de dépôts de cette espèce que sur les grands balcons et sur les appuis des croisées garnies de petits balcons en fer ou de barres de support en fer, avec grillage en fil de fer maillé.

2. Dans trois jours, à compter de la publication de la présente ordonnance, tous pots à fleurs, caisses, vases et autres objets exposés autrement que sur les grands balcons et appuis de croisées munies de petits balcons ou de barres de fer garnies de grillages en fer maillé, seront retirés.

Tous préaux et jardinets, formés sur les toits ou sur les murs de face, seront détruits, ainsi que les bois et fers employés à les soutenir.

3. Les contraventions seront constatées par les commissaires de police, qui en dresseront des procès-verbaux qu'ils transmettront directement au tribunal de police municipale.

Il sera pris, en outre, les mesures nécessaires pour prévenir les accidents: à cet effet, les commissaires de police feront retirer et supprimer sur-le-champ les objets exposés en contravention.

4. Il n'est point dérogé aux dispositions des règlements, à l'égard des particuliers qui conserveraient des caisses et pots à fleurs, dans le cas prévu par le second paragraphe de l'article 1, et qui, par négligence ou autrement, laisseraient couler de l'eau sur la voie publique, en arrosant les fleurs.

5. La présente ordonnance sera imprimée et affichée.

Les commissaires de police, l'architecte commissaire de la petite voirie, l'inspecteur général de la salubrité et tous les préposés de la préfecture de police sont chargés d'en surveiller et assurer l'exécution.

Le ministre d'État, préfet de police, comte ANGLÈS.

N° 893. — *Ordonnance concernant les bouchers et charcutiers qui approvisionneront le marché de la rue des Prouvaires* (1).

Paris, le 2 avril 1818.

Nous, ministre d'Etat, préfet de police,
Vu les articles 2 et 32 de l'arrêté du gouvernement du 12 messidor an VIII (1er juillet 1800),

Ordonnons ce qui suit :

1. A compter du 4 avril présent mois, le nombre des bouchers appelés à approvisionner le marché de la rue des Prouvaires sera réduit, savoir :

Bouchers de Paris	72
Bouchers forains	24

2. Les bouchers auxquels seront échus les trois derniers numéros des séries formées en exécution des ordonnances des 26 mars 1811 et 28 février 1815, seront portés en tête des séries suivantes.

3. Les bouchers tiendront leurs places par eux-mêmes, leurs femmes ou leurs enfants, âgés d'au moins seize ans.

4. Il est défendu aux bouchers d'avoir et d'employer plus de deux personnes pour le service de leurs places.

5. Il leur est défendu d'employer qui que ce soit, même leurs enfants, pour appeler et arrêter le public, à peine d'amende. (*Lettres patentes du 1er juin 1782, art. 19; Loi du 24 août 1790, titre* XI, *art.* 3, § 3; *Code pénal, art.* 471, § 4, *et* 479, § 8.)

6. Les bouchers ne pourront, à peine d'amende, employer pour le service de leurs places aucun individu, s'il n'est pourvu d'un livret. (*Loi du 22 germinal an* XI, *art.* 12; *Ord. du 20 pluviôse an* XII, *art.* 9; *Code pénal, art.* 471 *à* 479; *arrêts de la cour de cassation du 21 avril* 1808.)

7. Les bouchers sont tenus d'inscrire sur les livrets l'admission des individus qu'ils emploieront pour le service de leurs places. (*Arrêté du gouvernement du 9 frimaire an* XII, *art.* 5.)

8. Les livrets de ces individus seront déposés au bureau du commissaire-inspecteur général des halles et marchés.

9. Tout individu employé au service d'un boucher au marché, qui aura subi une condamnation pour délit ou contravention relatifs à la police du marché, en sera exclu pour toujours.

10. Il est défendu aux bouchers de vendre de la viande avant l'ouverture et après la fermeture du marché, annoncées par le son de la cloche. (*Loi du 24 août 1790, titre* XI, *art.* 3, § 3.)

11. Le commerce de pièces détachées, de boucher à boucher, est interdit au marché. (*Ord. du 6 octobre* 1632, *ord. du 25 brum. an* XII.)

12. Les charcutiers en gros ne pourront employer aucune personne étrangère au service de leurs places, lorsqu'elles seront occupées par eux conjointement avec leurs femmes ou un de leurs enfants.

Dans le cas contraire, ils ne pourront employer qu'une seule personne de service.

13. Les articles 5, 6, 7, 8, 9, 10 et 11 de la présente ordonnance sont communs aux charcutiers.

14. Les ordonnances et règlements concernant le commerce de

(1) V. les deux autres ord. portant cette même date et les ord. des 13 mai 1828, 25 janv. et 29 fév. 1836.

la boucherie et de la charcuterie, à la halle, sont maintenus en tout ce qui n'est pas contraire à la présente ordonnance.

15. Les contraventions seront constatées par des procès-verbaux qui nous seront adressés.

16. Il sera pris envers les contrevenants telles mesures de police administrative qu'il appartiendra, sans préjudice des poursuites à exercer contre eux devant les tribunaux. (*Loi du 24 août 1790. titre* XI, *art.* 3 § 3; *Code pénal, art.* 471.)

17. La présente ordonnance sera imprimée et affichée.

Ampliation en sera adressée à M. le conseiller d'Etat, préfet du département de la Seine et à MM. les membres composant le conseil général des hospices civils.

Les commissaires de police, et notamment ceux des quartiers des Marchés et Saint-Eustache, l'inspecteur général de police, les officiers de paix, le commissaire-inspecteur général des halles et marchés et les préposés de la prefecture de police sont chargés de tenir la main à son exécution.

Le ministre d'Etat, préfet de police, comte ANGLÈS.

N° 894. — *Ordonnance concernant l'ouverture du marché de la rue des Prouvaires* (1).

Paris, le 2 avril 1818.

Nous, ministre d'Etat, préfet de police,

Vu : 1° Le décret du 19 mai 1811, portant que le projet de l'emplacement destiné à la grande halle de Paris est approuvé, et que l'îlot de maisons situé entre les rues du Four et des Prouvaires sera acquis par la ville de Paris;

2° L'ordonnance du roi, du 27 novembre 1816, qui autorise l'administration des hospices à faire construire des abris provisoires sur les terrains par elle acquis entre les rues des Prouvaires, des Deux-Ecus et du Four;

3° Et les articles 2 et 32 de l'arrêté du gouvernement du 12 messidor an VIII (1er juillet 1800),

Ordonnons ce qui suit :

1. A compter du 4 avril présent mois, la distribution et la vente des issues et abatis de bœufs, vaches et moutons, cesseront d'avoir lieu sur le carreau de la halle aux Tripes, située rue au Lard.

A compter de la même époque, la distribution et la vente se feront dans l'emplacement à ce destiné, au marché de la rue des Prouvaires.

Il n'est rien changé aux jours et heures assignés pour la vente et la distribution.

2. La vente de la viande en détail et celle de la charcuterie en gros et en détail, qui ont lieu les mercredis et samedis sur le carreau de la halle à la viande, se feront désormais les mêmes jours, à compter du 4 avril présent mois, sous les abris à ce destinés dans le même marché.

3. Les marchands de volaille, d'issues de veau, de viande cuite, de graines et les tripières placées sur le carreau de la halle à la viande,

---

(1) V. les deux autres ord. portant cette même date et les ord. des 13 mai 1828, 25 janv. et 29 fév. 1836.

seront transférés sur le nouveau marché et sous les abris qui leur sont destinés.

Cette translation aura lieu le 4 avril présent mois.

Le marché tiendra tous les jours, depuis le lever jusqu'au coucher du soleil.

4. Les places seront tirées au sort, en présence du commissaire de police du quartier des Marchés, et du commissaire-inspecteur général des halles et marchés, si mieux n'aiment les détaillants convenir, de gré à gré, entre eux du choix des places.

5. Dans le cas où il y aurait tirage au sort, les marchands et marchandes désignés en l'article 3 choisiront six d'entre eux pour être présents au tirage.

Il sera dressé procès-verbal de cette opération par le commissaire de police du quartier des Marchés.

6. A compter du même jour, il est défendu de vendre toute espèce de comestibles sur le carreau de la halle à la viande.

Toute vente en étalage, même sur éventaires, de comestibles ou de toute autre espèce de marchandises, est défendue dans le marché, la rue des Prouvaires et les rues adjacentes.

7. Les contraventions seront constatées par des procès-verbaux qui nous seront adressés.

8. Il sera pris envers les contrevenants telles mesures de police administrative qu'il appartiendra, sans préjudice des poursuites à exercer contre eux devant les tribunaux. (*Loi du 24 août 1790, titre* XI, *art.* 3, § 3 ; *Code pénal, art.* 471.)

9. La présente ordonnance sera imprimée et affichée.

Ampliation en sera adressée à M. le conseiller d'Etat, préfet du département de la Seine et à MM. les membres composant le conseil général des hospices civils.

Les commissaires de police, et notamment ceux des quartiers des Marchés et de Saint-Eustache, l'inspecteur général de police, les officiers de paix, le commissaire-inspecteur-général des halles et marchés et les préposés de la préfecture de police sont chargés de tenir la main à son exécution.

Le ministre d'Etat, préfet de police, comte ANGLÈS.

N° 895. — *Ordonnance concernant la fixation du prix de location des places sur le marché de la rue des Prouvaires* (1).

Paris, le 2 avril 1818.

Nous, ministre d'Etat, préfet de police,

Vu : 1° le décret du 19 mai 1811, portant que le projet de l'emplacement destiné à la grande halle de Paris est approuvé et que l'îlot des maisons, situé entre les rues du Four et des Prouvaires, sera acquis par la ville de Paris;

2° L'ordonnance du roi du 27 novembre 1816, qui autorise l'administration des hospices à faire construire des abris provisoires sur les terrains par elle acquis entre les rues des Prouvaires, des Deux-Ecus et du Four :

3° Et les décisions de S. Exc. le ministre secrétaire d'Etat au dépar-

---

(1) V. les deux autres ord. portant cette même date et les ord. des 13 mai 1828, 25 janv. et 29 fév. 1836.

tement de l'intérieur, des 7 février et 31 mars derniers, portant fixation du prix des places sur le marché de la rue des Prouvaires,

Ordonnons ce qui suit :

1. Le prix des places, au marché de la rue des Prouvaires, est fixé par jour et par place, savoir :

Dans l'emplacement affecté à la vente en gros de la triperie.

Pour chaque place occupée par un abat blanc de bœuf, quinze centimes.

Pour chaque place occupée par un abat rouge de bœuf, dix centimes.

Pour chaque place occupée par un abat composé de vingt pieds de mouton et cinq caillettes, deux centimes.

Dans les massifs d'abris.

Pour une place simple de boucher, avec billot, table et tringles d'étalage, trois francs.

Pour une place double de boucher, avec les mêmes ustensiles, six francs.

Pour une place simple de charcutier, avec table, billot et tringles, deux francs.

Pour une place double, avec les mêmes ustensiles, quatre francs.

Pour une place de marchand de volaille, avec table et tringles d'étalage, cinquante centimes.

Pour une place de marchand d'issues de veau, avec table et tringles, soixante centimes.

Pour chaque place de tripière, de marchande de viande cuite, graines et menus comestibles sans tringles ni table, trente centimes.

2. Le droit d'abri sera payé par semaine et d'avance, par les détaillantes de volaille, issues de bestiaux, viandes cuites, grenailles et autres menus comestibles.

Il sera payé dans la première semaine de chaque mois, et pour le mois entier, par les charcutiers en gros et en détail et par les bouchers.

Pour la distribution et la vente des issues blanches et rouges, tous les jours de distribution et vente.

Le produit sera versé dans la caisse des hospices civils de Paris.

3. La perception du prix des places sera faite par un préposé de l'administration des hospices, à compter du jour de la publication de la présente ordonnance.

4. Notre ordonnance sera imprimée et affichée.

Ampliation en sera adressée à M. le conseiller d'Etat, préfet du département de la Seine, et à MM. les membres composant le conseil général des hospices civils.

Le commissaire de police du quartier des Marchés et le commissaire-inspecteur général des halles et marchés sont chargés de tenir la main à l'exécution.

Le ministre d'Etat, préfet de police, comte ANGLÈS.

N° 896. — *Ordonnance concernant l'apposition sur les paquets de chandelles d'une marque indicative du poids du paquet et des noms et demeure du fabricant.*

Paris, le 18 avril 1818.

Nous, ministre d'Etat, préfet de police,

Considérant que, par suite de l'emploi frauduleux que font certains chandeliers d'un papier trop fort pour l'enveloppe des paquets de chandelles, le consommateur est journellement trompé en ce que le paquet qu'il achète ne comporte pas le poids nominal pour lequel il est vendu, et qu'il importe de faire cesser un abus aussi préjudiciable à l'intérêt public;

Vu la loi du 24 août 1790, l'ordonnance de police du 27 décembre 1814; et en vertu des arrêtés du gouvernement du 12 messidor an VIII (1er juillet 1800) et du 3 brumaire an IX (25 octobre 1800),

Ordonnons ce qui suit:

1. A compter du 1er juillet prochain, tout paquet de chandelles mis en vente devra peser exactement deux kilogrammes et demi (cinq livres) y compris l'enveloppe.

2. Les papiers et ficelles servant à l'enveloppe des paquets de chandelles ne pourront excéder pour chaque paquet, le poids de six décagrammes (2 onces).

3. A compter de la même époque, tous les paquets de chandelles mis en vente porteront ostensiblement une marque indicative du poids pour lequel ils sont vendus, et des noms, prénoms et résidence des fabricants.

4. Cette marque sera d'une dimension régulière pour tous les fabricants; elle aura six centimètres de longueur sur trois de hauteur; elle sera apposée sur la carre de chaque paquet.

5. Chaque fabricant sera tenu de déposer à la préfecture de police avant le 1er juillet prochain, une empreinte de sa marque pour y avoir recours au besoin.

6. Lorsqu'un fabricant de chandelles voudra cesser son commerce, il déposera sa marque à la préfecture de police.

7. Tous les paquets de chandelles mis en vente, après le 1er juillet prochain, sans être revêtus de la marque ou sans avoir le poids prescrit par l'article 1, seront saisis et déposés à la préfecture de police, en attendant le jugement qui sera rendu par les tribunaux.

8. Les contraventions seront constatées par des procès-verbaux qui nous seront adressés; les contrevenants seront poursuivis devant les tribunaux conformément aux lois et règlements.

9. Les dispositions de l'ordonnance du 27 décembre 1814 relatives à la fabrication et à la vente de la chandelle continueront d'être exécutées suivant leur forme et teneur, en ce qui n'est pas contraire à la présente ordonnance.

10. La présente ordonnance sera imprimée et affichée.

Les sous-préfets des arrondissements de Saint Denis et de Sceaux, les maires et adjoints des communes rurales du ressort de la préfecture de police, les commissaires de police et les inspecteurs des poids et mesures sont chargés de tenir la main à son exécution.

Le ministre d'Etat, préfet de police, comte ANGLÈS.

N° 897. — *Ordonnance concernant les remblais du quai des Invalides.*

Paris, le 5 mai 1818.

N° 898. — *Ordonnance concernant les bains dans la rivière et les écoles de natation* (1).

Paris, le 20 mai 1818.

N° 899. — *Ordonnance concernant les processions de la Fête-Dieu* (2).

Paris, le 21 mai 1818.

N° 900. — *Ordonnance concernant l'arrosement* (3).

Paris, le 30 mai 1818.

N° 901. — *Ordonnance concernant les chiens errants* (4).

Paris, le 10 juillet 1818.

N° 902. — *Ordonnance concernant les chapeliers.*

Paris, le 12 juillet 1818.

Nous, ministre d'Etat, préfet de police,

Considérant, 1° que les foules de chapeliers peuvent présenter des dangers d'incendie et des inconvénients sous le rapport de la salubrité ;

2° Que des individus font le commerce de chapeaux sans être pourvus de patente ni du registre prescrit par les lois et règlements aux revendeurs et brocanteurs, et que ces abus donnent lieu à des vols fréquents dans les fabriques ;

3° Que ces vols sont encore favorisés par l'usage dans lequel sont des maîtres chapeliers d'abandonner aux ouvriers les chapeaux mal confectionnés ;

Vu les articles 2, 10, 23, 30 et 32 de l'arrêté du gouvernement, du 12 messidor an VIII (1er juillet 1800), les articles 6, 7 et 8 du titre 2, et l'article 2 du titre 3 de la loi du 22 germinal an XI (12 avril 1803) ;

Vu aussi le décret du 15 octobre 1810, et l'ordonnance du roi, du

---

(1) V. les ord. des 20 mai 1839 et 25 oct. 1840 (art. 187 et suiv. et 225.)

(2) V. l'ord. du 9 juin 1830.

(3) V. les ord. des 17 mai 1834, 1er juin 1837 et 27 juin 1843.

(4) V. l'ord. du 23 juin 1832.

14 janvier 1815, contenant règlement sur les manufactures, établissements et ateliers qui répandent une odeur insalubre ou incommode,

Ordonnons ce qui suit :

1. Les marchands chapeliers continueront de se faire inscrire à la préfecture de police, et d'y représenter leur patente.

2. Aucune foule, pour fabrique de chapeaux, ne pourra être établie sans une permission délivrée dans les formes déterminées par l'article 7 du décret du 15 octobre 1810, et par l'article 4 de l'ordonnance du roi, du 14 janvier 1815.

3. A l'avenir, il ne pourra être établi de foule sur la rue.

Les emplacements, indiqués par les fabricants, devront être situés au rez-de-chaussée et dans le fond des cours.

4. Il est défendu de prêter ou louer des foules de chapeaux à des ouvriers et à des fabricants non pourvus de patente.

Il est également défendu aux fabricants et détaillants de donner à leurs ouvriers des chapeaux en payement, sauf leur recours contre les ouvriers pour les malfaçons.

Les ouvriers ne pourront sous aucun prétexte faire le commerce de chapeaux. (*Loi du 1er brum. an* VII) (22 *oct.* 1798.)

5. Chaque fabricant est tenu d'appliquer, au moyen d'un fer chaud, son nom en toutes lettres, dans l'intérieur des chapeaux qu'il fabrique.

Les fabricants ne pourront, sous aucun prétexte, prêter leur marque.

6. Il est enjoint aux maîtres chapeliers de ne se servir que d'ouvriers porteurs de livrets. (*Loi du* 22 *germinal an* XI (12 *avril* 1803). *Arr. de la cour de cassation du* 21 *avril* 1808.)

7. Il est défendu aux maîtres chapeliers de se coaliser pour forcer injustement et abusivement l'abaissement des salaires des ouvriers. (*Art.* 414 *du Code pénal*).

8. Défenses sont faites également aux ouvriers chapeliers de se coaliser pour suspendre, empêcher ou enchérir les travaux. (*Code pénal, art.* 415.)

9. Il est défendu aux teinturiers de teindre et aux apprêteurs d'apprêter aucun chapeau qui ne porterait pas le nom d'un fabricant.

10. Il ne pourra être exposé en vente que des chapeaux empreints de la marque du fabricant.

11. Il est défendu aux marchands chapeliers et à tous autres d'acheter des chapeaux, même en blanc, s'ils ne sont empreints de la marque du fabricant.

12. Il est défendu aux marchands de vieux habits, revendeurs et brocanteurs de vendre des chapeaux neufs.

13. Il est défendu de vendre, comme marchandise neuve, de vieux chapeaux remis à neuf. (*Art.* 423 *du Code pénal.*)

14. Les contraventions seront constatées par des procès-verbaux qui nous seront adressés.

15. Il sera pris envers les contrevenants aux dispositions ci-dessus, telles mesures de police administrative qu'il appartiendra, sans préjudice des poursuites à exercer contre eux devant les tribunaux, conformément aux lois et règlements. (*Loi du* 24 *août* 1790. *Code pénal, art.* 464 *et suiv. et arr. de la cour de cassation en matière de simple police, notamment l'arr. du* 24 *août* 1815.)

16. La présente ordonnance sera imprimée et affichée.

Les commissaires de police, l'inspecteur général de police, les officiers de paix, l'inspecteur général de la salubrité, l'architecte commissaire de la petite voirie et les préposés de la préfecture de police, sont chargés de tenir la main à son exécution.

Le ministre d'Etat, préfet de police, comte ANGLES.

N° 903. — *Ordonnance concernant le curage de la Bièvre et du faux ru de cette rivière* (1).

Paris, le 17 juillet 1818.

N° 904. — *Ordonnance concernant les brocanteurs* (2).

Paris, le 25 juillet 1818.

N° 905. — *Ordonnance concernant les remblais des quais Saint-Michel, des Invalides et Abattoirs.*

Paris, le 25 juillet 1818.

N° 906. — *Ordonnance* (3) *qui prescrit l'impression et la publication par extrait des décrets des 23 juin 1806 et 18 août 1810, et de l'ordonnance du roi du 24 décembre 1814, concernant les voitures de roulage et autres voitures publiques* (4).

Paris, le 30 juillet 1818.

N° 907. — *Ordonnance concernant l'ouverture de la chasse* (5).

Paris, le 11 août 1818.

N° 908. — *Ordonnance concernant les mesures d'ordre à observer à l'occasion du jour de la Saint-Louis et de l'inauguration de la statue de Henri IV.*

Paris, le 23 août 1818.

Nous, ministre d'Etat, préfet de police,

Vu le cérémonial approuvé par le roi, pour le rétablissement et l'inauguration de la statue de Henri IV ;

Le programme des fêtes, cérémonies et réjouissances publiques qui auront lieu dans la ville de Paris, mardi prochain 25 août, jour de la Saint-Louis ;

---

(1) V. l'ord. du 31 juill. 1838.

(2) V. les ord. des 15 nov. 1822, 5 sept. 1828 et 15 juin 1831.

(3) V. les ord. des 4 avril 1820, 27 août 1821, 21 juin 1823, 14 août 1824, 15 mars 1826 25 oct 1827, 19 août 1828, 31 janv. 1829 et 18 avril 1843.

(4) V. ces décrets et cette ord. à l'appendice.

(5) V. l'ord. du 22 août 1843.

La lettre à nous adressée par S. Exc. le grand maître des cérémonies de France ;

Et celle de M. le conseiller d'Etat, préfet du département de la Seine,

Ordonnons ce qui suit :

§ Ier. — Spectacles gratis.

1. Les représentations gratuites qui auront lieu dans les spectacles de Paris, le 24 août, veille de la Saint-Louis, commenceront toutes à deux heures.

Les portes seront ouvertes au public à une heure et demie.

§ II. — Revue de la garde nationale, de la garde royale et des troupes de la garnison, sur les boulevards du nord.

2. Le 25 août, jour de la Saint-Louis, à compter de onze heures du matin, jusqu'après le défilé des troupes, aucune voiture ne pourra circuler ni stationner :

Dans les rues de Rivoli et de Castiglione ; sur la place Vendôme ; dans la rue de la Paix ; sur les boulevards du nord depuis la rue de la Paix jusqu'à la porte Saint-Antoine, et dans les rues basses qui longent ces boulevards.

3. Au moment du passage du roi aucune voiture ne pourra traverser les boulevards.

4. La chaussée des boulevards, depuis la rue de la Paix jusqu'à la porte Saint-Antoine, est exclusivement réservée aux troupes. Il est défendu aux personnes à pied d'y circuler ni stationner. Elles ne pourront circuler ou stationner que sur les contre-allées.

5. La circulation et le stationnement des voitures sont également interdits à compter de la même heure jusqu'à l'arrivée de S. M. au Pont-Neuf :

Dans la rue Saint-Antoine, depuis la porte Saint-Antoine jusqu'à la place Baudoyer ; sur la place Baudoyer ; dans la rue du pourtour Saint-Gervais ; dans celle du Martois ; sur la place de l'Hôtel-de-Ville ; et sur les quais de la rive droite de la Seine depuis la place de l'Hôtel-de-Ville jusqu'au Pont-Royal.

6. Les rues de Richelieu, de Bourbon-Villeneuve, Neuve Saint-Eustache, des Fossés-Montmartre, la place des Victoires et la rue neuve des Petits-Champs jusqu'à la rue de Richelieu, la rue de Rohan, la place du Carrousel et le Pont-Royal, étant destinés au passage des troupes, de la garde nationale et de la garde royale, qui, après la revue, viendront occuper la rive gauche de la Seine, le stationnement et la circulation des voitures y sont interdits depuis une heure jusqu'après le passage de ces troupes.

§ III. — Inauguration de la statue équestre de Henri IV, sur le terre-plein du Pont-Neuf.

7. Aucune voiture quelconque ne pourra circuler ni stationner sur toute l'étendue du Pont-Neuf, dans la journée du 25 août et pendant la nuit du 25 au 26 jusqu'à trois heures du matin.

8. Le passage sur le pont des Arts sera interdit pendant toute la journée du 25. Ce pont sera fermé.

9. Le même jour 25 août, la circulation et le stationnement des voitures, autres que celles des personnes invitées à la cérémonie, et munies de billets, ou de celles qui se rendront au château des Tuileries, seront interdits à compter de onze heures du matin jusqu'après la rentrée du roi au château :

Sur les quais de la rive gauche de la Seine depuis le Pont-Royal jusqu'au pont de l'Hôtel-Dieu ; sur les quais de la rive droite, depuis le Pont-Royal jusqu'au port au Blé ; sur les quais des Orfévres et de l'Horloge ; dans les rues du Harlai et de la Barillerie ; sur le Marché-Neuf ; dans la rue neuve Notre-Dame ; sur le Parvis ; dans la rue de Fénelon ; sur le quai aux Fleurs, et sur ceux qui forment l'enceinte de la Cité.

10. Les personnes invitées à la cérémonie ne pourront arriver en voiture sur le Pont-Neuf que par la rue de la Monnaie et la place des Trois-Maries ou par la rue Dauphine.

Elles devront y arriver à une heure et demie au plus tard et se munir de leurs billets d'invitation.

Après cette heure, leurs voitures ne seront plus admises à pénétrer sur le Pont-Neuf.

11. La place Dauphine, la rue et la cour du Harlai sont exclusivement réservées pour le stationnement des voitures du cortége de S. M. et de celles des princes et princesses du sang, des ministres, du corps diplomatique et des autorités invitées.

12. Les autres voitures seront mises en stationnement dans la cour de la Sainte-Chapelle et sur le Parvis Notre-Dame.

13. Il est enjoint aux cochers de ne pas quitter leurs chevaux, et aux domestiques de rester auprès des voitures de leurs maîtres.

14. Les quais de l'Horloge et des Orfévres devant servir au passage des voitures du roi, des princes et à celui des autres voitures qui iront stationner sur les points désignés par les articles 11 et 12, le public ne pourra se placer que sur les trottoirs.

Il ne pourra non plus se placer sur le Pont-Neuf, qu'au delà des barrières qui y seront établies ; le passage sur le milieu du pont sera absolument interdit, excepté aux personnes munies de billets d'invitation.

15. La chaussée des quais de la rive gauche de la Seine, depuis le pont de Louis XVI jusqu'au pont de l'Hôtel-Dieu, sera exclusivement réservée aux troupes qui s'y rendront après la revue ; en conséquence, le public ne pourra se placer que sur les trottoirs de ces quais ou sur les revers du pavé au delà du ruisseau.

16. Aucune voiture ne sera remise en mouvement, après la cérémonie, que lorsque le cortége de S. M. aura quitté le Pont-Neuf, et que le départ des princes et des princesses du sang aura eu lieu.

Elles ne pourront avancer que sur une seule ligne et d'après l'ordre qui leur sera donné par les officiers de police chargés du défilé.

17. Ces voitures ne pourront revenir sur le Pont-Neuf que par le quai des Orfévres : elles seront dirigées sur l'une ou l'autre des extrémités du Pont-Neuf, sans pouvoir passer sur le quai de l'Horloge, ni revenir sur celui des Orfevres.

18. Il est expressément ordonné aux cochers des voitures quelconques qui sont autorisées à se rendre aux Tuileries ou au Pont-Neuf de n'aller qu'au pas, soit sur les quais, soit sur les ponts, de ne pas se dépasser mutuellement, de suivre la file et d'exécuter ponctuellement les ordres qui leur seront intimés par les officiers de police ou par la gendarmerie.

§ IV. — Réjouissances aux Champs-Élysées et sur le Pont-Neuf.

19. Le même jour, à compter de une heure jusqu'à minuit, la circulation et le stationnement des voitures seront interdits :

Sur la place Louis XV, sur la grande avenue des Champs-Elysées, sur le quai de la Conférence, dans l'avenue de Marigny, dans toutes les rues qui aboutissent aux Champs-Elysées, sur les quais qui bordent la rive droite de la Seine, depuis le pont de Louis XVI jusqu'au

Pont-au-Change exclusivement, et la rive gauche depuis le pont de Louis XVI jusqu'au pont Saint-Michel, aussi exclusivement.

20. Les voitures des personnes qui se rendront, des quartiers de la rive gauche au château des Tuileries, dans la soirée du 25 août, ne pourront y arriver que par le Pont-Royal.

Celles des personnes qui s'y rendront des quartiers de la rive droite, ne pourront y arriver que par la rue de Rivoli.

Les unes et les autres suivront les mêmes directions en sortant du château.

Leurs voitures seront conduites au pas.

Il est ordonné aux cochers d'obéir aux ordres qui leur seront donnés, à ce sujet, par les officiers de police ou par la gendarmerie.

21. Les voitures qui arriveront à Paris par la route de Sèvres, seront dirigées sur Vaugirard.

Celles qui arriveront par la route de Neuilly ne pourront entrer dans Paris par la barrière de l'Etoile.

22. Le passage d'eau en bachots ou batelets ne pourra avoir lieu qu'au port des Invalides.

Il ne pourra y avoir plus de douze personnes dans chaque bachot.

Les passeurs d'eau seront tenus de se pourvoir de bachots en nombre suffisant pour que le service se fasse avec sûreté et célérité.

Il leur est enjoint de désigner aux officiers civils ou à la garde, les individus qui, par imprudence, exposeraient la sûreté des passagers.

23. Les commissaires de police veilleront à ce que l'ordre soit maintenu pendant les distributions des comestibles qui auront lieu aux Champs-Elysées et sur le Pont-Neuf.

§ V. — Illumination générale.

24. Les habitants de Paris sont invités à faire illuminer la façade de leurs maisons, pendant la soirée du 25 août.

25. Il est défendu de tirer des coups de fusil ou autres armes à feu pendant la soirée du même jour, ainsi que des fusées, pétards, boîtes, bombes et autres pièces d'artifice, dans les rues, promenades, places publiques, cours et jardins, ou par les fenêtres des maisons.

Les pères et mères et les chefs de maisons sont civilement responsables des faits de leurs enfants et de leurs ouvriers ou domestiques.

Les commissaires de police et la gendarmerie dresseront les procès-verbaux de contravention, qui seront transmis aux tribunaux compétents.

§ VI. — Dispositions particulières.

26. La Bourse, les ports et les chantiers seront fermés pendant la journée du 25 août.

27. Le même jour, la voie publique sera balayée à six heures du matin au plus tard.

L'enlèvement des boues aura lieu avant neuf heures.

Et l'arrosement devra être terminé à dix heures.

28. Les étalages fixes ou mobiles qui sont sur le Pont-Neuf ou sur les quais environnants seront enlevés.

29. Il ne pourra être construit aucun amphithéâtre, estrade ou autres établissements de ce genre, ni être placé des chaises ou bancs sur la voie publique.

Les commissaires de police et l'architecte commissaire de la petite voirie feront détruire ou enlever tous ces objets.

30. Les habitants de Paris feront disparaître les caisses, pots à fleurs et autres objets exposés sur les croisées, et dont la chute pourrait occasionner des accidents.

31. Il est défendu de monter sur les parapets des quais et des ponts, sur les boutiques du Pont-Neuf, sur les piles de bois dans les chantiers et sur les arbres des boulevards et des Champs-Elysées.

Les contrevenants seront immédiatement arrêtés.

32. L'inspecteur général de police prendra toutes les mesures nécessaires pour le maintien de l'ordre et de la sûreté publique.

Il se concertera, pour cet effet, avec les commandants de la force armée qui sera sur les lieux.

33. Il sera pris envers les contrevenants telles mesures de police administrative qu'il appartiendra, sans préjudice des poursuites à exercer contre eux devant les tribunaux.

34. La présente ordonnance sera imprimée et affichée.

L'inspecteur général de police, les maires des communes de Sèvres et Neuilly, les commissaires de police, les officiers de paix, le commissaire de police de la Bourse, l'architecte commissaire de la petite voirie, l'inspecteur général de la navigation et des ports, le contrôleur au recensement des bois et charbons, l'inspecteur général de la salubrité et les préposés de la préfecture de police sont chargés de tenir la main à son exécution.

Le ministre d'Etat, préfet de police, comte ANGLÈS.

N° **909**. — *Ordonnance relative à des mesures d'ordre pendant l'exécution des travaux de l'égout Montmartre depuis la rue Jean-Jacques-Rousseau jusqu'à la rue Traînée* (1).

Paris, le 1er septembre 1818.

N° **910**. — *Ordonnance concernant les mesures de police qui doivent être observées les 6, 13 et 20 septembre, à l'occasion de la fête de Saint-Cloud* (2).

Paris, le 4 septembre 1818.

N° **911**. — *Ordonnance concernant l'ouverture et la police des abattoirs généraux* (3).

Paris, le 11 septembre 1818.

Nous, ministre d'Etat, préfet de police,

Ordonnons ce qui suit :

TITRE Ier.

Ouverture des abattoirs généraux.

1. Les abattoirs généraux seront ouverts et livrés aux bouchers de Paris, le mardi 15 septembre courant.

---

(1) V. pour les dispositions générales, l'ord. du 18 mai 1829 concernant des mesures d'ordre pendant la construction de deux égouts dans les rues de Poitiers, de l'Université et du Bac, jusqu'à la rue de Sèvres.

(2) V. l'ord. du 6 sept. 1843.

(3) V. les ord. des 30 déc. 1819, 9 janv. 1824, 29 avril et 5 déc. 1825 et 25 mars 1830.

2. A compter du 16 du même mois, aucuns bestiaux destinés à la boucherie ne pourront être conduits ni abattus dans aucune bouverie, étable, bergerie et abattoir particuliers. (*Décret du 15 oct.* 1810, *ord. du* 14 *janv.* 1815, *ord. du* 16 *août suiv.*)

3. Dans le délai du 1er octobre prochain, tous les bouchers ayant des abattoirs particuliers, seront tenus de les supprimer et de démonter les treuils, moulinets et anneaux servant à l'exploitation de ces abattoirs.

4. Les cinq abattoirs généraux seront distribués entre les bouchers suivant l'état annexé à la présente ordonnance.

5. Les abattoirs particuliers seront tirés au sort entre les bouchers auxquels le même abattoir général est affecté.

6. Ce tirage au sort sera fait par les syndic et adjoints du commerce de la boucherie, en présence du commissaire de police et du commissaire inspecteur général des halles et marchés.

Il en sera dressé procès-verbal qui nous sera transmis.

7. Les bouchers d'un même abattoir général pourront permuter, avec d'autres bouchers, les abattoirs particuliers qui leur seront échus par le sort.

Il devront donner par écrit, et signée d'eux, la déclaration de permutation avant le 15 de ce mois.

8. Pareille faculté est accordée aux bouchers désignés pour partager un abattoir particulier, avec d'autres bouchers.

9. Les bouchers pourvoiront, ainsi qu'ils le jugeront convenable, à la nourriture de leurs bestiaux.

10. Ils se pourvoiront de tinets, étoux, baquets, seaux, brouettes et de tous les instruments et ustensiles manuels nécessaires à leur service.

TITRE II.

Conduite des bestiaux.

11. Les bœufs et vaches achetés dans les marchés de Sceaux et de Poissy seront conduits directement aux abattoirs, suivant l'itinéraire provisoire annexé à la présente ordonnance.

12. Les conducteurs, en arrivant aux abattoirs, conduiront les bœufs dans les parcs de triage ; ils dirigeront ensuite les bœufs de chaque boucher à la bouverie qui lui est affectée.

13. Il leur est expressément défendu de laisser entrer leurs chiens dans les abattoirs.

14. Les veaux achetés dans les marchés de Sceaux et de Poissy et à la halle aux veaux de Paris ;

Les vaches grasses achetées au marché de Paris ;

Les moutons amenés, soit immédiatement des marchés extérieurs, soit des parcs de Vaugirard et de Clichy ;

Seront conduits directement aux abattoirs.

15. Il est défendu aux conducteurs, charretiers et garçons bouchers de les conduire, détourner et entreposer partout ailleurs, sous quelque prétexte que ce soit, sous les peines de droit.

16. Les bouchers sont tenus d'avoir dans les abattoirs des garçons pour recevoir et soigner les bestiaux, à leur arrivée.

17. Les conducteurs devront remettre au préposé de la police de chaque abattoir les bulletins et certificats d'achat des bestiaux dans les marchés.

Le préposé fera sur-le-champ écriture de chaque bulletin, et remettra de suite les bulletins au préposé de l'administration municipale.

TITRE III.

Police des abattoirs.

18. Aucune voiture de fourrage ne sera reçue dans les abattoirs, si son chargement ne peut être rentré et resserré avant la nuit tombante.

19. L'entrée et la circulation dans les greniers à fourrages sont interdites depuis quatre heures du soir, jusqu'à huit heures du matin, pendant les mois de novembre, décembre et janvier.

Depuis cinq heures du soir jusqu'à sept heures du matin, pendant les mois de février, mars et octobre.

Depuis sept heures du soir jusqu'à cinq heures du matin, pendant les mois d'avril et septembre.

Depuis huit heures du soir jusqu'à quatre heures du matin pendant les mois de mai, juin, juillet et août.

20. Il est défendu d'entrer la nuit dans les bouveries avec des lumières, si elles ne sont renfermées dans des lanternes closes.

21. Les bouchers tiendront la main à ce que les corridors des greniers à fourrages et leurs escaliers soient nettoyés tous les deux jours.

22. Les bouchers peuvent abattre à toute heure de jour et de nuit, selon les besoins.

23. Les bouchers qui abattront la nuit seront tenus d'en faire la déclaration au préposé de la police des abattoirs.

24. Il est expressément défendu de laisser ouvertes les portes des abattoirs particuliers, au moment de l'abattage des bœufs.

25. Il est enjoint aux bouchers de laver ou faire laver exactement les abattoirs après l'abattage et l'habillage.

26. Il leur est enjoint de tenir en état constant de propreté les étoux, baquets, seaux, brouettes et ustensiles de service.

27. Il est défendu de laisser dans les abattoirs particuliers aucuns suifs, graisses, dégrais, ratis, panses et boyaux, cuirs et peaux en verd, en manchons salés ou non salés.

28. Les bouchers feront enlever exactement les fumiers des bouveries, tous les mois ou toutes les fois qu'ils en seront requis par les employés supérieurs de la police, et les vidanges tous les jours.

29. Tout amas de bourres et caboches est défendu.

TITRE IV.

Police des garçons.

30. Il ne sera admis dans les abattoirs que des garçons bouchers pourvus de livrets.

31. Les livrets seront déposés au bureau du préposé à la police de chaque abattoir.

32. Les apprentis devront justifier de leur enregistrement au bureau d'inscription des ouvriers.

33. Aucun boucher ne pourra prendre à son service un garçon, s'il ne lui certifie de son livret revêtu du congé d'acquit de son précédent maître.

34. Il est défendu aux garçons bouchers de se coaliser pour faire cesser d'une manière quelconque tout ou partie des travaux et du service des abattoirs. (*Art. 415 du Code pénal.*)

35. Il leur est défendu de détruire ou dégrader aucun objet dépendant des abattoirs généraux ou particuliers et spécialement les pompes, tuyaux, robinets, tampons, comme aussi de laisser ouverts aucuns robinets sans nécessité. Les maîtres bouchers sont responsables des dégâts faits par leurs ouvriers et agents.

36. Toute espèce de jeux de hasard et autres est expressément interdite dans les abattoirs.

37. Il est défendu de rien écrire, tracer ou crayonner sur les murs, et sur les portes, soit en lettres, soit en figures, portraits ou images quelconques.

38. Tout garçon boucher qui sera trouvé fumant dans les bouveries ou greniers à fourrages sera arrêté et poursuivi, conformément à l'article 5, de l'ordonnance du 15 novembre 1781.

TITRE V.

De la fonte des suifs.

39. A compter du 1er octobre prochain, les suifs provenant des abats de bestiaux ne pourront être fondus que dans les abattoirs généraux.

Il est défendu d'en fondre partout ailleurs, même ceux des dégrais levés en ville.

40. Pourront néanmoins les bouchers livrer aux parfumeurs et pharmaciens, les suifs des rognons et dégrais des moutons.

41. La fonte des suifs en branche appartient aux bouchers.

42. Les bouchers qui ne veulent ou ne peuvent point user de cette faculté, peuvent confier ou vendre leurs suifs en branche, soit à d'autres bouchers, soit à des fondeurs pour être lesdits suifs fondus dans les abattoirs.

43. Les bouchers qui ne fondront pas par eux-mêmes feront connaître le boucher ou le fondeur auquel ils auront confié ou vendu leurs suifs en branche.

44. Les vingt-huit fondoirs établis dans les abattoirs sont mis à la disposition des bouchers.

45. Les bouchers ont la faculté d'en laisser l'exploitation en tout ou partie à des fondeurs.

46. Les bouchers feront établir dans les fondoirs, sous la direction des architectes chargés de la construction des abattoirs, les fourneaux, poêles, tuyaux, rafraîchissoirs, presses, cuviers, jalots et tous les instruments et ustensiles nécessaires à la fonte.

47. Il ne pourra être établi de poêle d'une contenance moindre de mille kilogrammes.

48. Faute par les bouchers de mettre les fondoirs en état d'exploitation dans le délai prescrit par l'article 39, les fondoirs seront mis à la disposition des fondeurs.

49. Les bouchers qui fondront par eux-mêmes, ne pourront le faire que dans celui des abattoirs généraux où se trouve leur abattoir particulier.

50. Les bouchers fondeurs ou les fondeurs auxquels seront livrés les fondoirs dans lesquels il a été établi par la ville des poêles, presses, instruments et moyens de fonte, seront tenus de les prendre et conserver dans l'état où ils sont, suivant l'inventaire qui en sera fait, et aux conditions déterminées par le Code de commerce.

51. Les bouchers fondeurs et les fondeurs établis dans l'un des abattoirs pourront lever des suifs en branche dans tous les autres abattoirs; mais ils seront tenus d'en faire la déclaration au préposé comptable de l'abattoir où les suifs seront levés, et ils ne pourront les transporter qu'avec une expédition de la déclaration.

52. Les bouchers fondeurs et les fondeurs seront tenus de se conformer au règlement qui sera fait pour la perception du droit établi au profit de la ville, pour la fonte des suifs.

53. Les fondeurs fourniront un cautionnement de mille francs en inscriptions au grand-livre, ou en immeubles situés dans le ressort de la cour royale de Paris, francs et quittes de toutes dettes et hypothèques.

54. La fonte des suifs peut avoir lieu de nuit comme de jour.

55. Il est défendu de mêler dans la fonte des suifs aucune matière étrangère.

En conséquence, l'introduction de toute matière propre à être mélangée avec le suif, est interdite dans les abattoirs et fondoirs.

56. Il est expressément défendu aux fondeurs de faire usage de lumieres autrement qu'avec des lanternes parfaitement closes.

L'usage des chandeliers, bougeoirs, martinets, lampes à main, est absolument interdit dans les fondoirs.

Il est enjoint au préposé de la police de les saisir partout où il en sera trouvé et d'en dresser procès-verbal.

57. Le bois amené pour le service des fondoirs sera rentré aussitôt après son arrivée.

58. Les cheminées des fondoirs seront ramonées tous les quinze jours.

59. Les fondeurs sont tenus de faire ratisser et nettoyer une fois au moins par semaine, le carreau des fondoirs, les rampes et marches des escaliers qui y conduisent.

60. Il sera établi dans chaque abattoir, un bureau de pesage public, pour le service des suifs.

61. Les dispositions du titre IV de la présente ordonnance, relative aux garçons bouchers, sont déclarées communes aux garçons fondeurs.

62. Il est défendu aux bouchers fondeurs et aux fondeurs de vendre leurs suifs en pain, ailleurs qu'au marché à ce destiné. (*Ord. du 2 août 1720, art. 3. Arr. du 7 sept. 1780. Lettres patentes du 1er juin 1782, art. 30.*)

63. Il est défendu aux chandeliers d'acheter ou arrher des suifs ailleurs qu'au marché.

En conséquence, l'entrée des abattoirs et fondoirs leur est absolument interdite. (*Mém. règlem.*)

64. Les bouchers fondeurs et les fondeurs sont tenus d'envoyer chaque semaine au marché aux suifs, des jalonneaux d'échantillon de chaque espèce de suif qu'ils auront fondu dans la semaine avec étiquette indicative des quantités de chaque espèce.

65. Les suifs achetés au marché seront livrés ou enlevés dans les trois jours.

66. Les suifs en pains seront enlevés et ne sortiront de l'abattoir que sur congé.

TITRE VI.

Des issues de bestiaux.

67. L'ordonnance du 28 mai 1812, concernant la vente, la préparation et la cuisson des tripes, continuera à recevoir son exécution jusqu'à ce qu'il en ait été autrement ordonné.

TITRE VII.

Entretien des abattoirs et fondoirs.

68. Les bouchers et fondeurs seront tenus des réparations locatives et d'entretien des bouveries, greniers à fourrages, abattoirs particuliers, fondoirs et ustensiles et caves, chacun pour ce qui le concerne.

TITRE VIII.

Droits dus à la ville.

69. Les droits d'abattage et fonte des suifs, seront payés conformément au tarif annexé à l'ordonnance du 16 août 1815.

La perception en sera faite ainsi et de la manière qui sera réglée par M. le conseiller d'Etat, préfet de la Seine.

TITRE IX.

Dispositions générales.

70. Il ne sera admis dans les abattoirs généraux aucunes personnes étrangères à leur service.

71. Il est défendu d'y amener des chiens à moins qu'ils ne soient muselés.

72. Il est défendu d'embarrasser les cours, rues et passages par des charrettes, sans nécessité.

Il est également défendu d'embarrasser les préaux des corps d'abattoirs avec des étoux, brouettes et baquets.

73. Il sera établi des préposés de police dans les abattoirs.

Ils prêteront serment en justice.

74. Les préposés dresseront des procès-verbaux de toutes les contraventions qui seront commises à la présente ordonnance.

Ces procès-verbaux nous seront transmis.

75. Les commissaires de police des quartiers où sont situés les abattoirs, seront tenus d'y faire des visites, au moins une fois par semaine.

76. Il sera pris envers les contrevenants aux dispositions ci-dessus, telles mesures de police administrative qu'il appartiendra sans préjudice des poursuites à exercer contre eux devant les tribunaux, conformément aux lois et règlements.

77. La présente ordonnance sera imprimée et affichée.

Ampliation en sera transmise à M. le comte Chabrol, conseiller d'Etat, préfet du département de la Seine, à M. Pasquier, inspecteur général des contributions indirectes et directeur des droits d'entrée et d'octroi de Paris, et aux syndic et adjoints des bouchers.

78. Les commissaires de police, et notamment celui des marchés et ceux des quartiers où sont situés les abattoirs, l'inspecteur général de police, les officiers de paix, le commissaire inspecteur général des halles et marchés et les préposés de la préfecture de police sont chargés de tenir la main à l'exécution de la présente ordonnance.

Le ministre d'Etat, préfet de police, comte ANGLÈS.

Itinéraire que doivent suivre les bestiaux entrant dans Paris pour être conduits aux abattoirs.

MARCHÉ DE POISSY.

Entrée par la barrière du Roule.

Les bœufs qui viendront de Poissy à l'abattoir de Miroménil, suivront la rue du faubourg du Roule et celle de la Pépinière.

Ceux destinés pour l'abattoir de Rochechouart, suivront le faubourg du Roule, la rue de la Pépinière, la rue Saint-Lazare et celle des Martyrs.

Ceux destinés pour l'abattoir de Popincourt, suivront le faubourg du Roule, la rue de la Pépinière, la rue Saint-Lazare, la rue Coquenard, la rue Montholon, la rue Papillon, la rue de Paradis, la rue et la place de la Fidélité, remonteront le faubourg Saint-Martin, prendront la rue des Morts et la rue Saint-Maur.

Ceux destinés pour l'abattoir des Invalides, suivront le faubourg du Roule jusqu'à la rue Neuve de Berry, celle de Chaillot, la nouvelle rue, le quai de Billy, le pont des Invalides, l'avenue de la Bourdonnaye, l'avenue de Tourville et l'avenue de Breteuil.

Ceux destinés pour l'abattoir d'Ivry suivront la même route que ci-dessus, jusqu'au pont des Invalides, l'avenue de la Bourdonnaye, l'avenue de Tourville, l'avenue de Villars, le boulevard des Invalides, le boulevard du Mont-Parnasse, le boulevard d'Enfer, le boulevard Saint-Jacques, le boulevard des Gobelins et le boulevard de l'Hôpital.

MARCHÉ DE SCEAUX.

Entrée par la barrière d'enfer.

Les bœufs qui se rendront à l'abattoir des Invalides suivront le boulevard à gauche jusqu'à l'abattoir.

Ceux destinés pour l'abattoir de Miroménil suivront les boulevards, l'avenue de Villars, l'avenue de Tourville, l'avenue de la Bourdonnaye, le pont des Invalides, le quai de Billy, l'allée des Veuves, la rue Montaigne, la rue Verte et la rue de Miroménil.

Ceux destinés pour l'abattoir de Rochechouart suivront la même route jusqu'à la rue de Miroménil, prendront la rue Saint-Lazare et celle des Martyrs.

Ceux destinés pour l'abattoir d'Ivry suivront les boulevards Saint-Jacques, des Gobelins et de l'Hôpital.

Ceux destinés pour l'abattoir de Popincourt suivront la même route, le pont du Jardin du Roi, la rue Contrescarpe, la porte Saint-Antoine, la rue de la Roquette, la rue de Popincourt et la rue des Amandiers.

N° 912. — *Ordonnance concernant le commerce de la triperie* (1).

Paris, le 19 novembre 1818.

Nous, ministre d'Etat, préfet de police,

Vu les réclamations à nous adressées par les syndic et adjoints des bouchers, les tripiers et les fabricants de colle forte, contre les dispositions des articles 1, 5, 6, 8 et 17 de l'ordonnance de police du 28 mai 1812, concernant la vente, la préparation et la cuisson des issues de bestiaux;

Vu pareillement, 1° l'article 3, § 4, titre 11 de la loi du 24 août 1790; 2° les articles 2 et 23 de l'arrêté du 12 messidor an VIII (1er juillet 1800); 3° le décret du 15 octobre 1810 et l'ordonnance royale du 14 janvier 1815;

Considérant que l'ordonnance du 28 mai 1812 n'a dû avoir d'autre but que d'empêcher, d'une part, que des issues d'une valeur très-inférieure à celle des viandes de boucherie, fussent néanmoins détaillées comme telles dans les étaux des bouchers, au préjudice des consommateurs, et de l'autre, que celles des issues dont la mise dans le commerce exige des préparations préliminaires, capables de produire des

---

(1) Abrogée. — V. les ord. des 25 nov. 1819, 19 juill. 1824 et 25 mars 1830.

effets insalubres, fussent préparées au milieu des habitations, contrairement aux dispositions desdits décret et ordonnance;

Considérant que toutes les parties des issues, dont le débit ou la préparation ne sont soumis à aucune des précautions prévues par lesdites loi, décret et ordonnance doivent être laissées à la libre disposition des bouchers et de tous autres qui en font le commerce;

Considérant que si l'atelier de triperie actuellement existant à l'île des Cygnes, est le seul de cette espèce qui ait été maintenu ou formé conformément auxdits décret et ordonnance; il n'en résulte pour l'entrepreneur aucun privilége qui puisse l'autoriser à prétendre que des parties d'issues dont la mise dans le commerce n'exige aucune préparation capable de produire des effets insalubres, lui soient forcément et exclusivement livrées;

Ordonnons ce qui suit :

1. L'ordonnance du 28 mai 1812 est rapportée.

2. Les issues rouges de bestiaux se composent du cœur, du foie, de la rate et des poumons de bœuf, vache et mouton.

Les issues blanches se composent; savoir 1° celles de bœuf ou vache, des quatre pieds avec leurs patins, de la panse, de la franche mule, des feuillets avec l'herbière, des muffles, palais et mamelles;

2° Les issues de mouton, de la tête avec la langue et la cervelle, des quatre pieds, de la panse et de la caillette.

3. Il est défendu aux bouchers de faire entrer aucune partie quelconque des issues rouges ou blanches dans leurs pesées de viande au débit, même sous la dénomination de réjouissance. (*Lettres patentes du 1er juin 1782, art. 8. Loi des 16-24 août 1790, titre 11, art. 3, § 4 et art. 5; art. 484 du Code pénal.*)

4. Les bouchers pourront disposer et faire, comme et à qui ils le jugeront convenable, la vente des pieds et patins, des muffles, palais et mamelles de bœuf et de vache, des têtes, langues et cervelles de mouton.

5. Les panses, franches mules et feuillets de bœuf ou de vache, les panses, caillettes et pieds de mouton ne pourront être mis dans le commerce et la consommation qu'après avoir subi les préparations nécessaires à cet effet.

6. En conséquence, les parties d'issues comprises dans l'article précédent, ne pourront être enlevées des abattoirs que pour être transportées dans l'atelier de triperie établi à l'île des Cygnes ou dans tout autre établissement de même nature, légalement autorisé.

Il est défendu aux bouchers, garçons bouchers, tripiers et à tous autres d'en soustraire, enlever et retenir, sous quelque prétexte que ce soit, et d'en livrer immédiatement aux tripiers et à tous autres acheteurs ou consommateurs. (*Lois citées.*)

7. L'entrepreneur de l'atelier de triperie est tenu de faire enlever tous les jours des abattoirs les parties d'issues désignées en l'article 5, après les avoir marquées de la marque du propriétaire.

8. Le marché aux deux espèces d'issues continuera d'avoir lieu dans le local à ce destiné à la halle des Prouvaires aux jours et heures accoutumés.

9. Les bouchers pourront y apporter et vendre des issues rouges de la vente desquelles ils n'auraient pu traiter autrement.

10. L'entrepreneur de l'atelier de triperie est tenu de rapporter au marché, et par compte, les parties d'issues désignées en l'article 5.

Elles seront rapportées entières, bien préparées et cuites au degré demandé par les tripiers.

Les fragments détachés des issues par l'effet des opérations du curage et des préparations préliminaires de la cuisson seront également rapportés.

Il est défendu à l'entrepreneur d'en disposer d'une manière quelconque avant de les avoir rapportés au marché.

11. Dans le cas où les tripiers négligeraient ou refuseraient de recevoir tout ou partie des issues rapportées au marché à leur destination, l'entrepreneur ou son préposé sera tenu d'en faire sur-le-champ sa déclaration, ensuite de laquelle il vendra immédiatement les issues, sauf le jugement à intervenir sur la contestation, s'il y a lieu.

12. L'entrepreneur tiendra compte aux tripiers des parties d'issues perdues ou détériorées.

13. L'entrepreneur est autorisé, comme par le passé, à retenir, pour son compte, le dixième des pieds de mouton pour indemnités des pertes, accidents et déchets.

14. Le prix de la cuisson est réglé ainsi qu'il suit :

1° Pour chaque tripée de bœuf ou vache, soixante centimes.

2° Pour chaque tripée de mouton, dix centimes.

3° Pour quatre cents pieds de mouton, un franc vingt-cinq centimes.

15. Il est défendu aux bouchers, tripiers et à tous autres de faire aucune préparation et cuisson des parties d'issues désignées en l'article 5, ailleurs que dans les établissements qui sont ou seront autorisés à cet effet. (*Décret du 15 oct. 1810, ord. du roi du 14 janv. 1815.*)

16. Les contraventions seront constatées par des procès-verbaux qui nous seront adressés.

17. Il sera pris envers les contrevenants aux dispositions ci-dessus telles mesures de police administrative qu'il appartiendra sans préjudice des poursuites à exercer contre eux devant les tribunaux, conformement aux lois et règlements.

18. La présente ordonnance sera imprimée et affichée.

Les commissaires de police et spécialement celui du quartier des marchés, l'inspecteur général de police, les officiers de paix, le commissaire inspecteur général des halles et marchés et les préposés de la préfecture de police sont chargés de tenir la main à son exécution.

Le ministre d'Etat, préfet de police, comte ANGLÈS.

N° 913. — *Arrêté contenant des mesures pour assurer l'exécution de l'ordonnance du roi en date du 21 octobre 1818, concernant la boulangerie.*

Paris, le 21 novembre 1818.

Nous, ministre d'Etat, préfet de police,

Vu l'ordonnance du roi du 21 octobre 1818,

Vu le nouveau classement des boulangers, présenté par le contrôleur de la halle aux grains et farines et par les syndics des boulangers, que nous avons approuvé et dont extrait sera envoyé à chaque commissaire de police ;

Arrêtons ce qui suit :

1. L'ordonnance du roi ci-dessus relatée sera notifiée sans retard par les commissaires de police à chaque boulanger de leurs quartiers respectifs (1).

2. Les commissaires de police notifieront également à chaque boulanger la classe dans laquelle il se trouve rangé d'après le nombre de sacs de farine qu'il consomme par jour.

---

(1) V. cette ord. à l'appendice.

3. Les boulangers sont tenus de compléter, avant le 1er janvier prochain, leur dépôt de garantie au nombre de vingt sacs de farine de première qualité du poids de cent cinquante-neuf kilogrammes.

4. Les boulangers sont tenus d'avoir en magasin, avant le 1er janvier prochain, la moitié de leur approvisionnement prescrit par l'article 2 de l'ordonnance du roi, chacun suivant la classe dans laquelle il est rangé.

5. Il est enjoint aux boulangers de compléter leur approvisionnement obligé avant le 1er mars prochain, et de le porter, savoir :

Les boulangers de première classe à cent quarante sacs ;

Ceux de deuxième classe à cent dix sacs ;

Ceux de troisième classe à quatre-vingts sacs,

Et ceux de quatrième classe à trente sacs.

6. Les boulangers qui, aux époques fixées, n'auront point complété leur dépôt de garantie ou leur approvisionnement particulier, encourront les peines portées par les articles 10 et 11 de l'arrêté du gouvernement du 19 vendémiaire an x.

7. Les commissaires de police recevront de chaque boulanger la soumission de se conformer exactement aux dispositions du présent arrêté, et ils la lui feront signer.

Ils dresseront, du tout, procès-verbal qu'ils nous transmettront.

Ils tiendront strictement la main à l'exécution des dispositions ci-dessus et ils nous en rendront compte.

Le ministre d'Etat, préfet de police, comte ANGLÈS.

N° 914. — *Ordonnance concernant la police de la rivière et des ports, pendant l'hiver et les temps des glaces, grosses eaux et débâcles* (1).

Paris, le 3 décembre 1818.

N° 915. — *Ordonnance concernant des mesures d'ordre à observer à l'occasion de la messe du Saint-Esprit et de l'ouverture de la session des Chambres* (2).

Paris, le 7 décembre 1818.

N° 916. — *Ordonnance concernant la vérification annuelle des poids et mesures* (3).

Paris, le 7 décembre 1818.

---

(1) V. les ord. des 1er déc. 1838, 5 déc. 1839 et 25 oct. 1840 (art. 203 et suiv.).

(2) V. l'ord. du 26 fév. 1830.

(3) V. les ord. des 14 déc. 1820, 15 déc. 1825, 27 oct. et 29 nov. 1826, 23 nov. 1842 et 1er déc. 1843.

1819.

N° 917. — *Ordonnance concernant l'ouverture et la police du marché des Carmes* (1).

Paris, le 4 février 1819.

Nous, ministre d'Etat, préfet de police,

Vu 1° le décret du 30 janvier 1811, relatif aux marchés de Paris, portant, article 5, titre 2 : « Le marché actuel de la place Maubert « sera transféré sur l'emplacement de l'ancien couvent près de cette « place ; »

2° La lettre à nous adressée par M. le conseiller d'Etat, préfet du département de la Seine, annonçant qu'une partie du marché des Carmes est terminée et peut dès à présent être livrée au commerce ;

3° Les articles 2 et 32 de l'arrêté du gouvernement du 12 messidor an VIII (1er juillet 1800),

Ordonnons ce qui suit :

1. Les détaillantes de comestibles placées sur le marché de la place Maubert seront transférées sur la partie du marché des Carmes actuellement terminée.

2. Cette translation aura lieu le 15 du présent mois.

Le marché tiendra tous les jours depuis le lever jusqu'au coucher du soleil.

3. Les places du marché des Carmes seront tirées au sort, en présence des commissaires de police du quartier des marchés et du quartier Saint-Jacques, et du commissaire inspecteur général des halles et marchés.

4. Les détaillantes désigneront six d'entre elles pour être présentes au tirage.

Il sera dressé procès-verbal de cette opération par le commissaire de police du quartier des marchés.

5. A compter du même jour 15 février, il est défendu de former des étalages de comestibles et d'en vendre sur éventaires en places fixes dans les rues adjacentes au marché des Carmes et sur tous autres points de la voie publique.

6. Il est défendu d'étaler des marchandises dans les passages réservés pour la circulation du public dans le nouveau marché.

7. Les contraventions seront constatées par des procès-verbaux qui nous seront adressés.

8. La présente ordonnance sera imprimée et affichée.

Les commissaires de police du quartier des marchés et du quartier Saint-Jacques, l'inspecteur général de police, les officiers de paix, le commissaire inspecteur général des halles et marchés et les préposés de la préfecture de police sont chargés de tenir la main à son exécution.

Le ministre d'Etat, préfet de police, comte ANGLES.

(1) V. l'ord. du 4 fév. 1819, p. 130, et celle du 20 sept. 1839.

N° 918. — *Ordonnance concernant la fixation du prix des places sur le marché des Carmes* (1).

Paris, le 4 février 1819.

Nous, ministre d'Etat, préfet de police,

Vu 1° le décret du 30 janvier 1811, relatif aux marchés de Paris, et le décret du 24 février suivant ;

2° La lettre à nous adressée par M. le conseiller d'Etat, préfet du département de la Seine, annonçant qu'une partie du marché des Carmes est terminée et qu'elle peut dès à présent être livrée au commerce ;

3° Et la décision de S. Exc. le ministre secrétaire d'Etat au département de l'intérieur, portant fixation du prix des places sur le marché des Carmes,

Ordonnons ce qui suit :

1. Le prix des places au marché des Carmes est fixé à vingt centimes par jour et par place.

2. Le droit d'abri sera payé par semaine et d'avance.

Le produit en sera versé dans la caisse du receveur municipal de la ville de Paris.

3. La perception du prix des places sera faite par le préposé sur le marché.

4. La présente ordonnance sera imprimée et affichée.

Les commissaires de police du quartier des marchés et du quartier Saint-Jacques, et le commissaire inspecteur général des halles et marchés sont chargés de tenir la main à son exécution.

Le ministre d'État, préfet de police, comte ANGLÈS.

N° 919. — *Ordonnance* (2) *qui prescrit l'impression et la publication des articles* 3 (1er §), 4, 5, 6 *et* 23 *de l'arrêté du gouvernement du* 27 *prairial an* X (16 *juin* 1802) (3), *concernant la police des bourses de commerce, et des articles* 76, 78, 79, 85, 86, 87 *et* 88 *du Code de Commerce.*

Paris, le 4 février 1819.

N° 920. — *Ordonnance concernant la liberté et la sûreté de la voie publique* (4).

Paris, le 8 février 1819.

Nous, ministre d'Etat, préfet de police,

Considérant que la voie publique est souvent embarrassée par des voitures, tonneaux, caisses, meubles et autres objets indûment étalés et déposés en dehors des boutiques et magasins ;

Que ces sortes de dépôts, qui gênent la liberté de la circulation,

---

(1) V. l'ord. du 4 fév. 1819, p. 129, et celle du 20 sept. 1839.

(2) V. les ord. des 14 avril 1819, 24 janv. 1823, 2 nov. 1826 et 12 janv. 1831.

(3) V. cet arrêté à l'appendice.

(4) V. les ord. des 20 mai 1822, 8 août 1829 et l'arr. du 30 janv. 1836.

compromettent la sûreté des personnes et ont donné lieu à des accidents graves ;

Vu les ordonnances des 14 décembre 1725 et 28 janvier 1786 ;

En vertu des articles 21 et 22 de l'arrêté du gouvernement du 12 messidor an VIII (1er juillet 1800),

Ordonnons ce qui suit :

1. Il est défendu, sous quelque prétexte que ce soit, d'étaler ou déposer en dehors des boutiques, magasins et ateliers, des meubles, voitures, caisses, tonneaux, ni aucune marchandise quelconque.

2. Il est enjoint aux marchands épiciers, marchands de vin, tonneliers, fruitiers et à tous autres, de faire décharger et serrer dans leurs magasins et caves les marchandises qui leur arrivent, au fur et à mesure de leur arrivée, sans les laisser sur la voie publique, et aussi de faire enlever celles qu'ils voudront faire transporter chez eux, au fur et à mesure qu'elles auront été tirées de leurs caves, boutiques et magasins, en sorte que les rues n'en demeurent point embarrassées.

3. Les contraventions à la présente ordonnance seront constatées par des procès-verbaux ou rapports, pour être déferées aux tribunaux et poursuivies conformément aux articles 471 et 474 du Code pénal.

4. Notre ordonnance du 24 avril 1817, concernant les étalages mobiles sur la voie publique, continuera de recevoir son exécution.

5. La présente ordonnance sera imprimée et affichée.

Les commissaires de police, l'inspecteur général de police, et les officiers de paix, les chefs de service extérieur et les préposés de la préfecture de police sont chargés de tenir la main à son exécution.

Elle sera adressée à M. le colonel de la ville de Paris, commandant la gendarmerie royale pour en assurer l'exécution par tous les moyens qui sont à sa disposition.

Le ministre d'Etat, préfet de police, comte ANGLÈS.

N° 921. — *Ordonnance concernant les masques* (1).

Paris, le 13 février 1819.

N° 922. — *Ordonnance concernant le transport des boissons, des barrières à l'entrepôt et de l'entrepôt aux barrières.*

Paris, le 18 février 1819.

Nous, ministre d'Etat, préfet de police,

Vu la lettre par laquelle M. le conseiller d'Etat, préfet du département de la Seine, nous prévient qu'il a pris des mesures pour la surveillance du transport dans Paris des boissons arrivant à l'entrepôt général des vins et eaux-de-vie, ou réexpédiées de cet établissement à l'extérieur ; il nous transmet copie de l'itinéraire tracé de concert avec les principaux voituriers, pour la conduite des boissons, tant des

(1) V. les ord. des 10 fév. 1828, 10 fév. 1830 et 23 fév. 1843.

barrières à l'entrepôt que de l'entrepôt aux barrières, et nous prie de concourir à assurer l'exécution des mesures par lui prises,

Ordonnons ce qui suit :

1. Les voituriers qui amèneront des boissons à l'entrepôt général des vins et eaux-de-vie, ou transporteront des boissons de l'entrepôt à l'extérieur, se conformeront, pour la direction de leurs voitures, selon les points de départ et destination, à l'itinéraire qui nous a été transmis par M. le conseiller d'Etat, préfet du département de la Seine.

2. Les contraventions seront constatées par des procès-verbaux qui nous seront adressés, pour être déférés, s'il y a lieu, aux tribunaux.

3. La présente ordonnance sera imprimée.

Elle sera affichée tant dans l'intérieur de Paris qu'aux barrières et dans les communes rurales du ressort de la préfecture de police.

Les commissaires de police, l'inspecteur général de police, les officiers de paix, l'inspecteur général des boissons et les autres préposés de la préfecture de police sont chargés d'en assurer l'exécution.

Le ministre d'Etat, préfet de police, comte ANGLÈS.

N° 923.— *Ordonnance concernant les propriétaires et conducteurs de voitures traînées à bras ou par des animaux* (1).

Paris, le 18 février 1819.

Nous, ministre d'Etat, préfet de police,

Considérant qu'il arrive fréquemment des accidents occasionnés soit par la trop grande rapidité, soit par la mauvaise direction des voitures de roulage ou autres voitures de transport de toute espèce;

Vu les ordonnances des 17 juillet, 15 novembre 1781 et 21 décembre 1787, les lois des 22 juillet 1791 et 3 nivôse an VI (23 décembre 1798), le décret du 23 juin 1806, les articles 1383, 1384 et 1385 du Code civil, et les articles 319, 320, 471, 475, 476, 479 et 484 du Code pénal ;

Vu également les articles 22 et 32 de l'arrêté du gouvernement du 12 messidor an VIII (1er juillet 1800), et l'article 1 de celui du 3 brumaire an IX (25 octobre 1800),

Ordonnons ce qui suit:

1. Tout propriétaire de voitures de transport, traînées à bras ou par des chevaux et autres animaux, sera tenu d'y faire mettre une plaque de métal sur laquelle ses noms et domicile seront peints en caractères apparents et lisibles. Cette plaque doit être clouée en avant de la roue et au côté gauche de la voiture, à peine de vingt-cinq francs d'amende : l'amende sera double si la plaque portait soit un nom, soit un domicile faux ou supposé. (*Loi du 3 nivôse an* VI, *art.* 9 (23 *déc.* 1798); *décret du* 23 *juin* 1806, *art.* 34.)

Sont comprises dans cette disposition les voitures désignées sous le nom de diables, camions et haquets.

2. Les propriétaires de charrettes, haquets, tombereaux et autres voitures de transport, même celles traînées à bras, employées pour

---

(1) Renouvelée par l'ordonnance du 27 août 1821, qui est elle-même rapportée par l'ord. du 25 sept. 1828.

l'usage du public dans la ville de Paris, devront faire à la préfecture de police la déclaration de leurs noms et demeures, et du nombre de voitures qui leur appartiennent, si déjà elle n'a été faite.

Il leur sera délivré un numéro qu'ils feront peindre sur la plaque prescrite par l'article précédent.

En cas de changement de domicile, ils sont tenus de le faire connaître à la préfecture de police.

3. Aucune voiture de transport, de quelque espèce qu'elle soit, ne pourra entrer dans les abattoirs qu'il n'ait été satisfait à l'article précédent.

4. Les voitures de roulage et les autres voitures de transport doivent être bien conditionnées et entretenues en bon état.

Conformément à l'ordonnance de police du 21 décembre 1787, les voitures qui servent au transport du bois, des planches, des pierres, des moellons, des gravois et autres objets qui, en tombant, peuvent occasionner des accidents, ne pourront être chargées au-dessus des ridelles ou des planches de clôture, sous les peines portées aux articles 475, § 4, et 476 du Code pénal.

Les ridelles ne pourront, dans aucun cas, être suppléées ni surélevées par des bûches ou piquets placés verticalement pour retenir le chargement.

5. Il est enjoint aux voituriers de conduire directement à destination les marchandises dont le transport leur est confié, sans qu'ils puissent s'arrêter en route.

6. Conformément aux paragraphes 3 et 4 de l'article 475 du Code pénal, les rouliers, charretiers et conducteurs de voitures ou de bêtes de charge sont obligés de se tenir constamment à portée de leurs chevaux, bêtes de trait ou de charge, et de leurs voitures, et en état de les guider et conduire.

En conséquence, il est défendu aux rouliers et charretiers de faire trotter et galoper leurs chevaux et de monter dessus; ils se tiendront à pied, près la tête du limonier, pour être à portée de se servir des guides ou du cordeau et de pouvoir diriger leurs chevaux.

7. Il est défendu aux charretiers, garçons bouchers et autres de monter dans leurs voitures, quand même elles ne seraient attelées que d'un cheval.

Sont exceptés de cette disposition les blanchisseurs et les laitières, pourvu que leur cheval soit retenu par des guides solides et en bon état, mais sans pouvoir le faire trotter ni galopper; il devra toujours aller au pas.

8. Toute voiture, de quelque espèce que ce soit, devra être conduite au pas en passant aux barrières.

9. Il est défendu de confier des voitures à des enfants hors d'état de les conduire. (*Ord. de police du* 21 *déc.* 1787, *art.* 1.)

Les conducteurs doivent avoir au moins dix-huit ans.

10. Les rouliers, charretiers et conducteurs de voitures sont tenus d'occuper un seul côté des chemins ou voies publiques, de se détourner ou ranger devant toutes autres voitures, et, à leur approche, de leur laisser libre au moins la moitié des chaussées, routes et chemins, sous les peines portées aux articles 475 et 476 du Code pénal.

11. Il est défendu de faire stationner sans nécessité, sur la voie publique, aucune voiture attelée ou non attelée, sous les peines prononcées par l'article 471 du Code pénal.

12. Les aubergistes sont tenus de placer dans leurs cours les voitures des rouliers ou voyageurs qui logeront chez eux.

Néanmoins, dans les communes rurales, lorsque les cours des aubergistes ne sont pas assez spacieuses pour contenir toutes les voitures, ils peuvent en faire stationner le long de leurs maisons, en obtenant préalablement la permission du maire de leur commune. Dans ce cas, les aubergistes doivent ranger les voitures de manière que la circulation soit libre, et placer une lanterne allumée pendant la nuit, pour que les voitures laissées sur la voie publique soient aperçues des voyageurs, à peine d'amende. (*Art. 471 du Code pénal*, § 3.)

13. Il est défendu de conduire ou faire conduire, sur la voie publique et aux abreuvoirs, plus de trois chevaux ou mulets non attelés, y compris celui sur lequel le conducteur sera monté; comme aussi de confier la conduite de ces chevaux ou mulets à des enfants âgés de moins de dix-huit ans, ou à des femmes, et de les faire courir ou trotter dans les rues, à peine d'amende et d'emprisonnement. (*Ord. de police du 21 déc. 1787, art. 4, et art. 475 et 476 du Code pénal.*)

14. Il est défendu d'entrer avec de la lumière dans les écuries et dans les lieux qui renferment des fourrages, à moins que cette lumière ne soit contenue dans une lanterne close, à peine de deux cents francs d'amende. (*Ord. de police du 15 nov. 1781, art. 5.*)

Il est enjoint d'avoir dans les écuries des lanternes fixes, de manière à prévenir les accidents du feu.

15. Les contraventions seront constatées par des procès-verbaux ou rapports qui nous seront adressés.

16. En cas de contravention, les voituriers, rouliers, conducteurs de voitures ou de chevaux non domiciliés dans le ressort de la préfecture de police seront tenus d'y élire domicile et de fournir caution pour sûreté de l'amende encourue; faute par eux de ce faire, la voiture ou l'un des chevaux sera mis en fourrière, si mieux n'aiment les contrevenants consigner l'équivalent de l'amende et toujours en élisant domicile.

17. Les propriétaires de voitures et de chevaux et les aubergistes sont civilement responsables du payement des amendes encourues pour contravention à la présente ordonnance, par le fait des personnes dont ils doivent répondre (articles 1383, 1384 et 1385 du Code civil), sans préjudice de l'action civile autorisée par les lois.

18. La présente ordonnance sera imprimée et affichée.

Les sous-préfets des arrondissements de Saint-Denis et de Sceaux, les maires des communes rurales du ressort de la préfecture de police, les commissaires de police, l'inspecteur général de police et les officiers de paix, les chefs du service extérieur et les préposés de la préfecture de police sont chargés de tenir la main à son exécution.

Elle sera adressée à M. le colonel de la ville de Paris, commandant la gendarmerie royale et à M. le commandant de la gendarmerie du département de la Seine, pour en assurer l'exécution par tous les moyens qui sont à leur disposition.

Le ministre d'Etat, préfet de police, comte ANGLÈS.

N° 924. — *Ordonnance concernant la prohibition de la chasse* (1).

Paris, le 24 février 1819.

---

(1) V. l'ord. du 23 fév. 1843.

N° [illegible]. — *Ordonnance concernant la police des marchés de Sceaux et de Poissy* (1).

Paris, le 15 mars 1819.

Nous, ministre d'État, préfet de police,

Considérant que les articles 5, 7, 8, 9 et 17 de l'ordonnance du 30 ventôse an XI (21 mars 1803), concernant la police des marchés de Sceaux et de Poissy, donnent lieu à des difficultés d'exécution auxquelles il importe de remédier;

Vu la loi du 24 août 1790, titre XI, art. 3, § 3.

Vu les articles 2 et 33 de l'arrêté du gouvernement du 12 messidor an VIII (1er juillet 1800) et l'article 1er de celui du 3 brumaire suivant (25 octobre);

Vu l'article 484 du Code pénal,

Ordonnons ce qui suit :

1. Les articles 5, 7, 8, 9 et 17 de l'ordonnance de police du 30 ventôse an XI sont rapportés.

2. La vente des veaux, au marché de Poissy, s'ouvrira à cinq heures du matin, du 1er avril au 1er octobre; à sept heures du matin, du 1er octobre au 1er avril.

3. Il est défendu aux bouchers d'entrer dans le marché aux veaux avant les heures prescrites par l'article précédent.

4. L'ouverture de la vente des bœufs et vaches continuera d'avoir lieu :

Au marché de Poissy, à huit heures du matin;

Au marché de Sceaux, à neuf heures du matin.

5. Les heures d'ouverture seront annoncées au son de la cloche.

6. La pose des parquets à moutons devra être terminée à dix heures dans l'un et l'autre marché.

Le placement des moutons dans les parquets commencera à dix heures du matin; il sera annoncé au son de la cloche.

Un second avertissement aura lieu à onze heures, pour faire avancer les moutons qui ne seraient pas encore entrés dans le marché.

Les propriétaires des moutons renvoyés du marché précédent, auront le choix des parquets pour les moutons renvoyés seulement.

Le placement des autres aura lieu suivant l'ordre des déclarations enregistrées.

7. L'ouverture de la vente des moutons sera annoncée à une heure de relevée, au son de la cloche.

8. Le renvoi des veaux non vendus commencera à midi. La vente en sera irrévocablement fermée à une heure de relevée.

9. Le renvoi des bœufs, vaches et moutons commencera à trois heures précises de relevée; la vente en sera irrévocablement fermée à quatre heures.

10. Les renvois et les clôtures de vente seront annoncés au son de la cloche.

11. L'entrée des taureaux aux marchés de Sceaux et de Poissy est autorisée, sous la condition expresse qu'ils y entreront et en sortiront attachés à une charrette, et qu'ils seront retenus, sous double attache, aux anneaux placés le long des bouveries.

12. Il ne sera fait écriture ni délivré de bulletins d'aucune des

---

(1) V. les ord. des 25 janv. 1823, 25 mars 1830, 30 déc. 1833, 3 mai 1834, 31 août 1838 et 18 janv. 1843.

ventes faites après le son de la cloche annonçant la clôture absolue des marchés.

13. L'ordonnance du 30 ventôse an XI continuera à recevoir son exécution dans le surplus de ses dispositions.

14. La présente ordonnance sera imprimée et affichée.

Elle recevra son exécution à partir du 1er avril prochain.

15. Les maires de Poissy et de Sceaux, le commissaire de police du quartier des Marchés, le commissaire-inspecteur général des halles et marchés, et les autres préposés de la préfecture de police sont chargés, chacun en ce qui le concerne, de tenir la main à son exécution.

Le ministre d'Etat, préfet de police, comte ANGLÈS.

926.—*Ordonnance concernant l'ouverture et la police du marché à la verdure* (1).

Paris, le 17 mars 1819.

Nous, ministre d'Etat, préfet de police,

Vu, 1° l'ordonnance du roi du 27 novembre 1816, qui autorise l'administration des hospices à faire construire des abris provisoires sur le carreau de l'ancienne halle à la viande;

2° Et les articles 2 et 32 de l'arrêté du gouvernement du 12 messidor an VIII (1er juillet 1800),

Ordonnons ce qui suit :

1. A compter du 23 du présent mois, toutes les marchandes de verdure stationnant sur la voie publique, depuis la rue de la Ferronnerie, en montant, jusques et compris la pointe Saint-Eustache et les rues adjacentes, à gauche,

Toutes les marchandes de beurre et œufs en détail;

Toutes les marchandes d'oranges, citrons, champignons, et autres placées au bout de la rue de la Cossonnerie, seront transférées sur le marché établi dans l'ancienne halle à la viande.

2. Le marché tiendra tous les jours, depuis le lever jusqu'au coucher du soleil.

3. Les places seront tirées au sort, en présence du commissaire de police du quartier des Marchés et du commissaire-inspecteur général des halles et marchés, si mieux n'aiment les détaillantes convenir de gré à gré entre elles du choix des places.

4. Dans le cas où il y aurait tirage au sort, les détaillantes choisiront six d'entre elles pour être présentes au tirage.

Il sera dressé procès-verbal de cette opération par le commissaire de police du quartier des Marchés.

5. Il est défendu d'étaler des marchandises dans les passages réservés pour la circulation du public.

6. A compter du même jour, 23 mars, il est défendu de vendre toute espèce de comestibles, soit sur éventaires, soit à places fixes, depuis la rue de la Ferronnerie, en montant, jusqu'à la pointe Saint-Eustache et dans les rues adjacentes, à gauche.

7. Les contraventions seront constatées par des procès-verbaux qui nous seront adressés.

8 La présente ordonnance sera imprimée et affichée.

Ampliation en sera adressée à M. le conseiller d'Etat préfet du dé-

---

(1) V. l'ord. du 18 sept. 1810 et et celle du 17 mars 1819, p. 137.

partement de la Seine, et à MM. les membres composant le conseil général des hospices civils.

Le commissaire de police du quartier des Marchés, l'inspecteur général de police, les officiers de paix, le commissaire-inspecteur général des halles et marchés, et les préposés de la préfecture de police sont chargés de tenir la main à son exécution.

Le ministre d'Etat, préfet de police, comte ANGLÈS.

N° 927. — *Ordonnance concernant la fixation du prix des places sur le marché à la verdure* (1).

Paris, le 17 mars 1819.

Nous, ministre d'Etat, préfet de police,

Vu, 1° l'ordonnance du roi du 27 novembre 1816, qui autorise l'administration des hospices à faire construire des abris provisoires sur le carreau de l'ancienne halle à la viande;

2° La décision de S. E. le ministre secrétaire d'Etat au département de l'intérieur, en date du 13 de ce mois, portant fixation du prix des places sur ce marché;

3° Et notre ordonnance en date de ce jour, portant que toutes les marchandes de diverses denrées stationnant sur la voie publique, depuis la rue de la Ferronnerie jusques et compris la pointe Saint-Eustache, dans les rues adjacentes à gauche et celles placées au bout de la rue de la Cossonnerie, seront transférées sur le marché dit de la verdure, à compter du 23 du courant,

Ordonnons ce qui suit :

1. Le prix des places sur le marché à la verdure est fixé par jour et par place, savoir :

Pour les places comprises dans les sept corps d'abris, à droite de la grande rue du marché, en entrant par la rue de la Tonnellerie, et pour les places des quatre premières demi-masses, à gauche, qui font face aux précédentes, à.................................. 0,30 cent.

Et pour les autres places du marché, à.............. 0,20

2. Le droit d'abri sera payé par semaine et d'avance.

Le produit en sera versé dans la caisse des hospices civils de Paris.

3. La perception du prix des places sera faite par un préposé de l'administration des hospices, à compter du jour de l'ouverture du marché.

4. La présente ordonnance sera imprimée et affichée.

Le commissaire de police du quartier des Marchés et le commissaire-inspecteur général des halles et marchés sont chargés de tenir la main à son exécution.

Le ministre d'Etat, préfet de police, comte ANGLÈS.

N° 928. — *Ordonnance concernant les caisses, pots à fleurs et autres objets dont la chute peut occasionner des accidents* (2).

Paris, le 18 mars 1819.

---

(1) V. l'ord. du 18 sept. 1810, et celle du 17 mars 1819, p. 136.

(2) V. l'ord. du 1er avril 1818.

N° 929. — *Instruction concernant la surveillance de la rivière, des ports, des chantiers de bois de chauffage et des places de vente du charbon de bois* (1).

Paris, le 25 mars 1819.

N° 930. — *Ordonnance qui prescrit la réimpression et la publication de l'ordonnance du 13 janvier 1812, concernant la police des voitures employées au service des ports et chantiers.*

Paris, le 2 avril 1819.

N° 931. — *Ordonnance concernant les cabarets, cafés et autres lieux publics situés dans la ville de Paris et dans les communes rurales du ressort de la préfecture de police* (2).

Paris, le 3 avril 1819.

Nous, ministre d'Etat, préfet de police,

Considérant que les règlements d'après lesquels les cabarets, cafés et autres lieux publics doivent être fermés à certaines heures dans la ville de Paris, ne sont plus exactement observés, et qu'il importe d'en maintenir les dispositions;

Considérant que l'ouverture des guinguettes et autres lieux publics établis dans les communes rurales du ressort de la préfecture de police, se prolonge souvent jusqu'à des heures très-avancées dans la nuit, et qu'il en résulte du tumulte et des réunions nocturnes qui troublent le repos des citoyens:

Vu les règlements de police des 8 novembre 1780 et 21 mai 1784;

L'article 3, titre 11, de la loi du 24 août 1790;

Les articles 2 et 10 de l'arrêté du gouvernement du 12 messidor an VIII (1er juillet 1800);

Et l'article 484 du Code pénal,

Ordonnons ce qui suit :

1. Les cabarets, cafés, estaminets, billards, guinguettes et autres lieux de réunion ouverts au public, seront fermés dans la ville de Paris, pendant toute l'année, à onze heures précises du soir, et dans les communes rurales du ressort de la préfecture de police, à onze heures du soir, depuis le 1er avril jusqu'au 1er octobre, et à dix heures, depuis le 1er octobre jusqu'au 1er avril.

2. Il est défendu aux maîtres desdits établissements, à leurs garçons ou gens de service, d'y recevoir ou conserver personne et d'y donner à boire, à manger, danser ou jouer au delà des heures prescrites par l'article précédent.

3. Les contraventions à la présente ordonnance seront constatées par des procès-verbaux qui seront transmis à la préfecture de police, pour être ensuite adressés aux tribunaux compétents, afin d'exercer contre les délinquants les poursuites voulues par les règlements.

---

(1) V. les ord. des 24 mars 1824, 26 mars 1829 et 25 oct. 1840.

(2) V. l'ord. du 31 mai 1833.

4. La présente ordonnance sera imprimée et affichée.

5. Les sous-préfets des arrondissements de Sceaux et de Saint-Denis, les maires et adjoints des communes rurales du ressort de la préfecture de police, les commissaires de police, l'inspecteur général de police, les officiers de paix et les agents de la préfecture de police sont chargés, chacun en ce qui le concerne, de tenir la main à son exécution.

Il en sera adressé des exemplaires au colonel d'armes commandant la gendarmerie royale de Paris, et au capitaine commandant la compagnie de gendarmerie royale du département de la Seine, avec invitation de concourir à l'exécution, par les moyens qui sont à leur disposition.

Le ministre d'Etat, préfet de police, comte ANGLÈS

N° **932**.—*Ordonnance concernant l'ordre à suivre lors du défilé des voitures qui iront à Longchamp* (1).

Paris, le 6 avril 1819.

N° **933**. — *Ordonnance concernant les garçons boulangers* (2).

Paris, le 13 avril 1819.

Nous, ministre d'Etat, préfet de police,

Informé que des garçons boulangers, résidant à Paris, négligent à dessein de se conformer aux règlements concernant les livrets dont ils doivent être munis; que des maîtres boulangers apportent eux-mêmes de l'indifférence à cet égard, et qu'il en résulte des abus qu'il importe de réprimer;

Vu la loi du 22 germinal an XI (12 avril 1803), relative aux manufactures, fabriques et ateliers,

Ordonnons ce qui suit :

1. Les garçons boulangers, résidant à Paris, qui sont porteurs de livrets d'une date antérieure au 1er janvier 1819, sont tenus de les faire renouveler d'ici au 1er juin prochain, pour tout délai.

Ils se présenteront, à cet effet, devant M. le commissaire de police du quartier des Marchés.

2. Il est défendu à tout maître boulanger d'admettre aucun garçon, s'il n'est pourvu d'un livret en règle et s'il n'y est fait mention du congé de son dernier maître, à peine de dommages-intérêts envers celui-ci et d'amende. (*Loi du* 22 *germ. an* XI, *art.* 12 (12 *avr.* 1803), *art.* 471, 475, 479 *et* 484 *du Code pénal.*)

3. L'ordonnance de police du 23 ventôse an XI (14 mars 1803), concernant la police des garçons boulangers, continuera de recevoir son exécution en tout ce qui n'est point contraire aux dispositions de la présente.

4. La présente ordonnance sera notifiée aux syndics des boulangers.

Les commissaires de police, les officiers de paix, le contrôleur de la halle aux grains et farines sont chargés, chacun en ce qui le concerne, de tenir la main à son exécution.

A cet effet, il leur en sera envoyé des expéditions.

Le ministre d'Etat, préfet de police, comte ANGLÈS.

(1) V. l'ord. du 10 avril 1843.

(2) V. l'arr. du 27 mai 1827.

N° 934. — *Ordonnance concernant la police de la Bourse de Paris* (1).

Paris, le 14 avril 1819.

Nous, ministre d'Etat, préfet de police,

Informé qu'il se commet des contraventions aux lois et règlements concernant la police de la Bourse; qu'un grand nombre d'individus se réunissent sur les boulevards des Panoramas, à l'entrée du passage et dans les cafés environnants; qu'ils y font des opérations de banque, de finance et de commerce, et qu'ils s'immiscent sans qualité dans les fonctions d'agents de change et de courtiers de commerce;

Considérant que ces contraventions ne peuvent être attribuées qu'au défaut de connaissance ou au mépris des lois et règlements, et qu'afin d'en assurer la stricte exécution, il importe d'en publier de nouveau les principales dispositions;

Vu, 1° les articles 2 et 25 de l'arrêté du gouvernement du 12 messidor an VIII (1er juillet 1800);

2° L'article 14 de celui du 29 germinal an IX (19 mars 1801);

3° L'arrêté du 27 prairial an X (16 juin 1802);

4° Les articles 76, 78, 79, 85, 86, 87 et 88 du livre Ier du Code de commerce;

5° Et l'article 18 de l'ordonnance de police du 1er thermidor an IX (20 août 1801),

Ordonnons ce qui suit:

1. Le premier paragraphe de l'article 3, les articles 4, 5, 6 et 23 de l'arrêté du gouvernement du 27 prairial an X (16 juin 1802), concernant la police des bourses de commerce (2), et les articles 76, 78, 79, 85, 86, 87 et 88 du Code de commerce, seront imprimés, publiés et affichés avec la présente ordonnance.

2. Les contraventions aux articles précités de l'arrêté du gouvernement du 27 prairial an X (16 juin 1802) et du Code de commerce, seront constatées par des procès-verbaux qui nous seront transmis, et les prévenus seront traduits devant les tribunaux, s'il y a lieu.

3. Le commissaire de police de la Bourse et spécialement le commissaire de police du quartier du Mail, nous signaleront les contrevenants aux lois et règlements relatifs à la Bourse, et notamment les individus qui s'immisceront sans droit ni qualité dans les fonctions d'agents de change ou courtiers de commerce.

4. En cas de flagrant délit, il sera procédé sur-le-champ contre les contrevenants, conformément à la loi.

5. Ampliation de la présente ordonnance sera envoyée aux syndics et adjoints des agents de change et des courtiers de commerce.

Le ministre d'Etat, préfet de police, comte ANGLÈS.

N° 935. — *Ordonnance concernant les boyaudiers et les fabricants de cordes à instruments.*

Paris, le 14 avril 1819.

Nous, ministre d'Etat, préfet de police,

Vu le décret du 15 octobre 1810 et l'ordonnance du roi du 14 jan-

---

(1) V. les ord. des 24 janv. 1823, 2 nov. 1826 et 12 janv. 1831.

(2) V. cet arrêté à l'appendice.

vier 1815 contenant règlement sur les manufactures, établissements et ateliers qui répandent une odeur insalubre ou incommode;

L'avis du conseil de salubrité;

Et la lettre de S. Exc. le ministre secrétaire d'Etat au département de l'intérieur du 11 mars 1819;

Considérant que la situation et la disposition des ateliers de la plupart des boyaudiers et fabricants de cordes à instruments, établis dans le ressort de la préfecture de police, présentent des inconvénients, sous le rapport du renouvellement de l'air et de l'écoulement des eaux; que ces inconvénients aggravent encore ceux qui résultent, pour la salubrité publique, de la défectuosité des procédés employés par les fabricants, pour la préparation des intestins; et qu'en attendant qu'il soit possible de prescrire l'emploi des perfectionnements dont l'art de la boyauderie serait reconnu susceptible, il importe d'obliger les fabricants à prendre les précautions et les mesures propres à diminuer les inconvénients signalés;

En vertu des arrêtés du gouvernement du 12 messidor an VIII (1er juillet 1800), et du 2 brumaire an IX (25 octobre 1800),

Ordonnons ce qui suit :

1. Les demandes en autorisation pour former des établissements compris dans l'une des trois classes de la nomenclature annexée à l'ordonnance du roi du 14 janvier 1815 continueront de nous être adressées.

2. Les emplacements qui seront indiqués, dans les demandes, pour établir des boyauderies ou des fabriques de cordes à instruments, devront être isolés de cent mètres au moins de toute habitation (autre qu'un établissement aussi incommode), et placés, autant que possible, sur le bord d'une rivière ou d'un ru.

A défaut de cours d'eau, il y sera suppléé par un puits en état de fournir abondamment de l'eau.

Il sera joint à la demande en autorisation un plan figuré des lieux et des constructions projetées.

3. En exécution de l'article 1 du décret du 15 octobre 1810, aucune boyauderie et fabrique de cordes à instruments, ainsi que tout autre établissement répandant une odeur insalubre ou incommode, ne peut être mis en activité, qu'en vertu d'une autorisation délivrée dans les formes prescrites tant par le décret que par l'ordonnance royale précités.

4. Tout boyaudier ou fabricant de cordes à instruments, dont l'établissement est en ce moment légalement formé, sera tenu, si déjà son établissement n'en est pourvu, d'y établir sans délai un puits qui puisse fournir, en toute saison, la quantité d'eau nécessaire à son établissement.

5. Il est expressément défendu d'établir aucun puisard pour recevoir les eaux de lavage et de macération.

Les puisards existants seront comblés et supprimés dans le plus court délai.

6. Il est également défendu aux boyaudiers et fabricants de cordes à instruments de faire écouler leurs eaux de lavage et de macération sur la voie publique, ni sur quelque portion de terrain que ce soit. En conséquence, il leur est enjoint de recevoir ces eaux dans un tonneau sur voiture, pour être versées le soir, soit à la voirie, soit dans un égoût ou dans une rivière voisine.

Sont exceptés de ces dispositions et de celles de l'article 4, les boyaudiers et les fabricants de cordes à instruments dont les ateliers sont situés au bord d'une rivière ou d'un ruisseau naturel, pourvu toutefois que l'écoulement des eaux puisse y avoir lieu immédiatement, soit par des conduits souterrains, soit par des canniveaux dallés et bien cimentés, et qui puissent être constamment tenus en bon état de propreté.

7. Les tonneaux destinés à la macération des intestins seront placés sous un hangar ou dans un atelier qui sera dallé, et, s'il est possible, ouvert à tous les vents.

Les fabricants dont les ateliers ne seraient pas ainsi disposés seront tenus d'y pourvoir sans retard.

8. Les contraventions à la présente ordonnance seront constatées par des procès-verbaux ou des rapports qui nous seront transmis.

Il sera pris envers les contrevenants, dans l'intérêt de la salubrité publique, telles mesures de police administrative qu'il appartiendra, sans préjudice des poursuites à exercer devant les tribunaux conformément aux lois.

9. La présente ordonnance sera imprimée et affichée.

Les sous-préfets des arrondissements de Saint-Denis et de Sceaux, les maires des communes rurales du ressort de la préfecture de police, les commissaires de police à Paris, les officiers de paix, l'architecte commissaire de la petite voirie, l'inspecteur général de la salubrité et tous les préposés de la préfecture de police sont chargés d'en surveiller et assurer l'exécution.

Le ministre d'Etat, préfet de police, comte ANGLÈS.

N° 936. — *Ordonnance qui prescrit la réimpression des articles* 1, 2, 3, 4, 5, 6, 7, 8 *et* 9 *de l'ordonnance du* 8 *novembre* 1815 *concernant les étrangers à la ville de Paris* (1).

Paris, le 15 avril 1819.

N° 937. — *Ordonnance concernant le dépôt et l'embarquement des pierres à plâtre sur la berge de Bercy.*

Paris, le 19 avril 1819.

Nous, ministre d'Etat, préfet de police,

Vu 1° L'ordonnance de police du 23 messidor an x (12 juillet 1802), concernant le dépôt et l'embarquement provisoire des pierres à plâtre, au port de la Rapée;

2° Le mémoire par lequel les principaux propriétaires et négociants de la commune de Bercy nous exposent que M. le comte de Nicolaï leur a concédé gratuitement, pour neuf années, en face de sa propriété, à Bercy, du côté de la rivière, une étendue de terrain égale à celle affectée au dépôt et à l'embarquement des pierres à plâtre, entre la barrière de la Rapée et celle des Poules, et demandent qu'à l'avenir les pierres à plâtre soient déposées et embarquées sur le terrain à eux concédé, et que le terrain situé entre les deux barrières, ci-dessus désignées, soit rendu libre;

3° Le rapport de l'inspecteur général de la navigation et des ports contenant son avis,

---

(1) V. les ord. des 10 juin 1820, 19 nov. 1831 et 25 juin 1832.

Vu aussi les arrêtés du gouvernement des 12 messidor an VIII (1er juillet 1800), et 3 brumaire an IX (25 octobre 1800);

Ordonnons ce qui suit :

1. A compter du jour de la publication de la présente ordonnance, le dépôt des pierres à plâtre cessera d'avoir lieu, le long du mur de clôture de Paris, entre la barrière de la Rapée et celle des Poules.

2. Les pierres à plâtre actuellement déposées sur ce dernier emplacement seront enlevées avant le 31 mai prochain. Faute par les propriétaires de s'être conformés à cette disposition, dans le délai prescrit, l'enlèvement des pierres sera fait aux frais et risques de la marchandise.

3. Les pierres à plâtre seront désormais déposées sur le terrain situé sur le bord de la rivière, en face de la propriété de M. le comte de Nicolaï, et par lui concédé à cet effet.

4. Les pierres à plâtre seront embarquées au bas de ce terrain.

5. Les contraventions seront constatées par des procès-verbaux qui nous seront adressés pour être déférés, s'il y a lieu, aux tribunaux.

6. La présente ordonnance sera imprimée et affichée.

Le sous-préfet de l'arrondissement de Sceaux, les maire et adjoints de la commune de Bercy, l'inspecteur général de la navigation et des ports et les préposés de la préfecture de police sont chargés d'en assurer l'exécution.

Le ministre d'État, préfet de police, comte ANGLÈS.

N° [illegible]. — *Ordonnance concernant les bains dans la rivière et les écoles de natation* (1).

Paris, le 7 mai 1819.

N° [illegible]. — *Ordonnance concernant les processions de la Fête-Dieu* (2).

Paris, le 8 juin 1819.

N° [illegible]. — *Ordonnance concernant les étalages mobiles sur la voie publique* (3).

Paris, le 23 juin 1819.

Nous, ministre d'État, préfet de police,

Considérant qu'il s'établit encore de toutes parts, sur la voie publique, des étalages mobiles qui compromettent la sûreté en gênant la circulation et peuvent donner lieu à des accidents fréquents ;

Que le plus grand nombre de ces étalages existe sans permission ;

Qu'ils portent un préjudice considérable au commerce ;

---

(1) V. les ord. des 20 mai 1839 et 25 oct. 1840 (art. 187 et suiv., et 225).

(2) V. l'ord. du 9 juin 1830.

(3) Abrogée. — V. l'ord. du 8 nov. 1819, art. 14, et les ord. des 21 août, 31 oct. et 2 déc. 1822, 19 juin 1830 et 20 janv. 1832.

Que le public ne peut y trouver d'avantage et qu'au contraire il est exposé sans cesse à être trompé;

Vu les ordonnances et règlements en cette partie, notamment l'ordonnance de police du 28 janvier 1786, article 16, et les articles 471 et 474 du Code pénal;

L'ordonnance du roi du 2 décembre 1814;

Et l'article 65 de la loi sur les finances du 15 mai 1818;

En vertu des articles 21 et 22 de l'arrêté du gouvernement, en date du 12 messidor an VIII (1er juillet 1800),

Ordonnons ce qui suit :

1. Il ne pourra, sur aucun point de la voie publique, être formé d'étalages de marchandises quelconques sans notre permission.

2. Il ne sera accordé aucune permission d'étalage de marchandises neuves ou en pièces, telles que draperies, merceries, bonneteries, lingeries, parfumeries, quincailleries, tabletteries, porcelaines, faïences, poteries, verreries et autres de cette espèce.

Il ne sera pas non plus accordé de permission d'étalage de marchandises pour la vente desquelles a été spécialement affecté le marché du Temple, par les ordonnances de police des 8 février 1811 et 25 juin 1813, dont les dispositions sont maintenues.

3. Il ne pourra être formé aucun étalage de marchandises quelconques sur les parties des boulevards intérieurs affermés par la ville pour y placer des chaises, même dans l'enceinte des barrières, au devant des propriétés bordant les contre-allées, à l'exception de l'une des contre-allées de l'esplanade du boulevard du Temple au devant des petits spectacles et de l'espace situé entre la première rangée d'arbres et le parapet de la rue Basse-du-Rempart de la Madeleine.

4. Il est expressément défendu à toute personne d'apporter, d'étaler et d'exposer en vente, sur la voie publique, des marchandises de quelque espèce qu'elles soient, aux portes et dans les environs des habitations où il est procédé à des ventes mobilières aux enchères.

Néanmoins les personnes qui fréquentent ces ventes, pourront déposer momentanément sur la voie publique les effets qu'elles y auront achetés, lorsqu'il n'y aura pas de cour dans la maison; dans ce dernier cas, les effets et marchandises ne pourront être étalés sur le pavé et seront rangés de manière à ne point gêner la libre circulation, et à ne point compromettre la sûreté des passants.

5. Tout étalage autorisé devra pouvoir être porté à col et n'aura que les dimensions qui seront fixées par la permission.

6. Il ne sera accordé des permissions d'étalage qu'à des personnes ayant au moins un an de domicile à Paris.

7. Toute personne qui voudra obtenir une permission d'étalage remettra sa demande au commissaire de police du quartier qui nous la transmettra avec son avis.

8. Les permissions accordées à des étalagistes vendant des marchandises, autres que des comestibles, ne leur seront remises qu'après avoir justifié du payement du montant total de la patente à laquelle ils sont assujettis, s'ils ne se trouvent dans l'un des cas d'exception prévus par l'article 13 ci-après.

A cet effet, il sera délivré, à chacun d'eux, un bulletin qu'ils présenteront au receveur des impositions pour être admis au payement de la patente.

9. Les permissions sont personnelles et ne pourront être cédées ni transmises.

En conséquence, aucun étalagiste ne pourra avoir plus d'un étalage, ni faire tenir son étalage par un tiers, si ce n'est par sa femme ou par l'un de ses enfants.

10. Les permissions ne sont valables que pour un an. A l'expiration de l'année elles pourront être visées, s'il y a lieu, pour une seconde année, par le commissaire de police du quartier, sur la représentation de la patente, si l'étalagiste n'en est pas exempt.

Les permissions sont d'ailleurs, en cas de raisons graves, révocables en tout temps.

11. Tout étalagiste est tenu, à peine de révocation de sa permission, de placer d'une manière apparente, à son étalage, une plaque indicative du numéro de sa permission.

12. Il est défendu, sous la même peine, à tout étalagiste de vendre en étalage d'autres marchandises que celles qui sont désignées dans sa permission.

13. Il sera tenu de représenter sa permission à toute réquisition des commissaires ou agents de police.

Il sera également tenu, conformément à l'article 65 de la loi du 15 mai 1818, d'exhiber sa patente acquittée, à toute réquisition des commissaires ou agents de police.

Sont exceptés de cette dernière disposition : 1° les étalagistes qui vendent des comestibles ; 2° les bouquetières, marchandes de fleurs et les savetiers ; 3° et les étalagistes porteurs d'un certificat d'inscription au bureau de charité, constatant que, comme indigents, ils reçoivent des secours.

14. Les contraventions à la présente ordonnance seront poursuivies conformément aux articles 471 et 474 du Code penal.

15. Les marchandises, ustensiles et objets étalés en contravention sur la voie publique, seront saisis et déposés à la préfecture de police pour sûreté du payement de l'amende et des frais, si mieux n'aiment les contrevenants en consigner l'équivalent.

16. Les contraventions seront constatées par des procès-verbaux qui nous seront adressés.

17. La présente ordonnance sera imprimée et affichée.

Les commissaires de police, l'inspecteur général de police et les officiers de paix, les chefs de service extérieur et les preposés de la préfecture de police sont chargés de tenir la main à son exécution.

Elle sera adressée à M. le colonel de la ville de Paris, commandant la gendarmerie royale, pour en assurer l'exécution par tous les moyens qui sont à sa disposition.

Le ministre d'Etat, préfet de police, comte ANGLÈS.

N° 941. — *Ordonnance concernant l'arrosement* (1).

Paris, le 5 juillet 1819.

N° 942. — *Arrêté concernant l'usage de l'eau-de-vie dans les prisons.*

Paris, le 6 juillet 1819.

Nous, ministre d'Etat, préfet de police,

Arrêtons ce qui suit :

1. A dater de ce jour, l'usage de l'eau-de-vie est formellement inter-

---

(1) V. les ord. des 17 mai 1834, 1er juin 1837 et 27 juin 1843.

dit aux condamnés des deux sexes détenus dans les prisons du ressort de notre préfecture, ainsi qu'aux femmes détenues, en vertu de nos ordres, dans celles de la Petite-Force et de Saint-Lazare et aux individus envoyés par nous à la maison de détention de Bicêtre.

2. L'interdiction prononcée par l'article précédent est applicable à tous les reclus de l'un et de l'autre sexe, placés dans la maison de répression, à Saint-Denis, et au dépôt de mendicité du département de la Seine.

3. L'usage du vin est toléré dans toutes les maisons dont il est question aux deux articles précédents, mais jusqu'à concurrence d'un demi-litre seulement par jour, pour chaque détenu.

4. Les concierges de ces maisons sont chargés, sous leur responsabilité personnelle, de veiller à ce que les dispositions ci-dessus ne soient enfreintes sous aucun prétexte.

5. Les agents généraux des prisons surveilleront l'exécution du présent arrêté qui sera affiché par les concierges, et ils nous en rendront compte.

Le ministre d'Etat, préfet de police, comte ANGLÈS.

N° 943.— *Ordonnance concernant les porteurs d'eau* (1).

Paris, le 28 juillet 1819.

Nous, ministre d'Etat, préfet de police,

Vu 1° l'ordonnance du roi du 16 août 1815, relative à la vente de l'eau aux fontaines de la ville de Paris dépendantes des pompes à feu;

2° Les arrêtés de M. le conseiller d'Etat, préfet du département de la Seine, des 18 novembre 1815 et 25 mai 1816;

3° L'ordonnance de police du 13 décembre 1815;

4° Et la lettre par laquelle M. le directeur de l'octroi de Paris nous signale les moyens de fraude pratiqués par des porteurs d'eau, pour augmenter la capacité de leurs tonneaux sans altérer l'indication du jaugeage,

Ordonnons ce qui suit:

1. Les permissions délivrées, jusqu'à ce jour, aux porteurs d'eau à tonneaux, pour exercer leur état dans la ville de Paris sont maintenues.

Ceux qui, à l'avenir, voudront exercer cet état continueront d'en faire la déclaration à la préfecture de police.

Il sera délivré aux déclarants un certificat qui devra être visé par le commissaire de police de leur domicile.

2. Les tonneaux des porteurs d'eau seront numérotés aux frais des propriétaires.

La capacité du tonneau sera indiquée sur le fonds de devant, ainsi que le diamètre du bouge et la longueur des douves, déduction faite des jables.

Le numéro et le nom du porteur d'eau seront peints sur le fonds de derrière.

3. Il est défendu aux porteurs d'eau de s'immiscer en rien dans le jaugeage et le numérotage de leurs tonneaux.

4. Il leur est également défendu d'altérer en aucune manière l'indication de la contenance ni l'empreinte du jaugeage de leurs ton-

---

(1) V. les ord. des 24 oct. 1829, 14 juin 1833, 30 mars 1837 et 15 avril 1843.

neaux, comme aussi de rien changer dans la construction de leurs tonneaux qui puisse en augmenter la capacité.

En cas de fraude constatée, les tonneaux seront saisis et tenus en fourrière jusqu'au jugement à intervenir.

5. Les porteurs d'eau à tonneaux qui changeront de domicile en feront la déclaration, dans le délai de trois jours, à la préfecture de police.

6. Lorsqu'un porteur d'eau à tonneaux cessera l'exercice de son état, il en fera aussi la déclaration à la préfecture de police.

Les numéros peints sur les tonneaux seront effacés et certificat en sera délivré au déclarant.

7. En cas de vente d'un tonneau numéroté, la déclaration en sera faite à la préfecture de police, tant par le vendeur que par l'acheteur.

8. Les porteurs d'eau à tonneaux rempliront leurs tonneaux, chaque soir, avant de les rentrer, et les tiendront en cet état toute la nuit.

Ils ne pourront puiser, hors les cas d'incendie, qu'aux fontaines dépendantes de l'établissement des pompes à feu.

Il leur est défendu de puiser aux fontaines publiques, à peine d'amende. (*Ord. de police du* 14 *juin* 1731.)

9. Les particuliers puiseront aux fontaines publiques avant les porteurs d'eau à bretelles.

10. Les porteurs d'eau à bretelles ne pourront puiser à la rivière qu'aux pompes et puisoirs autorisés à cet effet.

11. Au premier avis d'un incendie, les porteurs d'eau à tonneaux y conduiront leurs tonneaux pleins, à peine d'être poursuivis conformément à l'article 475 du Code pénal.

Indépendamment du prix de l'eau, il sera accordé une récompense aux deux porteurs d'eau dont les tonneaux arriveront les premiers.

12. L'ordonnance du 14 février 1811, concernant les porteurs d'eau à tonneaux qui s'approvisionnent à la pompe de la rue de la Chaussée d'Antin, est maintenue en toutes les dispositions auxquelles il n'est point dérogé par la présente.

13. Il est défendu aux porteurs d'eau à tonneaux de traverser les halles du centre, avant dix heures du matin, en tout temps.

14. Les porteurs d'eau à tonneaux ne pourront se servir que de conducteurs porteurs d'une carte de sûreté ou permis de séjour, et d'un livret qui leur sera délivré à la préfecture de police, conformément au décret du 3 octobre 1810.

15. Les porteurs d'eau à tonneaux sont civilement responsables des personnes qu'ils emploient à la conduite de leurs voitures ou à la distribution de l'eau.

16. Les contraventions seront constatées par des procès-verbaux ou rapports qui nous seront adressés, pour être déférées aux tribunaux et poursuivies conformément aux lois.

17. La présente ordonnance sera imprimée et affichée.

Les commissaires de police, l'inspecteur général de la police, les officiers de paix, l'ingénieur hydraulicien en chef du département de la Seine, l'inspecteur général de la navigation et des ports et les autres préposés de la préfecture de police sont chargés de tenir la main à son exécution.

Ampliation en sera adressée à M. le conseiller d'Etat, préfet du département de la Seine, pour qu'il veuille bien donner les ordres et instructions qu'il jugera convenables pour en assurer l'exécution.

Le ministre d'Etat, préfet de police, comte ANGLÈS.

N° 944. — *Ordonnance concernant les chiens errants* (1).

Paris, le 4 août 1819.

N° 945. — *Ordonnance concernant les passages et galeries du Palais-Royal.*

Paris, le 16 août 1819.

Nous, ministre d'État, préfet de police,

Considérant : 1° Que les galeries du Palais-Royal sont un passage livré au public ;

Que cette destination est établie par les termes exprès des contrats de vente des maisons situées au pourtour du jardin ;

Qu'en conséquence les propriétaires et locataires de ces maisons sont de droit assujettis aux lois et règlements relatifs à la liberté et à la sûreté de la voie publique ;

Qu'indépendamment de ces lois et règlements, ils sont par leurs contrats assujettis à des conditions particulières qui tendent au même but ;

Que notamment il leur est interdit d'établir des devantures, étalages, tableaux et autres saillies qui excèdent l'arrière-corps des pilastres ;

De ne faire aucun usage de l'autre face intérieure des galeries ;

Que ces conditions se rattachent aux lois et règlements concernant la petite voirie ;

2° Qu'au mépris des règlements généraux de police, concernant la liberté et la sûreté de la voie publique et des conditions énoncées au contrat de vente, le plus grand nombre des propriétaires ou locataires des boutiques situées sous les galeries et péristyles au pourtour du jardin, se sont permis de faire des devantures dont la saillie excède considérablement l'arrière-corps des pilastres ;

Que d'autres se sont permis et se permettent journellement d'établir des étalages, montres, tableaux et autres objets dont la saillie gêne la circulation ou peut occasionner des accidents ;

3° Que les mêmes inconvénients ont lieu dans les galeries de bois, dans la galerie vitrée et dans tous les passages aux abords du Palais, du Théâtre-Français et du jardin ;

4° Que le sol des galeries et passages n'est point balayé avec l'exactitude que prescrivent les règlements et que l'on néglige la réparation des enfoncements qui s'y forment ;

5° Que l'on dépose sur les fenêtres des maisons donnant sur les jardins, galeries et passages, des pots à fleurs, vases et autres objets pouvant nuire par leur chute ;

6° Que, dans les galeries de bois, les locataires des boutiques ne prennent point les précautions nécessaires pour éviter l'incendie ;

Vu la loi des 16-24 août 1790, titre XI, § 1er et 5 ;

L'article 471, § 3, 4 5 et 6 du Code pénal ;

Les ordonnances de police des 30 avril 1808, 20 novembre 1810 et 20 août 1811, concernant les galeries du Palais-Royal et les passages livrés au public sur les propriétés particulières, celles des 1er avril 1818 et 19 mars dernier concernant les caisses et pots à fleurs ;

Celle du 15 novembre 1781 sur les incendies, maintenue par l'article 484 du Code pénal ;

(1) V. l'ord. du 23 juin 1832.

En vertu de l'arrêté du gouvernement du 12 messidor an VIII (1er juillet 1800),

Ordonnons ce qui suit :

Galeries de pierre au pourtour du jardin.

1. A l'avenir et à compter du jour de la publication de la présente ordonnance, il est défendu d'établir, sous les péristyles et galeries de pierre au pourtour du jardin du Palais-Royal, aucune devanture de boutique en saillie sur l'arrière-corps des pilastres.

2. Les devantures de boutiques excédant l'arrière-corps des pilastres seront retranchées et réduites à l'alignement prescrit, lorsqu'il sera fait une réparation quelconque auxdites devantures ou lorsqu'il y aura changement de locataires.

Dans aucun cas, elles ne pourront subsister au delà de neuf années, à dater de la promulgation de la présente ordonnance.

3. Dans un mois, à dater de la même promulgation, seront retirés tous étalages, tableaux, montres, enseignes et autres saillies mobiles excédant les devantures de boutiques et qui gênent la circulation ou peuvent occasionner des accidents.

Seront également supprimés et enlevés, dans le même délai, tous objets quelconques appliqués contre les murs de face des galeries opposés aux boutiques et présentant les mêmes inconvénients.

Galerie vitrée, galeries de bois et passages aux abords du palais, du Théâtre-Français et du jardin.

4. Les propriétaires, principaux locataires et sous-locataires des boutiques situées dans les galeries de bois, dans la galerie vitrée et dans tous les passages de deux mètres et demi de largeur pratiqués aux abords du Palais, du Théâtre-Français et du jardin, ne pourront en aucun cas, établir d'une manière fixe ni même mobile, des devantures, fermetures, étalages, enseignes, montres, tableaux ou autres objets faisant saillie de plus de seize centimètres en avant du corps de bâtiment dans lequel sont formées lesdites boutiques.

Il est défendu d'établir aucune devanture de boutique saillante, de former aucun étalage fixe ou mobile hors des boutiques situées dans ceux desdits passages qui ont moins de deux mètres et demi de largeur.

5. Les devantures de boutiques actuellement existantes dans les lieux indiqués au premier paragraphe de l'article précédent, et faisant saillie de plus de seize centimètres seront retranchées et réduites à cette saillie, lorsqu'il sera fait une réparation quelconque auxdites devantures ou lorsqu'il y aura changement de locataires.

Les devantures de boutiques actuellement existantes dans les passages indiqués au deuxième paragraphe du même article seront retranchées et retirées au niveau des murs de face, sans aucune saillie, lorsqu'il sera fait une réparation quelconque auxdites devantures ou lorsqu'il y aura changement de locataires.

Dans aucun cas, les unes ni les autres ne pourront subsister au delà de neuf années, à dater de la promulgation de la présente ordonnance.

6. Dans un mois, à dater également de la même promulgation, seront retirés tous étalages, enseignes, tableaux, montres et autres saillies mobiles quelconques excédant de plus de seize centimètres le corps du bâtiment ou les devantures actuellement existantes dans les galeries et passages de deux mètres et demi de largeur et au-dessus.

Les mêmes objets établis en saillie dans les galeries et passages au-dessous de deux mètres et demi de largeur seront supprimés et enlevés dans le même délai, quelle qu'en soit la saillie.

7. Il est expressément défendu aux principaux locataires et sous-locataires des boutiques situées dans les galeries de bois, de faire ou souffrir du feu dans lesdites boutiques, en quelque saison que ce soit, et d'y placer ou souffrir poêle, fourneau ou foyer d'aucune espèce.

Dispositions générales.

8. Il est défendu de faire sous les galeries et péristyles au pourtour du jardin, sous les galeries de bois et vitrée et dans les passages aux abords du Palais, du Théâtre-Français et du jardin, aucun dépôt de marchandises, d'y faire travailler, si ce n'est aux réparations des bâtiments, d'y placer des tables, chaises ou tous autres objets qui pourraient gêner la circulation.

9. Il est défendu de déposer sur les croisées, terrasses, entablements donnant sur les jardin, galeries ou passages, des caisses, pots à fleurs, vases et autres objets qui peuvent nuire par leur chute.

10. Les propriétaires, principaux locataires et sous locataires des maisons et boutiques existantes sous les galeries et passages ci-dessus indiqués, sont tenus de balayer ou faire balayer tous les jours, chacun au droit de soi et aux heures prescrites par les règlements, le sol desdites galeries et passages et de porter ou faire porter dans les rues adjacentes les ordures provenant du balayage.

11. Les propriétaires de ces maisons seront également tenus, chacun pour ce qui le concerne, de faire réparer avec soin les enfoncements et autres dégradations qui surviendront au sol desdites galeries et passages, à l'effet de prévenir les accidents.

12. Les contraventions aux dispositions de la présente ordonnance seront constatées par des rapports ou procès-verbaux qui nous seront adressés, pour être procédé à l'égard des contrevenants, conformément aux lois et règlements.

13. Les commissaires de police, notamment celui du Palais-Royal, l'architecte commissaire de la petite voirie, l'inspecteur général de la police, les officiers de paix et l'inspecteur général de la salubrité tiendront la main à l'exécution de la présente ordonnance qui sera imprimée, affichée et notifiée aux propriétaires qu'elle concerne, à la charge par eux d'en donner connaissance à leurs locataires.

Le ministre d'Etat, préfet de police, comte ANGLÈS.

N° 946.—*Ordonnance concernant l'ouverture de la chasse* (1).

Paris, le 18 août 1819.

N° 947.— *Avis portant défense de mener des chiens aux courses de chevaux du Champ-de-Mars* (2).

Paris, le 19 août 1819.

---

(1) V. l'ord. du 22 août 1843.

(2) V. l'avis du 11 oct. 1843.

N° 948.—*Ordonnance concernant l'ouverture et la police du marché des Blancs-Manteaux* (1).

Paris, le 19 août 1819.

Nous, ministre d'État, préfet de police,

Vu 1° le décret du 21 mars 1813 portant, article 2, que le marché qui, aux termes du décret du 30 janvier 1811, devait être construit sur la place Saint-Jean, sera transféré dans l'emplacement de l'ancien hospice Saint-Gervais, situé vieille rue du Temple, en face celle des Blancs-Manteaux ;

2° La lettre à nous adressée par M. le conseiller d'État, préfet du département de la Seine, annonçant que le marché est terminé ;

3° Les articles 2 et 32 de l'arrêté du gouvernement du 12 messidor an VIII (1er juillet 1800);

Ordonnons ce qui suit :

1. Les détaillantes de comestibles placées sur le marché Saint-Jean, seront transférées dans le marché établi sur l'emplacement de l'ancien couvent des dames hospitalières de Saint-Gervais.

2. Cette translation aura lieu le mardi 24 août.

Le marché tiendra tous les jours depuis le lever jusqu'au couch du soleil.

3. Les places seront tirées au sort en présence des commissaires de police du quartier des marchés et du quartier du marché Saint-Jean et du commissaire-inspecteur général des halles et marchés, si mieux n'aiment, les détaillantes, convenir de gré à gré entre elles, du choix des places.

4. Dans le cas où il y aurait tirage au sort, les détaillantes choisiront six d'entre elles pour être présentes au tirage.

Il sera dressé procès-verbal de cette opération par les commissaires sus-nommés.

5. Il est défendu d'étaler des marchandises dans les passages réservés pour la circulation du public.

6. A compter du même jour 24 août, il est défendu de former des étalages de comestibles et d'en vendre sur éventaires en places fixes, dans les rues adjacentes au marché des Blancs-Manteaux.

7. Les contraventions seront constatées par des procès-verbaux qui nous seront adressés.

8. La présente ordonnance sera imprimée et affichée.

Ampliation en sera adressée à M. le conseiller d'État, préfet du département de la Seine.

Les commissaires de police du quartier des Marchés et du quartier Saint-Jean, l'inspecteur général de police, les officiers de paix, le commissaire-inspecteur général des halles et marchés et les préposés de la préfecture de police, sont chargés de tenir la main à son exécution.

Le ministre d'Etat, préfet de police, comte ANGLÈS.

---

(1) V. les ord. des 19 août 1819, p. 152, 4 juin 1823, 20 fév. 1839 et 27 juin 1840.

N° 949. — *Ordonnance concernant la fixation du prix des places sur le marché des Blancs-Manteaux* (1).

Paris, le 19 août 1819.

Nous ministre d'État, préfet de police,

Vu 1° le décret du 21 mars 1813 portant, article 2, que le marché qui, aux termes du décret du 30 janvier 1811, devait être construit sur la place Saint-Jean, sera transféré dans l'emplacement de l'ancien hospice Saint-Gervais, situé Vieille rue du Temple, en face de celle des Blancs-Manteaux;

2° La lettre à nous adressée par M. le conseiller d'État, préfet du département de la Seine, annonçant que le marché est terminé;

3° Et la décision de son excellence le ministre de l'intérieur, portant fixation du prix des places sur ce marché,

Ordonnons ce qui suit:

1. Le prix des places au marché des Blancs-Manteaux est fixé à vingt centimes par jour et par place.

2. Ce prix sera payé par semaine et d'avance.

Le produit en sera versé dans la caisse du receveur municipal de la ville de Paris.

3. La perception du prix des places sera faite par le préposé sur le marché.

4. La présente ordonnance sera imprimée et affichée.

Les commissaires de police du quartier des Marchés et du quartier du marché Saint-Jean, et le commissaire-inspecteur général des halles et marchés sont chargés de tenir la main à son exécution.

Le ministre d'Etat, préfet de police, comte ANGLÈS.

N° 950. — *Ordonnance concernant les expériences aérostatiques.*

Paris, le 21 août 1819.

Nous, ministre d'État, préfet de police,

Vu le paragraphe cinq de l'article 1er du titre 2 de la loi du 25 août 1790;

Vu également la lettre de S. Exc. le ministre secrétaire d'Etat de l'intérieur, en date du 20 de ce mois;

Voulant prévenir les accidents plus ou moins graves, et notamment les incendies qui peuvent résulter des expériences aérostatiques;

Considérant que dans le nombre de ces expériences, celles en particulier des ballons dits Montgolfières, et en général de toute espèce de ballons qui s'enlèvent par l'effet d'un foyer quelconque suspendu au-dessous de leur orifice présentent de grands dangers pour les moissons et les propriétés,

Ordonnons ce qui suit:

1. En quelque temps et en quelque lieu que ce soit, l'usage des ballons aérostatiques dits Montgolfières, et en général de tous ballons qui s'enlèvent par l'effet d'un foyer suspendu au-dessous de leur orifice, est formellement interdit, soit que l'aérostat dût être lancé à ballon perdu, soit qu'il dût être tenu en ballon captif

---

(1) V. les ord. des 19 août 1819, p. 151, 4 juin 1823, 20 fév. 1839 et 27 juin 1840.

2. Il est défendu de faire partir aucun aérostat qui ne soit muni d'un parachute, et le départ du ballon n'aura jamais lieu plus tard que dans la dernière heure qui précéderait le coucher du soleil.

3. Les ascensions aérostatiques sont défendues jusqu'après la rentrée des récoltes.

4. Les contraventions aux dispositions ci-dessus seront constatées par des procès-verbaux dont il sera fait envoi aux tribunaux pour les poursuites à exercer envers les contrevenants conformément à la loi.

5. La présente ordonnance sera imprimée et affichée. Exemplaires en seront envoyés à tous les entrepreneurs de jardins publics, pour qu'ils aient à se conformer aux dispositions qu'elle renferme. Exemplaires en seront pareillement adressés à MM. les commissaires de police, à MM. les maires des communes du ressort de notre préfecture, à M. le colonel de la ville et de la gendarmerie royale de Paris, à M. le commandant de la gendarmerie du département de la Seine, et à M. l'inspecteur général de police pour par eux être surveillée l'exécution de l'ordonnance, chacun en ce qui le concerne.

Le ministre d'Etat, préfet de police, comte ANGLÈS.

N° 951. — *Ordonnance concernant les mesures d'ordre à observer à l'occasion du jour de la Saint-Louis* (1).

Paris, le 23 août 1819.

N° 952. — *Ordonnance concernant les mesures de police qui doivent être observées les 12, 19 et 26 septembre, à l'occasion de la fête de Saint-Cloud* (2).

Paris, le 10 septembre 1819.

N° 953. — *Ordonnance concernant les fosses d'aisances* (3).

Paris, le 23 octobre 1819.

Nous, ministre d'État, préfet de police,

Vu 1° l'ordonnance du roi du 24 septembre 1819, contenant règlement pour les construction, reconstruction et réparation des fosses d'aisances dans la ville de Paris;

2° L'ordonnance de police du 24 août 1808, concernant les vidangeurs;

3° La loi des 16-24 août 1790, titre XI, article 3, § 5;

4° L'article 23, § 3, de l'arrêté du gouvernement du 12 messidor an VIII (1er juillet 1800),

Ordonnons ce qui suit:

1. L'ordonnance du roi du 24 septembre 1819 (4), contenant règle-

---

(1) V. l'ord. du 23 août 1824.

(2) V. l'ord. du 6 sept. 1843.

(3) V. les ord. des 4 juin 1831, 5 juin 1834, l'arr. du 6 juin de la même année, et l'ord. du 23 sept. 1843.

(4) V. cette ord. à l'appendice.

ment pour les construction, reconstruction et réparation des fosses d'aisances dans la ville de Paris, sera imprimée et affichée.

2. Aucune fosse ne pourra être construite, reconstruite, réparée ou supprimée, sans déclaration préalable à la préfecture de police.

Cette déclaration sera faite par le propriétaire ou par l'entrepreneur qu'il aura chargé de l'exécution des ouvrages.

Dans le cas de construction ou de reconstruction, la déclaration devra être accompagnée du plan de la fosse à construire ou reconstruire, et de celui de l'étage supérieur.

3. La même déclaration sera faite, soit par les propriétaires qui feront établir, dans leurs maisons, les appareils connus sous le nom de *fosses mobiles inodores* et tous autres appareils que l'administration publique approuverait par la suite, soit par les entrepreneurs de ces établissements.

4. Seront tenus à la même déclaration, les propriétaires qui voudront combler des fosses d'aisances ou les convertir en caves, ou les entrepreneurs chargés des travaux relatifs à ces comblements et suppressions.

5. Il est défendu, même après la déclaration faite à la préfecture de police, de commencer les travaux relatifs aux fosses d'aisances ou à l'établissement d'appareils quelconques, sans avoir obtenu l'autorisation nécessaire à cet effet.

6. Il est défendu aux propriétaires ou entrepreneurs d'extraire ou faire extraire, par leurs ouvriers ou tous autres, les eaux vannes et matières qui se trouveraient dans les fosses.

Cette extraction ne pourra être faite que par un entrepreneur de vidange.

7. Il leur est également défendu de faire couler dans la rue, les eaux claires et sans odeur qui reviendraient dans la fosse, après la vidange, à moins d'y être spécialement autorisés.

8. Tout propriétaire faisant procéder à la réparation ou à la démolition d'une fosse, ou tout entrepreneur chargé des mêmes travaux, sera tenu, tant que dureront la démolition et l'extraction des pierres, d'avoir à l'extérieur de la fosse autant d'ouvriers qu'il en emploiera dans l'intérieur.

9. Chaque ouvrier travaillant à la démolition ou à l'extraction des pierres, sera ceint d'un bridage, dont l'attache sera tenu par un ouvrier placé à l'extérieur.

10. Les propriétaires et entrepreneurs sont, aux termes des lois, responsables des effets des contraventions aux quatre articles précédents.

11. Toute fosse, avant d'être comblée sera vidée et curée à fond.

12. Toute fosse destinée à être convertie en cave, sera curée avec soin, les joints en seront grattés à vif et les parties en mauvais état réparées, en se conformant aux dispositions prescrites par les articles 6, 7, 8 et 9.

13. Si un ouvrier est frappé d'asphyxie, en travaillant dans une fosse, les travaux seront suspendus à l'instant, et déclaration en sera faite, dans le jour, à la préfecture de police.

Les travaux ne pourront être repris qu'avec les précautions et mesures indiquées par l'autorité.

14. Tous matériaux provenant de la démolition de fosses d'aisances seront immédiatement enlevés.

15. Il ne pourra être fait usage d'une fosse d'aisances nouvellement construite ou réparée, qu'après la visite de l'architecte commissaire de la petite voirie, qui délivrera son certificat constatant que les dispositions prescrites par l'autorité ont été exécutées.

Toutefois, lorsqu'il y aura lieu à revêtir tout ou partie de la fosse de l'enduit prescrit par le deuxième § de l'article 4 de l'ordonnance royale du 24 septembre 1819, il devra être fait par le même architecte une visite préalable, pour constater l'état des murs, avant l'application de l'enduit.

16. Tout propriétaire, qui aura supprimé une ou plusieurs fosses d'aisances, pour établir des appareils quelconques en tenant lieu, et qui, par la suite, renoncerait à l'usage desdits appareils, sera tenu de rendre à leur première destination les fosses supprimées, ou d'en faire construire de nouvelles, en se conformant aux dispositions de l'ordonnance du roi du 24 septembre 1819 et de la présente ordonnance.

17. Les contraventions seront constatées par des procès-verbaux ou rapports qui nous seront transmis sans délai.

18. Les commissaires de police, l'architecte commissaire de la petite voirie, l'inspecteur général de la salubrité et les autres préposés de la préfecture de police sont chargés de surveiller l'exécution de la présente ordonnance.

Le ministre d'État, préfet de police, comte ANGLÈS.

N° 954. — *Ordonnance concernant les étalages mobiles sur la voie publique* (1).

Paris, le 8 novembre 1819.

Nous, ministre d'État, préfet de police;

Considérant que, dans une ville aussi peuplée que Paris, il est indispensable d'empêcher l'encombrement qu'occasionne la multitude des étalages mobiles qui, en gênant la circulation, compromettent la sûreté et peuvent donner lieu à des accidents fréquents;

Qu'un grand nombre de ces étalages existe sans permission;

Et que parmi les étalagistes qui en sont pourvus, il en est plusieurs qui vendent d'autres marchandises que celles spécifiées dans leurs permissions, souvent même sur d'autres emplacements que ceux qui y sont désignés;

Vu les ordonnances et règlements en cette partie, notamment l'ordonnance de police du 28 janvier 1786, article 16, et les articles 471 et 474 du Code pénal;

L'ordonnance du roi du 2 décembre 1814;

Et l'article 65 de la loi sur les finances du 15 mai 1818;

En vertu des articles 21 et 22 de l'arrêté du gouvernement, en date du 12 messidor an VIII (1er juillet 1800);

Et en exécution des ordres contenus dans les lettres de S. Exc. le ministre secrétaire d'État au département de l'intérieur, des 6 septembre et 28 octobre 1819,

Ordonnons ce qui suit :

1. Il ne pourra, sur aucun point de la voie publique, être formé d'étalages de marchandises quelconques, sans notre permission.

La permission pourra être refusée, pour tout étalage de marchandises dont l'exposition aurait des inconvénients pour la sûreté et la commodité de la voie publique.

2. Il ne pourra être formé aucun étalage de marchandises quelconques sur les parties des boulevards intérieurs affermés par la ville pour y placer des chaises, même dans l'enceinte des barrières, au-devant des propriétés bordant les contre-allées, à l'exception de l'une

---

(1) V. les ord. des 21 août, 31 oct. et 2 déc. 1822, 19 juin 1830 et 20 janv. 1832.

des contre-allées de l'esplanade du boulevard du Temple au-devant des petits spectacles, et de l'espace situé entre la première rangée d'arbres et le parapet de la rue Basse-du-Rempart de la Madeleine.

3. Il est expressément défendu à toutes personnes d'apporter, d'étaler et d'exposer en vente sur la voie publique, des marchandises de quelque espèce qu'elles soient, aux portes et dans les environs des habitations où il est procédé à des ventes mobilières aux enchères.

Néanmoins les personnes, qui fréquentent ces ventes, pourront déposer momentanément sur la voie publique les effets qu'elles y auront achetés, lorsqu'il n'y aura pas de cour dans la maison; dans ce dernier cas, les effets et marchandises ne pourront être étalés sur le pavé, et seront rangés de manière à ne point gêner la libre circulation, et à ne point compromettre la sûreté des passants.

4. Tout étalage autorisé devra pouvoir être porté à col, et n'aura que les dimensions qui seront fixées par la permission.

5. Toute personne qui voudra obtenir une permission d'étalage remettra sa demande au commissaire de police du quartier, qui nous la transmettra avec son avis.

Elle fera la déclaration des marchandises qu'elle aura l'intention de vendre, et ces marchandises seront spécifiées dans sa permission, s'il y a lieu de l'accorder.

6. Il est défendu à tout étalagiste, à peine de se voir retirer sa permission, de vendre d'autres marchandises que celles qui y sont désignées.

7. Les permissions sont personnelles et ne pourront être cédées ni transmises.

En conséquence, aucun étalagiste ne pourra avoir plus d'un étalage, ni faire tenir son étalage par un tiers, si ce n'est par sa femme ou par l'un de ses enfants.

8. Les permissions ne sont valables que pour un an. A l'expiration de l'année elles pourront être visées, s'il y a lieu, pour une seconde année, par le commissaire de police du quartier.

Les permissions sont d'ailleurs, en cas de raisons graves, révocables en tout temps.

9. Tout étalagiste est tenu, à peine de révocation de sa permission, de placer d'une manière apparente à son étalage une plaque indicative du numéro de sa permission.

10. Il sera tenu de représenter sa permission à toute réquisition des commissaires ou agents de police.

Il sera également tenu, conformément à l'article 65 de la loi du 15 mai 1818, d'exhiber sa patente acquittée, à toute réquisition des commissaires ou agents de police, à moins qu'il ne soit compris dans les exemptions.

11. Les contraventions à la présente ordonnance seront poursuivies conformément aux articles 471 et 474 du Code pénal.

12. Les marchandises, ustensiles et objets étalés en contravention, sur la voie publique, seront saisis et déposés à la préfecture de police pour sûreté du payement de l'amende et des frais, si mieux n'aiment les contrevenants en déposer l'équivalent.

13. Les contraventions seront constatées par des procès-verbaux qui nous seront adressés.

14. Nos ordonnances des 24 avril 1817 et 23 juin 1819, concernant les étalages mobiles sur la voie publique, sont abrogées.

15. La présente ordonnance sera imprimée et affichée.

Les commissaires de police, l'inspecteur général de police et les officiers de paix, les chefs de service extérieur et les préposés de la préfecture de police, sont chargés de tenir la main à son exécution.

Elle sera adressée à M. le colonel de la ville de Paris, commandant la gendarmerie royale, pour en assurer l'exécution par tous les moyens qui sont à sa disposition.

Le ministre d'Etat, préfet de police, comte ANGLÈS.

N° 955. — *Ordonnance concernant la police de la rivière et des ports, pendant l'hiver et les temps de glaces, grosses eaux et débâcles* (1).

Paris, le 22 novembre 1819.

N° 956. — *Ordonnance concernant le marché aux porcs, à la Maison-Blanche* (2).

Paris, le 24 novembre 1819.

Nous, ministre d'Etat, préfet de police,

Vu, 1° Les mémoires par lesquels les marchands forains et les délégués du commerce de la charcuterie, à Paris, demandent que la tenue du marché aux porcs sur pied de la Maison-Blanche, soit reportée du mercredi au mardi de chaque semaine, attendu que le mercredi est aussi affecté à la tenue de la halle à la vente du porc frais, que les charcutiers ne peuvent arriver que très-tard au marché de la Maison-Blanche, que le temps leur manque souvent pour y faire leurs achats, et que l'incertitude de vendre nuit aux opérations des marchands forains en même temps qu'elle compromet l'approvisionnement du marché;

2° La décision de son excellence le ministre secrétaire d'État au département de l'intérieur, en date du 16 du présent mois, faisant droit à la demande des marchands forains et des délégués du commerce de la charcuterie;

3° Et l'ordonnance du 23 prairial an x (12 juin 1802), concernant le commerce des porcs et la police du marché de la Maison-Blanche;

Ordonnons ce qui suit :

1. A compter du 7 décembre prochain, le marché aux porcs de la Maison-Blanche tiendra le mardi et le samedi de chaque semaine, depuis dix heures du matin jusqu'à quatre heures de relevée.

2. L'ordonnance du 23 prairial an x (12 juin 1802) continuera de recevoir son exécution, en tout ce qui n'est pas contraire à l'article 1 de la présente ordonnance.

3. La présente ordonnance sera imprimée et affichée partout où besoin sera.

Les sous-préfets des arrondissements de Sceaux et de Saint-Denis, les maires et adjoints des communes rurales du ressort de la préfecture de police, les commissaires de police, à Paris, et notamment le commissaire de police du quartier des Marchés, le commissaire-inspecteur général des halles et marchés, et les autres préposes de la préfecture de police sont chargés, chacun en ce qui le concerne, de tenir la main à son exécution.

Le ministre d'Etat, préfet de police, comte ANGLÈS.

---

(1) V. les ord. des 1er déc. 1838, 5 déc. 1839 et 25 oct. 1840 (art. 203 et suiv.).

(2) V. les ord. des 1er avril 1821, 3 déc. 1829 et 12 juin 1843.

N° 957. — *Ordonnance concernant le commerce de la triperie* (1).

Paris, le 25 novembre 1819.

Nous ministre d'État, préfet de police,

Vu, 1° l'article 3, § 4, titre XI de la loi des 16-24 août 1790;

2° Les articles 2 et 23 de l'arrêté du gouvernement du 12 messidor an VIII (1er juillet 1800);

3° Le décret du 15 octobre 1810, confirmé par l'ordonnance royale du 14 janvier 1815, concernant les manufactures, établissements et ateliers qui répandent une odeur insalubre ou incommode;

4° Et notre ordonnance du 19 novembre 1818;

Considérant qu'à l'époque où cette ordonnance a été rendue, il n'existait, à Paris, qu'un seul établissement autorisé pour la préparation et la cuisson des issues des bestiaux, et qu'en conséquence, les prix de préparation et cuisson avaient dû être fixés par la même ordonnance; que, depuis, il a été formé avec autorisation d'autres ateliers de préparations et cuisson des issues des bestiaux, dans le ressort de la préfecture de police, et qu'au moyen de la concurrence qui en résulte, ces prix peuvent être réglés de gré à gré entre les entrepreneurs desdits établissements et les marchands tripiers,

Ordonnons ce qui suit :

1. L'ordonnance de police du 18 novembre 1818 est abrogée.

2. Les issues rouges de bestiaux se composent du cœur, du foie, de la rate et des poumons de bœuf, vache et mouton.

Les issues blanches se composent, savoir : 1° celles de bœuf et vache, des quatre pieds avec leurs patins, de la panse, de la franche mule, des feuillets avec l'herbière, des muffles et palais et des mamelles de vache;

2° Les issues de mouton, de la tête avec la langue et de la cervelle, des quatre pieds, de la panse et de la caillette.

3. Les panses, franches mules et feuillets de bœuf ou de vache, les panses, caillettes et pieds de mouton ne pourront être mis dans le commerce et livrés à la consommation qu'après avoir subi les préparations nécessaires à cet effet,

En conséquence, ces parties d'issues ne pourront être enlevées des abattoirs que pour être transportées dans les ateliers de préparation et cuisson légalement autorisés.

4. Il est défendu aux bouchers de faire entrer dans leurs pesées de viande au débit, même sous la dénomination de réjouissance, aucune partie quelconque des issues rouges et blanches.

5. Le marché aux deux espèces d'issues continuera d'avoir lieu dans le local à ce destiné, à la halle de la rue des Prouvaires, aux jour et heure accoutumés.

6. Il est défendu aux bouchers, tripiers et à tous autres de faire aucune préparation et cuisson des parties d'issues désignées en l'article 3, ailleurs que dans les ateliers qui sont ou seront autorisés conformément aux dispositions du décret du 15 octobre 1810, confirmé par l'ordonnance royale du 15 janvier 1815.

7. Les contraventions seront constatées par des procès-verbaux qui nous seront transmis.

Les contrevenants seront poursuivis par-devant les tribunaux, conformément aux lois et règlements.

---

(1) V. les ord. des 19 juillet 1824 et 25 mars 1830.

8. La présente ordonnance sera imprimée et affichée.

Les commissaires de police et spécialement celui du quartier des Marchés, le commissaire-inspecteur général des halles et marchés, l'inspecteur général de police, et les préposés de la préfecture de police sont chargés de tenir la main à son exécution.

Le ministre d'Etat, préfet de police, comte ANGLÈS.

N° 958. — *Ordonnance concernant des mesures d'ordre à observer à l'occasion de la messe du Saint-Esprit et de l'ouverture de la session des chambres* (1).

Paris, le 26 novembre 1819.

N° 959. — *Avis concernant le ramonage et les secours à porter, en cas d'incendie* (2).

Paris, le 27 novembre 1819.

N° 960. — *Ordonnance concernant le commerce des fruits, légumes, herbages, pommes de terre, fleurs en bottes et plantes usuelles* (3).

Paris, le 4 décembre 1819.

N° 961. — *Ordonnance concernant la vérification annuelle des poids et mesures* (4).

Paris, le 7 décembre 1819.

N° 962. — *Avis relatif aux ponts à bascule.*

Paris, le 20 décembre 1819.

Les propriétaires et conducteurs de charrettes, voitures de roulage et autres sont prévenus qu'il a été donné des ordres pour que, à compter du 1er janvier 1820, les préposés aux ponts à bascule de Paris remettent aux conducteurs des voitures trouvées en contravention copie certifiée des procès-verbaux rapportés, afin que les propriétaires puissent connaître exactement les faits qui leur sont imputés et s'en dis-

---

(1) V. l'ord. du 26 fév. 1830.

(2) V. l'avis du 10 janv. 1828 et l'ord. du 24 nov. 1843.

(3) V. les ord. des 31 oct. 1825, 21 sept. 1829, 28 mars et 5 avril 1831 et 28 juin 1833.

(4) V. les ord. des 14 déc. 1820, 15 déc. 1825, 27 oct. et 29 nov. 1826, 23 nov. 1842 et 1er déc. 1843.

culper, s'il y a lieu, en présentant leurs moyens de défense dans le délai qui sera indiqué par le procès-verbal.

Les conducteurs pourront donc exiger que la copie leur soit délivrée, et, dans tous les cas, il sera de leur intérêt de ne jamais refuser de la recevoir.

Le ministre d'Etat, préfet de police, comte ANGLÈS.

N° 963. — *Ordonnance concernant les incendies* (1).

Paris, le 21 décembre 1819.

Nous, ministre d'État, préfet de police,

Vu le règlement du 3 décembre 1666 ;

Les ordonnances des 26 janvier 1672, 20 janvier 1727, 10 février 1735, 15 novembre 1781 et 16 mai 1783 ;

La loi des 16 — 24 août 1790 ;

Les lois des 19 — 22 juillet et 28 septembre — 6 octobre 1791 ;

Les articles 458, 471 et 475 du Code pénal ;

Les arrêtés du gouvernement des 1er germinal an VII (21 mars 1799), 12 messidor an VIII (1er juillet 1800), 3 brumaire an IX (25 octobre 1800) et 17 messidor an IX (6 juillet 1801),

Ordonnons ce qui suit :

1. Conformément aux lois et règlements en vigueur sur la construction des bâtiments, il est défendu de placer des manteaux et tuyaux de cheminées contre les cloisons faites, soit en maçonnerie, soit en charpente, de mettre des bois dans lesdits tuyaux, et de poser des âtres sur les solives des planchers.

Il sera donné avis au préfet de police des contraventions commises à ce qui est prescrit ci-dessus et des autres vices de construction qui pourraient devenir la cause d'un incendie.

2. Il est enjoint à tous propriétaires et locataires de faire ramoner leurs cheminées assez fréquemment pour prévenir les dangers du feu.

Les cheminées des fours, des fondoirs, des cuisines de traiteurs et autres établissements où l'on emploie journellement du combustible seront ramonées au moins une fois par mois.

Il est défendu de faire sécher du bois dans les fours, et de construire au-dessus aucune soupente ou resserre.

3. Il est expressément défendu de faire usage du feu pour nettoyer les cheminées et les tuyaux de poêles.

4. Aucun four, forge et usine, qui exigeraient des fourneaux, ne pourront être établis dans l'intérieur de Paris, sans une déclaration à la préfecture de police.

Les permissions pour les fourneaux de fondeurs et autres ne seront délivrées qu'après les formalités prescrites par le décret du 15 octobre 1810, et l'ordonnance du roi du 14 janvier 1815.

5. Il est défendu de former aucun magasin ou entrepôt de charbon de bois dans Paris ; aucun chantier de bois, aucun magasin ou entrepôt de houille, charbon de terre ou coak, ne pourront y être formés sans une permission spéciale.

6. Il est défendu de faire le commerce en détail, soit de charbon,

---

(1) Rapportée. — V. l'ord. du 24 nov. 1843.

soit de falourdes, fagots et cotrets, sans une permission du préfet de police.

7. Il est défendu aux détaillants d'avoir du feu dans les endroits où les bois ou charbons sont déposés.

Ils ne pourront y porter de la lumière que dans des lanternes fermées.

8. Les fourrages ne pourront être déposés que dans des greniers ou sous des remises et des hangars fermés.

Ils devront être placés à distance suffisante de tout tuyau de cheminée ou de poêle.

9. Il est défendu d'entrer avec de la lumière dans les lieux qui renfermeraient des matières combustibles, à moins que cette lumière ne soit contenue dans une lanterne close.

Il est enjoint d'avoir dans les écuries des lanternes fixes pour prévenir les accidents du feu.

Il est aussi défendu d'y entrer, ainsi que dans les endroits où il y a de la paille, du foin, du charbon ou autres matières combustibles, avec des pipes remplies de tabac allumé, et d'y fumer.

10. Les charrons, menuisiers, carrossiers et autres travaillant en bois, et qui s'occuperaient en même temps de travailler le fer, sont tenus, s'ils exercent les deux professions dans la même maison, d'y avoir deux ateliers séparés par un mur, de manière que les étincelles de la forge ne puissent jaillir dans l'atelier où se travaille le bois. Il leur est défendu de déposer dans l'atelier de la forge aucun bois, recoupes ni pièces de charronnage, menuiserie ou autres, à moins que ce ne soit des ouvrages finis qu'on serait occupé à ferrer, et à la charge au surplus de les mettre à la fin de la journée dans un endroit séparé de la forge, en sorte qu'il ne reste dans ces ateliers aucune matière combustible pendant la nuit.

11. Il est défendu d'allumer des feux dans les halles et marchés; et d'y apporter aucuns chaudrons à feu ou réchauds, s'ils ne sont d'une petite dimension et couverts de grillages disposés de manière à prévenir tout danger d'incendie.

12. Il est défendu de faire du feu sur les ports, quais, berges, à l'Ile Louviers, dans les chantiers, dans les places au charbon, sur les trains et sur les bateaux. excepté sur les bateaux foncets.

Il est défendu de s'y introduire la nuit avec de la lumière, à moins qu'elle ne soit enfermée dans des lanternes closes.

13. Il est défendu de brûler de la paille dans les rues, et d'y mettre en feu aucun amas de matières combustibles.

14. Il est défendu de tirer sur la voie publique aucune pièce d'artifice.

Nul ne pourra tirer des pièces d'artifice dans les cours, jardins et terrains particuliers, sans une permission du préfet de police.

Il est également défendu de garnir d'artifice aucun ballon destiné à être enlevé, et de faire enlever des Montgolfières.

15. Les réservoirs des spectacles seront toujours pleins d'eau, et les pompes attachées à ces établissements constamment en bon état.

16. Tous propriétaires et principaux locataires de maisons où se trouvent des puits sont tenus de les nettoyer et de les entretenir de poulies solides, de cordes et de seaux toujours en état de servir.

Ils sont également tenus de maintenir les pompes en bon état.

17. Les porteurs d'eau à tonneaux rempliront leurs tonneaux chaque soir avant de les rentrer, et les tiendront pleins toute la nuit.

En cas d'incendie, ils sont autorisés à puiser à toutes les fontaines publiques indistinctement.

18. Aussitôt qu'un incendie se manifestera, il en sera donné avis aux plus prochains postes des sapeurs-pompiers.

19. Il est défendu de tirer des coups de fusil dans les cheminées où le feu se manifesterait.

20. Si l'incendie présente un caractère alarmant, il en sera donné connaissance au préfet de police, à l'état-major de la place et au commandant de la gendarmerie royale de Paris.

Le commissaire de police fera apporter, en nombre suffisant, les seaux à incendie qui se trouveront dans les dépôts publics.

Il pourra requérir la force armée pour maintenir l'ordre et assurer la conservation des propriétés.

21. Le commandant des sapeurs-pompiers fera transporter au lieu de l'incendie tous les moyens de secours nécessaires.

Si les secours publics sont insuffisants, le commissaire de police et le commandant des sapeurs-pompiers mettront en réquisition les seaux, pompes, échelles, etc., qui se trouvent dans les dépôts établis, soit dans les édifices publics, soit ailleurs.

22. Tout propriétaire de chevaux sera tenu, au besoin, de les fournir pour le service des pompes et des tonneaux à la première réquisition qui lui en sera faite.

23. Toute personne requise pour porter secours, en cas d'incendie, et qui s'y serait refusée, sera poursuivie ainsi qu'il est prescrit par l'article 475 du Code pénal.

Les maçons, charpentiers, couvreurs, plombiers et autres ouvriers seront tenus, à la première réquisition, de se rendre au lieu de l'incendie avec les outils nécessaires; faute par eux de déférer à cette réquisition, ils seront également poursuivis devant les tribunaux.

24. Au premier avis d'un incendie, les porteurs d'eau à tonneaux y conduiront leurs tonneaux pleins, à peine d'être poursuivis conformément à l'article précité du Code pénal.

25. Il est enjoint à toute personne chez qui le feu se manifesterait d'ouvrir la porte de son domicile, à la première réquisition.

En cas de refus, les portes seront enfoncées à la diligence des commissaires de police. (*Ord du 10 fév. 1735, art. 18.*)

26. Les habitants de la rue, où l'incendie se manifestera, et des rues adjacentes, tiendront la porte de leurs maisons ouvertes et laisseront puiser de l'eau à leurs puits ou à leurs pompes pour le service de l'incendie.

27. Les gardiens des pompes et des réservoirs publics seront tenus de fournir l'eau nécessaire pour l'extinction de l'incendie.

28. Il est enjoint aux marchands épiciers, ciriers, chandeliers voisins de l'incendie de fournir, sur les ordres des commissaires de police ou du commandant des sapeurs-pompiers, les flambeaux et terrines nécessaires pour éclairer les travailleurs.

29. Lorsqu'un incendie se manifestera dans une commune rurale du ressort de la préfecture de police, le maire en avertira les habitants au son de la caisse ou de la cloche.

Il pourra requérir la gendarmerie,

Si l'incendie prend un caractère grave, il en rendra compte sur-le-champ au préfet de police.

30. Il sera payé pour chaque cheval requis, savoir;

Par heure de jour..........	»	75 cent.
Par heure de nuit..........	1 fr.	25

Les porteurs d'eau seront payés à raison de 10 centimes par chaque voie d'eau, et sur le pied de 28 litres pour une voie d'eau,

Il sera accordé, en outre, une gratification aux deux porteurs d'eau à tonneaux qui arriveront les premiers au lieu de l'incendie.

Cette gratification sera,

Pour le premier arrivé de........ 12 fr.
Pour le second de............... 6

Ces payements seront faits à la préfecture de police sur des certificats délivrés par les commissaires de police, et par les maires pour les communes rurales,

Les épiciers, ciriers, chandeliers seront payés des flambeaux, terrines et autres objets d'illumination qu'ils auront fournis, sur des mémoires certifiés par les commissaires de police ou par le commandant des sapeurs-pompiers.

31. Il sera accordé des récompenses particulières aux personnes qui, dans un incendie, auraient donné des preuves extraordinaires de zèle, ou qui auraient sauvé des individus.

32. Les commissaires de police à Paris, et les maires dans les communes rurales, dresseront procès-verbal des incendies et des circonstances qui les ont accompagnés; ils en rechercheront les causes et les indiqueront.

33. Les contraventions aux injonctions ou aux défenses faites par la présente ordonnance seront constatées par des procès-verbaux qui seront adressés au préfet de police et les contrevenants traduits, s'il y a lieu, devant les tribunaux pour être punis conformément aux lois et règlements en vigueur, le tout sans préjudice des actions résultant des dispositions du Code civil.

Il sera pris, au surplus, suivant les circonstances, telles mesures d'urgence qu'exigerait la sûreté publique.

34. La présente ordonnance sera imprimée et affichée.

Les sous-préfets des arrondissements de Sceaux et de Saint-Denis, les maires des communes rurales du ressort de la préfecture de police, le colonel de la gendarmerie royale de Paris, le commandant du bataillon des sapeurs pompiers, les commissaires de police à Paris, l'inspecteur général de la police, les officiers de paix, l'architecte commissaire de la petite voirie, l'inspecteur général de la navigation et des ports, l'inspecteur général de la salubrité, le contrôleur général du recensement des bois et charbons, le commissaire inspecteur général des halles et marchés et les préposés de la préfecture de police sont chargés de tenir la main à son exécution.

Ampliation en sera adressée à M. le conseiller d'Etat, préfet du département de la Seine, afin qu'il veuille bien donner des ordres pour l'exécution de l'article 27.

Le ministre d'Etat, préfet de police, comte **ANGLÈS.**

N° 964. — *Ordonnance concernant les fondoirs dans les abattoirs généraux* (1).

Paris, le 30 décembre 1819.

Nous, ministre d'Etat, préfet de police,

Vu les articles 44 et 45 de notre ordonnance du 11 septembre 1818, concernant les abattoirs généraux;

Considérant que des difficultés se sont élevées sur l'exécution de ces articles;

Qu'il importe de préciser les cas dans lesquels, au refus des bouchers, les fondoirs peuvent être livrés aux fondeurs,

---

(1) V. les ord. des 11 sept. 1818, 9 janv. 1824, 29 avril et 5 déc. 1825 et 25 mars 1830.

Ordonnons ce qui suit :

1. Lorsqu'un fondoir sera vacant, sa vacance sera, à la diligence des syndic et adjoints des bouchers, annoncée par affiches tant au bureau de la boucherie que dans les abattoirs et à la halle aux veaux.

2. Dans le mois de la publication, les bouchers qui voudront en obtenir la concession adresseront leurs demandes aux syndic et adjoints qui nous la transmettront avec leur avis.

3. Ce délai passé, et à défaut de demande, le fondoir sera accordé au plus ancien fondeur en demande.

4. Tout fondoir concédé à un boucher et qui aura été par lui vendu ou cédé à un fondeur sera réputé vacant, et il en sera disposé conformément aux articles 2 et 3 de la présente ordonnance.

5. La présente ordonnance sera imprimée et affichée.

Les commissaires de police, le commissaire inspecteur général des halles et marchés et les syndic et adjoints des bouchers sont chargés, chacun en ce qui le concerne, de tenir la main à son exécution.

Le ministre d'Etat, préfet de police, comte ANGLÈS.

1820.

N° 965. — *Ordonnance concernant les glaces et neiges* (1).

Paris, le 1er janvier 1820.

N° 966. — *Ordonnance concernant les masques* (2).

Paris, le 7 février 1820.

N° 967. — *Ordonnance concernant la circulation des masques.*

Paris, le 14 février 1820.

Nous, ministre d'Etat, préfet de police,

Ordonnons ce qui suit :

La circulation des masques dans la ville de Paris est prohibée aujourd'hui lundi 14 et demain mardi 15 février.

La présente ordonnance sera imprimée et affichée.

Les commissaires de police, l'inspecteur général de police, les officiers de paix et les préposés de la préfecture de police sont chargés, chacun en ce qui le concerne, de tenir la main à son exécution.

---

(1) V. les ord. des 7 janv. 1835, 26 déc. 1836, 14 déc. 1838 et 7 déc. 1842.

(2) V. les ord. des 10 fév. 1828, 10 fév. 1830 et 23 fév. 1843.

M. le colonel de la ville et de la gendarmerie royale de Paris est invité à employer tous les moyens qui sont en son pouvoir pour en faire observer les dispositions.

Le ministre d'Etat, préfet de police, comte ANGLÈS.

N° 968. — *Ordonnance concernant les chevaux et autres animaux attaqués de maladies contagieuses* (1).

Paris, le 21 février 1820.

N° 969. — *Ordonnance concernant l'ouverture et la police du marché aux chevaux* (2).

Paris, le 21 février 1820.

Nous, ministre d'Etat, préfet de police,

Vu la décision de S. Exc. le ministre secrétaire d'Etat au département de l'intérieur, portant autorisation de faire exécuter des travaux d'améliorations sur le marché aux chevaux;

Vu les ordonnances du roi des 3 juillet 1763 et 14 août 1777;

La loi des 16-24 août 1790, titre 11, article 3, § 3;

Et les articles 2, 23 et 32 de l'arrêté du gouvernement du 12 messidor an VIII (1er juillet 1800) et l'article 484 du Code pénal,

Ordonnons ce qui suit :

1. A compter du 1er mars 1820, le marché aux chevaux tiendra sur l'emplacement à ce affecté et situé entre la rue du Marché-aux-Chevaux et le boulevard du Midi.

2. Le marché continuera d'avoir lieu, comme par le passé, les mercredi et samedi de chaque semaine.

3. Lorsque le jour fixé pour la tenue du marché se trouvera un jour de fête, le marché tiendra la veille.

4. La vente aura lieu dans les mois de novembre, décembre, janvier et février, depuis une heure après midi jusqu'à quatre.

Dans les mois de mars, avril, septembre et octobre, depuis deux heures jusqu'à cinq.

Dans les mois de mai, juin, juillet et août, de trois heures à sept.

5. Il est défendu de vendre des chevaux sur le marché avant l'ouverture de la vente.

Le marché sera évacué immédiatement après l'heure de la fermeture.

6. Il est défendu de laisser des chevaux sur le marché sans être attachés aux barrières.

Il est aussi défendu d'en attacher aux arbres.

7. Les premiers marchands arrivés choisiront les barrières qu'ils voudront, à l'exception de celles pour lesquelles il y aurait des abonnements et qui seront indiquées.

8. Il ne peut être placé plus de quatre chevaux à chaque barrière.

---

(1) V. les ord. des 16 avril 1825 et 31 août 1842.

(2) V. les ord. des 3 sept. et 12 déc. 1823, l'arr. du 27 oct. 1828 et l'ord. du 19 déc. 1829.

Néanmoins les marchands qui seront abonnés pour une ou plusieurs barrières pourront y attacher jusqu'à cinq chevaux.

9. Tout marchand sera responsable des accidents qui seront du fait du cheval ou des chevaux exposés par lui sur le marché.

Tout cheval attaché à une barrière pour laquelle il y aura un abonnement sera considéré comme appartenant au locataire de la barrière.

10. Les chevaux et mulets hongres et les juments ne pourront entrer au marché que par la rue du Marché.

Les chevaux et mulets entiers entreront par la porte de droite et les juments par celle de gauche.

11. Les chevaux et les mulets entiers seront placés à la droite du marché (côté du sud), et les juments à gauche (côté du nord).

Les chevaux et les mulets hongres pourront être placés à droite ou à gauche, suivant qu'il conviendra le mieux aux marchands.

En cas de difficulté sous les rapports de l'ordre public et de la sûreté, le placement sera réglé par le commissaire de police.

12. Les ânes et ânesses, les chèvres et les boucs, ne pourront être introduits dans le marché que par le boulevard de l'Hôpital, en passant sur la place affectée à l'exposition des voitures; ils seront tenus hors des barrières, entre le dernier rang et la butte de terre qui borde le marché au sud.

13. Les voitures de toute espèce amenées pour la vente seront rangées par file et par ordre dans la demi-lune qui leur est affectée, en partant du mur qui la sépare du marché aux chevaux.

14. Il est défendu aux selliers, carrossiers, brocanteurs et aubergistes établis aux extrémités du marché, ou dans les rues voisines, d'exposer des voitures en vente au-devant de leurs portes.

15. Provisoirement et jusqu'à ce qu'il en soit autrement ordonné, les ventes de chevaux à l'encan ne pourront avoir lieu que sur l'emplacement de l'ancien marché aux porcs.

16. Les jours de marché, il est défendu d'attacher ou faire stationner, d'essayer et de vendre aucun cheval sur le boulevard et dans les rues adjacentes au marché.

Les aubergistes établis aux extrémités du marché et dans les rues voisines ne pourront vendre ni laisser vendre des chevaux dans l'intérieur de leurs établissements, les jours de marché.

17. Les personnes qui viendront au marché à cheval ou en voiture, ne pourront faire stationner leurs chevaux ou voitures que sur le boulevard, dans la rue du Fer-à-Moulin, le long des murs du cimetière et dans la rue de la Cendre, le long du mur à droite en entrant par la rue du Marché-aux-Chevaux.

18. Les chevaux de trait ne pourront être essayés pour le tirage que dans l'endroit à ce affecté.

19. Les chevaux seront essayés, pour le trot, sur les deux chaussées du milieu et sur deux files, l'une montante et l'autre descendante; la file montante partira de la rue du Marché; elle sera toujours, et sans exception, sur la chaussée de droite.

20. Les chevaux ne devront être montés que par les trotteurs ou par les domestiques ou garçons d'écurie des propriétaires ou marchands, pourvu qu'ils soient âgés au moins de seize ans, conformément à notre ordonnance du 19 août 1816.

Le trotteur ne pourra conduire que deux chevaux à la fois, y compris celui sur lequel il sera monté.

21. Les chevaux qui seront vendus comme sauteurs pourront être essayés dans un lieu qui sera indiqué pour cet usage.

22. Le prix des ventes faites au marché pourra être déposé au bureau du commissaire de police, lorsque le vendeur et l'acheteur en

seront d'accord. L'enregistrement du dépôt sera fait en leur présence et signé d'eux ; s'ils ne savent ou ne peuvent signer, il en sera fait mention.

23. Le registre énoncera la nature des espèces dans lesquelles le dépôt aura été fait, ainsi que les noms, prénoms, professions et domiciles du vendeur et de l'acheteur.

Il contiendra aussi le signalement des chevaux vendus et les conditions de la vente.

24. A l'expiration du délai fixé pour la garantie d'usage ou conventionnelle, la somme en dépôt sera remise en même espèce, et sans frais, au vendeur ou ayant droit, si dans l'intervalle il n'est point survenu d'oppositions.

25. Il est défendu d'amener des chiens dans le marché, même muselés et en laisse.

26. Il est défendu d'attacher des cordes aux arbres et aux barrières et d'étendre du linge dans le marché.

27. Les contraventions seront constatées par des procès-verbaux qui nous seront adressés.

28. La présente ordonnance sera imprimée et affichée.

Les commissaires de police, notamment celui du quartier Saint-Marcel, l'inspecteur général de police, les officiers de paix, le commissaire-inspecteur général des halles et marchés et les préposés de la préfecture de police sont chargés de tenir la main à son exécution.

Elle sera adressée à M. le colonel d'armes de la ville de Paris, commandant la gendarmerie royale, pour en assurer l'exécution par tous les moyens qui sont à sa disposition.

Le ministre d'Etat, préfet de police, comte ANGLÈS.

N° 970. — *Ordonnance concernant la prohibition de la chasse* (1).

Paris, le 28 février 1820.

N° 971. — *Ordonnance qui prescrit la réimpression et la publication de l'ordonnance du 19 mars 1812, concernant la police du port de Bercy* (2).

Paris, le 22 mars 1820.

N° 972. — *Instruction concernant la surveillance de la rivière, des ports, des chantiers de bois de chauffage et des places de vente du charbon de bois* (3).

Paris, le 24 mars 1820.

(1) V. l'ord. du 23 fév. 1843.

(2) V. les ord. des 11 fév. 1822, 9 fév. 1827, 15 avril 1834, l'arr. du 8 janv. 1838 et l'ord. du 25 oct. 1840 (art. 70 et suiv.).

(3) V. les ord. des 24 mars 1823, 26 mars 1829 et 25 oct. 1840.

N° 973. — *Ordonnance concernant l'ordre à suivre lors du défilé des voitures qui iront à Longchamp* (1).

Paris, le 28 mars 1820.

N° 974. — *Ordonnance concernant les diligences, messageries et autres voitures publiques* (2).

Paris, le 4 avril 1820.

Nous, ministre d'Etat, préfet de police,

Vu : 1° la loi du 25 mars 1817 et l'ordonnance du roi du 4 février 1820;

2° La lettre à nous adressée, le 24 mars 1820, par M. l'inspecteur général des contributions indirectes,

Ordonnons ce qui suit :

1. L'ordonnance du roi du 4 février dernier, contenant règlement sur les entreprises de diligences, messageries et autres voitures publiques allant à destination fixe, sera imprimée et affichée avec la présente ordonnance dans le ressort de la préfecture de police (3).

2. Avant le 1er mai prochain, les propriétaires de voitures énoncées en l'article précédent devront avoir fait, à la préfecture de police, la déclaration prescrite par l'article 1 de l'ordonnance du roi.

3. Il sera procédé à la visite des voitures par un commissaire de police assisté de deux experts de la préfecture de police, qui opéreront conjointement avec ceux que l'entrepreneur a la faculté de nommer.

Il en sera dressé procès-verbal qui nous sera transmis.

4. L'estampille prescrite par l'article 117 de la loi du 25 mars 1817 sera placée sur les deux panneaux de côté de chaque voiture.

Elle sera peinte à l'huile.

5. L'estampille ne pourra être effacée ni changée sans notre autosation.

6. Il sera fait, en outre, par les commissaires de police, chez les propriétaires ou entrepreneurs de voitures publiques, de fréquentes visites, à l'effet d'assurer l'exécution de la loi et de l'ordonnance du roi précitées.

7. Les contraventions seront constatées par des procès-verbaux qui nous seront adressés.

8. La présente ordonnance sera imprimée et affichée.

Les sous-préfets des arrondissements de Saint-Denis et de Sceaux, les maires et adjoints des communes rurales du ressort de la préfecture de police, l'inspecteur général de police, les officiers de paix, les autres chefs du service extérieur et les préposés de la préfecture de police sont chargés de tenir la main à son exécution.

Elle sera adressée à M. le colonel de la ville de Paris, commandant la gendarmerie royale, et à M. le commandant de la gendarmerie du département de la Seine, pour en assurer l'exécution par tous les moyens qui sont à leur disposition.

---

(1) V. l'ord. du 10 avril 1843.

(2) V. les ord. des 29 déc. 1817, 27 août 1821, 14 août 1824, 15 mars 1826, 25 oct. 1827, 19 août 1828 et 18 avril 1843.

(3) Rapportée. — V. à l'appendice l'ord. du 16 juillet 1828.

Ampliation en sera envoyée à M. l'inspecteur général des contributions indirectes, directeur des droits d'entrée et d'octroi de Paris.

Le ministre d'Etat, préfet de police, comte ANGLÈS.

N° **975**.— *Ordonnance qui prescrit la publication des articles* 12, 13, 14, 15, 16 *et* 17 *de l'ordonnance du* 27 *janvier* 1812, *relative à la vente du gibier et de la volaille dans Paris* (1).

Paris, le 20 avril 1820.

N° **976**. — *Ordonnance concernant les bains dans la rivière et les écoles de natation* (2).

Paris, le 25 avril 1820.

N° **977**. — *Ordonnance concernant la jauge des tonneaux à bière* (3).

Paris, le 27 mai 1820.

Nous, ministre d'Etat, préfet de police,

Vu : 1° l'ordonnance de police du 2 février 1811, concernant la jauge des tonneaux à bière ;

2° Les articles 124 et 129 de la loi sur les finances du 28 avril 1816 ;

Vu aussi les arrêtés du gouvernement des 12 messidor an VIII (1er juillet 1800) et 3 brumaire an IX (25 octobre 1800),

Ordonnons ce qui suit :

1. Les articles 1 et 2 de l'ordonnance de police du 2 février 1811 sont maintenus; ils seront réimprimés et affichés avec la présente ordonnance.

2. Dans huit jours, à compter de celui de la publication de la présente ordonnance, les brasseurs seront tenus de déposer au bureau de la régie de l'octroi l'empreinte de la marque particulière qu'ils doivent apposer sur leurs tonneaux, et ce, sous les peines portées par l'article 129 de la loi du 28 avril 1816.

3. Les contraventions seront constatées par des procès-verbaux qui nous seront adressés, pour être déférés, s'il y a lieu, aux tribunaux.

4. Les sous-préfets des arrondissements de Saint-Denis et de Sceaux, les maires des communes rurales du ressort de la préfecture de police, les commissaires de police, l'inspecteur général de police et ses adjoints, les officiers de paix, l'inspecteur général des boissons, les inspecteurs des poids et mesures et les autres préposés de la préfecture de police sont chargés de tenir la main à l'exécution de la présente ordonnance.

Le ministre d'Etat, préfet de police, comte ANGLÈS.

---

(1) V. à l'appendice la loi du 3 mai 1844 sur la police de la chasse.

(2) V. les ord. des 20 mai 1839 et 25 oct. 1840 (art. 187 et suiv. et 225.).

(3) V. l'ord. du 1er déc. 1824.

N° 978. — *Ordonnance concernant les processions de la Fête-Dieu* (1).

Paris, le 1er juin 1820.

N° 979. — *Ordonnance concernant les attroupements* (2).

Paris, le 4 juin 1820.

Nous, ministre d'Etat, préfet de police du département de la Seine,

Vu l'article 16 de la loi du 5 février 1800 (28 pluviôse an VIII) et l'article 10 de l'arrêté du 1er juillet (12 messidor) de la même année, portant « qu'il (le préfet de police) prendra les mesures propres à « prévenir ou dissiper les attroupements, les réunions tumultueuses « ou menaçant la tranquillité publique ; »

Vu l'article 209 du Code pénal, portant : « toute attaque, toute ré« sistance avec violence et voie de fait envers les officiers ou agents « de la police administrative ou judiciaire, la force publique agissant « pour l'exécution des lois, des ordres ou ordonnances de l'autorité « publique est qualifiée, selon les circonstances, crime ou délit de « rébellion. »

Vu les articles 210 et suivants du même Code :

Considérant que les attroupements tumultueux qui ont eu lieu dans les journées des 2 et 3 juin, sur le quai d'Orsai, le pont Louis XVI et la place Louis XV, ont occasionné des désordres, des rixes et voies de fait ; que la paix publique a été troublée, et qu'elle pourrait être plus gravement compromise par la continuation de pareils désordres ;

Considérant qu'il est de notre devoir, non-seulement de dissiper, mais encore de prévenir les réunions tumultueuses qui menacent la tranquillité publique,

Avons ordonné et ordonnons ce qui suit :

1. Défenses sont faites à toutes personnes de former des réunions ou attroupements sur la voie publique, et notamment sur le quai d'Orsai, le pont Louis XVI, la place Louis XV et les lieux environnants.

2. Tous les individus qui étant sommés, par les officiers de police administrative ou judiciaire, de cesser tout attroupement ou réunion de plus de trois personnes, ne se sépareraient pas et ne se retireraient pas sur-le-champ ; ceux qui se rendraient coupables ou complices de résistances, d'injures ou voies de fait envers ces fonctionnaires, seront immédiatement arrêtés et traduits par-devant les tribunaux, pour être poursuivis en raison de délit ou crime de rébellion, suivant les circonstances.

3. Les commissaires de police, les officiers de paix, les inspecteurs de police et la gendarmerie sont chargés spécialement de ne laisser former aucune réunion ou attroupement quelconque sur la voie publique.

4. Lesdits commissaires et autres officiers de police requerront, en

---

(1) V. l'ord. du 9 juin 1830.

(2) V. les ord. des 1er mars 1822, 20 nov. 1827, 25 août et 20 déc. 1830, 18 fév. et 13 juillet 1831.

cas de besoin, l'assistance de la force armée, pour que force reste à la loi.

5. Une expédition de la présente ordonnance sera adressée à M. le maréchal commandant la garde nationale de Paris, et à M. le lieutenant général commandant la première division militaire, qui sont requis de prendre, chacun en ce qui le concerne, toutes les mesures nécessaires pour en assurer l'exécution.

Le ministre d'Etat, préfet de police, comte ANGLÈS.

N° 980. — *Ordonnance concernant les attroupements* (1).

Paris, le 7 juin 1820.

N° 981. — *Ordonnance concernant les étrangers à la ville de Paris* (2).

Paris, le 10 juin 1820.

Nous, ministre d'Etat, préfet de police,

Considérant que les lois et règlements, concernant la police des maisons garnies, ne sont pas exécutés avec une exactitude assez rigoureuse, et qu'il importe d'en rappeler l'observation pleine et entière aux maîtres d'hôtels garnis et aux logeurs;

Considérant qu'indépendamment des maîtres d'hôtels garnis et des logeurs de profession, un assez grand nombre de personnes font meubler des locaux particuliers pour y loger habituellement ou momentanément, à titre onéreux, des étrangers à la ville de Paris;

Considérant qu'en louant ainsi à des étrangers une portion quelconque de leurs logements, ces personnes se rangent dans la classe des maîtres d'hôtels garnis et logeurs de profession, et se trouvent, comme eux, soumis aux lois et règlements qui leur sont applicables;

Considérant que des étrangers sont aussi reçus, à titre gratuit, dans des maisons particulières, et que les personnes qui les reçoivent à ce titre, même à titre de parents ou d'amis, négligent d'en faire la déclaration prescrite par les lois;

Considérant que l'observation de ces lois, dont la plupart remontent à des époques déjà très-reculées, est un devoir indépendant des circonstances; mais qu'elle est plus impérieusement commandée dans les conjonctures actuelles, et que, dès lors, tous les amis de l'ordre doivent s'empresser de seconder l'autorité chargée de veiller au maintien de la tranquillité publique;

Vu les articles 2 et 7 de l'arrêté du gouvernement, en date du 12 messidor an VIII (1er juillet 1800),

Ordonnons ce qui suit :

§ Ier.

Des maîtres d'hôtels garnis et des logeurs de profession.

1. Les personnes qui veulent exercer l'état d'aubergiste, de maître d'hôtel garni ou de logeur, sont tenues d'en faire préalablement la

---

(1) V. les ord. des 1er mars 1822, 20 nov. 1827, 25 août et 20 déc. 1830, 18 fév. et 13 juill. 1831.

(2) V. les ord. des 19 nov. 1831 et 15 juin 1832.

déclaration à la préfecture de police, et d'avoir un registre en papier timbré pour l'inscription des voyageurs français ou étrangers.

Ce registre doit être coté et parafé par le commissaire de police du quartier. (*Ordonn. du 8 nov.* 1780, *art.* 5, *et loi du* 22 *juill.* 1791, *art.* 5.)

Ils doivent, en outre, placer au-dessus de la porte de leur maison, en lieu apparent et en gros caractères, un tableau indicatif de l'état qu'ils exercent.

2. Il est enjoint aux aubergistes, maîtres d'hôtels garnis et logeurs d'inscrire, jour par jour, de suite, sans aucun blanc ni interligne, les noms, prénoms, âges, qualités, domiciles habituels et professions de tous ceux qui couchent chez eux, même une seule nuit.

Le registre doit indiquer la date de leur entrée et de leur sortie. (*Ordonn. du* 8 *nov.* 1780, *art.* 5, *et loi du* 22 *juill.* 1791, *art.* 5.)

3. Les aubergistes, maîtres d'hôtels garnis et logeurs représenteront leur registre, à toute réquisition, soit aux commissaires de police qui le viseront, soit aux officiers de paix ou aux préposés de la préfecture de police qui pourront aussi le viser. (*Ordonn. du* 8 *nov.* 1780, *et loi du* 22 *juill.* 1791, *mêmes articles.*)

4. Faute par eux de se conformer aux dispositions ci-dessus prescrites, ils encourront les peines prononcées par les lois. (*Amende depuis six francs jusqu'à dix inclusivement, art.* 475 *du Code pénal*, 2e §; *et emprisonnement pendant cinq jours, en cas de récidive, art.* 478 *du même Code.*)

Ils seront, en outre, civilement responsables des restitutions, des indemnités et des frais adjugés à ceux à qui un crime ou un délit commis par des personnes logées sans inscription, aurait causé quelque dommage, sans préjudice de leur responsabilité dans le cas des articles 1952 et 1953 du Code civil. (*Art.* 73 *du Code pénal.*)

5. Les aubergistes, maîtres d'hôtels garnis et logeurs porteront chaque jour au commissaire de police du quartier le relevé par eux certifié de leurs registres.

6. Ils porteront également, tous les jours avant midi, au commissaire de police, les passe-ports des voyageurs français qui seront arrivés dans leurs auberges, hôtels ou maisons garnies.

En échange de chaque passe-port, le commissaire de police leur remettra un bulletin avec lequel les voyageurs se présenteront, dans les trois jours de leur arrivée, à la préfecture de police, pour y retirer leurs passe-ports et obtenir un visa ou un permis de séjour.

7. Les passe-ports seront laissés à la disposition des voyageurs étrangers à la France, afin que, dans les trois jours de leur arrivée, ils puissent se faire reconnaître par l'ambassadeur, ministre, envoyé ou chargé d'affaires de leur gouvernement, et obtenir à la préfecture de police un visa ou un permis de séjour.

Le visa ou permis de séjour ne sera accordé aux sujets des puissances représentées auprès de sa majesté, que d'après la reconnaissance de leurs ambassadeurs, ministres, envoyés ou chargés d'affaires respectifs;

Et aux sujets des puissances non représentées, que sur une attestation de banquiers ou de deux citoyens notoirement connus.

8. Les personnes qui, antérieurement à leur arrivée dans une maison garnie, auraient obtenu des permis de séjour, seront tenues de le remettre, dans les vingt-quatre heures, au maître de la maison garnie dans laquelle ils viendront loger.

Ce dernier sera tenu de les représenter, dans le même délai, au commissaire de police de son quartier.

§ II.

Des personnes qui reçoivent des étrangers *à titre onéreux*, dans des logements meublés.

9. Les personnes qui se proposent de louer des appartements, portions d'appartements ou chambres meublés à des étrangers à la ville de Paris, même à des individus qui y font leur résidence habituelle, seront tenues d'en faire préalablement la déclaration à la préfecture de police.

Acte leur sera donné de cette déclaration.

Il leur est enjoint de faire exactement connaître au commissaire de police de leur quartier les noms, prénoms, âge, qualités ou profession et le lieu de résidence habituelle des étrangers ou autres logés chez elles, dans les vingt-quatre heures de leur arrivée.

Elles seront également tenues de faire la déclaration de leur sortie dans le même délai. (*Ordonn. du 8 oct. 1780, art. 5, et loi du 22 juill. 1791, même art.*)

Le tout sous les peines prononcées par le Code pénal. (*Amende depuis six francs jusqu'à dix francs inclusivement, art. 475 du Code, 2e §, et emprisonnement de cinq jours en cas de récidive, art. 478 du même Code.*) Sans préjudice de la responsabilité civile, au cas prévu par l'article 73, dont les dispositions sont rappelées au deuxième paragraphe de l'article 4 de la présente ordonnance.

§ III.

Des personnes qui logent *gratuitement* des étrangers à la ville de Paris, à titre de parents ou d'amis.

10. Tous les habitants de Paris qui reçoivent des personnes étrangères à cette ville, pour loger dans leurs maisons ou portions de maisons, sont tenus d'en faire la déclaration au commissaire de police du quartier.

Cette déclaration sera faite dans les trois jours de la publication de la présente ordonnance, pour les étrangers qui se trouvent en ce moment à Paris; et pour ceux qui y viendront par la suite, dans les vingt-quatre heures de leur arrivée.

Il leur en sera donné acte.

11. Les concierges ou portiers des maisons non habitées et dans lesquelles logeraient, dès à présent, ou viendraient loger, à l'avenir, des étrangers à la ville de Paris, sont également tenus d'en faire la déclaration, dans les mêmes délais, au commissaire de police du quartier.

Acte leur en sera pareillement donné.

12. Les propriétaires, locataires, concierges ou portiers porteront aux commissaires de police les passe-ports des étrangers logés dans les maisons désignées aux articles précédents.

En échange de chaque passe-port, le commissaire de police leur remettra un bulletin avec lequel les étrangers à la ville de Paris se présenteront, dans les trois jours de leur arrivée, à la préfecture de police, pour y retirer leurs passe-ports et obtenir un visa de départ ou un permis de séjour.

Ils se conformeront, d'ailleurs, aux dispositions de l'article 8 de la présente ordonnance dans le cas prévu par cet article.

13. Faute par eux de faire les déclarations prescrites par les articles 10 et 11 de la présente ordonnance, les propriétaires, locataires, concierges ou portiers encourront les peines de police correctionnelle prononcées par la loi. (*Trois mois d'emprisonnement, et, en cas de récidive, détention de six mois. Loi du 27 vent. an IV, art. 3.*)

§ IV.

Dispositions générales.

14. Les contraventions seront constatées par des procès-verbaux, pour être poursuivies devant les tribunaux, conformément aux lois.

15. La présente ordonnance sera imprimée, publiée et affichée.

Les commissaires de police, l'inspecteur général de police, les officiers de paix et tous les préposés de la préfecture de police sont chargés, chacun en ce qui le concerne, de tenir la main à son exécution.

Le ministre d'Etat, préfet de police, comte ANGLÈS.

N° 982. — *Ordonnance concernant la vente des champignons* (1).

Paris, le 12 juin 1820.

Nous, ministre d'État, préfet de police,

Considérant que, pour prévenir les accidents occasionnés par l'usage des champignons de mauvaise qualité, il importe de renouveler les règlements et instructions publiées à ce sujet ;

Vu, 1° les articles 23 et 33 de l'arrêté du gouvernement du 12 messidor an VIII (1er juillet 1800), et l'article 1 de celui du 3 brumaire an IX (25 octobre 1800) ;

2° L'ordonnance de police du 13 mai 1782 ;

La loi des 16-24 août 1790, titre XI, article 3, § 4, et celle du 22 juillet 1791, titre I, article 20;

3° Les rapports de l'Ecole de médecine et du conseil de salubrité près la préfecture de police;

4° L'instruction rédigée par le conseil de salubrité sur les moyens de distinguer les bons champignons d'avec les mauvais,

Ordonnons ce qui suit :

1. Le marché aux poirées continuera d'être affecté à la vente en gros des champignons.

2. Tous les champignons destinés à l'approvisionnement de Paris devront être apportés sur le marché aux poirées.

3. Il est défendu d'exposer et de vendre aucuns champignons suspects et des champignons de bonne qualité qui auraient été gardés d'un jour à l'autre, sous les peines portées par la loi. (*Ordonn. de police du 13 mai 1782.*)

4. Les champignons seront visités et examinés avec soin avant l'ouverture de la vente.

5. Les seuls champignons achetés en gros au marché aux poirées pourront être vendus en détail, dans le même jour, sur tous les marchés aux fruits et légumes et dans les boutiques de fruiterie.

6. Tout jardinier qui aura été condamné par les tribunaux pour avoir exposé en vente des champignons malfaisants ou de mauvaise qualité, sera expulsé des halles et remplacé.

7. Il est défendu de crier, vendre et colporter des champignons sur la voie publique.

Il est pareillement défendu d'en colporter dans les maisons.

8. Les contraventions seront constatées par des procès-verbaux qui nous seront adressés.

9. La présente ordonnance sera imprimée, publiée et affichée, ainsi que l'instruction du conseil de salubrité.

---

(1) V. l'ord. du 1er mai 1809 et l'instruction y annexée.

Cette instruction sera adressée aux sous-préfets des arrondissements de Saint-Denis et de Sceaux et aux maires des communes rurales, pour y donner la plus grande publicité.

10. Les commissaires de police et spécialement celui du quartier des Marchés, l'inspecteur général de police, les officiers de paix, le commissaire-inspecteur général des halles et marchés et les autres préposés de la préfecture de police sont chargés de tenir la main à l'exécution de la présente ordonnance.

Le ministre d'Etat, préfet de police, comte ANGLÈS.

N° 983. — *Arrêté concernant le stationnement des voitures sur la voie publique.*

Paris, le 22 juin 1820.

Nous, ministre d'Etat, préfet de police,

Vu le § 1 de l'article 3, titre 11 de la loi du 16-24 août 1790; l'article 22 de l'arrêté du gouvernement du 12 messidor an VIII (1er juillet 1800), et les articles 471, 474 et 484 du Code pénal;

Considérant qu'un certain nombre d'entrepreneurs de voitures publiques, établis à Paris, se sont attribué le droit ou ont obtenu par tolérance la permission de les faire stationner devant des bureaux ou des cafés, pour en opérer le chargement et le déchargement sur la voie publique;

Que ce stationnement, plus ou moins prolongé, nuit à la circulation et peut occasionner des accidents graves qu'il est du devoir de l'autorité de prévenir, en faisant cesser un abus qui tend à se multiplier, surtout dans les quartiers les plus fréquentés,

Arrêtons ce qui suit :

1. Il est défendu à tout entrepreneur de voitures publiques de faire stationner ses voitures sur aucune partie de la voie publique, pour y opérer le chargement et le déchargement des voyageurs et des marchandises.

Ne sont pas comprises dans cette défense les voitures de louage, telles que les fiacres et les cabriolets de l'intérieur et des environs de Paris, stationnant sur les places à ce affectées.

2. Toute tolérance accordée, jusqu'à ce jour, aux entrepreneurs ou aux propriétaires des voitures publiques désignées au premier paragraphe de l'article précédent, est et demeure révoquée, et cessera d'avoir son effet à partir du 1er avril 1821 pour tout délai.

3. Les contraventions au présent arrêté seront constatées par des procès-verbaux ou rapports qui nous seront adressés, pour être déférés au tribunal compétent.

4. Expédition du présent arrêté sera adressée aux commissaires de police qui le notifieront individuellement à chaque entrepreneur qu'il concerne, avec sommation de s'y conformer, et tiendront la main à son exécution.

Expédition en sera également transmise aux officiers de paix de l'attribution des voitures, pour concourir au maintien de ses dispositions.

Le ministre d'Etat, préfet de police, comte ANGLÈS.

N° 984. — *Ordonnance concernant les chiens errants* (1).

Paris, le 26 juin 1820.

N° 985. — *Ordonnance relative à des mesures d'ordre pendant la construction de deux égouts dans les rues de Richelieu et Neuve-des-Petits-Champs* (2).

Paris, le 28 juin 1820.

N° 986. — *Ordonnance concernant l'arrosement* (3).

Paris, le 3 juillet 1820.

N° 987. — *Ordonnance concernant le remblai de l'avenue du Bel-Air, près la barrière du Trône.*

Paris, le 27 juillet 1820.

Nous, ministre d'Etat, préfet de police,

Vu la demande de M. le conseiller d'Etat, préfet du département de la Seine, tendant à ce qu'il soit ouvert une décharge de gravois dans l'avenue du Bel-Air, dite le Jeu de Paume, communiquant de l'avenue circulaire du Trône à celle des Soupirs;

Vu aussi le rapport de l'inspecteur général de la salubrité,

Ordonnons ce qui suit :

1. A compter du 1er août prochain, les gravois provenant des déblais et démolitions des quartiers Saint-Paul, de l'Arsenal, Saint-Antoine, du Marais, de Popincourt et du faubourg Saint-Antoine, seront portés dans l'avenue du Bel-Air, communiquant de l'avenue circulaire du Trône à celle des Soupirs.

2. Les décharges publiques et particulières, autres que celle autorisée par l'article précédent, qui seraient ouvertes maintenant dans les quartiers sus-indiqués, sont et demeurent provisoirement fermées.

3. Il sera dressé des procès-verbaux contre les gravatiers, occupés dans lesdits quartiers, dont les voitures chargées prendraient une direction contraire à celle que prescrit l'article 1.

4. La présente ordonnance sera imprimée et affichée.

Les commissaires de police, l'inspecteur général de la police, les officiers de paix, l'architecte commissaire de la petite voirie, l'inspecteur général de la navigation et des ports, l'inspecteur général de la salubrité et les préposés de la préfecture de police sont chargés de tenir la main à son exécution.

Le ministre d'Etat, préfet de police, comte ANGLÈS.

---

(1) V. l'ord. du 23 juin 1832.

(2) V. pour les dispositions générales, l'ord. du 18 mai 1829, concernant les mesures d'ordre à observer, pendant la construction de deux égouts dans les rues de Poitiers, de l'Université et du Bac jusqu'à la rue de Sèvres.

(3) V. les ord. des 17 mai 1834, 1er juin 1837 et 27 juin 1843.

N° 988. — *Ordonnance concernant les armes prohibées* (1).

Paris, le 1er août 1820.

Nous, ministre d'Etat, préfet de police,

Vu la déclaration du 23 mars 1788 qui prohibe la fabrication, le commerce, la vente, le débit, l'achat, le port et l'usage des armes offensives, cachées et secrètes, telles que poignards, pistolets de poche, épées en bâtons, bâtons à ferrements et autres;

Le décret du 12 mars 1806 qui en ordonne la publication et l'exécution;

Le décret du 2 nivôse an XIV (23 décembre 1805);

Les ordonnances de police des 4 novembre 1778; 8 novembre 1780; 21 mai 1784 et 5 février 1806;

Vu les articles 314 et 315 du Code pénal qui portent:

« Art. 314. Tout individu qui aura fabriqué ou débité des stilets, « tromblons ou quelque espèce que ce soit d'armes prohibées par « la loi ou par des règlements d'administration publique sera puni « d'un emprisonnement de six jours à six mois.

« Celui qui sera porteur desdites armes sera puni d'une amende « de seize francs à deux cents francs.

« Dans l'un et l'autre cas les armes seront confisquées.

« Le tout sans préjudice de plus fortes peines, s'il y échoit, en cas « de complicité de crime.

« Art. 315. Outre les peines correctionnelles mentionnées dans les « articles précédents, les tribunaux pourront prononcer le renvoi sous « la surveillance de la haute police depuis deux ans jusqu'à dix ans ».

Vu l'article 50, § 5 de la loi du 14 décembre 1789;

L'article 3, titre XI de la loi du 24 août 1790;

L'article 16 de la loi du 28 pluviôse an VIII (17 février 1800);

Et l'article 2 de l'arrêté du 12 messidor suivant (1er juillet 1800);

Considérant que l'article 314 du Code pénal, en classant dans le nombre des délits dont le Code détermine la peine, la fabrication, le débit et le port de quelque espèce que ce soit d'armes prohibées par la loi, ou par des règlements d'administration publique, reconnaît expressément que l'administration publique a le droit de déterminer par des règlements quelles sont les armes dont la fabrication, le débit et le port doivent être prohibés dans l'intérêt de l'ordre et de la sûreté et pour prévenir les abus qui peuvent en être faits; que tous les citoyens sont obligés de se conformer à ces règlements sous les peines que la loi pénale détermine:

Avons ordonné et ordonnons ce qui suit:

1. Il est défendu aux armuriers, fourbisseurs, couteliers, fabricants de cannes, de parapluies et à tous autres ouvriers établis dans le ressort de la préfecture de police, de fabriquer et à tous marchands d'y exposer en vente et d'y débiter aucune arme offensive dont l'usage et le port sont prohibés.

2. Il est pareillement défendu à toute personne sans distinction de porter lesdites armes prohibées.

3. Sont prohibés: la fabrication, la vente et le port, non-seulement des tromblons, fusils et pistolets à vent, pistolets de poche, stilets, poignards, couteaux en forme de poignards, dagues; bâtons, cannes et parapluies à épée, à baïonnette, à dard ou renfermant, de quelque

(1) V. l'ord. du 1er juin 1839.

manière que ce soit, une arme offensive et cachée : mais encore la fabrication, le débit et le port de toutes cannes, bâtons et parapluies garnis à l'un ou l'autre de leurs bouts d'aucune armature en fer, acier, plomb ou de quelque espèce que ce soit, pouvant servir d'arme offensive, pénétrante, tranchante ou contondante.

4. Les armes de l'espèce ci-dessus seront saisies partout où elles seront trouvées par les officiers de police et envoyées par nous à M. le procureur du roi avec le procès-verbal constatant ladite saisie, pour être procédé contre les personnes qui les auraient fabriquées, débitées ou portées, conformément aux dispositions des articles 314 et 315 du Code pénal.

5. Il sera fait par les commissaires de police des visites chez les fabricants et marchands d'armes et autres objets spécifiés dans l'article 3 pour vérifier s'ils se conforment à la loi.

Les armes prohibées qui seraient trouvées chez eux, seront saisies et nous seront transmises avec les procès-verbaux qui seront par nous envoyés à M. le procureur du roi, pour les délinquants être poursuivis conformément à la loi.

6. La présente ordonnance sera imprimée, publiée et affichée.

Les sous-préfets des arrondissements communaux de Sceaux et de Saint-Denis, les maires et adjoints des communes rurales du ressort de la préfecture de police, les commissaires de police, l'inspecteur général, les officiers de paix, la gendarmerie et les préposés de la préfecture de police sont chargés, chacun en ce qui le concerne, de tenir la main à son exécution.

Le ministre d'Etat, préfet de police, comte ANGLÈS.

N° **989**. — *Ordonnance concernant les mesures d'ordre à observer à l'occasion du jour de la Saint-Louis* (1).

Paris, le 23 août 1820.

N° **990**. — *Ordonnance concernant l'ouverture de la chasse* (2).

Paris, le 26 août 1820.

N° **991**. — *Ordonnance concernant les mesures de police qui doivent être observées les 10, 17 et 24 septembre à l'occasion de la fête de Saint-Cloud* (3).

Paris, le 8 septembre 1820.

---

(1) V. l'ord. du 23 août 1824.

(2) V. l'ord. du 22 août 1843.

(3) V. l'ord. du 6 sept. 1843.

N° 992. — *Ordonnance concernant les courtiers gourmets piqueurs de vins.*

Paris, le 23 septembre 1820.

Nous, ministre d'Etat, préfet de police,

Vu les dispositions du décret du 15 décembre 1813, relatives aux courtiers gourmets piqueurs de vin ;

Et les nominations faites de ces courtiers par S. Exc. le ministre secrétaire d'Etat au département de l'intérieur,

Ordonnons ce qui suit :

1. Les articles 13, 14, 15, 16, 17, 20, 24 et 25 du décret du 15 décembre 1813, concernant les courtiers gourmets piqueurs de vin, seront réimprimés et affichés avec la présente ordonnance (1).

2. Il est défendu à toute personne sans qualité, de s'immiscer sur les ports et à l'entrepôt, dans les fonctions attribuées par le décret précité tant aux courtiers gourmets piqueurs de vin, qu'aux courtiers de commerce près la Bourse de Paris.

3. Il est défendu aux courtiers gourmets piqueurs de vin, d'aller au-devant des bateaux chargés de vin, de retenir ou d'arrher la totalité ou partie des marchandises qu'ils contiennent pour en opérer le placement. (*Ord. du* 14 *oct.* 1762.)

4. Il est enjoint aux courtiers gourmets piqueurs de vin de rechercher et faire connaître aux préposés de la police les vins falsifiés ou mixtionnés, même ceux qui ne seraient altérés qu'avec de l'eau, qui pourraient être mis dans le commerce.

5. Les courtiers ne pourront piquer les pièces et prendre des essais, si ce n'est en présence des propriétaires, du commissionnaire ou d'après leur autorisation.

6. Les contraventions, tant aux dispositions du décret du 15 décembre 1813 qu'à celle de la présente ordonnance, seront constatées par des procès-verbaux qui nous seront adressés pour être déférés, s'il y a lieu, aux tribunaux.

7. Les commissaires de police, et notamment celui du quartier du Jardin-du-Roi, l'inspecteur général de la navigation et des ports et les préposés à la dégustation des boissons sont chargés de tenir la main à l'exécution de la présente ordonnance.

Le ministre d'Etat, préfet de police, comte ANGLÈS.

N° 993. — *Ordonnance concernant des mesures d'ordre à observer, mardi prochain 3 octobre, à l'occasion du* Te Deum *qui sera chanté dans l'église métropolitaine, en actions de grâces de la naissance de S. A. R. Mgr. le duc de Bordeaux, et des fêtes et réjouissances publiques qui auront lieu aux Champs-Elysées.*

Paris, le 1er octobre 1820.

Nous, ministre d'Etat, préfet de police,

Vu la lettre de S. Exc. le grand-maître des cérémonies de France ;

Celle de M. le préfet du département de la Seine ;

Et le programme des fêtes et réjouissances publiques,

---

(1) V. ce décret à l'appendice.

Ordonnons ce qui suit :

§ 1er. — Te Deum.

1. Mardi prochain 3 octobre présent mois, jour où les princes et princesses de la famille royale et du sang se rendront à l'église métropolitaine pour assister au *Te Deum*, aucune voiture ne pourra circuler ni stationner à compter de neuf heures du matin jusqu'après la rentrée des princes au château des Tuileries,

Sur la place du Carrousel; sur les quais de la rive droite de la Seine, depuis le Pont-Royal jusqu'au Pont-au-Change; sur le Pont-Neuf; sur le quai des Orfèvres; dans la rue de la Barillerie; sur le Pont-au-Change; sur le quai aux Fleurs; dans le Marché-Neuf; dans la rue du Marché-Palu; dans la rue Neuve Notre-Dame; sur le Parvis; dans la rue Fénelon, et sur les quais qui bordent la Cité.

2. Sont seuls exceptés des dispositions de l'article précédent, les voitures des personnes qui se rendront au palais des Tuileries ou à la Métropole, les courriers de la malle et les diligences.

3. Les voitures des personnes qui se rendront à Notre-Dame ne pourront y arriver que par le Pont-Neuf et le quai des Orfèvres; elles seront mises en stationnement sur le quai aux Fleurs et, au besoin, sur le Pont-au-Change.

4. Le parvis Notre-Dame, les cours de l'Archevêché, la rue et la place Fénelon seront exclusivement réservés pour le stationnement des voitures de la cour, de celles du corps diplomatique et des ministres.

Les voitures des membres des autorités invités à la cérémonie seront mises en stationnement sur le quai de la Cité.

5. Il ne pourra être construit aucun amphithéâtre, estrade ou autres établissements de ce genre ni être placé des chaises ou des bancs sur la voie publique.

Ces objets seront détruits ou enlevés.

§ II. — Fêtes et réjouissances publiques aux Champs-Élysées.

6. Dès demain lundi 2 octobre, l'accès du pont Louis XVI sera entièrement interdit au public, à compter de midi.

Cette interdiction se prolongera pendant toute la journée du lendemain 3.

7. Mardi prochain 3 octobre, à compter de onze heures du matin jusqu'à minuit, la circulation et le stationnement des voitures seront interdits :

Dans les rues Royale, de Saint-Florentin et de Rivoli, depuis la rue Saint-Florentin jusqu'au Carrousel;

Sur la place Louis XV;

Dans la grande avenue des Champs-Elysées;

Dans l'avenue de Marigny;

Dans toutes les avenues qui aboutissent aux Champs-Elysées;

Sur les quais des Tuileries, d'Orsay et de la Conférence;

Et à compter de six heures jusqu'à minuit :

Sur le Pont-Royal;

Et sur tous les quais de la rive droite et de la rive gauche, depuis le Pont-Royal jusqu'au Pont-Neuf exclusivement.

8. Les voitures des personnes qui se rendront au château des Tuileries ne pourront y arriver que par la place du Carrousel, où elles seront dirigées par la rue de Rohan et la rue de Chartres.

Ces voitures seront conduites au pas.

Il est enjoint aux cochers d'obéir aux ordres qui leur seront donnés à ce sujet par les officiers de police ou par la gendarmerie.

9. Les voitures qui arriveront à Paris par la route de Sèvres seront dirigées sur Vaugirard.

Celles qui arriveront par la route de Neuilly ne pourront entrer dans Paris par la barrière de l'Etoile.

10. Le passage d'eau en bachots ou batelets ne pourra avoir lieu qu'au port des Invalides.

Il ne pourra y avoir plus de douze personnes dans chaque bachot.

Les passeurs d'eau seront tenus de se pourvoir de bachots en nombre suffisant pour que le service se fasse avec sûreté et célérité.

Il leur est enjoint de désigner aux officiers civils ou à la garde, les individus qui, par imprudence, exposeraient la sûreté des passagers.

11. Des commissaires de police veilleront à ce que l'ordre soit maintenu pendant les distributions de comestibles qui auront lieu aux Champs-Elysées.

12. Les établissements qui existent sur la rivière, les bateaux, batelets ou trains seront éloignés de deux cents mètres au moins du pont de Louis XVI.

13. Le passage sur le pont des Arts n'aura lieu, le 3 octobre, que jusqu'à sept heures du soir.

Les personnes qui le traverseront ne pourront s'y arrêter.

A compter de sept heures du soir ce pont sera évacué et le passage en sera entièrement interdit jusqu'après le tirage du feu d'artifice.

14. Des pompes et des tonneaux à incendie seront placés à proximité du pont de Louis XVI pour porter des secours au besoin.

Les pompiers resteront à leur poste.

§ III. — Dispositions générales.

15. Il est défendu de tirer des coups de fusil ou autres armes à feu, pendant la soirée du mardi 3 octobre, ainsi que des fusées, des pétards, des boites, des bombes ou autres pièces d'artifice dans les rues, promenades, places publiques, cours et jardins ou par les fenêtres des maisons.

Les pères et mères et les chefs de maisons sont civilement responsables des faits de leurs enfants et de leurs ouvriers et domestiques.

Les commissaires de police et la gendarmerie dresseront des procès-verbaux des contraventions, lesquels seront transmis aux tribunaux compétents.

16. La Bourse, les ports et les chantiers seront fermés pendant la journée du 3 octobre.

17. Il est défendu de monter sur les parapets des quais et des ponts, sur les balustrades de la place Louis XV, sur les piles de bois dans les chantiers et sur les arbres des Champs-Elysées.

Les contrevenants seront immédiatement arrêtés.

18. Il est pareillement défendu de se placer sur les berges, sur les usines, bateaux ou trains de bois, pour voir le feu d'artifice ou sous tel autre prétexte que ce soit.

19. L'inspecteur général de police prendra toutes les mesures nécessaires pour le maintien de l'ordre et de la sûreté publique.

Il se concertera, pour cet effet, avec les commandants de la force armée qui sera sur les lieux.

20. La présente ordonnance sera imprimée et affichée.

L'inspecteur général de police, les maires des communes de Sèvres et de Neuilly, les commissaires de police, les officiers de paix, la gendarmerie, le commissaire de police de la Bourse, l'inspecteur général de la navigation et des ports, le contrôleur au recensement des bois et charbons et les préposés de la préfecture de police sont chargés de tenir la main à son exécution.

Le ministre d'Etat, préfet de police, comte ANGLÈS.

N° **994**. — *Ordonnance qui prescrit l'impression et la publication de l'ordonnance du roi du 20 septembre 1820 et du tableau y annexé des substances qui doivent être considérées comme drogues médicinales* (1).

Paris, le 31 octobre 1820.

N° **995**. — *Ordonnance concernant la police de la rivière et des ports, pendant l'hiver et les temps de glaces, grosses eaux et débâcles* (2).

Paris, le 30 novembre 1820.

N° **996**. — *Ordonnance concernant la vérification annuelle des poids et mesures* (3).

Paris, le 14 décembre 1820.

Nous, ministre d'Etat, préfet de police,

Vu l'édit du mois de janvier 1704 portant que la vérification des poids et mesures employés dans le commerce sera faite au moins une fois chaque année ;

La loi du 1er vendémiaire an IV (23 septembre 1795), relative aux poids et mesures ;

Les articles 2 et 26 de l'arrêté du gouvernement du 12 messidor an VIII (1er juillet 1800) et l'article 1 de l'arrêté du 3 brumaire an IX (25 octobre 1800) ;

Les arrêtés du gouvernement des 13 brumaire et 29 prairial an IX (4 novembre 1800 et 18 juin 1801) ;

Les décisions de S. Exc. le ministre de l'intérieur sur la vérification annuelle des poids et mesures ;

L'article 1 de l'ordonnance de police du 23 novembre 1807, approuvée par S. Exc. le ministre de l'intérieur concernant la vérification annuelle des poids et mesures dans le ressort de la préfecture de police ;

Le décret du 12 février 1812 concernant l'uniformité des poids et mesures ;

L'arrêté pris le 28 mars suivant par S. Exc. le ministre de l'intérieur pour l'exécution de ce décret ;

L'ordonnance de police du 2 juillet 1812 concernant l'émission des mesures et poids usuels ;

Et la décision de S. Exc. le ministre de l'intérieur du 30 novembre suivant,

---

(1) V. cette ord. à l'appendice.

(2) V. les ord. des 1er déc. 1838, 5 déc. 1839 et 25 oct. 1840 (art. 203 et suiv.).

(3) V. les ord. des 15 déc. 1825, 27 oct. et 29 nov. 1826, 23 nov. 1842 et 1er déc. 1843.

Ordonnons ce qui suit :

1. A compter du 1er janvier 1821, les poids et mesures à l'usage du commerce, dans le ressort de la préfecture de police, seront soumis à la vérification annuelle.

2. Les marchands, négociants, fabricants, entrepreneurs de voitures tant par terre que par eau, destinées au transport des marchandises, et tous autres faisant usage de poids et mesures seront tenus de les représenter, aux époques ci-après fixées, au bureau de vérification établi quai des Orfévres pour être vérifiés et poinçonnés. Ils les feront préalablement nettoyer et rajuster si besoin est.

3. Indépendamment de l'empreinte des armes de France les poids et mesures seront marqués pour l'année 1821 d'un poinçon qui portera la lettre T.

4. Il sera procédé à la vérification des poids et mesures, savoir :

En janvier et février, pour les trois premiers arrondissements de Paris et les cantons de Nanterre et de Neuilly ;

En mars et avril, pour les quatrième, cinquième et sixième arrondissements de Paris et les cantons de Charenton et de Vincennes ;

En mai et juin, pour les septième, huitième et neuvième arrondissements de Paris et les cantons de Sceaux et de Villejuif ;

En juillet, pour les dixième et onzième arrondissements de Paris et les cantons de Saint-Denis et de Pantin ;

Et en août, pour le douzième arrondissement de Paris et les communes de Saint-Cloud, Sèvres et Meudon.

Les mesures pour le bois de chauffage servant à l'exploitation des chantiers tant dans Paris que dans les communes du ressort de la préfecture de police seront vérifiées pendant le mois de septembre ;

Celles employées dans les chantiers de Paris seulement seront vérifiées et marquées sur les lieux.

Les marchands de bois feront préalablement rajuster leurs mesures, toutefois après que la nécessité en aura été reconnue par les inspecteurs des chantiers.

Il est défendu aux marchands de faire ajouter des coins dans les joints des montants et dans ceux des contrefiches de ces mesures.

5. Après les époques fixées par l'article précédent, il est défendu de se servir dans les arrondissements, cantons et communes désignés, de poids et mesures s'ils ne sont marqués de la lettre T. Les poids et mesures qui ne seront pas revêtus de cette marque seront saisis.

6. Lorsque les marchands, négociants ou autres établis dans Paris seulement, ayant au delà de vingt-cinq doubles myriagrammes en fer, désireront que la vérification en soit faite à domicile ils nous en adresseront la demande dans les délais déterminés par l'article 4.

7. Le droit de vérification des poids et mesures sera perçu conformément aux arrêtés du gouvernement.

Il ne sera néanmoins perçu que quinze centimes pour chaque double myriagramme qui sera vérifié au bureau.

8. Les contraventions seront constatées par des procès-verbaux qui nous seront adressés.

9. La présente ordonnance sera imprimée et affichée.

Les sous-préfets des arrondissements de Saint-Denis et de Sceaux, les maires des communes rurales du ressort de la préfecture de police, les commissaires de police, l'inspecteur général de la navigation et des ports, le contrôleur général du recensement et du mesurage des bois et charbons, le commissaire inspecteur général des halles et marchés, le contrôleur de la halle aux grains et farines, le vérificateur en chef et les inspecteurs des poids et mesures sont chargés de tenir la main à son exécution.

Le ministre d'Etat, préfet de police, comte ANGLÈS.

N° 997. — *Ordonnance concernant des mesures d'ordre à observer à l'occasion de la messe du Saint-Esprit et de l'ouverture de la session des Chambres* (1).

Paris, le 17 décembre 1820.

N° 998. — *Ordonnance concernant les neiges et glaces* (2).

Paris, le 29 décembre 1820.

1821.

N° 999. — *Ordonnance concernant le balayage des rues dans Paris* (3).

Paris, le 26 janvier 1821.

N° 1000. — *Ordonnance concernant la vente, le débit de la poudre et des pièces d'artifice* (4).

Paris, le 3 février 1821.

Nous, ministre d'Etat, préfet de police,

Considérant qu'en contravention aux lois, ordonnances et règlements d'administration publique, des pétards, fusées et autres pièces d'artifice ont été lancés et tirés récemment sur plusieurs points de la voie publique;

Considérant que, dans les circonstances actuelles, et quand l'attentat le plus criminel a été commis jusque dans le palais des Tuileries, il importe de prendre toutes les mesures qu'autorisent les lois pour prévenir des crimes de ce genre, réprimer des désordres et faciliter à l'autorité les moyens d'en découvrir les auteurs;

Vu, 1° la loi du 13 fructidor an v (22 août 1797), le décret du 16 mars 1813 et l'ordonnance royale du 25 mai 1818;

Vu pareillement l'ordonnance du 15 novembre 1781:

La loi des 16 et 24 août 1790, titre XI, article 3, §§ 1 et 4, et article 5,

La loi du 22 juillet 1791, titre I, article 45;

Enfin l'arrêté du gouvernement du 12 messidor an VIII,

(1) V. l'ord. du 26 fév. 1830.

(2) V. les ord. des 7 janv. 1835, 26 déc. 1836, 14 déc. 1838, et 7 déc. 1842.

(3) V. les ord. des 14 nov. 1817, 29 oct. 1836, 28 oct. 1839 et 1er avril 1843.

(4) V. l'ord. du 30 juin 1842.

Ordonnons ce qui suit :

1. Il ne peut être fabriqué, débité et conservé de poudre de guerre ou de chasse, fabriqué ni vendu de pièces d'artifice qu'en se conformant à la loi du 13 fructidor an v et aux décrets et ordonnances des 15 octobre 1810, 16 mars 1813, 14 janvier 1815 et 25 mai 1818.

2. A compter du jour de la publication de la présente ordonnance, les débitants de poudre établis dans le ressort de la préfecture de police seront tenus d'inscrire, sur un registre à ce destiné, et qui sera coté et parafé par le commissaire de police de leur quartier, les noms, prénoms, qualités et demeures, dûment justifiés, de toute personne à laquelle ils vendront de la poudre et la quantité vendue à chacune, quelle que soit cette quantité.

3. Ce registre sera représenté à toute réquisition des commissaires, officiers et agents de police.

4. La vente et le débit de pièces quelconques d'artifice, même de la plus petite dimension, sont interdits aux épiciers, fruitiers, merciers, débitants de poudre, et à tous autres que les artificiers patentés et autorisés.

5. Les artificiers tiendront un registre semblable à celui dont la teneur est prescrite par l'article 2 aux débitants de poudre.

6. Il est défendu à toutes personnes de tirer des armes à feu, pétards, fusées et pièces d'artifice quelconques, sur la voie publique ou dans l'intérieur des habitations.

7. Toute personne qui voudra tirer ou faire tirer des pièces d'artifice dans des cours et jardins sera tenue de se pourvoir d'une autorisation du commissaire de police de son quartier, qui s'assurera préalablement qu'il ne peut en résulter aucun danger.

8. Les contraventions à la présente ordonnance seront constatées par des procès-verbaux, pour être poursuivies devant les tribunaux, conformément aux lois.

9. La présente ordonnance sera publiée et affichée dans le ressort de la préfecture de police.

Les sous-préfets des arrondissements de Saint-Denis et de Sceaux, les maires et adjoints des communes rurales, les commissaires de police, l'inspecteur général de police, les officiers de paix, la gendarmerie et les préposés de la police sont chargés de tenir la main à son exécution.

Le ministre d'Etat, préfet de police, comte ANGLÈS.

N° 1001. — *Ordonnance concernant les masques* (1).

Paris, le 26 février 1821.

N° 1002. — *Ordonnance concernant la prohibition de la chasse* (2).

Paris, le 26 février 1821.

N° 1003. — *Instruction concernant la surveillance de la rivière, des ports, des chantiers de bois de chauffage et des places de vente du charbon de bois* (3).

Paris, le 26 mars 1821.

---

(1) V. les ord. des 10 fév. 1828, 10 fév. 1830 et 23 fév. 1843.

(2) V. l'ord. du 23 fév. 1843.

(3) V. les ord. des 24 mars 1824, 26 mars 1829 et 25 oct. 1840.

N° 1004. — *Ordonnance concernant les marchés de la Chapelle-Saint-Denis.*

Paris, le 1er avril 1821.

Nous, ministre d'Etat, préfet de police,

Vu, 1° l'ordonnance du roi en date du 10 août 1820, concernant l'établissement d'un marché aux vaches laitières et aux vaches grasses, et d'un marché aux porcs vivants dans la commune de la Chapelle-Saint-Denis;

2° La lettre, en date du 16 mars, par laquelle M. le directeur général de l'administration départementale nous annonce que S. Exc. le ministre de l'intérieur a approuvé, le 28 février précédent, le tarif voté par le conseil municipal de la Chapelle, pour les droits à percevoir dans ces marchés;

3° Les articles 2 et 32 de l'arrêté du gouvernement du 12 messidor an VIII (1er juillet 1800) et l'article 1 de celui du 3 brumaire an IX (25 octobre 1800),

Ordonnons ce qui suit :

1. Le marché aux vaches laitières et aux vaches grasses établi dans la commune de la Chapelle, tiendra, le mardi de chaque semaine, dans la maison Jamet et ses dépendances, rue du Bon-Puits, n. 11.

2. Le marché aux porcs vivants tiendra le jeudi de chaque semaine sur la grande place de la commune, depuis le coin de la rue du Bon-Puits jusques et au delà de la rue des Tournelles.

3. Lesdits marchés seront ouverts depuis dix heures du matin jusqu'à trois heures de relevée.

L'ouverture et la fermeture seront annoncées au son d'une cloche.

4. Il est défendu d'exposer en vente sur le marché des vaches laitières qui se trouveraient dans les cas rédhibitoires, et même celles qui, n'étant pas dans les cas rédhibitoires, seraient atteintes d'une maladie quelconque.

5. Il y aura sur le marché un préposé chargé d'y maintenir le bon ordre, de visiter les vaches, et de délivrer les certificats nécessaires à leur introduction dans Paris.

6. Dans le département de la Seine, il est défendu d'acheter et de vendre des vaches laitières ailleurs que sur les marchés de la Chapelle et de la Maison-Blanche. (*Ord. du 8 av. 1752, art. 2, et 29 janv. 1768, art. 3.*)

7. Le droit de location de place sera perçu à raison de 50 centimes (dix sous) par deux mètres pour chaque vache grasse ou laitière, conformément au tarif approuvé par S. Exc. le ministre de l'intérieur.

8. Les marchands de porcs seront tenus de faire, au préposé chargé de la surveillance du marché, la déclaration des porcs qu'ils y amèneront

Il sera fait une déclaration particulière des porcs nourris avec des résidus d'amidon.

9. Il est défendu de vendre des porcs dans les auberges, sur les routes et partout ailleurs qu'au marché.

10. Il est défendu de conclure l'achat d'aucun porc avant l'ouverture de la vente.

11. Une demi-heure avant l'ouverture de la vente, le préposé chargé de la surveillance du marché fera la visite des porcs qui y auront été amenés. Cette visite sera annoncée au son d'une cloche.

Il est enjoint à cet effet aux marchands de faire sortir leurs porcs des étables et de les exposer sur le marché. (*Ord. du 22 nov. 1727.*)

12. Aucun marchand, propriétaire ou conducteur de porcs ne pourra les tenir hors du marché, pendant les heures prescrites pour la vente, à moins qu'ils aient été achetés et marqués sur le marché.

13. Nul ne pourra acheter des porcs sur le marché pour les revendre sur pied au même marché ou dans tout autre. (*Lettres patentes du 26 août 1783, art. 13.*)

14. Il est défendu d'acheter ou de vendre des porcs après la fermeture du marché. (*Ord. du 22 nov. 1727.*)

15. Les porcs renvoyés pour défaut de vente seront représentés aux marchés suivants, soit à la Maison-Blanche, soit à Saint-Germain, soit à la Chapelle.

16. Les charcutiers qui auront acheté des porcs sur le marché, devront en rapporter des certificats du préposé dudit marché, lesquels certificats, énonçant la quantité de porcs et les noms des acheteurs, seront remis à l'entrée dans Paris aux employés de la direction de l'octroi.

17. Les porcs achetés au marché qui seront destinés pour Paris ne pourront y être introduits que de jour par la barrière de Saint-Denis.

18. Le droit de location de place sera perçu à raison de 10 cent. (deux sous) par mètre pour chaque porc vivant, conformément au tarif approuvé.

19. Les marchés aux vaches grasses et laitières et aux porcs vivants seront tenus dans le plus grand état de propreté; les pailles, fumiers et autres matières seront enlevés immédiatement après la clôture des ventes.

20. Le préposé chargé de la surveillance des marchés de la Chapelle constatera par des procès-verbaux les contraventions à la présente ordonnance.

Ces procès-verbaux nous seront transmis directement.

21. Les règlements concernant la police des marchés aux vaches et aux porcs, dans le ressort de la préfecture de police, continueront à recevoir leur exécution en tout ce qui n'est pas contraire à la présente ordonnance.

22. La présente ordonnance sera imprimée et affichée.

Les sous-préfets des arrondissements de Sceaux et de Saint-Denis, les maires et adjoints des communes rurales du département de la Seine, le commissaire du quartier des marchés, le commissaire inspecteur général des halles et marchés et les autres préposés de la préfecture de police sont chargés, chacun en ce qui le concerne, de tenir la main à son exécution.

Le ministre d'État, préfet de police, comte ANGLÈS.

N° 1005. — *Ordonnance concernant l'ordre à suivre lors du défilé des voitures qui iront à Longchamp* (1).

Paris, le 17 avril 1821.

N° 1006. — *Ordonnance concernant des mesures de police relatives aux fêtes et cérémonies qui auront lieu à l'occasion du baptême de S. A. R. Mgr le duc de Bordeaux.*

Paris, le 29 avril 1821.

Nous, ministre d'Etat, préfet de police,

Vu le programme de la cérémonie du baptême de S. A. R. Mgr le duc de Bordeaux;

---

(1) V. l'ord. du 10 avril 1843.

Le programme des cérémonies, fêtes et réjouissances municipales qui auront lieu dans la ville de Paris, les 1er, 2 et 3 mai prochain, à l'occasion de cette cérémonie;

Les lettres de S. Exc. le grand-maître des cérémonies de France, et de M. le directeur général de l'administration départementale et municipale,

Ordonnons ce qui suit:

SECTION Ire.

SPECTACLES GRATIS.

1. Les représentations gratuites qui auront lieu dans les spectacles lundi prochain, 30 avril, commenceront toutes à deux heures de l'après-midi.

SECTION II.

DISPOSITIONS COMMUNES AU 1er ET AU 2 MAI.

Voie publique.

2. Les 1er et 2 mai la voie publique sera balayée à sept heures du matin.

Les boues et immondices seront enlevées au plus tard à dix heures;

Et l'arrosement devra être terminé à onze.

3. Il est défendu de construire ou faire construire, sur la voie publique, aucuns échafauds, amphithéâtres, estrades ou autres établissements de ce genre et d'y placer des chaises ou des bancs.

Il est également défendu de laisser sur les croisées ou entablements des maisons aucunes caisses ou pots à fleurs.

Les commissaires de police et l'architecte-commissaire de la petite voirie feront enlever tous ces objets.

4. Les réparations du pavé devront être terminées le 30 avril au plus tard.

Il est défendu d'en entreprendre pendant les journées des 1er, 2 et 3 mai.

Illumination.

5. Il est défendu de vendre, d'acheter des fusées, pétards, boîtes, bombes et autres pièces d'artifice, et d'en tirer dans les rues, promenades, places publiques, cours et jardins, ou par les fenêtres des maisons, dans les soirées des 1er et 2 mai.

Les pères et mères et chefs de maisons sont civilement responsables de leurs enfants, de leurs ouvriers ou domestiques.

Les marchands de pièces d'artifice sont personnellement responsables de l'exécution du présent article en ce qui les concerne.

6. Il sera placé des pompes, des tonneaux et des seaux à incendie partout où il sera jugé nécessaire pour porter des secours au besoin.

7. La bourse, les ports et les chantiers seront fermés pendant les journées des 1er et 3 mai.

SECTION III.

DISPOSITIONS PARTICULIÈRES AU 1er MAI.

Cérémonie du baptême.

8. Le mardi 1er mai, à compter de 8 heures du matin, le Pont-aux-Doubles sera interdit aux personnes qui voudraient le traverser pour arriver soit sur la place du Parvis, soit sur le quai de l'Archevêché.

Interdiction des voitures avec exceptions.

9. Le même jour, à compter de onze heures du matin jusqu'après la rentrée du cortége au château des Tuileries, aucunes voitures ne pourront circuler ni stationner dans Paris.

Sont exceptés les voitures des personnes qui se rendront aux Tuileries, à Notre-Dame ou qui en reviendront, les courriers de la malle et les diligences.

10. Les voitures des personnes qui viendront de Sèvres à Paris fileront par Vaugirard ou par le bois de Boulogne, l'avenue de Neuilly, le nouveau boulevard et la barrière du Roule.

11. Les voitures des personnes qui se rendront à Notre-Dame pour assister au baptême de S. A. R. Mgr le duc de Bordeaux ne pourront y arriver que par le Pont-Neuf et le quai des Orfévres, et sur une seule file.

Ces personnes devront être arrivées à Notre-Dame aux heures indiquées par les invitations ou les billets.

Leurs voitures seront mises en stationnement sur le quai aux Fleurs et ne pourront être remises en mouvement pour le départ qu'après celui des voitures de la cour, de celles du corps diplomatique, des ministres, des membres de la chambre des pairs, de celles des députés et des autres autorités invitées à la cérémonie.

12. Les cours de l'Archevêché, la rue et la place Fénelon seront exclusivement réservés pour le stationnement des voitures de la cour, de celles du corps diplomatique et des ministres.

Les voitures des membres de la chambre des pairs et de la chambre des députés seront mises en stationnement sur le quai de la Cité.

Il ne pourra être mis aucune voiture en stationnement sur la place du Parvis.

13. Il est défendu à toutes personnes de stationner sur le pont de la Cité, et, au moment du défilé des voitures, de traverser ce pont pour entrer soit dans la rue Fénelon, soit sur les quais de la Cité et de l'Archevêché.

Feu d'artifice.

14. Dès lundi 30 avril, à compter de cinq heures du matin, l'accès du pont Louis XVI sera entièrement interdit, même aux personnes à pied.

Cette interdiction se prolongera jusqu'au surlendemain 2 mai, à midi.

Les échafaudages du feu d'artifice seront enlevés dans la nuit du 1er au 2 mai, de manière que le pont puisse être libre et sans exposer à aucun accident le 2 mai, à midi. L'entrepreneur est personnellement responsable des accidents qui arriveraient de tout retard à l'exécution de cette disposition.

Interdiction des voitures sans exception.

15. Dans la soirée du 1er mai, à compter de six heures jusqu'à minuit, aucunes voitures, sans exception quelconque, ne pourront circuler ni stationner :

Dans les rues Royale, de Saint-Florentin et de Rivoli, depuis la rue Saint-Florentin jusqu'au Carrousel ;

Sur la place Louis XV;

Sur le Pont-Royal et sur le Pont-Neuf;

Et sur tous les quais de la rive droite et de la rive gauche, depuis la barrière de la Conférence et l'esplanade des Invalides jusqu'au pont Saint-Michel et au pont au Change exclusivement.

En cas de contravention au présent article, il sera dressé procès-verbal contre le cocher, lequel sera traduit au tribunal compétent pour être poursuivi conformément aux lois.

16. Les établissements qui existent sur la rivière, les bateaux, batelets ou trains devront être éloignés de deux cents mètres au moins du pont Louis XVI, dans la soirée du 1er mai.

17. Le passage sur le pont des Arts n'aura lieu le même jour que jusqu'à huit heures du soir.

Les personnes qui le traverseront ne pourront s'y arrêter.

A compter de huit heures du soir, ce pont sera évacué et le passage en sera entièrement interdit jusqu'après le tirage du feu d'artifice.

18. Des pompes et des tonneaux à incendie seront placés à proximité du pont Louis XVI pour porter des secours au besoin.

Les pompiers resteront à leur poste.

19. Des bateaux montés chacun par deux mariniers nageurs seront placés en nombre suffisant dans le bassin entre le Pont-Royal et le pont Louis XVI, pour porter des secours au besoin et empêcher que personne ne s'introduise sur la rivière.

Il ne pourra y avoir dans ce bassin aucuns bachots autres que ceux nécessaires au service.

20. Il est défendu de se placer sur les berges des deux rives de la Seine pour voir le feu d'artifice, et spécialement depuis le Pont-Royal jusqu'aux pompes à feu de Chaillot et du Gros-Caillou.

SECTION IV.

DISPOSITIONS PARTICULIÈRES AU 2 MAI.

Fête à l'Hôtel-de-Ville.

21. Les personnes qui se rendront à l'Hôtel-de-Ville, le mercredi 2 mai, devront être munies de leurs billets d'invitation.

Elles devront y arriver à l'heure indiquée sur ces billets, et ordonner à leurs cochers de se présenter à la porte d'entrée qui leur est assignée en suivant l'itinéraire ci-après.

Arrivée.

22. Les voitures des personnes qui habitent les quartiers de la rive droite de la Seine seront dirigées par :

La rue Saint-Honoré,

La rue du Roule,

Et la rue de la Monnaie.

Arrivées à la hauteur de la rue Saint-Germain-l'Auxerrois, elles se rendront à l'Hôtel-de-Ville sur une seule file, les unes par la place des Trois-Maries, les quais de la Mégisserie, de Gèvres et le Pelletier, et les autres par la rue Saint-Germain-l'Auxerrois, la rue Saint-Jacques-la-Boucherie et celle de la Vannerie.

23. Les voitures des personnes qui habitent les quartiers de la rive gauche de la Seine seront dirigées par les quais au-dessus du Pont-Royal, situés sur cette rive,

Le Pont-Neuf,

Le quai de l'Horloge,

Et le pont au Change,

Arrivées à l'entrée du quai de Gèvres, elles se réuniront aux autres voitures et suivront, sur une seule file, les quais de Gèvres et Pelletier.

Stationnement.

24. Les voitures des personnes qui entreront à l'Hôtel-de-Ville par la grande porte de cet hôtel seront mises en stationnement sur le port au Blé et sur les quais des Ormes et des Célestins.

L'espace compris entre la place de Grève et le corps de garde du port au Blé sera réservé pour les voitures du corps diplomatique, celles des ministres et des grands dignitaires.

25. Les voitures des personnes qui entreront à l'Hôtel-de-Ville par la rue du Martroy seront mises en stationnement sur la place du Marché-Saint-Jean ou dans la rue Saint-Antoine, depuis la rue de Jouy jusqu'au boulevard Bourdon, et, au besoin, sur ce boulevard.

Retour à l'Hôtel-de-Ville.

26. Les voitures en stationnement dans les lieux désignés articles 24 et 25 ne pourront être remises en mouvement qu'après le départ des princes, et sur l'ordre précis qui en sera donné aux cochers par les officiers de police.

Elles suivront, pour leur retour devant la principale porte de l'Hôtel-de-Ville ou celle de la rue du Martroy, la même route que celle qu'elles auront suivie pour se rendre au lieu de leur stationnement.

Départ.

27. Toutes les voitures sortiront de la place de l'Hôtel-de-Ville soit par le quai Pelletier, soit par la rue du Mouton, avec la faculté, dans ce dernier cas, de suivre à gauche par la rue de la Poterie, ou à droite par celles de la Tixeranderie, des Coquilles ou des Mauvais-Garçons.

Jeux, spectacles et distributions publiques aux Champs-Élysées.

28. Le même jour 2 mai, à compter de une heure jusqu'à minuit, la circulation et le stationnement de toutes voitures quelconques seront interdits :

Dans les rues Royale, de Saint-Florentin et de Rivoli, depuis la rue Saint-Florentin jusqu'à la rue de l'Echelle ;

Sur la place Louis XV;

Dans la grande avenue des Champs-Elysées;

Dans l'avenue de Marigny ;

Dans toutes les avenues qui aboutissent aux Champs-Elysées ;

Sur les quais des Tuileries, d'Orsay et de la Conférence,

Et sur le pont Louis XVI.

29. Les voitures des personnes qui viendront de Sèvres à Paris fileront par Vaugirard, ou par le bois de Boulogne, l'avenue de Neuilly, le nouveau boulevard et la barrière du Roule.

30. Le passage de la rivière, en bachots ou batelets, ne pourra avoir lieu le mercredi 2 mai, depuis le pont Louis XVI jusqu'à la sortie de Paris, qu'au port des Invalides.

Les passeurs d'eau se pourvoiront de bachots en nombre suffisant pour que le service se fasse avec sûreté et célérité.

31. Il ne pourra être admis dans chaque bachot ou batelet plus de douze personnes.

Il est enjoint aux passeurs d'eau de désigner aux inspecteurs de la navigation, ou à la garde, les individus qui, par imprudence, compromettraient la sûreté des passagers.

32. Les commissaires de police veilleront à ce que l'ordre soit maintenu pendant les distributions de comestibles qui se feront aux Champs-Elysées.

SECTION V.

DISPOSITIONS POUR LE 3 MAI.

Bals aux corporations des halles et marchés.

33. Les personnes invitées aux bals donnés par la ville aux corporations des dames des halles et marchés, des forts des halles, des charbonniers, ouvriers, garçons de chantiers devront être munies de leurs billets d'invitation.

34. Aucune voiture ne pourra circuler ni être mise en stationnement dans les rues qui servent d'enceinte aux marchés où les bals auront lieu.

SECTION VI.

DISPOSITIONS GÉNÉRALES.

35. Les maîtres sont invités à donner l'ordre formel à leurs cochers de ne pas rompre les files et d'aller au pas.

36. Il est défendu aux cochers de quitter les rênes de leurs chevaux et aux domestiques de quitter les voitures.

Des préposés seront chargés, aux portes de sortie, de les faire avancer.

37. Il est défendu de monter sur les monuments et édifices publics, sur les parapets des quais et des ponts, sur les piles de bois dans les chantiers, sur les toits, les entablements, les auvents et sur les barrières au-devant des maisons.

Il est également défendu de monter sur les balustrades de la place Louis XV et sur les arbres.

Les contrevenants seront immédiatement arrêtés.

38. Aucun commissaire de police, aucun officier de paix, ou tout autre agent de l'autorité, ne pourra quitter le poste qui lui aura été confié qu'après la retraite du public.

Les commissaires de police et les officiers de paix feront toutes les réquisitions nécessaires aux commandants de la troupe pour qu'elle reste en activité jusqu'au moment où ils pourront se retirer eux-mêmes.

39. L'inspecteur général de police est autorisé à prendre toutes les mesures de police que les circonstances nécessiteront et qui n'auraient pas été prévues par la présente ordonnance.

40. Il sera pris envers les contrevenants telle mesure d'urgence que nécessitera la sûreté publique, sans préjudice des poursuites à exercer contre eux devant les tribunaux.

41. La présente ordonnance sera imprimée et affichée.

L'inspecteur général de police, les commissaires de police de Paris, les maires des communes de Sèvres, Neuilly et Vaugirard, les officiers de paix, la gendarmerie, le commandant du corps des sapeurs-pompiers, l'architecte-commissaire de la petite voirie, l'inspecteur général de la navigation et des ports, le contrôleur général des bois et charbons et l'inspecteur général de la salubrité sont chargés de tenir la main à son exécution, chacun en ce qui le concerne.

Le ministre d'Etat, préfet de police, comte ANGLÈS.

N° 1007. — *Arrêté sur les mesures d'ordre à prendre pour l'arrivée et le départ des voitures, le mardi au matin 1er mai, à la cérémonie du baptême de monseigneur le duc de Bordeaux.*

Paris, le 30 avril 1821.

Nous, ministre d'Etat, préfet de police,

Vu notre ordonnance du 29 avril présent mois, contenant les dispositions générales de police qui doivent être exécutées pendant les 1er, 2 et 3 mai ;

Vu la lettre de S. Ex. M. le grand-maître des cérémonies, en date du 28 de ce mois, annonçant que les princes et princesses du sang n'iront point dans le cortége du roi, et se rendront d'avance, et de leur côté, à l'Archevêché; que leurs voitures stationneront dans la cour intérieure de l'Archevêché;

Que les voitures du nonce apostolique, ainsi que celles des ambassadeurs et ministres étrangers arriveront par la première cour de l'Archevêché, et repartiront du même point ;

Voulant déterminer d'une manière plus précise et détaillée les mesures d'ordre et de sûreté à prendre pour l'arrivée et le départ des voitures des diverses autorités et des personnes invitées à la cérémonie du baptême de monseigneur le duc de Bordeaux, afin qu'ils aient lieu avec le moins de retard possible, et de manière à prévenir tout accident,

Avons arrêté et arrêtons ce qui suit :

1. Aucune voiture ne sera mise en mouvement avant le départ du cortége du roi, dont les voitures stationneront sur la place du Parvis, du côté opposé à l'Hôtel-Dieu, et dans la rue du Cloître-Notre-Dame; de celui des princes et des princesses de leur suite, dont les voitures, ainsi que celles des ambassadeurs et des ministres secrétaires d'Etat, stationneront dans les cours de l'Archevêché

2. Les diverses autorités et les personnes invitées à la cérémonie, devant entrer par les portes désignées sur les billets d'invitation, elles monteront en voiture, pour le départ, aux mêmes lieux où elles sont descendues, à l'arrivée.

Ces portes sont :

1° La grande porte de la nef du milieu de l'église ;

2° La porte latérale de la nef, à droite ;

3° La porte latérale de la nef, à gauche ;

4° La porte de la croix, sur la première cour de l'Archevêché ;

5° La porte de la croix, sur la rue Cloître-Notre-Dame ;

6° La petite porte rouge donnant entrée dans les tribunes hautes et basses du chœur.

3. Les voitures appartenant aux autorités, corps et députations qui seront entrés par la grande porte de la cathédrale, stationneront dans le même local, savoir : celles de MM. les pairs et maréchaux de France, des ministres d'Etat et des membres du conseil d'Etat, sur le quai du jardin de l'Archevêché, les premières à la hauteur de l'angle de l'Archevêché, la tête des chevaux tournés du côté de la rivière ; viendront ensuite, 1° les voitures de la cour de cassation, 2° de la cour royale, 3° du tribunal de première instance.

Celles de MM. les membres de la chambre des députés stationneront sur le quai de la Cité, à partir de la maison opposée à l'angle du jardin;

Viendront ensuite, en descendant le quai de la Cité, les voitures 1° de la cour des comptes, 2° du conseil municipal, 3° des députations des bonnes villes ;

Les voitures des personnes qui descendront à la porte latérale gauche de la nef, seront placées immédiatement au-dessous des voitures des députations des bonnes villes; celles des personnes qui descendront à la porte latérale, à droite de la nef, seront placées à la suite;

Les voitures des deux cent dix personnes qui descendront à la porte de la croix, dans la cour de l'Archevêché, sortiront par la porte charretière donnant de la seconde cour dans la rue de Fénelon, et seront placées à l'angle du jardin de l'Archevêché, vis-à-vis le pont de la Cité, en remontant le quai;

Les voitures des deux cent dix personnes qui doivent entrer par la porte de la croix donnant sur la rue du Cloître-Notre-Dame, seront placées sur le quai, immédiatement au-dessus des dernières voitures dont il vient d'être question, et successivement en remontant le quai jusqu'au stationnement des voitures de la cour royale et du tribunal de première instance;

Enfin, les voitures qui doivent descendre à la petite porte rouge, sur la rue du Cloître-Notre-Dame, donnant entrée dans les tribunes basses et hautes du chœur, seront placées à l'extrémité du stationnement, du côté du Marché aux fleurs et des ponts Notre-Dame et au Change.

4. A cet effet, trois employés seront chargés, à la porte principale de l'église, de remettre aux domestiques qui accompagnent lesdites voitures et qui ne doivent pas les quitter, une carte de couleur blanche, portant, d'un côté : grande porte de la nef; et, de l'autre : chambre des pairs, ou chambre des députés, ou conseil d'Etat, ou cour de cassation, ou cour des comptes, ou cour royale, ou conseil municipal, ou tribunal de première instance. (*Nota.* MM. les présidents des députations des bonnes villes ont reçu les cartes qu'ils remettront eux-mêmes à leur domestique.)

Trois autres employés pour chacune des portes latérales, à droite et à gauche de la nef, rempliront les mêmes dispositions à l'égard des domestiques des personnes qui descendront auxdites portes. Ils leur remettront, pour celles de droite, des cartes roses, et pour celles de gauche, des cartes vertes.

Ces cartes devront être représentées par le domestique, à l'extrémité de la rue de Bossuet, aux employés de la police chargés de diriger lesdites voitures vers le lieu de leur stationnement.

Un employé sera placé à la porte de la croix, dans la cour de l'Archevêché et à la porte de la croix sur la rue du Cloître-Notre-Dame, pour remplir le même office. Les cartes pour ces deux portes, seront de couleur blanche comme celles de la porte principale, mais avec une croix en travers.

5. Les employés et inspecteurs veilleront à ce que les domestiques remontent, immédiatement après le déchargement, derrière leurs voitures et qu'ils ne les quittent plus.

Défilé des voitures pour le départ.

6. Immédiatement après le départ des voitures de la cour, des ministres secrétaires d'Etat et des ambassadeurs, qui seront stationnées dans la cour de l'Archevêché, les voitures de MM. les pairs de France et de MM. les membres de la chambre des députés défileront, pour regagner la place du Parvis, savoir : les premières stationnées sur le quai de l'Archevêché, par la rue qui conduit de la place du Pont-au-Double sur la place du Parvis, et les secondes par la rue de Bossuet.

7. A cet effet, la tête des voitures, sur l'un et l'autre point, sera mise en mouvement d'après l'avis qui sera donné par des employés commis

à cet effet, et sur l'ordre de l'inspecteur général adjoint chargé de la surveillance générale du service.

8. Au même moment, le même avis sera porté à deux employés placés auprès de l'estrade de MM. les pairs et les membres du conseil d'Etat et de MM. les députés, qui seront chargés de conduire les premiers sous le portique construit au-devant de la façade à droite, et les seconds sous celui situé du côté opposé.

9. Les voitures appartenant aux personnes descendues aux deux portes de la croix, ne suivront pas, au moment du défilé des voitures stationnées sur le quai de l'Archevêché qui déboucheront sur le derrière de l'Hôtel-Dieu, mais elles reviendront immédiatement par le même chemin qu'elles ont pris pour aller stationner, afin de reprendre leurs maîtres aux portes où ils seront descendus.

10. Les rues de Fénelon et de Bossuet étant spacieuses, pour accélérer le défilé, les voitures marcheront, dans lesdites rues, sur trois lignes, savoir : celles stationnées depuis l'angle du jardin, en filant le long du mur de clôture jusqu'à la porte charretière, pour entrer dans la cour de l'Archevêché et charger à la porte de la croix qui donne sur cette cour; celles stationnées à la suite prendront la ligne du milieu pour charger à la porte de la croix sur la rue du Cloître Notre-Dame; celles des membres de la chambre des députés du côté des façades des maisons des rues de Bossuet et Cloître-Notre-Dame.

11. En conséquence, il est indispensable que des gendarmes à pied ou à cheval et des inspecteurs soient placés, 1° à la porte extérieure de la cour de l'Archevêché, derrière l'Hôtel-Dieu, pour arrêter la file des voitures vides de MM. les pairs, lorsqu'une voiture chargée se présentera, à la sortie de ladite cour, pour entrer dans la file; 2° à la porte de la croix donnant sur la rue du Cloître-Notre-Dame, afin de faire exécuter la même disposition pour effectuer le départ des voitures qui auront chargé à ladite porte, et qui devront prendre la file des voitures vides de MM. les députés, pour déboucher sur le Parvis et se diriger ensuite par la rue du Parvis vers le Pont-Neuf.

12. A la fin du défilé des voitures des pairs et des conseillers d'Etat, les mêmes dispositions seront prises pour le départ de MM. les membres de la cour de cassation et de la cour royale, qui occuperont le portique de droite, et pour celui de MM. les membres de la cour des comptes et du corps municipal, qui occuperont le portique de gauche.

Les voitures des premiers suivront la direction des voitures de MM. les pairs, sur le quai de l'Archevêché, et se rendront par le même chemin au même point. Les voitures des seconds prendront la même direction que celles de MM. les députés.

Les voitures des députations des quarante bonnes villes défileront ensuite par la rue de Bossuet et sur une seule file; elles occuperont, pour le chargement, toute l'étendue des portiques construits sur la façade, de sorte qu'on puisse monter en même temps dans plusieurs voitures et opérer le départ plus rapidement.

13. Afin d'éviter l'encombrement, les désordres et les accidents qui en seraient la suite, les portes latérales seront fermées jusqu'au moment où il ne restera plus qu'un petit nombre de personnes qui auront occupé la nef. La personne qui aura les clefs de chacune desdites portes ne s'en éloignera pas, et elle ne les ouvrira que sur un ordre spécial. Un adjudant de ville sera placé auprès d'elle pour assurer l'exécution de cette disposition.

14. Les voitures des personnes invitées pour les tribunes inférieures et supérieures latérales, se mettront en marche sur deux files le long du quai de la Cité, immédiatement à la suite des députations des bonnes villes, les voitures pour le côté gauche de la nef étant les plus rapprochées de la façade des maisons. Les voitures pour le côté droit de la nef, le long du trottoir du quai.

A l'entrée de la rue de Bossuet, les voitures pour la porte à gauche prendront, sur une seule file, ladite rue pour gagner la place du Parvis.

Les voitures pour la porte droite suivront le quai de l'Archevêché et passeront derrière l'Hôtel-Dieu, pour arriver sur le Parvis.

15. Des commissionnaires ayant une marque distinctive au bras, seront placés au moment du défilé, ainsi qu'il suit, savoir :

5 au portique de droite } sur la façade du Parvis;
5 au portique de gauche }

3 à la porte de la croix de la cour de l'Archevêché;

3 à la porte de la croix sur la rue Cloître-Notre-Dame.

Après le départ effectué par ces quatre portes, ils feront le service à la petite porte rouge donnant entrée aux tribunes du chœur.

Ils seront chargés d'appeler les personnes dont les voitures seront arrivées et prêtes à charger.

Il leur est expressément défendu de rien exiger.

16. Lorsque les voitures chargeront sur deux files aux portiques de gauche et de droite, les agents et employés de la préfecture de police, ainsi que la gendarmerie, veilleront à ce qu'elles ne forment plus qu'une seule file à l'entrée de la rue du Parvis-Notre-Dame. Elles prendront toutes la direction du Pont-Neuf, et se rendront dans les divers quartiers de Paris par les débouchés qui y aboutissent.

17. Des postes de gendarmerie seront placés auxdits débouchés pour en faciliter le passage à l'arrivée ainsi qu'au départ.

18. Tous les débouchés donnant sur la place du Parvis, ainsi que les rues Cloître-Notre-Dame, de Bossuet et sur le quai de la Cité jusqu'au marché aux fleurs, seront entièrement interceptés pour en empêcher l'accès.

19. L'inspecteur général de police et le second inspecteur général adjoint, les commissaires de police, la gendarmerie et les préposés et agents de la préfecture de police sont chargés, chacun en ce qui le concerne, de tenir la main à l'exécution du présent arrêté.

Le ministre d'Etat, préfet de police, comte ANGLÈS.

N° 1008. — *Ordonnance concernant des mesures de police à l'occasion de l'ouverture de la navigation du canal de Saint-Denis.*

Paris, le 11 mai 1821.

Nous, ministre d'Etat, préfet de police,

Vu le programme des fetes et cérémonies qui auront lieu dimanche 13 mai présent mois, au bassin de la Villette et sur toute la ligne du canal de Saint-Denis, pour l'ouverture de la navigation de ce canal,

Ordonnons ce qui suit :

1. Les voitures des personnes qui voudront assister, dimanche prochain, à l'ouverture de la navigation du canal de Saint-Denis, et qui s'y rendront de Paris par la barrière de la Villette ou par le boulevard extérieur, à gauche de cette barrière, seront mises en stationnement sur ce boulevard.

Celles des personnes qui s'y rendront par la barrière de Pantin ou par le boulevard, à droite de cette barrière, seront mises en stationnement sur ce boulevard.

Toutes ces voitures ne seront remises en mouvement qu'après le départ des princes,

2. L'espace compris, sous le nom d'Esplanade, entre la caserne de la gendarmerie et le bassin de la Villette, sera exclusivement réservé pour le stationnement des voitures de la cour, de celles des ministres, du corps diplomatique et du corps municipal.

3. Les voitures des personnes qui se rendront au pont de Flandres, situé sur la route du Bourget, seront dirigées par la Villette jusqu'au delà du pont, et seront mises en stationnement sur un des côtés de la grande route.

Celles des personnes qui se rendront au pont de Calais, situé sur la route de Saint-Denis, seront dirigées sur cette route, et y seront mises en stationnement.

4. Le passage des voitures est expressément interdit sur les bords du bassin de la Villette et sur les deux rives du canal de Saint-Denis.

5. Le pont de Flandres étant dépourvu de parapets, une barrière en planches, à hauteur d'appui, sera placée sur les bords, ainsi que sur les deux rampes de la culée de ce pont.

Des barrières semblables seront également placées aux abords des écluses établies avant le pont de Flandres et depuis ce pont jusqu'à la Seine.

Des piquets et des cordages seront placés le long du bassin de la Villette et du canal de l'Ourcq.

Il est défendu d'outrepasser ces limites.

En cas d'inexécution des dispositions ci-dessus prescrites, la Compagnie des canaux sera responsable des accidents qui pourraient en résulter.

Ces accidents seront constatés par des procès-verbaux.

6. Des bachots montés par des mariniers nageurs seront placés tant sur le bassin que sur le canal, pour porter des secours au besoin.

7. L'inspecteur général de police et l'inspecteur général de la navigation et des ports sont autorisés à prendre toutes les mesures que les circonstances nécessiteront et qui n'auraient pas été prévues par la présente ordonnance.

8. Il sera pris envers les contrevenants telle mesure d'urgence que nécessitera la sûreté publique, sans préjudice des poursuites à exercer contre eux devant les tribunaux.

9. La présente ordonnance sera imprimée et affichée.

Le sous-préfet de l'arrondissement de Saint-Denis, le maire et le commissaire de police de la ville de Saint-Denis, le maire de la Villette, l'inspecteur général de police, les officiers de paix, l'inspecteur général de la navigation et des ports sont chargés de tenir la main à son exécution, chacun en ce qui le concerne.

M. le colonel commandant la première légion de la gendarmerie royale de France, et M. le colonel d'armes commandant la gendarmerie royale de Paris, sont invités à en assurer l'exécution par tous les moyens qui sont à leur disposition.

Le ministre d'Etat, préfet de police, comte ANGLÈS.

N° 1009. — *Ordonnance concernant les bains dans la rivière et les écoles de natation* (1).

Paris, le 15 mai 1821.

---

(1) V. les ord. des 20 mai 1839 et 25 oct. 1840 (art. 187 et suiv., et 225).

N° 1010. — *Ordonnance concernant les processions de la Fête-Dieu* (1).

Paris, le 22 juin 1821.

N° 1011. — *Ordonnance concernant les chiens errants* (2).

Paris, le 5 juillet 1821.

N° 1012. — *Ordonnance concernant le racolage.*

Paris, le 11 juillet 1821.

Nous, ministre d'Etat, préfet de police,

Considérant que le racolage exercé sur plusieurs points de la voie publique, notamment sur les quais de Gèvres, de la Mégisserie et Lepelletier, et dans les environs des marchés du Temple et Saint-Jacques-la-Boucherie, pour vendre aux passants des chapeaux, des souliers ou des hardes, trouble l'ordre en embarrassant le passage et en occasionnant, entre les agents employés à ce racolage, des rixes et des disputes auxquelles prennent part les passants, et dont il importe de prévenir le retour;

En vertu de la loi des 16-24 août 1790, titre XI, art. 3, § 1 et 2, et de l'arrêté du gouvernement du 12 messidor an VIII (1er juillet 1800),

Ordonnons ce qui suit :

1. Il est expressément défendu à tous particuliers de parcourir les quais de Gèvres et Lepelletier, les environs des marchés du Temple et Saint-Jacques-la-Boucherie et tous autres points de la voie publique, ou d'y stationner, à l'effet d'y racoler les passants et de leur vendre des chapeaux, des souliers, des hardes, etc., en les entraînant dans les boutiques et autres lieux où l'on fait commerce de ces marchandises.

Il est également défendu à tout marchand d'envoyer sur la voie publique des femmes de journée ou tout autre agent pour leur amener des acheteurs, en exerçant le racolage.

2. Les contraventions seront constatées tant contre les racoleurs et racoleuses que contre les marchands pour le service desquels ils seraient employés, par des procès-verbaux ou des rapports qui nous seront transmis pour être déférés au tribunal compétent.

3. La présente ordonnance sera imprimée et affichée.

Les commissaires de police, l'inspecteur général de police et les officiers de paix, les chefs de service extérieur et les préposés de la préfecture de police sont chargés de tenir la main à son exécution.

Elle sera adressée à M. le colonel commandant la gendarmerie royale de Paris, pour en assurer l'exécution par tous les moyens qui sont à sa disposition.

Le ministre d'Etat, préfet de police, comte ANGLÈS.

---

(1) V. l'ord. du 9 juin 1830.

(2) V. l'ord. du 23 juin 1832.

N° 1013. — *Ordonnance concernant l'arrosement* (1).

Paris, le 20 juillet 1821.

N° 1014. — *Ordonnance concernant la formation d'une masse pour les cochers de voitures de place* (2).

Paris, le 23 août 1821.

Nous, ministre d'Etat, préfet de police,

Considérant que l'intérêt de l'ordre, de la sûreté et de la libre circulation dans Paris, demande que l'administration exige des cochers de voitures de place une garantie qu'ils n'ont pas présentée jusqu'ici;

Que cette garantie ne peut se trouver que dans la formation d'une masse appartenant à chaque cocher, qui assure le payement des amendes auxquelles il pourrait être condamné par les tribunaux, et la réparation des dommages provenant de son fait;

Vu la loi du 14 décembre 1789 (article 52);

La loi des 16 et 24 août 1790, titre XI, art. 3, § 2 et 3;

Les articles 2, 22 et 31 de l'arrêté du gouvernement du 12 messidor an VIII (1er juillet 1800), l'article 1 de celui du 3 brumaire an IX (25 octobre 1800), etc.,

Ordonnons ce qui suit :

1. A compter du 1er janvier prochain, tout cocher, soit de carrosses, soit de cabriolets de l'intérieur ou de l'extérieur, employé par les loueurs de voitures de place, devra remettre, chaque jour, entre les mains de son maître, vingt centimes prélevés sur son salaire.

Le produit de cette retenue servira à former une masse, qui sera la propriété du cocher, et sur laquelle il restera constamment en dépôt une somme de soixante francs destinée exclusivement au payement des amendes qui pourraient être prononcées contre lui par les tribunaux, et à la réparation des dommages provenant de son fait, après qu'ils auront été régulièrement constatés.

2. Le prélèvement ci-dessus sera effectué par les soins et sous la responsabilité du propriétaire de voitures, pour le temps pendant lequel il occupera ou aura occupé un cocher, et le montant en sera versé tous les quinze jours, par les loueurs, entre les mains du caissier des délégués qui leur en donnera reçu et portera sur-le-champ, au nom de chaque cocher, la portion de masse qui lui revient.

3. Les fonds provenant des versements partiels des loueurs, seront déposés, tous les quinze jours, dans une caisse à trois clefs, placée à la préfecture de police, pour en garantir la sûreté; une des clefs sera remise au plus ancien des délégués, la deuxième à leur caissier et la troisième au trésorier de la préfecture de police, dont les fonctions, comme simple conservateur des deniers, se borneront à tenir note des encaissements et des extractions de fonds.

4. Aucun versement dans la caisse à trois clefs, aucune extraction de fonds de ladite caisse, aucun payement imputable sur les fonds de la masse, ne pourront avoir lieu sans une délibération spéciale et mo-

---

(1) V. les ord. des 17 mai 1834, 1er juin 1837 et 27 juin 1843.

(2) V. l'arrêté du 29 mai 1824.

tivée d'une commission composée des cinq délégués des loueurs de voitures.

Le plus ancien délégué présidera cette commission.

Le caissier y remplira les fonctions de secrétaire, et n'aura point voix délibérative.

En cas d'absence ou d'empêchement d'un ou de plusieurs délégués, ils seront remplacés par les suppléants, en commençant par le plus ancien; il sera fait mention de cette circonstance dans le protocole de la délibération.

5. Chaque année, au 1er octobre, il sera fait décompte aux cochers de l'excédant de la somme de soixante francs, formant le complet de la masse.

6. Tout cocher qui voudra quitter sa profession, soit définitivement, soit pour un temps quelconque, en fera sa déclaration par écrit; après vérification, la somme qu'il aura en dépôt lui sera remise sur sa quittance.

Lorsqu'un cocher, qui aura cessé d'exercer son état, voudra le reprendre, il sera tenu de verser à la masse une somme égale à celle qu'il avait en dépôt au moment où il s'est retiré.

7. Le montant de la masse d'un cocher qui viendrait à mourir, sera remis à ses héritiers, après que ceux-ci auront justifié de leurs titres.

8. Tous les ans, à dater du 1er octobre, la commission établira un compte de recettes et de dépenses qui nous sera adressé.

9. Le mode d'administration, la forme des écritures et les autres détails d'exécution, seront déterminés ultérieurement par des arrêtés réglementaires.

10. Expédition de la présente ordonnance sera adressée aux délégués des loueurs de voitures de place.

Le ministre d'Etat, préfet de police, comte ANGLÈS.

N° 1015. — *Ordonnance concernant la fête de la Saint-Louis* (1).

Paris, le 23 août 1821.

N° 1016. — *Ordonnance concernant les propriétaires et conducteurs de voitures traînées, soit par des animaux, soit à bras* (2).

Paris, le 27 août 1821.

Nous, ministre d'Etat, préfet de police,

Vu les ordonnances des 17 juillet, 15 novembre 1781, 21 décembre 1787, et l'article 3, titre XI de la loi du 16-24 août 1790; les lois des 22 juillet 1791 et 3 nivôse an VI (23 décembre 1798); le décret du 23 juin 1806, les articles 1383, 1384 et 1385 du Code civil, et les articles 319, 320, 471, 475, 476, 479 et 484 du Code pénal;

Vu également les articles 22 et 32 de l'arrêté du gouvernement du 12 messidor an VIII (1er juillet 1800) et l'article 1er de celui du 3 brumaire an IX (25 octobre 1800),

---

(1) V. l'ord. du 23 août 1824.

(2) Rapportée. — V. l'ord. du 25 sept. 1828.

Ordonnons ce qui suit

1. Tout propriétaire de voitures de roulage et de transport, traînées soit par des chevaux ou autres animaux, soit à bras, sera tenu d'y faire mettre une plaque de métal, sur laquelle ses noms et domicile seront peints en caractères apparents et lisibles. Cette plaque doit être clouée en avant de la roue, et au côté gauche de la voiture, à peine de vingt-cinq francs d'amende : l'amende sera double si la plaque portait, soit un nom, soit un domicile faux ou supposé. (*Loi du 3 nivôse an* VI, *art.* 6 (23 *déc.* 1798)) (*Décret du* 23 *juin* 1806, *art.* 34.)

Sont comprises dans cette disposition, les voitures désignées sous le nom de diables, camions et haquets.

2. Les propriétaires de charrettes, haquets, tombereaux et autres voitures de transport, même celles traînées à bras, employées pour l'usage du public dans la ville de Paris, devront faire à la préfecture de police la déclaration de leurs noms et demeures, et du nombre de voitures qui leur appartiennent, si déjà elle n'a été faite.

Il leur sera délivré un numéro, qu'ils feront peindre sur la plaque prescrite par l'article précédent.

En cas de changement de domicile, ils doivent le faire connaître à la préfecture de police.

3. Aucune voiture de transport, de quelque espèce qu'elle soit, ne pourra entrer dans les abattoirs qu'il n'ait été satisfait à l'article précédent.

4. Les voitures de roulage et autres voitures de transport doivent être bien conditionnées et entretenues en bon état.

Conformément à l'ordonnance de police du 21 décembre 1787, les voitures qui servent au transport du bois, des planches, des pierres, des moellons, des gravois et autres objets qui, en tombant, peuvent occasionner des accidents, ne pourront être chargées au-dessus des ridelles ou des planches de clôture, sous les peines portées aux articles 475, § IV et 476 du Code pénal.

Les ridelles ne pourront, en aucun cas, être suppléées, ni sur-élevées par des bûches ou piquets placés verticalement pour retenir le chargement.

5. Il est enjoint aux voituriers de conduire directement, à destination, les marchandises dont le transport leur est confié, sans qu'ils puissent s'arrêter en route.

6. Conformément aux paragraphes III et IV de l'article 475 du Code pénal, les rouliers, charretiers et conducteurs de voitures ou de bêtes de charge sont obligés de se tenir constamment à portée de leurs chevaux, bêtes de traits ou de charge, et de leurs voitures, et en état de les guider et conduire.

En conséquence, il est défendu aux rouliers et charretiers de faire trotter et galoper leurs chevaux et de monter dessus; ils se tiendront à pied, près la tête du limonier, pour être à portée de se servir des guides ou du cordeau et de pouvoir diriger leurs chevaux.

7. Il est défendu aux charretiers, garçons bouchers et autres, de monter dans leurs voitures, et de conduire en guides, quand même elles ne seraient attelées que d'un cheval.

Sont exceptés de cette disposition les blanchisseurs et les laitières, pourvu que leur cheval soit retenu par des guides solides et en bon état, mais sans pouvoir le faire trotter ni galoper : il devra toujours aller au pas.

8. Toute voiture, de quelque espèce que ce soit, devra être conduite au pas en passant aux barrières.

9. Il est défendu de confier des voitures à des enfants hors d'état de les conduire. (*Ord. de police du* 21 *déc.* 1787, *art.* 1.)

Les conducteurs doivent avoir au moins dix-huit ans.

10. Les rouliers, charretiers et conducteurs de voitures sont tenus d'occuper un seul côté des chemins ou voies publiques, de se détourner ou ranger devant toutes autres voitures, et, à leur approche, de leur laisser libre au moins la moitié des chaussées, routes et chemins, sous les peines portées aux articles 475 et 476 du Code pénal.

11. Il est défendu de faire stationner sans nécessité, sur la voie publique, aucune voiture attelée ou non attelée, sous les peines prononcées par l'article 471 du Code pénal.

12. Les aubergistes sont tenus de placer dans leurs cours, les voitures des rouliers ou voyageurs qui logeront chez eux.

Néanmoins, dans les communes rurales, lorsque les cours des aubergistes ne sont pas assez spacieuses pour contenir toutes les voitures, ils peuvent en faire stationner le long de leurs maisons, en obtenant préalablement la permission du maire de leur commune. Dans ce cas, les aubergistes doivent ranger les voitures de manière que la circulation soit libre, et placer une lanterne allumée pendant la nuit, pour que les voitures, laissées sur la voie publique, soient aperçues des voyageurs, à peine d'amende. (*Art. 471 du Code pénal*, § 3.)

13. Il est défendu de conduire ou faire conduire, sur la voie publique et aux abreuvoirs, plus de trois chevaux ou mulets non attelés, y compris celui sur lequel le conducteur sera monté ; comme aussi de confier la conduite de ces chevaux ou mulets à des enfants âgés de moins de dix-huit ans, ou à des femmes ; et de les faire courir ou trotter dans les rues, à peine d'amende et d'emprisonnement. (*Ord. de police du* 21 *déc.* 1787, *art.* 4 *et art.* 475 *et* 476 *du Code pénal.*)

14. Il est défendu d'entrer, avec de la lumière, dans les écuries et dans les lieux qui renferment des fourrages, à moins que cette lumière ne soit contenue dans une lanterne close.

Il est enjoint d'avoir, dans les écuries, des lanternes fixes, de manière à prévenir les accidents du feu.

15. Les contraventions seront constatées par des procès-verbaux ou rapports qui nous seront adressés.

16. En cas de contravention, les voituriers, rouliers, conducteurs de voitures ou de chevaux non domiciliés dans le ressort de la préfecture de police, seront tenus d'y élire domicile et de fournir caution pour sûreté de l'amende encourue ; faute par eux de ce faire, la voiture ou l'un des chevaux sera mis en fourrière, si mieux n'aiment les contrevenants consigner l'équivalent de l'amende et toujours en élisant domicile.

17. Les propriétaires de voitures et de chevaux et les aubergistes sont civilement responsables du payement des amendes encourues pour contravention à la présente ordonnance, par le fait des personnes dont ils doivent répondre. (*Art.* 1383, 1384 *et* 1385 *du Code civil*), sans préjudice de l'action civile autorisée par les lois.

18. La présente ordonnance sera imprimée et affichée.

Les sous-préfets des arrondissements de Saint-Denis et de Sceaux, les maires des communes rurales du ressort de la préfecture de police, les commissaires de police, l'inspecteur général de police et les officiers de paix, les chefs du service extérieur et les préposés de la préfecture de police sont chargés de tenir la main à son exécution.

Elle sera adressée à M. le colonel commandant la gendarmerie royale de la ville de Paris, et à M. le commandant de la gendarmerie du département de la Seine, pour en assurer l'exécution par tous les moyens qui sont à leur disposition.

Le ministre d'Etat, préfet de police, comte ANGLÈS.

N° 1017. — *Ordonnance (1) qui prescrit l'impression et la publication de l'ordonnance du roi, du 20 juin 1821, concernant les voitures parcourant les routes sur des roues à jantes inégales (2).*

Paris, le 27 août 1821.

N° 1018. — *Ordonnance concernant l'ouverture de la chasse* (3.)

Paris, le 27 août 1821.

N° 1019. — *Ordonnance concernant les mesures de police qui doivent être observées les 9, 16 et 23 septembre, à l'occasion de la fête de Saint-Cloud* (4).

Paris, le 7 septembre 1821.

N° 1020. — *Avis portant défense de mener des chiens aux courses de chevaux du Champ-de-Mars* (5).

Paris, le 25 septembre 1821.

N° 1021. — *Ordonnance concernant la mise en vente de trois tas de charbon, par mesure, aux places d'Aval et Cisalpine.*

Paris, le 26 septembre 1821.

Nous, ministre d'Etat, préfet de police,

Vu l'article 2 de notre ordonnance du 24 février 1817, concernant la vente du charbon de bois arrivant par terre ;

Les réclamations des délégués de cette branche de commerce ;

Et la lettre de S. Exc. le ministre de l'intérieur du 24 de ce mois,

Ordonnons ce qui suit :

1. Il pourra provisoirement être mis simultanément en vente trois tas de charbon par mesure ordinaire, aux places d'Aval et Cisalpine.

2. Sauf cette exception, notre ordonnance du 24 février 1817, continuera à recevoir son exécution.

---

(1) V. les ord. des 21 juin 1823, 14 août 1824, 15 mars 1826, 25 oct. 1827, 19 août 1828, 31 janvier 1829 et 18 avril 1843.

(2) V. cette ord. à l'appendice.

(3) V. l'ord. du 23 août 1843.

(4) V. l'ord. du 6 sept. 1843.

(5) V. l'avis du 11 oct. 1843.

3. La présente ordonnance sera imprimée et affichée.

Les commissaires de police des quartiers de Popincourt et du Roule, le contrôleur général du recensement et du mesurage des bois et charbons et les préposés placés sous sa direction sont chargés d'en assurer l'exécution.

Pour le ministre d'Etat, préfet de police, en congé,
Par autorisation,
Le secrétaire général, FORTIS.

N° **1022**. — *Ordonnance concernant des mesures d'ordre à observer à l'occasion de la messe du Saint-Esprit et de l'ouverture de la session des chambres* (1).

Paris, le 3 novembre 1821.

N° **1023**. — *Avis concernant le ramonage et les secours à porter en cas d'incendie* (2).

Paris, le 15 novembre 1821.

N° **1024**. — *Ordonnance concernant la police de la rivière et des ports, pendant l'hiver et les temps de glaces, grosses eaux et débâcles* (3).

Paris, le 30 novembre 1821.

N° **1025**. — *Ordonnance concernant le commerce des grains et grenailles* (4).

Paris, le 12 décembre 1821.

Nous, ministre d'État, préfet de police,

Considérant que des marchands de la campagne colportent et vendent dans les rues de Paris des grains et grenailles, ce qui diminue d'autant l'approvisionnement de la halle et peut contribuer à faire augmenter le prix de ces denrées; que l'impossibilité de surveiller la vente de cette marchandise sur la voie publique expose les acheteurs à être trompés sur la qualité et la quantité, et qu'en outre, la circulation se trouve entravée par le stationnement des voitures de grains et grenailles, dans les rues et sur les places publiques;

Vu les articles 2, 22 et 32 de l'arrêté du gouvernement du 12 messidor an VIII (1er juillet 1800);

Et la déclaration du roi en date du 19 avril 1723,

---

(1) V. l'ord. du 26 fév. 1830.

(2) V. l'avis du 10 janv. 1828 et l'ord. du 24 nov. 1843.

(3) V. les ord. des 1er déc. 1838, 5 déc. 1839 et 25 oct. 1840 (art. 203 et suiv.).

(4) V. l'ord. des 7 nov. 1823 et 25 nov. 1829.

Ordonnons ce qui suit :

1. Il est défendu de colporter des grains et grenailles, d'en vendre et d'en acheter sur la voie publique. (*Déclar. du roi du 19 avril 1723.*)

2. Les grains et grenailles amenés pour l'approvisionnement de Paris, seront conduits, savoir : ceux amenés par terre, sur le carreau de la halle, et ceux amenés par eau, sur le port, pour y être vendus.

Sont exceptés les grains et grenailles amenés à destination particulière.

3. Les grains et grenailles expédiés à destination devront y être conduits directement, sans pouvoir en être détournés, sous quelque prétexte que ce soit.

Les grains et grenailles, dont on ne justifiera pas la destination, seront conduits à la halle pour y être vendus.

4. Les contraventions seront constatées par des procès-verbaux qui nous seront adressés pour être statué ce qu'il appartiendra.

5. La présente ordonnance sera imprimée et affichée.

Les commissaires de police, l'inspecteur général de police, les officiers de paix, le contrôleur de la halle aux grains et farines, le commissaire inspecteur général des halles et marchés, et les préposés de la préfecture de police sont chargés, chacun en ce qui le concerne, de tenir la main à son exécution.

Le ministre d'État, préfet de police, comte ANGLÈS.

N° [illegible]. — *Ordonnance concernant la vérification annuelle des poids et mesures* (1).

Paris, le 15 décembre 1821.

LOUIS, etc.,

Nous avons ordonné et ordonnons ce qui suit :

Le sieur Delavau, conseiller en la cour royale de Paris, est nommé préfet de police en remplacement du comte Anglès, démissionnaire.

Donné à Paris, en notre château des Tuileries, le vingt décembre de l'an de grâce mil huit cent vingt-un.

Signé LOUIS.

(1) V. les ord. des 15 déc. 1825, 27 oct. et 29 nov. 1826, 23 nov. 1842 et 1er déc. 1843.

1822.

N° 1027.—*Ordonnance concernant les mesures d'ordre à observer, jeudi prochain, 3 janvier, à l'occasion de l'ouverture et de la bénédiction de la nouvelle église de Sainte-Geneviève.*

Paris, le 1er janvier 1822.

Nous, préfet de police,

Vu la lettre de Mgr l'archevêque de Paris;

Vu son mandement, auquel est jointe la lettre du roi, qui ordonne que la cour royale, le corps municipal et les autres autorités civiles et militaires de la ville de Paris seront invitées à cette cérémonie;

Ordonnons ce qui suit :

1. Jeudi prochain, 3 janvier, jour où se fera, d'après les ordres du roi, l'ouverture et la bénédiction de la nouvelle église de Sainte-Geneviève, aucune voiture ne pourra circuler, ni stationner, depuis huit heures du matin, jusques après la cérémonie et l'entier défilé des voitures des personnes qui y auront assisté :

Sur la place Sainte-Geneviève;

Sur celle de Saint-Etienne-du-Mont;

Dans la rue Soufflot;

Dans la rue des Grès;

Et dans la rue Saint-Jacques, depuis la rue Saint-Séverin jusqu'à la rue Saint-Dominique.

2. Sont exceptés de ces dispositions, les voitures des personnes qui se rendront à l'église de Sainte-Geneviève, les courriers de la malle et les diligences.

3. Toutes les voitures arriveront sur une seule file par la rue Saint-Jacques; en arrivant sur la place, elles suivront le pavé du côté des bâtiments de l'Ecole de droit, s'arrêteront soit devant cette école ou le péristyle devant lequel toutes fileront pour aller prendre leur stationnement sur les points ci-après désignés.

4. Celles des membres du clergé invités à la cérémonie et qui doivent se réunir dans les sacristies, arriveront par la même route, fileront devant le grand portail, suivront le pourtour de l'église du côté de l'Estrapade, et arriveront devant les grilles, derrière l'église par lesquelles les personnes qu'elles conduisent doivent entrer.

5. Les voitures des autorités iront stationner le long du mur d'enceinte, dans la rue de la Vieille-Estrapade.

Celles des particuliers stationneront sur la place de l'Estrapade, et, au besoin, dans la rue des Fossés-Saint-Jacques.

Celles des membres du clergé qui seront entrés par les grilles iront stationner sur l'emplacement de l'ancienne église Sainte-Geneviève, et, au besoin, dans la rue de Clovis.

6. Les domestiques suivront les voitures jusqu'au lieu de leur stationnement; il est défendu aux cochers de quitter les rênes de leurs chevaux et de se mettre en mouvement pour le départ avant d'en avoir reçu l'ordre des officiers de police à ce préposés.

7. Il leur est enjoint, en allant et en revenant, de conduire leurs chevaux au pas, et d'obéir à tous les ordres qui leur seront donnés par les officiers de police et les préposés.

8. Les voitures des particuliers ne pourront être mises en mouvement, pour le départ, qu'après l'entier défilé de celles des autorités qui auront assisté à la cérémonie.

9. L'entrée dans l'église aura lieu par les portes à droite et à gauche du portail, celle du milieu étant exclusivement réservée pour l'entrée et pour la sortie des autorités et des personnes invitées. L'entrée par les portes latérales de l'église est interdite; elles seront ouvertes pour la sortie.

10. Il ne pourra être construit aucun amphithéâtre, estrade ou autre établissement de ce genre, ni être placé des chaises ou des bancs sur la voie publique.

Ces établissements seront détruits ou enlevés.

11. L'inspecteur général adjoint prendra toutes les mesures nécessaires pour le maintien de l'ordre et de la sûreté publique.

Il se concertera, pour cet effet, avec les commandants de la force armée qui sera sur les lieux.

12. Il sera pris, à l'égard des contrevenants, telles mesures d'urgence que les circonstances pourront exiger, sans préjudice de la poursuite des contraventions devant les tribunaux compétents.

13. La présente ordonnance sera imprimée et affichée.

L'inspecteur général adjoint, les commissaires de police, les officiers de paix, la gendarmerie et les préposés de la préfecture de police sont chargés, chacun en ce qui le concerne, de tenir la main à son exécution.

Le préfet de police, G. DELAVAU.

N° 1028. — *Ordonnance concernant la vente du charbon de terre* (1).

Paris, le 12 janvier 1822.

Nous, préfet de police,

Vu les articles 2, 26 et 32 de l'arrêté du gouvernement du 12 messidor an VIII (1er juillet 1800);

Et la décision de S. Exc. le ministre de l'intérieur, du 17 octobre dernier;

Ordonnons ce qui suit :

1. Le charbon de terre amené à Paris ne peut y être vendu qu'aux ports et places à ce destinés ou dans les entrepôts autorisés.

2. Les ports destinés à la vente du charbon de terre sont les ports Saint-Paul, de la Grève et d'Orsay.

3. Il ne sera mis en vente à la fois, savoir :

Au port Saint-Paul, que neuf bateaux;

Au port de la Grève, que six bateaux;

Et au port d'Orsay, que deux bateaux.

4. Il sera ouvert deux places pour la vente du charbon de terre, l'une quai de la Râpée, près le pont du Jardin-du-Roi, l'autre à l'Ile des Cygnes.

5. Les marchands qui auront fait arriver des charbons sur bateau, pourront les faire transporter sur ces places pour les y vendre, en

---

(1) V. l'ord. du 25 oct. 1840 (art. 97 et suiv.).

payant le droit de location du terrain qu'ils occuperont, fixé par mètre carré, à raison de huit francs par an, de quatre-vingts centimes par mois, ou de trois centimes par jour.

6. Les marchands seront tenus de mettre, sur chacun de leurs tas de charbon, ou sur leurs bateaux aux ports de vente, un écriteau indicatif du lieu d'où provient le charbon, du prix de la voie et du nom du marchand.

7. Les tas de charbon ne pourront être élevés à plus de six mètres à partir du sol.

8. Aucun bateau de charbon de terre ne peut être mis en décharge ou en vente que sur un permis de l'inspecteur général de la navigation et des ports, qui donnera connaissance au contrôleur général du recensement et du mesurage des bois et charbons, des permis par lui délivrés, en indiquant les lieux de la vente ou du déchargement, et la destination du charbon.

9. Tout bateau de charbon de terre mis en vente, avant son tour d'arrivage, sans permis, ou à un port autre que ceux indiqués, sera retiré aux frais et risques du propriétaire.

Le bateau ne pourra être remis en vente que d'après une autorisation du préfet de police.

10. Il ne peut être tenu aucun magasin ou entrepôt de charbon de terre sans une permission spéciale du préfet de police.

11. Dans le mois, à compter du jour de la publication de la présente ordonnance, tout marchand tenant magasin de charbon de terre, sera tenu de justifier de sa permission ou d'en demander une. Dans le dernier cas, il joindra à sa pétition un plan figuré du local, avec indication des dimensions et des tenants et aboutissants.

12. Le charbon ne peut être livré ni enlevé sans avoir été préalablement mesuré ou pesé.

13. Le charbon de terre est mesuré au demi-hectolitre et ras.

14. Le mesurage ou pesage est surveillé par les préposés de la préfecture de police.

15. Le marchand est tenu de donner, chaque jour, aux préposés de la préfecture de police, la note des quantités de charbon de terre vendues et enlevées, soit sur les ports, soit sur les places de vente.

16. Les contraventions seront constatées par des procès-verbaux qui seront adressés au préfet de police.

17. Les contrevenants seront traduits devant les tribunaux pour être poursuivis conformément aux lois et règlements.

18. La présente ordonnance sera soumise à l'approbation de S. Exc. le ministre de l'intérieur.

Elle sera imprimée et affichée.

Les commissaires de police, le chef de la police centrale, les officiers de paix, l'inspecteur général de la navigation et des ports, le contrôleur général du recensement et du mesurage des bois et charbons et les autres préposés de la préfecture de police sont chargés de tenir la main à son exécution.

Le préfet de police, G. DELAVAU.

Vu et approuvé :

Le ministre de l'intérieur, CORBIÈRE.

N° 1029. — *Ordonnance concernant l'échenillage* (1).

Paris, le 4 février 1822.

N° 1030. — *Ordonnance concernant l'ouverture et la police du marché destiné à la vente de la marée, du poisson d'eau douce et du poisson salé* (2).

Paris, le 7 février 1822.

Nous, préfet de police,

Considérant que les places à distribuer à la nouvelle halle, destinée à la vente en gros et en détail de la marée et du poisson d'eau douce, et à la vente en détail du poisson salé, sont divisées en places fixes et en places mobiles, d'après la disposition même des lieux et la difficulté d'en occuper le plus grand nombre avant la clôture de la vente en gros de la marée et du poisson d'eau douce;

Que, par suite des usages qui se sont introduits depuis un temps immémorial dans le commerce de la marée et du poisson d'eau douce, il existe de fait, à la halle de Paris, deux espèces de débit : la vente au demi-gros et la vente au détail;

Que la première concerne exclusivement les poissons rares, recherchés, ou d'un prix élevé; et la deuxième, les poissons de toute qualité;

Que, de la différence qui s'est établie entre ces deux espèces de débit, résulte la nécessité de maintenir entre elles la ligne de démarcation établie par le temps et les habitudes du commerce;

Vu la lettre à nous adressée par le conseil général de l'administration des hospices civils de Paris, annonçant que les travaux de la nouvelle halle aux poissons sont terminés, et qu'elle peut, dès à présent, être livrée au commerce;

Et les articles 2 et 32 de l'arrêté du gouvernement du 1er juillet 1800 (12 messidor an VIII),

Ordonnons ce qui suit :

1. Le nouveau marché destiné à la vente en gros et en détail de la marée et du poisson d'eau douce, et à la vente en détail du poisson salé dans les halles du centre, sera ouvert le 16 février, après midi.

2. L'espace compris entre la rue des petits piliers de la Tonnellerie et la ligne des bureaux de recettes des facteurs ou factrices est affecté exclusivement à la vente en gros de la marée et du poisson d'eau douce.

Toute vente en détail y est interdite avant la clôture de la vente en gros.

3. La vente en détail de la marée aura lieu :

1° A toutes les places marquées de numéros impairs;

2° Aux places marquées de numéros pairs, dont la désignation suit, savoir :

Depuis et compris le numéro 2, jusques et compris le numéro 66;

Depuis le numéro 68, jusqu'au numéro 80;

(1) V. l'arrêté du 1er mars 1837.

(2) V. les ord. des 9 frim. an X (30 nov. 1801), 7 fév. 1822 (p. 211) et 2 janv. 1840.

Depuis le numéro 114, jusqu'au numéro 126;

Enfin, depuis et compris le numéro 160, jusques et compris le numéro 172.

4. La vente en détail à toutes les places marquées de numéros pairs aura lieu dès l'ouverture du marché.

Elle ne commencera qu'après la clôture de la vente en gros, à toutes les places marquées de numéros impairs.

5. Les places affectées à la vente du poisson salé sont celles désignées :

Sous les numéros 82, jusques et compris 96;

128, jusques et compris 142;

174, jusques et compris 188.

6. Les places affectées à la vente en détail du poisson d'eau douce sont celles désignées :

Sous les numéros 98, jusques et compris 112;

144, jusques et compris 158;

190, jusques et compris 204.

7. La vente en détail du poisson salé et d'eau douce commencera dès l'ouverture du marché.

8. Toute vente en détail cessera à neuf heures du soir.

9. En cas de vacance de places dans l'une des trois espèces de commerce en détail, auxquelles le marché est destiné, il pourra, si les besoins l'exigent, y être placé des détaillantes de l'une des deux autres.

10. Lorsqu'une demi-place sera vacante, elle sera accordée de droit à la détaillante qui occupera la demi-place correspondante, si elle la demande.

11. Les marchandes de marée au demi-gros, qui, par la nature, l'étendue et l'importance de leur commerce ne peuvent occuper des places divisibles, ni attendre la clôture de la vente en gros pour former leurs étalages, occuperont seules les places désignées sous les numéros 68, 70, 72, 74, 76, 78, 80, 114, 116, 118, 120, 122, 124 et 126.

12. L'état nominatif de ces détaillantes au demi-gros, nous sera fourni par le commissaire inspecteur général des halles et marchés.

13. Ces places seront tirées au sort entre les marchands au demi-gros.

14. Toutes les autres places et demi-places seront tirées au sort entre toutes les autres détaillantes de marée, de poisson d'eau douce et de poisson salé.

15. Le tirage au sort sera fait en présence du commissaire de police du quartier des Marchés et de l'inspecteur général des halles et marchés.

Il en sera dressé procès-verbal.

16. Les mesures d'ordre et de police prescrites pour la vente en gros de la marée et du poisson d'eau douce, par les ordonnances de police des 30 novembre 1801 et 25 février 1811, et les décisions postérieures de l'autorité, continueront à recevoir leur exécution.

17. Le commerce en détail de la marée, du poisson d'eau douce et du poisson salé est interdit dans le marché à toutes autres personnes qu'aux détaillantes qui y seront placées.

18. Il est défendu de vendre du poisson sur éventaire, en panier ou autrement, dans les halles et rues adjacentes, soit en place fixe, soit par colportage.

19. Il est également défendu de vendre dans le nouveau marché aucune denrée ou marchandise autre que du poisson, et notamment les pois ou haricots verts, légumes, salades et champignons.

20. Les détaillantes au demi-gros ou au détail tiendront leurs places en état permanent de propreté. Il leur est défendu d'y jeter ou laisser séjourner aucuns débris ou vidanges quelconques de poisson, à l'effet

de quoi elles seront tenues de se pourvoir de caques ou baquets suffisants pour les y déposer.

21. Il est défendu :

1° D'allumer des feux et fourneaux dans le marché, sous quelque prétexte que ce soit ;

2° D'y faire usage de pots à feu, s'ils ne sont en métal et couverts d'un grillage en métal, à mailles serrées ;

3° D'y employer des chandelles allumées, si elles ne sont placées dans des lanternes closes ;

4° Et d'y fumer, même avec des pipes couvertes.

22. Les contraventions à la présente ordonnance seront constatées par des procès-verbaux ou rapports qui nous seront transmis directement.

23. La présente ordonnance sera imprimée et affichée.

Le commissaire de police du quartier des Marchés, le commissaire inspecteur général des halles et marchés et les préposés de la préfecture sont chargés de tenir la main à son exécution.

Le préfet de police, G. DELAVAU.

N° 1031. —*Ordonnance concernant la fixation du prix des places sur le marché à la marée, au poisson d'eau douce et au poisson salé* (1).

Paris, le 7 février 1822.

Nous, préfet de police,

Vu la décision de S. Exc. le ministre secrétaire d'Etat au département de l'intérieur, en date du 30 janvier dernier, portant fixation du prix des places sur le marché à la Marée, au poisson d'eau douce et au poisson salé ;

Ordonnons ce qui suit :

1. Les places du marché au poisson seront divisées en deux séries, les places fixes et les places mobiles.

Il sera payé, pour chaque place de la première série, un franc par jour ; et pour chaque place de la deuxième série, soixante centimes aussi par jour.

2. Les places de la première série, qui seront divisées en deux, pourront être louées cinquante centimes par jour pour chaque moitié.

3. La somme à payer par chaque factrice de marée pour son banc, sa table de vente et son bureau de recette, est fixée à quatre cents francs par an.

Celle qui doit être payée par le facteur, à la vente du poisson d'eau douce, est fixée à deux cents francs, aussi par an.

4. Les droits de place seront acquittés par semaine et d'avance.

Le produit en sera versé dans la caisse des hospices civils de Paris.

5. La perception du prix des places sera faite à compter du jour où le marché sera ouvert au commerce.

6. La présente ordonnance sera imprimée et affichée.

Ampliation en sera adressée à M. le conseiller d'Etat, préfet de la Seine, et à MM. les membres du conseil général des hospices.

7. Le commissaire de police du quartier des Marchés et le commis-

---

(1) V. les ord. des 9 frim. an x (30 nov. 1801) et 2 janv. 1840.

saire inspecteur général des halles et marchés sont chargés de tenir la main à son exécution.

Le préfet de police, G. DELAVAU.

N° 1032. — *Ordonnance concernant les masques* (1).

Paris, le 11 février 1822.

N° 1033. — *Ordonnance concernant la police du port de Bercy* (2).

Paris, le 11 février 1822.

Nous, préfet de police,

Considérant que l'ordre public et l'intérêt du commerce exigent qu'il soit pris de nouvelles mesures pour régulariser le service du port de Bercy;

Vu les articles 2, 22, 32, 33 de l'arrêté du gouvernement du 12 messidor an VIII (1er juillet 1800), et l'article 1 de l'arrêté du 3 brumaire an IX (25 octobre suivant);

Vu les lettres de M. le directeur général des contributions indirectes, en date des 26 octobre et 20 novembre 1821, et du 4 février 1822,

Ordonnons ce qui suit:

1. Le port de Bercy est divisé en port de garage et en port de déchargement.

Le port de garage est subdivisé en deux parties; la première commence immédiatement au-dessous du passage d'eau des carrières de Charenton et se prolonge jusqu'à l'angle supérieur de la grande allée du château de Bercy. Elle est affectée au garage des trains de bois et des bateaux chargés de toutes denrées destinées à l'approvisionnement de Paris et des environs; la seconde commence à la suite de la première et se prolonge jusqu'à l'angle inférieur du parc de Bercy. Elle est affectée au garage des bateaux de vin destinés pour Bercy.

Le port de déchargement s'étend depuis l'angle inférieur du parc jusqu'à la dernière maison de Bercy. L'espace existant entre cette maison et la barrière de la Râpée sera toujours libre et aucun bateau ne devra stationner dans cette distance, ni aucune marchandise être déposée sur la berge. Il sera placé, à cet effet, un poteau qui fixera la limite.

2. Il ne pourra être placé plus de quatre bateaux de hauteur au port de garage, et plus de deux au port de déchargement.

Tous ces bateaux seront solidement amarrés. Dans le cas où ils seraient mal fermés, l'inspecteur général de la navigation et des ports y fera porter des cordes de longueur et grosseur suffisantes pour les amarrer convenablement, aux frais des propriétaires ou conducteurs des bateaux, et les bateaux seront consignés jusqu'à l'acquittement des frais.

---

(1) V. les ord. des 10 février 1828, 10 fév. 1830 et 23 fév. 1843.

(2) V. les ord. des 9 fév. 1827, 15 avril 1834, l'arrêté du 8 janv. 1838 et l'ord. du 25 oct. 1840 (art. 79 et suiv.).

Dans le cas où le nombre des bateaux qui peuvent être contenus dans les ports de garage et de déchargement serait complet, les bateaux à la destination de Bercy seraient garés au-dessus du pont de Choisy; il serait expédié de cette gare, chaque jour, un nombre de bateaux égal au nombre de bateaux qui auraient été déchargés à Bercy.

3. Dans les ports de garage et de déchargement, les bateaux seront rangés de manière à ce que les coches et autres embarcations de la rivière d'Yonne, partant et arrivant à jours fixes, puissent être mis aux endroits qui leur sont affectés, opérer leur déchargement et repartir sans aucune difficulté.

4. Aussitôt l'arrivage des bateaux au port de garage, les conducteurs les feront inscrire au bureau de l'inspecteur du port, et représenteront leurs lettres de voiture en bonne forme. Faute par les conducteurs de remplir cette formalité, leurs bateaux ne prendront rang, pour la descente au port de déchargement, qu'à compter du jour de la déclaration des arrivages.

5. Le port de Bercy sera ouvert, savoir : du 1er avril au 1er octobre, depuis six heures du matin jusqu'à midi, et depuis une heure de relevée jusqu'à sept.

Et du 1er octobre au 1er avril, depuis sept heures du matin jusqu'à midi, et depuis une heure de relevée jusqu'à quatre.

L'ouverture et la fermeture du port seront annoncées par le son de la cloche, placée près le bureau de l'inspecteur du port.

6. Il ne sera déchargé ni enlevé aucune marchandise pendant la fermeture du port.

7. Les bateaux ne pourront être descendus au port de déchargement que dans l'ordre des arrivages et sur un permis de l'inspecteur du port, qui en prendra note sur le registre des arrivages.

8. Le déchargement d'un bateau, une fois commencé, ne pourra être interrompu, et devra être terminé dans trois jours, au plus tard, après l'entrée du bateau dans le port de déchargement.

9. Dans le cas où le déchargement d'un bateau ne serait pas effectué dans le terme prescrit par l'article précédent, l'inspecteur du port en fera décharger immédiatement et sans interruption les marchandises, et le bateau sera remonté au port de garage ou conduit au lieu de déchirage, aux frais et risques du propriétaire.

10. Aucune marchandise ne pourra rester sur la berge plus de trois jours après son déchargement; passé ce délai, les marchandises seront enlevées d'office et consignées en lieu de sûreté, aux frais et risques de la marchandise.

11. Les bateaux dont le déchargement aura été fait à Bercy ne pourront, sous aucun prétexte, être passés sur la rive opposée, affectée au service du halage. Ils devront être remontés dans le port de garage, où ils ne pourront rester plus de huit jours. Passé ce délai, ils seront livrés aux remonteurs, pour être conduits en pays haut.

12. Il ne pourra être déposé aucune boisson sur le boulevard extérieur, depuis la barrière de la Râpée jusqu'à celle de Bercy.

13. Il est défendu aux mariniers remplisseurs, dérouleurs et autres ouvriers de se rassembler près de la barrière de la Râpée, et de gêner, en aucune manière, le service des employés de l'octroi.

14. Les voitures affectées au service du port de Bercy seront rangées à la suite les unes des autres, savoir : pour la partie supérieure du port et pour le centre, au milieu de la rue de Bercy, du côté qui longe les marais; et, pour la partie inférieure, le long du boulevard. Dans aucune circonstance, elles ne pourront stationner à moins de vingt-cinq mètres de la barrière de la Râpée.

15. Les charretiers, chargés de la conduite de ces voitures, seront tenus de porter, d'une manière ostensible, une médaille en cuivre sur

laquelle seront gravés ces mots : Service du port de Bercy, le nom du charretier et celui du propriétaire de la voiture, avec sa profession.

Ces médailles leur seront délivrées en notre nom, sur un certificat du maire, par l'inspecteur général de la navigation et des ports.

Il leur est enjoint de se tenir constamment à la tête de leurs chevaux.

Il leur est défendu de se présenter sur le port, si ce n'est pour charger ou décharger des marchandises.

16. Le chargement des voitures ne pourra se faire que sur le pavé et non sur la berge salpêtrée.

Il ne pourra jamais être chargé deux voitures de front.

17. Tout voiturier qui causera des avaries aux marchandises rangées sur le port, est garant des dommages envers le propriétaire.

Les voituriers sont civilement responsables des faits de leurs charretiers.

18. Les voituriers se soumettront aux ordres qui leur seront donnés, soit par le maire de Bercy, soit par l'inspecteur du port.

Ils se conformeront, en outre, aux dispositions de l'ordonnance de police du 11 novembre 1808, concernant les rouliers, charretiers et autres.

19. Les contraventions seront constatées par des procès-verbaux qui nous seront adressés, et les contrevenants seront poursuivis conformément aux lois, par-devant les tribunaux compétents.

20. La présente ordonnance sera imprimée et affichée.

Le sous-préfet de l'arrondissement de Sceaux, le maire de la commune de Bercy, l'inspecteur général de la navigation et des ports, l'inspecteur et le sous-inspecteur du port de Bercy, sont chargés de tenir la main à son exécution.

Le préfet de police, G. DELAVAU.

N° 1034. — *Ordonnance concernant les voitures des personnes qui se rendent au jardin des Tuileries.*

Paris, le 12 février 1822.

Nous, préfet de police,

Considérant qu'il importe à la sûreté publique d'empêcher le désordre qui a lieu fréquemment dans le stationnement des voitures, aux abords de la grille des Tuileries du côté de la rue de Rivoli, et de prévenir ainsi les accidents qui peuvent en résulter;

Vu l'article 22 de l'arrêté du 12 messidor an VIII (1er juillet 1800);

Ordonnons ce qui suit :

1. Les voitures des personnes qui se rendent à la promenade des Tuileries du côté du nord, se rangeront le long du trottoir de la grille de la rue de Rivoli, sur deux files d'une seule voiture, et dont les têtes commenceront au moins à trois mètres de distance de chaque côté de l'entrée de la grille.

Dans le cas d'une trop grande affluence, il pourra en être placé le long des planches qui entourent le bâtiment public en construction rues de Rivoli et de Castiglione; la file sera toujours d'une seule voiture.

2. Les contraventions à ces dispositions seront constatées par des procès-verbaux qui nous seront transmis immédiatement.

3. La présente ordonnance sera imprimée et affichée.

Le commissaire de police du quartier des Tuileries, l'inspecteur général adjoint, les officiers de paix et les autres préposés de la préfecture sont chargés, chacun en ce qui le concerne, de tenir la main à son exécution.

Le préfet de police, G. DELAVAU.

N° 1035. — *Ordonnance concernant les porteurs d'eau à tonneau qui s'approvisionnent à la pompe de la rue du Mont-Blanc.*

Paris, le 21 février 1822.

Nous, préfet de police,

Vu l'article 32 de l'arrêté du gouvernement du 12 messidor an VIII (1er juillet 1800),

Ordonnons ce qui suit :

1. Le tuyau intérieur de la pompe des eaux de Chaillot, rue du Mont-Blanc, ne servira qu'aux voitures de trait.

Le tuyau placé à l'extérieur est exclusivement réservé pour les voitures à bras.

2. Il ne pourra y avoir, dans la cour de la pompe, que trois voitures à la fois; les autres stationneront sur le boulevard des Capucines, près la contre-allée (côté de la rue Basse) et fileront ensuite dans l'ordre de leur stationnement pour arriver à la pompe.

Il ne pourra être placé, au tuyau extérieur de la pompe, que deux voitures à bras; les autres seront rangées sur le boulevard, près la contre-allée, entre la rue du Mont-Blanc et celle du Helder : elles suivront, pour arriver à la pompe, l'ordre ci-dessus établi pour les voitures de trait.

3. Il est expressément défendu aux porteurs d'eau de faire stationner leurs voitures dans la rue du Mont-Blanc.

4. Les voitures des contrevenants seront arrêtées et conduites à la préfecture de police, sans préjudice des poursuites à exercer contre eux par-devant les tribunaux, conformément aux lois et ordonnances de police.

5. La présente ordonnance sera imprimée et affichée.

Les commissaires de police, notamment ceux des quartiers de la Chaussée-d'Antin et de la place Vendôme, l'inspecteur général adjoint, les officiers de paix, l'inspecteur général de la salubrité et les autres préposés de la préfecture de police sont chargés, chacun en ce qui le concerne, de tenir la main à son exécution.

Le préfet de police, G. DELAVAU.

N° 1036. — *Ordonnance concernant la prohibition de la chasse* (1).

Paris, le 26 février 1822.

(1) V. l'ord. du 23 fév. 1843.

N° 1037. — *Ordonnance concernant les attroupements* (1).

Paris, le 1er mars 1822.

Nous, préfet de police,

Vu l'article 16 de la loi du 5 février 1800 (28 pluviôse an VIII) et l'article 10 de l'arrêté du 1er juillet (12 messidor) de la même année, portant « qu'il (le préfet de police) prendra les mesures propres à « prévenir ou dissiper les attroupements, les réunions tumultueuses « ou menaçant la tranquillité publique : »

Vu l'article 209 du Code pénal, portant : « toute attaque, toute ré« sistance avec violence et voie de fait envers les officiers ou agents de « la police administrative ou judiciaire, la force publique agissant « pour l'exécution des lois, des ordres ou ordonnances de l'autorité « publique est qualifiée, selon les circonstances, crime ou délit de ré« bellion. »

Vu les articles 210 et suivants du même Code,

Avons ordonné et ordonnons ce qui suit :

1. Défenses sont faites à toutes personnes de former des réunions ou attroupements sur la voie publique.

2. Toute réunion ou attroupement, qui après sommations faites par les commissaires et autres officiers de police administrative ou judiciaire, par les chefs de la force armée ou commandants de patrouille, refusera de se séparer sera immédiatement dispersé par la force.

3. Tous les individus qui s'étant rendus coupables de cet acte de désobéissance; ceux qui se rendraient coupables ou complices de résistances, d'injures ou voies de fait, envers les commissaires et autres officiers de police administrative ou judiciaire et envers la force armée, qui seront arrêtés, seront traduits devant les tribunaux pour être poursuivis en raison du crime ou délit de rébellion suivant les circonstances, conformément aux articles du Code pénal visés ci-dessus.

4. Les commissaires de police, les officiers de paix, les inspecteurs de police et la gendarmerie sont chargés spécialement de ne laisser former aucune réunion ou attroupement quelconque sur la voie publique.

5. Lesdits commissaires et autres officiers de police requerront, en cas de besoin, l'assistance de la force armée, pour que force reste à la loi.

Le préfet de police, G. DELAVAU.

N° 1038. — *Instruction concernant la surveillance de la rivière, des ports, des chantiers de bois de chauffage et des places de vente du charbon de bois* (2).

Paris, le 26 mars 1822.

---

(1) V. les ord. des 20 nov. 1827, 25 août et 20 déc. 1830, 18 fév. et 13 juill. 1831.

(2) V. les ord. des 24 mars 1824, 26 mars 1829 et 25 oct. 1840.

N° 1039. — *Ordonnance concernant l'ordre à suivre lors du défilé des voitures qui iront à Longchamp* (1).

Paris, le 1er avril 1822.

N° 1040. — *Cahier des charges de l'adjudication au rabais du service des chefs de ponts de Paris* (2).

Paris, le 22 avril 1822.

CHAPITRE Ier.

Objet et durée du bail.

1. Le service du lâchage et remontage des bateaux sous les ponts de Paris, établi par décret du 28 juin 1811 et maintenu par ordonnance du roi du 16 janvier dernier sera donné à ferme, avec le titre de chefs de pont, par adjudication, sur soumissions cachetées et dans les formes prescrites pour les adjudications des travaux publics.

2. L'adjudication sera faite pour quinze ans qui commenceront le 1er juin prochain et finiront le 31 mai 1837, aux deux soumissionnaires qui offriront la plus forte réduction sur le prix du tarif dont il sera ci-après parlé, en prenant en considération, outre le rabais offert, la capacité des soumissionnaires.

CHAPITRE II.

Conditions préliminaires.

3. Les soumissions ne seront admises qu'autant qu'elles contiendront, 1° l'obligation de se conformer aux dispositions de l'ordonnance du roi du 16 janvier dernier et aux règlements existants sur le même service. 2° Le rabais qui sera offert à raison de tant pour cent applicables à tous les prix du tarif annexé à cette ordonnance. 3° L'obligation de payer annuellement à la ville de Paris, pendant la durée du bail, la somme fixe de quinze mille cinq cents francs, comme prix du droit exclusif attribué aux chefs de ponts. 4° L'obligation de fournir un cautionnement de vingt-quatre mille francs en numéraire, et de cinquante mille francs soit en cinq pour cent consolidés, soit en immeubles situés dans les départements de la Seine, de Seine-et-Oise, de Seine-et-Marne, de l'Eure, de la Seine-Inférieure, de l'Aube, du Loiret et de l'Yonne.

Les soumissions seront accompagnées, 1° d'un certificat de capacité délivré, pour le ressort de la préfecture de police, par l'inspecteur général de la navigation et des ports, pour les autres départements, par les inspecteurs de la navigation et visé par le commissaire général de la navigation et de l'approvisionnement de Paris; 2° soit de

---

(1) V. l'ord. du 10 avril 1843.

(2) V. les ord. des 19 juillet 1822, 30 juin 1827, 31 mai 1838 et 25 oct. 1840 (art. 31 et suiv., et cahier des charges du chef des ponts).

l'inscription cinq pour cent consolidés, soit du titre de propriété de l'immeuble ou des immeubles que le soumissionnaire entend affecter au cautionnement de cinquante mille francs désigné plus haut ; 3° de la quittance ou de l'extrait du rôle des contributions auxquels sont imposés lesdits immeubles pour l'année 1821 ; 4° d'un certificat du conservateur des hypothèques, constatant que les immeubles sont libres jusqu'à concurrence du cautionnement ; 5° d'une déclaration du soumissionnaire que ces immeubles ne sont grevés d'aucune hypothèque légale de quelque nature qu'elle soit jusqu'à concurrence de la même somme, et ce, sous peine de stellionat.

4. Chaque soumission sera rédigée sur papier timbré, signé de l'un et de l'autre des associés prétendants aux deux emplois de chefs de pont, ou de l'un deux seulement, qui joindra à sa soumission le certificat de capacité de son associé.

CHAPITRE III.

Manutention et service.

5. Les adjudicataires ne pourront, sous quelque prétexte que ce soit, être mis en jouissance du service qu'après que le cautionnement, en cinq pour cent consolidés ou en immeubles aura été reçu par le préfet de police, et que les adjudicataires auront représenté, 1° la quittance du cautionnement de vingt-quatre mille francs en numéraire qu'ils auront à verser à la caisse d'amortissement ; 2° la quittance du premier terme du prix du bail ; 3° la quittance de la somme qu'ils auront payée aux chefs actuels des ponts, en exécution de l'article 8 du présent cahier des charges.

6. La mise en jouissance s'opérera par procès-verbal qui sera dressé par un des commissaires de police de Paris désigné à cet effet, et en présence, 1° de l'inspecteur général de la navigation et des ports ; 2° des chefs de ponts actuellement en exercice ; 3° et des nouveaux adjudicataires.

7. Les adjudicataires seront tenus de se fournir, à leurs frais, de cordages, barquettes, flettes et tous autres équipages et agrès nécessaires tant pour le service d'été que pour celui d'hiver et de les entretenir en bon état.

8. A cet effet, ils seront tenus de reprendre des chefs de ponts, actuellement en exercice, et de leur payer comptant, au moment de la prise de possession, les équipages et ustensiles nécessaires aux services dont il vient d'être question, et ce, d'après estimation faite entre eux et les fermiers sortants, de gré à gré ou à dire d'experts. En fin de bail, ces objets seront repris de même par les fermiers entrants, d'après estimation faite entre eux et les fermiers sortants, de gré à gré ou à dire d'experts.

9. Les adjudicataires seront aussi tenus de s'adjoindre à leurs frais, le nombre d'aides ou de mariniers nécessaires à leurs manœuvres pour le lâchage et le remontage des bateaux. Les aides seront subordonnés aux chefs et tenus de leur obéir pour tout ce qui concerne le service. Ces aides devront avoir l'âge et la capacité requis par les règlements.

10. Les adjudicataires tiendront un registre coté et parafé par le préfet de police, sur lequel ils inscriront jour par jour les déclarations qui leur seront faites à fin de lâchage. Ils donneront acte de l'inscription des déclarations.

11. Ils seront tenus de descendre les bateaux selon l'ordre de date des inscriptions et dans les trois jours des déclarations.

Soixante-douze heures après la déclaration, les bateaux seront à la charge et responsabilité des chefs de pont jusqu'à ce qu'ils soient rendus au port de leur destination.

Les bateaux chargés pour le compte du gouvernement seront descendus à la première réquisition.

12. Les chefs de pont prendront les bateaux dans le bassin de la Râpee, sauf les exceptions portées à l'article 2 de l'ordonnance du 16 janvier dernier.

13. Ils seront tenus de lâcher les bateaux tant que l'eau n'aura pas atteint la hauteur de trois mètres deux cent quarante-huit millimètres (10 pieds), et les toues tant que l'eau n'aura pas atteint la hauteur de trois mètres huit cent quatre-vingt-dix-huit millimètres (douze pieds); la hauteur de l'eau se prend à l'échelle du pont de la Tournelle.

Les bateaux devant avoir trois cent quatre-vingt-cinq millimètres (12 pouces de bord) et les toues deux cent soixante-onze millimètres (10 pouces).

14. Les chefs de pont seront tenus de lâcher les bateaux de charbon de bois toutes les fois que le comble pourra passer sous les ponts.

15. Lorsque la descente des bateaux chargés de bois ne pourra avoir lieu sans allége, l'allége sera descendue sans frais.

16. Les propriétaires qui entendront faire remonter leurs bateaux vides en feront, aussitôt la vidange, la déclaration 1° aux chefs de pont; 2° à l'inspecteur du port.

Cette déclaration sera inscrite par les chefs de pont, jour par jour, sur un registre coté et parafé comme celui des déclarations pour lâchage.

Les chefs de pont donneront acte de l'inscription de ces déclarations.

17. Les chefs de pont seront tenus de remonter les bateaux déclarés dans les trois jours de la déclaration.

Lorsque la saison pourra faire craindre les glaces, c'est-à-dire depuis le 15 novembre jusqu'au 15 février, ils seront tenus de remonter les bateaux dans les vingt-quatre heures qui suivront la déclaration, quel qu'en soit le nombre.

18. Après les trois jours de la déclaration, dans les temps ordinaires, et après les vingt-quatre heures de la déclaration, depuis le 15 novembre jusqu'au 15 février, les chefs de pont seront responsables des bateaux jusqu'à ce qu'ils soient rendus à leur destination.

19. Lorsqu'il y aura trois bateaux vides dans les ports du bas, les chefs de ponts seront tenus de les remonter sans délai, quand même il n'aurait pas été fait de déclaration à fin de remontage, et dans ce cas, il en sera fait mention sur le registre des déclarations.

Deux toues ou barquettes compteront pour un bateau.

20. Les chefs de pont adresseront chaque mois au préfet de police un relevé exact du nombre et de l'espèce des bateaux inscrits sur l'un et l'autre des registres des déclarations pendant le mois précédent.

CHAPITRE IV.

Perception.

21. Le salaire des chefs de pont demeure établi, tant pour le lâchage que pour le remontage, y compris sans exception toutes les manœuvres de bord et de terre, conformément au tarif arrêté par l'ordonnance du roi du 16 janvier dernier, et dont la teneur suit :

Tarif des prix fixés pour le service des ponts de Paris.

GARE où les bateaux seront pris.	PORTS où les bateaux seront conduits.	OBJET du SERVICE.	TOUES de charbon de terre.		BARQUETTES de 20 mètres et au dessous et Toues de bois.		BARQUETTES au-dessus de 20 mètres et Toues de charbon de bois et marchandises.		BATEAUX de 20 à 28 mètres.		BATEAUX de 28 à 38 mètres.		OBSERVATIONS.
			fr.	fr.	fr.	fr.	fr.	fr.	fr.	fr.	fr.	fr.	
LA RAPÉE	La Tournelle	Lâchage	10	18	7	12	12	20	15	24	18	28	Les bateaux de bois seulement qui seront descendus à fausse charge à la Conférence, au-dessus du pont Louis XVI, payeront, savoir PAR BATEAU, Lâchage...... 64 fr. } 90 fr. Remontage.... 26 fr. PAR TOUE, Lâchage...... 19 } 34 Remontage.... 15
		Remontage	8		5		8		9		10		
	Saint-Paul	Lâchage	12	21	8	14	18	27	18	28	21	32	
		Remontage	9		6		9		10		11		
	Miramiones	Lâchage	12	21	8	14	15	24	21	31	24	39	
		Remontage	9		6		9		10		15		
	Grève ou place aux Veaux	Lâchage	12	24	8	16	18	30	24	39	30	50	
		Remontage	12		8		12		15		20		
	Bassin du Pont-Neuf	Lâchage	21	33	14	22	30	42	55	70	66	90	
		Remontage	12		8		12		15		24		
	Quai d'Orsay ou de la Conférence, au-dessus du Pont Louis XVI	Lâchage	24	42	16	28	34	52	60	80	74	100	
		Remontage	18		12		18		20		26		
	Quai des Invalides ou de la Conférence, au-dessous du pont Louis XVI.	Lâchage	27	47	18	31	40	60	65	90	90	118	
		Remontage	20		13		20		25		28		
	Ile des Cygnes, ou la grille de la Conférence.	Lâchage	30	50	20	33	42	63	70	100	95	128	
		Remontage	20		13		21		30		33		

22. Les adjudicataires feront à leurs frais transcrire ledit tarif, réduit d'après l'adjudication, sur des plaques de fer-blanc, lesquelles seront posées aux endroits les plus apparents des ponts, des gares et des bureaux.

23. Ils seront tenus de se conformer audit tarif pour la perception de leurs salaires, et ce, sous peine de la cassation de leur bail, sans indemnité ; comme aussi sous les peines portées par les articles 52 et 53 de la loi du 6 frimaire an VII (26 novembre 1798), relative au régime des bacs et bateaux, lesquelles peines seront, quant à la restitution, prononcées en conseil de préfecture, et pour le surplus, par les tribunaux qui doivent en connaître. Néanmoins, toute convention particulière entre les chefs de ponts et le commerce, qui aurait pour objet une diminution dans le prix de main-d'œuvre, pourra être exécutée.

24. Les chefs de ponts auront la faculté de faire poursuivre, conformément aux articles 56, 57, 58 et 61 de la loi précitée du 6 frimaire an VII (26 novembre 1798), toutes personnes qui refuseraient le payement desdits salaires. Les délits plus graves que ceux prévus par ladite loi ou qui se compliqueraient avec ceux qui y sont énoncés devront être jugés conformément aux lois pénales existantes.

CHAPITRE V.

Comptabilité.

25. Le prix annuel du fermage, fixé à la somme de quinze mille cinq cents francs, sera versé chaque trimestre, et par avance, dans la caisse du receveur municipal de la ville de Paris.

26. Les adjudicataires s'engageront solidairement à payer le prix de leur bail auxdites échéances, sur simple commandement, sous peine d'y être contraints par toutes les voies de droit.

27. Les adjudicataires renonceront expressément, quant aux poursuites à exercer contre eux, aux bénéfices de toute voie judiciaire et à tous recours devant les tribunaux, et se réserveront le seul recours de droit qui a lieu dans l'ordre administratif.

28. Le cautionnement de vingt-quatre mille francs en numéraire et de cinquante mille francs en cinq pour cent consolidés ou en immeubles sera affecté à la sûreté des obligations contractées par les adjudicataires, et, au besoin, à la responsabilité des indemnités qui pourraient être reconnues à leur charge et des condamnations qui pourraient être prononcées contre eux ou leurs agents.

CHAPITRE VI.

Dispositions générales.

29. Les adjudicataires seront responsables envers les personnes dont les bateaux et marchandises leur auront été confiés, 1° de leurs manœuvres et de celles de leurs aides ou mariniers ; 2° et des retards qu'ils apporteraient à descendre ou remonter les bateaux. Leurs équipages et agrès seront spécialement et en premier ordre affectés à cette responsabilité.

30. Ceux des chefs de pont, de leurs aides ou mariniers qui seraient prévenus d'avoir, à dessein, mis en péril les bateaux et marchandises pourront être traduits devant les tribunaux. Les chefs de pont seront également responsables des condamnations pécuniaires prononcées contre leurs agents.

31. A l'effet de ce qui est dit ci-dessus, les adjudicataires seront tenus de viser, en recevant la déclaration prescrite par l'article 10,

les lettres de voiture constatant, 1° la quantité et qualité des marchandises confiées à leur conduite; 2° le lieu du chargement et du départ, celui de la destination et le nom du conducteur.

32. A défaut de la part des mariniers et conducteurs de bateaux et marchandises d'exhiber lesdites lettres de voiture, les chefs de pont ne seront, en cas de naufrage ou autre accident, responsables que des marchandises qu'ils déclareront eux-mêmes avoir composé le chargement du bateau naufragé ou avarié; sauf néanmoins le cas où les propriétaires des bateaux et marchandises auraient fait constater légalement le refus de la part des chefs de pont d'apposer le visa dont il s'agit.

33. Les chefs de pont, leurs aides et mariniers se conformeront tant aux règlements généraux de police relatifs à la navigation, qu'aux ordonnances particulières qui seront rendues par le préfet de police, en exécution, tant du décret du 28 janvier 1811 que de l'ordonnance du roi du 16 janvier dernier.

34. Les chefs de pont et leurs agents seront tenus de se conformer à tous les règlements de l'octroi de Paris, et de ne descendre ni remonter aucuns objets assujettis aux droits, sans être porteurs d'une expédition régulière émanée de la direction de l'octroi, sous peine d'être personnellement et solidairement responsables des amendes et confiscations prononcées par la loi.

35. Les adjudicataires se soumettront à ce que, faute par eux de faire dans le délai de dix jours, à partir de l'adjudication, les justifications exigées par l'article 5 du présent cahier des charges, ou de remplir l'une ou l'autre des conditions de leur bail, l'annulation en soit prononcée sans indemnité en conseil de préfecture par le préfet de police qui fera réadjuger à la folle enchère des adjudicataires évincés.

36. Ils ne pourront, sous la même peine et sous celle de la nullité des marchés ou traités qu'ils auraient pu faire, céder en tout ou en partie leurs droits au présent bail, sans y avoir été autorisés par le préfet de police.

37. Les adjudicataires et leur caution immobilière se soumettront à ce que toutes les contestations qui pourraient s'élever sur l'exécution des clauses du présent cahier des charges soient portées devant le conseil de préfecture pour y être jugées administrativement.

38. Ils seront tenus de payer les frais d'adjudication qui sont, 1° les droits de timbre; 2° ceux d'enregistrement au droit proportionnel de cinquante centimes par cent francs; 3° et le coût des impressions et affiches.

39. Toutes les clauses du présent cahier de charges sont de rigueur et aucune d'elles ne pourra être réputée comminatoire.

Le préfet de police, G. DELAVAU.

N° 1041. — *Ordonnance qui prescrit la réimpression de l'ordonnance du 10 juin 1820 concernant les étrangers à la ville de Paris* (1).

Paris, le 30 avril 1822.

---

(1) V. les ord. des 19 nov. 1831 et 15 juin 1832.

Nº 1042. — *Ordonnance concernant les bains dans la rivière et les écoles de natation* (1).

Paris, le 1er mai 1822.

Nº 1043. — *Arrêté concernant les carrosses-calèches de place* (2).

Paris, le 13 mai 1822.

Nous, préfet de police,

Vu les articles 2, 22 et 32 de l'arrêté du gouvernement du 12 messidor an VIII (1er juillet 1800) et l'article 1 de celui du 3 brumaire an IX (25 octobre 1800);

2º Le décret du 9 juin 1808;

3º La décision du préfet de police du 1er décembre 1821, portant qu'il pourra être établi dans Paris des calèches publiques à la course et à l'heure;

Considérant que l'établissement de cette espèce de voitures peut procurer aux habitants de la capitale, principalement pour les courses à la campagne, un moyen de transport commode qui leur a manqué jusqu'à présent, quoiqu'il soit en usage depuis longtemps dans plusieurs grandes villes; mais qu'il importe que le stationnement de ces voitures d'agrément soit réglé de manière à ce que, dans aucun cas, elles ne puissent compromettre la sûreté et la liberté de la voie publique, et ajouter aux difficultés insurmontables que présente déjà le stationnement des voitures de place dans le centre de la ville;

Arrêtons ce qui suit :

1. Les entrepreneurs qui voudront faire circuler dans Paris des carrosses-calèches publiques seront tenus d'obtenir préalablement un permis du préfet de police.

A cet effet il sera ouvert une série particulière de numéros commençant à 901.

2. Les carrosses-calèches seront assimilés aux fiacres, tant en ce qui concerne le payement du droit de stationnement déterminé par le décret du 9 juin 1808, que pour le tarif du prix des courses et de l'heure dans Paris.

Pour tout ce qui n'est pas explicitement déterminé par le présent arrêté, les propriétaires de carrosses-calèches et leurs cochers seront soumis à toutes les ordonnances et règlements concernant les voitures de place, et notamment à l'ordonnance de police du 4 mai 1813 et à celle du 23 août 1821, relative à la masse des cochers.

3. Il ne sera délivré de numéros qu'aux personnes présentant les garanties et la solvabilité convenables, et seulement pour des calèches bien confectionnées et bien attelées.

4. Les carrosses-calèches de place devront réunir les conditions suivantes :

1º Être à quatre roues avec train à col de cygne et avant-train;

2º Être constamment attelés de deux bons chevaux;

3º Pouvoir contenir commodément au moins quatre personnes non compris le cocher;

---

(1) V. les ord. des 20 mai 1839 et 25 oct. 1840 (art. 187 et suiv. et 225).

(2) Rapporté. — V. l'ord. du 15 janv. 1841, les arr. des 15 janv. et 18 fév. 1841 et l'ord. du 25 mai 1842.

4° N'être garnis d'aucun appareil, tels que volets, jalousies, glaces, etc., qui pourraient les convertir en carrosses fermés.

On tolérera seulement le soufflet et des rideaux de cuir pour mettre les voyageurs à l'abri.

L'usage des landaus est formellement interdit.

5. Les places ci-après désignées sont spécialement et exclusivement affectées au stationnement des carrosses-calèches :

Nombre déterminé provisoirement pour chaque place. — SAVOIR :

10...........Quai d'Orsay, au delà du pont Louis XVI, du côté du parapet.
4...........Rue de Grenelle, au Gros-Caillou, à l'entrée à gauche, le long des balustrades.
6...........Rue de la Bourdonnaye, le long du nouveau mur des écuries en construction.
4...........Rue des Capucins, le long d'un mur sans boutiques.
6...........Rue du Val-de-Grâce, le long d'un mur également sans ouverture.
6...........Rue de Fourcy, au coin de celle de l'Estrapade, le long du mur du jardin de la bibliothèque Sainte-Geneviève.
8...........Rue des Fossés-Saint-Bernard, le long d'un mur de chantier.
10...........Rue de Picpus, barrière du Trône.
6...........Rue de Montreuil, du numéro 133 au numéro 137.
4...........Barrière de Charonne, le long du mur de la maison numéro 201.
20...........Rue Saint-Maur, à l'endroit de la place des cabriolets qui demeure supprimée.
8...........Barrière du Combat, le long d'un marais.
10...........Barrière de Pantin, le long du mur de la rue de Pantin.
8...........Barrière Saint-Denis.
6...........Barrière de Rochechouart, le long de l'abattoir.
8...........Barrière des Martyrs, le long du mur à gauche.
4...........Barrière de Clichy, le long du mur jusqu'au numéro 54.
6...........Barrière du Roule.
10...........Rue des Blanchisseuses, à Chaillot, le long du mur de la pompe à feu.

Il est expressément défendu aux cochers des carrosses-calèches de stationner sur les places de fiacres et de cabriolets ni sur aucun point de la voie publique, à moins que leurs voitures ne soient louées.

6. L'officier de paix de l'attribution des voitures est autorisé à faire mettre provisoirement, sur les places indiquées ci-dessus, les inscriptions nécessaires.

Il est aussi autorisé à placer provisoirement des desservants sur les points où il le jugera indispensable.

7. Aucun carrosse-calèche ne pourra circuler dans Paris, avant le dimanche 19 de ce mois.

8. Le présent arrêté sera envoyé aux sous-préfets de Sceaux et de Saint-Denis et aux maires de Saint-Cloud, Sèvres et Meudon.

Aux commissaires de police de Paris et au chef de la police centrale.

Copie en sera aussi donnée aux délégués des loueurs de voitures et au peintre de la préfecture.

Le préfet de police, G. DELAVAU.

N° 1054. — *Ordonnance contenant les mesures d'ordre et de précaution à prendre pour garantir la sûreté de la circulation dans le cas de dépôts de matériaux, de réparation ou de démolition de bâtiments et de travaux à faire au sol de la voie publique* (1).

Paris, le 20 mai 1822.

Nous, préfet de police,

Considérant que la liberté et la sûreté de la circulation sont journellement compromises par des dépôts de toute espèce formés sur la voie publique, par le défaut de mesures de précaution, de la part des entrepreneurs de constructions, réparations, démolitions de bâtiments et de ceux qui travaillent ou font travailler dans les rues et places, soit pour un service public, soit pour le compte des particuliers, et qu'en diverses circonstances des accidents ont été la suite des contraventions commises aux règlements et ordonnances de police ;

Vu 1° l'ordonnance de police du 28 janvier 1786, concernant la liberté et la commodité de la voie publique ;

2° Le décret du 28 septembre 1810 et l'arrêté du ministre de l'intérieur du 18 octobre suivant sur les grandes constructions qui s'exécutent dans Paris ;

3° L'ordonnance de police du 4 février 1812, concernant le transport des pierres dans Paris ;

4° Celle des trésoriers de France du 2 août 1774, concernant la police dans les ateliers des paveurs et la conservation des ouvrages publics ;

5° Les baux d'entretien tant du pavé que des eaux de Paris ;

6° La loi du 16-24 août 1790, titre XI, article 3, et les articles 471 et 474 du Code pénal ;

En vertu de l'arrêté du gouvernement du 12 messidor an VIII (1er juillet 1800),

Ordonnons ce qui suit :

SECTION Ire.

Dépôts de matériaux.

1. Il est défendu à tous ingénieurs, architectes, propriétaires, entrepreneurs, marchands carriers, voituriers et autres, de déposer ni faire déposer des pierres de taille, moellons, bois de charpente et autres matériaux sur des emplacements dépendant de la voie publique, avant d'avoir obtenu de l'autorité compétente la permission nécessaire à cet effet.

2. Les demandes de permissions seront directement adressées au préfet de police, lorsque les dépôts seront destinés à des constructions ou reconstructions et aux commissaires de police, toutes les fois qu'il s'agira de réparations qui pourront être terminées dans le délai de quarante jours.

3. Il ne sera délivré de permission que dans le cas où l'intérieur de la propriété, dans laquelle les ouvrages seront exécutés, ne présenterait pas un emplacement suffisant et qu'il n'existerait point, dans le voisinage, de terrain particulier dont on puisse se procurer la jouissance provisoire.

4. Les emplacements de dépôts seront assignés dans les rues et places où ces dépôts nuiront le moins à la circulation.

(1) Rapportée.— V. l'ord. du 8 août 1829.

Il ne pourra toutefois être permis de former des dépôts sur les points de la voie publique au-dessous desquels passent les conduites des eaux de la ville.

5. Les emplacements de dépôts seront limités de manière à ne contenir que la quantité de matériaux qui pourra être employée dans le cours de dix jours, et à laisser libre un espace de six mètres de largeur pour le passage de deux voitures.

Dans les circonstances où il ne serait pas possible de laisser un passage de cette largeur, les matériaux seront déposés, ainsi qu'il sera prescrit dans les permissions, sans néanmoins qu'ils excèdent dix mètres de longueur.

6. Les emplacements de dépôts seront, autant que faire se pourra, entourés de clôtures en planches et charpentes de trois mètres de hauteur ou de barrières à hauteur d'appui, avec lisses mobiles.

7. Les matériaux devront être rangés au fur et à mesure des arrivages, de manière à ne gêner ni l'entrée des maisons et boutiques ni l'approche tant des boîtes de réverbères que des regards d'aqueducs et égoûts, et à ne point obstruer le cours des ruisseaux.

Les moellons seront entoisés sur une hauteur qui ne pourra excéder un mètre trente-deux centimètres.

Les pierres seront disposées de telle sorte, au moment de la taille, que les éclats et recoupes ne puissent blesser les passants ni occasionner de la malpropreté dans les rues.

8. Il est expressément défendu d'appuyer les matériaux contre les murs le long desquels ils seront déposés.

9. Les ateliers seront balayés tous les soirs avant la retraite des ouvriers.

Les recoupes seront enlevées trois fois par semaine, même plus souvent, s'il est nécessaire.

10. Ces mêmes ateliers seront convenablement éclairés pendant la nuit, aux frais et par les soins des propriétaires ou entrepreneurs.

Lesdits propriétaires et entrepreneurs sont d'ailleurs tenus, sous leur responsabilité, de prendre toutes les mesures de précaution nécessaires, à l'effet de prévenir les accidents.

11. Dans les vingt-quatre heures, après l'expiration des délais fixés par les permissions, les propriétaires et entrepreneurs seront tenus de rendre les emplacements débarrassés de tous matériaux, ordures et immondices et de faire réparer à leurs frais, par l'entrepreneur du pavé de Paris, les dégradations de pavés occasionnées par les dépôts.

SECTION II.

Transport des pierres dans Paris.

12. Il est enjoint aux voituriers chargés du transport des matériaux, de se rendre directement aux lieux de déchargement indiqués sur les bulletins de mesurage.

Il leur est permis de s'arrêter momentanément, pour faire reposer leurs chevaux, à la charge de ranger leurs voitures de manière à ne point entraver la circulation.

13. Ils sont tenus de diriger leurs voitures, vers les lieux de déchargement, par les quais et les rues les plus larges, et de laisser libre au moins la moitié des rues et ponts.

Ils ne pourront entrer dans les rues dont ils ne pourraient laisser au moins la moitié libre, que dans le cas où leur destination serait dans cette rue même.

14. Si les lieux de déchargement indiqués sur les bulletins de mesurage sont des emplacements dépendant de la voie publique, pour lesquels il ait été délivré des permissions, et que, par un motif quel-

conque, les propriétaires ou entrepreneurs refusent les matériaux qui leur sont envoyés de la carrière, ces propriétaires ou entrepreneurs seront tenus de prévenir sur-le-champ les commissaires de police des quartiers respectifs, pour les mettre à portée d'en empêcher le déchargement sur la voie publique.

Dans le cas où la décharge aurait été effectuée, lesdits propriétaires ou entrepreneurs seront tenus, sauf leur recours contre qui de droit, s'il y a lieu, de faire enlever ou du moins ranger les matériaux dont il s'agit et de prendre les mesures nécessaires pour la sûreté de la voie publique, après en avoir toutefois fait la déclaration devant le commissaire de police du quartier.

SECTION III.

Démolitions.

15. Il est défendu à tous propriétaires, entrepreneurs et autres, de procéder à la démolition des bâtiments ou autres constructions quelconques donnant sur la voie publique, sans déclaration préalable à la préfecture de police.

16. Avant de commencer la démolition d'un bâtiment, il sera établi au-devant dudit bâtiment et à la saillie qui sera déterminée par l'autorité, une barrière en charpente et planches de trois mètres de hauteur.

Dans le cas où les localités ne permettraient pas la pose d'une barrière, il sera établi des échafauds garnis de planches jointives avec rebords disposés de manière à recevoir les matériaux qui pourraient tomber à l'extérieur.

17. Il est expressément enjoint de faire les démolitions au marteau et sans abatage et de faire tomber les matériaux dans l'ntérieur du bâtiment.

18. Il sera placé dans la rue, de chaque côté du bâtiment en démolition, deux ouvriers âgés de vingt ans au moins, munis chacun d'une règle de deux mètres de longueur, pour avertir et écarter les passants.

19. Les pierres, bois et autres matériaux provenant de la démolition seront, autant que possible, retenus dans l'intérieur du bâtiment. Ils ne devront être déposés sur la voie publique que d'après une autorisation spéciale.

On pourra néanmoins faire sortir et déposer sur la voie publique les décombres, pierres, moellons, terres, gravois et autres matières qui devront être enlevés dans le jour, à la charge de les disposer de manière qu'ils n'entravent pas la circulation.

Si par négligence ou par tel motif que ce soit, l'enlèvement n'avait pas été effectué, le propriétaire et l'entrepreneur seront tenus de faire éclairer le dépôt pendant la nuit et de prendre les mesures de précaution que réclame la sûreté publique.

SECTION IV.

Réparations de bâtiments.

20. Il est enjoint aux entrepreneurs-couvreurs et à tous ceux qui font travailler dans le haut des maisons, de ne point jeter sur la voie publique les recoupes, plâtres, tuiles, ardoises et autres matériaux, mais de les descendre ou faire descendre par leurs ouvriers.

21. Ils seront tenus de suspendre, au-devant des maisons où ils travaillent, à trois mètres de hauteur du sol du pavé et à un mètre de saillie des murs de face, deux lattes en forme de croix.

22. Ils devront, lorsqu'il y aura quelque danger pour la circulation, faire tenir dans la rue, ainsi qu'il est spécifié ci-dessus, en l'article 18, deux hommes chargés d'avertir les passants et de les préserver des dangers qui résulteraient de la chute accidentelle de tous matériaux ou décombres.

SECTION V.

Pavé de Paris.

23. Les entrepreneurs du pavé de Paris ne pourront former leurs approvisionnements de matériaux dans les rues où ils devront travailler, que la veille du jour où commenceront les ouvrages, à moins que ce soit un dimanche ou un jour férié.

Les pavés seront rangés et le sable retroussé le long des maisons, de manière à anticiper, le moins possible, sur la voie publique.

24. Ils seront tenus, sous leur responsabilité, de faire éclairer, pendant la nuit, les dépôts d'approvisionnement ainsi que leurs chantiers de travail, au moyen de terrines dont ils se fourniront chez les commissaires de police, et de prendre toutes les mesures de précautions nécessaires à l'effet tant d'entretenir l'éclairage que de prévenir les accidents.

25. Dans les rues où il ne sera pas établi de barrage, dans les halles et marchés et aux abords des salles de spectacle, lorsque les entrepreneurs exécuteront un relevé à bout, ils n'entreprendront que la quantité d'ouvrage qui pourra être terminée dans la journée; et dans le cas où il aurait été levé plus de pavé que de besoin, il sera bloqué, en sorte que la voie publique se trouve entièrement libre et sûre, avant la retraite des ouvriers.

Cette mesure s'étendra à tous les relevés à bout sans distinction, la veille des dimanches et fêtes et jours fériés.

26. Il est défendu aux entrepreneurs de barrer les rues et portions des rues, autres que celles dans lesquelles il sera fait des relevés à bout et dont la largeur n'excédera pas huit mètres.

Toutefois si des circonstances nécessitaient le barrage de rues ou portions de rues ayant plus de huit mètres de largeur, l'autorisation de les barrer pourra leur être accordée sur la demande que l'ingénieur en chef chargé du service du pavé en fera au préfet de police.

27. Les entrepreneurs seront tenus de réserver, dans les rues ou portions de rues barrées, un espace suffisant pour la circulation des gens de pied, et d'assurer le passage par des planches solides qu'ils établiront partout où il sera nécessaire.

Ils prendront, en outre, les mesures convenables, pour interdire aux voitures du public tout passage dans les rues ou portions de rues barrées : ils établiront à cet effet, aux extrémités, des chevalets mobiles qui, en servant d'avertissement au public, laisseront la facilité de faire sortir et entrer les voitures des personnes qui demeurent dans l'enceinte des rues barrées.

Il leur est interdit de substituer des pavés aux chevalets mobiles.

Les mêmes précautions seront prises pour les rues latérales aboutissant aux rues barrées.

28. Dans les rues qui ne seront point barrées, les travaux ne pourront être entrepris que sur moitié de la largeur desdites rues; les entrepreneurs ayant commencé d'un côté seront tenus de terminer les ouvrages, avant d'arracher le pavé sur l'autre, en sorte que la circulation des voitures ne puisse jamais être interdite.

29. Les chantiers des travaux seront complétement nettoyés de tous matériaux, décombres, pavés de réforme, retailles, vieilles formes et autres débris des ouvrages, dans les délais prescrits par le bail d'entretien, c'est-à-dire dans les vingt-quatre heures après l'achèvement des ouvrages, pour les relevés à bout, et au fur à mesure des travaux, pour les réparations simples.

30. Il est expressément défendu de troubler les paveurs dans leurs ateliers et de déplacer ou arracher les chevalets, pieux et barrières établis pour la sûreté de leurs ouvrages.

SECTION VI.

Pavé à la charge des particuliers.

31. Il est enjoint aux propriétaires des maisons et terrains longeant les rues ou portions de rues pavées et dont l'entretien est encore à leur charge, de faire, chacun au droit de sa propriété, réparer les dégradations y existantes et d'entretenir constamment en bon état, chacun pour ce qui le concerne, le pavé desdites rues, en conservant ou donnant au sol les pentes convenables pour l'écoulement des eaux, en sorte que la sûreté de la circulation, ainsi que la salubrité publique ne soient jamais compromises.

32. Il est défendu aux propriétaires et à leurs entrepreneurs de barrer les rues dont il s'agit, pour faciliter l'exécution des ouvrages de pavé qu'ils voudraient faire, sans avoir obtenu l'autorisation du préfet de police.

33. Lesdits propriétaires et entrepreneurs seront tenus, pour les approvisionnements de matériaux, l'exécution des ouvrages et l'enlèvement des résidus provenant des travaux, de se conformer aux dispositions indiquées pour les entrepreneurs du pavé de Paris. Toutefois l'éclairage des matériaux et chantiers sera fait par les soins et aux frais desdits propriétaires ou entrepreneurs qui sont responsables des accidents qui pourraient résulter du défaut de précaution.

SECTION VII.

Rues et portions de rues non pavées.

34. Il est enjoint à tous propriétaires de maisons et terrains situés le long des rues ou portions de rues non pavées, de faire combler, chacun au droit de soi, les enfoncements, trous, ornières et réparer toutes dégradations susceptibles de compromettre la sûreté et la liberté de la voie publique ou de nuire à la salubrité, en occasionnant la stagnation des eaux pluviales et ménagères.

Ils sont tenus d'entretenir constamment en bon état, chacun pour ce qui le concerne, lesdites rues et portions de rues, en conservant ou rétablissant les pentes nécessaires, pour procurer aux eaux un écoulement facile.

SECTION VIII.

Fouilles et tranchées sur la voie publique.

35. Il est défendu à tous ingénieurs, architectes, propriétaires, entrepreneurs et autres, de pratiquer ou faire pratiquer aucune fouille ni tranchée sur la voie publique, soit pour un service public, soit pour un service particulier, sans une autorisation spéciale du préfet de police.

SECTION IX.

Entretien des conduites des eaux de la Ville.

36. L'entrepreneur actuellement chargé de l'entretien des conduites des eaux de la ville, demeurant rue de Grenelle, faubourg Saint-Germain, numéro 59, et tous autres qui, par la suite, seront chargés

dudit entretien, seront tenus de recevoir et faire inscrire sur un registre à ce destiné les déclarations de tous particuliers et agents d'administration qui leur dénonceront des fuites d'eau, enfoncements et excavations provenant du mauvais état des conduites, dont l'entretien est à leur charge et d'en prévenir sur-le-champ les inspecteurs attachés à ce service.

37. Cet entrepreneur sera également tenu de mettre des ouvriers en nombre suffisant, pour que la réparation des fuites, enfoncements ou excavations soit effectuée dans les vingt-quatre heures qui suivront l'avertissement qu'il aura reçu.

Il pourvoira d'ailleurs sur-le-champ à la sûreté de la voie publique, soit en comblant provisoirement les excavations, soit en les entourant de barrières, les éclairant pendant la nuit et y posant au besoin des gardes.

38. L'entrepreneur ne sera point astreint à se munir d'une permission du préfet de police, conformément à la disposition de l'article 35, lorsque les travaux ayant pour objet les établissements, renouvellements ou réparations de conduites pourront être terminés dans les quarante-huit heures, où ils auront été entrepris, et qu'il n'y aura pas lieu au barrage des rues, mais il devra faire de simples déclarations aux commissaires de police des quartiers respectifs, avant de commencer les travaux.

39. Il lui est défendu de barrer les rues ou portions de rues, pour faciliter l'exécution des ouvrages, sans l'autorisation du préfet de police.

Il lui est expressément enjoint de faire toutes les dispositions nécessaires, pour que moitié au moins de la largeur des rues où il travaillera soit entièrement réservée à la circulation et qu'il ne puisse arriver d'accident.

40. Les fouilles et tranchées seront remblayées, autant que faire se pourra, au fur et à mesure de l'avancement des travaux.

Les terres de remblai devront être pilonnées, pour prévenir des affaissements et le pavé bloqué de telle sorte qu'il se maintienne partout à la hauteur du pavé environnant.

Les terres, gravois et autres matières qui ne pourront pas être employés dans les remblais seront enlevés immédiatement après les blocages.

41. L'entrepreneur fera procéder au raccordement du pavé, dans les quarante-huit heures qui suivront les remblais des fouilles et tranchées.

Il sera tenu néanmoins, sous sa responsabilité, et sauf son recours contre qui de droit, s'il y a lieu, d'entretenir les blocages et de pourvoir à la sûreté publique, jusqu'à ce que les raccordements aient été effectués.

SECTION X.

Entretien des conduites d'eau à la charge des particuliers.

42. Il est défendu à tous propriétaires et entrepreneurs de faire aucune fouille ou tranchée sur la voie publique pour premier établissement de conduite particulière, sans la permission du préfet de police.

Il leur est enjoint de se munir de permissions semblables, lorsqu'il s'agira de renouvellement ou réparation de conduites, si les travaux ne peuvent être terminés dans les quarante-huit heures où ils auront été entrepris et de faire, avant l'exécution des travaux, de simples déclarations aux commissaires de police, quand ils pourront être terminés dans ce délai.

43. Les dispositions des articles 37, 39, 40 et 41 concernant les mesures à prendre par l'entrepreneur chargé de l'entretien des conduites de la ville, pour garantir la sûreté publique, avant, pendant et après l'exécution des ouvrages sont applicables aux propriétaires des conduites particulières et aux entrepreneurs chargés des travaux.

SECTION XI.

Établissement de l'éclairage par le gaz hydrogène.

44. Les entrepreneurs de l'éclairage par le gaz hydrogène, dûment autorisés, seront tenus pour les premiers établissements, ainsi que pour les renouvellements et réparations de leurs conduites, de se conformer aux mêmes dispositions que les propriétaires des conduites d'eau particulières et spécifiées aux articles 42 et 43.

SECTION XII.

Dispositions générales.

45. Les contraventions seront constatées par des procès-verbaux ou rapports et poursuivies conformément aux lois et règlements.

46. Dans le cas où par suite des contraventions, la liberté et la sûreté de la voie publique seraient compromises, les commissaires de police requerront sur-le-champ, des contrevenants, les mesures nécessaires pour rétablir la liberté de la circulation et prévenir les accidents, et, s'il y a refus ou négligence dans l'exécution, ils y pourvoiront administrativement aux frais desdits contrevenants, en se concertant, au besoin, avec les agents de l'administration.

47. La présente ordonnance sera imprimée et affichée.

Les commissaires de police, le chef de la police centrale, les officiers de paix, l'architecte commissaire de la petite voirie, l'inspecteur général de la salubrité et les préposés de la préfecture de police sont chargés de surveiller et assurer l'exécution de la présente ordonnance.

Le préfet de police, G. DELAVAU.

N° 1045. — *Ordonnance concernant des mesures d'ordre à observer à l'occasion de la messe du Saint-Esprit et de l'ouverture de la session des chambres* (1).

Paris, le 1er juin 1822.

N° 1046. — *Ordonnance concernant les chiens errants* (2).

Paris, le 5 juin 1822.

N° 1047. — *Ordonnance concernant l'arrosement* (3).

Paris, le 5 juin 1822.

---

(1) V. l'ord. du 26 fév. 1830.

(2) V. l'ord du 23 juin 1832.

(3) V. les ord. des 17 mai 1834, 1er juin 1839 et 27 juin 1845.

N° 1048. — *Ordonnance concernant les processions de la Fête-Dieu* (1).

Paris, le 6 juin 1822.

N° 1049. — *Ordonnance concernant les ouvriers* (2).

Paris, le 18 juin 1822.

Nous, préfet de police,

Considérant que l'ordre public a été troublé dans plusieurs ateliers du ressort de la préfecture de police par une coalition d'ouvriers, tendant à faire cesser tous travaux de charpente, dans le but de se procurer, par cette manœuvre coupable, une augmentation de salaires;

Considérant que le moyen de mettre un terme à ces désordres et d'en prévenir le retour est d'assurer la stricte exécution des lois, règlements et ordonnances concernant la police des ouvriers, en rappelant leurs principales dispositions;

Vu la loi du 16-24 août 1790, titre XI, article 3, § 2 et article 5;

Les articles 11 et 12 de la loi du 22 germinal an XI, (12 avril 1803);

L'arrêté du gouvernement du 9 frimaire an XII (1er décembre 1803);

Vu l'ordonnance de police concernant les ouvriers, en date du 25 mars 1818,

Ordonnons ce qui suit:

1. Conformément à l'article 5 de ladite ordonnance du 25 mars 1818, tout ouvrier de quelque état qu'il soit, qui viendra travailler dans le ressort de la préfecture de police, continuera d'être tenu indépendamment des formalités exigées par les lois et règlements concernant les passe-ports et permis de séjour, de se présenter dans les trois jours de son arrivée, à Paris, devant le commissaire de police du quartier des marchés; et, dans les communes rurales, devant le maire ou l'adjoint, à l'effet d'obtenir un livret ou de faire viser celui dont il serait porteur.

2. Tout manufacturier, fabricant, entrepreneur, sera tenu, avant de recevoir un ouvrier, de se faire remettre son livret. Il fera viser ce livret dans les vingt-quatre heures par le commissaire de police de son quartier, ou par le maire dans les communes rurales, et lui donnera l'indication de la demeure et du nom de compagnonage de l'ouvrier.

3. Tous les entrepreneurs, manufacturiers ou autres personnes employant actuellement des ouvriers et qui n'auraient pas rempli les formalités ci-dessus énoncées qui sont déjà ordonnées par le paragraphe 2 de l'article 8 de l'ordonnance de police du 25 mars 1818, s'y conformeront dans les huit jours de la publication de la présente ordonnance.

4. Les personnes qui emploient des ouvriers sont également tenues de faire connaître, dans les vingt-quatre heures, aux commissaires de police de leurs quartiers ou aux maires des communes rurales, les noms, surnoms et demeures des ouvriers qui sortiront de leurs ateliers ou chantiers.

---

(1) V. l'ord. du 9 juin 1830.

(2) V. les ord. des 1er avril 1831 et 30 déc. 1834.

5. Les contraventions aux articles précédents seront constatées par des procès-verbaux et les contrevenants poursuivis devant le tribunal de police conformément à la loi des 16-24 août 1790, sans préjudice des dommages-intérêts dont pourraient s'être rendues passibles, aux termes des lois existantes, les personnes qui emploieraient des ouvriers dont le livret ne contiendrait pas le certificat d'acquit de leurs derniers engagements.

6. Les commissaires de police et les maires tiendront chacun un registre exact tant des visa par eux apposés sur les livrets que des sorties dont ils auront reçu la déclaration.

7. Continueront d'ailleurs de recevoir leur exécution les dispositions de l'ordonnance de police du 25 mars 1818, relatives à la confection, délivrance, prix et perte des livrets, ainsi qu'en ce qui concerne les apprentis et les congés d'ouvriers.

8. Les articles 415 et 416 du Code pénal, concernant les coalitions d'ouvriers, seront réimprimés à la suite de la présente ordonnance.

9. La présente ordonnance sera publiée et affichée.

Les sous-préfets des arrondissements de Saint-Denis et de Sceaux, les maires et adjoints des communes rurales du ressort de la préfecture de police, les commissaires de police à Paris, le chef de la police centrale, les officiers de paix et les préposés de la préfecture de police sont chargés, chacun en ce qui le concerne, de tenir la main à son exécution.

Le préfet de police, G. DELAVAU.

N° 1050. — *Ordonnance concernant les propriétaires et conducteurs de voitures traînées par des chiens* (1).

Paris, le 24 juin 1822.

Nous, préfet de police,

Considérant que les voitures traînées par des chiens occasionnent fréquemment des embarras sur la voie publique, principalement aux environs des halles du centre où elles se portent avec affluence, aux heures des arrivages, et que, sur plusieurs points de la capitale, le défaut de soin et l'imprévoyance des conducteurs de ces animaux a donné lieu à de graves accidents;

Vu la loi du 16-24 août 1790, le paragraphe 7 de l'article 475 du Code pénal et les articles 22 et 23 de l'arrêté du gouvernement du 12 messidor an VIII (1er juillet 1800),

Ordonnons ce qui suit :

1. A compter de ce jour, tout chien employé à traîner dans Paris une voiture, de quelque forme qu'elle soit, devra être muselé pendant tout le temps qu'il sera sur la voie publique.

Il est expressément défendu d'ôter, sous aucun prétexte, la muselière; elle devra être constamment attachée à la tête de l'animal et confectionnée de manière à lui laisser seulement la faculté de laper.

2. Dans un mois à compter de la publication de la présente ordonnance, tout chien servant à traîner une voiture devra, qu'il soit attelé ou non, avoir un collier solide garni d'une plaque en métal sur

---

(1) V. l'ord. du 1er juin 1824.

laquelle seront gravés les noms, profession et domicile de son maître.

3. Toute voiture attelée d'un ou plusieurs chiens aura un conducteur qui les tiendra en laisse tant que la voiture marchera.

Si la voiture s'arrête pour telle cause que ce soit, et que le conducteur soit forcé de la quitter pour aller chercher des marchandises ou pour en décharger, le chien limonier sera attaché à la porte de la maison ou la voiture sera gardée par quelqu'un préposé à cet effet par le conducteur.

4. Il est expressément défendu à tout individu de monter dans une voiture attelée de chiens, et même, étant à pied, de la conduire en courant.

5. A l'avenir, toute voiture traînée par un ou plusieurs chiens ne pourra circuler dans les halles du centre, depuis l'ouverture des marchés jusqu'à dix heures du matin.

6. Les contraventions aux dispositions ci-dessus seront déférées au tribunal de police municipale, et provisoirement la voiture et les chiens seront mis en fourrière.

7. La présente ordonnance sera imprimée et affichée.

Les commissaires de police, et notamment celui du quartier des marchés, le chef de la police centrale et les préposés de la préfecture de police sont chargés de tenir la main à son exécution.

Le préfet de police, G. DELAVAU.

N° **1051**. — *Ordonnance concernant le lâchage des bateaux et des trains et le remontage des bateaux vides dans Paris* (1).

Approuvée par S. Exc. M. le garde des sceaux, ayant par intérim le portefeuille du département de l'intérieur, le 10 septembre 1822.

Paris, le 19 juillet 1822.

Nous, préfet de police,

Vu l'article 18 du décret du 28 janvier 1811, relatif au service de la navigation sous les ponts de Paris;

L'article 18 de l'ordonnance du roi du 16 janvier dernier, relative au même service;

Et les ordonnances de police des 6 juin 1807, 22 mai 1811, 13 décembre de la même année, et 15 octobre 1812,

Ordonnons ce qui suit :

1. Les articles 1, 3, 5, 8, 9, 11, 12, 18, du décret du 28 janvier 1811 et les articles 2, 3, 4, 5, 6, 7, 8, 9, 10, 11 de l'ordonnance du roi du 16 janvier dernier, concernant le service de la navigation sous les ponts de Paris, ainsi que le tarif annexé à cette ordonnance avec indication des réductions résultant de la dernière adjudication seront imprimés, publiés et affichés avec la présente ordonnance (2).

2. Les chefs de pont tiendront deux registres destinés à recevoir, l'un les déclarations à fin de lâchage, et l'autre celles à fin de remontage.

---

(1) V. les ord. des 30 juin 1827, 31 mai 1838 et 25 oct. 1840 (art. 31 et suiv. et cahier des charges du chef des ponts).

(2) V. ce décret et cette ord. à l'appendice.

3. Les déclarations seront inscrites sur ces registres par ordre de numéro, de date et d'heure, sans blancs, ratures ni interlignes.

4. Le registre des chefs de ponts servant à l'inscription des déclarations à fin de lâchage des bateaux sera divisé en neuf colonnes ;

La première sera destinée à inscrire le numéro de l'enregistrement ; la deuxième le jour ; la troisième l'heure où elles seront faites ; la quatrième sera destinée à la désignation des marchandises dont les bateaux seront chargés ; la cinquième à l'indication des ports où les bateaux devront être lâchés, soit pour l'approvisionnement de Paris, soit pour être entreposés, soit en passe-debout ; la sixième à inscrire les numéros particuliers pour l'ordre du lâchage des bateaux dans les différents ports affectés au déchargement d'une même marchandise ; la septième contiendra la formule des déclarations ; la huitième servira à inscrire la date des lâchages et la neuvième sera réservée pour les observations auxquelles les lâchages auront donné lieu.

Ce registre sera coté et parafé par nous.

5. Il sera délivré à chaque marchand ou voiturier un bulletin indicatif du numéro, de la date, de l'heure et de l'objet de sa déclaration.

6. Les chefs de pont adresseront, chaque jour, à l'inspecteur général de la navigation et des ports, un relevé exact et détaillé des déclarations de lâchage et de remontage inscrites sur leurs registres.

L'inspecteur général en transmettra des extraits aux inspecteurs particuliers, pour les ports compris dans leur surveillance respective.

7. L'inspecteur général adressera au fur et à mesure, même tous les jours, si besoin est, aux chefs de ponts, un état indicatif du nombre des bateaux qui pourront être lâchés dans les ports.

Ce nombre sera réglé d'après l'étendue de chaque port et l'état de la rivière.

8. Les chefs de pont seront tenus de lâcher les bateaux dans les ports, aussitôt que l'inspecteur général leur aura fait connaître qu'il y a place pour les recevoir.

9. Dans le cas où le lâchage ne pourrait avoir lieu pour cause de force majeure ou imprévue, il nous en sera rendu compte dans le jour.

10. Il est défendu aux marchands ou mariniers d'empêcher ou retarder, en aucune manière, le lâchage de leurs bateaux quand leur tour est arrivé.

11. Les bateaux qui devront être lâchés par les chefs de ponts seront garés entre la barrière de la Râpée et la patache d'Amont.

Ils ne pourront être descendus au-dessous de la barrière qu'après que la déclaration de lâchage aura été faite au bureau des chefs de ponts ; ils ne pourront, une fois descendus à cette gare, être remontés sans notre autorisation spéciale.

12. Ces bateaux ne pourront occuper plus de sept longueurs de toues sur trois rangs.

13. Ils ne pourront, dans aucun cas, rester plus de deux jours dans le bassin déterminé par le paragraphe 1er de l'article 11.

14. Les chefs de ponts pourront lâcher sous les grands ponts tous les jours, depuis le point du jour jusqu'à la nuit, les bateaux, barquettes, toues et autres qui y descendent à l'aviron, lorsque toutefois il n'y aura pas de lâchage sur corde.

15. Le lâchage sur corde par les grands ponts aura lieu aux jours ci-après indiqués, savoir : les lundis, mercredis et samedis, lorsque la hauteur de la rivière permettra de faire passer, sous les petits ponts, les trains de bois flotté et de bois de charpente ; dans le cas contraire, les mercredis et samedis seulement.

Dans l'un et l'autre cas, le lâchage sur corde ne pourra être effectué que depuis sept heures du matin jusqu'à cinq heures du soir.

Quand le lâchage sur corde ne pourra s'effectuer que les mercredis et samedis, s'il arrivait que ces deux jours ne fussent pas suffisants à raison de l'affluence des bateaux, les chefs de ponts s'adresseront à l'inspecteur général qui est autorisé à y pourvoir et qui nous en rendra compte.

16. Lorsque le lâchage sur corde ne pourra avoir lieu que deux fois par semaine, il ne pourra être fait, la veille, aucun approchage.

17. Les bateaux disposés pour être descendus sur corde seront lâches consécutivement et sans interruption.

18. Lorsque les chefs de ponts auront à effectuer un lâchage sur corde, ils seront tenus d'arborer, le soir du jour précédent et le jour même, à sept heures du matin, un drapeau au pont de la Tournelle, et un autre au pont des Tuileries, côté de la rive droite.

19. Lorsqu'ils lâcheront sur corde par les grands ponts en même temps qu'ils remonteront par les petits ponts, ils seront tenus préalablement d'arborer deux drapeaux à chacun des ponts de la Tournelle et des Tuileries, l'un du côté de la rive droite, l'autre du côté de la rive gauche.

20. Le commerce pourra faire lâcher les trains de bois de chauffage ou de charpente tous les jours, même les lundis, mercredis et samedis, lorsque les chefs de ponts n'auront pas fait arborer de drapeau.

21. Les chefs de ponts pourront faire tous les jours le remontage des bateaux par le bras de rivière, dit des Petits Ponts, lorsqu'il n'y aura pas assez d'eau pour y faire passer les trains de bois flotté; mais quand les trains pourront passer par les Petits Ponts, les chefs de ponts ne devront y faire le remontage que les mardis et vendredis.

22. Lorsqu'il existera plus de trois bateaux vides dans les ports du bas, les chefs de ponts, seront tenus, si la chose est nécessaire, de faire deux barrages chaque jour de remontage.

23. Lorsque les chefs de ponts emploieront des chevaux pour le remontage des bateaux, ils seront tenus de s'adjoindre des envergeurs, pareurs de cordes, afin de prévenir les accidents.

24. Lorsque les chefs de ponts feront des remontages, dans le temps où le lâchage des trains peut se faire par les Petits Ponts, ils arboreront un drapeau au pont de la Tournelle et un autre au pont des Tuileries, côté des Petits Ponts.

25. Le remontage des bateaux sera annoncé, la veille au soir, par un drapeau placé au pont de la Tournelle et un autre au pont des Tuileries, côté de la rive gauche.

26. Les chefs de ponts seront tenus, la veille de chaque jour de lâchage et de remontage, de remettre à l'inspecteur général de la navigation et des ports, un état des bateaux qui devront être descendus ou remontés le lendemain.

Cet état indiquera le nom des marchands ou voituriers, les numéros, dates et heures des déclarations et la devise des bateaux.

27. Les contraventions aux dispositions tant du décret du 28 janvier 1811 et de l'ordonnance du roi, du 16 janvier dernier, que de la présente ordonnance, seront constatées par des procès-verbaux qui nous seront adressés pour être déférés aux tribunaux.

28. La présente ordonnance sera soumise à l'approbation de S. Exc. le ministre de l'intérieur.

29. Les commissaires de police, le chef de la police centrale, les officiers de paix, l'inspecteur général de la navigation et des ports, et les autres préposés de la préfecture de police sont chargés d'en surveiller l'exécution.

Le préfet de police, G. DELAVAU.

N° 1052. — *Ordonnance concernant les établissements de vacheries dans l'intérieur de la ville de Paris* (1).

Paris, le 25 juillet 1822.

Nous, préfet de police,

Vu l'article 3 du titre XI de la loi du 16-24 août 1790;

L'article 23 de l'arrêté du gouvernement du 12 messidor an VIII (1er juillet 1800);

Et le décret du 15 octobre 1810, confirmé par l'ordonnance royale du 14 janvier 1815, portant règlement sur les manufactures, établissements et ateliers qui répandent une odeur insalubre ou incommode;

Considérant que les vacheries formées dans l'intérieur de Paris présentent des inconvénients qui ont déterminé nos prédécesseurs à en diminuer successivement le nombre; que la santé des vaches et la bonté du lait dépendent en partie des dispositions bien ou mal entendues du local où elles sont placées; et qu'il importe de régler pour l'avenir le mode suivant lequel devront être examinées les demandes qui nous sont présentées dans le but de former de pareils établissements, ainsi que les principales conditions auxquelles doivent être assujettis les nourrisseurs dans leur propre intérêt, non moins que dans l'intérêt de la sûreté et de la salubrité publique;

Ordonnons ce qui suit :

1. Aucune vacherie ne pourra être établie à l'avenir à Paris, que dans les faubourgs situés au delà des boulevards intérieurs.

2. Les emplacements destinés à l'exploitation des vacheries devront être situés dans des rues larges et bien percées et contenir une cour et un puits.

L'écoulement des eaux devra s'effectuer facilement jusqu'à l'égoût le plus voisin, par un ruisseau pavé, ayant la pente convenable.

3. Les vacheries ne pourront avoir moins de deux mètres et demi de hauteur (sept pieds huit pouces et demi environ).

La longueur desdites vacheries sera proportionnée au nombre des vaches, de manière que les étables affectées au placement de quatre vaches aient au moins quatre mètres et demi de longueur (14 pieds 6 pouces environ), et ainsi progressivement.

La largeur des étables ne pourra être au-dessous de trois mètres trente-trois centimètres (10 pieds 3 pouces).

4. Il sera pratiqué dans les étables de la dimension de trois mètres jusqu'à huit, une fenêtre assez grande et à la hauteur d'un mètre environ, pour que l'air puisse se renouveler et circuler librement.

Cette fenêtre sera placée, autant que le local le permettra, du côté opposé à la porte d'entrée; si la vacherie est isolée, deux fenêtres seront placées aux deux extrémités, en face l'une de l'autre.

Dans les étables de quinze à vingt mètres et au-dessus, il sera établi trois fenêtres au moins.

5. Lorsque les étables seront entourées de bâtiments, de manière à ce qu'il ne puisse être établi de fenêtres latérales, il sera pratiqué dans le plancher, au-dessus de la crèche, aux extrémités et au milieu, selon l'étendue de l'étable, trois ouvertures qui communiqueront par un tuyau en poterie jusqu'au delà du toit et qui serviront de ventilateurs.

---

(1) V. l'ord. du 27 fév. 1838.

6. Les étables seront pavées en pente, au moins derrière les vaches, et avec un ruisseau pour faciliter l'écoulement des eaux.

7. Les nourrisseurs seront tenus de faire enlever les fumiers tous les jours, à cinq heures du matin en été, et à huit heures en hiver.

8. Ils seront tenus pareillement de laver avec soin, une fois par jour en hiver et deux fois par jour en été, le ruisseau derrière les vaches, les ruisseaux de la cour et d'en faire écouler les eaux dans la rue.

9. Le plancher haut des étables devra être hourdé en plâtre.

10. Les dépôts de fourrages seront séparés des étables par un mur en maçonnerie, s'ils sont placés à côté, et par un plancher recouvert d'une aire en salpêtre, ou d'un carrelage, s'ils sont établis immédiatement au-dessus ; et, dans ce dernier cas, il ne pourra être placé ni cheminée, ni poêle, ni fourneau dans la pièce destinée au dépôt des fourrages.

11. Les nourrisseurs tiendront leurs vacheries dans le plus grand état de propreté ; ils se conformeront exactement à toutes les précautions de sûreté et de salubrité qui leur seront prescrites dans les permissions qu'ils auront obtenues.

12. Les vacheries qui sont établies dans le centre de Paris et en deçà des limites déterminées par l'article 1, seront fermées dès que l'exploitation en cessera par suite de l'abandon ou du décès des titulaires actuels.

13. Les contraventions aux dispositions de la présente ordonnance seront poursuivies devant les tribunaux.

14. La présente ordonnance sera imprimée et affichée.

Les commissaires de police, le chef de la police centrale, les officiers de paix, le commissaire inspecteur général des halles et marchés, l'inspecteur général de la salubrité et les autres préposés de la préfecture de police sont chargés, chacun en ce qui le concerne, de tenir la main à son exécution.

Le préfet de police, G. DELAVAU.

N° 1053. — *Ordonnance concernant l'ouverture de la chasse* (1).

Paris, le 7 août 1822.

N° 1054. — *Ordonnance concernant les étalages sur la voie publique* (2).

Paris, le 21 août 1822.

Nous, préfet de police,

Considérant que la commodité et la sûreté du passage sur la voie publique sont fréquemment compromises par une multitude de marchands étalagistes qui, sans aucune autorisation, s'établissent sur les points les plus fréquentés et occasionnent des rassemblements nombreux autour de leurs étalages ;

Qu'il importe de prévenir les accidents qui peuvent en résulter ;

---

(1) V. l'ord. du 22 août 1843.

(2) V. les ord. des 31 oct. et 2 déc. 1822, 19 juin 1830 et 20 janv. 1832.

Qu'il est vendu de cette manière des marchandises inférieures ou tarées et qui souvent proviennent de banqueroutes frauduleuses ;

Que le droit de vendre sur la voie publique ne peut être accordé que comme un secours donné à la vieillesse, à l'infirmité ou à l'indigence, et que l'intérêt du commerce régulier, non moins que celui des consommateurs, exige qu'il soit renfermé dans de justes bornes ;

Considérant aussi que plusieurs étalagistes se sont opposés ouvertement et avec violence à l'exécution des règlements et ordonnances de police, concernant les étalages sur la voie publique et qu'il est urgent d'empêcher le retour de semblables excès ;

Vu les ordonnances et règlements en cette partie, notamment l'ordonnance de police du 28 janvier 1786 ;

La loi du 16-24 août 1790, titre XI, et les articles 209 et suivants, 470, 471 et 474 du Code pénal ;

Et en vertu des articles 21 et 22 de l'arrêté du gouvernement du 12 messidor an VIII (1er juillet 1800) ;

Ordonnons ce qui suit :

1. Il est défendu de former, sans une permission spéciale, aucun étalage de marchandises quelconques sur la voie publique.

Il y a étalage sur la voie publique chaque fois que des marchandises, de quelque nature qu'elles soient, sont déposées sur le pavé ou le sol des rues ou autres communications publiques, soit à nu, soit sur des mannes, des bannes, des tables, des voitures, etc., pour être exposées en vente, même momentanément.

2. Les contraventions à la défense exprimée par le paragraphe premier de l'article précédent seront constatées par des procès-verbaux, pour être déférées au tribunal compétent.

A cet effet, et conformément à l'article 470 du Code pénal, les marchandises, ustensiles et objets étalés et exposés en vente sur la voie publique, sans autorisation, seront saisis provisoirement et envoyés à la préfecture de police.

En cas de résistance, les auteurs de la contravention seront en outre arrêtés et conduits par-devant un commissaire de police qui recevra les déclarations, dressera procès-verbal du fait et enverra les délinquants à la préfecture de police.

3. Toute personne qui voudra obtenir une permission d'étalage, remettra sa demande au commissaire de police du quartier où elle aura le projet de se placer. Elle y fera la déclaration des objets qu'elle se propose d'exposer en vente. Le commissaire de police nous fera le renvoi de la demande avec son avis motivé. Il pourra toutefois, quand il n'y verra aucun inconvénient, délivrer une autorisation provisoire qui, dans tous les cas, ne sera valable que pour un mois.

4. Les permissions délivrées par nous ne seront valables que pour un an ; mais, à l'expiration de l'année, elles pourront être visées, s'il y a lieu, par le commissaire de police du quartier pour une seconde année, et ainsi de suite d'année en année, tant que l'étalage sera tenu par la même personne et ne sera pas reconnu nuisible. Les permissions sont d'ailleurs, en cas de raisons graves, révocables en tout temps.

5. Aucune permission ne sera délivrée pour étalage de marchandises, dont l'exposition sur la voie publique pourrait avoir des inconvénients pour la sûreté ou la commodité du passage, notamment à l'angle de deux rues.

6. Il ne pourra être formé aucun étalage sur les parties des boulevards intérieurs du nord affermés par la ville pour y placer des chaises, même dans l'enceinte des barrières au-devant des propriétés bordant les contre-allées louées pour cet usage.

7. Il est expressément défendu à toute personne d'apporter, d'étaler ou d'exposer en vente sur la voie publique, des marchandises de quelque espèce qu'elles soient, aux portes et dans les environs des habitations, où il est procédé à des ventes mobilières aux enchères.

8. Tout étalage autorisé devra n'avoir exactement que les dimensions fixées par la permission, et être disposé de manière à être enlevé facilement et à col, la sûreté de la circulation l'exigeant.

9. Les permissions sont personnelles. Tout étalagiste sera tenu, sous peine d'être privé de celle qu'il aurait obtenue,

1° De placer d'une manière apparente, à son étalage, une plaque indicative de son nom et du numéro de sa permission;

2° De ne vendre que les marchandises qui seront portées dans la permission;

3° De ne pas excéder les dimensions déterminées;

4° De n'occuper que la place qui lui a été assignée;

5° De ne céder ou transmettre sa permission à aucun autre.

10. Il sera tenu de représenter sa permission à toute réquisition des commissaires ou agents de police.

Il sera également tenu, conformément à la loi, d'exhiber sa patente acquittée à toute réquisition des commissaires ou agents de police, à moins qu'il ne soit compris dans les exemptions.

11. Les contraventions à la présente ordonnance seront poursuivies conformément à la loi, devant les tribunaux compétents.

12. La présente ordonnance sera imprimée et affichée.

Les commissaires de police, le chef de la police centrale et les officiers de paix, les chefs de service extérieur et les préposés de la préfecture de police sont chargés de tenir la main à son exécution.

Elle sera adressée à M. le colonel de la ville de Paris, commandant la gendarmerie royale, pour en assurer l'exécution par tous les moyens qui sont à sa disposition.

Le préfet de police, G. DELAVAU.

N° 1055. — *Ordonnance concernant l'exercice de la chasse dans le petit parc de Vincennes.*

Paris, le 23 août 1822.

Nous, préfet de police,

Vu l'arrêté du maire de Vincennes tendant à prendre des précautions contre les accidents qui peuvent résulter d'une trop grande affluence de chasseurs dans le petit parc;

Vu l'article 3, titre XI de la loi des 16-24 août 1790;

Vu pareillement les articles 6 et 7 de l'ordonnance de police du 12 août 1807;

Considérant que l'affluence des chasseurs dans le petit parc de Vincennes, principalement les jours de chasse dans le grand parc, affluence qui se porte de préférence vers les clôtures dans l'espoir de tirer les pièces de gibier qui les franchissent, peut donner lieu à de graves accidents qu'il est nécessaire de prévenir par des précautions convenables;

Qu'il est nécessaire aussi de prévenir les accidents qui pourraient résulter de l'usage des armes à feu, dans le voisinage de la salle d'artifice, construite sur le terrain du petit parc, et sur les points trop rapprochés des factionnaires,

Ordonnons ce qui suit:

1. Il est défendu à toute personne, autre que les propriétaires des terrains qui forment le petit parc, chacun dans l'étendue de sa propriété, de chasser avec des armes à feu dans le petit parc, sans être munie de la permission écrite de chacun des propriétaires sur le terrain duquel elle sera trouvée.

2. Cette permission pour être valable devra être visée par le maire et par M. le gouverneur du château de Vincennes qui, chacun en ce qui le concerne, pourront fixer les limites au delà desquelles ces permissions ne pourront s'étendre et déterminer, s'il y a lieu, des jours pendant lesquels elles seront suspendues.

3. Ces permissions, ainsi que les visa dont elles doivent être revêtues, seront renouvelées toutes les années.

4. Les contraventions à la présente ordonnance seront constatées par des procès-verbaux qui seront adressés aux tribunaux compétents.

5. La présente ordonnance sera imprimée; elle sera publiée et affichée à Vincennes et partout où besoin sera.

MM. le sous-préfet de Sceaux et le maire de Vincennes, la gendarmerie, les gardes forestiers, les gardes champêtres et les agents et préposés de la préfecture de police sont chargés de tenir la main à son exécution.

Le préfet de police, G. DELAVAU.

N° 1056. — *Ordonnance concernant les mesures d'ordre à observer à l'occasion du jour de la Saint-Louis* (1).

Paris, le 23 août 1822.

N° 1057. — *Ordonnance concernant les musiciens dans les rues et places publiques* (2).

Paris, le 2 septembre 1822.

Nous, préfet de police,

Considérant que le nombre des musiciens dans les rues et places publiques s'est beaucoup accru dans le ressort de la préfecture de police;

Que, sous prétexte de jouer d'un instrument, tel que la vielle, la guitare, la harpe, etc., des individus pénètrent dans les cours, dans les cafés, les cabarets, et y donnent lieu à des plaintes, soit à raison des chansons licencieuses qu'ils chantent, soit à raison des embarras qu'ils causent dans les rues et places où ils stationnent;

Qu'à défaut de moyen aisé de reconnaître ceux qui donnent lieu à ces plaintes, les coupables ne peuvent être que difficilement réprimés;

Ordonnons ce qui suit :

1. A dater de quinze jours après la publication de la présente ordonnance, personne ne pourra jouer de la vielle, de la harpe ou de tout autre instrument: ni chanter dans les rues, places et promenades

---

(1) V. l'ord. du 23 août 1824.

(2) V. les ord. des 10 sept. 1828 et 14 avril 1831.

publiques de Paris ou des communes rurales du ressort de la préfecture de police, qu'il n'en ait obtenu de nous la permission pour un temps limité.

2. Toutes permissions accordées jusqu'à ce jour sont annulées, excepté celles qui ont été accordées, cette année, aux chanteurs des rues et aux joueurs d'orgues.

3. Aucune permission ne sera accordée que sur un certificat de bonnes vie et mœurs, délivré à Paris par un commissaire de police, et, dans les communes rurales, par le maire, sur la déclaration de deux témoins domiciliés.

4. Tout individu ayant la permission de jouer d'un instrument ou de chanter dans les rues et places publiques de Paris ou des communes rurales du ressort de la préfecture de police sera tenu d'avoir une plaque où sera inscrit le numéro de sa permission. Cette plaque devra être portée ostensiblement.

5. Sont dispensés de cette formalité ceux qui auront déclaré ne devoir pas rester plus d'un mois dans le ressort de la préfecture ; et dans ce cas, la permission leur sera retirée, passé ce délai.

6. Tout musicien ou chanteur qui s'introduirait dans les cours des maisons, dans les cafés, cabarets et autres établissements publics, sera arrêté sur-le-champ et conduit à la préfecture de police ; il sera pris envers lui telle mesure de police administrative qui sera jugée nécessaire, sans préjudice des poursuites devant les tribunaux.

7. La présente ordonnance sera imprimée ; elle sera affichée dans la ville de Paris et dans les communes rurales du ressort de la préfecture de police.

Les sous-préfets des arrondissements de Saint-Denis et de Sceaux, les maires des communes rurales du ressort de la préfecture de police et leurs adjoints, les commissaires de police, le chef de la police centrale, les officiers de paix et les agents de la préfecture de police sont chargés de tenir la main à son execution.

Le préfet de police, G. DELAVAU.

N° 1058. — *Ordonnance concernant les mesures de police qui doivent être observées, les* 8, 15 *et* 22 *septembre, à l'occasion de la fête de Saint-Cloud* (1).

Paris, le 6 septembre 1822.

N° 1059. — *Avis portant défense de mener des chiens aux courses de chevaux du Champ-de-Mars* (2).

Paris, le 20 septembre 1822.

---

(1) V. l'ord. du 6 sept. 1843.

(2) V. l'avis du 11 oct. 1843.

N° 1060. — *Ordonnance concernant les étalagistes, soit bouquinistes ou marchands de livres, soit marchands de gravures, lithographies, tableaux ou d'autres objets d'art, établis sur la voie publique* (1).

Paris, le 31 octobre 1822.

Nous, préfet de police,

Considérant que les marchands étalagistes établis sur la voie publique, tiennent souvent en exposition des ouvrages, livres ou objets d'art quelconque, plus ou moins dangereux ou contraires aux lois;

Considérant que les étalages ne peuvent s'établir que d'après une autorisation expresse délivrée par nous, et que les marchands qui se servent de cette autorisation comme d'un moyen de corrompre les mœurs ou l'opinion publique, abusent du bienfait de l'autorité qui resterait responsable du mal qu'ils favorisent, si elle ne se hâtait d'y mettre un terme,

Ordonnons ce qui suit :

1. Tout marchand étalagiste établi sur la voie publique sera tenu de faire disparaître de son étalage tout livre, gravure ou objet d'art quelconque qui serait jugé par l'autorité contraire aux lois et dangereux pour les mœurs.

2. Le marchand étalagiste qui, ayant été prévenu une première fois de faire disparaître quelqu'un des ouvrages indiqués ci-dessus, n'aura point obtempéré à l'ordre qui lui aura été signifié, et continuera à tenir en évidence les mêmes ouvrages ou autres de cette nature sera privé du droit de tenir son étalage pendant l'espace d'un an et l'autorisation sera définitivement retirée s'il récidive une troisième fois.

3. La présente ordonnance sera imprimée et affichée.

Les commissaires de police, lé chef de la police centrale, les officiers de paix et les autres préposés de la préfecture de police sont chargés, chacun en ce qui le concerne, de tenir la main à son exécution.

Le préfet de police, G. DELAVAU.

N° 1061.—*Ordonnance concernant les brocanteurs* (2).

Paris, le 15 novembre 1822.

Nous, préfet de police,

Informé que les ordonnances de police en date des 25 novembre 1812 et 25 juillet 1818, relatives aux brocanteurs marchands d'habits de la ville de Paris, ne reçoivent pas leur pleine et entière exécution, et que quelques-unes des dispositions qu'elles renferment sont oubliées ou méconnues;

Considérant qu'il importe au maintien du bon ordre et à la régularité de ce genre de commerce, de rappeler les dispositions des ordonnances précitées, pour qu'elles soient désormais ponctuellement observées;

Vu les articles 2, 10, 22 et 32 de l'arrêté du gouvernement du 12 messidor an VIII (1er juillet 1800),

---

(1) V. les ord des 2 déc. 1822, 19 sept. 1829, 19 juin 1830 et 20 janv. 1832.

(2) V. les ord. des 5 sept. 1828 et 15 juin 1831.

Ordonnons ce qui suit:

1. Nul ne peut exercer l'état de brocanteur dans la ville de Paris sans notre permission spéciale. (*Déclar. du* 29 *mars* 1778, *art.* 1.)

2. Dans un mois, à compter de la publication de la présente ordonnance, toutes les permissions accordées jusqu'à ce jour aux brocanteurs domiciliés à Paris, seront et demeureront annulées, si elles n'ont été visées, dans le même délai, par les commissaires de police de leurs quartiers respectifs.

Ces visa ne seront accordés que sur la représentation de la patente dont chaque brocanteur devra être pourvu pour l'année courante.

3. Les permissions délivrées ne seront valables que pour un an.

4. Elles seront renouvelées chaque année.

5. Ceux auxquels il n'aura pas été accordé de nouvelle permission, ne pourront continuer d'exercer leur état, à peine de confiscation de leurs marchandises et d'amende. (*Déclar. du* 29 *mars* 1778, *art.* 1er.)

6. Il ne sera accordé de permission qu'aux brocanteurs sachant lire et écrire.

Ils devront justifier, par un certificat du commissaire de police de leur quartier, délivré sur l'attestation de deux citoyens, qu'ils sont domiciliés à Paris, au moins depuis un an, et qu'ils sont avantageusement connus.

7. Les médailles des brocanteurs porteront leurs noms, les lettres initiales de leurs prénoms, et le numéro des permissions qu'ils auront obtenues.

8. Les brocanteurs devront porter ces médailles sur leur vêtement, et d'une manière apparente. (*Déclar. du* 29 *mars* 1778, *art* 2.)

9. Il est défendu aux brocanteurs de céder, vendre ou prêter, à qui que ce soit, leurs permissions ou leurs médailles.

Ils en feront le dépôt à la préfecture de police lorsqu'ils cesseront d'exercer leur état.

En cas de décès ce dépôt sera fait par leurs héritiers.

10. Les brocanteurs continueront d'avoir un registre timbré pour inscrire exactement, et jour par jour, les hardes, linge, nippes et autres objets qu'ils achètent, ainsi que les noms et demeures des personnes qui leur en ont fait la vente.

Ce registre portera en tête les noms, demeure et signalement du brocanteur auquel il appartiendra.

Il sera coté et parafé par le commissaire de police du quartier, et lui sera présenté tous les mois, pour être examiné et visé. (*Ord. de police du* 8 *nov.* 1780, *art.* 3.)

Le commissaire de police ne donnera ce visa qu'après s'être fait exhiber la quittance du droit de patente de l'année, prise à Paris.

11. Il est enjoint aux brocanteurs de représenter leurs permissions, même les effets, hardes et autres objets qu'ils auront achetés ou échangés, aux commissaires de police, aux officiers de paix et aux préposés de la préfecture, toutes les fois qu'ils en seront requis; à peine d'amende et de saisie, et confiscation des objets par eux celés. (*Même ord. art.* 4.)

12. Les brocanteurs ne peuvent vendre, acheter ou échanger que des marchandises de friperie, meubles et ustensiles de hasard.

Il leur est défendu de vendre, acheter, ou échanger des marchandises neuves, ainsi que des matières d'or et d'argent, si ce n'est de vieux galons ou de vieilles hardes brodées ou tissues d'or ou d'argent. (*Déclar. du* 20 *mars,* 1778, *art.* 6.)

13. Il est défendu aux brocanteurs d'acheter, des soldats, leurs armes et leur équipement, à peine de confiscation, de trois mille francs d'amende et d'emprisonnement. (*Loi du* 28 *mars* 1773, *art.* 5.)

14. Il leur est également défendu de vendre et d'acheter des armes offensives, dangereuses, cachées et secrètes, telles que fusils et pistolets à vent, poignards, couteaux en forme de poignard, baïonnettes, pistolets de poche, épées en bâtons, bâtons à ferrements, autres que ceux qui sont ferrés par le bout, et des armes de guerre montées ou non montées; sous les peines prononcées par la déclaration du 23 mars 1728. (*Décrets des 2 nivôse an* XIV *et 12 mars 1806; et ord. du roi du 24 juil. 1816.*)

15. Les brocanteurs doivent porter leurs marchandises sous le bras et à découvert, sans pouvoir les déposer ou étaler en place. (*Déclar. du 29 mars 1778, art. 5.*)

16. Il leur est défendu de se rassembler sur la voie publique, sur les quais, ponts, halles et marchés, excepté sur la place de la Rotonde, au-devant des abris du marché du Temple, sans néanmoins pouvoir y étaler ni colporter.

17. Il est expressément défendu aux détaillants et détaillantes placés au marché du Temple, de quitter leur place pour aller au-devant des brocanteurs et propriétaires d'effets à vendre, d'en acheter dans les rues, dans les allées, dans les cabarets et ailleurs qu'au marché et aux ventes publiques. (*Loi du 16-24 août 1790, titre* XI, *art.* 3, § 3.)

18. Il sera pris envers les contrevenants aux dispositions ci-dessus telles mesures de police administrative qu'il appartiendra, sans préjudice des poursuites à exercer contre eux devant les tribunaux, conformément aux lois et règlements.

19. La présente ordonnance sera imprimée et affichée.

Les sous-préfets des arrondissements de Saint-Denis et de Sceaux, les maires des communes rurales du ressort de la préfecture de police et leurs adjoints, les commissaires de police, le chef de la police centrale, les officiers de paix, les agents de la préfecture de police, et notamment l'officier de paix ayant la police du marché du Temple, ainsi que les délégués des brocanteurs sont chargés, chacun en ce qui le concerne, de tenir la main à son exécution.

Le préfet de police, G. DELAVAU.

N° 1062. — *Ordonnance concernant les secours à donner aux noyés, asphyxiés ou blessés, et les mesures de police à prendre pour la levée des cadavres retirés de l'eau, ou trouvés sur la voie publique et partout ailleurs* (1).

Paris, le 2 décembre 1822.

Nous, préfet de police,

Considérant qu'il importe au bien général, non-seulement de renouveler les règlements relatifs aux secours à donner aux noyés, asphyxiés ou blessés, et aux mesures à prendre lors de la levée des cadavres retirés de l'eau ou trouvés sur la voie publique et partout ailleurs; mais encore, d'apporter aux dispositions de ces règlements les modifications ou additions dont l'expérience a démontré la nécessité;

Vu les articles, 2, 24 et 42 de l'arrêté du gouvernement du 12 messidor an VIII (1er juillet 1800), et l'article 1er de celui du 3 brumaire an IX (25 octobre 1800),

---

(1) V. l'ord. du 1er janv. 1836, l'instruction y annexée et l'arrêté du même jour.

Ordonnons ce qui suit :

SECTION Ire.

Secours à donner aux noyés, asphyxiés ou blessés sur la voie publique ou ailleurs.

1. Lorsque quelqu'un courra des dangers dans la rivière, sur la voie publique et partout ailleurs, toute personne, témoin de l'accident, est invitée à porter les premiers secours à l'individu que le danger menace. S'il est trouvé en état de mort apparente, on fera prévenir, en même temps, l'homme de l'art le plus voisin, et l'on donnera avis de l'accident, à Paris, au commissaire de police et au commandant du poste à proximité ; dans les communes rurales, au maire et au commandant de la gendarmerie.

On avertira également l'officier de police ou le maire lorsqu'il s'agira d'un noyé non retrouvé, ou d'un individu tombé dans un endroit d'où il n'aura pu être retiré.

2. Tout individu trouvé blessé sur la voie publique, ou retiré de l'eau, en état de suffocation, ou asphyxié, soit par les vapeurs méphitiques, soit par le froid, soit par la chaleur, sera transporté de suite (s'il n'y a pas mort certaine manifestée par un commencement de putréfaction) dans un endroit commode, de préférence dans un corps de garde, dans les lieux où se trouvent déposées les boîtes de secours, ou dans un hôpital, s'il s'en trouve à proximité, ainsi qu'il est prescrit par l'instruction annexée à la présente ordonnance, à l'effet d'y recevoir les secours nécessaires.

Le commissaire de police, ou le commandant du poste, s'il est le premier averti, et les maires dans les communes rurales, requerront sur-le-champ l'assistance d'un homme de l'art.

3. En attendant, s'il s'agit d'un noyé ou asphyxié, il lui sera donné les secours applicables à son état, ainsi qu'il est indiqué dans l'instruction précitée.

A son arrivée, l'homme de l'art prendra la direction des secours, et le maire ou le commissaire de police veillera à ce qu'ils puissent être administrés avec ordre et sans embarras.

4. Si l'individu, rappelé à la vie a besoin de secours ultérieurs, il sera transporté à son domicile, s'il le demande, sinon à l'Hôtel-Dieu, et, en cas d'urgence, à l'hospice le plus voisin.

Si l'individu ne peut être rappelé à la vie, il sera procédé de la manière prescrite ci-après, deuxième section.

5. L'officier de police ou le commandant du poste veillera à ce qu'après l'administration des secours les ustensiles et médicaments soient fidèlement réintégrés dans la boîte, en ordre et en bon état.

Si quelque ustensile avait été dégradé, ou quelque médicament épuisé, l'officier de police ou le commandant du poste en prendra note et nous en rendra compte.

Si la boîte a été déplacée, ils veilleront à ce qu'elle soit sur-le-champ reportée au lieu du dépôt.

6. Tout homme de l'art, qui, hors le cas de notoriété publique, aura administré des secours à des blessés, sera tenu d'en faire sur-le-champ, sa déclaration au commissaire de police, à Paris, et au maire, dans les communes rurales. (*Edit de déc.* 1666, *ord. de police du* 4 *nov.* 1788 *et du* 25 *ventôse an* XIII) (16 *mars* 1805).

Cette déclaration contiendra les noms, prénoms, profession et demeure des blessés, la cause des blessures, leur gravité, et, autant que possible, les circonstances qui y auront donné lieu.

7. Les médecins et chirurgiens des hospices feront la même déclaration pour tous les blessés admis les hospices. (*Edit de déc.* 1666, *ord. de police du* 25 *ventôse an* XIII) (16 *mars* 1805).

SECTION II.

Des cadavres trouvés dans la rivière, sur la voie publique ou ailleurs.

8. Lorsqu'un cadavre aura été retiré de l'eau ou qu'il sera trouvé sur la voie publique et partout ailleurs, avec des signes d'une mort certaine, manifestée par un commencement de putréfaction, il en sera donné avis sur-le-champ au commissaire de police, si c'est à Paris, et au maire dans les communes rurales.

9. L'homme de l'art constatera, avec la plus grande exactitude, l'état actuel du cadavre; dans le cas où il remarquerait que la mort peut être le résultat de violences exercées sur l'individu, il requerra, sous sa responsabilité, un second examen par les médecins experts assermentés près la cour royale.

La déclaration de l'homme de l'art sera, autant que possible, écrite de sa main, au corps du procès-verbal et toujours signée de lui.

10. Si l'individu est reconnu et réclamé, au moment de la levée du cadavre, par des personnes domiciliées, la remise pourra leur en être faite, à la charge de faire inhumer le cadavre en la manière accoutumée, et d'en justifier à l'officier de police qui aura fait la remise. Il leur sera délivré en même temps un extrait du procès-verbal pour servir à dresser l'acte de décès.

Si les parents de l'individu ont les moyens nécessaires pour acquitter les frais de repêchage et autres, ils en effectueront le remboursement.

Dans le cas où l'individu ne serait ni reconnu ni réclamé, le cadavre sera transporté à la Morgue avec ses vêtements. Les papiers, argent monnayé et effets précieux seront envoyés à la préfecture de police.

Dans le cas prévu par l'article 9, le cadavre, qu'il soit reconnu et réclamé, ou qu'il ne le soit pas, sera transporté et déposé à la Morgue jusqu'à ce qu'il en soit autrement ordonné.

11. Il sera procédé pour les portions de cadavres trouvées dans la rivière ou ailleurs, de la manière prescrite pour les cadavres entiers.

SECTION III.

Dépôts à la morgue, reconnaissances et ordres d'inhumation.

12. A l'arrivée d'un cadavre à la Morgue, le concierge vérifiera si le signalement est conforme à l'ordre d'envoi du cadavre, et s'il porte des marques extérieures de violences. Dans l'un et l'autre cas, le concierge nous rendra compte sur-le-champ de ses observations.

Il vérifiera également si le signalement du cadavre se trouve conforme à l'un de ceux portés aux déclarations qui lui auraient été adressées. En cas d'identité, il nous en préviendra, ainsi que les déclarants.

Si le cadavre n'a pas été visité, le concierge requerra de suite le commissaire de police de le faire visiter par un homme de l'art.

13. Tout cadavre envoyé à la Morgue y sera exposé, ainsi que ses vêtements, aux regards du public, pendant trois jours consécutifs, à compter de celui où il aura été apporté exclusivement.

14. Les personnes qui reconnaîtront le cadavre pendant son exposition à la Morgue en feront de suite leur déclaration devant le commissaire de police du quartier de la Cité.

Les déclarations pour remises de cadavres nous seront adressées.

15. A l'expiration du délai fixé pour l'exposition, si le cadavre n'est pas reconnu et réclamé, il sera extrait de la Morgue, en vertu d'un ordre émané de nous, pour être inhumé en la manière accoutumée.

16. Les vêtements des individus déposés à la Morgue seront conservés avec soin, et il n'en sera disposé que d'après notre ordre.

SECTION IV.

Dispositions générales.

17. Aussitôt qu'un officier de police aura été averti qu'une personne a été noyée, asphyxiée, blessée ou victime de tout autre accident grave, il se transportera à l'endroit où se trouve l'individu, ou au lieu de l'événement, et il en dressera procès-verbal.

Le procès-verbal contiendra, 1° la désignation du sexe, le signalement, les nom, prénoms, qualités et âge de l'individu, s'il est possible de les savoir;

2° La déclaration de l'homme de l'art sur l'état actuel de l'individu, ainsi qu'il est exprimé en l'article 9;

3° Les renseignements recueillis sur cet accident;

4° Les dépositions des témoins et de tous ceux qui auraient pris part à l'événement.

18. S'il s'agit d'un cadavre trouvé dans la rivière, sur la voie publique, ou partout ailleurs, l'officier de police fera mention, en outre, dans son procès-verbal, 1° des noms, prénoms, profession et demeure de ceux qui auront repêché ou trouvé le cadavre, et du lieu où il aura été repêché ou trouvé;

2° Des vêtements dont il sera couvert, ainsi que des effets ou papiers dont il sera porteur;

3° Des noms, prénoms, profession et demeure des personnes à qui le cadavre sera remis, s'il est reconnu et réclamé avant son transport à la Morgue.

Si les frais de repêchage, de visite et de transport ont été acquittés par les parties, il en sera fait mention au procès-verbal.

S'il s'agit d'un noyé, ou d'un individu dont le corps n'aurait pas été retrouvé, le procès-verbal contiendra la déclaration des témoins sur la nature et les circonstances de l'événement. L'officier de police recueillera, s'il est possible, les nom, prénoms, âge, demeure et signalement de l'individu, ainsi que la désignation de ses vêtements.

Les procès-verbaux nous seront transmis dans les vingt-quatre heures. L'officier de police en enverra un extrait au concierge de la Morgue, dans le cas où le cadavre y serait transporté, et même dans le cas où il ne serait point retrouvé.

19. L'officier de police qui aura ordonné le transport d'un blessé, d'un noyé, d'un asphyxié ou d'un cadavre, veillera à ce que le brancard et les accessoires employés à cet effet soient rétablis en bon état dans le lieu où ils auront été pris.

20. Il sera alloué, à titre d'honoraires, récompense ou salaire, à ceux qui auront repêché, secouru ou transporté un noyé, un asphyxié ou un blessé sur la voie publique et ailleurs.

Savoir:

1° Pour le repêchage d'un noyé rappelé à la vie, vingt-cinq francs.

2° Pour le repêchage d'un cadavre ou portion de cadavre, quinze francs;

3° Pour le transport à l'hospice ou à la Morgue d'un noyé, asphyxié ou blessé, suivant les distances de trois à cinq francs;

4° A l'homme de l'art, les honoraires déterminés par le décret du 18 juin 1811; plus, s'il y a lieu, une indemnité qui sera calculée sur la durée et l'importance des secours, et sur leurs résultats, et qui ne pourra être moindre de cinq francs, ni excéder cinquante francs.

21. Les frais seront payés à la préfecture de police, après la réception du procès-verbal, et sur le vu de certificats distincts et séparés, qui seront délivrés aux parties intéressées.

22. Nous nous réservons de faire remettre une médaille de distinction à toute personne qui se ferait remarquer par son zèle et son dévouement à secourir un noyé ou un asphyxié.

23. Les déclarations relatives aux personnes disparues de leur domicile continueront d'être reçues à la préfecture de police, sur un registre tenu à cet effet à la première division.

24. Le directeur de secours veillera constamment à l'entretien et à la conservations des boîtes et des objets qui s'y rattachent.

Indépendamment des visites partielles et fréquentes auxquelles il est obligé par ses fonctions, le directeur des secours sera tenu de faire, tous les ans, dans les premiers jours du mois de mai, une visite générale des boîtes de secours, pour s'assurer de leur bon état, et il nous rendra compte du résultat.

Il nous proposera toutes les mesures qui pourraient tendre à l'amélioration et au perfectionnement du système des secours.

L'état du placement des boîtes de secours sera imprimé à la suite de la présente ordonnance.

25. Les propriétaires des bains chauds et à vapeur établis dans Paris et dans les communes rurales du département de la Seine, seront tenus d'avoir à leurs frais et d'entretenir en bon état de semblables boîtes dans chacun de leurs établissements, et d'y tenir disponibles une pièce aussi spacieuse et aérée que possible, et un lit pour y transporter les baigneurs auxquels l'administration des secours serait reconnue nécessaire.

Ces propriétaires se conformeront en outre aux dispositions prescrites par le premier paragraphe de l'article 1er de la présente ordonnance.

26. Les contraventions seront constatées par des procès-verbaux qui nous seront adressés.

27. La présente ordonnance sera imprimée et affichée.

Les sous-préfets des arrondissements de Saint-Denis et de Sceaux, les maires de communes rurales du ressort de la préfecture de police, les commissaires de police, le directeur des secours, membres du conseil de salubrité, le chef de la police centrale, les officiers de paix, l'inspecteur général de la navigation et des ports et les préposés de la préfecture de police sont chargés de tenir la main à son exécution.

Le préfet de police, G. DELAVAU.

N° **1063**. — *Ordonnance concernant la police de la rivière et des ports, pendant l'hiver et les temps de glaces, grosses eaux et débâcles* (1).

Paris, le 2 décembre 1822.

N° **1064**. — *Ordonnance concernant la tolérance accordée aux étalagistes, à l'occasion du jour de l'an* (2).

Paris, le 2 décembre 1822.

Nous, préfet de police,

Considérant qu'il peut résulter des abus et des inconvénients graves

---

(1) V. les ord. des 1er déc. 1838, 5 déc. 1839 et 25 oct. 1840 (art. 203 et suiv.).

(2) V. les ord. des 31 oct. 1822, 19 juin 1830, 20 janv. 1832.

de la tolérance qu'il est d'usage d'accorder aux étalagistes à Paris, du 15 décembre au 15 janvier; que, s'il convient de la maintenir, afin de ne point priver les personnes de la classe la moins aisée des ressources que leur offre la vente de menus objets d'étrennes qu'elles exposent ainsi sur la voie publique, il est également important d'empêcher que le passage dans les rues et dans les communications les plus fréquentées soit obstrué et devienne dangereux, et en conséquence de ne souffrir ces sortes d'étalages que dans les emplacements où ils peuvent le moins nuire à la libre circulation;

Vu la loi des 16-24 août 1790, titre XI, et en vertu de l'arrêté du gouvernement du 1er juillet 1800 (12 messidor an VIII),

Ordonnons ce qui suit :

1. Les étalages qu'il est d'usage de tolérer tous les ans à Paris, depuis le 15 décembre jusqu'au 15 janvier, ne pourront être formés, sur la voie publique, ailleurs que dans les emplacements ci-après désignés, savoir :

BOULEVARDS DU NORD.

Contre-allées méridionales du côté de la ville.

Entre les arbres du côté de la chaussée, depuis la rue Saint-Honoré jusqu'à la rue Choiseul;

Depuis la rue Richelieu jusqu'à la rue Poissonnière;

Depuis la rue Notre-Dame-de-Bonne-Nouvelle jusqu'à celle de la Lune;

Depuis la rue Saint-Martin, à partir seulement de la contre-allée vis-à-vis le théâtre de la porte Saint-Martin jusqu'à la rue du Temple;

Et depuis la rue des Filles-du-Calvaire jusqu'à la porte Saint-Antoine.

Contre-allées septentrionales du côté des faubourgs.

Esplanade du boulevard Bonne-Nouvelle, depuis la rue Hauteville jusqu'au corps de garde, entre la barrière des murs de terrasse et la première rangée d'arbres de ce côté.

Esplanade du boulevard Saint-Martin, entre la grille du jardin de l'hôtel nº 4, et la rue de Lancry seulement;

Et depuis la rue de Ménilmontant jusqu'à la porte Saint-Antoine.

Quais.

Quais des Tuileries et du Louvre, depuis les arcades du Carrousel jusqu'à la rue du Petit-Bourbon, du côté du palais du Louvre, et sur une seconde ligne, du côté de la rivière, à partir du pont des Arts jusqu'à la descente de l'abreuvoir;

Quai de Gèvres, entre les bornes et le trottoir;

Quai des Ormes, depuis la pompe jusqu'au Pont-Marie;

Quai Voltaire, depuis le Pont-Royal jusqu'à la place des cabriolets, le long des trottoirs;

Quai des Orfévres, le long des trottoirs, depuis la rue de Jérusalem, jusqu'au pont Saint-Michel;

Et quai de la Tournelle.

Places.

Place Dauphine, place du Palais-de-l'Institut, place du cul-de-sac Conti, place Sainte-Géneviève, Place-Royale, place du Marché-Saint-Jean;

Place de Grève, sur une seule ligne, à douze pieds des maisons faisant face à l'Hôtel-de-Ville;

Place Maubert, et place Saint-André-des-Arcs.

Ponts.

Sur le terre-plein du Pont-Neuf seulement,
Pont au Change, }
Pont Notre-Dame, } sur les deux trottoirs.
Pont Marie, }
Et Pont Saint-Michel. }

Rues.

Rue Saint-Denis et rue Saint-Martin, entre le boulevard et la rue Sainte-Appoline, sur deux lignes, en laissant libre toute la chaussée;

Rue Saint-Antoine, depuis la fontaine Birague jusqu'à la rue des Tournelles;

Rue du faubourg Saint-Antoine;

Rue de Sèvres, depuis les Incurables jusqu'au boulevard;

Cour des Fontaines, sur deux lignes parallèles aux rues des Bons-Enfants et de Valois;

Et Cloître-Saint-Honoré, dans le milieu, sur une seule ligne.

2. Les commissaires de police les feront ranger en bon ordre en conservant les intervalles nécessaires pour circuler entre les étalages et pour laisser libres l'entrée et la sortie des maisons riveraines des rues, des passages et des établissements publics.

3. Les étalagistes dont il s'agit ne pourront avoir que de trois à quatre pieds de longueur sur deux de largeur.

Ils devront être disposés de manière à être au besoin enlevés facilement, si la sûreté publique l'exigeait.

A cet effet, il n'y pourra être exposé en vente que des objets de petite dimension et de peu de valeur, tels que jouets d'enfants, sucreries, curiosités, menues merceries, etc., et point d'étoffes en pièces, grosses faïences ou porcelaines, effets mobiliers et ustensiles de cuisine et de ménage, etc.

Ils ne pourront d'ailleurs être établis sur tréteaux, ni être montés sur des roues ou avec des brancards.

4. La tolérance maintenue par l'article 1er n'est point applicable à la vente des livres, des brochures, des recueils de chansons et autres objets dépendant du commerce de la librairie.

5. Les étalagistes pourvus de l'autorisation voulue par les règlements de police, notamment par notre ordonnance du 21 août dernier, peuvent continuer d'occuper les places et de vendre les objets désignés dans leurs permissions.

6. Les contrevenants aux dispositions prescrites par les articles 1, 3 et 4 de la présente ordonnance seront traduits devant le tribunal compétent, sur les procès-verbaux ou rapports dressés contre eux.

Les marchandises et ustensiles étalés en contravention seront provisoirement saisis, et, en cas de résistance les délinquants arrêtés ainsi qu'il est prescrit par l'article 2 de notre ordonnance du 21 août 1822.

7. La présente ordonnance sera imprimée et affichée.

Les commissaires de police, le chef de la police centrale et les officiers de paix, les chefs de service extérieur, et les préposés de la préfecture de police sont chargés de tenir la main à son exécution.

Elle sera adressée à M. le colonel de la ville de Paris, commandant la gendarmerie royale, pour en assurer l'exécution par tous les moyens qui sont à sa disposition.

Le préfet de police, G. DELAVAU.

N° 1065. — *Avis concernant le ramonage et les secours à porter en cas d'incendie* (1).

Paris, le 5 décembre 1822.

N° 1066. — *Ordonnance concernant la vérification annuelle des poids et mesures* (2).

Paris, le 14 décembre 1822.

N° 1067. — *Ordonnance concernant les glaces et neiges* (3).

Paris, le 20 décembre 1822.

1823.

N° 1068. — *Ordonnance concernant la police de la Bourse* (4).

Paris, le 24 janvier 1823.

Nous, conseiller d'État, préfet de police,

Informé qu'il se commet des contraventions aux lois et règlements, concernant la police de la Bourse ; qu'un grand nombre d'individus se réunissent en plusieurs lieux, et particulièrement au café Tortoni, qu'ils y font des opérations de banque, de finance et de commerce, et qu'ils s'immiscent sans qualité dans les fonctions d'agents de change et de courtiers de commerce ;

Considérant que ces contraventions ne peuvent être attribuées qu'au défaut de connaissance ou au mépris des lois et règlements ;

Vu, 1° les articles 2 et 25 de l'arrêté du gouvernement du 1er juillet 1800 (12 messidor an VIII) ;

2° L'article 14 de celui du 19 mars 1801 ;

3° Les articles 76, 78, 79, 85, 86, 87 et 88 du Code de commerce ;

4° Les arrêts du conseil du 24 septembre 1724, article 12, et du 7 août 1785, articles 1 et 2 ;

Vu pareillement l'article 3 de l'arrêté du gouvernement du 16 juin 1802, concernant la police des bourses de commerce, ainsi conçu :

(1) V. l'avis du 10 janv. 1828 et l'ord. du 24 nov. 1843.

(2) V. les ord. des 15 déc. 1825, 27 oct. et 29 nov. 1826, 23 nov. 1842 et 1er déc. 1843.

(3) V. les ord. des 7 janv. 1835, 14 déc. 1838 et 7 déc. 1842.

(4) V. les ord. des 2 nov. 1826 et 12 janv. 1831.

« Il est défendu de s'assembler ailleurs qu'à la Bourse, et à d'autres
« heures que celles fixées par les règlements de police, pour proposer
« et faire des négociations, à peine de destitution des agents de change
« ou courtiers de commerce qui auraient contrevenu ; et pour les
« autres individus, sous les peines portées par la loi, contre ceux qui
« s'immisceront dans les négociations sans titre légal. »

Ordonnons ce qui suit :

1. Il est expressément défendu à tous individus de se réunir dans les rues, dans les cafés et autres lieux, si ce n'est à la Bourse, pour y faire des négociations publiques de banque, de finance et de commerce.

2. Les contraventions à l'article précité seront constatées par des procès-verbaux qui nous seront transmis, et les prévenus seront traduits devant les tribunaux, s'il y a lieu.

3. Le commissaire de la Bourse, les commissaires de police, et spécialement le commissaire de police du quartier de la Chaussée-d'Antin, nous signaleront les contrevenants à la présente ordonnance.

Le conseiller d'Etat, préfet de police, G. DELAVAU.

N° 1069. — *Ordonnance concernant le rétablissement du marche hebdomadaire dans la commune de Sceaux, pour la vente des menues denrées et des comestibles de consommation journalière.*

Paris, le 25 janvier 1823.

Nous, conseiller d'État, préfet de police,

Vu, 1° la délibération, en date du 21 juillet 1821, du conseil municipal de la commune de Sceaux, qui sollicite le rétablissement, dans cette commune, d'un marché hebdomadaire qui y avait été ouvert en 1791 ;

2° L'autorisation de S. Exc. le ministre de l'intérieur, du 11 octobre 1821, pour le rétablissement dudit marché, à la charge de n'y vendre que des menues denrées et des comestibles de consommation journalière, et de le tenir le samedi de chaque semaine;

3° L'approbation donnée, le 6 décembre 1822, par S. Exc. le ministre de l'intérieur, aux tarif et règlement votés par le conseil municipal de Sceaux, pour la perception du droit de location des places au marché susdit ;

4° Les articles 2 et 32 de l'arrêté du gouvernement, du 1er juillet 1800 (12 messidor an VIII) et l'article 1er de celui du 25 octobre de la même année (3 brumaire an IX),

Ordonnons ce qui suit :

1. Le marché hebdomadaire pour la vente des menues denrées et des comestibles de consommation journalière, accordé en 1791 à la commune de Sceaux étant rétabli, ce marché tiendra le samedi de chaque semaine, savoir : du 1er avril au 1er octobre, de six heures du matin à deux heures de relevée, et du 1er octobre au 1er avril, de sept heures du matin à deux heures de relevée.

2. Le droit de location des places sera perçu d'après le tarif approuvé par S. Exc. le ministre de l'intérieur dans la proportion suivante :

1re série.—Bouchers et charcutiers, à raison de quarante centimes pour deux mètres carrés par place.

2me série.—Coquetiers, à vingt centimes par place de même dimension.

3me série.—1re *Classe*. — Epiciers et marchands de marée, à trente centimes par place de même étendue.

2me *Classe*.—Grainetiers, vingt centimes par place de même étendue.

4me série.—Marchands de fruits et légumes, à raison de dix centimes par place de la même dimension.

5me série.—1re *Classe*. — Marchands merciers et autres à cinquante centimes par place de même dimension.

2me *Classe*.—Marchands vanniers, cordonniers et autres, à dix centimes par place de même dimension.

Les marchands qui prendraient plus de deux mètres carrés par place, payeront l'excédant du terrain d'après le prix énoncé ci-dessus pour chaque série.

Les marchands au petit panier payeront cinq centimes.

Les pesées à faire dans les balances communales sont fixées à cinq centimes par douze kilogrammes et demi (25 livres).

3. Il est défendu d'acheter ou de vendre des denrées et comestibles après la fermeture du marché.

4. L'autorité municipale, chargée de la surveillance dudit marché, constatera, par des procès-verbaux, les contraventions à la présente ordonnance.

5. Les règlements concernant la police des marchés de denrées et comestibles, dans le ressort de la prefecture de police, continueront de recevoir leur exécution en tout ce qui n'est pas contraire à la présente ordonnance.

6. La présente ordonnance sera imprimée et affichée.

Le sous-préfet de l'arrondissement de Sceaux et le maire de cette commune sont chargés, chacun en ce qui le concerne, de tenir la main à son exécution.

Le conseiller d'État, préfet de police, G. DELAVAU.

N° 1070.—*Ordonnance concernant des mesures d'ordre à observer à l'occasion de la messe du Saint-Esprit et de l'ouverture de la session des chambres* (1).

Paris, le 25 janvier 1823.

N° 1071 — *Ordonnance concernant les masques* (2).

Paris, le 4 février 1823.

N° 1072. — *Ordonnance concernant la prohibition de la chasse* (3).

Paris, le 20 février 1823.

---

(1) V. l'ord. du 26 fév. 1830.

(2) V. les ord. des 10 fév. 1828, 10 fév. 1830 et 23 fév. 1843.

(3) V. l'ord. du 23 fév. 1843.

N° 1073.—*Ordonnance concernant l'ordre à suivre lors du défilé des voitures qui iront à Longchamp* (1).

Paris, le 24 mars 1823.

N° 1074. — *Instruction concernant la surveillance de la rivière, des ports, des chantiers de bois de chauffage et des places de vente du charbon de bois* (2).

Paris, le 24 mars 1823.

N° 1075. — *Ordonnance concernant les porteurs d'eau* (3).

Paris, le 30 avril 1823.

N° 1076. — *Ordonnance concernant les colporteurs, crieurs et afficheurs d'écrits imprimés* (4).

Paris, le 21 mai 1823.

Nous, conseiller d'État, préfet de police,

Informé que les colporteurs d'imprimés et crieurs de papiers dans les rues de la capitale et dans les environs, contreviennent journellement aux lois et règlements de police qui les concernent;

Que plusieurs crient les papiers qu'ils vendent sur la voie publique autrement que par leur titre, qu'ils en dénaturent le sens et l'objet, débitent des nouvelles fausses, afin de tromper la bonne foi et la crédulité des habitants;

Que quelques autres colportent des écrits contraires à l'ordre public et aux bonnes mœurs;

Vu l'article 290 du Code pénal, ainsi conçu :

« Tout individu qui, sans y avoir été autorisé par la police, fera le « métier de crieur et d'afficheur d'écrits imprimés, dessins ou gra- « vures, même munis des noms d'auteur, imprimeur, dessinateur ou « graveur, sera puni d'un emprisonnement de six jours à deux mois. »

Ordonnons ce qui suit :

1. Toutes les permissions de colporteurs de papiers imprimés et d'afficheurs accordées jusqu'à ce jour sont annulées.

2. A dater du jour de la publication de la présente ordonnance, tout individu qui voudra exercer le métier de crieur ou afficheur d'écrits imprimés, dessins ou gravures, sera tenu de se présenter immédiatement à la préfecture de police pour en obtenir l'autorisation.

3. Tout individu qui désire obtenir une permission de crieur ou

---

(1) V. l'ord. du 10 avril 1843.

(2) V. les ord. des 24 mars 1824, 26 mars 1829 et 25 oct. 1840.

(3) V. les ord. des 24 oct. 1829, 14 juin 1835, 30 mars 1837 et 15 avril 1843.

(4) V. les ord des 28 nov. 1829, 23 août et 12 déc. 1830, 4 août 1836 et 8 nov. 1841.

d'afficheur d'écrits imprimés justifiera qu'il demeure au moins depuis un an dans le département de la Seine.

4. Il ne sera accordé de permission que sur un certificat de bonnes vie et mœurs délivré par le commissaire de police du quartier dans lequel il réside, ou par le maire de la commune qu'il habite, sur la déclaration de trois témoins domiciliés.

5. Les permissions accordées seront visées tous les six mois à la préfecture de police, dans la première quinzaine des mois de janvier et de juillet de chaque année.

6. Tout colporteur et afficheur est obligé de porter une plaque de cuivre sur laquelle doit être gravé le mot crieur ou afficheur avec le n° de la permission et le nom de celui auquel elle a été délivrée.

Il est tenu de la porter d'une manière ostensible, de façon qu'elle puisse être facilement aperçue.

7. Il est défendu aux crieurs et afficheurs de céder ou prêter leurs plaques ou permissions, sous quelque prétexte que ce soit.

8. Les crieurs et afficheurs sont tenus de représenter leur permission chaque fois qu'ils en seront requis par les commissaires de police, officiers de paix, préposés de la préfecture de police, et par tous autres agents de l'autorité publique agissant dans l'ordre de leurs fonctions pour l'exécution des lois et ordonnances.

9. Dans le cas de changement de demeure, les colporteurs et afficheurs doivent en faire la déclaration à la préfecture de police.

Ils la feront en outre, savoir : ceux qui demeurent à Paris, devant les commissaires de police de leur ancien et nouveau domicile, et ceux qui résident dans les communes rurales, devant les maires de leur ancienne et nouvelle habitation.

10. Il est défendu aux colporteurs d'écrits imprimés, de crier et annoncer aucun papier imprimé autre que les actes et bulletins officiels, et en vertu d'une permission spéciale émanée de la préfecture de police.

Il leur est aussi expressément défendu de crier ou annoncer ces actes ou bulletins autrement que par le titre qu'ils portent.

11. Il leur est également défendu de stationner sur la voie publique, ou de se réunir deux à deux pour crier ou colporter des papiers ou imprimés, et de vendre la nuit.

12. Tout crieur ou afficheur qui aura contrevenu aux dispositions de la présente ordonnance, sera privé immédiatement de sa médaille, et renvoyé devant les tribunaux pour l'application des peines portées dans l'article 290 du Code pénal, sans préjudice des peines plus graves établies par la loi contre les distributeurs de fausses nouvelles.

13. Il n'est point dérogé par la présente ordonnance aux dispositions spéciales des lois et règlements concernant les afficheurs.

14. La présente ordonnance sera imprimée, publiée et affichée.

Les sous-préfets des arrondissements de Saint-Denis et de Sceaux, les maires et adjoints des communes rurales du département de la Seine et de celles de Saint-Cloud, Sèvres et Meudon, le chef de la police centrale, les commissaires de police de Paris, les officiers de paix et les préposés de la préfecture de police sont chargés, chacun en ce qui le concerne, de l'exécution de la présente ordonnance.

Le conseiller d'État, préfet de police, G. DELAVAU.

Nº 1077. — *Ordonnance concernant les processions de la Fête-Dieu* (1).

Paris, le 28 mai 1823.

Nº 1078. — *Ordonnance concernant les bains dans la rivière et les écoles de natation* (2).

Paris, le 30 mai 1823.

Nº 1079. — *Ordonnance pour l'ouverture des étaux de boucherie et de charcuterie dans les marchés Saint-Germain, des Carmes et des Blancs-Manteaux* (3).

Paris, le 4 juin 1823.

Nous, conseiller d'état, préfet de police,

Considérant qu'il importe aux consommateurs que la concurrence établie pour la vente des viandes de boucherie et de charcuterie, au marché des prouvaires, soit étendue à un plus grand nombre de marchés ;

Vu le dernier paragraphe de l'article 2 de l'ordonnance royale du 9 octobre 1822 ;

Les articles 2 et 32 de l'arrêté du gouvernement, du 1er juillet 1800 (12 messidor an VIII),

Ordonnons ce qui suit :

1. La vente en détail de la viande de boucherie et de charcuterie aura lieu, à dater du 7 de ce mois, les mercredi et samedi de chaque semaine, dans les marchés Saint-Germain, des Carmes et des Blancs-Manteaux.

2. Il ne sera admis dans ces marchés que des bouchers et des charcutiers forains établis dans le ressort de la préfecture de police.

3. Ils y seront admis à tour de rôle, d'après des listes dressées par le commissaire inspecteur général des halles et marchés, et moyennant le payement du prix de leurs places, tel qu'il est fixé par le tarif ci-après. Le tour de rôle sera déterminé par le sort ; les marchands choisiront trois d'entre eux pour être présents au tirage.

4. Le tarif du prix des places aux marchés Saint-Germain, des Carmes et des Blancs-Manteaux, réglé conformément à la décision de S. Exc. le ministre secrétaire d'État au département de l'intérieur, en date du 2 du courant, est fixé de la manière suivante :

Il sera payé par jour et par place, savoir :

Au marché Saint-Germain.

Quatre francs par les bouchers ;
Un franc cinquante centimes par les charcutiers.

Aux marchés des Carmes et des Blancs-Manteaux.

Trois francs par les bouchers ;
Un franc par les charcutiers.

(1) V. l'ord. du 9 juin 1830.

(2) V. les ord. des 20 mai 1839 et 25 oct. 1840 (art. 187 et suiv., et 225).

(3) V. les deux ord. du 19 août 1819, et celles des 20 fév. 1839 et 27 juin 1840.

5. Tout boucher ou charcutier qui manquera son tour pour approvisionner les marchés, sans cause légitime, en sera irrévocablement exclu. Il sera remplacé par le boucher ou le charcutier venant après lui.

6. Les bouchers et charcutiers tiendront leurs places par eux-mêmes, leurs femmes ou leurs enfants, âgés au moins de seize ans.

Il est défendu d'avoir ou d'employer plus de trois personnes pour le service de chaque place.

7. Il est défendu aux bouchers et charcutiers d'employer qui que ce soit, même leurs enfants, pour appeler et arrêter le public.

8. Du 1er novembre au 1er mars, les ventes seront ouvertes à sept heures du matin, et fermées à quatre heures et demie du soir. Elles seront ouvertes pendant le reste de l'année à six heures du matin et fermées à la nuit tombante.

L'ouverture et la fermeture seront annoncées au son de la cloche.

9. Toute vente en gros est défendue sur lesdits marchés.

En conséquence, on ne pourra y vendre entiers des quartiers de bœufs, vaches, veaux ou porcs, et des demi-moutons.

10. Il est également défendu d'y vendre aucune marchandise de charcuterie préparée.

11. Il est défendu aux bouchers et charcutiers de rien changer aux dispositions faites dans les étaux, et notamment à la place assignée aux balances.

12. Les règlements et ordonnances concernant la boucherie et la charcuterie sont maintenus en tout ce qui n'est point contraire aux précédentes dispositions.

13. Les contraventions seront constatées par des procès-verbaux qui nous seront adressés.

14. Il sera pris envers les contrevenants telles mesures de police administrative qu'il appartiendra, sans préjudice des poursuites à exercer contre eux devant les tribunaux.

15. La présente ordonnance sera imprimée et affichée.

Ampliation en sera adressée à M. le conseiller d'Etat, préfet du département de la Seine.

Le chef de la police centrale, les commissaires de police, et notamment ceux des quartiers des Marchés, du Luxembourg, Saint-Jacques et du Marché-Saint-Jean, le commissaire inspecteur général des halles et marchés, les officiers de paix et les préposés de la préfecture de police sont chargés de tenir la main à son exécution.

Le conseiller d'État, préfet de police, G. DELAVAU.

N° 1080. — *Ordonnance concernant le commerce des beurres, œufs et fromages* (1).

Paris, le 18 juin 1823.

Nous, conseiller d'Etat, préfet de police,

Considérant que la halle nouvellement construite pour la réception et la vente en gros des beurres, œufs et fromages est sur le point d'être livrée au commerce, et que, dans cette circonstance, il importe de rappeler les dispositions des règlements relatifs à cette partie des approvisionnements et de prendre toutes les mesures d'ordre public nécessaires pour en assurer l'exécution;

---

(1) V. ci-après l'ord. de même date et celle du 22 sept. 1830.

Vu les lois des 24 août 1790, titre XI; 22 juillet 1791, titre I, article 45; du 28 pluviôse an VIII (17 février 1800) et l'arrêté du 12 messidor suivant (1er juillet 1800),

Ordonnons ce qui suit :

1. A compter de samedi 21 de ce mois, la nouvelle halle, construite entre les rues du Marché-aux-Poirées, des Piliers des Potiers-d'Etain et le prolongement des rues de la Cossonnerie et des Prêcheurs, sera exclusivement affectée à la vente en gros des beurres, œufs et fromages de Brie et Neufchâtel.

Pourront y être admis les fromages blancs et salés, dits de Montlhéry, et tous autres que leurs propriétaires ou expéditeurs jugeraient à propos d'y apporter ou envoyer.

2. Il est défendu d'amener et décharger dans ladite halle et au pourtour aucune autre espèce de marchandises. (*Code pénal, art.* 471, §4.

3. Tous les beurres et œufs, tous les fromages de Brie et Neufchâtel destinés à l'approvisionnement de Paris seront amenés directement sur le carreau de la halle pour y être vendus.

Il est défendu d'en transporter, entreposer et vendre partout ailleurs, sous quelque prétexte que ce soit, même à destination, à peine de confiscation et d'amende. (*Ord. des* 28 *sept.* 1590, *art.* 1 *et* 2; 30 *mars* 1635, *art.* 44 *et* 45; *édit de déc.* 1672, *chap.* 3, *art.* 24; *arrêt du conseil du* 16 *avril* 1720; *loi du* 24 *août* 1790, *titre* XI, *art.* 3, §§ 3, 4 *et* 5; *Code pénal, art.* 471 *et* 474.)

4. Les mêmes marchandises expédiées à destinations particulières seront également déposées sur le carreau de la halle.

5. Toute destinationsera justifiée par lettres de voitures en bonne forme, visées par les maires des lieux d'expédition.

Aucune destinationne sera reconnue sans cette justification.

6. Les beurres, œufs et fromages expédiés à destination de particuliers étrangers au commerce de ces denrées pourront être enlevés du carreau immédiatement après la justification des lettres de voitures.

Ceux expédiés à des détaillants de ces mêmes denrées ou à des marchands qui les emploient dans leur commerce, ne pourront être enlevés qu'une heure après l'ouverture de la vente en gros, et après pesage préalable. (*Loi du* 24 *août* 1790, *titre* XI, *art.* 3, §§ 3, 4 *et* 5.)

7. Il est défendu d'aller au-devant des voitures chargées de beurres, œufs et fromages pour les acheter ou arrher, comme aussi d'en faire marché partout ailleurs que sur le carreau, à peine de confiscation et d'amende. (*Mêmes lois et règl. qu'à l'art.* 3.)

8. Les approvisionneurs qui amèneront leurs propres marchandises exclusivement sont tenus, aussitôt après leur arrivée, d'en faire la déclaration aux préposés de l'administration. (*Ord. du* 30 *mars* 1635, *art.* 44; *arrêt du conseil du* 16 *avril* 1720.)

9. Les conducteurs de voitures chargées de marchandises appartenant à plusieurs propriétaires présents ou absents devront être munis de lettres de voitures indicatives des quantités et espèces de marchandises appartenant à chacun, et les représenter aux mêmes préposés.

Ils sont tenus, en outre, de faire la déclaration prescrite par l'article précédent. (*Même arrêt.*)

10. Les paniers de beurres en mottes ou en livres ne pourront, après leur déchargement, être mis et disposés en place de vente, avant d'avoir été pesés. (*Loi du* 24 *août* 1790, *titre* XI, *art.* 3, § 3; *déc. du* 16 *juin* 1808.)

11. Immédiatement après le déchargement des voitures, elles seront retirées des environs du carreau et conduites dans les lieux affectés à leur stationnement. (*Code pénal, art.* 471, § 4.)

12. La vente en gros des beurres dits d'Isigny continuera d'avoir lieu le mercredi de chaque semaine;

Celle de beurres dits de Gournay, le jeudi;

Celle des beurres dits petits beurres en mottes, les mardis et vendredis;

Celle des beurres en livres, tous les jours.

13. La vente en gros des œufs continuera d'avoir lieu tous les jours, excepté le mercredi.

14. La vente en gros des fromages de Brie aura lieu, comme par le passé, le mardi de chaque semaine.

Celle des fromages de Neufchâtel, le jeudi;

Celle des fromages de Montlhéry et petits fromages, les mardis et samedis.

15. La vente en gros des œufs et fromages commencera à six heures du matin, depuis le 1er mars jusqu'au 1er octobre, et à sept heures pendant les quatre autres mois.

La vente en gros des beurres commencera aussitôt que le pesage en sera terminé pour la totalité. (*Loi du* 24 *août* 1790, *titre* XI, *art.* 3, §§ 3 *et* 4.)

16. Les ventes en gros seront terminées à midi.

Les ventes à l'enchère pourront, si le cas l'exige, être exceptées de cette disposition par le commissaire inspecteur général des halles et marchés.

17. L'ouverture et la clôture des ventes en gros seront annoncées au son de la cloche.

18. Avant l'ouverture de la vente en gros, les marchandises seront visitées.

Les beurres et fromages avariés, les œufs gâtés seront saisis. (*Loi du* 29 *août* 1790, *titre* XI, *art.* 3, § 4; 22 *juillet* 1791, *titre* I, *art.* 20.)

19. Les beurres reconnus, pendant le cours de la vente, pour avoir été dénaturés, fourrés ou frauduleusement composés, seront également saisis.

Il est défendu aux facteurs, sous peine de destitution, de transiger avec les acheteurs sur cette espèce de fraude. (*Ord. du* 30 *mars* 1635, *art.* 48; *édit de déc.* 1672, *chap.* 3, *art.* 19 *et* 20; *loi du* 24 *août* 1790, *tit.* XI, *art.* 3, § 4; *Code pénal*, *art.* 423.)

20. Il est défendu de composer les paniers d'œufs de manière que les œufs des lits inférieurs ou du milieu des lits soient de qualités, dimensions et valeur moindres que celles des œufs des lits supérieurs ou de la circonférence des lits, à peine de confiscation et d'amende. (*Edit de déc.* 1672, *chap.* 3, *art.* 19 *et* 20.)

21. Il n'est rien innové aux usages du commerce, en ce qui concerne les remises à accorder pour les œufs lâches, tachés ou cassés trouvés dans les paniers.

22. Il est défendu : 1° de vendre les beurres en mottes à la coupe; 2° de détailler les beurres en livres, les paniers d'œufs et les fromages. (*Loi du* 24 *août* 1790, *titre* XI, *art.* 3, § 3.)

23. Il est défendu de revendre sur le carreau, marché tenant, les marchandises qui y ont été achetées, à peine de confiscation et amende. (*Ord. du* 6 *oct.* 1632; *édit de déc.* 1672, *chap.* 3, *art.* 23; *Code pénal*, *art.* 471 *et* 474.)

24. Les marchandises vendues seront retirées de la halle par les acheteurs aussitôt après la vente.

25. Lorsque les marchandises non vendues seront retirées de la halle après la vente en gros, pour être mises en resserre, il en sera fait déclaration aux préposés de l'administration.

Cette déclaration énoncera les espèces, quantités et lieux de resserre des marchandises.

Bulletin en sera délivré par les préposés.

Ce bulletin sera rapporté avec les marchandises au marché suivant. (*Mêmes lois et règl. qu'en l'art.* 3.)

26. La halle sera évacuée et fermée aussitôt après la clôture de la vente en gros.

27. Il n'est rien innové dans le service, les fonctions et les obligations des quatre facteurs établis pour la réception et la vente des beurres, œufs et fromages, par les ordonnances des 29 janvier et 28 mai 1806, le décret du 21 septembre 1807 et l'ordonnance du 3 décembre suivant.

28. Il est défendu à toutes autres personnes de s'immiscer dans l'exercice de ces fonctions. (*Loi du* 24 *août* 1790, *titre* XI, *art.* 3, § 3.)

29. Tous les beurres d'Isigny seront vendus à l'enchère par le ministère des facteurs.

30. Tous autres beurres adressés directement aux facteurs ou qui leur seraient remis immédiatement sur le carreau par les propriétaires pour en faire la vente seront également vendus à l'enchère.

Les facteurs sont tenus de déférer à toutes les réquisitions qui leur seront faites à cet effet.

31. Les approvisionneurs en œufs ont également le droit d'en requérir la vente à l'enchère.

32. Il est défendu aux facteurs : 1° de faire aucune vente ailleurs que sur le carreau ;

2° De faire, soit pour leur compte particulier, soit en société ou participation, le commerce des beurres, œufs et fromages ;

3° De faire aucunes ventes à livrer ou à terme.

33. Les facteurs continueront à tenir de leurs opérations tous registres, carnets et écritures nécessaires pour être en état de rendre compte en tous temps, soit à leurs commettants, soit à l'administration à toute réquisition.

34. Les approvisionneurs présents sur le marché sont tenus de faire leurs ventes par eux-mêmes, leurs femmes ou leurs enfants, âgés d'au moins seize ans, ou par le ministère des facteurs, sans autres intermédiaires.

35. Les marchands forains de beurres, œufs et fromages doivent être munis de leurs patentes et les représenter à toute réquisition. (*Loi du* 1er *brum. an* VII (22 *oct.* 1798.)

36. Il est défendu d'entrer dans la halle avec des hottes et paniers vides, et d'y apporter ou déposer aucuns objets capables de gêner la circulation, ou de causer embarras de quelque manière que ce soit.

37. Il est défendu d'entrer et circuler dans la halle avec des chandelles allumées, si elles ne sont contenues dans des lanternes parfaitement closes.

Il est également défendu d'y allumer ou apporter du feu, même dans des chaufferettes grillées, ni de quelque autre manière que ce soit. (*Ord. du* 15 *nov.* 1781 ; *loi du* 24 *août* 1790, *titre* XI, *art.* 3, § 3.)

38. La vente foraine des beurres en livres et des œufs, à la petite manne et au petit panier, est tolérée quant à présent et jusqu'à ce qu'il en soit autrement ordonné, dans les marchés où elle est établie par l'usage.

Les approvisionneurs y feront les déclarations prescrites par l'article 8 de la présente ordonnance.

Les facteurs y feront exercer le recouvrement de l'octroi municipal comme par le passé.

39. Les contraventions seront constatées par des procès-verbaux qui nous seront transmis.

Les procès-verbaux constatant saisie de marchandises ou des contraventions de nature à être déférées aux tribunaux seront enregistrés.

40. Il sera pris envers les contrevenants telles mesures de police administrative qu'il appartiendra, sans préjudice des poursuites à exercer contre eux devant les tribunaux.

41. La présente ordonnance sera imprimée, publiée et affichée.

Ampliation en sera adressée à M. le conseiller d'Etat, préfet du département de la Seine, et à MM. les membres composant le conseil général des hospices.

Les commissaires de police, et notamment celui du quartier des marchés, le commissaire inspecteur général des halles et marchés et les préposés en cette partie, sont chargés, chacun en ce qui le concerne, de tenir la main à son exécution.

Le conseiller d'Etat, préfet de police, G. DELAVAU.

N° 1081. — *Ordonnance concernant le tarif du droit d'abri sous la halle aux beurres, œufs et fromages.*

Paris, le 18 juin 1823.

Nous, conseiller d'Etat, préfet de police,

Vu la décision de S. Exc. le ministre secrétaire d'Etat au département de l'intérieur du 16 de ce mois, portant fixation du droit d'abri sous la halle aux beurres, œufs et fromages,

Ordonnons ce qui suit :

1. Le droit d'abri, sous ladite halle, des marchandises qui y seront vendues est fixé ainsi qu'il suit, savoir :

Un franc par chaque place occupée par cent kilogrammes de beurre de toute espèce;

Vingt centimes par chaque place occupée par un mille d'œufs;

Un franc par chaque place occupée par cent douzaines de fromages de Neufchâtel;

Vingt centimes par chaque place occupée par une douzaine de fromages de Brie, à la pie, etc.

2. Chacun des quatre facteurs sera tenu de percevoir des marchands, pour la partie qui le concerne, le droit d'abri proposé en l'article précédent, et d'en remettre le montant au receveur nommé par l'administration des hospices.

3. Le prix de location de chaque bureau de facteur est fixé à six cents francs.

4. Le prix de location desdits bureaux sera acquitté par mois entre les mains du receveur nommé par les hospices.

Chaque payement à faire pour cette location sera exigible dans la première semaine du mois.

5. La présente ordonnance sera imprimée, publiée et affichée.

Ampliation en sera adressée à M. le conseiller d'Etat, préfet du département de la Seine, et à MM. les membres composant le conseil général des hospices civils.

Le commissaire de police du quartier des marchés et le commissaire inspecteur général des halles et marchés sont chargés de tenir la main à son exécution.

Le conseiller d'Etat, préfet de police, G. DELAVAU.

N° 1082. — *Ordonnance* (1) *qui prescrit l'impression et la publication de l'ordonnance du roi du 21 mai 1823, relative à la manière de constater les surcharges des voitures de roulage* (2).

Paris, le 21 juin 1823.

N° 1083. — *Ordonnance concernant la taxe périodique du pain à Paris* (3).

Paris, le 24 juin 1823.

Nous, conseiller d'Etat, préfet de police,

Considérant qu'il importe de substituer au mode de taxation actuel du prix du pain un mode nouveau plus approprié aux intérêts du consommateur, et qui ait, sur celui suivi jusqu'à présent, l'avantage de faire connaître, d'une manière claire et invariable, qu'il existe un juste équilibre entre le prix des farines et celui du pain;

Considérant que la taxe périodique, adoptée dans la plupart des villes de France, est le plus sûr moyen qu'ait l'administration d'atteindre un but aussi utile; que si elle prouve au consommateur qu'il ne paye le pain que ce qu'il vaut, elle ne nuit aucunement aux boulangers, puisque ce sera toujours le prix moyen des farines pendant la période précédente qui servira de base à la taxation du pain pour la période suivante;

Vu la décision de S. Exc. le ministre secrétaire d'Etat au département de l'intérieur, en date du 9 de ce mois, portant que le prix du pain sera taxé périodiquement, de quinze jours en quinze jours, à dater du 1er juillet prochain,

Ordonnons ce qui suit :

1. A compter du mardi 1er juillet, le prix du pain de toutes qualités, mis en vente par les boulangers de Paris, sera par nous taxé tous les quinze jours.

2. La taxation sera faite d'après les mercuriales servant à établir le prix moyen des farines pendant la quinzaine précédente.

3. Tout le pain exposé en vente aura exactement le poids requis, sans que les boulangers puissent se prévaloir de la tolérance mentionnée dans l'ordonnance du 9 juin 1817, qui est et demeure révoquée.

Les boulangers sont tenus d'avoir leurs balances sur leurs comptoirs, et ils ne pourront refuser de peser le pain toutes les fois que l'acheteur l'exigera.

4. Les contraventions aux articles précédents seront poursuivies devant les tribunaux, soit sur les procès-verbaux dressés par les agents de l'administration, soit sur la plainte de la partie lésée.

5. La présente ordonnance sera imprimée et affichée partout où besoin sera.

Elle sera notifiée immédiatement par les commissaires de police à chacun des boulangers de leurs quartiers respectifs.

Le conseiller d'Etat, préfet de police, G. DELAVAU.

---

(1) V. les ord. des 20 sept. 1808, 27 août 1821 et 31 janv. 1829.

(2) V. cette ord. à l'appendice.

(3) V. l'ord. du 2 nov. 1840 et les tableaux annexés à la fin de la collection.

N° 1084. — *Ordonnance concernant les cabriolets bourgeois et sous remise* (1).

Paris, le 16 juillet 1823.

Nous, conseiller d'Etat, préfet de police,

Considérant que depuis la publication de l'ordonnance de police du 14 novembre 1814 beaucoup de cabriolets ont été vendus ou ont cessé de rouler sans qu'il en ait été fait la déclaration à la préfecture de police, et que des délits ou contraventions commis sur la voie publique sont demeurés impunis en raison de l'impossibilité d'en découvrir les auteurs, lorsque la voiture n'a pu être arrêtée au moment de l'événement;

Considérant aussi que des propriétaires ou conducteurs de cabriolets s'immiscent indûment dans le service des voitures de place, soit en racolant les passants sous le prétexte de leur louer à la course ou à l'heure des cabriolets bourgeois et de remise, soit en parcourant la voie publique pour offrir leurs voitures à ceux qui veulent en faire usage;

Que, par suite de cet abus, les points les plus fréquentés de la capitale sont journellement encombrés; que les conducteurs des voitures sous remise n'étant point soumis à l'action directe de la police, les vexations et infidélités dont ils se rendent coupables envers les personnes qui les emploient à la course et à l'heure sont difficilement réprimées, et qu'il en résulte des désordres qu'il importe de faire cesser dans l'intérêt de la sûreté des habitants et de la libre circulation sur la voie publique;

Vu, 1° la loi des 16-24 août 1790;

2° Les articles 2, 22 et 32 de l'arrêté du gouvernement du 12 messidor an VIII et l'article 1 de l'arrêté du 3 brumaire an IX;

3° Le décret du 9 juin 1808 et l'ordonnance du roi du 21 octobre 1816, qui ont déterminé le droit à payer au profit de la ville de Paris pour chaque voiture autorisée à stationner sur les places dans Paris;

4° L'arrêt du parlement du 5 décembre 1668;

5° Les articles 471, 474 et 484 du Code pénal,

Ordonnons ce qui suit :

1. Il sera procédé à un nouveau numérotage de tous les cabriolets, autres que ceux de place, circulant dans Paris.

A cet effet, dans le délai de deux mois, à compter du jour de la publication de la présente ordonnance, toute personne domiciliée dans le département de la Seine et dans les communes de Meudon, Sèvres et Saint-Cloud, qui sera propriétaire d'un cabriolet pour son usage particulier, devra en faire la déclaration à la préfecture de police.

Les propriétaires de cabriolets loués sous remise à des particuliers, pour la journée, au mois ou à l'année, seront tenus de faire la même déclaration dans le délai d'un mois.

2. Il est expressément défendu aux propriétaires de cabriolets bourgeois ou de remise de s'immiscer, sous quelque prétexte que ce soit, dans le service de place, et conséquemment de les louer à l'heure et à la course; de les exposer, pour les louer, sur la voie publique, soit en y restant stationnaires, soit en la parcourant et offrant leurs voitures aux passants.

---

(1) Rapportée. — V. l'arr. du 25 fév. 1842 et les ord. des 20 avril, 5, 6 et 10 oct. 1843.

Il leur est aussi défendu d'annoncer ou faire annoncer de vive voix, au moyen d'écriteau, affiches ou autrement, qu'ils louent leurs voitures à l'heure ou à la course, à moins qu'ils n'en aient obtenu l'autorisation spéciale antérieurement à la publication de la présente ordonnance.

3. Il sera délivré à ceux qui feront les déclarations prescrites par les articles précédents des numéros pour être mis sur le panneau de derrière et sur les deux panneaux de côté du cabriolet.

Ces numéros seront pour les cabriolets bourgeois en chiffres arabes rouges, de cinq centimètres et demi (deux pouces) de hauteur.

4. Ceux des cabriolets de remise seront en chiffres jaunes, de même dimension, sur un écusson noir, du modèle ci-contre.

5. Les cabriolets loués sous remise continueront d'être numérotés par le peintre à ce préposé par la police.

6. Les chevaux de cabriolets porteront au col un grelot mobile de cuivre battu, et dont le bruit puisse avertir les passants.

Pendant la nuit, les cabriolets seront garnis de deux lanternes adaptées à chaque côté de la caisse et allumées à la chute du jour.

7. Toute personne conduisant un cabriolet dans les rues de Paris ne pourra mener son cheval qu'au petit trot. Il ne sera conduit qu'au pas dans les marchés, ainsi que dans les rues étroites où deux voitures ne peuvent passer de front. Aucun cabriolet ne devra être conduit par des femmes, ou par des enfants au-dessous de dix-huit ans.

8. Les propriétaires de cabriolets seront tenus, lorsqu'ils changeront de domicile, d'en faire préalablement la déclaration à la préfecture de police.

En cas de vente des cabriolets, il en sera fait aussi la déclaration.

9. Les personnes qui ne sont point domiciliées dans le département de la Seine et dans les communes de Saint-Cloud, Sèvres et Meudon, et qui viendront à Paris avec un cabriolet à leur usage particulier, justifieront de leur domicile, dans le cas où leur cabriolet serait arrêté comme ne portant point de numéros, lanternes ni grelots.

10. Il n'est point dérogé aux ordonnances de police concernant les cabriolets de place, et notamment à celle du 4 mai 1813, lesquelles continueront de recevoir leur exécution.

Les loueurs de cabriolets de place seront tenus d'avoir également un grelot mobile de cuivre battu au col de leurs chevaux, et d'adapter à chaque côté de la caisse de leurs cabriolets des lanternes allumées à la chute du jour.

11. Les contraventions aux dispositions ci-dessus seront constatées soit par des procès-verbaux, soit par des rapports qui nous seront transmis.

12. Il sera pris envers les contrevenants telles mesures qu'il appartiendra, sans préjudice des poursuites à exercer contre eux devant les tribunaux.

13. La présente ordonnance sera imprimée et affichée.

Les sous-préfets des arrondissements de Saint-Denis et de Sceaux, les maires des communes rurales du ressort de la préfecture de police, les commissaires de police, le chef de la police centrale, les officiers de paix ou les préposés de la préfecture de police sont chargés de tenir la main à son exécution.

Le conseiller d'Etat, préfet de police, G. DELAVAU.

N° 1085. — *Ordonnance concernant la fabrication et le débit des poudres détonnantes et fulminantes*(1).

Paris, le 21 juillet 1823.

Nous, conseiller d'Etat, préfet de police,
Vu les arrêtés du gouvernement du 1er juillet 1800 (12 messidor an VIII) et du 25 octobre 1800 (3 brumaire an IX),

Ordonnons ce qui suit :

1. L'ordonnance du roi du 25 juin 1823, concernant la fabrication et le débit des préparations connues sous le nom générique de poudres détonnantes et fulminantes sera publiée et affichée avec la présente ordonnance tant à Paris que dans les communes du ressort de la préfecture de police (2).

2. Aux termes de l'article 3 du décret du 15 octobre 1810, les personnes qui voudront établir une fabrique du genre de celles dont il est fait mention dans l'article 1 de l'ordonnance royale précitée, nous adresseront directement leur demande en autorisation.

Ces demandes devront être accompagnées d'un plan figuré des lieux et des constructions projetées et indicatif de la distance séparant l'emplacement désigné des habitations particulières.

3. Il est enjoint aux entrepreneurs des fabriques du même genre, actuellement en activité, de faire, dans le délai d'un mois, à la préfecture de police, la déclaration de l'époque de leur formation, en désignant exactement la situation du local où elles sont établies.

4. La déclaration prescrite par le second paragraphe de l'article 5 de l'ordonnance royale précitée sera faite à Paris, par les marchands détaillants désignés dans le premier paragraphe, devant le commissaire de police du quartier, qui leur en donnera acte et nous en rendra compte immédiatement.

5. Les poudres et matières détonnantes et fulminantes ne pouvant être employées qu'à la fabrication d'objets d'une utilité reconnue, il est expressément défendu de préparer, de vendre et de distribuer des bonbons, cartes, cachets et étuis fulminants, et autres objets de ce genre, dont l'usage peut occasionner et a déjà causé des accidents. Ces dernières compositions seront saisies partout où elles seront trouvées.

6. Les contraventions à la présente ordonnance seront constatées par des procès-verbaux et poursuivies conformément aux lois et règlements.

7. Les sous-préfets des arrondissements de Saint-Denis et de Sceaux, les maires des communes rurales du ressort de la préfecture de police, les commissaires de police, le chef de la police centrale, les officiers de paix et les préposés de la préfecture de police sont chargés, chacun en ce qui le concerne, de tenir la main à l'exécution des dispositions prescrites tant par l'ordonnance du roi du 25 juin dernier que par la présente.

Le conseiller d'Etat, préfet de police, G. DELAVAU.

---

(1) V. les deux ord. des 21 mai 1838.

(2) V. cette ord. à l'appendice.

N° 1086. — *Ordonnance concernant les chiens errants* (1).

Paris, le 30 juillet 1823.

N° 1087. — *Ordonnance concernant l'arrosement* (2).

Paris, le 30 juillet 1823.

N° 1088. — *Ordonnance concernant les mesures à observer à l'occasion de la fête de Saint-Louis* (3).

Paris, le 23 août 1823.

N° 1089. — *Ordonnance concernant l'ouverture de la chasse* (4).

Paris, le 23 août 1823.

N° 1090. — *Avis portant défense de mener des chiens aux courses du Champ-de-Mars* (5).

Paris, le 28 août 1823.

N° 1091. — *Ordonnance concernant la police du marché aux chevaux* (6).

Paris, le 3 septembre 1823.

Nous, conseiller d'Etat, préfet de police,

Attendu qu'il est devenu nécessaire de modifier dans quelques-unes de ses parties la dernière ordonnance concernant la police du marche aux chevaux;

Vu les ordonnances du roi des 3 juillet 1763 et 14 août 1777;

La loi des 16—24 août 1790, titre XI, article 3, § 4;

Les articles 2, 23 et 32 de l'arrêté du gouvernement du 1er juillet 1800;

Et l'article 484 du Code pénal,

---

(1) V. l'ord. du 23 juin 1832.

(2) V. les ord. des 17 mai 1834, 1er juin 1837 et 27 juin 1843.

(3) V. l'ord. du 23 août 1824.

(4) V. l'ord. du 22 août 1843.

(5) V. l'avis du 11 oct. 1843.

(6) V. l'ord. du 12 sept. 1823, l'arr. du 27 oct. 1828 et l'ord. du 19 déc. 1829.

Ordonnons ce qui suit :

1. Conformément à l'ordonnance de police du 21 février 1820, le marché aux chevaux continuera de tenir sur l'emplacement à ce affecté, et situé entre la rue du Marché-aux-Chevaux et le boulevard du Midi.

2. Le marché continuera d'avoir lieu, comme par le passé, les mercredi et samedi de chaque semaine.

3. Lorsque le jour fixé pour la tenue du marché se trouvera un jour de fête, le marché tiendra la veille.

4. La vente aura lieu dans les mois de novembre, décembre, janvier et février, depuis midi jusqu'à quatre heures;

Dans les mois de mars, avril, septembre et octobre, depuis deux heures jusqu'à six;

Dans les mois de mai, juin, juillet et août, de trois à sept heures.

5. Il est défendu de vendre des chevaux, sur le marché, avant l'ouverture de la vente.

Le marché sera évacué immédiatement après l'heure de la fermeture.

6. Il est défendu de laisser des chevaux sur le marché sans être attachés aux barrières.

Il est aussi défendu d'en attacher aux arbres.

7. Les premiers marchands arrivés choisiront les barrières qu'ils voudront, à l'exception de celles pour lesquelles il y aurait des abonnements et qui seront indiquées.

8. Tout marchand sera responsable des accidents qui seront du fait du cheval ou des chevaux exposés par lui sur le marché.

Tout cheval attaché à une barrière pour laquelle il y aura un abonnement sera considéré comme appartenant au locataire de la barrière.

9. Les chevaux et les mulets entiers seront placés à la droite du marché (côté du sud),

Et les juments à gauche (côté du nord).

Les chevaux et les mulets hongres pourront être placés à droite ou à gauche, suivant qu'il conviendra le mieux aux marchands.

En cas de difficulté, sous les rapports de l'ordre public et de la sûreté, le placement sera réglé par le commissaire de police.

10. Les ânes et ânesses, les chèvres et les boucs ne pourront être introduits dans le marché que par le boulevard de l'Hôpital, en passant sur la place affectée à l'exposition des voitures; ils seront tenus hors des barrières, entre le dernier rang et la butte de terre qui borde le marché au sud.

11. Les voitures de toute espèce amenées pour la vente seront rangées par file et par ordre dans la demi-lune qui leur est affectée, en partant du mur qui la sépare du marché aux chevaux.

12. Il est défendu aux selliers, carrossiers, brocanteurs et aubergistes établis aux extrémités du marché, ou dans les rues voisines, d'exposer des voitures en vente au-devant de leurs portes.

13. Provisoirement, et jusqu'à ce qu'il en soit autrement ordonné, les ventes de chevaux à l'encan ne pourront avoir lieu que sur l'emplacement de l'ancien marché aux porcs.

14. Les jours de marché, il est défendu d'attacher ou faire stationner et de vendre aucun cheval sur le boulevard et dans les rues adjacentes au marché.

Les aubergistes établis aux extrémités du marché et dans les rues voisines ne pourront vendre ni laisser vendre des chevaux dans l'intérieur de leurs établissements, les jours de marché.

15. Les personnes qui viendront au marché, à cheval ou en voiture,

ne pourront faire stationner leurs chevaux et voitures que sur le boulevard, dans la rue du Fer-à-Moulin, le long des murs du cimetière, et dans la rue de la Cendre, le long du mur à droite, en entrant par la rue du Marché-aux-Chevaux.

16. Les chevaux de trait ne pourront être essayés, pour le tirage, que dans l'endroit à ce affecté.

17. Les chevaux seront essayés, pour le trot, sur les deux chaussées du milieu et sur deux files, l'une montante et l'autre descendante; la file montante partira de la rue du Marché; elle sera toujours et sans exception sur la chaussée de droite.

Jusqu'à ce qu'il ait été affecté un emplacement à cet effet, les chevaux de selle seront essayés, pour le galop, sur la partie du boulevard qui borde le marché, depuis la rue de Poliveau jusqu'à l'ancienne barrière des Deux-Moulins.

Le galop de course est absolument défendu.

18. Les chevaux ne devront être montés que par les trotteurs ou par les domestiques ou garçons d'écurie des propriétaires ou marchands, pourvu qu'ils soient âgés au moins de seize ans, conformément à l'ordonnance de police du 19 août 1816.

Le trotteur ne pourra conduire que deux chevaux à la fois, y compris celui sur lequel il sera monté.

19. Les chevaux qui seront vendus comme sauteurs pourront être essayés dans un lieu qui sera indiqué pour cet usage.

20. Le prix des ventes faites au marché pourra être déposé au bureau du commissaire de police, lorsque le vendeur et l'acheteur en seront d'accord. L'enregistrement du dépôt sera fait en leur présence et signé d'eux; s'ils ne savent ou ne peuvent signer, il en sera fait mention.

21. Le registre énoncera la nature des espèces dans lesquelles le dépôt aura été fait, ainsi que les noms, prénoms, professions et domiciles du vendeur et de l'acheteur.

Il contiendra aussi le signalement des chevaux vendus et les conditions de la vente.

22. A l'expiration du délai fixé pour la garantie d'usage ou conventionnelle, la somme en dépôt sera remise en mêmes espèces, et sans frais, au vendeur ou ayant droit, si dans l'intervalle il n'est point survenu d'oppositions.

23. Il est défendu d'amener des chiens dans le marché, même muselés et en laisse.

24. Il est défendu d'attacher des cordes aux arbres et aux barrières, et d'étendre du linge dans le marché.

25. Les contraventions seront constatées par des procès-verbaux qui nous seront transmis.

26. La présente ordonnance sera imprimée et affichée.

Les commissaires de police, et notamment celui du quartier Saint-Marcel, le chef de la police centrale, le commissaire inspecteur général des halles et marchés, les officiers de paix et les préposés de la préfecture de police sont chargés de tenir la main à son exécution.

Elle sera adressée à M. le colonel d'armes de la ville de Paris, commandant la gendarmerie royale, pour en assurer l'exécution par tous les moyens qui sont en sa disposition.

Le conseiller d'État, préfet de police, G. DELAVAU.

N° 1092. — *Ordonnance concernant les mesures de police à observer les 7, 14, 21 sept. 1823, à l'occasion de la fête de Saint-Cloud* (1).

Paris le 5 septembre 1825.

N° 1093. — *Ordonnance concernant la vente des fruits au port des Miramiones* (2).

Paris, le 2 octobre 1823.

Nous, conseiller d'État, préfet de police,

Vu les articles 2, 32 et 33 de l'arrêté du gouvernement du 12 messidor an VIII (1er juillet 1800);

Considérant qu'il se commet fréquemment des abus dans la vente des fruits arrivant par eau; que le moyen de les faire cesser est de remettre en vigueur les dispositions non abrogées des anciens règlements rendus sur cette matière,

Ordonnons ce qui suit :

1. Les fruits amenés par eau seront vendus au port des Miramiones.

La partie du port affectée à ce commerce demeure fixée à cinquante-quatre mètres, à partir de dix mètres en amont de l'égout de la rue de Pontoise, en remontant du côté du pont de la Tournelle.

Les bateaux devront y être placés en boyard.

Des cinquante-quatre mètres qui composent le port aux fruits, dix-huit seront destinés à recevoir les bateaux dits de Thomery, mais en cas de besoin ces cinquante-quatre mètres seront occupés par les gros bateaux, et alors ceux de Thomery seront placés en amont des gros bateaux sur le même port.

2. Il est défendu à toutes personnes d'aller au-devant des bateaux de fruits et d'en acheter avant qu'ils soient mis à port et en vente. (*Ord. de* 1672, *chap.* 3, *et ord. de police du* 2 *déc.* 1774.)

3. Les propriétaires et conducteurs de bateaux de fruits seront tenus, à leur arrivée dans Paris, de faire, au bureau des arrivages par eau, établi à la Râpée, la déclaration de leurs marchandises, de se munir du passavant d'usage, de garer leurs bateaux sur la rive droite au-dessous de la patache, et de ne descendre au port aux fruits qu'après en avoir obtenu le permis de l'inspecteur des ports du haut, rive gauche. (*Ord. de* 1672, *chap.* 3, *art.* 3.)

Les bateaux de Thomery doivent descendre à la place qui leur est affectée, sans avoir besoin de garer.

Les bateaux qui seraient mis à port sans avoir été enregistrés à la Râpée ou sans permis de l'inspecteur, avant leur tour, ou dans une partie du port qui ne leur serait pas destinée, seront retirés et passés sur l'autre rive, aux frais et risques de la marchandise, pour y rester jusqu'au moment où, les formalités étant remplies, il y aura place au port.

4. Dans le cas où les arrivages seraient tellement abondants, que le port affecté à la vente et au déchargement des fruits se trouverait insuffisant pour contenir tous les bateaux, il pourra en être garé dans le haut du port de l'hôpital, mais sous la condition expresse que le

---

(1) V. l'ord. du 6 sept. 1843.

(2) V. les ord. des 10 oct. 1835 et 22 nov. 1842.

déchargement n'aura lieu qu'en vertu d'une permission spéciale du préfet de police.

5. Aussitôt qu'un bateau de fruits aura été mis à port, la vente devra s'ouvrir et être continuée sans interruption.

Dans le cas où l'on ne se conformerait pas à cette disposition, le bateau sera retiré du port et passé sur la rive opposée, et celui qui sera en tour de passer prendra sa place.

Le bateau retiré ne pourra être remis à port qu'après tous les bateaux qui se trouveraient, à cette époque, entrés dans Paris.

6. Il est défendu de vendre des fruits en gros ou par batelées. La vente se fera dans les bateaux, en détail, ou par panier. Elle aura lieu, savoir: du 1er avril au 30 septembre, depuis six heures du matin jusqu'à midi, et depuis deux heures du soir jusqu'à sept; du 1er octobre au 30 novembre, depuis sept heures du matin jusqu'à midi, et depuis deux heures du soir jusqu'à cinq; du 1er décembre au dernier jour de février, depuis huit heures du matin jusqu'à quatre heures du soir, mais sans interruption; et pendant le mois de mars, depuis sept heures du matin jusqu'à midi, et depuis deux heures du soir jusqu'à cinq. L'ouverture et la fermeture de la vente seront d'ailleurs annoncées au son de la cloche. (*Ord. des* 2 *déc.* 1774 *et* 7 *déc.* 1807.)

7. Il ne doit être mis en vente que des fruits bons et non défectueux. Ils seront visités par le commissaire inspecteur général des halles et marchés, et, en son absence, par le préposé commis à cet effet. S'il s'en trouve de défectueux, ils seront saisis. Procès-verbal en sera dressé par qui de droit et nous sera transmis. (*Ord. de* 1672, *chap.* 3, *art.* 19, *et lois des* 19—22 *juil.* 1791, *art.* 20.)

8. Les fruits doivent être exposés en vente de la même manière et dans les mêmes paniers qu'il est d'usage de les expédier.

Il est fait défense aux marchands de mêler les fruits de différentes qualités, et de mettre au fond des paniers des fruits d'une espèce et d'une qualité inférieures à celles des fruits qui sont dessus, comme aussi de mettre dans les paniers d'autres bouchons que ceux qui sont nécessaires pour la conservation des fruits.

Les paniers de raisin de Thomery et de Fontainebleau devront peser brut, de quatre livres à quatre livres et demie.

Ils ne pourront contenir moins de trois livres net de raisin, poids métrique, à peine de confiscation et d'amende. (*Ord. de* 1672, *chap.* 3, *art.* 20, *et lois des* 17 *juin* 1778, *art.* 1, *août* 1790, *titre* XI, *art.* 3, § 4.)

9. Les marchands fourniront à leurs frais les planches nécessaires pour que les acheteurs entrent dans les bateaux avec sûreté et facilité, sinon il y sera pourvu à leurs frais et risques.

10. Les marchands mesureront eux-mêmes leurs fruits ou les feront mesurer par les préposés du poids public.

11. Les acheteurs ayant le droit de sortir eux-mêmes du bateau les fruits qu'ils auront achetés ou de les faire sortir par les porteurs avec lesquels ils auront traité de gré à gré, tout porteur qui, par force, subtilité ou autrement, sortirait les fruits du bateau malgré l'acheteur, ou qui exigerait un salaire plus fort que celui convenu de gré à gré, sera poursuivi suivant la rigueur des lois (*Loi du* 19 *juin* 1791.)

12. Il est défendu de se porter en foule et d'entrer avec presse et confusion dans les bateaux de fruits, de fouiller dans les paniers, de gâter ou endommager les fruits, d'en emporter sans les avoir payés, de s'injurier ou maltraiter réciproquement, et de causer aucun trouble ou désordre (*Ord. des* 2 *déc.* 1774 *et* 7 *déc.* 1787.)

13. Il est défendu d'acheter des fruits sur le port pour les y revendre. Ils doivent être enlevés immédiatement après qu'ils ont été achetés. Il ne peut, sous aucun prétexte, en être déposé sur la berge

du port ou aux environs sur la voie publique. (*Ord. de* 1672, *chap.* 3, *art.* 23, *et du* 2 *déc.* 1774.)

14. Les contraventions seront constatées par des procès-verbaux qui nous seront adressés.

15. Il sera pris envers les contrevenants telles mesures de police administrative qu'il appartiendra, sans préjudice des poursuites à exercer contre eux devant les tribunaux, conformément aux lois et règlements.

16. La présente ordonnance sera imprimée et affichée.

Les commissaires de police, le chef de la police centrale, les officiers de paix, l'inspecteur général de la navigation et des ports, le commissaire inspecteur général des halles et marchés et les autres préposés de la préfecture de police sont chargés de tenir la main à son exécution.

Elle sera adressée à M. le colonel d'armes de la ville de Paris, commandant la gendarmerie royale, pour en assurer l'exécution par tous les moyens qui sont en sa disposition.

Le conseiller d'Etat, préfet de police, G. DELAVAU.

N° **1094.** — *Ordonnance concernant des mesures d'ordre à observer le* 12 *octobre, jour où sera chanté un* Te Deum *à l'occasion de la délivrance de S. M. C. le roi d'Espagne.*

Paris, le 10 octobre 1823.

N° **1095.** — *Instruction rédigée par le conseil de salubrité, sur les dangers auxquels exposent les vapeurs de la braise.*

Paris, le 13 octobre 1823.

Beaucoup de personnes croient qu'on peut, sans danger pour la vie ou la santé, brûler de la braise dans une chambre ou dans tout autre lieu fermé, et que les vapeurs du charbon sont seules nuisibles.

C'est une erreur funeste qu'il importe d'autant plus de combattre, que chaque année elle coûte la vie à plusieurs individus, et que l'hiver dernier particulièrement elle a donné lieu à des accidents nombreux.

L'autorité agit donc dans l'intérêt général en rappelant, dans une instruction spéciale, les dangers que présente l'usage de la braise, et les premiers moyens à employer pour y remédier.

1° En s'exposant aux vapeurs de la braise allumée, on court le même danger que si on s'exposait aux vapeurs du charbon allumé, c'est-à-dire que les émanations de la braise peuvent causer presque aussi promptement la mort que les émanations du charbon.

2° En conséquence, l'usage d'allumer de la braise, et de la laisser plus ou moins consumer dans un vase placé au milieu d'une chambre, est des plus dangereux.

3° Alors même que, par l'effet de circonstances particulières qu'il serait trop long de détailler, cette imprudence ne ferait pas instantanément périr ceux qui la commettraient, elle pourrait néanmoins déterminer des maladies très-graves et souvent mortelles.

4° Ainsi, toutes les fois que l'on allume de la braise dans une chambre dans une cuisine, etc., pour se chauffer ou pour tout autre usage, il faut prendre les mêmes précautions que si c'était du charbon; c'est-à-dire qu'on ne doit placer la braise allumée que sous une cheminée, afin que le courant d'air entraîne la vapeur malfaisante; il convient même d'aider au tirage de la cheminée en ouvrant les portes ou les fenêtres;

5° Il résulte de ce qui vient d'être dit que vouloir chauffer soit avec de la braise, soit avec du charbon des chambres ou des cabinets habités, qui n'ont pas de cheminées, c'est s'exposer au plus imminent danger;

6° C'est une erreur de croire qu'un morceau de fer placé sur le brasier en détruit les mauvais effets.

Quelques personnes s'imaginent que, pour éviter tout danger, il suffit de quitter la chambre aussitôt que la braise est allumée, et de n'y rentrer qu'après que la braise est éteinte: c'est également une erreur.

C'en est une enfin de croire qu'on empêche la braise de produire des vapeurs malfaisantes, en la couvrant de cendres;

7° Dans les cas d'accidents occasionnés par la vapeur de la braise ou du charbon, il faut, le plus promptement possible, retirer du lieu vicié la personne malade ou paraissant privée de vie, la placer au grand air, la tête un peu élevée, la débarrasser de tout vêtement capable de la serrer ou de la gêner, l'arroser légèrement et à plusieurs reprises d'eau fraîche ou d'eau et de vinaigre, et réclamer aussitôt les secours d'un homme de l'art.

Signé le vice-président et les membres du conseil de salubrité.

Vu et approuvé la présente instruction, par nous conseiller d'État, préfet de police, pour être imprimée, affichée et distribuée partout où il en sera besoin dans le ressort de la préfecture de police.

G. DELAVAU.

N° 1096. — *Ordonnance concernant les galeries des rues Castiglione et de Rivoli.*

Paris, le 15 octobre 1823.

Nous, conseiller d'État, préfet de police,

Considérant 1° que les galeries des rues Castiglione et de Rivoli sont un passage livré au public;

Que cette destination est établie par les termes exprès des contrats de vente des terrains sur lesquels on a construit les maisons riveraines desdites rues;

Qu'en conséquence, les propriétaires et locataires de ces maisons sont, de droit, assujettis aux lois et règlements relatifs à la sûreté et à la liberté de la voie publique;

Qu'indépendamment de ces lois et règlements, ils sont assujettis, par leurs contrats, à des conditions particulières qui tendent au même but;

Que notamment il leur est interdit de mettre aucune peinture, écriteau ou enseigne sur les façades ou portiques des maisons, et qu'ils sont tenus de laisser libre et publique, dans tous les temps de l'année, et à perpétuité, la galerie, sans pouvoir, sous aucun prétexte, en interrompre la libre circulation, ni ériger le plancher à la hauteur de ceux de l'entresol;

2° Qu'au mépris des règlements généraux de police concernant la liberté et la sûreté de la voie publique, et des conditions énoncées aux contrats de vente, des propriétaires ou locataires des boutiques situées sous les galeries, se sont permis et se permettent d'établir des étalages, montres, tableaux et autres objets en saillie, et que d'autres, occupant les logements supérieurs, ont également établi des tableaux ou autres objets en saillie des murs de face donnant immédiatement sur les rues Castiglione et de Rivoli;

Vu la loi des 16-24 août 1790, titre XI, §. 1er;

L'article 471, § 3, 4, 5 et 6 du Code pénal;

Les ordonnances de police des 16 août 1819 et 20 août 1811, concernant les galeries du Palais-Royal et les passages livrés au public sur propriétés particulières:

En vertu de l'arrêté du gouvernement du 12 messidor an VIII (1er juillet 1800),

Ordonnons ce qui suit:

1. Il est défendu d'établir sous les galeries des rues Castiglione et de Rivoli, des devantures de boutiques, tableaux, montres, enseignes, étalages ou autres objets en saillie du nu des murs de face intérieurs desdites galeries, et d'appliquer contre les murs de face des galeries opposées aux boutiques, aucun objet quelconque pouvant gêner ou restreindre la liberté de la circulation et occasionner des accidents.

Il est pareillement défendu d'établir aucun objet en saillie du nu des murs de face extérieurs donnant immédiatement sur les rues de Castiglione et de Rivoli.

2. Dans huit jours, à compter de la promulgation de la présente ordonnance, seront supprimés et enlevés toute espèce d'objets en saillie, établis contrairement aux dispositions de l'article précédent.

3. Il est défendu de faire sous les galeries dont il s'agit, aucun dépôt de marchandises, d'y faire travailler si ce n'est aux réparations des bâtiments, d'y placer des tables, chaises ou tous autres objets qui pourraient gêner la circulation.

4. Il est défendu de déposer sur les croisées existantes sous les galeries, et sur les croisées et entablements donnant sur la rue, des caisses, pots à fleurs et autres objets pouvant nuire par leur chute.

5. Les propriétaires, principaux locataires et sous-locataires des maisons et boutiques dépendant des galeries, seront tenus de balayer ou faire balayer, tous les jours, chacun au droit de soi, et aux heures prescrites par les règlements, le sol desdites galeries, et de porter ou faire porter dans la rue adjacente, les ordures provenant du balayage.

6. Les propriétaires de ces maisons seront également tenus, chacun pour ce qui le concerne, de faire réparer avec soin les enfoncements et autres dégradations qui surviendront au sol des galeries, à l'effet de prévenir les accidents.

7. Les contraventions aux dispositions de la présente ordonnance seront constatées par des procès-verbaux qui nous seront adressés, pour être procédé à l'égard des contrevenants, conformément aux lois et règlements.

8. Les commissaires de police, notamment celui du quartier des Tuileries, l'architecte commissaire de la petite voirie, le chef de la police centrale, les officiers de paix et l'inspecteur général de la salubrité tiendront la main à l'exécution de la présente ordonnance qui sera imprimée, affichée et notifiée aux propriétaires qu'elle concerne, à la charge par eux d'en donner connaissance à leurs principaux locataires ou locataires.

Le conseiller d'Etat, préfet de police, G. DELAVAU.

N° 1097. — *Ordonnance concernant la circulation des voitures sous le guichet de communication entre la place au Carrousel et la rue de l'Échelle* (1).

Paris, le 17 octobre 1823.

Nous, conseiller d'Etat, préfet de police,

Considérant que la sûreté publique est journellement compromise par le grand nombre de charrettes qui passent sous l'unique guichet de la place du Carrousel, servant de communication pour les voitures du côté de la rue de l'Echelle;

Vu l'article 22 de l'arrêté du 12 messidor an VIII (1er juillet 1800),

Ordonnons ce qui suit:

1. A partir de ce jour, le guichet situé place du Carrousel, du côté de la rue de l'Echelle, et servant de passage pour les voitures, est exclusivement réservé pour les carrosses, cabriolets et voitures suspendues.

Les charrettes chargées de pierres ou moellons et généralement toutes les voitures de charge servant au transport de marchandises ou matériaux quelconques qui auraient à traverser la place du Carrousel seront dirigées par la rue de Rohan.

2. Les contraventions aux dispositions de l'article précédent seront poursuivies par voie de police municipale.

3. La présente ordonnance sera imprimée et affichée tant à Paris que dans les communes rurales du département de la Seine et dans celles de Sèvres, Saint-Cloud et Meudon.

Le commissaire de police du quartier des Tuileries, le chef de la police centrale, les officiers de paix et les autres préposés de la préfecture de police sont chargés d'en assurer l'exécution.

Le conseiller d'Etat, préfet de police, G. DELAVAU.

N° 1098. — *Ordonnance concernant la fixation des heures de vente des farines en gros et en détail, à la halle aux grains et farines* (2).

Paris, le 7 novembre 1823.

Nous, conseiller d'Etat, préfet de police,

Considérant que l'abondance des farines sur le carreau de la halle exige que l'on augmente le nombre d'heures consacrées à la vente de cette denrée;

Que cette mesure est réclamée par le commerce;

Vu les articles 2 et 33 de l'arrêté du gouvernement du 1er juillet 1800;

Vu l'article 4 de l'ordonnance de police du 21 août 1801, approuvée par S. Exc. le ministre de l'intérieur le 23 du même mois;

Le rapport du contrôleur de la halle aux grains et farines, du 18

---

(1) V. les ord. des 20 sept 1828 et 16 sept. 1834.

(2) V. l'ord. du 25 nov. 1829.

octobre dernier, et la lettre des syndics des boulangers, du 25 du même mois,

Ordonnons ce qui suit :

1. L'article 4 de l'ordonnance du 21 août 1801 est modifié en ce qui concerne la vente des farines en gros et en détail de la manière suivante:

La vente des farines en gros et en détail aura lieu, sur le carreau de la halle aux grains et farines, tous les jours non fériés, depuis neuf heures du matin jusqu'à cinq.

2. Les contraventions à la présente ordonnance seront constatées, poursuivies et punies conformément aux lois et règlements.

3. La présente ordonnance sera imprimée, publiée et affichée partout où besoin sera.

4. Le contrôleur de la halle aux grains et farines est chargé de tenir la main à son exécution.

Le conseiller d'Etat, préfet de police, G. DELAVAU.

N° **1099.** — *Ordonnance contenant règlement pour l'inspection des eaux minérales à Paris et dans le département de la Seine.*

Paris, le 21 novembre 1823.

Nous, conseiller d'Etat, préfet de police,

Vu l'ordonnance du roi du 8 juin 1823, concernant les eaux minérales;

Vu les arrêtés du gouvernement, en date du 12 messidor an VIII (1er juillet 1800), et 3 brumaire an IX (25 octobre 1800),

Ordonnons ce qui suit :

1. Aucun établissement ayant pour effet de livrer ou d'administrer au public des eaux minérales, naturelles ou artificielles, ne peut être formé ou rester en activité, dans le département de la Seine, ni dans les communes de Saint-Cloud, Sèvres et Meudon, sans une autorisation particulière délivrée dans la forme déterminée par l'ordonnance du roi du 18 juin dernier.

2. Tous les propriétaires d'établissements de cette nature, actuellement en activité dans le département de la Seine et dans l'une des trois communes ci-dessus, devront, avant le 15 février 1824, pour tout délai, faire leur déclaration à la préfecture de police.

Il sera ouvert à la préfecture de police un registre destiné à recevoir ces déclarations et sur lequel chaque entrepreneur souscrira l'engagement de se conformer aux dispositions de l'ordonnance du roi, et notamment à celles énoncées aux articles 7 et 18, concernant les frais d'inspection.

3. Tout entrepreneur, fabricant d'eaux minérales, artificielles,

Toute personne tenant un dépôt d'eaux minérales, naturelles ou artificielles,

Tout directeur d'établissement de bains où l'on administre des bains dans lesquels il entre des substances minérales quelconques qui aura obtenu l'autorisation prescrite pour avoir désormais le droit d'exercer ces divers genres d'industrie, devra faire placer au-dessus de la porte extérieure de l'établissement un tableau indiquant le nom de l'entrepreneur et la nature de l'entreprise.

4. Tout entrepreneur fabricant d'eaux minérales, artificielles, ou dépositaire d'eaux minérales quelconques, sera tenu de mettre sur chaque bouteille sortant de son établissement une étiquette indiquant :

1° L'espèce d'eau renfermée dans la bouteille et le prix ;

2° Le nom de l'entrepreneur ;

3° La date de l'autorisation en vertu de laquelle l'établissement est en activité ;

4° Et s'il s'agit d'eaux minérales naturelles, l'époque de l'arrivée à Paris desdites eaux.

5. Il est expressément défendu à tout directeur d'établissement de bains de s'immiscer à l'avenir, sous aucun prétexte, dans la préparation des eaux ou substances minérales dont les baigneurs seraient dans le cas de faire usage.

Les entrepreneurs de bains devront veiller, sous leur responsabilité personnelle, à ce qu'il ne soit employé dans leurs établissements que des préparations faites par un pharmacien ayant officine ou par tel autre individu ayant une autorisation spéciale pour ces préparations.

6. Les contraventions aux dispositions ci dessus seront constatées par des rapports ou procès-verbaux qui nous seront adressés pour y être donné telle suite qu'il appartiendra.

7. La présente ordonnance sera imprimée et affichée partout où besoin en sera.

Un exemplaire sera constamment placardé dans l'intérieur des établissements.

Les médecins inspecteurs des eaux, les commissaires de police à Paris et les maires des communes rurales du ressort de la préfecture de police demeurent spécialement chargés d'en surveiller l'exécution.

Ampliation en sera transmise à MM. les sous-préfets de Sceaux et de Saint-Denis.

Le conseiller d'Etat, préfet de police, G. DELAVAU.

N° 1100. — *Ordonnance concernant la police de la rivière et des ports, pendant l'hiver et les temps de glaces, grosses eaux et débâcles* (1).

Paris, le 22 novembre 1823.

---

(1) V. les ord. des 1er déc. 1838, 5 déc. 1839 et 25 oct. 1840 (art. 203 et suiv.).

N° 1101. — *Ordonnance concernant l'ouverture des étaux de boucherie et de charcuterie dans le marché des patriarches* (1).

Paris, le 25 novembre 1823.

Nous, conseiller d'Etat, préfet de police,

Vu l'ordonnance royale du 9 octobre 1822, et les articles 2 et 32 de l'arrêté du gouvernement du 1er juillet 1800,

Ordonnons ce qui suit :

1. La vente en détail de la viande de boucherie et de charcuterie aura lieu, à dater de mercredi 3 décembre, les mercredi et samedi de chaque semaine, dans le marché des Patriarches.

2. Il ne sera admis, dans ce marché, que des bouchers et charcutiers forains établis dans le ressort de la préfecture de police.

3. Ils y seront admis à tour de rôle, d'après la liste qui sera dressée par le commissaire inspecteur général des halles et marchés. Le tour de rôle sera déterminé par le sort.

4. Le tarif du prix des places au marché des Patriarches est réglé ainsi qu'il suit, conformément à la décision de S. Exc. le ministre de l'intérieur, en date du 9 octobre dernier, savoir :

Trois francs par jour de marché pour les bouchers ;

Un franc par jour de marché pour les charcutiers.

5. Ce prix sera payé par jour et par place.

Le produit en sera versé dans la caisse du receveur municipal de la ville de Paris.

6. La perception du prix des places sera faite par le préposé sur le marché.

7. Tout boucher ou charcutier qui manquera son tour pour approvisionner le marché, sans cause légitime, en sera exclu pour toujours; il sera remplacé par le boucher ou le charcutier venant après lui.

8. Les bouchers et charcutiers tiendront leurs places par eux-mêmes, leurs femmes ou leurs enfants, âgés au moins de seize ans.

Il est défendu d'avoir ou d'employer plus de trois personnes pour le service de chaque place.

9. Il est défendu aux bouchers et charcutiers d'employer qui que ce soit, même leurs enfants, pour appeler et arrêter le public.

10. Du 1er novembre au 1er mars, les ventes seront ouvertes à sept heures du matin et fermées à quatre heures et demie du soir. Elles seront ouvertes pendant le reste de l'année à six heures du matin, et fermées à la nuit tombante.

L'ouverture et la fermeture seront annoncées au son de la cloche.

11. Toute vente en gros est défendue sur ledit marché. En conséquence, on ne pourra y vendre entiers des quartiers de bœufs, vaches, veaux ou porcs, et des demi-moutons.

12. Il est également défendu d'y vendre aucune marchandise de charcuterie préparée.

13. Il est défendu aux bouchers et charcutiers de rien changer aux dispositions faites dans les étaux, et notamment à la place assignée aux balances.

14. Les règlements et ordonnances concernant la boucherie et la charcuterie sont maintenus en tout ce qui n'est pas contraire aux précédentes dispositions.

15. Les contraventions seront constatées par des procès-verbaux réguliers, et punies conformément aux lois et règlements.

---

(1) V. l'ord. du 31 juill. 1832.

16. La présente ordonnance sera imprimée et affichée. Ampliation en sera adressée à M. le conseiller d'Etat, préfet du département de la Seine.

Le chef de la police centrale, les commissaires de police et notamment celui du quartier Saint-Marcel, le commissaire inspecteur général des halles et marchés, les officiers de paix et les préposés de la préfecture de police sont chargés de tenir la main à son exécution.

Le conseiller d'Etat, préfet de police, G. DELAVAU.

N° 1102. — *Ordonnance concernant le pesage public sur les ports de Paris* (1).

Paris, le 28 novembre 1823.

Nous, conseiller d'Etat, préfet de police,

Vu l'ordonnance du roi du 22 octobre dernier, concernant l'uniformité du droit de pesage des marchandises et denrées qui seront pesées sur les ports de Paris,

Ordonnons ce qui suit :

1. L'article 7 de l'arrêté du gouvernement du 26 mars 1803 (6 prairial an XI), l'article 1er du décret du 16 juin 1808 et l'article 1er de l'ordonnance du roi du 22 octobre dernier seront imprimés, publiés et affichés avec la présente ordonnance (1).

2. A compter du 1er décembre prochain, il ne sera perçu, pour droit de pesage, que dix centimes par cent kilogrammes pour toutes les marchandises et denrées qui se pèseront sur les ports de Paris.

3. Les commissaires de police, le chef de la police centrale, les officiers de paix, le contrôleur général des bois et charbons, spécialement chargé d'assurer la perception du poids public sur les ports et les préposés de la préfecture de police sont chargés de tenir la main à l'exécution de la présente ordonnance.

Le conseiller d'Etat, préfet de police, G. DELAVAU.

N° 1103. — *Ordonnance concernant les mesures d'ordre à observer, à l'occasion de l'entrée de S. A. R. monseigneur duc d'Angoulême dans la capitale.*

Paris, le 30 novembre 1823.

Nous, conseiller d'état, préfet de police,

Vu les lettres à nous adressées par M. l'aide-major général de la garde royale de service et les dispositions militaires arrêtées pour la réception de S. A. R. monseigneur duc d'Angoulême, à son entrée dans Paris,

Ordonnons ce qui suit :

1. Mardi prochain, 2 décembre, la circulation et le stationnement des voitures seront interdits à compter de dix heures du matin :

1° Dans l'avenue de Neuilly, depuis la porte Maillot jusqu'à la place Louis XV ;

---

(1) V. ce décret et cette ord. à l'appendice.

2° Sur la place Louis XV ;

3° Dans la rue de Rivoli, depuis la place Louis XV jusqu'à la rue de l'Echelle exclusivement ;

4° Sur le quai des Tuileries.

Cette interdiction se prolongera dans l'avenue de Neuilly;

De la porte Maillot à la barrière de l'Etoile ; seulement jusqu'à ce qu'il ne reste plus en dehors de ladite barrière aucune des troupes qui doivent composer le cortége de son altesse royale ;

Et de la barrière de l'Etoile à l'avenue de Marigny, jusqu'à ce que toutes ces troupes aient pris place dans le jardin ou sur le quai des des Tuileries.

Ladite interdiction se prolongera en outre dans la grande avenue des Champs-Elysées, depuis celle de Marigny jusqu'à la place Louis XV ;

Sur la place Louis XV ;

Dans la rue de Rivoli, depuis la place Louis XV jusqu'à la rue de l'Échelle exclusivement ;

Et sur le quai des Tuileries ;

Jusqu'à l'entière évacuation de ces différents points par les troupes, après leur passage pour rentrer dans leurs quartiers.

La circulation des voitures sera interdite sur le Pont-Royal, à compter du moment où les colonnes de cavalerie et d'artillerie se présenteront sur le quai des Tuileries ; et elle ne cessera qu'après que les troupes auront entièrement défilé pour retourner dans leurs quartiers.

2. La chaussée et les accotements de l'avenue de Neuilly, depuis la porte Maillot jusqu'à la place Louis XV, et la portion de cette place comprise entre l'avenue de Neuilly et la grille du Pont-Tournant sont interdits au public ; tout cet espace étant exclusivement réservé au passage du cortége de son altesse royale et au stationnement des troupes qui l'accompagneront.

3. Les voitures des autorités qui se rendront à la barrière de l'Etoile stationneront sur le boulevard extérieur.

Au moment du départ, les personnes qu'elles auront amenées viendront à pied les y reprendre et elles suivront, pour leur retour, la rue du faubourg Saint-Honoré.

4. Il est défendu de construire dans les contre-allées de l'avenue de Neuilly, dans les Champs-Elysées, sur la place Louis XV, sur le quai des Tuileries et dans la rue de Rivoli, aucuns amphithéâtre, estrade ou autre établissement de ce genre.

Les commissaires de police et l'architecte commissaire de la petite voirie feront détruire ou enlever tous les objets de cette nature qui se trouveraient placés en contravention à la défense ci-dessus.

5. Il y aura illumination générale dans la soirée du 2 décembre.

Il est défendu de tirer, sur le passage du cortége et dans la soirée, ni armes à feu, ni pièces d'artifice d'aucune espèce, soit sur la voie publique, soit dans les cours et jardins, soit par les fenêtres des maisons.

Les pères et mères et les chefs de maisons seront civilement responsables des faits de leurs enfants, de leurs ouvriers ou de leurs domestiques.

6. Il est défendu de monter sur les parapets des quais et des ponts, sur les balustrades de la place Louis XV et sur les arbres des Champs-Elysées.

7. Les contraventions à la présente ordonnance seront constatées et poursuivies conformément aux lois et règlements.

8. Le chef de la police centrale prendra toutes les mesures nécessaires au maintien de l'ordre et de la sûreté publique.

Il se concertera à cet effet avec les commandants de la force armée qui sera sur les lieux.

9. La présente ordonnance sera imprimée et affichée.

Le chef de la police centrale, le maire de la commune de Neuilly, les commissaires de police, les officiers de paix, la gendarmerie, l'architecte-commissaire de la petite voirie et les préposés de la préfecture de police sont chargés de tenir la main à son exécution, chacun en ce qui le concerne.

Le conseiller d'Etat, préfet de police, G. DELAVAU.

N° 1104. — *Instruction sur la manière de se servir du chlorure de chaux, d'après le procédé indiqué par le sieur Labarraque, pharmacien.*

Paris, le 11 décembre 1823.

Des expériences réitérées ont démontré que le chlorured e chaux étendu dans l'eau a la propriété de désinfecter l'air et de ralentir d'une manière sensible la putréfaction.

L'emploi de ce procédé peut devenir utile dans une foule de circonstances; on se bornera, dans la présente instruction, à en faire l'application aux deux cas les plus fréquents.

Il sera facile, par analogie, de se servir du même procédé toutes les fois que l'on croira à propos d'y recourir.

Levée et inspection d'un cadavre.

Avant d'approcher d'un cadavre en putréfaction, il faudra se procurer un baquet dans lequel on mettra une voie d'eau; on versera dans cette eau un flacon (un demi-kilogramme) de chlorure de chaux et l'on remuera bien le mélange.

On déploiera ensuite un drap, que l'on trempera dans l'eau du baquet de manière à pouvoir retirer ce drap avec facilité et surtout à pouvoir l'étendre très-promptement sur le cadavre.

A cet effet, deux personnes ouvrent le drap, le placent dans le liquide en tenant les bouts qui sont posés surles bords du baquet; on porte celui-ci à côté du corps en putréfaction et au même instant le drap mouillé est retiré du baquet et étendu sur le cadavre.

Bientôt après l'odeur putride cesse.

S'il s'est écoulé sur le sol du sang ou tout autre liquide provenant du cadavre, on versera dessus ce liquide, un ou deux verres de chlorure liquide; on remuera avec un bâton, et l'odeur fétide disparaîtra.

Cette opération, toutefois, ne devra pas être exécutée ainsi dans le cas où les liquides répandus sur le sol pourraient devenir l'objet d'une analyse chimique : alors on en recueillera avec soin la plus grande quantité possible, et ce ne sera qu'après que l'on devra procéder à la désinfection du sol, ainsi qu'il a été dit plus haut.

Si l'infection s'est répandue dans les pièces voisines, dans les corridors, escaliers, etc., on arrosera les lieux infectés avec un ou deux verres de chlorure de chaux liquide, et la fétidité cessera.

On aura soin de faire arroser souvent avec le liquide contenu dans le baquet le drap qui recouvre le cadavre : on empêchera ainsi l'odeur putride de se reproduire.

Aussitôt que le corps aura été enlevé, le drap qui aura servi à la désinfection devra être lavé à grande eau, séché et ployé.

Désinfection des latrines, baquets à urines et plombs.

On versera sur deux onces de chlorure de chaux trois à quatre litres d'eau, on agitera le tout; on tirera à clair et l'on répandra la solution sur et dans les latrines, baquets à urine et plombs.

Si la mauvaise odeur n'est pas promptement détruite, on réitérera l'opération au bout de 8 ou 10 minutes.

Si l'infection provient en totalité ou en partie d'urines ou de matières fécales répandues sur le sol, on arrosera également celui-ci avec la même solution.

Vu et approuvé par nous conseiller d'Etat, préfet de police,

Signé G. DELAVAU.

1105.—*Ordonnance concernant la fixation des frais auxquels donnent lieu les ventes de chevaux à l'encan, sur le marché aux chevaux* (1).

Paris, le 12 décembre 1823.

Nous, conseiller d'Etat, préfet de police,

Considérant qu'il importe de régulariser le payement fait jusqu'à ce jour, des frais auxquels donnent lieu les ventes des chevaux à l'encan sur le marché au chevaux, et qu'il est juste de déterminer la quotité de ces frais, et de la mettre en harmonie avec le prix des animaux vendus;

Vu les réclamations qui nous ont été adressées;

Vu également les ordonnances du roi des 3 juillet 1763 et 14 août 1777, et l'arrêt du conseil du 14 juillet 1784;

La loi des 16-24 août 1790, titre XI, article 3, § 4;

Les art 2, 23 et 32 de l'arrêté du gouvernement, du 1er juillet 1800,

Ordonnons ce qui suit:

1. Les frais de visite des chevaux par les artistes vétérinaires sont fixés à un franc cinquante centimes par chaque cheval vendu à l'encan, 25 fr. et au-dessous;

A deux francs par cheval vendu 50 fr. et au-dessous,

A trois francs par cheval vendu 100 fr. et au-dessous;

A quatre francs par cheval vendu au-dessus de 100 fr.

2. Il est alloué au sonneur qui annonce la vente un franc cinquante centimes pour un seul cheval, et un franc par tête lorsqu'il y a plusieurs chevaux.

3. Le salaire des trotteurs ne pourra, ainsi qu'il a été réglé par l'ordonnance du 19 août 1816, excéder soixante-quinze centimes par cheval ou par heure qu'ils seront employés.

4. Ces différents frais seront payés sur le produit de la vente.

5. Les contraventions seront constatées par des procès-verbaux réguliers, qui nous seront transmis, et punies conformément aux lois et règlements.

6. La présente ordonnance sera imprimée et affichée. Elle recevra son exécution à compter du 1er janvier 1824.

Le commissaire de police du quartier Saint-Marcel, le commissaire inspecteur général des halles et marchés et les préposés de la préfecture de police sont chargés de tenir la main à son exécution.

Le conseiller d'Etat, préfet de police, G. DELAVAU.

---

(1) V. l'arr. du 27 oct. 1828 et l'ord. du 19 déc. 1829.

N° 1106. — *Arrêté concernant les loueurs de voitures de remise* (1).

Paris, le 12 décembre 1823.

Nous, conseiller d'Etat, préfet de police,

Vu la loi des 16-24 août 1790, titre XI, article 3;

Les articles 2, 22 et 32 de l'arrêté du gouvernement du 12 messidor an VIII (1er juillet 1800);

La lettre de S. Exc. le ministre de l'intérieur, du 29 octobre dernier;

Considérant que, malgré la défense expresse faite par l'article 2 de l'ordonnance de police du 16 juillet dernier, aux loueurs de voitures de remise, de louer leurs voitures et notamment les cabriolets, à l'heure et à la course, plusieurs d'entre eux continuent de se mettre, à cet égard, en contravention; qu'ils confient leurs cabriolets à des gens sans aveu, qui leur rapportent le soir le produit de leurs maraudes, après avoir prélevé eux-mêmes leur salaire, tandis que l'industrie du loueur de remise a, de tout temps, consisté à louer directement, et à prix débattu, des équipages aux personnes qui veulent s'en servir à la journée, au mois ou à l'année;

Considérant aussi que ces mêmes loueurs, dans la vue d'éluder les règlements, ont formé, sans y être autorisés, et dans les quartiers les plus fréquentés, des dépôts de cabriolets dont les entrées et les sorties continuelles entravent la circulation, et compromettent la sûreté des passants;

Qu'il est urgent que l'autorité prenne des mesures pour assurer l'effet de l'ordonnance précitée du 16 juillet, dont l'inexécution est une cause imminente d'accidents, et nuit, à la fois, à la régularité du service de place, et aux loueurs de remises qui se conforment aux règlements,

Arrêtons ce qui suit :

1. Indépendamment des obligations imposées aux loueurs de voitures de remise, autres que ceux actuellement autorisés à aller à l'heure et à la course, il leur est enjoint d'avoir chacun, à partir du 1er février prochain, un registre à souche, conforme au modèle annexé au présent arrêté, et sur lequel ils inscriront successivement, et sans lacune, le nom et la demeure des personnes auxquelles leurs voitures auront été louées, et l'espace de temps pendant lequel la location en aura été stipulée.

Ce registre sera coté et parafé par le commissaire de police du quartier.

2. Les loueurs représenteront ces registres à toute réquisition, soit aux commissaires de police, soit aux officiers de paix ou autres à ce préposés par la préfecture de police.

3. Les loueurs de remise ne pourront également, à compter du 1er février prochain, employer pour conduire leurs voitures, et notamment les cabriolets, que des hommes âgés de plus de dix-huit ans, et qui devront être pourvus,

1° De papiers de sûreté;

2° Du livret prescrit par le décret du 3 octobre 1810;

3° D'une médaille d'une forme particulière, qui sera délivrée à chaque cocher à la préfecture de police, sur le vu des pièces ci-dessus, et d'un certificat de capacité, signé de deux loueurs de remise connus.

---

(1) Rapporté. — V. l'arrêté du 25 fév. 1842 et les ord. des 5, 6 et 10 oct. 1843.

4. Tout cocher de voiture de remise devra être porteur du coupon du registre à souche prescrit par l'article 1er, et le représenter à toute réquisition des préposés de l'administration, ainsi que ses papiers de sûreté, sa médaille et le laissez-passer délivré par la régie des contributions indirectes.

5. Il est expressément défendu à tout loueur de remise de faire stationner ses voitures, pour les louer, dans aucune cour et sur aucun emplacement hors la maison qu'il habite et où est situé son établissement, à moins d'en avoir obtenu la permission spéciale de la préfecture de police.

6. Il sera pris envers les contrevenants telles mesures de sûreté qu'il appartiendra, et ce, sans préjudice des poursuites qu'il y aurait lieu d'exercer contre eux par-devant les tribunaux compétents.

7. Expédition du présent arrêté sera adressée aux commissaires de police, qui le notifieront individuellement à chacun des entrepreneurs qu'il concerne, avec sommation de s'y conformer, et tiendront la main à son exécution.

Expédition en sera également remise au chef de la police centrale, qui demeure chargé de concourir au maintien de ses dispositions.

Le conseiller d'Etat, préfet de police, G. DELAVAU.

N° 1107.—*Ordonnance concernant les mesures de police relatives aux fêtes et réjouissances publiques municipales qui auront lieu, le 15 décembre 1823, à l'occasion du retour de S. A. R. monseigneur duc d'Angoulême.*

Paris, le 13 décembre 1823.

Nous, conseiller d'Etat, préfet de police,

Vu le programme arrêté par M. le préfet du département de la Seine et les membres de la commission prise dans le sein du conseil municipal, des fêtes et réjouissances publiques qui auront lieu dans la ville de Paris, à l'occasion du retour de S. A. R. monseigneur duc d'Angoulême,

Ordonnons ce qui suit :

Réjouissances aux Champs-Élysées et sur les places publiques.

1. Le lundi, 15 décembre prochain, la circulation et le stationnement des voitures seront interdits, depuis midi jusqu'à neuf heures et demie du soir, dans la grande avenue des Champs-Elysées, depuis le rond-point jusqu'à la place Louis XV.

Pareille interdiction aura lieu sur la place Louis XV, dans la rue de Rivoli et le quai des Tuileries; mais seulement depuis cinq heures du soir jusqu'à neuf heures et demie.

2. Les commissaires de police veilleront à ce que l'ordre soit maintenu auprès du feu d'artifice et des jeux et spectacles publics, ainsi que dans les distributions de vin ou de comestibles qui ont été annoncées, et se feront :

Dans le grand carré des Champs-Elysées, sur la place Sainte-Croix, Chaussée-d'Antin; sur le marché des Innocents, à la barrière du Trône, sur la place du Palais-de-Justice, sur la place de l'Estrapade, et sur celle de l'Odéon.

3. A compter de trois heures du soir, aucune voiture ne pourra circuler ni stationner sur les places indiquées en l'article précédent.

Bals donnés dans les marchés.

4. Les bals donnés par la ville, dans les marchés, devant avoir lieu :

Au marché de la Vallée,

Au marché Saint-Martin,

Et à la Halle aux beurres et aux œufs,

Aucunes voitures ne pourront circuler dans les rues qui leur servent d'enceinte, sauf la file qui sera établie sur le quai de la Vallée pour se rendre à l'Hôtel-de-Ville, et les voitures qui amèneront les dames de la halle.

Fêtes à l'Hôtel-de-Ville.

5. Les personnes invitées à cette fête devront être munies de leurs billets, qui seront reçus aux diverses entrées de l'Hôtel-de-Ville, indiquées dans la présente ordonnance, sans distinction de leur couleur. Pour le maintien de l'ordre, les personnes dont les billets portent l'indication de neuf heures du soir sont prévenues qu'elles ne seront point admises avant l'heure fixée sur leurs billets.

6. A compter de cinq heures après midi, la circulation des voitures sera interdite sur

Le quai de la Mégisserie,

Le quai de Gèvres,

Et le quai Pelletier,

Sauf ce qui sera dit ci-après.

Arrivée des voitures.

7. Le quai Pelletier est exclusivement réservé pour le passage des voitures des princes et princesses;

Des grands officiers de la maison du roi et des princes;

Du corps diplomatique;

Des ministres; — Des maréchaux de France;

De MM. les pairs (les voitures portant les insignes de la pairie);

Des dames invitées au banquet royal et de celles choisies pour accompagner les princesses;

Du corps municipal,

Qui se rendront à l'Hôtel-de-Ville.

Toutes ces personnes descendront au grand perron, sur la place.

8. Les voitures des autres personnes qui habitent les quartiers de la rive droite de la Seine, seront dirigées en deux files :

La première se formera dans la rue Saint-Honoré, au carrefour de la rue du Roule; elle suivra :

La rue Saint-Honoré, celle de la Ferronnerie; la rue Saint-Denis, la rue Saint-Jacques-la-Boucherie, la rue de la Vannerie, la place de Grève, l'Arcade Saint-Jean et la rue du Martrois, où les personnes invitées descendront à une porte donnant dans l'Hôtel-de-Ville.

La seconde file se formera dans la rue Saint-Martin, à la hauteur de la rue Aubry-le-Boucher; elle suivra :

La rue Saint-Martin, la rue de la Verrerie, la rue des Coquilles, la rue de la Tixeranderie, jusqu'à la porte donnant communication dans l'Hôtel-de-Ville.

9. Quant aux personnes, autres que celles désignées dans l'article 7, qui habitent la rive gauche de la Seine et la Cité, leurs voitures seront dirigées en une seule file, qui se formera sur le quai de la Vallée, au bas du Pont-Neuf; elle suivra:

Le quai de la Vallée, le quai des Augustins, le quai Saint-Michel, la rue du Petit-Pont, la rue de la Bûcherie, la rue des Grands-Degrés, le quai de la Tournelle, le pont de la Tournelle, la rue des Deux-Ponts, le Pont-Marie, le quai des Ormes à gauche, et le quai de la Grève, jusqu'à une porte donnant communication, par une galerie couverte, dans l'Hôtel-de-Ville.

Celles des personnes qui habitent l'Ile-Saint-Louis prendront la file dans la rue des Deux-Ponts.

Stationnement.

10. Les voitures :
Des grands officiers de la maison du roi et des princes,
Du corps diplomatique,
Des ministres,
Des maréchaux de France,
De MM. les pairs,
Des dames invitées au banquet royal et de celles choisies pour accompagner les princesses,
Du corps municipal,
Stationneront sur la place de Grève.

Les voitures dont les maîtres auront descendu dans la rue du Martrois continueront leur marche en ligne droite et iront stationner dans la rue Saint-Antoine.

Celles dont les maîtres auront descendu à la porte donnant dans la rue de la Tixeranderie iront stationner, partie dans le marché Saint-Jean, partie dans la Vieille rue du Temple et la rue Sainte-Avoye.

Celles qui déposeront leurs maîtres à la porte donnant sur le quai de la Grève seront dirigées de manière à aller stationner sur les quais de l'Ile-Saint-Louis et des Célestins.

Retour.

11. Pour faciliter le retour, les personnes qui se seront rendues à l'Hôtel-de-Ville sont invitées à sortir par la porte par laquelle elles seront entrées.

Les voitures ne pourront être remises en mouvement, pour le retour, qu'après le départ des princes et princesses, et sur l'ordre précis qui en sera donné aux cochers par les officiers de police.

Les voitures stationnant sur la place de l'Hôtel-de-Ville se dirigeront par le quai Pelletier.

Celles stationnées dans la rue Saint-Antoine, après avoir repris leurs maîtres dans la rue du Martrois, traverseront la place de Grève et se dirigeront par la rue de la Vannerie et la rue Saint-Jacques-la-Boucherie jusqu'à la rue Saint-Denis, où elles prendront la direction qu'elles voudront.

Celles stationnées sur le marché Saint-Jean, dans la rue Sainte-Avoye et la Vieille rue du Temple, après avoir repris leurs maîtres dans la rue de la Tixeranderie, prendront par la rue des Coquilles, la rue de la Verrerie et la rue Saint-Martin, d'où elles se dirigeront à volonté.

Enfin, celles stationnées sur les quais des Célestins et de l'Ile-Saint-Louis, après avoir repris leurs maîtres à la porte donnant sur le quai de la Grève, pourront, ou traverser en ligne droite la place de Grève et suivre le quai Pelletier jusqu'au pont Notre-Dame (où elles prendront la direction qu'elles voudront), ou remonter le quai de la Grève et prendre le Pont-Marie.

12. Depuis cinq heures du soir jusqu'au jour, aucunes autres voitures que celles allant à l'Hôtel-de-Ville ou en revenant, ne pourront circuler dans les rues

Saint-Jacques-de-la-Boucherie, de la Vannerie, du Martrois, du Monceau-Saint-Gervais, de la Vérrerie, de la Tixeranderie, du Petit-Pont, de la Bûcherie, des Grands-Degrés, des Deux-Ponts, ni sur les quais des Ormes, Saint-Paul et Pelletier.

Dispositions générales.

13. Les maîtres sont invités à donner l'ordre formel à leurs cochers de ne pas rompre les files et d'aller au pas.

Il est défendu aux cochers de quitter les rênes de leurs chevaux.

14. Le passage de la rivière en bachots ou batelets ne pourra avoir lieu, le 15 décembre, depuis le pont Louis XVI jusqu'à la sortie de Paris, qu'au port des Invalides.

Les passeurs d'eau se pourvoiront de bachots en nombre suffisant pour que le service se fasse avec sûreté et célérité.

Il ne pourra être admis, dans chaque bachot ou batelet, plus de douze personnes.

Il est enjoint aux passeurs d'eau de désigner, aux inspecteurs de la navigation ou à la garde les personnes qui, par imprudence, exposeraient la sûreté des passagers.

Le passage sera interdit à compter de cinq heures du soir.

15. Des pompes, des tonneaux et des seaux à incendie seront placés partout où il sera jugé nécessaire, pour porter des secours au besoin, et les pompiers seront à leur poste.

16. Il y aura, le soir, illumination générale.

17. Il est défendu de tirer, dans la même soirée, ni armes à feu, ni pièces d'artifice d'aucune espèce, soit sur la voie publique, soit dans les cours et jardins, soit par les fenêtres des maisons.

Les pères et mères et les chefs de maisons sont civilement responsables des faits de leurs enfants, de leurs ouvriers et domestiques.

18. Il est défendu de construire dans les Champs-Elysées, sur la place Louis XV et ses abords, sur les quais de la rive droite, depuis la place Louis XV jusqu'à celle de l'Hôtel-de-Ville, et sur la place de l'Hôtel-de-Ville, aucun échafaud, amphithéâtre, estrade ou autre établissement de ce genre.

Les commissaires de police et l'architecte commissaire de la petite voirie feront détruire ou enlever tous les objets de cette nature qui se trouveraient placés en contravention à la défense ci-dessus.

19. Il est défendu de monter sur les monuments et édifices publics, sur les parapets des quais et des ponts, sur les balustrades de la place Louis XV et sur les arbres des Champs-Elysées.

Il est également défendu de monter sur les toits, les entablements et les auvents des maisons particulières.

20. Les contraventions à la présente ordonnance seront constatées et poursuivies conformément aux lois.

21. La présente ordonnance sera imprimée et affichée.

Le chef de la police centrale, les commissaires de police de Paris, les officiers de paix, la gendarmerie, le commandant du corps des sapeurs-pompiers, l'architecte commissaire de la petite voirie, l'inspecteur général de la navigation et des ports, et les préposés de la préfecture de police, sont chargés de tenir la main à son exécution, chacun en ce qui le concerne.

Le conseiller d'Etat, préfet de police, G. DELAVAU.

N° 1108. — *Ordonnance concernant la vérification annuelle des poids et mesures* (1).

Paris, le 15 décembre 1823.

N° 1109. — *Ordonnance concernant des mesures d'ordre à observer à l'occasion de la messe du Saint-Esprit et de l'ouverture de la session des chambres* (2).

Paris, le 18 décembre 1823.

N° 1110. — *Ordonnance concernant les chevaux qu'on essaye ou qu'on exerce, et qu'on mène à l'abreuvoir dans Paris* (3).

Paris, le 26 décembre 1823.

Nous, conseiller d'Etat, préfet de police,

Considérant que des particuliers, et surtout des marchands de chevaux, contreviennent journellement aux règlements qui défendent d'essayer ou faire essayer, courir et trotter des chevaux dans Paris, et d'en mener en trop grand nombre à la fois à l'abreuvoir;

Considérant que l'exécution de ces règlements intéresse essentiellement la sûreté publique;

Vu l'ordonnance de police du 21 décembre 1787, concernant les charretiers et conducteurs de chevaux, et les articles 2 et 22 de l'arrêté du gouvernement, du 1er juillet 1800 (12 messidor an VIII),

Ordonnons ce qui suit :

1. Il est défendu d'essayer ou faire essayer, exercer ou faire exercer des chevaux de selle ou de trait sur la voie publique, à Paris, ailleurs que sur les boulevards extérieurs, ou au marché aux chevaux, dans les emplacements à ce affectés par les ordonnances concernant la police de ce marché.

2. Il est défendu de conduire à l'abreuvoir des chevaux pendant la nuit.

Dans aucun temps, les chevaux ne peuvent être conduits par des femmes.

Les conducteurs doivent avoir au moins dix-huit ans.

Un homme ne peut mener à l'abreuvoir plus de trois chevaux à la fois; il lui est enjoint de les conduire au pas.

3. Les propriétaires de chevaux et les aubergistes sont civilement garants et responsables des faits de leurs gens de service.

4. Les contrevenants seront conduits devant un commissaire de police, qui prendra les mesures et fera les actes nécessaires, à l'effet de constater les contraventions à la présente ordonnance, et d'en livrer les auteurs aux tribunaux compétents.

5. La présente ordonnance sera imprimée et affichée.

Les commissaires de police, le chef de la police centrale, le com-

---

(1) V. les ord. des 15 déc. 1825, 27 oct. et 29 nov. 1826, 23 nov. 1842 et 1er déc. 1843.

(2) V. l'ord. du 26 fév. 1830.

(3) Rapportée. — V. les ord. des 9 mai 1831 et 25 oct. 1840 (art. 191).

missaire inspecteur général des halles et marchés, l'inspecteur général de la navigation et des ports, les officiers de paix et les préposés de la préfecture de police sont chargés de tenir la main à son exécution.

Elle sera adressée à M. le colonel de la ville de Paris, commandant la gendarmerie royale, pour en assurer l'exécution par tous les moyens qui sont en sa disposition.

Le conseiller d'Etat, préfet de police, **G. DELAVAU.**

1824.

N° 1111. — *Ordonnance concernant la concentration dans chaque abattoir de la cuisson des issues qui y sont recueillies* (1).

Paris, le 9 janvier 1824.

Nous, conseiller d'État, préfet de police,

Considérant qu'il importe, dans l'intérêt de la salubrité publique, d'interdire la circulation dans Paris des tombereaux dégoutants, remplis d'intestins d'animaux, d'où s'exhale une odeur fétide;

Que cette circulation facilite des cuissons clandestines, susceptibles d'infecter des quartiers populeux;

Qu'à raison des précautions prises, le commerce et les consommateurs ne peuvent souffrir de la centralisation de la cuisson des issues dans les abattoirs;

Vu la lettre de M. le conseiller d'Etat, préfet du département de la Seine, en date du 31 octobre dernier, portant que chaque abattoir se trouve maintenant en possession d'un établissement de triperie assez considérable pour la cuisson des issues qui y seront recueillies;

Vu le rapport des commissaires des halles et marchés du 18 novembre dernier, et l'avis des syndic et adjoints des marchands bouchers, du 26 décembre suivant;

Vu 1° l'article 3, § 4, titre XI de la loi des 16-24 août 1790;

2° Les articles 2 et 23 de l'arrêté du 1er juillet 1800 (12 messidor an VIII);

3° Le décret du 15 octobre 1810, et l'ordonnance royale du 14 janvier 1815,

Ordonnons ce qui suit:

1. A dater du 1er février 1824, les issues de bestiaux recueillies dans chaque abattoir, y seront cuites et préparées dans l'établissement de triperie disposé à cet effet, avant de pouvoir être enlevées dudit abattoir.

2. Sont exceptées de la disposition précédente, les issues destinées

---

(1) V. les ord. des 11 sept. 1818, 30 déc. 1819, 29 avril et 5 déc. 1825, et 25 mars 1830.

pour l'extérieur; mais, dans ce cas, il en sera donné avis à l'administration de l'octroi, qui prendra les mesures nécessaires pour s'assurer de la sortie.

3. Les dispositions des ordonnances, précédemment rendues sur le commerce de la triperie, qui ne sont pas contraires à la présente, continueront d'être exécutées.

4. Les contraventions seront constatées par des procès-verbaux réguliers, et punies conformément aux lois et règlements.

5. La présente ordonnance sera imprimée et affichée.

Le chef de la police centrale, les commissaires de police, les officiers de paix, le commissaire inspecteur général des halles et marchés, et les préposés de la préfecture de police, sont chargés de tenir la main à son exécution.

Le conseiller d'Etat, préfet de police, G. DELAVAU.

N° 1112. — *Ordonnance concernant l'étalonnage des poids et mesures* (1).

Paris, le 11 février 1824.

Nous, conseiller d'État, préfet de police,

Vu l'article 2 de l'arrêté du gouvernement du 18 juin 1801, relatif à la vérification des poids et mesures;

Et les lettres à nous adressées par S. Exc. le ministre de l'intérieur, les 23 novembre et 13 janvier dernier,

Ordonnons ce qui suit:

1. L'article 2 de l'arrêté précité, relatif à la vérification des poids et mesures, sera imprimé et affiché avec la présente ordonnance (2).

2. Il est expressément défendu aux fabricants de poids et mesures établis dans le ressort de la préfecture de police, d'expédier au dehors aucuns poids et mesures sans qu'ils aient été préalablement vérifiés et étalonnés à Paris, au bureau à ce destiné.

3. Les fabricants de poids et mesures sont tenus d'inscrire, jour par jour, sur un registre à ce affecté, les ventes et livraisons par eux faites à l'extérieur, et les noms, qualités et demeures des acheteurs ou des destinataires.

Ces registres devront être cotés et parafés, savoir: ceux des fabricants de Paris, par les commissaires de police de leurs quartiers respectifs, et ceux des autres par les maires des communes dans lesquelles ils sont domiciliés.

4. Les contraventions seront constatées par des procès-verbaux qui nous seront transmis.

5. Il sera pris envers les contrevenants telles mesures de police administrative qu'il appartiendra, sans préjudice des poursuites à exercer contre eux devant les tribunaux.

6. Les sous-préfets des arrondissements de Saint-Denis et de Sceaux, les maires des communes rurales du ressort de la préfecture de police, les commissaires de police, le chef de la police centrale, les officiers de paix, le vérificateur en chef et les inspecteurs des poids et mesures sont chargés de tenir la main à l'exécution de la présente ordonnance.

Le conseiller d'Etat, préfet de police, G. DELAVAU.

---

(1) V. l'ord. du 8 janv. 1831.

(2) V. cet arr. à l'appendice.

N° 1113. — *Arrêté concernant les cabriolets sous remise* (1).

Paris, le 14 février 1824.

Nous, conseiller d'État, préfet de police,

Vu la loi des 16-24 août 1790, titre XI, article 3;

L'arrêté du gouvernement du 12 messidor an VIII (1er juillet 1800), §§ 1, 2, 3 et 32;

Vu l'autorisation accordée le 8 octobre 1822 à M. de Brosse, et confirmée le 5 juillet 1823 au sieur Lance, son successeur, d'établir à Paris quatre-vingts cabriolets stationnant dans des dépôts intérieurs, et marchant à l'heure et à la course;

Les observations des loueurs de voitures de remises et des loueurs de voitures de place;

Considérant qu'il est utile qu'il y ait dans la capitale des cabriolets publics susceptibles d'être entretenus constamment avec soin pour procurer, surtout aux étrangers, les moyens d'entrer dans les divers endroits où les voitures de place ne sont point admises; mais qu'il n'en est pas moins important que le nombre de ces cabriolets soit limité de manière à ne pas nuire à la circulation et au service ordinaire des voitures de place, dont l'utilité est encore plus générale;

Considérant aussi que l'expérience a prouvé que le service de ces cabriolets ne peut être fait convenablement et avec sécurité pour le public que sous l'inspection directe de la police, et en soumettant les cochers qui les conduisent aux règlements et à la discipline établis pour les cochers de voitures de places,

Arrêtons ce qui suit :

1. Le nombre des cabriolets que le sieur Lance a été autorisé à établir est définitivement réduit à cinquante.

Ces cabriolets seront numérotés en rouge, en commençant par le numéro 1, sans interruption.

Ils stationneront dans des dépôts intérieurs agréés par l'administration, et dans lesquels ses agents auront un libre accès.

Ils marcheront à la réquisition du public, comme ceux de place.

2. L'entrepreneur aura au moins trois dépôts situés sur la rive droite de la Seine et deux sur la rive gauche : ces dépôts seront ouverts à six heures du matin, depuis le 1er avril jusqu'au 31 septembre, et à sept heures depuis le 1er octobre jusqu'au 31 mars. Ils seront fermés en toutes saisons à onze heures du soir.

3. L'entrepreneur ne pourra, à compter du 25 de ce mois, employer que des cochers pourvus du livret spécial, de la médaille et du bulletin de placement prescrits pour les cochers de place.

Il devra, au surplus, pour tout ce qui n'est pas spécialement déterminé par le présent arrêté, se conformer à tous les règlements de police et aux statuts particuliers des loueurs de voitures publiques stationnant sur les places.

4. Conformément à ce qui a été réglé par l'autorisation accordée au sieur Lance, l'établissement ne pourra, sous aucun prétexte et en aucune manière que ce soit, devenir l'objet de cessions ou transferts partiels.

5. Les cinquante cabriolets publics stationnant dans des dépôts intérieurs devant exiger, pour remplir le but de leur établissement, des frais d'entretien plus considérables que ceux de place, le tarif de la

---

(1) Rapporté. — V. l'arr. du 25 fév. 1842 et les ord. des 5, 6 et 10 oct. 1843.

course et de l'heure, dans Paris, est fixé à leur égard ainsi qu'il suit :

Pour chaque course....................	1 fr.	75 c.
Pour la première heure................	2	25
Pour chacune des heures suivantes....	1	75

6. Les prix réglés par le tarif ci-dessus sont alloués sous la condition expresse que l'entrepreneur ne mettra en service que des cabriolets aussi propres que des cabriolets de maîtres.

7. Le présent arrêté sera imprimé.

Le chef de la troisième division, les commissaires de police, le chef de la police centrale et les préposés de la préfecture de police sont chargés d'en surveiller l'exécution.

Le conseiller d'Etat, préfet de police, G. DELAVAU.

N° 1114. — *Arrêté concernant les cabriolets sous remise.* (1).

Paris, le 14 février 1824.

Nous, conseiller d'Etat, préfet de police,

Vu l'ordonnance de police du 16 juillet 1823, et notre arrêté du 12 décembre suivant, concernant la police des voitures sous remise;

Voulant faciliter l'exécution des mesures prescrites précédemment et procurer en même temps aux loueurs de remises tous les avantages compatibles avec la sûreté publique et les règlements relatifs à leur profession,

Arrêtons ce qui suit :

1. Les cabriolets de remise auront à l'avenir des numéros rouges, en chiffres de cinq millimètres et demi (deux pouces de hauteur), semblables à ceux dont doivent être pourvus les cabriolets bourgeois; conformément à l'article 3 de l'ordonnance de police du 16 juillet 1823.

Ce nouveau numérotage sera opéré ainsi qu'il est déterminé par l'article 5 de ladite ordonnance.

2. A partir de ce jour, les loueurs de voitures de remise sont dispensés des formalités prescrites par l'arrêté du 12 décembre précité en ce qui concerne les registres à souche.

3. Toutes les dispositions de l'ordonnance de police du 16 juillet 1823 et de l'arrêté du 12 décembre, auxquelles il n'est pas explicitement dérogé, continueront d'être exécutées.

4. Le présent arrêté sera imprimé.

Le chef de la troisième division, les commissaires de police, le chef de la police centrale et les préposés de la préfecture de police sont chargés d'en assurer l'exécution.

Le conseiller d'Etat, préfet de police, G. DELAVAU.

N° 1115. — *Ordonnance concernant la prohibition de la chasse* (2).

Paris, le 20 février 1824.

(1) Rapporté. — V. l'arr. du 25 fév. 1842, et les ord. des 5, 6 et 10 oct. 1843.

(2) V. l'ord. du 23 fév. 1843.

N° 1116. — *Ordonnance concernant les masques* (1).

Paris, le 24 février 1824.

N° 1117. — *Ordonnance concernant des mesures d'ordre à observer à l'occasion de la messe du Saint-Esprit et de l'ouverture de la session des chambres* (2).

Paris, le 20 mars 1824.

N° 1118. — *Ordonnance concernant la surveillance de la rivière, des ports, des chantiers de bois de chauffage, et des places de vente du charbon de bois* (3).

Paris, le 24 mars 1824.

1. A compter du 1er avril jusqu'au 30 septembre, les ports sont ouverts depuis six heures du matin jusqu'à midi, et depuis deux heures du soir jusqu'à sept.

Du 1er octobre au 30 novembre, ils sont ouverts depuis sept heures du matin jusqu'à midi, et depuis deux heures du soir jusqu'à cinq.

Du 1er décembre au 28 février, ils ne seront ouverts que depuis huit heures du matin jusqu'à quatre heures du soir, mais sans interruption.

Et pendant le mois de mars, il seront ouverts depuis sept heures du matin jusqu'à midi, et depuis deux heures du soir jusqu'à cinq.

Le port annexe de l'entrepôt général des vins et eaux-de-vie n'est point assujetti aux dispositions ci-dessus; il sera ouvert et fermé aux mêmes heures que l'entrepôt.

La vente du bois à brûler dans les chantiers et à l'île Louviers est ouverte du 1er avril au 31 octobre, de six heures du matin à quatre heures du soir; du 1er novembre au 28 février, elle est ouverte de huit heures du matin à quatre heures du soir; et du 1er au 31 mars, de sept heures du matin à quatre heures du soir, le tout sans interruption.

La vente du charbon de bois sur les ports et dans les places a lieu, savoir : du 1er avril au 30 septembre, de sept heures du matin à midi, et de deux heures à cinq heures du soir; et du 1er octobre au 31 mars, de huit heures du matin à midi, et de deux heures à quatre heures du soir.

2. Il ne doit être fait aucune vente, ni enlevé aucune marchandise des ports, des chantiers, des places au charbon, pendant les heures de leur fermeture.

L'inspecteur général de la navigation et des ports et le contrôleur général du recensement et du mesurage des bois et charbons pourront cependant, chacun en ce qui le concerne, délivrer des permis dans les cas d'urgence, mais ils s'en préviendront aussitôt réciproquement.

---

(1) V. les ord. des 10 fév. 1828, 10 fév. 1830 et 23 fév. 1843.

(2) V. l'ord. du 26 fév. 1830.

(3) V. les ord. des 26 mars 1829 et 25 oct. 1840.

Le tirage des trains de bois à brûler et de charpente et l'enlèvement de ces bois, continueront d'avoir lieu depuis le point du jour jusqu'au soir.

3. Aucune marchandise ne peut être déchargée du bateau à terre, et il ne peut être tiré aucun train, s'il n'en a été fait la déclaration aux bureaux des inspecteurs des ports, et si le permis n'a été déposé entre les mains du préposé chargé de surveiller le déchargement.

4. Les passeurs d'eau, les mariniers et tous autres ne peuvent naviguer, conduire des personnes, ou transporter des marchandises sur la rivière pendant la nuit.

5. Il ne doit pas être admis dans un bachot ou batelet plus de seize personnes, y compris le passeur.

Les passeurs doivent désigner à la garde les individus qui, par des imprudences, exposeraient la sûreté des passagers.

6. Il est défendu de se baigner hors de l'enceinte des bains publics ou particuliers, établis dans la rivière.

7. Il est défendu de conduire à l'abreuvoir des chevaux pendant la nuit.

Dans aucun temps, les chevaux ne peuvent être conduits par des femmes.

Les conducteurs doivent avoir au moins dix-huit ans.

Un homme ne peut mener plus de trois chevaux à la fois, et il lui est enjoint de les conduire au pas.

8. Il est défendu de laver du linge à la rivière, ailleurs que dans les bateaux à lessive, excepté, cependant, le long des ports de la Râpée, où les blanchisseuses pourront laver dans les endroits qui leur seront indiqués par l'inspecteur général de la navigation et des ports, et à condition qu'elles se serviront de planches qui puissent être avancées ou reculées à volonté.

9. Il est défendu de tirer à terre les bateaux, pour les raccommoder ou les goudronner, sans une autorisation.

10. Il est défendu de faire du feu sur les ports, quais, berges, à l'île Louviers, dans les chantiers de bois, dans les places au charbon et sur les trains et les bateaux, excepté cependant sur les bateaux ayant cheminées avec foyer et tuyau en brique, ainsi que d'y tirer des fusées, pétards, boîtes, pistolets et autres armes à feu.

Il est également défendu de fumer dans les chantiers de bois, dans les places de vente au charbon et sur les bateaux chargés de marchandises susceptibles de s'enflammer.

11. Les baraques placées sur les ports ne doivent être ouvertes que pendant les heures de travail.

Personne ne peut y rester pendant la nuit.

12. Les ports étant uniquement destinés aux marchandises expédiées par eau, il ne peut y être déposé aucune marchandise arrivée par terre, pour les embarquer, sans une permission spéciale, si ce n'est aux ports des Saints-Pères, Saint-Nicolas et d'Orsay, spécialement affectés au recueillage des marchandises.

Il ne peut être fait aucun dépôt de sable sur les ports sans permission.

13. Il est défendu de laisser séjourner sur les ports, sur les berges et aux bords de la rivière, aucuns matériaux qui, pouvant être submergés par la crue subite des eaux, exposeraient les bateaux à être endommagés et à périr avec leurs chargements.

Les marchands et voituriers par eau feront retirer de la rivière leurs bateaux coulés à fond, et ce dans le délai qui leur sera indiqué par l'inspecteur général de la navigation et des ports.

Les marchandises qui seront débarquées sur les ports devront être enlevées dans les trois jours qui suivront leur déchargement, sinon elles seront enlevées et transportées aux frais des propriétaires ou expéditeurs, en lieu de sûreté; elles y seront consignées jusqu'à l'acquittement des frais de transport et de loyer de magasin. Elles y seront même vendues, en cas d'avarie ou d'insuffisance présumée de leur valeur, pour l'acquittement de ces mêmes frais.

14. Il est défendu de placer, pour quelque travail que ce soit, des pierres ou pavés sur les bords de la rivière.

Il est aussi défendu d'arracher, de fatiguer et même d'embarrasser les anneaux ou les pieux d'amarre.

15. Il ne doit être déposé aucuns gravois sur les berges, sans notre autorisation.

16. Le mesurage et la vente des bois à brûler sont défendus sur les ports, quais et berges, conformément à l'article 22 de l'ordonnance de police du 27 ventôse an x (18 mars 1802).

17. Il est défendu d'emporter des bûches, perches, harts et débris de bois de dessus les ports.

Il est également défendu aux ouvriers qui travaillent aux tirage, débardage et transport de bois, d'en emporter, sous quelque prétexte que ce soit.

18. Il est défendu à toutes personnes de repêcher les bois de chauffage, excepté en cas de naufrage de trains ou de bateaux. Les préposés, commissionnés par nous à cet effet, doivent seuls les repêcher.

19. Il ne doit être établi aucune espèce de jeux ou de spectacles ambulants sur les ports et berges.

20. Il est défendu de monter et de s'asseoir sur les marchandises déposées sur les ports.

Le passage sur les ports et berges, pendant la nuit, est interdit à toutes personnes, excepté aux employés de la navigation, en représentant leur commission, et aux propriétaires et gardiens des bateaux ou marchandises, dans les cas de besoin seulement; et ils devront alors être munis d'une lanterne.

Il est défendu à tous ouvriers de s'introduire sur les ports et berges avant le jour.

Il est permis aux préposés de l'ambulance de l'administration de l'octroi de circuler sur les ports et berges, pendant la nuit, en représentant leur carte, dont le modèle devra être déposé dans chacun des postes destinés à la garde des ports.

21. Il est enjoint aux ouvriers munis de médailles de les porter d'une manière ostensible dans le cours de leur travail.

22. La garde des ports se rendra à l'endroit où elle saura qu'une personne est tombée à l'eau, ou qu'elle a été repêchée. Elle fera transporter l'individu au corps de garde, ou dans un lieu voisin le plus commode, pour lui faire administrer les secours nécessaires. Dans l'intervalle, elle fera avertir un officier de santé, le commissaire de police et l'inspecteur des ports de l'arrondissement. Elle se conformera d'ailleurs aux dispositions de l'ordonnance de police du 2 décembre 1822, concernant les secours à donner aux noyés, etc.

23. La présente instruction sera imprimée et affichée.

Les commissaires de police, le chef de la police centrale, les officiers de paix, l'inspecteur général de la navigation et des ports, le contrôleur général du recensement et du mesurage des bois et charbons, et le commissaire inspecteur général des halles et marchés sont chargés de tenir la main à son exécution.

Le conseiller d'Etat, préfet de police, G. DELAVAU.

N° 1119. — *Ordonnance concernant la marque du pain.*

Paris, le 8 avril 1824.

Nous, conseiller d'État, préfet de police,

Vu 1° l'ordonnance du prévôt de Paris, du 23 novembre 1546, concernant la boulangerie;

2° L'ordonnance du roi du 4 février 1567;

3° Les lettres patentes du 21 juin 1577;

4° Les articles 2, 26 et 32 de l'arrêté du gouvernement du 1er juillet 1800 (12 messidor an VIII);

5° Et la lettre de S. Exc. le ministre de l'intérieur, du 9 juin dernier,

Ordonnons ce qui suit:

1. Dans un mois, à compter du jour de la publication de la présente ordonnance, les boulangers de Paris seront tenus d'apposer sur les pains qu'ils confectionneront et qui sont assujettis à la taxe, une marque particulière destinée à faire reconnaître l'établissement dans lequel les pains auront été fabriqués.

2. Ces marques seront distinguées par un numéro qui sera attribué à chaque boulangerie, conformément au tableau annexé à la présente ordonnance.

3. Ce numéro sera peint en noir sur une plaque métallique recouverte d'une couleur jaune clair. Le ou les chiffres du numéro auront six pouces de hauteur, sur un pouce au moins de largeur dans leur plein. La plaque sera clouée dans l'endroit le plus éclairé et le plus apparent de la boutique du boulanger, et à ses frais.

4. Chaque boulanger se pourvoira pareillement à ses frais d'une marque portant le numéro de son établissement.

5. Cette marque sera composée d'une plaque de fer-blanc à laquelle seront soudés, d'un côté et au milieu, un anneau ou collier de dimension convenable pour y passer le doigt, et de l'autre le ou les chiffres formant le numéro de la boulangerie. Ces chiffres, qui n'auront que l'épaisseur du fer-blanc, seront placés de champ sur la plaque. Ils auront huit lignes de saillie et dix-huit lignes de hauteur, conformément au modèle déposé à la préfecture.

6. Les boulangers appliqueront profondément cette marque sur la partie supérieure du pain en pâte dans le banneton et qui fait le plancher du pain lorsqu'il est renversé sur la pelle d'enfournement.

7. Dans le cas où les boulangers ne se conformeraient pas aux dispositions de la présente ordonnance, il en sera dressé procès-verbal, qui nous sera transmis.

8. Il sera pris envers les contrevenants telle mesure administrative qu'il appartiendra, sans préjudice des poursuites à exercer contre eux devant les tribunaux, conformément aux lois et règlements.

9. La présente ordonnance sera soumise à l'approbation de S. Exc. le ministre de l'intérieur.

10. Elle sera imprimée et affichée avec le tableau des boulangeries. Les commissaires de police, le chef de la police centrale, les officiers de paix, le commissaire inspecteur des halles et marchés, les inspecteurs des poids et mesures et les autres préposés de la préfecture de police sont chargés de tenir la main à son exécution.

Le conseiller d'Etat, préfet de police, G. DELAVAU.

Vu et approuvé:

Le ministre de l'intérieur, CORBIÈRE.

N° 1120. — *Ordonnance concernant l'ordre à suivre lors du défilé des voitures qui iront à Longchamp* (1).

Paris, le 12 avril 1824.

N° 1121. — *Ordonnance concernant les bains dans la rivière et les écoles de natation* (2).

Paris, le 6 mai 1824.

N° 1122. — *Ordonnance qui prescrit l'impression et la publication d'un arrêté du ministre de l'intérieur, en date du 17 avril 1824, concernant la suspension du flottage et de la navigation sur l'Yonne.*

Paris, le 13 mai 1824.

N° 1123. — *Arrêté concernant les cochers de carrosses et de cabriolets de place* (3).

Paris, le 29 mai 1824.

Nous, conseiller d'État, préfet de police,

Considérant que des cochers ou conducteurs de voitures de place se présentent journellement sur les places de stationnement, dans un état de malpropreté repoussant ;

Qu'une longue expérience a prouvé que l'on ne pouvait espérer aucune amélioration dans cette partie du service, ni de la sollicitude des cochers, ni de la surveillance des loueurs ;

Vu la délibération en date du 29 avril dernier, par laquelle les électeurs des loueurs de voitures de place de Paris, réunis en assemblée générale, reconnaissent qu'il serait utile que les cochers fussent pourvus de vêtements uniformes, et demandent que, pour procurer les ressources nécessaires, chaque cocher de carrosse ou de cabriolet de l'intérieur, soit tenu de mettre en réserve vingt-cinq centimes par jour, qui seront sa propriété ;

Vu les articles 2, 22 et 32 de l'arrêté du gouvernement du 12 messidor an VIII (1er juillet 1800),

Arrêtons ce qui suit :

1. Les cochers ou conducteurs de carrosses et de cabriolets de place

---

(1) V. l'ord. du 10 avril 1843.

(2) V. les ord. des 20 mai 1839 et 25 oct. 1840 (art. 187 et suiv., et 225).

(3) Rapporté. — V. l'ord. du 15 janv. 1841, les arr. des 15 janv. et 18 fév. 1841, et l'ord. du 25 mai 1842.

de l'intérieur, devront, à compter du 1er mai prochain, se pourvoir des effets d'habillement uniformes ci-après,

SAVOIR :

Cocher de carrosse.

Un habit veste. Un pantalon garni en basane. Une capote manteau. Un chapeau de cuir verni noir.	En drap bleu clair avec des boutons en métal blanc.

Cocher de cabriolet.

Un habit veste. Un pantalon. Une redingotte. Une casquette en drap bleu.	En drap de couleur dite américaine, avec des boutons de métal jaune.

Les boutons seront plats et estampés et porteront les mots : *Service public.—Carrosses* ou *cabriolets de place.*

La coupe et la durée de ces effets seront déterminées ultérieurement.

Les cochers ou conducteurs pourront néanmoins porter, pendant la belle saison, des pantalons de toute couleur en toile ou autres étoffes légères.

2. Pour faire face à la dépense, chaque cocher sera tenu, à compter du 1er octobre prochain, de mettre en réserve vingt-cinq centimes par jour, lesquels seront perçus par les loueurs qui, sous leur responsabilité personnelle, les verseront, à la fin de chaque mois, entre les mains du caissier des délégués qui les déposera dans la caisse à trois clefs où sont déposés les fonds appartenant à la masse instituée par l'ordonnance de police du 23 août 1821.

Ce prélèvement de vingt-cinq centimes destiné spécialement à fournir des objets d'habillement sera la propriété individuelle du cocher à qui il en sera rendu compte à toute réquisition.

3. Tout individu qui voudra, à partir du 1er octobre prochain jusqu'au 31 avril suivant, obtenir un livret de cocher devra, indépendamment des vingt francs de première mise destinés à commencer sa masse, déposer entre les mains du caissier des délégués autant de fois vingt-cinq centimes qu'il sera écoulé de jours depuis le 1er octobre.

4. Tout cocher qui, n'étant pas employé à l'époque du 1er octobre, entrera chez un loueur dans le même espace de temps, sera tenu également de déposer autant de fois vingt-cinq centimes qu'il se sera écoulé de jours depuis le 1er octobre.

5. A compter du 1er mai, tout individu qui désirera obtenir un livret de cocher, ou tout cocher qui, n'ayant pas été employé depuis le 1er octobre précédent, voudra entrer chez un loueur, devra déposer préalablement les deux tiers du prix auquel s'élèvera la fourniture complète des objets d'habillement de sa classe.

A compter du 1er juin, on exigera ou ce dépôt ou que les cochers se présentent vêtus des principaux objets d'habillement suivant la saison.

6. Les fonds provenant du prélèvement de vingt-cinq centimes, déterminé par l'article 2 ci-dessus, étant destinés exclusivement à procurer des vêtements aux cochers, il n'en sera point fait de décompte périodique ; cependant tout ce qui excédera cent francs pourra être remis au cocher s'il le demande.

7. Lorsqu'un cocher déclarera qu'il entend quitter sa profession, il lui sera remis un récépissé du montant de son avoir au fonds d'habillement, et la somme en dépôt lui sera remise ou à ses ayants cause, quatre mois après.

8. Les délégués des loueurs sont autorisés à traiter, par voie de de soumissions pour la fourniture des effets d'habillement pendant trois ans seulement, à partir du 1er mai 1825.

Le traité ne sera exécutoire qu'après notre approbation.

9. Les loueurs, conduisant par eux-mêmes, sont tenus de porter, à compter du 1er mai prochain, les vêtements uniformes.

On n'exigera d'eux aucun dépôt, mais ils devront se procurer des effets confectionnés par l'entrepreneur adjudicataire, qui les leur livrera aux prix fixés par le marché, sauf à traiter de gré à gré avec lui dans le cas où ils voudraient avoir du drap d'une qualité supérieure à celle des modèles adoptés.

10. Les frais d'administration seront acquittés sur l'avoir en caisse des loueurs, sauf, en cas d'insuffisance, à y suppléer en exerçant au marc le franc sur les fonds d'habillement de chaque cocher, une retenue qui jamais ne pourra excéder deux pour cent par an, et qui sera fixée préalablement par nous.

11. Les délégués établiront chaque année et à la date du 1er octobre, époque déterminée pour le décompte de la masse, un compte nominatif indiquant la situation du fonds d'habillement.

Ils dresseront en même temps un compte particulier des frais d'administration.

12. A compter du 1er mai 1825, tout carrosse ou cabriolet de place qui serait conduit par un individu quelconque, ayant des vêtements autres que ceux d'uniforme, sera mis en fourrière, démarqué; et le permis de stationnement sera retiré à temps ou pour toujours, selon les circonstances qui auront accompagné cette contravention.

13. Le chef de la police centrale, les commissaires de police, les officiers de paix et les inspecteurs de police sont chargés spécialement de concourir à l'exécution des dispositions de l'article précédent.

14. Le présent arrêté sera imprimé.

Il en sera envoyé expédition aux délégués des loueurs de voitures de place, pour qu'ils en donnent communication aux loueurs et aux cochers.

Le conseiller d'État, préfet de police, G. DELAVAU.

N° 1124. — *Arrêté concernant la formation d'une masse pour les cochers et voitures de place.*

Paris, le 29 mai 1824.

Nous, conseiller d'État, préfet de police,

Vu la délibération des électeurs des loueurs de voitures de place, en date du 29 avril dernier,

Arrêtons ce qui suit;

1. A compter du 1er octobre prochain, le prélèvement de vingt centimes par jour, que chaque cocher de carrosse ou de cabriolet de l'intérieur est tenu de déposer, pour former la masse instituée pour l'ordonnance de police du 23 août 1821, sera porté à vingt-cinq centimes, à l'effet de former, avec les cinq centimes d'augmentation, un fonds de pensions pour les cochers hors d'état de travailler, à raison de leur âge ou des infirmités qu'ils auraient contractées en exerçant leur profession.

2. Le montant de ces pensions, le temps de service et les conditions

nécessaires pour y avoir droit, la quotité de la retenue à effectuer annuellement sur chaque masse pour former le fonds général, le mode d'administration de ce fonds et les autres détails d'exécution seront déterminés ultérieurement par des arrêtés réglementaires.

3. Le présent arrêté sera envoyé aux délégués des loueurs de voitures qui demeurent chargés d'en donner communication aux loueurs et aux cochers.

Le conseiller d'Etat, préfet de police, G. DELAVAU.

N° 1125. — *Ordonnance concernant les dépôts d'engrais composés de boues et immondices, ou de débris de matières animales* (1).

Paris, le 31 mai 1824.

Nous, conseiller d'Etat, préfet de police,

Considérant qu'il est habituellement formé dans les campagnes, aux environs de Paris, un nombre considérable de dépôts d'engrais composés de boues, d'immondices ou de débris de matières animales, qui répandent des exhalaisons infectes, et qu'il importe de préserver les habitations et même les grandes routes de l'influence insalubre que peuvent produire ces exhalaisons, sans nuire aux avantages que les cultivateurs retirent de l'emploi de ces engrais;

En vertu des arrêtés du gouvernement des 12 messidor an VIII et 3 brumaire an IX (1er juillet et 25 octobre 1800.)

Ordonnons ce qui suit :

1. Aucun dépôt d'engrais composés de débris d'animaux provenant, soit des abattoirs et des boyauderies, ou des clos d'équarrissage, soit des fabriques de colle forte ou autres ateliers du même genre, ne pourra être formé, dans toutes les communes du ressort de la préfecture de police, qu'à une distance d'au moins deux cents mètres de toute habitation, et cent mètres des grandes routes.

2. Si ces engrais n'ont pas été employés dans l'espace de deux jours, à compter de celui où le dépôt en aura été fait, les cultivateurs, en attendant un moment plus favorable pour s'en servir, seront tenus de les placer dans une fosse recouverte d'une couche de terre de deux pouces d'épaisseur au moins.

3. A compter du 1er septembre prochain, les dépôts de boues et d'immondices destinées à être vendues, autres que les voiries affectées à cette destination par l'autorité, pour le service public, devront être éloignés de deux cent cinquante mètres des maisons d'habitation, et de cent mètres des grandes routes.

4. Les dispositions prescrites par les articles précédents ne sont point applicables aux dépôts de fumier ordinaire de cheval, de vache et de mouton.

5. Les contraventions seront constatées et poursuivies devant les tribunaux compétents, conformément aux lois et règlements.

6. La présente ordonnance sera imprimée, publiée et affichée.

Les sous-préfets des arrondissements de Saint-Denis et de Sceaux, les maires et adjoints des communes rurales du ressort de la préfecture de police, les commissaires de police dans celles de ces communes où il en existe, sont chargés de tenir la main aux dispositions prescrites par la présente ordonnance, dont l'exécution est recomman-

---

(1) Rapportée. — V. l'ord. du 8 nov. 1839.

dée particulièrement aux soins des maires et adjoints, dans leurs communes respectives.

Le conseiller d'Etat, préfet de police, G. DELAVAU.

N° 1126. — *Ordonnance qui défend la circulation des voitures traînées par des chiens.*

Paris, le 1er juin 1824.

Nous conseiller d'Etat, préfet de police,

Considérant que, contrairement aux anciennes ordonnances, des marchands bouchers, boulangers, tripiers et autres, se servent habituellement, pour le transport des marchandises, de charrettes traînées par des chiens;

Que ces charrettes de petites dimensions et dont la direction est difficile à raison de l'indocilité des chiens, affluent journellement aux halles et marchés aux heures où les rues adjacentes sont le plus encombrées par les piétons et les voitures de toute espèce; qu'elles se glissent, malgré leurs conducteurs, entre les autres charrettes et occasionnent fréquemment des embarras inextricables et des événements fâcheux;

Que l'excès de travail auquel l'on contraint ces animaux, les irrite quelquefois à tel point que déjà plusieurs conducteurs et même des passants ont été grièvement blessés;

Considérant enfin que la circulation des voitures traînées par des chiens est dans la capitale une cause permanente d'accidents, et que le grand nombre de ces animaux augmente dans une proportion effrayante les dangers de la rage, qui est pour la population un motif perpétuel de craintes malheureusement trop fondées et l'un des fléaux calamiteux qu'il est du devoir de l'autorité municipale de prévenir par tous les moyens qui sont à sa disposition;

Vu les ordonnances de 1725, 1741, 1762 et 1783 qui défendent « à « tous gagne-deniers, équarrisseurs et autres, de faire tirer des char« rettes et des chaises dans les rues et autres lieux par des chiens; »

Vu la loi des 16-24 août 1790, titre XI, article 3, §§ 1, 3, 5 et 6;

L'arrêté du gouvernement du 1er juillet 1800 (12 messidor an VIII), articles 2, 22 et 23,

Ordonne ce qui suit :

1. A compter du 1er octobre prochain, la circulation des charrettes, tombereaux ou autres voitures traînées par des chiens sera entièrement interdite dans Paris, quelle que soit la profession de ceux qui emploieraient ce moyen de transport.

2. Les voitures de toute espèce attelées de chiens qui seraient trouvées, après l'époque fixée par l'article précédent, circulant dans Paris, seront arrêtées et mises en fourrière, sans préjudice des poursuites à exercer devant les tribunaux contre les propriétaires, pour inobservation des règlements.

La présente ordonnance sera imprimée et affichée.

Le chef de la police centrale, les commissaires de police et notamment celui du quartier des marchés, le commissaire inspecteur général des halles et marchés, les officiers de paix, les inspecteurs de police et les préposés de la préfecture de police sont chargés d'en assurer l'exécution.

Le conseiller d'Etat, préfet de police, G. DELAVAU.

N° 1127. — *Ordonnance concernant les chiens errants* (1).

Paris, le 5 juin 1824.

N° 1128. — *Ordonnance concernant les saillies sur la voie publique dans la ville de Paris* (2).

Paris, le 9 juin 1824.

Nous, conseiller d'État, préfet de police,

Vu, 1° l'ordonnance royale du 24 décembre 1823, concernant les saillies sur la voie publique dans la ville de Paris;

2° La loi des 16-24 août 1790, titre XI, article 3, § 1er;

3° L'article 471 du Code pénal, §§ 4, 5, 6 et 7;

4° Les règlements généraux relatifs à la petite voirie;

5° L'article 21 de l'arrêté du gouvernement du 12 messidor an VIII (1er juillet 1800);

Attendu qu'il importe, pour l'exécution de l'ordonnance du 24 décembre, de prescrire les formalités particulières auxquelles doit donner lieu sa publication,

Ordonnons ce qui suit :

SECTION Ire.

1. L'ordonnance du roi du 24 décembre dernier portant règlement sur les saillies, auvents et constructions semblables à permettre dans la ville de Paris, sera imprimée et affichée (3).

SECTION II.

Saillies à établir.

2. Il est défendu à tous propriétaires, locataires, entrepreneurs et autres, d'établir, ni de faire établir aucun objet en saillie sur la voie publique, sans en avoir obtenu la permission du préfet de police, pour ce qui concerne la petite voirie.

3. Les permissions seront délivrées sur les demandes des parties intéressées, après que les droits de petite voirie auront été acquittés.

L'espèce, le nombre et les dimensions des objets à établir devront, autant que faire se pourra, être indiqués dans les demandes. On sera tenu d'y joindre les plans qui seront jugés nécessaires.

4. Il est défendu d'excéder les limites et les dimensions fixées par les permissions, et d'établir d'autres objets que ceux qui y seront spécifiés.

Il est enjoint, en outre, de remplir exactement les conditions particulières qui seront exprimées dans les permissions.

5. Les emplacements affectés à l'affiche des lois et actes de l'autorité publique ne devront être couverts par aucune espèce de saillie.

6. Il est défendu de dégrader ni masquer les inscriptions indicatives des rues et les numéros des maisons.

Dans le cas où l'exécution des ouvrages nécessiterait momentané-

(1) V. l'ord. du 23 juin 1832.

(2) V. les ord. des 14 sept. 1833 et les arr. des 18 fév. 1837 et 11 oct. 1839.

(3) V. cette ord. à l'appendice.

ment la dépose des inscriptions de rues, il ne pourra y être procédé qu'avec l'autorisation de M. le préfet de la Seine.

Les numéros des maisons qui auront été effacés ou dégradés à l'occasion des mêmes ouvrages seront rétablis, en se conformant aux règlements sur la matière.

7. Il est également défendu de dégrader ni déplacer les tentures et boîtes des réverbères de l'illumination publique, ni de rien entreprendre qui puisse empêcher ou gêner le service de l'allumage.

Si l'établissement des saillies nécessitait le déplacement desdites tentures ou boîtes, ce déplacement ne pourra être fait que par l'entrepreneur général de l'illumination et d'après l'autorisation du préfet de police.

8. Toute saillie qui ne reposerait pas sur le sol sera fixée et retenue de manière à prévenir toute espèce d'accident.

9. Il sera procédé à la vérification et au récolement des saillies par les commissaires de police des quartiers respectifs, ou par l'architecte commissaire et les architectes inspecteurs de la petite voirie, qui dresseront à ce sujet des procès-verbaux ou rapports qu'ils nous transmettront.

SECTION III.

Saillies établies.

10. Toute saillie établie en vertu d'autorisation ne pourra être renouvelée ni réparée, sans la permission du préfet de police, en ce qui concerne la petite voirie.

Les permissions seront délivrées, ainsi qu'il est dit à l'article 3 de la présente ordonnance, et à la charge de se conformer aux dispositions des articles 4, 5, 6, 7 et 8, ce qui sera constaté de la manière prescrite en l'article 9.

11. Les propriétaires seront tenus de faire enlever toutes les saillies actuellement existantes qui masquent les inscriptions des rues et les numéros des maisons.

Le remplacement de ces saillies sur d'autres points ne pourra avoir lieu sans une autorisation de la préfecture de police.

12. Toute saillie, actuellement existante et non autorisée, sera supprimée, si mieux n'aiment les propriétaires ou locataires se pourvoir de la permission nécessaire pour la conserver.

Les permissions ne seront accordées que suivant les formalités, et aux mêmes charges et conditions que celles indiquées en la deuxième section de la présente ordonnance.

13. Il est défendu de repeindre, ni faire repeindre aucune saillie, sans déclaration préalable au commissaire de police du quartier. A défaut de déclaration, les saillies repeintes seront considérées comme saillies nouvelles, s'il n'y a preuve contraire, et, comme telles, sujettes au droit.

SECTION IV.

Dispositions particulières concernant certaines saillies.

Perches.

14. Les perches dont l'établissement sera autorisé seront supprimées sans délai, dans le cas où les impétrants changeraient de domicile ou renonceraient à la profession qui exigeait l'usage de cette saillie.

Il est défendu de déposer sur les perches des linges, étoffes et autres matières tellement mouillées que les eaux puissent tomber dans la rue.

Lanternes ou transparents.

15. A l'avenir, les lanternes ou transparents ne pourront être suspendus à des potences au moyen de cordes et poulies; ils seront accrochés aux potences par des anneaux et crochets en fer, ou supportés par des tringles en fer contenues dans des coulisses et arrêtées avec serrure ou cadenas.

Les transparents actuellement munis de cordes et poulies seront établis conformément aux dispositions ci-dessus, lorsqu'ils seront renouvelés.

16. Les transparents ne seront mis en place que le soir, et seront retirés aux heures où ils cessent d'éclairer.

17. Il est défendu de suspendre, pendant le jour, aux cordes des transparents, des pierres, plombs ou outres matières pouvant, par leur chute, blesser les passants.

Bannes.

18. Les bannes ne seront mises en place qu'au moment où le soleil donnera sur les boutiques qu'elles sont destinées à abriter. Elles seront ôtées aussitôt que les boutiques ne seront plus exposées aux rayons du soleil.

Néanmoins les bannes placées au-devant des boutiques sur les quais, places et boulevards intérieurs, pourront être conservées dans le cours de la journée, s'il est reconnu qu'elles ne gênent point la circulation.

Étalages.

19. Les crochets, tringles, planches et toute saillie servant aux étalages de viandes, formés par les marchands bouchers, charcutiers et tripiers, seront enlevés dans le délai d'un mois à compter de la date de la présente ordonnance.

20. Les étalages formés de tonneaux, caisses, tables, bancs, châssis, étagères, meubles et autres objets journellement déposés sur le sol de la voie publique au-devant des boutiques, sont expressément interdits.

Décrottoirs.

21. Il est défendu d'établir en saillie, sur la voie publique, des décrottoirs au devant des maisons et boutiques.

Ceux actuellement existants seront supprimés dans le délai de huit jours.

SECTION V.

Dispositions générales.

22. Le pavé de la voie publique dégradé ou dérangé à l'occasion des établissements, réparations, changements ou suppressions de saillies, sera rétabli aux frais des propriétaires, locataires ou entrepreneurs, par l'un des entrepreneurs du pavé de Paris, et non par d'autres, sous la direction de l'ingénieur en chef chargé de cette partie.

23. Les permissions de petite voirie seront délivrées sans que les impétrants puissent en induire aucun droit de concession de propriété, ni de servitude sur la voie publique, mais à la charge au contraire de supprimer ou réduire les saillies au premier ordre de l'autorité, sans pouvoir prétendre aucune indemnité, ni la restitution des sommes payées pour droit de petite voirie.

24. Les saillies autorisées devront être établies, dans l'année, à compter de la date des permissions. Dans le cas contraire, les permissions seront périmées et annulées, et l'on sera tenu d'en prendre de nouvelles.

25. Les contraventions aux dispositions de l'ordonnance royale et de la présente ordonnance seront constatées par des procès-verbaux ou des rapports qui nous seront transmis pour être pris telle mesure qu'il appartiendra.

26. Les propriétaires, les locataires et les entrepreneurs, sont responsables, chacun pour ce qui le concerne, des contraventions au présent règlement.

27. Les ordonnances de police contenant des dispositions relatives aux saillies sous les galeries du Palais-Royal, des rues Castiglione et de Rivoli, sous les piliers des halles et dans tous les passages ouverts au public sur des propriétés particulières, continueront d'être observées.

28. Les commissaires de police, le chef de la police centrale, les officiers de paix, l'architecte commissaire et les architectes inspecteurs de la petite voirie et les préposés de la préfecture de police sont chargés de surveiller et assurer l'exécution de la présente ordonnance.

Le conseiller d'Etat, préfet de police, G. DELAVAU.

N° 1129. — *Ordonnance concernant le marché aux fleurs et arbustes* (1).

Paris, le 10 juin 1824.

Nous, conseiller d'Etat, préfet de police,

Considérant qu'il paraît utile de rappeler les dispositions des ordonnances de police concernant le marché aux fleurs et arbustes, et d'y apporter toutes les modifications que le temps et les changements survenus dans les habitudes peuvent rendre nécessaires;

Considérant qu'il importe aussi de déterminer d'une manière plus précise que par le passé les heures auxquelles ce marché devra s'ouvrir et se fermer, et qu'il semble convenable d'adopter, pour atteindre ce but, le mode suivi sur la plupart des autres marchés;

Vu les articles 2, 32 et 33 de l'arrêté du gouvernement, du 1er juillet 1800 (12 messidor an VIII); les décrets des 21 septembre 1807 et 21 janvier 1808; et après avoir pris l'avis de l'inspecteur général des halles et marchés,

Ordonnons ce qui suit :

1. Le terrain bordant le quai Desaix continuera d'être affecté à la vente des arbustes, arbrisseaux, plants, fleurs sur tige, fleurs en pots ou en caisses, oignons et graines de fleurs; il ne pourra en être exposé en vente par les jardiniers sur aucun autre point de la voie publique.

2. Les arbres de pépinière et les arrachis de fleurs ne seront exposés que sur le quai de la Cité, le long du trottoir.

3. Le marché tiendra, comme par le passé, les mercredis et samedis.

L'ouverture et la fermeture du marché seront annoncées par une cloche à la main.

La vente commencera à cinq heures du matin et finira à six heures

---

(1) V. l'ord. du 11 août 1836.

du soir, depuis le 15 avril jusqu'au 15 octobre; elle commencera à sept heures du matin et finira à quatre heures du soir pendant le reste de l'année.

La vente des arbres de pépinières cessera, sur le quai de la Cité, à deux heures de relevée, et celle des arrachis, à midi.

4. Il est défendu aux jardiniers fleuristes de vendre des fleurs coupées.

Les détaillantes seules pourront y vendre des fleurs coupées, les jours que le marché ne tiendra pas.

5. Les jardiniers fleuristes vendant ordinairement sur le marché y seront placés dans l'ordre déterminé.

Les places continueront d'être marquées et numérotées.

6. Conformément au tarif approuvé par S. Exc. le ministre de l'intérieur, il sera payé, à titre de location, par les jardiniers fleuristes qui occuperont des places fixes sur le marché, vingt-cinq centimes par chaque place et par chaque jour de marché.

7. Ce droit sera payable par mois et d'avance.

Le produit en sera versé dans la caisse du receveur municipal de la ville de Paris.

8. Il ne sera accordé de permission aux jardiniers fleuristes, pour occuper des places sur le marché, qu'autant qu'ils justifieront qu'ils cultivent par eux-mêmes vingt-cinq ares (un demi-arpent au moins) en arbustes, plants ou fleurs.

9. Les pépiniéristes qui apporteront habituellement des arbres sur le marché devront se munir d'un certificat du maire de leur commune qui constate qu'ils exploitent des pépinières.

10. Les pépiniéristes sont tenus de marquer leurs arbres. Les arbres non marqués seront saisis.

11. Les particuliers qui apporteront accidentellement des arbres sur le marché seront tenus de justifier de leur propriété.

A défaut de justification, les arbres apportés seront saisis et vendus par le commissaire des halles et marchés, qui en dressera procès-verbal.

12. Il est défendu de faire entrer des arbres dans Paris avant six heures du matin.

13. Il est défendu d'apporter, sur le marché, des arbres, arbrisseaux, arbustes et plants dont les racines seraient gelées ou gâtées.

14. Les arbres, arbrisseaux, arbustes et plants seront visités par le commissaire des halles et marchés, assisté d'un des jardiniers experts. Ceux dont les racines seront reconnues gelées ou gâtées seront détruits sur place, en présence du propriétaire, et il en sera dressé procès-verbal.

Il est défendu aux jardiniers fleuristes de vendre des arbres et arbustes à tige fichée. Il leur est également défendu d'en vendre à fleurs fichées ou appliquées.

15. Les pépiniéristes et les jardiniers fleuristes sont tenus de retirer des quais et des rues adjacentes au marché leurs voitures et chevaux, aussitôt après le déchargement des marchandises.

Ils pourront conduire, comme par le passé, leurs voitures sur le Pont-au-Change, où elles seront rangées le long du trottoir, côté d'aval. Il est défendu de les acculer au trottoir.

16. Les contraventions à la présente ordonnance seront constatées par des procès-verbaux qui nous seront transmis, et punies conformément aux lois et règlements.

17. La présente ordonnance sera imprimée, publiée et affichée; elle sera exécutée à dater du 1er juillet prochain.

Les commissaires de police, le chef de la police centrale, les officiers de paix, l'inspecteur général des halles et marchés et les autres préposés de la préfecture de police sont chargés de tenir la main à son exécution.

Le conseiller d'Etat, préfet de police, G. DELAVAU.

N° 1130. — *Ordonnance concernant les processions de la Fête-Dieu* (1).

Paris, le 16 juin 1824.

N° 1131. — *Ordonnance concernant le curage et l'entretien de la Bièvre et du faux ru de cette rivière* (2).

Paris, le 30 juin 1824.

N° 1132. — *Ordonnance concernant l'arrosement* (3).

Paris, le 16 juillet 1824.

N° 1133. — *Ordonnance concernant le commerce de la triperie* (4).

Paris, le 19 juillet 1824.

Nous, conseiller d'État, préfet de police,

Vu 1° l'article 3, § 4, titre XI de la loi des 16-24 août 1790 ;

2° Les articles 2 et 23 de l'arrêté du gouvernement du 1er juillet 1800 (12 messidor an VIII) ;

3° Les ordonnances de police des 19 novembre 1818, 25 novembre 1819 et 9 janvier dernier ;

4° Les lettres de M. le directeur de l'octroi en date des 15 avril et 10 juillet dernier ;

Considérant qu'il s'est élevé des difficultés entre les tripiers et les cuiseurs, et voulant y mettre fin ;

Qu'il importe de renouveler quelques dispositions des ordonnances qui paraissent être tombées en désuétude,

Ordonnons ce qui suit :

1. Il ne sera point exigé d'augmentation de prix pour la préparation des muffles et palais, lorsqu'ils se trouveront détachés de la tête ; mais quand ils seront adhérents, les entrepreneurs de cuisson pourront demander un supplément de dix centimes pour la cuisson de chaque tête.

2. Les entrepreneurs de cuisson sont tenus d'enlever des échaudoirs des bouchers, au fur et à mesure de l'abatage des bestiaux, les tripées

---

(1) V. l'ord. du 9 juin 1830.

(2) V. l'ord. du 31 juill. 1838.

(3) V. les ord. des 17 mai 1834, 1er juin 1837 et 27 juin 1843.

(4) V. l'ord. du 25 mars 1830.

de bœuf, de vache et de mouton, et d'y faire apposer la marque du propriétaire.

3. Dans le cas où les tripiers négligeraient ou refuseraient de recevoir tout ou partie des issues rapportées au marché à leur destination, l'entrepreneur de cuisson ou son préposé sera tenu d'en faire sur-le-champ la déclaration au préposé de police, qui dressera procès-verbal et nous le transmettra.

4. En suite de cette déclaration, l'entrepreneur de cuisson ou son préposé vendra immédiatement les issues, en présence du préposé de police, sauf le jugement à intervenir sur la contestation, s'il y a lieu.

5. Les dispositions des ordonnances précédemment rendues sur le commerce de la triperie, qui ne sont point contraires à la présente, continueront d'être exécutées.

6. Les contraventions seront constatées par des procès-verbaux réguliers, et punies conformément aux lois et règlements.

7. La présente ordonnance sera imprimée et affichée.

Les commissaires de police, le chef de la police centrale, les officiers de paix, le commissaire inspecteur général des halles et marchés et les préposés de la préfecture de police sont chargés de tenir la main à son exécution.

Le conseiller d'Etat, préfet de police, G. DELAVAU.

N° **1134**. — *Arrêté qui prescrit la réimpression de l'article* 15 *de l'ordonnance du* 8 *mars* 1815, *concernant la réparation et l'entretien des puits* (1).

Paris, le 4 août 1824.

N° **1135**. — *Ordonnance concernant les diligences et les voitures publiques* (2).

Paris, le 14 août 1824.

Nous, conseiller d'État, préfet de police,

Vu 1° l'ordonnance du roi du 4 février 1820, portant règlement pour les messageries et les voitures publiques;

2° Les instructions de S. Exc. le ministre de l'intérieur, du 20 juillet dernier;

Considérant que les accidents nombreux occasionnés par les diligences démontrent que les mesures de précaution, prescrites par l'ordonnance précitée, ne sont point exécutées avec exactitude, et qu'il devient nécessaire d'en rappeler les principales dispositions aux entrepreneurs de messageries aussi bien qu'au public,

Ordonnons ce qui suit :

1. Les articles 3, 7, 8, 9, 10, 11 et 13 de l'ordonnance du roi du 4 février 1820, seront imprimés et affichés dans le ressort de la préfecture de police (3).

2. Indépendamment de la surveillance générale à exercer pour assurer l'exécution de toutes les dispositions de ladite ordonnance, les

---

(1) V. l'ord. du 20 juill. 1838.

(2) V. les ord. des 15 mars 1826, 25 oct. 1827, 19 août 1828, 31 janv. 1829 et 18 avril 1843.

(3) Rapportée.— V. à l'appendice l'ord. du roi du 16 juillet 1828.

commissaires de police à Paris, et les maires dans les communes rurales, feront de fréquentes visites chez les entrepreneurs de voitures publiques à l'effet de vérifier si les registres destinés à l'inscription des voyageurs sont tenus exactement.

Ils s'y rendront au moment des départs et des arrivées pour reconnaître si le poids des paquets, ballots, la hauteur du chargement et le nombre des voyageurs sont conformes aux règlements, et si les conducteurs des voitures sont pourvus de livrets.

3. A compter du 1er octobre prochain, il sera fixé dans l'intérieur de chaque caisse, et dans le lieu le plus convenable et le plus apparent, une plaque sur laquelle seront inscrits les articles 7 et 8, le premier paragraphe de l'article 9 et les trois derniers paragraphes de l'article 10 de l'ordonnance du roi, qui renferment les dispositions dont il importe principalement que les voyageurs aient connaissance.

4. Les maires, les commissaires de police, la gendarmerie, les officiers de police et les agents de l'administration à ce préposés qui reconnaîtraient soit dans l'intérieur des établissements, soit sur la voie publique, qu'une diligence est en contravention de quelque manière que ce soit, devront l'arrêter à l'instant même, dresser des procès-verbaux qui nous seront transmis immédiatement en double expédition, et ne pas laisser repartir la voiture que le conducteur ne se soit conformé aux dispositions de l'ordonnance. Ils pourront, au besoin, requérir la force publique ou même l'assistance des habitants pour empêcher la diligence de passer outre.

5. La présente ordonnance sera imprimée et affichée. Un exemplaire en restera continuellement placardé dans chaque bureau de voitures publiques.

Les sous-préfets des arrondissements de Saint-Denis et de Sceaux, les maires des communes du ressort de la préfecture de police, le chef de la police centrale, les commissaires de police, les officiers de paix et les inspecteurs, les préposés aux ponts à bascule et tous les autres préposés de la préfecture de police sont chargés de tenir la main à son exécution.

Elle sera adressée à M. le colonel de la gendarmerie royale de Paris et à M. le commandant de la gendarmerie du département de la Seine, pour en assurer l'exécution par tous les moyens qui sont à leur disposition.

Ampliation en sera envoyée à M. le directeur des droits d'entrée et d'octroi de Paris.

Le conseiller d'Etat, préfet de police, G. DELAVAU.

N° 1136. — *Ordonnance concernant l'ouverture de la chasse* (1).

Paris, le 23 août 1824.

N° 1137. — *Ordonnance concernant les mesures d'ordre à observer à l'occasion du jour de la Saint-Louis.*

Paris, le 23 août 1824.

Nous, conseiller d'État, préfet de police,

Vu la lettre à nous adressée par S. Exc. le ministre secrétaire d'État au département de l'intérieur;

(1) V. l'ord. du 22 août 1843.

Celle de M. le préfet du département de la Seine:

Et le programme des cérémonies, fêtes et réjouissances publiques municipales qui auront lieu dans la ville de Paris, le mercredi 25 août prochain, jour de la fête de Sa Majesté,

Ordonnons ce qui suit :

1. Les représentations gratuites qui auront lieu dans les spectacles, le mardi 24 août, veille de la saint Louis, commenceront toutes à une heure.

Les portes seront ouvertes au public à midi et demi.

2. Le lendemain mercredi 25 août, à compter d'une heure après midi jusqu'à minuit, la circulation et le stationnement des voitures seront interdits :

Dans les rues Royale et Saint-Florentin;

Dans celle de Rivoli, depuis la rue Saint-Florentin jusqu'à celle de l'Echelle exclusivement;

Sur la place Louis XV;

Dans la grande avenue des Champs-Elysées;

Dans toutes les avenues qui aboutissent aux Champs-Elysées;

Sur le pont Louis XVI;

Et sur les quais des Tuileries et de la Conférence.

A compter de sept heures du soir jusqu'à minuit, la circulation et le stationnement des voitures seront en outre interdits sur le Pont-Royal;

Sur les quais de la rive droite, depuis le Pont-Royal jusqu'au Pont-Neuf;

Et sur ceux de la rive gauche, depuis le pont Louis XVI jusqu'à la rue des Saints-Pères exclusivement.

3. Sont seules exceptées de cette prohibition les voitures des premiers officiers, soit de la maison du roi, soit des princes et princesses de la famille royale qui, pour leur service, se rendraient des quartiers de la rive gauche de la Seine au château des Tuileries dans la soirée du 25 août.

Ces voitures pourront traverser la rivière sur le Pont-Royal, mais sans parcourir les quais interdits par l'article 2 ci-dessus. Elles arriveront au Pont-Royal par les rues parallèles au quai et la partie de la rue du Bac qui y aboutit.

Les voitures des autres personnes qui, de cette rive gauche, se rendraient au château des Tuileries, ne pourront le faire que par le Pont-Neuf ou les ponts en amont, et, comme celles des personnes qui habitent les quartiers de la rive droite, elles arriveront par la rue Saint-Nicaise ou par celle de l'Echelle en traversant la rue de Rivoli.

Les unes et les autres suivront, en sortant du château, les directions qui viennent d'être indiquées.

Ces voitures ne pourront, soit sur le Pont-Royal et la partie du quai qu'elles traverseront, soit dans les rue Saint-Nicaise, de l'Echelle et de Rivoli, être conduites qu'au pas et sur une seule file.

Il est enjoint aux cochers d'obéir aux ordres qui leur seront donnés à ce sujet par les officiers de police ou par la gendarmerie.

4. Les voitures qui arriveront à Paris par la barrière de Passy seront dirigées, par le pont de l'Ecole-Militaire, sur les avenues de cette école.

Celles qui arriveront par la route de Neuilly ne pourront entrer dans Paris par la barrière de l'Etoile, et seront dirigées sur la barrière du Roule.

5. Le passage d'eau en bachots ou batelets sera interdit, pendant toute la journée du 25 août, entre le pont Louis XVI et celui de l'Ecole-Militaire.

6. Les commissaires de police veilleront à ce que l'ordre soit main-

tenu pendant les distributions de vin et de comestibles qui auront lieu aux Champs-Elysées.

7. Il est défendu de construire dans les Champs-Elysées aucun amphithéâtre, estrade ou autre établissement de ce genre.

Il ne pourra même être placé dans le grand carré, non plus que dans celui de Marigny, aucuns tonneaux, bancs, chaises, ni autres objets quelconques à l'aide desquels on ait la facilité de s'exhausser.

Les commissaires de police et l'architecte commissaire de la petite voirie feront détruire ou enlever tous les objets de cette nature qui se trouveraient placés en contravention à la défense ci-dessus.

8. Il est défendu de monter sur les parapets des quais et des ponts, sur les balustrades de la place Louis XV. sur les piles de bois dans les chantiers et sur les arbres des Champs-Elysées.

9. Des pompes et tonneaux à incendie seront disposés à proximité de la place Louis XV pour porter des secours au besoin.

10. Il est défendu de tirer des coups de fusil ou autres armes à feu pendant la soirée du 25 août, non plus que des fusées, pétards, boîtes, bombes ou autres pièces d'artifice, soit dans les rues, promenades, places publiques, cours et jardins, soit par les fenêtres des maisons.

Les pères et mères et les chefs de maisons seront civilement responsables des faits de leurs enfants, de leurs ouvriers ou de leurs domestiques.

Les contraventions seront constatées par des procès-verbaux qui seront transmis aux tribunaux compétents.

11. La Bourse, les ports et les chantiers seront fermés pendant la journée du 25 août.

12. Le chef de la police centrale prendra toutes les mesures nécessaires au maintien de l'ordre et de la sûreté publique.

Il se concertera à cet effet avec les commandants de la force armée qui sera sur les lieux.

13. La présente ordonnance sera imprimée et affichée.

Le chef de la police centrale, les maires des communes de Sèvres, Passy et Neuilly, les commissaires de police, les officiers de paix, la gendarmerie, le commissaire de police de la Bourse, l'architecte commissaire de la petite voirie, l'inspecteur général de la navigation et des ports, le contrôleur du recensement des combustibles et les préposés de la préfecture de police sont chargés de tenir la main à son exécution, chacun en ce qui le concerne.

Le conseiller d'Etat, préfet de police, G. DELAVAU.

N° 1138. — *Avis concernant l'abatage des chiens errants* (1).

Paris, le 4 septembre 1824.

N° 1139. — *Ordonnance concernant les mesures de police à observer les 12, 19 et 26 septembre 1824, à l'occasion de la fête de Saint-Cloud* (2).

Paris, le 9 septembre 1824.

(1) V. l'ord. du 23 juin 1832.

(2) V. l'ord. du 6 sept. 1843.

N° 1140. — *Ordonnance concernant des mesures d'ordre à observer à l'occasion du transport du corps du feu roi dans l'église royale de Saint-Denis.*

Paris, le 21 septembre 1824.

Nous, conseiller d'Etat, préfet de police,
Vu la lettre à nous adressée par S. Exc. le grand maître des cérémonies de France, relativement au transport du corps du feu roi dans l'église royale de Saint-Denis,

Ordonnons ce qui suit :

1. Mercredi prochain, 22 septembre, à cinq heures de l'après-midi, il sera fait un balayage extraordinaire :
Sur la place du Carrousel ;
Dans la rue de Rohan ;
Dans la rue de Rivoli, depuis la rue de Rohan jusqu'à la rue de Castiglione ;
Dans la rue de Castiglione ;
Sur la place Vendôme ;
Dans la rue de la Paix ;
Sur les boulevards du nord, depuis la rue de la Paix jusqu'à la Porte-Saint-Denis ;
Et dans la rue du Faubourg-Saint-Denis sur toute sa longueur.
Les boues et immondices seront relevées et mises en tas hors du passage.
Les habitants seront tenus de faire effectuer ce travail, chacun en ce qui le concerne, au-devant de leurs maisons, murs, jardins et terrasses.
Le 23 septembre, l'inspecteur général du nettoiement fera procéder, avant huit heures du matin, à l'enlèvement des boues et immondices qui pourront se trouver sur les diverses parties de la voie publique ci-dessus désignées.
2. A compter de l'heure fixée pour le balayage extraordinaire et pendant la matinée du lendemain 23 septembre, aucune ordure ne pourra être jetée ni déposée sur les parties de la voie publique désignées en l'article 1.
3. Le même jour, 23 septembre, la circulation et le stationnement de toute voiture étrangère à la cérémonie seront interdits, savoir :
A compter de huit heures du matin,
Sur la place du Carrousel ;
Dans la rue de Rohan ;
Ainsi que sur le quai des Tuileries, depuis la place Louis XV jusqu'au Pont-Royal exclusivement.
Et à compter de neuf heures du matin seulement,
Sur le Pont-Royal ;
Sur le quai du Louvre, depuis le Pont-Royal jusqu'au pont des Arts ;
Dans la rue de Rivoli, depuis la rue de Rohan jusqu'à celle de Castiglione ;
Dans la rue de Castiglione ;
Sur la place Vendôme ;
Dans la rue de la Paix ;
Sur les boulevards du nord, depuis la rue de la Paix jusqu'à la porte Saint-Denis ;
Et dans toute la longueur de la rue du Faubourg-Saint-Denis.

Les courriers de la poste aux lettres et ceux du gouvernement sont seuls exceptés de cette mesure.

4. La grande route de Paris à Saint-Denis est exclusivement réservée pour le cortége et les voitures qui en feront partie.

En conséquence, les personnes étrangères à la cérémonie ne pourront sortir en voiture par la barrière Saint-Denis.

Celles qui voudront se rendre de Paris à Saint-Denis sortiront soit par la barrière de Clichy, soit par celle de la Villette, et se dirigeront ensuite vers leur destination par Saint-Ouen ou par Aubervilliers.

Celles qui voudront se rendre en voiture de Saint-Denis à Paris ne pourront également suivre la grande route ordinaire, ni même celle qui aboutit à la barrière de Clichy. Elles devront se diriger par le chemin de la Révolte ou par Aubervilliers.

Les dispositions du présent article cesseront de recevoir leur exécution après que le cortége sera rentré dans Paris.

5. Dans la journée du 23 septembre, aucune voiture de charge ne pourra circuler ni stationner dans la rue de Clichy.

6. Le sous-préfet de l'arrondissement de Saint-Denis et le maire de Saint-Denis feront, chacun en ce qui le concerne, les dispositions nécessaires pour l'exécution de la presente ordonnance, et notamment pour le stationnement des voitures dans cette commune, en se concertant avec les officiers de police qui seront sur les lieux.

7. Il est défendu aux personnes à cheval ou à pied de traverser le cortége, sauf ce qui a été dit ci-dessus pour les courriers de la poste aux lettres et ceux du gouvernement.

8. Il est défendu de monter sur les arbres des boulevards, sur les monuments publics, sur les toits ou les auvents des maisons, ainsi que sur les échafaudages qui se trouveraient au-devant des bâtiments.

9. Il est également défendu de construire ou faire construire aucune estrade ou autre établissement de ce genre dans toute l'étendue de l'itinéraire que doit parcourir le cortége.

Les objets trouvés en contravention à la défense ci-dessus seront détruits ou enlevés.

10. Les ports sur le bassin de la Villette et le canal Saint-Denis, ainsi que les chantiers situés sur les deux routes de Paris à Saint-Denis par les barrières Saint-Denis et de Clichy, seront fermés pendant la journée du 23 septembre.

11. Le chef de la police centrale est autorisé à prendre toutes les mesures qui pourraient être nécessaires au maintien de l'ordre et de la sûreté publique.

Il se concertera avec les commandants de la force armée qui sera sur les lieux.

12. Les contraventions seront constatées par des procès-verbaux, et les contrevenants poursuivis conformément aux lois, par-devant les tribunaux compétents.

13. La présente ordonnance sera imprimée et affichée.

Le sous-préfet de l'arrondissement de Saint-Denis, les maires des communes de Saint-Denis, de Saint-Ouen, de Clichy, d'Aubervilliers, de la Chapelle et de la Villette, le chef de la police centrale, les commissaires de police, les officiers de paix, la gendarmerie, l'architecte commissaire de la petite voirie et l'inspecteur général du nettoiement sont chargés, chacun en ce qui le concerne, de tenir la main à son exécution.

Le conseiller d'Etat, préfet de police, G. DELAVAU.

N° 1141. — *Ordonnance concernant des mesures d'ordre à observer à l'occasion de l'entrée du roi dans la ville de Paris.*

Paris, le 25 septembre 1824.

Nous, conseiller d'Etat, préfet de police,

Vu la lettre par laquelle M. le grand-maître des cérémonies de France nous a annoncé que le roi fera son entrée à Paris, lundi prochain, 27 septembre,

Ordonnons ce qui suit :

1. Dimanche prochain, 26 septembre, à cinq heures de l'après-midi, il sera fait un balayage extraordinaire :

Dans l'avenue de Neuilly dans celle de Marigny, dans la rue du faubourg Saint-Honoré, depuis l'avenue de Marigny jusqu'à la rue Royale, sur le boulevard de la Madeleine et sur tous ceux qui lui font suite jusqu'à la porte Saint-Denis, dans toute la longueur de la rue Saint-Denis, sur la place du Châtelet, sur le Pont-au-Change, dans la rue de la Barillerie, sur le Marché-Neuf, dans la rue du Marché-Palu, dans la rue Neuve Notre-Dame, sur le Parvis, sur le quai des Orfèvres, sur le Pont-Neuf, sur le quai de l'Ecole, sur le quai du Louvre et sur la place du Carrousel.

Les boues et immondices seront relevées et mises en tas hors du passage.

Les habitants seront tenus de faire effectuer ce travail, chacun en ce qui le concerne.

2. A compter de l'heure fixée pour le balayage extraordinaire et pendant la matinée du lendemain, 27 septembre, aucune ordure ne pourra être jetée ni déposée sur les parties de la voie publique désignées en l'article 1.

3. Le même jour, 27 septembre, la circulation et le stationnement des voitures seront interdits jusqu'après le passage du cortége de Sa Majesté, savoir :

A compter de dix heures du matin,

Dans l'avenue de Neuilly, dans celle de Marigny, dans la rue du faubourg Saint-Honoré, depuis l'avenue de Marigny jusqu'à la rue Royale.

A compter de onze heures du matin,

Sur le boulevard de la Madeleine et sur tous ceux qui lui font suite jusqu'à la porte Saint-Denis, dans toute la longueur de la rue Saint-Denis, sur la place du Châtelet, sur le Pont-au-Change, dans la rue de la Barillerie, sur le Marché-Neuf, dans la rue du Marché-Palu, dans la rue Neuve Notre-Dame, sur le Parvis, dans la rue du Cloître-Notre-Dame, sur tous les quais qui bordent la Cité.

Et à compter de midi et demi,

Sur le quai des Orfèvres, sur le Pont-Neuf, sur le quai de l'Ecole, sur le quai du Louvre et sur la place du Carrousel.

Sont exceptés de cette prohibition les courriers à cheval de la poste aux lettres et ceux du gouvernement.

Et les voitures des personnes qui seraient invitées à la cérémonie et qui se rendront à Notre-Dame.

4. A compter de dix heures du matin, jusqu'après le départ du cortége, les voitures qui arriveront à Paris par la route de Neuilly ne pourront entrer par la barrière de l'Etoile.

Elles seront dirigées sur la barrière du Roule ou sur celle de Passy.

5. Les voitures des personnes qui se rendront à Notre-Dame seront

mises en stationnement sur le quai de la Cité, et, au besoin, sur le quai aux Fleurs.

6. Le Parvis et la rue du Cloître-Notre-Dame sont exclusivement réservés pour le stationnement des voitures et des chevaux du cortége de Sa Majesté.

7. Il est défendu aux cochers de quitter les rênes de leurs chevaux.

Les domestiques suivront les voitures jusqu'au lieu du stationnement.

8. Aucune voiture ne pourra être mise en mouvement qu'après le départ du cortége de Sa Majesté et sur l'ordre qui en sera donné aux cochers par les officiers de paix de service sur les lieux.

9. Il est défendu de monter sur les arbres de l'avenue de Neuilly, des Champs-Elysées et des boulevards, sur les monuments publics, et sur les parapets des quais et des ponts, sur les toits et les auvents des maisons, ainsi que sur les échafaudages qui se trouveraient au-devant des bâtiments.

10. Il est également défendu de construire ou faire construire aucune estrade ou autre établissement de ce genre sur aucun des points de la voie publique désignés en l'article premier.

Les objets trouvés en contravention à la défense ci-dessus seront détruits ou enlevés.

11. Les ports et chantiers de la rive droite de la Seine, depuis les rues Saint-Martin et du faubourg Saint-Martin jusqu'à la barrière de la Conférence, seront fermés le 27 septembre, à compter de onze heures du matin jusqu'après la rentrée du roi au château des Tuileries.

12. Le chef de la police centrale est autorisé à prendre toutes les mesures qui pourraient être nécessaires au maintien de l'ordre et de la sûreté publique.

Il se concertera avec les commandants de la force armée qui sera sur les lieux.

13. Les contraventions seront constatées par des procès-verbaux et les contrevenants poursuivis, conformément aux lois, par-devant les tribunaux compétents.

14. La présente ordonnance sera imprimée et affichée.

Les maires des communes de Neuilly et de Passy, le chef de la police centrale, les commissaires de police, les officiers de paix, la gendarmerie, l'architecte commissaire de la petite voirie, l'inspecteur général du nettoiement et les préposés de la préfecture de police sont chargés, chacun en ce qui le concerne, de tenir la main à son exécution.

Le conseiller d'Etat, préfet de police, G. DELAVAU.

N° 1142. — *Ordonnance concernant la vente des falourdes, fagots, cotrets et margotins* (1).

Paris, le 27 octobre 1824.

Nous, conseiller d'Etat, préfet de police ;

Vu les articles 2 et 32 de l'arrêté du gouvernement du 12 messidor an VIII (1er juillet 1800), et l'article 1er de celui du 3 brumaire an IX (25 octobre suivant);

---

(1) V. l'ord. du 27 juin 1829.

Vu aussi l'ordonnance du bureau de la ville, du 29 septembre 1784, et l'ordonnance de police du 21 ventôse an XI (12 mars 1803), concernant la vente des falourdes, fagots et cotrets,

Ordonnons ce qui suit :

1. Les dépôts et ventes de falourdes, fagots, cotrets et autres menus bois, dans le ressort de la préfecture de police, ailleurs que dans les chantiers et sur les bateaux, continueront d'être soumis, comme par le passé, à l'autorisation spéciale du préfet de police.

2. Les regrattiers ne pourront avoir chez eux, à la fois, plus de seize stères de bois de corde, neuf ou flotté, y compris le bois destiné à leur consommation particulière, ou l'équivalent en falourdes, fagots, cotrets et margotins. (*Ordonnance du 29 septembre* 1784.)

3. Il est défendu aux regrattiers de vendre le bois de corde autrement qu'à la falourde.

4. Les falourdes de bois de corde auront de cinquante-cinq à cinquante-huit centimètres de longueur et quatre-vingts centimètres de circonférence. (*Ordonnance précitée, art.* 3.)

5. Les falourdes doivent être composées de bois blanc ou de bois dur, neuf ou flotté.

Il est défendu de faire aucun mélange de ces différentes sortes de bois. (*Même ordonnance, art.* 2.)

6. Chaque falourde de perche doit avoir un mètre quatorze centimètres de longueur et un mètre de circonférence. (*Idem, art.* 5.)

7. Les fagots de menuise auront un mètre quatorze centimètres de longueur et 70 centimètres de grosseur. (*Idem.*)

Les fagots de bois taillis devront avoir un mètre quatorze centimètres de longueur et cinquante centimètres de tour, et être garnis de leurs parements et remplis en dedans de bois et non de feuilles.

Les fagots dits picards doivent avoir un mètre quatorze centimètres de longueur de rames, quatre-vingts centimètres de parements, et cinquante centimètres de circonférence.

Et les fagots dits de Brie, un mètre quarante-cinq centimètres de longueur de rames et de parements, et cinquante centimètres de circonférence.

8. Les cotrets d'Orléans doivent avoir un mètre quatorze centimètres de longueur, sur soixante-dix centimètres de circonférence ;

Ceux de la Loire, un mètre quatorze centimètres de longueur, sur soixante-dix-neuf de circonférence ;

Ceux de Briare, un mètre quatorze centimètres de longueur, sur soixante-dix-sept centimètres de circonférence ;

Et ceux dits Picards, soixante-six centimètres de longueur, sur cinquante centimètres de circonférence.

9. Les margotins doivent avoir cinquante-cinq centimètres de longueur de rames et quarante centimètres de longueur de parements, sur quarante centimètres de circonférence.

10. Il est enjoint aux marchands de bois et aux regrattiers d'avoir une chaîne confectionnée de manière à pouvoir justifier des dimensions ci-dessus déterminées :

Elle devra être dûment vérifiée et revêtue du poinçon du gouvernement;

Les chaînons seront d'un centimètre de longueur ;

Les demi-décimètres seront distingués par un chaînon jaune ;

Il sera adapté à la chaîne des petits anneaux pendants et correspondants aux divisions prescrites ;

Ces anneaux seront aplatis pour recevoir le poinçon du gouvernement ;

Au bout de la chaîne que les marchands de bois, tenant chantier, seront obligés d'avoir, il y aura deux anneaux de cuivre;

L'un de ces anneaux aura intérieurement seize centimètres de circonférence;

Il servira à vérifier les bois qui, étant réputés menuise, ne peuvent pas être mis dans la membrure.

11. Il est défendu aux regrattiers de vendre d'autres bois à brûler que ceux dont les dénominations et les dimensions sont déterminées par la présente ordonnance.

12. Il leur est pareillement défendu d'avoir du feu dans les endroits où leurs bois sont déposés.

Ils ne pourront y porter de la lumière que dans des lanternes fermées.

13. Il est défendu de colporter et de vendre dans les rues aucune espèce de bois et spécialement aucune falourde, fagots, cotrets ou margotins. (*Ordonnance du 13 novembre* 1787.)

14. Il sera pris envers les contrevenants aux dispositions ci-dessus telles mesures de police administrative qu'il appartiendra, sans préjudice des poursuites à exercer contre eux par-devant les tribunaux, conformément aux lois et aux règlements qui leur seront applicables.

15. La présente ordonnance sera imprimée, publiée et affichée.

Les sous-préfets des arrondissements de Saint-Denis et de Sceaux, les maires des communes rurales du ressort de la préfecture de police, le chef de la police centrale, les commissaires de police, les officiers de paix, le contrôleur général du recensement et du mesurage des bois et charbons, les inspecteurs des poids et mesures et les autres préposés de la préfecture de police sont chargés, chacun en ce qui le concerne, de tenir la main à son exécution.

Elle sera adressée à M. le colonel commandant la gendarmerie royale de Paris, et à M. le commandant de la gendarmerie du département de la Seine, pour en assurer l'exécution par tous les moyens qui sont à leur disposition.

Le conseiller d'Etat, préfet de police, G. DELAVAU.

N° 1143. — *Ordonnance concernant la jauge des tonneaux à bière.*

Paris, le 1er décembre 1824.

Nous, conseiller d'Etat, préfet de police,

Considérant que dans quelques brasseries on fait usage, pour entonner et vendre la bière, de tonneaux d'une capacité différente de celle qui est fixée par l'ordonnance de police du 2 février 1811;

Qu'il importe de rappeler le commerce de la brasserie à l'observance des règlements constamment suivis jusqu'ici et dont l'infraction nuit également aux intérêts des brasseurs et à ceux du consommateur et du trésor;

Considérant aussi que, sur la demande et pour la convenance des petits consommateurs, les brasseurs ont généralement contracté l'habitude de livrer la bière dans des tonneaux dits demi-quarts, qui n'ont pas été autorisés, et dont il importe de régulariser l'emploi,

Ordonnons ce qui suit:

1. Il ne pourra être employé, pour entonner et vendre la bière dans le ressort de la préfecture de police, que des tonneaux dits quarts ou demi-quarts.

Les quarts devront contenir soixante-quinze litres, et les demi-quarts trente-huit litres.

2. Il est défendu aux brasseurs de se servir de tonneaux d'une contenance supérieure ou inférieure à celles qui sont déterminées par l'article précédent.

3. Cette défense aura son effet à partir du 1er janvier 1825.

4. Chaque brasseur devra être muni d'une marque particulière qu'il apposera sur ses tonneaux. L'empreinte de cette marque sera par lui déposée au bureau de la régie des contributions indirectes, aux termes du second paragraphe de l'art. 124 de la loi des finances du 28 avril 1816.

5. Les contraventions aux dispositions qui précèdent seront constatées par des procès-verbaux qui nous seront adressés.

6. Les sous-préfets des arrondissements de Saint-Denis et de Sceaux, les maires des communes rurales du ressort de la préfecture de police, les commissaires de police, le chef de la police centrale, les officiers de paix, l'inspecteur général des boissons, les inspecteurs des poids et mesures et les autres préposés de la préfecture de police sont chargés de tenir la main à l'exécution de la présente ordonnance.

Ampliation en sera adressée à M. le conseiller d'Etat, directeur général des contributions directes.

Le conseiller d'Etat, préfet de police, G. DELAVAU.

N° 1144. — *Arrêté concernant la police des théâtres* (1).

Paris, le 2 décembre 1824.

Nous, conseiller d'Etat, préfet de police,

Vu la lettre de S. Exc. le ministre de l'intérieur, en date du 29 mars 1823, par laquelle il nous invite à remettre en vigueur les règlements qui défendent aux acteurs de se présenter sur la scène hors des pièces dont se compose le spectacle;

Vu également la lettre de S. Exc. le ministre de la maison du roi, en date du 5 mars 1823, par laquelle, en approuvant les mêmes règlements, il nous invite à les maintenir, sans aucune exception, et à donner des ordres à ce sujet;

Voulant assurer l'exécution de ces règlements, trop souvent méconnus, et leur donner une nouvelle publicité,

Avons arrêté et arrêtons ce qui suit :

1. Il est expressément défendu à tout acteur ou actrice de reparaître sur la scène, même à la demande du public, hors des pièces dont se compose le spectacle.

2. Les commissaires de police sont chargés de l'exécution du présent arrêté, qui sera affiché, tant dans les foyers des acteurs que dans ceux du public.

Le conseiller d'Etat, préfet de police, G. DELAVAU.

---

(1) V. l'ord. du 12 fév. 1828.

N° 1145. — *Ordonnance concernant la police de la rivière et des ports, pendant l'hiver et les temps de glaces, grosses eaux et débâcles* (1).

Paris, le 10 décembre 1824.

N° 1146. — *Ordonnance concernant la vérification annuelle des poids et mesures* (2).

Paris, le 15 décembre 1824.

N° 1147. — *Ordonnance concernant les établissements d'éclairage par le gaz hydrogène* (3).

Paris, le 20 décembre 1824.

Nous, conseiller d'Etat, préfet de police,

Vu l'ordonnance du roi, du 20 août 1824, relative aux établissements d'éclairage par le gaz hydrogène, et l'instruction y annexée;

Considérant qu'il importe d'assurer l'exécution des dispositions prescrites et de déterminer, dans l'intérêt de l'ordre et de la sûreté publique, les précautions à observer pour l'établissement des conduites du gaz, tant sous le sol des rues que dans les établissements publics ou particuliers où l'on emploie ce mode d'éclairage,

Ordonnons ce qui suit :

1. L'ordonnance du roi du 20 août 1824 et l'instruction y annexée seront imprimées, publiées et affichées avec la présente ordonnance (4).

Elles seront notifiées en outre aux entrepreneurs de chaque usine d'éclairage par le gaz, autorisée et actuellement en activité. Ces entrepreneurs seront tenus de se conformer aux différentes mesures et précautions prévues dans l'instruction précitée, dans les délais qui leur seront fixés, et ainsi qu'il leur sera prescrit lors de la notification.

2. Les deux chaînes, au moyen desquelles chaque gazomètre doit être suspendu, seront, aux termes du second alinéa du troisième paragraphe de l'instruction, essayées, avant de pouvoir être employées, en présence de la personne par nous désignée à cet effet.

3. L'épreuve à faire subir, conformément au second alinéa du quatrième paragraphe de l'instruction, aux vases dans lesquels sera comprimé le gaz destiné à être porté à domicile, sera faite également en présence de la personne par nous désignée.

Chaque vase reconnu propre au service sera marqué du timbre de la préfecture de police.

Les essais seront renouvelés aux époques qui seront ultérieurement déterminées.

4. Les personnes qui se proposeront de former des établissements

---

(1) V. les ord. des 1er déc. 1838, 5 déc. 1839 et 25 oct. 1840 (art. 203 et suiv.).

(2) V. les ord. des 15 déc. 1825, 27 et 29 nov. 1826, 23 nov. 1842 et 1er déc. 1843.

(3) V. l'ord. du 31 mai 1842.

(4) V. cette ord. à l'appendice.

d'éclairage par le gaz, ainsi que les entrepreneurs des usines actuellement en activité, qui voudront établir de nouveaux gazomètres, joindront à la demande en autorisation qu'ils doivent nous adresser le plan exact des lieux et des dispositions projetées, avec l'indication du nombre des gazomètres, de leurs dimensions, etc.

5. Aucune tranchée ne pourra être ouverte, pour placer sous le sol de la voie publique les conduites destinées à la distribution du gaz, qu'en vertu de notre permission, et avec les précautions qui seront prescrites dans l'intérêt de la libre circulation et de la sûreté publique.

Cette permission ne sera accordée aux entrepreneurs qu'autant qu'ils auront, aux termes du règlement approuvé par S. Exc. le ministre de l'intérieur, le 6 décembre 1821, préalablement obtenu de M. le préfet de la Seine l'autorisation de placer leurs tuyaux dans la direction déterminée par ce magistrat.

6. Les entrepreneurs seront également tenus de se pourvoir de notre permission pour ouvrir des tranchées à l'effet de renouveler les tuyaux de conduite, ou pour tous autres ouvrages qui ne pourront être terminés dans les quarante-huit heures.

Néanmoins, ils pourront pourvoir aux réparations accidentelles, en en prévenant le commissaire de police du quartier, et en observant les précautions qui leur seront indiquées par ce fonctionnaire.

7. Les tuyaux de branchement destinés à conduire le gaz depuis la conduite principale jusqu'aux becs d'éclairage placés dans les établissements publics ou particuliers, les boutiques, magasins et autres lieux, devront être isolés des murs, cloisons ou planchers qu'ils auront à traverser, au moyen d'un fourreau ou gaîne de fer, de fonte, de tôle, de plomb ou de toute autre matière d'une consistance suffisante, adhérant aux murs, cloisons ou planchers, et ouvert à ses deux extrémités, de manière que, s'il se manifeste quelque fuite dans les branchements, le gaz ne puisse s'écouler dans les interstices de la maçonnerie et se loger dans quelque réduit fermé, où il pourrait occasionner une explosion.

Les parois du fourreau pourront être adhérentes au tuyau de branchement (1).

8. Il est expressément défendu aux entrepreneurs, sous leur responsabilité personnelle, d'alimenter aucun nouveau bec de gaz dont le branchement ne serait pas disposé ainsi qu'il est prescrit par l'article précédent.

9. Il leur est enjoint, également sous leur responsabilité, de cesser d'éclairer tous les établissements publics ou particuliers dont ils font actuellement le service, si, dans un délai de trois mois, à dater de ce jour, les branchements ne sont pas isolés comme il est prévu par l'article 7.

10. Il est prescrit aux entrepreneurs d'éclairage par le gaz comprimé dans des vases portatifs de faire, à la préfecture de police, la déclaration des lieux qu'ils auront à éclairer, avant de livrer le gaz aux consommateurs, afin que chaque local où devront être placés les vases, soit préalablement visité par l'architecte commissaire de la petite voirie et que l'administrateur puisse ordonner l'exécution des mesures reconnues nécessaires dans l'intérêt de la sûreté publique.

11. Les entrepreneurs de chaque usine seront tenus de donner

---

(1) Pour prévenir tout accident, il est essentiel que les pièces éclairées par le gaz soient ventilées avec soin, même pendant l'interruption de l'éclairage; c'est-à-dire qu'il doit être pratiqué, dans la partie supérieure, quelques ouvertures par où le gaz puisse s'échapper au dehors, à mesure qu'il se répandrait dans l'intérieur des lieux éclairés.

connaissance des noms et demeures de tous leurs abonnés, et même communication de leurs registres, à toute réquisition de l'administration de la police, afin qu'elle puisse faire surveiller l'exécution des dispositions ordonnées par les quatre articles précédents.

12. Les salles de spectacle et les théâtres publics éclairés par le gaz seront en outre garnis de lampes d'Argant à double courant d'air, et contenues dans des manchons de verre.

Ces lampes, dont le nombre et la position seront fixés pour chaque théâtre, à raison des localités, seront tenues allumées pendant tout le cours des représentations.

13. Les contraventions seront constatées et poursuivies devant les tribunaux compétents, indépendamment des mesures de police administrative auxquelles il serait nécessaire de recourir.

14. Les sous préfets des arrondissements de Saint-Denis et de Sceaux, les maires des communes rurales du ressort de la préfecture de police; l'architecte commissaire de la petite voirie, les commissaires de police, le chef de la police centrale, les officiers de paix et les chefs du service extérieur sont chargés, chacun en ce qui le concerne, de tenir la main à l'exécution de la présente ordonnance.

Le conseiller d'Etat, préfet de police, G. DELAVAU.

1825.

N° **1148**. — *Ordonnance* (1) *qui prescrit l'impression et la publication de l'ordonnance du roi du* 12 *janvier* 1825 (2) *relative à l'exercice de la profession de boucher à Paris.*

Paris, le 26 janvier 1825.

N° **1149**. — *Ordonnance concernant les masques* (3).

Paris, le 8 février 1825.

N° **1150**. — *Ordonnance concernant la prohibition de la chasse* (4).

Paris, le 25 février 1825.

---

(1) V. l'ord. du 25 mars 1830.

(2) Révoquée. — V. à l'appendice l'ord. du roi du 18 oct. 1829.

(3) V. les ord. des 18 fév. 1828, 10 fév. 1830 et 23 fév. 1843.

(4) V. l'ord. du 23 fév. 1843.

N° 1151. — *Arrêté concernant la visite des carrosses et cabriolets de place* (1).

Paris, le 28 février 1825.

Nous, conseiller d'État, préfet de police,

Vu l'ordonnance de police du 4 mai 1813, concernant les voitures de place,

Arrêtons ce qui suit :

1. Il sera procédé à une visite générale des voitures de place.

Elle commencera le mardi, 21 juin prochain, et continuera jusqu'à ce qu'elle soit terminée, les mardis, jeudis et samedis.

Les voitures seront appelées dans l'ordre suivant, et de manière à ce qu'il n'en passe pas plus de cinquante à soixante par chaque visite,

Savoir :

1° Les cabriolets des environs de Paris, dits de l'extérieur;

2° Les cabriolets de l'intérieur ;

3° Les carrosses de place.

2. Les visites commenceront à six heures du matin.

Elles seront faites alternativement par MM. les commissaires de police des quartiers de la Cité, de l'Hôtel-de-Ville, de l'École-de-Médecine et du Luxembourg, assistés de l'officier de paix de l'attribution des voitures, de l'expert vétérinaire de la préfecture de police et de deux experts carrossiers.

Les délégués des loueurs de voitures devront y assister pour faire telles observations qu'ils croiront utiles.

Il sera dressé à la suite de chaque visite un procès-verbal qui nous sera transmis.

3. Le but de cette visite étant de vérifier non-seulement si les voitures de place sont construites avec solidité et attelées de chevaux propres au service, mais encore si elles réunissent les conditions nécessaires pour que le public n'ait plus rien à désirer sous le rapport de leur propreté et de leur élégance, les experts n'admettront que celles qui auront été peintes à neuf depuis le commencement de l'année, ainsi que le train et les roues, et qui, selon leur destination, auront d'ailleurs été disposées ainsi qu'il est dit ci-après, savoir :

CARROSSES DE PLACE.

Capacité.

La caisse, mesurée en dedans, devra avoir en hauteur, depuis la cave jusqu'à l'impériale, au moins 1 mètre 49 centimètres (4 pieds 7 pouces);

Autant en longueur.

Et 1 mètre 14 centimètres (3 pieds 6 pouces) de largeur d'une portière à l'autre.

Largeur intérieure des fonds de parcloses ou banquettes, 975 millimètres (3 pieds).

Distance de la banquette à l'impériale, 1 mètre 14 centimètres (3 pieds 6 pouces).

Toutes ces mesures devront être prises de dedans en dedans.

Garniture intérieure.

Chaque carrosse devra être garni intérieurement de coussins bien

---

(1) Rapporté. — V. l'ord. du 15 janv. 1841, les arr. des 15 janv. et 18 fév. 1841 et l'ord. du 25 mai 1842.

rembourrés et recouverts, ainsi que le pourtour et l'impériale, d'une étoffe propre, solide et de même couleur.

Il devra également être garni, à la partie inférieure, de paillassons, et pourvu de chaque côté d'un marche-pied à deux marches, quelle que soit la distance apparente de la caisse au terrain.

Les châssis des glaces devront jouer facilement et être garnis de galons et de glands, pour pouvoir en tout temps se lever ou se baisser promptement.

Accessoires extérieurs.

Les portières seront garnies de poignées en métal poli ou argenté, et confectionnées avec soin pour fermer hermétiquement.

Le siége ne pourra être placé plus bas que le niveau des baies des châssis de devant; on exigera qu'il soit garni d'une housse d'au moins 24 centimètres (9 pouces) de longueur, en tôle vernie noire ou en drap bleu de roi, brun ou gris foncé, mais sans aucun liséré ou bordure, d'autre couleur que celle de la caisse.

Tous les siéges seront garnis d'accotoirs ayant au moins 24 centimètres (9 pouces) de haut, pour la sûreté des cochers.

On s'assurera que la cheville ouvrière ait au moins 17 centimètres (6 pouces) de long.

Attelage.

Les chevaux seront bien accouplés quant à la taille, en bon état de service et couverts de harnais solides, vernis, ou passés au noir dans toutes leurs parties.

Les traits en corde sont expressément prohibés.

Les mêmes conditions seront exigibles à l'égard des calèches, sauf les restrictions spéciales déterminées par l'arrêté du 13 mai 1822.

CABRIOLETS DE L'INTÉRIEUR.

Capacité.

La hauteur de la caisse, mesurée du fond contre le petit coffret jusqu'au cerceau du milieu, devra être d'au moins 1 mètre 52 centimètres (4 pieds 8 pouces).

La hauteur des cerceaux de derrière, prise sur la parclose, sera d'au moins 1 mètre 3 centimètres (3 pieds 2 pouces).

La caisse, quelle que soit sa forme, aura au moins 82 centimètres (2 pieds 6 pouces) de longueur d'accotoir, et 1 mètre 22 centimètres (3 pieds 9 pouces) de large de dedans en dedans, à l'entrée de la portière.

La charnière de la portière sera placée en dehors de la traverse du brancard de la caisse, afin de faciliter, autant que possible, l'accès dans la voiture.

Garniture intérieure.

Chaque cabriolet devra être garni intérieurement de coussins bien rembourrés et couverts, ainsi que le pourtour, d'une étoffe propre, solide et de même couleur.

Un crochet sera fixé de chaque côté de la caisse, et ajusté de telle manière que la portière puisse toujours être fermée solidement

Accessoires extérieurs.

La capote sera vernie ou passée exactement au noir.

Une lanterne sera toujours adaptée de chaque côté de la voiture.

Ces lanternes devront être montées en métal poli ou verni en noir, et garnies de glaces bien transparentes.

Un garde-crotte, soit en cuir verni, soit en tôle peinte et vernie en noir, sera fixé au bord antérieur de la caisse.

On exigera que, de chaque côté du brancard, il y ait un marche-pied à trois branches, et au-dessus une plaque arrondie pour poser le pied en montant ou en descendant.

Attelage.

Les chevaux seront en bon état de service et couverts de harnois solides, vernis ou passés au noir dans toutes leurs parties.

Les traits en corde sont expressément prohibés.

CABRIOLETS DE L'EXTÉRIEUR.

Les experts examineront également avec attention les cabriolets de l'extérieur, et après s'être surtout assurés de leur solidité, ils vérifieront avec soin si l'indication du nombre de places, peint en dehors de la voiture, est en rapport exact avec les dimensions réglées par l'arrêté en date du 16 septembre 1817.

4. Quelle que soit l'espèce de voiture, on tiendra rigoureusement à ce que les trains et les roues soient peints et réchampis et non pas seulement imprimés.

5. On donnera une attention spéciale à la tenue des cochers, et l'on exigera que ceux de carrosses, de calèches et de cabriolets de l'intérieur soient revêtus de leurs effets d'uniforme.

Les loueurs seront invités à mettre, en tout temps, un soin particulier à cette partie du service qui, de même que la bonne tenue de leurs équipages, est placée sous leur responsabilité personnelle.

Chaque loueur devra se présenter muni du registre sur lequel il est tenu, aux termes de l'article 6 de l'ordonnance de police du 4 mai 1813, d'inscrire jour par jour les sommes rapportées par les cochers et de la quittance constatant qu'il a versé les fonds de masse et d'habillement de ses cochers, jusques et y compris le mois qui aura précédé celui dans lequel son établissement passera à la visite.

6. Les numéros des carrosses ou calèches, cabriolets de l'intérieur ou de l'extérieur qui ne réuniraient pas complétement les conditions ci-dessus, seront effacés sur-le-champ et ne pourront être rétablis qu'après un nouvel examen.

Cependant, dans le cas où des carrosses, des calèches ou des cabriolets de l'intérieur trouvés parfaitement en état sous tous les autres rapports, n'auraient point exactement les dimensions indiquées à l'article 3, la voiture sera admise, mais la caisse sera marquée de la lettre R, comme devant être réformée à la visite de 1826.

Il en sera de même des cabriolets de l'intérieur dont la charnière de la portière n'aurait pu encore être ajustée en dehors de la traverse du brancard de la caisse.

7. A partir du moment où la visite aura été terminée, aucune voiture neuve présentée au numérotage ne sera reçue par les experts, si elle n'est entièrement conforme à ce qui est décrit à l'article 3 ci-dessus.

8. Toute voiture de place qui, dans l'intervalle de la prochaine visite à celle de 1826, sera trouvée circulant dans Paris, sous quelque prétexte que ce soit, sans être en parfait état de solidité et de propreté extérieure ou intérieure, sera arrêtée et consignée en fourrière; le permis de stationnement pourra même, s'il y a lieu, être suspendu ou retiré définitivement.

9. Le sieur R....., est désigné pour procéder, comme expert, à la visite, conjointement avec le sieur V. D....., expert ordinaire de l'administration.

Leurs honoraires sont fixés, pour chaque jour de visite, ainsi qu'il suit, savoir :

Pour le sieur R........................ 6 francs.
Pour le sieur V. D...................... 4 id.

Ces honoraires seront acquittés par le caissier des délégués des loueurs.

10. L'officier de paix nous indiquera, par des rapports particuliers, les loueurs dont les établissements seraient tenus avec négligence, ou qui, au lieu d'exercer eux-mêmes la profession, auraient prêté leurs numéros.

Il recherchera enfin les abus de toute espèce et proposera les mesures propres à les réprimer.

11. Expédition du présent arrêté sera adressée à MM. les commissaires de police des quartiers de la Cité, de l'Hôtel-de-Ville, de l'Ecole-de-Médecine et du Luxembourg, aux deux experts, à l'officier de paix de l'attribution et à l'expert vétérinaire.

Il en sera transmis ampliation aux délégués des loueurs, qui demeurent chargés d'en faire connaître le plus promptement possible les dispositions aux autres loueurs.

Le conseiller d'Etat, préfet de police, G. DELAVAU.

N° 1152. — *Ordonnance concernant l'ordre à suivre lors du défilé des voitures qui iront à Longchamp* (1).

Paris, le 28 mars 1825.

N° 1153. — *Ordonnance concernant les chevaux et autres animaux attaqués de maladies contagieuses* (2).

Paris, le 16 avril 1825.

Nous, conseiller d'Etat, préfet de police,

Vu 1° l'arrêt du conseil d'Etat du 16 juillet 1784, dont les dispositions sont maintenues par l'article 484 du Code pénal;

2° La loi dés 16—24 août 1790;

3° Le paragraphe 3 de l'article 20, titre 1, section 4 de la loi du 6 octobre 1791;

4° Les arrêtés du gouvernement des 12 messidor an VIII (1er juillet 1800) et 3 brumaire an IX (25 octobre 1800);

5° Les articles 423, 459, 460 et 461 du Code pénal,

Ordonnons ce qui suit :

1. Il est défendu de vendre et d'exposer en vente dans les marchés et partout ailleurs des chevaux, mulets et autres animaux atteints ou soupçonnés de maladies contagieuses. (*Arrêt du cons. d'Etat du 16 juillet 1784, art. 7; art. 423 et 484 du Code pénal.*)

2. Toute personne qui aurait, à quelque titre que ce soit, des chevaux et autres animaux atteints ou soupçonnés de maladies contagieuses, sera tenu d'en faire sur-le-champ sa déclaration, savoir : dans les communes rurales du ressort de la préfecture de police, devant le

---

(1) V. l'ord. du 10 avril 1843.

(2) V. l'ord. du 31 août 1842.

maire, et, à Paris, devant un commissaire de police. (*Arrêt précité, art. 1 et 7, et art. 459 du Code pénal.*)

3. Il sera fait de fréquentes visites soit dans les marchés, soit sur les places affectées au stationnement des voitures de louage, et sur tous autres points de la voie publique, à l'effet de rechercher les animaux atteints de mal contagieux.

Ces visites seront faites par des préposés spéciaux qui feront conduire les animaux atteints ou soupçonnés de maladies devant le maire du lieu, et à Paris devant un commissaire de police.

Un expert vétérinaire sera requis d'en faire la visite; son rapport sera annexé au procès-verbal qui en sera dressé, et dans lequel sera énoncé le signalement des animaux.

Sur la demande du propriétaire ou conducteur, les animaux prévenus de maladie pourront être conduits directement devant l'expert vétérinaire sans autre intermédiaire.

Si les animaux sont reconnus sains, ils seront remis sur-le-champ au propriétaire.

Dans le cas contraire, le préposé se rendra chez le maire du lieu, et à Paris chez le commissaire le plus voisin pour y faire sa déclaration de saisie.

Le maire ou le commissaire se fera remettre sur-le-champ le rapport de l'expert vétérinaire sur l'état des animaux.

Il sera sur le tout procédé comme il est prescrit par les articles 6 et 7.

4. Il sera également fait des visites d'office dans les écuries des entrepreneurs de diligences et de messageries, des aubergistes, voituriers, rouliers, maîtres de postes, loueurs de voitures et marchands de chevaux.

Ces visites seront faites par les mêmes préposés, en présence du maire de la commune ou d'un commissaire de police.

Il en sera dressé procès-verbal qui nous sera transmis.

Si, dans le cours des visites, il est trouvé un animal soupçonné d'être atteint de mal contagieux, un expert vétérinaire sera requis de se transporter sur les lieux.

5. S'il est reconnu par l'expert vétérinaire que l'animal n'est pas atteint de maladie contagieuse, il sera laissé à la disposition du propriétaire.

6. Si le mal contagieux n'est pas reconnu incurable, l'animal pourra être laissé soit au propriétaire, s'il le requiert, soit à telle autre personne qu'il désignera, lesquels devront le représenter à toute réquisition.

Provisoirement ces animaux seront placés dans un lieu séparé.

Il en sera dressé procès-verbal par le maire ou le commissaire de police.

7. Faute par le propriétaire de se rendre gardien ou d'en présenter un, l'animal sera envoyé au dépôt à ce affecté, rue de la Bûcherie, n. 12, à Paris.

Dans ce dernier cas, le propriétaire sera tenu de consigner à la préfecture de police le montant des frais de nourriture pour huit jours, sauf la restitution d'une partie de ces frais, si l'animal était abattu ou retiré avant l'expiration de la huitaine.

8. La ration de fourrage pour un cheval ou mulet sera composée, pour chaque jour, d'une demi-botte de foin et de deux bottes de paille.

9. Lorsque l'expert reconnaîtra que la maladie contagieuse est incurable, l'animal, si le propriétaire y consent, sera livré immédiatement à l'équarrisseur qu'il désignera pour être abattu. Ce consentement sera consigné dans le procès-verbal.

10. En cas de contestation, la visite de l'animal sera faite contra-

dictoirement avec un autre expert nommé sur-le-champ par le propriétaire.

En cas de dissidence entre les deux experts, il sera nommé par nous un tiers-expert.

Le procès-verbal sera remis sans délai à la préfecture de police pour être par nous statué ce qu'il appartiendra.

11. Les animaux qui, en exécution de nos décisions, devront être abattus seront livrés sans délai à un équarrisseur au choix du propriétaire.

Ils seront marqués avant d'être livrés à l'équarrisseur.

12. L'abatage des animaux sera fait en présence du propriétaire, s'il le demande. Dans tous les cas, il sera constaté par le rapport d'un préposé de la préfecture de police.

13. Si le propriétaire requiert l'ouverture de l'animal, il y sera procédé à ses frais, en présence de l'expert vétérinaire de la préfecture de police.

Le procès-verbal d'ouverture sera remis à la préfecture de police et expédition en sera donnée au propriétaire.

14. Les équarrisseurs se conformeront en tout point à l'ordonnance de police du 24 août 1811, dont les dispositions sont maintenues.

15. Les équipages, harnais et colliers des animaux abattus pour cause de mal contagieux seront traités conformément à ce qui sera prescrit par le procès-verbal des experts auquel les propriétaires seront tenus de se conformer, comme aussi d'en justifier. (*Arrêt du cons. d'Etat du 16 juillet 1784, art. 6.*)

A cet effet, il sera remis copie des procès-verbaux aux propriétaires.

16. Les écuries et autres localités dans lesquelles auront séjourné des animaux atteints de maladies contagieuses seront aérées et purifiées, à la diligence des maires et des commissaires de police, par les soins de personnes de l'art. Elles ne pourront être occupées par d'autres animaux qu'après qu'il aura été constaté, en présence d'un expert vétérinaire, que l'infection n'existe plus. (*Arrêt et art. préc.*)

17. Les contraventions seront constatées par des procès-verbaux qui nous seront adressés.

18. La présente ordonnance sera imprimée et affichée.

Les sous-préfets des arrondissements de Saint-Denis et de Sceaux, les maires des communes rurales du ressort de la préfecture de police, le chef de la police centrale, et les officiers de paix, le commissaire inspecteur général des halles et marchés, l'expert vétérinaire, les autres chefs du service extérieur et les préposés de la préfecture de police sont chargés de tenir la main à son exécution.

Elle sera adressée à M. le colonel de la ville de Paris, commandant la gendarmerie royale, et à M. le commandant de la gendarmerie du département de la Seine pour en assurer l'exécution par tous les moyens qui sont à leur disposition.

Le conseiller d'Etat, préfet de police, G. DELAVAU.

N° 1154. — *Ordonnance concernant les mesures de salubrité à observer dans les abattoirs généraux* (1).

Paris, le 29 avril 1825.

Nous, conseiller d'Etat, préfet de police,

Considérant que les mesures de salubrité prises, jusqu'à ce jour,

---

(1) V. les ord. des 30 déc. 1819, 5 déc. 1825 et 25 mars 1830.

dans les abattoirs généraux, sont insuffisantes, et qu'il importe de remédier aux inconvénients graves qui pourraient résulter de l'état actuel des choses;

Vu les ordonnances des 11 septembre 1818 et 9 janvier 1824.

Ordonnons ce qui suit:

1. A compter de la publication de la présente ordonnance, les bouchers sont tenus d'avoir, chacun, dans leur échaudoir, au moins un baquet et une brouette qui devront toujours être en état de service.

2. Il leur est enjoint de saigner leurs bestiaux dans leur baquet, d'enlever exactement, chaque jour, toutes leurs vidanges et de les porter dans les coches.

3. Il est défendu aux bouchers de laisser couler dans les égouts le sang ainsi que les résidus provenant de leurs abats.

Ils sont expressément tenus de veiller à ce que leurs garçons se conforment à cette défense.

4. Il est enjoint aux tripiers de prendre toutes les précautions nécessaires pour ne laisser couler aucune matière animale avec leurs eaux de lavage.

Ils sont tenus de se pourvoir, chacun, d'une brouette au moins, d'enlever exactement, tous les jours, leurs vidanges et de les porter dans les coches.

5. Les contraventions seront constatées par des procès-verbaux réguliers qui nous seront transmis, et punies conformément aux lois et règlements.

6. La présente ordonnance sera imprimée et affichée.

Ampliation en sera transmise à M. le conseiller d'Etat, préfet du département de la Seine.

Les commissaires de police des quartiers où sont situés les abattoirs généraux, le commissaire inspecteur général des halles et marchés et les préposés de la préfecture de police dans ces abattoirs sont chargés de tenir la main à son exécution.

Le conseiller d'Etat, préfet de police, G. DELAVAU.

N° 1155. — *Ordonnance concernant les bains dans la rivière et les écoles de natation* (1).

Paris, le 6 mai 1825.

N° 1156. — *Ordonnance concernant les processions de la Fête-Dieu* (2).

Paris, le 1er juin 1825.

---

(1) V. les ord. des 20 mai 1839 et 25 oct. 1840 (art. 187 et suiv., et 225).

(2) V. l'ord. du 9 juin 1830.

N° 1157. — *Ordonnance concernant les mesures de police relatives à l'entrée solennelle du Roi dans la capitale, aux réjouissances publiques qui auront lieu et aux fêtes qui seront données par la ville de Paris, à l'occasion du sacre de Sa Majesté.*

Paris, le 4 juin 1825.

Nous, conseiller d'Etat, préfet de police,

Vu les lettres à nous adressées par M. le grand-maître des cérémonies de France,

Et le programme des fêtes qui seront données par la ville de Paris à l'occasion du sacre de Sa Majesté,

Ordonnons ce qui suit :

DISPOSITIONS PARTICULIÈRES AU 6 JUIN.

Entrée solennelle du roi. — Feu d'artifice. — Bals dans les marchés.

1. Dimanche prochain, 5 juin, il sera fait, à six heures du soir, un balayage extraordinaire :

Dans les rues du faubourg Saint-Martin, depuis la barrière de la Villette jusqu'au boulevard intérieur ;

Sur le boulevard intérieur, depuis la porte Saint-Martin jusqu'à la porte Saint-Denis ;

Dans toute la longueur de la rue Saint-Denis ;

Sur la place du Châtelet ;

Sur le pont au Change ;

Dans la rue de la Barillerie ;

Sur le Marché-Neuf ;

Dans la rue du Marché-Palu ;

Dans la rue Neuve-Notre-Dame ;

Sur le parvis Notre-Dame ;

Sur le quai des Orfèvres ;

Sur le Pont-Neuf, depuis le quai des Orfévres jusqu'à la place des Trois-Maries ;

Sur la place des Trois-Maries ;

Dans la rue de la Monnaie ;

Dans la rue du Roule ;

Dans la rue Saint-Honoré, depuis la rue du Roule jusqu'à la rue de Castiglione ;

Dans la rue de Castiglione ;

Dans la rue de Rivoli, depuis la rue de Castiglione jusqu'à la rue de Rohan ;

Dans la rue de Rohan, entre la rue de Rivoli et la place du Carrousel,

Et sur la place du Carrousel.

Les boues et immondices seront relevées et mises en tas hors du passage.

Les habitants seront tenus d'effectuer ce balayage, chacun en ce qui le concerne.

2. A compter de l'heure fixée pour le balayage extraordinaire et pendant la matinée du 6 juin, aucune ordure ne pourra être jetée ni déposée sur les parties de la voie publique, désignées en l'article precédent.

Il est également défendu d'y jeter ni laisser couler aucune eau ménagère.

3. Le même jour 6 juin, à partir de onze heures et demie du matin jusqu'à deux heures après midi, toutes les voitures quelconques qui ne font point partie du cortége, ou du service du roi et des princes, et qui suivraient la route du Bourget à Paris, par la Villette, ne pourront dépasser, sur cette route, la croisée du chemin des Vertus, et elles se dirigeront sur Paris, soit par ce chemin, soit par celui de Pantin.

4. Le même jour, la circulation et le stationnement des voitures seront interdits jusqu'après le passage du cortége de Sa Majesté, savoir :

A compter de midi et demi, dans la grande rue de la Villette;

Dans la rue du Faubourg-Saint-Martin, depuis la barrière de la Villette jusqu'au boulevard intérieur, et dans les rues qui y aboutissent;

Sur le boulevard intérieur, depuis la porte Saint-Martin jusqu'à la porte Saint-Denis;

Dans toute la longueur de la rue Saint-Denis,

Sur la place du Châtelet;

Sur le pont au Change;

Dans la rue de la Barillerie;

Sur le Marché-Neuf;

Dans la rue du Marché-Palu;

Dans les rues de la Lanterne et de la Juiverie;

Dans la rue Neuve-Notre-Dame;

Sur le Parvis;

Dans la rue du Cloître-Notre-Dame;

Sur tous les quais qui bordent la Cité.

Et à compter d'une heure et demie après midi :

Sur le Pont-Neuf;

Sur la place des Trois-Maries;

Dans la rue de la Monnaie;

Dans la rue du Roule;

Dans la rue Saint-Honoré, depuis la rue du Roule jusqu'à la rue de Castiglione;

Dans la rue de Castiglione;

Dans la rue de Rivoli, depuis la rue de Castiglione jusqu'à la rue de Rohan;

Dans la rue de Rohan, à droite,

Et sur la place du Carrousel.

Sont exceptés de cette prohibition les courriers de la poste aux lettres et ceux du gouvernement,

Et les voitures des personnes invitées à la cérémonie qui se rendront à Notre-Dame.

5. Les voitures des autorités qui se rendront à la barrière de la Villette seront mises en stationnement sur l'esplanade située entre la barrière, la caserne de gendarmerie et le bassin du canal.

6. Les voitures des personnes qui se rendront à Notre-Dame ne pourront y arriver par le pont au Change, qui est réservé pour le passage du cortége du Roi.

Elles seront mises en stationnement sur le pont Notre-Dame, au besoin sur la partie du quai de la Cité, voisine de ce pont, et même, s'il le faut, sur la place de l'Hôtel-de-Ville.

7. La place du Parvis-Notre-Dame sera exclusivement réservée au stationnement des voitures du cortége de Sa Majesté.

Les cours de l'Archevêché seront réservées au stationnement des voitures de LL. AA. RR. les princes et princesses du sang, du corps diplomatique et des ministres.

Les voitures de MM. les maréchaux de France, pairs, députés et autorités publiques seront mises en stationnement sur le quai de l'Archevêché, et au besoin sur celui de la Cité.

8. Les voitures ne pourront être remises en mouvement qu'après le départ du roi, des princes et des princesses et de leur cortège, et sur l'ordre qui en sera donné aux cochers par les officiers de police.

9. Le même jour 6 juin, à cause des préparatifs du feu d'artifice, la circulation et le stationnement des voitures seront interdits depuis le matin jusqu'à onze heures du soir :

Dans la grande avenue des Champs-Elysées, depuis l'avenue de Marigny jusqu'à la place Louis XV;

Et depuis six heures du soir jusqu'à onze heures,

Sur la place Louis XV;

Dans la rue Royale;

Dans celle de Rivoli, depuis la place Louis XV jusqu'à la rue de l'Echelle exclusivement;

Sur le quai des Tuileries,

Et sur le pont Louis XVI.

Pareille interdiction aura lieu sur le Pont-Royal, depuis sept heures du soir jusqu'à onze, sauf les exceptions portées en l'article 21.

Repas et bals donnés dans les marchés.

10. Les repas et bals donnés par la ville dans les marchés auront lieu :

A la halle au beurre,

Au marché de la Vallée,

Au marché Saint-Germain,

Et au marché Saint-Martin.

DISPOSITIONS RELATIVES AU 7 JUIN.

Représentations gratuites sur les théâtres.

11. Les représentations gratuites qui seront données par la ville, sur les divers théâtres, aux habitants de Paris, le 7 juin, commenceront toutes à deux heures après midi.

Les portes seront ouvertes au public à une heure et demie.

Il sera réservé dans chaque salle de spectacle deux loges pour le corps municipal.

DISPOSITIONS PARTICULIÈRES AU 8 JUIN.

Réception de sa majesté à l'Hôtel-de-Ville. — Banquet royal. — Concert et bal.

12. Les personnes invitées à cette fête devront être munies de leurs billets, qui seront reçus aux diverses entrées de l'Hôtel-de-Ville indiquées dans la présente ordonnance, sans distinction de leur couleur.

Pour le maintien de l'ordre, les personnes invitées sont prévenues qu'elles ne seront point admises avant l'heure fixée sur leurs billets.

13. Le mercredi 8 juin, depuis trois heures après midi la circulation et le stationnement des voitures, autres que celles qui se rendront à l'Hôtel-de-Ville ou qui en reviendront, seront interdits :

Sur les quais

De la Mégisserie,

De Gèvres,

Pelletier,

De la Grève,

Des Ormes,

Saint-Paul,

Et des Célestins;
Ainsi que dans les rues
Saint Jacques-la-Boucherie,
De la Vannerie,
De la Tixeranderie,
Du Mouton,
Des Coquilles,
De la Verrerie,
Du Martroy,
Du Monceau-Saint-Gervais,
Du Pourtour-Saint-Gervais,
Des Deux-Ponts,
Des Grands-Degrés,
De la Bûcherie,
Et du Petit-Pont.

La circulation sera pareillement interdite sur les quais de l'Ecole et du Louvre, depuis cinq heures après midi.

Arrivée des voitures.

14. Le quai Pelletier est exclusivement réservé pour l'arrivée à l'Hôtel-de-Ville,
Du cortége royal,
Ainsi que des voitures des princes et princesses,
Du corps diplomatique,
Des grands officiers de la maison du roi et des princes,
Des ministres,
Des maréchaux de France.
De MM. les pairs (les voitures portant les insignes de la pairie),
Des dames invitées au banquet royal et de celles choisies pour accompagner les princesses,
Du corps municipal.

Toutes ces voitures arriveront au grand perron sur la place.

15. L'arrivée des autres personnes à l'Hôtel-de-Ville aura lieu ainsi qu'il suit :

1° Les voitures des personnes qui habitent les quartiers de la rive droite de la Seine seront dirigées en deux files.

La première se formera dans la rue Saint-Honoré; elle suivra :
La rue Saint-Honoré,
Celle de la Ferronnerie,
La rue Saint-Denis,
La rue Saint-Jacques-la-Boucherie,
La rue de la Vannerie,
La place de l'Hôtel-de-Ville,
L'arcade Saint-Jean,
Et la rue du Martroy,
Où les personnes invitées descendront à une porte donnant dans l'Hôtel-de-Ville.

La seconde file se formera dans la rue Saint-Martin, à la hauteur de la rue Aubry-le-Boucher; elle suivra :
La rue Saint-Martin,
La rue de la Verrerie,
La rue des Coquilles,
La rue de la Tixeranderie jusqu'à la porte donnant communication dans l'Hôtel-de-Ville.

2° Les voitures des personnes qui habitent la rive gauche de la Seine et la Cité seront dirigées en une seule file, qui se formera sur le quai de la Vallée, au bas du Pont-Neuf, et suivra :
Le quai de la Vallée,

Le quai des Augustins,
Le quai Saint-Michel,
La rue du Petit-Pont,
La rue de la Bûcherie,
La rue des Grands-Degrés,
Le quai de la Tournelle,
Le pont de la Tournelle,
La rue des Deux-Ponts,
Le pont Marie,
Le quai des Ormes, à gauche,
Et le quai de la Grève jusqu'à une porte donnant communication, par une galerie couverte, dans l'Hôtel-de-Ville.

Quant aux voitures des personnes qui habitent l'île Saint-Louis, elles prendront la file dans la rue des Deux-Ponts.

Stationnement.

16. La place de l'Hôtel-de-Ville est exclusivement réservée au stationnement des voitures tant du cortége de Sa Majesté que des grands officiers de la maison du roi et des princes,
Du corps diplomatique,
Des ministres,
Des maréchaux de France,
De MM. les pairs, avec armoiries,
Des dames invitées au banquet royal et de celles choisies pour accompagner les princesses,
Du corps municipal.

17. Les voitures dont les maîtres seront descendus dans la rue du Martroy continueront leur marche en ligne droite et iront stationner dans la rue Saint-Antoine.

Celles dont les maîtres seront descendus dans la rue de la Tixeranderie iront stationner partie sur la place du Marché-Saint-Jean, partie dans la Vieille-rue-du-Temple et la rue Sainte-Avoye.

Celles qui déposeront leurs maîtres à la porte donnant sur le quai de la Grève seront dirigées de manière à aller stationner sur les quais de l'île Saint-Louis et des Célestins.

Retour.

18. Pour faciliter le retour, les personnes qui se seront rendues à l'Hôtel-de-Ville sont invitées à sortir par la porte par laquelle elles seront entrées.

19. Les voitures ne pourront être mises en mouvement pour le retour qu'après le départ du roi, des princes et princesses, et sur l'ordre précis qui en sera donné aux cochers par les officiers de police.

Les voitures stationnant sur la place de l'Hôtel-de-Ville, après avoir repris leurs maîtres au grand perron de l'Hôtel-de-Ville, se dirigeront par le quai Pelletier.

Celles qui stationneront dans la rue Saint-Antoine, après avoir repris leurs maîtres dans la rue du Martroy, traverseront la place de l'Hôtel-de-Ville et se dirigeront par la rue de la Vannerie et la rue Saint-Jacques-la-Boucherie jusqu'à la rue Saint-Denis, où elles prendront la direction qu'elles voudront.

Celles qui stationneront sur le marché Saint-Jean, dans la Vieille-rue-du-Temple et la rue Sainte-Avoye, après avoir repris leurs maîtres dans la rue de la Tixeranderie, prendront la rue des Coquilles, la rue de la Verrerie et la rue Saint-Martin, d'où elles se dirigeront à volonté.

Enfin celles qui stationneront sur les quais de l'île Saint-Louis et des Célestins, après avoir repris leurs maîtres à la porte donnant sur le quai de la Grève, pourront ou traverser en ligne droite la place de l'Hôtel-de-Ville et suivre le quai Pelletier jusqu'au pont Notre-Dame, pour prendre ensuite la direction qui leur conviendra, ou remonter le quai de la Grève et prendre le pont Marie.

RÉJOUISSANCES PUBLIQUES.

Jeux. — Divertissements. — Joutes. — Feux d'artifice.

20. Le même jour, 8 juin, la circulation et le stationnement des voitures seront interdits jusqu'à onze heures du soir,

Savoir :

A compter de dix heures du matin,

Dans la grande avenue des Champs-Elysées, depuis et y compris le rond-point jusqu'à la place Louis XV.

A compter d'une heure après midi,

Sur la place Louis XV,

Sur le pont Louis XVI,

Sur le quai des Tuileries,

Sur le quai d'Orsai,

Sur le Pont-Royal.

Et à compter de cinq heures du soir,

Dans la rue de Rivoli, depuis la place Louis XV jusqu'à la rue de l'Echelle exclusivement.

Pareille interdiction aura lieu jusqu'à onze heures du soir, savoir :

A compter de deux heures après midi,

Sur la place de la barrière du Trône,

Et sur toutes les avenues qui conduisent à cette place, ainsi que dans la rue du Faubourg-Saint-Antoine en descendant, jusqu'au débouché de la rue de Montreuil exclusivement.

Les voitures qui arriveront à Paris par la route de Vincennes seront dirigées sur les barrières de Montreuil et de Saint-Mandé.

21. Sont seules exceptées de ces prohibitions les voitures des premiers officiers, soit de la maison du roi, soit des princes et princesses de la famille royale qui, pour leur service, se rendraient des quartiers de la rive gauche de la Seine au château des Tuileries.

Ces voitures pourront passer sur le Pont-Royal, mais sans parcourir les quais interdits par l'article précédent. Elles arriveront au Pont-Royal par la rue du Bac, et ne pourront le parcourir qu'au pas.

Il est enjoint aux cochers d'obéir aux ordres qui leur seront donnés à ce sujet par les officiers de police ou par la gendarmerie.

Joute sur la rivière.

22. Des bachots montés chacun par deux mariniers nageurs seront placés en nombre suffisant dans le bassin où doit se faire la joute entre le Pont Royal et le pont Louis XVI, pour porter des secours au besoin et empêcher qu'il ne s'y introduise aucune personne étrangère au service de la joute.

Il ne pourra s'y trouver non plus aucun bachot autre que ceux nécessaires au même service.

23. Les commissaires de police veilleront à ce que l'ordre soit maintenu auprès des feux d'artifice, auprès des jeux et spectacles publics, ainsi que dans les distributions de vin et de comestibles qui auront lieu aux Champs-Elysées et sur la place de la barrière du Trône.

24. Le passage d'eau en bachots ou batelets ne pourra avoir lieu, pendant toute la journée du 8 juin, qu'au port des Invalides.

Il ne pourra être admis dans chaque bachot plus de douze personnes.

DISPOSITIONS RELATIVES AU 12 JUIN.

Dîner à l'Hôtel-de-Ville, et concert pour les députations du royaume.

25. Les voitures des personnes qui se seront rendues à l'Hôtel-de-Ville pour le repas ci-dessus indiqué seront mises en stationnement sur la place et sur le quai de la Grève.

DISPOSITIONS GÉNÉRALES.

26. Il y aura illumination générale dans les soirées des 6 et 8 juin.

27. Il est défendu de construire dans les deux carrés des Champs-Elysées où seront établis les jeux, sur la place Louis XV et sur celle de la barrière du Trône, aucun amphithéâtre, estrade ou autre établissement de ce genre.

Il ne pourra même y être placé aucuns tonneaux, bancs, chaises, ni autres objets quelconques à l'aide desquels on ait la facilité de s'exhausser.

Les commissaires de police et l'architecte-commissaire de la petite voirie feront détruire ou enlever tous les objets de cette nature qui se trouveraient placés en contravention à la défense ci-dessus.

28. Les maîtres sont invités à donner l'ordre formel à leurs cochers de ne pas rompre les files et d'aller au pas.

Il est défendu aux cochers de quitter les rênes de leurs chevaux.

29. Il est défendu de tirer ni armes à feu, ni pièces d'artifice d'aucune espèce, soit sur la voie publique, soit dans les cours et jardins, soit par les fenêtres des maisons.

Les pères et mères et les chefs de maisons sont civilement responsables des faits de leurs enfants, de leurs ouvriers et de leurs domestiques.

30. Il est défendu de monter sur les monuments et édifices publics, sur les parapets des quais et des ponts, sur les balustrades de la place Louis XV, ainsi que sur les arbres des boulevards, des Champs-Elysées et de la place de la barrière du Trône.

Il est également défendu de monter sur les toits, les entablements et les auvents des maisons particulières, ainsi que sur les échafaudages qui se trouveraient au-devant des bâtiments.

Défenses sont également faites de monter, pendant les soirées des 6 et 8 juin, sur les barrières de clôture des chantiers de matériaux existant sur la place Louis XV, et de s'introduire dans ces chantiers.

31. La Bourse, les ports et les chantiers seront fermés pendant les journées des 6 et 8 juin.

32. Les contraventions à la présente ordonnance seront constatées et poursuivies conformément aux lois.

33. La présente ordonnance sera imprimée et affichée.

Les maires de la Villette et de Vincennes, le chef de la police centrale, les commissaires de police, les officiers de paix, la gendarmerie, le commandant des sapeurs-pompiers, l'architecte-commissaire de la petite voirie, l'inspecteur général de la navigation et des ports, l'inspecteur général du nettoiement et les préposés de la préfecture de police sont chargés de tenir la main à son exécution, chacun en ce qui le concerne.

Le conseiller d'Etat, préfet de police, G. DELAVAU.

N° 1158. — *Ordonnance concernant l'arrosement* (1).

Paris, le 15 juin 1825.

N° 1159. — *Ordonnance concernant les chiens errants* (2).

Paris, le 15 juin 1825.

N° 1160. — *Avis contenant injonction de tenir les chiens muselés ou en laisse* (3).

Paris, le 23 juillet 1825.

N° 1161. — *Ordonnance concernant l'ouverture de la chasse* (4).

Paris, le 10 août 1825.

N° 1162. — *Avis portant défense de mener des chiens aux courses de chevaux du Champ-de-Mars* (5).

Paris, le 24 août 1825.

N° 1163. — *Ordonnance concernant les mesures de police à observer les 11, 18 et 25 septembre 1825, à l'occasion de la fête de Saint-Cloud* (6).

Paris, le 6 septembre 1825.

N° 1164. — *Ordonnance concernant les carrosses de place supplémentaires* (7).

Paris, le 29 octobre 1825.

Nous, conseiller d'Etat, préfet de police,

Considérant que le nombre de carrosses de place est habituelle-

---

(1) V. les ord. des 17 mai 1834, 1er juin 1837 et 27 juin 1843.

(2) V. l'ord. du 23 juin 1832.

(3) V. l'ord. du 23 juin 1832.

(4) V. l'ord. du 22 août 1843.

(5) V. l'avis du 11 oct. 1843.

(6) V. l'ord. du 6 sept. 1843.

(7) Rapportée. — V. l'ord. du 15 janv. 1841, les arr. des 15 janv. et 1er fév. 1841 et l'ord. du 25 mai 1842.

ment insuffisant à certaines époques de l'année, ainsi que les dimanches et jours fériés, et voulant, en conséquence, donner à cette partie du service l'extension qu'elle peut recevoir, sans augmenter, pendant les jours ordinaires, les causes déjà si multipliées d'embarras et d'accidents sur la voie publique;

Vu la loi des 16-24 août 1790, articles 1 et 3, et les articles 2, 22 et 32 de l'arrêté du gouvernement du 12 messidor an VIII (1er juillet 1800),

Arrêtons ce qui suit :

1. Il pourra être mis en circulation, dans Paris, à compter du dimanche, 4 décembre prochain, deux cents carrosses de place de service supplémentaire.

A partir de ce jour 29 octobre, il ne sera plus délivré aucun numéro de calèches.

2. Les carrosses supplémentaires ne pourront circuler et stationner sur les places que les jours et aux époques ci-après déterminés, savoir :

Les dimanches, les quatre grandes fêtes reconnues, le jour de la fête du roi, la dernière quinzaine de décembre, à partir du 16, les quinze premiers jours de janvier, du jeudi au mardi gras, le jeudi de la mi-carême.

3. Les carrosses supplémentaires seront désignés au public par des numéros blancs, peints sur une plaque noire mobile de métal de dix pouces (27 centimètres) de large sur six pouces et demi (18 centimètres) de haut, adaptée, au moyen de coulisseaux ou crampons, à l'angle supérieur de chacun des deux panneaux noirs du devant de la caisse.

Le même numéro sera peint en petits chiffres au-dessous de la glace de droite, au-devant de la voiture.

Les numéros et les permis de stationnement nécessaires seront délivrés à la préfecture de police.

4. Tous les règlements concernant les voitures de place, et notamment l'ordonnance de police du 4 mai 1813, seront applicables aux carrosses du service supplémentaire.

5. Le présent arrêté sera imprimé.

Des exemplaires en seront adressés au chef de la police centrale, aux commissaires de police ainsi qu'aux divers agents de l'administration chargés par leurs attributions d'en surveiller l'exécution.

Le conseiller d'État, préfet de police, G. DELAVAU.

N° 1165. — *Ordonnance relative à la police des marchés aux fruits et légumes* (1).

Paris, le 31 octobre 1825.

Nous, conseiller d'Etat, préfet de police,

Considérant qu'il importe, pour remédier aux abus qui se sont introduits dans les marchés aux fruits et légumes, de rappeler les dispositions des ordonnances relatives à la police de ces marchés;

Vu les lois des 16-24 août 1790 et 22 juillet 1791, ainsi que les arrêtés du gouvernement et les ordonnances de police précédemment rendus sur le même objet,

---

(1) V. les ord. des 28 mars et 5 avril 1831 et 28 juin 1833.

Ordonnons ce qui suit :

1. La partie des halles du centre connue sous le nom de place des Innocents, les rues de la Lingerie, de la Ferronnerie, des Fourreurs et Saint-Honoré, jusqu'à celle des Prouvaires, la rue de la Poterie, les rues de la Grande et de la Petite-Friperie, la place dite le Légat, la rue aux Fers, la rue du Marché-aux-Poirées et le marché à la verdure demeurent spécialement affectés à l'exposition en vente des fruits, légumes, pommes de terre, herbages, fleurs en bottes et plantes usuelles.

2. Ces emplacements se divisent en trois parties principales :

La première partie destinée à la vente en gros des fruits, légumes, pommes de terre, herbages et plantes usuelles, ainsi qu'au commerce des fleurs, comprend la place des Innocents, les rues aux Fers, de la Ferronnerie, des Fourreurs et de Saint-Honoré jusqu'à celle des Prouvaires, la rue de la Lingerie, celle de la Poterie, celles de la Grande et de la Petite-Friperie et, au besoin, celle du Contrat-Social;

La seconde partie destinée à la vente en détail des fruits, légumes, plantes usuelles et pommes de terre, comprend le pourtour du carreau des Innocents, seulement sous les abris et la place dite du Légat;

La troisième partie, réservée à la vente en détail des légumes, herbages et poirées seulement, comprend le nouveau marché à la verdure.

3. L'emplacement destiné à la vente en gros des fruits, légumes, pommes de terre, herbages et plantes usuelles est divisé en plusieurs parties;

La place des Innocents est affectée à la vente des fruits, asperges, betteraves, artichauts et carottes de Flandre;

Le marché du Légat, les rues de la Grande-Friperie et, au besoin, du Contrat-Social, à celle des pommes de terre et oignons en sacs;

La rue de la Poterie, à celle des plantes usuelles et médicinales;

Les rues Saint-Honoré, de la Lingerie, du Marché-aux-Poirées, à celle des herbages et produits du jardinage;

La rue de la Ferronnerie est exclusivement affectée à la vente en gros des gros légumes, choux, carottes, navets, panais, poireaux et oignons en bottes.

Il est défendu aux approvisionneurs en gros légumes d'y entrer avant minuit et de faire stationner leurs voitures chargées dans les rues adjacentes.

4. La vente en gros de tous ces objets continuera d'avoir lieu tous les jours.

Le marché sera ouvert pour la vente des gros légumes à deux heures du matin, depuis le 1er avril jusqu'au 1er octobre, et à trois heures pendant le reste de l'année.

Il sera ouvert pour les autres denrées, à quatre heures du matin, du 1er avril au 1er octobre, et à cinq heures pendant le reste de l'année.

L'ouverture sera annoncée au son de la cloche.

Une heure après, la cloche sera sonnée une seconde fois.

5. Pendant la première heure, les préposés de la préfecture de police feront la vérification des denrées exposées en vente.

6. Pendant cet intervalle, les marchandises seront soumises à l'examen des acheteurs.

Il ne pourra en être enlevé aucunes autres que celles amenées à destinations particulières constatées par lettres de voitures.

7. Les marchandises achetées ne pourront être enlevées que quand le prix aura été convenu entre le vendeur et l'acheteur, et qu'après le second coup de cloche.

8. La vente en gros des fruits et plantes usuelles cessera à dix heures du matin, du 1er octobre au 1er avril, et à neuf heures pendant le reste de l'année.

La fermeture sera annoncée au son de la cloche.

La vente en gros des légumes, des herbages, salades, choux-fleurs et verdures cessera à sept heures du matin, du 1er avril au 1er octobre, et à huit heures, du 1er octobre au 1er avril.

9. Les vendeurs et acheteurs sont libres de faire enlever par qui bon leur semble les marchandises achetées.

10. Les marchands forains ne peuvent conduire leurs denrées et marchandises que sur les marchés affectés par la présente ordonnance pour en faire la vente.

Sont exceptées les marchandises amenées à somme, qui pourront, comme par le passé, être amenées et vendues dans les marchés détachés.

11. Il est défendu aux marchands forains de vendre ou de recevoir des arrhes sur les routes, dans les rues, dans les auberges, dans les cafés et partout ailleurs, sous peine de saisie et d'amende.

12. Il est défendu d'aller au-devant des voitures ou de les suivre pour acheter ou arrher aucune espèce de denrée.

13. Il est défendu de se jeter sur les marchandises avant ou après leur déchargement sur les carreaux.

14. Il est défendu aux marchands forains d'emmagasiner dans Paris les denrées qu'ils auront amenées, et à toute personne de les recevoir en dépôt ou magasin.

15. Les marchands forains ne pourront vendre que par eux-mêmes ou par des personnes de leur famille les denrées qu'ils amèneront sur les carreaux.

16. Il est défendu d'apporter au marché et de vendre des fruits et des légumes pourris, défectueux ou de mauvaise qualité.

17. Il est défendu de mettre au fond des paniers des fruits d'une espèce et d'une qualité inférieures à celles des fruits qui sont au-dessus, comme aussi de mettre dans les paniers d'autres bouchons que ceux qui sont nécessaires à la conservation des fruits.

18. Il est défendu aux approvisionneurs de vendre aux mesures de détail.

19. Il leur est défendu de diviser le contenu de leurs sacs ou paniers pour le vendre partiellement.

20. Les sacs de pommes de terre et d'oignons contiendront un hectolitre au plus, un demi-hectolitre au moins.

21. Les paniers contenant des fruits destinés à être vendus au compte, porteront une étiquette indicative du compte attachée à chacun.

22. Les marchands forains seront tenus de se retirer des carreaux immédiatement après la vente et l'enlèvement de leurs denrées, et, pour le plus tard, aux heures désignées en l'article 8 pour la fermeture de la vente en gros.

23. Les marchandises exposées en vente sur un point quelconque des carreaux, ne pourront, sous aucun prétexte, être transportées et déposées sur un autre point du même carreau, soit qu'elles aient été vendues, soit qu'elles soient encore à vendre.

24. Les marchandises non vendues seront mises en resserre pour être représentées et mises en vente au marché suivant, sous les peines portées en l'article 11 de la présente ordonnance.

25. Le courtage et le regrat sont prohibés sur les carreaux. En conséquence, il est défendu d'acheter des marchandises en gros pour les revendre, soit en gros, soit en détail, sur les carreaux affectés à la vente en gros.

26. Il est défendu aux forts et gens de peine des halles de percevoir aucun salaire pour des frais de déchargement qui n'auraient point été effectués.

27. Il est défendu aux forts de placer sur les carreaux les marchandises des approvisionneurs en fruits, autrement que selon l'ordre et le tour d'arrivée de chacun, sans aucune préférence, sans distinction des espèces de paniers, et toujours en formant de droite à gauche des rangs parallèles, soit à la rue de la Lingerie, soit à la rue Saint-Denis.

28. Il est défendu aux forts, porteurs et gens de service des halles d'enlever aucunes marchandises vendues, s'ils n'ont été appelés à cet effet par les acquéreurs.

29. Il est défendu aux uns et aux autres d'acheter aucunes marchandises en gros, soit pour leur compte, soit pour celui de leurs femmes et enfants.

Il leur est également défendu d'acheter et vendre par commission.

30. Les forts sont tenus, dans leur service, d'exécuter sur-le-champ et provisoirement les ordres des préposés.

31. Les porteurs auront toujours leurs médailles suspendues à la boutonnière d'une manière ostensible.

32. Il est défendu aux fruitiers, traiteurs et tous autres d'embarrasser les carreaux, en y déposant leurs hottes, paniers, charrettes et marchandises ; ils devront les donner en garde.

33. La vente en détail des fruits, légumes, pommes de terre, herbages et plantes usuelles aura lieu tous les jours, depuis le lever jusqu'au coucher du soleil.

34. Il est défendu aux détaillants et notamment à ceux de gros légumes de vendre ailleurs qu'aux places qui leur sont assignées.

35. Il est défendu aux détaillants de retenir les sacs et paniers des approvisionneurs, sous prétexte d'obtenir des remises, indemnités ou pour-boire sur le prix des marchés.

36. Il leur est également défendu, en cas de contestation avec les acheteurs, de retenir les paniers, serviettes, sacs de main, pour les forcer à prendre la marchandise.

37. Nul ne peut s'installer sur le carreau pour la vente en détail des denrées, sans une permission émanée de la préfecture de police.

38. Les détaillants ne pourront faire aucune association avec les marchands forains pour la vente de leurs denrées.

39. Il est défendu aux détaillants de faire venir des denrées à leur destination sur le carreau.

40. Tout détaillant est tenu d'acheter par lui-même, s'il n'a permission de faire acheter par un autre.

41. Il est défendu de laisser stationner dans les marchés aucune charrette attelée ou à bras, même sous prétexte d'y faire des chargements.

Il est défendu aux jardiniers de ramener dans les halles et rues adjacentes, des voitures chargées de fumier, sous quelque prétexte que ce soit.

42. Les contraventions seront constatées par des procès-verbaux qui nous seront adressés, pour être statué ce que de droit.

43. La présente ordonnance sera imprimée et affichée.

Les sous-préfets des arrondissements de Saint-Denis et de Sceaux, les maires des communes rurales du ressort de la préfecture de police, les commissaires de police et notamment le commissaire du quartier des Marchés, le chef de la police centrale, les officiers de paix, le commissaire inspecteur général des halles et marchés, et les préposés de la préfecture de police sont chargés de tenir la main à son exécution.

Le conseiller d'État, préfet de police, G. DELAVAU.

N° 1108. — *Ordonnance concernant les mesures d'ordre à observer à l'occasion du jour de la Saint-Charles* (1).

Paris, le 1er novembre 1825.

Nous, conseiller d'Etat, préfet de police,

Vu la lettre à nous adressée par S. Exc. le ministre secrétaire d'Etat au département de l'intérieur;

Celle de M. le préfet du département de la Seine;

Et le programme des cérémonies, fêtes et réjouissances publiques-municipales qui auront lieu dans la ville de Paris, les 3 et 4 novembre prochain, veille et jour de la fête de S. M.,

Ordonnons ce qui suit :

Dispositions relatives au 3 novembre.

1. Le jeudi 3 novembre, la circulation et le stationnement des voitures seront interdits jusqu'à neuf heures du soir, savoir :

A compter de onze heures et demie du matin,

Dans la grande avenue des Champs-Elysées;

Dans toutes les avenues qui aboutissent aux Champs-Elysées;

A compter de six heures du soir,

Sur la place Louis XV;

Sur le pont Louis XVI;

Dans la rue Royale;

Sur les quais des Tuileries et de la Conférence;

Dans la rue Saint-Florentin;

Et dans la rue de Rivoli, depuis la rue Saint-Florentin jusqu'à celle de l'Echelle exclusivement;

Et à compter de six heures et demie seulement,

Sur le Pont-Royal;

Sur les quais de la rive droite, depuis le Pont-Royal jusqu'au Pont-Neuf;

Et sur ceux de la rive gauche, depuis le pont Louis XVI jusqu'à la rue des Saints-Pères exclusivement.

2. Sont seules exceptées de cette prohibition, les voitures des premiers officiers, soit de la maison du roi, soit des princes et princesses de la famille royale, qui, pour leur service, se rendraient des quartiers de la rive gauche de la Seine au château des Tuileries, dans la soirée du 3 novembre.

Ces voitures pourront traverser la rivière sur le Pont-Royal, où elles rentreront par la rue du Bac, sans pouvoir parcourir les quais interdits par l'article ci-dessus.

Les voitures des autres personnes qui, de cette rive gauche, se rendraient au château des Tuileries, ne pourront le faire que par le Pont-Neuf ou les ponts en amont, et, comme celles des personnes qui habitent les quartiers de la rive droite, elles arriveront par la rue Saint-Honoré ou par celle de l'Echelle, en traversant la rue de Rivoli.

Les unes et les autres suivront, en sortant du château, les directions qui viennent d'être indiquées.

Ces voitures ne pourront, soit sur le Pont-Royal et la partie du quai qu'elles traverseront, soit dans les rues Saint-Nicaise, de l'Echelle et de Rivoli, être conduites qu'au pas et sur une seule file.

Il est enjoint aux cochers d'obéir aux ordres qui leur seront donnés à ce sujet par les officiers de police ou par la gendarmerie.

---

(1) V. l'ord. du 31 oct. 1829.

3. Le même jour 3 novembre, depuis onze heures et demie du matin jusqu'à neuf heures du soir,

Les voitures qui arriveront à Paris par la barrière de Passy, seront dirigées, par le pont de l'Ecole militaire, sur les avenues de cette école.

Celles qui arriveront par la route de Neuilly ne pourront entrer dans Paris par la barrière de l'Etoile, et seront dirigées sur la barrière du Roule.

4. A compter de onze heures et demie du matin, le passage d'eau en bachots ou batelets sera interdit, le 3 novembre, entre le pont Louis XVI et celui de l'Ecole militaire.

5. Les commissaires de police veilleront à ce que l'ordre soit maintenu pendant les distributions de vin et de comestibles qui auront lieu aux Champs-Elysées.

6. Il est défendu de construire dans les Champs-Elysées aucun amphithéâtre, estrade ou autre établissement de ce genre.

Il ne pourra même être placé dans le grand carré non plus que dans celui de Marigny, aucuns tonneaux, bancs, chaises ni autres objets quelconques à l'aide desquels on ait la facilité de s'exhausser.

Les commissaires de police et l'architecte-commissaire de la petite voirie feront détruire ou enlever tous les objets de cette nature qui se trouveraient placés en contravention à la défense ci-dessus.

7. L'entrepreneur du feu d'artifice qui sera tiré, le 3 novembre, à l'entrée des Champs-Elysées, sera tenu de faire construire, autour de l'emplacement de ce feu et à la distance qui sera indiquée par le commissaire du quartier, une double enceinte en charpente tant pour faciliter la circulation et la surveillance de la force armée, que pour maintenir le public à l'éloignement reconnu nécessaire à sa sûreté.

8. Il est défendu de monter sur les parapets des quais et des ponts, sur les balustrades de la place Louis XV, sur les piles de bois dans les chantiers et sur les arbres des Champs-Elysées.

Il est également défendu de monter sur les barrières de clôture des chantiers de matériaux existant sur la place Louis XV et de s'introduire dans ces chantiers.

9. Des pompes et tonneaux à incendie seront disposés à proximité de la place Louis XV, pour porter des secours, au besoin.

Dispositions relatives au 4 novembre.

10. Les représentations gratuites qui auront lieu dans les spectacles, le vendredi 4 novembre, jour de la Saint-Charles, commenceront toutes à une heure.

Les portes seront ouvertes au public à midi et demi.

11. La Bourse, les ports et les chantiers seront fermés pendant la journée du 4 novembre.

12. Il est défendu de tirer, dans les soirées du 3 et du 4 novembre, ni armes à feu, ni pièces d'artifice d'aucune espèce, soit dans les rues, promenades et places publiques, soit dans les cours et jardins, soit par les fenêtres des maisons.

Les pères et mères et les chefs de maisons seront civilement responsables des faits de leurs enfants, de leurs ouvriers ou de leurs domestiques.

13. Il y aura illumination générale dans la soirée du 4 novembre.

Dispositions générales.

14. Les contraventions à la présente ordonnance seront constatées et poursuivies conformément aux lois.

15. La présente ordonnance sera imprimée et affichée.

Le chef de la police centrale, les maires des communes de Sèvres, Passy et Neuilly, les commissaires de police, les officiers de paix, la gendarmerie, le commissaire de police de la Bourse, l'architecte-commissaire de la petite voirie, l'inspecteur général de la navigation et des ports, le contrôleur du recensement et du mesurage des combustibles et les préposés de la préfecture de police sont chargés de tenir la main à son exécution, chacun en ce qui le concerne.

Le conseiller d'Etat, préfet de police, G. DELAVAU.

N° 1167. — *Ordonnance concernant la police de la rivière et des ports, pendant l'hiver et les temps des glaces, grosses eaux et débâcles* (1).

Paris, le 25 novembre 1825.

N° 1168. — *Avis concernant le ramonage et les secours à porter en cas d'incendie* (2).

Paris, le 28 novembre 1825.

N° 1169. — *Ordonnance concernant les voitures de place* (3).

Paris, le 29 novembre 1825.

Nous, conseiller d'Etat, préfet de police,

Considérant que l'expérience démontre que les divers prix fixés par les tarifs concernant les voitures de place ne sont point établis dans de justes proportions, d'où il résulte fréquemment, entre le public et les cochers, des difficultés dont le principe ne peut être détruit qu'en rétablissant l'équilibre entre la taxe du service à l'heure et celle du service à la course, et que d'une autre part le doublement du prix de la course et de l'heure après minuit est trop onéreux et excite d'autant plus les cochers à élever continuellement des contestations sur le véritable instant où ils ont été pris;

Considérant aussi que la surveillance ne peut être exercée utilement pour le public, sur les places de stationnement, qu'en donnant à ceux qui en sont chargés, une nouvelle organisation qui leur procure la force nécessaire pour maintenir les cochers dans le devoir, et leur fournisse les moyens de tenir note exacte du mouvement des voitures sur chaque place;

Vu la loi des 16-24 août 1790, articles 1er et 3, et les articles 2, 22 et 32 de l'arrêté du gouvernement du 12 messidor an VIII (1er juillet 1800),

---

(1) V. les ord. des 1er déc. 1838, 5 déc. 1839 et 25 oct. 1840 (art. 203 et suiv.).

(2) V. l'avis du 10 janv. 1828 et l'ord. du 24 nov. 1843.

(3) Rapportée. — V. l'ord. du 15 janv. 1841, les arr. des 15 janv. et 18 fév. 1841 et l'ord. du 25 mai 1842.

Ordonnons ce qui suit :

1. A compter du 8 décembre prochain, le prix des courses des voitures de place, dans Paris, sera réglé ainsi qu'il suit :

CARROSSES.

De six heures du matin à minuit.

	fr.	c.
Pour chaque course	1	50
Pour la première heure	2	25
Pour chacune des autres heures	1	75

De minuit à six heures du matin.

	fr.	c.
Pour chaque course	2	»
Pour chaque heure	3	»

CABRIOLETS.

De six heures du matin à minuit.

	fr.	c.
Pour chaque course	1	25
Pour la première heure	1	75
Pour chacune des autres heures	1	50

De minuit à six heures du matin.

	fr.	c.
Pour chaque course	1	65
Pour chaque heure	2	50

2. Tout cocher pris avant minuit et qui arrivera à destination après minuit, n'aura droit qu'aux prix du tarif de jour, mais seulement pour la première course ou la première heure.

Celui qui aura été pris avant six heures du matin, et qui n'arrivera à destination qu'après six heures, aura droit au tarif de nuit, mais seulement pour la première course ou la première heure.

3. Lorsqu'une voiture est sur place, le cocher doit marcher à toute réquisition, même pour aller charger à domicile.

4. Tout cocher qui aura été appelé sur place pour aller à domicile, et qui sera renvoyé sans être employé, recevra seulement le prix d'une demi-course à titre d'indemnité de déplacement.

5. Tout cocher qui, dans une course, est détourné de son chemin par la volonté de la personne qui l'emploie, est censé avoir été pris à l'heure et sera payé en conséquence.

6. Les cochers pourront se faire payer d'avance lorsqu'ils conduiront des personnes aux spectacles, bals et lieux de réunion et divertissements publics.

Ils pourront aussi demander à être payés lorsqu'ils descendront quelqu'un à l'entrée d'un jardin public ou de tel autre lieu où il est notoire qu'il existe plusieurs issues.

7. Le cocher qui consent à charger pendant qu'il se rend à une place de stationnement ou lorsqu'il se trouve hors place, est censé avoir été pris sur place.

8. Les cochers doivent marcher à toute réquisition et à toute heure, quel que soit le rang que leurs voitures occupent dans la file de la place.

Les trois premiers en tête ne doivent sous aucun prétexte, même momentanément, quitter leurs voitures.

9. Les cochers doivent toujours conduire leurs chevaux au trot et d'une manière loyale.

Il leur est enjoint d'aller modérément dans les descentes et au détour des rues.

Il leur est expressément défendu de surmener leurs chevaux ou de les faire galoper.

10. Tout cocher qui refusera de marcher à l'heure, qui exigera des prix excédant le tarif ou qui contreviendra en quelque manière que ce soit aux règlements, sera, suivant les circonstances, mis à pied, rayé des contrôles des cochers ou traduit devant les tribunaux.

11. Il y aura sur chaque place de stationnement, un inspecteur permanent chargé d'y maintenir l'ordre, d'assurer l'exécution des règlements, d'écouter les plaintes du public et de donner à tous ceux qui en auraient besoin des renseignements sur le service de place.

12. Ces inspecteurs porteront une marque distinctive.

13. A son arrivée sur la place et à son départ, chaque cocher devra avertir l'inspecteur, afin que ce dernier en prenne note sur sa feuille de mouvement.

14. Les règlements relatifs au service de place et auxquels il n'est pas textuellement dérogé ou innové par la présente ordonnance continueront de recevoir leur exécution.

15. La présente ordonnance sera imprimée et affichée.

Un exemplaire devra en être toujours déposé dans chaque voiture de place pour que le cocher puisse le représenter à toute réquisition du public ou des agents de l'administration.

La gendarmerie royale de Paris, le chef de la police centrale, les commissaires de police et les agents de police sont chargés d'en assurer l'exécution.

Le conseiller d'Etat, préfet de police, G. DELAVAU.

N° 1170. — *Ordonnance concernant la conduite des bestiaux, la surveillance des travaux de la boucherie dans les abattoirs généraux, la répression du mercandage, etc.* (1).

Paris, le 5 décembre 1825.

Nous, conseiller d'Etat, préfet de police,

Vu les ordonnances du roi des 12 janvier et 23 septembre derniers, ainsi que la décision ministérielle du 29 du même mois de septembre, relatives au commerce de la boucherie à Paris,

Ordonnons ce qui suit :

1. A dater du 1er janvier 1826, il y aura trois inspecteurs chargés de surveiller la conduite des bestiaux, et les travaux des bouchers dans les abattoirs, de poursuivre le mercandage et de veiller, partout où besoin sera, à l'exécution des règlements sur le commerce de la boucherie, d'après la direction qui leur sera donnée par l'inspecteur général des halles et marchés sous les ordres duquel ils sont placés.

2. A partir de la même époque, il y aura deux surveillants dans chacun des cinq abattoirs généraux. Ces surveillants, qui seront sous les ordres des trois inspecteurs susmentionnés, suivront tous les détails des travaux relatifs à l'arrivée, au triage, au classement et à l'a-

---

(1) V. les ord. des 11 sept. 1818, 30 déc. 1819, 9 janv. 1824, 29 avril 1825 et 25 mars 1830.

batage des bestiaux qu'ils ne perdront de vue ni le jour ni la nuit; ils abattront ceux qui seront en danger de mort et exécuteront tous les ordres qui leur seront donnés par les inspecteurs et par les préposés de police des abattoirs, dans l'intérêt du bon ordre et de la salubrité.

3. Les inspecteurs et les surveillants tiendront note des bestiaux qui leur paraîtront mal à pied, ou avoir été surmenés, des noms de leurs conducteurs et des bouchers auxquels ils appartiennent. Ils en informeront l'inspecteur général dans les vingt-quatre heures.

4. Les conducteurs de bestiaux sont tenus de les conduire à un pas modéré. Il leur est défendu de s'écarter, sous quelque prétexte que ce soit, des itinéraires qui leur sont tracés.

Il sont tenus de conduire les bestiaux de toute espèce de manière à laisser toujours libre la moitié du pavé des routes. (*Art. 475, § 3 et art. 476 du Code pénal.*)

Il y aura au moins un conducteur de bestiaux par chaque abattoir. Ces conducteurs alterneront suivant que le besoin du service l'exigera, et ne pourront, à moins d'y être autorisés par l'inspecteur général, conduire des bestiaux dans d'autres abattoirs que ceux pour lesquels ils auront été désignés.

5. Un des inspecteurs sera chargé de surveiller la conduite des bestiaux; il parcourra, à cet effet, les lundis et jeudis, les routes de Sceaux et de Poissy à Paris.

Il tiendra la main à ce que les bestiaux mal à pied soient amenés sur des voitures, et à ce que les autres ne soient pas surmenés.

Il ne pourra rentrer dans Paris qu'après l'arrivée de la dernière bande de bestiaux.

Il fera, dans les vingt-quatre heures, à l'inspecteur général, rapport des contraventions qu'il aura reconnues.

6. Les surveillants visiteront deux fois par jour les bouveries et prendront note des bouchers qui ne donneront pas une nourriture suffisante à leurs bestiaux.

Ils informeront dans le jour les préposés de police des abattoirs, des contraventions et abus qu'ils auront remarqués.

7. Les surveillants seront tenus de déférer aux ordres du conservateur des abattoirs, pour tout ce qui concerne la conservation de leur matériel.

8. Les surveillants tiendront enfermées les clefs des abattoirs particuliers, de manière à en disposer seuls.

Il leur est défendu, sous leur responsabilité personnelle, de remettre les clefs des abattoirs particuliers, des fondoirs et ateliers de triperie à aucun garçon, si celui-ci ne représente la carte dont il sera parlé ci-après.

9. Les maîtres bouchers, fondeurs et tripiers ne pourront admettre à leur service aucun garçon, s'il n'est porteur d'un livret revêtu du congé d'acquit de son précédent maître.

10. Dans les vingt-quatre heures de l'admission d'un garçon, tout maître boucher, fondeur ou tripier sera tenu de déposer son livret entre les mains du préposé de police de l'abattoir.

11. Le préposé de police remettra au boucher, fondeur ou tripier, en échange du livret, une carte indicative des noms du maître et du garçon.

Le garçon sera toujours porteur de cette carte, sans quoi il ne sera point admis dans l'abattoir.

12. Les trois articles précédents seront rigoureusement exécutés, même pour les garçons auxiliaires, sans qu'il puisse y être dérogé sous quelque prétexte que ce soit.

13. Il continuera d'y avoir deux surveillants du lotissage des moutons aux parquets de Clichy et de Vaugirard.

14. Il est expressément défendu, sous les peines de droit, aux inspecteurs et surveillants mentionnés dans la présente ordonnance, ainsi qu'aux conducteurs de moutons, de s'immiscer d'une manière quelconque dans le commerce des bestiaux et de la boucherie.

15. Les dispositions des règlements antérieurs qui ne sont point contraires à la présente ordonnance, continueront d'être exécutées suivant leur forme et teneur.

16. Les contraventions à la présente ordonnance seront constatées par des procès-verbaux ou rapports qui nous seront transmis, et punies conformément aux lois et règlements.

17. La présente ordonnance sera imprimée, publiée et affichée.

Il en sera adressé une ampliation à M. le conseiller d'Etat, préfet du département de la Seine et à M. le directeur des droits d'octroi.

18 Les sous-préfets de Sceaux et de Saint-Denis, les maires des communes rurales, les commissaires de police, notamment celui des marchés, et ceux des quartiers où sont situés les abattoirs, le chef de la police centrale, les officiers de paix, le commissaire inspecteur général des halles et marchés et les préposés de la préfecture de police sont chargés de tenir la main à son exécution.

19. Aux termes de l'article 1er, § 2, de l'arrêté du ministre de l'intérieur du 29 septembre dernier, la présente ordonnance sera soumise à l'approbation de Son Excellence.

Le conseiller d'Etat, préfet de police, G. DELAVAU.

Vu et approuvé.

Le ministre de l'intérieur, CORBIÈRE.

N° 1171. — *Ordonnance concernant la vérification annuelle des poids et mesures* (1).

Paris, le 15 décembre 1825.

Nous, conseiller d'Etat, préfet de police,

Vu 1° L'édit du mois de janvier 1704, portant que la vérification des poids et mesures employés dans le commerce sera faite au moins une fois chaque année ;

2° La loi du 1er vendémiaire, an IV (23 septembre 1795), relative aux poids et mesures ;

3° Les articles 2 et 26 de l'arrêté du gouvernement du 12 messidor an VIII (1er juillet 1800) et l'article 1er de l'arrêté du 3 brumaire an IX (25 septembre 1800);

4° Les arrêtés du gouvernement des 13 brumaire et 29 prairial an IX (5 octobre 1800 et 18 juin 1801);

5° Les décisions de S. Exc. le ministre de l'intérieur, sur la vérification annuelle des poids et mesures ;

6° L'article 1 de l'ordonnance de police du 23 novembre 1807, approuvée par S. Exc. le ministre de l'intérieur, concernant la vérification annuelle des poids et mesures dans le ressort de la préfecture de police ;

7° Le décret du 12 février 1812, concernant l'uniformité des poids et mesures ;

8° L'arrêté pris le 28 mars suivant, par S. Exc. le ministre de l'intérieur, pour l'exécution de ce décret ;

---

(1) V. les ord. des 27 oct. et 29 nov. 1826, 23 nov. 1842 et 1er déc. 1843.

9° L'ordonnance de police du 2 juillet de la même année, concernant l'émission des mesures et poids usuels,

10° Et la décision de S. Exc. le ministre de l'intérieur du 30 novembre suivant,

Ordonnons ce qui suit :

1. Les poids et mesures à l'usage du commerce, dans le ressort de la préfecture de police seront, en 1826, soumis suivant l'usage à la vérification annuelle.

Sont exceptés les anciens poids de cinquante livres, rajustés à vingt-cinq kilogrammes dont l'emploi dans le commerce avait été toléré dans les premiers temps de l'établissement du système métrique ; mais dont l'usage est définitivement interdit, et qui seront considérés comme faux et susceptibles d'être saisis.

2. Les marchands, négociants, fabricants, entrepreneurs de voitures tant par terre que par eau, destinées au transport des marchandises, et tous autres faisant usage de poids et mesures, soit pour acheter, soit pour vendre seront tenus de les représenter, aux époques ci-après fixées, au bureau de vérification établi quai des Orfévres, pour être vérifiés et poinçonnés. Ils les feront préalablement nettoyer et rajuster, si besoin est.

Les bouchers seront pareillement tenus de représenter au bureau de vérification, après les avoir fait rajuster, si besoin est, non-seulement les poids dont ils se servent dans leurs étaux, mais encore ceux qu'ils auront fait transporter dans leurs échaudoirs aux abattoirs généraux.

3. Indépendamment de l'empreinte des armes de France les poids et mesures seront marqués, pour l'année 1826, d'un poinçon qui portera la lettre Z.

4. Il sera procédé à la vérification des poids et mesures, savoir :

En janvier et février, pour les premier et deuxième arrondissements de Paris et les cantons de Nanterre et de Neuilly ;

En mars, pour les troisième et quatrième arrondissements et le canton de Charenton ;

En avril, pour les cinquième et sixième arrondissements et le canton de Vincennes ;

En mai, pour le septième arrondissement et les cantons de Sceaux et de Villejuif ;

En juin, pour le huitième arrondissement et le canton de Saint-Denis ;

En juillet, pour les neuvième et dixième arrondissements et le canton de Pantin,

Et en août, pour les onzième et douzième arrondissements et les communes de Saint-Cloud, Sèvres et Meudon.

Les mesures pour le bois de chauffage servant à l'exploitation des chantiers tant dans Paris que dans les communes du ressort de la préfecture de police seront vérifiées pendant le mois de septembre ;

Celles employées dans les chantiers de Paris seulement seront vérifiées et marquees sur les lieux.

Les marchands de bois feront préalablement rajuster leurs mesures, après toutefois que la nécessité en aura été reconnue par les inspecteurs des chantiers.

Il est défendu aux marchands de faire ajouter des coins dans les joints des montants et dans ceux des contrefiches de ces mesures.

5. Après les époques fixées par l'article précédent, il est défendu de se servir, dans les arrondissements, cantons et communes désignés, de poids et mesures, s'ils ne sont marqués de la lettre Z. Les poids et mesures qui ne seront pas revêtus de cette marque seront saisis.

6. Lorsque les marchands, négociants ou autres établis dans Paris seulement, ayant au delà de vingt-cinq double-myriagrammes en fer, désireront que la vérification en soit faite à domicile, ils nous en adresseront la demande dans les délais déterminés par l'article 4.

7. Le droit de vérification des poids et mesures sera perçu conformément aux arrêtés du gouvernement.

Il ne sera néanmoins perçu que quinze centimes pour chaque double-myriagramme qui sera vérifié au bureau.

8. Les contraventions seront constatées par des procès-verbaux qui nous seront adressés pour être déférés aux tribunaux.

9. La présente ordonnance sera imprimée et affichée.

Les sous-préfets des arrondissements de Saint-Denis et de Sceaux, les maires des communes rurales du ressort de la préfecture de police, les commissaires de police, l'inspecteur général de la navigation et des ports, le contrôleur général du recensement et du mesurage des bois et charbons, le commissaire inspecteur général des halles et marchés, le contrôleur de la halle aux grains et farines, le vérificateur en chef et les inspecteurs des poids et mesures sont chargés, chacun en ce qui le concerne, de tenir la main à son exécution.

Le conseiller d'Etat, préfet de police, G. DELAVAU.

N° **1172**. — *Avis concernant l'enlèvement des neiges et glaces* (1).

Paris, le 30 décembre 1825.

1826.

N° **1173**. — *Ordonnance concernant les masques* (2).

Paris, le 25 janvier 1826.

N° **1174**. — *Ordonnance concernant des mesures d'ordre à observer à l'occasion de la messe du Saint-Esprit et de l'ouverture de la session des Chambres* (3).

Paris, le 28 janvier 1826.

---

(1) V. les ord. des 7 janv. 1835, 14 déc. 1838, 7 déc. 1842.

(2) V. les ord. des 10 fév. 1828, 10 fév. 1830 et 23 fév. 1843.

(3) V. l'ord. du 26 fév. 1830.

N° 1175. — *Arrêté concernant la visite des carrosses et cabriolets de place* (1).

Paris, le 21 février 1826.

N° 1176. *Ordonnance concernant la prohibition de la chasse* (2).

Paris, le 27 février 1826.

N° 1177. — *Ordonnance concernant les diligences, messageries et autres voitures publiques* (3).

Paris, le 15 mars 1826.

Nous, conseiller d'Etat, préfet de police,

Vu l'ordonnance du roi, du 4 février 1820 (4), concernant les messageries et les voitures publiques et notamment l'article 2, en exécution duquel lesdites voitures doivent être visitées par des experts nommés par les préfets ou sous-préfets, afin qu'il soit constaté si elles sont conformes aux dispositions prévues par ce règlement, et si elles n'offrent aucun vice susceptible de compromettre la sûreté des voyageurs ;

Les instructions de S. Exc. le ministre de l'intérieur, en date du 20 juillet 1824;

Et notre ordonnance du 14 août de la même année ;

Considérant que l'expérience a démontré que les voitures publiques dont les caisses ont une seule portière, offrent un vice de construction qui peut compromettre la sûreté des voyageurs, lorsqu'une voiture verse, ou même dans le cas où elle serait arrêtée par des malfaiteurs ;

Que déjà, et conformément aux instructions précitées de S. Exc. le ministre de l'intérieur, les entrepreneurs de voitures publiques, qui ont le chef-lieu de leurs établissements ou seulement un bureau à Paris, ont reçu l'ordre de corriger ce vice de construction ; que néanmoins plusieurs voitures, qui sont encore défectueuses sous ce rapport, continuent de circuler et qu'il importe de prévenir les accidents qui en peuvent résulter,

Ordonnons ce qui suit :

1. Les diligences, messageries et autres voitures publiques ne pourront circuler dans le ressort de la préfecture de police, qu'autant que chacune des caisses de ces voitures aura au moins une portière de chaque côté, à l'exception toutefois de la caisse de derrière, lorsque la portière de celle-ci sera placée à l'extrémité.

2. Les contraventions seront constatées par des procès-verbaux pour être déférées aux tribunaux de police.

---

(1) Rapportée. — V. l'ord. du 15 janv. 1841, les arrêtés des 15 janv. et 18 fév. 1841 et l'ord. du 25 mai 1842.

(2) V. l'ord. du 23 fév. 1843.

(3) V. les ord. des 25 oct. 1827, 19 août 1828, 31 janv. 1829 et 18 avril 1843.

(4) Rapportée. — V. à l'appendice l'ord. du roi du 16 juill. 1828.

Toute diligence ou autre voiture publique partant de Paris, et dont les portières ne seraient pas disposées conformément à l'article ci-dessus sera arrêtée à l'instant même, et le conducteur contraint de la ramener dans l'établissement d'où elle serait partie.

3. Les dispositions de notre ordonnance du 14 août 1824 sont d'ailleurs maintenues et continueront d'être observées, dans le but d'empêcher la circulation des différentes voitures publiques qui ne seraient pas conformes en tous points à l'ordonnance royale du 4 février 1820.

4. La présente ordonnance sera imprimée et affichée.

Il en sera remis un exemplaire dans chaque établissement ou bureau de voitures publiques pour y demeurer constamment placardé.

5. Les sous-préfets des arrondissements de Saint-Denis et de Sceaux, les maires et adjoints des communes du ressort de la préfecture de police, les commissaires de police, le chef de la police centrale, les officiers de paix et inspecteurs, les préposés aux ponts à bascule et tous préposés de la préfecture de police sont chargés de tenir la main à son exécution.

Elle sera adressée à M. le colonel de la gendarmerie royale de Paris et à M. le commandant de la gendarmerie du département de la Seine, pour en assurer l'exécution par tous les moyens mis à leur disposition.

Ampliation en sera envoyée à M. le directeur des droits d'entrée et d'octroi de Paris.

Le conseiller d'Etat, préfet de police, G. DELAVAU.

N° 1178. — *Ordonnance concernant l'ordre à suivre lors du défilé des voitures qui iront à Longchamp* (1).

Paris, le 20 mars 1826.

N° 1179. — *Ordonnance concernant le marché Saint-Germain* (2).

Paris, le 19 avril 1826.

Nous, conseiller d'Etat, préfet de police,

Vu l'art. 33 de l'arrêté du gouvernement du 1er juillet 1800 (12 messidor an VIII);

Le bail à loyer du marché Saint-Germain, consenti par la ville de Paris au sieur Lepelletier, le 28 février 1826,

Et la décision de S. Exc. le ministre de l'intérieur, du 25 mars suivant, qui approuve l'adjudication dudit bail,

Ordonnons ce qui suit :

1. Les trois galeries du midi, de l'est et de l'ouest du marché Saint-Germain demeureront affectées exclusivement à la vente des comestibles. Le fermier ne pourra, sous quelque prétexte que ce soit, leur donner en tout ou en partie une autre destination.

2. Le fermier sera tenu de réserver dans la galerie du nord des places en nombre suffisant, les mardi et vendredi de chaque semaine, pour y recevoir les approvisionnements forains de comestibles.

Cette galerie sera, quant au reste, à la libre disposition du fermier qui, à défaut de marchands de comestibles, pourra y placer des mar-

---

(1) V. l'ord. du 10 avril 1843.

(2) V. l'ord. du 4 mai 1832.

chands de menus objets relatifs aux besoins journaliers du ménage, tels que ferblanterie, poterie, boissellerie, mercerie, etc.

Il est néanmoins expressément défendu d'y recevoir des débitants de vin, de liqueurs, d'aliments préparés, des marchands de livres, d'estampes, de tableaux, de meubles, de linge de corps ou de table, de vêtements et tout autre commerce étranger à la destination spéciale du marché.

3. Sous les quatre galeries couvertes du marché, les massifs d'étalage seront maintenus sur quatre rangs, dont deux adossés l'un à l'autre dans le milieu et parallèlement aux galeries, et les deux autres appuyés contre les façades intérieures des murs : il sera laissé entre ceux-ci et les premiers, un espace de deux mètres au moins pour la circulation du public.

Ces massifs d'étalage seront divisés par places d'une dimension de deux mètres en carré.

La limitation de ces places sera indiquée par des marques apparentes, et chaque place sera numérotée.

4. Il est expressément défendu de placer aucun étalage sur les trottoirs tant intérieurs qu'extérieurs du marché, d'obstruer les portes pratiquées tant sur les rues environnantes, que sur la cour, et d'embarrasser les passages.

5. Des étalages de vieux linges pourront être placés sur deux rangs dans l'intérieur de la cour, vers les quatre angles rentrants : ils seront montés sur tréteaux, et recouverts de bannes en toiles, sans scellements ni appuis enfoncés, de manière à pouvoir être facilement déplacés pour nettoyer la cour, ou pour tout service public, accidentel ou permanent.

6. Ces étalages ne pourront être placés à moins de quatre mètres des murs : il n'en pourra être établi au-devant des portes, auprès de la fontaine dont les abords seront toujours entièrement libres, et l'isolement maintenu dans un rayon de cinq mètres cinquante centimètres au moins, à compter de chacune des quatre bornes d'angles.

7. Un préposé spécial est chargé de la surveillance du marché Saint-Germain.

8. Aucun détaillant ne sera privé de sa place sans notre autorisation.

9. Conformément aux décisions du ministre de l'intérieur du 10 janvier 1817 et du 2 juin 1823, le fermier ne pourra exiger des marchands qui fréquentent le marché Saint-Germain, d'autres prix de location des places que ceux ci-après fixés ;

SAVOIR :

1° Dans le bâtiment de la boucherie, de chaque boucher, quatre francs par jour et par place ; de chaque charcutier, un franc cinquante centimes aussi par jour et par place ;

2° Dans les galeries du midi, de l'est et de l'ouest, chaque détaillant payera par jour et par place, y compris une resserre, cinquante centimes, et sans resserre, trente centimes.

Quant à la galerie du nord, à la cour et aux boutiques, espaces et autres dépendances, situés sur les rues Mabillon et Guizarde, le prix de location des places sera débattu et réglé de gré à gré entre le fermier et les marchands.

10. Le marché Saint-Germain ouvrira à cinq heures en été, et à six en hiver ; il fermera en tout temps à la nuit tombante.

11. Les contraventions à la présente ordonnance seront constatées par des procès-verbaux qui nous seront transmis, et punies conformément aux lois et règlements.

12. La présente ordonnance sera imprimée et affichée.

Ampliation en sera adressée à M. le conseiller d'Etat, préfet du département de la Seine.

Le commissaire inspecteur général des halles et marchés, le chef de la police centrale, les commissaires de police, et notamment ceux des quartiers des marchés et du Luxembourg, les officiers de paix et les préposés de la préfecture de police sont chargés de tenir la main à son exécution.

Le conseiller d'Etat, préfet de police, G. DELAVAU.

N° 1180. — *Ordonnance concernant les mesures d'ordre à observer à l'occasion de la dernière procession générale pour les stations du jubilé, de la pose par le roi, et de la bénédiction de la première pierre du monument qui doit être élevé à la mémoire de Louis XVI.*

Paris, le 1er mai 1826.

Nous, conseiller d'Etat, préfet de police,

Vu la lettre à nous écrite le 30 avril dernier par M. le grand-maître des cérémonies de France,

Ordonnons ce qui suit :

1. Mercredi prochain, 3 mai, la voie publique sera balayée avant huit heures du matin,

Sur la place du Parvis Notre-Dame ; dans la rue Neuve-Notre-Dame ; dans la rue du Marché-Palu ; sur le Marché-Neuf ; sur le quai des Orfévres ; sur le Pont-Neuf, entre le quai des Orfévres et la place des Trois-Maries ; sur le quai de l'Ecole ; dans la rue du Petit-Bourbon ; sur la place de Saint-Germain-l'Auxerrois ; sur la place du Musée ; dans la rue du Carrousel ; sur la place du Carrousel ; dans la rue de l'Echelle :

Dans la rue Saint-Honoré, depuis la rue de l'Echelle jusqu'à la rue Royale ;

Dans la rue Royale ; sur la place Louis XVI ; sur les quais des Tuileries, du Louvre et de la Mégisserie ; sur le Pont-au-Change, et dans la rue de la Barillerie.

Les habitants de Paris feront effectuer ce balayage chacun en ce qui le concerne, au-devant de leurs maisons, murs, jardins et terrasses.

L'enlèvement des immondices par les tombereaux de l'entreprise du nettoiement devra être terminé à neuf heures du matin au plus tard, sur tous les points ci-dessus indiqués.

Il est défendu d'y déposer aucune ordure, et d'y jeter ou laisser couler aucunes eaux ménagères, après le passage des tombereaux du nettoiement.

2. Les entrepreneurs de pavé feront, sur leurs ateliers respectifs, les dispositions nécessaires, pour que les travaux qui auraient été entrepris sur les parties de la voie publique ci-dessus désignées soient terminés le 2 mai dans la soirée, et pour qu'il n'y reste que les pavés neufs et le sable d'approvisionnement, qu'ils feront relever contre le mur des maisons, de manière à ne point excéder la saillie des bornes.

3. Le même jour 3 mai, la circulation et le stationnement des voitures seront interdits, savoir :

Depuis midi et demi jusqu'après le passage de la procession,

Sur le Parvis Notre-Dame ; dans la rue Neuve-Notre-Dame ; dans la rue du Marché-Palu ; sur le Marché-Neuf ; dans la rue du Cloître-Notre-Dame ; dans la rue Bossuet ; sur le quai de l'Archevêché ; sur le quai de la Cité ; sur le quai des Orfévres ; sur le Pont-Neuf ; sur le quai de l'Ecole ; dans la rue du Petit-Bourbon ; sur la place de Saint-Germain-l'Auxerrois et sur la place Louis XVI.

Depuis une heure et demie après-midi, jusqu'après le passage de la procession :

Sur la place du Musée ; dans la rue du Carrousel ; sur la place du Carrousel ; sous le guichet de la rue de l'Echelle ; dans la rue de l'Echelle, et dans la rue Saint-Honoré, depuis la rue de l'Echelle jusqu'à la rue Royale.

Depuis deux heures après-midi jusqu'après le passage de la procession :

Dans la rue Royale ; dans la rue du faubourg Saint-Honoré, entre la rue Royale et celle des Champs-Elysées.

Depuis deux heures et demie après-midi, jusqu'après le passage de la procession :

Sur le quai des Tuileries ; sur le Pont-Royal et sur le quai du Louvre.

Enfin depuis trois heures après-midi, jusqu'après le retour et le défilé de la procession :

Sur le quai de l'Ecole ; sur le Pont-Neuf, dans la partie qui aboutit à la place des Trois-Maries ; sur le quai de la Mégisserie ; sur le Pont-au-Change ; dans la rue de la Barillerie ; sur le Marché-Neuf ; dans la rue du Marché-Palu ; dans la rue Neuve-Notre-Dame, et sur le Parvis.

4. Sont seuls exceptés de l'interdiction ci-dessus, les voitures des personnes qui se rendraient au château des Tuileries pour leur service et à l'église métropolitaine, ainsi que les courriers de la malle qui, néanmoins, seront tenus de s'arrêter lorsqu'ils rencontreront la procession, jusqu'à son entier passage.

Sont également exceptées les voitures des personnes qui seraient munies de billets pour les tribunes dressées dans la place Louis XVI et qui pourront arriver jusqu'aux chevaux de Marly où elles descendront, en arrivant sur ce point par les Champs-Elysées et sans traverser la place Louis XVI.

Cet accès sera interdit passé deux heures et demie après midi.

5. A partir d'une heure après midi, jusqu'après le retour de la procession sur le quai du Louvre, les voitures qui entreront dans Paris par la barrière de la Conférence, pour aller sur la rive gauche de la Seine, traverseront la rivière sur le pont de l'Ecole militaire. Celles qui voudraient aller sur la rive droite se dirigeront par l'allée des Veuves et les rues aboutissant au faubourg Saint-Honoré.

Les voitures qui entreront par la barrière de l'Etoile ne pourront suivre l'avenue des Champs-Elysées plus loin que l'allée de Marigny.

Quant aux voitures qui voudront sortir de Paris par ces mêmes barrières, elles ne pourront, à compter d'une heure et demie, jusqu'après le passage complet de la procession, passer sur le quai du Louvre, sur celui des Tuileries, sur la place Louis XVI, dans la rue Saint-Honoré, depuis la rue de l'Echelle jusqu'à la rue Royale, dans cette dernière rue ni dans la rue du faubourg Saint-Honoré, depuis la rue Royale jusqu'à celle des Champs-Elysées.

6. Le roi devant rentrer aux Tuileries par le guichet du pavillon de Flore, les personnes qui désireront suivre sa majesté, et quitter en même temps qu'elle la procession, voudront bien, en descendant à Notre-Dame, donner à leurs cochers l'ordre d'aller les attendre dans la cour des Tuileries.

Les voitures qui devront aller occuper ce stationnement après avoir déposé leurs maîtres devant l'église métropolitaine seront immédiatement dirigées par la rue du Cloître-Notre-Dame, la rue Bossuet, le quai de la Cité et le pont Notre-Dame.

Les autres seront mises en stationnement sur le quai de l'Archevêché, sur celui de la Cité et au besoin sur le quai aux Fleurs.

Les maîtres sont invités à donner à leurs cochers l'ordre de répondre aux questions, et d'obéir aux injonctions qui leur seront faites à cet égard par les officiers de paix de service sur les lieux.

7. Défenses sont faites de monter sur les parapets des quais et des ponts, sur les toits et les auvents des maisons, ainsi que sur les échafaudages qui se trouveraient au-devant des bâtiments en construction.

8. Dans les rues et places désignées en l'article 1, le devant des maisons sera décoré de tentures, comme il est d'usage de le faire pour la procession de la Fête-Dieu.

Les habitants ne commenceront à détendre ou faire détendre qu'une demi-heure après le passage de la procession.

Ils feront disparaître des croisées desdites maisons les caisses, pots à fleurs et autres objets susceptibles de causer des accidents par leur chute.

9. Les contraventions à la présente ordonnance seront constatées par des procès-verbaux et poursuivies conformément aux lois.

10. La présente ordonnance sera imprimée et affichée.

Le chef de la police centrale, les commissaires de police, la gendarmerie, les officiers de paix, l'inspecteur général de la salubrité et les agents de la préfecture de police sont chargés de tenir la main à son exécution.

Le conseiller d'Etat, préfet de police, G. DELAVAU.

N° 1181. — *Ordonnance concernant les bains dans la rivière et dans les écoles de natation* (1).

Paris, le 25 mai 1826.

N° 1182. — *Ordonnance concernant les remises aux facteurs du commerce des beurres et œufs* (2).

Paris, le 19 mai 1826.

Nous, conseiller d'Etat, préfet de police,

Vu la décision de S. Exc. le ministre secrétaire d'Etat au département de l'intérieur, du 14 avril dernier, portant fixation de remises aux facteurs du commerce des beurres et œufs,

Ordonnons ce qui suit :

1. Les facteurs du commerce des beurres et œufs jouiront, à dater du 15 juin prochain, d'une remise de un et un quart pour cent sur les beurres de Gournay vendus à la criée.

2. La remise de un et un quart pour cent dont ces facteurs jouis-

---

(1) V. les ord. des 20 mai 1839 et 25 oct. 1840 (art. 187 et suiv., et 225).

(2) V. les ord. des 18 juin 1823 et 22 sept. 1830.

saient sur les œufs de même origine est réduite à un pour cent à compter de la même époque.

3. La présente ordonnance sera imprimée, publiée et affichée.

Ampliation en sera adressée à M. le conseiller d'Etat, préfet du département de la Seine.

Le commissaire inspecteur général des halles et marchés et le commissaire de police du quartier des marchés sont chargés de tenir la main à son exécution.

Le conseiller d'Etat, préfet de police, G. DELAVAU.

N° 1183. — *Ordonnance concernant les processions de la Fête-Dieu* (1).

Paris, le 25 mai 1826.

N° 1184. — *Ordonnance concernant les chiens errants* (2).

Paris, le 30 mai 1826.

N° 1185. — *Ordonnance concernant le canal Saint-Martin* (3).

Paris, le 10 juin 1826.

Nous, conseiller d'Etat, préfet de police,

Informé que, au mépris des lois et règlements, un grand nombre de personnes se baignent dans le canal Saint-Martin, notamment dans le bassin qui longe la rue de Carême-Prenant ;

Qu'on se permet de jeter dans ce canal des animaux morts et des immondices qui corrompent les eaux et peuvent compromettre la salubrité ;

Que l'on y jette pareillement des pierres qui exposent les bateaux à être blessés et à périr avec leur chargement ;

Que des particuliers puisent journellement dans le canal dont les eaux appartiennent aux concessionnaires,

Ordonnons ce qui suit :

1. Il est défendu de se baigner dans aucune partie du canal Saint-Martin.

2. Il est défendu de jeter dans le canal aucuns animaux morts, ordures, immondices ou autres objets.

Il est pareillement défendu de puiser de l'eau dans le canal.

3. Les contraventions aux dispositions ci-dessus seront constatées par des procès-verbaux qui nous seront transmis, pour être ensuite déférées aux tribunaux et poursuivies conformément à la loi.

4. La présente ordonnance sera imprimée et affichée.

Les commissaires de police, notamment ceux des quartiers de la

---

(1) V. l'ord. du 9 juin 1830.

(2) V. l'ord. du 23 juin 1832.

(3) V. l'ord. du 20 mai 1839 concernant les bains en rivière et l'ord. du 25 oct. 1840 (art. 111 et suiv., 209 et 225).

porte Saint-Martin, du Temple, de Popincourt et de l'Arsenal, le chef de la police centrale, les officiers de paix, l'inspecteur général de la navigation et des ports et les préposés de la préfecture de police sont chargés d'en surveiller l'exécution.

Elle sera adressée à M. le colonel de la ville de Paris, commandant de la gendarmerie royale qui est invité à en assurer l'exécution par tous les moyens qui sont à sa disposition.

Le conseiller d'Etat, préfet de police, G. DELAVAU.

N° 1186. — *Ordonnance concernant l'arrosement* (1).

Paris, le 23 juin 1826.

N° 1187. — *Ordonnance concernant les porteurs d'eau* (2).

Paris, le 27 juin 1826.

N° 1188. — *Ordonnance qui défend aux voitures de traverser les ponts mobiles du canal Saint-Martin, autrement qu'au pas* (3).

Paris, le 17 juillet 1826.

N° 1189. — *Ordonnance concernant le commerce des veaux* (4).

Paris, le 18 juillet 1826.

Nous, conseiller d'Etat, préfet de police,

Considérant qu'il s'est introduit dans le commerce des veaux des abus auxquels il importe de remédier;

Vu les articles 2, 32 et 33 de l'arrêté du gouvernement du 1er juillet 1800 (12 messidor an VIII),

Ordonnons ce qui suit :

1. Les veaux amenés à Paris par les marchands forains et les veaux provenant des vaches nourries dans Paris continueront d'être vendus à la halle aux veaux, quartier du Jardin-du-Roi, les mardi et vendredi de chaque semaine.

2. La vente aura lieu le mardi, depuis neuf heures jusqu'à midi, du 1er avril au 1er octobre, et depuis dix heures jusqu'à une heure, du 1er octobre au 1er avril. Le vendredi, depuis neuf heures jusqu'à

---

(1) V. les ord. des 17 mai 1834, 1er juin 1837 et 27 juin 1843.

(2) V. les ord. des 24 oct. 1829, 14 juin 1833, 30 mars 1837 et 15 avril 1843.

(3) V. l'ord. du 1er juill. 1831.

(4) V. les ord. des 14 déc. 1826, 5 janv. 1829, et celle du 25 mars 1830 concernant la boucherie.

deux, du 1er avril au 1er octobre et depuis dix heures jusqu'à trois, du 1er octobre au 1er avril.

L'ouverture et la fermeture de la vente seront annoncées au son d'une cloche.

3. Les veaux destinés pour l'approvisionnement de Paris seront conduits directement à la halle. Il ne peut, sous aucun prétexte, en être vendu ailleurs.

Sont exceptés de la disposition précédente les marchés de Sceaux et de Poissy sur lesquels les veaux continueront d'être vendus comme par le passé.

4. Les veaux provenant des vaches nourries dans Paris et au dehors et qui n'auront pas l'âge requis pour être livrés à la consommation, ne pourront être vendus à la halle ou sur les marchés de Sceaux et de Poissy qu'à des nourrisseurs établis dans les communes rurales.

Ces veaux seront exposés en vente dans l'emplacement qui sera désigné.

5. Il est enjoint aux nourrisseurs de vaches laitières dans Paris, de faire aux commissaires de police de leurs quartiers respectifs, la déclaration de celles qui seront pleines.

Il est également enjoint aux nourrisseurs de vaches laitières dans les communes rurales du ressort de la préfecture de police, de faire la même déclaration à MM. les maires.

Ces déclarations nous seront transmises dans les vingt-quatre heures.

6. Les veaux seront visités quelques jours avant d'être mis en vente.

Cette visite sera faite par le commissaire inspecteur général des halles et marchés ou par les préposés placés sous ses ordres.

7. Il est défendu de vendre et d'acheter aucuns veaux avant l'ouverture et après la fermeture du marché.

8. Au fur et à mesure de leur arrivée, les marchands déclareront aux préposés chargés de la surveillance le nombre des veaux qu'ils auront amenés.

9. Les veaux seront mis en rang sur de la paille au moins une demi-heure avant l'ouverture de la vente. Il sera laissé entre les rangs un espace de soixante-six centimètres (environ deux pieds).

10. Les veaux devront porter la marque particulière de chaque marchand.

11. Il est expressément défendu d'exposer en vente des veaux âgés de moins de six semaines, et d'en vendre la viande dans les marchés ou étaux et dans quelques lieux que ce soit.

12. Avant l'ouverture de la vente, le commissaire inspecteur général des halles et marchés ou les préposés placés sous ses ordres examineront les veaux pour s'assurer s'ils peuvent être livrés à la consommation.

13. Les veaux arrivés trop tard pour être placés, et ceux qui n'auront pu être vendus seront déposés dans les caves de la halle pour être exposés en vente au marché suivant.

14. Les forts employés au déchargement et au placement des veaux seront permissionnés et porteront une médaille.

15. Il est défendu aux bouchers d'aller au-devant des marchands forains qui amènent des veaux pour l'approvisionnement de Paris, et d'en acheter ou arrher ailleurs qu'à la halle.

16. Les bouchers seuls pourront acheter des veaux à la halle. Il leur est défendu d'entrer sous les galeries où sont placés les veaux, avant l'ouverture du marché.

17. Il est défendu aux bouchers d'acheter des veaux à la halle pour les revendre sur le même marché ou partout ailleurs.

18. Il est défendu d'allumer du feu dans l'enceinte et au pourtour de la halle aux veaux.

19. Les contraventions à la présente ordonnance seront constatées par des procès-verbaux et déférées aux tribunaux pour être punies conformément aux lois.

20. La présente ordonnance sera imprimée, publiée et affichée.

21. Les sous-préfets de Saint-Denis et de Sceaux, les maires et les commissaires de police des communes rurales du ressort de la préfecture de police et à Paris les commissaires de police, le chef de la police centrale, les officiers de paix, le commissaire inspecteur général des halles et marchés et les préposés de la préfecture de police sont chargés, chacun en ce qui le concerne, de tenir la main à son exécution.

Elle sera adressée à M. le colonel de la ville de Paris, commandant la gendarmerie royale, et à M. le commandant de la gendarmerie du département de la Seine pour en assurer l'exécution par tous les moyens qui sont à leur disposition.

Le conseiller d'Etat, préfet de police, G. DELAVAU.

N° 1190. — *Ordonnance concernant l'ouverture de la chasse* (1).

Paris, le 11 août 1826.

N° 1191. — *Avis à l'occasion de la fête militaire qui aura lieu le jeudi 31 août, au soir, pour la pose, par M. le Dauphin, de la première pierre de la caserne du Trocadéro, sur la hauteur de Chaillot, en face de l'Ecole-Militaire.*

Paris, le 29 août 1826.

Les mesures suivantes ont été ordonnées :

Le 31 août, à compter de six heures du soir, la circulation des voitures sera interdite :

Sur le quai de Billy, à partir de la pompe à feu jusqu'à la barrière de Passy ;

Sur le quai de Passy, depuis la barrière jusqu'au territoire d'Auteuil ;

Sur le quai d'Orsay, depuis l'esplanade des Invalides jusqu'à l'avenue de la Bourdonnaye.

A compter de cinq heures du soir, les voitures qui de Paris voudraient se rendre à Versailles se dirigeront par les communes de Vaugirard, Issy et Sèvres.

A compter de la même heure, les voitures partant de Sèvres pour Paris seront dirigées par les mêmes communes, en sens inverse.

Celles qui de Saint-Cloud, Boulogne, Auteuil ou Passy voudraient se rendre à Paris se dirigeront sur la barrière de l'Etoile, et celles qui partiront de Paris pour les mêmes communes prendront le même chemin.

Sont exceptées les voitures des personnes invitées à assister à la fête sur l'emplacement destiné à la nouvelle caserne. Sur la présen-

---

(1) V. l'ord. du 22 août 1843.

tation des lettres d'invitation, ces voitures pourront suivre les quais de Billy et de Passy, jusqu'au pont de l'Ecole Militaire; puis elles monteront la rampe de Chaillot jusqu'à l'entrée de la rue des Batailles où leurs maîtres descendront, ensuite elles iront stationner sur les boulevards extérieurs.

A compter de six heures du soir, les personnes à pied ne pourront, sur le quai de Billy, dépasser la rue Basse-Saint-Pierre.

A compter de sept heures trois quarts du soir, les voitures des personnes invitées, même munies de lettres d'invitation, ne pourront plus sur le quai de Billy, dépasser la pompe à feu.

Quant aux personnes qui se rendront au Champ-de-Mars en voiture et qui seront munies de billets pour les places réservées dans cet emplacement elles ne pourront y arriver que par la rue Saint-Dominique; leurs voitures, après qu'elles en seront descendues, remonteront la rue de l'Université pour aller stationner sur la place des Invalides, et à la fin de la fête elles viendront reprendre leurs maîtres par le même chemin qu'elles auront suivi en arrivant.

Les personnes à pied munies de billets pour les places réservées dans le Champ-de-Mars y entreront par la même grille que celles qui arriveront en voiture.

Les personnes en voiture ou à pied qui n'auraient point de billets ne pourront entrer au Champ-de-Mars que par la grille de la Bourdonnaye, vis-à-vis l'avenue de la Motte-Piquet. Leurs voitures ne pourront stationner que dans les avenues de Tourville, de Lowendal et derrière l'Ecole Militaire.

Il est défendu d'élever aucun échafaud sur le quai d'Orsay et de monter sur les parapets.

A compter de six heures du soir aucun bateau ou batelet, autres que ceux employés pour la fête ou l'administration ne pourra circuler sur la rivière, depuis le pont de Louis XVI, jusqu'à l'éperon de la gare projetée de Grenelle.

Il est également défendu de s'avancer et de rester sur la berge et la chaussée bordant la Seine sur la rive gauche, depuis l'avenue de Suffren jusqu'à la hauteur de cet éperon.

Les cochers ne pourront quitter leurs chevaux.

Le conseiller d'Etat, préfet de police, G. DELAVAU.

N° 1192. — *Ordonnance concernant les mesures de police à observer les 10, 17 et 24 septembre 1826 à l'occasion de la fête de Saint-Cloud* (1).

Paris, le 5 septembre 1826.

N° 1193. — *Ordonnance concernant le commerce du charbon de bois* (2).

Paris, le 30 septembre 1826.

Nous, conseiller d'Etat, préfet de police,

Vu l'ordonnance royale du 4 février 1824, concernant le commerce du charbon de bois à Paris,

---

(1) V. l'ord. du 6 sept. 1843.

(2) Rapportée. — V. les ord. des 25 mars 1833, 15 déc. 1834 et 25 oct. 1840 (art. 100 et suiv.).

Ordonnons ce qui suit :

CHAPITRE Ier.

Commerce du charbon en général.

1. Le charbon destiné à l'approvisionnement de Paris ne peut être conduit et vendu qu'aux ports et places désignés par nous.

Les ports de vente sont, quant à présent, savoir :

Sur la rive gauche de la Seine, ceux de la Tournelle, des Quatre-Nations et d'Orsay;

Et sur la rive droite, ceux de l'ancienne place aux Veaux, de la Grève, de l'Ecole, de la Villette et du canal Saint-Martin.

Les places de vente sont provisoirement fixées à six savoir :

Trois dans les quartiers situés sur la rive droite de la Seine ; trois dans ceux de la rive gauche. Les trois premières sont celles d'Aval, faubourg Saint-Antoine ; les Récollets, faubourg Saint-Martin ; de Mousseaux, faubourg du Roule. Les trois autres places sont celles de la Santé, faubourg Saint-Jacques, et deux autres places dont l'emplacement sera désigné ultérieurement.

2. Tout établissement de magasin ou d'entrepôt de charbon de bois dans l'intérieur de la ville est interdit ; mais il pourra en être formé, sur notre autorisation, dans la banlieue.

Le charbon déposé dans ces derniers entrepôts ne pourra en sortir que renfermé dans des sacs de la contenance d'un ou de deux hectolitres, lorsqu'il sera destiné pour Paris.

3. Les habitants de l'intérieur de la ville auront la faculté de faire venir de l'extérieur, directement à leur domicile, soit à col, soit par voiture, les charbons nécessaires à leur consommation, mais sous la condition de déclarer préalablement au contrôleur général des bois et charbons, la quantité de l'envoi, la barrière de l'entrée, le lieu de la destination et de se soumettre, pour le transport par voiture, aux dispositions de l'article 64.

4. Il est enjoint à tous conducteurs de charbon, soit par terre, soit par eau, de se munir de lettres de voitures en bonne forme énonçant les quantités en hectolitres de charbons, chargés sur les bateaux ou voitures, les lieux où les charbons auront été fabriqués, le nom du propriétaire et celui du facteur ou du consommateur auquel il est adressé.

5. Il est défendu aux marchands d'expédier du charbon sous d'autres noms que les leurs, et aux facteurs de les recevoir et de substituer au charbon arrivé et enregistré sous le nom d'un marchand, le nom d'aucune autre personne, sans notre autorisation.

CHAPITRE II.

Commerce du charbon par eau.

6. Conformément à l'arrêté du gouvernement du 23 floréal an VI (12 mai 1798), le charbon de bois amené par eau sera distingué par le nom de la rivière sur laquelle il est chargé. Il sera désigné ainsi qu'il suit :

Aisne, Oise et Basse-Seine, Allier, Aube, Canaux, Loire, Marne, Ourcq et canal d'Ourcq, Haute-Seine, Yonne.

Le charbon qui sera chargé sur l'Aube au-dessous des canaux d'Anglure sera vendu comme charbon de Haute-Seine.

7. Chaque bateau de charbon doit porter une devise et les lettres initiales des nom et prénoms du propriétaire. La devise une fois placée ne peut être changée ni supprimée. (*Décision de S. Exc. le ministre de l'intérieur du 22 déc. 1812.*)

8. Au mois de mars de chaque année, il sera fait par nous, sur la

proposition du comité central du commerce de charbon de bois par eau, une distribution des places de vente du charbon de bois, sur les ports entre toutes les rivières qui approvisionnent Paris.

9. Il sera descendu dans les mois de mars et d'avril et dans tous les cas où la rivière le permettra, le nombre des bateaux nécessaires pour garnir convenablement les ports de l'Ecole, des Quatre-Nations et d'Orsay, jusqu'au mois de décembre.

Si les bateaux sont dans l'intérieur de Paris, il sera fait au bureau de l'octroi une déclaration du changement de port.

Il nous sera préalablement rendu compte, par l'inspecteur général de la navigation et des ports et le contrôleur général des bois et charbons, du nombre de bateaux qu'il sera reconnu convenable de descendre.

10. Les bateaux de charbon de chaque rivière seront mis en vente dans l'ordre établi par les listes arrêtées par le directeur général des ponts et chaussées. (*Ord. du roi du 4 février* 1824, *art.* 4.)

11. Il est enjoint aux marchands de charbon de mettre leurs bateaux en vente à leur tour de liste. Les marchands qui, par refus, négligence ou retard volontaire, ne se conformeraient pas à cette injonction, ne pourront mettre en vente le bateau dont le tour serait arrivé, que six mois après ce même tour et à la première place qui se trouvera vacante à l'expiration de ce délai.

12. Dans le cas où quelques places de vente ne seraient pas garnies par les rivières auxquelles elles seront affectées, il sera pourvu par nous à leur occupation momentanée par d'autres rivières, sur la proposition du comité central du commerce.

13. Aucun bateau ne pourra être mis en vente sans un permis délivré à la préfecture de police, et avant le mesurage des employés de l'octroi.

14. Les chefs de ponts sont tenus de mettre le bateau à port dans le jour de la représentation du permis.

15. S'il y avait nécessité d'alléger un bateau, l'allége aura le même rang que le bateau et devra être vendue immédiatement avant ou après le bateau allégé comme en faisant partie.

16. Dans le cas où un marchand, propriétaire de plusieurs bateaux de charbon voudrait mettre un de ses bateaux en vente à la place d'un autre dont le tour serait arrivé, il en aura la faculté, pourvu toutefois que le bateau substitué soit de la même rivière, et à peu près de la même contenance que le bateau qu'il remplacera.

Pareilles substitutions pourront avoir lieu entre marchands d'une même rivière, mais ayant à Paris les bateaux qui seront l'objet de ces substitutions.

Le bateau remplacé devra prendre sur la liste le rang du bateau auquel il aura été substitué.

17. Lorsque des charbons auront été avariés de manière à devoir être nécessairement changés de bateaux et lorsque l'avarie aura été régulièrement constatée, soit par l'autorité locale, soit par les jurés compteurs ou gardes-ports, dont les procès-verbaux seront visés par les inspecteurs de la navigation, ils pourront, sur notre autorisation, être mis extraordinairement en vente avant leur tour de liste, au port de la Grève, à la place à ce affectée, sauf le cas de force majeure sur lequel nous nous réservons de statuer.

Quel que soit l'ordinaire auquel appartienne le bateau avarié, ce bateau conservera son rang sur la liste et le dernier numéro sous lequel le propriétaire du bateau sera inscrit sur la liste suivante sera rayé pour le bateau avarié.

Lorsqu'un bateau en vente, portant encore la moitié de son chargement, coulera à fond, le propriétaire sera rayé de son dernier numéro de la liste courante et il pourra remplacer son bateau au même port ou au premier port vacant, lors de l'arrivée d'un de ses bateaux, s'il n'y en a pas à Paris lors de son naufrage.

Les bateaux relevés sous charge n'étant pas considérés comme avariés ne seront pas admis à jouir de cette dernière disposition.

Dans le cas où un bateau serait perdu corps et biens, le propriétaire conservera son rang sur la liste dont il fait partie, et on lui rayera le dernier numéro des listes confectionnées au moment du naufrage.

Si ce bateau fait partie de l'ordinaire en chargement, la radiation portera sur le dernier numéro de cet ordinaire, sous lequel le propriétaire sera inscrit, lorsque la liste en sera arrêtée.

Aucun bateau avarié ne pourra être mis en vente qu'avec un écriteau portant, en caractères ostensibles, les mots : charbon avarié.

18. Dans le cas où les couplages qui se trouveront sur les ports de Paris, au 1er décembre de chaque année, auraient moins de trente-deux centimètres de bord au milieu, le charbon qui occasionnerait la surcharge sera mis dans d'autres bateaux ; et, faute par les propriétaires de faire procéder à cette opération au premier ordre qui leur en sera donné, il y sera pourvu à leurs frais et risques.

19. Lorsque pour surcharge, avarie ou autrement, il y aura lieu à changer le charbon de bateau dans l'intérieur de Paris, déclaration en sera préalablement faite au bureau de l'octroi pour la rectification des écritures.

20. Les propriétaires de charbon arrivé par eau qui désireront faire dépoter leurs charbons pour en former des entrepôts hors de la ville, ou les transporter sur les places de terre seront tenus de nous en faire la déclaration, en désignant la place de vente qu'ils auront choisie. (*Ord. du roi du 24 fév. 1824, art. 3.*)

21. Les dépotages s'effectueront sur tous les points où ces opérations pourront être exécutées sans inconvénient ; la permission délivrée par nous à cet effet sera réglée selon les besoins des expéditions, l'état de la marchandise et la disposition des lieux.

Lorsque les dépotages s'effectueront par voitures, le chargement de chacune d'elles prendra rang pour la vente, d'après son tour d'arrivage à la place.

22. Tout bateau de charbon inscrit sur une liste de chargement, et dont le propriétaire disposerait pour tout autre endroit que Paris, sera rayé de cette liste : il en sera de même pour un bateau dont le chargement serait conduit sur un marché.

23. Les marchands de charbon par eau nous remettront l'état des préposés qu'ils emploient à la vente de leurs charbons, et nous informeront des mutations à mesure qu'elles s'opéreront.

CHAPITRE III.

Commerce du charbon par terre.

24. Le charbon de bois amené par terre ne peut entrer dans Paris que par les barrières de Charenton, de Vincennes, la Villette, de Mousseaux, des Bons-Hommes, de la chaussée du Maine, de Fontainebleau, d'Enfer et de Vaugirard.

25. Le charbon sera conduit directement aux places de vente désignées en l'article 1, savoir :

Celui arrivé par les barrières de Charenton, Vincennes et la Villette, aux places d'Aval ou des Récollets ;

Celui arrivé par la barrière de Mousseaux, à la place de Mousseaux ;

Celui arrivé par la barrière de Fontainebleau, aux places de la Santé ou d'Aval ; par celle des Bons-Hommes, à la place de Mousseaux ou à celles qui seront créées sur la rive gauche de la Seine;

Le charbon arrivé par les barrières d'Enfer, de Vaugirard et du Maine, aux places de la Santé ou autres qui seront établies dans les quartiers de la rive gauche de la Seine ; en attendant il pourra être transporté sur la place de Mousseaux.

26. Tout charbon destiné pour les marchés qui serait trouvé dans une autre direction sera saisi, envoyé à l'une des places de vente et consigné sous la surveillance du contrôleur aux arrivages.

27. Il est défendu de faire circuler et de colporter du charbon dans Paris, pour le vendre, comme aussi de faire stationner sur la voie publique des voitures chargées de ce combustible, à l'exception néanmoins de celles qui, étant arrivées en vertu d'autorisation, au domicile des particuliers y sont en déchargement. Le charbon qui serait trouvé en contravention à cette prohibition sera, à la diligence des commissaires de police et des préposés, conduit à l'une des places de vente et consigné sous la surveillance du contrôleur des arrivages, jusqu'à ce qu'il ait été statué par nous.

28. Les charbons fabriqués à vases clos seront, lorsque l'opération n'aura pas eu pour but principal l'extraction des acides, transportés à la place des Récollets et déposés sur une portion de terrain qui leur sera spécialement affectée. Ils seront vendus à tour de rôle comme les charbons fabriqués par les procédés ordinaires.

29. Il ne peut y avoir sur chaque place qu'un seul tas pour un même marchand. Si cependant il y avait impossibilité de placer de nouveaux arrivages sur ce tas, il pourra en être formé un second pour ce marchand.

Il est néanmoins expliqué que si le tas supplémentaire ne contenait qu'une médiocre quantité de charbon et que le tour de vente du propriétaire arrivât sans qu'il pût justifier d'expéditions très-prochaines, la mesure serait mise d'abord à ce dernier tas, jusqu'à son épuisement et passerait ensuite au premier tas pour compléter le tour de vente.

Que si, au contraire, le marchand prouvait qu'il fût en état de faire incessamment de nouvelles expéditions la vente commencerait par son permier tas.

30. Les charbons seront reçus aux places de vente, tous les jours excepté les fêtes et dimanches, savoir : du 1er avril au 3 octobre, depuis six heures du matin jusqu'à six heures du soir et du 1er novembre au 31 mars, depuis sept heures du matin jusqu'à cinq heures du soir.

31. Le service de chaque place de vente, quant au personnel, sera réglé conformément à l'approvisionnement et au débit de chacune d'elles.

32. Le commis aux arrivages tient un registre exact des noms des marchands expéditeurs et des facteurs auxquels les charbons sont adressés, des quantités et espèces de charbons expédiés, du jour et de l'heure de chaque arrivage.

Le contrôleur de la place chargé de surveiller l'ensemble du service, et spécialement du contrôle de la vente tient un registre sur lequel il inscrit régulièrement les ventes opérées chaque jour, le prix auquel les charbons ont été vendus, le nom du marchand auquel ils appartiennent et celui du facteur qui en a fait la vente.

CHAPITRE IV.

Vente du charbon.

33. La vente du charbon aux ports et places sera ouverte, du 1er avril au 31 octobre, depuis sept heures du matin jusqu'à midi et depuis deux heures jusqu'à cinq.

Elle sera ouverte du 1er novembre au 31 mars, depuis huit heures du matin jusqu'à midi et depuis deux heures jusqu'à quatre.

34. Le prix du charbon sera affiché en caractères ostensibles sur chaque bateau et aux places de vente au-dessus de chaque tas.

L'inscription de chaque bateau doit porter aussi le nom de la rivière sur laquelle le charbon a été chargé.

L'inscription de chaque tas doit aussi porter le nom du propriétaire.

35. Les seules distinctions reconnues, sous le rapport de la qualité du charbon, sont celles de charbon proprement dit et de poussier.

Tout charbon amené sous la dénomination de braise sera considéré comme charbon et vendu concurremment avec celui-ci, toutes les fois que les fragments qui le composeront auront au moins trente millimètres de longueur.

Tout charbon qui n'aurait pas cette longueur sera vendu comme poussier.

Il est défendu de séparer la braise du poussier lors de la vente.

36. Le poussier résultant de la manutention pendant la vente du charbon aux places et débité en même temps que le charbon ne doit pas être déduit sur la quantité dont le tour est arrivé.

Celui restant à chaque tas après la vente du charbon doit être porté dans une case commune et vendu à tour de dépôt à l'aide d'une mesure à ce affectée.

Celui restant au fond d'un bateau après la vente ou le dépotement ne pourra être déposé sur les ports. Il sera transporté et vendu, d'après la demande qui nous en sera faite, sur l'une des places de vente ou sur un emplacement particulier qui pourra nous être proposé à cet effet par le comité central du commerce de charbon de bois par eau. Il sera vendu dans le premier cas par l'un des facteurs de la place où il aura été transporté, et dans le deuxième par des agents du commerce par eau; mais sous la surveillance d'un préposé de la préfecture de police.

37. Il est défendu d'établir plus d'une mesure sur chaque bateau en vente sans notre permission.

38. Il y a à chaque place de vente une mesure par facteur. Il sera en outre mis pour chaque place, à la disposition du contrôleur général, une mesure supplémentaire pour être donnée par lui au facteur qui aurait sur la place le plus de charbon.

Il sera mis simultanément en vente six tas par mesure.

Une mesure spéciale sera affectée pour les provisions des consommateurs, lesquelles ne pourront être moindres de vingt hectolitres de charbon ou de poussier.

39. Ces provisions ne pourront être prises qu'aux bateaux ou tas de charbon en vente.

Quand une provision s'effectuera aux places et que le tas en tour de vente ne pourra fournir la quantité de charbon dont elle se compose, elle se complétera à l'un des autres tas en tour de vente.

40. Le tour de vente aux places est déterminé par celui de l'arrivage des charbons dont il est tenu registre ainsi qu'il est dit article 32.

41. Faute par le marchand ou le voiturier de charbon venant par terre de représenter la lettre de voiture au moment de l'arrivage, le tour de vente ne prend date que du jour et de l'heure de la représentation de cette lettre.

42. Il sera établi à chaque place de vente des facteurs nommés par nous et soumis à fournir un cautionnement. Ils tiendront régulièrement, et jour par jour, un compte ouvert à chaque expéditeur.

Les marchands ont la faculté de vendre par eux-mêmes ou par un fondé de pouvoir spécial ; mais ce fondé de pouvoir devra nous présenter un mandat notarié de son commettant et devra se pourvoir à ses frais de mesures et de mesureurs. Dans aucun cas, le marchand qui aurait un agent spécial pour la vente de son charbon ne pourra recevoir communication des registres, feuilles, états de situation, etc., tenus par l'administration ou par ses agents.

Enfin, une même personne ne pourra être admise à représenter deux marchands.

43. Il est expressément défendu aux facteurs et autres préposés attachés au service des places, de faire directement ou indirectement pour leur compte personnel, le commerce de charbon ou de poussier.

Il leur est pareillement défendu de recevoir ni charbon ni poussier des marchands.

Il leur est enjoint d'occuper leur poste par eux-mêmes.

44. Il est défendu aux marchands de charbon, aux facteurs et aux préposés du commerce, de faire aux porteurs aucune remise sous le nom de nivet, numéro ou sous telle autre dénomination que ce soit, sur le prix de la marchandise.

Il est défendu aux porteurs de recevoir cette remise.

Lorsqu'un marchand sera convaincu d'avoir donné du nivet, il sera déféré pour ce fait aux tribunaux.

Les facteurs seront révoqués, les préposés du commerce seront renvoyés des ports, s'ils se rendent coupables d'infraction à cette défense.

45. Tout porteur de charbon qui aura reçu le nivet sera pour toujours privé de sa médaille.

46. Il ne peut être livré ni enlevé de charbon sans qu'il ait été préalablement mesuré.

CHAPITRE V.

Du mesurage du charbon.

47. La mesure doit être remplie, charbon sur bord et non comble.

48. Il est enjoint de se servir pour le mesurage du charbon, de pelles conformes au modèle déposé à la préfecture de police.

49. Le mesurage est surveillé par les préposés de la préfecture de police.

L'acheteur a aussi le droit de surveiller le mesurage ; mais il lui est interdit de toucher à la mesure, soit pour fouler, soit pour briser le charbon.

Les porteurs de charbon ne doivent pas s'immiscer dans le mesurage, à peine de privation de leurs médailles.

Les consommateurs ou l[es] porteurs ont la faculté de réclamer contre le mesurage quand ils s'y croient fondés, avant le versement du charbon dans le sac et non après.

Les garçons de pelle qui auraient fait à dessein un mauvais mesurage seront suspendus de leur emploi et renvoyés des ports et places en cas de récidive.

50. Les fumerons ne doivent pas être mis dans la mesure avec le charbon.

Ils sont vendus séparément.

CHAPITRE VI.

Des porteurs de charbon et garçons de pelle.

51. Nul ne peut être porteur de charbon ou garçon de pelle sans une permission délivrée par la préfecture de police.

Les porteurs de charbon seront, en outre, pourvus d'une médaille délivrée pareillement à la préfecture de police.

Il est enjoint aux porteurs de charbon d'avoir toujours leur médaille en évidence à leur boutonnière, et de mettre à l'extérieur de leurs sacs, le numéro de leur médaille en gros caractères sur une peau blanche glacée.

52. Les garçons de pelle sont nommés par nous sur la présentation du commerce.

Le commerce les paye et les dirige; il peut, lorsque les circonstances l'exigent, les suspendre provisoirement de leur service. Il sera statué par nous, dans les cas de renvoi définitif.

53. La permission contiendra, en marge, le signalement du porteur ou du garçon de pelle auquel elle aura été délivrée.

La médaille portera, avec le numéro d'enregistrement, les prénoms, nom et surnom du porteur.

54. Tout individu qui voudra obtenir une permission de porteur de charbon ou de garçon de pelle sera tenu de produire un certificat de bonne conduite délivré par le commissaire de police de son domicile, sur la représentation de ses papiers de sûreté.

Ce certificat contiendra, en outre, le signalement du pétitionnaire.

55. Les porteurs de charbon sont divisés en séries.

Chaque série est composée de cent hommes qui sont distingués par les numéros de leurs médailles.

56. Il y a pour chaque série un chef et un sous-chef choisis et nommés parmi les porteurs.

Les chefs et sous-chefs ont une médaille d'une forme particulière.

57. En cas de changement de domicile, les garçons de pelle et les porteurs de charbon en feront, dans les trois jours, la déclaration au contrôleur général des bois et charbon à peine d'être privés de leurs permissions et de leurs médailles.

Le résultat de ces déclarations nous sera transmis par le contrôleur général.

58. Tout porteur de charbon ou garçon de pelle qui s'absentera de Paris ou qui renoncera, même momentanément, à porter du charbon sera tenu d'en faire préalablement la déclaration au contrôleur général des bois et charbons et de lui remettre sa médaille.

59. Les porteurs de charbon ne peuvent être garçons de pelle.

Il est défendu aux garçons de pelle de porter du charbon, des fumerons ou du poussier.

60. Il est pareillement défendu aux garçons de pelle et aux porteurs de charbon, à leurs femmes et à leurs enfants de faire le commerce de charbon en détail.

61. Il est défendu aux porteurs de charbon d'être plus de cinq à la fois dans un bateau.

62. Il leur est défendu d'entrer dans les bateaux pendant les heures de suspension de la vente.

CHAPITRE VII.

Transport du charbon dans Paris.

63. Les porteurs de charbon pourvus de permission et de médailles ont seuls le droit de porter du charbon dans Paris.

64. Il est défendu de transporter le charbon en voiture sans une permission délivrée par la préfecture de police, laquelle ne sera pas accordée pour moins de vingt hectolitres de charbon ou de poussier, et que sur la demande du consommateur visée par le commissaire de police de son quartier qui certifiera après s'en être assuré, que le demandeur est dans le cas de consommer la quantité de charbon ou pous-

sier par lui désignée, et qu'il a un emplacement convenable pour la déposer.

65. Le charbon doit être enlevé des bateaux, ports et places de vente, aussitôt après qu'il est mesuré et mis en sac.

66. Il est défendu aux porteurs de laisser sous aucun prétexte des sacs de charbon dans les bateaux, dans les places de vente, sur les quais, sur aucune partie de la voie publique ni en dépôt dans les maisons.

Il est défendu à tout particulier de recevoir lesdits dépôts.

67. Il est défendu aux porteurs d'avoir des sacs qui contiennent moins de deux hectolitres.

Il leur est enjoint de les entretenir en bon état.

68. Il est enjoint aux porteurs de prendre le chargement entier de chaque sac dans un seul bateau, aux ports ; et dans un seul tas, aux places.

Tout porteur convaincu d'avoir voulu mélanger le charbon de différentes qualités sera pour toujours privé de sa médaille, sans préjudice des poursuites à exercer devant les tribunaux, s'il y a lieu.

69. Il est enjoint aux porteurs de porter directement le charbon à sa destination, à peine de privation de leurs médailles.

70. Il leur est défendu de porter du charbon d'un port à un autre, ou d'une place de vente à une autre, ni d'exiger pour leurs salaires un prix au-dessus de celui fixé par la décision du 25 septembre 1824 (1).

71. Il est aussi défendu de transporter du charbon une heure après la fermeture des places et des ports.

CHAPITRE VIII.

Commerce en détail du charbon.

72. Il est défendu de faire le commerce de charbon de bois en détail dans le ressort de la préfecture de police, sans en avoir obtenu notre permission.

73. Le charbon de bois ne peut être vendu en détail qu'en boutique ouverte.

74. Il est défendu aux détaillants de vendre le charbon au sac et au demi-sac.

75. Les quantités de charbon et de poussier que les détaillants pourront avoir dans leurs magasins ou boutiques pour le débit de leur commerce seront réglées par nous, suivant la disposition des lieux et l'importance du débit. Ce commerce continuera d'être soumis à la surveillance de l'autorité

Il est défendu aux détaillants de faire du feu dans les lieux où ils déposent leur charbon.

CHAPITRE IX.

Dispositions générales.

76. Les contraventions aux dispositions de la présente ordonnance seront constatées par des procès-verbaux ou rapports qui nous seront transmis, et les délinquants seront poursuivis devant les tribunaux compétents, pour être statué à leur égard conformément aux lois.

77. La présente ordonnance sera soumise à l'approbation de Son Excellence le ministre de l'intérieur.

78. Elle sera publiée, imprimée et affichée.

---

(1) Les salaires ont été, d'après cette décision, fixés de 75 cent. à 1 fr. 50 cent., selon les distances à parcourir.

Les sous-préfets des arrondissements de Saint-Denis et de Sceaux, les maires des communes rurales du ressort de la préfecture de police, les commissaires de police, le chef de la police centrale, les officiers de paix, le contrôleur général des bois et charbons et les préposés de la préfecture de police sont chargés de tenir la main à son exécution.

Le conseiller d'Etat, préfet de police, G. DELAVAU.

Vu et approuvé.

Le ministre de l'intérieur, CORBIÈRE.

N° 1194. — *Ordonnance de police concernant la vérification des poids et mesures dans le ressort de la préfecture de police*(1).

Approuvée par Son Exc. le ministre de l'intérieur, le 13 novembre 1826.

Paris, le 27 octobre 1826.

Nous, conseiller d'Etat, préfet de police,

Vu 1° l'ordonnance royale du 18 décembre 1825, pour l'organisation du service de la vérification des poids et mesures;

2° La circulaire de S. Exc. le ministre de l'intérieur, du 31 du même mois, contenant des instructions sur l'exécution de cette ordonnance;

3° L'ordonnance royale du 7 juin dernier, relative à la vérification périodique prescrite par l'article 19 de l'ordonnance du roi du 18 décembre 1825;

4° Et la lettre à nous adressée par S. Exc. le ministre de l'intérieur du 23 juin dernier,

Ordonnons ce qui suit :

1. Les articles 1, 2, 10, 14, 15, 18, 22 et suivants, jusques et compris l'article 29 de l'ordonnance royale du 18 décembre 1825, seront, ainsi que le tarif annexé à cette ordonnance, imprimés et affichés avec la présente ordonnance.

2. Notre ordonnance du 15 décembre 1825, concernant la vérification des poids et mesures en 1826, est rapportée.

3. La vérification périodique aura lieu désormais, tant à Paris que dans les communes du ressort de la préfecture de police, aux chefs-lieux des mairies du domicile des assujettis à cette mesure.

4. Les maires préviendront leurs administrés, soit par affiches, soit au son de la caisse, des jours où cette vérification devra s'effectuer. Ils mettront à cet effet un local convenable à la disposition des vérificateurs.

5. Les commerçants, négociants et tous autres faisant usage des poids et mesures pour servir de règle entre le marchand ou l'entrepreneur et le public, seront tenus de les représenter à leurs mairies respectives les jours ou dans les délais qui leur seront indiqués, pour être vérifiés et poinçonnés.

6. Les poids employés par les fabricants pour s'assurer de la justesse de leurs instruments seront soumis à la vérification périodique.

7. Les poids et mesures seront, avant d'être presentés à la vérification périodique, dégagés de toute matière étrangère qui en altérerait la capacité ou la justesse, et les mesures qui, par leur oxydation, pourraient nuire à la santé des citoyens seront brisées.

---

(1) V. les ord. des 29 nov. 1826, 23 nov. 1842 et 1er déc. 1843.

8. Les mesures pour le bois de chauffage dans les chantiers de Paris, seulement, seront vérifiées et marquées sur les lieux.

Les marchands de bois feront préalablement rajuster leurs mesures, après toutefois que la nécessité en aura été reconnue par les inspecteurs des chantiers.

Il est défendu aux marchands de faire ajouter des coins dans les joints des montants et dans ceux des contrefiches de ces mesures.

9. Les poids, mesures, balances et instruments qui seront présentés à la vérification périodique dans un état défectueux, mais dont le rajustage aura été reconnu possible, seront laissés au propriétaire sous le sceau de la mairie. Il en sera pris note par le vérificateur sur le registre à ce destiné. Le nom de l'ajusteur choisi par l'assujetti pour être chargé des réparations, sera consigné au registre, lequel sera émargé par le vérificateur au fur et à mesure de la représentation des objets.

10. Les poids et mesures rajustés seront, ainsi que les poids et mesures neufs, présentés par les fabricants ou ajusteurs, au bureau central de vérification des poids et mesures pour y être vérifiés et poinçonnés.

11. Les instruments de pesage ou de mesurage neufs ou rajustés, reconnus illégaux par leur forme ou par le défaut de leurs dimensions, seront déformés ou brisés. Il en sera dressé procès-verbal, et la matière sera remise au fabricant.

S'il ne se prêtait pas à cette destruction, il y aurait lieu de le poursuivre pour rétention de mesures non poinçonnées et fausses.

Les instruments défectueux et susceptibles d'ajustage lui seront rendus moyennant l'obligation par lui souscrite de les représenter remis en état de recevoir le poinçon.

Dans aucun cas, les réparations ne pourront être faites au bureau.

12. La vérification première des gros fléaux de balances ou de balances-bascules et des romaines d'une forte pesée pourra être faite au domicile des fabricants, sous la condition toutefois que ceux-ci seront munis de masses de poids, pieds de chèvre et autres instruments nécessaires.

13. Chaque fabricant ou ajusteur continuera d'apposer sa marque sur une plaque de cuivre ou d'étain, qui sera conservée au bureau central de la vérification des poids et mesures.

14. Indépendamment de l'empreinte des armes de France, les poids et mesures seront marqués pour l'année 1826 d'un poinçon qui portera la lettre Z.

15. Après la vérification faite dans chaque mairie, il est défendu de s'y servir de poids et mesures s'ils ne sont marqués de la lettre de l'année.

Les poids et mesures qui ne seront pas revêtus de cette marque seront saisis.

16. Il ne pourra être mis en vente ni livré aucuns poids et mesures qu'ils n'aient été revêtus du poinçon de la vérification primitive, sous les peines portées par les articles 479, 480 et 481 du Code pénal. (*Ord. du roi du 18 déc.* 1825, *art.* 17, §. 2.)

17. Les contraventions seront constatées par des procès-verbaux qui nous seront adressés pour être déférés aux tribunaux.

18. La présente ordonnance sera soumise à l'approbation de Son Excellence le ministre de l'intérieur.

Elle sera imprimée et affichée.

Les sous-préfets des arrondissements de Sceaux et Saint-Denis, les maires de Paris, ceux des communes rurales du ressort de la préfecture de police, les commissaires de police, l'inspecteur général de la navigation et des ports, le contrôleur général des bois et charbons, l'inspecteur général des halles et marchés, le contrôleur de la halle aux grains et farines, le vérificateur en chef, ses adjoints et les inspecteurs des poids et mesures sont chargés, chacun en ce qui le concerne, de tenir la main à son exécution.

Le conseiller d'Etat, préfet de police, G. DELAVAU.

N° 1195. — *Ordonnance concernant les mesures d'ordre à observer à l'occasion du jour de la Saint-Charles* (1).

Paris, le 31 octobre 1826.

N° 1196. — *Ordonnance concernant la translation et la police de la bourse* (2).

Paris, le 2 novembre 1826.

Nous, conseiller d'Etat, préfet de police,

Vu la lettre de M. le conseiller d'Etat, préfet du département de la Seine, en date du 27 octobre dernier, par laquelle il nous annonce que les travaux à faire dans le nouveau local destiné à la tenue de la bourse seront terminés pour le 4 novembre;

Vu les articles 2 et 25 de l'arrêté du gouvernement du 1er juillet 1800 (12 messidor an VIII),

Ordonnons ce qui suit :

1. A dater du 6 novembre, les opérations de la bourse auront lieu dans le local qui lui est affecté, et dont l'entrée principale est par la place Vivienne.

2. La bourse ouvrira à deux heures, et fermera à cinq heures précises.

3. La bourse tiendra, tous les jours, excepté les jours fériés, depuis deux heures jusqu'à trois, pour les négociations des effets publics, et depuis deux heures jusqu'à cinq, pour les opérations commerciales.

4. Il ne pourra être fait à la bourse aucune négociation des effets publics ni aucune opération commerciale, après les heures fixées par l'article précédent.

Dans aucun cas, de pareilles opérations ne pourront avoir lieu hors de la bourse.

5. L'ouverture et la fermeture de la bourse seront annoncées au son d'une cloche.

La cloche sera aussi sonnée à trois heures, pour annoncer la clôture des négociations des effets publics.

6. La bourse sera évacuée à cinq heures précises.

7. Il est expressément défendu de faire aucune dégradation; d'écrire sur les murs ou piliers du monument, tant à l'intérieur qu'à l'extérieur, ou d'y apposer aucune affiche.

8. Le stationnement des voitures sera réglé ainsi qu'il suit :

Les voitures et cabriolets autres que ceux de place seront rangés

---

(1) V. l'ord. du 31 octobre 1829.

(2) V. l'ord. du 12 janv. 1831.

sur la place Vivienne, à dix pas au moins de la grille, laissant à peu près le même intervalle de chaque côté de l'entrée principale.

Les voitures de place seront rangées, savoir : les fiacres dans la rue des Filles-Saint-Thomas, et en retour à gauche, dans la rue Notre-Dame-des-Victoires ; et les cabriolets dans la rue Feydeau, depuis le coin de la place Vivienne jusqu'à la porte de l'ancienne bourse.

9. Les contraventions à la présente ordonnance seront constatées par des procès-verbaux qui seront transmis aux tribunaux compétents, et punies conformément aux lois et règlements.

La présente ordonnance sera imprimée et affichée.

Les commissaires de police de la bourse et du quartier Feydeau sont spécialement chargés de tenir la main à son exécution.

Le conseiller d'Etat, préfet de police, G. DELAVAU.

N° 1197. — *Arrêté concernant la vérification périodique des poids et mesures* (1).

Paris, le 29 novembre 1826.

Nous, conseiller d'Etat, préfet de police,

Vu, 1° l'ordonnance royale du 18 décembre 1825, pour l'organisation du service de la vérification des poids et mesures ;

2° La circulaire de S. Exc. le ministre de l'intérieur du 31 du même mois ;

3° L'ordonnance royale du 7 juin dernier, relative à la vérification périodique prescrite par l'article 19 de l'ordonnance du 18 décembre 1825 ;

4° Notre ordonnance du 27 octobre dernier, concernant la vérification des poids et mesures dans le ressort de la préfecture de police,

Arrêtons ce qui suit :

1. La vérification périodique des poids et mesures pour l'année 1826 s'effectuera dans le courant du mois de décembre prochain.

2. Elle s'opérera dans les chefs-lieux de mairies, savoir :

A Paris,

Du 1er au 7 décembre, dans les premier, cinquième et neuvième arrondissements ;

Du 8 au 14, dans les deuxième, sixième et dixième ;

Du 15 au 21, dans les troisième, septième et onzième ;

Et du 22 au 30, dans les quatrième, huitième et douzième.

Et dans les communes rurales, les jours qui seront indiqués par les maires, et qui seront annoncés d'avance au son de la caisse.

3. Conformément à l'article 5 de notre ordonnance du 27 octobre dernier, les assujettis seront tenus de représenter les poids et mesures dont ils font usage, à leurs mairies respectives dans les jours et délais énoncés en l'article précédent.

Le présent arrêté sera imprimé et affiché.

Les sous-préfets, les maires, les commissaires de police et les vérificateurs des poids et mesures sont chargés d'en assurer l'exécution, chacun en ce qui le concerne.

Le conseiller d'Etat, préfet de police, G. DELAVAU.

---

(1) V. les ord. des 23 nov. 1842 et 1er déc. 1843.

N° **1198**.— *Ordonnance concernant des mesures d'ordre à observer à l'occasion de la messe du Saint-Esprit et de l'ouverture de la session des chambres* (1).

Paris, le 9 décembre 1826.

N° **1199**.— *Ordonnance concernant la police de la rivière et des ports pendant l'hiver et les temps de glaces, grosses eaux et débâcles* (2).

Paris, le 12 décembre 1826.

N° **1200**. — *Ordonnance concernant le commerce des veaux.*

Paris, le 14 décembre 1826.

Nous, conseiller d'État, préfet de police,

Ordonnons ce qui suit :

1. Les articles 13 et 14 de notre ordonnance du 18 juillet dernier, sur le commerce des veaux, sont modifiés de la manière suivante, savoir :

Art. 13. Les veaux arrivés trop tard pour être placés, et ceux qui n'auront pu être vendus, seront déposés dans les caves de la halle, pour être exposés en vente au marché suivant, si les marchands n'aiment mieux les remporter.

Art. 14. Les forts employés au déchargement et au placement des veaux seront permissionnés et porteront une médaille, laquelle pourra être retirée temporairement ou définitivement, suivant la gravité des cas, lorsque leur conduite ou leur service sera répréhensible.

Le nombre des ouvriers ne sera point limité ; leur service sera facultatif et non obligatoire. Les marchands conservent le droit de décharger eux-mêmes leurs voitures ou de les faire décharger par leurs domestiques ou leurs voituriers.

2. Les dispositions des précédentes ordonnances sur le commerce des veaux, qui ne sont pas contraires à la présente, continueront d'être exécutées.

3. La présente ordonnance sera imprimée, publiée et affichée partout où besoin sera.

Le commissaire de police du quartier du Jardin du Roi, le commissaire inspecteur général des halles et marchés et le préposé de police à la halle aux veaux sont chargés, chacun en ce qui le concerne, de tenir la main à son exécution.

Le conseiller d'Etat, préfet de police, G. DELAVAU.

---

(1) V. l'ord. du 26 février 1830.

(2) V. les ord. des 1er déc. 1838, 5 déc. 1839 et 25 oct. 1840 (art. 203 et suiv.).

1827.

N° 1201. — *Avis concernant l'enlèvement des neiges et glaces* (1).

Paris, le 6 janvier 1827.

L'enlèvement des neiges et glaces, dans les rues de Paris, ne pouvant être opéré promptement qu'autant que les habitants concourent avec zèle à l'exécution des mesures prises par l'administration, le conseiller d'Etat, préfet de police, croit devoir leur rappeler les principales dispositions des règlements relatifs à cette partie du service.

Extrait de l'ordonnance de police du 26 *janvier* 1821.

13. Dans les temps de neige et de gelée, les propriétaires ou locataires seront tenus de balayer la neige et de casser les glaces au-devant de leurs maisons, boutiques, cours, jardins et autres emplacements jusques et compris la moitié de la rue, et ils mettront les neiges et glaces en tas, en se conformant à ce qui est prescrit relativement aux boues et immondices.

En cas de verglas, ils jetteront des cendres, du sable ou des gravois.

14. Il est défendu de déposer dans les rues aucunes neiges et glaces provenant des cours ou de l'intérieur des habitations, sous les peines prononcées par les règlements.

15. Il est défendu aux propriétaires ou entrepreneurs de bains et autres établissements, tels que teinturiers, blanchisseurs, etc., qui emploient beaucoup d'eau, de laisser couler sur la voie publique les eaux provenant de leurs établissements pendant les gelées.

16. Les concierges, portiers ou gardiens des établissements publics et maisons domaniales, sont personnellement responsables de l'exécution des dispositions ci-dessus, en ce qui concerne les établissements et maisons auxquels ils sont attachés.

17. Les contraventions aux injonctions ou aux défenses faites par la présente ordonnance seront constatées par des procès-verbaux qui nous seront adressés, et les contrevenants traduits, s'il y a lieu, devant les tribunaux, pour être punis conformément aux lois et règlements en vigueur.

Le conseiller d'Etat, préfet de police, G. DELAVAU.

(1) V. les ord. des 7 janv. 1835, 26 déc. 1836 et 7 déc. 1842.

N° 1202. — *Ordonnance concernant la police du port des Carrières-Charenton* (1).

Paris, le 6 février 1827.

Nous, conseiller d'Etat, préfet de police,

Vu les articles 2, 32 et 33 de l'arrêté du gouvernement du 1er juillet 1800 (12 messidor an VIII);

Et l'article 1 de l'arrêté du 25 octobre 1800 (3 brumaire an IX),

Ordonnons ce qui suit :

1. Le port des Carrières-Charenton commence à la rampe d'amont du port communal, et comprend tout le littoral jusqu'à l'angle inférieur de la dernière maison en aval.

Sont exceptés : l'espace servant à l'exploitation du passage d'eau, ainsi que la rampe qui y mène, et celui qui sera affecté au service de l'abreuvoir à construire sur ce point.

2. Le port des Carrières sera ouvert, savoir : du 1er au 30 septembre, depuis six heures du matin jusqu'à midi, et depuis une heure de relevée jusqu'à sept;

Et du 1er octobre au 31 mars, depuis sept heures du matin jusqu'à midi, et depuis une heure de relevée jusqu'à quatre.

3. Il ne pourra être déchargé ni enlevé aucune marchandise pendant les heures de fermeture du port, excepté en cas d'urgence et sur un permis spécial délivré par l'inspecteur général de la navigation et des ports.

4. Aucun bateau ne pourra être descendu des garages supérieurs ou des gares de Choisy-le-Roi et de Charenton, et ne pourra être mis en décharge au port des Carrières, qu'en vertu de permis spéciaux qui seront délivrés par l'employé de la navigation à Alfort.

5. Il ne pourra être placé plus de deux bateaux de front, à ce port de déchargement, et on ne pourra y garer aucun bateau qui ne serait pas destiné à y être débarqué.

6. Les bateaux mis à port devront être solidement amarrés avec des cordes de longueur et grosseur suffisantes, à peine d'y être pourvu d'office par les préposés de la navigation, aux frais des propriétaires ou conducteurs des bateaux.

7. Le déchargement d'un bateau, une fois commencé, ne pourra être interrompu. Il devra être terminé, trois jours au plus tard après la délivrance du permis de déchargement, que les conducteurs seront tenus de se procurer dans les vingt-quatre heures qui suivront l'obtention du permis de lâchage.

Si le déchargement n'est pas effectué dans le délai ci-dessus déterminé, il y sera procédé d'office, et les marchandises seront consignées jusqu'au payement des frais.

8. Les bateaux-vidanges devront être retirés du port, vingt-quatre heures après le déchargement, et, à défaut, ils seront conduits d'office et consignés aux garages affectés aux bateaux-vidanges.

9. Aucune marchandise ne pourra rester sur la berge plus de trois jours après son déchargement. Ce délai expiré, les marchandises seront enlevées d'office et consignées en lieu sûr et commode, aux frais et risques des propriétaires ou expéditeurs.

10. Les embarquements, tirages et déchirages sont soumis aux mêmes formalités que les déchargements. En conséquence, ils ne pourront s'effectuer qu'avec un permis de l'employé de la navigation à Alfort, et aux lieux et places désignés par lui.

(1) V. l'ord. du 25 oct. 1840 (art. 76 et suiv.).

11. Le chargement des voitures ne pourra avoir lieu sur le port communal, mais devra être fait sur la rampe d'amont ou le chemin de service, sans cependant embarrasser la voie publique.

Il ne pourra jamais être chargé deux voitures de front.

12. Les voituriers se soumettront aux ordres qui leur seront donnés soit par le maire de Charenton, soit par l'inspecteur du port.

Ils se conformeront, en outre, aux dispositions de l'ordonnance de police du 11 février 1808, concernant les rouliers, charretiers et autres.

13. Les contraventions seront constatées par des procès-verbaux qui nous seront adressés pour être transmis aux tribunaux compétents.

14. La présente ordonnance sera imprimée et affichée.

Le sous-préfet de l'arrondissement de Sceaux, le maire de Charenton-le-Pont, l'inspecteur général de la navigation et des ports, le contrôleur des chantiers hors Paris, et les préposés de la préfecture de police sont chargés, chacun en ce qui le concerne, de tenir la main à son exécution.

Le conseiller d'Etat, préfet de police, G. DELAVAU.

N° 1203. — *Ordonnance concernant l'arrivage des vins à Paris et celui des vins et autres marchandises à Bercy* (1).

Paris, le 9 février 1827.

Nous, conseiller d'État, préfet de police,

Vu l'ordonnance royale du 27 octobre 1819, qui déclare le port Saint-Bernard annexe de l'entrepôt général des vins et eaux-de-vie;

Et notre ordonnance du 11 février 1822, concernant la police du port de Bercy;

Considérant que, cette année, les arrivages de vins pourront être très-nombreux, et qu'il importe de prendre des mesures tant pour la sûreté des vins que pour garantir de toute entrave le service de la navigation et des ports,

Ordonnons ce qui suit :

1. Les mariniers chargés de descendre des vins, soit à Bercy, soit à l'entrepôt général des vins ou partout ailleurs, sont tenus de garer leurs embarcations, savoir : celles venant par la haute Seine, au-dessus du pont de Choisy, rive droite, et celles venant par la Marne, au-dessus du pont de Saint-Maur, rive droite, au bord dehors de l'île dite du pont de Saint-Maur, et de prendre leurs numéros d'arrivage aux bureaux des préposés de la navigation chargés de la surveillance de ces garages.

2. Aucuns bateaux, toues ou barquettes ne pourront être lâchés de ces garages sans un permis de l'inspecteur du port de Bercy, qui ne le délivrera, savoir : pour les bateaux destinés à Bercy, que lorsqu'il aura reconnu qu'il y a place suffisante pour les recevoir, et quant à ceux destinés pour les ports de Paris, que sur la représentation du consentement par écrit de l'inspecteur de l'arrondissement.

3. Dans le cas où des mariniers désireraient conduire leurs bateaux dans quelques gares particulières, ils seront tenus d'en faire la demande par écrit à l'inspecteur du port de Bercy, qui leur en accordera

---

(1) V. l'ord. du 30 juillet 1829 concernant la gare de Charenton, l'ord. du 15 avril 1834, l'arrêté du 8 janv. 1838 et l'ord. du 25 oct. 1840 (art. 79 et suiv.).

le permis, mais sous la condition expresse de ne pouvoir sortir leurs bateaux de ces gares ni les y décharger, sans en avoir obtenu la permission.

4. Il ne pourra être placé à la fois, savoir : au port de déchargement à Bercy, plus de deux bateaux ou trois toues de front, et au port annexe de l'entrepôt, plus de vingt-sept bateaux ou toues chargés de vins, qui seront rangés de manière à ne pas former un dehors de plus de deux bateaux ou de trois toues.

5. Aucune embarcation ne pourra être déchargée sans un permis, qui devra être demandé dans les vingt-quatre heures de son entrée dans le port de déchargement et déposé entre les mains du chef des tonneliers, chargé de surveiller le travail.

6. Les mises à port et en déchargement, à Bercy, ne pourront s'effectuer qu'aux places indiquées sur les permis.

7. Le déchargement d'un bateau, une fois commencé, ne pourra être interrompu, et devra toujours être terminé dans trois jours au plus tard, après la délivrance du permis.

Dans le cas où le déchargement ne serait pas effectué dans le délai ci-dessus prescrit, l'inspecteur du port fera décharger les vins immédiatement et sans interruption, aux frais et risques de qui il appartiendra, et le bateau sera remonté d'office au garage des bateaux vides au Port-à-l'Anglais.

8. Les bateaux dont le déchargement aura été fait, soit à Bercy, soit au port annexe de l'entrepôt, ne pourront demeurer à ces ports plus de vingt-quatre heures après leur déchargement, et devront être remontés au Port-à-l'Anglais, sous peine d'y être conduits d'office, aux frais de qui il appartiendra, et, dans ce dernier cas, les bateaux seront consignés jusqu'à l'acquittement des frais.

9. Le port de Bercy ne pouvant être considéré comme port de vente, mais seulement comme port de déchargement, aucuns vins ne pourront rester sur la berge plus de trois jours après leur déchargement, ni être engerbés ; passé ce délai, ils seront enlevés d'office, aux frais de la marchandise, et consignés en lieu de sûreté.

10. Pour faciliter le déchargement sur le port annexe de l'entrepôt, les pièces de vins qui auront été déposées à terre seront, lorsque le service du port l'exigera, engerbées jusqu'en troisième, en commençant toujours par celles de la plus petite jauge.

11. Il sera laissé, de cinq en cinq pièces, un espace libre de la largeur d'une pièce au moins, pour faciliter la circulation sur le port.

12. Dans les temps de glaces et grosses eaux, et encore lorsque l'encombrement du port annexe sera de nature à nuire aux déchargements, les propriétaires des vins déposés sur ce port pourront être contraints à les faire rentrer dans l'entrepôt.

13. Les déchargements, engerbages et rentrées dans l'entrepôt qui n'auraient pas été effectués dans le délai prescrit par l'injonction faite à qui de droit par l'inspecteur du port, seront, à sa diligence, exécutés d'office, aux frais et risques de la marchandise, qui sera consignée jusqu'à l'acquittement des frais.

14. Sauf le cas d'embarquement des vins sortant des magasins de Bercy, lequel ne pourra avoir lieu qu'aux places et dans les délais fixés dans le permis délivré à cet effet par l'inspecteur du port, aucuns vins entrés en magasin ou arrivant par terre ne pourront être déposés sur le port.

15. La chaussée existante entre la limite du port de Bercy et la façade des maisons, et dont la largeur a été fixée à huit mètres, devra être constamment libre, et il ne pourra, sous quelque prétexte que ce soit, y être déposé aucuns vins, à peine d'enlèvement d'office.

16. Les dispositions de notre ordonnance du 11 février 1822, concernant la police du port de Bercy, continueront de recevoir leur exécution, en ce qui n'est pas contraire à la présente ordonnance.

17. Les articles 1, 2, 3, 4, 5, 6 et 15 de la présente ordonnance sont applicables, pour le port de Bercy, à toutes espèces de marchandises, ainsi qu'aux tirages et déchargements de bois tant à brûler qu'à œuvrer.

18. Aucun bateau chargé de vins ne pourra être amené aux ports d'Orsay et Saint-Nicolas, sans un permis de l'inspecteur des ports du bas.

19. Il ne pourra y être déchargé sans un permis du même inspecteur, qui devra, comme pour les ports du haut, être demandé dans les vingt-quatre heures de son entrée au port de débarquement.

20. Le déchargement d'un bateau une fois commencé, ne pourra être interrompu, et devra toujours être terminé dans trois jours au plus tard après la délivrance du permis.

Dans le cas où le déchargement ne serait pas terminé dans le délai ci-dessus prescrit, l'inspecteur du port fera décharger les vins, les fera transporter à l'entrepôt, fera retirer le bateau et le consignera en lieu de sûreté, le tout d'office et aux frais de qui il appartiendra.

21. Les vins déchargés aux ports d'Orsay et Saint-Nicolas, ne pourront y rester plus de trois jours après leur débarquement; passé ce délai, ils seront transportés d'office à l'entrepôt général, et y seront consignés jusqu'à l'acquittement des frais.

22. Les bateaux, quelques ports qu'ils occupent, soit à Paris, soit à Bercy, devront être solidement amarrés, et, dans le cas où ils seraient mal fermés, l'inspecteur de l'arrondissement y fera porter des cordes de longueur et grosseur suffisantes pour les amarrer convenablement, aux frais et risques des propriétaires ou conducteurs des bateaux, et ces embarcations seront consignées jusqu'au remboursement des frais.

23. Les contraventions seront constatées par des procès-verbaux qui nous seront adressés, pour être déférés aux tribunaux compétents.

24. La présente ordonnance sera soumise à l'approbation de S. E. le ministre de l'intérieur.

Elle sera imprimée et affichée.

Le sous-préfet de l'arrondissement de Sceaux, les maires des communes de Choisy, de la Branche, du pont de Saint-Maur et de Bercy, les commissaires de police des quartiers du Jardin-du-Roi, des Tuileries et du faubourg Saint-Germain, l'inspecteur général de la navigation et des ports, et les préposés de la préfecture de police sont chargés, chacun en ce qui le concerne, de tenir la main à son exécution.

Le conseiller d'Etat, préfet de police, G. DELAVAU.

Approuvé, le 7 juillet 1827.

Le ministre de l'intérieur, CORBIÈRE.

N° 1204. — *Ordonnance concernant les masques* (1).

Paris, le 20 février 1827.

---

(1) V. les ord. des 20 fév. 1828, 20 fév. 1830 et 23 fév. 1843.

N° 1205. — *Ordonnance concernant la prohibition de la chasse* (1).

Paris, le 20 février 1827.

N° 1206. — *Ordonnance concernant l'éclairage des voitures, dans Paris, pendant la nuit* (2).

Paris, le 12 mars 1827.

Nous, conseiller d'Etat, préfet de police,

Considérant que depuis la publication des règlements de police qui exigent que, pendant la nuit, les cabriolets circulant dans Paris soient garnis de lanternes allumées, il a été mis en circulation un nombre considérable de voitures de différentes formes à quatre ou à deux roues, qui parcourent, le soir, la capitale dans tous les sens et sont conduites avec au moins autant de célérité que les cabriolets; que ces voitures, lorsqu'elles n'ont point de lanternes, peuvent s'entrechoquer, et que, d'ailleurs, surtout pendant les longues nuits d'hiver, elles exposent à chaque instant les piétons à des accidents que l'administration doit chercher à prévenir;

Vu, 1° la loi des 16-24 août 1790;

2° Les articles 2, 22 et 32 de l'arrêté du gouvernement du 1er juillet 1800 (12 messidor an VIII);

3° Les articles 471, 474 et 484 du Code pénal,

Ordonnons ce qui suit :

1. A compter du 1er octobre prochain, les berlines, les landaus et généralement toutes les voitures suspendues à quatre ou à deux roues, quelle que soit leur construction, devront, pendant la nuit, lorsqu'elles circuleront dans Paris, être garnies de lanternes allumées.

2. Les dispositions déjà prescrites à cet égard, relativement aux cabriolets, continueront d'être exécutées.

3. Les contraventions à la présente ordonnance seront constatées par des procès-verbaux qui seront transmis aux tribunaux compétents.

4. La présente ordonnance sera imprimée et affichée.

Le chef de la police centrale, les commissaires de police, les officiers de paix et autres préposés de l'administration sont chargés de tenir la main à son exécution.

Le conseiller d'Etat, préfet de police, G. DELAVAU.

N° 1207. — *Arrêté concernant la visite des carrosses et cabriolets de place* (3).

Paris, le 19 mars 1827.

---

(1) V. l'ord. du 23 fév. 1843.

(2) Rapportée. — Voir l'ord. du 9 mai 1831.

(3) Rapporté. — V. l'ord. du 25 janv. 1841, les arrêtés des 25 janv. et 28 fév. 1841, et l'ord. du 25 mai 1842.

N° 1208. — *Ordonnance concernant l'ordre à suivre lors du défilé des voitures qui iront à Longchamp* (1).

Paris, le 9 avril 1827.

N° 1209. — *Ordonnance qui prescrit l'impression de l'article 21 du décret du 23 prairial an* XII (12 *juin* 1804) *et des articles* 3, 5, 6, 14 *et* 20 *de l'arrêté du préfet de la Seine du* 27 *germinal an* 9 (17 *avril* 1801), *concernant les transports funèbres* (2).

Paris, le 13 avril 1827.

N° 1210. — *Ordonnance concernant les attroupements, et l'emploi ou le tir d'armes à feu ou de pièces d'artifice sur la voie publique ou dans l'intérieur des maisons* (3).

Paris, le 19 avril 1827.

N° 1211. — *Ordonnance concernant la vérification périodique des poids et mesures* (4).

Paris, le 16 mai 1827.

N° 1212. — *Ordonnance concernant les bains dans la rivière et les écoles de natation* (5).

Paris, le 25 mai 1827.

N° 1213. — *Arrêté concernant les garçons boulangers.*

Paris, le 27 mai 1827.

Nous, conseiller d'Etat, préfet de police,

Vu, 1° l'arrêté du gouvernement du 19 vendémiaire an x (11 octobre 1801), concernant le commerce de la boulangerie;

2° L'ordonnance de police du 23 ventôse an XI (14 mars 1803), concernant les garçons boulangers à Paris;

---

(1) V. l'ord. du 10 avril 1843.

(2) V. ce décret et cet arrêté à l'appendice.

(3) V. les ord. des 20 nov. 1827, 25 août et 20 déc. 1830, 18 fév. et 13 juill. 1831.

(4) V. les ord. des 23 nov. 1842 et 1er déc. 1843.

(5) V. les ord. des 20 mai 1839 et 25 oct. 1840 (art. 187 et suiv. et 225).

3° Le mémoire par lequel les syndics des boulangers réclament, pour la police des garçons boulangers, un nouveau règlement;

4° Le rapport du contrôleur général de la halle aux grains et farines et de la boulangerie;

En vertu de l'article 2 de l'arrêté du gouvernement du 12 messidor an VIII (1er juillet 1800),

Arrêtons ce qui suit :

1. Dans un délai de deux mois, à compter du 1er juillet prochain, tous les garçons boulangers hors de place et ceux employés chez les boulangers de Paris, seront tenus de se munir de nouveaux livrets qui leur seront délivrés par la préfecture de police en échange de ceux dont ils sont porteurs actuellement.

A cet effet, tous les livrets des garçons boulangers, déposés en ce moment chez les commissaires de police, en exécution de l'ordonnance du 14 mars 1803 précitée, seront envoyés par eux à la préfecture de police, savoir :

Pour les quartiers composant le premier arrondissement, dans les cinq jours à partir du 1er juillet;

Pour les quartiers composant le deuxième arrondissement, dans les cinq jours suivants, et ainsi successivement de cinq jours en cinq jours jusqu'au douzième arrondissement.

2. Les garçons boulangers venant à Paris pour y exercer leur profession, se feront inscrire, dans les trois jours de leur arrivée, à la préfecture où il leur sera donné de nouveaux livrets.

3. Tout garçon boulanger qui aura obtenu un livret par suite des dispositions des articles ci-dessus, sera tenu de remettre son livret entre les mains du maître boulanger chez lequel il entrera. Il devra également lui représenter un certificat de son dernier maître, s'il a déjà travaillé à Paris, ou un certificat dûment légalisé par les autorités du dernier endroit où il aura travaillé hors Paris.

4. Dans les vingt-quatre heures qui suivront l'entrée du garçon en boutique, le maître sera tenu de porter le livret chez le commissaire de police de son quartier.

5. Lorsqu'un garçon boulanger sortira d'une boulangerie, le maître ira retirer son livret de chez le commissaire de police, il y fera viser la sortie du garçon auquel il le remettra ensuite, et lui remettra, en outre, un certificat qui devra toujours accompagner le livret.

6. Aucun garçon ne pourra quitter le boulanger chez lequel il travaille, sans l'avoir averti cinq jours d'avance; dans le cas où plusieurs et même tous les garçons d'un établissement prétendraient sortir ensemble et le même jour, le maître est autorisé à ne laisser sortir qu'un seul homme par jour.

Le maître devra, si le garçon le requiert, lui délivrer un certificat à l'instant même où il aura formé sa demande de sortie. En cas de refus, le garçon se retirera devant le commissaire de police, qui recevra sa déclaration; s'il survient des difficultés, le commissaire de police statuera, sauf, s'il y a lieu, le recours au préfet de police.

7. Chaque boulanger devra avoir un registre sur lequel il inscrira les garçons occupés chez lui, même ceux qu'il n'aurait employés qu'à la journée.

8. Tout garçon boulanger qui voudra cesser d'exercer sa profession, en fera la déclaration à la préfecture de police, et en même temps y remettra son livret avec le certificat de son dernier maître.

9. Les syndics des boulangers feront de fréquentes visites chez les maîtres boulangers, afin de vérifier si les dispositions du présent arrêté sont exactement observées, et de signaler aux commissaires de

police les établissements où ils auront aperçu de la négligence à s'y conformer. Ils en feront leur rapport à l'administration.

Ils pourront aussi se rendre chez les placeurs et logeurs de garçons boulangers, pour vérifier si les garçons qui y demeurent sont porteurs de livrets et du certificat de leur dernier maître, afin de donner avis à l'autorité des contraventions qu'ils remarqueraient aux règlements spéciaux concernant les garçons boulangers.

Les syndics ne pourront néanmoins pénétrer dans ces établissements que du consentement de ceux qui les tiennent.

En cas de refus, ils en référeront à l'administration.

Le contrôleur général de la halle aux grains et farines et de la boulangerie fera, dans le même but et en suivant les mêmes formes, de fréquentes visites dans lesdits établissements.

Les logeurs et placeurs de garçons boulangers ne devront envoyer un garçon en boutique, qu'après s'être assurés qu'il est porteur de son livret et du certificat de son dernier maître.

10. Les commissaires de police feront également des visites fréquentes dans le même but, et continueront d'adresser régulièrement à l'administration l'état des mutations des garçons boulangers survenues dans leurs quartiers.

Les contraventions des maîtres et des garçons boulangers aux dispositions ci-dessus, seront constatées par des procès-verbaux et déférées au tribunal de police municipale.

11. Le présent arrêté sera imprimé et notifié aux syndics des boulangers.

Les dispositions des ordonnances et arrêtés qui ne sont point contraires au présent arrêté, continueront d'être exécutées.

Le chef de la police centrale, les commissaires de police, le contrôleur général de la halle aux grains et farines, et les autres préposés sous leurs ordres sont chargés, chacun en ce qui le concerne, de tenir la main à son exécution.

Le conseiller d'Etat, préfet de police, G. DELAVAU.

N° 1214. — *Ordonnance concernant les chiens errants* (1).

Paris, le 2 juin 1827.

N° 1215. — *Ordonnance qui prescrit la réimpression et la publication de l'ordonnance du 26 janvier 1821, concernant le balayage des rues dans Paris* (2).

Paris, le 4 juin 1827.

N° 1216. — *Ordonnance concernant la procession de la Fête-Dieu* (3).

Paris, le 14 juin 1827.

---

(1) V. l'ord. du 23 juin 1832.

(2) V. les ord. des 29 oct. 1836, 28 oct. 1839 et 1er avril 1843.

(3) V. l'ord. du 9 juin 1830.

N° 1217. — ***Ordonnance concernant le lâchage, le garage et la mise à port des bateaux et des trains*** **(1).**

Paris, le 30 juin 1827.

Nous, conseiller d'État, préfet de police,

Vu les arrêtés du gouvernement des 1er juillet 1800 (12 messidor an VIII), et 25 octobre 1800 (3 brumaire an IX);

Considérant qu'il importe, dans l'intérêt de la navigation et de l'approvisionnement de Paris, d'établir des règles générales pour le lâchage, le garage et la mise à port des bateaux et trains,

Ordonnons ce qui suit :

1. Les bateaux et toues venant de la haute Seine seront tenus de s'arrêter, sur quatre de front, au garage qui est fixé en amont du pont de Choisy-le-Roi, rive droite, et ceux venant de la Marne, sur deux de front seulement, au garage en amont du pont de Saint-Maur, même rive, au bord, dehors l'île du Pont. Ils devront y rester jusqu'à permission de descendre.

Les bateaux dits margotas seront soumis à la même obligation, en comptant deux margotas ou un couplage pour une toue dans le permis de descendre.

Sont néanmoins exceptés de cette mesure, mais seulement à l'approche des glaces et grosses eaux, à cause de la hauteur de leur comble, les bateaux et toues de charbon de bois qui pourront se garer en aval de ces deux ponts, savoir : en Seine, sur la rive droite, au-dessous de la deuxième entrée de la gare de Choisy-le-Roi, et en Marne sur la même rive, en aval de l'entrée du canal Marie-Thérèse.

2. Le garage du pont de Saint-Maur qui, depuis la mise en activité du canal Marie-Thérèse, remplace celui de Charenton, et le garage de Choisy-le-Roi, seront considérés comme arrêts de force majeure et non comme termes de voyage.

Aussitôt leur arrivée aux garages, et non avant d'être amarrés, les mariniers conducteurs de bateaux devront les faire enregistrer au bureau des préposés de la navigation, chargés de la surveillance des garages.

3. Le lâchage des bateaux qui seront destinés à être déchargés, tant au port de Choisy-le-Roi, qu'au-dessous, jusques et compris le Port-à-l'Anglais, ne pourra avoir lieu qu'en vertu d'un permis délivré par le préposé de la navigation à Choisy-le-Roi.

4. Le lâchage des bateaux destinés à entrer dans les gares de Choisy-le-Roi et de Charenton sera autorisé par les préposés de la navigation, à Choisy-le-Roi et à Alfort, sur la demande qui leur en sera faite.

La descente des bateaux destinés à entrer dans le canal Triozon, aura lieu sur permis délivrés par l'inspecteur de la navigation, à Bercy.

Une fois entrés dans les gares de Choisy-le-Roi et de Charenton, ou dans le canal Triozon, les bateaux y seront considérés comme s'ils étaient restés aux garages supérieurs, et ils ne pourront en sortir qu'avec un permis de l'inspecteur de la navigation à Bercy.

En conséquence, les propriétaires desdites gares et dudit canal, sous leur responsabilité personnelle, devront donner ordre à leurs

(1) V. les ord. des 31 mai 1838 et 25 oct. 1840 (art. 31 et suiv. et cahier des charges du chef des ponts).

gardes ou surveillants, de ne laisser sortir aucun bateau sans la représentation de ce permis (1).

5. Les bateaux destinés à être mis en décharge soit à la Bosse-de-Marne, à Alfort ou au port des Carrières-Charenton, ne pourront y être amenés que sur un permis délivré par le préposé de la navigation, à Alfort, chargé de la surveillance des deux autres points.

6. Le lâchage des bateaux destinés pour les ports de la gare et de Bercy, ne pourra avoir lieu que sur un permis spécial de l'inspecteur de la navigation, à Bercy, indiquant le point où chaque bateau devra se mettre à port.

7. Le lâchage des bateaux destinés pour Paris aura lieu, suivant l'ordre d'arrivage aux deux garages de Choisy-le-Roi et de Saint-Maur, en vertu de permis délivrés par l'inspecteur de la navigation, à Bercy, que le préposé en chef aux arrivages à la Râpée informera, chaque jour, des places non occupées existant au bassin de la Râpée.

La contenance de ce bassin est fixée à cinq longueurs de bateau, sur quatre de front (en tout vingt bateaux).

Lorsqu'il sera possible de faire descendre des bateaux qui, n'étant pas sujets aux droit d'octroi, ne devront pas séjourner dans le bassin, l'inspecteur de l'arrondissement accordera des permis spéciaux; et, dans ce cas, les bateaux dont il s'agit seront tenus de se rendre directement, et sans s'arrêter, au lieu indiqué dans le permis.

8. Dans le cas où, par des circonstances imprévues, il y aurait encombrement sur un point quelconque de la rivière, l'inspecteur de l'arrondissement en préviendrait aussitôt l'inspecteur du port de Bercy, et celui-ci devrait alors suspendre la délivrance de tout permis de lâchage pour cette destination.

9. Lorsqu'un bateau aura chargement pour divers ports, il ne pourra marcher que dans l'ordre de la destination la plus en aval du point de départ, et le marinier conducteur se conformera aux dispositions prescrites pour cette dernière.

10. Les permissions de descendre dans la gare de l'Arsenal seront délivrées par l'inspecteur du port de Bercy, et les bateaux devront être introduits dans ladite gare dans les vingt-quatre heures, au plus tard, de leur arrivée à Paris.

11. Les bateaux venant de la haute Seine, et destinés pour les canaux Saint-Martin et Saint-Denis, ainsi que ceux venant de basse Seine qui sortiront du canal Saint-Martin pour se rendre dans les ports soit de Paris, soit de Bercy, devront s'arrêter dans la grande gare de l'Arsenal jusqu'à ce que les mariniers conducteurs de ces bateaux aient obtenu un permis spécial de mise à port de l'inspecteur de l'arrondissement, dans lequel ils devront opérer le chargement ou le déchargement de leurs marchandises.

Si cette gare se trouvait remplie, l'inspecteur, qui en a la surveillance, en donnerait avis aux inspecteurs de Bercy et de la Villette. Ce dernier retiendrait alors, autant que besoin serait, dans la gare circulaire, ou, à défaut, dans la portion du canal Saint-Denis qui l'avoisine en aval, les bateaux à la destination de Paris.

Les mariniers, qui voudront éviter le stationnement de leurs bateaux dans les gares ci-dessus désignées, pourront rester dans les garages extérieurs jusqu'à ce qu'ils se soient assurés qu'il y ait place au port où doit s'opérer le déchargement de leurs bateaux.

12. Sont spécialement affectées au garage des trains de bois à brûler et de bois à œuvrer les rives ci-après désignées, savoir :

SUR LA SEINE.

Le port de la gare, commune d'Ivry, à partir de la limite supérieure

---

(1) Rapporté. — V. l'ord. du 30 juillet 1829 concernant la gare de Charenton.

du port de tirage, fixée à six cent vingt mètres au-dessus du canal Triozon, en remontant jusqu'à l'île aux Pouilleux ;

Le garage de Bercy, à partir de la Pancarte jusqu'à la tête de l'île de Quinquengrogne, seulement pendant tout le temps de l'arrivage des trains ;

La gare dite des Graviers, rive gauche, à partir de la Bosse-de-Seine, en remontant jusqu'à l'angle d'aval du parc du Port-à-l'Anglais ;

La gare dite de la grande Berge, même rive, à partir du Port-à-l'Anglais, en remontant jusqu'au banc de sable connu sous le nom de sable de Vitry ;

La petite gare, même rive, au-dessus du lieu dit la Rose, en face de Chanteclair, à partir des sables de Vitry jusqu'en face de la ferme de la Folie, en ayant soin de laisser libre la passe du petit îlot de Chanteclair ;

Les bords de l'île de l'Aiguillon, rive droite, dans une étendue de trois cents mètres en aval et à partir du poteau formant la limite du département ;

La gare dite de la Folie, même rive, au-dessous du pont de Choisy, ayant une étendue d'environ six cents mètres, en laissant libre le dehors de la gare de Choisy, à partir du pont jusqu'au dessous de l'entrée d'aval de ladite gare ;

Les deux gares contiguës de Chantrelle et de Chanteclair, même rive, contenant ensemble environ quinze cents mètres ;

Le dehors de l'île de Maisons, même rive, à partir de la tête de l'île, jusqu'en face de la maison du passeur d'eau au Port-à-l'Anglais ;

La gare de l'île Poulette, même rive, à prendre de l'angle d'aval du parc du Port-à-l'Anglais jusqu'au-dessus de l'emplacement du pont projeté de la Bosse-de-Marne.

SUR LA MARNE.

La gare dite du grand Haï, rive droite et rive gauche, à prendre du bras d'aval du canal Marie-Thérèse, jusqu'au-dessous du même canal, si les trains le traversent, ou jusqu'au pont de halage de Créteil, si les trains ne le traversent pas, en laissant libre l'ouverture du canal ;

Dans le cas où les trains traverseraient le canal, ils pourront être aussi garés au-dessus du pont de Saint-Maur, rive gauche, en ne plaçant qu'un seul couplage de front dans toute l'étendue de l'île de ce nom.

Il est défendu de garer les trains dans aucune autre place que celles ci-dessus désignées.

13. Les gares de l'île de l'Aiguillon, de la Folie et celle au-dessus du pont de Saint-Maur, si les trains traversent le canal Marie-Thérèse, ou celle au-dessus du pont de halage de Créteil, si les trains passent par le pertuis de Saint-Maur, seront les seules où pourront être placés les trains de bois à brûler ou à œuvrer amenés à la vente.

Dans toutes les autres gares mentionnées au précédent article, les trains, quels qu'ils soient, ne pourront séjourner plus de quinze jours, passé lequel temps ils seront tirés d'office aux frais et risques de la marchandise, à la diligence de l'inspecteur de l'arrondissement, toutefois après sommation préalable, et à défaut d'obtempérer dans le délai de trois jours.

14. Aucun train ni aucune portion de train, à la destination des ports extérieurs d'amont, ne pourront sortir de ces garages sans un permis de l'inspecteur de la navigation de Bercy.

Les commis, gardes ou gareurs du commerce, ne pourront livrer aucun de ces bois, sans qu'il leur ait été justifié de ce permis.

15. Pour prévenir l'encombrement de la rivière par les trains destinés à être tirés dans Paris, les soupentes ne pourront contenir de front, savoir : dans les ports du haut, rive droite, plus de huit trains de bois à brûler ou quatre de bois à œuvrer ; dans les ports du haut, rive gauche, en amont du pont du Jardin-du-Roi, plus de quatre trains de bois à brûler, ou trois trains de bois à œuvrer, et en aval du même pont, plus de quatre trains de bois à brûler ou deux de bois à œuvrer.

Dans les ports du bas, rive droite, les soupentes ne pourront avoir : au port de recueillage, qu'un front de huit trains au plus, et aux ports des Champs-Élysées et de Chaillot, que quatre trains de bois à brûler ou deux de bois à œuvrer ; enfin, sur la rive gauche, il ne pourra y avoir à la fois plus de huit trains de bois à brûler ou quatre de bois à œuvrer.

Le tout à peine de déplacement d'office aux frais de qui il appartiendra, des trains arrivés les derniers, et qui excéderaient les nombres ci-devant déterminés.

Les lâcheurs sont tenus, au moment de l'arrivée des trains à leur destination, d'en faire la déclaration au bureau de l'inspecteur de l'arrondissement.

16. Les trains de bois, quels qu'ils soient, ainsi que les bateaux destinés, soit pour l'intérieur de Paris, soit pour l'extérieur, une fois sortis des gares, devront être conduits directement à leur destination, et ne pourront être laissés nulle part en approchage.

17. Il ne sera délivré de permis, soit pour le lâchage des trains de bois à œuvrer et des bateaux chargés de cette marchandise, soit pour le remontage de ces derniers bateaux, qu'autant que l'on justifiera que le destinataire est pourvu de chantier autorisé et de patente.

18. Les bateaux et toues de charbon de bois, destinés à l'approvisionnement des places de vente sur la rivière, continueront de stationner dans les gares Saint-Paul et de la Femme-sans-Tête, qui ne pourront recevoir ensemble au-delà de cinquante toues et de soixante-dix grands bateaux.

Il est défendu de dépasser la pointe occidentale de l'île Saint-Louis de plus d'une longueur et demie de bateau.

Au fur et à mesure des mises en vente, laissant place vacante dans lesdites gares, l'inspecteur de la navigation au port de Bercy, surveillant les garages supérieurs, accordera, en remplacement, des permis de descendre aux premiers bateaux à tour de vente, après ceux en gare.

Cette marche ne pourra être intervertie qu'en cas d'urgence, et sur un ordre de l'inspecteur général de la navigation, qui nous en rendra compte immédiatement.

Aucun bateau de charbon de bois ne pourra stationner près et en aval du pont du Jardin-du-Roi, au long de l'île Louvier, en dehors de l'estacade, et de l'île Saint-Louis, rive droite, près et en aval du pont de la Tournelle, même rive.

Ces bateaux ne pourront stationner plus de vingt-quatre heures dans le bassin de la Râpée.

19. La gare des bateaux de vidanges affectée aux chefs des ponts, reste fixée depuis la tête de l'île Saint-Louis près la grande estacade (lorsque toutefois cette place ne sera pas occupée par l'école de natation), jusqu'à vingt mètres au-dessus de l'escalier en amont du pont de la Tournelle.

Les bateaux ne pourront y rester que deux jours.

Au fur et à mesure des remontages, il devra en être fait déclaration au bureau de l'inspecteur de la navigation, rive gauche, avec indication des gardiens de chaque bateau, dont les trains seront retenus en queue par une corde d'évente.

20. Les garages des bateaux, toues et margotas-vidanges seront établis, savoir : pour ceux destinés à remonter en Seine, le long de la plaine de Maisons, rive droite, en face du Port-à-l'Anglais, depuis la maison du passeur d'eau jusqu'à l'alignement de l'angle d'aval du parc, sans qu'on puisse en placer aucun en dehors de la gare de Choisy-le-Roi; et pour ceux destinés à la Marne, le long du bord de dehors de l'île Martinet ou de la gare de Charenton, à partir de l'alignement de la Bosse-de-Marne, en remontant jusqu'à deux longueurs de bateau en aval de l'extrémité inférieure du môle de garde de la gare.

Dans ces deux garages, le placement ne pourra avoir lieu que sur un front de deux gros bateaux, trois toues ou six margotas au plus.

Les embarcations vidanges, qui s'arrêteraient en cours de voyage à toutes autres places que celles désignées ci-dessus, seront remontées d'office et consignées auxdits garages, aux frais des propriétaires ou conducteurs.

Au moyen de l'affectation ci-dessus, tout stationnement de trains de bois à brûler ou à œuvrer, est interdit, en Marne, en aval du pont de Charenton, ainsi que celui des bateaux chargés soit sur la rive droite, soit sur la rive gauche, depuis l'angle d'aval du jardin de la poste jusqu'à la Bosse-de-Marne.

21. Tous établissements de bains froids et écoles de natation sur la rivière, tous bateaux désarmés, déséquipés, saisis, et généralement toute embarcation hors de service, devront être rentrés dans une des gares particulières de Grenelle, la Bastille, Triozon, Charenton ou Choisy-le-Roi, au choix du propriétaire, savoir : les bains et écoles de natation aussitôt la saison des bains passée, et avant le 15 octobre, et les autres embarcations dans les huit jours de la saisie, du désarmement, déséquipement ou de la cessation de service, à peine d'y être conduits d'office à la diligence de l'inspecteur de navigation de l'arrondissement, trois jours après la sommation qui en sera faite aux propriétaires.

Quant aux bateaux vidanges du commerce existant dans les ports interieurs de Paris, ils devront à l'avenir, et nonobstant toutes dispositions contraires qui sont et demeurent rapportées, être sortis des ports et remontés ou descendus, soit aux garages affectés aux embarcations vidanges, soit aux places de déchirage, s'il y a lieu, trois jours au plus tard après leur entier déchargement, à peine d'être débâclés et conduits d'office aux lieux accoutumés aux frais et risques de qui il appartiendra.

Les bateaux destinés au déchirage devront être détruits dans les trois jours de leur arrivée aux ports à ce destinés, à peine d'être procédé d'office à ce travail aux frais et risques des contrevenants.

22. Pendant l'hiver, dans les temps de glaces ou grosses eaux, les délais ci-dessus determinés pourront être réduits autant que les circonstances l'exigeront et conformément à l'ordonnance concernant les glaces et grosses eaux.

23. Les propriétaires de bateaux, lavandières, toues, margotas, novices ou autres, sont tenus de faire peindre à leurs frais, sur l'arrière de ces embarcations, en lettres blanches de dix centimètres de hauteur, sur un fond noir, leurs noms et demeure, et l'indication du port auquel elles appartiennent. (*Arrêté du gouvernement du* 8 *juillet* 1803 (19 *messidor an* XI) *et ordonnance de police du* 4 *janvier* 1813.)

Ces inscriptions devront être faites sur les planches mêmes du bateau et non sur planches volantes.

Trois mois après la publication de la présente ordonnance, toute embarcation non revêtue des ces marques distinctives sera retenue aux garages supérieurs jusqu'à ce que cette formalité ait été remplie.

24. Les contraventions seront constatées par des procès-verbaux qui nous seront transmis pour être déférés aux tribunaux compétents.

25. La présente ordonnance sera imprimée et affichée. Elle sera préalablement soumise à l'approbation de S. Exc. le ministre de l'intérieur.

Les sous-préfets des arrondissements de Saint-Denis et de Sceaux, les maires des communes de Choisy-le-Roi, d'Ivry sur Seine, de la branche du pont de Saint-Maur, d'Alfort, de Charenton et de Bercy; les commissaires de police riverains, l'inspecteur général de la navigation et des ports, et les préposés de la préfecture de police sont chargés d'en assurer l'exécution.

Le conseiller d'Etat, préfet de police, G. DELAVAU.

Approuvée, le 25 août 1827.

Le ministre de l'intérieur, CORBIÈRE.

N° **1218**. — *Ordonnance concernant le passage des voitures aux barrières* (1).

Paris, le 9 juillet 1827.

Nous, conseiller d'État, préfet de police,

Vu l'article 8 de l'ordonnance de police du 27 août 1821, ainsi conçu :

« Toute voiture, de quelque espèce que ce soit, devra être conduite au pas, en passant aux barrières; »

Considérant que cet ordre est journellement enfreint, et que son inexécution compromet essentiellement la sûreté des passants, et a occasionné de nombreux accidents;

Et en vertu de l'article 22 de l'arrêté du gouvernement du 1er juillet 1800 (12 messidor an VIII),

Ordonnons ce qui suit:

1. Il est expressément défendu à tout conducteur de voitures publiques, de carrosses et cabriolets de place ou de maître, et autres de quelque espèce que ce soit, de passer aux barrières de Paris autrement qu'au pas.

2. Les contraventions seront constatées par des procès-verbaux ou rapports qui nous seront adressés, pour être transmis aux tribunaux compétents, sans préjudice de l'action civile prévue par la loi contre les propriétaires, comme civilement responsables des dommages causés par les conducteurs de leurs voitures.

3. La présente ordonnance sera imprimée et affichée partout où besoin sera.

Les commissaires de police, le chef de la police centrale, et les préposés sous leurs ordres sont chargés de tenir la main à son exécution.

Elle sera adressée à M. le colonel commandant la gendarmerie royale de Paris et à M. le commandant de la gendarmerie du département de la Seine, pour en assurer l'exécution par tous les moyens qui sont à leur disposition.

Le conseiller d'Etat, préfet de police, G. DELAVAU.

---

(1) V. l'ord. du 10 oct. 1831.

N° 1219. — *Ordonnance concernant l'arrosement* (1).

Paris, le 27 juillet 1827.

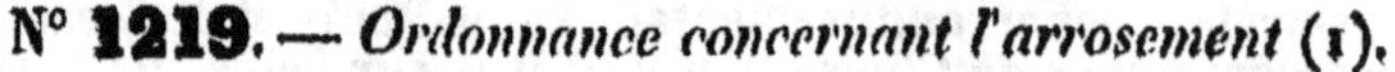

N° 1220. — *Ordonnance concernant l'ouverture de la chasse* (2).

Paris, le 20 août 1827.

N° 1221. — *Ordonnance concernant les mesures de police à observer les 9, 16 et 23 septembre 1827, à l'occasion de la fête de Saint-Cloud* (3).

Paris, le 5 septembre 1827.

N° 1222. — *Ordonnance concernant les bouchers, charcutiers et tripiers de Paris, et les bouchers et charcutiers forains approvisionnant les marchés* (4).

Paris, le 3 octobre 1827.

Nous, conseiller d'Etat, préfet de police,

Considérant que, nonobstant les injonctions qui leur ont été faites, les bouchers, charcutiers et tripiers de Paris continuent à transporter leurs marchandises, depuis les abattoirs jusqu'à leurs domiciles respectifs, dans des voitures non fermées et découvertes; que les viandes ou issues sanguinolentes qu'elles contiennent offrent un aspect repoussant, et qu'il importe par ce motif de faire cesser l'état actuel des choses,

Ordonnons ce qui suit :

1. Les bouchers, charcutiers et tripiers de Paris sont tenus, à compter du 1er novembre prochain, de ne transporter leurs marchandises que dans des voitures closes et couvertes.

2. Les bouchers et charcutiers forains approvisionnant les marchés de Paris sont également tenus, à compter de la même époque, de se conformer à cette mesure.

3. Les contraventions seront constatées par des procès-verbaux qui nous seront transmis, et punies conformément aux lois et règlements.

4. La présente ordonnance sera imprimée et affichée.

Les sous-préfets des arrondissements de Saint-Denis et de Sceaux, les maires des communes rurales, les commissaires de police, le chef de la police centrale, les officiers de paix, le commissaire-inspecteur général des halles et marchés et les préposés de la préfecture de police sont chargés de tenir la main à son exécution.

---

(1) V. les ord. des 17 mai 1834, 1er juin 1837 et 27 juin 1843.

(2) V. l'ord. du 22 août 1843.

(3) V. l'ord. du 6 sept. 1843.

(4) V. l'ord. du 25 mars 1830.

Elle sera adressée à M. le colonel de la ville de Paris, commandant la gendarmerie royale et à M. le commandant de la gendarmerie du département de la Seine pour en assurer l'exécution.

Le conseiller d'Etat, préfet de police, G. DELAVAU.

N° 1223. — *Ordonnance concernant les voitures publiques à destination fixe* (1).

Paris, le 25 octobre 1827.

Nous, conseiller d'Etat, préfet de police,

Vu 1° l'ordonnance du roi du 27 septembre dernier;

2° La circulaire de S. Exc. le ministre de l'intérieur, en date du 29 septembre et sa lettre du 10 de ce mois,

Ordonnons ce qui suit :

1. L'ordonnance du roi du 27 septembre dernier (2), contenant règlement sur la construction et la conduite des voitures publiques à destination fixe, sera imprimée et affichée avec la présente ordonnance dans le ressort de la préfecture de police.

2. Les déclarations auxquelles sont tenus les entrepreneurs aux termes du premier paragraphe de l'article 1 de ladite ordonnance seront faites par eux immédiatement à la préfecture de police; celles qui devront avoir lieu conformément aux deux derniers paragraphes du même article devront désormais être faites au moins cinq jours avant celui de la mise en circulation des voitures.

3. Des experts désignés par nous procéderont à la visite des voitures.

Il en sera dressé procès-verbal pour chaque voiture.

Copies de ces procès-verbaux et des autorisations de roulage seront délivrées aux entrepreneurs qui les remettront à leurs conducteurs, lesquels devront en être toujours porteurs, afin d'en justifier au besoin.

4. Pour faciliter l'exécution de l'article précédent, les entrepreneurs feront peindre sur leurs voitures un numéro d'ordre dont la série, commençant par le chiffre 1 dans chaque établissement, se prolongera indéfiniment.

Ces chiffres, de forme arabe, auront au moins soixante-huit millimètres (environ deux pouces et demi) de haut, et seront peints en blanc de chaque côté de la voiture, sur la partie noire des panneaux.

5. Aussitôt l'examen de la voiture terminé, l'expert ou les experts chargés de la visite apposeront, près du numéro d'ordre prescrit par l'article précédent, un timbre portant un double P.

Cette marque ne pourra être effacée qu'après déclaration à la préfecture de police et y avoir rapporté le procès-verbal de visite énonçant l'autorisation de roulage de la voiture.

6. Ne seront autorisées à circuler sous la dénomination de voitures des environs de Paris, et admises en conséquence à profiter des exceptions portées en l'article 26 de l'ordonnance du roi, que celles qui ne seront pas destinées au transport des marchandises dont le chef-

---

(1) V. les ord. des 19 août 1828, 31 janv. 1829 et 18 avril 1843.

(2) Rapportée. — V. à l'appendice l'ord. du roi du 16 juillet 1828.

lieu de l'entreprise sera à Paris et dont la destination ne sera pas située, savoir :

Sur les principales grandes routes aboutissant à Paris, au delà de :

Versailles.	Claye.
Saint-Germain.	Brie-Comte-Robert.
Pontoise.	Corbeil.
Beaumont.	Lieursaint.
Luzarches.	Essonne.
Louvres.	Arpajon.

Et sur toutes les routes secondaires au delà de quatre myriamètres (huit lieues).

Les entrepreneurs de ces voitures feront peindre à l'extérieur, et dans un endroit apparent, indépendamment des indications mentionnées en l'article 4 de l'ordonnance du roi, l'inscription suivante :

Voitures des environs de Paris.

7. Les entrepreneurs dont les voitures ne seront pas conduites par les maîtres de poste feront immédiatement, en ce qui concerne leurs relais, la déclaration prescrite par l'article 28.

8. Dans le délai d'un mois, à compter du jour de la publication de la présente ordonnance, tous les conducteurs de diligences à qui il a été distribué des livrets devront les faire viser à la préfecture de police.

Dans le même délai, tous les entrepreneurs de voitures publiques à destination fixe devront envoyer leurs cochers ou postillons à la préfecture de police, s'ils demeurent dans Paris, et devant les maires des communes rurales, s'ils sont domiciliés dans la banlieue, à l'effet de se pourvoir de livrets.

9. Il sera fait par les commissaires de police, à Paris, et par les maires dans les communes rurales, de fréquentes visites chez les propriétaires ou entrepreneurs de voitures publiques, à l'effet d'assurer l'exécution de l'ordonnance du roi, et de s'assurer notamment : 1° si l'entrepreneur est pourvu d'une autorisation de roulage pour chacune de ses voitures ; 2° et si les conducteurs, cochers ou postillons, employés dans l'établissement ont des livrets.

10. Les contraventions seront constatées par des procès-verbaux, et déférées aux tribunaux, pour y être statué, conformément à la loi.

11. La présente ordonnance sera imprimée et affichée.

Les sous-préfets des arrondissements de Saint-Denis et de Sceaux, les maires et adjoints des communes rurales du ressort de la préfecture de police, le chef de la police centrale, les commissaires de police et les employés sous leurs ordres sont chargés de tenir la main à son exécution.

Elle sera adressée à M. le colonel de la ville Paris, commandant la gendarmerie royale, et à M. le commandant de la gendarmerie du département de la Seine.

Le conseiller d'Etat, préfet de police, **G. DELAVAU.**

N° 1224. — *Ordonnance concernant les mesures d'ordre à observer à l'occasion du jour de la Saint-Charles* (1).

Paris, le 31 octobre 1827.

N° 1225. — *Ordonnance concernant les attroupements et l'emploi ou le tir d'armes à feu ou de pièces d'artifice sur la voie publique ou dans l'intérieur des maisons* (2).

Paris, le 20 novembre 1827.

Nous, conseiller d'Etat, préfet de police,

Considérant que, dans la soirée d'hier, des désordres graves se sont manifestés dans les rues Saint-Denis et Saint-Martin;

Vu les articles 200 et suivants du Code pénal;

Vu les ordonnances de police des 11 août 1803, 26 juillet 1813 et 28 octobre 1815,

Avons ordonné et ordonnons ce qui suit :

1. Défenses sont faites à toutes personnes de former des réunions ou attroupements, de proférer aucuns cris tumultueux sur la voie publique, d'employer ou tirer aucune arme à feu, boîte ou pièce d'artifice soit sur la voie publique, soit dans l'intérieur des maisons.

2. Les commissaires de police, les officiers de paix, les inspecteurs de police et la gendarmerie sont chargés spécialement de veiller par tous les moyens qui sont à leur disposition à l'exécution de cette défense.

3. Toute réunion ou attroupement qui, après sommations faites par les commissaires et autres officiers de police administrative ou judiciaire, par les chefs de la force armée ou commandants de patrouille, refusera de se séparer, sera immédiatement dispersé par la force.

4. Tous les individus qui s'étant rendus coupables ou complices de cet acte de désobéissance; ceux qui se rendraient coupables ou complices de résistance, d'injures ou voies de fait envers les commissaires ou autres officiers de police administrative ou judiciaire et envers la force armée, seront arrêtés et traduits devant les tribunaux pour être poursuivis en raison du crime ou délit de rébellion, suivant les circonstances, conformément aux articles du Code pénal visés ci-dessus.

5. Ceux qui se rendront coupables de contraventions seront traduits devant le tribunal compétent.

Le conseiller d'Etat, préfet de police, G. DELAVAU.

N° 1226. — *Ordonnance concernant la police de la rivière et des ports, pendant l'hiver et les temps de glaces, grosses eaux et débâcles* (3).

Paris, le 28 décembre 1827.

---

(1) V. l'ord. du 31 oct. 1829.

(2) V. les ord. des 25 août et 20 déc. 1830, 18 fév. et 13 juill. 1831.

(3) V. les ord. des 1er déc. 1838, 5 déc. 1839 et 25 oct. 1840 (art. 203 et suiv.).

1828.

CHARLES, etc.,

Sur le rapport de notre ministre secrétaire d'État au département de l'intérieur,

Nous avons ordonné et ordonnons ce qui suit :

1. Le sieur Debelleyme, notre procureur près le tribunal de première instance de Paris, est nommé préfet de police à Paris, en remplacement du sieur Delavau.

2. Notre ministre secrétaire d'Etat de l'intérieur est chargé de l'exécution de la présente ordonnance.

Donné en notre château des Tuileries, le 6 janvier de l'an de grâce 1828, et de notre règne le quatrième.

Signé CHARLES.

N° 1227. — *Avis concernant le ramonage et les secours en cas d'incendie* (1).

Paris, le 10 janvier 1828.

Le préfet de police recommande aux propriétaires, locataires et sous-locataires des maisons, de faire ramoner souvent leurs cheminées et surtout celles des cuisines, fours et fondoirs qui exigent plus de précautions.

Aussitôt qu'un incendie se manifeste, il doit en être donné avis au plus prochain poste de sapeurs-pompiers, au commissaire de police et au commandant des sapeurs-pompiers.

Il est défendu de tirer des coups de fusil dans les cheminées où le feu se manifesterait.

Si l'incendie présente un caractère alarmant, il en est donné connaissance à la préfecture de police et à l'état-major de la place.

Il est enjoint à toutes personnes chez qui le feu se manifesterait, d'ouvrir les portes de leur domicile à la première réquisition, à peine de l'amende déterminée par la loi.

En cas de refus, les portes seront enfoncées à la diligence du commissaire de police.

Il sera accordé des récompenses particulières aux personnes qui, dans un incendie, auraient donné des preuves extraordinaires de zèle, ou qui auraient sauvé des individus.

Le service contre les incendies est fait gratuitement par les sapeurs-pompiers.

Le préfet de police, DEBELLEYME.

(1) V. l'ord. du 24 nov. 1843.

N° 1228. — *Ordonnance concernant la vente du sucre en pains* (1).

Paris, le 15 janvier 1828.

Nous, préfet de police,

Considérant que, depuis quelques années, le poids du papier et de la ficelle qui servent à envelopper les pains de sucre, a été considérablement augmenté; qu'il en résulte un préjudice notable pour les consommateurs, et qu'il importe de faire cesser un abus aussi préjudiciable à l'intérêt public;

Vu la loi des 16-24 août 1790, et les arrêtés du gouvernement du 12 messidor an VIII (1er juillet 1800), et du 3 brumaire an IX (25 octobre suivant),

Ordonnons ce qui suit :

1. A compter du 1er avril prochain, tous les pains de sucre qui seront mis en vente devront avoir exactement le poids pour lequel ils seront livrés.

2. Le papier et la ficelle servant à l'enveloppe des pains de sucre, ne pourront excéder sept pour cent (7 décagrammes ou 2 onces, 1 gros, 66 grains usuels, par kilogramme) du poids brut des pains de sucre de huit kilogrammes et au-dessous;

Et six pour cent (6 décagrammes ou une once, 7 gros, 24 grains usuels, par kilogramme) du poids brut des pains de neuf kilogrammes et au-dessus.

3. A compter de la même époque, tous les pains de sucre qui seront mis en vente devront porter ostensiblement une marque indicative du poids pour lequel ils seront vendus, et des noms, prénoms et demeures des raffineurs.

4. Cette marque sera d'une dimension uniforme pour tous les raffineurs. Elle aura six centimètres de longueur sur trois de hauteur, et sera apposée sur chaque partie de l'enveloppe.

5. Chaque raffineur sera tenu de déposer à la préfecture de police, avant le premier avril prochain, une empreinte de sa marque, pour y avoir recours au besoin.

6. Lorsqu'un raffineur voudra cesser son commerce, il déposera sa marque à la préfecture.

7. Tous les pains mis en vente après le 1er avril prochain, sans être revêtus de la marque prescrite par l'article 3 de la présente ordonnance, ou qui n'auront pas le poids indiqué par cette marque, seront saisis et déposés à la préfecture de police, en attendant le jugement qui sera rendu par les tribunaux.

8. Les contraventions seront constatées par des procès-verbaux qui nous seront adressés. Les contrevenants seront poursuivis conformément aux lois et règlements.

9. La présente ordonnance sera imprimée et affichée.

Les sous-préfets des arrondissements de Saint-Denis et de Sceaux, les maires et adjoints des communes rurales du ressort de la préfecture de police, les commissaires de police et les inspecteurs des poids et mesures sont chargés de tenir la main à son exécution.

Le préfet de police, DEBELLEYME.

---

(1) V. l'arr. du 5 mars 1828.

N° 1229. — *Ordonnance concernant les diligences urbaines* (1).

Paris, le 30 janvier 1828.

Nous, préfet de police,

Vu la demande présentée par les sieurs de Saint-Céran, Baudry et Boitard, à l'effet d'obtenir de la préfecture de police son consentement à l'établissement, dans Paris, de voitures pouvant contenir un grand nombre de personnes, et destinées à transporter, à bas prix, les habitants de certains points de la ville à d'autres points également fixés, et en suivant des itinéraires tracés par l'administration ;

Considérant que des voitures de cette espèce existent depuis quelques années, tant dans plusieurs villes du royaume, que dans plusieurs capitales de l'Europe, et que leur introduction à Paris peut devenir utile, surtout à la classe industrielle et laborieuse, mais que l'autorité municipale doit, en se prêtant à cette innovation, prendre des mesures pour empêcher qu'elle n'augmente les embarras dans le centre de la ville, et ne devienne une nouvelle cause d'accidents sur la voie publique;

Vu 1° la loi des 16-24 août 1790, titre XI, article 3, paragraphe 1er ;

2° Les articles 2, 22 et 32 de l'arrêté du gouvernement du 12 messidor an VIII ;

3° La loi des finances du 25 mars 1817, article 112 ;

4° L'arrêté du préfet de police du 22 juin 1820 qui défend aux entrepreneurs de diligences et messageries d'opérer le chargement et le déchargement de leurs voitures sur aucune partie de la voie publique ;

5° L'ordonnance du roi du 27 septembre 1827, concernant les voitures publiques à destination fixe ;

6° Les articles 471, 474 et 484 du Code pénal,

Ordonnons ce qui suit :

1. Les sieurs de Saint-Céran, Baudry et Boitard, sont autorisés a établir, dans l'intérieur de Paris, jusqu'à concurrence de cent voitures publiques à destination fixe, dites *Omnibus*, mais qui ne devront circuler que dans les directions et par les rues, quais, places ou ponts ci-après désignés,

Savoir :

De la barrière de l'École-Militaire, par l'avenue de la Motte-Piquet, l'Esplanade-des-Invalides, le Pont Louis XVI, le quai des Tuileries, la place et la rue du Carrousel, où sera le bureau.

De la barrière de Vaugirard à la rue des Fossés-Saint-Germain, par la rue de Sèvres, la Croix-Rouge, la rue du Dragon, rue Taranne, rue Saint-Benoît, des Petits-Augustins, le quai de la Monnaie, le Pont-Neuf, le quai de l'École et la rue de Bourbon.

Sur la rive droite de la Seine, depuis le pont du Jardin-du-Roi jusqu'à la barrière des Bons-Hommes.

Sur la rive gauche, depuis le Jardin-du-Roi jusqu'au pont de l'École-Militaire.

De la barrière d'Enfer à la rue des Fossés-Saint-Germain-l'Auxerrois, par la rue d'Enfer, la rue de Vaugirard, la rue de Tournon, de Seine, les quais, le Pont-Neuf, le quai de l'École.

De la barrière de Fontainebleau, par le boulevard, le marché aux Chevaux, les rues du Jardin-du-Roi, Saint-Victor, des Fossés-Saint-

(1) Rapportée, — V. l'ord. du 15 sept. 1838.

Bernard, les quais, le pont Saint-Michel, le Pont-au-Change, à la place du Châtelet.

De la barrière de Vincennes au quai de la Grève, par la rue du Fauboug-Saint-Antoine, la rue Saint-Antoine et la place de Grève.

De la barrière de la Villette, par la rue du Faubourg-Saint-Martin, les boulevards à Bercy.

De la barrière de la Villette au Petit-Carreau, par la rue du Faubourg-Saint-Martin, la rue de la Fidélité, le Faubourg-Saint-Denis, et la rue de Bourbon-Villeneuve et du Petit-Carreau jusqu'au coin de la rue de la Vrillière, par la rue Neuve-Saint-Eustache, la rue des Fossés-Montmartre et la place des victoires.

Du marché Saint-Joseph à la barrière de Pantin, par la rue Montmartre, les boulevards, la rue du Faubourg-Poissonnière et la rue de Charles X.

Du marché Saint-Joseph à la barrière de Monceaux ou à celle de Clichy, par la rue Montmartre, les boulevards, la Chaussée-d'Antin et la rue de Clichy ou la rue de Londres.

De la place de la Bastille à la Porte-Saint-Martin, le long des boulevards.

De la porte Saint-Martin aux Invalides, par les boulevards, la place Louis XV, la rue de Bourgogne et la rue de Grenelle jusqu'aux Invalides.

Du marché Saint-Honoré à la barrière des Thernes, par les rues Saint-Honoré et le Faubourg.

Du marché Saint-Honoré à la barrière des Bons-Hommes, par les rues Saint-Honoré, la rue Royale, la place Louis XV et les Champs-Élysées.

De la place de Chaillot à la rue du Carrousel par les Champs-Élysées, la rue d'Angoulême, le Faubourg-Saint-Honoré, la rue Saint-Honoré, la rue Castiglione, la rue de Rivoli et la place du Carrousel.

De la barrière de Belleville au Conservatoire des Arts et Métiers, par la rue du Faubourg-du-Temple, le boulevard et la rue Saint-Martin.

De la barrière de Charenton jusqu'à la rue des Fossés-Saint-Germain-l'Auxerrois, par la rue de Charenton, la rue Saint-Antoine, les quais jusqu'à la rue de Bourbon, cette rue et celle des Fossés-Saint-Germain-l'Auxerrois.

2. Les voitures seront à quatre roues, traînées par deux chevaux ou par trois, au plus, attelés de front.

Elles ne pourront être construites pour transporter moins de douze voyageurs, et plus de vingt, tous dans l'intérieur.

Le cocher sera placé à l'extérieur, sur un siége disposé de manière à ne pouvoir servir qu'à lui seul.

Les cochers de l'établissement auront une livrée particulière qui devra être entièrement différente du costume des cochers de voitures de place.

L'impériale ne devra avoir ni courroie ni paniers à bâches. Il est formellement défendu d'y placer ni voyageurs, ni paquets ou ballots quelconques.

3. Les voitures ne pourront stationner, soit au point de leur départ, soit à leur arrivée, que dans des cours ou locaux intérieurs situés hors la voie publique.

4. Les voitures ne pourront s'arrêter, dans le trajet, que le temps strictement nécessaire pour faire descendre ou monter les voyageurs.

Il est expressément défendu aux conducteurs de s'arrêter pour prendre ou descendre des voyageurs, savoir :

1° A une distance moindre de deux cents pas (environ 150 mètres) des bureaux ;

2° Dans les carrefours, aux encoignures des rues, à la descente des ponts, et sur les ponts ; à proximité des places de stationnement, et devant les théâtres à partir de six heures du soir.

5. Les entrepreneurs devront se conformer, tant pour la construction de leurs voitures que pour les déclarations à faire à la préfecture de police, aux dispositions de l'ordonnance du roi, du 27 septembre dernier, et à celles de l'ordonnance de police, du 25 octobre 1827.

6. L'autorisation de circulation pour chaque voiture ne sera délivrée qu'après l'accomplissement des formalités prescrites par les deux ordonnances citées en l'article précédent, il y sera fait mention de la situation des lieux de départ et d'arrivée, ainsi que de l'itinéraire assigné à la voiture.

Cet itinéraire sera peint en caractères suffisamment apparents sur les panneaux.

7. Les contraventions seront déférées aux tribunaux; et, s'il y a lieu, la circulation des voitures sera interdite, ou seulement suspendue par la mise en fourrière.

8. La présente permission sera imprimée et notifiée tant aux commissaires de police qu'au chef de la police centrale, qui demeurent chargés, ainsi que les préposés sous leurs ordres, de tenir la main à son exécution.

Le préfet de police, DEBELLEYME.

N° **1230**. — *Ordonnance concernant des mesures d'ordre à observer à l'occasion de la messe du Saint-Esprit et de l'ouverture de la session des chambres* (1).

Paris, le 2 février 1828.

N° **1231**. — *Ordonnance concernant les masques* (2).

Paris, le 10 février 1828.

Nous, préfet de police,

Ordonnons ce qui suit :

1. Tout individu qui, le jeudi 14 février prochain, le dimanche 17, le lundi 18 et le mardi gras, se montrera dans les rues, places et promenades publiques, masqué, déguisé ou travesti, ne pourra porter ni épée, ni bâton, ni autres armes.

2. Nul ne pourra prendre de déguisements qui seraient de nature à troubler l'ordre public, ni qui pourraient blesser en aucune manière la décence et les mœurs.

3. Il est défendu à toutes personnes masquées, déguisées ou travesties, et à tout autre individu, d'insulter qui que ce soit ; de se permettre, à l'occasion des divertissements du jour, aucune attaque, et de s'introduire par violence dans les boutiques et maisons.

Il est également défendu à tout individu de provoquer ni insulter les personnes masquées, déguisées ou travesties.

4. Toute personne masquée, déguisée ou travestie, invitée par un

---

(1) V. l'ord. du 26 fév. 1830.

(2) V. les ord. des 10 fév. 1830 et 23 fév. 1843.

officier de police à le suivre, doit se rendre sur-le-champ au bureau de police le plus voisin pour y donner les explications qui peuvent lui être demandées.

5. Les contraventions aux dispositions ci-dessus seront constatées et poursuivies conformément aux lois.

6. La présente ordonnance sera imprimée et affichée.

Les commissaires de police, les chefs de la police centrale, les officiers de paix et les préposés de la préfecture de police sont chargés, chacun en ce qui le concerne, de tenir la main à son exécution.

M. le colonel de la ville et de la gendarmerie royale de Paris est invité à employer tous les moyens qui sont en son pouvoir pour en faire observer les dispositions.

Le préfet de police, DEBELLEYME.

N° 1232 — *Ordonnance concernant la police intérieure et extérieure des spectacles* (1).

Paris, le 12 février 1828.

Nous, préfet de police,

Vu les articles 2, 12 et 36 de l'arrêté du gouvernement du 12 messidor an VIII (1er juillet 1800),

Ordonnons ce qui suit :

1. Nul théâtre ne peut être ouvert dans la ville de Paris, ni dans toute l'étendue de notre juridiction, sans que les entrepreneurs aient rempli préalablement les formalités et se soient pourvus des autorisations voulues par les lois et décrets.

2. L'ouverture d'un théâtre ne peut avoir lieu qu'après qu'il a été constaté que la salle est solidement construite, que les précautions relatives aux incendies et ordonnées par l'arrêté du gouvernement du 1er germinal an VII (21 mars 1799) ont été prises, et qu'il ne se trouve rien, sous les péristyles et vestibules, qui puisse, en aucune manière, gêner la circulation.

3. Tout spectacle actuellement ouvert, ou qui pourrait l'être par la suite, sera fermé à l'instant si les entrepreneurs, au mépris de l'arrêté précité, négligent, un seul jour, d'entretenir les réservoirs pleins d'eau, les pompes et leurs agrès en état, et de surveiller les personnes qui doivent constamment être prêtes à porter des secours.

4. Les entrepreneurs de spectacle ne peuvent faire distribuer un nombre de billets excédant celui des individus que leurs salles peuvent contenir, ni inscrire, sur la porte des loges, un nombre de places supérieur à leur capacité.

5. Il est enjoint aux entrepreneurs de faire fermer exactement, pendant toute la durée du spectacle, les portes de communication de la salle aux coulisses, aux foyers particuliers et aux loges des artistes, où il ne doit être admis aucune personne étrangère au service du théâtre.

6. Il leur est pareillement enjoint de faire ouvrir, à la fin du spectacle, toutes les issues pour faciliter la prompte sortie du public. Les battants de toutes les portes devront s'ouvrir en dehors.

---

(1) V. les ord. des 16 juin 1806, 10 août 1807, 6 juillet 1816, l'arr. du 2 déc. 1824, les ord. des 31 janvier et 9 juin 1829, l'arr. du 8 fév. 1831, les ord. des 26 déc. 1832, 3 oct. 1837, 17 mai et 22 nov. 1838, l'arr. du 10 déc. 1841, la consigne du 14 juin 1842 et l'arr. du 23 nov. 1843.

7. Il est expressément défendu aux directeurs de théâtres de faire cesser l'éclairage dans l'intérieur de la salle, dans les escaliers, corridors et vestibules, avant l'entière évacuation du théâtre.

8. Il est défendu d'entrer aux parterres et amphithéâtres avec des cannes, des armes ou des parapluies; dans chaque théâtre il doit y avoir, le plus à la portée des personnes qui veulent entrer dans ces parties de la salle, un lieu destiné à recevoir ces objets en dépôt (1).

9. Il ne peut être annoncé dans l'intérieur des salles de spectacle, par les libraires ou leurs commissionnaires, d'autres ouvrages que des pièces de théâtre.

Défense est faite de les jeter aux personnes qui les leur demandent.

10. Il est permis à ces mêmes libraires d'annoncer et de distribuer dans l'intérieur des théâtres, un bulletin du spectacle; mais ce bulletin ne doit contenir que l'annonce du spectacle du jour et le nom des acteurs qui doivent figurer dans les pièces.

11. Il est défendu de s'arrêter dans les péristyles ou vestibules servant d'entrée aux théâtres (*ord. du 24 déc.* 1769), et de stationner sur la voie publique, aux abords de ces établissements.

12. La vente des billets pris aux bureaux ou qui proviendraient d'une autre source est pareillement défendue, comme gênant la circulation, compromettant l'ordre et la tranquillité publique, et donnant lieu à un nouveau genre d'escroquerie.

La vente de toute contremarque ne pourra avoir lieu dans les théâtres où l'on joue plus de deux pièces, qu'après la représentation de la deuxième pièce, et dans les autres, après la représentation de la première (2).

13. Il est défendu de parler et de circuler dans les corridors, pendant la représentation, de manière à troubler l'ordre.

14. Il est également défendu de troubler la tranquillité des spectateurs, soit par des clameurs, soit par des applaudissements ou des signes d'improbation, avant que la toile ne soit levée ou pendant les entr'actes.

15. Nul ne peut avoir le chapeau sur la tête lorsque la toile est levée.

16. Il ne peut y avoir pour le service public, à l'entrée des théâtres, que des commissionnaires reconnus par la police. Ils portent ostensiblement une plaque de cuivre sur laquelle sont gravés le numéro de leur permission et le nom du théâtre auquel ils sont attachés.

Il leur est défendu d'approcher des bureaux où l'on distribue des billets.

17. Les voitures ne peuvent arriver aux différents théâtres que par les rues désignées dans les consignes.

Il est expressement défendu aux cochers de quitter, sous quelque prétexte que ce soit, les rênes de leurs chevaux, pendant que descendent ou remontent les personnes qu'ils ont amenées.

18. Les voitures particulières, destinées à attendre jusqu'à la fin du spectacle, doivent aller se placer dans les lieux désignés à cet effet.

19. A la sortie du spectacle, les voitures qui auront attendu ne pourront se mettre en mouvement que quand la première foule sera écoulée.

20. Les voitures de place ne peuvent charger qu'après le défilé des autres voitures.

21. Aucune voiture ne doit aller plus vite qu'au pas et sur une seule file, jusqu'à ce qu'elle soit sortie des rues environnant le spectacle.

---

(1) V. les ord. des 23-27 mars 1817 et 10 déc. 1841.

(2) Le deuxième § de cet article est abrogé par l'ord. du 22 nov. 1838.

22. Il y aura, dans chaque théâtre, un commissaire de police chargé de la surveillance générale; une place convenablement située lui sera assignée dans l'intérieur.

Il y sera en costume; les officiers de paix qui lui seront envoyés pour le seconder et faire exécuter ses ordres, auront aussi la marque distinctive de leurs fonctions.

23. Il doit y avoir, dans chaque théâtre, un corps de garde et un bureau pour les officiers de police.

24. Il ne peut y avoir, pour les théâtres, qu'une garde extérieure. (*Loi du 19 janvier 1791.*) Elle sera spécialement chargée du maintien de l'ordre et de la libre circulation au dehors et du placement des voitures.

25. La garde ne pénètre dans l'intérieur des salles que dans le cas où la sûreté publique serait compromise et sur la réquisition du commissaire de police.

26. Tout particulier est tenu d'obéir provisoirement à l'officier de police. (*Loi précitée.*)

En conséquence, tout particulier, invité ou sommé par lui de sortir de l'intérieur de la salle, doit se rendre sur-le-champ au bureau de police pour y donner les explications qui pourraient lui être demandées.

27. Tout individu arrêté, soit à la porte du théâtre, soit dans l'intérieur de la salle, doit être conduit devant le commissaire de police, qui seul, peut prononcer son renvoi devant l'autorité compétente, ou provisoirement sa mise en liberté.

28. Il sera pris, envers les contrevenants, telle mesure de police administrative qu'il appartiendra, sans préjudice des poursuites à exercer contre eux devant les tribunaux.

29. La présente ordonnance sera imprimée et affichée dans Paris, et particulièrement à l'extérieur et dans l'intérieur des théâtres.

Elle sera également affichée dans les communes rurales du ressort de la préfecture de police.

Les sous-préfets de Sceaux et de Saint-Denis, les maires et adjoints des communes rurales du ressort de la préfecture de police, les commissaires de police, le chef de la police centrale, les officiers de paix et les préposés de la préfecture de police sont chargés, chacun en ce qui le concerne, de tenir la main à son exécution.

M. le colonel de la gendarmerie royale de Paris est invité à en assurer l'exécution par tous les moyens qui sont à sa disposition.

Le préfet de police, DEBELLEYME.

N° 1233. — *Arrêté concernant le service des théâtres* (1).

Paris, le 14 février 1828.

Nous, préfet de police,

Arrêtons ce qui suit :

1. La surveillance générale des théâtres étant confiée aux commissaires de police de service, il y aura pour les seconder, dans chacun de ces établissements, un officier de paix et deux inspecteurs.

2. Sont chargés du service de la police et de la surveillance :

Aux théâtres royaux,

MM......

---

(1) V. l'ord. du 12 fév. 1828.

3. Sont chargés du service de la police et de la surveillance :

Aux théâtres secondaires,

MM......

4. Cette surveillance à l'intérieur et à l'extérieur aura lieu conformément à notre ordonnance du 12 du présent mois.

Le service intérieur commence au moment de l'ouverture des bureaux de distribution des billets.

Le service extérieur doit commencer au moins une heure avant l'ouverture de ces bureaux. Chaque officier de paix de service sera chargé de la surveillance extérieure pour le placement et le défilé des voitures, de concert avec les officiers et adjudants de la gendarmerie.

5. Du moment où commencera le service intérieur des théâtres, le commissaire devra se tenir au bureau de police. Si sa présence est nécessaire dans la salle ou dans l'intérieur du théâtre, il se fera remplacer au bureau par l'officier de paix de service.

Mais le service du bureau de police est permanent ; il ne doit jamais avoir d'interruption jusqu'à l'entière évacuation de la salle. Et tout doit être concerté de manière à ce que cette disposition soit scrupuleusement observée.

6. Les inspecteurs de police de service dans un théâtre sont tenus de circuler dans les corridors et au pourtour du parterre, afin d'être toujours à portée d'observer, de rendre compte et d'exécuter les ordres qui leur seraient donnés.

7. Le commissaire de service dans un théâtre rendra compte, immédiatement après le spectacle, du résultat de sa surveillance par un rapport journalier qu'il adressera au troisième bureau de la première division.

Aussitôt après que les spectacles seront fermés, les officiers de paix de service aux théâtres transmettront à la police centrale, pour qu'il nous en soit rendu compte, le rapport de leur surveillance respectivement.

8. M. le sous-chef de la police centrale est chargé de surveiller l'exactitude du service, tant à l'intérieur qu'à l'extérieur des théâtres, et nous en fera rapport.

9. Toutes dispositions contraires à celles du présent arrêté sont rapportées.

10. Expéditions du présent arrêté seront transmises à MM. les commissaires de police et officiers de paix, pour en assurer l'exécution chacun en ce qui le concerne.

Expédition en sera également transmise à M. le chef de la police centrale.

Il en sera donné communication à M. le colonel commandant la gendarmerie royale de Paris.

Le préfet de police, DEBELLEYME.

N° 1234. — *Ordonnance concernant la prohibition de la chasse* (1).

Paris, le 20 février 1828.

---

(1) V. l'ord. du 23 fév. 1843.

N° 1235. — *Arrêté qui suspend l'exécution de l'ordonnance de police du 15 janvier 1828, concernant la vente du sucre en pains.*

Paris, le 5 mars 1828.

Nous, préfet de police,

Vu notre ordonnance en date du 15 janvier dernier, ayant pour objet la répression des fraudes qui se commettent à l'occasion de la vente du sucre en pains;

Informé que l'intention du gouvernement est de remédier, par une mesure générale, aux abus de la même nature qui se sont introduits dans presque tous les départements, et attendu que dès lors les dispositions par nous ordonnées dans le cercle de nos attributions, doivent être en harmonie avec celles qui seront adoptées par le gouvernement,

Arrêtons ce qui suit :

1. L'exécution de notre ordonnance, en date du 15 janvier dernier, concernant la vente du sucre en pains, est provisoirement suspendue.

2. Le présent arrêté sera imprimé, et affiché partout où besoin sera, dans le ressort de la préfecture de police.

Le préfet de police, DEBELLEYME.

N° 1236. — *Ordonnance concernant les magasins des détaillants de fourrages* (1).

Paris, le 25 mars 1828.

Nous, préfet de police,

Considérant que les magasins des détaillants de fourrages peuvent présenter des dangers d'incendie qu'il est de notre devoir de prévenir ;

Vu la loi des 16-24 août 1790, tit. XI, art. 3 et 5 ;

La loi du 22 juillet 1791, tit. Ier, art. 46 ;

L'article 458 du Code pénal ;

Et l'arrêté du gouvernement du 12 messidor an VIII (1er juillet 1800), article 24 ;

Desquels il résulte que le préfet de police est chargé de prendre les mesures propres à prévenir ou arrêter les incendies,

Ordonnons ce qui suit :

1. A l'avenir, il ne pourra être formé à Paris, et dans le ressort de la préfecture de police, aucun nouveau magasin de détaillant de fourrages, sans une permission spéciale qui ne sera délivrée qu'après visite et examen des lieux.

2. Si les lieux ne présentent aucun danger d'incendie, la permission sera accordée ; si, au contraire, les localités ne sont pas convenables, et si elles ne peuvent être rendues telles au moyen de dispositions ultérieures, la permission sera refusée.

Les conditions de la permission seront réglées suivant les localités.

3. Les magasins de détaillants de fourrages actuellement existants

(1) V. les ord. des 30 oct. 1829, 6 fév. 1830 et 13 sept. 1834.

sont maintenus, sauf à prendre les mesures de sûreté indispensables.

En cas de mutation, cession, déplacement ou fin de baux courants, ils ne pourront continuer d'exister qu'en vertu d'une permission.

4. Les propriétaires des établissements actuellement existants seront tenus de faire leur déclaration à la préfecture de police, dans le délai d'un mois, à partir de la publication de la présente ordonnance.

5. Il est défendu d'entrer dans les magasins de fourrages avec du feu ou des lumières non renfermées dans des lanternes closes.

6. Il est défendu de former des magasins de fourrages dans les boutiques ou dans les soupentes pratiquées dans lesdites boutiques. Ceux qui existeraient en ce moment sont maintenus, sauf à prendre les mesures de sûreté indispensables.

7. Les approvisionnements des détaillants seront réglés suivant la disposition des localités.

8. Les contraventions seront constatées par des procès-verbaux, et déférées par nous aux tribunaux, pour être statué ce qu'il appartiendra.

9. La présente ordonnance sera imprimée, publiée et affichée.

Les sous-préfets des arrondissements de Saint-Denis et de Sceaux, les maires des communes rurales, les commissaires de police et le commissaire-inspecteur général des halles et marchés sont chargés de tenir la main à son exécution.

Le préfet de police, DEBELLEYME.

N° 1237. — *Ordonnance concernant l'ordre à suivre lors du défilé des voitures qui iront à Long-Champ* (1).

Paris, le 31 mars 1828

N° 1238. — *Arrête concernant la prison de Sainte-Pélagie.*

Paris, le 31 mars 1828.

Nous, préfet de police;

Vu notre arrêté en date du 6 de ce mois, portant que la maison dite de Sainte-Pélagie sera, à compter du 1er avril prochain, divisée en deux parties, pour être affectées, l'une au logement des prisonniers pour dettes, l'autre à la détention des prévenus et des individus condamnés pour délits;

Considérant que l'administration et la surveillance de la prison pour dettes doivent, aux termes de l'article 2 de l'arrêté précité, être désormais distinctes et séparées de celles de la maison de détention, et que le motif de convenance qui a donné lieu à cette mesure exige qu'un règlement spécial fixe la nature, le mode et les limites de la surveillance confiée au directeur sous la responsabilité duquel sera placée cette classe de détenus, attendu que l'ordonnance de police du 10 septembre 1811, portant règlement général pour toutes les prisons du ressort de la préfecture, ne saurait lui être applicable;

Considérant que, s'il est juste d'accorder, aux personnes écrouées pour dettes, les facilités qui leur sont indispensables, soit à raison des

---

(1) V. l'ord. du 10 avril 1813.

relations qu'elles désirent conserver avec leurs familles ou avec leurs amis, soit pour se procurer, durant leur séjour dans la prison, les moyens de pourvoir à tous leurs besoins, il est du devoir de l'autorité de régler les limites au delà desquelles ces facilités deviendraient abusives ou dangereuses, et de ne les accorder qu'après avoir vérifié si elles peuvent, ou non, donner lieu à des inconvénients,

Arrêtons ce qui suit :

1. Les corridors et les chambres de la prison pour dettes seront ouverts, chaque jour, à six heures du matin, depuis le 1er avril jusqu'au 1er octobre, et à sept heures du matin pendant les six autres mois de l'année.

Depuis le 1er avril jusqu'au 1er octobre, les corridors seront fermés à neuf heures du soir et les chambres à dix heures, et, depuis le 1er octobre jusqu'au 31 mars, les corridors seront fermés à huit heures du soir, et les chambres à neuf heures.

2. Les détenus devront entretenir constamment leurs chambres dans la plus grande propreté.

3. Aucun prisonnier pour dettes ne pourra se livrer, dans la prison, aux travaux de sa profession, quand ces travaux exigeront l'emploi d'outils, ustensiles, machines ou appareils apportés du dehors, sans y avoir été spécialement autorisé par nous.

4. Toute espèce de prêt sur gage est formellement interdit aux prisonniers pour dettes.

Les jeux de hasard sont pareillement prohibés.

Il sera procédé, conformément aux lois, contre ceux qui enfreindront l'une ou l'autre défense.

5. Il est permis aux prisonniers pour dettes de prendre leurs repas en commun; mais ceux d'entre eux qui abuseraient de cette faculté, en se livrant à des amusements tumultueux ou à des excès susceptibles de troubler l'ordre, en seront privés, soit temporairement, soit indéfiniment. Toutefois, cette privation ne pourra leur être imposée que par une décision émanée de nous.

6. Les chambres particulières qui deviendront vacantes seront, comme par le passé, données aux détenus auxquels le droit de les occuper sera acquis par leur rang d'ancienneté, dûment certifié.

Nul ne pourra en prendre possession qu'en vertu de notre décision spéciale.

7. Aucune chambre ne pourra rester ouverte pendant la nuit sans notre autorisation.

Cette autorisation, demandée par le détenu qui aura désiré l'obtenir, sera accordée sur le vu d'un certificat du médecin de la prison, attestant que l'état de santé de ce détenu rend indispensable la précaution dont il s'agit.

8. Les permis de communiquer continueront d'être délivrés pour quatre fois seulement par semaine.

Nous nous réservons d'y donner telle extension que nous jugerons utile, d'après les demandes qui nous seront adressées et les motifs allégués à l'appui de ces demandes.

9. Les lettres adressées au dehors par les prisonniers pour dettes seront affranchies de toute espèce de visa, et la sortie ne pourra en être empêchée ni retardée, si ce n'est pour des motifs graves dont, le cas arrivant, il nous sera rendu compte immédiatement par le directeur.

10. Une chambre commune sera réservée pour les malades qui ne pourront se faire traiter à leurs frais et dont le traitement ne pourrait, sans inconvénient, avoir lieu dans les chambres qu'ils occuperont.

Les malades admis dans la chambre commune y recevront, sans aucune rétribution, les soins et les médicaments prescrits par le médecin de la maison.

11. Il ne pourra être conservé de la lumière dans les chambres après dix heures du soir.

12. Les prisonniers pour dettes ne pourront, sous aucun prétexte, être privés du droit d'acheter, où bon leur semblera, les aliments, boissons et effets dont l'introduction dans la prison n'aura pas été défendue.

13. Le directeur comptera à chaque détenu deux francs tous les trois jours, sur le montant des aliments consignés par le créancier : il ne pourra être exercé par ce directeur, à son profit, aucune retenue sur le montant de cette consignation.

14. Le chef du troisième bureau de la deuxième division et les inspecteurs des prisons sont chargés, chacun en ce qui le concerne, de l'exécution du présent arrêté.

Le préfet de police, DEBELLEYME.

N° **1239**. — *Ordonnance concernant les saltimbanques, baladins, etc.* (1).

Paris, le 3 avril 1828.

Nous, préfet de police,

Considérant que le nombre des saltimbanques dans les rues et places publiques s'est accru considérablement dans le ressort de la préfecture de police ;

Que ceux qui exercent cette profession donnent souvent lieu à des plaintes, soit parce qu'ils obstruent la voie publique, empêchent la libre circulation des voitures, et sont ainsi souvent cause de graves accidents, soit parce qu'ils outragent la pudeur par des paroles, des gestes et des chansons obscènes ;

Que la plupart des individus de cette classe cherchent à faire des dupes, en tirant les cartes, en disant la bonne aventure ou en distribuant des numéros pour la loterie ;

Que plusieurs d'entre eux n'ont d'autre objet en formant de nombreux rassemblements que de favoriser des filouteries, des vols et des escroqueries dont ils sont auteurs ou complices ;

Qu'il en est qui forcent à faire leur métier des enfants qu'ils ont dérobés ou qu'ils retiennent malgré leurs parents ;

Que d'autres troublent le repos public en annonçant leurs exercices au son du tambour et de la trompette ;

Que beaucoup d'étrangers promènent dans Paris des animaux malfaisants, occasionnent par là des rassemblements dangereux et causent des frayeurs qui peuvent être funestes aux femmes et aux enfants ;

Qu'enfin, à défaut de moyens faciles pour reconnaître ceux qui donnent lieu à ces plaintes, les coupables ne peuvent être que difficilement punis ;

Vu les lois et règlements de police concernant les délits et contraventions ci-dessus mentionnés ;

Vu principalement l'arrêté (non abrogé) du bureau central, en date du 3 messidor an IV (22 juin 1794), et les articles 270, 271, 330, 354, 405, 475, 477, 479 et 481 du Code pénal.

Ordonnons ce qui suit :

1. A dater de huit jours après la publication de la présente ordonnance, aucun individu ne pourra exercer le métier de saltimbanque

(1) V. l'ord. du 14 déc. 1831.

dans les rues et places publiques de Paris, ou des communes rurales du ressort de la préfecture de police sans en avoir obtenu de nous la permission, laquelle sera visée tous les six mois et renouvelée tous les ans.

Ceux qui seront porteurs d'une permission ancienne devront la faire renouveler dans le même délai.

2. Tout individu ayant une permission de saltimbanque sera tenu d'avoir une plaque où seront inscrits son nom et le numéro de sa permission.

Cette plaque devra être portée ostensiblement et de manière à être facilement aperçue.

Les barraques et étalages devront porter le même numéro en gros caractères.

3. Aucun saltimbanque ne pourra exercer sur les places publiques d'autre industrie que celle désignée dans sa permission ; les rues, les carrefours et les ponts leur sont interdits.

4. Les permissions porteront la liste des places où il est permis aux saltimbanques de stationner. Ils ne pourront se placer ailleurs sans avoir demandé et obtenu l'autorisation du commissaire de police du quartier.

5. Tout saltimbanque sera tenu, à la première réquisition des officiers de police, de se retirer de la place qu'il occupe ; dans tous les cas, il ne pourra stationner sur les places publiques plus tard que la nuit tombante.

6. Il est expressément défendu à tout saltimbanque de tirer les cartes, de dire la bonne aventure, d'interpréter les songes et de vendre ou débiter aucune espèce de papier écrit ou imprimé.

7. Nul ne pourra, à moins d'une autorisation spéciale, rassembler les passants au son de la caisse ou de la trompette, sous peine d'être privé de sa permission.

8. Personne ne pourra promener dans Paris des animaux malfaisants, qui peuvent ou causer des frayeurs ou présenter quelque danger, ni d'autres animaux, sans une autorisation spéciale.

Des ordres seront donnés pour détruire les animaux dangereux, sans préjudice des poursuites à exercer par les tribunaux contre les contrevenants, s'il y a lieu.

9. Les saltimbanques qui mènent des enfants à leur suite seront tenus de prouver à l'autorité, par des actes authentiques, que les enfants leur appartiennent ou qu'ils ont le consentement de leurs parents.

10. Les contrevenants seront arrêtés et conduits, à Paris, devant un commissaire de police, et dans les communes rurales, devant le maire, pour de là être envoyés, s'il y a lieu, à la préfecture de police, avec le procès-verbal de la contravention ; ils seront punis administrativement, par le retrait provisoire ou définitif de leur permission et de leur médaille, suivant le cas, sans préjudice des poursuites à exercer contre eux devant les tribunaux.

11. La présente ordonnance sera imprimée ; elle sera affichée dans la ville de Paris et dans les communes rurales du ressort de la préfecture de police.

Les sous-préfets des arrondissements de Saint-Denis et de Sceaux, les maires des communes rurales du ressort de la préfecture de police et leurs adjoints, le commissaire de police, chef de la police municipale, les commissaires de police, les officiers de paix et les agents de la préfecture de police sont chargés de tenir la main à son exécution.

Le préfet de police, DEBELLEYME.

N° 1240. — *Arrêté concernant le stationnement, le départ et l'arrivée des voitures faisant le transport en commun* (1).

Paris, le 26 avril 1828.

Nous, préfet de police,

Considérant qu'il s'est élevé des difficultés sur l'exécution de notre ordonnance du 30 janvier 1828, concernant les omnibus, portant, article 3 :

« Les voitures ne pourront stationner, soit au point de leur dé- « part, soit à leur arrivée, que dans des cours ou locaux intérieurs « situés hors la voie publique. »

Arrêtons ce qui suit :

1. Il y a départ, chaque fois que la voiture quitte un point déterminé, pour se rendre à un autre point déterminé, situé à l'extrémité d'une ligne, pour le trajet de laquelle il est perçu vingt-cinq centimes par personne.

Il y a arrivée, chaque fois que la voiture atteint l'extrémité d'une de ces lignes.

2. La voiture ne peut être considérée en stationnement que dans le cas où, dans l'intervalle d'un local intérieur à l'autre, et sur les parties de la voie publique où il ne leur est pas formellement interdit de s'arrêter, par l'article 4, le conducteur la fait arrêter plus que le temps strictement nécessaire pour faire descendre ou monter les voyageurs, quel qu'en soit le nombre.

Le présent arrêté sera notifié à la compagnie Saint-Céran, Baudry et Boitard.

Expédition en sera transmise au chef de la police municipale et aux commissaires de police qui demeurent spécialement chargés d'en assurer l'exécution.

Le préfet de police, DEBELLEYME.

N° 1241. — *Ordonnance concernant l'interruption du passage sur le pont de Choisy-le-Roi.*

Paris, le 30 avril 1828.

Nous, préfet de police,

Vu les articles 22, 24, 32 et 34 de l'arrêté du gouvernement du 1er juillet 1800 (12 messidor an VIII) et l'article 1 de l'arrêté du 25 octobre suivant (3 brumaire an IX);

Vu aussi l'ordonnance de décembre 1672 et les lois des 6 novembre 1796 (16 brumaire an V) et 26 novembre 1798 (6 frimaire an VII);

Considérant qu'il est nécessaire de pourvoir à la sûreté de la navigation, pendant tout le temps de la reconstruction du pont de Choisy-le-Roi, et à celle des ouvriers employés à ces travaux, comme aussi d'assurer la libre communication d'une rive à l'autre sur le même point,

Ordonnons ce qui suit :

1. Jusqu'à ce que le passage du pont de Choisy-le-Roi soit livré au

---

(1) Rapporté. — V. l'ord. du 15 sept. 1838.

public, il est défendu à qui que ce soit, autre que les personnes employées à sa reconstruction, de s'introduire sur aucune partie du pont; pour quoi il est enjoint au concessionnaire de le tenir fermé ou d'y placer un gardien chargé de faire observer cette défense.

2. Tout le temps de la durée des travaux, il est enjoint au même concessionnaire d'avoir auprès dudit pont un bachot de station monté par un marinier bon nageur, pour porter secours, en cas de besoin, tant aux ouvriers qu'aux autres personnes qui viendraient à tomber dans la rivière.

3. Le service du passage d'eau sera fait avec exactitude et conformément aux règles établies pour les passages d'eau du département de la Seine.

4. Les chevaux, mulets, ânes, bœufs ou vaches devront toujours être passés dans le bac, et ne pourront jamais l'être en bachot.

5. Le bac ne pourra sationner que sur la rive droite. Il ne devra rester sur la rive gauche que le temps strictement nécessaire pour débarquer ou embarquer les passagers.

Aussitôt l'abordage d'une rive ou de l'autre, la corde devra toujours être mise au bord et en dehors des bascules, afin de plonger davantage.

6. Pour éviter la rencontre du bac avec les bateaux avalants, il est enjoint au fermier du passage d'eau de Choisy-le-Roi de faire usage d'une flamme bleue qui, placée en lieu convenable pour être aperçue principalement du garage, sera hissée au moment du départ du bac et mise bas aussitôt son abordage.

Aucun bateau ne pourra s'abattre du garage pendant tout le temps que cette flamme sera hissée.

7. Aucun trait montant composé de bateaux vides ou chargés ne pourra, sous quelque prétexte que ce soit, stationner dans toute l'étendue du port de Choisy-le-Roi, commençant à la naissance de la grande berge, vis-à-vis le chemin vicinal de Choisy-le-Roi et se prolongeant en aval jusqu'à la dernière maison de cette commune.

8. Les bateaux à vapeur montants, lorsqu'ils auront à passer par les arches obstruées par des échafaudages, devront préalablement avertir de leur arrivée par le son de la cloche, et s'arrêter au port de Choisy le temps nécessaire pour permettre aux bateaux avalants de traverser le pont.

Avertis par le son de la cloche, les bateaux ne devront plus s'abattre du garage ni le bac se mettre en route qu'après le passage des bateaux à vapeur.

9. Il sera planté sur la rive droite un mât au haut duquel sera placée une flamme rouge destinée à faire défense à tous trains et bateaux de se présenter sous le pont tout le temps qu'elle sera hissée, ce qui n'aura lieu que dans les cas d'embarras et de danger d'avarie.

10. Tous bateaux chargés, quels qu'ils soient, ne pourront traverser *d'avalant* le pont de Choisy-le-Roi sans être billés par les mariniers-billeurs, dont le service est réglé ci-après.

En conséquence, ils seront tenus de s'arrêter au garage fixé par l'article 1 de notre ordonnance du 30 juin dernier, lors même que la flamme serait bas, afin d'y attendre que les billeurs soient arrivés dessus pour les diriger.

11. Sont exemptés de la mesure du billage, mais non de celle du garage, les bachots, batelets et les margotas ayant moins de dix-huit mètres de longueur.

12. Les bateaux marnois, coches ou barquettes allant avalant, qui devront passer par les arches échafaudées, seront tenus de se lâcher sur corde, au moyen de la patte d'oie plantée à cet effet.

13. Les billeurs seront tenus de passer le pont, et ne pourront débiller ni souffrir qu'il soit débillé par les hommes de l'équipage, à moins d'une grande longueur de bateau en aval dudit pont.

Les bateaux destinés à se garer au port de Choisy-le-Roi y seront conduits par les billeurs.

14. Sauf le cas de force majeure, tout marinier qui aura demandé et obtenu son permis de passer le pont et son ordre de billage, ne pourra retarder son départ, à peine de voir sa permission regardée comme non avenue.

15. Le billage sera constamment fait à trois hommes, en toute saison et quelle que soit la hauteur des eaux.

16. La navigation ne devant avoir lieu que de jour, le billage ne pourra se faire avant le soleil levé ni après le soleil couché.

Il sera également suspendu dans les temps de grands vents ou tempêtes.

17. Il est défendu à tous mariniers-billeurs de biller lorsque les arches marinières se trouveront obstruées par des bateaux, barquettes, etc., coches ou trains montants ou descendants.

Ils devront aussi maintenir une distance de deux longueurs de bateau au moins entre chacun d'eux, ne pas coupler ceux qu'ils conduiront et ne pas chercher à se gagner de vitesse.

18. Afin de prévenir les accidents qui pourraient résulter de la rencontre des bateaux, les propriétaires ou conducteurs de bateaux, vides ou chargés, qui remonteront la rivière, veilleront très-exactement à ce que leurs traits ne s'écartent point dans le chemin de la navigation; et, à cet effet, ils en assujettiront la queue par une corde d'évente.

19. Les billeurs du pont de Choisy-le-Roi seront au nombre de vingt-cinq : ils seront nommés et médaillés par nous.

Il leur est expressément défendu d'entreprendre aucun autre ouvrage qui pourrait les détourner des travaux du billage.

Seulement, dans la saison où la navigation cesse habituellement en grande partie, ceux qui n'auront pas été compris dans l'appel du matin, pourront pendant la journée s'occuper comme ils l'entendront.

Il ne pourra, néanmoins, jamais y avoir moins de deux bachots montés.

20. La société des billeurs de Choisy devra avoir en propre et entretenir à frais communs dix bachots toujours en bon état et garnis de leurs agrès.

Ces bachots porteront aux quatre côtés d'iceux un numéro qui sera indiqué par l'inspecteur général de la navigation et des ports.

Hors le temps du service, ils devront être enchaînés à la place qui sera désignée par le même fonctionnaire.

21. Le salaire des billeurs sera de soixante-quinze centimes pour chacun des hommes qui auront billé.

Défenses leur sont faites d'exiger au delà de cette taxe, à peine d'être forcés à la restitution du trop perçu, et renvoyés de la société, sans préjudice des poursuites à exercer contre eux devant les tribunaux.

Il leur est défendu aussi de recevoir aucune gratification, soit en argent, soit en vin ou autres marchandises, et en conséquence de conserver à bord de leurs bachots aucun vase ni aucune bouteille.

22. Les billeurs seront commandés par le chef provisoire du pont de Choisy-le-Roi, lequel sera chargé de les diriger, de surveiller et distribuer le travail.

Il ne sera pas tenu de biller personnellement.

Les billeurs feront choix entre eux d'un sous-chef, pour assister et, en cas d'absence, suppléer le chef de pont dans son emploi de chef de billage.

23. La présente ordonnance sera imprimée et affichée.

Le sous-préfet de l'arrondissement de Sceaux, le maire de Choisy-le-Roi, l'inspecteur général de la navigation et des ports, et les préposés sous ses ordres sont chargés d'en assurer l'exécution, chacun en ce qui le concerne.

Le préfet de police, DEBELLEYME.

N° **1242**. — *Ordonnance pour autoriser la vente en gros des beurres dits d'Isigny, le samedi.*

Paris, le 1er mai 1828.

Nous, préfet de police,

Considérant que le mercredi, jour fixé par notre ordonnance du 18 juin 1823, pour la vente en gros des beurres dits d'Isigny, ne suffit pas à l'écoulement de cette denrée qui arrive abondamment, non-seulement d'Isigny, mais encore d'un assez grand nombre d'autres communes des départements du Calvados et de la Manche;

Voulant favoriser les producteurs et les consommateurs,

Vu les lois des 16-24 août 1790, titre XI, et 22 juillet 1791, titre I. et l'arrêté du gouvernement du 1er juillet 1800,

Ordonnons ce qui suit :

1. La vente en gros des beurres dits d'Isigny, déjà autorisée le mercredi de chaque semaine, aura lieu également dorénavant le samedi.

2. La présente ordonnance sera imprimée, publiée et affichée.

Ampliation en sera adressée à M. le conseiller d'Etat, préfet du département de la Seine, et à MM. les membres composant le conseil général des hospices.

Le commissaire de police du quartier des Marchés et l'inspecteur général des halles et marchés sont chargés de tenir la main à son exécution.

Le préfet de police, DEBELLEYME.

N° **1243**. — *Ordonnance concernant le transport des pierres dans Paris* (1).

Paris, le 12 mai 1828.

Nous, préfet de police,

Vu le décret du 11 juin 1811, relatif au mesurage des pierres destinées aux constructions publiques et particulières dans Paris;

Le rapport de M. l'ingénieur en chef, directeur des ponts et chaussées du département de la Seine, du 13 septembre 1826;

La lettre de M. le directeur des droits d'octroi et d'entrée de Paris, du 30 novembre 1827,

Et le décret du 23 juin 1806, concernant le poids des voitures de roulage, leur chargement et la police du roulage;

---

(1) V. l'ord. du 30 mai 1833.

En vertu des articles 22 et 32 de l'arrêté du gouvernement du 1er juillet 1800 (12 messidor an VIII),

Ordonnons ce qui suit :

1. Les voitures chargées de pierres de taille et de moellons ne pourront entrer dans Paris par d'autres barrières que par celles ;

Du Roule, des Martyrs, Rochechouart, de la Villette, de Pantin, du Combat, de Ménilmontant, du Trône, de Charenton, de Fontainebleau, de la Santé, d'Enfer, du Maine, de Vaugirard, de l'Ecole-Militaire.

2. Il est enjoint aux conducteurs de ces voitures de les diriger, dans Paris, par les rues les plus larges, jusqu'au lieu du déchargement, de se tenir constamment à portée de leurs chevaux et en état de les guider et de laisser libre, au moins, la moitié des rues, ponts, chaussées et routes.

Il leur est expressément défendu de s'engager dans aucune des rues étroites de la ville où deux voitures ne peuvent passer à la fois avec facilité, à moins que ce ne soit le lieu de leur destination.

Il leur est défendu aussi de traverser, sous quelque prétexte que ce soit, le pont Saint-Michel et le Pont-Royal. Pour gagner les autres ponts et après les avoir traversés, ils suivront les quais, autant qu'il leur sera possible.

Le tout sous les peines portées aux articles 475 et 476 du Code pénal.

3. Ils ne pourront stationner momentanément, pour laisser reposer leurs chevaux, que sur une place publique, en ayant soin d'y ranger leurs voitures, de manière à ce qu'elles ne puissent en rien gêner la circulation.

Pour tout autre motif, hors le cas d'accident, il leur est défendu de s'arrêter, en route, sur un autre point de la voie publique.

4. Conformément à l'article 12 du décret du 11 juin 1811, les voitures de pierres de taille et de moellons ne pourront entrer dans Paris que jusqu'à cinq heures du soir au plus tard, du 1er avril au 1er octobre, et jusqu'à quatre heures du 1er octobre au 1er avril, de manière à ce qu'elles puissent arriver sur les ateliers avant la retraite des ouvriers.

Les voitures qui se présenteraient aux barrières, après les heures fixées par le paragraphe précédent, seront dételées, et n'entreront que le lendemain ; elles stationneront sur le revers de la chaussée des boulevards extérieurs, à la suite l'une de l'autre, et sans qu'elles puissent occuper à la fois les deux côtés du boulevard ni les routes ou chemins adjacents.

Celles qui ne pourront quitter les ports d'arrivage avant les heures ci-dessus fixées, stationneront ou sur le port ou sur le quai, le plus près possible du mur du quai et sur une seule file, aux endroits qui seront indiqués par les inspecteurs des ports.

5. Les voituriers conducteurs de pierres seront toujours munis, lors de leur passage dans Paris, du bulletin de mesurage, dûment quittancé, accompagné de la quittance du droit d'octroi ; ils seront tenus de les représenter à toute réquisition des commissaires de police et des préposés de la police.

6. Les pierres de taille et autres ne pourront être transportées que sur de fortes voitures garnies de roues à larges jantes et construites avec toute la solidité convenable ; les pierres de taille y seront solidement assujetties avec câbles et barres en fer.

Les voitures de moellons et pierres à plâtre seront garnies de fortes ridelles devant, derrière et de côté, de manière qu'aucune partie du chargement ne puisse tomber sur la voie publique.

Dans aucun cas, le chargement ne pourra s'élever au-dessus des ridelles sur toute la superficie; le tout sous les peines portées par les articles 475 et 476 du Code pénal.

7. Il est enjoint aux voituriers et conducteurs de pierres de régler le poids de leurs voitures, conformément aux fixations déterminées par les articles 3, 4 et 5 du décret du 23 juin 1806, sous peine des dommages rappelés par l'article 27 du même règlement.

8. La vérification du poids desdites voitures continuera d'être faite sur les ponts à bascule.

En cas de contravention, le conducteur ne pourra continuer sa route qu'après avoir déchargé sa voiture de l'excédant du poids constaté. (*Art. 44 du décret du* 23 *juin* 1806.)

9. A chacune des barrières désignées par l'article 1 de la présente ordonnance, où il n'y aura point de pont à bascule, il sera tenu constamment affiché un tableau indiquant, d'après le résultat des expériences faites par MM. les ingénieurs des ponts et chaussées, le chargement en pierres de taille ou moellons qui peut être approximativement transporté, en raison de la largeur des jantes des roues des voitures, sans excéder le tarif du poids accordé, tant depuis le 1er novembre jusqu'au 1er avril, que pendant les sept autres mois de l'année.

10. Les voitures de pierres de taille ou de moellons, dont le chargement excéderait les indications mentionnées au tableau prescrit par l'article précédent, seront présumées en contravention; en conséquence, l'entrée dans Paris par toute barrière dépourvue de pont à bascule leur sera interdite, à moins que le conducteur ne décharge préalablement l'excédant du cube indiqué au tableau; dans le cas contraire, il sera tenu de conduire sa voiture au pont à bascule le plus voisin, pour y faire constater son poids réel.

11. Les contraventions seront constatées par des rapports ou procès-verbaux qui nous seront transmis, pour être, chacune selon sa nature, poursuivies devant les tribunaux compétents ou devant le conseil de préfecture, par voie administrative.

12. La présente ordonnance sera imprimée et affichée tant dans l'intérieur de Paris qu'aux barrières.

Les commissaires de police, le chef de la police municipale et l'inspecteur général de la navigation et des ports sont chargés d'en assurer l'exécution.

MM. les ingénieurs des ponts et chaussées et leurs conducteurs sont chargés également d'y tenir la main, en ce qui les concerne.

Elle sera adressée, 1° à M. le directeur des droits d'octroi et d'entrée, avec invitation de charger les préposés de son administration, employés aux barrières, de concourir à son exécution;

2° A M. le colonel commandant la gendarmerie royale, pour en assurer l'exécution par les moyens qui sont à sa disposition;

3° Et enfin à MM. les sous-préfets des arrondissements de Sceaux et de Saint-Denis, pour qu'ils veuillent bien la faire publier, dans l'intérêt des carriers et conducteurs de pierres établis dans les communes rurales de leur établissement.

Le préfet de police, DEBELLEYME.

TABLEAU

TABLEAU DES CHARGEMENTS

Que peuvent approximativement contenir les voitures de *pierres de taille* ou de *moellons*, sans excéder le tarif du poids accordé par les lois et règlements sur la police du roulage.

		CUBE DES CHARGEMENTS. Du 1er nov. au 1er avril.	Du 1er avril au 1er novembre.	OBSERVATIONS.
		STÈRES.	STÈRES.	
Pierres de taille.	Voitures à jantes de 17 c. (6 pouces 4 lig.) lorsqu'elles sont chargées de deux blocs seulement........	1 41	1 82	Les chargements composés d'un seul bloc de pierre, ne sont assujettis à aucune vérification, quant au poids.
	Voitures à jantes de même dimension lorsqu'elles sont chargées de plus de deux blocs..	1 28	1 69	
Moellons.	Voitures avec jantes de 17 c. de largeur.	1 98	2 54	
	Voitures avec jantes de 14 c. (5 pouces 2 lignes)....	1 41	1 81	

Vu et arrêté par nous, préfet de police, aux termes de l'article 9 de notre ordonnance de ce jour, concernant le transport des pierres dans Paris, et pour servir à l'exécution de la mesure prescrite par l'article 10 du même règlement.

Paris, le 12 mai 1828.

Le préfet de police, DEBELLEYME.

N° 1244. — *Ordonnance concernant le commerce de la triperie au marché des Prouvaires* (1).

Paris, le 13 mai 1828.

Nous, préfet de police,

Vu les réclamations des adjudicataires de la triperie du marché des Prouvaires et des tripiers qui approvisionnent ledit marché ;

Vu nos ordonnances des 19 novembre 1818 et 25 novembre 1819,

Ordonnons ce qui suit :

1. A dater de la publication de la présente ordonnance, toutes les issues rouges et blanches que les tripiers et les cuiseurs amèneront au marché des Prouvaires, seront déchargées et exposées en totalité sur le carreau.

---

(1) V. les deux ord. du 2 avril 1818 et celles des 25 janv. et 29 fév. 1836.

Il est expressément défendu d'en retenir aucune partie dans les voitures ni d'en former aucun dépôt dans d'autres lieux.

2. Les contraventions seront constatées par des procès-verbaux et déférées aux tribunaux, pour être statué ce qu'il appartiendra.

3. La présente ordonnance sera imprimée, publiée et affichée.

Les commissaires de police et spécialement celui du quartier des Marchés, le commissaire-inspecteur général des halles et marchés et les préposés sous leurs ordres sont chargés de tenir la main à son exécution.

Le préfet de police, DEBELLEYME.

N° 1245. — *Ordonnance concernant les bains dans la rivière et les écoles de natation* (1).

Paris, le 14 mai 1828.

N° 1246. — *Ordonnance concernant les voitures publiques dites Dames-Blanches* (2).

Paris, le 14 mai 1828.

Nous, préfet de police,

Vu, 1° notre décision, en date du 14 mars dernier, qui admet les sieurs Godefroy, Lavigne et Fouquet à faire circuler dans Paris des voitures destinées à transporter à bas prix les habitants dans certaines directions déterminées par l'administration de la police,

2° L'ordonnance de police du 30 janvier dernier, relative aux diligences urbaines dites *Omnibus;*

3° La loi du 16-24 août 1790, titre XI, article 3, § 1;

4° Les articles 2, 22 et 32 de l'arrêté du gouvernement du 12 messidor an VIII;

5° La loi des finances du 25 mars 1817, article 112;

6° L'arrêté du préfet de police du 22 juin 1820, qui défend aux entrepreneurs des diligences et messageries d'opérer le chargement et le déchargement de leurs voitures sur aucune partie de la voie publique;

7° L'ordonnance du roi du 27 septembre 1827, concernant les voitures publiques à destination fixe;

8° Les articles 471, 474 et 484 du Code pénal,

Ordonnons ce qui suit :

1. Les sieurs Godefroy, Lavigne et Fouquet sont autorisés à établir dans l'intérieur de Paris quinze voitures publiques à destination fixe, dites *Dames-Blanches*. Ces voitures ne devront circuler que sur les parties de la voie publique ci-après désignées, les seules où l'administration ait reconnu la possibilité de laisser exercer une concurrence de ce genre, sans compromettre essentiellement la sûreté publique, savoir :

De la place Mazas à la barrière de l'Etoile, par le boulevard Bourdon ou la rue Contrescarpe, la place de la Bastille, les boulevards, la place

---

(1) V. les ord. des 20 mai 1839 et 25 oct. 1840 (art. 187 et suiv., et 225.)

(2) Rapportée. — V. l'ord. du 15 sept. 1838.

de la Madeleine, la rue Royale, la place Louis XV et l'avenue de Neuilly ;

Du Jardin du Roi au Champ de Mars, par les quais de la rive gauche, l'esplanade des Invalides et l'avenue de la Motte-Piquet ;

De la barrière des Amandiers ou de celle d'Aunay, par la rue de la Folie, la rue des Amandiers, la rue du Chemin-Vert et les boulevards ;

De la barrière de Clichy à la chaussée du Mont-Parnasse, par la rue de Clichy, la rue de la Chaussée-d'Antin, les boulevards, la rue de la Paix, la place Vendôme, la rue Castiglione, la rue de Rivoli, la place Louis XV, le pont Louis XVI, le quai d'Orsay, la rue des Saints-Pères, la rue Taranne, la rue du Dragon, la rue du Cherche-Midi et les boulevards.

Il est formellement défendu aux entrepreneurs de porter à la fois plus de huit voitures sur une même ligne.

2. Les voitures seront à quatre roues, traînées par deux chevaux ou par trois au plus, attelés de front. Elles ne pourront être construites pour transporter moins de douze voyageurs et vingt au plus, tous dans l'intérieur.

Le cocher sera placé à l'extérieur, sur un siége disposé de manière à ne pouvoir servir qu'à lui seul. Il ne devra jamais en descendre.

Les cochers de l'établissement auront une livrée particulière, qui devra être entièrement différente du costume des cochers de voitures de place et de ceux d'omnibus.

L'impériale ne devra avoir ni courroie ni panier à bâche. Il est formellement défendu d'y placer ni voyageurs, ni paquets ou ballots quelconques.

3. Les voitures ne pourront stationner, soit au point de leur départ, soit à leur arrivée, que dans les cours ou locaux intérieurs situés hors de la voie publique.

Il y a départ chaque fois que la voiture quitte un point déterminé, pour se rendre à un autre point déterminé situé à l'extrémité d'une ligne, pour le trajet de laquelle il est perçu un prix fixé par les entrepreneurs.

Il y a arrivée chaque fois que la voiture atteint l'extrémité de l'un de ces trajets.

4. Les voitures ne pourront s'arrêter, dans le trajet, que le temps strictement nécessaire pour faire descendre ou monter les voyageurs, savoir :

1° A une distance moindre de deux cents pas (environ 150 mètres) des bureaux ;

2° Dans les carrefours, aux encoignures des rues, à la descente des ponts, à proximité des places de stationnement et devant les théâtres, à partir de six heures du soir.

5. Les entrepreneurs devront se conformer, tant pour la construction de leurs voitures que pour les déclarations à faire à la préfecture de police, aux dispositions de l'ordonnance du roi du 27 septembre dernier, et à celles de l'ordonnance de police du 27 octobre 1827.

6. L'autorisation de circulation pour chaque voiture ne sera délivrée qu'après l'accomplissement des formalités prescrites par les deux ordonnances citées en l'article précédent, et aussi après avoir justifié de l'existence de locaux convenablement disposés.

L'itinéraire à parcourir sera indiqué d'une manière apparente sur la voiture.

7. Les contraventions seront déférées aux tribunaux et, s'il y a lieu, la circulation des voitures sera interdite ou seulement suspendue par la mise en fourrière.

8. La présente permission sera imprimée et adressée, tant aux commissaires de police qu'au chef de la police municipale, qui demeurent chargés, ainsi que les préposés sous leurs ordres, de tenir la main à son exécution.

Le préfet de police, DEBELLEYME.

N° 1247. — *Ordonnance concernant les chiens errants* (1).

Paris, le 20 mai 1828.

N° 1248. — *Ordonnance concernant l'arrosement* (2).

Paris, le 21 mai 1828.

N° 1249. — *Ordonnance concernant la construction du pont de la Bosse-de-Marne.*

Paris, le 21 mai 1828.

Nous, préfet de police,

Vu les articles 22, 24, 32 et 34 de l'arrêté du gouvernement du 1er juillet 1800 (12 messidor an VIII), et l'article 1 de l'arrêté du 25 octobre suivant (3 brumaire an IX);

Vu aussi l'ordonnance du mois de décembre 1672, dite ordonnance de la ville;

Considérant qu'il est nécessaire de pourvoir à la sûreté de la navigation pendant tout le temps de la construction du pont de la Bosse-de-Marne, et à celle des ouvriers employés à ce travail,

Ordonnons ce qui suit :

1. Jusqu'à ce que le pont de la Bosse-de-Marne soit livré au public, il est défendu à qui que ce soit, autre que les personnes employées à sa construction, de s'introduire sur aucune partie dudit pont ou du pont de service.

2. Pendant tout le temps de la durée des travaux, il est enjoint aux concessionnaires d'avoir auprès dudit pont un bachot de station monté par un marinier bon nageur, pour porter secours, en cas de besoin, tant aux ouvriers, qu'aux autres personnes qui viendraient à tomber dans la rivière.

Ce bachot ne pourra transporter d'un bord à l'autre que des personnes employées à la construction du pont.

3. Aucun bateau chargé, quel qu'il soit, à l'exception des bachots, batelets et margotas, ayant mois de dix-huit mètres de longueur ne pourra traverser *d'avalant* le point où s'opère la construction du nouveau pont, sans être billé par des mariniers billeurs dont le service est réglé ci-après.

4. Les bateaux assujettis au billage seront tenus de se garer sur la

(1) V. l'ord. du 23 juin 1832.

(2) V. les ord. des 17 mai 1834, 1er juin 1837 et 27 juin 1843.

rive droite de la Seine, dans une longueur de deux cents mètres, commençant à l'angle de la dernière maison du Port-à-l'Anglais, en aval, afin d'y attendre l'arrivée des billeurs par lesquels ils devront être dirigés.

5. Provisoirement et jusqu'à l'entier achèvement du pont de la Bosse-de-Marne, il est défendu de placer aucun train de bois, soit à brûler, soit à œuvrer,

1° Dans toute l'étendue de la gare dite des Graviers;

2° Et dans une longueur de deux cents mètres, en tête de la gare de l'île Poulette.

6. A moins d'ordres contraires du chef provisoire du pont de la Bosse-de-Marne, tous les trains et bateaux avalants devront toujours passer dans l'emplacement de la deuxième arche du nouveau pont du bord d'Ivry, afin de ne point se rencontrer avec les montants.

7. Il sera planté sur la rive gauche, en amont du nouveau pont, un mât au haut duquel sera placée une flamme rouge, destinée à faire défense à tous trains ou bateaux quels qu'ils soient, billés ou non billés, de se présenter dans le pont pendant tout le temps qu'elle sera hissée; ce qui n'aura lieu que dans les cas d'embarras ou de danger d'avarie.

8. Il ne pourra jamais se présenter qu'un seul trait montant, composé de bâteaux vides ou chargés, au châblage, pour passer le pont de la Bosse-de-Marne.

9. A cet effet, il sera planté sur la rive gauche, en aval du pont, un mât au haut duquel sera placée une flamme bleue, destinée à indiquer aux traits montants qu'ils devront s'arrêter dans l'aval de l'île aux Pouilleux.

La flamme hissée annoncera que l'on ne peut pas marcher en avant.

10. Les bateaux à vapeur montants, lorsqu'ils auront à traverser les travaux du nouveau pont, devront préalablement avertir de leur arrivée par le son de la cloche, et arrêter leur marche pendant le temps nécessaire pour permettre aux bateaux et trains avalants de traverser le pont.

Avertis par le son de la cloche, les bateaux ne devront plus s'abattre ni les trains se mettre en route qu'après le passage des bateaux à vapeur.

11. Les billeurs seront tenus de passer l'emplacement du pont de la Bosse-de-Marne, et ne pourront débiller ni souffrir qu'il soit débillé par les hommes de l'équipage, à moins de trois grandes longueurs de bateau en aval dudit pont.

12. Sauf le cas de force majeure, tout marinier qui aura demandé et obtenu son permis de passer le pont et son ordre de billage, ne pourra retarder son départ, à peine de voir sa permission regardée comme non avenue.

13. Le billage sera constamment fait à trois hommes, en toute saison et quelle que soit la hauteur des eaux.

14. La navigation ne devant avoir lieu que de jour, le billage ne pourra se faire avant le soleil levé ni après le soleil couché.

Il sera également suspendu dans les temps de grands vents et tempêtes.

15. Il est défendu à tous mariniers-billeurs de biller lorsque les arches marinières se trouveront obstruées par des bateaux, barquettes, etc., coches ou trains montants ou descendants.

Ils devront aussi maintenir une distance de deux longueurs de bateau au moins entre chacun d'eux, ne pas coupler ceux qu'ils conduiront, et ne pas chercher à se gagner de vitesse.

16. Afin de prévenir les accidents qui pourraient résulter de la rencontre des bateaux, les propriétaires ou conducteurs de bateaux,

vides ou chargés, qui remonteront la rivière, veilleront très-exactement à ce que leurs traits ne s'écartent pas dans le chemin de la navigation; et, à cet effet, ils en assujettiront la queue par une corde d'évente.

17. Les billeurs du pont de la Bosse-de-Marne seront au nombre de vingt-cinq; ils seront nommés et médaillés par nous.

Il leur est expressément défendu d'entreprendre aucun autre ouvrage qui pourrait les détourner des travaux de billage.

Seulement, dans la saison où la navigation cesse habituellement en grande partie, ceux qui n'auront pas été compris dans l'appel du matin pourront, pendant la journée, s'occuper comme ils l'entendront.

Néanmoins, il ne pourra jamais y avoir moins de deux bachots montés.

18. La société des billeurs du pont de la Bosse-de-Marne devra avoir en propre et entretenir à frais communs dix bachots toujours en bon état et garnis de leurs agrès.

Ces bachots porteront, aux quatre côtés d'iceux, un numéro qui sera indiqué par l'inspecteur général de la navigation et des ports.

Hors le temps du service, ils devront être enchaînés à la place qui sera désignée par le même fonctionnaire.

19. Le salaire des billeurs sera de soixante-quinze centimes pour chacun des hommes qui auront billé.

Défenses leur sont faites d'exiger au delà de cette taxe, à peine d'être forcés à la restitution du trop perçu et renvoyés de la société, sans préjudice des poursuites à exercer contre eux devant les tribunaux.

Il leur est aussi défendu de recevoir aucune gratification, soit en argent, soit en vin ou autres marchandises, et, en conséquence, de conserver à bord de leurs bachots aucun vase ni aucune bouteille.

20. Les billeurs seront commandés par le chef provisoire du pont de la Bosse-de-Marne, lequel sera chargé de les diriger, de surveiller et distribuer le travail.

Il ne sera pas tenu de biller personnellement.

Les billeurs feront choix entre eux d'un sous-chef, pour assister et, en cas d'absence, suppléer le chef de pont dans son emploi de chef du billage.

21. La présente ordonnance sera imprimée et affichée.

Le sous-préfet de l'arrondissement de Sceaux, les maires des communes de Maisons-Alfort et d'Ivry-sur-Seine, l'inspecteur général de la navigation et des ports, et les préposés sous ses ordres sont chargés d'en assurer l'exécution, chacun en ce qui le concerne.

Le préfet de police, DEBELLEYME.

N° 1250. — *Ordonnance concernant la police du port de Choisy-le-Roi* (1).

Paris, le 23 mai 1828.

Nous, préfet de police,

Vu les articles 2, 32 et 33 de l'arrêté du gouvernement du 12 messidor an VIII (1er juillet 1800), et l'article 1er du 3 brumaire an IX (25 octobre suivant),

---

(1) V. l'ord. du 25 oct. 1840 (art. 73 et suiv.).

Ordonnons ce qui suit :

1. Le port de Choisy-le-Roi, situé sur la rive gauche de la Seine, commence à la naissance de la grande berge, en face du chemin vicinal de Choisy, et comprend tout le littoral, en aval, jusque vis-à-vis la Charbonnière, ou la dernière maison de Choisy.

En sont exceptés cependant :

1° La rampe provisoire servant à l'exploitation du bac en amont du pont ;

2° Tout l'espace compris entre ladite rampe et l'abreuvoir en aval du même pont, espace dans lequel aucun train, bateau, coche ou autre embarcation ne pourra stationner, même momentanément ;

3° Et la rampe de l'abreuvoir.

2. Le port de Choisy-le-Roi sera ouvert, savoir : du 1er avril au 30 septembre, depuis six heures du matin jusqu'à midi, et depuis une heure de relevée jusqu'à sept ;

Et du 1er octobre au 31 mars, depuis sept heures du matin jusqu'à midi, et depuis une heure de relevée jusqu'à quatre.

L'ouverture et la fermeture du port seront annoncées au son de la cloche.

Il ne pourra être déchargé ni enlevé aucune marchandise pendant les heures de fermeture du port, excepté en cas d'urgence, sur un permis spécial délivré par l'inspecteur général de la navigation et des ports.

3. Tous les bateaux venant de la haute Seine, et destinés au port de Choisy-le Roi, seront tenus de s'arrêter au garage fixé sur la rive droite en amont du pont. Les trains de bois destinés à être tirés au même port, devront s'arrêter à la gare de l'île d'Eguillon. Les uns et les autres ne pourront quitter ces garages qu'en vertu d'un permis de mise à port qui sera délivré par le préposé de la navigation, à Choisy-le-Roi.

Les bateaux qui entreront dans la gare de Choisy-le-Roi ne pourront en sortir, lors même qu'ils seraient destinés au port dudit lieu, sans qu'il ait été préalablement justifié, au gardien de cette gare, d'un permis délivré par le préposé de la navigation.

4. Il ne pourra être placé à ce port de déchargement plus de deux bateaux ou trains de front, ni être garé aucun train ou bateau qui ne serait pas destiné à être tiré ou débarqué sur-le-champ.

Les bateaux et trains mis à port devront être amarrés solidement avec des cordes de longueur et grosseur suffisantes.

5. Il est expressément défendu de déposer aucune marchandise provenant de débarquement, ou destinée à être embarquée, ni de faire stationner aucune voiture soit en charge ou autrement, sur le chemin de halage qui passe sous le pont.

Il est également défendu de gêner ou d'interrompre le service du halage partout ailleurs dans l'espace fixé par les ordonnances.

6. Le déchargement d'un bateau devra toujours être terminé trois jours au plus tard après la délivrance du permis de décharge, que les conducteurs seront tenus de se procurer dans les vingt-quatre heures qui suivront l'obtention du permis de lâchage.

Ce déchargement, une fois commencé, ne pourra être interrompu.

7. Aucune marchandise ne pourra rester sur la berge plus de trois jours après son déchargement ; passé ce délai, les marchandises seront enlevées d'office et consignées en lieu de sûreté aux frais et risques de qui il appartiendra.

8. Les bateaux vidanges devront être retirés du port vingt-quatre heures après le déchargement, et passés sur l'autre rive en places non nuisibles, à peine d'être descendus d'office au garage affecté aux bateaux vidanges.

Le déchirage des bateaux vidanges et le remontage de ceux qui ne seront pas destinés à être déchirés devront être effectués trois jours au plus tard après le déchargement desdits bateaux.

9. Les chargements, tirages et déchirages sont soumis aux mêmes formalités que les déchargements. En conséquence, ils ne pourront avoir lieu qu'avec un permis du préposé de la navigation à Choisy-le-Roi, et aux places désignées par lui.

Aucun déchirage ne pourra se faire sur la rive gauche de la Seine, sans une permission expresse de notre part.

Les permis de déchargement ou de tirage de bois à brûler et ceux de déchargement de charbon de bois ne pourront être délivrés que sur la représentation d'une permission en bonne forme, émanée directement de la préfecture de police.

10. Il est défendu aux mariniers conduisant des traits montants, de les faire stationner dans toute l'étendue du port de Choisy-le-Roi, telle qu'elle est fixée par l'article 1er de la présente ordonnance.

11. Il est défendu de laver du linge en rivière partout ailleurs que sur le bateau à lessive autorisé par nous, et, sous ce prétexte, comme sous aucun autre, d'apporter ou déposer des pierres et pavés sur les berges et au bord de l'eau.

12. Dans tous les cas où il y aura lieu de procéder d'office pour assurer l'exécution des dispositions contenues dans la présente ordonnance, les bateaux et trains ainsi que les marchandises resteront consignés en lieu de sûreté jusqu'au payement des frais.

13. Les contraventions seront constatées par des procès-verbaux qui nous seront adressés, pour être transmis aux tribunaux compétents.

14. La présente ordonnance sera imprimée et affichée.

Le sous-préfet de l'arrondissement de Sceaux, les maire et adjoints de la commune de Choisy-le-Roi, l'inspecteur général de la navigation et des ports, le contrôleur des chantiers hors Paris et les préposés sous leurs ordres sont chargés, chacun en ce qui le concerne, de tenir la main à son exécution.

Le préfet de police, DEBELLEYME.

N° 1251. — *Ordonnance concernant les processions de la Fête-Dieu* (1).

Paris, le 4 juin 1828.

N° 1252. — *Ordonnance concernant la vérification périodique des poids et mesures* (2).

Paris, le 20 juin 1828.

---

(1) V. l'ord. du 9 juin 1830.

(2) V. les ord. des 23 nov. 1842 et 1er déc. 1843.

N° 1253. — *Ordonnance de police concernant les remèdes secrets.*

Paris, le 21 juin 1828.

Nous, préfet de police,

Vu les lois des 21 germinal an XI et 29 pluviôse an XIII;

Considérant que les dispositions de ces lois, concernant les remèdes secrets, ne sont point exécutées; qu'on affiche et publie journellement dans les rues, qu'on annonce dans les journaux et qu'on vend chez les pharmaciens et autres, des remèdes secrets pour le traitement de diverses maladies, et qu'il importe de rappeler aux personnes qui se rendent coupables de ces infractions à la loi les dispositions qu'elle renferme;

Considérant que l'autorité ne saurait veiller, avec trop de soin, à l'exécution des lois qui intéressent aussi essentiellement la santé publique,

Ordonnons ce qui suit :

1. Les articles 32 et 36 de la loi du 21 germinal an XI, et celle du 29 pluviôse an XIII, seront publiés et affichés avec la présente ordonnance dans le ressort de la préfecture de police (1).

2. Les pharmaciens ne devant, aux termes de l'article 32 de la loi du 21 germinal an XI, livrer ni débiter des préparations médicinales que d'après la prescription et sur la signature des personnes ayant qualité pour exercer l'art de guérir, il leur est expressément défendu, ainsi qu'aux herboristes, marchands droguistes et autres, de vendre ni d'annoncer au moyen d'écriteaux, affiches, prospectus ou avis insérés dans les journaux, aucun remède secret, dont le débit n'aurait point été autorisé dans les formes légales.

Il leur est également défendu de vendre ou d'annoncer aucune préparation pharmaceutique indiquée comme préservatif de maladies ou affections quelconques, et qu'ils déguiseraient sous la dénomination de cosmétiques.

Ces dispositions sont applicables aux docteurs en médecine et en chirurgie, officiers de santé et sages-femmes, qui annonceraient ou feraient annoncer des remèdes non autorisés.

3. L'annonce des remèdes secrets autorisés devra contenir le titre tel qu'il est décrit dans l'autorisation et ne renfermera aucun détail inutile et susceptible de porter atteinte à la morale publique. Ces annonces devront en outre faire connaître la date de l'autorisation et l'autorité qui l'a délivrée. Elles ne pourront, du reste, être placardées qu'après les formalités voulues pour le placardage des affiches en général.

4. Les publications faites dans les carrefours, places publiques, foires et marchés, de remèdes et préparations pharmaceutiques sont sévèrement prohibées.

5. Les propriétaires et inventeurs de remèdes, les éditeurs de feuilles périodiques, les imprimeurs et afficheurs qui contreviendront aux dispositions rappelées par la présente ordonnance, seront poursuivis aux termes de la loi du 29 pluviôse an XIII, et passibles d'une amende de vingt-cinq à six cents francs, et, en cas de rédicive, d'une détention de trois jours au moins et de dix jours au plus.

6. Les contraventions seront constatées par des procès-verbaux qui nous seront adressés, pour être par nous transmis aux tribunaux compétents.

---

(1) V. ces lois à l'appendice.

7. Le chef de la police municipale, les commissaires de police, les officiers de paix et les agents de la préfecture sont chargés de tenir la main à l'exécution de la présente ordonnance, dans la ville de Paris.

MM. les sous-préfets des arrondissements de Sceaux et Saint-Denis, les maires et les commissaires de police des communes rurales du département de la Seine et des communes de Meudon, Sèvres et Saint-Cloud, sont également chargés d'en assurer l'exécution.

Le préfet de police, DEBELLEYME.

N° 1254. — *Ordonnance concernant la circulation des voitures faisant le transport en commun* (1).

Paris, le 14 juillet 1828.

Nous, préfet de police,

Vu notre ordonnance en date du 30 janvier dernier, concernant la circulation des voitures dites omnibus, dont l'article 4 porte :

« Les voitures ne pourront s'arrêter, dans le trajet, que le temps « strictement nécessaire pour faire descendre ou monter les voyageurs.

« Il est expressément défendu aux conducteurs de s'arrêter pour « prendre ou descendre des voyageurs, savoir :

« 1° A une distance moindre de deux cents pas (environ cent cin- « quante mètres) des bureaux.

« 2° Dans les carrefours, aux encoignures des rues, à la descente des « ponts et sur les ponts, à proximité des places de stationnement et « devant les théâtres, à partir de six heures du soir. »

Considérant que des accidents sont fréquemment arrivés parce que les conducteurs voulant se conformer à l'article ci-dessus et ayant refusé de s'arrêter aux endroits prohibés, des voyageurs ont voulu monter ou descendre pendant que la voiture marchait ; que d'ailleurs une expérience de plusieurs mois a démontré qu'il n'y a aucun inconvénient pour le bon ordre et pour la liberté de la circulation, à ce que les voitures omnibus s'arrêtent indistinctement sur tous les points de leurs lignes,

Ordonnons ce qui suit :

1. Les dispositions restrictives énoncées au deuxième paragraphe de l'ordonnance du 30 janvier précitée sont rapportées.

En conséquence, les voitures omnibus pourront, à partir du 15 de ce mois, s'arrêter sans exception sur tous les points des lignes qui leur sont assignées, pourvu que ces temps d'arrêt ne durent que le temps strictement nécessaire pour faire descendre ou monter les voyageurs.

Cette mesure est applicable aux voitures de même espèce dites Dames-Blanches.

2. La présente ordonnance sera transmise au chef de la police municipale et aux commissaires de police pour en assurer l'exécution.

Le préfet de police, DEBELLEYME.

---

(1) Rapportée. — V. l'ord. du 15 sept. 1838.

N° 1255. — *Ordonnance autorisant les gérants de l'Union des loueurs de voitures de place à affecter au transport en commun un certain nombre de carrosses et cabriolets* (1).

Paris, le 18 juillet 1828.

Nous, préfet de police,

Vu la délibération du bureau des gérants de l'Union des loueurs de voitures de place, sous la date du 4 courant;

Vu la demande à nous présentée le 7 du courant, en conséquence de ladite délibération par les susdits gérants, à l'effet d'être autorisés à distraire du service ordinaire de place un certain nombre de voitures, pour les employer au transport des habitants sur des points fixes et déterminés, et moyennant vingt-cinq centimes par place pour les carrosses, et cinquante centimes pour les cabriolets.

Vu la liste des itinéraires indiqués dans l'imprimé ci-joint fourni par le bureau des gérants, et désignant les points de départ et d'arrivée;

Vu 1° la loi des 16-24 août 1790, titre XI, article 3, § 1;

2° Les articles 2, 22 et 32 de l'arrêté du gouvernement du 12 messidor an VIII;

3° Les articles 471, 474 et 484 du Code pénal;

4° Nos ordonnances des 30 janvier et 14 mai derniers, par lesquelles nous avons autorisé la circulation sur les boulevards, quais et autres voies larges, de grandes voitures dites Omnibus et Dames-Blanches; et notre ordonnance du 26 juin suivant, par laquelle nous avions autorisé les loueurs de voitures à faire circuler dans l'intérieur de Paris et sur les itinéraires déterminés, cent voitures à dix places de nouvelle forme, et au bénéfice de laquelle ils ont renoncé;

Considérant que, s'il est du devoir de l'administration de multiplier les facilités dont les habitants peuvent avoir besoin pour se transporter plus facilement et au plus bas prix possible d'un lieu dans un autre, elle ne doit cependant pas perdre de vue l'obligation qui lui est imposée de défendre tout ce qui peut compromettre la sûreté et la commodité du passage dans les rues, quais, places et voies publiques;

Considérant que le mouvement extraordinaire des nombreuses voitures qui circulent actuellement sur les boulevards, ainsi que sur quelques autres parties de la voie publique, doit faire regarder comme dangereuse et comme devant nécessairement compromettre la sûreté des piétons, l'adoption sur ces points d'un mode de service qui doit avoir l'effet incontestable de multiplier considérablement la circulation et le croisement des voitures qui devront y être destinées;

Considérant que les voitures admises à faire partie du nouveau service ne doivent contenir que quatre personnes, qu'aucun conducteur ne doit être attaché à aucune d'elles pour faire monter et descendre les voyageurs, pour le maintien de l'ordre et qu'elles ne doivent point être éclairées à l'intérieur pendant l'obscurité: qu'il résulte de ces différentes circonstances l'obligation pour l'administration de prendre, dans l'intérêt de la morale publique, toutes les mesures propres à empêcher qu'elles ne deviennent l'occasion de désordres, qu'il est de son devoir de prévenir, et aussi de leur défendre de s'arrêter sur la route;

Considérant que l'administration a, dans l'intérêt du service actuel de place et pour avoir le droit d'exiger qu'il soit bien fait et qu'il présente toutes les garanties désirables sous le rapport de la propreté, de

---

(1) Rapportée. — V. l'ord. du 15 sept. 1838.

la sûreté et de la bonne tenue des cochers et des voitures, limité les quartiers et le nombre des voitures auxquels doivent se restreindre les voitures Omnibus et Dames-Blanches; que, dans l'intérêt des entreprises formées à grands frais sur la foi d'actes récents de l'administration, et à la satisfaction générale des habitants de Paris, il est juste d'interdire au nouveau service qui s'établit sans frais, sans bureaux dispendieux, et qui peut choisir ses itinéraires dans tout Paris en y faisant circuler un nombre de voitures que le mode proposé ne permet pas de déterminer, de parcourir le petit nombre de lignes accordées aux deux compagnies susmentionnées, et d'empêcher une lutte inégale, dont l'effet inévitable serait de compromettre la sûreté des habitants de Paris et d'entraîner la ruine certaine de deux entreprises utiles que l'administration doit protéger;

Considérant enfin qu'il est impossible de prévoir, quant à présent, les avantages ou les inconvénients qui peuvent résulter du service projeté, et qu'il est dès lors de la prudence de l'administration de ne point statuer d'une manière définitive, puisqu'il peut s'établir sans frais, mais d'attendre que l'expérience ait fait connaître la nécessité de le maintenir, de réduire, ou même d'étendre et de multiplier les itinéraires,

Ordonnons ce qui suit :

1. Les gérants de l'Union des loueurs de voitures de place sont provisoirement autorisés à distraire du service ordinaire de place, et sur les points désignés dans l'état ci-joint, le nombre de carrosses et cabriolets nécessaires pour établir un nouveau service, dans le but de transporter pour vingt-cinq centimes par personne dans les carrosses, et cinquante centimes dans les cabriolets, d'un point fixe à un autre point déterminé dans l'intérieur de Paris, et sans s'arrêter sur la route.

2. Les voitures circulant pour vingt-cinq et cinquante centimes devront porter et conserver, pendant leur trajet, une marque particulière, suffisante pour les faire reconnaître facilement des agents de l'administration.

Le nombre ne devra, dans aucun cas, être assez grand pour compromettre le service ordinaire des places.

Aucun cocher, même celui conduisant une voiture destinée au nouveau service, ne pourra se refuser à marcher à toute réquisition d'une personne le réclamant pour son usage personnel, au prix du tarif ordinaire, soit qu'il s'agisse d'aller à l'heure ou à la course.

3. Il est défendu de porter sur chaque place un plus grand nombre de voitures que celui déterminé par notre arrêté de ce jour, et indiqué dans le tableau en tête de chaque place.

4. Chaque carrosse ne pourra contenir plus de quatre personnes, et chaque cabriolet n'en pourra contenir que trois, le conducteur compris.

5. Le nouveau service des carrosses ne pourra avoir lieu en toute saison que pendant le jour, c'est-à-dire depuis le lever jusqu'au coucher du soleil.

6. Il pourra être mis en activité le 21 de ce mois.

7. Les contraventions seront déférées aux tribunaux, et, s'il y a lieu, la circulation des voitures sera interdite ou seulement suspendue par la mise en fourrière.

8. La présente permission sera imprimée et notifiée tant au chef de la police municipale qu'aux commissaires de police, qui demeurent chargés, ainsi que les préposés sous leurs ordres, de tenir la main à son exécution.

Le préfet de police, DEBELLEYME.

N° 1256. — *Ordonnance relative aux maisons de santé.*

Paris, le 9 août 1828.

Nous, préfet de police,

Etant informé qu'il existe dans la ville de Paris et dans plusieurs communes du département de la Seine des établissements particuliers, connus sous la dénomination de maisons de santé, où sont admises des personnes de l'un et de l'autre sexe, qui s'y retirent volontairement pour y être traitées de maladies, ou qu'on y retient comme atteintes d'aliénation mentale;

Considérant que des maisons destinées à réunir ainsi temporairement, pour y vivre en commun, des individus qui sont étrangers les uns aux autres, doivent nécessairement être distinguées du domicile ordinaire, et soumises à la surveillance légale exercée par l'autorité sur les autres établissements ouverts au public;

Considérant qu'il est de notre devoir d'empêcher qu'on ne puisse, sans cause légitime, retenir en charte-privée des êtres faibles et sans appui, dont la séquestration aurait pour but de les priver de l'exercice de leurs droits;

Considérant, enfin, que, s'il est important, dans l'intérêt de l'ordre public, de veiller à ce que les établissements dont il s'agit soient pourvus de tous les moyens de sûreté nécessaires pour empêcher l'évasion des aliénés qui y sont en traitement, il ne l'est pas moins d'obliger les chefs de ces maisons à prendre, dans la distribution des localités intérieures, comme dans la direction du service médical, toutes les précautions commandées par l'humanité et par les bienséances pour assurer le bien-être des pensionnaires confiés à leurs soins;

Vu la loi du 22 juillet 1791;

Vu les articles 341 et 475 du Code pénal;

Vu aussi les arrêtés du gouvernement, en date des 12 messidor an VIII (25 octobre 1800), et 3 brumaire an IX (1er juillet 1800);

Ordonnons ce qui suit:

TITRE Ier.

Mesures administratives.

1. Il ne pourra être établi à l'avenir, à Paris, dans le département de la Seine et dans les communes de Saint-Cloud, Sèvres et Meudon, aucune maison de santé, sans une autorisation du préfet de police.

2. Sont considérés comme maisons de santé les établissements où l'on reçoit à demeure, à titre onéreux, les personnes de l'un et de l'autre sexe en traitement, et les femmes enceintes pour faire leurs couches.

3. Toute personne qui voudra établir une maison de santé, indiquera, dans sa demande, le nombre des pensionnaires que l'établissement pourra contenir; ce nombre sera mentionné dans la permission.

Le nombre ainsi fixé ne pourra être excédé, à moins que l'on ne justifie de nouvelles constructions et d'une extension suffisante donnée aux localités.

Quant aux établissements déjà existants, le nombre de pensionnaires qu'ils pourront recevoir sera fixé par nous sur le rapport du conseil de salubrité et l'avis de l'inspecteur des maisons de santé, du maire ou du commissaire de police chargé de la surveillance de l'établissement.

4. Il sera tenu, dans chaque maison de santé destinée au traitement

des aliénés (1), deux registres timbrés et parafés par le préfet de police.

Le directeur inscrira, sur le premier registre, les noms, prénoms, âges, qualités, lieux de naissance, domiciles des pensionnaires admis dans sa maison; les noms des pères, mères, maris, femmes, enfants, et, à défaut, ceux des parents connus ou fondés de pouvoir, chargés de payer la pension; la date des ordonnances en vertu desquelles ces personnes auraient été placées; les motifs de leur admission; les noms des officiers, fonctionnaires, agents ou individus qui les auront conduites; le prix de la pension; la date de leur sortie ou décès.

Sur l'autre registre, il inscrira les bijoux, l'or et l'argent monnayés, les meubles, linge, hardes, armes et tous autres objets qui se trouveront sur le pensionnaire, qu'on aura eu le soin de fouiller au moment de son admission dans l'établissement, afin de retirer de ses mains tous couteaux, ciseaux, rasoirs, canifs et autres objets dangereux qu'il aurait pu avoir en sa possession.

Le directeur inscrira également sur ce registre les effets de toute nature existant dans les malles, coffres et armoires qu'aura apportés le malade, auquel tous ces objets seront rendus à sa sortie : ils seront remis à sa famille, en cas de décès, sur bonne et valable décharge.

5. Les directeurs des maisons de santé destinées au traitement des aliénés, lorsqu'ils recevront un pensionnaire, se feront remettre son acte de naissance, son passe-port ou toutes autres pièces propres à constater son individualité.

Il en sera fait mention dans le bulletin d'entrée, qui sera dressé et envoyé de suite, avec communication de ces pièces, au commissaire de police du quartier, ou au maire de la commune, qui le transmettra, sans délai, à la préfecture de police.

Les bulletins d'entrée contiendront les noms, âge, lieu de naissance, domicile, qualité et profession du pensionnaire; le prix de la pension, le nom de la personne chargée de la payer, le motif de l'admission du pensionnaire et sa situation d'esprit et de corps.

Si le pensionnaire est présenté comme étant interdit, le directeur se fera remettre expédition ou extrait du jugement d'interdiction: ces pièces seront jointes au bulletin d'entrée.

Lorsqu'un pensionnaire décédera dans la maison, le directeur joindra au bulletin d'avis, le certificat du médecin ou chirurgien qui l'aura traité, indiquant le genre de maladie auquel il aura succombé : ce bulletin sera transmis sans délai à la préfecture de police, sous la forme déterminée par l'article 10 de l'arrêté du 24 décembre 1812.

6. Les médecins de la préfecture de police vérifieront et constateront, dans le plus court délai possible, après l'envoi à la préfecture du bulletin d'entrée, l'état mental des pensionnaires admis comme aliénés dans les maisons de santé.

7. Dans les vingt-quatre heures de la réception à la préfecture de police du bulletin d'entrée d'un pensionnaire dans une maison de santé destinée au traitement des aliénés, le préfet de police donnera au procureur du roi avis de l'admission du pensionnaire, et lui transmettra ultérieurement les pièces et documents relatifs à cette admission pour requérir, s'il y a lieu, ce que de droit.

8. A l'avenir, les maisons de santé destinées au traitement des aliénés devront toujours être dirigées par un docteur en médecine, qui sera tenu d'y résider, et qui devra y réunir tous les appareils et ustensiles nécessaires au traitement de ce genre de maladie.

Les malades en traitement et les malades dont l'incurabilité présumée sera attestée par un certificat authentique, déposé entre les

---

(1) V. à l'appendice, la loi des 30 juin et 6 juillet 1838, sur les aliénés.

mains du chef de l'établissement, seront placés dans des bâtiments séparés.

9. L'inspecteur chargé de la surveillance spéciale des maisons de santé assurera l'exécution des mesures relatives à l'état mental des malades, à leur traitement, à la disposition et à la convenance des localités. Il nous rendra compte des résultats de cette surveillance. Il pourra se faire assister par les commissaires de police, et, à leur défaut, par les maires dans les communes rurales.

10. Une commission, composée de membres du conseil de salubrité, visitera, au moins six fois par an, toutes les maisons de santé où sont reçus les aliénés : elle sera assistée dans ces visites par les maires ou les commissaires de police ayant la surveillance respective de l'établissement.

Ils examineront et entendront, s'il y a lieu, chacun des malades, recueilleront tous les renseignements qu'il leur paraîtra convenable de se procurer sur la tenue générale et le régime intérieur de chaque maison, et ils consigneront le résultat de cette visite dans un rapport spécial, qu'ils signeront avec les personnes qui y auront concouru.

TITRE II.

Dispositions relatives à la sûreté, à la salubrité et au régime intérieur des établissements.

11. Les pensionnaires libres devront être logés dans des bâtiments séparés de ceux où seront placés les aliénés. Ces derniers devront recevoir une classification telle, que ceux dont la maladie offrira des intervalles de lucidité, ne puissent point communiquer avec les autres; ils devront tous être logés dans des pièces dont les croisées seront entourées de tous les moyens de sûreté propres à rendre impossible l'évasion ou la chute des malades. Ces précautions seront prescrites par le préfet de police, selon les localités, et d'après les indications données par les maires ou commissaires de police ayant la surveillance des établissements, par le conseil de salubrité ou par l'inspecteur chargé de la surveillance spéciale.

12. Les aliénés de sexe différent devront être privés de toute espèce de communication entre eux : il sera fait incontinent des dispositions pour opérer leur isolement complet dans toutes les maisons où cette séparation n'aurait pas été effectuée jusqu'à présent.

13. Outre la division prescrite par l'article précédent, entre les malades de chaque sexe, les établissements destinés à les recevoir, devront offrir des constructions telles, qu'il soit toujours facile de procurer, non-seulement des logements séparés, mais encore des promenades particulières et aussi spacieuses qu'il sera possible, d'une part, aux aliénés convalescents ou tranquilles, et, de l'autre, à ceux qui seront dans un état d'agitation susceptible de compromettre la tranquillité des premiers, ou de troubler leur convalescence.

14. Les lieux destinés spécialement, dans ces maisons, au séjour ou à l'habitation des aliénés agités ou furieux, devront toujours être pourvus de moyens de chauffage : il sera pris, d'ailleurs, pour les préserver de l'humidité, des précautions dont la nature et le mode seront prescrits par le préfet de police, d'après l'examen qui aura été fait des lieux par le conseil de salubrité.

Il devra aussi y être établi des bains, et l'administration des douches aux aliénés aura nécessairement lieu en présence du chef de l'établissement; ce dont s'assurera, autant que possible, le commissaire de police ou le maire préposé à l'inspection ordinaire de la maison ; enfin, il sera pris, autant que possible, des précautions pour que les aliénés ne puissent jamais pénétrer dans les cuisines, lesquelles, dans les établissements qui seront formés à l'avenir, devront être assez isolées des lieux habités ou fréquentés par cette classe de malades, pour que l'accès leur en soit facilement interdit.

15. Chaque aliéné admis dans une maison de santé devra y avoir son lit, composé d'une couchette, et les accessoires que sa situation permettra de lui procurer.

Le chef de l'établissement ne pourra, sous aucun prétexte, faire coucher deux ou plusieurs malades dans la même chambre.

Toutefois, il lui sera loisible d'y faire pratiquer des dortoirs communs; mais il devra toujours y avoir, dans ces dortoirs, pendant la nuit, un nombre de domestiques proportionné à celui des malades qui y coucheront.

16. Dans aucun cas, et pour quelque cause que ce soit, un domestique mâle ne pourra être attaché au service d'une femme atteinte d'aliénation mentale, et un homme ne pourra être servi par une femme.

17. Tout domestique qui se présentera pour être attaché au service d'une maison de santé devra remettre son livret entre les mains du chef de l'établissement, pour être transmis au commissaire de police, qui en demeurera dépositaire aussi longtemps que ce domestique restera dans la maison de santé.

18. Le régime alimentaire sera, comme le traitement, dirigé exclusivement, à l'égard des aliénés, par le médecin qui, aux termes de l'article 8, devra être attaché à chacune des maisons de santé.

19. Pour assurer l'exécution de l'article précédent, il sera tenu, dans chaque établissement destiné à recevoir des aliénés, une feuille sur laquelle le médecin attaché à cet établissement devra consigner, chaque jour, les observations que sa visite l'aura mis en état de faire dans l'intérêt des malades confiés à ses soins. Cette feuille sera représentée aux médecins de la préfecture toutes les fois qu'ils le requerront.

20. Indépendamment de la feuille prescrite par l'article précédent, le médecin attaché à chacun des établissements destinés au traitement des aliénés inscrira sur le registre les symptômes que le malade aura présentés, soit au moment de son entrée, soit depuis qu'il réside dans la maison : ce registre sera pareillement représenté aux médecins de la préfecture quand ils s'y rendront pour vérifier et constater son état mental.

21. Dans toutes les maisons de santé destinées à recevoir des aliénés, les couteaux mis à la disposition des pensionnaires, pour leur repas, devront avoir la lame arrondie et très-épaisse à son extrémité.

Ces couteaux devront leur être retirés à la fin de chaque repas.

Ceux qui auront été mis entre les mains des malades admis à la table commune, devront être enlevés avant qu'aucun d'eux soit sorti du réfectoire. Un domestique, spécialement chargé de ce soin, s'assurera que les couteaux retirés sont en nombre égal à celui des personnes assises à la table commune; s'il reconnait qu'il en ait été détourné, il fera procéder immédiatement à une visite exacte sur chacun des malades, afin de retrouver le couteau manquant.

22. Les maires et les commissaires de police, entre lesquels est répartie la surveillance des maisons de santé, seront respectivement chargés de tenir la main à l'exécution de la présente ordonnance.

23. En cas de contravention aux dispositions de la présente ordonnance, la permission sera retirée : il sera procédé administrativement au placement des aliénés, de concert avec les familles pour les pensionnaires libres, ou sur ordonnances de justice pour les autres.

Le préfet de police, DEBELLEYME.

N° 1257. — *Ordonnance concernant les maisons de sevrage.*

Paris, le 9 août 1828.

Nous, préfet de police,

Informé qu'il existe, tant dans l'intérieur de Paris que dans la banlieue, des établissements connus sous la dénomination de maisons de sevrage, lesquels ont été formés et sont dirigés par des personnes qui n'y ont point été autorisées;

Que, outre les établissements dont il s'agit, il existe aussi des lieux de sevrage, où des femmes, dont la moralité et les moyens d'existence sont incertains, reçoivent, à l'époque où ils cessent d'être allaités, des enfants auxquels elles s'engagent à donner tous les soins dont ils ont besoin, sans avoir à leur disposition toutes les ressources nécessaires pour être en état d'accomplir un engagement aussi important;

Considérant que toute personne qui prend des enfants en sevrage, doit présenter des garanties suffisantes pour la santé et le bien-être des enfants qui lui sont confiés, et que ces garanties ne peuvent être assurées que par une surveillance spéciale exercée sous la direction et par les agents de l'autorité,

Ordonnons ce qui suit :

1. Il ne pourra être établi, à l'avenir, aucune maison de sevrage, soit à Paris, soit dans les communes qui dépendent du département de la Seine, ou dans celles de Saint-Cloud, Sèvres et Meudon, sans une autorisation délivrée par le préfet de police.

2. Seront considérés comme maisons de sevrage les lieux où l'on reçoit à demeure, et à titre onéreux, des enfants auxquels on se charge de donner les soins qui leur sont nécessaires, depuis le moment où ils cessent d'être allaités jusqu'à ce qu'ils soient retirés par leurs parents.

3. Toute personne qui voudra établir une maison de sevrage, devra : 1° justifier de ses bonnes vie et mœurs par un certificat authentique; 2° indiquer le nombre d'enfants qu'elle se propose de recevoir; 3° déclarer si elle entend diriger seule sa maison ou attacher quelqu'un à son service. Dans ce dernier cas, elle devra faire connaître le nombre des personnes qu'elle aura l'intention d'employer.

4. Les personnes qui tiennent déjà des établissements de cette nature devront, dans le délai de trois mois, à dater de la publication de la présente ordonnance, demander notre autorisation, en se conformant aux dispositions de l'article 3 ci-dessus.

5. Le nombre d'enfants qu'on pourra admettre dans chaque établissement sera fixé par nous, sur le rapport du conseil de salubrité et l'avis de l'inspecteur des maisons de santé, du maire ou du commissaire de police auquel sera confiée la surveillance de la maison de sevrage.

Le nombre, ainsi arrêté, sera mentionné dans l'autorisation que nous accorderons, et il ne pourra être excédé, à moins qu'on ne justifie d'une extension suffisante donnée aux localités.

6. Toute personne autorisée à tenir une maison de sevrage, devra, lorsqu'elle recevra un enfant, se faire remettre l'acte de naissance de cet enfant, pour être par elle envoyé, sur-le-champ, au commissaire de police du quartier ou au maire de la commune, qui le transmettra sans délai à la préfecture de police.

7. Il sera tenu, dans chaque maison de sevrage, un registre qui contiendra les nom, prénoms, âge et lieu de naissance de chaque enfant; les noms, qualités et demeure de son père et de sa mère, et, à défaut, ceux des parents connus ou des fondés de pouvoirs chargés de

payer la pension : on mentionnera également, sur ce registre, la date de l'entrée de l'enfant et celle de sa sortie ou de son décès.

8. Lorsqu'un enfant décédera dans la maison de sevrage, indépendamment de la déclaration qui aura été faite à la mairie, il sera donné avis du décès au commissaire de police ou au maire ayant la surveillance de l'établissement, et il sera remis à ce fonctionnaire un certificat délivré par le médecin ou chirurgien qui aura traité l'enfant, et contenant l'indication exacte de la maladie à laquelle il aura succombé.

Cette pièce sera aussitôt transmise à la préfecture de police.

9. L'inspecteur des maisons de santé sera chargé de la surveillance générale des maisons de sevrage; il nous rendra compte des mesures prises relativement au régime des maisons, à la disposition et à la convenance des localités.

Il pourra se faire assister, à Paris, par les commissaires de police et par les maires, dans les communes où il n'existe pas de commissariats de police.

10. Une commission, composée de membres du conseil de salubrité, visitera, au moins quatre fois par an, toutes les maisons de sevrage : elle sera assistée, dans ces visites, par les maires ou commissaires de police ayant la surveillance respective des établissements.

Ils vérifieront l'état de santé des enfants, et recueilleront tous les renseignements qu'il leur paraîtra convenable de se procurer sur la tenue et le régime intérieur de chaque maison. Le résultat de leur visite sera consigné dans un rapport, que signeront toutes les personnes qui y auront concouru.

11. En cas de contravention aux dispositions des articles 6, 7 et 8 de la présente ordonnance, l'autorisation accordée par nous sera retirée, sans préjudice de l'application d'autres peines, s'il y a lieu.

Le préfet de police, DEBELLEYME.

N° 1258. — *Ordonnance concernant les nourrices* (1).

Paris, le 9 août 1828.

Nous, préfet de police,

Informé que des nourrices de la campagne viennent prendre des nourrissons à Paris, sans être munies d'un certificat du maire de leur commune attestant leur moralité, leurs moyens d'existence et leur aptitude à nourrir;

Que souvent des enfants sont confiés à des femmes incapables de les allaiter, ou atteintes de maladies qui peuvent compromettre la vie de ces enfants;

Que, souvent aussi, la même nourrice se charge, à l'insu des parents, de plusieurs enfants à la fois;

Que les maires des communes dans lesquelles elles sont domiciliées, se plaignent : 1° de ce que les enfants confiés aux nourrices compromettent souvent la santé de ces femmes, et quelquefois même celle de leurs maris et de leurs enfants; 2° de ne pouvoir, le cas de mort des nourrissons arrivant, rédiger les actes destinés à constater leur décès, parce que les nourrices, à leur départ de Paris, ne se munissent pas des pièces constatant l'état civil de ces enfants;

Informé aussi que des individus, sous les dénominations de meneurs,

---

(1) Abrogée. — V. l'ord. du 20 juin 1842.

messagers, aubergistes, logeurs, etc., s'occupent journellement de procurer des nourrices aux habitants de Paris, ou à ceux de la banlieue;

Que la plupart ne présentent pas une garantie suffisante; qu'ils ne sont soumis à aucune surveillance administrative, et qu'ils favorisent souvent les abus qui viennent d'être signalés; que, d'un autre côté, les voitures dont ils se servent pour le transport des nourrices et des enfants sont, en général, tellement petites, tellement incommodes et souvent si encombrées de ballots et de marchandises, que les nourrices sont obligées de faire à pied une grande partie du chemin;

Vu l'article 32 de l'arrêté du gouvernement, en date du 12 messidor an VIII, qui nous charge spécialement de surveiller les nourrices et meneurs,

Ordonnons ce qui suit :

1. Toute nourrice de la campagne qui viendra à Paris ou dans la banlieue, pour s'y procurer un nourrisson, devra être munie d'un certificat délivré par le maire de sa commune, et attestant :

1° Qu'elle a des moyens d'existence suffisants;

2° Qu'elle est de bonnes vie et mœurs;

3° Qu'elle n'a point actuellement de nourrisson, et que l'âge de son dernier enfant permet qu'elle en prenne un;

4° Qu'elle est pourvue d'un garde-feu et d'un berceau pour l'enfant qui lui sera confié.

2. Aucune nourrice ne pourra se charger d'un enfant sans avoir présenté ce certificat à notre préfecture, où, sur l'exhibition qu'elle en fera, il sera procédé à son inscription.

3. Dans aucun cas, une nourrice ne pourra se charger de deux enfants à la fois.

4. Avant son départ pour le lieu de sa résidence, la nourrice à laquelle un enfant aura été confié, devra se munir de l'acte de naissance de cet enfant, ou, à défaut, d'un bulletin provisoire de la mairie où la déclaration de naissance aura été faite.

5. Il est fait défense expresse à tous meneurs et meneuses, aubergistes, logeurs ou autres, de s'entremettre pour procurer des nourrissons à des nourrices qui n'auraient pas été enregistrées dans nos bureaux; comme aussi de les reconduire dans leurs communes sans qu'elles se soient munies de l'une des pièces mentionnées en l'article 4 de la présente ordonnance.

6. Il est également défendu aux meneurs ou meneuses, et à toutes autres personnes, d'emporter ou faire emporter des enfants nouveau-nés, sans que ces enfants soient accompagnés des nourrices qui doivent les allaiter.

7. Il est enjoint aux meneurs, meneuses ou autres personnes qui se chargent d'amener ou de procurer des nourrices à Paris ou dans la banlieue, de se présenter par-devant nous pour justifier de leurs moyens d'existence, et faire connaître le mode de transport qu'ils emploieront.

8. Les aubergistes et logeurs ou autres, qui logent les meneurs, les nourrices et les enfants, seront tenus de nous en faire la déclaration, nous réservant de faire examiner et surveiller, sous le rapport de la salubrité, les localités destinées par eux à les recevoir.

9. La déclaration prescrite par l'article précédent devra être faite dans les huit jours qui suivront la publication de la présente ordonnance.

Le même délai est accordé pour celle que doivent faire, aux termes de l'article 8 ci-dessus, les meneurs, meneuses et autres personnes qui se chargent d'amener ou de procurer des nourrices à Paris ou dans la banlieue.

10. Les contraventions à la présente ordonnance seront déférées aux tribunaux.

Le préfet de police, DEBELLEYME.

N° 1259. — *Ordonnance concernant les messageries et voitures publiques, à destination fixe.*

Paris, le 19 août 1828.

Nous, préfet de police,

Vu 1° l'ordonnance du roi du 16 juillet dernier, concernant les messageries et voitures publiques, à destination fixe;

2° La circulaire de S. Exc. le ministre de l'intérieur du 25 du même mois,

Ordonnons ce qui suit :

1. L'ordonnance du roi du 16 juillet dernier, contenant règlement sur la construction et la conduite des voitures publiques, à destination fixe, sera imprimée et affichée avec la présente ordonnance, dans le ressort de la préfecture de police (1).

2. Les déclarations auxquelles sont tenus les entrepreneurs, aux termes du premier paragraphe de l'article 1er de ladite ordonnance, seront faites par eux immédiatement à la préfecture de police; celles qui devront avoir lieu, conformément aux deux derniers paragraphes du même article, devront désormais être faites, au moins cinq jours avant celui de la mise en circulation des voitures.

3. Les entrepreneurs qui auront fait, depuis la publication de l'ordonnance du 27 septembre 1827, les déclarations voulues par le premier paragraphe de l'article 1er, ne devront pas être obligés à les renouveler.

4. Des experts, désignés par nous, procéderont à la visite des voitures.

Il en sera dressé procès-verbal pour chaque voiture.

Copies de ces procès-verbaux et des autorisations de roulage seront délivrées aux entrepreneurs qui les remettront à leurs conducteurs, lesquels devront en être toujours porteurs, afin d'en justifier au besoin.

5. Pour faciliter l'exécution de l'article précédent, les entrepreneurs continueront de faire peindre, sur leurs voitures, un numéro d'ordre dont la série commençant par le chiffre 1er dans chaque établissement, se prolongera indéfiniment.

Ces chiffres, de forme arabe auront au moins, soixante-huit millimètres (environ deux pouces et demi) de haut et seront peints en blanc de chaque côté de la voiture, sur la partie noire des panneaux.

6. Aussitôt l'examen de la voiture terminé, l'expert ou les experts chargés de la visite apposeront près du numéro d'ordre, prescrit par l'article précédent, un timbre portant un double *P*.

Cette marque ne pourra être effacée, qu'après déclaration à la préfecture de police, et y avoir rapporté le procès-verbal de visite énonçant l'autorisation de roulage de la voiture.

7. Ne seront autorisées à circuler, sous la dénomination de voitures

---

(1) V. cette ord. à l'appendice.

des environs de Paris, et admises, en conséquence, à profiter de l'exception portée en l'article 25 de l'ordonnance du roi, que celles qui ne seront pas destinées au transport des marchandises dont le chef-lieu de l'entreprise sera à Paris, et dont la destination ne sera pas située,

Savoir :

Sur les principales grandes routes aboutissant à Paris, au delà de Versailles, Saint-Germain, Pontoise, Beaumont, Luzarches, Louvres, Claye, Brie-Comte-Robert, Corbeil, Lieursaint, Essonne, Arpajon,

Et sur toutes les routes secondaires, au delà de quatre myriamètres (huit lieues).

Les entrepreneurs de ces voitures feront peindre à l'extérieur et dans un endroit apparent, indépendamment des indications mentionnées en l'article 4 de l'ordonnance du roi, l'inscription suivante : « Voitures des environs de Paris. »

8. Dans le délai d'un mois, à compter du jour de la publication de l'ordonnance du roi précitée, les entrepreneurs, dont les voitures ne seront pas conduites par les maîtres de poste, feront, en ce qui concerne leurs relais, la déclaration prescrite par l'article 27 de ladite ordonnance.

9. Dans le délai d'un mois, à compter du jour de la publication de la présente ordonnance, tous les conducteurs, cochers ou postillons de diligences, messageries et autres voitures publiques quelconques, qui ne sont point encore munis de livrets, devront se présenter à la préfecture de police, s'ils demeurent dans Paris, et devant les maires des communes rurales, s'ils sont domiciliés dans la banlieue, à l'effet de s'en procurer.

10. Il sera fait, par les commissaires de police, à Paris, et par les maires, dans les communes rurales, de fréquentes visites chez les propriétaires ou entrepreneurs de voitures publiques, à l'effet de veiller à l'exécution de l'ordonnance du roi, et de s'assurer notamment, 1° si l'entrepreneur est pourvu d'une autorisation de roulage pour chacune de ses voitures ; 2° et si les conducteurs, cochers ou postillons, employés dans l'établissement, ont des livrets.

11. Les contraventions à l'ordonnance du roi, ainsi qu'à la présente ordonnance, seront constatées par des procès-verbaux, et déférées aux tribunaux, pour y être statué conformément à la loi.

12. La présente ordonnance sera imprimée et affichée.

Les sous-préfets des arrondissements de Saint-Denis et de Sceaux, les maires des communes rurales du ressort de la préfecture de police, le chef de la police municipale, les commissaires de police et les employés sous leurs ordres, sont chargés de tenir la main à son exécution.

Elle sera adressée à M. le colonel de la ville de Paris, commandant la gendarmerie royale de Paris, et à M. le commandant de la gendarmerie du département de la Seine.

Le préfet de police, DEBELLEYME.

N° 1260. — *Ordonnance concernant l'ouverture de la chasse* (1).

Paris, le 22 août 1828.

---

(1) V. l'ord. du 22 août 1843.

N° 1261. — *Avis concernant l'abatage des chiens errants* (1).

Paris, le 29 août 1828.

N° 1262. — *Ordonnance concernant les chiffonniers.*

Paris, le 1er septembre 1828.

Nous, préfet de police,

Considérant que, contrairement aux ordonnances de police des 10 juin 1701, 6 février 1756, et 26 juillet 1777, qui leur défendent de vaguer dans les rues pendant la nuit, un grand nombre de chiffonniers explorent la voie publique durant les nuits entières;

Que beaucoup d'entre eux, au mépris de l'ordonnance de police du 9 août 1698, se font accompagner par des chiens;

Que des malfaiteurs trompent la surveillance de la police, en se munissant, comme les chiffonniers, d'un crochet qui peut, entre leurs mains devenir un instrument de vol et de meurtre, d'une hotte dans laquelle il leur est facile de cacher des objets volés, et d'un falot qui leur sert à reconnaître les localités;

Considérant que la majeure partie des chiffonniers n'ont pas de domicile fixe; que la plupart portent, au lieu de leur véritable nom, des sobriquets plus ou moins bizarres, sous lesquels seuls ils sont connus, et que, dans cette position équivoque et incertaine, ils échappent facilement à toute espèce de recherches et de surveillance;

Que parmi eux, à l'insu et contre le gré de leurs familles, il existe un assez grand nombre d'enfants des deux sexes qui ont abandonné, les uns le domicile paternel, les autres les ateliers où ils étaient placés en apprentissage, et qu'ainsi livrés à eux-mêmes, sans expérience et sans guide, entourés de mauvais exemples, ils contractent l'habitude du vagabondage et deviennent quelquefois les instruments et les auxiliaires des malfaiteurs:

Considérant que les chiffonniers nuisent essentiellement à la propreté de la voie publique en éparpillant, avec leur crochet, les immondices dans lesquelles ils font des recherches;

Que l'industrie de ceux qu'on nomme ravageurs ou gratteurs de ruisseaux est plus nuisible qu'utile, en ce que ces ravageurs éclaboussent les passants, dégradent le pavé et y forment des trous où l'eau séjourne et croupit;

Considérant que, par tous ces motifs, il importe d'assujettir les chiffonniers, à l'égard desquels les anciens règlements semblent tombés en désuétude, à des mesures protectrices de la sûreté, des intérêts des familles, de la propreté de la voie publique, et qu'en leur conservant la faculté de se livrer à leur pénible et utile industrie, l'administration peut et doit y attacher des conditions qui en empêchent l'abus:

Vu les ordonnances précitées des 10 juin 1701, 6 février 1756 et 26 juillet 1777;

Vu enfin l'arrêté du gouvernement du 12 messidor an 8, celui du 3 brumaire an IX, et la décision du ministre de la police générale du 15 fructidor an IX,

---

(1) V. l'ord. du 23 juin 1832.

Ordonnons ce qui suit :

1. Dans le mois qui suivra la publication de la présente ordonnance, tous les chiffonniers ambulants, des deux sexes, existant actuellement à Paris et dans les communes du ressort de la préfecture de police, qui voudront continuer d'exercer leur profession, se présenteront, assistés de deux témoins domiciliés, devant les commissaires de police des quartiers ou maires des communes qu'ils habitent, pour en faire la déclaration.

Les mineurs devront, en outre, être assistés et autorisés par leurs pères, mères ou tuteurs.

Cette déclaration contiendra les nom, prénoms, sobriquets du déclarant, son âge, l'indication du lieu de sa naissance, de sa demeure, de sa profession antérieure et son signalement.

2. A l'avenir, pareille déclaration sera faite par tout individu qui voudra se livrer à ce genre d'industrie.

3. Lorsqu'un chiffonnier changera de logement, il en informera, dans les vingt-quatre heures, le commissaire de police, ou le maire dans le quartier ou la commune duquel il ira résider.

Cette déclaration fera l'objet d'un bulletin que ce fonctionnaire transmettra sur-le-champ à la préfecture de police.

4. Tout chiffonnier ambulant portera, d'une manière apparente, une médaille en cuivre, de forme ovale, qui, sur le vu de la déclaration par lui faite (articles 1 et 2), lui sera délivrée à la préfecture de police où cette déclaration restera déposée.

Sur cette médaille seront estampés, d'un côté, son signalement, de l'autre, le numéro sous lequel il est enregistré, les initiales de ses prénoms, son nom, et son sobriquet, s'il en porte un.

5. Il est enjoint aux chiffonniers de faire placer sur la face extérieure de leur hotte ou mannequin une plaque en tôle, de forme ovale, peinte en blanc, portant, en chiffres percés à jour, de 54 millimètres (deux pouces) de hauteur, le numéro de leur enregistrement.

Ils feront peindre aussi ce numéro, en chiffres de la même dimension et de couleur noire, sur l'une des vitres de leur lanterne, qu'ils tiendront constamment allumée depuis la chute du jour jusqu'au moment où ils rentreront dans leur domicile.

6. Il est défendu aux chiffonniers de prêter ou céder, sous quelque prétexte que ce puisse être, et à qui que ce soit, même à d'autres chiffonniers, leur médaille, leur hotte ou leur lanterne.

Il leur est également défendu d'abandonner, ou même de déposer ces objets chez les marchands de vin, débitants d'eau-de-vie, traiteurs, gargotiers et autres, et à ceux-ci de les recevoir ou retenir, à quelque titre et pour quelque motif que ce soit.

7. Devront déposer leur médaille au bureau où elle leur avait été délivrée les chiffonniers qui renonceront à leur profession, et ceux qui, même temporairement, quitteront le territoire du ressort de la préfecture de police.

8. Au décès d'un chiffonnier, ses parents, logeur ou chef de chambrée remettront de suite sa médaille au commissaire de police du quartier, ou au maire de la commune qu'il habitait, lequel la renverra à la préfecture de police.

9. Les chiffonniers porteront un petit balai ou rateau avec lequel ils auront soin de relever et remettre en tas les ordures qu'ils auraient éparpillées avec leur crochet.

10. Il est expressément défendu aux chiffonniers d'exercer leur métier et de circuler sur la voie publique, avec leur attirail, après minuit en toute saison, avant le jour en été, et avant cinq heures du matin, depuis le 1er octobre jusqu'au 1er avril.

11. Il leur est formellement interdit de se faire accompagner par des chiens.

12. Il est enjoint aux chiffonniers de représenter leurs médailles à tous officiers ou agents de police, et à tous chefs de ronde ou de patrouille qui les y inviteront, et même, s'ils en sont requis, de soumettre à leur visite le contenu de leurs hottes ou mannequins.

13. Tout chiffonnier qui, dans le cours de ses explorations, aura trouvé quelque objet qui paraîtrait provenir de perte ou de vol, et non d'abandon volontaire, en fera sans délai le dépôt entre les mains du commissaire de police ou du maire dans le quartier ou la commune duquel il l'aura trouvé.

Les objets provenant ou réputés provenir de perte, qui n'auront pas été revendiqués dans le délai fixé par la loi, seront, dans la forme ordinaire remis sur leur demande, aux chiffonniers qui les auront trouvés et déposés.

En cas de revendication, l'administration pourvoira à ce qu'une récompense proportionnée à la valeur de l'objet trouvé, soit assurée au chiffonnier qui en aura fait le dépôt.

14. Le métier de ravageur ou gratteur de ruisseaux est formellement interdit dans toute l'étendue de la ville de Paris et autres lieux du ressort de la préfecture de police.

15. Les contrevenants aux dispositions de la présente ordonnance seront traduits devant le tribunal compétent, arrêtés même, s'il y a lieu, et privés de leur médaille, temporairement ou pour toujours, selon la nature des contraventions, et les circonstances qui les auront accompagnées ; le tout indépendamment de telles autres mesures de police administrative qu'il appartiendra.

16. La présente ordonnance sera imprimée et affichée dans Paris et dans les lieux précités.

17. Les sous-préfets des arrondissements de Saint-Denis et de Sceaux, les maires des communes du ressort de la préfecture de police, le chef de la police municipale, les commissaires de police, l'inspecteur général de la salubrité, les officiers de paix et les préposés et adjoints de la préfecture de police sont chargés de tenir la main à son exécution.

Elle sera adressée à MM. les commandants de la force armée que nous invitons à en assurer l'exécution par tous les moyens qui sont à leur disposition.

Le préfet de police, DEBELLEYME.

N° 1263. — *Ordonnance concernant les mesures de police à observer les 7, 14 et 21 septembre 1828, à l'occasion de la fête de Saint-Cloud* (1).

Paris, le 2 septembre 1828.

N° 1264. — *Ordonnance concernant les brocanteurs* (2).

Paris, le 5 septembre 1828.

Nous, préfet de police,

Considérant que les règlements relatifs aux brocanteurs sont sus-

---

(1) V. l'ord. du 6 sept. 1843.

(2) Rapportée. — V. l'ord. du 15 juin 1831.

ceptibles de plusieurs modifications essentielles et exigent quelques développements propres à en assurer la stricte et entière exécution ;

Vu la déclaration du 29 mars 1778, l'ordonnance de police du 8 novembre 1780, les articles 2, 10, 22, 30 et 32 de l'arrêté du gouvernement du 12 messidor an VIII (1er juillet 1800), l'arrêté du 3 brumaire an IX (25 octobre suivant) et la décision du ministre de la police générale du 25 fructidor an IX (12 septembre 1801),

Ordonnons ce qui suit :

1. Nul ne peut exercer l'état de brocanteur, dans la ville de Paris et dans les communes rurales du ressort de la préfecture de police, sans notre permission spéciale. (*Déclar. du 29 mars 1778, art. 1.*)

2. Dans le mois qui suivra la publication de la présente ordonnance, les brocanteurs résidant, soit à Paris, soit dans les communes rurales du ressort de la préfecture de police devront se pourvoir de cette permission, si déjà ils n'en sont porteurs.

Ces permissions seront par eux présentées sans délai au visa des commissaires de police ou aux maires du lieu de leur domicile.

3. Tous ceux qui voudront exercer l'état de brocanteur, et qui ne seront point encore pourvus de la permission mentionnée à l'article 1, adresseront leurs demandes à la préfecture de police. Ces demandes feront connaître les noms, prénoms et professions des demandeurs, le lieu de leur naissance et leur demeure.

4. Les permissions ne seront valables que pour l'année dans laquelle elles auront été délivrées ; elles seront renouvelées au commencement de chaque année, si d'ailleurs rien ne s'y oppose, sur la production de l'ancienne permission et sur celle de la patente ou du certificat d'exemption de patente dont chaque brocanteur doit être pourvu.

5. Ceux auxquels il n'aura pas été accordé de nouvelle permission ne pourront continuer d'exercer leur état. (*Déclar. du 29 mars 1778, art. 1.*)

6. Il ne sera accordé de permission qu'aux individus sachant lire et écrire assez lisiblement pour tenir le livre de police dont il sera fait ci-après mention.

Elle pourra être refusée à ceux qui ne justifieraient pas d'un an de résidence dans le lieu où ils désireront exercer ou qui ne présenteraient pas, sous le rapport de la probité et des mœurs, les garanties réclamées par l'ordre et la sûreté publique.

7. Les brocanteurs porteront, d'une manière apparente, une médaille en cuivre qui leur sera délivrée à la préfecture de police et sur laquelle seront frappés leur nom, les initiales de leurs prénoms et le numéro de leur permission. (*Déclar. du 29 mars 1778, art. 2.*)

La médaille des brocanteurs résidant hors Paris portera de plus ces mots : *Cantons ruraux.*

8. Il est défendu aux brocanteurs de céder, vendre, prêter ou engager, à qui que ce soit, leurs permissions ou leurs médailles. (*Déclar. du 29 mars 1778, art. 2.*)

Lorsque les brocanteurs renonceront à leur état ou s'absenteront du lieu de leur résidence, ils seront tenus de déposer leurs permissions et médailles, ceux de Paris à la préfecture de police, ceux des communes rurales entre les mains des commissaires de police ou maires de leurs communes respectives qui les transmettront à la préfecture de police.

En cas de décès, le dépôt en sera fait par leurs héritiers ou ayants cause.

9. Les brocanteurs continueront d'avoir un registre timbré pour inscrire exactement, jour par jour, sans aucun blanc, rature, sur-

charge ni interligne, les hardes, linges, nippes et autres objets qu'ils achèteront, ainsi que les noms et demeures des vendeurs.

Ce registre, qui sera coté et parafé par le commissaire de police ou maire du lieu de la résidence du brocanteur, portera en tête les nom, prénoms, demeure et signalement de celui-ci, ainsi que le numéro de sa médaille.

Il sera, tous les mois, examiné et visé par ces fonctionnaires, sur le vu de la patente de l'année ou du certificat d'exemption du droit de patente. (*Ord. de police du 8 nov. 1780, art. 3.*)

10. Les brocanteurs qui changeront de demeure en feront la déclaration, non-seulement à la préfecture de police, mais aussi aux commissaires de police ou maires du lieu de leur ancienne et de leur nouvelle résidence. (*Ord. de police du 8 nov. 1780, art. 3.*)

Ces fonctionnaires leur donneront acte, sur leur livre timbré, de cette déclaration.

11. Il est enjoint aux brocanteurs d'être constamment porteurs de leurs permission, patente et livre timbré; ils devront les représenter, ainsi que les effets, hardes et autres objets qu'ils auront achetés ou échangés, à toute réquisition des maires, commissaires de police, officiers de paix et préposés de la préfecture de police. (*Ord. de police du 8 nov. 1780, art. 4.*)

12. Les brocanteurs ne peuvent vendre, acheter ou échanger que des marchandises de friperie, meubles et ustensiles de hasard.

Il leur est défendu de vendre, acheter ou échanger des marchandises neuves, ainsi que des matières d'or et d'argent, si ce n'est de vieux galons ou de vieilles hardes brodées ou tissues d'or ou d'argent. (*Déclar. du 29 mars 1778, art. 6.*)

13. Défense leur est faite d'acheter aux enfants des hardes, meubles, linges, livres, bijoux et autres objets quelconques, à moins d'un consentement par écrit et en bonne forme de leurs pères, mères ou tuteurs. (*Ord. du 8 nov. 1780, art. 1.*)

Il leur est expressément interdit d'acheter aux soldats leurs armes et effets d'habillement et d'équipement. (*Loi du 28 mars 1793 et ord. du roi du 24 juillet 1816.*)

14. Il leur est également défendu de vendre et d'acheter des armes prohibées, tels que fusils et pistolets à vent, poignards, stilets, tromblons, couteaux en forme de poignard, baïonnettes, pistolets de poche, cannes à épée, à dard ou plombées, etc., etc., et des armes de guerre montées ou non montées. (*Déclar. du 23 mars 1728; décret des 2 niv. an* XIV, *12 mars 1806 et ord. du roi du 24 juill. 1816.*)

15. Il est défendu aux brocanteurs de tenir boutique, échoppe ou magasin de marchandises qu'ils ont la faculté d'acheter et de revendre, même d'en faire commerce dans le lieu de leur domicile; ils doivent les porter sous le bras et à découvert, sans pouvoir les déposer ou étaler en place fixe. (*Déclar. du 29 mars 1778, art. 5 et 7.*)

16. Il leur est également interdit de se rassembler sur la voie publique, sur les quais, ponts, halles et marchés pour y faire leur commerce.

Défense formelle leur est faite de se livrer à aucun trafic, de faire aucun achat ou vente, de conclure aucun marché dans les cabarets, estaminets et autres lieux publics. (*Déclar. du 29 mars 1778, art. 5.*)

Ceux de Paris pourront se réunir sur la seule place de la Rotonde, au-devant des abris du marché du Temple, depuis onze heures du matin jusqu'à deux heures de relevée, sans néanmoins pouvoir y étaler ni colporter.

17. Il sera pris envers les contrevenants aux dispositions ci-dessus telles mesures de police administrative qu'il appartiendra, sans préjudice des poursuites à exercer contre eux devant les tribunaux, conformément aux lois et règlements précités et aux dispositions du Code pénal.

18. La présente ordonnance sera imprimée et affichée dans Paris et dans les communes rurales du ressort de la préfecture de police.

Les sous-préfets des arrondissements de Saint-Denis et de Sceaux, les maires des communes rurales et leurs adjoints, le chef de la police municipale, les commissaires de police, les officiers de paix, les agents de la préfecture de police, et notamment le commissaire de police ayant la surveillance des marchés du Temple, Saint-Jacques la Boucherie et Saint-Germain sont chargés, chacun en ce qui le concerne, de tenir la main à son exécution.

Le préfet de police, DEBELLEYME.

N° 1265. — *Avis portant défense de mener des chiens aux courses de chevaux du Champs-de-Mars* (1).

Paris, le 8 septembre 1828.

N° 1266. — *Ordonnance concernant les joueurs d'orgues dans les rues et places publiques* (2).

Paris, le 10 septembre 1828.

Nous, préfet de police,

Considérant que, depuis plusieurs années, le nombre des joueurs d'orgues dans les rues et places publiques s'est accru considérablement dans le ressort de la préfecture de police;

Que ceux qui exercent cette profession donnent souvent lieu à des plaintes, soit à raison des embarras qu'ils causent dans les endroits où ils stationnent, soit à raison des chansons licencieuses qu'ils chantent et débitent sur la voie publique;

Que la plupart de ces individus se permettent de pénétrer dans les cours des maisons, où souvent ils troublent le repos des habitants et peuvent donner lieu à de graves désordres;

Que plusieurs d'entre eux qui possèdent plusieurs orgues, les louent à des individus non autorisés par la préfecture de police, moyennant une rétribution quotidienne, ce qui attire dans la capitale une foule d'étrangers sans moyen d'existence, augmente d'une manière excessive le nombre de joueurs d'orgues, favorise le vagabondage, déguise la mendicité et multiplie les difficultés de la surveillance de l'autorité.

Que quelques-uns augmentent encore les embarras de la voie publique, en se faisant traîner sur une voiture et en stationnant dans les lieux les plus fréquentés pour y mendier;

Que d'autres, en quittant le ressort de la préfecture de police, trafiquent de leur médaille et de leur permission, et par ces abus empêchent que le nombre des joueurs d'orgues ne demeure restreint dans les limites convenables fixées par l'autorité qui seule a le droit de délivrer ces sortes de permissions.

---

(1) V. l'avis du 11 oct. 1843.

(2) V. l'ord. du 14 déc. 1831.

Vu les articles 269, 270, 274, 276, 471 et 479 du Code pénal, et l'ordonnance de police du 4 juillet 1816,

Ordonnons ce qui suit :

1. A dater d'un mois après la publication de la présente ordonnance, nul ne pourra jouer de l'orgue dans les rues et places publiques de Paris ou des communes rurales du ressort de la préfecture de police, sans en avoir obtenu de nous la permission laquelle sera renouvelée tous les ans.

2. Toutes les permissions accordées jusqu'à ce jour sont annulées.

3. A l'avenir aucune permission ne sera renouvelée ou accordée que sur un certificat de bonnes vie et mœurs délivré, à Paris, par un commissaire de police, et dans les communes rurales par le maire, sur la déclaration de deux témoins domiciliés.

4. Tout joueur d'orgues autorisé sera tenu d'avoir une plaque où seront inscrits son nom et le numéro de sa permission.

Cette plaque devra être portée ostensiblement et de manière à être facilement aperçue.

L'orgue devra porter le même numéro sur le devant et sur les deux côtés.

5. Aucun joueur d'orgue ne pourra chanter ni débiter d'autres chansons que celles qui auront été visées à la préfecture de police.

6. Les joueurs d'orgues ne pourront stationner que sur les places désignées sur leurs permissions.

Il leur est expressément défendu de s'introduire dans les cours des maisons, sans la permission des propriétaires et locataires.

7. Tout joueur d'orgue qui aura prêté ou loué un instrument à un individu non autorisé par la préfecture de police sera privé de sa permission.

8. Ceux qui voudront voyager hors du ressort de la préfecture de police devront, avant de prendre ou de faire viser leur passe-port, déposer à la préfecture leur médaille et leur permission qu'ils pourront réclamer à leur retour.

9. Tout joueur d'orgue sera tenu, à la première réquisition d'un agent de l'autorité, de cesser de jouer ou de chanter dans tout lieu public où l'injonction lui en serait faite.

10. Les permissions de joueurs d'orgues ne seront accordées à l'avenir qu'à des individus valides et capables de porter leur instrument eux-mêmes.

11. Les contrevenants seront arrêtés et conduits à Paris, devant un commissaire de police, et dans les communes rurales devant le maire, pour être de là envoyés, s'il y a lieu, à la préfecture de police; la médaille et la permission leur seront retirées, sans préjudice des poursuites à exercer devant les tribunaux.

12. La présente ordonnance sera imprimée, elle sera affichée dans la ville de Paris et dans les communes rurales du ressort de la préfecture de police.

Les sous-préfets des arrondissements de Saint-Denis et de Sceaux, les maires des communes rurales du ressort de la préfecture de police et leurs adjoints, les commissaires de police, le chef de la police municipale, les officiers de paix et les agents de la préfecture sont chargés de tenir la main à son exécution.

Le préfet de police, DEBELLEYME.

N° 1267. — *Ordonnance concernant les voitures faisant le transport en commun* (1).

Paris, le 18 septembre 1828.

Nous, préfet de police,

Vu nos arrêtés en date du 15 courant, par lesquels nous avons permis à diverses compagnies de faire circuler, dans différents quartiers de Paris, des voitures destinées à faire un service semblable à celui des voitures dites Omnibus et Dames-Blanches;

Vu 1° les lois des 16—24 août 1790, titre XI, article 3; 17 mars et 22 juillet 1791;

2° Les articles 2, 22 et 32 de l'arrêté du gouvernement du 12 messidor an VIII;

3° Les articles 471, 474 et 484 du Code pénal;

4° Nos ordonnances des 30 janvier et 14 mai dernier par lesquelles nous avons autorisé la circulation sur les boulevards et autres voies spacieuses de grandes voitures à dix-huit places dites Omnibus et Dames-Blanches, s'arrêtant sur la voie publique pour charger et décharger des voyageurs;

5° Les ordonnances de nos prédécesseurs, en date des 4 mai 1813, 22 juin 1820, et 16 juillet 1823, ayant pour objet de défendre la maraude, c'est-à-dire de prévenir les embarras et les accidents que peuvent occasionner les voitures destinées au transport des voyageurs qui s'arrêtent ou parcourent à vide les divers quartiers en proposant des places;

Considérant que s'il est du devoir de l'autorité municipale de procurer aux habitants de Paris toutes les facilités dont ils peuvent avoir besoin pour se transporter le plus promptement possible d'un quartier dans un autre, et d'encourager sous ce point de vue les efforts de l'industrie, elle doit aussi prendre toutes les précautions propres à empêcher que la liberté et la sûreté du passage ne soient compromises;

Que laisser aux compagnies autorisées la faculté de faire circuler à volonté et sur tous les points indistinctement, des voitures de grandes dimensions, c'eût été s'exposer à les voir parcourir les rues étroites et angustiées aussi bien que les rues larges, se porter toutes à la fois sur le même point dès qu'une fête ou cérémonie publique y appellerait une partie notable de la population et multiplier ainsi, et dans une proportion effrayante, les causes d'accidents déjà si nombreuses dans des circonstances semblables,

Considérant qu'en fixant les itinéraires que chacune d'elles est autorisée à parcourir et en limitant le nombre des voitures sur chaque ligne, l'autorité municipale a reconnu qu'il était impossible d'en accroître le nombre sans les plus graves inconvénients, et a eu tout à la fois en vue de faire participer tous les quartiers aux avantages que semblent offrir les nouveaux services, et de prévenir des embarras et des encombrements dangereux pour la sûreté publique;

Que son but serait évidemment manqué si des voitures publiques, autres que celles autorisées à faire un service semblable, se livraient à une industrie qui ne peut cesser d'être dangereuse que tant qu'elle sera circonscrite dans de justes bornes,

Ordonnons ce qui suit:

1. Il est défendu à toutes entreprises ou compagnies, autres que

---

(1) Rapportée. — V. l'ord. du 15 sept. 1838.

celles munies de notre permission, de faire arrêter leurs voitures sur quelque partie que ce soit de la voie publique, dans l'intérieur de Paris, pour prendre ou décharger les voyageurs.

2. Les voitures des compagnies autorisées ne pourront s'arrêter que le temps rigoureusement nécessaire pour faire monter les voyageurs ou les laisser descendre.

3. Il est expressément défendu à toute compagnie munie de notre autorisation de faire circuler ses voitures sur des parties de la voie publique autres que celles qui lui sont désignées dans l'arrêté portant autorisation. Il lui est aussi défendu d'en faire circuler sur le même itinéraire plus que le nombre déterminé par l'autorisation, jusqu'à ce que l'expérience nous ait démontré que ce nombre peut être augmenté sans inconvénients pour la sûreté publique.

4. Aucune voiture, quelle qu'elle soit, ne pourra stationner ou circuler à vide et allant de rue en rue pour proposer des places et s'offrir ainsi aux voyageurs.

5. Les voitures de place ayant nécessairement pour objet de conduire les personnes à domicile et de s'arrêter ainsi pour décharger sur la voie publique, ne sont point comprises dans les prohibitions portées aux articles 1,2 et 3 de la présente ordonnance

6. Copies des permissions sus-mentionnées seront ainsi que la présente ordonnance adressées tant au chef de la police municipale qu'aux commissaires de police et autres fonctionnaires chargés de les faire exécuter.

Il n'est rien innové aux dispositions de notre arrêté du 30 janvier dernier, lequel continuera d'être exécuté suivant sa forme et teneur.

7. Les contraventions aux dispositions ci-dessus seront constatées par des procès-verbaux et déférées aux tribunaux pour être par eux statué ce qu'il appartiendra.

En cas de nécessité, les voitures en contravention seront préalablement mises en fourrière.

La présente ordonnance sera imprimée et affichée partout où besoin sera.

Le préfet de police, DEBELLEYME.

N° 1268. — *Ordonnance concernant la répression de la mendicité.*

Paris, le 20 septembre 1828.

Nous, préfet de police,

Considérant que la mendicité se perpétue, malgré les mesures qui la répriment, les lois qui la punissent, l'opinion qui la repousse;

Qu'au sein de la capitale, comme dans les communes qui l'environnent elle afflige tous les yeux et se montre sous toutes les formes;

Que, de tous les points de la France, et même de plusieurs contrées lointaines, des hommes, des femmes, des enfants, la plupart valides, viennent mendier à Paris et dans ses campagnes, lorsque l'agriculture et l'industrie réclameraient le secours de leurs bras;

Qu'une multitude de mendiants parcourent, à jours fixes, les rues de Paris, entrent dans les maisons et les boutiques, et y lèvent une espèce d'impôt dont les habitants n'osent s'affranchir, dans la crainte de soulever contre eux l'animadversion de ces individus, dangereux sous plus d'un rapport;

Que plusieurs d'entre eux, pour apitoyer les passants, offrent à leurs regards le spectacle hideux d'infirmités vraies ou feintes;

Que des individus, de l'un et de l'autre sexe, s'introduisent dans les maisons publiques ou particulières, et parviennent à se faire donner quelques pièces de monnaie, soit en excitant la commisération, par le récit de malheurs véritables ou imaginaires, soit en adressant des félicitations sur une fête, un mariage ou tout autre événement;

Que d'autres montrent dans les rues des objets de curiosité ou des animaux dressés à différents exercices, comme un moyen détourné de demander l'aumône;

Que des enfants, aux gages d'individus qui ne rougissent pas de cette honteuse spéculation, implorent, pour le compte de ceux-ci, la charité publique qu'ils trompent et détournent ainsi de sa direction véritable;

Considérant que la présence à Paris de ces différentes espèces de mendiants, jetés la plupart dans ce genre de vie par la paresse et l'inconduite, compromet au plus haut point l'ordre et la sûreté publique;

Que toutes ces circonstances nous commandent de redoubler de vigilance et d'énergie, pour assurer l'entière exécution des lois et règlements rendus contre la mendicité; nous réservant d'augmenter, autant que possible, les ressources des dépôts et maisons de travail que l'humanité réclame comme le complément indispensable des mesures répressives de la mendicité;

Vu la loi du 24 vendémiaire an II (15 octobre 1793), titre III, article 2 et les décrets des 5 juillet et 22 décembre 1808;

Vu les articles 274 et suivants du Code pénal ci-dessus rappelés;

Vu enfin les arrêtés du gouvernement du 12 messidor an VIII (1er juillet 1800), et 3 brumaire an IX (25 octobre suivant),

Ordonnons ce qui suit:

1. Dans le délai d'un mois, à compter de la publication de la présente ordonnance, tous les mendiants étrangers au département de la Seine et aux communes de Saint-Cloud, Sèvres et Meudon devront en avoir quitté le territoire, sous peine d'y être contraints par toutes les voies de droit.

2. Il leur sera délivré des feuilles de route ou passe-ports gratuits, avec secours de route, s'il est nécessaire, jusqu'au lieu de leur naissance ou de leur résidence habituelle.

3. Des moyens de transport seront fournis aux mendiants âgés ou infirmes qui ne pourraient supporter les fatigues de la route.

4. Les mendiants non valides, incapables de pourvoir par leur travail à leur subsistance, qui appartiennent à la ville de Paris ou aux communes du ressort de la préfecture de police, et ceux mêmes valides, que des malheurs imprévus, ou le manque absolu d'ouvrage auraient réduits à cette condition, seront, sur leur demande, et après toute justification nécessaire, admis au dépôt de mendicité de Villers-Cotterets.

A cet effet, ils se présenteront devant les commissaires de police des quartiers ou maires des communes qu'ils habitent, lesquels recevront leurs demandes et nous les transmettront avec leur avis.

5. Tous individus, sans distinction de sexe, ni d'âge, étrangers ou non à la ville de Paris et aux communes du ressort de la préfecture de police, qui désormais y seraient trouvés mendiant seront, sans préjudice de telles mesures administratives qu'il appartiendra, arrêtés et traduits devant les tribunaux, pour être jugés conformément aux lois.

6. Les sous-préfets des arrondissements de Saint-Denis et de Sceaux les maires et leurs adjoints, le commissaire, chef de la police municipale, les commissaires de police, les officiers de paix et les agents de la préfecture de police sont chargés, chacun en ce qui le concerne, de tenir

sévèrement la main à l'exécution de la présente ordonnance qui sera imprimée, affichée à trois reprises pendant le mois, dans Paris et les communes rurales, et envoyée aux commandants de la force armée, pour qu'ils concourent également à son exécution.

Le préfet de police, DEBELLEYME.

N° 1269. — *Ordonnance concernant la circulation des voitures sous les guichets de communication entre la place du Carrousel et la rue de Rivoli* (1).

Paris, le 20 septembre 1828.

Nous, préfet de police,

Considérant qu'à compter du 1er octobre prochain, deux guichets seront ouverts sur la place du Carrousel, pour servir de communication aux voitures suspendues, entre cette place et la rue de Rivoli; que le croisement des voitures sous le même guichet, offre des dangers pour la sûreté publique, et peut occasionner des accidents qu'il importe de prévenir;

Vu 1° l'article 22 de l'arrêté du 12 messidor an VIII (1er juillet 1800);

2° L'ordonnance de police du 17 octobre 1823,

Ordonnons ce qui suit:

1. Les deux guichets situés place du Carrousel, du côté de la rue de Rivoli, et destinés au passage des voitures, sont exclusivement réservés aux carrosses, cabriolets et autres voitures suspendues.

Les voitures qui auront à passer de la rue de Rivoli à la place du Carrousel devront prendre par le guichet situé en face de la rue de l'Echelle.

Celles qui auront à passer de la place du Carrousel à la rue de Rivoli, devront prendre par le guichet situé du côté de la rue Saint-Nicaise; en sorte que chaque voiture devra toujours être dirigée vers le guichet qui se trouvera à la droite du conducteur.

2. Les charrettes chargées de pierres ou moellons, et généralement toutes les voitures de charge servant au transport des marchandises ou matériaux quelconques, qui auraient à traverser la place du Carrousel, continueront d'être dirigées par la rue de Rohan.

3. Les contraventions aux dispositions des articles précédents seront poursuivies par voie de police municipale.

4. Le chef de la police municipale, les commissaires de police et notamment celui du quartier des Tuileries, les officiers de paix, et les agents sous leurs ordres sont charges d'en assurer l'exécution.

Le préfet de police, DEBELLEYME.

---

(1) V. l'ord. du 16 sept. 1834.

N° 1270. — *Ordonnance concernant la circulation et la conduite des voitures traînées, à bras ou par des animaux, dans Paris* (1).

Paris, le 25 septembre 1828.

Nous, préfet de police,

Considérant que, par suite de l'accroissement de la population et des innovations que l'industrie a introduites dans les moyens de transports, le nombre des voitures de toute espèce s'est multiplié à Paris, depuis quelques années, au point de rendre la circulation très-dangereuse dans divers quartiers, et qu'il en résulte à tous moments des embarras ou des accidents que l'autorité municipale doit, aux termes des lois, prévenir par toutes les mesures de précaution qu'elle juge nécessaire de prescrire dans l'intérêt de la généralité des habitants;

Vu la loi des 16—24 août 1790, titre XI; celle du 17 mars 1791, et celle du 22 juillet 1791, titre Ier, articles 15, 16 et 46; les articles 1383, 1384 et 1385 du Code civil, et les articles 319, 320, 471, 475, 476, 479 et 484 du Code pénal;

Vu aussi l'arrêté du gouvernement du 1er juillet 1800 (12 messidor an VIII) qui détermine les fonctions du préfet de police,

Ordonnons ce qui suit :

1. Tout propriétaire de voitures de transport, traînées à bras ou par des chevaux et autres animaux, sera tenu d'y faire mettre une plaque de métal sur laquelle ses noms et domicile seront peints en caractères apparents et lisibles; cette plaque doit être clouée en avant de la roue et au côté gauche de la voiture; sont comprises dans cette disposition les voitures désignées sous le nom de diables, camions et haquets.

2. Les propriétaires de charrettes, haquets, tombereaux et autres voitures de transport, même celles traînées à bras, employées pour l'usage du public, dans la ville de Paris, continueront de faire, à la préfecture de police, la déclaration de leurs noms et demeures et du nombre de voitures qui leur appartiennent.

Il leur sera délivré un numéro qu'ils feront peindre sur la plaque prescrite par l'article précédent.

En cas de changement de domicile, ils sont tenus de le faire connaître à la préfecture de police.

3. Les voitures de roulage et autres voitures de transport doivent être bien conditionnées et entretenues en bon état.

Conformément à l'ordonnance de police du 21 décembre 1787, les voitures qui servent au transport du bois, des planches, des pierres, des moellons, des gravois et autres objets qui, en tombant, peuvent occasionner des accidents, ne pourront être chargées au-dessus des ridelles ou des planches de clôture, sous les peines portées aux articles 475, § 4, et 476 du Code pénal.

Les ridelles ne pourront, dans aucun cas, être suppléées ni surélevées par des bûches ou piquets placés verticalement pour retenir le chargement.

4. Il est enjoint aux voituriers de conduire directement à destination les marchandises dont le transport leur est confié, sans qu'ils puissent s'arrêter en route.

5. Conformément aux paragraphes 3 et 4 de l'article 475 du Code

---

(1) Rapportée. — V. l'ord. du 9 mai 1831 et les arr. des 26 mai 1836 et 29 mars 1837.

pénal, les rouliers, charretiers et conducteurs de voitures ou de bêtes de charge sont obligés de se tenir constamment à portée de leurs chevaux, bêtes de trait ou de charge, et de leurs voitures, et en état de les guider et conduire.

En conséquence, il est défendu aux rouliers et charretiers de faire trotter ou galoper leurs chevaux et de monter dessus; ils se tiendront, à pied, près de la tête du limonier, pour être à portée de se servir des guides ou du cordeau et de pouvoir diriger leurs chevaux.

6. Il est défendu aux charretiers, garçons bouchers et autres de monter dans leurs voitures, quand même elles ne seraient attelées que d'un cheval.

Sont exceptés de cette disposition, les blanchisseurs et les laitières, pourvu que leur cheval soit retenu par des guides solides et en bon état, mais sans pouvoir le faire trotter ni galoper; il devra toujours aller au pas.

7. Toute voiture de quelque espèce que ce soit devra être conduite au pas en passant aux barrieres, ainsi qu'à la descente des ponts, et généralement dans tous les endroits où la pente du sol est trop rapide pour y faire trotter les chevaux sans danger.

8. Il est défendu de confier des voitures à des enfants hors d'état de les conduire.

Les conducteurs doivent avoir au moins dix-huit ans.

9. Il est expressément défendu à tout cocher d'une voiture publique, ou autre attelée de plus de deux chevaux, de descendre de son siége pour ouvrir ou fermer les portières.

10. Les rouliers, charretiers et conducteurs de voitures de toute espèce sont tenus d'occuper un seul côté des chemins ou voies publiques, de se détourner ou ranger devant toutes autres voitures, et, à leur approche, de leur laisser libre au moins la moitié des rues et autres parties de la voie publique, sous les peines portées aux articles 475 et 476 du Code pénal.

11. Il est défendu de faire stationner sans nécessité, sur la voie publique, aucune voiture attelée ou non attelée, sous les peines prononcées par l'article 471 du Code pénal.

12. Il est défendu de conduire ou faire conduire sur la voie publique et aux abreuvoirs plus de trois chevaux ou mulets non attelés, y compris celui sur lequel le conducteur sera monté; comme aussi de confier la conduite de ces chevaux ou mulets à des enfants âgés de moins de dix-huit ans, ou à des femmes, et de les faire courir ou trotter dans les rues.

13. Il est défendu de parcourir à cheval ou en voiture les contre-allées des boulevards et géneralement toutes les portions des promenades publiques réservées aux piétons.

14. Il est aussi défendu de faire passer les roues d'aucunes voitures sur les trottoirs.

15. En cas de contravention, les voituriers, rouliers, conducteurs de voitures ou de chevaux, non domiciliés dans le ressort de la préfecture de police, sont tenus d'y élire domicile et de fournir caution pour sûreté de l'amende encourue; faute par eux de ce faire, la voiture ou l'un des chevaux sera mis en fourrière, si mieux n'aiment les contrevenants consigner l'équivalent de l'amende, et toujours en élisant domicile.

16. Les contraventions seront constatées par des procès verbaux ou rapports qui nous seront adressés pour être déférés aux tribunaux compétents.

17. L'ordonnance de police du 27 août 1821, concernant les voitures traînées à bras ou par des animaux, est rapportée.

18. La présente ordonnance sera imprimée et affichée.

Le chef de la police municipale et les commissaires de police, ainsi que les employés sous leurs ordres sont chargés d'en assurer l'exécution.

Elle sera adressée à M. le colonel commandant la gendarmerie royale de Paris et à MM. les sous-préfets des arrondissements de Sceaux et de Saint-Denis, pour qu'ils veuillent bien la faire publier dans l'intérêt des entrepreneurs, voituriers et charretiers établis dans les communes rurales de leur arrondissement.

Le préfet de police, DEBELLEYME.

N° **1271**. — *Ordonnnance concernant la vente journalière du pain sur les marchés* (1).

Paris, le 15 octobre 1828.

Nous, préfet de police,

Ordonnons ce qui suit :

1. Les boulangers de Paris et des communes rurales du ressort de la préfecture de police sont autorisés à apporter tous les jours du pain sur les marchés.

Ils s'adresseront au commissaire-inspecteur général des halles et marchés que nous chargeons de leur délivrer la permission nécessaire à cet effet.

2. La vente du pain sur les marchés de la capitale aura lieu depuis le lever jusqu'au coucher du soleil.

3. Il ne sera exposé sur les marchés que du pain de bonne qualité, bien cuit et du poids de deux, trois, quatre et six kilogrammes (4, 6, 8 et 12 livres).

4. Le pain devra être apporté directement sur les marchés; il devra y être vendu dans le jour, et il ne pourra en être remporté (2).

5. Les boulangers seront tenus de garnir suffisamment leurs places.

6. Ils tiendront leurs places par eux-mêmes, leurs femmes ou leurs enfants, sans pouvoir les faire occuper par des garçons ou toutes autres personnes.

7. Les boulangers approvisionnant les marchés placeront au devant de leur étalage une plaque ou écriteau indicatif de leurs noms et demeures.

8. Les boulangers qui voudront quitter leurs places devront préalablement remettre leurs permissions au commissaire-inspecteur général des halles et marchés.

9. Tout boulanger qui serait trois marchés consécutifs sans garnir sa place en sera privé pour toujours, s'il ne justifie d'empêchement légitime.

10. Les contraventions seront constatées par des procès-verbaux qui nous seront adressés pour être par nous transmis aux tribunaux compétents.

11. La présente ordonnance sera imprimée, publiée et affichée.

12. Les sous-préfets des arrondissements de Saint-Denis et de Sceaux, les maires et adjoints des communes rurales du ressort de la

---

(1) V. l'ord. du 10 nov. 1828.

(2) V. l'ord. du 31 oct. 1828.

préfecture de police, le chef de la police municipale, les commissaires de police, le commissaire-inspecteur général des halles et marchés, et les préposés sous leurs ordres sont chargés de tenir la main à son exécution.

Le préfet de police, DEBELLEYME.

N° 1272. — *Arrêté concernant les voitures publiques.*

Paris, le 21 octobre 1828.

Nous, préfet de police,

Vu 1° l'article 12 et l'article 15 de l'ordonnance du roi du 16 juillet 1828, qui prescrivent que toute voiture publique sera munie d'une machine à enrayer, indépendamment d'un sabot, et qu'elle sera recouverte par un couvercle incompressible, ou, au choix des entrepreneurs, par une bâche flexible placée au-dessous d'une traverse en fer divisant le panier en deux parties égales, et dont les montants seront marqués d'une estampille constatant qu'ils ne dépassent pas la hauteur prescrite;

2° L'article 17 portant que nulle voiture publique à quatre roues ne pourra avoir, du sol au point le plus élevé du chargement plus de trois mètres, quelle que soit la hauteur des roues, et nulle voiture à deux roues, entre les mêmes points, plus de deux mètres soixante centimètres.

3° Et enfin l'article 33 qui accorde un délai de trois mois, à dater de la publication de ladite ordonnance, pour l'exécution des deux articles précités, et dispose en outre que les voitures en activité à la date de l'ordonnance pourront continuer de circuler, quelle que soit la hauteur de l'impériale au-dessus du sol; mais que le chargement placé sur cette impériale ne pourra excéder une hauteur de soixante-six centimètres, mesurée de sa base au point le plus élevé;

Considérant que le délai de trois mois fixé pour l'emploi de la machine à enrayer et de mode de chargement sur l'impériale de toute voiture publique, expire le 27 octobre présent mois, pour Paris, et qu'il importe, dans l'intérêt de la sûreté publique et celle des voyageurs, d'assurer l'exécution des dispositions prescrites,

Arrêtons ce qui suit :

1. Il sera procédé dans le plus court délai possible, par les experts, préposés par nous à la visite des voitures publiques dont le principal établissement est placé à Paris, à la vérification du mode adopté par les entrepreneurs desdites voitures pour le chargement tant sur l'impériale que sur le coffre qui remplacerait la galerie ou rotonde, ainsi qu'à l'estampillage des montants de la traverse en fer divisant le panier en deux parties égales, sur les voitures qui ne seront pas recouvertes du couvercle incompressible.

2. Cette estampille sera semblable à celle prescrite par l'article 6 de notre ordonnance du 19 août 1828, et consistera en un timbre portant un double P.

Elle sera apposée également sur les montants de la traverse au-dessous de laquelle sera placé le chargement du coffre remplaçant la galerie ou rotonde, dans le cas où il ne serait pas fait usage du couvercle incompressible.

3. Pour les voitures maintenant en circulation, de construction nouvelle, et conformes à l'ordonnance, les montants seront établis de

manière qu'ils ne puissent excéder la hauteur permise par l'article 17 de l'ordonnance du roi, c'est-à-dire trois mètres mesurés du sol au point le plus élevé desdits montants, pour les voitures à quatre roues, et de deux mètres soixante centimètres pour les voitures à deux roues.

Pour les autres voitures actuellement en circulation, quelle que soit la hauteur de l'impériale au-dessus du sol, les montants ne pourront avoir au-delà de la hauteur de soixante-six centimètres fixée par l'article 33.

4. Il sera constaté, dans la même visite, si chaque voiture est munie, indépendamment du sabot, d'une machine à enrayer, conformément à l'article 12.

5. Pour plus de célérité, les experts procéderont à cette opération isolément l'un de l'autre, en se partageant tous les établissements à peu près par portions égales.

6. Dans chaque visite ils seront accompagnés de M. le commissaire de police du quartier, qui est chargé de constater l'exécution des dispositions ci-dessus prescrites sur toutes les voitures de chaque établissement, à l'exception des voitures dites des environs de Paris, lorsqu'elles n'auront pas de chargement sur leur impériale, et ce par un seul et même procès-verbal divisé en autant de vacations qu'il sera nécessaire.

7. Dans les quartiers tels que ceux de la Banque de France, du Mail et de la Porte-Saint-Denis, où le nombre et l'importance des établissements existants sont considérables, MM. les commissaires de police de seconde classe, D...., de la C.... et T.... sont chargés de suppléer au besoin le commissaire de police du quartier, et se concerteront avec lui à cet effet.

8. Dans chaque établissement, le commissaire de police recevra des entrepreneurs la déclaration du nombre des voitures actuellement en circulation, et se fera représenter la permission dont ils doivent être pourvus.

Il tiendra note des conditions imposées par ladite permission qui ne seraient pas encore remplies, sauf les exceptions portées au second paragraphe de l'article 2; fixera un dernier délai aux entrepreneurs pour y satisfaire; les mettra au besoin en demeure de s'y conformer par une sommation écrite, et nous rendra compte de l'exécution.

9. Le jour et l'heure des visites dans chaque établissement seront concertés d'avance entre le commissaire de police, l'expert et les entrepreneurs, dans le but de terminer l'opération dans le plus court délai possible, sans nuire au service de l'établissement.

10. Expédition du présent arrêté sera envoyée aux commissaires de police, aux commissaires de police de seconde classe et aux deux experts ci-dessus désignés pour en assurer l'exécution et nous en rendre compte.

Il en sera remis immédiatement un exemplaire à chaque entrepreneur par le commissaire de police du quartier.

Le préfet de police, DEBELLEYME.

N° 1273. — *Arrêté qui ajoute quelques dispositions au règlement sur la police du marché aux chevaux.*

Paris, le 27 octobre 1828.

Nous, préfet de police,

Vu 1° les observations à nous adressées par le commissaire de police du quartier Saint-Marcel ;

2° Les rapports de l'inspecteur général et de l'inspecteur général adjoint des halles et marchés;

Ayant reconnu la nécessité d'ajouter quelques dispositions au règlement sur la police du marché aux chevaux,

Arrêtons ce qui suit :

1. Lorsqu'à l'heure fixée la cloche aura annoncé la fin de la tenue du marché aux chevaux, les gendarmes de service circuleront dans les rangs pendant une demi-heure et inviteront les marchands à se retirer.

Dans le même temps, le préposé chargé de rechercher les chevaux atteints de maladies contagieuses accompagnera les gendarmes.

2. Ce délai d'une demi-heure expiré, un second coup de cloche annoncera la clôture définitive du marché, et il sera procédé contre les récalcitrants et les contrevenants, en la forme légale, soit par le préposé assermenté, soit par le commissaire de police.

3. Le présent arrêté sera affiché dans le marché.

Il en sera donné connaissance au capitaine commandant de la sixième compagnie de la gendarmerie royale de Paris, ainsi qu'à l'inspecteur général et à l'inspecteur général adjoint des halles et marchés et au commissaire de police du quartier Saint-Marcel qui en assureront l'exécution; à cet effet il leur en sera adressé une expédition.

Le préfet de police, DEBELLEYME.

N° 1274. — *Ordonnance concernant les mesures d'ordre à observer à l'occasion de la Saint-Charles* (1).

Paris, le 31 octobre 1828.

N° 1275. — *Ordonnance concernant la vente journalière du pain sur les marchés* (2).

Paris, le 31 octobre 1828.

Nous, préfet de police,

Ordonnons ce qui suit :

1. Le paragraphe de l'article 4 de notre ordonnance du 15 de ce mois, concernant la vente journalière du pain sur les marchés, ainsi conçu : « Il (le pain) devra y être vendu dans le jour et il ne pourra en « être remporté, » est rapporté.

2. En conséquence, les boulangers de Paris et des communes rurales du ressort de la préfecture de police qui n'auraient pas vendu, dans le jour, tout le pain apporté par eux sur les marchés, pourront, s'ils le désirent, le remporter.

3. La présente ordonnance sera imprimée, publiée et affichée.

4. Les sous-préfets des arrondissements de Saint-Denis et de Sceaux, les maires et adjoints des communes rurales du ressort de la préfecture de police, le chef de la police municipale, les commissaires de police,

---

(1) V. l'ord. du 31 oct. 1829.

(2) V. l'ord. du 10 nov. 1828.

le commissaire inspecteur général des halles et marchés et les préposés sous leurs ordres sont chargés de tenir la main à l'exécution de la présente ordonnance.

Le préfet de police, DEBELLEYME.

N° 1276. — *Ordonnance concernant la vente journalière du pain sur les marchés.*

Paris, le 10 novembre 1828.

Nous, préfet de police,

Vu notre ordonnance du 15 octobre dernier, sur la vente journalière du pain sur les marchés;

Vu les réclamations qui nous ont été adressées dans l'intérêt de l'approvisionnement et du commerce,

Ordonnons ce qui suit :

1. Tous les boulangers de Paris et des communes rurales du ressort de la préfecture de police sont autorisés à apporter, tous les jours, sur les marchés de la capitale toute espèce de pain, de bonne qualité, quels qu'en soient la forme et le poids.

2. Ces boulangers pourront, s'ils le désirent, remporter le pain qu'ils n'auraient pas vendu dans la journée.

3. Ils pourront également, en cas d'empêchement légitime, faire tenir leurs places par des personnes de confiance.

4. Toutes les dispositions contraires à la présente ordonnance sont rapportées.

5. Les contraventions seront constatées par des procès-verbaux qui nous seront adressés pour être par nous transmis aux tribunaux compétents.

6. La présente ordonnance sera imprimée, publiée et affichée.

7. Les sous-préfets des arrondissements de Saint-Denis et de Sceaux, les maires et adjoints des communes rurales du ressort de la préfecture de police, le chef de la police municipale, les commissaires de police, le commissaire inspecteur général des halles et marchés et les autres préposés sous leurs ordres sont chargés de tenir la main à son exécution.

Le préfet de police, DEBELLEYME.

N° 1277. — *Ordonnance concernant la police de la rivière et des ports pendant l'hiver et dans les temps de glaces, grosses eaux et débâcles* (1).

Paris, le 2 décembre 1828.

---

(1) V. les ord. des 1er déc. 1838, 5 déc. 1839 et 25 oct. 1840 (art. 203 et suiv.).

N° 1278. — *Arrêté portant suppression de la taxe établie pour assurer le service médical du dispensaire.*

Paris, le 16 décembre 1828.

Nous, préfet de police,

Considérant que le dispensaire est un établissement formé dans l'intérêt de la ville de Paris et une garantie offerte à ses habitants contre un mal contagieux qui compromet la santé et l'honneur des familles; que sous ce rapport il mérite la protection de l'autorité municipale;

Que la taxe imposée sous la dénomination de frais de visite et de tolérance n'est autorisée par aucune loi, et que les motifs d'utilité publique qui l'ont fait établir ne peuvent la justifier;

Que l'obligation de payer cette taxe éloigne beaucoup de femmes du dispensaire et les porte à se soustraire aux recherches des inspecteurs, tandis qu'elles seraient plus exactes à se soumettre à cette indispensable mesure de précaution;

Que les inspecteurs sont détournés de leur service pour s'occuper de recettes; que d'ailleurs il importe de faire disparaître toute espèce de fiscalité d'une question qui intéresse uniquement la santé publique et les mœurs;

Que cette taxe improuvée par la loi, la morale et l'opinion publique, donne lieu à des imputations fâcheuses pour l'administration;

Considérant que le conseil municipal, reconnaissant l'importance de ces considérations, a porté au budget de 1829 une allocation pour ce service,

Arrêtons ce qui suit :

1. La taxe établie pour assurer le service médical, celui de surveillance et de répression de l'attribution dite du *dispensaire*, est supprimée à compter du 1er janvier prochain.

2. Le secrétaire général de la préfecture est chargé de l'exécution du présent.

Le préfet de police, DEBELLEYME.

1829.

N° 1279. — *Ordonnance concernant le commerce des veaux pour l'approvisionnement de Paris* (1).

Paris, le 5 janvier 1829.

Nous, préfet de police,

Vu l'article 23 des lettres patentes du 1er juin 1782;

L'arrêté du ministre de l'intérieur du 30 ventôse an XI (21 mars 1803);

(1) V. l'ord. du 5 janv. 1829.

L'article 46, § 2, titre Ier, de la loi du 22 juillet 1791 ; l'article 33 de l'arrêté du gouvernement du 12 messidor an VIII (1er juillet 1800), et l'arrêté subséquent du 3 brumaire an IX (25 octobre 1800) ;

Considérant que les veaux destinés à l'approvisionnement de Paris doivent, comme tous les autres bestiaux, être conduits directement sur les marchés et à la halle aux veaux de Paris ;

Que la surveillance nécessaire à l'exécution de cette disposition exige que les veaux arrivant des différents points du rayon d'approvisionnement ne puissent être introduits que par des barrières déterminées,

Ordonnons ce qui suit :

1. Les veaux amenés pour l'approvisionnement de Paris, autres que ceux achetés aux marchés de Sceaux et de Poissy, seront conduits directement à la halle aux veaux.

2. Il est défendu d'en déposer et vendre dans les auberges, sur les routes, sous quelque prétexte que ce soit, et notamment dans les auberges, cabarets et tous autres lieux de la commune de la Chapelle.

3. Les veaux achetés aux marchés de Sceaux et de Poissy continueront d'être introduits par les barrières à ce affectées.

4. Les veaux amenés par les routes de Pontoise et de Saint-Denis ne pourront être introduits que par la barrière de Saint-Denis ;

Ceux amenés de Naugis, par la barrière de Charenton ;

Ceux amenés d'Arpajon, par la barrière d'Enfer ;

Ceux amenés de Versailles, par la barrière de Passy.

5. Les contraventions seront constatées par des procès-verbaux et déférées aux tribunaux pour être punies conformément aux lois.

6. La présente ordonnance sera imprimée, publiée et affichée.

7. Les sous-préfets des arrondissements de Saint-Denis et de Sceaux, les maires et les commissaires de police des communes rurales du ressort de la préfecture de police, et à Paris le chef de la police municipale, les commissaires de police, les officiers de paix, le commissaire-inspecteur général des halles et marchés et les préposés de la préfecture de police sont chargés, chacun en ce qui le concerne, de tenir la main à son exécution.

Elle sera adressée à M. le colonel de la ville de Paris, commandant la gendarmerie royale, et à M. le commandant de la gendarmerie du département de la Seine pour en assurer l'exécution par tous les moyens qui sont à leur disposition.

Le préfet de police, DEBELLEYME.

N° 1280. — *Ordonnance concernant les cabriolets sous remise* (1).

Paris, le 8 janvier 1829.

Nous, préfet de police,

Considérant que plusieurs propriétaires de cabriolets sous remise s'abstiennent de faire leur déclaration à la préfecture de police, ainsi qu'ils y sont tenus chaque fois qu'ils mettent un cabriolet en circulation ou qu'ils cessent de le faire circuler ; qu'ils négligent de remplir cette même formalité lorsqu'ils vendent un ou plusieurs cabriolets et qu'ils changent de domicile ;

---

(1) Rapportée. — V. l'arr. du 25 fév. 1842 et les ord. des 5, 6 et 10 oct. 1843.

Qu'il résulte de cette inexécution des règlements que des délits ou contraventions sur la voie publique peuvent demeurer impunis, et qu'il importe que la sûreté publique et les intérêts particuliers trouvent des garanties contre l'exploitation de ce genre de voitures;

Vu 1° la loi des 16—24 août 1790;

2° Les articles 2, 22 et 32 de l'arrêté du gouvernement du 12 messidor an VIII;

3° Le décret du 9 juin 1808 et l'ordonnance du roi du 23 octobre 1816;

4° L'ordonnance de police du 16 juillet 1823 et les arrêtés du préfet de police des 12 décembre suivant et 14 février 1824;

5° Notre ordonnance du 18 septembre dernier concernant les diligences urbaines,

Ordonnons ce qui suit:

1. Il sera procédé à un nouveau numérotage de tous les cabriolets loués sous remise au public pour circuler dans Paris.

A cet effet, tout propriétaire de cabriolets dits de remise, sans exception, sera tenu, dans le délai d'un mois, de faire à la préfecture de police la déclaration de ses nom, prénoms et domicile, du nombre de cabriolets qu'il entend mettre en circulation et du lieu où il les remise.

Il lui sera délivré un extrait de cette déclaration, indiquant le numéro affecté à chaque cabriolet et dont le conducteur devra toujours être pourvu, et sera tenu de justifier à toute réquisition.

2. Ce numéro sera peint sur le panneau de derrière et sur les deux panneaux de côté du cabriolet en chiffres arabes rouges, de cinq centimètres et demi (deux pouces de hauteur), sur deux lignes de plein au moins.

3. Les cabriolets de remise seront numérotés aux frais de la préfecture de police par le peintre de l'administration, qui seul demeure chargé de cette opération.

Un petit timbre particulier y sera apposé, afin de pouvoir distinguer les nouveaux numéros des anciens.

4. En cas de changement de domicile, de décès, de vente ou cessation de roulage, il sera fait à la préfecture de police une nouvelle déclaration dont l'extrait sera délivré en échange du premier qui sera rapporté.

5. Les chevaux de cabriolets de remise porteront au cou un grelot mobile, en cuivre battu, dont le bruit puisse prévenir les passants.

Les cabriolets seront garnis de lanternes adaptées aux deux côtés de la caisse, et qui devront être allumées à la chute du jour, le tout conformément aux règlements antérieurs.

6. Toute personne conduisant un cabriolet de remise ou autre, dans les rues de Paris, est tenue de le conduire au petit trot du cheval, et seulement au pas dans les marchés et dans les rues étroites où deux voitures ne peuvent passer de front.

Aucun cabriolet ne pourra être conduit par des femmes ou des jeunes gens au-dessous de seize ans.

7. Il est expressément défendu aux propriétaires de cabriolets sous remise de faire stationner leurs voitures sur aucune partie de la voie publique pour y être louées, ni de la parcourir pour offrir leurs voitures aux passants. Leurs cabriolets devront rester en station dans des dépôts intérieurs, tels que cours, remises ou tout autre local situé hors de la voie publique.

8. Les contraventions aux dispositions ci-dessus seront constatées par des procès-verbaux ou rapports, et déférées au tribunal compétent.

9. Il n'est point dérogé aux précédentes ordonnances de police, concernant les cabriolets de place et les cabriolets bourgeois, dont les dispositions continuent de recevoir leur exécution.

Les dispositions de ces ordonnances relatives seulement aux cabriolets de remise sont rapportées.

10. La présente ordonnance sera imprimée et affichée.

Les commissaires de police, le chef de la police municipale, les officiers de paix et les préposés de l'administration sont chargés, chacun en ce qui le concerne, d'en assurer l'exécution.

Elle sera adressée à MM. les sous-préfets des arrondissements de Saint-Denis et de Sceaux, pour qu'ils veuillent bien la faire publier dans l'intérêt des loueurs de remise domiciliés dans les communes de leurs arrondissements, et envoyée à M. le colonel commandant la gendarmerie royale de Paris, qui est chargé de tenir la main à son exécution par tous les moyens qui sont à sa disposition.

Le préfet de police, DEBELLEYME.

N° 1281. — *Ordonnance concernant les neiges et glaces* (1).

Paris, le 15 janvier 1829.

N° 1282. — *Arrêté concernant le service des voitures faisant le transport en commun* (2).

Paris, le 19 janvier 1829.

Nous, préfet de police,

Considérant que le nombre des voitures accordées aux entreprises nouvelles est proportionné au nombre des itinéraires; que cent voitures ont pu être accordées pour dix-sept itinéraires, sans obstruer la liberté du passage, ce nombre étant réparti sur des lignes différentes, tandis que la sûreté publique serait compromise si ces mêmes voitures étaient réunies sur un petit nombre d'itinéraires;

Que, dans les autorisations accordées postérieurement à celles des omnibus, le nombre de voitures qui doivent desservir chaque ligne a été déterminé, et que, si cette détermination n'a pas été textuellement exprimée dans notre ordonnance du 30 janvier 1828 et notre arrêté du 30 septembre dernier, elle l'est par le fait, le nombre des voitures admises à exploiter la voie publique étant en rapport avec les itinéraires concédés à cette compagnie;

Que les entrepreneurs ont demandé des changements, abandonné des lignes, reçu de nouveaux itinéraires, et que l'autorité a dû veiller à ce que le nombre des voitures que chaque entreprise est autorisée à faire circuler fût constamment maintenu dans une proportion calculée sur les itinéraires;

Que de nouvelles entreprises ayant été autorisées et tous les itinéraires susceptibles de recevoir un service étant donnés, il ne peut être facultatif de remplacer un service par un autre; que les chan-

(1) V. les ord. des 7 janv. 1835, 26 déc. 1836, 14 déc. 1838 et 7 déc. 1842.

(2) Rapporté. — V. l'ord. du 15 sept. 1838.

gements qu'une entreprise apporterait de sa propre volonté seraient de nature à compromettre la sûreté et à nuire à d'autres compagnies;

Que, d'ailleurs, en accordant les itinéraires, l'autorité a eu non-seulement en vue l'avantage des entreprises nouvelles, mais aussi le bien des habitants, en établissant sur divers quartiers de Paris un service régulier de voitures; que, sous ce nouveau rapport, les entrepreneurs ne peuvent à leur gré supprimer des itinéraires, les reprendre et augmenter ou diminuer le nombre des voitures sur chaque itinéraire;

Que, si l'autorité doit éviter tout ce qui constituerait privilége, son devoir est également d'assurer la sûreté et la libre circulation de la voie publique;

Considérant enfin qu'il importe d'appliquer aux entrepreneurs des voitures Omnibus les conditions imposées aux autres entreprises analogues, en ce qui concerne la fixation du nombre des voitures sur chacune des lignes accordées, et que, pour assurer l'exécution de cette mesure, il convient de ranger les voitures Omnibus dans une catégorie particulière;

Vu notre ordonnance du 30 janvier 1828 et notre arrêté du 30 septembre suivant,

Arrêtons ce qui suit:

1. Toute entreprise de voitures Omnibus et autres analogues, destinées au transport en commun dans l'intérieur de Paris, qui cessera pendant un mois de servir les itinéraires qui lui ont été accordés, ne pourra y établir un nouveau service qu'en vertu d'une nouvelle autorisation.

2. Le nombre des voitures autorisées sera réduit du nombre déterminé sur l'itinéraire abandonné.

3. Dans le mois de la notification du présent arrêté, la compagnie Saint-Céran, Baudry et Boitard fera connaître la répartition des cent voitures qu'elle est autorisée à faire circuler sur chacun des itinéraires accordés à cette compagnie; ce délai passé sans déclaration, la répartition sera faite d'office.

4. Les dispositions de l'article ci-dessus sont applicables aux autres entrepreneurs de voitures faisant un service analogue.

5. Dans le même délai, toutes les voitures servant au transport en commun recevront une série particulière de numéros qui seront apposés sur les panneaux d'une manière apparente et dont la dimension sera égale à celle des voitures de place.

En conséquence, chaque entrepreneur est tenu de faire à la préfecture une nouvelle déclaration de toutes les voitures qu'il est autorisé à mettre en circulation.

6. Chaque voiture devra en outre porter l'indication de l'itinéraire qu'elle dessert au moyen d'une inscription sur l'un des panneaux, ou d'une plaque en tôle à demeure fixe.

7. Expédition du présent arrêté sera adressée aux commissaires de police de la ville de Paris, au chef de la police municipale et à l'inspecteur en chef des voitures qui demeurent chargés, chacun en ce qui le concerne, d'en assurer l'exécution. Il sera notifié à la compagnie Saint-Céran, Baudry et Boitard, pour qu'elle ait à s'y conformer, et extrait en sera notifié aux entrepreneurs de voitures faisant un service analogue.

Le préfet de police, DEBELLEYME.

N° 1283. — *Ordonnance concernant les mesures d'ordre à observer à l'occasion de la messe du Saint-Esprit et de l'ouverture de la session des Chambres* (1).

Paris, le 24 janvier 1829.

N° 1284.—*Ordonnance concernant le placement des voitures des marchands forains qui approvisionnent les halles du centre* (2).

Paris, le 28 janvier 1829.

Nous, préfet de police,

Considérant que, encore bien qu'il existe des parcs et lieux clos destinés à recevoir les voitures des marchands forains approvisionnant les halles du centre de Paris, un grand nombre de ces voitures sont en tout temps déposées sur différents points de la voie publique, notamment sur le quai de Gèvres, le pont au Change, les places du Châtelet et de l'Oratoire; qu'elles y forment embarras sans nécessité, pendant une grande partie de l'année;

Considérant que si, pendant les mois de juin et suivants, jusques et compris le mois de novembre, les parcs et lieux clos sont insuffisants pour recevoir la totalité des voitures d'approvisionnements, il devient nécessaire, pendant cette période, d'en tolérer une partie en stationnement sur certains points de la voie publique, cette tolérance doit être réglée de manière qu'elle ne dégénère point en abus;

Considérant que personne ne peut disposer pour son avantage d'aucune partie de la voie publique, sans y être autorisé;

Considérant en outre que les gardiens des voitures stationnant sur la voie publique sont, comme les aubergistes, responsables des chevaux, voitures et effets qui leur sont confiés; qu'en conséquence il ne peut être admis à ce service que des personnes offrant à l'autorité et aux approvisionneurs les garanties voulues par les articles 1952 et 1953 du Code civil;

Vu la loi des 16—24 août 1790, titre XI, article 3;

Le Code pénal, article 471;

Les articles 2 et 22 de l'arrêté du 12 messidor an VIII (1er juillet 1800),

Ordonnons ce qui suit:

1. A compter du 1er décembre jusqu'au 1er juin de chaque année, toutes les voitures des marchands forains approvisionnant les halles du centre seront, aussitôt après leur déchargement, conduites dans les auberges, parcs et lieux clos des environs.

Il est défendu d'en laisser stationner aucune sur la voie publique.

2. Sont exceptés les fourgons de beurres, de marée et d'huîtres qui continueront d'être placés sur les lieux accoutumés.

3. A compter du 1er juin jusqu'au 1er décembre, les voitures qui ne pourront trouver place dans les auberges, parcs et lieux clos seront placées sur les points de la voie publique qui seront par nous déterminés.

4. Tout gardien de voitures sur la voie publique devra préalablement être pourvu de notre permission pour faire ce service.

5. Ces permissions désigneront les lieux et conditions du stationnement.

Elles seront renouvelées tous les ans.

---

(1) V. l'ord. du 26 fév. 1830.

(2) V. les ord. des 21 janv. 1832, 29 oct. et 19 déc. 1838 et 27 sept. 1842.

6. La présente ordonnance recevra son exécution à compter d 1er mars prochain.

7. Les ordonnances des 13 juin 1808 et 31 décembre 1817, et l'arrêt du 1er juin 1822, continueront d'être exécutés en tout ce qui n'est pa contraire à la présente.

8. Les contraventions seront constatées par des procès-verbau. qui nous seront adressés, et punies conformément aux lois e règlements.

9. La présente ordonnance sera imprimée, publiée et affichée.

Elle sera en outre notifiée à chacune des personnes tenant auberges parcs aux charrettes ou lieux clos pour y recevoir des voitures d'ap provisionnements, par les commissaires de police des quartiers où ce établissements sont situés.

10. Le chef de la police municipale, les commissaires de police les officiers de paix, le commissaire-inspecteur général et l'inspecteu général adjoint des halles et marchés, le contrôleur général de la hall aux grains et farines et de la boulangerie et les préposés placés sou leurs ordres sont chargés de tenir la main à son exécution.

11. Ampliation de la présente ordonnance sera adressée à M. l préfet du département de la Seine et à MM. les membres du conseil général de l'administration des hospices.

Elle sera également adressée à M. le colonel de la ville, commandant la gendarmerie royale, pour en assurer l'exécution par tous les moyens qui sont à sa disposition.

Le préfet de police, DEBELLEYME.

N° 1285. — *Ordonnance concernant la saillie des moyeux des charrettes, voitures de roulage et autres.*

Paris, le 31 janvier 1829.

Nous, préfet de police,

Vu 1° l'ordonnance du roi du 29 octobre dernier portant règlement sur la saillie des moyeux de charrettes, voitures de roulage et autres;

2° La circulaire de S. Exc. le ministre de l'intérieur du 13 novembre dernier,

Ordonnons ce qui suit:

1. L'ordonnance du roi du 29 octobre 1828, contenant règlement sur la saillie des moyeux des charrettes, voitures de roulage et autres, sera imprimée et affichée avec la présente ordonnance dans le ressort de la préfecture de police.

2. En conséquence, toutes les voitures circulant dans le ressort de la préfecture de police, telles que charrettes, voitures de roulage, de blanchisseurs, de porteurs d'eau, de commerce, haquets, tapissières, et en général toutes les voitures servant au transport, devront avoir, dans le délai fixé par l'ordonnance royale précitée, des moyeux dont la saillie n'excédera pas de douze centimètres un plan passant par la face extérieure des jantes.

3. Les contraventions à l'ordonnance du roi ainsi qu'à la présente ordonnance seront constatées par des procès-verbaux et déférées aux tribunaux pour y être statué conformément à la loi.

4. La présente ordonnance sera imprimée et affichée.

Les sous-préfets des arrondissements de Saint-Denis et de Sceaux, les maires des communes rurales du ressort de la préfecture de police, le chef de la police municipale, les commissaires de police et les employés sous leurs ordres sont chargés de tenir la main à son exécution.

Elle sera adressée à M. le colonel de la gendarmerie royale de Paris et à M. le commandant de la gendarmerie du département de la Seine.

Le préfet de police, DEBELLEYME.

N° 1286.—*Ordonnance concernant les théâtres non autorisés* (1).

Paris, le 31 janvier 1829.

Nous, préfet de police,

Vu 1° les articles 1, 2 et 5 du décret du 8 juin 1806, concernant les théâtres;

2° Les articles 3 et 5 du décret du 29 juillet 1807, concernant les théâtres de Paris;

3° L'ordonnance de police du 10 août de la même année qui prescrit les mesures relatives à l'exécution de ce décret;

4° L'arrêté du ministre de l'intérieur du 2 avril 1824, ordonnant la fermeture des théâtres dits de société;

Vu également les articles 3, 4 et 5, titre XI de la loi des 16—24 août 1790; l'article 9 de l'arrêté du gouvernement du 1er germinal an VII (21 mars 1799); l'article 12 de l'arrêté du gouvernement du 12 messidor an VIII (1er juillet 1800); les articles 291 et 428 du Code pénal; les lois, décrets et arrêtés qui fixent les droits à percevoir au profit des indigents sur les billets d'entrée aux spectacles, bals, feux d'artifice, concerts, courses ou fêtes publiques où l'on est admis en payant, les articles 1 et 12 du décret du 13 août 1811 qui établit la redevance en faveur de l'Académie royale de musique;

Considérant qu'il s'est établi dans Paris un grand nombre de théâtres dits de société où le public est admis soit avec des billets, soit autrement;

Que l'existence de ces établissements ouverts sans l'autorisation du gouvernement est contraire aux dispositions des lois et règlements précités;

Qu'il n'a été pris à leur égard aucune des précautions ordinaires, soit pour la construction ou les dispositions intérieures de la salle et du théâtre, soit pour l'isolement extérieur, soit enfin dans l'intérêt de la sûreté publique pour mettre les spectateurs et les propriétés voisines à l'abri des dangers d'incendie;

Que les réunions qui s'y forment habituellement, placées hors de toute espèce de surveillance, peuvent, en l'absence de l'autorité chargée du soin de maintenir l'ordre et les convenances publiques dans tous les lieux où il se fait de grands rassemblements d'hommes, donner lieu à des désordres de plus d'un genre qu'il serait impossible de réprimer immédiatement;

Que les directeurs et entrepreneurs de ces spectacles clandestins s'affranchissent du droit des indigents établi par les lois du 7 frimaire et du 8 thermidor an V, les décrets des 30 thermidor an XII, 8 fructidor an XIII et 21 août 1806, et maintenu par les lois postérieures;

---

(1) V. les ord. des 16 juin 1806, 10 août 1807, 6 juillet 1816, 23 et 27 mars 1817, l'arrêté du 2 déc. 1824, les ord. des 12 fév. 1828 et 9 juin 1829, l'arrêté du 8 fév. 1831, les ord. des 26 déc. 1832, 3 oct. 1837, 17 mai et 22 nov. 1838, l'arrêté du 10 déc. 1841, la consigne du 14 juin 1842 et l'art. du 23 nov. 1843.

Considérant enfin qu'ils exploitent indistinctement tous les genres dramatiques et jouissent ainsi de l'avantage de n'être restreints dans les limites d'aucun genre particulier,

Ordonnons ce qui suit :

1. Tous les théâtres non autorisés par le gouvernement, sous quelque titre et dénomination qu'ils se soient établis, et dans lesquels le public est admis soit avec des billets imprimés ou à la main, soit autrement, devront être fermés avant le 25 février de la présente année, conformément aux dispositions de l'article 4 du titre XI de la loi des 16—24 août 1790, de l'article 5 du décret du 29 juillet 1807, de l'article 12 du décret du 13 août 1811, et de l'arrêté du ministre de l'intérieur du 2 avril 1824.

2. Notification de ces dispositions sera faite dans les vingt-quatre heures à chacun des propriétaires, entrepreneurs et locataires des théâtres non autorisés, pour qu'ils aient à s'y conformer dans le délai prescrit.

3. Les commissaires de police dans les quartiers desquels il se trouve des théâtres non autorisés sont chargés spécialement de faire cette notification, d'en dresser procès-verbal et de le transmettre immédiatement à la préfecture de police.

4. A l'expiration du délai prescrit par la présente ordonnance, les commissaires de police s'assureront si les entrepreneurs et propriétaires desdits théâtres se sont conformés à ses dispositions, et, dans le cas contraire, dresseront procès-verbal de toutes contraventions aux lois et règlements précités, pour, les contrevenants, être traduits devant les tribunaux.

5. Les mêmes dispositions seront applicables à l'avenir à toute entreprise de théâtre, à toute association dramatique à l'égard desquelles les formalités voulues par la loi et par les règlements de police n'auront point été remplies.

6. La présente ordonnance sera imprimée; elle sera publiée et affichée dans Paris.

Les commissaires de police sont chargés d'en assurer l'exécution.

Le préfet de police, DEBELLEYME.

N° 1287. — *Ordonnance concernant les ouvriers* (1).

Paris, le 4 février 1829.

N° 1288. — *Ordonnance concernant les masques* (2).

Paris, le 11 février 1829.

N° 1289. — *Ordonnance concernant la prohibition de la chasse* (3).

Paris, le 20 février 1829.

---

(1) V. les ord. des 1er avril 1831 et 30 déc. 1834.

(2) V. les ord. des 10 fév. 1830 et 23 fév. 1843.

(3) V. l'ord. du 23 fév. 1843.

N° 1290. — *Ordonnance prescrivant la publication et l'exécution de l'ordonnance du 16 août 1819, concernant le passage des galeries du Palais-Royal.*

Paris, le 24 février 1829.

N° 1291. — *Ordonnance concernant l'échenillage* (1).

Paris, le 1er mars 1829.

N° 1292. — *Arrêté concernant le tarif des cabriolets de place* (2).

Paris, le 5 mars 1829.

Nous, préfet de police,

Vu 1° l'autorisation par nous accordée aux sieurs Alyon, Aron, Barraud-Buffet, Marx, Jeaudet et Dareau, loueurs de cabriolets de place, d'établir, pour le prix des courses des voitures à eux appartenant, un tarif particulier et proportionné à la durée précise du temps pendant lequel chaque cabriolet est employé;

2° La demande d'un grand nombre de loueurs de cabriolets de place tendant à être autorisés à jouir du bénéfice de cette nouvelle disposition;

Attendu que l'application à tous les cabriolets de place du tarif dont il s'agit est de nature à améliorer le service et à offrir des avantages au public; que d'ailleurs cette modification au système suivi jusqu'à ce jour ne peut, dans aucun cas, dispenser les loueurs de se conformer aux conditions du tarif fixé par l'ordonnance de police du 29 novembre 1825,

Arrêtons ce qui suit :

1. Il est permis à tous les loueurs de cabriolets de place d'établir, pour l'exploitation de leurs voitures, un tarif particulier pour le prix des courses et fixé dans les proportions suivantes :

De un à quinze minutes........................	» fr.	60 c.
Et pour chaque minute en sus..................	»	02 1/2

2. Ce tarif sera inscrit sur les deux côtés extérieurs de la capote, au moyen de plaques en cuivre ou en tôle vernie qui y seront adaptées, et il sera en outre affiché dans l'intérieur du cabriolet.

3. Les dispositions ci-dessus n'affranchissent point les loueurs de l'obligation à laquelle ils sont tenus de se conformer aux ordonnances et règlements de police sur le service de place, notamment en ce qui concerne le tarif établi par l'ordonnance de police du 29 novembre 1825.

4. Expédition du présent arrêté sera adressée au chef de la police municipale, aux commissaires de police et à l'inspecteur en chef du service des voitures.

Ampliation en sera remise aux gérants de l'Union.

Le préfet de police, DEBELLEYME.

---

(1) V. l'arr. du 1er mars 1837.

(2) Rapporté. — V. l'ord. du 15 janv. 1841, les arr. des 15 janv. et 18 fév. 1841 et l'ord. du 25 mai 1842.

N° 1293. — *Ordonnance concernant la vérification périodique des poids et mesures* (1).

Paris, le 10 mars 1829.

N° 1294. — *Ordonnance portant création du corps des sergents de ville* (2).

Paris, le 12 mars 1829.

Nous, préfet de police,

Considérant qu'il importe d'assurer l'exécution des lois et ordonnances relatives à la police municipale; que le moyen le plus efficace est d'instituer des surveillances spéciales pour chaque attribution de la police municipale ; que l'autorité obtiendra plus d'exactitude dans le service et la conduite des agents; que les rapports entre les habitants et les personnes chargées de ces pénibles et utiles fonctions, seront plus faciles ; les résistances envers les agents seront plus rares et les contraventions moins fréquentes,

Ordonnons ce qui suit :

1. Des sergents de ville seront chargés dans Paris, de l'exécution des lois et ordonnances de police municipale. Ils seront placés sous la direction d'un commissaire de police de l'attribution de la police municipale, et seront assistés d'un inspecteur de police, pour l'exécution des ordres et prêter main-forte au besoin.

2. Les sergents de ville seront chargés du service des rondes de nuit.

3. Les sergents de ville porteront, dans l'exercice de leurs fonctions, un habit ou redingote, uniforme, en drap bleu, boutons aux armes de la ville, pantalon et gilet bleus, chapeau à cornes, une canne à pomme blanche, aux armes de la ville de Paris. Dans les rondes de nuit, ils pourront porter, en vertu d'une autorisation spéciale, un sabre avec ceinturon noir.

4. Les réclamations relatives aux divers services de la police municipale seront adressées au chef de la police municipale, qui nous en fera rapport dans les vingt-quatre heures, ou d'urgence, s'il y a lieu.

Le préfet de police, DEBELLEYME.

N° 1295. — *Arrêté concernant le numérotage et l'éclairage des fiacres* (3).

Paris, le 17 mars 1829.

Nous, préfet de police,

Vu les demandes à nous adressées par plusieurs propriétaires de voitures de place à quatre roues, à l'effet d'obtenir que des numéros de petite dimension soient placés sur leurs voitures, en échange de ceux qui y sont actuellement apposés;

Considérant que quelques propriétaires de voitures, après avoir

---

(1) V. les ord. des 23 nov. 1842 et 1er déc. 1843.

(2) V. l'ord. du 8 sept. 1830.

(3) Rapporté. — V. l'ord. du 15 janv. 1841, les arr. des 15 janv. et 18 fév. 1841 et l'ord. du 25 mai 1842.

formé entre eux une association, et présenté à l'administration des garanties suffisantes, ont déjà obtenu une semblable autorisation; que, d'après les conditions préalables exigées, ce nouveau numérotage a produit les résultats les plus favorables en ce qui concerne la construction des équipages; que, bien que jusqu'à ce jour, l'administration, par des motifs puisés, tant dans l'intérêt public que dans celui des entrepreneurs, se soit refusée à étendre la mesure dont il s'agit à tout le service de place, la difficulté des grandes associations et les engagements formels pris par les pétitionnaires de substituer à leurs fiacres circulant aujourd'hui, des voitures d'un genre plus moderne et plus approprié aux besoins de la population, semblent devoir modifier, sous quelques rapports, la rigueur des dispositions précédemment imposées à l'usage des petits numéros,

Arrêtons ce qui suit:

1. Tout propriétaire de voiture, qui réunira dans une seule exploitation vingt-cinq fiacres au moins, pourra remplacer les numéros existant actuellement sur les voitures par des numéros de forme arabe, en chiffres rouges, d'une hauteur de deux pouces.

2. Ce numéro ne sera apposé que sur des voitures d'une construction moderne, neuves, pourvues d'un coffre sous le siége du cocher, et dont la peinture sera uniforme pour chaque établissement; il sera placé sur les deux côtés du coffre.

L'estampille intérieure actuelle sera remplacée par une autre estampille dont les numéros seront en gros caractères et d'une dimension égale à celle adoptée jusqu'à ce jour pour la marque de voitures de place.

3. Deux lanternes seront adaptées au siége et disposées de manière à éclairer l'intérieur de la voiture.

Le numéro sera peint sur les verres de ces lanternes, de manière à être facilement aperçu le jour et la nuit.

4. Les cochers de chaque établissement seront vêtus proprement et uniformément.

5. Sauf les modifications ci-dessus, les règlements sur le service de place continueront de recevoir leur exécution.

6. Expédition du présent sera adressée au chef de la police municipale et au commissaire de police, inspecteur en chef des voitures.

Copie en sera remise aux propriétaires de voitures qui feront usage de petits numéros, pour qu'ils aient à s'y conformer, chacun en ce qui le concerne.

Le préfet de police, DEBELLEYME.

N° 1296. — *Ordonnance concernant la surveillance de la rivière et des ports* (1).

Paris, le 26 mars 1829.

Nous, préfet de police,

Vu les articles 2 et 32 de l'arrêté du gouvernement du 12 messidor an VIII (1er juillet 1800),

Ordonnons ce qui suit:

1. Du 1er avril au 30 septembre, les ports seront ouverts depuis six

---

(1) V. l'ord. du 25 oct. 1840.

heures du matin jusqu'à midi, et depuis deux heures du soir jusqu'à sept.

Ils ne seront ouverts du 1er octobre au 30 novembre, que depuis sept heures du matin jusqu'à midi, et depuis deux heures du soir jusqu'à cinq.

Du 1er décembre au 31 janvier, que depuis huit heures du matin jusqu'à quatre heures du soir, mais sans interruption.

Pendant les mois de février et mars, ils seront ouverts depuis sept heures du matin jusqu'à midi, et depuis deux heures du soir jusqu'à cinq.

Le port annexe de l'entrepôt général des vins et eaux-de-vie n'est point assujetti aux dispositions ci-dessus; il sera ouvert et fermé aux mêmes heures que l'entrepôt.

2. Il ne doit être fait aucune vente ni enlevé aucune marchandise des ports pendant les heures de leur fermeture.

L'inspecteur général de la navigation et des ports, celui des bois et charbons et son adjoint, pourront cependant, chacun en ce qui le concerne, délivrer des permis, dans le cas d'urgence, mais ils s'en préviendront aussitôt réciproquement.

Le tirage des trains de bois à brûler et de charpente, et l'enlèvement de ces bois continueront d'avoir lieu depuis le point du jour jusqu'à la fermeture des ports.

3. Aucune marchandise ne peut être déchargée du bateau à terre, et il ne peut être tiré aucun train, s'il n'en a préalablement été fait la déclaration aux bureaux des inspecteurs des ports et si le permis n'a été déposé entre les mains du préposé chargé de surveiller le déchargement.

4. Les marchandises qui seront débarquées sur les ports devront être enlevées dans les trois jours qui suivront leur déchargement, sinon elles seront enlevées et transportées, aux frais des propriétaires ou expéditeurs, en lieu de sûreté; elles y seront consignées jusqu'à l'acquittement des frais de transport et de loyer de magasin. Elles y seront même vendues en cas d'avarie ou d'insuffisance présumée de leur valeur, pour l'acquittement de ces mêmes frais, après toutefois que les parties intéressées auront été mises en demeure.

5. Il ne peut être déposé sur les ports, pour y être embarquée, aucune marchandise arrivée par terre, sans une permission préalable et spéciale, si ce n'est aux ports des Saints-Pères, Saint-Nicolas et d'Orsay, spécialement affectés au *racueillage* des marchandises.

6. Il ne peut être fait aucun dépôt de sable sur le port, sans en avoir obtenu la permission.

7. Il est défendu de tirer à terre les bateaux, pour les raccommoder ou les goudronner, sans autorisation.

Il est pareillement défendu de déchirer des bateaux ailleurs que dans les endroits indiqués par nous.

8. Il est défendu de placer, pour quelque travail que ce soit, des pierres ou pavés sur les bords de la rivière.

9. Il ne doit être déposé aucuns gravois sur les berges, sans notre autorisation.

10. Il est défendu de laisser séjourner sur les ports, sur les berges et aux bords de la rivière, aucuns matériaux qui, pouvant être submergés par la crue subite des eaux, exposeraient les bateaux à être endommagés et à périr avec leurs chargements.

11. Il ne doit être établi aucune espèce de jeux ou de spectacles ambulants sur les ports et berges.

12. Il est défendu de monter et de s'asseoir sur les marchandises déposées sur les ports.

13. Il est défendu d'arracher, de fatiguer et même d'embarrasser les anneaux et les pieux d'amarre.

14. Il est aussi défendu de faire passer aucune voiture sur les cordes qui servent à fermer les trains ou bateaux, d'en défermer et fatiguer les cordes.

15. Il est défendu de faire du feu sur les ports, quais et berges, même sur les trains et les bateaux, excepté cependant sur les bateaux ayant cheminées avec foyer et tuyaux en brique, ainsi que de tirer des fusées, pétards, boîtes, pistolets et autres armes à feu.

Il est aussi défendu de fumer sur les bateaux chargés de marchandises susceptibles de s'enflammer.

16. Les marchands et voituriers par eau feront retirer de la rivière leurs bateaux coulés à fond, et ce dans le délai qui leur sera indiqué par l'inspecteur général de la navigation et des ports.

17. La pêche est défendue pendant la nuit, et les embarcations qui y auraient servi seront saisies et consignées jusqu'à ce qu'il en ait été autrement ordonné.

18. Il est défendu aux passeurs d'eau, mariniers et tous autres de naviguer, conduire des personnes ou transporter des marchandises sur la rivière pendant la nuit.

19. Il ne doit pas être admis dans un bachot ou batelet plus de seize personnes, y compris le passeur.

Les passeurs doivent désigner à la garde les individus qui, par des imprudences, exposeraient la sûreté des passagers.

20. Il est défendu de se baigner en rivière, dans Paris, si ce n'est dans des bains clos et couverts.

21. Il est défendu de conduire des chevaux à l'abreuvoir pendant la nuit.

Dans aucun temps, les chevaux ne peuvent être conduits par des femmes.

Les conducteurs doivent avoir au moins dix-huit ans.

Un conducteur ne peut mener plus de trois chevaux à la fois, et il lui est enjoint de les conduire au pas.

Les propriétaires de chevaux et les aubergistes sont civilement responsables des faits de leurs gens de service.

22. Il est défendu de laver du linge à la rivière, ailleurs que dans les bateaux à lessive, excepté cependant dans les endroits autorisés par permissions spéciales.

23. Le mesurage et la vente du bois à brûler sont défendus sur les ports, quais et berges.

24. Il est défendu d'emporter des bûches, perches, harts et débris de bois de dessus les ports.

Cette défense s'étend aux ouvriers qui travaillent au tirage, débardage et transport des bois.

25. Il est défendu à toutes personnes de repêcher les bois de chauffage, excepté en cas de naufrage de trains ou bateaux. Les préposés commissionnés par nous, à cet effet, doivent seuls les repêcher.

26. Les bureaux du commerce et les barraques placés avec autorisation sur les ports ne doivent être ouverts que pendant les heures du travail.

Personne ne peut y rester pendant la nuit.

27. Il est enjoint aux ouvriers munis de médailles de les porter d'une manière ostensible dans le cours de leur travail.

Il est défendu à tous ouvriers de s'introduire sur les ports et berges, avant le jour.

28. Le passage sur les ports et berges, pendant la nuit, est interdit à toutes personnes, excepté aux employés de la navigation, en représentant leur commission, et aux propriétaires et gardiens des bateaux et marchandises, dans le cas de besoin seulement, et ils devront alors être munis d'une lanterne.

Les préposés de l'ambulance de l'administration de l'octroi pourront circuler sur les ports et berges, pendant la nuit, en représentant leur carte, dont le modèle devra être déposé dans chacun des postes destinés à la garde des ports.

29. La garde des ports se rendra à l'endroit où elle saura qu'une personne est tombée à l'eau ou qu'elle a été repêchée. Elle fera transporter l'individu au corps de garde, où dans un lieu voisin le plus commode, pour lui faire administrer les secours nécessaires. Dans l'intervalle, elle fera avertir un officier de santé, le commissaire de police et l'inspecteur des ports de l'arrondissement. Elle se conformera d'ailleurs aux dispositions de l'ordonnance de police du 2 décembre 1822, concernant les secours à donner aux noyés, etc. (1)

30. Les contraventions seront constatées par des procès-verbaux, et les contrevenants seront poursuivis conformément aux lois par-devant les tribunaux compétents.

31. La présente ordonnance sera imprimée et affichée.

Le chef de la police municipale, les commissaires de police, les officiers de paix, l'inspecteur général de la navigation et des ports, l'inspecteur général des bois et charbons, et les préposés sous leurs ordres sont chargés de tenir la main à son exécution.

Le préfet de police, DEBELLEYME.

N° 1297.—*Arrêté concernant la visite des carrosses et cabriolets de place* (2).

Paris, le 8 avril 1829.

Nous, préfet de police,

Vu l'ordonnance de police du 4 mai 1813, concernant les voitures de place ;

L'arrêté de notre prédécesseur du 28 février 1825, relatif à la visite générale faite dans le cours de ladite année, et l'ordonnance du 12 mars 1827 ;

Arrêtons ce qui suit :

1. Il sera procédé à une visite générale des voitures de place.

Elle commencera le mercredi 20 mai prochain, et continuera jusqu'à ce qu'elle soit terminée, les mardi, jeudi et samedi de chaque semaine.

Les voitures seront appelées sur le lieu qui sera désigné pour l'opération, dans l'ordre suivant,

Savoir :

1° Les cabriolets de l'intérieur;

2° Les carrosses de place et supplémentaires ;

3° Les cabriolets des environs de Paris dits de l'extérieur.

Carrosses et cabriolets de l'intérieur.

2. Les visites commenceront à six heures du matin.

Elles seront faites alternativement par MM. les commissaires de police des quartiers de la Cité, de l'Hôtel-de-Ville, de l'École-de-Mé-

---

(1) V. l'arrêté du 1er janvier 1836.

(2) Rapporté. — V. l'ord. du 15 janv. 1841, les arr. des 15 janv. et 18 fév. 1841 et l'ord. du 25 mai 1842.

decine et du Luxembourg, assistés du commissaire de police inspecteur en chef du service de place, de l'expert vétérinaire de la préfecture de police, et de deux experts carrossiers.

Les délégués des loueurs pourront y assister pour faire telles observations qu'ils croiront utiles.

Il sera dressé, à la suite de chaque visite, un procès-verbal qui nous sera transmis.

3. Il sera vérifié si les voitures sont construites avec solidité, et attelées de chevaux propres au service, et si, d'ailleurs, elles réunissent toutes les conditions prévues par l'article 3 de l'arrêté précité du 28 février 1825, dont toutes les dispositions sont maintenues, surtout en ce qui concerne les marchepieds et le siége de chaque carrosse.

4. Il sera tenu la main à ce que les trains et les roues soient peints et champis, et non pas seulement imprimés.

5. On donnera une attention spéciale à la tenue des cochers; les cochers de place devront être vêtus proprement.

Chaque loueur devra se présenter muni du registre sur lequel il est tenu, aux termes de l'article 6 de l'ordonnance de police du 4 mai 1813, d'inscrire jour par jour les sommes apportées par les cochers, et la quittance constatant qu'il a acquitté ses droits de location des places et de cotisation.

6. Les numéros des voitures qui ne rempliraient pas complétement les conditions ci-dessus relatées seront effacés sur-le-champ, et ne pourront être rétablis qu'après un nouvel examen satisfaisant.

7. Sont maintenues les dispositions de l'article 8 de l'arrêté du 28 février 1825, en exécution desquelles aucune voiture neuve, présentée au numérotage, ne doit être admise par les experts, qu'autant qu'elle est conforme dans toutes ses parties à l'article 3 dudit arrêté.

8. Toute voiture qui, dans l'intervalle de la prochaine visite à celle de 1830, sera mise sur place sans être en parfait état de solidité et de propreté extérieure et intérieure sera renvoyée au propriétaire, et le permis de stationnement pourra être suspendu ou retiré, s'il y a lieu

9. Le sieur R..... est nommé pour procéder comme expert, conjointement avec le sieur P....-D....., expert ordinaire de l'administration.

Leurs honoraires, qui leur seront payés par le caissier des délégués des loueurs de voitures, sont fixés pour chaque jour de visite,

Savoir :

Pour le sieur R......... 6 francs,
Et pour le sieur D...... 4 »

10. L'inspecteur en chef, commissaire de police, nous indiquera, par des rapports particuliers, les loueurs dont les établissements seraient tenus avec négligence, ou qui, au lieu d'exercer eux-mêmes la profession, auraient prêté leurs numéros.

Il recherchera les abus de toute espèce, et nous proposera les mesures propres à les réprimer.

11. Les carrosses et cabriolets de place devront être peints ou au moins vernis deux fois dans le cours de l'année, savoir : au printemps et à l'automne.

En conséquence, il sera procédé, vers la fin d'octobre ou dans le commencement de novembre, à une seconde visite qui se fera rapidement et dans laquelle on vérifiera principalement :

1° Si les voitures ont été repeintes ou revernies;

2° Si l'intérieur de la caisse est proprement et convenablement garni;

3° Si les fiacres et cabriolets sont pourvus de lanternes, conformément aux ordonnances de police des 16 juillet 1823 et 12 mars 1827;

4° Enfin, si les cochers sont pourvus de leurs vêtements d'hiver.

12. Expédition du présent arrêté sera adressée à MM. les commissaires de police des quartiers de la Cité, de l'Hôtel-de-Ville, de l'École-de-Médecine et du Luxembourg, aux deux experts, à l'inspecteur en chef du service, ainsi qu'au contrôleur et à l'expert vétérinaire.

Il en sera transmis copie aux délégués des loueurs, qui demeurent chargés d'en faire connaître, le plus promptement possible, les dispositions à tous les loueurs de voitures de place.

Le préfet de police, DEBELLEYME.

N° 1298. — *Ordonnance concernant l'ordre à suivre lors du défilé des voitures qui iront à Longchamp* (1).

Paris, le 13 avril 1829.

N° 1299. — *Ordonnance concernant les chiens* (2).

Paris, le 30 avril 1829.

N° 1300. — *Ordonnance concernant les jeux de hasard et les loteries prohibées sur la voie publique* (3).

Paris, le 5 mai 1829.

Nous, préfet de police,

Considérant que chaque année, et principalement au retour de la belle saison, les places publiques de la capitale et les communes rurales du département de la Seine sont parcourues par une foule d'individus qui y établissent des jeux de roulette ou de loteries prohibées;

Vu les divers rapports qui nous signalent le renouvellement de ces désordres, et d'où il résulte que des abus de confiance et des escroqueries se commettent journellement à la faveur de cet appât offert à la cupidité;

Vu les articles 475 et 477 du Code pénal, dont les dispositions sont spécialement applicables à ce genre de contravention;

Ordonnons ce qui suit :

1. Tout individu qui sera surpris tenant un jeu de roulette ou une loterie, de quelque nature qu'ils soient, sera arrêté immédiatement et conduit, soit devant le commissaire de police du quartier, soit devant le maire de la commune.

2. Procès-verbal sera dressé pour constater cette contravention au paragraphe 5 de l'article 475 du Code pénal.

Il sera fait en outre, aux termes de l'article 477 du même Code, saisie des tables, instruments, ou appareils des jeux ou des loteries

---

(1) V. l'ord. du 10 avril 1843.

(2) V. l'ord. du 23 juin 1832.

(3) V. l'ord. du 28 oct. 1830.

établis dans les rues, chemins et voies publiques, ainsi que des enjeux, fonds, denrées, objets ou lots proposés aux joueurs.

3. Ces procès-verbaux nous seront adressés sans délai pour être transmis au tribunal municipal.

4. La présente ordonnance sera imprimée, publiée et affichée.

5. Les sous-préfets des arrondissements de Saint-Denis et de Sceaux, les maires et les commissaires de police des communes rurales du ressort de la préfecture de police, et, à Paris, le chef de la police municipale, les commissaires de police et les officiers de paix sont chargés, chacun en ce qui le concerne, de tenir la main à son exécution.

Elle sera adressée également à M. le colonel de la ville de Paris, commandant la gendarmerie royale, et à M. le commandant de la gendarmerie du département de la Seine, pour en assurer l'exécution par tous les moyens qui sont à leur disposition.

Le préfet de police, DEBELLEYME.

N° 1301. — *Ordonnance concernant les bains en rivière* (1).

Paris, le 15 mai 1829.

N° 1302. — *Ordonnance concernant le service des voitures de place* (2).

Paris, le 15 mai 1829.

N° 1303. — *Ordonnance concernant des mesures d'ordre à observer pendant la construction de deux égouts, dont l'un dans les rues de Poitiers, de l'Université et du Bac jusqu'à la rue de Sèvres, l'autre dans les rues Jacob, Saint-Benoît, de l'Egout et du Four.*

Paris, le 18 mai 1829.

Nous, préfet de police,

Vu 1° la demande de l'ingénieur en chef, chargé du service des égouts de Paris, tendant à obtenir, pour les sieurs D..... et P....., adjudicataires de la construction de deux égouts, dans les rues du Bac et du Four, la permission de déposer sur la voie publique les matériaux nécessaires aux travaux;

2° Les rapports et avis des commissaires de police des quartiers du faubourg Saint-Germain, Saint-Thomas-d'Aquin, de la Monnaie et du Luxembourg, de l'architecte commissaire de la petite voirie, et de l'inspecteur général de la navigation;

Considérant que les travaux dont il s'agit doivent être terminés pour la fin de cette campagne et qu'il convient de procurer les facilités né-

---

(1) V. les ord. des 20 mai 1839 et 25 oct. 1840 (art 187 et suiv., et 225).

(2) Rapportée. — V. l'ord. du 15 janv. 1841, les arr. des 15 janv. et 18 fév. 1841 et l'ord. du 25 mai 1842.

cessaires afin d'en accélérer l'exécution et de faire cesser la gêne qui doit en résulter pour la circulation et pour les riverains ;

Considérant en outre qu'il est essentiel de prendre les mesures convenables pour maintenir le bon ordre pendant la durée des ouvrages et prévenir les accidents ;

Conformément à l'ordonnance de police du 20 mai 1822, et en vertu de l'arrêté du gouvernement du 12 messidor an VIII (1er juillet 1800);

Ordonnons ce qui suit :

1. Il est permis au sieur D....., chargé de la construction de l'égout de la rue du Bac, de déposer les matériaux nécessaires sur les emplacements ci-après désignés, savoir :

1° Sur la berge du quai d'Orsay, dans une longueur de quarante mètres, à partir de la bouche d'égout, en s'étendant en aval, sur six mètres de largeur et deux mètres de hauteur ;

2° Sur l'emplacement occupé par des voitures de place situé rue de l'Université, entre celles de Poitiers et du Bac, sans pouvoir excéder la largeur de deux mètres sur deux de hauteur ;

3° Dans les rues de Bourbon, Saint-Dominique, de Grenelle, de Babylone et de Sèvres.

Il ne pourra toutefois former de dépôt dans les rues indiquées au paragraphe ci-dessus, avant que les besoins du service ne l'exigent. Ces dépôts auront lieu successivement sur les emplacements ultérieurement désignés par nous, d'après les demandes qui nous en seront faites, quinze jours d'avance, par l'ingénieur en chef, directeur des constructions, et les avis des commissaires de police et de l'architecte de la préfecture.

2. Il est permis au sieur P....., chargé de la construction de l'égout de la rue du Four, de déposer les matériaux nécessaires sur les emplacements ci-après désignés, savoir :

1° Sur la berge du port des Saints-Pères, dans l'emplacement qui lui sera spécialement désigné par l'inspecteur général de la navigation ;

2° Dans la rue des Deux-Anges ;

3° Dans la rue Taranne, sur la place de l'église de l'Abbaye-Saint-Germain, au carrefour de la Croix-Rouge et sur la place Saint-Sulpice.

Néanmoins le sieur P..... ne pourra former aucun dépôt dans les rue, places et carrefour indiqués dans le paragraphe ci-dessus, que conformément aux dispositions prescrites par le dernier paragraphe de l'article 1, relatif aux dépôts du sieur D.....

3. Il est défendu aux sieurs D..... et P..... de déposer de la pierre de taille sur aucune partie de la voie publique.

4. Les pierres meulières seront entoisées au fur et à mesure du déchargement, et l'entoisage devra toujours être opéré avant la nuit.

Elles seront rangées de manière à laisser libre l'entrée des maisons et à ne point nuire à l'écoulement des eaux pluviales et ménagères.

Il sera réservé un espace suffisant au droit des boîtes de réverbères, pour ne point gêner le service de l'illumination.

5. Les dépôts de sable, les trous à chaux et les bassins à mortier seront établis dans les rues où se feront les travaux, à la suite des ateliers.

On ne pourra les établir le long de maisons ni sur les parties réservées à la circulation.

Ils devront être entourés de barrières.

6. Chacun des deux égouts ne pourra être entrepris sur deux points différents, à moins d'une autorisation spéciale.

7. Au fur et à mesure de l'ouverture des fouilles, l'ingénieur et les entrepreneurs feront poser un nombre suffisant d'étrésillons, de plate-

formes et couches, pour contrebuter les terres et ôter aux propriétaires riverains toute inquiétude sur la solidité de leurs maisons.

Ils prendront en outre toutes les mesures de précaution convenables pour l'écoulement des eaux pluviales et ménagères, et feront placer au-devant, et de chaque côté des fouilles, des barrières en charpente à hauteur d'appui avec courant de lisses.

8. Il sera établi par-dessus les fouilles, et particulièrement au droit des rues et passages aboutissant aux rues où se feront les travaux, le nombre nécessaire de ponts de service pour la circulation des gens de pied.

Il en sera établi pour le passage des voitures au droit des rues transversales dont la communication ne pourra, sous aucun prétexte, être interceptée au droit des établissements publics et même des maisons particulières, s'il y a nécessité.

Ces ponts de service seront munis de garde-fous; la solidité en sera vérifiée et constatée par l'architecte commissaire de la petite voirie.

9. Les remblais devront être faits et le pavé bloqué avec soin, au fur et à mesure de l'achèvement des travaux de maçonnerie.

10. La circulation sera interdite aux voitures dans les rues où s'exécuteront les travaux, mais seulement le long des ateliers.

Il sera pris néanmoins les mesures convenables pour assurer, autant que faire se pourra, la circulation des voitures destinées au service des riverains.

11. Les ateliers et les dépôts de matériaux, notamment les trous à chaux et les bassins à mortier, ainsi que tous les points de la voie publique qui, par suite des ouvrages, pourraient présenter du danger pour la circulation, seront éclairés pendant la nuit avec des appliques ou lampions placés et entretenus aux frais et par les soins des entrepreneurs, chacun pour ce qui le concerne, sous les direction et surveillance des commissaires de police des quartiers respectifs.

12. Les entrepreneurs seront tenus de placer sur leurs ateliers le nombre nécessaire de gardiens pour veiller le jour et la nuit au maintien du bon ordre et de la sûreté publique.

13. Les pavés arrachés pour l'exécution des travaux ne pourront être déposés sur aucun point de la voie publique.

Les entrepreneurs des travaux les feront transporter à leurs frais dans des terrains particuliers dont ils seront tenus de se pourvoir.

14. Ils feront transporter aux décharges publiques les débris, recoupes, glaises, terres et gravois qui ne pourront être employés dans les travaux.

15. L'ingénieur et les entrepreneurs feront réparer, aux frais de qui de droit, par l'entrepreneur du pavé de Paris, et non par d'autres, sous la direction de l'ingénieur en chef, chargé de ce service, le pavé qui aura été levé, cassé ou dérangé pour l'exécution des ouvrages. A cet effet, ils délivreront les attachements nécessaires à l'ingénieur en chef du pavé.

Les entrepreneurs seront tenus provisoirement d'entretenir les blocages avec le plus grand soin, jusqu'à ce qu'il soit procédé au raccordement définitif du pavé.

16. Les travaux seront exécutés avec la plus grande activité, particulièrement au droit des rues transversales et des passages publics.

Ils devront être terminés, le pavé rétabli et la voie publique entièrement débarrassée pour le 1er novembre prochain.

17. Dans le cas où des événements imprévus empêcheraient l'entier achèvement des travaux pour l'époque fixée ci-dessus, les rues seront mises en bon état de service, en sorte que la circulation y soit libre et sûre.

Les entrepreneurs seront tenus en outre de faire enlever, pour la même époque du 1er novembre, tous les matériaux restant sur place, sans pouvoir, sous aucun prétexte, en laisser sur la voie publique pour y passer l'hiver.

18. Les habitants des maisons devant lesquelles les tombereaux de nettoiement ne pourront arriver seront tenus de porter les ordures, provenant de leurs maisons respectives, sur les points les plus rapprochés où ces tombereaux auront un libre accès.

19. Les voitures de place qui stationnent dans les rues de l'Université, près celle du Bac, et dans la rue Saint-Benoît, évacueront les emplacements qu'elles occupent, au premier ordre qui leur en sera donné, et stationneront sur ceux qui leur seront indiqués par les commissaires de police des quartiers respectifs, de concert avec celui de l'attribution des voitures.

20. Les contraventions seront constatées par des rapports ou procès-verbaux, et poursuivies conformément aux lois et règlements, sans préjudice de la responsabilité civile dans les cas d'événements.

Si la liberté et la sûreté de la voie publique étaient compromises, soit par négligence, soit par refus de satisfaire aux obligations imposées, les commissaires de police prendront administrativement, aux frais des contrevenants, les mesures nécessaires à l'effet de prévenir les accidents.

21. La présente ordonnance sera imprimée et affichée.

Elle sera notifiée au sieur D....., entrepreneur de maçonnerie, demeurant rue Saint-Dominique, au Gros-Caillou, n° 13, et au sieur P....., entrepreneur de maçonnerie, demeurant rue des Nonaindières, n° 37, par le commissaire de police du quartier du faubourg Saint-Germain, qui nous transmettra les procès-verbaux desdites notifications.

Le commissaire chef de la police municipale, les commissaires de police, notamment ceux des quartiers du faubourg Saint-Germain, de Saint-Thomas-d'Aquin, de la Monnaie et du Luxembourg, l'architecte commissaire de la petite voirie, l'inspecteur général de la navigation et des ports, et l'inspecteur général de la salubrité sont chargés d'en surveiller et assurer l'exécution.

Il en sera transmis des exemplaires aux ingénieurs en chef directeurs du service des égouts et du pavé, avec invitation de concourir à son exécution.

Le préfet de police, **DEBELLEYME.**

N° 1304. — *Arrêté concernant les voitures faisant le transport en commun* (1).

Paris, le 23 mai 1829.

Nous, préfet de police,

Vu la lettre à nous adressée par les entrepreneurs des voitures du transport en commun, et par laquelle ils annoncent qu'ils ont fixé à trente centimes le prix des courses de leurs voitures, les dimanches et jours de fêtes reconnues;

Attendu qu'en permettant aux entreprises du transport en commun l'exploitation de la voie publique, l'administration a entendu subordonner son autorisation à la condition que les entrepreneurs ne pourraient pas exiger des voyageurs plus de vingt-cinq centimes par destination;

---

(1) Rapporté. — V. l'ord. du 15 sept. 1838.

Attendu que les voitures omnibus, par le fait du stationnement sur la voie publique, doivent être considerées comme une annexe du service de place, et que c'est dès lors à l'autorité municipale qu'appartient le droit de déterminer le prix des courses;

Attendu, en outre, que le stationnement de ces voitures sur la voie publique cause un préjudice notable aux propriétaires des fiacres et de cabriolets de place, en même temps qu'il procure un avantage réel aux entreprises du transport en commun;

Attendu aussi que plusieurs demandes ont été adressées à l'administration à fin d'autorisation d'établir des voitures à l'instar de celles des omnibus, et à des prix inférieurs à vingt-cinq centimes par course:

Considérant enfin que de nombreuses réclamations nous ont été adressées sur les scènes de désordre qui sont fréquemment occasionnées par l'affluence des voyageurs qui font usage de ces voitures, et par le défaut d'indication exacte du nombre de personnes que chaque voiture doit contenir; qu'il est urgent de prendre des mesures pour prévenir les accidents qui pourraient résulter de l'état actuel des choses,

Arrêtons ce qui suit :

1. Le prix des courses, dans les voitures du transport en commun, demeure fixé, par chaque voyageur, à vingt-cinq centimes, sans distinction de jour.

2. Chaque voiture du service en commun devra, à partir de ce jour, porter une indication exacte du nombre de voyageurs qu'elle doit contenir aux termes des arrêtés d'institution de chaque entreprise.

Les inscriptions nécessaires à cet effet devront être apposées extérieurement sur les panneaux de la voiture et répétées dans l'intérieur sur une plaque qui sera adaptée au-devant de la caisse.

3. Les entrepreneurs sont tenus, sous toutes les peines de droit, de ne pas faire monter dans leurs voitures plus de voyageurs qu'elles ne doivent en contenir, conformément aux arrêtés d'organisation du service.

4. Expédition du présent arrêté sera adressée au chef de la police municipale, aux commissaires de police de la ville de Paris et à l'inspecteur en chef du service des voitures.

Ampliation en sera délivrée aux entrepreneurs du transport en commun.

Le préfet de police, DEBELLEYME.

N° 1305. — *Ordonnance concernant l'arrosement* (1).

Paris, le 25 mai 1829.

N° 1306. — *Ordonnance concernant les mesures de sûreté publique, et le mode de construction à observer dans l'érection des salles de spectacle* (2).

Paris, le 9 juin 1829.

Nous, préfet de police,

Vu les dispositions 1° de l'article 3, paragraphe 5, du titre XI de la

---

(1) V. les ord. des 27 mai 1834, 1er juin 1837 et 27 juin 1843.

(2) V les ord. des 22 fév. 1828 et 17 mai 1838.

loi des 16—24 août 1790, qui confient à l'autorité municipale le soin de prévenir, par les précautions convenables, les accidents et fléaux calamiteux, tels que les incendies, etc.;

2° Celles de l'article 46 de la loi des 19-22 juillet 1791, paragraphe 1er, qui autorise l'administration municipale à prendre des arrêtés, lorsqu'il s'agira d'ordonner des précautions locales sur les objets confiés à sa vigilance et à son autorité, par les dispositions de l'article 3 de la loi précitée;

3° Vu l'arrêté du gouvernement du 1er germinal an VII (21 mars 1799), qui prescrit des mesures pour prévenir l'incendie des salles de spectacle, et garantir la sûreté publique contre les funestes effets de la négligence et les tentatives du crime;

4° Vu les articles 12 et 24 de l'arrêté du gouvernement du 12 messidor an VIII (1er juillet 1800), qui nous charge de la police des théâtres, et notamment en ce qui touche les précautions à prendre pour prévenir les accidents, et les mesures propres à prévenir ou arrêter les incendies;

5° Vu l'arrêt de la cour de cassation, du 23 avril 1819, qui a jugé que les arrêtés de l'autorité administrative et municipale, ordonnant des précautions locales pour prévenir les incendies, rentrent dans l'ordre légal de ses fonctions, et sont obligatoires pour les habitants de son ressort lorsqu'ils sont fondés sur des motifs suffisants d'utilité publique;

6° Vu les divers arrêtés ministériels, notamment ceux des 21 février et 18 mai derniers, qui autorisent la construction et l'ouverture de nouvelles salles de spectacle dans la ville de Paris et dans la banlieue, et nous chargent de prescrire des mesures de sûreté publique et de précautions dans le mode de construction desdites salles, et sous le rapport également de leur étendue et de leur isolement des propriétés voisines;

7° Vu enfin l'avis donné par la commission consultative établie près la préfecture de police, en date du 8 courant;

Considérant qu'il est de bonne administration de prévenir à l'avance les personnes autorisées à construire des salles de spectacle, des diverses mesures et modes de construction à suivre dans l'érection desdites salles, et qui leur sont imposées dans un intérêt de sûreté publique, afin qu'elles ne puissent prétexter cause d'ignorance;

Considérant que les salles de spectacle sont continuellement exposées à l'incendie; que leur isolement est également nécessaire à leur propre conservation et à celle des propriétés voisines;

Considérant enfin que la préfecture de police doit, dans l'intérêt de la sûreté générale et de sa responsabilité, prendre toutes précautions pour diminuer, autant que possible, les dangers de l'incendie, et qu'en cela elle n'agit que dans l'ordre légal de ses attributions;

Ordonnons ce qui suit :

1. A l'avenir tous propriétaires, entrepreneurs et directeurs de théâtres, autorisés à construire de nouvelles salles de spectacle dans la ville de Paris et dans la banlieue, seront tenus de bâtir et distribuer lesdites salles conformément aux différents modes de construction réglés par les articles qui suivent, et qui leur sont imposés dans un intérêt de sûreté publique.

2. Sur tous les côtés des salles de spectacle qui ne seront pas bordés par la voie publique, il sera laissé un espace libre ou chemin de ronde destiné soit à l'évacuation de la salle, soit aux approches des secours en cas d'incendie.

Cet isolement ne pourra jamais être moindre de trois mètres de largeur pour les salles de spectacle qui ne contiendraient pas au delà de mille personnes.

Pour les autres salles, la largeur sera déterminée eu égard au nombre de personnes que la salle pourra contenir, à la hauteur de la salle, et au genre de spectacle.

Le chemin de ronde sera constamment fermé par des portes, à ses issues sur la voie publique.

3. Les murs intérieurs, les murs qui séparent les loges d'acteurs et le théâtre, le mur d'avant-scène, le mur qui séparera la salle, le vestibule et les escaliers, seront en maçonnerie.

4. Les portes de communication entre les loges d'acteurs et le théâtre seront en fer et battantes, de manière à être constamment fermées.

Le mur d'avant-scène, qui s'élèvera au-dessus de la toiture, ne pourra être percé que de l'ouverture de la scène, et de deux baies de communication fermées par des portes en tôle.

L'ouverture de la scène sera fermée par un rideau en fil de fer maillé de 0,02 c. au moins de maille, qui interceptera entièrement toute communication entre les parties combustibles du théâtre et de la salle, et ce rideau ne sera soutenu que par des cordages combustibles.

Et les décorations fixes dans les parties supérieures de l'ouverture d'avant-scène seront toujours composées de matières incombustibles.

5. Tous les escaliers, les planchers de la salle, et les cloisons des corridors seront en matériaux incombustibles.

6. Les salles de spectacle seront ventilées par des courants d'air pris dans les corridors, et auxquels l'ouverture au-dessus du lustre fera constamment appel.

7. Aucun atelier ne pourra être établi au-dessus du théâtre.

8. Des ateliers ne pourront être établis au-dessus de la salle que pour les peintres et les tailleurs, et sous la condition que les planchers seront carrelés et lambrissés, et dans le cas où on établirait des ateliers pour les peintres, la sorbonne sera enfermée dans des cloisons hourdées et enduites en plâtre, plafonnée et carrelée, et fermée par une porte en tôle.

9. Aucune division ne pourra être faite dans les combles que pour les ateliers ci-dessus désignés.

10. La couverture générale sera supportée par une charpente en fer, et sera percée de grandes ouvertures vitrées.

11. La calotte de la salle sera en fer et plâtre sans boiseries.

12. La salle ne sera chauffée que par des bouches de chaleur, dont le foyer sera dans les caves.

13. Dans l'une des parties les plus élevées du mur d'avant-scène, et sous le comble, il sera placé un appareil de secours contre l'incendie, avec colonne en charge, au poids de laquelle il sera ajouté une pression hydraulique assez puissante pour fournir un jet d'eau dans les parties les plus élevées du bâtiment, et la capacité de cet appareil sera déterminée pour chaque théâtre.

14. Les pompes seront établies au rez-de-chaussée dans un local séparé du théâtre par des murs en maçonnerie.

15. Les pompes seront toujours alimentées par les eaux de la ville recueillies dans des réservoirs, et par un puits, de manière à ce que les deux conduits puissent suffire au jeu des pompes établies.

16. En dehors des salles de spectacle, il sera établi des bornes-fontaines alimentées par les eaux de la ville, et pouvant servir chacune au débit d'une pompe à incendie; le nombre en sera déterminé par l'autorité.

17. Tous les théâtres auront un magasin de décorations hors de leur enceinte, pour lequel les directeurs demanderont une autorisation à la préfecture de police.

Ces magasins seront établis suivant les conditions qu'il sera jugé nécessaire d'imposer dans l'intérêt de la sûreté des habitations voisines.

18. Les directeurs et constructeurs ne pourront faire aucun magasin de décorations et accessoires sous la salle et le théâtre; le magasin d'accessoires sera toujours séparé du théâtre par un mur en maçonnerie.

19. Il y aura au moins deux escaliers spécialement destinés au service du théâtre, et donnant issues à l'extérieur.

20. Conformément à l'arrêté du gouvernement du 10 janvier 1803, relatif à l'Opéra, personne, autre que le concierge et le garçon de caisse, ne pourra occuper de logement dans les salles de théâtres, ni dans aucune partie des bâtiments qui communiquent aux salles.

21. Toute infraction aux dispositions de la présente ordonnance donnera lieu, contre les entrepreneurs et directeurs autorisés à construire et ouvrir à l'avenir de nouvelles salles de spectacle dans la ville de Paris et dans la banlieue, à l'application, par l'autorité compétente, des dispositions pénales prononcées par l'article 5 de la loi des 16-24 août 1790, combinées avec les articles 606 et 607 du Code de brumaire an IV (1795), non abrogées par aucune loi postérieure; comme aussi à prononcer contre eux, par l'autorité, la fermeture desdits établissements, et à provoquer devant l'autorité supérieure la révocation des priviléges ayant autorisé l'érection desdites salles de spectacle.

22. La présente ordonnance sera imprimée, elle sera publiée et affichée dans Paris et dans tout le ressort de la préfecture de police; MM. les sous-préfets de Sceaux et de Saint-Denis, les maires et les commissaires de police des communes rurales, le commissaire chef de la police municipale et les commissaires de police sont chargés, chacun en ce qui le concerne, d'en assurer l'exécution par toutes les voies de droit.

Le préfet de police, DEBELLEYME.

N° 1307.—*Règlement sur la concession des places dans les halles et marchés publics.*

Paris, le 11 juin 1829.

1. Aucun détaillant ne peut s'établir dans les halles et marchés sans notre permission.

2. Les permissions actuellement existantes sont maintenues.

3. L'inspecteur général des marchés recevra, comme par le passé, les demandes à fin de permissions.

4. L'inspecteur général les inscrira, par ordre de dates et numéros, sur une registre spécial pour chaque marché. Il en tiendra en outre un répertoire par ordre alphabétique.

Le numéro du registre sera porté sur la pétition.

L'enregistrement indiquera les noms, prénoms et domiciles des pétitionnaires.

5. L'ordre d'enregistrement commencera par les pétitions actuellement déposées au bureau de l'inspecteur général, et sur lesquelles il n'y a pas encore eu de permissions délivrées. L'ordre de leurs dates y sera suivi.

6. Les permissions sont délivrées par l'inspecteur général.

Elles porteront en tête le numéro de la pétition.

Mention en sera faite à la suite de l'enregistrement de la pétition.

7. La fille ou la nièce exerçant depuis deux ans le commerce avec sa mère ou sa tante et à sa place, lui succède si elle le demande.

8. Lorsqu'une place vaquera, elle sera conférée au plus ancien détaillant du même marché, s'il la réclame comme plus avantageuse que la sienne.

En conséquence, il sera sursis pendant trois jours à toute délivrance de permission.

9. La place restée vacante sera accordée sur la demande la plus ancienne en ordre de date.

10. Les places ne peuvent être tenues que par les titulaires, leurs femmes ou leurs enfants.

11. Il ne peut être accordé deux ou plusieurs places au même détaillant sans notre décision spéciale.

12. La permission sera retirée à tout détaillant qui, sans avoir justifié d'empêchement légitime, aura été huit jours sans occuper sa place, encore bien qu'il en ait payé le prix de location.

La place sera réputée vacante et conférée comme telle.

13. Il en sera de même de toute place dont il aura été traité à prix d'argent, ou de toute autre manière.

14. L'inspecteur général nous adressera, tous les mois, à compter du 1er juillet prochain, l'état des demandes présentées et celui des permissions délivrées pendant le mois précédent.

Le préfet de police, **DEBELLEYME.**

N° 1308. — *Ordonnance concernant les processions de la Fête-Dieu* (1).

Paris, le 18 juin 1829.

N° 1309. — *Ordonnance concernant la suppression de la vente des fagots et cotrets sur la rivière.*

Paris, le 27 juin 1829.

Nous, préfet de police,

Vu, 1° le titre III de l'ordonnance de police du 27 ventôse an x (18 mars 1802), concernant l'arrivage, le garage et la vente des bateaux de fagots et cotrets;

2° Et les réclamations à nous adressées relativement aux inconvénients graves que présente pour la navigation l'existence, sur la rivière et sur les ports, de nombreux établissements en tous genres dont la plupart s'y sont formés par tolérance et en opposition aux règlements;

Considérant que, s'il n'est pas possible de prendre immédiatement toutes les mesures que réclame la liberté de la circulation sur la rivière et l'intérêt de la navigation, il importe du moins de remédier, autant que possible, aux abus qui existent, et de préparer ainsi les améliorations réelles qu'il est du devoir de l'administration de réali-

---

(1) V. l'ord. du 9 juin 1830.

ser dès qu'elle pourra le faire sans compromettre l'intérêt du commerce et celui de l'approvisionnement ;

Considérant que la suppression de la vente des fagots et cotrets sur la rivière est rendue indispensable par l'accroissement des arrivages et le besoin de donner au commerce de nouvelles facilités pour le chargement et le déchargement de ses marchandises ;

Ordonnons ce qui suit :

1. Les dispositions du titre III de l'ordonnance de police du 27 ventôse an X (18 mars 1802) sont rapportées.

2. A partir du 1er janvier prochain, il est défendu de faire séjourner et vendre des fagots, cotrets et autres menus bois sur la rivière et sur les ports et quais.

3. Les marchands qui ont des bateaux chargés de ces combustibles sur la rivière, au bas du quai de l'Ecole ou partout ailleurs, seront tenus de les retirer et de rendre la place libre et nette à la même époque.

4. Faute par eux de se conformer à l'article précédent, il sera pris contre eux telle mesure de police administrative qu'il appartiendra. Les contraventions seront d'ailleurs constatées par des procès-verbaux qui nous seront transmis et qui seront déférés aux tribunaux compétents.

5. La présente ordonnance sera soumise à l'approbation de S. Exc. le ministre de l'intérieur.

Elle sera imprimée et affichée.

Le chef de la police municipale, les commissaires de police, notamment celui du quartier du Louvre, l'inspecteur général de la navigation et des ports, celui des bois et charbons et les préposés sous leurs ordres sont chargés de tenir la main à son exécution.

Le préfet de police, DEBELLEYME.

Approuvé, le 1er août 1829.

Le ministre de l'intérieur, DE MARTIGNAC.

N° 1310. — *Ordonnance concernant le service des voitures de place* (1).

Paris, le 1er juillet 1829.

Nous, préfet de police,

Vu 1° la loi du 14 décembre 1789, article 50 ;

2° La loi des 16-24 août 1790, articles 1 et 3, titre XI, paragraphe 1er, qui a réglé les devoirs et les pouvoirs des corps municipaux ;

3° La loi du 9 vendémiaire an VI (30 septembre 1797);

4° Les articles 2, 22 et 32 de l'arrêté du gouvernement du 12 messidor an VIII (1er juillet 1800) et l'article 1 de l'arrêté du 3 brumaire an IX (25 octobre 1800), qui fixent les attributions du préfet de police ;

5° Le décret du 9 juin 1808 et l'ordonnance du roi du 21 octobre 1816, qui ont déterminé le droit à payer au profit de la ville de Paris, pour chaque voiture autorisée à stationner sur les places dans Paris ;

---

(1) Rapportée. — V. l'ord. du 15 janv. 1841, les arr. des 15 janv. et 18 fév. 1841, et l'ord. du 25 mai 1842.

Ensemble la décision de S. Exc. le ministre de l'intérieur du 21 mars 1827, relative au même objet;

6° Les articles 471, 474 et 484 du Code pénal;

Considérant qu'un grand nombre d'ordonnances et arrêtés relatifs au service de place ont été rendus depuis plusieurs années;

Qu'il résulte du rapprochement et de la combinaison de ces divers règlements que plusieurs des dispositions qu'ils prescrivent sont ou abrogées ou en contradiction entre elles;

Qu'il importe, dans l'intérêt général, d'apporter de nombreuses modifications aux mesures prises jusqu'à ce jour et de les faire coordonner avec les besoins actuels du service de place;

Considérant en outre que, pour rendre plus facile l'exécution des obligations imposées à cette industrie, il est nécessaire de réunir dans un seul règlement tout ce qui intéresse le service des voitures de place;

Ordonnons ce qui suit :

TITRE Ier.

DU DROIT DE STATIONNEMENT.

1. Les voitures de place autorisées à stationner sur les points de la voie publique à ce affectés continueront d'être assujetties au droit de location, établi, en vertu de la loi du 11 frimaire an VII (1er décembre 1798), par le décret du 9 juin 1808, l'ordonnance du roi du 21 octobre 1816, et la décision ministérielle du 21 mars 1827, chacune en ce qui la concerne.

Ce droit est fixé ainsi qu'il suit :

Pour les carrosses de place ou fiacres............. 75 fr. par an.
Pour les cabriolets de l'intérieur.................... 160 fr.
Pour les cabriolets de l'extérieur.................. 80 fr.

2. La perception de ce droit continuera d'avoir lieu d'avance et par douzième.

En conséquence, les propriétaires de voitures de place verseront chaque mois, à la caisse de la préfecture de police, le douzième du montant de ce droit; il leur en sera délivré quittance par le trésorier de la préfecture.

3. En cas de retard ou de refus du payement du droit précité, ce qui résultera du bulletin remis chaque mois au commissaire de police, inspecteur en chef du service des voitures, par le trésorier de notre administration, il sera fait sommation au propriétaire des voitures de payer, dans le délai de trois jours, le montant des droits dus; le stationnement de ses voitures lui sera interdit jusqu'au payement, sans préjudice de toutes poursuites judiciaires pour l'y contraindre.

TITRE II.

§ Ier. — *Des voitures de place.*

4. Les propriétaires de fiacres et de cabriolets de l'intérieur et de l'extérieur, exploitant actuellement la voie publique, seront tenus de faire, dans le délai d'un mois, à la préfecture de police, une nouvelle déclaration de leurs voitures, à l'effet d'obtenir un nouveau permis de stationnement.

5. Les voitures de place déclarées, ainsi qu'il est dit en l'article précédent, seront estampillées d'un numéro qui sera apposé suivant la forme accoutumée.

Il sera répété sur une tablette en fer battu ayant treize centimètres de long sur sept centimètres de hauteur, laquelle sera fixée à vis et écrous dans l'intérieur de la voiture, au-dessus des deux carreaux de devant pour les fiacres, et à l'extrémité supérieure du devant de la capote pour les cabriolets.

6. Ce numérotage sera exécuté par un préposé de l'administration, et il continuera d'être aux frais des propriétaires de voitures.

7. Les nouveaux numéros ne pourront être effacés ni changés sans notre autorisation.

8. Aucune voiture de place ne sera numérotée avant qu'elle ait été visitée par un des experts de l'administration, et qu'il ait été reconnu qu'elle réunit toutes les conditions voulues sous le rapport de la solidité et de la commodité.

9. A partir du 1er mai 1830, aucune voiture de place ne sera numérotée, si elle ne réunit les conditions suivantes, savoir :

Carrosses de place. — Capacité.

La caisse, mesurée en dedans, devra avoir en hauteur, depuis la cave jusqu'à l'impériale, au moins un mètre quarante-neuf centimètres (4 pieds 7 pouces).

Autant en longueur ;

Et un mètre quatorze centimètres (3 pieds 6 pouces) de largeur, d'une portière à l'autre.

Largeur intérieure des fonds de parcloses ou banquettes, quatre-vingt-dix-sept centimètres (3 pieds);

Distance de la banquette à l'impériale, un mètre quatorze centimètres (3 pieds 6 pouces);

Largeur de la voie des roues de derrière, un mètre treize centimètres (3 pieds 6 pouces);

Largeur de la voie des roues de devant, quatre-vingt-dix-sept centimètres (3 pieds).

Toutes ces mesures seront prises de dedans en dedans.

Garniture intérieure.

Chaque carrosse devra être garni de coussins bien rembourrés et recouverts, ainsi que l'intérieur de la voiture, d'une étoffe propre et solide.

Il devra également être garni, à la partie inférieure, de paillassons et pourvu de chaque côté, à l'extérieur, d'un marchepied à deux marches, quelle que soit la distance de la caisse au sol.

Les châssis des glaces devront jouer facilement et être garnis de galons et de glands, pour pouvoir en tout temps se lever ou se baisser promptement.

Il y aura dans la caisse un cordon qui correspondra au siége de la voiture et que le cocher est tenu de passer à son bras, chaque fois que sa voiture sera occupée, afin que les personnes qu'il conduit puissent le faire arrêter à leur gré.

Accessoires extérieurs.

Les portières seront garnies de poignées en métal poli et confectionnées avec soin, pour fermer hermétiquement.

Chaque carrosse sera garni de deux lanternes adaptées à chaque côté de la caisse.

Le siége ne pourra être placé plus bas que le niveau des baies des châssis de devant.

Il devra être garni d'un coffre destiné à recevoir au moins une botte de fourrage.

Tous les siéges seront garnis d'accotoirs ayant au moins vingt-quatre centimètres (9 pouces de haut) pour la sûreté des cochers.

La cheville ouvrière devra avoir au moins une longueur de dix-sept centimètres (6 pouces).

Attelage.

Les chevaux seront bien accouplés, quant à la taille, et couverts de harnais solides, vernis ou passés au noir dans toutes leurs parties.

Les traits en cordes sont expressément prohibés.

Cabriolets de l'intérieur. — Capacité.

La hauteur de la caisse, mesurée du fond contre le petit coffret jusqu'au cerceau du milieu, devra être d'au moins un mètre trente-deux centimètres (4 pieds 8 pouces).

La hauteur des cerceaux de derrière, prise sur la parclose, sera au moins de un mètre trois centimètres (3 pieds 2 pouces).

La caisse, quelle que soit sa forme, aura au moins quatre-vingt-deux centimètres (2 pieds 6 pouces) de longueur d'accotoir et un mètre vingt-deux centimètres (3 pieds 9 pouces) de large de dedans à l'entrée de la portière.

La charnière de la portière sera placée en dehors de la traverse du brancard de la caisse afin de faciliter, autant que possible, l'accès dans la voiture.

Garniture intérieure.

Chaque cabriolet devra être garni intérieurement de coussins bien rembourrés et couverts ainsi que le pourtour d'une étoffe propre et solide.

Un crochet sera fixé de chaque côté de la caisse et ajusté de telle manière que la portière puisse toujours être fermée solidement.

Accessoires extérieurs.

La capote sera vernie ou passée exactement au noir.

Les lanternes qui devront être adaptées de chaque côté de la voiture seront montées en métal poli ou vernies en noir et garnies de glaces bien transparentes.

Un garde-crotte, soit en cuir verni, soit en tôle peinte et vernie en noir, sera fixé au bord extérieur de la caisse.

Il y aura de chaque côté du brancard, un marchepied à trois branches, et au-dessus une plaque arrondie pour poser le pied en montant ou en descendant.

Attelage.

Les chevaux seront en bon état de service et couverts de harnais solides vernis ou passés au noir dans toutes leurs parties.

Les traits en cordes sont expressément prohibés.

Cabriolets de l'extérieur.

Les cabriolets de l'extérieur porteront, indépendamment du numéro, une inscription indicative du nombre de places que chaque voiture pourra contenir, de sa destination et du nom du propriétaire.

Cette inscription sera peinte par le peintre préposé au numérotage et aux frais du propriétaire.

Aucun cabriolet de l'extérieur ne sera numéroté si chaque banquette n'a au moins en longueur, savoir :

Pour les voitures à quatre places, un mètre (3 pieds 11 lignes), et pour celles à six places, un mètre trente centimètres (4 pieds).

Le cocher ne devra pas laisser monter dans son cabriolet plus de voyageurs que le nombre indiqué par l'inscription.

Les trains et les roues de toutes les voitures de place seront peints et réchampis, et non pas seulement imprimés.

10. Au 1er avril et au 1er octobre de chaque année, il sera procédé à une visite générale des voitures de place, ainsi que des chevaux et harnais.

Cette visite sera faite par un commissaire de police, assisté de l'inspecteur en chef du service des voitures, de l'expert vétérinaire de la préfecture de police, de l'un des deux experts des voitures publiques et du préposé au numérotage.

Il sera dressé procès-verbal qui nous sera transmis dans les vingt-quatre heures et qui devra constater : 1° si chaque voiture est construite avec la solidité convenable dans toutes ses parties ; 2° si les harnais sont en bon état ; 3° si les chevaux sont propres au service.

Il sera fait avec un poinçon une marque sur le train et les roues des voitures qui seront visitées.

Il ne sera rien perçu pour cette opération.

Dans le cas où les voitures seraient reconnues être en mauvais état, le commissaire de police en interdira provisoirement l'usage ; à cet effet, il en fera effacer le numéro par le peintre de la préfecture.

Dans son procès-verbal le commissaire de police fera mention du nombre des voitures interdites et des causes d'interdiction. Il y désignera les loueurs qui auraient des chevaux incapables de servir.

Les chevaux qui seront atteints de maladies contagieuses non contestées seront marqués pour être livrés à l'équarrissage.

En cas de contestation, il nous en sera référé. Provisoirement les chevaux seront déposés dans un lieu séparé.

11. Il sera fait en outre par les commissaires de police, et aux mêmes fins, de fréquentes visites chez les propriétaires de voitures de leurs quartiers respectifs.

De son côté, l'expert vétérinaire se rendra fréquemment chez les propriétaires de voitures, à l'effet de s'assurer de l'état de leurs chevaux, et rendra compte, par un rapport hebdomadaire, du résultat de ses opérations.

12. Il est expressément défendu de faire stationner sur place des voitures en mauvais état, et d'employer des chevaux qui seraient reconnus vicieux, trop faibles ou atteints de maladies.

Les voitures défectueuses stationnant sur place et les chevaux qui seront reconnus vicieux, trop faibles ou atteints de maladies seront conduits à la préfecture de police, et renvoyés immédiatement à leurs propriétaires et aux frais de ces derniers, s'il y a lieu, indépendamment de la suite à donner au procès-verbal qui devra en être dressé.

13. Il ne sera point accordé de permis de stationnement pour les carrosses de place qui ne seront point construits en forme de berlines.

14. Il est fait expresse défense à tout propriétaire de voitures de louage ou autres de faire stationner sur les places aucunes voitures qui ne seraient pas numérotées.

15. Lorsqu'un propriétaire de voitures de place voudra vendre ou cesser de faire rouler une ou plusieurs de ses voitures, il en fera préalablement sa déclaration à la préfecture de police où il rapportera en même temps son permis de stationnement.

Ces voitures seront à l'instant désestampillées, et certificat en sera délivré au déclarant.

16. Chaque fois qu'un propriétaire de voitures voudra faire effacer l'estampille apposée sur une de ses voitures hors de service, et qu'il remplacera cette voiture par une autre en bon état, il sera tenu de les faire conduire toutes deux à la préfecture de police, pour faire exécuter sur chacune d'elles les dispositions nécessaires.

17. Les lanternes dont les fiacres et les cabriolets tant de l'intérieur que de l'extérieur devront être pourvus seront allumées à la chute du jour.

18. Les chevaux de cabriolets porteront au col un grelot mobile de cuivre battu et dont le bruit puisse avertir les passants.

§ II. — *Des carrosses supplémentaires.*

19. Les deux cents carrosses de place de service supplémentaire, autorisés par l'ordonnance de police du 29 octobre 1825 continueront de circuler dans l'intérieur de Paris, et de stationner sur les places à ce affectées pour les fiacres et les cabriolets de louage.

20. Les propriétaires de ces voitures devront faire, dans le délai d'un mois, à la préfecture de police, une nouvelle déclaration du nombre de leurs voitures, à l'effet d'obtenir un nouveau permis de stationnement.

21. Les carrosses supplémentaires ne pourront circuler et stationner sur les places que les jours et aux époques ci-après déterminées,

Savoir :

Les dimanches;

Les quatre grandes fêtes reconnues;

Le jour de la fête du roi ;

La dernière quinzaine de décembre à partir du 16;

Le mois de janvier;

Du dimanche qui précède le jeudi gras au mardi gras ;

Le jeudi de la mi-carême.

22. Les carrosses supplémentaires seront désignés au public par des numéros blancs de la même dimension que ceux des fiacres, et qui seront apposés dans la même forme.

23. Les carrosses supplémentaires seront assujettis, ainsi que les autres voitures de place, au payement du droit de stationnement.

Mais, attendu que les carrosses supplémentaires ne rouleront et ne stationneront sur les places de fiacres dans le cours de l'année que pendant environ quatre mois, il sera perçu, pour chacune de ces voitures, un tiers du droit de 75 fr., c'est-à-dire 25 fr. par an.

Cette somme sera payée par tiers, savoir :

Le premier, au mois de janvier, pour la circulation pendant les quatre premiers mois de l'année ; le deuxième à celui de mai, pour les quatre mois suivants ; et le troisième, à celui de septembre, pour les quatre derniers mois.

Ce droit devra être acquitté au commencement des mois susdésignés, sous peine par les propriétaires de ces voitures d'être poursuivis comme il est dit en l'article 3 de la présente ordonnance.

24. Les carrosses supplémentaires demeurent soumis à toutes les autres obligations imposées aux voitures de place par la présente ordonnance.

TITRE III.

DES PROPRIÉTAIRES DE VOITURES DE PLACES.

25. L'autorisation de faire circuler et stationner des voitures de place sur la voie publique ne pourra être accordée qu'à des individus qui offriront une garantie suffisante à l'autorité et au public.

26. Tout propriétaire de voitures de place est tenu de faire peindre sur le mur, et au-dessus de la porte de son établissement, en caractères apparents ses nom et profession.

Toutes les fois qu'il changera de domicile, il est tenu d'en faire, au moins huit jours d'avance, la déclaration à la préfecture de police.

27. Lorsqu'un propriétaire de voitures de place cédera une ou plusieurs de ses voitures à un tiers pour les exploiter en son lieu et place, il devra en faire la déclaration préalable à la préfecture de police, et la substitution sollicitée ne pourra avoir lieu sans notre autorisation.

28. Les propriétaires de voitures de place ne pourront se servir que de cochers porteurs d'un permis de conduire, délivré par la préfecture de police, et d'une carte de sûreté ou permis de séjour.

29. Tout propriétaire de voitures de place, en prenant un cocher est tenu d'inscrire, sur le permis de conduire de ce cocher, la date de son entrée à son service.

Lorsque ce cocher quittera l'établissement, le propriétaire inscrira aussi sur le permis la date de la sortie.

30. Chaque propriétaire de voitures de place tiendra un registre sur lequel il inscrira de suite, les noms et domicile de ses cochers. Le propriétaire inscrira chaque jour sur ce registre le numéro de la voiture dont il aura confié la conduite au cocher.

31. Il lui sera délivré un livret de maître pour chacune de ses voitures qui contiendra, avec un exemplaire de la présente ordonnance, le permis de circuler et de stationner et le signalement de la voiture.

Il sera perçu, pour le livret du maître, une somme de soixante-dix centimes, montant des frais d'impression, et pour le timbre du permis de stationnement trente-cinq centimes.

32. Aucune voiture de place ne pourra circuler sans être pourvue du livret exigé par l'article précédent, et que le cocher devra représenter à toute réquisition de l'autorité et du public.

33. A défaut par tout propriétaire de voitures de place de représenter le cocher attaché à son service et qui serait prévenu de délit ou de contravention, il sera tenu de faire à la préfecture de police le dépôt du permis de conduire de ce cocher.

Si le propriétaire ne se conforme pas à cette disposition, il sera pris contre lui telles mesures que réclameront la sûreté et la vindicte publiques.

34. Dans aucun cas, et pour quelque cause que ce soit, les propriétaires de voitures de place ne pourront retenir les permis de conduire des cochers, lorsque ceux-ci quitteront leur établissement. Ces permis seront déposés à la préfecture de police par les propriétaires dans les vingt-quatre heures qui suivront la sortie des cochers.

Les discussions d'intérêts qui pourraient s'élever entre les propriétaires et les cochers devront être portées devant les tribunaux compétents.

35. Il est fait expresse défense à tout propriétaire de voitures de place de confier la conduite de ses voitures à des cochers qui ne seraient point vêtus proprement.

TITRE IV.

DES COCHERS.

36. La profession de cocher de voitures de place ne peut être exercée par des individus ayant moins de dix-huit ans.

37. Tout individu qui voudra embrasser cette profession devra justifier de sa moralité, et produire en outre ses papiers de sûreté, ainsi qu'un certificat délivré par deux propriétaires de voitures de place constatant qu'il sait conduire.

38. Les livrets de cochers de place délivrés jusqu'à ce jour seront échangés contre un permis de conduire, indiquant :

1° Le numéro d'inscription du cocher à la préfecture de police ;

2° Ses nom et prénoms ;

3° Son signalement ;

4° Le lieu de sa naissance ;

5° Son domicile.

Ce permis contiendra en outre un extrait de l'ordonnance en ce qui concerne les cochers.

39. Il sera perçu, pour le coût de ce permis de conduire, la somme de soixante-dix centimes, montant des frais d'impression.

40. Ce permis de conduire restera déposé à la préfecture de police pendant tout le temps que le cocher ne sera point employé chez un propriétaire de voitures.

Le cocher recevra en échange un bulletin de dépôt, indiquant qu'il est pourvu d'un permis de conduire.

Ce bulletin mentionnera aussi l'obligation où est le propriétaire de voitures de retirer à la préfecture de police le permis de conduire du cocher, le jour même de l'entrée de ce dernier à son service, et de déposer ce permis à la préfecture, le lendemain de la sortie du cocher.

41. Dès qu'un cocher entrera chez un propriétaire de voitures, il lui sera délivré par ce dernier un bulletin d'entrée au service, dont il devra toujours être porteur tant qu'il sera occupé par le propriétaire, et qui devra être visé dans les vingt-quatre heures à la préfecture de police.

Ce bulletin contiendra le numéro de la voiture et le signalement du cocher.

42. Tout cocher de voitures de place devra en outre être pourvu d'une médaille.

Les propriétaires de voitures qui conduiront eux-mêmes seront astreints à la même obligation.

43. Cette médaille sera délivrée à la préfecture de police ; elle sera en cuivre pour les cochers, elle pourra être en argent ou argentée pour les propriétaires de voitures.

Chaque médaille portera les nom et prénoms de celui qui l'aura obtenue, avec la légende : Cocher de voiture de place ou propriétaire de voiture de place.

Il y aura en outre sur celle du cocher le numéro d'inscription de son permis de conduire.

Le coût de cette médaille continuera d'être à la charge, soit des cochers, soit des propriétaires.

Le prix des médailles en cuivre est fixé à 1 fr. 50 centimes.

Ces médailles seront confectionnées par le graveur de la préfecture de police.

44. Tout cocher conduisant une voiture de place devra être muni :

1° Du livret de maître, contenant le numéro et le permis de stationnement de la voiture et la présente ordonnance ;

2° Du bulletin d'entrée en service, dont il est parlé en l'article 41 ci-dessus ;

3° De papiers de sûreté.

Il portera sa médaille sur la poitrine, attachée à la boutonnière de son habit, d'une manière ostensible.

Il devra représenter sa médaille, ainsi que son bulletin d'entrée et le livret de maître à toute réquisition, soit du public, soit de l'autorité.

En cas de refus ou d'impossibilité, le cocher sera conduit chez le commissaire de police le plus voisin pour y donner les explications nécessaires; sur le vu du procès-verbal qui sera dressé par le commissaire de police, il sera pris contre le cocher telle mesure qu'il appartiendra. Dans tous les cas, la voiture sera conduite immédiatement à la préfecture de police, pour de là être renvoyée à son propriétaire aux frais de ce dernier.

45. Il est expressément défendu à tout cocher de confier sa médaille et la conduite de sa voiture à qui que ce soit, sous peine d'être privé irrévocablement de cette médaille et de son permis de conduire.

Les propriétaires qui prêteront leurs médailles pourront être privés du numéro de leurs voitures.

46. Lorsqu'un cocher quittera l'établissement d'un propriétaire de voitures, il devra remettre sa médaille à ce dernier qui est tenu de la rapporter dans les vingt-quatre heures à la préfecture de police avec le permis de conduire, ainsi qu'il est prescrit dans l'article 34.

Tout cocher, en quittant le service d'un propriétaire, est tenu de lui remettre le livret de maître et le permis de stationnement de la voiture qu'il était chargé de conduire. En cas de refus du cocher de remettre au propriétaire soit la médaille, soit le livret de maître, soit le permis de stationnement, ce propriétaire devra en faire la déclaration à la préfecture de police dans les vingt-quatre heures.

47. Lorsqu'un cocher de place changera de domicile, il sera tenu d'en faire, au moins trois jours d'avance, la déclaration à la préfecture de police.

48. Toute voiture de place conduite par un cocher qui serait dans un état de malpropreté évidente sera amenée à la préfecture de police pour être de là renvoyée au propriétaire et aux frais de ce dernier.

49. Il est défendu aux cochers de quitter leurs voitures, soit qu'elles stationnent sur les places à ce affectées, soit qu'elles attendent à la porte des particuliers.

50. Il leur est aussi défendu de parcourir la voie publique pour offrir leurs voitures aux passants.

51. En cas d'infraction aux deux articles précédents, il sera procédé à l'égard de la voiture comme il est dit en l'article 48 ci-dessus, indépendamment de la suite à donner à la contravention.

52. Il est fait expresse défense aux cochers de laisser monter qui que ce soit sur le siége de leurs voitures, excepté les apprentis.

Défense aussi leur est faite de laisser monter derrière leurs voitures d'autres individus que les domestiques des personnes qui se trouveront dans leurs voitures.

Il leur est aussi défendu de fumer lorsqu'ils conduiront.

53. Les cochers ne pourront être contraints de recevoir dans leurs voitures plus de quatre personnes et un enfant, ni d'y laisser monter des animaux.

54. Les personnes qui auront à se plaindre d'un cocher sont invitées à en donner connaissance par écrit, soit à la préfecture de police, soit au bureau de l'un des commissaires de police de Paris, en ayant soin d'indiquer le numéro de la voiture, ainsi que le jour, le lieu et l'heure auxquels elle aura été prise et quittée.

55. En cas d'accidents graves causés sur la voie publique par un cocher de voiture de place, il devra être immédiatement conduit à la préfecture de police pour y être interrogé, et être ultérieurement procédé à son égard ainsi qu'il appartiendra.

56. Il est enjoint aux cochers de visiter immédiatement, après chaque course, l'intérieur de leurs voitures et de remettre sur-le-champ aux personnes qu'ils auront conduites les effets qu'elles y auraient laissés.

A défaut de possibilité de la remise prescrite ci-dessus, il est ordonné aux cochers de faire dans le jour, à la préfecture de police, la déclaration et le dépôt des effets qu'ils auront trouvés dans leurs voitures.

57. Il est défendu à tout cocher de voitures de place de traverser les halles du centre avant dix heures du matin.

Sa voiture devra en outre être conduite au pas dans les marchés et les rues étroites où deux voitures seulement peuvent passer de front, ainsi qu'à la descente des ponts.

Il est enjoint aux cochers conduisant un carrosse ou cabriolet de place de ne point faire galoper leurs chevaux, dans quelques circonstances que ce soit.

58. Toute coalition tendant à imposer des conditions aux propriétaires de voitures de place est défendue aux cochers sous les peines de droit, et sans préjudice de la mesure administrative prévue en l'article 59 de la présente ordonnance.

Lorsqu'ils voudront quitter l'établissement où ils seront employés, ils devront en prévenir le propriétaire au moins trois jours d'avance.

59. Lorsqu'il sera reconnu qu'un cocher de place, soit par le fait de plaintes graves ou réitérées, soit à cause de ses infirmités ou de tout autre motif qui serait de nature à compromettre la sûreté publique, ne présente plus les conditions nécessaires à l'exercice de sa profession, le permis de conduire pourra lui être retiré.

60. Lorsque le permis de conduire aura été retiré à un cocher, ce permis et la médaille devront être rapportés immédiatement à la préfecture de police par le propriétaire de la voiture, aussitôt que ce dernier en aura reçu l'ordre.

61. Tout propriétaire de voitures de place qui emploierait un cocher auquel ce permis de conduire aurait été retiré pourra être privé du numéro de la voiture dont la conduite aurait été confiée à ce cocher.

§ II. — *Des apprentis cochers.*

62. Tout individu qui voudra être apprenti cocher devra justifier d'un certificat de moralité, de ses papiers de sûreté et d'un certificat constatant qu'un propriétaire de voitures de place s'engage à le prendre à son service.

63. Lorsqu'il aura fait les justifications nécessaires, il lui sera délivré un extrait timbré de son inscription au registre.

Il sera perçu soixante-dix centimes pour le prix du timbre de cet extrait.

64. Aucun apprenti ne pourra être reçu cocher de voitures de place qu'au bout d'un mois d'apprentissage, si toutefois il est reconnu qu'il est apte à conduire une voiture.

65. Il devra alors remplir les formalités nécessaires pour obtenir un permis de conduire de cocher.

66. Les apprentis ne pourront jamais conduire seuls.

Il leur est interdit de monter sur le siége après le coucher du soleil.

TITRE V.

TARIF DU LOUAGE.

67. A compter du jour de la publication de la présente ordonnance, le prix des courses des voitures de place, dans Paris, sera réglé ainsi qu'il suit :

CARROSSES.

De six heures du matin à minuit.

Pour chaque course.. 1 50

Pour la première heure	2 »
Pour chacune des autres heures	1 50

De minuit à six heures du matin.

Pour chaque course	2 »
Pour chaque heure	3 »
Pour aller à Bicêtre	4 »
Pour y aller, y rester une heure et revenir	6 »

CABRIOLETS.

De six heures du matin à minuit.

De une à quinze minutes	» 60
Pour chaque minute en sus	» 2½
Pour chaque course	1 25
Pour la première heure	1 50
Pour chacune des autres heures	1 25

De minuit à six heures du matin.

Pour chaque course	1 75
Pour chaque heure	2 50
Pour aller à Bicêtre	3 »
Pour y aller, y rester une heure et revenir	5 »

Une plaque indicative du tarif sera placée dans l'intérieur des fiacres et cabriolets.

68. Tout cocher pris avant minuit et qui arrivera à sa destination après minuit n'aura droit qu'au prix du tarif du jour, mais seulement pour la première course ou la première heure.

Celui qui aura été pris avant six heures du matin et qui n'arrivera à sa destination qu'après six heures aura droit au tarif de nuit, mais seulement pour la première course ou la première heure.

69. Tout cocher qui aura été appelé sur place pour aller à domicile et qui sera renvoyé sans être employé recevra seulement le prix d'une demi-course, à titre d'indemnité de déplacement.

70. Tout cocher qui, dans une course, est détourné de son chemin par la volonté de la personne qui l'emploie est censé avoir été pris à l'heure et sera payé en conséquence.

71. Les cochers sont autorisés à se faire payer d'avance lorsqu'ils conduiront des personnes aux spectacles, bals, lieux de réunion et divertissements publics.

Ils sont aussi autorisés à se faire payer d'avance lorsqu'ils descendront quelqu'un à l'entrée d'un jardin public ou de tel autre lieu où il est notoire qu'il existe plusieurs issues.

72. Le cocher qui charge pendant qu'il se rend à une place, ou lorsqu'il se trouve hors de place est censé avoir été pris sur place et ne peut exiger un salaire plus élevé que celui du tarif, soit qu'il soit pris à l'heure, soit qu'il marche à la course.

73. Tout cocher pris sur place ou ailleurs sera tenu de marcher à toute réquisition.

74. Pour prévenir, autant que possible, les discussions qui pourraient s'élever entre le public et les cochers relativement au tarif, il est enjoint à ces derniers de demander aux personnes qui montent dans leurs voitures si elles entendent être conduites à l'heure ou à la course ou à la minute, s'il s'agit d'un cabriolet.

TITRE VI.

§ 1er. — *Du stationnement des voitures de place et de leur conduite.*

75. Il sera établi des places de stationnement sur les différents points de la voie publique où elles seront jugées nécessaires.

Les places de stationnement existant en ce moment pourront être conservées, s'il y a lieu.

Il sera établi en outre des avançages de voitures de place, toutes les fois que le besoin du service l'exigera. Aucune voiture de place ne pourra stationner ailleurs, à moins qu'elle ne soit louée.

76. Un surveillant, nommé et salarié par les loueurs et agréé par nous, sera attaché à chaque place de stationnement.

Il surveillera aussi les avançages qui pourraient dépendre de cette place.

77. Chaque surveillant de place sera pourvu d'une médaille en cuivre argenté, portant en légende :

SURVEILLANCE DES PLACES DE STATIONNEMENT.

Cette médaille sera fournie à ses frais.

Le surveillant devra la porter d'une manière assez apparente, pour qu'il soit facilement reconnu du public et des cochers.

78. Les principales attributions des surveillants de place consistent :

1° A maintenir l'ordre sur les places de stationnement ;

2° A tenir un registre du mouvement exact des voitures ;

3° A en adresser, chaque jour, le relevé au commissaire inspecteur en chef de l'attribution ;

4° A recevoir les plaintes du public et lui donner tous les renseignements nécessaires ;

5° A signaler à l'inspecteur en chef du service toute voiture qui serait reconnue en mauvais état ou attelée de chevaux impropres au service ;

6° A procéder de la même manière à l'égard des voitures abandonnées des cochers, ou qui seraient confiées à des cochers qui auraient été exclus du service de place, ou dont l'inconduite donnerait lieu à des plaintes ;

7° Enfin, à assurer, en ce qui les concerne, l'exécution complète des règlements relatifs aux voitures.

79. Il sera établi, aux frais des loueurs, sur chaque place de stationnement, un bureau mobile pour le surveillant.

80. Le service des surveillants commence à six heures du matin, du 1er avril au 30 septembre, et à sept heures, du 1er octobre au 31 mars.

Il se prolonge, en tout temps, jusqu'à minuit.

81. Pour ce qui concerne le service de place, les surveillants devront déférer aux injonctions des agents et préposés de l'autorité.

82. Dans les rues et sur les places de stationnement, il est enjoint aux cochers de laisser entre les voitures et les maisons, ainsi qu'entre chacune desdites voitures, un passage libre pour la circulation. Il leur est aussi ordonné de laisser libre le débouché de toutes les rues, impasses, issues et portes cochères.

83. A son arrivée sur une place et à son départ, chaque cocher devra avertir le surveillant, afin que ce dernier en prenne note sur sa feuille de mouvement.

84. Les cochers conserveront le rang de leur arrivée sur la place de stationnement.

Ils se tiendront sur leur siége ou à la tête de leurs chevaux.

Il leur est défendu d'interrompre la file du stationnement.

Les trois premiers en tête de la place ne doivent, sous aucun prétexte, quitter, même momentanément, leurs voitures.

85. Aucun cocher de voitures de louage stationnant sur une des places à ce affectées ou sur les endroits de la voie publique où il lui est permis de se placer, lors des fêtes publiques et de la sortie des spectacles, ne peut, sous quelque prétexte que ce soit, et quel que soit le rang que sa voiture occupe dans la file, se refuser de marcher à toute réquisition.

86. Il est fait défense à tout cocher d'interrompre la file des voitures à la sortie des spectacles.

87. Il est défendu de faire stationner aucune voiture sur la place de la rue de la Ferronnerie, avant neuf heures du matin, du 1er avril au 1er octobre, et avant dix heures, du 1er octobre au 1er avril.

88. Aucun cocher ne pourra faire stationner sa voiture sur les places, depuis minuit jusqu'à six heures du matin.

Sont exceptées de ces dispositions, les places dont les noms suivent :

1° La place du Palais-Royal,
2° Celle de la rue Montmartre,
3° — du quai de la Grève,
4° — de la rue de Sèvres,
5° — du quai des Augustins,
6° — de la place Maubert,
7° — de la rue Mazarine,
8° — de la rue Royale,
9° — de la rue Culture Sainte-Catherine,
10° — de la rue de la Roquette.

§ II. — *De la conduite des voitures de place.*

89. Les voitures ne pourront arriver aux théâtres que par les rues désignées dans les consignes.

90. Il est défendu aux cochers de quitter, sous quelque prétexte que ce soit, les rênes de leurs chevaux pendant que descendront ou remonteront les personnes qu'ils auront conduites au spectacle.

91. Les voitures ne pourront aller qu'au pas et sur une seule file, jusqu'à ce qu'elles soient sorties des rues environnant les spectacles.

TITRE VII.

DISPOSITIONS GÉNÉRALES.

92. Les propriétaires de voitures de place sont civilement responsables des faits des cochers qu'ils emploient, en tout ce qui concerne leur service.

93. Les contraventions à la présente ordonnance seront constatées, soit par des procès-verbaux, soit par des rapports qui nous seront transmis, et qui seront dressés par des agents ou préposés de notre administration.

94. Il sera pris envers les contrevenants telles mesures qu'il appartiendra, sans préjudice des poursuites à exercer contre eux devant les tribunaux.

95. Tous règlements ou arrêtés antérieurs, relatifs au service de place, sont abrogés.

96. La présente ordonnance sera imprimée et affichée.

Les sous-préfets des arrondissements de Saint-Denis et de Sceaux, les maires des communes rurales du ressort de la préfecture de police, le chef de la police municipale, les commissaires de police, le commissaire de police inspecteur en chef du service des voitures, les officiers de paix et les préposés de la préfecture de police sont chargés de tenir la main à son exécution, chacun en ce qui le concerne.

Elle sera adressée, en outre, à M. le colonel de la ville de Paris, commandant la gendarmerie royale, et à M. le commandant de la gendarmerie du département de la Seine, pour qu'ils en assurent l'exécution par tous les moyens qui sont à leur disposition.

Le préfet de police, DEBELLEYME.

N° 1311. — *Avis concernant l'abatage des chiens errants* (1).

Paris, le 15 juillet 1829.

N° 1312. — *Ordonnance concernant la gare de Charenton* (2).

Paris, le 30 juillet 1829.

Nous, préfet de police,

Vu les réclamations à nous adressées par les sociétaires de la gare de Charenton ;

Vu les ordonnances de police des 9 février et 30 juin 1827 ;

Ordonnons ce qui suit :

1. L'article 3 de l'ordonnance du 9 février 1827 est rapporté en ce qui concerne la gare de Charenton ; il est remplacé pour cette gare par les dispositions suivantes :

« Dans le cas où des mariniers désireraient conduire leurs bateaux « dans la gare de Charenton, ils seront tenus, 1° d'obtenir une attes« tation signée du directeur de la gare, qu'ils présenteront au pré« posé de Choisy-le-Roi, constatant qu'il y a place pour lesdits ba« teaux ; 2° de faire viser cette attestation par le préposé de la navi« gation d'Alfort-Charenton, tant pour les bateaux de la Seine, que « pour ceux de la Marne. »

2. L'article 4 de l'ordonnance du 30 juin 1827 est aussi rapporté et remplacé par les dispositions ci-après :

« Aucun bateau ne pourra sortir d'une gare pour se rendre à une « autre destination, sans être pourvu d'un permis de l'inspecteur ou « du préposé de la navigation de l'arrondissement. »

3. Les contraventions seront constatées par des procès-verbaux qui nous seront adressés, pour être transmis aux tribunaux compétents.

4. La présente ordonnance sera imprimée et affichée.

Le sous-préfet de l'arrondissement de Sceaux, le maire de Charenton-le-Pont, l'inspecteur général et les préposés de la navigation sont chargés, chacun en ce qui le concerne, de tenir la main à son exécution.

Le préfet de police, DEBELLEYME.

---

(1) V. l'ord. du 23 juin 1832.

(2) V. l'ord. du 25 oct. 1840 (art. 10 et suiv.).

N° 1313. — *Ordonnance concernant les droits à percevoir sur les voitures faisant le transport en commun* (1).

Paris, le 1er août 1829.

Nous, préfet de police,

Vu l'ordonnance du roi du 22 juillet 1829 qui assujettit à un droit de location les voitures omnibus et autres faisant le service du transport en commun et qui seront autorisées à stationner sur la voie publique,

Ordonnons ce qui suit :

1. L'ordonnance du roi concernant les droits à percevoir, au profit de la ville de Paris, sur les voitures omnibus faisant le service du transport en commun sera imprimée, publiée et affichée dans le ressort de la préfecture de police.

2. Tous les entrepreneurs des voitures omnibus et autres faisant le service du transport en commun, dans l'intérieur de la ville de Paris verseront, du 1er au 5 de chaque mois, dans les mains du trésorier de la préfecture de police le douzième du droit établi par l'ordonnance du 22 juillet 1829, pour chacune des voitures qu'ils ont été autorisés à établir par les arrêtés d'organisation.

3. La présente ordonnance recevra son exécution à compter du jour de sa publication.

4. En cas de retard ou de refus du payement du droit précité, ce qui résultera du bulletin délivré chaque mois par le trésorier de notre administration, il sera fait sommation au propriétaire des voitures, de payer, dans le délai de trois jours, le montant des droits dus, et le stationnement de ses voitures sera interdit jusqu'à justification de payement, sans préjudice de toutes poursuites judiciaires pour l'y contraindre.

5. Les sous-préfets des arrondissements de Saint-Denis et de Sceaux, les maires des communes rurales du ressort de la préfecture de police, le chef de la police municipale, les commissaires de police, le commissaire de police inspecteur en chef du service des voitures, les officiers de paix et les préposés de la préfecture de police sont chargés de tenir la main à son exécution, chacun en ce qui le concerne.

Elle sera adressée en outre à M. le colonel de la ville de Paris, commandant la gendarmerie royale, et à M. le commandant de la gendarmerie du département de la Seine, pour qu'ils en assurent l'exécution par tous les moyens qui sont à leur disposition

Le préfet de police, DEBELLEYME.

N° 1314. — *Ordonnance concernant la sûreté et la liberté de la circulation* (2).

Paris, le 8 août 1829.

Nous, préfet de police,

Considérant qu'un grand nombre d'individus compromettent journellement la liberté et la sûreté de la circulation, en travaillant in-

---

(1) V. l'ord. du 15 sept. 1838.

(2) V. l'arr. du 30 janvier 1836.

dûment et sans précaution sur la voie publique, en y faisant charger, décharger et stationner des voitures, lorsque l'intérieur des maisons, ateliers et magasins présente des facilités à cet effet ; en y déposant ou laissant, sans nécessité, des matériaux, meubles, marchandises et autres objets ; en exposant au-devant des édifices des choses pouvant nuire par leur chute ; en contrevenant enfin aux règlements qui défendent d'embarrasser la voie publique ;

Considérant que depuis plusieurs années la circulation a pris une activité toujours croissante, et qu'il est urgent de réprimer des abus qui occasionneraient les plus graves accidents ;

Vu les ordonnances du bureau des finances des 29 mai 1754 et 2 août 1774 ;

L'ordonnance du prévôt des marchands du 8 avril 1766 ;

L'ordonnance de police du 28 janvier 1786 ;

La loi des 16-24 août 1790 ;

L'arrêté du ministre de l'intérieur du 6 septembre 1806, concernant la police des Champs-Elysées ;

L'ordonnance du roi du 24 décembre 1823 ;

Les articles 257, 471 et 484 du Code pénal ;

En vertu des arrêtés du gouvernement du 12 messidor an VIII (1er juillet 1800) et 3 brumaire an IX (25 octobre 1800),

Ordonnons ce qui suit :

CHAPITRE Ier.

Constructions, réparations et démolitions des bâtiments riverains de la voie publique. — Dépôts de matériaux.

SECTION 1re.

Constructions et réparations.

1. Il est défendu de procéder à aucune construction ou réparation des murs de face ou de clôture des bâtiments et terrains riverains de la voie publique, sans avoir justifié, au commissaire de police du quartier où se feront les travaux, de la permission qui aura dû être délivrée à cet effet par l'autorité compétente.

2. Dans le cas de construction ou de réparation, on ne devra commencer les travaux qu'après avoir établi, à la saillie déterminée par la permission, une barrière en charpente et planches ayant au moins trois mètres de hauteur.

Dans le cas de simple réparation, on pourra en être dispensé, s'il y a lieu, par le préfet de police.

3. Les portes pratiquées dans les barrières devront, autant qu'il sera possible, ouvrir en dedans. Si l'on est forcé de les faire ouvrir en dehors, on sera tenu de les appliquer contre les barrières.

Elles seront garnies de serrures ou cadenas pour être fermées, chaque jour, au moment de la cessation des travaux.

4. Les échafauds servant aux constructions seront établis avec solidité et disposés de manière à prévenir la chute des matériaux et gravois sur la voie publique.

Ils devront monter de fond et, si les localités ne le permettent pas, ils seront établis en bascule à quatre mètres au moins du sol de la rue.

Il est défendu de les faire porter sur des écoperches ou boulins arc-boutés au pied des murs de face dans la hauteur du rez-de-chaussée.

5. Les barrières et les échafauds montant de fond, au-devant desquels il n'existera pas de barrières, seront éclairés aux frais et par les soins des propriétaires et des entrepreneurs.

L'éclairage sera fait au moyen d'un nombre suffisant d'appliques dont une à chaque angle des extrémités, pour éclairer les parties en retour.

Les heures d'allumage et d'extinction de ces appliques seront celles prescrites pour les réverbères permanents de l'illumination publique.

6. Les travaux seront entrepris immédiatement après l'établissement des échafauds et barrières et devront être continués sans interruption, à l'exception des dimanches et jours fériés.

Dans le cas où l'interruption durerait plus de huit jours, les propriétaires et entrepreneurs seront tenus de supprimer les échafauds et de reporter les barrières à l'alignement des maisons voisines, ou de se pourvoir d'une autorisation du préfet de police pour les conserver.

7. Il est défendu aux entrepreneurs maçons, couvreurs, fumistes et autres, de jeter sur la voie publique les recoupes, plâtras, tuiles, ardoises et autres résidus des ouvrages.

8. Tous entrepreneurs maçons, couvreurs, fumistes, badigeonneurs, plombiers, menuisiers et autres exécutant ou faisant exécuter aux maisons et bâtiments riverains de la voie publique, des ouvrages pouvant faire craindre des accidents ou susceptibles d'incommoder les passants, seront tenus, s'il n'y a point de barrières au-devant des maisons et bâtiments, de faire stationner dans la rue, pendant l'exécution des travaux, un ou deux ouvriers âgés de dix-huit ans au moins, munis d'une règle de deux mètres de longueur pour avertir et éloigner les passants.

9. Dans les quarante-huit heures qui suivront la suppression des échafauds et barrières, les propriétaires et entrepreneurs feront réparer à leurs frais les dégradations du pavé résultant de la pose des barrières et échafauds, et seront tenus provisoirement de faire et entretenir les blocages et de prendre les mesures convenables pour prévenir les accidents.

Ils requerront l'entrepreneur du pavé de la ville, pour procéder auxdites réparations lorsque le pavé sera d'échantillon et à l'entretien de la ville.

10. Il est défendu de battre du plâtre sur la voie publique et de l'y faire pulvériser par les chevaux et voitures.

SECTION II.

Démolitions.

11. Il est défendu de procéder à la démolition d'aucun édifice donnant sur la voie publique, sans l'autorisation du préfet de police.

12. Avant de commencer une démolition, le propriétaire et l'entrepreneur feront établir les barrières et échafauds qui seront jugés nécessaires, et prendront toutes autres mesures que l'administration leur prescrira dans l'intérêt de la sûreté publique.

Il sera pourvu, pendant la nuit, à l'éclairage des échafauds et barrières, ainsi qu'il est dit en l'article 5.

13. La démolition devra s'opérer au marteau, sans abatage, et en faisant tomber les matériaux dans l'intérieur des bâtiments.

14. Dans le cas où le barrage de la rue serait indispensable, le propriétaire et l'entrepreneur ne devront point l'effectuer sans l'autorisation du préfet de police.

Les commissaires de police pourront toutefois, s'il y a urgence, accorder provisoirement les autorisations, à la charge d'en prévenir immédiatement le préfet de police.

15. Les matériaux de toute espèce provenant de la démolition

ne seront déposés sur la voie publique qu'au fur et à mesure de leur enlèvement, et ne devront, sous aucun prétexte, y rester en dépôt pendant la nuit.

16. Les barrières établies au-devant des démolitions seront supprimées dans les vingt-quatre heures qui suivront l'achèvement des travaux.

Les remblais et nivellements seront faits dans le même délai, à la charge par les propriétaires et entrepreneurs de prendre les mesures de précaution prescrites par l'article 9.

SECTION III.

Dépôts de matériaux.

17. Il est défendu de former sur la voie publique des chantiers ou ateliers pour l'approvisionnement et la taille des matériaux.

Les chefs des administrations publiques, propriétaires, ingénieurs, architectes, entrepreneurs et tous autres construisant ou faisant construire, devront former leurs chantiers et ateliers dans des terrains particuliers dont ils seront tenus de se pourvoir.

Il pourra toutefois être accordé des autorisations pour déposer sur la voie publique des matériaux destinés à des constructions d'aqueducs, égouts, trottoirs et autres établissements à faire sur le sol même de la voie publique.

18. Les matériaux transportés sur le lieu des constructions seront rentrés dans l'intérieur des emplacements où l'on construit, au fur et à mesure du déchargement, sans qu'on puisse en laisser en dépôt sur la voie publique pendant la nuit.

19. Cependant si, par suite de circonstances imprévues, des matériaux devaient rester pendant la nuit sur la voie publique, les propriétaires et entrepreneurs seront tenus d'en donner avis aux commissaires de police des quartiers respectifs, de pourvoir à l'éclairage des matériaux et de prendre toutes les mesures de précaution nécessaires.

20. Il est défendu à tous carriers, voituriers et autres, de décharger ni faire décharger sur la voie publique, après la retraite des ouvriers, aucune voiture de pierres de taille ou moellons.

21. Tous chantiers et ateliers actuellement existant sur la voie publique, en vertu de nos autorisations, seront supprimés à l'expiration des délais fixés par les permissions, et même plus tôt, s'il est possible.

Ceux pour la durée desquels il n'a point été fixé d'autre terme que l'achèvement des constructions auxquelles ils sont destinés seront supprimés immédiatement après l'emploi des matériaux qui y sont déposés.

Les uns et les autres ne pourront toutefois être conservés au delà du 1er octobre prochain. A cet effet, il est défendu d'y faire déposer de nouveaux matériaux.

22. Tous chantiers et ateliers formés sur la voie publique, sans autorisation, seront supprimés dans les vingt-quatre heures.

23. Il est enjoint à tous ceux dont les chantiers et ateliers seront supprimés, en exécution des articles précédents, de faire enlever avec les matériaux, les recoupes, gravois et immondices résultant des dépôts, et de faire réparer les dégradations de pavés existant sur les emplacements de ces mêmes dépôts. Si les emplacements ne sont point pavés, les enfoncements seront réparés et le sol rétabli en bon état.

24. Il est défendu de scier ou de tailler la pierre sur la voie publique.

La même défense est faite aux scieurs de long, pour le sciage du bois.

CHAPITRE II.

Entretien : 1° du pavé de Paris; 2° du pavé à la charge des particuliers.—Rues non pavées.

SECTION Ire.

Pavé de Paris.

25. Les entrepreneurs du pavé de Paris seront tenus de prévenir au moins vingt-quatre heures d'avance les commissaires de police des quartiers respectifs du jour où ils commenceront des travaux de relevé à bout dans une rue.

26. Ils ne pourront former leurs approvisionnements de matériaux que le jour même où les ouvrages commenceront.

Les pavés seront rangés et le sable retroussé de manière à occuper le moins de place possible.

27. Ils seront tenus de faire éclairer pendant la nuit, par des appliques, leurs matériaux et leurs chantiers de travail, de veiller à l'entretien de l'éclairage et de prendre les précautions nécessaires dans l'intérêt de la sûreté publique.

28. Il leur est défendu de barrer les rues et portions de rues autres que celles dont le pavé sera relevé à bout et dont la largeur n'excédera pas dix mètres.

Toutefois, si des circonstances nécessitaient le barrage de rues ou portions de rues ayant plus de dix mètres de largeur, l'autorisation de les barrer pourra leur être accordée, sur la demande que l'ingénieur en chef du pavé de Paris en fera au préfet de police.

29. Lorsqu'il sera fait un relevé à bout dans les halles et marchés, aux abords des salles de spectacles ou d'autres lieux très-fréquentés désignés dans l'état qui en sera dressé annuellement par l'ingénieur en chef du pavé de Paris, et approuvé par le préfet de police, il ne devra être entrepris que la quantité d'ouvrage qui pourra être terminée dans la journée. Dans le cas où il aurait été levé plus de pavé qu'il n'en était besoin, il sera bloqué, en sorte que la voie publique se trouve entièrement libre et sûre avant la retraite des ouvriers.

Cette mesure s'étendra à tous les relevés à bout sans distinction, la veille des dimanches et jours fériés.

30. Les entrepreneurs réserveront, dans les rues ou portions de rues barrées, un espace suffisant pour la circulation des gens de pied.

Ils établiront, au besoin, des planches solides et commodes pour la facilité du passage.

Ils prendront en outre des mesures convenables, pour interdire aux voitures du public tout accès dans les rues ou portions de rues barrées. Ils placeront, à cet effet, des chevalets mobiles qui, en servant d'avertissement au public, laisseront la facilité de faire sortir et entrer les voitures des personnes demeurant dans l'enceinte du barrage.

Les mêmes précautions seront prises pour les rues latérales aboutissant aux rues barrées.

Il est défendu aux entrepreneurs de substituer des tas de pavés aux chevalets mobiles.

31. Dans les rues qui ne seront point barrées, les entrepreneurs disposeront leurs ateliers de telle sorte qu'ils soient séparés les uns des autres par un intervalle de quinze mètres au moins, et que chaque atelier ne travaille que sur moitié de la largeur de la rue, afin de laisser l'autre moitié à la circulation des voitures.

32. Les chantiers des travaux seront complétement débarrassés de tous matériaux, décombres, pavés de réforme, retailles, vieilles formes et autres résidus des ouvrages, dans les vingt-quatre heures qui suivront l'achèvement des travaux, pour les relevés à bout et pavages neufs, et au fur et à mesure de l'exécution des ouvrages, pour les réparations simples et raccordements.

33. Il est expressément défendu de troubler les paveurs dans leurs ateliers et de déplacer ou arracher les appliques, chevalets, pieux et barrières établis pour la sûreté de leurs ouvrages.

SECTION II.

Pavé à la charge des particuliers.

34. Il est enjoint aux propriétaires des maisons et terrains bordant les rues ou portions de rues pavées et dont l'entretien est à leur charge, de faire réparer, chacun au-devant de sa propriété, les dégradations de pavé, et d'entretenir constamment en bon état le pavé desdites rues.

35. Ces propriétaires et leurs entrepreneurs seront tenus, pour les approvisionnements de matériaux destinés aux réparations, pour l'exécution des ouvrages et l'enlèvement des résidus, de se conformer aux dispositions prescrites en la section précédente aux entrepreneurs du pavé de Paris.

36. Il leur est défendu de barrer ni faire barrer les rues pour l'exécution des travaux, sans y être autorisés par le préfet de police.

SECTION III.

Rues et portions de rues non pavées.

37. Il est enjoint à tous propriétaires de maisons et terrains situés le long des rues ou portions de rues non pavées de faire combler, chacun au droit de soi, les excavations, enfoncements et ornières, enlever les dépôts de fumier, gravois, ordures et immondices, et de faire, en un mot, toutes les dispositions convenables pour que la liberté, la sûreté de la circulation et la salubrité ne soient point compromises.

Ils sont tenus d'entretenir constamment en bon état le sol desdites rues, et de conserver ou rétablir les pentes nécessaires pour procurer aux eaux un écoulement facile.

Les rues non pavées qui deviendront impraticables pour les voitures seront barrées de manière que tous accidents soient prévenus.

CHAPITRE III.

Trottoirs.

SECTION 1re.

Construction des trottoirs.

38. On ne pourra construire aucun trottoir, sur la voie publique, sans en avoir obtenu la permission de l'autorité compétente.

39. Les entrepreneurs chargés de ces constructions seront tenus de prévenir, au moins vingt-quatre heures d'avance, les commissaires de police des quartiers respectifs, du jour où ils commenceront les travaux, et de leur représenter les autorisations dont ils auront dû se pourvoir.

40. La construction de deux trottoirs sur les deux côtés d'une rue ne pourra être simultanément entreprise, à moins que les ateliers ne soient séparés par un intervalle d'au moins cinquante mètres.

41. Avant de commencer les travaux, les entrepreneurs feront établir une barrière à chaque extrémité des ateliers, afin d'en interdire l'accès au public.

42. Les matériaux destinés aux constructions seront apportés au fur et à mesure des besoins et seront rangés sur les emplacements destinés aux trottoirs, sans que la largeur en soit excédée.

43. Les pavés arrachés qui ne devront point servir aux raccordements seront enlevés et transportés, dans le jour, hors de la voie publique, à la diligence des entrepreneurs de la construction des trottoirs.

44. Il sera pris les mesures nécessaires pour que les eaux ménagères s'écoulent sous les trottoirs au moyen de gargouilles pratiquées à cet effet.

45. Lorsqu'un trottoir sera coupé par un passage de porte cochère, ou qu'il ne sera point prolongé au-devant des maisons voisines, il sera établi des pentes douces aux points d'interruption, pour rendre moins sensible la différence entre le sol du trottoir et celui de la rue.

46. Les propriétaires et entrepreneurs feront éclairer, à leurs frais, les ateliers pendant la nuit, en se conformant aux conditions prescrites par l'article 5.

47. Aussitôt que la construction d'un trottoir sera terminée, il sera procédé immédiatement au raccordement du pavé par l'entrepreneur du pavé de Paris, sur l'avertissement qui lui en sera donné à l'avance, par l'entrepreneur du trottoir.

48. Les barrières, matériaux, terres, gravois et autres résidus des ouvrages seront immédiatement enlevés aux frais et par les soins du propriétaire ou de l'entrepreneur du trottoir.

Il est défendu de livrer le trottoir à la circulation avant d'avoir pourvu au recouvrement des gargouilles, et d'avoir pris les mesures convenables pour la sûreté et la commodité du passage.

SECTION II.

Entretien des trottoirs.

49. Les dégradations des trottoirs seront réparées aux frais de qui de droit, à la diligence de l'ingénieur en chef du pavé de Paris, dans les vingt-quatre heures de la réquisition qui lui en aura été adressée par le préfet de police.

50. Les entrepreneurs qui procéderont aux réparations seront tenus, lorsque les ouvrages ne pourront être faits dans la journée où ils auront été entrepris, de prévenir les commissaires de police des quartiers respectifs, pour les mettre à portée de prescrire les mesures nécessaires, relativement au dépôt des matériaux, à l'éclairage pendant la nuit, et à toutes autres précautions que pourra réclamer la sûreté publique.

51. Les propriétaires, principaux locataires et locataires feront balayer, nettoyer et laver les trottoirs au-devant de leurs maisons, au moins une fois par jour, aux heures fixées par le règlement concernant le balayage des rues.

SECTION III.

Saillies au-devant des maisons bordées de trottoirs.

52. Quiconque fera construire un trottoir au-devant de sa propriété sera tenu de faire supprimer, au moment même de la construction, les bornes, pas, marches et bancs en saillie sur le trottoir, et de faire réduire les seuils des devantures de boutiques à l'alignement desdites devantures.

Il sera permis toutefois, par mesure de tolérance, de conserver les marches que l'administration reconnaîtra ne pouvoir être rentrées dans l'intérieur de la propriété, mais à la charge d'en arrondir les extrémités ou de les tailler en pans coupés.

53. Les propriétaires qui ont fait construire des trottoirs, sans avoir pris les mesures prescrites par l'article précédent, seront tenus de s'y conformer dans le délai d'un mois.

54. Il leur est également enjoint, dans le cas où les eaux ménagères de leurs maisons s'écouleraient sur le sol de ces trottoirs, de faire cesser cet inconvénient, dans le même délai, en se conformant aux dispositions de l'article 44.

55. Les hauteurs fixées par l'ordonnance royale du 24 décembre 1823 pour les bannes, stores, écussons, enseignes, lanternes et autres saillies, seront mesurées à partir du sol des trottoirs.

CHAPITRE IV.

Fouilles et tranchées sur la voie publique. — Entretien des conduites des eaux de la ville, et des conduites d'eau et de gaz appartenant aux particuliers.

SECTION Ire.

Fouilles et tranchées.

56. Il est défendu à qui que ce soit de faire aucune fouille ni tranchée dans le sol de la voie publique, sans une autorisation spéciale du préfet de police.

SECTION II.

Entretien des conduites des eaux de la ville, et de celles appartenant à des particuliers.

57. Les entrepreneurs chargés de l'entretien des conduites des eaux de la ville, les propriétaires des conduites particulières d'eau et de gaz, et leurs entrepreneurs seront tenus, dans le cas de rupture des conduites, et chacun pour ce qui le concerne, de mettre des ouvriers en nombre suffisant pour que les réparations en soient effectuées dans les vingt-quatre heures des avertissements qu'ils auront reçus des commissaires de police, agents d'administration et même de tous particuliers.

Ils seront tenus provisoirement d'arrêter et faire arrêter sur-le-champ le service desdites conduites et de pourvoir à la sûreté de la voie publique, soit en comblant les excavations, soit en les entourant de barrières, en les éclairant pendant la nuit, et en y posant, au besoin, des gardes.

58. Ils ne seront point astreints à se munir d'une permission du préfet de police, conformément à l'article 56, lorsque les travaux ayant pour objet des établissements, renouvellements ou réparations de conduites pourront être terminés dans les quarante-huit heures, et qu'il n'y aura pas lieu au barrage des rues. Mais ils devront donner avis aux commissaires de police du commencement de ces travaux.

59. Ils feront les dispositions convenables pour que moitié au moins de la largeur des rues où ils travailleront soit réservée à la circulation et qu'il ne puisse y arriver d'accidents.

60. Les fouilles et tranchées seront remblayées, autant que faire se pourra, au fur et à mesure de l'exécution des ouvrages.

61. Les terres de remblais seront pilonnées avec soin, pour prévenir les affaissements, et le pavé sera bloqué de telle sorte qu'il se maintienne partout à la hauteur du pavé environnant.

Les terres et gravois qui ne pourront être employés dans les remblais seront enlevés immédiatement après le blocage du pavé.

62. Les propriétaires et entrepreneurs feront raccorder le pavé dans les quarante-huit heures qui suivront la réparation des conduites, en se conformant aux dispositions de l'article 9.

Ils seront tenus néanmoins d'entretenir les blocages en bon état et de pourvoir à la sûreté publique, jusqu'à ce que les raccordements aient été effectués.

CHAPITRE V.

Chargement et déchargement des voitures de marchandises et denrées. — Déchargement et sciage du bois de chauffage. — Dépôts de meubles, marchandises. — Travaux, et jeux sur la voie publique.

SECTION Ire.

Chargement et déchargement des voitures de marchandises, denrées, etc.

63. Tous entrepreneurs, négociants, marchands et autres, qui auront à recevoir ou à expédier des marchandises, meubles, denrées ou autres objets, feront entrer les voitures de transport dans les cours ou sous les passages de portes cochères des maisons qu'ils habitent, magasins ou ateliers, à l'effet d'y opérer le chargement ou le déchargement desdites voitures.

64. A défaut de cours ou de passages de portes cochères, ou bien si les cours et passages de portes cochères ne présentent point les facilités convenables, on pourra effectuer le chargement et le déchargement sur la voie publique, en y mettant la célérité nécessaire. Dans ce cas, les voitures devront être rangées de manière à ne gêner la circulation que le moins possible.

65. Les exceptions mentionnées au précédent article ne s'étendent point aux entrepreneurs de diligences, de messageries, de roulage, aux entrepreneurs de charpentes, aux marchands de bois, aux marchands en gros ni à tous autres particuliers tenant de grandes fabriques, de grands ateliers ou faisant un commerce qui nécessite de grands magasins. Ils seront tenus, en raison de l'importance de leurs établissements, de se pourvoir de locaux assez spacieux pour opérer et faire opérer, hors de la voie publique, les chargements et déchargements de leurs voitures et de celles qui leur sont destinées.

SECTION II.

Déchargement et sciage du bois de chauffage.

66. Le bois destiné au chauffage des habitations ne sera déchargé sur la voie publique que dans la circonstance prévue par l'article 64.

67. Lorsque, dans les rues de sept mètres de largeur et au-dessus, le déchargement du bois pourra se faire sur la voie publique, conformément à l'article 64, il y sera procédé de manière à ne point interrompre le passage des voitures.

Dans les rues au-dessous de sept mètres de largeur, il sera toujours réservé un passage libre pour les gens de pied.

Il est défendu de décharger simultanément deux voitures de bois destinées à des habitations situées l'une en face de l'autre. Celle arrivée la dernière sera rangée à la suite de la première et attendra que celle-ci soit déchargée et le bois rentré.

68. Il est défendu de scier ni faire scier du bois sur la voie publique.

Cependant, lorsqu'on ne fera venir qu'une voie de bois à la fois, le sciage sera toléré. Dans ce cas, les scieurs se placeront le plus près possible des maisons, afin de ne point accroître les embarras de la voie publique.

Le bois sera rentré au fur et à mesure du sciage.

69. Il est expressément défendu de décharger ni scier du bois sur les trottoirs.

On ne pourra en fendre ni sur les trottoirs ni sur aucune autre partie de la voie publique.

SECTION III.

Dépôt de meubles, marchandises, voitures, etc.

70. Il est défendu de déposer sans nécessité et de laisser sans autorisation sur la voie publique des meubles, caisses, tonneaux et autres objets.

71. Les voitures de toute espèce suspendues et non suspendues, charriots, charrettes, haquets, etc., devront être remisées pendant la nuit dans des emplacements hors de la voie publique.

Sont exceptées les voitures des porteurs d'eau qui, pour raison de sûreté publique, continueront à être remisées dans des emplacements désignés par les commissaires de police, sous la condition expresse pour ceux auxquels elles appartiennent de tenir les tonneaux pleins d'eau.

72. Les voitures, meubles, marchandises et tous autres objets laissés pendant la nuit sur la voie publique par impossibilité notoire de les rentrer dans l'intérieur de propriétés, seront éclairés aux frais et par les soins de ceux auxquels ils appartiennent ou auxquels ils auront été confiés, en se conformant à ce qui est prescrit par l'article 19.

SECTION IV.

Travaux, jeux, écriteaux.

73. Il est défendu aux maréchaux ferrants, layetiers, emballeurs, serruriers, tonneliers et autres de travailler ni faire travailler sur la voie publique.

74. Il est également défendu aux marchands épiciers, limonadiers et autres, de brûler ni faire brûler, sur la voie publique, du café et autres denrées.

Il est accordé un délai de trois mois à ceux qui n'ont point de cour, pour faire dans leurs habitations les dispositions convenables à cette opération, ou pour se procurer des emplacements particuliers.

75. Les jeux de palets, de tonneaux, de siam, de quilles, de volants et tous autres susceptibles de gêner la circulation et d'occasionner des accidents sont interdits sur la voie publique.

76. Les écriteaux servant à faire connaître au public les maisons, appartements, chambres, magasins et autres objets à vendre ou à louer ne pourront être suspendus au-devant des murs de face des maisons riveraines de la voie publique et devront être attachés et appliqués contre les murs.

77. Il est défendu de brûler de la paille sur la voie publique et d'y tirer des armes à feu, des pétards, fusées et autres pièces d'artifice.

CHAPITRE VI.

Boulevards et promenades publiques non closes.

78. Il est défendu de parcourir à cheval ou en voiture, même avec des voitures traînées à bras, les contre-allées des boulevards intérieurs et extérieurs de la capitale, et généralement toutes les parties des promenades publiques non closes réservées aux piétons.

79. Il sera permis de traverser les contre-allées à cheval ou en voiture, pour entrer dans les propriétés riveraines, si le sol de la traversée est disposé à cet effet, conformément aux permissions dont les propriétaires auront dû se pourvoir auprès de l'autorité compétente.

Les chevaux et voitures ne pourront, sous aucun prétexte, stationner dans les contre-allées.

80. Il ne sera déposé sur les chaussées ni dans les contre-allées aucune espèce de matériaux, lors même qu'ils seraient destinés à des travaux de construction ou de réparation à exécuter dans les propriétés riveraines.

Le transport des matériaux à travers les contre-allées qui n'auront point été disposées pour le passage des voitures ne pourra se faire à l'aide de voitures, camions ou brouettes, sans qu'on ait pris les mesures de précaution indiquées dans les permissions dont les propriétaires ou entrepreneurs seront tenus de se pourvoir.

81. Il est défendu de faire écouler les eaux ménagères sur les contre-allées et quinconces des boulevards tant intérieurs qu'extérieurs et de toutes promenades publiques, à moins d'une autorisation spéciale.

82. Il est défendu de jeter des pierres ou bâtons dans les arbres, d'y suspendre des écriteaux, enseignes, lanternes et autres objets, d'y tendre des cordes pour faire sécher le linge, des étoffes ou autres choses, d'y attacher des animaux, enfin de rien faire qui soit susceptible de nuire à la liberté et à la sûreté de la circulation et à la conservation des plantations.

83. On ne pourra combler sans autorisation les fossés et cuvettes bordant les contre-allées.

Défenses sont faites d'y jeter du fumier, des débris de jardinage, ordures, immondices et autres matières, et d'y faire écouler des eaux ménagères.

84. Il est défendu d'arracher ni de dégrader les barrières, poteaux, dalles, bornes et généralement tous objets quelconques établis pour la sûreté, l'utilité, la décoration et l'agrément des boulevards et promenades.

85. Nul ne pourra établir, sans permission, des échoppes, baraques, ni faire aucune construction fixe ou mobile dans les contre-allées et quinconces des boulevards et promenades.

Les échoppes, baraques et autres constructions existant en vertu d'autorisations ne pourront être augmentées ni même réparées sans une permission spéciale.

Celles pour lesquelles il n'a point été délivré de permission seront supprimées dans le délai d'un mois.

CHAPITRE VII.

Dispositions générales.

86. Au moyen des dispositions ci-dessus, l'ordonnance de police du 20 mai 1822, contenant les mesures de précaution à prendre pour garantir la sûreté de la circulation, est rapportée.

87. Il est défendu de dégrader, détruire ou enlever les barrières, pieux, échafauds, réverbères, appliques ou lampions, et tous objets généralement quelconques établis par l'autorité ou par des particuliers, en exécution de la présente ordonnance.

88. Les contraventions seront constatées par des procès-verbaux ou rapports et poursuivies conformément aux lois et règlements, sans préjudice de la responsabilité civile.

89. Toutes les fois que la liberté et la sûreté de la voie publique seront compromises, soit par refus de satisfaire aux obligations imposées, soit par négligence, les commissaires de police prendront administrativement, aux frais des contrevenants, les mesures nécessaires à l'effet de prévenir les accidents.

90. Dans le cas où des matériaux et autres objets resteraient déposés sur la voie publique, contrairement à la présente ordonnance, ils seront immédiatement enlevés à la diligence des commissaires de police, et transportés provisoirement aux lieux de dépôt à ce destinés.

Si les propriétaires sont connus, sommation leur sera faite de retirer lesdits objets dans le délai fixé par la sommation, tous frais faits par l'administration préalablement payés.

Si les propriétaires sont inconnus ou s'il n'a pas été déféré aux sommations, les objets seront dès lors considérés comme abandonnés et seront vendus à la conservation des droits de qui il appartiendra.

91. La présente ordonnance sera imprimée et affichée.

Le commissaire chef de la police municipale, les commissaires de police, les officiers de paix, l'architecte commissaire de la petite voirie, les inspecteurs généraux de la salubrité et de l'illumination sont chargés d'en surveiller et assurer l'exécution.

Elle sera adressée à M. le colonel commandant la gendarmerie royale de Paris, pour le mettre à portée de concourir à son exécution.

Il en sera envoyé des exemplaires à MM. les sous-préfets des arrondissements de Sceaux et de Saint-Denis, pour qu'ils les fassent afficher dans l'intérêt de ceux de leurs administrés qu'elle concerne.

Le préfet de police, DEBELLEYME.

CHARLES, etc.,

Sur le rapport de notre ministre secrétaire d'Etat au département de l'intérieur,

Nous avons ordonné et ordonnons ce qui suit :

1. Le sieur Mangin, conseiller à la Cour de Cassation, est nommé préfet de police du département de la Seine, en remplacement du sieur Debelleyme, appelé à d'autres fonctions.

2. Notre ministre secrétaire d'Etat de l'intérieur est chargé de l'exécution de la présente ordonnance.

Donné en notre château de Saint-Cloud, le 13 août de l'an de grâce 1829, et de notre règne le cinquième.

Signé CHARLES.

N° 1315. — *Avis pour rappeler au public l'obligation de tenir les chiens muselés et de ne pas les laisser vaguer* (1).

Paris, le 15 août 1829.

---

(1) V. l'ord. du 23 juin 1832.

N° 1316. — *Ordonnance concernant l'ouverture de la chasse* (1).

Paris, le 20 août 1829.

N° 1317. — *Ordonnance concernant le service des voitures dites Omnibus et autres faisant le transport en commun dans l'intérieur de la capitale* (2).

Paris, le 25 août 1829.

Nous, préfet de police,

Vu 1° la loi du 14 décembre 1789, article 50;

2° La loi des 16-24 août 1790, articles 1 et 3, titre XI, § 1, qui a réglé les pouvoirs et les devoirs des corps municipaux;

3° La loi du 9 vendémiaire an VI (30 septembre 1797);

4° Les articles 2, 22 et 32 de l'arrêté du gouvernement du 12 messidor an VIII (1er juillet 1800), et l'article 1 du 3 brumaire an IX (25 octobre 1800) qui a fixé les attributions du préfet de police;

5° L'ordonnance du roi du 22 juillet 1829, portant fixation des droits à payer par les voitures dites Omnibus et autres, faisant le service du transport en commun dans Paris, qui obtiendront la permission de stationner sur la voie publique;

6° Et les articles 471, 474 et 484 du Code pénal;

Considérant que les voitures de transport en commun, dont le chargement et le déchargement devaient, aux termes des arrêtés d'organisation, être effectués dans des emplacements intérieurs, pourront, suivant la convenance des localités, stationner sur la voie publique; que sous ce rapport ces voitures devant être considérées comme une annexe au service des voitures de place, il y a lieu, dans l'intérêt de l'ordre et de la sûreté publique, de leur appliquer les dispositions réglementaires imposées à ces dernières voitures, en tout ce qui n'est pas contraire à l'exploitation spéciale du service du transport en commun,

Ordonnons ce qui suit:

TITRE Ier.

Du droit de stationnement.

1. Les voitures dites Omnibus et autres qui obtiendront la permission de stationner sur la voie publique seront assujetties au droit de location établi par l'ordonnance du roi du 22 juillet 1829, rendue exécutoire par l'ordonnance de police du 1er août présent mois.

2. Le droit sera perçu sur les voitures qui auront été numérotées par les préposés de l'administration et dont le stationnement sera autorisé au point de départ et d'arrivée des itinéraires ou seulement à l'une des extrémités de chaque ligne.

3. Il ne sera perçu aucun droit pour les voitures qui ne stationneront ni au point de départ ni au point d'arrivée des itinéraires.

4. Lorsqu'un propriétaire de voitures du transport en commun voudra mettre en circulation ou cesser de faire circuler une ou plusieurs de ces voitures, il sera tenu d'en faire la déclaration à la pré-

---

(1) V. l'ord. du 22 août 1843.

(2) Rapportée. — V. l'ord. du 15 sept. 1838.

fecture de police ; si cette déclaration a lieu dans le cours du mois, le droit est exigible pour le mois entier.

5. En cas de retard ou de refus du payement du droit de location, il sera procédé contre les entrepreneurs comme il est dit en l'article 4 de l'ordonnance de police du 1er août 1829.

TITRE II.

Des voitures du transport en commun.

6. Les entrepreneurs ou propriétaires de voitures dites Omnibus et autres, faisant le service du transport en commun dans l'intérieur de Paris, et qui sont autorisées à circuler et à stationner sur la voie publique, seront tenus de faire, dans le délai de huit jours, à la préfecture de police, une nouvelle déclaration de leurs voitures, à l'effet d'obtenir un permis spécial de stationnement sur chacun des points qui auront été affectés à leur entreprise.

7. Les voitures Omnibus et autres déclarées, ainsi qu'il est dit en l'article précédent, seront estampillées sur les deux panneaux de côté et sur le panneau de derrière d'un numéro ayant une hauteur de dix centimètres (quatre pouces) sur six centimètres (deux pouces deux lignes) de largeur.

Ce numéro sera apposé en chiffres noirs sur un écusson blanc.

Il sera répété aussi sur une tablette en fer battu ayant treize centimètres de long sur sept centimètres de hauteur, laquelle sera fixée à vis et écrous dans l'intérieur de la voiture entre les deux carreaux de devant.

8. Ce numérotage sera exécuté par les préposés de la préfecture de police et sera à la charge des entrepreneurs.

9. Les numéros ne pourront être effacés sans notre autorisation.

10. Aucune voiture Omnibus ne sera numérotée avant qu'elle ait été visitée par les experts de l'administration et qu'il ait été reconnu qu'elle réunit toutes les conditions voulues sous le rapport de la solidité et de la commodité.

11. Chaque voiture devra être garnie de banquettes rembourrées, ainsi que l'intérieur, d'une étoffe propre et solide. Elle sera pourvue à l'extérieur d'un marche-pied à deux ou trois marches de vingt-sept centimètres (dix pouces) de largeur sur vingt centimètres (sept pouces et demi) de profondeur, et de deux rampes en fer.

Les châssis des glaces devront jouer facilement et être garnis de galons et de glands, pour pouvoir en tous temps les lever ou les baisser promptement.

Chaque voiture sera garnie de deux lanternes à l'extérieur, et dans l'intérieur d'une lanterne qui sera fixée au panneau attenant au siége du cocher.

Les chevaux seront bien accouplés quant à la taille et couverts de harnais solides, vernis ou passés au noir dans toutes leurs parties; les traits en corde sont expressément défendus.

L'impériale ne devra avoir ni courroies ni panier à bâche. Il est défendu d'y placer des voyageurs ou des ballots quelconques.

12. Au 1er avril et au 1er octobre de chaque année, il sera procédé à une visite générale des voitures Omnibus, ainsi que des chevaux et harnais.

Cette visite sera faite par un commissaire de police assisté de l'inspecteur en chef du service des voitures, de l'expert vétérinaire de la préfecture de police, de l'un des deux experts des voitures publiques et du préposé du numérotage.

Il sera dressé procès-verbal qui nous sera transmis dans les vingt-quatre heures, et qui devra constater : 1° si chaque voiture est construite avec la solidité convenable dans toutes ses parties; 2° si les harnais sont en bon état; 3° si les chevaux sont propres au service.

Il sera fait avec un poinçon une marque sur le train et les roues des voitures qui seront visitées.

Il ne sera rien perçu pour cette opération.

Dans le cas où les voitures seraient reconnues en mauvais état, le commissaire de police en interdira provisoirement l'usage; à cet effet, il en fera effacer le numéro par le peintre de la préfecture.

Dans son procès-verbal, le commissaire de police fera mention du nombre de voitures interdites et des causes d'interdiction. Il y désignera les entrepreneurs qui auraient des chevaux incapables de servir.

Les chevaux qui seront atteints de maladies contagieuses non contestées seront marqués pour être livrés à l'équarrissage.

En cas de contestation, il nous en sera déféré. Provisoirement les chevaux seront placés dans un lieu séparé.

13. Il est expressément défendu de faire stationner sur la voie publique des voitures Omnibus et autres en mauvais état, ou qui ne seraient pas numérotées, et d'employer des chevaux qui seraient reconnus vicieux, trop faibles ou atteints de maladies.

Les voitures Omnibus défectueuses ou non numérotées stationnant sur la voie publique, et les chevaux qui seront reconnus vicieux, trop faibles ou atteints de maladie, seront conduits à la préfecture et renvoyés immédiatement à leurs propriétaires et aux frais de ces derniers, s'il y a lieu, indépendamment de la suite à donner au procès-verbal qui devra en être dressé.

14. Les entrepreneurs qui auront l'intention de céder leurs voitures à des tiers ne pourront s'en dessaisir sans notre autorisation spéciale.

15. Chaque fois qu'un propriétaire de voitures du transport en commun voudra faire effacer l'estampille apposée sur une de ses voitures hors de service, et qu'il remplacera cette voiture par une autre en bon état, il sera tenu de les faire conduire toutes deux à la préfecture de police, pour faire exécuter sur chacune d'elles les dispositions nécessaires.

16. Les lanternes dont les voitures Omnibus devront être pourvues, tant à l'extérieur que dans l'intérieur, seront allumées à la chute du jour.

TITRE III.

Des propriétaires et entrepreneurs de voitures Omnibus et autres analogues.

17. L'autorisation de faire circuler et stationner des voitures Omnibus sur la voie publique ne pourra être accordée qu'aux personnes qui offriront une garantie suffisante à l'autorité et au public.

18. Les propriétaires ou entrepreneurs de voitures Omnibus et autres ne pourront se servir que de conducteurs et de cochers porteurs d'un permis de conduire délivré par la préfecture de police, et d'une carte de sûreté ou permis de séjour.

19. Tout propriétaire de voitures du transport en commun, en prenant un conducteur ou un cocher, sera tenu d'inscrire sur le permis de conduire la date de leur entrée à son service.

Lorsque le conducteur ou le cocher quitteront l'établissement, il sera fait mention sur leurs permis de la date de leur sortie.

20. Chaque propriétaire de voitures Omnibus tiendra un registre sur lequel il inscrira de suite les noms et domiciles de ses cochers et de ses conducteurs : il inscrira chaque jour sur ce registre le numéro de la voiture dont la conduite leur aura été confiée.

21. Il sera délivré aux entrepreneurs un livret de maître pour chacune de leurs voitures, qui contiendra, avec la présente ordonnance, le permis de circuler et de stationner, s'il y a lieu, et le signalement de la voiture.

Il sera perçu pour le livret de maître une somme de 70 centimes, montant des frais d'impression, et pour timbre du permis de station, 35 centimes.

22. Aucune voiture ne pourra circuler sans être pourvue du livret de maître exigé par l'article précédent, et qui devra être représenté à toute réquisition de l'autorité et du public.

23. A défaut par tout entrepreneur de voitures du transport en commun de représenter les conducteurs ou les cochers attachés à son service et qui seraient prévenus de délit ou de contravention, il sera tenu de faire à la préfecture de police le dépôt des permis de ces derniers.

Si l'entrepreneur ne se conforme pas à cette disposition, il sera pris contre lui telle mesure que réclameront la sûreté et la vindicte publique.

24. Dans aucun cas et pour quelque cause que ce soit, les propriétaires de voitures Omnibus ne pourront retenir les permis de conduire des conducteurs ou cochers, lorsque ceux-ci quitteront leur établissement. Ces permis seront déposés à la préfecture de police, par les propriétaires, dans les vingt-quatre heures qui suivront la sortie des cochers ou conducteurs.

Les discussions d'intérêts qui pourront s'élever entre les propriétaires et les conducteurs ou cochers devront être portées devant les tribunaux compétents.

25. Il est fait expresses défenses à tous propriétaires ou entrepreneurs de voitures Omnibus de confier la conduite de leurs voitures à des conducteurs et cochers qui ne seraient point vêtus proprement.

TITRE IV.

Des conducteurs et cochers.

26. La profession de conducteur et de cocher de voitures dites du transport en commun ne pourra être exercée que par des individus âgés au moins de dix-huit ans.

27. Tout individu qui voudra embrasser l'une ou l'autre profession devra justifier de sa moralité, et produire en outre ses papiers de sûreté, ainsi qu'un certificat délivré par deux propriétaires de voitures, constatant qu'il sait conduire.

28. Tout cocher ou conducteur de voitures devra être pourvu d'un permis de conduire indiquant :

1° Son numéro d'inscription à la préfecture de police ;
2° Ses nom et prénoms ;
3° Son signalement;
4° Le lieu de sa naissance ;
5° Son domicile.

Ce permis contiendra en outre un extrait de l'ordonnance en ce qui concerne les conducteurs et les cochers

29. Il sera perçu pour le coût de ce permis de conduire la somme de 70 centimes, montant des frais d'impression.

30. Ce permis restera déposé à la préfecture de police pendant tout le temps que le cocher ou le conducteur ne sera point employé chez un propriétaire de voitures.

Il recevra en échange un bulletin de dépôt indiquant qu'il est pourvu d'un permis de conduire.

Ce bulletin mentionnera aussi l'obligation où est l'entrepreneur de retirer à la préfecture de police le permis de conduire du cocher ou du conducteur, le jour même de l'entrée de l'un de ces individus à son service, et de déposer ce permis à la préfecture le lendemain de sa sortie.

31. Tout cocher ou conducteur conduisant une voiture du transport en commun devra être muni :

1° Du livret de maître, contenant le numéro et le permis de circuler et de stationner de la voiture, et la présente ordonnance ;

2° De papiers de sûreté qu'il est tenu de représenter, ainsi que le livret ci-dessus, à toute réquisition du public ou de l'autorité.

En cas de refus ou d'impossibilité, il sera conduit chez le commissaire de police le plus voisin pour y donner les explications nécessaires; sur le vu du procès-verbal qui sera dressé, il sera pris telle mesure qu'il appartiendra. Dans tous les cas, la voiture sera conduite immédiatement à la préfecture de police, pour de là être renvoyée à son propriétaire et aux frais de ce dernier.

32. Tous cochers et conducteurs, en quittant un établissement, sont tenus de remettre à l'entrepreneur le livret de maître et le permis de stationnement de la voiture dont la conduite leur est confiée.

33. Lorsqu'un conducteur ou cocher de voitures Omnibus changera de domicile, il sera tenu d'en faire, au moins trois jours d'avance, la déclaration à la préfecture de police.

34. Toute voiture du transport en commun, conduite par un conducteur ou un cocher qui serait dans un état de malpropreté évidente, sera amenée à la préfecture de police, pour être de là renvoyée au propriétaire et aux frais de ce dernier.

35. Il est défendu aux conducteurs et cochers de quitter leurs voitures lorsqu'elles stationnent sur les places à ce affectées.

36. Il est expressément défendu de faire arrêter les voitures du transport en commun dans les carrefours, aux embranchements des rues, à la descente des ponts et devant les théâtres, à partir de 6 heures du soir.

37. Les conducteurs et cochers devront effectuer leur temps d'arrêt de manière à ne pas embarrasser la voie publique et à ne point interrompre la circulation des autres voitures.

38. En cas d'infraction aux deux articles précédents, il sera procédé, à l'égard de la voiture, comme il est dit en l'article 34, indépendamment de la suite à donner à la contravention.

39. Les conducteurs ne pourront recevoir dans leurs voitures un plus grand nombre de personnes que celui qu'elles peuvent contenir et qui sera indiqué tant dans l'intérieur qu'à l'extérieur de la voiture.

40. Les personnes qui auront à se plaindre d'un conducteur ou d'un cocher sont invitées à en donner connaissance par écrit, soit à la préfecture de police, soit au bureau de l'un des commissaires de police de Paris, en ayant soin d'indiquer le numéro de la voiture, ainsi que le jour, le lieu et l'heure auxquels elle aura été prise et quittée.

41. En cas d'accidents graves causés par la voiture sur la voie publique, le cocher et le conducteur seront immédiatement amenés à la préfecture de police pour y être interrogés et être ultérieurement procédé à leur égard ainsi qu'il appartiendra.

42. Il est enjoint aux conducteurs de visiter immédiatement, après chaque course, l'intérieur de leurs voitures, et de remettre sur-le-champ aux personnes qu'ils auront conduites les effets qu'elles y auraient laissés.

A défaut de possibilité de la remise prescrite ci-dessus, il est ordonné aux conducteurs de faire, dans le jour, à la préfecture de police, la déclaration et le dépôt des effets qu'ils auront trouvés dans leurs voitures.

43. Il est défendu à tout cocher ou conducteur de voitures Omnibus de traverser les halles du centre avant dix heures du matin.

Leur voiture devra en outre être conduite au pas dans les marchés et les rues étroites où deux voitures seulement peuvent passer de front, ainsi qu'à la descente des ponts.

Il est enjoint aux cochers de ne point faire galoper leurs chevaux dans quelque circonstance que ce soit.

44. Toute coalition tendant à imposer des conditions aux propriétaires ou entrepreneurs de voitures du transport en commun est défendue aux cochers et conducteurs, sous les peines de droit et sans préjudice de la mesure administrative prévue en l'article 45 de la présente ordonnance.

Lorsqu'ils voudront quitter l'établissement où ils seront employés, ils devront en prévenir le propriétaire au moins trois jours d'avance.

45. Lorsqu'il sera reconnu qu'un conducteur ou un cocher de voitures Omnibus, soit par le fait de plaintes graves ou réitérées, soit à cause d'infirmités ou de tout autre motif qui serait de nature à compromettre la sûreté publique, ne présente plus les conditions nécessaires à l'exercice de sa profession, le permis de conduire pourra lui être retiré.

46. Lorsque le permis de conduire aura été retiré à un conducteur ou à un cocher, ce permis devra être rapporté immédiatement à la préfecture de police, par le propriétaire de la voiture, aussitôt que ce dernier en aura reçu l'ordre.

47. Tout propriétaire de voitures faisant le service du transport en commun, qui emploierait un conducteur ou un cocher auquel le permis de conduire aurait été retiré, pourra être privé du numéro de la voiture dont la conduite aurait été confiée à ce conducteur ou à ce cocher.

TITRE V.

Tarif des places.

48. Le prix des places dans toutes les voitures Omnibus est et demeure fixé à 25 centimes par personne pour le parcours de chacun des itinéraires qui seront désignés d'une manière ostensible, tant à l'extérieur que dans l'intérieur de la voiture.

TITRE VI.

Des itinéraires et du stationnement des voitures dites Omnibus.

49. Il est expressément défendu aux entrepreneurs ou propriétaires de voitures Omnibus de s'écarter des lignes de parcours qui leur auront été accordées et de les prolonger, sous quelque prétexte que ce soit, sans une permission spéciale.

50. Il leur est également défendu de faire stationner leurs voitures ailleurs que sur les différents points de la voie publique qui leur ont été désignés.

51. A défaut de stationnement sur la voie publique, et lorsque des considérations d'ordre et de sûreté publique ne permettront pas de l'accorder, l'entrepreneur devra se pourvoir d'un local particulier.

52. Il est expressément défendu aux entrepreneurs et propriétaires de faire sortir leurs voitures hors barrières, à moins qu'ils n'aient obtenu préalablement des maires des communes voisines la permission de stationner sur leurs territoires respectifs.

Cette disposition n'est point applicable aux entreprises qui ont aujourd'hui le siége de leur établissement dans les communes rurales.

53. Lorsque la voiture aura quitté le lieu de stationnement, elle ne pourra s'arrêter dans le parcours de l'itinéraire que le temps strictement nécessaire pour faire monter ou descendre les voyageurs.

TITRE VII.

Dispositions générales.

54. Les entrepreneurs du service du transport en commun et leurs cochers et conducteurs sont tenus d'obtempérer immédiatement aux injonctions qui leur seront faites par les préposés de l'administration.

55. Les propriétaires ou entrepreneurs des voitures dites Omnibus sont civilement responsables des faits des conducteurs et cochers qu'ils emploient, en tout ce qui concerne leur service.

56. Les contraventions à la présente ordonnance seront constatées soit par des procès-verbaux, soit par des rapports qui nous seront transmis et qui seront dressés par des agents ou préposés de notre administration.

57. Il sera pris envers les contrevenants telles mesures de police administrative qu'il appartiendra, sans préjudice des poursuites à exercer contre eux devant les tribunaux.

58. La présente ordonnance sera imprimée et affichée.

Les sous-préfets des arrondissements de Sceaux et de Saint-Denis, les maires des communes rurales du ressort de la préfecture de police, le chef de la police municipale, les commissaires de police, le commissaire de police inspecteur en chef du service des voitures, les officiers de paix et les préposés de la préfecture de police sont chargés de tenir la main à son exécution, chacun en ce qui le concerne.

Elle sera adressée en outre à M. le colonel de la ville de Paris, commandant la gendarmerie royale, et à M. le commandant de la gendarmerie du département de la Seine, pour qu'ils en assurent l'exécution par tous les moyens qui sont à leur disposition.

Le préfet de police, MANGIN

N° 1318.—*Ordonnance concernant les mesures de police qui doivent être observées les 6, 13 et 20 septembre 1829, à l'occasion de la fête de Saint-Cloud* (1).

Paris, le 1er septembre 1829.

N° 1319. — *Arrêté concernant le numérotage des fiacres* (2).

Paris, le 18 septembre 1829.

Nous, préfet de police,

Vu 1° l'arrêté de notre prédécesseur, du 8 septembre 1828, portant autorisation aux sieurs Camille, Gorre, Daux et compagnie, loueurs de voitures réunis en une seule société, de placer sur chaque coffre le numéro de chaque voiture, en chiffres rouges de forme arabe de la hauteur de deux pouces;

2° L'autorisation subséquente accordée aux mêmes fins aux sieurs Leboulanger, Varin et compagnie, aussi loueurs de voitures;

---

(1) V. l'ord. du 6 sept. 1843.

(2) Rapporté. — V. l'ord. du 15 janv. 1841, les arr. des 15 janv. et 18 fév. 1841, et l'ord. du 25 mai 1842.

8° Enfin l'arrêté du 17 mars 1829, autorisant les loueurs qui réuniront dans une seule exploitation vingt-cinq voitures à participer au numérotage dont il s'agit;

Considérant que, bien que par l'effet de cette concession le matériel des voitures de place ait reçu une grande amélioration, la forme, la couleur et la pose des petits numéros sur le coffre des voitures entraînent de graves inconvénients; qu'un grand nombre de délits ont été occasionnés par la circulation de ces voitures, et qu'en raison de l'imperceptibilité des numéros la plupart sont restés impunis;

Qu'il importe, dans l'intérêt de l'ordre et de la sûreté publique, de faire cesser un état de choses qui, en même temps qu'il paralyse l'action de l'autorité, peut avoir les plus funestes conséquences,

Arrêtons ce qui suit :

1. Tous les fiacres autorisés à circuler et à stationner dans la capitale seront numérotés, sans exception, en chiffres noirs ou blancs, d'une hauteur de trois pouces au moins, aux deux panneaux de côté et à celui de derrière.

2. Ces chiffres, qui seront facultativement de métal poli ou peints sur la voiture, seront renfermés dans un écusson blanc ou noir, suivant la couleur des numéros, de telle manière que les chiffres noirs soient placés sur un fond blanc, et les chiffres blancs sur un fond noir.

3. L'estampille de l'administration continuera d'être apposée au-dessus des numéros.

4. Les précédentes autorisations accordées aux loueurs de fiacres de substituer de petits numéros aux numéros anciens sont et demeurent rapportées.

5. Expédition du présent arrêté sera adressée aux commissaires de police de la ville de Paris, au chef de la police municipale et à l'inspecteur en chef du service des voitures pour en assurer l'exécution, chacun en ce qui le concerne.

Le préfet de police, MANGIN.

N° 1320. — *Ordonnance concernant les bouquinistes et étalagistes de livres* (1).

Paris, le 19 septembre 1829.

Nous, préfet de police,

Vu 1° les dispositions des articles 7 et 8 du règlement du 28 février 1723 sur la librairie;

2° Celles des articles 1 et 2 de l'ordonnance de police du 8 novembre 1780, portant défense à tous marchands d'acheter aucuns livres des enfants de famille ou domestiques, et de toutes autres personnes inconnues, et qui les obligent dans tous les cas à tenir des livres constatant les achats et ventes résultant de leur trafic;

Considérant que les individus qui se livrent, dans le ressort de la préfecture de police, à la profession de bouquinistes et étalagistes de livres, achètent, vendent, échangent et trafiquent journellement de livres et autres ouvrages de librairie qui souvent ont été soustraits à leurs légitimes propriétaires;

Considérant qu'il est urgent, pour empêcher la consommation de

---

(1) V. l'ord. du 31 oct. 1822.

ces fraudes, de renouveler et publier les règlements d'administration publique et les ordonnances de police qui défendent d'acheter de certaines classes d'individus les livres dont ils sont détenteurs et qui exigent de la part des libraires, bouquinistes et de tous autres l'observation de formalités nécessaires à la constatation des achats et ventes desdits objets, afin de faciliter la recherche de ceux provenant de vols et la découverte des auteurs de ces soustractions,

Ordonnons ce qui suit :

1. Défenses sont faites à tous bouquinistes, étalagistes de livres et autres personnes se livrant au commerce de livres dans le ressort de la préfecture de police, d'acheter aucuns livres et ouvrages de librairie des enfants de famille, des écoliers, des serviteurs et domestiques, sans un consentement exprès, et par écrit, de leurs pères, mères, tuteurs ou de leurs maîtres.

2. Défenses leur sont faites également d'en acheter d'aucunes personnes dont les noms et la demeure ne leur seraient pas parfaitement connus, à moins qu'elles ne soient certifiées par d'autres personnes domiciliées et capables d'en répondre.

3. Tous marchands bouquinistes, étalagistes de livres, et autres personnes se livrant au trafic des livres, sont ténus de retenir les livres qui leur seraient présentés en vente par des personnes inconnues et suspectes, à la charge d'en faire la remise et le dépôt, dans les vingt-quatre heures, entre les mains des commissaires de police de leurs quartiers ou du maire de leurs communes qui recevront leurs déclarations.

4. Lesdits bouquinistes et étalagistes de livres, et tous marchands qui font achat de livres et d'autres ouvrages de librairie dans le ressort de la préfecture de police, seront tenus, à compter du jour de la publication de la présente ordonnance, d'ouvrir et tenir deux registres sur lesquels ils feront mention de leurs noms et qualités, et inscriront jour par jour, de suite et sans aucun blanc ni rature, leurs achats, ventes et échanges de livres avec leurs titres, ainsi que les noms, surnoms, qualités et demeures de leurs vendeurs et des répondants de ces derniers.

5. En exécution de l'article précédent, tous bouquinistes, étalagistes de livres, et autres personnes faisant achat, vente et trafic de livres neufs ou de hasard, sont tenus de présenter au visa des commissaires de police des quartiers de leur domicile, ou des maires de leur commune, les registres que cet article leur impose, à l'effet par eux de les coter et parafer par premier et dernier feuillet, sous l'obligation expresse par lesdits marchands de représenter lesdits registres au moins une fois le mois auxdits commissaires de police et maires des communes, à l'effet d'être chaque fois parafés et visés par eux, et ce, sous les peines de droit contre chacun des contrevenants ou refusants.

6. Toute infraction aux dispositions de la présente ordonnance donnera lieu contre les contrevenants à l'application par les tribunaux des dispositions pénales prononcées par les règlements, notamment par l'ordonnance de police du 8 novembre 1780.

7. La présente ordonnance sera imprimée, publiée et affichée dans Paris et dans tout le ressort de la préfecture de police; MM. les sous-préfets de Sceaux et de Saint-Denis, les maires et les commissaires de police des communes rurales, le commissaire chef de la police municipale et les commissaires de police sont chargés, chacun en ce qui le concerne, d'en assurer l'exécution par toutes les voies de droit.

Le préfet de police, MANGIN.

N° 1321.—*Ordonnance concernant les cultivateurs et marchands de gros légumes qui approvisionnent le marché établi rue de la Ferronnerie* (1).

Paris, le 21 septembre 1829.

Nous, préfet de police,

Considérant que la vente en gros des légumes au marché établi rue de la Ferronnerie n'est ouverte qu'à deux heures du matin, conformément à l'ordonnance du 31 octobre 1825;

Que cependant, en contravention à l'article 3 de la même ordonnance, les marchands qui approvisionnent ce marché arrivent dès huit heures du soir;

Que le déchargement de leurs voitures ne pouvant avoir lieu avant minuit, dans ladite rue, ils les font stationner dans les rues adjacentes, et notamment dans les rues Saint-Denis et Saint-Honoré, où elles embarrassent la circulation, nuisent aux établissements de commerce, et donnent lieu à des réclamations et à des accidents;

Vu la loi des 16-24 août 1790, titre XI, art. 3, § 1;

L'article 46, titre I de la loi du 22 juillet 1791;

Les articles 2, 22 et 33 de l'arrêté du 1er juillet 1800 (12 messidor an VIII);

L'article 471, § 4, du Code pénal,

Ordonnons ce qui suit:

1. Il est défendu aux cultivateurs et marchands de gros légumes qui approvisionnent le marché établi rue de la Ferronnerie, de faire entrer, circuler et stationner leurs voitures, dans Paris, avant 11 heures du soir.

2. Les approvisionneurs devront, en attendant l'heure d'entrer, ranger leurs voitures sur une seule file, ou sur deux files lorsque les localités le permettent, de manière à ne point gêner la circulation, et notamment aux abords des barrières.

3. Les voitures ne pourront entrer que par six et à quelque intervalle.

Il est expressément défendu aux conducteurs de ces voitures de mettre leurs chevaux au trot ou au galop.

4. Les voitures des approvisionneurs trouvés en contravention seront mises en fourrière, jusqu'au lendemain quatre heures du matin.

5. Les contraventions seront constatées par des procès-verbaux qui nous seront adressés, et punies conformément aux lois et règlements.

6. La présente ordonnance sera imprimée, publiée et affichée principalement dans les halles et marchés et aux barrières.

7. M. le directeur de l'octroi et des entrées de Paris est invité à faire tenir la main à l'exécution de la présente ordonnance par les préposés et employés sous ses ordres, notamment aux barrières de la Villette, de la Chapelle, de Pantin, du Roule et de Passy, à l'effet de quoi ampliation lui en sera adressée.

8. Les sous-préfets des arrondissements de Saint-Denis et de Sceaux, les maires des communes rurales du ressort de la préfecture de police, le chef de la police municipale, les commissaires de police, les officiers de paix, le commissaire inspecteur général et l'inspecteur général adjoint des halles et marchés et les préposés placés sous leurs ordres sont également chargés de tenir la main à son exécution.

---

(1) V. les ord. des 28 mars et 5 avril 1831, et 28 juin 1833.

La présente ordonnance sera adressée en outre à M. le colonel de la ville de Paris, commandant la gendarmerie royale, et à M. le commandant de la gendarmerie du département de la Seine, pour qu'ils en assurent l'exécution par tous les moyens qui sont à leur disposition.

Le préfet de police, **MANGIN.**

N° 1322. — *Avis portant défense de mener des chiens aux courses de chevaux du Champ de Mars* (1).

Paris, le 21 septembre 1829.

N° 1323. — *Arrêté concernant le service des voitures faisant le transport en commun* (2).

Pâris, le 8 octobre 1829.

Nous, préfet de police,

Vu 1° l'article 7 de l'ordonnance de police du 25 août dernier, portant : « Les voitures omnibus et autres seront estampillées sur les deux « panneaux de côté et sur le panneau de derrière d'un numéro ayant « une hauteur de dix centimètres (quatre pouces) sur six centimètres « (deux pouces deux lignes);

« Ce numéro sera apposé en chiffres noirs sur un écusson blanc; »

2° L'article 15 de l'ordonnance précitée qui dispose, « que chaque « fois qu'un propriétaire de voiture de transport en commun voudra « faire effacer l'estampille apposée sur une de ses voitures hors de ser- « vice et qu'il remplacera cette voiture par une autre en bon état, il « sera tenu de les faire conduire toutes deux à la préfecture de police « pour faire exécuter sur chacune d'elles les dispositions nécessaires; »

3° Les réclamations à nous adressées par les entrepreneurs du transport en commun, d'où il résulterait que les conditions prescrites par les articles précités portent une atteinte grave à leurs intérêts, et leur demande de substituer au numérotage fixe de leurs voitures un numérotage mobile;

Considérant que le numérotage des voitures du transport en commun n'a pas seulement pour objet de justifier de l'autorisation de stationner sur la voie publique; qu'il sert aussi à faire connaître les voitures, qui, en cas de contravention ou de délit, chercheraient à se soustraire aux investigations de l'autorité; que les dispositions des articles 7 et 15 de l'ordonnance du 25 août dernier donnent à cet égard toute la garantie désirable à l'administration et au public;

Attendu, cependant, que, d'après l'organisation spéciale des voitures du transport en commun, le mode d'exécution déterminé par les articles ci-dessus peut à certains égards entraver l'exploitation du service;

Voulant faciliter l'exécution des mesures prescrites au sujet du numérotage et procurer en même temps aux entrepreneurs du transport en commun tous les avantages compatibles avec la sûreté publique et les règlements relatifs à leur profession,

---

(1) V. l'avis du 11 oct. 1843.

(2) Rapporté. — V. l'ord. du 15 sept. 1838.

Arrêtons ce qui suit :

1. Chaque voiture du transport en commun devra être pourvue de trois plaques mobiles, indicatives du numéro et de l'itinéraire. Ces plaques seront estampillées d'un poinçon, dont le modèle est figuré ci-contre, ayant en hauteur comme en largeur quarante et un millimètres (un pouce et demi), et seront placées, deux aux panneaux de côté dans la partie supérieure, et la troisième au panneau de derrière, également dans la partie supérieure.

2. Les numéros qui seront apposés en tête des plaques seront d'une hauteur de dix centimètres (quatre pouces), sur six centimètres de largeur (deux pouces deux lignes), et ils continueront d'être à la charge des entrepreneurs. Ils seront, facultativement de couleur noire sur un fond blanc, ou blanc sur un fond noir.

3. Les plaques seront toutes revêtues de l'estampille de l'administration de la préfecture de police.

4. Lorsque les entrepreneurs remplaceront une voiture hors de service, ils pourront en détacher les plaques pour les reporter sur la voiture de remplacement et après, toutefois, que cette voiture aura été visitée et estampillée par les experts de la préfecture de police.

5. Les voitures circuleront sur les itinéraires suivant leur série et le nombre dévolu à chaque ligne. Ainsi les voitures dites en commun qui parcourent les boulevards seront numérotées de 1 à 25 et ainsi de suite pour toutes les voitures du service en général, les voitures de toutes les entreprises restant soumises à une seule et même série.

6. Lorsque, par quelque motif que ce soit, les entrepreneurs réduiront le nombre de leurs voitures, ils seront tenus de déposer à la préfecture de police, autant de trois plaques, qu'ils retireront de voitures de la circulation, en même temps qu'ils viendront faire la déclaration prescrite par l'article 4 de l'ordonnance du 25 août dernier.

A défaut par eux de se conformer strictement à cette disposition, le droit de stationnement sera exigible pour toutes les voitures dont les plaques n'auront pas été déposées dans les bureaux de l'administration de la police.

7. Toute voiture du transport en commun, qui serait mise en activité sans être pourvue de la plaque prescrite par l'article 1 et sans avoir été préalablement visitée et estampillée par les experts de l'administration, pourra être retirée de la circulation pour un temps déterminé, et pour toujours en cas de récidive.

8. Toute voiture du transport en commun, qui serait mise en activité à l'aide de plaques revêtues d'une estampille fausse, sera immédiatement retirée de la circulation sans préjudice des poursuites judiciaires à exercer contre l'entrepreneur, pour raison du faux qu'il aurait commis.

9. Les dispositions de notre ordonnance de police du 25 août dernier continueront à sortir leur effet, en tout ce qui n'est pas contraire au présent arrêté.

10. Expédition du présent arrêté sera adressée aux commissaires de police de la ville de Paris, au chef de la police municipale, ainsi qu'aux autres préposés de l'administration chargés d'en surveiller l'exécution.

Ampliation en sera remise aux entrepreneurs du service du transport en commun.

Le préfet de police, MANGIN.

N° 1324. — *Ordonnance concernant les porteurs d'eau* (1).

Paris, le 24 octobre 1829.

Nous, préfet de police,

Vu 1° l'article 32 de l'arrêté du gouvernement du 12 messidor an VIII (1er juillet 1800);

2° L'ordonnance du roi du 16 août 1815, relative à la vente de l'eau aux fontaines de la ville de Paris dépendantes des pompes à feu;

Considérant qu'un grand nombre de porteurs d'eau à tonneaux, traînés à cheval ou à bras, s'abstiennent de faire leur déclaration à la préfecture de police, ainsi qu'ils y sont tenus, lorsqu'ils vendent leurs tonneaux ou qu'ils changent de domicile;

Qu'il résulte de cette inexécution des règlements que des délits ou contraventions sur la voie publique peuvent demeurer impunis, et qu'il importe, dans l'intérêt du service et de la sûreté publique, de mettre un terme à cet état de choses, en faisant procéder à un nouveau numérotage et jaugeage de tous les tonneaux destinés au débit de l'eau dans Paris,

Ordonnons ce qui suit :

1. Il sera procédé à un nouveau numérotage et jeaugeage de tous les tonneaux traînés à cheval ou à bras.

2. A cet effet, tous les porteurs d'eau qui voudront continuer leur état dans la ville de Paris seront tenus d'en faire la déclaration à la préfecture de police, dans le délai d'un mois (à partir du 15 novembre prochain au 15 décembre suivant).

Ceux qui, à l'avenir, voudront s'établir, devront préalablement faire la même déclaration.

Il sera délivré aux déclarants, et pour chaque tonneau, un certificat (dit feuille de roulage), qui devra être visé par le commissaire de police de leur domicile. Cette déclaration indiquera dans quel endroit le tonneau sera remisé.

3. Afin de prévenir les accidents, les brancards des tonneaux, soit à cheval, soit à bras, ne pourront saillir en arrière, au delà des roues, de plus d'un pied.

4. Les tonneaux des porteurs d'eau seront numérotés aux frais des propriétaires.

Il n'y aura qu'une seule série de numéros; mais les numéros pairs demeurent affectés aux tonneaux traînés par des chevaux, et les numéros impairs aux tonneaux à bras.

La capacité du tonneau sera indiquée sur le fond de devant, ainsi que le diamètre du bouge et la longueur des douves, déduction faite des jables.

Le numéro sera peint, sur le fond de derrière, en chiffres arabes rouges de huit centimètres (trois pouces) de hauteur, dans un écusson blanc de la forme ci-dessous, ayant vingt centimètres (sept pouces et demi) de largeur, sur onze centimètres (quatre pouces) de hauteur.

Au-dessous de l'écusson seront peints, également en rouge, dans un blason ovale de même dimension, le nom du propriétaire du tonneau et son domicile.

Le numérotage et le jaugeage des tonneaux aura lieu depuis neuf heures jusqu'à quatre heures, sur le quai aux Fleurs, les lundis,

(1) Rapportée. — V. les ord. des 14 juin 1833, 30 mars 1837 et 15 avril 1843.

mardis, jeudis et vendredis; et à partir de midi, sur le quai de l'Archevêché, les mercredis et samedis.

5. Il est expressément défendu aux porteurs d'eau de s'immiscer en rien dans le jaugeage et le numérotage de leurs tonneaux.

Ils ne pourront également s'immiscer dans l'inscription de leur domicile, qui ne devra être faite que par le peintre attaché à la préfecture de police.

Il leur est également défendu d'altérer en aucune manière l'indication de la contenance ni l'empreinte du jaugeage de leurs tonneaux; comme aussi de rien changer dans la construction de leurs tonneaux qui puisse en augmenter la capacité.

En cas de fraude constatée, les tonneaux seront, pour garantie de l'amende, saisis et retenus en dépôt à la fourrière jusqu'au jugement à intervenir, à moins de consignation de la part des contrevenants.

6. Les porteurs d'eau à tonneaux qui changeront de domicile en feront la déclaration, dans le délai de trois jours, à la préfecture de police, après avoir fait la même déclaration au commissaire de police du quartier, qui en fera mention sur la feuille de roulage.

7. Lorsqu'un porteur d'eau à tonneau cessera l'exercice de son état, il en fera déclaration au commissaire de police de son quartier et à la préfecture de police.

Les numéros peints sur les tonneaux seront effacés par le peintre attaché à l'administration, et certificat en sera délivré au déclarant.

8. En cas de vente d'un tonneau numéroté, la déclaration en sera faite à la préfecture, tant par le vendeur que par l'acheteur.

9. Chaque année, et à l'époque qui sera ultérieurement déterminée, les tonneaux de porteurs d'eau seront visités, à l'effet de vérifier l'exactitude des déclarations de domicile, l'indication du numéro et le jaugeage des tonneaux.

10. Les porteurs d'eau à tonneau rempliront leurs tonneaux, chaque soir, avant de les rentrer, et les tiendront remplis toute la nuit.

Ils ne pourront puiser, hors les cas d'incendie, qu'aux fontaines dépendantes de l'établissement des pompes à feu, ou à celles auxquelles l'autorité leur permettrait, par la suite, de s'approvisionner.

Il leur est défendu de puiser aux fontaines publiques.

11. Au premier avis d'un incendie, les porteurs d'eau à tonneau y conduiront leurs tonneaux pleins, à peine d'être poursuivis conformément à l'article 475 du Code pénal, § 12.

Indépendamment du prix de l'eau, il sera accordé une prime aux propriétaires des deux tonneaux qui arriveront les premiers au lieu de l'incendie.

12. Il leur est défendu de traverser les halles du centre, avant dix heures du matin, en tout temps;

De faire stationner leurs tonneaux sur la voie publique, si ce n'est pendant le temps nécessaire pour servir leurs pratiques.

Il leur est également défendu de les laisser dehors pendant la nuit, à moins qu'ils ne les remisent sur les emplacements désignés à cet effet par la police.

13. Les porteurs d'eau à tonneaux ne pourront se servir que de conducteurs porteurs d'une carte de sûreté ou permis de séjour et d'un livret qui leur sera délivré à la préfecture de police, conformément au décret du 3 octobre 1810.

14. Le conducteur d'un tonneau devra toujours être muni de la feuille de roulage constatant la délivrance du numéro, et la représenter à la première réquisition des agents de l'autorité. Il devra aussi être porteur de ses papiers de sûreté.

15. Les porteurs d'eau à tonneaux sont, conformément à la loi,

civilement responsables des personnes qu'ils emploient à la conduite de leurs voitures ou à la distribution de l'eau.

16. Les particuliers continueront de puiser aux fontaines publiques avant les porteurs d'eau à bretelle.

17. Les porteurs d'eau à bretelle ne pourront puiser à la rivière qu'aux pompes et puisoirs autorisés à cet effet.

18. Les contraventions seront constatées par des procès-verbaux ou rapports qui nous seront transmis, pour être déférées aux tribunaux et poursuivies conformément aux lois.

19. La présente ordonnance sera imprimée et affichée.

Les commissaires de police, les ingénieurs des eaux de Paris, l'inspecteur général de la navigation et des ports et les autres préposés de la préfecture de police sont chargés, chacun en ce qui le concerne, de tenir la main à son exécution.

Ampliation en sera adressée à M. le conseiller d'Etat, préfet du département de la Seine, et à M. le directeur des droits d'entrée et d'octroi de Paris.

Le préfet de police, MANGIN.

N° 1325. — *Ordonnance concernant le balayage des rues* (1).

Paris, le 24 octobre 1829.

N° 1326. — *Ordonnance concernant la police de nouveaux marchés à fourrages établis faubourg Saint-Antoine, boulevard d'Enfer et faubourg Saint-Martin* (2).

Paris, le 30 octobre 1829.

Nous, préfet de police,

Vu l'ordonnance du roi, du 13 août 1828, qui autorise l'établissement de trois marchés à fourrages, le premier dans le faubourg Saint-Antoine, le second sur le boulevard d'Enfer, et le troisième dans le faubourg Saint-Martin;

L'ordonnance du 6 octobre 1632;

L'édit de décembre 1672, chapitre III, article 23;

L'ordonnance du 7 juillet 1786;

Les articles 423 et 458 du Code pénal, ensemble les articles 2, 24, 32 et 33 de l'arrêté du gouvernement du 1er juillet 1800 (12 messidor an VIII),

Ordonnons ce qui suit :

1. Les nouveaux marchés affectés à la réception, conservation et vente des fourrages (foin, trèfle, luzerne, sainfoin et paille), destinés à l'approvisionnement de Paris, seront ouverts, savoir :

Le marché d'Enfer, le 4 novembre prochain;

Le marché Saint-Antoine, le 1er décembre suivant,

Et le marché du faubourg Saint-Martin, le 15 du même mois.

2. Tous les fourrages devront être amenés directement à l'un ou à l'autre de ces trois marchés.

---

(1) V. les ord. des 29 oct. 1836, 28 oct. 1839, et 1er avril 1843.

(2) V. les ord. des 6 fév. 1830 et 13 sept. 1834.

3. Les voitures seront rangées dans les marchés selon l'ordre qui sera prescrit par le commissaire inspecteur général des halles et marchés et de manière que la circulation y soit toujours libre.

4. Il est défendu de circuler dans les marchés, soit en voiture, soit à cheval.

5. Il est défendu de vendre des fourrages sur les routes, dans les auberges, dans les rues, et partout ailleurs que dans les marchés, et notamment d'en vendre aux abords des barrières, et sur les boulevards extérieurs, à peine de deux cents francs d'amende. (*Ord. du 7 juillet* 1786, *art.* 3 *et* 4.)

6. Les conducteurs de voitures de fourrages amenés à destination particulière devront être munis de lettres de voiture sur papier timbré et datées du lieu du départ.

A défaut de lettres de voiture en règle, les voitures trouvées en circulation seront conduites au marché le plus voisin, et procès-verbal sera dressé contre les conducteurs.

7. Il est également défendu d'aller au-devant des voitures de fourrages, et de les acheter ou arrher hors des marchés, à peine de cent francs d'amende. (*Ord. du 7 juillet* 1786, *article* 4.)

8. La vente des fourrages aura lieu dans les marchés, tous les jours, excepté les dimanches et fêtes.

9. Du 15 octobre au 15 mars, les marchés ouvriront à sept heures du matin, et la vente commencera à huit heures.

Du 15 mars au 15 octobre, les marchés ouvriront à cinq heures du matin et la vente commencera à six heures.

En tout temps, la vente cessera à deux heures de relevée, et la fermeture des marchés aura lieu à quatre heures.

L'ouverture et la fermeture des marchés et de la vente seront annoncées au son de la cloche.

10. Les propriétaires de fourrages non vendus auront la faculté de laisser dans les marchés, pour y être abrités et conservés, soit leurs voitures chargées, soit le chargement seulement desdites voitures.

11. Conformément à l'article 2 de l'ordonnance du roi du 13 août 1828, il sera perçu pour droit de stationnement et d'abri dans les marchés, savoir :

Deux francs pour cent bottes de foin.

Un franc pour cent bottes de paille.

Les voitures de fourrage qui stationneront sur les marchés, passé l'heure fixée pour la clôture du marché, acquitteront un droit de garde de cinquante centimes par cent bottes de fourrages de toute nature ; au moyen de ce dernier payement, les conducteurs ou propriétaires desdites voitures auront le droit de faire stationner, et au besoin d'abriter, jusqu'à l'heure inclusivement de l'ouverture du marché suivant.

Les droits de magasinage dans les greniers seront réglés de gré à gré.

12. Aucune voiture de fourrages vendus ne pourra sortir du marché sans que le conducteur soit muni d'un bulletin de vente délivré par le préposé.

Les conducteurs des voitures de fourrages non vendus ne pourront les retirer des marchés sans être pareillement munis d'un bulletin de non-vente.

13. Il est défendu d'introduire, dans les bottes de foin et de paille, des litières et fourrages, ou pailles de mauvaise qualité, brisés, mouillés, autres enfin que ceux qui forment l'enveloppe des bottes. (*Ord. du 7 juillet* 1786 ; *Code pénal, art.* 423.)

14. Les bottes de paille doivent, en tout temps, peser cinq kilogrammes.

Les bottes de foin, trèfle, luzerne et sainfoin vieux doivent peser en tout temps cinq kilogrammes.

Les bottes de foin, trèfle, luzerne et sainfoin de dernière récolte doivent peser :

Jusqu'au 1er octobre, six kilogrammes cinq hectogrammes (treize livres).

Du 1er octobre au 1er avril, cinq kilogrammes cinq hectogrammes (onze livres).

Et du 1er avril jusqu'à la récolte, cinq kilogrammes (dix livres), à peine de confiscation et de trois cents francs d'amende. (*Même ord., art.* 5.)

15. Les bottes qui n'auraient pas le poids requis ou qui contiendraient des fourrages de mauvaise qualité, seront saisies et déposées dans les greniers de la halle aux Veaux, jusqu'à ce qu'il ait été statué. Il en sera dressé procès-verbal par le commissaire de police qui nous le transmettra.

16. Il est défendu d'acheter des fourrages dans les marchés et sur les ports pour les y revendre, sous peine de confiscation et d'amende. (*Ord. du* 6 *oct.* 1632 *et de déc.* 1672, *chapitre* III, *art.* 23.)

17. Il est défendu de fumer dans les magasins et dépôts de fourrages ainsi que dans les marchés, et d'y porter de la lumière, à moins qu'elle ne soit enfermée dans une lanterne close, sous peine de deux cents francs d'amende. (*Ord. du* 15 *nov.* 1781, *art.* 5).

18. Les dispositions de l'ordonnance du 12 janvier 1816, concernant le commerce des fourrages arrivant par eau, continueront de recevoir leur pleine et entière exécution.

19. Les contraventions seront constatées par des procès-verbaux et déférées aux tribunaux, pour être punies conformément aux lois.

20. La présente ordonnance sera imprimée, publiée et affichée.

21. Ampliation de la présente ordonnance sera adressée à M. le préfet du département de la Seine et à M. le directeur de l'octroi.

Les sous-préfets des arrondissements de Saint-Denis et de Sceaux, les maires et les commissaires de police des communes rurales du ressort de la préfecture de police; et à Paris, le chef de la police municipale, les commissaires de police, les officiers de paix, le commissaire inspecteur général et l'inspecteur général adjoint des halles et marchés, et les préposés de la préfecture de police sont chargés, chacun en ce qui le cencerne, de tenir la main à son exécution.

Elle sera également adressée à M. le colonel de la ville de Paris, commandant la gendarmerie royale et à M. le commandant de la gendarmerie du département de la Seine, pour en assurer l'exécution.

Le préfet de police, MANGIN.

N° 1327. — *Ordonnance concernant les mesures d'ordre à observer à l'occasion de la Saint-Charles.*

Paris, le 31 octobre 1829.

Nous, préfet de police,

Vu la lettre à nous adressée par M. le préfet du département de la Seine;

Et le programme des cérémonies municipales et des réjouissances publiques qui auront lieu dans la ville de Paris, le 4 novembre prochain, pour la célébration de la fête du roi,

Ordonnons ce qui suit :

Dispositions relatives au mardi 3 novembre.

1. Les représentations gratuites qui auront lieu, le 3 novembre, veille de la fête du roi, sur les théâtres de Paris, commenceront toutes à une heure.

Les portes seront ouvertes au public à midi et demi.

Dispositions relatives au mercredi 4 novembre.

2. Pendant la journée du 4 novembre, les opérations de la bourse seront suspendues; les ports et les chantiers seront fermés.

3. Le même jour, 4 novembre, la circulation et le stationnement des voitures seront interdits jusqu'à neuf heures du soir, savoir :

A compter de onze heures et demi du matin,

Dans la grande avenue des Champs-Elysées, et dans toutes celles qui y aboutissent;

A compter de cinq heures et demi du soir,

Sur la place et le pont Louis XVI;

Dans la rue Royale;

Sur les quais d'Orsay, des Tuileries et de la Conférence;

Dans la rue Saint Florentin;

Et dans la rue de Rivoli, depuis la rue Saint-Florentin jusqu'à celle de l'Échelle exclusivement;

A compter de six heures seulement,

Sur le Pont-Royal;

Sur les quais de la rive droite de la Seine, depuis le Pont-Royal jusqu'au Pont-Neuf;

Et sur ceux de la rive gauche, depuis le Pont-Royal jusqu'à la rue des Saint-Pères exclusivement;

Enfin, à compter de deux heures après midi,

Sur la place de la barrière du Trône;

Sur toutes les avenues qui conduisent à cette place;

Et dans la rue du faubourg Saint-Antoine, en descendant jusqu'au débouché de la rue de Montreuil exclusivement.

4. Sont seules exceptées de cette prohibition, les voitures des ambassadeurs et celles des premiers officiers, soit de la maison du roi, soit des princes et princesses de la famille royale, qui, pour leur service, se rendraient des quartiers de la rive gauche de la Seine au château des Tuileries dans la soirée du 4 novembre.

Ces voitures pourront traverser la rivière sur le Pont-Royal où elles arriveront par la rue du Bac, sans pouvoir parcourir les quais interdits par l'article ci-dessus.

Les voitures des autres personnes, qui, de cette rive gauche, se rendraient au château des Tuileries, ne pourront le faire que par le Pont-Neuf ou les ponts en amont; et, comme celles des personnes qui habitent les quartiers de la rive droite, elles arriveront par la rue Saint-Nicaise ou par celle de l'Echelle, en traversant la rue de Rivoli.

Les unes et les autres suivront, en sortant du château, les directions qui viennent d'être indiquées.

Ces voitures ne pourront, soit sur le Pont-Royal et la partie du quai qu'elles traverseront, soit dans les rues Saint-Nicaise, de l'Echelle et de Rivoli, être conduites qu'au pas et sur une seule file.

Il est enjoint aux cochers d'obéir aux ordres qui leur seront donnés à ce sujet par les officiers de police ou par la gendarmerie.

5. Pendant toute la journée du 4 novembre, les voitures qui arriveront à Paris par la route de Vincennes seront dirigées sur les barrières de Montreuil et de Saint-Mandé.

Le même jour, depuis onze heures et demie du matin jusqu'à neuf heures du soir, les voitures qui arriveront à Paris par la barrière de Passy seront dirigées, par le pont de l'École-Militaire, sur les avenues de cette Ecole. Celles qui arriveront par la route de Neuilly, ne pourront entrer dans Paris par la barrière de l'Etoile, et seront dirigées sur la barrière du Roule.

6. A compter de quatre heures après midi, le passage d'eau en batelets sera interdit, le 4 novembre, entre le Pont-Royal et celui de l'Ecole-Militaire.

7. Il est défendu de construire dans les Champs-Élysées et notamment dans le grand carré des jeux, sur la place et le pont Louis XVI, enfin sur la place de la barrière du Trône, aucun amphithéâtre, aucune estrade ou autre établissement de ce genre.

Il ne pourra même y être placé aucun tonneau, banc, chaise, ni autre objet quelconque à l'aide duquel on ait la facilité de s'exhausser.

Les commissaires de police et l'architecte commissaire de la petite voirie feront détruire ou enlever tous les objets de cette nature qui se trouveraient placés en contravention à la défense ci-dessus.

8. L'entrepreneur des feux d'artifice qui seront tirés, le 4 novembre, sur la place Louis XVI, à l'entrée des Champs-Elysées et à la barrière du Trône, vis-à-vis la rue du faubourg Saint-Antoine, sera tenu de faire établir, sous la direction du commissaire de police du quartier, une double barrière en charpente, autour de l'emplacement de chacun de ces feux d'artifice. Ces barrières devront former une double enceinte et être placées à six mètres de distance l'une de l'autre, tant pour faciliter la circulation et la surveillance de la force armée que pour maintenir le public à l'éloignement qui a été reconnu nécessaire à sa sûreté.

9. Il est défendu de monter sur les monuments publics, sur les balustrades de la place Louis XVI, sur les parapets des quais et des ponts, sur les piedestaux et statues du pont Louis XVI, sur les piles de bois dans les chantiers, ainsi que sur les arbres des Champs-Elysées et de la place de la barrière du Trône.

Il est également défendu de monter sur les toits, les entablements et les auvents des maisons particulières, ainsi que sur les échafaudages qui se trouveraient au-devant des bâtiments.

Défenses sont pareillement faites de monter sur les barrières de clôture des chantiers de matériaux, existant sur la place Louis XVI, et de s'introduire dans ces chantiers.

10. Des pompes et tonneaux à incendie seront disposés à proximité de la place Louis XVI et à la barrière du Trône, pour porter des secours au besoin.

11. Il y aura illumination générale dans la soirée du 4 novembre.

12. Il est défendu de tirer, dans les soirées du 3 et du 4 novembre, ni armes à feu, ni pièces d'artifice d'aucune espèce, soit dans les rues, promenades et places publiques, soit dans les cours et jardins, soit par les fenêtres des maisons.

Les pères et mères et les chefs de maison seront civilement responsables des faits de leurs enfants, de leurs ouvriers ou de leurs domestiques.

Dispositions générales.

13. Les contraventions à la présente ordonnance seront constatées et poursuivies conformément aux lois.

14. La présente ordonnance sera imprimée et affichée.

Le chef de la police municipale, les maires des communes de Sèvres, Passy, Neuilly, Saint-Mandé, Montreuil et Vincennes, les commissaires de police, les officiers de paix, la gendarmerie, l'architecte commissaire de la petite voirie, l'inspecteur général de la navigation et des ports, le contrôleur du recensement et du mesurage des combustibles, et les préposés de la préfecture de police sont chargés de tenir la main à son exécution, chacun en ce qui le concerne,

Le préfet de police, MANGIN.

N° 1328. — *Ordonnance concernant les instruments bruyants et les ouvriers à marteau* (1).

Paris, le 31 octobre 1829.

Nous, préfet de police,

Considérant que, dans divers quartiers de Paris, des ouvriers exerçant des professions bruyantes, se livrent souvent, pendant une partie de la nuit, à des travaux qui troublent le repos des habitants;

Que des plaintes multipliées nous ont été adressées à cet égard, ainsi que relativement à l'incommodité produite par l'exercice du cor de chasse, lorsqu'il a lieu pendant la nuit;

Vu l'avis du comité consultatif des arts et manufactures;

Vu la loi des 16—24 août 1790, titre XI, article 3, § 2;

La loi du 22 juillet 1791, titre Ier, article 19;

Les articles 479 et 480 du Code pénal, qui rendent passibles d'amende, et, suivant les circonstances, de l'emprisonnement, les auteurs de bruits nocturnes troublant la tranquillité des habitants;

En vertu de l'arrêté du gouvernement du 1er juillet 1800 (12 messidor an VIII),

Ordonnons ce qui suit :

1. Les serruriers, forgerons, taillandiers, charrons, ferblantiers, chaudronniers, maréchaux ferrants, layetiers et généralement tous entrepreneurs, ouvriers et autres exerçant dans Paris des professions qui exigent l'emploi de marteaux, machines et appareils susceptibles d'occasionner des percussions et un bruit assez considérable pour retentir hors des ateliers et troubler ainsi la tranquillité des habitants, devront, à dater de la publication de la présente ordonnance, interrompre, chaque jour, leurs travaux, savoir : de neuf heures du soir à quatre heures du matin, depuis le 1er avril jusqu'au 30 septembre, et de neuf du soir à cinq heures du matin, depuis le 1er octobre jusqu'au 31 mars.

2. Est également défendu, pendant le temps ci-dessus déterminé, l'usage de tous instruments bruyants, tels que cor, trompette, trombone et autres de même nature, capables de troubler le repos des habitants.

3. Les contraventions seront constatées par des procès-verbaux ou rapports qui nous seront adressés, pour être transmis au tribunal compétent.

4. La présente ordonnance sera imprimée, publiée et affichée.

Le commissaire chef de la police municipale, les commissaires de police et les agents sous leurs ordres sont chargés d'en assurer l'exécution.

Le préfet de police, MANGIN.

N° 1329. — *Ordonnance* (2) *qui prescrit l'impression et la publication de l'ordonnance du roi, du 18 octobre 1829, relative à l'exercice de la profession de boucher dans Paris* (3).

Paris, le 3 novembre 1829.

---

(1) V. l'ord. du 30 sept. 1837.

(2) V. l'ord. du 25 mars 1830.

(3) V. cette ord. à l'appendice.

N° 1330.— *Ordonnance concernant les crieurs d'écrits imprimés, dessins ou gravures* (1).

Paris, le 16 novembre 1829.

Nous, conseiller d'État, préfet de police,

Vu l'article 290 du Code pénal;

Vu les articles 10 et 11 de l'arrêté du 12 messidor an VIII (1er juillet 1800);

Considérant que la plupart des crieurs abusent habituellement de leurs permissions en colportant des papiers imprimés qui n'ont pas été soumis au visa de la préfecture de police;

Que souvent ils annoncent des nouvelles fausses, des événements et des faits imaginaires; qu'ils compromettent quelquefois la réputation des personnes; que ces abus ont donné lieu à des réclamations légitimes, qu'ils sont d'ailleurs de nature à troubler l'ordre;

Qu'enfin la voie ordinaire des journaux et affiches suffit pour donner aux actes de l'autorité toute la publicité nécessaire,

Ordonnons ce qui suit:

1. Toutes les permissions de crieurs sont révoquées sans exception, à compter du 1er décembre prochain; en conséquence, tout individu qui fera le métier de crieur d'écrits imprimés, dessins ou gravures, même munis des noms d'auteur, imprimeur, dessinateur ou graveur, sera conduit devant l'officier de police, lequel dressera procès-verbal conformément aux lois, pour qu'il soit fait aux délinquants application des peines portées par l'article 290 du Code pénal.

2. La présente ordonnance sera imprimée; elle sera publiée et affichée dans Paris et dans les communes du département de la Seine.

Les sous-préfets des arrondissements de Sceaux et de Saint-Denis, les commissaires de police à Paris, et dans les communes rurales, les maires des communes du département de la Seine, le chef de la police municipale, les officiers de paix, les préposés de la préfecture de police sont chargés, chacun en ce qui le concerne, de tenir la main à son exécution.

M. le colonel de la gendarmerie royale de Paris et MM. les commandants de la gendarmerie du département de la Seine sont invités à en assurer l'exécution par tous les moyens qui sont à leur disposition.

Le conseiller d'Etat, préfet de police, MANGIN.

N° 1331.— *Ordonnance concernant le numérotage des cabriolets employés à l'usage personnel des loueurs de voitures de place ou de remise.*

Paris, le 16 novembre 1829.

Nous, conseiller d'État, préfet de police,

Vu 1° l'ordonnance de police du 16 juillet 1823, concernant les cabriolets employés à l'usage de particuliers;

2° L'ordonnance de police du 8 janvier 1829, concernant les cabriolets loués sous remise;

3° La lettre à nous adressée par M. le directeur des droits d'entrée

---

(1) V. les ord. des 26 juillet et 12 nov. 1830, 9 avril, 29 juin et 27 déc. 1831, 19 oct. 1833, 22 fév. 1834 et 19 oct. 1839.

et d'octroi de Paris, d'où il résulte que plusieurs loueurs de cabriolets de place ou de remise font servir à la fraude les cabriolets qu'ils viennent déclarer à la préfecture pour leur usage personnel, et tendant à ce qu'il soit pris des mesures pour arriver à la répression de ce délit ;

4° Les articles 2, 22 et 32 de l'arrêté du gouvernement du 12 messidor an VIII (1er juillet 1800) ;

Considérant que, bien que l'usage des cabriolets particuliers ne puisse être légalement interdit aux loueurs de cabriolets de place ou de remise, il est du devoir de l'autorité de leur prescrire des conditions qui les empêchent d'abuser de cette faculté ; que les nombreuses plaintes qui sont parvenues à l'administration sur l'usage illicite de ces voitures lui font un devoir, dans l'intérêt des revenus de la ville et de ceux de l'État, d'assujettir les cabriolets bourgeois, employés par les loueurs de place ou de remise, à une forme de numérotage particulière,

Ordonnons ce qui suit :

1. Dans un mois à partir de ce jour, les cabriolets bourgeois, employés à l'usage personnel des loueurs de voitures de place ou de remise, seront numérotés en chiffres jaunes, sur écusson noir, d'une hauteur de cinquante-quatre millimètres (deux pouces).

2. Les propriétaires de ces voitures, domiciliés dans le ressort de la préfecture de police, sont en conséquence tenus de faire, dans le même délai, une nouvelle déclaration à la préfecture de police.

3. Le numérotage continuera d'être à la charge des propriétaires de voitures.

4. Les numéros des cabriolets bourgeois appartenant aux susnommés, et inscrits à la préfecture de police dans la série des cabriolets particuliers, en vertu de l'ordonnance de police du 16 juillet 1828, sont annulés.

5. Les contraventions aux dispositions ci-dessus seront constatées par des rapports ou procès-verbaux et déférées au tribunal compétent.

6. La présente ordonnance sera imprimée et affichée.

Les sous-préfets des arrondissements de Saint-Denis et de Sceaux, les maires des communes rurales du ressort de la préfecture de police, le chef de la police municipale, les commissaires de police, le commissaire de police inspecteur en chef du service des voitures, les officiers de paix et les préposés de la préfecture de police sont chargés de tenir la main à son exécution, chacun en ce qui le concerne.

Elle sera adressée en outre à M. le colonel de la ville de Paris, commandant la gendarmerie royale, et à M. le commandant de la gendarmerie du département de la Seine, pour qu'ils en assurent l'exécution par tous les moyens qui sont à leur disposition.

Le conseiller d'État, préfet de police, MANGIN.

N° 1332. — *Ordonnance concernant le commerce des grains et grenailles.*

Paris, le 25 novembre 1829.

Nous, conseiller d'État, préfet de police,

Considérant qu'il s'est introduit plusieurs abus dans le commerce des grains et grenailles, et qu'il importe de renouveler les règlements en cette partie ;

Vu l'édit de décembre 1672, chapitre III ;

La sentence de police du 22 mars 1702 ;

La déclaration du roi du 19 avril 1723;

La loi des 16-24 août 1790, titre XI, article 3, § 3 et 4;

L'article 423 du Code pénal;

Ensemble l'arrêté du gouvernement du 1er juillet 1800 (12 messidor an VIII), articles 2, 32 et 33,

Ordonnons ce qui suit :

1. Tous les grains (blé, méteil, seigle, orge et avoine), grenailles et légumes secs, amenés pour l'approvisionnement de Paris, seront conduits directement, savoir : ceux amenés par terre sur le carreau de la halle, et ceux amenés par eau sur les ports à ce destinés, pour y être vendus.

Sont exceptés les grains et grenailles amenés à destination particulière.

2. Il est défendu de colporter des grains et grenailles, d'en vendre et d'en acheter en route, sur les chemins, dans les auberges et cabarets, dans les rues de Paris, notamment au pourtour et aux abords de la halle aux grains et farines, sous peine de confiscation et de mille francs d'amende. (*Déclaration du roi du* 19 *avril* 1723.)

3. Il est défendu d'aller au-devant des voitures et bateaux pour arrher ou acheter lesdites marchandises. (*Edit de décembre* 1672, *chapitre* III, *article* 2.)

4. Les grains et grenailles expédiés à destination particulière devront y être conduits directement, sans pouvoir en être détournés sous quelque prétexte que ce soit.

Les conducteurs devront justifier de la destination de ces marchandises par des lettres de voiture sur papier timbré, datées du lieu du départ et dûment légalisées.

5. Il est défendu d'amener, à la halle et sur les ports, des grains mélangés et falsifiés. Les sacs seront composés de grains de même qualité et bien nets au fond comme à la montre, sous peine de cinquante francs d'amende, et, si la vente a eu lieu, sous les peines portées en l'article 423 du Code pénal. (*Edit de déc.* 1672, *chapitre* III, *art.* 20; *sentence de police du* 22 *mars* 1702.)

6. Il est défendu d'acheter sur les ports et à la halle, des grains et grenailles pour les y revendre, sous peine de confiscation et d'amende. (*Edit de déc.* 1672, *chapitre* III, *art.* 23; *ord. du* 6 *oct.* 1632.)

7. Les chargements de grains et grenailles des conducteurs trouvés en contravention aux articles, 1, 2 et 4 de la présente ordonnance, seront saisis, conduits à la halle et y resteront consignés jusqu'à ce qu'il ait été statué.

8. Les contraventions seront constatées par des procès-verbaux ou rapports qui nous seront adressés pour être transmis au tribunal compétent.

9. La présente ordonnance sera imprimée, publiée et affichée.

10. Les sous-préfets des arrondissements de Saint-Denis et de Sceaux, les maires et les commissaires de police des communes rurales du ressort de la préfecture de police; et à Paris, le chef de la police municipale, les commissaires de police, les officiers de paix, les inspecteurs généraux et les inspecteurs généraux adjoints des halles et marchés et de la navigation et des ports, le contrôleur général de la halle aux grains et farines et les préposés de la préfecture de police sont chargés, chacun en ce qui le concerne, de tenir la main à son exécution.

Elle sera également adressée à M. le colonel de la ville de Paris, commandant la gendarmerie royale, et à M. le commandant de la gendarmerie du département de la Seine pour en assurer l'exécution.

Le conseiller d'Etat, préfet de police, MANGIN.

N° 1333. — *Ordonnance concernant les affiches et les afficheurs* (1).

Paris, le 28 novembre 1829.

Nous, conseiller d'Etat, préfet de police,

Vu les articles 283 et 290 du Code pénal;

Vu les lois des 16-24 août 1790, titre XI, 22 mai et 28 juillet 1791, 9 vendémiaire an VI (30 septembre 1797) 28 avril 1816, article 69, et 25 mars 1817, articles 1, 8 et 77;

Vu les arrêts du conseil des 4 mai 1669 et 13 septembre 1722;

Vu les ordonnances de police des 17 mai 1680, 16 avril 1740 et 8 thermidor an IX (27 juillet 1801);

Vu les articles 2, 10, 11, 21, 22 et 34 de l'arrêté du 12 messidor an VIII (1er juillet 1800);

Considérant que les lois et règlements concernant les affiches et le métier d'afficheur sont journellement enfreints et méconnus;

Qu'un grand nombre d'affiches sont chaque jour placardées dans Paris, en contravention tant à l'article 290 du Code pénal qu'aux lois relatives au timbre et à celles qui concernent l'imprimerie et la librairie;

Que, parmi cette multitude de placards qui couvrent confusément les murs de la capitale, les actes de l'autorité publique, souvent lacérés, enlevés ou recouverts immédiatement, ne peuvent recevoir la publicité convenable;

Que cette même confusion n'est pas moins contraire aux intérêts des particuliers, en rendant illusoire un moyen de publication favorable au succès de leur industrie;

Que les afficheurs, en couvrant indistinctement de leurs placards les édifices publics et particuliers, défigurent et dégradent les monuments dont la conservation est confiée à l'autorité municipale, et portent atteinte au droit de propriété;

Que l'usage d'apposer des affiches dans tous les lieux qui peuvent les recevoir est également contraire à la sûreté de la voie publique, en occasionnant, dans les rues étroites et passagères, des rassemblements de curieux qui embarrassent la circulation et peuvent causer des accidents;

Que des placards et affiches outrageant les bonnes mœurs sont fréquemment exposés aux regards du public, et qu'il importe d'empêcher l'exposition publique de toute annonce qui peut porter atteinte à la décence ou à la tranquillité;

Voulant assurer l'entière exécution des lois, pourvoir à la sûreté et à la liberté de la voie publique, préserver les monuments et édifices publics de toute dégradation, protéger le droit de propriété, et l'industrie des particuliers, maintenir le respect qui est dû aux convenances publiques, et soumettre enfin l'exercice du métier d'afficheur à des mesures d'ordre et de police qui assurent, tant aux actes de l'autorité qu'aux annonces faites dans un intérêt privé, une publicité plus régulière et plus conforme à son but,

Ordonnons ce qui suit :

1. Toutes les permissions d'afficheur, délivrées jusqu'à ce jour, sont révoquées à compter du 1er janvier prochain, sauf à les renouveler, s'il y a lieu, sur la demande qui nous en sera faite.

2. Tout individu qui, sans y avoir été autorisé par la police, fera le métier d'afficheur d'écrits imprimés, dessins ou gravures, même

(1) V. les ord. des 23 août et 12 déc. 1830, 4 août 1836 et 8 nov. 1841.

munis des noms d'auteur, imprimeur, dessinateur ou graveur, sera puni d'un emprisonnement de six jours à deux mois. (*Art.* 290 *du Code pénal.*)

3. A dater de la publication de la présente ordonnance, tout individu qui voudra faire le métier d'afficheur, devra savoir lire et écrire, et sera tenu de justifier : 1° d'un domicile au moins d'un an dans le département de la Seine ou dans les communes de Saint-Cloud, Sèvres et Meudon ; 2° d'un certificat de bonne conduite, signé de trois témoins domiciliés, dont un imprimeur breveté et patenté ; 3° de l'avis du commissaire de police du quartier où il réside ou du maire de la commune qu'il habite ;

Les noms, prénoms, demeures et professions des témoins seront rappelés dans ledit certificat. (*Arrêt du conseil du* 13 *septembre* 1722.)

4. Tout individu qui, ayant rempli ces formalités, aura été autorisé à faire le métier d'afficheur, sera tenu de porter ostensiblement sur son habit, une plaque de cuivre portant le mot : *Afficheur*, et le numéro de sa permission. Toute contravention à cette disposition sera punie des peines portées par les règlements. (*Arrêt du conseil du* 13 *septembre* 1722.)

5. Il est expressément défendu à tout afficheur de prêter sa plaque ou sa permission. En cas de contravention, il sera dressé procès-verbal tant contre le cédant que contre le cessionnaire, afin qu'il leur soit fait application des peines portées par les lois et règlements. (*Ord. de police du* 16 *avril* 1740 ; *art.* 290 *du Code pénal.*)

6. Tout afficheur sera tenu, en cas de changement de demeure, d'en faire la déclaration tant à la préfecture de police qu'aux commissaires de police de leur ancien et de leur nouveau domicile, ou aux maires des communes de leurs nouvelle et ancienne habitations. (*Ord. de police du* 8 *thermidor an* IX (27 *juillet* 1801.)

7. Il est ordonné à tous afficheurs, avant de placer une affiche, d'en déposer un exemplaire signé d'eux à la préfecture de police, et d'en prendre récépissé, lequel portera le numéro d'ordre du registre destiné à constater ce dépôt. (*Arrêt du conseil du* 13 *septembre* 1722.)

8. Tout afficheur d'annonces et affiches, autres que celles qui ont pour objet les lois et actes de l'autorité, sera puni des peines portées par l'article 474 du Code pénal, lorsque ces annonces ou affiches seront sur papier non timbré. (*Loi du* 28 *avril* 1816, *art.* 69.)

9. Il est défendu à tout afficheur, sous les peines portées par l'article 77 de la loi du 25 mars 1817, de se servir, pour les affiches des particuliers, de papier de couleur blanche. (*Loi des* 28 *juillet* 1791 *et* 28 *avril* 1816, *art.* 65.)

10. Les affiches des particuliers ne peuvent être placardées aux endroits destinés à recevoir celles des lois et actes de l'autorité publique, à peine de cent francs d'amende. (*Loi du* 22 *mai* 1791.)

11. Il est défendu à tout individu, sous les peines portées par les règlements, de couvrir ou arracher aucune affiche émanée de l'autorité publique. (*Ord. de police du* 17 *mai* 1680.)

12. Aucun citoyen, aucune réunion de citoyens ne peuvent rien afficher sous le titre d'arrêté, délibération ou sous toute autre forme obligatoire et impérative. (*Loi du* 22 *mai* 1791.)

13. Il ne pourra être affiché sur les églises que les annonces relatives aux cérémonies du culte. (*Ord. de police du* 24 *juillet* 1728.)

14. Il est expressément défendu de placarder aucune affiche sur les palais, monuments et autres appartenant à l'Etat ou à la cité. (*Arrêté du* 12 *messidor an* VIII (1er *juillet* 1800), *art.* 34 ; *Code pénal, art.* 257.)

15. Il sera assigné aux afficheurs, dans l'intérêt de la circulation et de la propreté de la capitale, un certain nombre d'emplacements fixes, destinés à l'apposition des affiches. Tout afficheur qui, sans y avoir

été autorisé, se permettra de poser des affiches hors des emplacements qui lui auront été désignés, sera immédiatement révoqué. (*Loi du* 16 *août* 1790, *titre* XI; *Arrêté du* 12 *messid. an* VIII, *art.* 21 *et* 22.)

16. Les afficheurs sont tenus de représenter leurs permissions, chaque fois qu'ils en seront requis par les commissaires de police, officiers de paix, préposés de la préfecture de police, et par tous autres chargés de tenir la main à l'exécution de la présente ordonnance. (*Ord. de police du* 8 *thermid. an* IX.)

17. Dans tous les cas de contravention aux dispositions ci-dessus, les afficheurs seront conduits à la préfecture de police, et il sera dressé procès-verbal des contraventions et délits qu'ils auraient pu commettre. Les plaques et médailles pourront leur être retirées, indépendamment des poursuites à exercer devant les tribunaux, conformément aux lois et règlements de police.

18. La présente ordonnance sera imprimée, publiée et affichée dans Paris, dans les communes rurales du département de la Seine et dans celles de Saint-Cloud, Sèvres et Meudon.

Les commissaires de police de la ville de Paris, les commissaires de police, maires et adjoints dans les communes rurales, le chef de la police municipale, les officiers de paix et les préposés de la préfecture de police sont chargés, chacun en ce qui le concerne, d'en assurer l'exécution.

Le colonel de la gendarmerie royale de Paris et le commandant de la gendarmerie du département de la Seine sont requis de leur prêter main-forte au besoin.

Le conseiller d'Etat, préfet de police, MANGIN.

N° **1334**. — *Ordonnance concernant les personnes qui élèvent dans Paris des porcs, pigeons, lapins, poules et volailles quelconques.*

Paris, le 3 décembre 1829.

Nous, conseiller d'Etat, préfet de police,

Considérant qu'aux termes des ordonnances des 4 juin 1667, 22 avril 1668 et 22 mai 1733, il est défendu d'élever et nourrir dans Paris aucuns porcs, pigeons, lapins, poules et volailles quelconques;

Que, nonobstant les dispositions de ces règlements, nombre de personnes se permettent d'élever et nourrir des animaux des espèces dont il s'agit dans l'intérieur des habitations et d'y former ainsi des foyers d'insalubrité;

Considérant, néanmoins, qu'il existe des localités qui peuvent permettre de déroger à la rigueur de ces règlements;

Vu la loi du 14 décembre 1789, article 50, paragraphe VI;

La loi des 19-22 juillet 1791, titre Ier, article 46, ensemble l'arrêté du gouvernement du 1er juillet 1800 (12 messidor an VIII), section 1re, article 2, et section 3, article 23;

Le décret du 15 octobre 1810, et l'ordonnance royale du 14 janvier 1815, concernant les établissements qui répandent une odeur insalubre ou incommode,

Ordonnons ce qui suit:

1. Il est défendu d'élever et nourrir, sous quelque prétexte que ce soit, des porcs dans la ville et les faubourgs de Paris, sans une autorisation délivrée dans les formes prescrites par le décret du 15 octobre 1810 et l'ordonnance royale du 14 janvier 1815.

2. Les porcs élevés et nourris, en contravention à l'article précédent, seront saisis à la diligence des commissaires de police, des inspecteurs généraux et des inspecteurs généraux adjoints de la salubrité et des halles et marchés.

Les porcs saisis seront conduits, soit au marché de la Vallée, s'ils sont âgés de moins de six semaines, soit au marché de la Maison-Blanche, commune de Gentilly, pour y être vendus, marché tenant, par les soins de l'inspecteur général des halles et marchés.

Les fonds provenant de la vente, déduction faite des frais, seront déposés à la caisse de la préfecture de police, pour y tenir jusqu'à ce qu'il ait été statué sur la contravention.

3. Il est également défendu d'élever et nourrir, dans l'intérieur des habitations, des pigeons, lapins, poules et volailles quelconques.

4. Il ne pourra en être élevé et nourri dans les cours et enclos qu'en vertu d'une permission spéciale.

Cette permission ne sera délivrée par nous qu'après un procès-verbal de visite et examen des lieux, constatant qu'il ne peut en résulter aucun inconvénient pour la salubrité.

5. Il est défendu de laisser vaguer les volailles dans les rues, places, halles et marchés, ni sur aucun point de la voie publique. (*Code pénal, art.* 475, § 7.)

6. Les contraventions seront constatées par des procès-verbaux ou rapports qui nous seront adressés, pour être transmis au tribunal compétent.

7. La présente ordonnance sera imprimée, publiée et affichée.

8. Le commissaire chef de la police municipale, les commissaires de police, les officiers de paix, les inspecteurs généraux et les inspecteurs généraux adjoints de la salubrité et des halles et marchés, et les préposés sous leurs ordres sont chargés de tenir la main à son exécution.

Elle sera adressée à M. le colonel de la ville de Paris, commandant la gendarmerie royale, pour en assurer l'exécution en ce qui le concerne.

Le conseiller d'Etat, préfet de police, MANGIN.

N° 1335. — *Ordonnance concernant la police de la rivière et des ports, pendant l'hiver et les temps de glaces, grosses eaux et débâcles* (1).

Paris, le 12 décembre 1829.

N° 1336. — *Ordonnance concernant le tarif des voitures de place* (2).

Paris, le 14 décembre 1829.

Nous, conseiller d'Etat, préfet de police,

Considérant que les divers prix fixés par les tarifs, concernant les

---

(1) V. les ord. des 1er déc. 1838, 5 déc. 1839 et 25 oct. 1840 (art. 203 et suiv.).

(2) Rapportée. — V. l'ord. du 15 janv. 1841, les arr. des 15 janv. et 18 fév. 1841, et l'ord. du 25 mai 1842.

voitures de place, ne sont point établis dans de justes proportions; qu'il en résulte des difficultés dont le principe repose sur l'inégalité de la taxe du service à l'heure, et de celle du service à la course;

Vu : 1° l'ordonnance de police du 1er juillet dernier;

2° La loi des 16-24 août 1790, et l'arrêté du gouvernement du 12 messidor an VIII (1er juillet 1800).

Ordonnons ce qui suit :

1. A compter du 18 de ce mois, le prix des courses des voitures de place, dans Paris, sera réglé comme il suit :

CARROSSES.

De six heures du matin à minuit.

Pour chaque course..................	1 fr.	50 cent.
Pour la première heure...............	2	25
Pour chacune des autres heures......	1	75

De minuit à six heures du matin.

Pour chaque course..................	2 fr.	» cent.
Pour chaque heure..................	3	»

CABRIOLETS.

De six heures du matin à minuit.

Pour chaque course..................	1 fr.	25 cent.
Pour la première heure...............	1	75
Pour chacune des autres heures.......	1	50

De minuit à six heures du matin.

Pour chaque course..................	1 fr.	65 cent.
Pour chaque heure..................	2	50

2. Le tarif dit à la minute, prescrit pour les cabriolets par l'article 67 de l'ordonnance de police du 1er juillet dernier, cessera d'être obligatoire pour les loueurs.

Les loueurs qui voudront en faire usage, le maintiendront sur la plaque indicative du tarif, dont doivent être pourvues les voitures de place, aux termes de l'article 67 précité.

3. Les autres dispositions de l'ordonnance de police du 1er juillet 1829, auxquelles il n'est pas explicitement dérogé par la présente ordonnance, continueront de recevoir leur exécution.

4. La présente ordonnance sera imprimée et affichée.

Un exemplaire devra en être toujours déposé dans chaque voiture de place, pour que le cocher puisse le représenter à toute réquisition du public et de l'autorité.

La gendarmerie royale de Paris, le chef de la police municipale, les commissaires de police, et les autres préposés de l'administration sont chargés d'en assurer l'exécution, chacun en ce qui le concerne.

Le conseiller d'Etat, préfet de police, MANGIN

N° 1337. — *Avis concernant l'enlèvement des neiges et glaces* (1).

Paris, le 16 décembre 1829.

L'enlèvement des neiges et glaces, dans les rues de Paris, ne pouvant être opéré promptement qu'autant que les habitants concourent avec zèle à l'exécution des mesures prises par l'administration, le préfet de police croit devoir leur rappeler les principales dispositions des règlements relatifs à cette partie du service.

Extrait de l'ordonnance de police du 24 octobre 1829.

13. Dans les temps de neige et de gelée, les propriétaires ou locataires seront tenus de balayer la neige et de casser les glaces au-devant de leurs maisons, boutiques, cours, jardins et autres emplacements, jusques et compris la moitié de la rue, et ils mettront les neiges et glaces en tas, en se conformant à ce qui est prescrit relativement aux boues et immondices.

En cas de verglas, ils jetteront des cendres, du sable ou des gravois.

14. Il est défendu de déposer dans les rues aucunes neiges et glaces provenant des cours ou de l'intérieur des habitations, sous les peines prononcées par les règlements.

15. Il est défendu aux propriétaires ou entrepreneurs de bains et autres établissements, tels que teinturiers, blanchisseurs, etc., qui emploient beaucoup d'eau, de laisser couler, sur la voie publique, les eaux provenant de leurs établissements pendant les gelées.

16. Les concierges, portiers ou gardiens des établissements publics et maisons domaniales, sont personnellement responsables de l'exécution des dispositions ci-dessus, en ce qui concerne les établissements et maisons auxquels ils sont attachés.

17. Les contraventions aux injonctions ou aux défenses faites par la présente ordonnance, seront constatées par des procès-verbaux qui nous seront adressés, et les contrevenants traduits, s'il y a lieu, devant les tribunaux, pour être punis conformément aux lois et règlements en vigueur.

Le conseiller d'Etat, préfet de police, MANGIN.

N° 1338. — *Ordonnance concernant la police d'un marché affecté exclusivement à la vente des chevaux fins ou de luxe.*

Paris, le 19 décembre 1829.

Nous, conseiller d'Etat, préfet de police,

Vu la loi des 16-24 août 1790, titre XI, article 3, § 4;

Les articles 2, 23 et 32 de l'arrêté du gouvernement du 1er juillet 1800 (12 messidor an VIII);

L'article 484 du Code pénal;

L'arrêté de S. Exc. le ministre secrétaire d'Etat au département de l'intérieur, en date du 5 septembre 1829,

---

(1) V. les ord. des 7 janv. 1835, 26 déc. 1836, 14 déc. 1838 et 7 déc. 1842.

Ordonnons ce qui suit :

1. A dater du premier lundi de mars, il sera ouvert, dans Paris, un marché affecté exclusivement à la vente des chevaux fins ou de luxe.

Ce marché se tiendra tous les premiers lundis de chaque mois dans l'intérieur du marché aux chevaux, situé entre la rue du Marché aux chevaux et le boulevard du Midi.

2. Les chevaux seront visités, s'il y a lieu, par l'artiste vétérinaire de l'administration ou par tout autre délégué à cet effet, et lorsqu'il aura été reconnu qu'ils ne sont pas de l'espèce spécifiée en l'article ci-dessus, ils ne seront pas admis dans le marché.

3. La vente sur le marché commencera dans les mois de novembre, décembre, janvier et février à onze heures du matin et finira à cinq heures du soir.

Dans les autres mois de l'année, la vente commencera à dix heures du matin, et elle finira à six heures du soir.

4. Lorsque le jour fixé pour la tenue du marché se trouvera un jour de fête chômée, il sera remis au lendemain.

5. Les marchands, au fur et à mesure de leur arrivée, choisiront les places qui leur paraîtront les plus convenables, sans avoir égard aux noms inscrits sur les barrières.

6. Il est défendu de vendre des chevaux sur le marché avant l'ouverture de la vente; le marché sera évacué immédiatement après l'heure de la fermeture.

7. Il est défendu de laisser sur le marché des chevaux sans être attachés aux barrières.

Il est également défendu d'en attacher aux arbres.

8. Tout marchand sera responsable des accidents qui seront du fait du cheval ou des chevaux exposés par lui sur le marché.

9. Les chevaux entiers seront placés à la droite du marché (côté du sud) et les juments à gauche (côté du nord). En cas de difficulté, sous le rapport de l'ordre public et de la sûreté, le placement sera réglé par le commissaire de police.

10. Les jours de marché, il est défendu d'attacher ou faire stationner et de vendre aucun cheval sur le boulevard et dans les rues adjacentes au marché.

Les aubergistes établis aux extrémités du marché et dans les rues voisines, ne pourront vendre ni laisser vendre des chevaux dans l'intérieur de leurs établissements, les jours de marché.

Toutefois, les propriétaires et marchands de chevaux conservent la faculté de les vendre chez eux.

11. Les personnes qui viendront au marché, à cheval ou en voiture, ne pourront faire stationner leurs chevaux ou voitures que sur le boulevard, dans la rue du Fer-à-Moulin, le long des murs du cimetière, et dans la rue de la Cendre, le long du mur à droite, en entrant par la rue du Marché-aux-Chevaux.

12. Les chevaux de trait seront essayés dans l'essai situé à l'extrémité du marché.

Les chevaux de carrosse et de cabriolet seront essayés, ainsi que les chevaux de selle, pour le galop seulement, sur la partie du boulevard qui borde le marché, depuis la rue de Poliveau jusqu'à l'ancienne barrière des Deux-Moulins.

Le galop de course est absolument défendu.

13. Les chevaux ne devront être montés que par les trotteurs ou par les domestiques ou garçons d'écurie des propriétaires ou marchands, pourvu qu'ils soient âgés au moins de seize ans, conformément à l'ordonnance de police du 19 août 1816.

Le trotteur ne pourra conduire que deux chevaux à la fois, y compris celui sur lequel il sera monté.

14. Le prix des ventes faites au marché pourra être déposé au bureau du commissaire de police, lorsque le vendeur et l'acheteur en seront d'accord.

L'enregistrement du dépôt sera fait en leur présence, et signé d'eux; s'ils ne savent ou ne peuvent signer, il en sera fait mention.

15. Le registre énoncera la nature des espèces dans lesquelles le dépôt aura été fait, ainsi que les noms, prénoms, professions et domicile du vendeur et de l'acheteur.

Il contiendra aussi le signalement des chevaux vendus et les conditions de la vente.

16. A l'expiration du délai fixé pour la garantie d'usage ou conventionnelle, la somme en dépôt sera remise en mêmes espèces, et sans frais, au vendeur ou ayant droit, si dans l'intervalle il n'est point survenu d'oppositions.

17. Il est défendu d'amener des chiens dans le marché, même muselés et en laisse.

18. Les contraventions seront constatées par des procès-verbaux et déférées aux tribunaux pour être punies conformément aux lois.

19. La présente ordonnance sera imprimée et affichée.

Les commissaires de police et notamment celui du quartier Saint-Marcel, le chef de la police municipale, le commissaire inspecteur général, et l'inspecteur général adjoint des halles et marchés, les officiers de paix et les préposés de la préfecture de police sont chargés de tenir la main à son exécution.

Elle sera adressée à M. le colonel de la ville de Paris, commandant la gendarmerie royale, pour en assurer l'exécution par tous les moyens qui sont à sa disposition.

Le conseiller d'Etat, préfet de police, MANGIN.

Vu et approuvé,

Paris, ce 24 décembre 1829.

Le ministre de l'intérieur, MONTBEL.

1830.

N° 1339. — *Ordonnance concernant l'augmentation du prix des places dans les voitures du transport en commun (1).*

Paris, le 2 janvier 1830.

Nous, conseiller d'État, préfet de police,

Vu 1° l'ordonnance de police du 25 août dernier concernant le service des voitures faisant le transport en commun dans l'intérieur de la capitale;

2° Les demandes collectives à nous adressées par les entrepreneurs de ces voitures, à l'effet d'obtenir que le prix des places pour le par-

---

(1) Rapportée. — V. l'ord. du 15 sept. 1838.

cours de la distance existant entre chaque station de leurs itinéraires respectifs, soit fixé à l'avenir à trente centimes;

Considérant que l'excessive cherté des fourrages, et les frais considérables d'exploitation justifient les réclamations des entrepreneurs,

Ordonnons ce qui suit :

1. A compter du jour de la publication de la présente ordonnance, le prix des places dans les voitures du transport en commun, pour le parcours de la distance existant entre chaque station de leurs itinéraires respectifs, sera fixé à trente centimes.

En conséquence, l'article 48 de notre ordonnance précitée du 25 août dernier, qui fixe le prix du parcours de ces distances à vingt-cinq centimes, est rapporté.

2. Des inscriptions indicatives du nouveau prix des places devront être apposées extérieurement aux frais des entrepreneurs, sur les panneaux de derrière de chaque voiture, et répétées intérieurement sur une plaque placée dans l'endroit le plus apparent de la caisse.

3. Les distances existant entre chaque station des itinéraires fixés par notre arrêté du 23 décembre dernier, ne pourront être changées ni modifiées sans notre autorisation spéciale.

4. La présente ordonnance sera publiée et affichée.

Elle sera en outre notifiée aux entrepreneurs de voitures du transport en commun.

Expédition en sera adressée aux commissaires de police de la ville de Paris, au chef de la police municipale et à l'inspecteur en chef du service des voitures.

Le conseiller d'Etat, préfet de police, MANGIN.

N° 1340. — *Avis au public pour lui rappeler l'obligation de ne laisser sortir les chiens que muselés* (1).

Paris, le 19 janvier 1830.

N° 1341. — *Ordonnance concernant les marchands en détail de fourrages* (2).

Paris, le 6 février 1830.

Nous, conseiller d'État, préfet de police,

Vu les dispositions de la loi des 16—24 août 1790, titre XI, article 3, § 4 et 5; ensemble la loi du 14 décembre 1789, article 50, § 6; vu la loi du 22 juillet 1791, articles 46, § 2; l'arrêté du gouvernement du 12 messidor an VIII, article 2; vu les autres ordonnances et arrêtés, concernant les marchés, et les anciennes ordonnances concernant les approvisionnements, notamment les ordonnances des 20 octobre 1769, 7 juillet 1786, et 25 mars 1828, touchant la vente des fourrages;

Vu les articles 423 et 484 du Code pénal;

Considérant qu'il importe d'assurer l'approvisionnement de la capitale, en foin, paille et autres fourrages, et d'établir sur les marchés

---

(1) V. l'ord. du 23 juin 1832.

(2) V. l'ord. du 13 sept. 1834.

publics l'ordre et la concurrence dans les ventes, qui garantissent l'abondance, le poids, la bonne qualité et le prix réel desdits fourrages;

Considérant qu'il importe de prévenir dès lors un courtage et des marchés clandestins, dont l'effet est de dénaturer le poids, la qualité de ces fourrages, ainsi que le prix que doivent payer les consommateurs.

Considérant que les marchands en détail et regrattiers en tous genres, ont toujours fixé l'attention de l'autorité, que l'ordonnance de 1769, § 18, défendait à tous marchands de chevaux, hôteliers, chandeliers, grainiers et autres, de faire aucun achat de foins ailleurs que sur les ports et places destinés à cet usage, et d'en avoir en magasin au delà d'un certain nombre de bottes; que l'ordonnance du 7 juillet 1786, article 4, renferme les mêmes prohibitions;

Considérant que la sûreté publique, sous le rapport des incendies, n'est pas moins intéressée que la consommation, à ce qu'il n'existe pas, dans les divers quartiers de la capitale, d'immenses magasins de fourrages; que le préfet de police a le droit de renouveler les anciens règlements de police à cet égard, et par conséquent d'en régler l'approvisionnement,

Ordonnons ce qui suit:

1. Il est défendu aux grainiers, et à tous marchands de fourrages en détail, d'en acheter partout ailleurs que sur les marchés affectés à la réception, conservation et vente des fourrages, par notre ordonnance du 12 janvier 1816, et celle du 30 octobre 1829, sous peine de cent francs d'amende et de confiscation desdits fourrages (*Ord. de* 1769 *et* 1786.)

Il est également défendu d'aller au-devant des voitures de fourrages, et de les acheter ou arrher, hors des marchés, à peine de cent francs d'amende. (*Ord. du 7 juillet* 1786, *art.* 11.)

2. Les fourrages achetés hors de Paris et dans ses abords, et destinés à la consommation particulière, sont seuls exceptés de cette règle.

Leur origine et leur destination devront être prouvées par une lettre de voiture sur papier timbré, énonçant la date, le lieu du départ, la nature et le poids des fourrages, le délai dans lequel le transport doit en être effectué, le nom et le domicile du voiturier par l'entremise duquel le transport s'opère; elle devra être signée par l'expéditeur ou le voiturier; le tout conformément à l'article 102 du Code de commerce.

Cette lettre de voiture sera sur papier libre, pour le propriétaire qui fera transporter chez lui les fourrages de son cru.

A défaut de lettre de voiture dans la forme sus-énoncée, les voitures trouvées en circulation seront conduites au marché le plus voisin, et procès-verbal sera dressé contre le conducteur.

3. Défenses sont faites aux conducteurs, ainsi qu'à tous autres faisant le commerce de fourrages hors de Paris, de débotteler et rebotteler les fourrages à un poids au-dessous de celui prescrit par l'article 14 de l'ordonnance précitée du 30 octobre 1829, à peine de confiscation et trois cents francs d'amende. (*Ord. du 7 juillet* 1786.)

Il est défendu d'introduire dans les bottes de foin et de paille, des litières, fourrages ou paille de mauvaise qualité, brisés, mouillés, autres enfinque ceux qui forment l'enveloppe des bottes. (*Ord. du 7 juill.* 1786; *Code pénal, art.* 423.)

4. Les bottes qui n'auraient pas le poids requis, ou qui contiendraient des fourrages de mauvaise qualité, seront saisies, et déposées dans les greniers de la Halle-aux-Veaux, jusqu'à ce qu'il ait été statué;

il en sera dressé procès-verbal par le commissaire de police qui nous le transmettra.

5. Il est défendu à tous grainiers et marchands en détail de fourrages d'acheter des fourrages sur les marchés, pour les y revendre, et à tous individus quelconques d'en faire le courtage sous quelque prétexte que ce soit, à peine de saisie et confiscation desdits fourrages et de cent francs d'amende, tant contre le vendeur que contre l'acheteur. (*Ord. de* 1786, *art.* 4.)

Il est défendu d'acheter et vendre des fourrages sur les routes, dans les auberges, dans les rues et partout ailleurs que dans les marchés, et notamment d'en acheter et vendre aux abords des barrières et sur les boulevards extérieurs, à peine de deux cents francs d'amende, (*Ord. du 7 juillet* 1786, *art.* 2 *et* 4.)

6. Les conditions prescrites par les articles 1, 2, 3, 4, 5, 6, 7 et 8 de l'ordonnance du 25 mars 1828, concernant l'établissement de nouveaux magasins à fourrages, continueront à être observés. Les approvisionnements seront réglés suivant la disposition des localités.

Quant aux magasins existants, l'approvisionnement en sera réglé par l'ordonnance de 1769, c'est-à-dire limité à cinq cents bottes de foin et cent bottes de paille, à peine de cinquante francs d'amende. (*Ord. de* 1769, § 18.)

7. Aucune voiture de fourrages vendus ne pourra sortir du marché sans que le conducteur soit muni d'un bulletin de vente délivré par le préposé.

8. Il sera fait de fréquentes visites chez les détaillants, pour s'assurer du poids et de la qualité des fourrages dont ils feront commerce.

9. Les bottes de paille doivent peser, en tous temps, cinq kilogrammes.

Les bottes de foin, trèfle, luzerne et sainfoin vieux, doivent peser, en tous temps, cinq kilogrammes.

Les bottes de foin, trèfle, luzerne et sainfoin de la dernière récolte, doivent peser jusqu'au 1er octobre, six kilogrammes cinq hectogrammes (treize livres);

Du 1er octobre au 1er avril, cinq kilogrammes cinq hectogrammes (onze livres).

Du 1er avril jusqu'à la récolte, cinq kilogrammes (dix livres);

A peine de confiscation et de trois cents francs d'amende (*Ord. du 7 juillet* 1786, *art.* 5).

10. Les contraventions seront constatées par des procès-verbaux et déférées aux tribunaux, pour être punies conformément aux lois.

11. La présente ordonnance sera imprimée, publiée et affichée.

12. Ampliation de la présente ordonnance sera adressée à M. le préfet de la Seine, et à M. le directeur de l'octroi.

Les sous-préfets des arrondissements de Saint-Denis et de Sceaux, les maires et commissaires de police des communes rurales du ressort de la préfecture de police, et à Paris le chef de la police municipale, les commissaires de police, les officiers de paix, le commissaire inspecteur général, l'inspecteur général adjoint des halles et marchés, et les préposés de la préfecture de police, sont chargés, chacun en ce qui le concerne, de tenir la main à son exécution.

Elle sera également adressée à M. le colonel de la ville de Paris, commandant la gendarmerie royale, et à M. le commandant de la gendarmerie du département de la Seine, pour en assurer l'exécution.

Le conseiller d'Etat, préfet de police, MANGIN.

N° 1342. — *Ordonnance concernant les masques* (1).

Paris, le 10 février 1830.

Nous, conseiller d'État, préfet de police,

Vu les articles 287, 330, 471, § 11, 475; § 13, et 479, § 8 du Code pénal;

Vu pareillement les articles 1er et 8 de la loi du 17 mai 1819,

Ordonnons ce qui suit :

1. Tout individu qui, le jeudi 18 février prochain, le dimanche 21 du même mois, le lundi 22 suivant, et le mardi gras, se montrera dans les rues, places et promenades publiques, masqué, déguisé ou travesti, ne pourra porter ni bâton, ni épée, ni autres armes.

2. Nul ne pourra prendre des déguisements qui seraient de nature à troubler l'ordre public, ni qui pourraient blesser en aucune manière la décence et les mœurs.

3. Il est défendu à toutes personnes masquées, déguisées ou travesties, et à tous autres individus, d'insulter qui que ce soit par des invectives ou des mots grossiers, de s'arrêter dans les rues, places, passages et promenades publiques, pour y débiter des livres, et notamment le catéchisme poissard, ou y tenir des discours, proférer des cris et propos obscènes, et y provoquer les passants par des gestes, paroles ou écrits contraires à la pudeur, et de nature à blesser la morale publique, et à offenser les bonnes mœurs; de se permettre à l'occasion des divertissements du jour aucune attaque, et de s'introduire par violence dans les boutiques et maisons.

Il est également défendu à tous individus de provoquer ni insulter les personnes masquées, déguisées ou travesties.

4. Toute personne masquée, déguisée ou travestie, invitée par un officier de police à le suivre, doit se rendre sur-le-champ au bureau de police le plus voisin, pour y donner les explications qui peuvent lui être demandées.

Les contraventions aux dispositions de la présente ordonnance seront constatées par des procès-verbaux réguliers contre tous délinquans, lesquels seront traduits devant les tribunaux compétents, pour qu'il leur soit fait application des peines prononcées par les articles de lois ci-dessus rapportés.

5. La présente ordonnance sera imprimée, et affichée dans tout le ressort de la préfecture de police.

Le chef de la police municipale, les commissaires de police de la ville de Paris et des communes rurales du département de la Seine, les officiers de paix et les préposés de la préfecture sont chargés, chacun en ce qui le concerne, de tenir la main à son exécution.

M. le colonel de la gendarmerie royale de la ville de Paris est invité à concourir par les moyens qui sont en son pouvoir à en faire observer les dispositions.

Le conseiller d'Etat, préfet de police, MANGIN.

N° 1343. — *Ordonnance concernant la prohibition de la chasse* (1).

Paris, le 15 février 1830.

---

(1) V. l'ord. du 23 fév. 1843.

(2) V. l'ord. du 23 fév. 1843.

N° 1344. — *Ordonnance qui défend l'entrée et la sortie par la barrière de l'Étoile aux voitures dites diligences et messageries* (1).

Paris, le 26 février 1830.

Nous, conseiller d'État, préfet de police,

Considérant que la plupart des diligences ou messageries qui fréquentent la route de Rouen, sont surchargées contrairement aux règlements sur la police de roulage;

Que les contraventions à cet égard se sont multipliées depuis que ces voitures sont dirigées vers la barrière de l'Étoile, où il n'existe pas de pont à bascule, pour la vérification du chargement et qu'il en est résulté des accidents graves;

Considérant que, dans l'intérêt de la sûreté publique et de la conservation des routes, il importe de faire cesser promptement cet abus.

Vu le rapport de l'ingénieur en chef, directeur des ponts et chaussées du département de la Seine, du 20 novembre 1829;

La lettre de S. Exc. le ministre secrétaire d'État, au département de l'intérieur, en date du 16 janvier dernier;

Le décret du 23 juin 1806, concernant la police de roulage (2);

En vertu des articles 22 et 32 de l'arrêté du gouvernement du 12 messidor an VIII (1er juillet 1800),

Ordonnons ce qui suit:

1. A compter du jour de la publication de la présente ordonnance, l'entrée et la sortie par la barrière de l'Étoile, route royale n° 13, seront expressément interdites à toutes voitures publiques, dites diligences ou messageries.

Seront exceptées de cette disposition les voitures publiques, connues sous la dénomination de voitures des environs de Paris.

2. Les contraventions seront constatées par des rapports et procès-verbaux dressés en la forme ordinaire et poursuivies conformément aux lois et règlements.

3. La présente ordonnance sera imprimée et affichée.

Le chef de la police municipale, les commissaires de police, les officiers de paix, l'inspecteur en chef du service des voitures et les préposés de la préfecture de police, sont chargés d'en surveiller et assurer l'exécution.

Elle sera adressée à M. le directeur des droits d'entrée et d'octroi, avec invitation de charger les préposés de son administration, employés aux barrières, de concourir à son exécution, et à M. le colonel commandant la gendarmerie royale de la ville de Paris, pour en assurer l'exécution par les moyens qui sont à sa disposition.

Le conseiller d'Etat, préfet de police, MANGIN.

N° 1345. — *Ordonnance concernant des mesures d'ordre à observer à l'occasion de la messe du Saint-Esprit et de l'ouverture de la session des chambres.*

Paris, le 26 février 1830.

Nous, conseiller d'État, préfet de police,

Vu les lettres à nous adressées par M. le marquis de Dreux-Brézé,

---

(1) Rapportée. — V. l'ord. du 18 avril 1843.

grand-maître des cérémonies de France, et de M. le marquis d'Autichamp, gouverneur du château du Louvre, sur les dispositions relatives à la messe du Saint-Esprit et à l'ouverture de la session des chambres,

Ordonnons ce qui suit :

§ Ier. — Dispositions relatives à la messe du Saint-Esprit.

1. Lundi prochain, 1er mars, jour où le roi se rendra à l'église Notre-Dame, pour assister à la messe du Saint-Esprit, aucune voiture ne pourra circuler ni stationner, à compter de dix heures du matin, jusqu'après la rentrée de S. M. au château des Tuileries :

Sur la place de Carrousel, sur les quais de la rive droite de la Seine, depuis le pont Pont-Royal jusqu'au Pont-au-Change, sur le Pont-Neuf, sur le Pont-au-Change, sur tous les quais qui bordent la Cité, dans le Marché-Neuf, dans la rue du Marché-Palu, dans la rue de la Juiverie, sur le Petit-Pont, dans la rue Neuve-Notre-Dame, sur le Parvis, et dans la rue Fénelon.

2. Sont seules exceptées des dispositions de l'article précédent, les voitures des personnes qui se rendront au château des Tuileries ou à la métropole, les courriers de la poste et les diligences.

3. Les voitures, autres que celles du cortége de S. M., des ministres et de MM. les membres du corps diplomatique, qui se rendront à Notre-Dame, ne pourront y arriver que par les ponts Notre-Dame, au Change et Saint-Michel.

Elles seront mises en stationnement sur le quai aux Fleurs, et, au besoin, sur le Pont-au-Change.

4. Le parvis Notre-Dame, les cours de l'Archevêché, la rue et la place Fénelon, seront exclusivement réservés pour le stationnement des voitures de la cour, des ministres et de celles du corps diplomatique.

Les voitures de MM. les maréchaux de France, pairs, députés, etc., seront mises en stationnement sur les quais ou dans les cours de l'Archevêché, s'il y reste de la place.

§ II. — Dispositions relatives à l'ouverture de la session des Chambres.

5. Mardi 2 mars prochain, jour de l'ouverture de la session des chambres, à compter de neuf heures du matin jusqu'après la fin de la cérémonie, aucune voiture autre que celles des personnes qui se rendront au Louvre ou au château des Tuileries, ne pourra ni circuler ni stationner : sur le quai du Louvre, dans la rue du Petit-Bourbon, sur la place du Louvre et sur celle du Carrousel.

6. Les voitures de MM. les membres du corps diplomatique arriveront au Louvre par le pavillon situé du côté du pont des Arts, et seront dirigées jusqu'à la porte de l'escalier de Henri II, qui donne dans la cour.

Ces voitures stationneront dans le carré situé entre le pavillon de l'Horloge et le pavillon donnant en face du pont des Arts.

MM. les membres du corps diplomatique viendront reprendre leurs voitures à la porte où ils en seront descendus.

Elles ressortiront du Louvre par le pavillon situé vis-à-vis du pont des Arts.

7. Les voitures de MM. les pairs arriveront au Louvre par la rue du Carrousel et s'arrêteront sous la voûte du pavillon de l'Horloge du côté de l'escalier de Henri IV.

Ces voitures stationneront dans la cour du Louvre, et dans le carré qui est entre le pavillon de l'Horloge et le pavillon donnant du côté de la rue du Coq, vis-à-vis l'appartement du gouverneur.

MM. les pairs viendront reprendre leurs voitures à l'endroit où ils en seront descendus.

Elles ressortiront du Louvre par le pavillon de l'Horloge et la rue du Carrousel.

8. Les voitures de MM. les députés des départements arriveront au Louvre par le pavillon en face de la rue du Coq, et s'arrêteront sous la voûte de ce pavillon, à la porte de l'escalier dit du gouverneur du Louvre.

Ces voitures stationneront dans la cour du Louvre et dans le carré situé entre le pavillon du côté de la rue du Coq et celui de la Colonnade.

MM. les députés viendront reprendre leurs voitures à la porte où ils en seront descendus.

Elles ressortiront du Louvre par la rue du Coq.

9. Les voitures des personnes qui auront reçu des billets, soit pour les tribunes en arrière de celles de MM. du corps diplomatique, soit pour la tribune haute en face du trône, soit enfin pour les banquettes en arrière de MM. les pairs et députés, arriveront au Louvre par la rue du Carrousel et s'arrêteront à l'entrée du pavillon de l'Horloge, à la porte latérale de droite, au-dessus de laquelle sera établi un auvent.

Ces voitures stationneront sur la place du Musée et ne seront remises en mouvement qu'après la sortie de MM. les pairs.

10. Les voitures de toutes les personnes qui auront reçu des billets pour les tribunes hautes, auxquelles on arrive par l'escalier dit l'angle du nord, pourront entrer jusqu'à onze heures seulement, dans la cour du Louvre, en passant sous la voûte du pavillon donnant en face du pont des Arts ; elles ressortiront de suite de la cour par le pavillon de la Colonnade, pour aller stationner sur la place du Louvre.

Les voitures de ces personnes ne pourront rentrer dans la cour du Louvre, pour venir les reprendre, qu'après qu'elle sera entièrement évacuée par toutes les voitures qui y auront été mises en stationnement.

11. Les personnes invitées à la cérémonie par lettres, et celles qui seront munies de laissez-entrer ou billets, seront seules admises à entrer dans le Louvre. Elles voudront bien les présenter, soit aux grilles extérieures, soit aux portes, à ceux qui seront préposés pour les vérifier.

§ III. — Dispositions générales.

12. Il est défendu aux cochers de quitter les rênes de leurs chevaux.

Les domestiques suivront les voitures jusqu'au lieu du stationnement.

13. Aucune voiture ne pourra être remise en mouvement le lundi 1er mars, qu'après la messe du Saint-Esprit et le départ de S. M., et le mardi 2 mars, qu'ainsi qu'il est prescrit aux articles 9 et 10 ci-dessus.

L'ordre du départ sera donné aux cochers par les officiers de paix de service sur les lieux.

14. Il ne pourra être construit aucun amphithéâtre, aucune estrade ou autre établissement de ce genre, ni être placé des chaises ou des bancs sur la voie publique.

Ces objets seront détruits ou enlevés.

15. Il est défendu de monter sur les parapets des quais et des ponts, sur les toits et auvents des maisons, ainsi que sur les échafaudages qui se trouveraient au-devant des bâtiments.

16. Le chef de la police municipale prendra toutes les mesures nécessaires pour le maintien de l'ordre et de la sûreté publique.

Il se concertera pour l'exécution avec les commandants de la force armée qui sera sur les lieux.

17. Les contraventions seront constatées par des procès-verbaux, et les contrevenants poursuivis, conformément aux lois, par-devant les tribunaux compétents.

18. La présente ordonnance sera imprimée et affichée.

Le chef de la police municipale, les commissaires de police, les officiers de paix et les préposés de la préfecture sont chargés de tenir la main à son exécution.

M. le colonel de la gendarmerie royale de la ville de Paris est invité à concourir par les moyens qui sont en son pouvoir à en faire observer les dispositions.

Le conseiller d'Etat, préfet de police, MANGIN.

N° 1346. — *Ordonnance concernant les ouvriers* (1).

Paris, le 1er mars 1830.

N° 1347. — *Ordonnance concernant la vérification périodique des poids et mesures* (2).

Paris, le 1er mars 1830.

N° 1348. — *Ordonnance concernant l'échenillage* (3).

Paris, le 15 mars 1830.

N° 1349. — *Ordonnance concernant les bals publics dans la ville de Paris et dans la banlieue* (4).

Paris, le 15 mars 1830.

N° 1350. — *Arrêté concernant les cochers des voitures de place* (5).

Paris, le 17 mars 1830.

Nous, conseiller d'État, préfet de police,

Vu la demande à nous adressée par le syndicat des loueurs de voitures de place, à l'effet d'obliger les cochers à remettre aux personnes qui feront usage de ces voitures des contremarques indicatives des numéros ;

---

(1) V. les ord. des 1er avril 1831 et 30 déc. 1834.

(2) V. les ord. des 23 nov. 1842 et 1er déc. 1843.

(3) V. l'arr. du 1er mars 1837.

(4) V. l'ord. du 31 mai 1833.

(5) Rapporté. — V. l'ord. du 15 janv. 1841, les arr. des 15 janv. et 18 fév. 1841 et l'ord. du 25 mai 1842.

Considérant que la plupart des personnes qui font usage des voitures de place négligent d'en prendre le numéro ou ne peuvent le distinguer pendant la nuit, d'où il résulte qu'un grand nombre de plaintes ou de réclamations qui nous parviennent, ne donnent lieu, le plus souvent, qu'à des recherches infructueuses,

Arrêtons ce qui suit :

1. A compter du 15 avril prochain, tout cocher du service de place de l'intérieur de Paris sera tenu de remettre à la personne qui montera dans sa voiture une carte qui indiquera le numéro, ainsi que le nom et l'adresse du propriétaire de la voiture.

Lorsque plusieurs personnes à la fois prendront la même voiture, le cocher ne sera assujetti qu'à livrer une seule carte à l'une d'elles.

2. Expédition du présent arrêté sera adressée au chef de la police municipale, aux commissaires de police et à l'inspecteur en chef du service des voitures, chargés, chacun en ce qui le concerne, d'en surveiller et assurer l'exécution.

Ampliation en sera transmise au syndicat des loueurs de voitures de place.

Le conseiller d'Etat, préfet de police, MANGIN.

N° 1351. — *Ordonnance concernant le régime et la discipline intérieure du commerce de la boucherie de Paris.*

Paris, le 25 mars 1830.

Nous, conseiller d'Etat, préfet de police,

Vu l'ordonnance royale du 18 octobre 1829, et voulant pourvoir à son exécution,

Ordonnons ce qui suit :

TITRE Ier.

Du syndicat des bouchers.

1. La boucherie de Paris sera représentée par un syndic et six adjoints qui seront nommés parmi les membres de ce commerce, conformément à l'article 7 de l'ordonnance royale du 18 octobre 1829.

Trente bouchers électeurs choisis par le préfet de police, et convoqués au secrétariat général de la préfecture, nommeront le syndicat, et formeront une réunion qu'il pourra s'adjoindre lorsqu'il le jugera nécessaire.

Toutefois ces réunions ne pourront avoir lieu qu'après que le syndicat en aura obtenu l'autorisation du préfet de police.

2. La durée des fonctions du syndic est d'un an. Il peut être réélu.

Les adjoints sont pendant trois ans en exercice. Ils peuvent également être réélus.

Au mois de décembre de chaque année, il est procédé à l'élection du syndic et de deux adjoints, pour entrer en fonctions le 1er janvier suivant.

Dans les années 1831 et 1832, la voie du sort désignera les deux adjoints qui devront sortir d'exercice.

En cas de mort ou de démission du syndic, le premier adjoint dans l'ordre de nomination remplacera le syndic pendant le reste de l'année.

Les électeurs seront renouvelés par tiers, tous les ans, au mois de janvier.

Dans la première quinzaine de novembre de chaque année, les syndic et adjoints présenteront au préfet de police une liste de vingt bouchers, parmi lesquels il nommera dix électeurs pour remplacer ceux qui devront cesser leurs fonctions.

3. Le syndicat de la boucherie aura sous ses ordres un agent et un garçon de bureau, lesquels seront à la nomination du syndic et des adjoints.

4. Le syndicat se réunira, le mardi de chaque semaine, à une heure précise de l'après-midi.

En cas de nécessité, il pourra se réunir tout autre jour de la semaine qui lui sera convenable.

5. Les délibérations du syndicat ne seront valables que lorsqu'elles auront été prises par les deux tiers au moins des membres de l'assemblée.

6. Il sera frappé des jetons pour être distribués aux membres présents aux assemblées. Ils porteront d'un côté l'effigie de S. M. et de l'autre un attribut du commerce de la boucherie.

Leur valeur sera de 2 fr. 50 c.

Le syndic aura deux jetons de présence et chaque adjoint en aura un. Dans les assemblées extraordinaires, il en sera distribué un à chaque électeur présent.

7. Il y aura six inspecteurs de la boucherie, et plus s'il est nécessaire, pour surveiller toutes les contraventions aux règlements qui pourront se commettre, réprimer le mercandage, et concourir avec le syndicat à l'exécution de toutes les mesures jugées nécessaires dans l'intérêt général.

Ces six inspecteurs seront proposés par le syndicat au préfet de police et nommés par ce dernier.

Deux de ces inspecteurs seront toujours attachés à l'abattoir Montmartre.

Le préfet de police se pourvoira auprès de M. le préfet de la Seine pour que les inspecteurs soient logés dans les abattoirs, de manière à ce qu'il y en ait un dans chaque abattoir. Ils seront chargés d'y faire exécuter les dispositions de surveillance que nécessitent la manutention des échaudoirs et les autres parties du service dans ces établissements.

L'inspecteur de police constatera le fait de la mort des bestiaux morts naturellement dans les abattoirs. Les inspecteurs de la boucherie les enverront à la ménagerie, ainsi que toutes les viandes (dans quelque lieu qu'ils les trouvent) qu'ils reconnaîtront ne pouvoir être livrées à la consommation.

Le procès-verbal sera transmis au président du tribunal de commerce, qui nommera deux artistes vétérinaires, l'un pour le boucher, l'autre pour le vendeur, aux fins de procéder à l'autopsie de l'animal et de constater les véritables causes de sa mort.

8. Le syndicat nommera dix-huit surveillants, et plus s'il est nécessaire, dans les abattoirs, savoir : cinq à l'abattoir Montmartre (il y a deux portes), quatre à l'abattoir de Ménilmontant, trois à l'abattoir de Grenelle, trois à l'abattoir du Roule et trois à l'abattoir de Villejuif.

Ils seront chargés de la garde des clefs des échaudoirs, de la livraison des cuirs, peaux de veaux et moutons aux *enleveurs* des tanneurs et des mégissiers ; du parcage des bestiaux dans les bouveries et bergeries ; de faire des rondes à certaines heures du jour et de la nuit, pour surveiller les bestiaux qui menaceraient de périr ; d'examiner s'il ne s'introduit pas dans les abattoirs des individus étrangers à leur service ; du lavage des coches ; enfin d'exécuter tout ce qui peut contribuer à la sûreté et à la salubrité de ces établissements.

Ils seront placés sous la surveillance des préposés de police et de l'inspecteur du commerce de la boucherie de leur abattoir, lesquels tiendront sévèrement la main à ce qu'ils fassent leur service de la manière la plus active dans l'intérêt général.

9. Il sera nommé par le préfet de police, sur la proposition du syndicat, deux surveillants aux parquets à moutons des barrières du Maine et de Clichy, pour faire le lotissage des moutons, de manière que les lots marqués appartenant aux divers bouchers leur soient exactement adressés.

10. Des instructions seront données, sous l'approbation du préfet de police, par le syndicat, tant aux inspecteurs qu'aux surveillants dans les abattoirs et aux parquets, pour leur indiquer le service dont chacun d'eux sera chargé, à la condition de se conformer aux règlements de police.

Comme il est essentiel que tous les employés de la boucherie connaissent cet état pour bien remplir leur service dans l'intérêt général, ils seront choisis parmi d'anciens bouchers, ou fils d'anciens bouchers qui posséderont l'estime du commerce.

11. Les syndic et adjoints seront chargés de la répartition des échaudoirs entre les marchands bouchers de Paris, suivant les besoins de chacun d'eux; mais cette répartition et les mutations qui seront demandées par la suite, ne s'effectueront qu'après que le syndicat en aura obtenu l'autorisation du préfet de police.

12. Ils seront chargés de procéder à la vente des vidanges et voiries provenant de l'abatage des bestiaux, ainsi qu'à celle des fumiers des bouveries et bergeries, dont les produits leur sont attribués par l'ordonnance royale du 18 octobre 1829.

Ils seront également autorisés à renouveler le bail de la vente du sang des bœufs et vaches qui existe, et à comprendre dans cette vente le sang des veaux et moutons pour le temps et de la manière qu'ils le jugeront le plus convenable dans les intérêts du commerce, comme aussi à en répartir le montant ainsi que par le passé.

13. Il y aura cinq conducteurs de bœufs, un conducteur de vaches, et, suivant les besoins du commerce, deux ou trois conducteurs de moutons qui seront nommés par le préfet de police sur la présentation du syndicat.

Les syndic et adjoints seront autorisés à faire faire à tous ces conducteurs, pour la conduite des bestiaux en général, chacun dans sa partie, les soumissions que l'intérêt du commerce et le bien du service rendront nécessaires.

14. Le syndicat connaîtra, sous le rapport de la discipline intérieure, de toutes les difficultés qui s'élèveront entre les marchands bouchers, les étaliers et les garçons bouchers et autres individus attachés au service des boucheries.

Il connaîtra, par voie de conciliation, des difficultés contentieuses qui s'élèveront soit entre les bouchers respectivement, soit entre les bouchers et les marchands de bestiaux.

15. Les mercuriales seront arrêtées dans chaque marché par deux bouchers, deux marchands de bestiaux et l'inspecteur général des halles et marchés.

16. Le syndicat sera autorisé à accorder, sous l'approbation du préfet de police, suivant les ressources de sa caisse, des pensions aux anciens bouchers et employés de la boucherie qui manqueront des moyens suffisants pour subvenir à leur existence.

Il distribuera par avance, aux bouchers et employés indigents, des secours dont il présentera l'état de distribution à l'approbation du préfet de police tous les six mois.

17. Il présentera, du 20 au 25 de chaque mois au plus tard, au préfet

de police, un état indicatif du crédit individuel qui pourra être accordé à chaque boucher de Paris sur la caisse de Poissy pour le mois suivant.

18. Le syndicat tiendra registre de toutes ses délibérations en général, et sera autorisé à adresser à l'autorité toutes les réclamations qu'il jugera nécessaires au bien de la communauté.

19. Il sera autorisé, à dater du 28 octobre 1829, à toucher les intérêts des cautionnements des bouchers à la caisse de Poissy et toutes autres sommes qui appartiendront au commerce dans telles caisses qu'elles se trouveront, pour subvenir au payement du rachat des étaux, à celui des dépenses concernant la police des abattoirs, au payement du traitement de tous les employés et des autres dépenses du commerce, et à celui des pensions et secours à accorder à d'anciens bouchers ou employés de la boucherie.

20. Tous les ans, vers la mi-décembre, le syndicat convoquera, sous l'autorisation du préfet de police, les électeurs au bureau de la boucherie, à l'effet de leur rendre compte des opérations et des travaux de l'année.

21. Il y aura un conseil du syndicat; ce conseil sera composé d'un avocat à la cour royale, d'un avocat aux conseils du roi et à la cour de cassation, d'un notaire et d'un avoué.

Les membres de ce conseil seront à la nomination du syndicat.

TITRE II.

Des admissions et des conditions pour l'exercice de la profession de boucher.

22. Sont reconnus marchands bouchers de Paris tous les individus qui ont rempli et qui rempliront, dans les délais voulus, les conditions prescrites par l'ordonnance royale du 18 octobre 1829.

23. La veuve d'un boucher pourra succéder, même avant la réduction du nombre des bouchers à quatre cents, à l'étal de son mari, sous quelque régime qu'elle ait été mariée, sauf le précompte des droits des héritiers du titulaire décédé.

Lorsqu'une veuve bouchère convolera en secondes noces, son nouveau mari ne sera point titulaire de l'étal; mais il sera de plein droit investi du droit de gérer et d'administrer ledit étal, et par conséquent d'aller sur les marchés de Sceaux et de Poissy.

Si elle est séparée de biens judiciairement ou contractuellement d'avec son nouveau mari, elle pourra, conformément à l'article 39 subséquent, lui donner procuration pour aller auxdits marchés de Sceaux et de Poissy; mais elle conservera le droit d'administrer et de gérer elle-même son étal.

24. Le fils pourra de même succéder à son père.

25. Il en sera de même de la fille tenant le comptoir de son père, si elle épouse un garçon boucher.

26. Tout aspirant qui voudra s'établir avant la réduction des étaux au nombre fixé par l'article 3 de l'ordonnance pourra en obtenir l'autorisation, moyennant qu'il achète deux étaux et qu'il en supprime un, et en se conformant d'ailleurs aux règles prescrites par l'ordonnance pour exercer la profession de boucher (1).

27. Les marchands bouchers susénoncés auront seuls le droit d'abattre, habiller, préparer, vendre et débiter dans la ville de Paris toutes sortes de viandes de bœufs, vaches, veaux et moutons.

Toutefois, les bouchers forains continueront à être admis, concurremment avec lesdits bouchers de Paris, à vendre en détail de la viande à la halle des Prouvaires et dans les marchés Saint-Germain,

---

(1) Rapporté.—V. à l'appendice la décis. du ministre du commerce en date du 12 avril 1832.

des Carmes et des Blancs-Manteaux, les mercredi et samedi de chaque semaine.

28. Le tirage des places destinées aux bouchers de campagne, tant à la halle que dans les marchés publics, continuera à être fait par lesdits bouchers, en présence de l'inspecteur général des halles et marchés.

Celui pour les bouchers de Paris sera fait au bureau du syndicat, également en présence dudit inspecteur général.

29. L'étal d'un boucher dont la faillite viendrait à être déclarée ne sera supprimé que dans le cas où le rachat en serait opéré par le syndicat.

Un délai qui ne pourra être moindre d'un mois sera accordé par le préfet de police aux créanciers de la faillite, pour vendre l'étal à un tiers, sans que l'acquéreur soit tenu de se conformer à la condition de l'article 26.

Si, à l'expiration de ce délai, les créanciers ne l'ont pas vendu, le syndicat payera à qui de droit l'estimation qui en sera faite par deux arbitres nommés par les créanciers et le syndicat. En cas de dissidence de ces arbitres, le tribunal de commerce nommera un tiers-arbitre pour les départager.

30. Le syndicat prendra l'autorisation du préfet de police pour opérer le rachat des étaux qui excèdent le nombre de ceux qui doivent rester en activité, conformément à l'article 6 de l'ordonnance royale du 18 octobre 1829.

31. Nul ne pourra être admis à l'exercice de la profession de boucher, s'il ne justifie, conformément au paragraphe 2 de l'article 3 de l'ordonnance précitée, qu'il connaît suffisamment la pratique de son état.

32. Chaque boucher devra fournir pour son étal un cautionnement fixé à 3,000 fr. Ceux dont les cautionnements déjà versés ne s'élèveraient pas au-dessus de 1,000 ou 2,000 fr. devront fournir le supplément nécessaire pour compléter ladite somme de 3,000 fr.

Le cautionnement ainsi que le complément du cautionnement seront versés à la caisse de Poissy, dans le délai de trois mois, prescrit par l'ordonnance royale du 18 octobre 1829. La permission d'exercer sera retirée à tout boucher qui, à l'expiration de ce terme, n'aura pas justifié du versement de la totalité de son cautionnement par une quittance du directeur de la caisse de Poissy.

33. Les établissements de boucherie devront réunir les conditions prescrites par l'instruction du préfet de police concernant la formation des étaux.

34. Aucun transfert ne pourra avoir lieu d'un quartier dans un autre qu'à l'époque de Pâques de chaque année, à moins de cause forcée dont le syndicat sera juge.

Dans tous les cas, le boucher qui voudra transférer son établissement ne pourra effectuer ce transfert entre les deux bouchers voisins, en tous sens, de celui dont l'étal aurait été fermé.

35. Tout étalier qui voudra s'établir ne pourra le faire qu'en laissant cinq étaux entre son établissement et ceux des bouchers chez lesquels il aura travaillé pendant deux mois, à moins que ce ne soit depuis plus d'un an.

36. Aux termes des règlements des 13 juin 1808, 6 février 1811 et de l'ordonnance du 18 octobre 1829, un boucher ne doit exploiter qu'un étal et est tenu de l'exploiter par lui-même.

Si un boucher, contrairement à l'article 4 de l'ordonnance précitée, exploite un second étal, ce second étal sera fermé sans aucun dédommagement.

S'il cède clandestinement, prête son nom, ou loue son étal à l'un de ses confrères, ou à tout autre individu quelconque, cet étal sera également fermé sans dédommagement.

37. Tout étal qui cessera d'être garni de viande pendant trois jours consécutifs sera fermé pendant six mois.

38. Il est fait défense expresse de revendre, ni sur pied ni à la cheville, les bestiaux achetés pour l'approvisionnement de Paris.

Tout boucher qui contreviendra à cette disposition encourra la peine mentionnée dans l'article 12 de l'ordonnance du 18 octobre.

39. Il est enjoint aux bouchers de faire directement leurs acquisitions de bestiaux sur les marchés autorisés, sous les peines portées dans l'article 12 précité.

A l'égard des veuves, des bouchers âgés et infirmes, qui ne peuvent se rendre sur les marchés, ils pourront charger leur premier garçon d'étal, ou l'un de leurs confrères, de leur procuration authentique; mais aucun des mandataires ne pourra être porteur de plus d'une procuration.

Cette procuration sera essentiellement temporaire; elle ne sera accordée que sur l'autorisation du préfet de police qui en fixera la durée.

En cas d'indisposition subite, de voyage imprévu, etc., le boucher pourra, par écrit, charger son premier garçon d'étal ou un confrère de ses acquisitions; mais les mandataires seront tenus d'en faire la déclaration, à leur arrivée au marché, à l'inspecteur général ou à celui qui le remplacera, à charge d'en faire immédiatement rapport au préfet de police.

Cette faculté ne sera accordée que pour le délai de quinze jours au plus.

Par exception, le fils d'un marchand boucher travaillant chez son père pourra aller au marché avec la procuration de ce dernier.

Il pourra aussi accompagner son père; mais il ne pourra, sous quelque prétexte que ce soit, rester sur les bestiaux marchandés, ni s'immiscer dans les achats, ni y concourir, à moins que ce ne soit en la présence et pour le compte de son père, de manière qu'ils ne forment, à eux deux, qu'une seule main dans le marché.

40. Il est également enjoint aux bouchers de ne recevoir ni étalier, ni garçon boucher qui ne serait pas porteur d'un livret revêtu de la signature de son dernier maître.

Les contrevenants seront poursuivis conformément à l'ordonnance relative aux livrets.

41. Il est défendu aux bouchers de faire dans leurs étaux aucun autre commerce que celui de la viande de boucherie.

42. Il est enjoint aux marchands bouchers de livrer leurs cuirs bien conditionnés, loyaux et marchands.

43. Le lotissage des bestiaux aura lieu comme par le passé.

44. Tous les bouchers présents aux marchés auront la faculté de lotir.

L'acquéreur aura droit à deux lots et sera tenu de déclarer aux autres bouchers lotissant le prix réel d'acquisition.

S'il fait une fausse déclaration, il sera poursuivi conformément aux lois.

45. Les bouchers non admis, mais chargés de manutentions civiles ou militaires, ne pourront vendre au public de la viande, à peine de saisie et de confiscation. (*Lettres patentes du* 1er *juin* 1782, *art.* 2.)

46. Les permissions accordées pour l'exercice de la profession de boucher énonceront l'obligation, de la part de ceux qui les obtiendront, de se conformer en tous points à la présente ordonnance.

47. Toute contestation entre le syndicat et les bouchers, toute réclamation élevée par ceux-ci au sujet de l'accomplissement des conditions imposées par ladite ordonnance pour l'exercice de la profession, seront portées par le syndicat devant le préfet de police qui décidera, sauf recours de sa décision auprès de l'autorité administrative supérieure.

TITRE III.

De la police des abattoirs.

CHAPITRE Ier.

48. Tous les bestiaux, sans exception, destinés à la boucherie de Paris ne pourront être abattus et habillés que dans l'un des cinq abattoirs généraux à ce affectés.

49. Les cinq abattoirs généraux sont répartis entre les bouchers, suivant la localité de chacun d'eux.

50. La répartition actuelle des échaudoirs entre les bouchers est maintenue.

51. Néanmoins, les bouchers d'un même abattoir pourront échanger entre eux les échaudoirs dont ils sont pourvus, après toutefois en avoir obtenu l'autorisation du préfet de police.

52. Les bouchers se pourvoiront de tinets, étoux, baquets, seaux, brouettes, et de tous les instruments et ustensiles nécessaires à leur travail, et les entretiendront en bon état de service et de propreté.

53. Ils sont également tenus de donner à leurs bestiaux la nourriture et tous les soins nécessaires. Les surveillants feront connaître aux préposés de la police ceux qui négligeraient d'y pourvoir.

CHAPITRE II.

Conduite des bestiaux (1).

54. Les bœufs et vaches achetés dans les marchés de Sceaux et de Poissy seront conduits directement aux abattoirs suivant l'itinéraire ordonné.

55. Les conducteurs, en arrivant aux abattoirs, conduiront les bestiaux dans les parcs de triage; ils dirigeront ensuite les bœufs de chaque boucher à la bouverie qui lui est affectée.

56. Les veaux achetés dans les marchés de Sceaux et de Poissy et à la halle aux veaux de Paris;

Les vaches grasses achetées au marché de Paris;

Les moutons amenés soit immédiatement des marchés extérieurs, soit des parcs de Vaugirard et de Clichy, seront conduits directement aux abattoirs.

57. Les conducteurs de veaux seront tenus de laisser sous les veaux, aux abattoirs, les deux tiers au moins de la paille sur laquelle ils ont été amenés.

58. Il est défendu aux conducteurs, charretiers et garçons bouchers de les conduire, détourner et entreposer partout ailleurs, sous quelque prétexte que ce soit, sous les peines de droit.

59. Les bouchers sont tenus d'avoir dans les abattoirs des garçons pour recevoir et soigner les bestiaux à leur arrivée.

60. Les conducteurs devront remettre au préposé de la police de chaque abattoir les bulletins et certificats d'achat des bestiaux dans les marchés.

Le préposé fera sur-le-champ écriture de chaque bulletin et remettra de suite les bulletins au préposé de l'administration municipale.

61. Il est défendu aux préposés à la police des abattoirs d'y admettre, pour être abattues, des vaches envoyées par les nourrisseurs de Paris, si le conducteur n'est porteur d'un certificat d'expert vétérinaire constatant la nécessité de les faire abattre.

Après l'habillage, la vérification des viandes en provenant sera faite en présence du nourrisseur et de deux adjoints au syndicat.

---

(1) V. l'ord. du 26 fév. 1844.

Si les viandes sont jugées en état d'entrer dans la consommation, le nourrisseur pourra les vendre dans l'abattoir.

Dans le cas contraire, il sera dressé contradictoirement un procès-verbal constatant l'état insalubre des viandes, et elles seront envoyées, à la diligence de l'inspecteur du commerce, à la ménagerie royale pour le compte et aux frais du propriétaire. Les cuir et suif lui seront remis sur récépissé.

CHAPITRE III.

De la sûreté et de la salubrité dans les abattoirs.

62. Aucune voiture de fourrage ne sera reçue dans les abattoirs si son chargement ne peut être rentré et resserré avant la nuit tombante.

63. L'entrée et la circulation dans les greniers à fourrages sont interdites depuis 4 heures du soir jusqu'à 8 heures du matin, pendant les mois de novembre, décembre et janvier.

Depuis 5 heures du soir jusqu'à 7 heures du matin, pendant les mois de février, mars et octobre.

Depuis 7 heures du soir jusqu'à 5 heures du matin, pendant les mois d'avril et septembre.

Depuis 8 heures du soir jusqu'à 4 heures du matin, pendant les mois de mai, juin, juillet et août.

64. Il est défendu d'entrer la nuit dans les bouveries avec des lumières, si elles ne sont renfermées dans des lanternes closes et à réseau métallique.

65. Il est défendu d'appliquer des chandelles allumées aux murs et portes, intérieurement ou extérieurement, et en quelque lieu que ce soit.

66. Les bouchers et les inspecteurs de police de l'abattoir veilleront à ce que les corridors des greniers à fourrages et leurs escaliers soient nettoyés tous les deux jours.

67. Les bouchers peuvent abattre à toute heure de jour et de nuit, selon les besoins.

68. Les bouchers qui abattront la nuit seront tenus d'en faire la déclaration au préposé de la police des abattoirs.

69. Il est expressément défendu de laisser ouvertes les portes des échaudoirs au moment de l'abattage des bœufs.

70. Il est enjoint aux bouchers de laver ou faire laver exactement les échaudoirs après l'abattage et l'habillage.

71. Il est défendu de laisser séjourner dans les échaudoirs aucuns suifs, graisses, dégrais, ratis, panses et boyaux, cuirs et peaux en vert, en manchons, salés ou non salés.

72. Les bouchers feront enlever exactement les fumiers des bouveries tous les mois ou toutes les fois qu'ils en seront requis par les employés de la police, et les vidanges tous les jours.

73. Tout amas de bourres et de caboches est défendu.

74. Les jours d'arrivage, les garçons bouchers ne pourront conduire à l'échaudoir aucun bœuf ou vache qu'après le triage et l'entrée dans les bouveries de tous les bestiaux arrivés.

75. Il est défendu d'abattre des bœufs, vaches et taureaux dans les cours dallées.

76. Les bœufs et vaches, avant d'être abattus, doivent être fortement attachés à l'anneau scellé dans chaque échaudoir.

Les bouchers sont responsables des effets de toute négligence à cet égard.

77. Les taureaux et les bœufs dont l'espèce est connue pour dangereuse ne pourront être conduits des bouveries aux échaudoirs qu'avec des entraves ou accouplés.

78. Les veaux et moutons seront saignés dans des baquets, de manière que le sang ne puisse couler dans les ruisseaux qui conduisent aux égouts.

79. Les bouchers devront fréquemment, et quand ils en seront requis par les préposés, faire gratter et laver les murs intérieurs et extérieurs des échaudoirs, ainsi que les portes.

80. Il est défendu de déposer dans les rues et cours pavées les peaux et cuirs de leurs bestiaux.

CHAPITRE IV.

Police des garçons.

81. Il ne sera admis dans les abattoirs que des garçons pourvus de livrets.

82. Les livrets seront déposés au bureau du préposé à la police de chaque abattoir.

83. Les apprentis devront justifier de leur enregistrement au bureau d'inscription des ouvriers.

84. Aucun boucher ne pourra prendre à son service un garçon, s'il ne lui justifie de son livret revêtu du congé d'acquit de son dernier maître.

85. Il est défendu aux garçons bouchers de se coaliser pour faire cesser d'une manière quelconque tout ou partie des travaux et du service des abattoirs.

86. Il leur est défendu de détruire ou de dégrader aucun objet dépendant des abattoirs généraux ou des échaudoirs, et spécialement les pompes, tuyaux, robinets, tampons; comme aussi de laisser ouverts aucuns robinets sans nécessité. Les maîtres bouchers sont responsables des dégâts faits par leurs ouvriers ou agents.

87. Toute espèce de jeux de hasard et autres sont expressément interdits dans les abattoirs.

88. Il est défendu de rien écrire, tracer ou crayonner sur les murs et sur les portes, soit en lettres, soit en figures, portraits ou images quelconques.

89. Tout garçon boucher qui sera trouvé fumant dans les bouveries ou greniers à fourrages sera sur-le-champ averti de cesser, et procès-verbal sera dressé de cette contravention, s'il refuse de satisfaire à l'avertissement.

90. Il est expressément défendu aux garçons bouchers de coucher dans les échaudoirs, séchoirs, bouveries et greniers.

Les surveillants retireront, tous les soirs, les clefs des greniers et séchoirs, et les déposeront entre les mains des préposés de police pour les y reprendre le lendemain matin.

91. Les conducteurs de viandes seront responsables des faits des personnes qu'ils emploieront comme aides dans les abattoirs.

Il leur est expressément défendu de loger leurs chevaux et voitures dans les abattoirs.

92. Les hommes de peine employés à l'enlèvement du sang devront se tenir constamment dans les cours de travail pendant l'abatage des bestiaux.

93. Il leur est défendu d'embarrasser les passages et les préaux avec des futailles vides ou pleines. Ils devront les placer dans les lieux qui leur seront indiqués par les préposés de police.

94. Tous les jours, après le travail, ils devront rouler aux places à ce affectées les futailles pleines.

Elles ne pourront séjourner plus de vingt-quatre heures dans l'abattoir.

95. Les adjudicataires des vidanges en feront l'enlèvement complet tous les jours et aux heures indiquées par le cahier des charges.

Ils devront enlever indistinctement et sans triage toutes les matières déposées avec les vidanges, quelle qu'en soit la nature.

CHAPITRE V.

De la fonte des suifs.

96. Les suifs provenant des abats des bestiaux ne pourront être fondus que dans les abattoirs généraux.

Il est défendu d'en fondre partout ailleurs, même ceux des dégrais levés en ville.

97. Pourront néanmoins les bouchers livrer aux parfumeurs et pharmaciens les suifs des rognons et dégrais de moutons.

98. La fonte des suifs en branches appartient aux bouchers.

99. Les bouchers qui ne veulent ou ne peuvent point user de cette faculté peuvent confier ou vendre leur suif en branches soit à d'autres bouchers, soit à des fondeurs, pour être lesdits suifs fondus dans les abattoirs.

100. Les bouchers qui ne fondront pas par eux-mêmes feront connaître le boucher ou le fondeur auquel ils auront confié ou vendu leur suif en branches.

101. Les bouchers conservent le droit d'exploiter, de préférence aux fondeurs, les fondoirs établis dans les abattoirs généraux.

Néanmoins, les fondeurs actuellement exploitant sont maintenus dans la possession de leurs fondoirs jusqu'à vacance d'iceux.

102. Les bouchers ou les fondeurs feront établir dans les fondoirs, sous la direction des architectes chargés de la construction des abattoirs, les fourneaux, poêles, tuyaux, rafraîchissoirs, presses, cuviers, jalots et tous les instruments et ustensiles nécessaires à la fonte.

103. Il ne pourra être admis des poêles d'une contenance moindre de mille kilogrammes.

104. Les bouchers qui fondront par eux-mêmes ne pourront le faire que dans celui des abattoirs généraux où se trouve leur échaudoir.

105. Les bouchers fondeurs ou les fondeurs auxquels seront livrés les fondoirs dans lesquels il a été établi par la ville de Paris des poêles, presses, instruments et moyens de fonte seront tenus de les prendre et conserver dans l'état où ils sont, suivant l'inventaire qui en a été ou sera fait, et aux conditions déterminées par le Code de commerce.

106. Les bouchers fondeurs et les fondeurs établis dans l'un des abattoirs généraux pourront lever des suifs en branches dans tous les abattoirs; mais ils seront tenus d'en faire la déclaration au préposé comptable de l'abattoir où les suifs seront levés, et ils ne pourront les transporter qu'avec une expédition de la déclaration.

107. Les bouchers fondeurs et les fondeurs seront tenus de se conformer au règlement fait pour la perception du droit établi au profit de la ville pour la fonte des suifs.

108. La fonte des suifs pourra avoir lieu de nuit comme de jour.

109. Il est défendu de mêler dans la fonte des suifs aucune matière étrangère.

En conséquence, l'introduction de toute matière propre à être mélangée avec le suif est interdite dans les abattoirs et fondoirs.

110. Il est expressément défendu aux fondeurs de faire usage de lumière autrement qu'avec des lanternes parfaitement closes et à réseau métallique.

L'usage des chandeliers, bougeoirs, martinets, lampes à la main est absolument interdit dans les fondoirs.

Il est enjoint au préposé de la police de les saisir partout où il en sera trouvé, et d'en dresser procès-verbal.

111. Le bois amené pour le service des fondoirs sera rentré aussitôt son arrivée.

112. Les cheminées dans les fondoirs seront ramonées tous les quinze jours.

113. Les fondeurs seront tenus de faire ratisser et nettoyer, une fois au moins par semaine, le carreau des fondoirs, les rampes et marches des escaliers qui y conduisent.

114. Il sera établi dans chaque abattoir un bureau de pesage public pour le service des suifs.

115. Il est défendu aux bouchers fondeurs et aux fondeurs de vendre leurs suifs en pain ailleurs qu'au marché à ce destiné.

116. Il est défendu aux chandeliers d'acheter ou d'arrher des suifs ailleurs qu'au marché.

En conséquence, l'entrée des abattoirs et fondoirs leur est absolument interdite.

117. Les bouchers fondeurs et les fondeurs sont tenus d'envoyer chaque semaine au marché au suif des jalonneaux d'échantillons de chaque espèce de suif qu'ils auront fondu dans la semaine, avec étiquette indicative des quantités de chaque espèce.

118. Les suifs achetés au marché seront livrés ou enlevés dans les trois jours.

119. Les suifs en pain ne seront enlevés et ne sortiront de l'abattoir que sur congé.

120. Aucune voiture chargée de suif ne pourra rester dans l'intérieur des abattoirs; elle devra, aussitôt son chargement terminé, être conduite à sa destination.

121. Les dispositions des articles 81 et 82 de la présente ordonnance, relatives aux garçons bouchers, sont déclarées communes aux garçons fondeurs.

122. Les fondeurs et leurs garçons ne pourront, sous aucun prétexte, laisser du bois au-devant de l'ouverture du foyer des chaudières.

123. Quand une fonte sera commencée, les garçons ne pourront quitter le fondoir.

124. Après la fonte, ils devront s'assurer de l'extinction complète du feu et de la clôture de l'étouffoir.

125. Il leur est défendu de sortir du fondoir le bois en partie consumé pour l'éteindre au dehors.

126. Les pains de cretons seront rangés et empilés de manière à ne point gêner les passages.

127. Il est défendu aux garçons fondeurs de laisser des fumiers aux portes des écuries.

Ils devront tous les matins, avant 9 heures, les transporter au lieu à ce destiné.

128. Lorsqu'un fondoir sera vacant, sa vacance sera, à la diligence des syndic et adjoints des bouchers, annoncée par affiches, tant au bureau de la boucherie que dans les abattoirs et à la halle aux veaux.

129. Dans le mois de la publication, les bouchers qui voudront en obtenir la concession adresseront leurs demandes aux syndic et adjoints qui les transmettront, avec leur avis, au préfet de police.

130. Ce délai passé et à défaut de demande, le fondoir sera accordé au plus ancien fondeur en demande.

131. Tout fondoir concédé à un boucher, et qui aura été par lui vendu ou cédé à un fondeur, sera réputé vacant, et il en sera disposé conformément aux articles 128 et 129 de la présente ordonnance.

CHAPITRE VI.

Des issues de bestiaux.

132. Les issues de bestiaux recueillies dans chaque abattoir seront cuites et préparées dans l'établissement de triperie disposé à cet effet, avant de pouvoir être enlevées dudit abattoir.

Sont exceptées de la disposition précédente les issues destinées pour l'extérieur; mais, dans ce cas, il en sera donné avis à l'administration de l'octroi, qui prendra les mesures nécessaires pour s'assurer de la sortie.

CHAPITRE VII.

Droits de la ville.

133. Les droits d'abatage seront payés conformément au tarif annexé à l'ordonnance du 16 août 1815, jusqu'à ce qu'il ait été modifié par le conseil municipal, et approuvé par le ministre de l'intérieur.

La perception en sera faite ainsi et de la manière réglée par M. le conseiller d'Etat, préfet de la Seine.

CHAPITRE VIII.

Dispositions générales.

134. Il est défendu de laisser s'introduire dans les abattoirs aucune personne étrangère à leur service sans une permission de l'administration.

135. Il est défendu d'y amener des chiens autres que ceux des conducteurs de bestiaux.

Ces chiens devront être muselés lorsqu'ils seront dans les abattoirs.

136. Il est défendu d'y traire les vaches sans la permission des bouchers auxquels elles appartiennent.

137. Aucune voiture ne pourra être introduite dans les bouveries, si ce n'est pour charger des animaux morts naturellement.

138. Il est défendu d'élever et entretenir dans les abattoirs aucuns porcs, pigeons, lapins, volailles, chèvres et moutons sous quelque prétexte que ce soit.

139. Il est défendu : 1° de faire paître des moutons sur les parties gazonnées; 2° de faire stationner des voitures sur ces parties et entre les arbres; 3° d'attacher les chevaux partout ailleurs qu'aux anneaux à ce destinés; 4° et de placer des chevaux et vaches, même momentanément, dans les parquets à veaux et moutons.

140. Les bouchers et fondeurs ne pourront, sous aucun prétexte que ce soit, laisser en dépôt, dans l'intérieur des abattoirs, des cabriolets, charrettes ou autres voitures; des étoux, brouettes et ustensiles hors de service.

141. Les bouchers, fondeurs et tripiers ne pourront employer ou faire employer, pour le transport de leurs marchandises, que des voitures couvertes.

142. Les conducteurs se tiendront à pied à la tête de leurs chevaux, et ne pourront conduire qu'au pas.

143. Il est défendu à toutes personnes logées dans les abattoirs de jeter ou déposer au-devant de leurs habitations aucuns fumiers, immondices et eaux ménagères; ils seront transportés dans les lieux destinés à cet usage.

144. Les préposés à la police des abattoirs dresseront des procès-verbaux de toutes les contraventions à la présente ordonnance, et ces procès-verbaux seront adressés au préfet de police pour y être donné telles suites que de droit.

TITRE IV.

Des étaliers et garçons bouchers.

145. Les étaliers et garçons bouchers sont tenus de se pourvoir de livrets.

146. Ils sont également tenus de se faire inscrire au bureau du syndicat de la boucherie et d'y faire connaître leurs nouvelles demeures chaque fois qu'ils passeront d'un établissement dans un autre.

147. Les garçons bouchers qui viendront à Paris pour y exercer leur état seront tenus de se faire inscrire à la préfecture de police dans les trois jours de leur arrivée, sans préjudice des autres formalités auxquelles sont astreints, par les lois et règlements de police, tous les individus arrivant à Paris.

148. Les bouchers se feront remettre les livrets des étaliers et garçons bouchers à l'instant où ils entreront à leur service : ils y inscriront ou y feront inscrire leur entrée chez eux.

149. Les livrets des étaliers seront déposés dans la huitaine, par les marchands bouchers, au bureau du commissaire de police du quartier sur lequel les étaliers sont placés. Les livrets y resteront tant qu'ils travailleront chez les mêmes bouchers, et ne devront être remis aux étaliers que sur le vu d'un certificat de ces mêmes bouchers, constatant leur sortie de chez eux.

150. Les livrets des garçons d'abattoir seront, dans la huitaine, déposés par les bouchers qui les emploieront au bureau du préposé à la police de chaque abattoir général.

Lorsqu'un garçon quittera le service d'un boucher, son livret lui sera remis sur le vu d'un certificat constatant qu'il est quitte de tout engagement envers son maître.

Les commissaires de police et préposés des abattoirs mentionneront la sortie au livret.

151. Conformément à l'article 14 de la loi du 22 germinal an XI, tout boucher, en recevant à son service un étalier ou garçon, pourra stipuler la condition qu'ils ne quitteront son service qu'après l'avoir averti à l'avance et à terme fixé.

La convention sera inscrite au livret en même temps que la mention de l'admission et comme en étant une condition.

152. Lorsqu'un étalier quittera un étal où il sera resté deux mois consécutifs, il sera tenu de laisser au moins cinq établissements, en tous sens, entre le nouveau où il entrera et ceux de tous les bouchers chez lesquels il aura travaillé. — Il ne pourra revenir travailler dans l'un des établissements qu'il aurait quittés dans le même quartier, qu'un an après qu'il en sera sorti, à moins que ce soit pour rentrer chez l'un des maîtres chez lesquels il aurait travaillé.

153. Les dispositions des articles 151 et 152 sont applicables aux garçons bouchers à deux mains ainsi qu'aux étaliers.

Lorsqu'un garçon d'échaudoir deviendra garçon à deux mains, il en sera fait mention sur son livret; et, faute par le maître de se conformer à cette décision, il ne pourra faire considérer son garçon comme étant à deux mains.

154. Il est enjoint aux garçons bouchers de saigner et de dépouiller les bestiaux de manière que les cuirs et les peaux soient intacts et sans hachures.

155. Tout garçon boucher qui vendra des veaux trouvés dans les entrailles des vaches qu'il aura tuées, et qui n'en fera pas sur-le-champ la déclaration au préposé de police de l'abattoir ou à l'inspecteur du commerce, pour que ces viandes insalubres soient coupées par morceaux et jetées aux voiries, sera poursuivi devant les tribunaux et puni conformément à la loi.

156. Il sera pris envers les contrevenants aux dispositions ci-dessus telles mesures de police administrative que de droit, sans préjudice des poursuites à exercer contre eux par-devant les tribunaux, conformément aux lois et règlements de police qui leur seront applicables, et notamment à l'ordonnance de 1777 qui prononce une amende de 20 fr.

TITRE V.

De la police des marchés de Sceaux et de Poissy (1).

157. La vente des bœufs, des vaches grasses, des veaux et des moutons, pour l'approvisionnement de Paris, continuera d'avoir lieu sur les marchés de Sceaux et de Poissy, de la Chapelle et à la halle aux veaux.

158. Ces marchés tiendront comme par le passé, savoir : celui de Sceaux, le lundi; celui de Poissy, le jeudi; celui de la Chapelle, le mardi, et celui de la Halle-aux-Veaux, les mardi et vendredi de chaque semaine.

159. Les propriétaires ou les conducteurs de bestiaux feront, en arrivant aux marchés, la déclaration des bestiaux qu'ils auront amenés; cette déclaration sera vérifiée et portée sur un registre.

160. Les bestiaux qui arriveront aux marchés après l'ouverture de la vente n'y seront point admis.

L'admission pourra néanmoins être permise par le préposé chargé de la surveillance des marchés, si les conducteurs justifient des causes légitimes de ce retard.

161. Les bœufs et vaches seront cordés suivant l'usage, et il sera laissé un espace suffisant entre chaque bande, pour que les acheteurs puissent circuler librement.

162. La vente des veaux au marché de Poissy s'ouvrira à 6 heures du matin du 1er avril au 1er octobre; à 7 heures du matin du 1er octobre au 1er avril. Au marché de Sceaux, elle s'ouvrira à 8 heures du matin en tout temps, et cette vente finira à midi pendant tout le cours de l'année sur l'un et l'autre marché.

163. Il est défendu aux bouchers d'entrer dans le marché aux veaux avant les heures prescrites par l'article précédent.

164. L'ouverture de la vente des bœufs et vaches continuera d'avoir lieu :

Au marché de Poissy, à 8 heures du matin;

Au marché de Sceaux, à 9 heures du matin.

165. Les heures d'ouverture seront annoncées au son de la cloche.

166. La pose des parquets à moutons devra être terminée à 10 heures du matin dans l'un et l'autre marché.

167. Le placement des moutons dans les parquets commencera à 10 heures du matin; il sera annoncé au son de la cloche.

Un second avertissement aura lieu à 11 heures pour faire avancer les moutons qui ne seraient pas entrés dans le marché.

Le placement des moutons aura lieu suivant l'ordre des déclarations enregistrées.

168. L'ouverture de la vente des moutons sera annoncée au marché de Sceaux à midi, depuis le 1er octobre jusqu'au 1er avril, et à une heure, depuis le 1er avril jusqu'au 1er octobre, ainsi qu'au marché de Poissy pour toute l'année.

169. Le renvoi des veaux non vendus commencera à midi : la vente en sera irrévocablement fermée à une heure de relevée.

170. Il sera sonné, sur les marchés de Sceaux et Poissy, à 2 heures, un premier coup de cloche pour avertir du renvoi des bœufs; à 3 heures, un second coup de cloche pour annoncer la clôture de la vente des bœufs et vaches et le premier renvoi des moutons, et à 4 heu-

---

(1) V. les ord. des 3 mai 1834 et 31 août 1836.

res, un troisième coup de cloche pour le renvoi définitif des moutons.

La vente sera irrévocablement fermée à 4 heures de relevée.

171. L'entrée des taureaux aux marchés de Sceaux et de Poissy est autorisée sous la condition expresse qu'ils y entreront et en sortiront attachés à une charrette, et qu'ils y seront retenus sous double attache aux anneaux placés le long des bouveries.

172. Il ne sera fait écriture ni délivré de bulletins d'aucune des ventes faites après le son de la cloche annonçant la clôture absolue des marchés.

173. Il est défendu de vendre et d'acheter des bestiaux sur les marchés avant l'ouverture de la vente.

Il est également défendu de vendre et d'acheter, en aucun temps, des bestiaux dans les auberges, bouveries, bergeries et hors des marchés;

Le tout à peine de cent francs d'amende, conformément aux lettres patentes du 1er juin 1782, enregistrées au parlement de Paris.

174. Les bestiaux seront visités avant l'ouverture de la vente pour s'assurer s'ils sont ou non susceptibles d'être livrés à la boucherie.

175. Les bestiaux qui n'auront pas l'âge requis, ou qui seront trop maigres pour être livrés à la boucherie, seront exclus du marché.

En cas de contestation, le procès-verbal constatant le défaut d'âge requis ou la maigreur des bestiaux qui doit déterminer leur renvoi du marché sera dressé en présence de l'inspecteur général des marchés, et par lui, sur le dire d'un expert du vendeur et d'un expert du boucher.

176. Il est défendu d'acheter des bestiaux sur les marchés de Sceaux et de Poissy pour les revendre sur pied, à peine de saisie et de cent francs d'amende. (*Lettres patentes du 1er juin 1782, art. 24.*)

177. Il est défendu d'exposer sur les marchés des bestiaux qui se trouveraient dans les cas rédhibitoires.

178. Si un bœuf vient à mourir dans les neuf jours de la vente, il sera procédé, d'après les règles établies en l'article 7, au constatement des causes de la mort, par un procès-verbal, pour assurer l'action en garantie contre le vendeur.

179. Les bouchers qui achèteront des bestiaux des personnes qui ne fréquentent pas ordinairement les marchés de Sceaux et de Poissy auront la faculté de leur faire déposer le prix d'un ou de plusieurs bœufs dans la caisse de Poissy.

Ce dépôt n'aura point lieu si le vendeur fournit caution suffisante.

Dans le cas de dépôt, les fonds seront remis au vendeur à l'expiration des neuf jours de la vente, s'il n'a été exercé aucune action en garantie contre lui.

180. Les bestiaux achetés aux marchés ne pourront être conduits que par des bouviers.

Les bœufs qui se trouveraient trop fatigués seront confiés à un bouvier spécialement chargé de les conduire à leur destination séparément et avec les précautions requises.

181. Nul ne pourra faire sortir du marché des bestiaux qu'après qu'ils auront été marqués, soit de la marque d'achat, soit de celle de renvoi.

182. Les bouchers et les conducteurs ne pourront emmener des bestiaux qu'après avoir obtenu des bulletins d'achat du préposé chargé de la surveillance des marchés.

Ces bulletins feront mention du nombre et de l'espèce de bestiaux, ainsi que des lieux où ils seront conduits.

Ils seront représentés aux employés de l'octroi aux barrières et aux préposés de la préfecture de police à toute réquisition, le tout sous peine de saisie des bestiaux et de trois cents francs d'amende. (*Art. 4 de l'ord. du 14 avril 1769.*)

183. Les bœufs achetés sur le marché de Poissy pour l'approvisionnement de Paris, qui, dans l'intervalle d'un marché à l'autre, n'auront pas été conduits à leur destination, ne pourront partir les jours du marché qu'avec la première bande des bœufs achetés sur le marché du jour.

184. Il sera pris envers les contrevenants aux dispositions ci-dessus telles mesures de police administrative que de droit, sans préjudice des poursuites à exercer contre eux par-devant les tribunaux, conformément aux lois et règlements de police qui leur sont applicables.

TITRE VI.

De l'approvisionnement des marchés de Sceaux et de Poissy et de la Halle aux veaux de Paris.

185. Conformément aux termes de l'arrêté du 30 ventôse an XI, dans le rayon de dix myriamètres (vingt lieues environ), il ne pourra être vendu ni acheté des bestiaux propres à la boucherie que sur les marchés de Sceaux et de Poissy, à l'exception néanmoins des marchés aux veaux et aux vaches établis dans le rayon, qui continueront d'avoir lieu comme par le passé (compris celui de la Chapelle).

186. Les bestiaux destinés pour les marchés de Sceaux et de Poissy et la halle aux veaux de Paris doivent être conduits directement sur les marchés, le tout à peine de saisie et d'amende. (*Lettres patentes de* 1782, *art.* 22 *et* 23.)

187. Il est défendu de vendre des bestiaux sur les routes et dans les auberges, et d'aller au-devant pour en acheter et arrher, sous les peines portées en l'article précédent.

188. Les bouchers pourront continuer d'acheter des bestiaux au delà du rayon fixé par l'article 185, mais à la charge de les amener et exposer sur les marchés de Sceaux et de Poissy, et de justifier de lettres de voiture constatant l'achat et la destination des bestiaux et de ne les faire sortir des marchés qu'après qu'ils auront été marqués des traits d'achat et de la marque particulière des bouchers.

189. Les bestiaux destinés pour l'approvisionnement de Paris sont insaisissables. Les oppositions qui pourraient survenir ne peuvent en arrêter la vente. Les oppositions tiendront néanmoins sur le produit de la vente, qui sera déposé dans la caisse des fonds du cautionnement des bouchers.

190. Dans le cas où il serait vérifié que des bouchers de Paris auront passé un certain temps sans aller aux marchés de Sceaux et de Poissy, ils pourront être privés de leur crédit, sur le rapport qui en sera fait par l'inspecteur général des halles et marchés au préfet de police.

TITRE VII.

De la conduite des bestiaux achetés sur les marchés de Sceaux et de Poissy (1).

191. Les bestiaux achetés sur les marchés de Sceaux et de Poissy pour l'approvisionnement de Paris devront être amenés directement aux abattoirs par les routes ci-après indiquées, à peine de deux cents francs d'amende. (*Lettres patentes de* 1782, *art.* 27.)

192. Les bandes de bœufs seront formées séparément de celles des vaches. Chaque bande ne pourra être composée de plus de quarante bœufs ou de quarante vaches, à peine de deux cents francs d'amende. (*Lettres patentes du* 1er *juin* 1782, *art.* 27.)

193. Nul ne pourra s'immiscer dans la conduite des bestiaux sans en

---

(1) V. l'ord. précitée, p. 549.

avoir obtenu la permission du préfet de police, qui nommera les conducteurs sur la présentation des syndic et adjoints.

Ils devront être âgés au moins de dix-huit ans.

194. Il y aura pour chaque bande deux conducteurs au moins, pour empêcher qu'il ne se détourne aucun bœuf ou vache, et pour prévenir tout accident.

195. Les conducteurs de bestiaux achetés par les bouchers de Paris ne pourront se charger de conduire ceux achetés par les bouchers de campagne, ni les conducteurs de bestiaux destinés pour la campagne se charger de ceux destinés pour Paris, à peine de deux cents francs d'amende. (*Art. 8 de l'ord. du 14 avril 1769.*)

196. Il est défendu aux conducteurs de bestiaux de les mener autrement qu'au pas, à peine de deux cents francs d'amende et d'être personnellement responsables de tout accident. (*Lettres patentes de* 1782, *art.* 27.)

197. Les taureaux seront attachés à une charrette et conduits de cette manière aux abattoirs.

198. Les bestiaux achetés dans les marchés de Sceaux et de Poissy et destinés pour Paris ne peuvent y être introduits que de jour, et seulement par les barrières ci-après désignées, savoir : ceux achetés sur le marché de Poissy, par la barrière du Roule, et ceux achetés sur le marché de Sceaux, par la barrière d'Enfer, sous les peines de droit, c'est-à-dire de trois cents francs d'amende. (*Art. 7 de l'ord. du 14 avril 1769.*)

199. Les bandes destinées pour chacun des cinq abattoirs seront formées à Sceaux et à Poissy, avant leur départ des marchés. A cet effet, cinq bouveries portant le nom de chaque abattoir seront établies sur ces marchés, pour y recevoir les bœufs qui devront en faire partie.

200. Ainsi formées, les bandes seront conduites séparément et directement par les conducteurs à chacun des cinq abattoirs, en suivant l'itinéraire ci-dessous indiqué, savoir : ceux achetés sur le marché de Poissy pour l'abattoir du Roule, par la barrière du Roule ;

Ceux pour l'abattoir Montmartre, par la barrière des Martyrs ;

Ceux pour l'abattoir de Ménilmontant, par la barrière de Ménilmontant;

Ceux pour les abattoirs de Grenelle et de Villejuif, par la barrière de Passy;

Ceux achetés sur le marché de Sceaux, par la barrière d'Enfer.

Quant à leur conduite dans l'intérieur de Paris, les conducteurs ne pourront, sous aucun prétexte, s'écarter des derniers itinéraires prescrits.

201. Les conducteurs de bestiaux ne pourront, sous tel prétexte que ce soit, les laisser stationner sur les ponts, places publiques, dans les rues et autres endroits quelconques, et sur les routes de Sceaux et de Poissy à Paris; il leur est expressément enjoint de n'en occuper qu'un des côtés.

202. Il sera pris envers les contrevenants aux dispositions ci-dessus telles mesures de police administrative que de droit, sans préjudice des poursuites à exercer contre eux par devant les tribunaux, conformément aux lois et règlements qui leur sont applicables.

TITRE VIII.

De la police du marché établi à Paris pour la vente des vaches propres à la boucherie (1).

203. Dans le ressort de la préfecture de police de Paris, les vaches continueront d'être conduites et exposées en vente sur les mar-

(1) V. les ord. des 29 oct. 1836 et 15 juillet 1844.

chés de Sceaux et de Poissy, pour s'assurer si elles sont propres à la boucherie.

204. Néanmoins, les propriétaires de vaches propres à la boucherie pourront les exposer en vente à la Halle aux veaux de Paris, dans l'emplacement disposé à cet effet.

205. Le marché continuera de tenir le vendredi de chaque semaine.

La vente sera ouverte depuis onze heures du matin jusqu'à deux heures, en tout temps.

L'ouverture et la fermeture seront annoncées au son de la cloche.

Il est défendu aux marchands bouchers d'entrer dans le marché avant l'ouverture.

206. Il est défendu de vendre et d'acheter des vaches propres à la boucherie ailleurs que sur les marchés affectés à cette destination.

207. Il sera pris envers les contrevenants aux dispositions ci-dessus telle mesure de police administrative que de droit, sans préjudice des poursuites à exercer contre eux devant les tribunaux.

TITRE IX.

Concernant le commerce des veaux.

208. Les veaux amenés à Paris par les marchands forains continueront d'être vendus à la halle, quartier du Jardin-du-Roi.

209. Le marché tiendra le mardi et le vendredi de chaque semaine.

210. L'ouverture et la fermeture de la vente seront annoncées au son d'une cloche.

La vente aura lieu depuis dix heures du matin jusqu'à trois, du 1er octobre au 1er avril, et depuis neuf heures jusqu'à deux pendant le reste de l'année.

211. Les veaux destinés pour l'approvisionnement de Paris seront conduits directement à la halle. Il ne peut, sous aucun prétexte, en être vendu dans Paris ailleurs qu'à la halle, à peine de saisie des veaux et de cent francs d'amende. (*Lettres patentes du* 1er *juin* 1782, *art.* 22 *et* 23.)

212. Il est défendu aux marchands bouchers d'entrer sur la place avant l'ouverture du marché.

213. Il est défendu de vendre et d'acheter des veaux avant l'ouverture et après la fermeture du marché, sous peine de saisie et de cinquante francs d'amende. (*Lettres patentes de* 1782, *art.* 22 *et* 23.)

214. A leur arrivée à la halle, les marchands déclareront au commissaire inspecteur général des halles et marchés le nombre des veaux qu'ils auront amenés. Ils exhiberont, à l'appui de leur déclaration, la quittance du receveur de l'octroi.

215. Les veaux seront mis en rang sur de la paille, au moins une demi-heure avant l'ouverture de la vente. Il sera laissé entre les rangs un espace de soixante-six centimètres (deux pieds environ).

Les marchands conservent le droit de décharger eux-mêmes leurs voitures, ou de les faire décharger par leurs domestiques ou leurs voituriers; à défaut, ils sont tenus de se servir des forts permissionnés et médaillés pour le déchargement et placement des veaux.

216. Les veaux devront porter la marque particulière de chaque marchand.

217. Il est défendu d'exposer en vente des veaux âgés de moins de six semaines, et d'en vendre la viande dans les marchés ou étaux et dans quelque lieu que ce soit, à peine de saisie et de trois cents francs d'amende. (*Lettres patentes de* 1782, *art.* 7.)

218. Avant l'ouverture de la vente, le commissaire des halles et marchés, ou le préposé commis par lui, examinera les veaux, pour s'assurer s'ils peuvent être livrés à la consommation.

219. Les veaux arrivés trop tard pour être placés, et ceux qui n'auront pu être vendus, seront resserrés dans les caves de la halle.

Toutefois, les propriétaires et marchands conservent la faculté de les remmener. Dans ce cas, les droits d'octroi leur seront restitués, sur exhibition d'un bulletin de renvoi délivré à eux par le préposé chargé de la surveillance du marché.

220. Il est défendu aux bouchers d'aller au-devant des marchands forains qui amènent des veaux pour l'approvisionnement de Paris, et d'en acheter ailleurs qu'à la halle.

Il est également défendu d'arrher des veaux, soit à la halle, soit ailleurs, sous les peines portées en l'article 211.

Il n'est point dérogé à l'ordonnance du 28 janvier 1829, qui désigne les barrières par lesquelles seront introduits les veaux.

221. Les bouchers de Paris seuls pourront acheter des veaux à la halle.

222. Il est défendu aux bouchers d'acheter des veaux à la halle pour les revendre sur le même marché ou ailleurs, à peine de saisie et de cent francs d'amende. (*Lettres patentes de* 1782, *art.* 24.)

223. Les étaliers ou garçons bouchers ne pourront entrer à la halle qu'une demi-heure après l'ouverture de la vente, pour charger les veaux des bouchers chez lesquels ils travaillent.

224. Il est défendu aux étaliers et garçons bouchers sans emploi de monter sur la place.

225. Il est défendu d'allumer du feu et de fumer dans l'enceinte et au pourtour de la halle aux veaux, sous les peines de droit.

TITRE X.

De la police de la Halle à la Viande et des marchés publics de Paris.

226. Le nombre des bouchers appelés à approvisionner le marché des Prouvaires sera, savoir :

Bouchers de Paris.	72
Bouchers forains.	24

227. Les bouchers de Paris seront tenus de déclarer individuellement au bureau des syndics et adjoints, s'ils entendent concourir à l'approvisionnement de la halle.

228. Les bouchers de Paris qui auront déclaré vouloir approvisionner la halle, y seront appelés, à tour de rôle, pendant un mois.

229. Le tour de rôle sera déterminé entre lesdits bouchers par la voie du sort.

230. Il sera procédé, tous les deux mois, au tirage au sort, au bureau des syndics et adjoints, en présence de l'inspecteur général des halles et marchés, dans la forme déterminée par l'article suivant.

231. Il sera formé une série de numéros en nombre égal à celui des bouchers qui auront déclaré vouloir approvisionner la halle.

Une liste contenant les noms de tous ces bouchers recevra chaque numéro à l'appel qui en sera fait.

Les bouchers auxquels seront échus les soixante-douze premiers numéros, approvisionneront la halle pendant le premier mois.

Ceux auxquels seront échus les soixante-douze numéros suivants, pendant le mois qui suivra.

Il sera dressé procès-verbal du tirage et de ses résultats par l'inspecteur général, et transmis au préfet de police.

232. Tout boucher compris au procès-verbal, qui, sans causes légitimes et sans en avoir été averti, manquera à son tour d'approvisionner la halle, en sera exclu pendant trois mois.

233. Les bouchers manquant seront remplacés par un nombre égal de bouchers pris dans la série suivante, en commençant par le dernier numéro.

234. Le remplacement ne préjudiciera point à l'ordre du tour de rôle.

235. Les bouchers de Paris seront admis à approvisionner les marchés publics de Paris concurremment avec les bouchers forains, dans la proportion fixée par les règlements sur cette matière.

236. Les bouchers seront tenus d'occuper leurs places par eux-mêmes, leurs femmes ou leurs enfants âgés au moins de seize ans.

237. Il leur est défendu de vendre ou de faire desservir leurs places par aucune autre personne, sous tel prétexte que ce soit, à peine d'exclusion de la halle.

238. Il est défendu aux bouchers d'employer qui que ce soit, même leurs enfants, pour appeler et arrêter le public, à peine de dix francs d'amende. (*Lettres patentes du* 1er *juin* 1782, *art.* 19.)

239. Il est défendu aux bouchers d'avoir et d'employer plus de deux personnes pour le service de leurs places.

240. Les bouchers ne pourront, à peine de l'amende portée par l'article 238, employer, pour le service de leurs places, aucun individu, s'il n'est porteur d'un livret. (*Arr. du gouv. du* 9 *frim. an* XII, 1er *déc.* 1803.)

241. Les bouchers seront tenus d'inscrire sur les livrets l'admission des individus qu'ils emploieront pour le service de leurs places.

242. Les livrets de ces individus seront déposés au bureau du commissaire inspecteur général des halles et marchés.

243. Tout individu employé au service d'un boucher au marché, qui aura subi une condamnation pour délit ou contravention grave, relatifs à la police du marché, en sera exclu pour un temps plus ou moins long, suivant la gravité du délit ou de la contravention.

244. Il est défendu aux bouchers de vendre de la viande avant l'ouverture et après la fermeture du marché, annoncées par le son de la cloche.

245. Le commerce de pièces détachées de boucher à boucher, est interdit à la halle et dans les marchés, tant pour le boucher de Paris que pour celui de la campagne.

246. Les bouchers forains admis à venir vendre à la halle et autres marchés publics, ne pourront introduire de viandes dans Paris que les mercredis et samedis, à peine de saisie des viandes. (*Lettres patentes de* 1782, *art.* 15, 16 *et* 17.)

247. Il est défendu d'exposer en vente, à la halle et dans les marchés publics, des viandes insalubres, sous la peine déterminée par l'article 605 du Code de brumaire an IV.

248. Les bouchers forains sont tenus d'amener leurs viandes directement à la halle et dans les marchés publics, aux places qui leur seront indiquées. Il leur est défendu d'en vendre et déposer ailleurs, sous quelque prétexte que ce soit, à peine de saisie des viandes. (*Lettres patentes de* 1782, *art.* 6.)

249. Les bouchers forains apporteront leurs viandes coupées, savoir : les bœufs, les vaches, ainsi que les veaux, en demi-quartiers, et les moutons en quartiers, à peine de saisie des viandes. (*Lettres patentes de* 1782, *art.* 6.)

250. Les bouchers forains et les bouchers de Paris, appelés à approvisionner la halle et les marchés publics, seront tenus d'apporter proportionnellement des trois espèces de viandes.

251. Les bouchers forains, en arrivant à la halle, représenteront aux préposés la quittance du droit d'octroi par eux payé.

252. Si la quittance énonce des quantités plus ou moins considérables que celles apportées, le boucher sera tenu de justifier du motif des différences qui seront reconnues. Dans le cas où la justification ne serait point appuyée de motifs valables, il sera dressé procès-verbal de contravention, pour être dirigé contre lui et auprès de qui de droit des poursuites conformément aux lois.

L'inspecteur du commerce sera libre d'exiger le pesage des viandes, s'il croit reconnaître une différence entre les viandes apportées et celles énoncées dans la quittance.

253. Il leur est expressément défendu de vendre à la halle et dans les marchés publics autrement qu'au détail, à peine de saisie des viandes.

Toute vente en gros et tout regrat sont défendus. (*Lettres patentes de* 1782.)

254. Le boucher de Paris, approvisionnant la halle, sera tenu de rapporter directement à son étal les viandes qui lui resteront après la fermeture du marché, s'il ne préfère point les laisser dans les resserres.

Il est enjoint aux bouchers forains de déposer dans les resserres établies à cet effet, tant à la halle que dans les marchés publics, les viandes qu'ils n'auront pu vendre dans le jour, sous les peines de droit.

Il est défendu au préposé chargé de la garde des resserres d'en laisser sortir, dans l'intervalle des deux marchés, aucune partie des viandes qui y auront été resserrées.

255. Il est défendu à tout boucher de peser et vendre autrement qu'au poids métrique, et de faire usage de contre-poids.

256. Les contraventions seront constatées par des procès-verbaux qui seront envoyés au préfet de police.

257. Il sera pris envers les contrevenants aux dispositions ci-dessus telles mesures de police administrative que de droit, sans préjudice des poursuites à exercer contre eux devant les tribunaux, conformément aux lois et règlements.

TITRE XI.

Du commerce de la triperie.

258. Les issues rouges des bestiaux se composent du cœur, du foie, de la rate et des poumons de bœuf, vache et mouton.

Les issues blanches se composent : 1° Celles de bœuf ou vache, des quatre pieds avec leurs patins, de la panse, de la franche-mule, des feuillets avec l'herbière, des mufles, palais et mamelles ;

2° Les issues de mouton, de la tête avec la langue et la cervelle, des quatre pieds, de la panse et de la caillette.

259. Il est défendu aux bouchers de faire entrer aucune partie quelconque des issues rouges ou blanches dans leurs pesées de viande de débit, même sous la dénomination de réjouissance.

260. Les bouchers pourront disposer et faire comme et à qui ils le jugeront convenable, la vente des pieds et patins, des mufles, palais et mamelles de bœuf et vache ; des têtes, des langues et cervelles de mouton.

261. Les panses, franches-mules et feuillets de bœuf ou de vache ; les panses, caillettes et pieds de mouton, ne pourront être mis dans le commerce et la consommation qu'après avoir subi les préparations nécessaires à cet effet.

Ces parties d'issues seront préparées dans les ateliers de triperie établis à cet effet dans les cinq abattoirs.

Il est défendu aux bouchers, garçons bouchers, tripiers et à tous autres, d'en soustraire, enlever et retenir sous quelque prétexte que ce soit, et d'en livrer immédiatement aux tripiers et à tous autres acheteurs et consommateurs.

262. Les entrepreneurs de cuisson sont tenus d'enlever des échaudoirs des bouchers, au fur et à mesure de l'abatage des bestiaux, les tripes de bœuf, de vache et de mouton, et d'y faire apposer la marque du propriétaire.

263. Le marché aux deux espèces d'issues continuera d'avoir lieu dans le local à ce destiné à la halle des Prouvaires, aux jours et heures accoutumés.

264. Les bouchers pourront y apporter et vendre des issues rouges de la vente desquelles ils n'auraient pu traiter autrement.

265. Les entrepreneurs de cuisson sont tenus de rapporter au marché, et par compte, les parties d'issues désignées en l'article 261.

Elles seront rapportées entières, bien préparées, et cuites au degré demandé par les tripiers.

Les fragments détachés des issues, par l'effet des opérations du curage et des préparations préliminaires de cuisson, seront également rapportés.

Il est défendu aux entrepreneurs d'en disposer d'une manière quelconque avant de les avoir rapportés au marché.

266. Dans le cas où les tripiers négligeraient ou refuseraient de recevoir tout ou partie des issues rapportées au marché, à leur destination, l'entrepreneur de cuisson ou son préposé sera tenu d'en faire sur-le-champ la déclaration au préposé de police, qui dressera procès-verbal et le transmettra au préfet de police.

267. Les entrepreneurs tiendront compte aux tripiers des parties d'issues perdues ou détériorées.

268. Les entrepreneurs sont autorisés, comme par le passé, à retenir pour leur compte le dixième des pieds de mouton pour indemnité des pertes, accidents et déchets.

269. Le prix de la cuisson est réglé ainsi qu'il suit :

1° Pour chaque tripée de bœuf ou vache....	» fr.	60 c.
2°. Pour chaque tripée de mouton...........	»	10
3° Pour quatre cents pieds de mouton......	1	25

270. Il est défendu aux tripiers et à tous autres de faire aucune préparation et cuisson des parties d'issues désignées en l'article 261, ailleurs que dans les établissements autorisés à cet effet.

271. Les tripiers seront autorisés à vendre les abats de veaux que les bouchers consentiront à leur livrer, ainsi que les filets de bœuf détachés de l'aloyau.

Il leur est expressément défendu de vendre toute autre pièce de boucherie étrangère à leur commerce, sous les peines de droit.

272. Les entrepreneurs de la cuisson des abats tiendront leurs ateliers dans un état constant de propreté.

273. Il est enjoint aux cuiseurs de prendre toutes les précautions nécessaires pour ne laisser couler aucune matière animale avec leurs eaux de lavage. Ils devront en faciliter l'écoulement jusqu'aux égouts.

274. Les entrepreneurs devront faire enlever, au moins une fois par semaine, les vidanges provenant de leurs ateliers.

275. Le bois qui arrivera pour leur service devra être rentré dans la journée.

276. Les marchands tripiers ne pourront, dans aucun cas, exiger les clefs des échaudoirs, quand les bouchers en seront sortis.

277. Ils ne pourront refuser la visite de leurs voitures lors de leur sortie des abattoirs. Les préposés de police pourront même en exiger le déchargement, lorsqu'ils le jugeront convenable.

278. Il leur est défendu de faire traîner leurs voitures par des chiens, ni de les atteler à côté du brancard.

279. Les contraventions seront constatées par des procès-verbaux qui seront adressés au préfet de police.

280. Il sera pris envers les contrevenants aux dispositions ci-dessus, telles mesures de police administrative que de droit, sans préjudice des poursuites à exercer contre eux devant les tribunaux, conformément aux lois et règlements.

TITRE XII.

Du commerce du suif (1).

281. Le marché aux suifs continuera d'avoir lieu, les mercredis, à la halle aux veaux.

282. Le marché aux suifs tiendra depuis onze heures du matin jusqu'à deux heures.

283. L'ouverture et la fermeture du marché seront annoncées au son d'une cloche.

284. Il est défendu de vendre du suif en pain partout ailleurs qu'au marché.

285. La vente du suif en pain sera faite sur échantillons.

286. Les bouchers qui ne fondent point eux-mêmes leur suif en branche, ou qui ne le font pas fondre pour leur compte par des tiers, seront tenus de faire, tous les dimanches, aux commissaires de police de leurs quartiers respectifs la déclaration des quantités de suif en branche et dégrais par eux vendus pendant la semaine, et d'indiquer le nom des bouchers fondeurs ou chandeliers auxquels ils en auront fait la vente.

287. Un état sommaire des quantités déclarées par chaque boucher sera adressé, le lendemain, par les commissaires de police au préfet de police.

288. Les bouchers et fondeurs faisant le commerce de suif en pain, seront tenus d'apporter au marché un échantillon de chacune des espèces et quantités de suif qu'ils auront à vendre.

289. Chaque échantillon sera du poids de trois kilogrammes au moins.

Il portera une étiquette indicative du nom du boucher ou fondeur et des quantités à vendre conformes à l'échantillon.

Les bouchers ou fondeurs qui apporteront plusieurs échantillons, seront tenus de les numéroter.

290. Les bouchers ou fondeurs faisant le commerce de suif en pain, seront tenus de faire, au bureau du préposé sur le marché, la déclaration des quantités de suif conformes à chaque échantillon qu'ils auront à vendre.

291. Les déclarations seront inscrites sur un registre à ce destiné. Elles ne pourront être faites que depuis onze heures jusqu'à midi.

292. Les bouchers et fondeurs seront tenus de faire au préposé la déclaration des quantités vendues sur chaque échantillon.

Ces déclarations seront inscrites à la suite de celles qui sont prescrites par l'article 290.

---

(1) V. l'ord. du 5 déc. 1831.

293. Les quantités relatives à chaque échantillon qui n'auront pas été vendues, seront rapportées en déclaration au marché suivant pour être remises en vente.

294. Il est défendu aux bouchers et fondeurs de remporter les échantillons sur lesquels il restera des ventes à faire.

295. Aucune déclaration de vente ne sera reçue après deux heures.

296. Aussitôt après la clôture du marché, le préposé fera retirer et resserrer les échantillons sur lesquels il restera des suifs à vendre.

Mention des quantités restant à vendre sera faite sur chaque étiquette.

Les échantillons resserrés seront exposés au marché suivant.

297. Il est défendu aux bouchers, fondeurs et chandeliers, de former des rassemblements hors du marché, sous quelque prétexte que ce soit.

298. Les contraventions seront constatées par des procès-verbaux qui seront envoyés au préfet de police.

299. Il sera pris envers les contrevenants telle mesure de police administrative que de droit, sans préjudice des poursuites à exercer contre eux devant les tribunaux, conformément aux lois et règlements.

300. La présente ordonnance sera imprimée, publiée et affichée partout où besoin sera.

301. Ampliation de la présente ordonnance sera adressée à M. le préfet de la Seine et à M. le directeur de l'octroi.

Les sous-préfets des arrondissements de Saint-Denis et de Sceaux, les maires et commissaires de police des communes rurales du ressort de la préfecture de police, et, à Paris, le chef de la police municipale, les commissaires de police, les officiers de paix, le commissaire inspecteur général, l'inspecteur général adjoint des halles et marchés, et les préposés de la préfecture de police, sont chargés, chacun en ce qui le concerne, de tenir la main à son exécution.

Elle sera également adressée à M. le colonel de la ville de Paris commandant la gendarmerie royale et à M. le commandant de la gendarmerie du département de la Seine, pour en assurer l'exécution.

Le conseiller d'État, préfet de police, MANGIN.

Vu et approuvé.

Paris, le 12 mars 1830.

Le ministre de l'intérieur, MONTBEL.

N° 1352. — *Ordonnance concernant l'ordre à suivre lors du défilé des voitures qui iront à Longchamp* (1).

Paris, le 1er avril 1830.

---

(1) V. l'ord. du 10 avril 1843.

N° 1353. — *Ordonnance concernant les bains dans la rivière et les écoles de natation* (1).

Paris, le 28 avril 1830.

N° 1354. — *Ordonnance concernant l'arrosement* (2).

Paris, le 18 mai 1830.

N° 1355. — *Ordonnance concernant les chiens* (3).

Paris, le 7 juin 1830.

N° 1356. — *Ordonnance concernant les processions de la Fête-Dieu dans Paris.*

Paris, le 9 juin 1830.

Nous, conseiller d'État, préfet de police,

Vu la circulaire de S. Exc. le ministre secrétaire d'Etat au département de l'intérieur, du 6 mai 1819,

Ordonnons ce qui suit :

1. Samedi prochain, 12 juin présent mois, veille de la Fête-Dieu, et le samedi suivant, veille de l'octave, de huit à neuf heures du soir, il sera fait un balayage extraordinaire dans tous les quartiers de Paris.

Les habitants de Paris feront effectuer ce balayage, chacun en ce qui le concerne, au-devant de leurs maisons, murs, jardins et terrasses.

2. L'inspecteur général du nettoiement fera procéder, pendant la nuit, à l'enlèvement des boues.

3. A compter de l'heure fixée pour le balayage extraordinaire jusqu'au lendemain soir, il est défendu de déposer sur la voie publique aucune ordure, et d'y jeter ou laisser couler aucunes eaux ménagères, non plus que celles provenant des ateliers et fabriques.

4. Les entrepreneurs du pavé feront les dispositions nécessaires pour que les travaux entrepris sur leurs ateliers respectifs soient terminés à six heures du soir, les 12 et 19 juin, et pour qu'il ne reste sur la voie publique que les pavés neufs et le sable d'approvisionnement qu'ils feront relever contre les murs des maisons, de manière à ne point excéder la saillie des bornes.

5. Aucune voiture ne pourra circuler ni stationner dans Paris les dimanches 13 et 20 juin, depuis huit heures du matin jusqu'à deux heures après midi.

Sont seuls exceptés les voitures des personnes qui se rendront au

---

(1) V. les ord. des 20 mai 1839 et 25 oct. 1840 (art. 187 et suiv., et 225).

(2) V. les ord. des 17 mai 1834, 1er juin 1837 et 27 juin 1843.

(3) V. l'ord. du 23 juin 1832.

château des Tuileries, les courriers de la malle et de la poste, les diligences et les grosses messageries.

6. Les affiches accoutumées indiqueront aux habitants de Paris les rues par lesquelles passeront les processions de chaque paroisse pour qu'ils puissent, suivant l'usage, tendre ou faire tendre le devant de leurs maisons.

Ils feront disparaître des croisées desdites maisons les caisses, les pots à fleurs et autres objets dont la chute pourrait occasionner des accidents.

Ils ne commenceront à détendre ou faire détendre qu'une demi-heure après le passage des processions.

7. Il est expressément défendu de tirer des coups de fusils ou autres armes à feu, ainsi que des pétards, des fusées ou autres pièces d'artifice pendant le passage des processions.

Les pères et mères et les chefs de maisons sont civilement responsables des faits de leurs enfants et de leurs ouvriers ou domestiques.

8. La présente ordonnance sera imprimée et affichée.

Le chef de la police municipale, les commissaires de police, les officiers de paix, l'inspecteur général de la salubrité et les agents de la préfecture de police sont chargés de tenir la main à son exécution.

Le conseiller d'État, préfet de police, MANGIN.

N° 1357. — *Ordonnance concernant les étalages mobiles* (1).

Paris, le 19 juin 1830.

Nous, conseiller d'Etat, préfet de police,

Considérant que les règlements de police, concernant les étalages mobiles, sont habituellement enfreints, de manière à compromettre la liberté et la sûreté de la circulation sur la voie publique; qu'il est urgent de donner à ces règlements une sanction nouvelle, d'ajouter à leurs dispositions et de prescrire les mesures propres à en garantir l'exécution;

Considérant que, si la faculté d'établir des étalages sur la voie publique ne doit pas être complétement interdite, cette faveur ne doit être accordée qu'aux indigents domiciliés à Paris, et seulement à ceux que leur âge ou leurs infirmités ont privés de tout autre moyen de pourvoir à leur existence; qu'il est juste, en même temps, de prendre toutes les précautions nécessaires pour qu'ils ne portent aucun préjudice direct aux marchands établis dans des boutiques;

Qu'enfin, l'intérêt public exige que les étalagistes soient mis dans l'obligation de justifier, à toute réquisition, qu'ils possèdent légitimement les objets qu'ils exposent en vente;

Vu les ordonnances et règlements en cette partie, notamment l'ordonnance de police du 28 janvier 1786;

La loi des 16-24 août 1790, titre XI, et les articles 209 et suivants, du Code pénal, et les articles 470, 471 et 474 du même Code;

En vertu des articles 21 et 22 de l'arrêté du gouvernement du 12 messidor an VIII (1er juillet 1800),

---

(1) V. les ord. des 1er oct. 1830 et 20 janv. 1832.

Ordonnons ce qui suit :

SECTION Ire.

De l'autorisation des étalages mobiles.

1. Il est défendu d'étaler sur la voie publique aucune espèce de marchandises, sans être pourvu d'une permission spéciale délivrée par le préfet de police.

Il y a étalage chaque fois que des marchandises sont exposées en vente, même momentanément, sur le sol des rues, places, boulevards et autres communications publiques, soit à nu, soit sur des voitures, tables, mannes ou autres appareils.

2. Les permissions d'étalage, délivrées jusqu'à ce jour, ne sont valables que jusqu'au 1er septembre prochain.

Ceux qui les ont obtenues, et qui voudront continuer à étaler sur la voie publique, seront tenus de se pourvoir de nouvelles permissions, dans ce délai, en remplissant les formalités prescrites par la présente ordonnance.

A l'expiration du délai, les étalagistes qui n'auront point été autorisés, devront supprimer immédiatement leurs étalages.

3. Aucune permission ne sera délivrée à quiconque ne justifiera point qu'il est domicilié à Paris, depuis deux ans au moins, qu'il est dans l'indigence et trop âgé ou trop infirme pour se livrer au travail.

4. Toute personne qui voudra obtenir une permission d'étalage, remettra sa demande à la préfecture de police.

Cette demande énoncera :

1° Les nom, prénoms, âge, lieu de naissance et domicile du pétitionnaire;

2° Depuis quel temps il demeure à Paris;

3° S'il est marié, veuf, père de famille;

4° L'état qu'il exerçait;

5° La nature des objets qu'il se propose de vendre;

6° L'emplacement qu'il désire occuper;

7° Le mode d'étalage dont il entend faire usage.

Le pétitionnaire joindra à sa demande un certificat du bureau de charité ou de deux citoyens domiciliés dans son arrondissement, constatant qu'il n'a point les moyens de pourvoir autrement à son existence.

5. Nul ne sera autorisé, sous quelque prétexte que ce soit, à étaler sur plusieurs emplacements à la fois.

Les permissions sont personnelles et ne pourront, en conséquence, être prêtées, cédées, louées ni vendues.

Néanmoins, en cas de maladie, l'étalagiste aura la faculté, en justifiant de son état, de faire tenir temporairement son étalage, par sa femme ou par l'un de ses enfants, après avoir obtenu du préfet de police, la permission nécessaire à cet effet.

6. Après la délivrance des permissions, et avant d'en faire usage, tous étalagistes, à l'exception des marchands de menus comestibles qui sont seuls exemptés par la loi, devront se pourvoir de patentes ou d'un certificat d'exemption de l'administration des contributions directes, sous peine de voir leurs marchandises saisies et séquestrées à leurs frais, jusqu'à la représentation d'une patente ou d'un certificat d'exemption, conformément à l'article 38 de la loi du 1er brumaire an VII (22 octobre 1798), et à l'article 70 de la loi du 25 mars 1817.

Ils seront tenus, à toute réquisition des commissaires, officiers et agents de police, de représenter leurs permissions d'étalages, leurs patentes acquittées ou leurs certificats d'exemption, et les factures des marchands de qui ils tiennent les marchandises qu'ils exposent en vente.

7. L'étalagiste ne pourra vendre que les marchandises indiquées dans sa permission.

8. Il n'occupera que l'emplacement qui lui aura été assigné.

Il placera, dans l'endroit le plus apparent de son étalage, une plaque en fer-blanc sur laquelle seront inscrits, en gros caractères, son nom, le numéro de sa permission, le nom de la rue où il peut étaler, le numéro de la maison au-devant de laquelle il doit se placer, et l'espèce des marchandises qu'il est autorisé à vendre.

Il entretiendra constamment la propreté au pourtour de son étalage, et nettoiera, chaque jour, en se retirant, la place qu'il aura occupée.

9. Les permissions seront révocables en tout temps; l'étalagiste devra, en conséquence, se retirer et rendre la place libre au premier ordre qui lui en sera donné par l'autorité.

10. Les permissions ne seront valables que pour une année à compter de leur date.

Les étalagistes seront tenus, dans les huit jours qui suivront l'expiration de l'année, de remettre leurs permissions aux commissaires de police des quartiers où ils étalent, lesquels nous les feront parvenir avec leur avis, pour être visées par nous, s'il y a lieu.

Au moyen des visa, elles seront valables pour une autre année, et ainsi d'année en année.

SECTION II.

Des marchandises qui pourront être exposées en vente.

11. Les étalagistes pourront vendre seulement des marchandises qui n'excéderont point la valeur de un franc la pièce ou la paire.

Il leur est défendu d'en débiter au poids et à l'aune.

Les marchands de menus comestibles pourront en vendre au poids.

12. Il est défendu de faire frire, rôtir ou griller sur la voie publique, des poissons, viandes, marrons, pommes de terre; d'y faire des beignets, crêpes, gaufres, ou tous autres apprêts de mets quelconques susceptibles d'incommoder le public, par la mauvaise odeur ou la fumée.

13. Les étalages de salade, huîtres et melons sont interdits.

Toutefois, les marchands de melons pourront, pour cette année seulement, continuer à former des étalages, comme dans les années précédentes, en obtenant préalablement notre autorisation.

SECTION III.

Des lieux où les étalages pourront être autorisés.

14. Aucun étalage ne sera établi à une distance moindre de soixante mètres des magasins, boutiques et marchés où des marchandises de même espèce que celles de l'étalagiste seraient exposées en vente.

15. Tous étalages sont interdits sur les trottoirs, aux encoignures des rues, et sur tous les points de la voie publique où ils pourraient compromettre la liberté et la sûreté de la circulation.

16. Il est défendu de se servir de voitures attelées ou à bras, et de brancards pour étaler et vendre sur la voie publique des fruits, légumes ou autres marchandises.

Sont interdits tous appareils qui exigeraient le concours d'un aide ou dont les dimensions pourraient compromettre la liberté et la sûreté de la circulation.

Les dispositions contenues au présent article ne recevront leur exécution qu'à partir du 1er août prochain.

17. Il est également défendu à toutes personnes d'étaler ni d'exposer en vente, sur la voie publique, des marchandises d'aucune espèce, aux portes et dans le voisinage des habitations où se font des ventes mobilières aux enchères.

Les marchandises et objets provenants desdites ventes ne pourront être déposés que momentanément sur la voie publique, à la charge de ne point les y vendre et de les faire enlever sans délai.

18. Aucun étalagiste ne pourra se prévaloir de sa permission pour établir un auvent ou une échoppe fixe ou mobile sur l'emplacement qui lui aura été accordé.

Tout étalage devra être exactement renfermé dans les dimensions fixées par la permission et être disposé de manière à pouvoir être facilement et promptement enlevé.

SECTION IV.

Des bouquinistes, marchands de tableaux, de gravures et de bric-à-brac.

19. A l'avenir, il ne sera point délivré de permission pour former sur la voie publique des étalages de livres, tableaux, gravures ou objets de curiosité, dits de bric-à-brac.

Les étalagistes actuellement autorisés, et vendant les objets indiqués ci-dessus, pourront obtenir le renouvellement de leurs permissions, pour les exposer en vente, à la charge, par eux, de se conformer aux dispositions de la présente ordonnance, qui leur seront applicables.

SECTION V.

De la vente du lait sur la voie publique.

20. Tout nourrisseur qui voudra vendre du lait sur la voie publique devra se pourvoir de notre permission.

Il nous présentera, à cet effet, une demande énonçant seulement ses nom, prénoms, âge, domicile et l'emplacement qu'il désirera occuper.

Si le nourrisseur habite la campagne, sa demande devra préalablement être visée et certifiée par le maire de la commune.

Dans le cas où le nourrisseur ne vendrait point lui-même son lait, et où il confierait ce soin à une autre personne, il devra, dans sa demande, faire connaître ses nom, prénoms, âge et domicile.

21. Tout particulier qui, sans être nourrisseur, voudra vendre du lait sur la voie publique, sera tenu, s'il est domicilié à Paris, de remplir, comme les autres étalagistes, les formalités prescrites par l'article 4.

S'il habite la campagne, sa demande indiquera ses nom, prénoms, âge, domicile et l'emplacement qu'il désire occuper. Elle sera préalablement visée par le maire de sa commune, qui certifiera qu'il n'a pas d'autre moyen de pourvoir à son existence.

22. Les débitants de lait, tant les nourrisseurs que ceux qui ne le sont pas, ne pourront étaler, ni vendre, sur les emplacements qui leur sont assignés, des fruits, légumes ou autres denrées.

23. Il leur est défendu de faire stationner sur la voie publique leurs voitures et bêtes de somme.

24. A dix heures du matin, au plus tard, ils devront se retirer et rendre à la circulation les emplacements qu'ils auront occupés, après les avoir balayés.

SECTION VI.

De ceux qui exercent leur industrie à poste fixe sur la voie publique.

25. Les décrotteurs, savetiers, remouleurs, rempailleurs de chaises, et tous autres exerçant leur industrie à poste fixe, sur la voie publique, sont tenus de se pourvoir de permissions pour y occuper des emplacements, en remplissant les formalités prescrites par l'article 4 de la présente ordonnance.

26. Ils ne pourront exercer d'autre industrie que celle spécifiée en leurs permissions, ni occuper d'autres emplacements que ceux qui leur auront été assignés.

Conformément au deuxième paragraphe de l'article 8, ils exposeront, dans l'endroit le plus apparent des emplacements qui leur auront été désignés, une plaque en fer-blanc, sur laquelle seront également inscrits, en gros caractères, la situation de leurs emplacements, le numéro de leur permission et leur état.

Ils seront tenus de se conformer aux dispositions de la présente ordonnance qui pourront leur être applicables.

SECTION VII.

Des étalages tolérés à l'occasion du jour de l'an.

27. La tolérance accordée aux étalagistes, à l'occasion du jour de l'an, depuis le 15 décembre jusqu'au 15 janvier, par l'ordonnance du 2 décembre 1822, est révoquée.

En conséquence, il est défendu de former à l'avenir, à l'époque ci-dessus indiquée, aucun étalage sur les emplacements désignés dans ladite ordonnance, ni sur aucun autre point qui aurait, depuis la publication de l'ordonnance précitée, été affecté à ces sortes d'étalages.

SECTION VIII.

Dispositions générales.

28. Il est défendu à tout étalagiste, les marchands de menus comestibles exceptés, de vendre les fêtes et dimanches.

Tous indistinctement devront, chaque jour, se retirer une heure, au plus tard, après le coucher du soleil.

29. L'étalagiste qui, pour maladie ou pour toute autre cause, ne pourra occuper sa place pendant quelque temps, devra en prévenir le commissaire de police du quartier où il tient son étalage. Si la place demeure vacante pendant un mois, sans avoir prévenu le commissaire de police, il sera censé y avoir renoncé.

30. Les étalagistes pourront être privés de leurs permissions, soit temporairement, soit définitivement.

31. Les contraventions aux dispositions de la présente ordonnance seront constatées par des procès-verbaux ou rapports.

Les marchandises, ustensiles et objets exposés en vente, ainsi que les voitures employées à les transporter, seront provisoirement saisis, conformément à l'article 471 du Code pénal, et les contrevenants traduits devant le tribunal compétent.

Les voitures servant au transport seront envoyées à la fourrière.

Toutefois, les voitures et les marchandises pourront être rendues au contrevenant après qu'il aura consigné, entre les mains du commissaire de police qui aura fait la saisie, la somme de quinze francs pour garantie de l'amende et des frais, laquelle somme sera ensuite déposée au greffe du tribunal. A défaut de cette consignation, les marchandises seront envoyées et resteront déposées à la préfecture de police, jusqu'à ce que le tribunal ait statué.

Si les marchandises consistent en fruits, légumes ou autres denrées susceptibles de se gâter, elles seront envoyées directement au commissaire de police du quartier des Marchés, qui les fera vendre à la conservation des droits de qui il appartiendra.

En cas de rébellion, les auteurs et fauteurs de délits seront arrêtés et conduits immédiatement devant un commissaire de police.

32. La présente ordonnance sera imprimée et affichée.

Le chef de la police municipale, les commissaires de police, les officiers de paix, les chefs des services extérieurs et les préposés de la préfecture de police sont chargés d'en surveiller et assurer l'exécution.

Elle sera adressée à M. le colonel commandant la gendarmerie royale de Paris, pour concourir à cette exécution par tous les moyens qui sont en son pouvoir.

Il en sera transmis des exemplaires aux sous-préfets des arrondissements de Saint-Denis et de Sceaux, pour les faire publier et afficher dans l'intérêt de ceux de leurs administrés qu'elle concerne.

Le conseiller d'Etat, préfet de police, MANGIN.

N° 1358. — *Ordonnance concernant le curage et l'entretien de la rivière de Bièvre, du faux ru et de ses affluents* (1).

Paris, le 13 juillet 1830.

N° 1359. — *Ordonnance sur les écrits imprimés* (2).

Paris, le 26 juillet 1830.

Nous, conseiller d'Etat, préfet de police,

Vu l'ordonnance du roi, en date du 25 de ce mois, qui remet en vigueur les articles 1, 2 et 9 de la loi du 21 octobre 1814;

Les articles 283 et suivants du Code pénal, qui punissent de peines correctionnelles toute publication ou distribution d'écrits dans lesquels on ne trouvera pas l'indication vraie des noms, profession et demeure de l'auteur ou de l'imprimeur;

Les articles 49 et 50 de la loi du 24 décembre 1789, et le numéro 3 de l'article 3, titre XI de la loi des 16-24 août 1790, qui chargent l'autorité municipale de faire des règlements pour le maintien du bon ordre dans les lieux publics,

Avons ordonné et ordonnons ce qui suit :

1. Tout individu qui distribuera des écrits imprimés, dans lesquels ne se trouvera pas l'indication vraie des noms, profession et demeure de l'auteur ou de l'imprimeur, ou qui donnera à lire au public les

---

(1) V. l'ord. du 31 juillet 1838.

(2) V. les ord. des 12 nov. 1830, 9 avril, 29 juin et 27 déc. 1831, 19 oct. 1833, 22 fév. 1834 et 19 oct. 1839.

mêmes écrits, sera immédiatement conduit devant le commissaire de police du quartier, et les écrits seront saisis.

2. Tout individu tenant cabinet de lecture, café, etc., qui y donnera à lire des journaux ou autres écrits imprimés en contravention à l'ordonnance du roi du 25 de ce mois sur la presse, sera poursuivi comme complice des délits que ces journaux ou écrits pourraient constituer, et son établissement sera provisoirement fermé.

3. La présente ordonnance sera imprimée, publiée et affichée.

4. Le commissaire chef de la police municipale, les commissaires de police, les officiers de paix et les préposés sous leurs ordres sont chargés de tenir la main à son exécution.

Elle sera adressée à M. le colonel de la ville de Paris, commandant la gendarmerie royale, pour en assurer l'exécution en ce qui le concerne.

Le conseiller d'Etat, préfet de police, MANGIN.

LIEUTENANCE GÉNÉRALE DU ROYAUME.

M. Girod (de l'Ain), conseiller à la cour royale de Paris, est nommé préfet de police.

Paris, le 1er août 1830.

Signé LOUIS-PHILIPPE D'ORLÉANS.

N° 1360. — *Ordonnance qui prescrit l'exécution de divers règlements et ordonnances.*

Paris, le 16 août 1830.

Nous, préfet de police,

Considérant que l'ordre est une condition inséparable de la liberté; qu'il ne saurait y avoir de bonne police, de sécurité individuelle, de paix publique, de propriété, de prospérité commerciale et industrielle, là où il serait permis à chacun de faire prévaloir ses intérêts particuliers sur l'intérêt général :

Considérant que les règlements de police subsistants ont prévu et réglé tout ce qui concerne les intérêts généraux, et que, s'ils sont susceptibles d'être modifiés ou perfectionnés, il importe, en attendant, d'en maintenir l'exacte observation, pour satisfaire au premier besoin d'une population qui n'a pas montré moins d'attachement à l'ordre public que de dévouement à la liberté;

Considérant que l'exécution des ordonnances et règlements de police intéresse toutes les classes de la population, et plus particulièrement le bien-être des classes ouvrières;

Avons ordonné et ordonnons ce qui suit :

1. Il est défendu de tirer dans l'intérieur des maisons et enclos, dans les rues, promenades et places publiques, aucune pièce d'artifice et aucune arme à feu. (*Art.* 471, § 2, *et* 479 *du Code pénal.*)

2. Il est défendu d'établir, sur aucune partie de la voie publique, des jeux de loterie ou d'autres jeux de hasard. (*Art.* 475, § 5, *et* 477 *du Code pénal.*)

3. Les heures fixées par les ordonnances et règlements de police pour l'ouverture et la fermeture des marchés, ports, guinguettes, établissements de marchands de vin, cafés, estaminets et autres lieux publics, seront exactement observées.

4. Il sera tenu la main à l'exécution des règlements concernant la liberté et la sûreté de la voie publique, les vendeurs de drogues et médicaments, les étalages mobiles, notamment ceux qui encombrent les marchés, les stationnements de voitures ou dépôts de matériaux établis sans nécessité dans les rues, places ou voies publiques et autres embarras qui peuvent entraver la circulation. (*Art.* 471, § 4, *et* 475, § 3 *du Code pénal.*)

5. Il est enjoint aux entrepreneurs et ouvriers vidangeurs de commencer et de terminer le travail des vidanges, et de transporter aux voiries à ce destinées les matières en provenant, en se conformant aux dispositions de l'ordonnance de police du 24 août 1808.

6. Les entrepreneurs et cochers de voitures de place sont tenus de se conformer aux règlements concernant ce service. (*Ord. de police du* 1er *juillet* 1829.)

7. Tous propriétaires de charrettes, haquets, tombereaux et autres voitures de transport, doivent se conformer à l'ordonnance de police du 25 septembre 1828.

8. Les chiens doivent être muselés et les dispositions de l'ordonnance de police du 7 juin 1830 observées. (*Loi des* 16-24 *août* 1790, *art.* 320 *et* 475, § 7 *du Code pénal.*)

9. Les habitants de Paris sont tenus de faire balayer régulièrement tous les jours au-devant de leurs maisons, boutiques et autres emplacements, et de se conformer d'ailleurs aux dispositions de l'ordonnance du 24 octobre 1829. Ils feront arroser fréquemment la partie de la voie publique au-devant de leurs maisons, conformément à l'ordonnance du 18 mai 1830.

10. Il est défendu à toutes personnes de se baigner en rivière, dans Paris, si ce n'est en bains couverts.

Il est défendu de se baigner dans le canal Saint-Martin, le bassin de la Villette, le canal Saint-Denis et celui de l'Ourcq, dans le département de la Seine.

Il sera, en conséquence, tenu la main à l'exécution de l'ordonnance de police du 28 avril 1830. (*Art.* 2 *et* 32 *de l'arrêté du gouvernement du* 12 *messidor an* VIII (1er *juillet* 1800.)

11. Les brocanteurs seront tenus de porter leur médaille d'une manière ostensible. Ils ne peuvent stationner sur aucun point de la voie publique, à l'exception de la place de la Rotonde au marché du Temple qui leur est spécialement réservé (1).

Il leur est expressément défendu d'acheter aux soldats leurs armes et effets d'habillement et d'équipement.

12. Il est défendu aux commissionnaires de gêner la circulation, soit en se réunissant en groupes, soit en déposant sur la voie publique les crochets et autres instruments de leur profession.

13. Tout individu exerçant l'état de chiffonnier est tenu de porter sa médaille d'une manière apparente, et d'avoir sur son mannequin la plaque en fer-blanc indiquant le numéro sous lequel il est inscrit à la préfecture de police. Il est défendu aux chiffonniers de circuler après minuit en toute saison. (*Ord. de police du* 1er *septembre* 1828.)

---

(1) V. ord. du 15 juin 1831.

14. Les individus qui se livreront à la mendicité, dans le ressort de la préfecture de police, seront arrêtés et poursuivis conformément aux articles 274 et suivants du Code pénal.

Ceux qui n'ont pas d'autres ressources pour exister et qui appartiennent au département de la Seine, trouveront, en justifiant de leur position, un asile au dépôt de Villers-Colterets et de Saint-Denis.

La présente ordonnance sera imprimée et affichée.

Les sous-préfets de Sceaux et de Saint-Denis, les maires et les commissaires de police des communes rurales du ressort de la préfecture de police, et, à Paris, le chef de la police municipale, les commissaires de police, la force publique, les commandants de la garde nationale et, au besoin, tous les bons citoyens sont invités à assurer l'exécution de la présente ordonnance.

Le préfet de police, A. GIROD (de l'Ain).

N° 1361. — *Ordonnance concernant les commerces d'approvisionnement.*

Paris, le 17 août 1830.

Nous, préfet de police,

Considérant que des améliorations, indiquées par l'expérience, doivent être apportées aux ordonnances et règlements de police qui régissent les commerces de la boucherie, des charbons de bois, des fourrages, etc. ;

Considérant que ces ordonnances et règlements, tels qu'ils subsistent actuellement sont, en attendant ces améliorations, la seule garantie de l'ordre sans lequel les intérêts des producteurs, du commerce et des consommateurs seraient gravement compromis, et les sources du travail des ouvriers sur les ports et marchés complétement taries,

Ordonnons ce qui suit :

1. Il sera immédiatement nommé par nous des commissions dans lesquelles seront appelées toutes les parties intéressées, qui devront aviser sans délai aux changements et améliorations à apporter aux ordonnances et règlements concernant les différents commerces d'approvisionnement, tels que boucherie, charbons de bois, fourrages, etc.

2. Jusqu'à ce que ces changements et améliorations aient été mûris et arrêtés, les ordonnance et règlements actuellement en vigueur, concernant les ports et marchés, les ouvriers, porteurs, forts, etc., qui y sont employés, seront exécutés selon leur forme et teneur.

3. Les droits de caisse, de location de places, et toute espèce de droits perçus jusqu'à ce jour, continueront à l'être, conformément aux règles établies.

La présente ordonnance sera imprimée et affichée.

Les sous-préfets de Sceaux et de Saint-Denis, les maires et les commissaires de police des communes rurales du ressort de la préfecture de police, et, à Paris, le chef de la police municipale, les commissaires de police, la force publique, les commandants de la garde nationale et, au besoin, tous les bons citoyens sont invités à assurer l'exécution de la présente ordonnance.

Le préfet de police, A. GIROD (de l'Ain).

N° 1362. — *Ordonnance concernant le tarif des voitures de place* (1).

Paris, le 17 août 1830.

Nous, préfet de police,

Informé qu'un grand nombre de cochers de voitures de louage négligent journellement de se conformer aux dispositions des ordonnances et règlements concernant le service de place, principalement en ce qui concerne le tarif des courses;

Considérant qu'il importe, dans l'intérêt du public et des cochers eux-mêmes, que les ordonnances et règlements précités soient exécutés dans tout leur contenu,

Ordonnons ce qui suit :

1. Les dispositions de l'ordonnance de police du 1er juillet 1829, concernant le service des voitures de place, continueront de recevoir leur exécution.

2. Le prix des courses des voitures de place dans Paris, fixé par l'ordonnance de police du 14 décembre 1829, doit être perçu comme il suit :

CARROSSES.

De six heures du matin à minuit.

Pour chaque course	1 fr.	50 cent.
Pour la première heure	2	25
Pour chacune des autres heures	1	75

De minuit à six heures du matin.

Pour chaque course	2	»
Pour chaque heure	3	»

CABRIOLETS.

De six heures du matin à minuit.

Pour chaque course	1	25
Pour la première heure	1	75
Pour chacune des autres heures	1	50

De minuit à six heures du matin.

Pour chaque course	1	65
Pour chaque heure	2	50

3. La présente ordonnance sera imprimée.

Elle sera affichée sur toutes les places de stationnement, ainsi que dans les divers quartiers de Paris.

4. Le chef de la police municipale, les commissaires de police, l'inspecteur en chef du service des voitures de place, et les autres préposés de l'administration sont chargés d'assurer l'exécution de la présente ordonnance, chacun en ce qui le concerne.

Le préfet de police, A. GIROD (de l'Ain).

---

(1) Rapportée. — V. l'ord. du 15 janvier 1841, les arr. des 15 janv. et 18 fév. 1841, et l'ord. du 25 mai 1842.

N° 1363. — *Ordonnance concernant les affiches, les afficheurs et les crieurs* (1).

Paris, le 23 août 1830.

Nous, ministre d'Etat, préfet de police,

Vu les lois, règlements et ordonnances concernant les affiches, les afficheurs et les crieurs ;

Considérant que la profession d'afficheur et celle de crieur doivent, comme toutes autres, être libres et seulement astreintes aux précautions indispensables pour le maintien de l'ordre :

Ordonnons ce qui suit :

1. L'ordonnance du 28 novembre dernier, concernant les affiches et les afficheurs, est abrogée.

2. A dater de la publication de la présente ordonnance, le nombre des afficheurs, pour la ville de Paris, cessera d'être limité.

3. Toute personne qui voudra exercer la profession d'afficheur ou celle de crieur nous adressera une pétition à l'effet d'obtenir l'autorisation requise et y joindra un certificat de bonne conduite signé de trois témoins domiciliés. Pour la profession d'afficheur, le pétitionnaire devra en outre justifier qu'il sait lire et écrire.

4. Tout individu qui, sans y avoir été autorisé par nous, exercera la profession de crieur ou afficheur d'écrits imprimés, dessins ou gravures, même munis des noms d'auteur, imprimeur, dessinateur ou graveur, sera poursuivi devant les tribunaux, conformément à l'article 290 du Code pénal.

5. Le crieur et l'afficheur autorisés sont tenus de porter ostensiblement une plaque de cuivre, sur laquelle sont gravés les mots *crieur* ou *afficheur* et le numéro de leur permission. Il leur est expressément défendu de prêter à qui que ce soit leur permission ou leur plaque.

6. Tout afficheur et crieur est tenu, en cas de changement de demeure d'en faire la déclaration par écrit tant à la préfecture de police qu'au commissaire de police de son ancien et de son nouveau domiciles, ou aux maires, s'il demeure ou demeurait hors de Paris.

7. Il est expressément défendu aux afficheurs d'affiches et aux crieurs de crier aucun imprimé dans lequel ne se trouverait pas l'indication vraie des noms, profession et demeure de l'auteur ou de l'imprimeur, sous peine d'être traduits en justice, conformément aux articles 283, 284 et 285 du Code pénal.

8. Les annonces et affiches, autres que celles qui ont pour objet la publication des lois et des actes de l'autorité, doivent être faites sur papier timbré et de couleur. (*Lois des* 28 *juillet* 1791 *et* 28 *avril* 1816.)

9. Aucun citoyen, aucune réunion de citoyens ne peut rien afficher ni faire afficher sous le titre d'arrêté, de délibération, ou sous toute autre forme obligatoire et impérative. (*Loi du* 22 *mai* 1791.)

10. Il ne pourra être affiché sur les édifices consacrés aux cultes religieux que les annonces relatives aux cérémonies de ces cultes.

11. Il est défendu d'appliquer aucune affiche sur les palais et monuments appartenant à l'Etat ou à la ville de Paris.

12. Les afficheurs et les crieurs sont tenus de représenter leur permission chaque fois qu'ils en seront requis par les commissaires de police, officiers de paix, préposés de la préfecture de police et par tous autres chargés de tenir la main à l'exécution de la présente ordonnance.

13. En cas de contravention de la part d'un afficheur ou crieur

---

(1) V. les ord. des 12 déc. 1830, 4 août 1836 et 8 nov. 1841.

autorisé, sa plaque pourra lui être retirée, indépendamment des poursuites à exercer contre lui devant les tribunaux, conformément aux lois et règlements.

14. La présente ordonnance sera imprimée et affichée dans Paris, dans les communes rurales du département de la Seine et dans celles de Saint-Cloud, Sèvres et Meudon.

Les commissaires de police de la ville de Paris, les maires, adjoints et commissaires de police dans les autres lieux, le chef du service central, les officiers de paix, et les préposés de la préfecture de police sont chargés, chacun en ce qui le concerne, d'en assurer l'exécution.

Les commandants de la garde nationale, et des autres corps militaires sont requis de leur faire prêter main-forte au besoin.

Le conseiller d'État, préfet de police, A. GIROD (de l'Ain).

N° **1364**. — *Ordonnance concernant les attroupements et les coalitions d'ouvriers* (1).

Paris, le 25 août 1830.

Nous, conseiller d'État, préfet de police,

Considérant que des ouvriers en grand nombre parcourent depuis quelques jours et sous divers prétextes les rues de la capitale;

Que si, fidèles aux sentiments qui animent l'héroïque population parisienne, ils ne commettent aucun acte de violence, leurs réunions plus ou moins tumultueuses sont elles-mêmes un désordre grave; qu'elles alarment les habitants paisibles, qu'elles tendent à altérer la confiance que la nation française doit au gouvernement institué par elle et pour elle; que ces réunions causent aux ouvriers une perte onéreuse de temps et de travail au moment où de vastes ateliers publics leur sont ouverts; qu'enfin, elles peuvent offrir des moyens de troubles que les malveillants ne manqueraient pas de saisir;

Que le maintien de l'ordre et de la sûreté publique confié à notre responsabilité exige impérieusement qu'un tel état de choses cesse;

Considérant que, si les ouvriers de Paris ont à élever des réclamations fondées, c'est individuellement et dans une forme régulière qu'elles doivent être présentées aux autorités compétentes qui s'occupent sans relâche de toutes les mesures qui peuvent concourir à la prospérité de l'industrie;

Vu l'article 10 de l'arrêté du gouvernement du 12 messidor an VIII (1er juillet 1800), portant que « le préfet de police prendra les mesures propres à prévenir ou dissiper les attroupements, les réunions tumultueuses ou menaçant la tranquillité publique; »

Ordonnons ce qui suit :

1. Défenses sont faites à toutes personnes de former des réunions ou attroupements sur la voie publique, sous quelque prétexte que ce soit.

2. Conformément à l'article 415 du Code pénal, il est défendu aux ouvriers de se coaliser pour interdire le travail dans un atelier, empêcher de s'y rendre et d'y rester avant ou après de certaines heures, et en général pour suspendre, empêcher ou enchérir les travaux.

3. Aucune demande à nous adressée pour que nous intervenions entre le maître et l'ouvrier, au sujet de la fixation du salaire, ou de la

---

(1) V. les ord. des 20 déc. 1830, 18 fév. et 13 juill. 1831.

durée du travail journalier ou du choix des ouvriers, ne sera admise, comme étant formée en opposition aux lois qui ont consacré le principe de la liberté de l'industrie.

4. Les commissaires de police, le chef de la police centrale, les officiers de paix, les préposés de la préfecture de police, la garde nationale et les autres corps militaires assureront, par tous les moyens qui sont en leur pouvoir, l'exécution de la présente ordonnance qui sera imprimée et affichée.

5. Les contrevenants seront arrêtés et immédiatement traduits devant les tribunaux pour qu'ils soient punis conformément aux lois.

Le conseiller d'Etat, préfet de police, A. GIROD (de l'Ain).

Nº 1365. — *Ordonnance concernant l'ouverture de la chasse* (1).

Paris, le 27 août 1830.

Nº 1366. — *Ordonnance concernant la garde municipale de Paris et les sergents de ville.*

Paris, le 8 septembre 1830.

Nous, conseiller d'État, préfet de police,

Vu l'ordonnance du roi du 16 août dernier, concernant la garde municipale de Paris;

Considérant que si l'administration de la police doit scrupuleusement s'abstenir de toute mesure vexatoire, de tout acte arbitraire et même de toute intervention que l'accomplissement de ses devoirs ne rendrait pas nécessaire, le maintien de l'ordre, dans une ville telle que Paris, exige, de la part de cette administration, une action vigilante, continuelle et suffisamment appuyée;

Que l'organisation de la garde municipale est assez avancée pour qu'elle puisse dès ce moment concourir au service extraordinaire auquel, avec un patriotisme et un zèle au-dessus de tout éloge, la garde nationale s'est dévouée;

Que l'expérience a démontré l'utilité d'un corps de sergents de ville revêtus d'un uniforme qui puisse les désigner aux citoyens et les rendre plus circonspects eux-mêmes dans l'exercice de leurs fonctions;

Que le soin avec lequel ces corps ont été composés garantit leur bonne conduite, et que d'ailleurs il serait fait droit, à l'instant, à toute plainte qui serait formée contre eux,

Ordonnons ce qui suit :

1. La garde municipale commencera immédiatement son service.

2. Le corps des sergents de ville est rétabli. Ils porteront, dans l'exercice de leurs fonctions, l'uniforme ci-après déterminé : habit de drap bleu de roi, fermé sur le devant par neuf gros boutons, collet ouvert, le vaisseau des armes de Paris aux retroussis et au collet. En hiver, redingote croisée, collet droit, même drap et mêmes boutons. Pantalon de drap bleu, épée et ceinturon.

---

(1) V. l'ord. du 22 août 1843.

3. La présente ordonnance sera imprimée et affichée. Des exemplaires en seront transmis aux autorités civiles et militaires, et particulièrement à M. le colonel de la garde municipale.

Notre secrétaire général et le chef du service central sont chargés de son exécution, en ce qui concerne le corps des sergents de ville.

Le conseiller d'État, préfet de police, A. GIROD (de l'Ain).

N° **1367**. — *Ordonnance concernant les mesures de police à observer les 12, 19 et 26 septembre 1830, à l'occasion de la fête de Saint-Cloud* (1).

Paris, le 10 septembre 1830.

N° **1368**. — *Ordonnance concernant le pesage et la vente en gros des beurres et œufs.*

Paris, le 22 septembre 1830.

Nous, conseiller d'État, préfet de police,

Considérant que, contrairement à l'article 15, § 2, de l'ordonnance de police du 18 juin 1823, la vente des beurres des marchands forains a commencé jusqu'à ce jour avant que l'opération du pesage de tous les beurres amenés sur le carreau de la halle fût complétement terminée; qu'il importe, conformément à l'article 18 de la même ordonnance, de faire exécuter désormais cette disposition, toute dans l'intérêt des producteurs et des consommateurs, et qui a principalement pour objet d'empêcher qu'aucune partie de beurre amené sur le carreau ne puisse être mise en vente sans avoir été préalablement visitée;

Considérant d'ailleurs, que cette disposition est nécessaire pour établir plus d'ordre et de régularité dans les ventes;

Vu les lois des 16-24 août 1790, titre XI; 19-22 juillet 1791, titre I, article 45; 28 pluviôse an VIII (17 février 1800);

L'arrêté du 12 messidor suivant (1er juillet 1800);

Le décret du 10 février 1811;

La décision ministérielle du 14 avril 1826;

L'ordonnance de police du 17 août 1830, concernant les commerces d'approvisionnement,

Ordonnons ce qui suit:

1. A compter de jeudi, 30 septembre courant, la vente en gros des beurres ne commencera que lorsque le pesage en sera terminé, pour la totalité.

Il sera pris les mesures nécessaires pour accélérer cette opération.

2. Il sera procédé en même temps à la vente en gros des beurres, tant à l'amiable qu'à la criée.

3. Les dispositions des précédentes ordonnances sur le commerce des beurres, œufs et fromages, qui ne sont pas contraires à la présente, continueront d'être exécutées.

4. Les contraventions seront constatées par des procès-verbaux, et déférées aux tribunaux compétents.

5. La présente ordonnance sera imprimée et affichée.

---

(1) V. l'ord. du 6 sept. 1843.

6. Il sera adressé ampliation de cette ordonnance à M. le conseiller d'État, préfet du département de la Seine, et à MM. les membres composant le conseil général des hospices.

Les commissaires de police, et notamment celui du quartier des Marchés, le chef de la police municipale et les officiers de paix, le commissaire inspecteur général et les inspecteurs généraux adjoints des marchés et les préposés en cette partie sont chargés, chacun en ce qui le concerne, de tenir la main à son exécution.

Les commandants de la garde nationale et des autres corps militaires sont requis de leur prêter main-forte au besoin.

Le conseiller d'Etat, préfet de police, A. GIROD (de l'Ain).

No 1369.—*Ordonnance concernant les étalagistes sédentaires* (1).

Paris, le 1er octobre 1830.

Nous, conseiller d'État, préfet de police,

Considérant que la voie publique est journellement envahie, sur les points les plus fréquentés de la capitale, par des marchands étalagistes qui s'y établissent sans permission ou qui abusent de celles qui leur ont été accordées; que, par suite de ces abus, la liberté et la sûreté de la circulation sont à chaque instant compromises; et qu'il est urgent de prendre les mesures nécessaires pour rétablir la facilité des communications et prévenir les accidents;

Vu les ordonnances et règlements en cette partie, notamment l'ordonnance de police du 28 janvier 1786;

La loi des 16-24 août 1790, titre XI, et les articles 209 et suivants du Code pénal, et les articles 470, 471 et 474 du même Code;

En vertu des articles 21 et 22 de l'arrêté du gouvernement du 12 messidor an VIII (1er juillet 1800),

Ordonnons ce qui suit:

1. Il est défendu d'établir sur la voie publique aucune espèce de marchandise, sans être pourvu d'une permission spéciale délivrée par le préfet de police.

Il y a étalage chaque fois que des marchandises sont exposées en vente, même momentanément, sur le sol des rues, places, boulevards et autres communications publiques, soit à nu, soit sur des voitures, tables, mannes ou autres appareils.

2. Les permissions d'étalage délivrées jusqu'à ce jour ne seront valables que jusqu'au 1er avril prochain.

Ceux qui les ont obtenues et qui voudront continuer à étaler sur la voie publique seront tenus de se pourvoir de nouvelles permissions, dans ce délai, en remplissant les formalités indiquées ci-après.

A l'expiration du délai, les étalagistes qui n'auront point été autorisés devront supprimer immédiatement leurs étalages. Toutefois, et jusqu'à la délivrance des nouvelles permissions, les étalagistes actuellement autorisés devront se conformer aux dispositions de la présente ordonnance qui leur seront applicables.

3. Toute personne qui voudra obtenir une permission d'étalagiste, remettra sa demande à la préfecture de police.

Cette demande énoncera:

1o Les nom, prénoms, âge, lieu de naissance et domicile du pétitionnaire;

---

(1) Abrogée. — V. l'ord. du 20 janv. 1832.

2° S'il est marié, veuf, père de famille;
3° L'état qu'il exerçait ;
4° La nature des objets qu'il se propose de vendre ;
5° L'emplacement qu'il désire occuper;
6° Le mode d'étalage dont il entend faire usage.

4. Les permissions seront personnelles et ne pourront, en conséquence, être prêtées, cédées, louées ni vendues.

Néanmoins, en cas de maladie, l'étalagiste aura la faculté, en justifiant de son état, de faire tenir temporairement son étalage par une personne de son choix, après avoir obtenu du préfet de police la permission nécessaire à cet effet.

5. Après la délivrance des permissions, et avant d'en faire usage, tous étalagistes, à l'exception des marchands de menus comestibles qui sont seuls exceptés par la loi, devront se pourvoir de patentes ou d'un certificat d'exemption de l'administration des contributions directes, sous peine de voir leurs marchandises saisies et séquestrées à leurs frais, jusqu'à la représentation d'une patente ou d'un certificat d'exemption, conformément à l'article 38 de la loi du 1er brumaire an VII (22 octobre 1798) et à l'article 70 de la loi du 25 mars 1817.

Ils seront tenus à toute réquisition de commissaires, officiers et agents de police, de représenter leurs permissions d'étalagistes et leurs patentes acquittées ou leurs certificats d'exemption.

6. L'étalagiste ne pourra vendre que les marchandises indiquées dans sa permission.

7. Il n'occupera que l'emplacement qui lui aura été assigné.

Il entretiendra constamment la propreté au pourtour de son étalage, et nettoiera chaque jour en se retirant la place qu'il aura occupée.

8. Aucun étalagiste ne pourra se prévaloir de sa permission pour établir un auvent ou une échoppe sur l'emplacement qui lui aura été accordé.

Tout étalage devra être exactement renfermé dans les dimensions fixées par la permission et être disposé de manière à pouvoir être facilement et promptement enlevé.

9. Tous étalages sont interdits sur les trottoirs, aux encoignures des rues, et sur tous les points où ils pourraient compromettre la liberté et la sûreté de la circulation.

10. Il est défendu de vendre sur la voie publique, aux ports et dans le voisinage des habitations où se font des ventes mobilières aux enchères, les marchandises et effets provenant desdites ventes. On ne pourra que les déposer momentanément sur la voie publique, à la charge de les faire enlever sans délai.

11. Tout nourrisseur qui voudra vendre du lait sur la voie publique devra se pourvoir de notre permission.

Il nous présentera, à cet effet, une demande énonçant ses nom, prénoms, âge, domicile et l'emplacement qu'il désirera occuper.

S'il habite la campagne, sa demande devra être visée et certifiée par le maire de sa commune.

Dans le cas où il ferait vendre son lait par quelqu'un de son choix, il devra, dans sa demande, faire connaître les nom, prénoms, âge et domicile de la personne qu'il chargera de ce soin.

12. Tout particulier qui, sans être nourrisseur, voudra vendre du lait sur la voie publique, sera tenu de remplir les formalités prescrites par l'article 3.

S'il habite la campagne, sa demande devra être préalablement visée et certifiée par le maire de sa commune.

13. Les débitants de lait, tant les nourrisseurs que ceux qui ne le sont pas, ne pourront étaler ni vendre, sur les emplacements qui leur sont assignés, des fruits, légumes ou autres denrées.

14. Il leur est défendu de faire stationner sur la voie publique leurs voitures et bêtes de somme.

15. Ils devront se retirer à dix heures du matin, et rendre à la circulation les emplacements qu'ils auront occupés, après les avoir balayés.

16. Les décrotteurs, savetiers, remouleurs, rempailleurs de chaises et tous autres exerçant leur industrie à poste fixe sur la voie publique seront tenus de se pourvoir de permissions pour y occuper des emplacements, en remplissant les formalités prescrites par l'article 3.

17. Ils ne pourront exercer d'autre industrie que celle spécifiée en leurs permissions, ni occuper d'autres emplacements que ceux qui leur auront été assignés.

Ils seront tenus de se conformer aux dispositions de la présente ordonnance qui pourront leur être applicables.

18. L'étalagiste qui, pour maladie ou pour toute autre cause, ne pourra occuper sa place pendant quelque temps, devra en prévenir le commissaire de police du quartier où il tient son étalage. Si la place demeure vacante pendant un mois sans avoir prévenu le commissaire de police, il sera censé y avoir renoncé.

19. Les permissions seront révocables temporairement ou indéfiniment.

L'étalagiste devra, en conséquence, se retirer et rendre la place libre au premier ordre qui lui en sera donné par l'autorité.

20. Les contraventions aux dispositions de la présente ordonnance seront constatées par des procès-verbaux ou rapports et poursuivies conformément aux lois et règlements.

En cas de rébellion, les auteurs et fauteurs de délits seront arrêtés et conduits immédiatement devant un commissaire de police.

21. Au moyen des dispositions ci-dessus, les ordonnances de police des 21 août 1822 et 19 juin dernier, concernant les étalages mobiles, sont rapportées.

22. La présente ordonnance sera imprimée et affichée.

Le chef de la police municipale, les commissaires de police, les officiers de paix, les chefs des services extérieurs, et les préposés de la préfecture de police sont chargés d'en surveiller et assurer l'exécution.

Elle sera adressée au colonel commandant la garde municipale de Paris, pour le mettre à portée de concourir à son exécution.

Il en sera transmis des exemplaires aux sous-préfets des arrondissements de Saint-Denis et de Sceaux pour les faire publier et afficher dans l'intérêt de leurs administrés.

Le conseiller d'Etat, préfet de police, A. GIROD (de l'Ain).

N° 1370. — *Ordonnance concernant les mesures d'ordre à observer à l'occasion des revues de la garde nationale au Champ de Mars* (1).

Paris, le 7 octobre 1830.

Nous, conseiller d'État, préfet de police,

Vu la lettre de M. le maréchal de camp, chef d'état-major de la garde nationale de Paris, en date du 6 courant, par laquelle il nous prévient qu'à partir du 10 de ce mois et les dimanches suivants, il sera passé au

(1) V. l'ord. du 13 mai 1831.

Champ de Mars, par M. le général Lafayette, plusieurs revues de la garde nationale,

Ordonnons ce qui suit :

1. Dimanche prochain, 10 octobre, et les dimanches suivants, pendant toute la durée des revues des gardes nationales et des manœuvres qui auront lieu dans le Champ de Mars, le public ne pourra pénétrer sur l'emplacement réservé aux légions.

2. Pendant tout le temps des revues, le public ne pourra également stationner et circuler que sur les tertres qui environnent le Champ de Mars, et aucune personne étrangère aux légions ne devra descendre des tertres dans l'intérieur de l'espace réservé aux troupes.

3. Défense expresse est faite aux étalagistes de stationner à l'entrée des grilles du Champ de Mars et sur les tertres.

4. Il est défendu pareillement de construire sur les tertres du Champ de Mars, aucun amphithéâtre, aucune estrade ou autre établissement de ce genre, ni d'établir aucun pont volant sur les fossés. Il ne pourra même être placé sur les tertres aucunes voitures, charrettes, tonneaux, bancs, chaises, ni autres objets quelconques à l'aide desquels on ait la facilité de s'exhausser.

Les commissaires de police de service feront détruire et enlever tous les objets de cette nature, qui se trouveraient placés en contravention à la défense ci-dessus.

5. Les contraventions à la présente ordonnance seront constatées et poursuivies conformément aux lois.

6. La présente ordonnance sera imprimée et affichée.

Le chef de la police municipale, les commissaires de police, les officiers de paix sont chargés de tenir la main à son exécution. Ils prendront toutes les mesures convenables pour le maintien de l'ordre, et se concerteront avec les commandants de la force armée qui sera sur les lieux.

Le conseiller d'Etat, préfet de police, A. GIROD (de l'Ain).

N° 1371. — *Ordonnance concernant la répression des jeux de loteries et de hasard sur la voie publique* (1).

Paris, le 28 octobre 1830.

Nous, conseiller d'État, préfet de police,

Considérant que, malgré les termes de notre ordonnance du 16 août dernier, relative à diverses contraventions commises sur la voie publique, les rues, chemins, places, ponts, quais, boulevards et autres lieux de la capitale, sont journellement parcourus par une foule d'individus qui y établissent des jeux de roulette, de hasard et de loteries prohibées;

Considérant que ces sortes de jeux sont autant de causes d'abus de confiance, d'escroquerie et de désordres que l'on ne saurait trop promptement réprimer;

Vu les articles 475 et 477 du Code pénal, dont les dispositions sont spécialement applicables à ce genre de contravention,

Ordonnons ce qui suit :

1. Tout individu qui sera surpris tenant sur la voie publique un jeu de roulette ou de hasard, ou une loterie, de quelque nature qu'ils

---

(1) V. l'ord. du 5 mai 1829.

soient, sera arrêté immédiatement et conduit devant le commissaire de police du quartier.

2. Procès-verbal sera dressé pour constater cette contravention au paragraphe 5 de l'article 475 du Code pénal.

Il sera fait en outre, aux termes de l'article 477 du même Code, saisie des tables, instruments ou appareils de jeux ou de loteries établis dans les rues, chemins ou voies publiques, ainsi que des enjeux, fonds, denrées, objets mobiliers ou lots proposés aux joueurs.

3. Ces procès-verbaux nous seront adressés sans délai pour être transmis aux tribunaux compétents.

4. La présente ordonnance sera imprimée et affichée dans Paris.

Les commissaires de police de la ville de Paris, le chef de la police municipale, les officiers de paix et les préposés de la préfecture de police sont chargés, chacun en ce qui le concerne, d'en assurer l'exécution.

Les commandants de la garde nationale et des autres corps militaires sont requis de leur faire prêter main-forte au besoin.

Le conseiller d'Etat, préfet de police, A. GIROD (de l'Ain).

N° 1372. — *Ordonnance concernant la police de la Bourse* (1).

Paris, le 6 novembre 1830.

Nous, conseiller d'État, préfet de police,

Considérant que la tenue de la Bourse qui, d'après les règlements en vigueur, doit avoir lieu depuis deux heures jusqu'à trois, pour les négociations des effets publics, n'est plus en rapport avec l'importance des opérations qui s'y traitent journellement;

Vu les articles 2 et 25 de l'arrêté du gouvernement du 1er juillet 1800 (12 messidor an VIII);

L'ordonnance de police du 2 novembre 1826,

Ordonnons ce qui suit :

1. A dater du 8 novembre présent mois, la Bourse tiendra tous les jours, excepté les jours fériés, depuis deux heures jusqu'à quatre, pour les négociations des effets publics, et depuis deux heures jusqu'à cinq, pour les opérations commerciales.

2. L'ordonnance de police du 2 novembre 1826 continuera à recevoir son exécution, en tout ce qui n'est pas contraire à la présente ordonnance.

3. Les contraventions seront constatées par des procès-verbaux ou rapports, et poursuivies conformément aux lois et règlements.

4. La présente ordonnance sera imprimée et affichée.

Les commissaires de police de la Bourse et du quartier Feydeau sont spécialement chargés de tenir la main à son exécution.

Le conseiller d'Etat, préfet de police, A. GIROD (de l'Ain).

---

(1) Rapportée. — V. l'ord. du 12 janv. 1831.

LOUIS-PHILIPPE, roi des Français, etc.,

Sur la proposition de notre ministre secrétaire d'État au département de l'intérieur,

Nous avons ordonné et ordonnons ce qui suit :

Le comte Treilhard, préfet du département de la Seine-Inférieure, est nommé préfet de police à Paris, en remplacement de M. Girod (de l'Ain) dont la démission est acceptée.

Paris, le 7 novembre 1830.

Signé LOUIS-PHILIPPE.

No 1373. — *Ordonnance concernant les crieurs et colporteurs d'écrits imprimés* (1).

Paris, le 12 novembre 1830,

Nous, préfet de police,

Vu l'article 290 du Code pénal;

Informé que des crieurs, munis d'autorisations, publient des imprimés contenant des extraits infidèles de journaux et notamment du *Moniteur*, ou annoncent ces écrits dans des termes qui ne sont pas d'accord avec les nouvelles rapportées dans lesdits extraits;

Considérant qu'il importe de réprimer ces abus qui nuisent à l'ordre, inquiètent les citoyens, et sont de nature à causer des perturbations dans le cours naturel des effets publics,

Ordonnons ce qui suit :

1. Tout crieur autorisé qui publiera des imprimés renfermant des extraits infidèles de journaux, ou qui, publiant des extraits exacts, les annoncera dans des termes qui en dénatureront le sens, sera à l'instant conduit par-devant le commissaire de police le plus voisin.

Ce commissaire constatera les faits, et, suivant leur gravité, pourra retirer provisoirement l'autorisation; il nous transmettra sans délai le procès-verbal de cette opération, pour être statué par nous définitivement ce qu'il appartiendra.

2. Tout individu non autorisé qui colportera et criera des imprimés de quelque espèce que ce soit sera arrêté, amené à la préfecture de police et poursuivi conformément à l'article 290 du Code pénal.

3. La présente ordonnance sera imprimée, publiée et affichée dans Paris et dans les communes du département de la Seine.

Les sous-préfets des arrondissements de Sceaux et de Saint-Denis, les commissaires de police à Paris et dans la banlieue, les maires des

---

(2) V. les ord. des 9 avril, 29 juin et 27 décembre 1831, 19 oct. 1833, 22 fév. 1834 et 19 oct. 1839.

communes rurales, le chef de la police municipale à Paris, les officiers de paix, les préposés de la préfecture de police sont chargés, chacun en ce qui le concerne, de tenir la main à son exécution.

Les commandants de la force armée sont pareillement appelés à assurer l'exécution de ces dispositions.

Le préfet de police, comte TREILHARD.

N° 1374. — *Ordonnance concernant le stationnement des cultivateurs et marchands de gros légumes, pendant la construction de l'égout des rues de la Ferronnerie et Saint-Honoré* (1).

Paris, le 20 novembre 1830.

Nous, préfet de police,

Considérant que les travaux de construction d'un égout dans les rues de la Ferronnerie et Saint-Honoré exigent que ces rues et celles adjacentes soient débarrassées de la vente des gros légumes qui s'y fait tous les jours,

Vu, 1° l'ordonnance de police du 31 octobre 1825, concernant la vente des fruits et légumes aux halles du centre;

2° L'arrêté du gouvernement du 1er juillet 1800 (12 messidor an VIII),

Ordonnons ce qui suit :

1. Les cultivateurs, marchands de gros légumes et autres qui stationnent dans les rues de la Ferronnerie et Saint-Honoré jusqu'à celle du Roule et autres rues adjacentes, occuperont immédiatement et jusqu'à nouvel ordre la place du Châtelet et, au besoin, le pont au Change. Ils ne pourront reprendre leurs anciennes places que lorsque les travaux de construction de l'égout seront entièrement terminés.

2. Les commissaires de police des quartiers des Marchés, du Louvre et des Arcis, et l'inspecteur général des halles et marchés disposeront ces marchands forains de manière à ce que la liberté et la sûreté de la circulation ne soient point compromises.

3. Les cultivateurs et autres devront continuer à se conformer en tous points aux dispositions de l'ordonnance de police du 31 octobre 1825 précitée, et se retirer à huit heures précises du matin.

Ils ne pourront faire entrer, circuler et faire stationner leurs voitures dans Paris avant onze heures du soir, ainsi que le prescrit l'article 1 de l'ordonnance de police du 21 septembre 1829.

4. Les voitures des approvisionneurs qui étaient gardées, le matin, sur la place du Châtelet et le pont au Change, stationneront sur le quai de Gèvres, dans l'espace qui existe entre les bornes qui bordent la chaussée et le trottoir de ce quai.

5. Les contraventions seront constatées par des procès-verbaux ou rapports qui nous seront adressés, et poursuivies conformément aux lois et règlements.

6. La présente ordonnance sera imprimée et affichée.

Les commissaires de police des quartiers des Marchés, du Louvre, des Arcis, Saint-Honoré et Saint-Eustache, le chef de la police municipale, l'inspecteur général et les inspecteurs généraux adjoints des

---

(1) V. l'ord. du 4 mars 1831.

halles et marchés, et les préposés sous leurs ordres sont chargés de tenir la main à l'exécution de la présente ordonnance.

Elle sera adressée à M. le colonel commandant la garde municipale de Paris, pour qu'il en assure l'exécution par tous les moyens qui sont à sa disposition.

Le préfet de police, comte TREILHARD.

N° 1375. — *Ordonnance concernant le balayage des rues* (1).

Paris, le 24 novembre 1830.

N° 1376. — *Ordonnance concernant les bals publics* (2).

Paris, le 30 novembre 1830.

N° 1377. — *Ordonnance concernant la police de la rivière et des ports pendant l'hiver et le temps des glaces, grosses eaux et débâcles* (3).

Paris, le 6 décembre 1830.

N° 1378. — *Ordonnance concernant le pastillage, les liqueurs et sucreries coloriées* (4).

Paris, le 10 décembre 1830.

Nous, préfet de police,

Considérant qu'il se fait dans Paris un débit considérable de liqueurs, bonbons, dragées et pastillage coloriés ;

Que, pour colorier ces marchandises, on emploie fréquemment des substances minérales qui sont vénéneuses, et que cette imprudence a donné lieu à des accidents graves ;

Que les mêmes accidents sont résultés de la succion des papiers blancs lissés ou coloriés avec des substances minérales, dans lesquels les sucreries sont enveloppées ou coulées ;

Vu, 1° les rapports des conseils de salubrité;

2° L'ordonnance de police du 10 octobre 1742 ;

3° La loi des 16-24 août 1790, et celle des 19-22 juillet 1791 ,

4° Le Code du 3 brumaire an IV (25 octobre 1795);

5° Les articles 319 et 320 du Code pénal ,

Ordonnons ce qui suit :

1. Il est expressément défendu de se servir d'aucune substance mi-

---

(1) V. les ord. des 29 oct. 1836, 28 oct. 1839 et 1er avril 1843.

(2) V. l'ord. du 31 mai 1833.

(3) V. les ord. des 1er déc. 1838, 5 déc. 1839 et 25 oct. 1840 (art. 203 et suiv.).

(4) Rapportée. — V. l'ord. du 22 sept. 1841.

nérale pour colorier les liqueurs, bonbons, dragées, pastillage et toute espèce de sucreries ou pâtisseries.

On ne devra employer pour colorier les liqueurs, bonbons, etc., que des substances végétales, à l'exception de la gomme gutte et de l'orseille.

2. Il est défendu d'envelopper ou de couler des sucreries dans des papiers blancs lissés ou coloriés avec des substances minérales.

3. Les confiseurs, épiciers ou autres marchands qui vendent des liqueurs, bonbons ou pastillage coloriés, devront les livrer enveloppés dans du papier qui portera des étiquettes indiquant leurs nom, profession et demeure.

4. Les fabricants et marchands seront personnellement responsables des accidents occasionnés par les liqueurs, bonbons et autres sucreries qu'ils auront fabriqués ou vendus.

5. Il sera fait des visites chez les fabricants et détaillants, à l'effet de constater si les dispositions prescrites par la présente ordonnance sont observées.

6. Les contraventions seront poursuivies conformément à la loi, devant les tribunaux compétents.

7. La présente ordonnance sera imprimée, publiée et affichée tant à Paris que dans les communes rurales du département de la Seine et dans celles de Saint-Cloud, Sèvres et Meudon.

Le chef de la police municipale, les commissaires de police, les inspecteurs et le commissaire inspecteur général des halles et marchés sont chargés de son exécution.

Les sous-préfets de Sceaux et de Saint-Denis, les maires et les commissaires de police des communes rurales sont spécialement chargés de veiller à son exécution dans leurs communes respectives.

Le préfet de police, comte TREILHARD.

N° 1379. — *Ordonnance concernant l'exercice de la profession d'afficheurs et de crieurs publics, et les formalités préalables à remplir* (1).

Paris, le 12 décembre 1830.

Nous, préfet de police,

Vu la loi du 10 décembre 1830;

Les dispositions des articles 2 et 11 de l'arrêté du gouvernement du 12 messidor an VIII (1er juillet 1800);

Considérant que, aux termes de la loi précitée qui a prononcé l'abrogation de l'article 290 du Code pénal, les professions d'afficheurs et de crieurs publics sont devenues libres, sauf la déclaration préalable devant l'autorité municipale;

Qu'il importe de préciser les formalités dont l'accomplissement est nécessaire pour assurer l'exécution de cette loi,

Ordonnons ce qui suit :

ARTICLE UNIQUE. Le texte de la loi du 10 décembre 1830, relative à l'exercice des professions de crieurs et d'afficheurs publics, sera imprimé en tête de la présente ordonnance, et publié et affiché dans tout le ressort de la préfecture de police (2).

---

(1) V. les ord. des 4 août 1836 et 8 nov. 1841.

(2) V. cette loi à l'appendice.

Des afficheurs publics.

1. A compter du jour de la publication de la présente ordonnance, la déclaration exigée par l'article 2 de la loi du 10 de ce mois, de tout individu qui voudra exercer la profession d'afficheur public sera reçue à la préfecture de police, bureau des livrets, sur un registre ouvert à cet effet, et sur l'exhibition d'un certificat du commissaire de police de son quartier, attestant la réalité du domicile déclaré.

2. Cette déclaration devra être renouvelée à chaque changement de domicile, en déposant le certificat exigé par l'article précédent.

3. Il sera délivré expédition authentique de cette déclaration à l'afficheur qui devra en être porteur pour l'exhiber à toute réquisition des officiers de police.

4. Conformément aux règlements sur l'imprimerie et aux dispositions de l'article 283 du Code pénal, il est défendu à tout afficheur d'apposer aucun imprimé dans lequel ne se trouverait pas l'indication vraie des nom, profession et demeure de l'auteur ou de l'imprimeur.

5. Continueront à recevoir leur exécution l'article 8 de l'ordonnance de police du 23 août 1830, qui porte que les annonces d'affiches, autres que celles qui ont pour objet la publication des lois et des actes de l'autorité, seront faites sur papier timbré et de couleur;

L'article 9 qui dispose qu'aucun citoyen, aucune réunion de citoyens ne peuvent rien afficher ni faire afficher sous le titre d'arrêté, de délibération ou sous toute autre forme obligatoire et impérative;

L'article 10, statuant qu'il ne pourra être affiché sur les édifices consacrés aux cultes religieux que les annonces relatives aux cérémonies de ces cultes;

Et l'article 11, qui défend également d'appliquer aucune affiche sur les palais appartenant à l'Etat et sur les monuments publics.

Des crieurs publics.

6. La déclaration préalable prescrite par l'article 2 de la loi du 10 décembre 1830, pour l'exercice de la profession de crieur public, devra être faite également à la préfecture de police, au bureau indiqué dans l'article 1 de la présente ordonnance.

Elle sera renouvelée à chaque changement de domicile, et expédition en sera délivrée, ainsi qu'il est énoncé aux articles 2 et 3 ci-dessus, relatifs aux afficheurs.

7. Le dépôt des écrits mentionnés au deuxième paragraphe de l'article 3 de la loi sera fait au commissariat de police du quartier où le crieur est domicilié.

8. Ce dépôt sera constaté par un visa donné à l'instant par les commissaires de police sur un exemplaire semblable à celui déposé.

Le visa portera ces mots : Visé pour valoir dépôt, conformément à la loi du 10 décembre 1830.

9. Tout crieur devra être porteur de l'exemplaire visé pour dépôt préalable, ainsi que de l'expédition de la déclaration de domicile mentionnée en l'article 6 de la présente ordonnance. Il sera tenu d'en justifier à toute réquisition des officiers de police.

10. Tout crieur qui ajoutera un commentaire ou des expressions quelconques aux titres des écrits qu'il colportera sur la voie publique sera traité comme contrevenant aux dispositions de l'article 3 de la loi.

11. Tout crieur qui colporterait des imprimés sans noms d'auteur ou d'imprimeur, sera poursuivi conformément aux articles 283 et suivants du Code pénal.

12. Les crieurs ne pourront publier aucun écrit qu'en circulant sur la voie publique.

13. Les extraits imprimés, conformes au *Moniteur*, sont les seuls affranchis de la formalité du timbre.

Dispositions générales.

14. Toutes les dispositions de l'ordonnance de police du 23 août dernier, relatives aux crieurs, sont et demeurent rapportées.

Toutes infractions aux dispositions de la présente ordonnance seront constatées par des procès-verbaux des commissaires de police et des officiers de paix; les afficheurs et crieurs seront arrêtés sur-le-champ et traduits devant les tribunaux compétents, pour se voir condamnés aux peines prononcées par la loi dudit jour 10 décembre 1830.

La présente ordonnance sera imprimée et affichée dans Paris, dans les communes rurales du département de la Seine et dans celles de Saint-Cloud, Sèvres et Meudon.

Les commissaires de police de la ville de Paris, les maires, adjoints et commissaires de police dans les autres lieux, le chef de la police municipale, les officiers de paix, et les préposés de la préfecture de police sont chargés, chacun en ce qui le concerne, d'en assurer l'exécution.

Le colonel de la garde municipale de la ville de Paris, les commandants de la garde nationale et des autres corps militaires sont requis de leur faire prêter main-forte, au besoin.

Le préfet de police, comte TREILHARD.

N° 1380.—*Ordonnance concernant les mesures d'ordre à observer pendant le procès des ex-ministres, pour la libre circulation des voitures aux abords du palais de la chambre des pairs.*

Paris, le 13 décembre 1830.

Nous, préfet de police,

Vu l'ordonnance de M. le président de la cour des pairs, en date du 30 novembre dernier, portant que les débats du procès suivi devant ladite cour, en vertu de la résolution de la Chambre des députés, du 28 septembre précédent, s'ouvriront le mercredi 15 décembre, à dix heures du matin;

Voulant assurer le maintien de l'ordre et la libre circulation de la voie publique, aux abords du palais de la chambre des pairs, pendant la durée du procès,

Ordonnons ce qui suit :

1. A compter du 15 de ce mois et depuis huit heures du matin jusqu'à sept heures du soir, la circulation des voitures sera interdite dans les rues de Vaugirard, depuis la rue de Madame jusqu'à l'extrémité aboutissant à la rue des Fossés-Monsieur-le-Prince, du Pot-de-Fer, Férou, Servandoni, Garancière, de Tournon, depuis le palais jusqu'à la rue du Petit-Lion, de Condé, de l'Odéon, de Voltaire, Racine et place de l'Odéon.

2. Sont exceptées des dispositions de l'article précédent, les voitures des personnes appelées à siéger ou à prendre part aux débats, celles des membres du corps diplomatique et celles des personnes munies de billets.

3. Les voitures des personnes désignées ci-dessus entreront dans le palais par la cour d'honneur, en face de la rue de Tournon. Elles arriveront par les rues de Seine et de Tournon. Elles sortiront par la cour des Fontaines, et prendront les directions suivantes, savoir :

1° Celles de MM. les ministres, pairs de France, députés et membres du corps diplomatique, qui ne pourraient pas être contenues dans la cour du Luxembourg, suivront les rues Molière et de l'Odéon ou de Crébillon et de Condé, du Petit-Lion et du Petit-Bourbon, et iront stationner place Saint-Sulpice et place et rue Palatine;

2° Celles des autres personnes remonteront les rues de Vaugirard, de Monsieur-le-Prince, d'Enfer, tourneront la grille du Luxembourg et iront stationner dans la rue de l'Ouest, côté du jardin, et dans la rue de Vaugirard, à partir de ladite rue de l'Ouest jusqu'au boulevard, côté des numéros impairs.

4. Le défilé commencera par les voitures stationnant place Saint-Sulpice. Elles seront avancées jusqu'à la porte de la cour d'honneur du Luxembourg, par les rues du Petit-Bourbon et de Tournon.

Le mouvement des voitures stationnées rues de l'Ouest et de Vaugirard ne s'opérera que lorsque celui des voitures des places Saint-Sulpice et Palatine et de la rue Palatine sera terminé.

5. Les voitures de MM. les ministres, pairs, députés et membres du corps diplomatique chargeront dans l'intérieur de la cour d'honneur, sortiront par la cour des Fontaines et suivront les rues Molière, de l'Odéon, des Fossés-Saint-Germain-des-Prés, etc.

Les autres voitures chargeront à la grille du jardin située en face de la rue de Condé, et seront dirigées par cette dernière rue et par celles des Quatre-Vents, Neuve-de-Seine, etc.

6. Le stationnement des voitures de place des rues de Voltaire et Condé est provisoirement supprimé.

Le stationnement des voitures en commun sur la place Saint-Sulpice est également supprimé temporairement sur ce point et reporté, pour les Béarnaises, place de l'Abbaye, et, pour les Omnibus, rue Taranne.

7. Les personnes munies de billets ou de laissez-passer seront seules admises dans le palais de la chambre pendant la tenue des séances.

8. Le public est prévenu que le jardin du Luxembourg sera fermé, à partir du 15 de ce mois.

9. Les contraventions à la présente ordonnance, qui sera publiée et affichée, seront constatées par des procès-verbaux ou rapports qui nous seront adressés, pour y être donné la suite convenable.

10. Les commissaires de police, notamment celui du quartier du Luxembourg, le chef de la police municipale, les officiers de paix, les inspecteurs et préposés de la préfecture de police sont chargés, chacun en ce qui le concerne, d'assurer l'exécution de la présente ordonnance.

Elle sera adressée, dans le même but, à M. le général commandant en chef la garde nationale et à M. le colonel de la garde municipale.

Le préfet de police, *comte* TREILHARD.

N° 1381. — *Ordonnance concernant les attroupements* (1).

Paris, le 20 décembre 1830.

Nous, préfet de police.

Vu l'article 9 du titre XI de la loi des 16-24 août 1790, qui charge les officiers municipaux du maintien de l'ordre public;

Vu l'article 28 du titre II de la loi des 19-22 juillet 1791;

Vu les articles 209 et suivants du Code pénal et les articles 479 et 480 du même Code;

Vu l'article 10 de l'arrêté du gouvernement du 12 messidor an VIII (1er juillet 1800),

Ordonnons ce qui suit :

1. Il est expressément défendu à toutes personnes de former des attroupements ou réunions tumultueuses sur la voie publique, sous quelque prétexte que ce soit.

2. Tout rassemblement formé sur la voie publique sera dissipé sur-le-champ par les officiers de police et, au besoin, par la force publique, après les sommations voulues par la loi.

3. Tous individus faisant partie d'un attroupement ou réunion, qui se rendront coupables de résistance, soit envers les officiers ou agents de la police administrative ou judiciaire, soit envers la force publique, et tous ceux qui provoqueront à la résistance, seront arrêtés immédiatement et poursuivis conformément aux articles 209 et suivants du Code pénal, sans préjudice de plus fortes peines, dans le cas où la résistance serait accompagnée ou suivie d'autres délits, soit contre la chose publique, soit contre les personnes et les propriétés.

4. Tout individu qui, sans appartenir à l'armée ou à la garde nationale, ou sans être muni d'un port d'armes, sera rencontré sur la voie publique porteur d'une arme, sera poursuivi conformément aux lois.

5. Les commissaires de police, le chef de la police municipale, les officiers de paix et agents sous leurs ordres sont chargés, chacun en ce qui le concerne, d'assurer l'exécution de la présente ordonnance.

Les commandants de la force publique sont requis de leur prêter main-forte.

Le préfet de police, comte TREILHARD.

LOUIS-PHILIPPE, roi des Français,

Sur le rapport de notre ministre secrétaire d'État au département de l'intérieur,

Nous avons nommé et nommons M. Baude, sous-secrétaire d'État au ministère de l'intérieur, préfet de police à Paris, en remplacement de M. le comte Treilhard, appelé à d'autres fonctions.

Notre ministre secrétaire d'État au département de l'intérieur est chargé de l'exécution de la présente ordonnance.

Fait à Paris, au Palais-Royal, le 26 décembre 1830.

Signé LOUIS-PHILIPPE.

---

(1) V. les ord. des 18 fév. et 13 juill. 1831.

1831.

N° 1382. — *Ordonnance concernant l'étalonnage et le poinçonnage des poids, mesures et instruments de pesage pour l'exercice 1831.*

Paris, le 8 janvier 1831.

Nous, conseiller d'Etat, préfet de police,

Vu 1° l'article 3 de la loi des 16—24 août 1790;

2° L'article 46 de la loi des 19—22 juillet 1791;

3° La loi du 1er vendémiaire an IV (23 septembre 1795);

4° L'arrêté du gouvernement du 29 prairial an IX (28 juin 1801);

5° Les ordonnances royales des 18 décembre 1825 et 7 juin 1826, concernant la vérification des poids et mesures;

6° Et la circulaire de M. le ministre de l'intérieur en date du 27 décembre 1830,

Ordonnons ce qui suit :

1. A compter du jour de la publication de la présente ordonnance, les poinçons portant l'empreinte d'une fleur de lis et destinés à la marque de vérification première des poids et mesures dans le département de la Seine, et dans les communes de Sèvres, Saint-Cloud et Meudon, du département de Seine-et-Oise, cesseront d'être en usage et seront remplacés par les nouveaux poinçons figurant une couronne fermée.

2. A partir de la même époque, le poinçon à la lettre D, servant de marque de vérification annuelle, sera remplacé par un poinçon portant la lettre E.

3. Les vérificateurs des poids et mesures à Paris, à Sceaux et à Saint-Denis sont chargés de l'exécution de la présente ordonnance, qui sera publiée et affichée.

Le conseiller d'Etat, préfet de police, J.-J. BAUDE.

N° 1383. — *Ordonnance concernant la police de la Bourse.*

Paris, le 12 janvier 1831.

Nous, conseiller d'Etat, préfet de police,

Vu 1° la lettre de la chambre de commerce de Paris, en date du 4 de ce mois, par laquelle elle demande, dans l'intérêt du commerce, que les heures de bourse, pour la négociation des effets publics, soient fixées d'une heure et demie à trois heures et demie, au lieu de deux heures à quatre heures;

2° La décision de M. le ministre secrétaire d'Etat au département des finances, en date du 10 de ce mois;

3° Les articles 2 et 25 de l'arrêté du gouvernement du 1er juillet 1800 (12 messidor an VIII);
4° L'ordonnance de police du 2 novembre 1826;
5° L'ordonnance de police du 6 novembre 1830,

Ordonnons ce qui suit :

1. L'ordonnance de police du 6 novembre 1830 est rapportée.
2. A dater de vendredi prochain, 14 janvier courant, la Bourse tiendra tous les jours, excepté les jours fériés. depuis une heure et demie jusqu'à trois heures et demie de relevée, pour la négociation des effets publics.
Les opérations commerciales continueront d'avoir lieu depuis deux heures jusqu'à cinq de relevée.
3. L'ordonnance de police du 2 novembre 1826 continuera de recevoir son exécution, en tout ce qui n'est pas contraire à la présente ordonnance.
4. Les contraventions seront constatées par des procès-verbaux ou rapports, et poursuivies conformément aux lois et règlements.
5. La présente ordonnance sera imprimée et affichée.
6. Les commissaires de la Bourse et du quartier Feydeau sont spécialement chargés de tenir la main à son exécution.

Le conseiller d'Etat, préfet de police, J.-J. BAUDE.

N° 1384.—*Arrêté concernant la police intérieure des théâtres* (1).

Paris, le 8 février 1831.

Nous, conseiller d'Etat, préfet de police,
Informé que des troubles ont eu lieu récemment dans quelques théâtres de la capitale à l'occasion de refus faits au public de chanter des morceaux de musique étrangers à la représentation des pièces annoncées;
Vu les dispositions de l'arrêté du gouvernement du 11 germinal an IV (31 mars 1796), portant : « On ne pourra jouer ou chanter sur les « théâtres que les pièces ou airs indiqués par les affiches. »
Voulant éviter de nouveaux désordres et assurer l'exécution de cette disposition légale,

Avons arrêté et arrêtons ce qui suit :

1. Aucun spectateur dans les théâtres ne pourra exiger des acteurs des chants ou des couplets de circonstance qui ne seraient pas annoncés sur l'affiche du jour.
2. Il est expressément défendu à tout acteur, même sur la demande du public, de chanter des cantates ou morceaux de musique qui ne feraient pas partie de la représentation du jour.
3. Les officiers de police sont chargés de l'exécution du présent arrêté, qui sera affiché dans l'intérieur des salles de spectacle.

Le conseiller d'Etat, préfet de police, J.-J. BAUDE.

---

(1) V. l'ord. du 12 fév. 1828.

N° 1385. — *Ordonnance concernant les masques* (1).

Paris, le 8 février 1831.

N° 1386. — *Ordonnance concernant les chevaux et autres animaux vicieux ou attaqués de maladies contagieuses* (2).

Paris, le 17 février 1831.

N° 1387. — *Ordonnance concernant les attroupements* (3).

Paris, le 18 février 1831.

Nous, conseiller d'État, préfet de police,

Vu l'article 9 du titre XI de la loi des 16-24 août 1790, qui charge les officiers municipaux du maintien de l'ordre public ;

Vu l'article 28 du titre II de la loi des 19-22 juillet 1791 ;

Vu les articles 209 et suivants du Code pénal ;

Vu l'article 10 de l'arrêté du gouvernement du 12 messidor an VIII (1er juillet 1800), et l'arrêté du 3 brumaire an IX (25 octobre 1800),

Ordonnons ce qui suit :

1. Il est expressément défendu à toutes personnes de former des attroupements ou réunions tumultueuses sur la voie publique, sous quelque prétexte que ce soit.

2. Tout rassemblement formé sur la voie publique sera dissipé sur-le-champ par les officiers de police et au besoin par la force publique, après les sommations voulues par la loi.

3. Tous individus faisant partie d'un attroupement ou réunion, qui se rendront coupables de résistance, soit envers les officiers ou agents de la police administrative ou judiciaire, soit envers la force publique, et tous ceux qui provoqueront à la résistance, seront arrêtés immédiatement et poursuivis conformément aux articles 209 et suivants du Code pénal, sans préjudice de plus fortes peines dans le cas où la résistance serait accompagnée ou suivie d'autres délits, soit contre la chose publique, soit contre les personnes et les propriétés.

4. Toutes les personnes qui, soit individuellement, soit en réunion et par quelques moyens que ce soit, se rendront coupables de destruction ou de dégradation des édifices ou monuments publics, et en général de toutes propriétés mobilières ou immobilières, publiques ou privées, seront punies des peines portées par les articles 434 et suivants du Code pénal.

5. Tout attentat contre les personnes sera poursuivi conformément aux articles 295 et suivants du même Code.

6. La présente ordonnance sera imprimée, publiée et affichée dans Paris et dans les communes rurales du département de la Seine.

Les sous-préfets des arrondissements de Sceaux et de Saint-Denis, les commissaires de police à Paris et dans la banlieue, les maires des

(1) V. l'ord. du 23 fév. 1843.

(2) Rapportée. — V. l'ord. du 31 août 1842.

(3) V. l'ord. du 13 juill. 1831.

communes rurales, le chef de la police municipale à Paris, les officiers de paix, les préposés de la préfecture de police, sont chargés, chacun en ce qui le concerne, de tenir la main à son exécution.

Les commandants de la force armée sont pareillement appelés à en assurer l'exécution.

Le conseiller d'Etat, préfet de police, J.-J. BAUDE.

LOUIS-PHILIPPE, roi des Français,

Sur le rapport de notre ministre secrétaire d'État au département de l'intérieur,

Nous avons ordonné et ordonnons ce qui suit :

M. Vivien, notre procureur général en la cour royale d'Amiens, est nommé préfet de police à Paris, en remplacement de M. Baude, qui reprendra ses fonctions de conseiller d'État en service ordinaire.

Notre ministre secrétaire d'État de l'intérieur est chargé de l'exécution de la présente ordonnance.

Donné à Paris, le 21 février 1831.

Signé LOUIS-PHILIPPE.

N° **1388**. — *Ordonnance concernant la prohibition de la chasse* (1).

Paris, le 28 février 1831.

N° **1389**. — *Ordonnance concernant le stationnement des cultivateurs et marchands de gros légumes, pendant la continuation des travaux de construction de l'égout des rues de la Ferronnerie et Saint-Honoré* (2).

Paris, le 4 mars 1831.

Nous, préfet de police,

Considérant que la reprise des travaux de construction d'un égout dans les rues de la Ferronnerie et Saint-Honoré exige de nouveau que ces rues et celles adjacentes soient débarrassées de la vente des gros légumes qui s'y fait tous les jours ;

Vu 1° l'ordonnance de police du 8 octobre 1825, concernant la vente de fruits et légumes aux halles du centre ;

---

(1) V. l'ord. du 23 fév. 1843.

(2) V. l'ord. du 20 nov. 1830.

2° L'ordonnance de police du 20 novembre 1830;
3° L'arrêté du gouvernement du 1er juillet 1800 (12 messidor an VIII),
Ordonnons ce qui suit :

1. Les cultivateurs, marchands de gros légumes et autres qui stationnent dans les rues de la Ferronnerie et Saint-Honoré jusqu'à celle du Roule et autres rues adjacentes, occuperont immédiatement et jusqu'à nouvel ordre la place du Châtelet, et au besoin le Pont-au-Change.

2. Il est expressément défendu aux cultivateurs et autres de rester aux places qu'ils occupent en ce moment, lors même que ces places ne se trouveraient point sur la partie de la voie publique où les travaux seront exécutés. Ils doivent se rendre tous, sans exception, sur la place du Châtelet. Ceux d'entre eux qui s'y refuseraient y seront contraints par toutes les voies de droit.

3. Les commissaires de police des quartiers des Marchés, du Louvre et des Arcis, et l'inspecteur général des halles et marchés disposeront ces marchands forains de manière à ce que la liberté et la sûreté de la circulation ne soient point compromises.

4. Les cultivateurs et autres devront continuer à se conformer en tous points aux dispositions de l'ordonnance de police du 31 octobre 1825 précitée, et se retirer à huit heures précises du matin.

Ils ne pourront faire entrer, circuler et faire stationner leurs voitures dans Paris avant onze heures du soir, ainsi que le prescrit l'article 1er de l'ordonnance de police du 21 septembre 1829.

5. Les voitures des approvisionneurs, qui étaient gardées le matin sur la place du Châtelet et le Pont-au-Change, stationneront sur le quai de Gèvres, dans l'espace qui existe entre les bornes qui bordent la chaussée et le trottoir de ce quai.

6. Les contraventions seront constatées par des procès-verbaux ou rapports qui nous seront adressés, et poursuivies conformément aux lois et règlements.

7. La présente ordonnance sera imprimée et affichée.

Les commissaires de police des quartiers des Marchés, du Louvre, des Arcis et Saint-Honoré, le chef de la police municipale, l'inspecteur général et les inspecteurs généraux adjoints des halles et marchés et les préposés sous leurs ordres sont chargés de tenir la main à l'exécution de la présente ordonnance.

Elle sera adressée à M. le colonel commandant la garde municipale de Paris, pour qu'il en assure l'exécution par tous les moyens qui sont à sa disposition.

Le préfet de police, VIVIEN.

N° 1390. — *Ordonnance concernant l'échenillage* (1).

Paris, le 20 mars 1831.

N° 1391. — *Ordonnance concernant les cabriolets bourgeois* (2).

Paris, le 21 mars 1831.

Nous, préfet de police,
Vu la loi des 16-24 août 1790;

---

(1) V. l'arrêté du 1er mars 1837.

(2) Rapportée. — V. l'ord. du 20 avril 1843.

Les articles 2, 22 et 32 de l'arrêté du gouvernement du 12 messidor an VIII (1er juillet 1800), et l'article 1er de l'arrêté du 3 brumaire an IX (25 octobre 1800);

Les articles 471, 474 et 484 du Code pénal;

L'ordonnance de police du 16 juillet 1823;

Considérant que, depuis plusieurs années, un grand nombre de cabriolets bourgeois ont été vendus ou ont cessé de rouler sans qu'il en ait été fait la déclaration à la préfecture de police, et que les propriétaires négligent aussi de remplir la même formalité lorsqu'ils changent de domicile;

Qu'il résulte de cette inexécution des règlements que des délits ou contraventions commis sur la voie publique demeurent impunis par l'impossibilité d'en découvrir les auteurs;

Que, dans l'intérêt de la sûreté publique et des particuliers qui sont victimes d'accidents, il importe de mettre un terme à cet état de choses,

Ordonnons ce qui suit :

1. Il sera procédé à un nouveau numérotage de tous les cabriolets bourgeois circulant dans Paris.

A cet effet, dans le délai de deux mois, à compter du jour de la publication de la présente ordonnance, toute personne domiciliée dans le département de la Seine et dans les communes de Meudon, Sèvres et Saint-Cloud, qui sera propriétaire d'un cabriolet pour son usage particulier, devra en faire la déclaration à la préfecture de police.

2. Il sera délivré, aux personnes qui feront la déclaration prescrite par l'article précédent, des numéros qui devront être apposés sur le panneau de derrière et sur les deux panneaux de côté du cabriolet et non ailleurs.

Ces numéros seront en chiffres arabes rouges, de cinq centimètres et demi (deux pouces) de hauteur.

3. Pendant la nuit, les cabriolets bourgeois seront garnis de deux lanternes adaptées à chaque côté de la caisse et allumées à la chute du jour.

4. Aucune personne conduisant un cabriolet ne pourra mener son cheval qu'au petit trot dans les rues de Paris, et qu'au pas dans les marchés ainsi que dans les rues étroites où deux voitures ne peuvent passer de front.

Aucun cabriolet ne devra être conduit par des femmes ou par des enfants au-dessous de seize ans.

5. Il est défendu aux propriétaires de cabriolets bourgeois de les employer à aucun service public sans avoir rempli préalablement les formalités prescrites par les règlements.

6. En cas de changement de domicile, de vente, ou de cessation de roulage, les propriétaires de cabriolets bourgeois seront tenus d'en faire préalablement la déclaration à la préfecture de police.

7. Toute personne, non domiciliée dans le département de la Seine et dans les communes de Meudon, Sèvres et Saint-Cloud, et arrêtée pour contravention aux articles 1, 2 et 3 de la présente ordonnance, ne pourra éviter l'application de l'article suivant qu'en justifiant de son domicile.

8. Les contraventions aux dispositions qui précèdent seront constatées soit par des procès-verbaux, soit par des rapports qui nous seront transmis pour être déférés aux tribunaux compétents.

9. Tous les règlements antérieurs à la présente ordonnance et relatifs aux cabriolets bourgeois sont abrogés.

10. La présente ordonnance sera imprimée et affichée.

Les sous-préfets des arrondissements de Saint-Denis et de Sceaux, les maires des communes rurales du ressort de la préfecture de police, le chef de la police municipale, les commissaires de police, l'inspecteur en chef du service des voitures, les officiers de paix et les agents placés sous leurs ordres sont chargés de tenir la main à son exécution.

Elle sera adressée à M. le colonel commandant la garde municipale de Paris et à M. le commandant de la gendarmerie du département de la Seine.

Le préfet de police, VIVIEN.

N° 1392. — *Ordonnance concernant l'ouverture et la police du marché Popincourt.*

Paris, le 21 mars 1831.

Nous, préfet de police,

Vu 1° l'ordonnance du roi du 9 septembre 1829, qui autorise l'établissement d'un marché sur l'emplacement de l'ancienne voirie de Ménilmontant;

2° La lettre à nous adressée par M. le préfet de la Seine, annonçant que ce marché peut être ouvert au commerce et aux consommateurs;

3° Les articles 32 et 33 de l'arrêté du gouvernement du 12 messidor an VIII (1er juillet 1800),

Ordonnons ce qui suit :

1. Le marché Popincourt sera ouvert le 31 mars prochain.

Il tiendra, tous les jours, depuis le lever jusqu'au coucher du soleil.

L'ouverture et la fermeture seront annoncées au son d'une cloche.

2. Ce marché sera destiné à la vente en détail des comestibles et autres objets servant aux usages domestiques.

Cependant ce marché pourra être fréquenté par les marchands forains et les détaillants quelconques sans distinction d'état.

Le concessionnaire pourra aussi placer des marchands forains plusieurs fois par semaine sur les trottoirs du marché, excepté sur ceux de la façade principale, et percevoir de ces marchands un droit de location pour lequel il traitera de gré à gré avec eux.

3. Il est défendu d'étaler des marchandises dans les passages réservés pour la circulation du public.

4. Le concessionnaire est chargé du balayage et du nettoiement du marché, et du salaire du gardien de nuit qui y sera établi : mais pour ces deux dépenses spéciales de nettoiement et de garde, il est autorisé à prélever de gré à gré un droit additionnel sur le prix des places dont le tarif est établi par l'article 5.

Le concessionnaire devra d'ailleurs se conformer aux règlements faits et à faire sur les marchés relativement à leur police.

5. Les taxes à percevoir dans le marché et ses dépendances, en vertu de la jouissance accordée au propriétaire actuel de cet établissement, ne pourront en aucun cas excéder le tarif ci-après, savoir :

Trente centimes par jour et par place de deux mètres vingt-cinq centimètres de surface, et dix centimes pour droit de resserre et par nuit.

6. Il est défendu, 1° d'allumer des feux et fourneaux dans le marché, sous quelque prétexte que ce soit; 2° d'y faire usage de pots à feu, s'ils ne sont en métal, couverts d'un grillage en métal à mailles serrées; 3° d'y employer des chandelles allumées, si elles ne sont placées dans des lanternes closes; 4° d'y fumer, même avec des pipes couvertes.

7. Les contraventions seront constatées par des procès-verbaux ou rapports qui nous seront adressés, et poursuivies conformément aux lois et règlements.

8. La présente ordonnance sera imprimée et affichée.

Ampliation en sera adressée à M. le préfet de la Seine.

Le commissaire de police du quartier Popincourt, le chef de la police municipale, les officiers de paix, le commissaire inspecteur général et les inspecteurs généraux adjoints des halles et marchés, et les préposés de la préfecture de police sont chargés de tenir la main à son exécution.

Le préfet de police, VIVIEN.

N° 1393. — *Arrêté relatif à la mise en fourrière des animaux saisis ou abandonnés sur la voie publique* (1).

Paris, le 25 mars 1831.

Nous, préfet de police,

Vu 1° l'arrêté du 17 mars 1818, relatif à la mise en fourrière des animaux et voitures saisis ou abandonnés sur la voie publique;

2° L'ordonnance de police du 17 février dernier, concernant les chevaux et autres animaux vicieux ou attaqués de maladies contagieuses,

Ordonnons ce qui suit :

1. Les animaux et voitures saisis ou abandonnés sur la voie publique, dans le ressort de la préfecture de police, continueront d'être conduits et déposés à la fourrière, établie rue Guénégaud, n° 31, quartier de la Monnaie.

2. Le service de la fourrière sera fait par le gardien attaché à cet établissement, sous la direction et la surveillance de l'inspecteur en chef du service des voitures.

3. Jusqu'à nouvel ordre, les frais de nourriture et de garde, à la fourrière, sont fixés par jour, savoir :

	fr.	c.
Pour un cheval	2	50
Pour un mulet	2	»
Pour un âne	1	10
Pour un bœuf ou une vache	1	25
Pour une chèvre ou un mouton	»	60
Pour un porc	2	»
Pour la garde d'une voiture quelconque	»	25

4. La ration des animaux, pour vingt-quatre heures de séjour, est fixée ainsi qu'il suit :

Pour un cheval.

Douze litres d'avoine (un boisseau, ancienne mesure);
Une botte de foin;
Deux bottes de paille.

Pour un mulet.

Un décalitre d'avoine;
Une botte de foin;
Une botte de paille.

---

(1) V. les arr. des 14 mai et 20 déc. 1832 et 28 fév. 1839.

Pour un âne.

Une demi-botte de luzerne ;
Une botte de paille ;
Un décalitre de son.

Pour un bœuf ou une vache.

Douze litres de son ;
Une botte de luzerne.

Pour une chèvre ou un mouton.

Six litres de son ,
Une demi-botte de luzerne.

Pour un porc.

Cinq décalitres de son.

5. Le gardien de la fourrière sera tenu de diviser la ration des chevaux et de la donner aux heures ci-après, savoir :

A six heures du matin.

Quatre litres d'avoine ;
Un tiers de botte de foin ;
Une demi-botte de paille.

A une heure après midi.

Quatre litres d'avoine ;
Une demi-botte de paille.

A sept heures du soir.

Quatre litres d'avoine ;
Les deux tiers restant de la botte de foin ;
Une botte de paille.

Pour les autres animaux, la ration sera divisée en deux portions égales. A neuf heures du matin , il en sera donné la moitié, et, à sept heures de relevée, l'autre moitié.

6. Les animaux saisis ou abandonnés, déposés à la fourrière, seront visités dans les vingt-quatre heures par l'inspecteur en chef du service des voitures de place, qui se fera assister par l'expert vétérinaire de la préfecture de police.

7. L'inspecteur en chef nous rendra compte chaque jour du résultat de la visite.

Il indiquera dans son rapport :

1° Le nombre et l'espèce des animaux ;
2° Leur valeur approximative ;
3° Leur signalement ;
4° La description des harnais, voitures et autres objets ;
5° Les jour et heure de la mise en fourrière ;
6° Par qui ils ont été envoyés ;
7° Le montant des frais de garde et de nourriture.

8. L'inspecteur en chef s'assurera si les animaux sont nourris et soignés convenablement.

Il veillera à ce que les harnais et autres objets déposés ne puissent se détériorer.

9. Il constatera, tous les quinze jours au moins, la qualité des fourrages ; il sera accompagné, à cet effet, de l'inspecteur général des halles et marchés.

10. Dans aucun cas, les animaux atteints ou même soupçonnés

d'être atteints de maladies contagieuses ne pourront être déposés à la fourrière pour y séjourner.

L'inspecteur en chef les fera conduire immédiatement au local à ce affecté.

11. Les animaux et autres objets déposés ne seront rendus qu'en vertu d'une autorisation soit des fonctionnaires qui les auront envoyés en fourrière, soit du chef de la troisième division de notre préfecture, ou du chef du troisième bureau de la même division.

Cependant, en cas d'urgence ou bien après la fermeture des bureaux, l'inspecteur en chef pourra remettre, s'il y a lieu et sur sa responsabilité personnelle, les objets et animaux déposés, à la charge de rendre compte dans le plus court délai.

Les frais de garde et de nourriture seront préalablement acquittés par le propriétaire.

12. Lorsque les animaux et effets déposés ne seront pas réclamés dans la huitaine, ils seront vendus à l'enchère sur un marché, et le produit de la vente sera versé dans la caisse de la préfecture de police, à la conservation des droits de qui il appartiendra.

L'inspecteur en chef provoquera la vente des animaux, harnais et autres objets pour empêcher leur dépérissement et éviter que les frais de garde et de nourriture n'excèdent leur valeur.

13. Dans aucune circonstance, et sous quelque prétexte que ce soit, il ne sera payé d'indemnité aux inspecteurs ou agents qui amèneront une voiture ou un cheval en fourrière.

Dans le cas où ces inspecteurs ou ces agents se trouveraient dans l'obligation de faire amener à la fourrière les voitures ou les chevaux trouvés par eux en contravention, l'homme de peine ou le commissionnaire qu'ils emploieront à cet effet recevra une rétribution, invariablement fixée à un franc cinquante centimes pour toute espèce de voitures.

Le gardien de la fourrière avancera, de ses deniers, ladite rétribution qui lui sera remboursée lors du payement de son mémoire.

14. Le présent arrêté sera imprimé et affiché à la fourrière.

Il sera adressé aux sous-préfets des arrondissements de Saint-Denis et de Sceaux, aux maires des communes rurales du ressort de la préfecture de police, aux commissaires de police, au chef de la police municipale, à l'inspecteur en chef du service des voitures, aux chefs des divers services extérieurs et à l'expert vétérinaire, qui sont chargés d'en assurer l'exécution.

Il en sera transmis des exemplaires à M. le procureur du roi près le tribunal de première instance du département de la Seine, à M. le président du tribunal du commerce, et à M. le commissaire de police remplissant les fonctions du ministère public près le tribunal de police municipale.

Le préfet de police, VIVIEN.

N° **1394**. — *Ordonnance concernant les mesures à observer à l'occasion de la revue du roi au Champ de Mars* (1).

Paris, le 26 mars 1831.

---

(1) V. l'ord. du 13 mai 1831.

N° 1395. — *Ordonnance concernant le stationnement des cultivateurs, des marchands de gros légumes et des maraîchers, sur la place du Châtelet et le quai de Gèvres* (1).

Paris, le 28 mars 1831.

Nous, préfet de police,

Considérant que le stationnement journalier des cultivateurs, des marchands de gros légumes et des maraîchers embarrasse la circulation dans les rues de la Ferronnerie, Saint-Honoré, de la Lingerie, du Marché-aux-Poirées et autres ;

Que ce stationnement occasionne des accidents dont il importe de prévenir le retour ;

Qu'il nuit d'ailleurs à la salubrité de ce quartier et aux établissements de commerce dont l'entrée est obstruée par l'étalage des denrées, et enfin que cet état de choses donne lieu aux plus vives réclamations ;

Vu 1° l'ordonnance de police du 31 octobre 1825, relative à la police des marchés aux fruits et légumes ;

2° L'ordonnance du 21 septembre 1829 ;

3° L'ordonnance du 20 novembre 1830 ;

4° L'ordonnance du 4 mars 1831 ;

5° La loi des 16—24 août 1790, titre XI, article 3, § 1er ;

6° L'article 46, titres I et II de la loi des 19-22 juillet 1791 ;

7° Les articles, 1, 22 et 33 de l'arrêté du 1er juillet 1800 (12 messidor an VIII) ;

8° L'article 471, § 4, du Code Pénal,

Ordonnons ce qui suit :

1. L'occupation provisoire de la place du Châtelet par les cultivateurs et marchands de gros légumes est et demeure définitive.

2. Les maraîchers qui stationnent dans les rues Saint-Honoré, de la Lingerie, du Marché-aux-Poirées et autres occuperont immédiatement le quai de Gèvres. Ils seront placés dans l'espace existant entre les bornes qui bordent la chaussée et le trottoir de ce quai, et au besoin au bas des trottoirs du Pont-au-Change vers sa culée.

3. La vente en gros des légumes, des herbages et produits du jardinage continuera d'avoir lieu tous les jours.

L'ouverture et la fermeture du marché seront annoncées au son de la cloche.

4. Il est défendu aux cultivateurs, marchands de gros légumes et maraîchers de faire entrer, circuler et stationner leurs voitures dans Paris avant onze heures du soir.

Ils devront se retirer à sept heures du matin, du 1er avril au 1er octobre, et à huit heures, du 1er octobre au 1er avril.

5. Il est expressément défendu à ces approvisionneurs de stationner ailleurs que sur les emplacements désignés par les articles 1 et 2.

Ils ne pourront, sous quelque prétexte que ce soit, occuper leurs anciennes places lorsque les travaux de l'égout en construction seront terminés.

Ceux qui s'y rendraient en seront expulsés.

6. Les charrettes qui stationnaient sur le quai de Gèvres seront placées sur le Pont-au-Change, le quai de la Vallée, sur la partie disponible du quai du Marché-Neuf et sur la place Saint-André-des-Arcs.

7. Les dispositions des précédentes ordonnances, et notamment de

---

(1) V. les ord. des 5 avril 1831 et 28 juin 1833.

celle du 31 octobre 1825, qui ne sont pas contraires à la présente, continueront d'être exécutées.

8. Les contraventions seront constatées par des procès-verbaux ou rapports qui nous seront adressés, et seront poursuivies conformément aux lois et règlements.

9. La présente ordonnance sera imprimée et affichée.

Les commissaires de police, et notamment ceux des quartiers des Marchés du Louvre, des Arcis, Saint-Honoré, de l'École-de-Médecine et de la Cité, le chef de la police municipale, l'inspecteur général et les inspecteurs généraux adjoints des halles et marchés et les préposés sous leurs ordres sont chargés de tenir la main à la présente ordonnance.

Elle sera adressée à M. le colonel commandant la garde municipale de Paris, pour qu'il en assure l'exécution par tous les moyens qui sont à sa disposition.

Le préfet de police, VIVIEN.

N° 1396. — *Ordonnance concernant les mesures d'ordre à suivre lors du défilé des voitures qui iront à Longchamp* (1).

Paris, le 29 mars 1831.

N° 1397. — *Ordonnance concernant les ouvriers* (2).

Paris, le 1er avril 1831.

Nous, conseiller d'Etat, préfet de police,

Considérant que, jusqu'à présent, les règlements et ordonnances concernant les ouvriers n'ont reçu qu'une exécution incomplète, et qu'il en est résulté des abus également nuisibles aux intérêts des maîtres et à ceux des ouvriers;

Vu la loi des 16—24 août 1790, titre XI, article 3, § 2, et article 5;

Les articles 12 et 13 de la loi du 22 germinal an XI (12 avril 1803);

L'arrêté du gouvernement du 9 frimaire an XII (1er décembre 1803);

Notre arrêté du 6 décembre 1828,

Ordonnons ce qui suit :

1. Tout ouvrier, de quelque état qu'il soit, qui viendra travailler dans le ressort de la préfecture de police est tenu, indépendamment des formalités exigées par les lois et règlements concernant les passeports, de se présenter, dans les trois jours de son arrivée, à la préfecture de police, bureau des passe-ports (section des livrets), et dans les communes rurales, devant le maire ou l'adjoint, à l'effet d'obtenir un livret ou de faire viser celui dont il serait porteur. Ce visa n'aura lieu qu'autant que le livret sera revêtu du congé d'acquit du dernier maître pour lequel l'ouvrier aura travaillé. (*Arrêté du gouv. du 9 frim. an XII.*)

L'ouvrier étranger à la ville de Paris, et n'ayant pas de livret, s'en procurera un sur un certificat du commissaire de police, délivré sur

---

(1) V. l'ord. du 10 avril 1843.

(2) V. l'ord. du 30 déc. 1834.

l'attestation de deux témoins qui constateront son identité et sa position.

2. Le livret portera en tête le timbre de la préfecture de police, les nom et prénoms de l'ouvrier, son âge, le lieu de sa naissance, son signalement, la désignation de sa profession et le nom du maître chez lequel il travaillera au moment où le livret lui sera accordé.

3. Il sera payé par chaque ouvrier la somme de vingt-cinq centimes, prix du coût de son livret.

Le livret sur papier libre sera coté et parafé sans frais.

4. Tout ouvrier qui désirera voyager sera tenu de faire viser son dernier congé, à Paris, à la préfecture de police, bureau des passe-ports, section des livrets; et dans les communes rurales, par le maire ou l'adjoint.

Les permis délivrés par les maires ou adjoints seront immédiatement visés à la préfecture de police.

5. Tout ouvrier voyageant sans être muni d'un livret ainsi visé pourra être réputé vagabond, et être arrêté et puni comme tel, à moins qu'il ne soit porteur d'un passe-port ou d'autres papiers de sûreté réguliers, ou qu'il ne justifie de l'une des exceptions portées par l'article 270 du Code pénal.

6. Tout manufacturier, fabricant, entrepreneur (ou toute autre personne), sera tenu, avant de recevoir un ouvrier ou garçon, de se faire remettre son livret. Il aura soin d'y inscrire le jour de son entrée et de le faire viser dans les vingt-quatre heures par le commissaire de police de son quartier, par le maire ou l'adjoint dans les communes rurales, ou le commissaire de police, qui adresseront aussi dans les vingt-quatre heures, à la préfecture de police, bureau des passe-ports, un extrait de chacun des visa qu'ils auront apposés la veille. (*Arrêté du gouv. du* 9 *frim. an* XII.)

7. Tout ouvrier sortant d'une manufacture, d'une fabrique, d'un atelier ou d'une boutique, après avoir rempli ses engagements, sera tenu de faire viser sa sortie à la préfecture de police, bureau des passe-ports, section des livrets.

8. Tout entrepreneur, manufacturier et généralement toutes personnes employant des ouvriers ou garçons, et qui n'auraient pas rempli les formalités ci-dessus énoncées, qui sont déjà motivées par de précédentes ordonnances, s'y conformeront dans le délai de deux mois de la publication de la présente ordonnance.

9. A compter du jour de la publication de la présente ordonnance, les commissaires de police et les maires des communes rurales refuseront tous certificats aux ouvriers ou garçons, s'ils ne sont munis d'un livret en bonne forme.

10. Il est défendu à tout maître d'admettre un ouvrier, même pourvu de livret, si ce livret n'est pas revêtu d'un congé d'acquit du maître d'où il sort. (*Loi du* 22 *germ. an* XI.)

11. La disposition portée à l'article précédent est applicable aux maîtres, même d'une autre profession que celle qu'aurait exercée l'ouvrier jusque-là.

12. Les contrats d'apprentissage devront être enregistrés à la préfecture de police, bureau des passe-ports, section des livrets, pour y avoir recours.

13. En sortant d'apprentissage, l'ouvrier sera tenu de se pourvoir d'un livret sur lequel il sera fait mention de son congé d'acquit.

14. Les contraventions aux articles précédents seront constatées par des procès-verbaux ou rapports, et les contrevenants poursuivis devant le tribunal de police, conformément à la loi des 16—24 août 1790, sans préjudice des dommages et intérêts dont pourraient s'être rendus passibles, aux termes des lois existantes, les personnes qui emploieraient des ouvriers dont les livrets ne contiendraient pas les certificats d'acquit de leurs derniers maîtres.

15. Les articles 415 et 416 du Code pénal concernant les coalitions d'ouvriers seront imprimés à la suite de la présente ordonnance.

16. La présente ordonnance sera imprimée, publiée et affichée.

Les sous-préfets des arrondissements de Saint-Denis et de Sceaux, les maires et adjoints des communes rurales du ressort de la préfecture de police, les commissaires de police à Paris, ceux de la banlieue, le chef de la police municipale et les préposés de la préfecture de police sont chargés, chacun en ce qui le concerne, de tenir la main à son exécution.

Le préfet de police, VIVIEN.

N° 1398. — *Ordonnance concernant la vente des gros légumes et herbages* (1).

Paris, le 5 avril 1831.

Nous, préfet de police,

Vu les réclamations faites par un grand nombre de marchands établis dans les rues de la Ferronnerie, Saint-Honoré, Saint-Denis et autres, voisines des halles, relativement au préjudice qu'ils éprouveraient de l'exécution immédiate de notre ordonnance du 28 mars dernier, concernant le déplacement du marché aux gros légumes et son transport à la place du Châtelet;

Considérant que plusieurs des réclamants ont formé des établissements, fait des baux et contracté des engagements, à raison du voisinage du marché aux légumes; que l'exécution immédiate et non prévue de l'ordonnance du 28 mars dernier pourrait porter une atteinte grave à leurs intérêts, et qu'il est juste de leur accorder un délai, ainsi qu'ils le demandent, pour qu'ils puissent préparer les dispositions que le déplacement du marché pourra leur commander;

Considérant, d'ailleurs, que d'autres habitants du même quartier, non moins nombreux, réclament l'éloignement d'un marché qui nuit à leur commerce particulier et entrave leur industrie; que la sûreté et la liberté de la circulation sont également intéressées à ce que ce marché soit transporté sur la place du Châtelet, conformément à notre ordonnance du 28 mars dernier;

Voulant, autant que faire se peut, satisfaire à des intérêts aussi opposés, sans priver longtemps le public des avantages qu'il était dans notre intention de lui assurer,

Ordonnons ce qui suit :

1. L'exécution de notre ordonnance du 28 mars dernier est ajournée jusqu'au 1er avril 1832.

En conséquence, lorsque les travaux de l'égout de la rue Saint-Honoré seront terminés, les cultivateurs et marchands de gros légumes reprendront, jusqu'à l'époque ci-dessus fixée, les places qu'ils occupaient dans les rues de la Ferronnerie, Saint-Honoré et autres.

2. Les précédentes ordonnances, et notamment celle du 31 octobre 1825, concernant la police des marchés aux fruits et légumes continueront d'être exécutées.

3. Les contraventions seront constatées par des procès-verbaux ou rapports qui nous seront adressés, et seront poursuivies conformément aux lois et règlements.

---

(1) V. l'ord. du 28 juin 1833.

4. La présente ordonnance sera imprimée et affichée.

Les commissaires de police, et notamment ceux des Marchés, du Louvre, des Arcis, Saint-Honoré, de l'Ecole-de-Médecine et de la Cité, le chef de la police municipale, l'inspecteur général et les inspecteurs généraux adjoints des halles et marchés et les préposés sous leurs ordres sont chargés de tenir la main à son exécution.

Elle sera adressée à M. le colonel commandant la garde municipale de Paris, pour en assurer également l'exécution par tous les moyens qui sont à sa disposition.

Le préfet de police, VIVIEN.

N° 1399. — *Ordonnance concernant les crieurs publics d'écrits imprimés* (1).

Paris, le 9 avril 1831.

Nous, préfet de police,

Ayant reconnu que, pour assurer l'application uniforme des dispositions de la loi du 10 décembre 1830, relatives aux crieurs publics, il convenait d'en centraliser l'exécution, et étant informé que des écrits imprimés de toute espèce sont annoncés autrement que par leur titre et distribués sans être revêtus du timbre;

Vu ladite loi et l'ordonnance de police du 12 décembre 1830 rendue pour son exécution;

Vu la décision de M. le ministre des finances, de laquelle il résulte que les nouvelles extraites du *Moniteur* et criées sur la voie publique ne sont pas exemptées du droit de timbre;

Vu enfin l'arrêté du gouvernement du 12 messidor an VIII (1er juillet 1800),

Avons ordonné ce qui suit :

1. A compter de ce jour, la remise des exemplaires des écrits énoncés au deuxième paragraphe de l'article 3 de la loi du 10 décembre 1830 aura exclusivement lieu dans les commissariats de police ci-après,

Savoir :

Quartier du faubourg Saint-Germain, rue du Bac, n° 38;
Quartier de l'Observatoire, rue Saint-Jacques, n° 244;
Quartier de l'Hôtel-de-Ville, rue du Martroy, n° 16;
Et quartier de la Porte-Saint-Denis, rue Neuve-Saint-Denis, n° 5.

2. Les commissaires de police désignés en l'article précédent recevront le dépôt de tout exemplaire d'imprimé qui leur sera remis par des crieurs; leurs bureaux seront ouverts à cet effet, tous les jours, depuis 9 heures du matin jusqu'à 2 heures après midi.

3. Les crieurs qui feront le dépôt devront justifier de la déclaration faite par eux pour exercer cette profession, conformément à l'article 6 de l'ordonnance de police du 12 décembre 1830; ils feront mention de leur domicile et apposeront leur signature sur l'exemplaire déposé; le dépôt ne sera pas reçu sans l'accomplissement de ces formalités.

4. Le dépôt sera constaté par les commissaires de police sur un des exemplaires qui resteront entre les mains des crieurs, dans les termes suivants : Reçu exemplaire.

5. Des affiches placées dans l'intérieur du bureau des commissaires de police avertiront les crieurs que le reçu qui leur sera donné a seu-

---

(1) V. les ord. des 29 juin, 27 déc. et 19 oct. 1833, 22 fév. 1834 et 19 oct. 1839.

lement pour objet de constater qu'ils ont opéré le dépôt prescrit par la loi, qu'il ne peut être considéré comme approbation de l'écrit en lui-même, ou comme dispense du timbre, et qu'il n'empêchera point la saisie des imprimés qui contiendront une contravention aux lois.

6. Conformément aux lois des 9 vendémiaire an VI (30 septembre 1797), 6 prairial an VII (25 mai 1799) et 28 avril 1816, défense expresse est faite à tout crieur de vendre, distribuer, crier et colporter, sur la voie publique, des journaux, gazettes, feuilles périodiques, papiers nouvelles et annonces qui n'auraient point été soumis à la formalité du timbre, sous peine de saisie des exemplaires, de cent francs d'amende, et, selon les circonstances, de trois jours d'emprisonnement, sans préjudice de la solidarité prononcée contre les imprimeurs.

7. Sont seuls exceptés de la formalité du timbre et peuvent être vendus, distribués et criés sans y être soumis :

1° Les lois et ordonnances du roi ;

2° Les ordonnances de police, jugements et arrêts, et les autres actes des autorités constituées, lorsqu'ils seront publiés conformément au texte;

Et 3° les prospectus et catalogues de librairie, et les annonces d'objets relatifs aux sciences et aux arts dont s'occupe l'Institut. (*Loi des 25 mars* 1817 *et* 15 *mai* 1818.)

Cette exemption cessera d'exister si des articles étrangers aux matières affranchies du timbre étaient contenues dans la même feuille.

8. Les crieurs ne pourront annoncer les écrits qu'ils distribueront autrement que par leur titre; les extraits de journaux ne pourront être criés que comme extraits, avec le titre du journal, sans qu'il soit permis, en aucun cas, de lire ou débiter les sommaires des matières qui y seront contenues.

Tout crieur qui contreviendra à cette défense sera immédiatement arrêté et poursuivi correctionnellement, conformément aux articles 3 et 7 de la loi du 10 décembre 1830.

9. La présente ordonnance sera imprimée et affichée dans Paris et dans le ressort de la préfecture de police.

Les commissaires de police, le chef de la police municipale, les officiers de paix et les préposés de la préfecture de police sont chargés, chacun en ce qui le concerne, d'en assurer l'exécution, de rédiger procès-verbal de toutes les contraventions, d'opérer la saisie des imprimés contraires aux lois, et d'arrêter les crieurs qui se rendraient coupables des délits prévus par la loi du 10 décembre 1830, pour les faire traduire devant les tribunaux compétents.

Le colonel de la garde municipale de la ville de Paris, les commandants de la garde nationale et des autres corps militaires sont requis de leur prêter main-forte au besoin.

Le préfet de police, VIVIEN.

N° 1400. — *Ordonnance concernant la vérification périodique des poids et mesures* (1).

Paris, le 12 avril 1831.

---

(1) V. les ord. des 23 nov. 1842 et 1er déc. 1843.

N° 1401. — *Ordonnance concernant les mesures d'ordre à observer à l'occasion de la Saint-Philippe, fête du roi* (1).

Paris, le 28 avril 1831.

Nous, préfet de police,

Vu la lettre à nous adressée par M. le préfet du département de la Seine,

Et le programme approuvé par M. le ministre du commerce, énonçant les divertissements publics qui auront lieu dans la ville de Paris, le dimanche 1er mai prochain, pour la célébration de la Saint-Philippe, fête du roi,

Ordonnons ce qui suit :

1. Dans la journée du 1er mai prochain, la circulation et le stationnement des voitures seront interdits depuis midi jusqu'à 9 heures du soir, savoir :

1° Dans la grande avenue des Champs-Elysées et dans toutes celles qui y aboutissent ;

2° Sur la place de la barrière du Trône ;

3° Sur toutes les avenues qui conduisent à cette place ;

4° Et dans la rue du Faubourg-Saint-Antoine, en descendant jusqu'au débouché de la rue de Montreuil, exclusivement.

Sont seules exceptées de cette prohibition les voitures des ambassadeurs, des ministres et celles de la maison du roi qui se rendraient au Palais-Royal.

2. Pendant la journée du 1er mai, les voitures qui arriveront à Paris par la route de Vincennes seront dirigées, à compter de l'heure de midi, sur les barrières de Montreuil et de Saint-Mandé.

Le même jour, depuis l'heure de midi pareillement et jusqu'à 9 heures du soir, les voitures qui entreront dans Paris par la barrière de Passy seront dirigées sur la route du bord de l'eau, sans pouvoir circuler sur les avenues des Champs-Elysées.

Celles qui arriveront par la route de Neuilly ne pourront entrer dans Paris par la barrière de l'Etoile, et seront dirigées par la barrière du Roule.

3. Il est défendu de construire dans les Champs-Elysées, et notamment dans le grand carré des jeux, ainsi que sur la place de la barrière du Trône, aucun amphithéâtre, aucune estrade ou aucun établissement de ce genre, autre que ceux autorisés par le programme publié par M. le préfet de la Seine.

Les commissaires de police et l'architecte-commissaire de la petite voirie feront enlever tous les objets de cette nature placés en contravention à la défense ci-dessus.

4. Afin de prévenir tout danger d'incendie et d'éviter des accidents envers les personnes circulant sur la voie publique, défense expresse est faite de tirer dans les soirées des 30 avril et 1er mai ni armes à feu ni pièces d'artifice d'aucune espèce, soit dans les rues, promenades et places publiques, soit dans les cours et jardins, soit par les fenêtres des maisons.

Les pères et mères et les chefs de maison sont civilement responsables des faits de leurs enfants, ouvriers ou domestiques.

5. Les contraventions à la présente ordonnance seront constatées

---

(1) V. l'ord. du 28 avril 1843.

par des procès-verbaux des officiers de police, et les contrevenants poursuivis conformément aux lois et règlements.

6. La présente ordonnance sera imprimée et affichée.

Le chef de la police municipale, les maires des communes de Passy, Neuilly, Saint-Mandé, Montreuil et Vincennes, les commissaires de police et les officiers de paix de la ville de Paris, l'architecte-commissaire de la petite voirie et les préposés de la préfecture de police sont chargés de tenir la main à son exécution, chacun en ce qui le concerne.

Le colonel de la garde municipale de la ville de Paris, les commandants de la garde nationale et des autres corps militaires sont requis de leur prêter main-forte au besoin.

Le préfet de police, VIVIEN.

N° 1402. — *Ordonnance concernant les mesures d'ordre à observer à l'occasion des revues générales de la garde nationale et de la troupe de ligne qui seront passées par le roi, les 1er et 2 mai 1831, au Champ-de-Mars* (1).

Paris, le 29 avril 1831.

N° 1403. — *Ordonnance concernant les bains dans la rivière et les écoles de natation* (2).

Paris, le 6 mai 1831.

N° 1404. — *Ordonnance concernant la circulation et la conduite des voitures traînées à bras ou par des animaux dans Paris* (3).

Paris, le 9 mai 1831.

Nous, conseiller d'État, préfet de police,

Considérant que la sûreté de la voie publique est journellement compromise par le grand nombre de voitures de toute espèce qui circulent dans Paris;

Qu'il importe, en conséquence, dans l'intérêt général des citoyens, de prescrire toutes les mesures propres à prévenir les embarras et les accidents;

Vu la loi des 16—24 août 1790, titre XI, celle du 17 mars 1791 et celle du 22 juillet 1791, titre I, articles 15, 16 et 46; les articles 1383, 1384 et 1385 du Code civil, et les articles 319, 320, 471, 475, 476, 479 et 484 du Code pénal;

L'arrêté du gouvernement du 12 messidor an VIII (1er juillet 1800);

L'arrêté de police du 22 juin 1820;

---

(1) V. l'ord. du 13 mai 1831.

(2) V. les ord. des 20 mai 1839 et 25 oct. 1840 (art. 187 et suiv., et 225).

(3) V. les ord. des 26 mai 1836 et 29 mars 1837.

Les ordonnances de police des 26 décembre 1823, 12 mars 1827 et 25 septembre 1828,

Ordonnons ce qui suit :

1. Tout propriétaire de charrettes, fardiers, diables, camions, baquets et voitures quelconques, même celles traînées à bras, servant au transport des denrées, marchandises, matériaux ou autres objets, sera tenu d'y faire placer, entretenir et renouveler, au besoin, une plaque de métal sur laquelle ses noms et domicile seront peints en caractères lisibles.

Cette plaque devra être clouée en avant de la roue et au côté gauche de la voiture.

2. Les voitures de roulage et autres voitures de transport doivent être construites avec solidité et entretenues en bon état.

Les mesures convenables devront être prises pour que les objets formant le chargement soient contenus de manière que la chute n'en soit pas à craindre.

Les voitures servant au transport du bois, des pierres, moellons et autres matériaux ou objets dont la chute pourrait occasionner des accidents, ne seront point chargées au-dessus des ridelles ou des planches de clôture. (*Art. 475, § 4, et art. 476 du Code pénal.*)

Dans aucun cas, les ridelles ne pourront être remplacées ni exhaussées par des bûches ou des piquets placés verticalement, pour retenir le chargement.

3. Conformément aux paragraphes 3 et 4 de l'article 475 du Code pénal, les rouliers, charretiers et autres conducteurs de voitures se tiendront constamment à portée de leurs chevaux, bêtes de trait ou de charge, et de leurs voitures, afin de pouvoir les guider et conduire.

Il leur est absolument défendu de monter sur leurs chevaux et de les faire galoper ou trotter.

Défense leur est également faite de quitter leurs chevaux ou leurs voitures, si ce n'est pour porter leurs marchandises dans les établissements auxquels elles sont destinées.

4. Il est défendu aux rouliers, charretiers, bouchers, tripiers, charcutiers, blanchisseurs, laitiers, tapissiers, entrepreneurs de déménagements, marchands de meubles, et à tous conducteurs de voitures suspendues ou non suspendues, employées au transport de denrées, marchandises, meubles et autres objets, de monter dans leurs voitures, chargées ou non chargées, quand même elles ne seraient attelées que d'un seul cheval.

Cependant les voitures ci-dessus désignées, même celles chargées, pourront être conduites en guides, lorsqu'elles auront, sur le devant, un siége ou une banquette, qu'elles seront attelées d'un seul cheval et qu'elles seront menées au pas.

5. Toute voiture, de quelque espèce que ce soit, même attelée d'un seul cheval, devra être conduite au pas en passant aux barrières, ainsi qu'à la descente des ponts, et généralement dans tous les endroits où la pente est trop rapide.

6. Il est défendu de confier la garde et la conduite de voitures ou de chevaux à tous autres qu'à des individus valides et âgés de seize ans au moins.

7. Il est défendu de faire ou laisser courir sur la voie publique, dans l'intérieur de Paris, les chevaux, bêtes de trait, de charge ou de monture, et de les essayer ou faire essayer, exercer ou faire exercer ailleurs que sur les emplacements à ce affectés par les ordonnances de police.

8. Il est défendu de conduire, pendant la nuit, des chevaux à l'abreuvoir.

Dans aucun cas, les chevaux ne pourront être conduits par des femmes.

Tous les chevaux non attelés ne pourront être conduits au nombre de plus de trois à la fois à l'abreuvoir et sur la voie publique.

Ils devront être menés au pas.

9. Il est défendu de parcourir à cheval ou en voiture, même avec des voitures traînées à bras, les contre-allées des boulevards intérieurs et extérieurs de la capitale, et généralement toutes les parties des promenades publiques non closes réservées aux piétons. (*Ord. de police du 8 août 1829, concernant la sûreté et la liberté de la circulation.*)

10. Il sera permis de traverser les contre-allées à cheval ou en voiture, pour entrer dans les propriétés riveraines, si le sol de la traversée est disposé à cet effet, conformément aux permissions dont les propriétaires auront dû se pourvoir auprès de l'autorité compétente.

Les chevaux et voitures ne pourront, sous aucun prétexte, stationner dans les contre-allées. (*Ord. du 8 août 1829.*)

11. Il est défendu à tout cocher d'une voiture publique ou autre, attelée de plus de deux chevaux, de descendre de son siége pour ouvrir ou fermer les portières.

12. Il est défendu de faire passer sur les trottoirs les roues d'aucune voiture, ainsi que les chevaux, ânes, mulets et autres animaux de trait ou de charge.

13. Les berlines, landaws, calèches et généralement toutes les voitures suspendues, quelle que soit leur construction, devront pendant la nuit, lorsqu'elles circuleront dans Paris, être garnies de lanternes allumées.

14. Les rouliers, charretiers, postillons et conducteurs de voitures de toute espèce sont tenus, à l'approche de toutes autres voitures, de se détourner ou ranger à droite et de laisser libre au moins la moitié des rues et autres parties de la voie publique. (*Art. 475 et 476 du Code pénal.*)

15. Il est défendu de faire stationner sans nécessité, sur la voie publique, aucune voiture attelée ou non attelée.

16. Il est défendu à tout entrepreneur de voitures publiques de faire stationner ses voitures sur aucune partie de la voie publique pour y opérer le chargement ou le déchargement des voyageurs et des marchandises.

Ne sont pas comprises dans cette défense les voitures de louage, telles que les fiacres, les cabriolets de l'intérieur, ceux de l'extérieur et les voitures du transport en commun, stationnant sur les places à ce affectées.

17. Tous entrepreneurs, négociants, marchands et autres qui auront à recevoir ou à expédier des marchandises, meubles, denrées ou autres objets, feront entrer les voitures de transport dans les cours ou sous les passages de portes cochères des maisons qu'ils habitent, magasins ou ateliers, à l'effet d'y opérer le chargement ou le déchargement desdites voitures. (*Ord. du 8 août 1829.*)

18. A défaut de cours ou de passages de portes cochères, ou bien si les cours et passages de portes cochères ne présentent point les facilités convenables, on pourra effectuer le chargement et le déchargement sur la voie publique, en y mettant la célérité nécessaire.

Dans ce cas, les voitures devront être rangées de manière à ne gêner la circulation que le moins possible. (*Ord. du 8 août 1829.*)

19. Les exceptions mentionnées au précédent article ne s'étendent point aux entrepreneurs de diligences, de roulage, aux entrepreneurs de charpente, aux marchands de bois, aux marchands en gros, ni à tous autres particuliers tenant de grandes fabriques, de grands ate-

liers, ou faisant un commerce qui nécessite de grands magasins; ils seront tenus de se pourvoir de locaux assez spacieux pour opérer et faire opérer, hors de la voie publique, le chargement et le déchargement de leurs voitures et de celles qui leur sont destinées. (*Ord. du 8 août* 1829.)

20. Les contraventions à la présente ordonnance seront constatées par des procès-verbaux ou rapports qui nous seront transmis pour être déférés aux tribunaux compétents.

En cas de rébellion, les auteurs et fauteurs du délit seront arrêtés et conduits immédiatement devant un commissaire de police.

21. Au moyen des dispositions contenues dans le présent règlement, l'arrêté du 22 juin 1820 et les ordonnances de police des 26 décembre 1823, 12 mars 1827 et 25 septembre 1828 sont rapportés.

22. La présente ordonnance sera imprimée et affichée.

Le chef de la police municipale, les commissaires de police, l'inspecteur en chef du service de place, les officiers de paix, ainsi que tous les autres agents de l'administration sont chargés d'en surveiller et assurer l'exécution.

Elle sera adressée en outre à M. le commandant en chef de la garde nationale de Paris, à M. le commandant de la place de Paris, et au colonel commandant la garde municipale, pour les mettre à même de concourir à son exécution.

Il en sera transmis des exemplaires aux sous-préfets des arrondissements de Saint-Denis et de Sceaux, pour les faire publier et afficher dans l'intérêt de leurs administrés.

Le conseiller d'Etat, préfet de police, **VIVIEN.**

N° 1405. — *Ordonnance concernant les ouvriers des halles et marchés* (1).

Paris, le 13 mai 1831.

Nous, conseiller d'Etat, préfet de police,

Vu la loi du 14 décembre 1789 (article 50), celle du 19—22 juillet 1791 (article 46), celle des 16—24 août 1790 (titre XI);

Vu l'arrêté du gouvernement du 12 messidor an VIII (1er juillet 1800);

Considérant que les lois ci-dessus rappelées, en consacrant le principe de la liberté de l'industrie, ont laissé à l'administration le soin d'établir les règles propres à concilier l'exercice de cette liberté avec le maintien du bon ordre et la conservation des marchandises;

Considérant que la sécurité des approvisionneurs et le bon emploi des espaces trop restreints qui forment le carreau des halles exigent que le défilé des voitures, la décharge et le rangement des marchandises qui y sont apportées soient confiés à des ouvriers responsables, commissionnés par l'administration, et dont le nombre soit proportionné aux besoins du service, classe d'ouvriers qui a existé jusqu'à ce jour sous la dénomination de forts;

Considérant que, à part cette exception, les autres travaux peuvent être exécutés par tous les ouvriers qui rempliront les conditions que l'administration est en droit d'exiger dans l'intérêt de l'ordre et de la sécurité;

Considérant qu'il est nécessaire, pour éviter toute difficulté, de dé-

(1) V. l'ord. du 15 juin 1813.

terminer avec précision les travaux qui doivent être attribués aux forts et ceux qui peuvent être exécutés par les autres ouvriers désignés sous le nom de porteurs,

Ordonnons ce qui suit :

Des forts.

1. Les travaux indiqués dans les deux articles suivants ne pourront être exécutés que par des ouvriers commissionnés par nous sous le nom de forts.

Les forts seront distingués par une plaque aux armes de la ville de Paris qu'ils porteront attachée à la veste, du côté droit.

Ils exerceront sous les ordres de l'inspecteur général des halles et marchés.

2. Les forts feront exclusivement la décharge et le rangement des marchandises, tant sur le carreau des Innocents que sur le marché aux pommes de terre et aux oignons, rue de la Grande-Friperie, et sur le marché aux pois qui se tient, pendant la saison de ce légume, à la pointe Saint-Eustache, et dans les emplacements et rues adjacentes.

Ils feront aussi exclusivement la décharge, la rentrée et le rangement des marchandises dans les halles closes, telles que celles de la volaille, aux beurres, aux toiles et draps et aux cuirs.

3. Dans les halles closes, les marchandises étant placées sous la responsabilité des facteurs, et subsidiairement sous celle des forts, ceux-ci pourront seuls enlever les marchandises pour les livrer aux porteurs ou aux gardeurs que les acquéreurs auront désignés.

La disposition du paragraphe précédent relative aux forts sera applicable aux individus commissionnés de la marée, dits porteurs à deux liards.

4. Les forts seront responsables des marchandises par eux déchargées jusqu'à l'ouverture du marché dans les halles non closes, et pendant tout le temps de la tenue du marché dans les halles fermées.

5. Les forts seront également responsables des marchandises qui, dans les halles closes, seront mises en resserre et confiées à leur garde.

Des porteurs.

6. Tous les travaux relatifs aux marchandises dans les halles et marchés, à l'exception de ceux réservés aux forts par les articles précédents, pourront être faits par tous les ouvriers qui auront rempli les formalités nécessaires pour obtenir le titre de porteur.

7. Quiconque voudra exercer la profession de porteur dans les marchés devra présenter à la préfecture de police un certificat de bonne conduite, délivré par le commissaire de police de son quartier, sur l'attestation de deux témoins domiciliés qui déclareront le connaître.

8. Après ces justifications, il lui sera fait remise d'une médaille ou plaque sur laquelle sera gravé le numéro d'enregistrement du porteur sur le registre ouvert à cet effet à l'inspection générale des marchés. Cette plaque, délivrée par la préfecture de police, sera frappée en outre d'un poinçon particulier pour en prévenir la contrefaçon.

9. Les places ou médailles ne seront valables que pour un an. En conséquence, tous les ans, dans le mois de décembre, les porteurs déposeront au bureau de l'inspection générale leurs plaques pour y être vérifiées et remplacées, s'il y a lieu, par celles de l'année suivante.

Pour faciliter cette mesure, il y aura deux formes de plaques de porteurs,

L'une carrée, destinée aux années dont le millésime est impair;
L'autre en losange, pour les années dont le millésime est pair.

Toutes les plaques destinées aux années dont le millésime est pair seront nulles dans les années dont le millésime est impair, et réciproquement.

10. Les porteurs ne pourront entrer dans les marchés avant l'heure de leur ouverture. Ils devront y porter leur plaque attachée au bras droit. Le numéro de la plaque sera répété à l'endroit le plus apparent de la hotte ou du crochet, si le porteur a l'un ou l'autre, sans que toutefois cette répétition dispense du port de la plaque qui seule peut justifier de l'agrément donné au porteur par l'administration.

11. Les porteurs pourvus de plaques pourront seuls être employés sur les marchés, sans que toutefois cette disposition préjudicie au droit qu'a tout acquéreur d'emporter lui-même sa marchandise ou de la faire emporter par les personnes attachées à son service.

12. La plaque pourra être retirée à tout porteur qui se trouvera dans un des cas ci-après :

1° S'il a prêté sa plaque à un porteur non autorisé;

2° S'il a cherché à envahir les travaux réservés aux forts par la présente ordonnance;

3° S'il a pris part à des rixes ou voies de fait susceptibles de compromettre la tranquillité publique dans les marchés;

4° S'il s'est livré à des actes de violence ou d'inconduite.

13. Il est défendu, sous les peines portées par le Code pénal contre les infractions aux règlements de police, de porter une plaque ou un numéro sur la hotte, et de quêter le travail sur le carreau des halles, sans avoir satisfait aux conditions imposées aux porteurs.

14. Les contraventions seront constatées par des procès-verbaux ou rapports qui nous seront adressés.

15. La présente ordonnance sera imprimée et affichée.

Les commissaires de police, le chef de la police municipale, l'inspecteur général et les inspecteurs généraux adjoints des halles et marchés et les préposés sous leurs ordres sont chargés de tenir la main à l'exécution de la présente ordonnance.

Elle sera adressée à M. le colonel commandant la garde municipale de Paris, pour qu'il en assure l'exécution par tous les moyens qui sont à sa disposition.

Le conseiller d'Etat, préfet de police, VIVIEN.

N° 1406. — *Ordonnance concernant les mesures d'ordre à observer à l'occasion de la revue générale des légions de la garde nationale qui sera passée par le roi, le 15 mai 1831, au Champ-de-Mars.*

Paris, le 13 mai 1831.

Nous, conseiller d'État, préfet de police,

Ordonnons ce qui suit :

1. Afin de faciliter la marche des légions qui se rendront, le dimanche 15 mai prochain, au Champ-de-Mars pour y passer la revue du roi, la circulation et le stationnement des voitures seront interdits, le même jour, à partir de 9 heures du matin jusqu'à midi, sur les points suivants :

1° Dans la rue de Chartres;

2° Sur les ponts Royal et de la Concorde;

3° Les quais d'Orsay et des Tuileries;

4° L'esplanade des Invalides;

5° Et sur toute l'avenue de la Motte-Piquet.

2. L'interdiction prononcée par l'article précédent aura pareillement lieu sur les mêmes points, ledit jour 15 mai, de 4 à 6 heures du soir.

3. Sont exceptées des dispositions qui précèdent les voitures des personnes qui se rendront au palais du roi.

4. Les voitures des personnes qui iront à la revue n'entreront à l'Ecole-Militaire que par la grille du midi, et stationneront dans les cours.

5. Pendant la durée de la revue et des manœuvres qui auront lieu dans le Champ-de-Mars, le public ne pourra pénétrer sur l'emplacement réservé aux légions.

6. Le public ne pourra pareillement stationner et circuler que sur les tertres qui environnent le Champ-de-Mars, et aucune personne étrangère à la revue ne pourra se placer dans l'intérieur de l'espace destiné aux troupes.

7. Il est défendu aux étalagistes de stationner sur les endroits désignés par l'article 1, ainsi qu'à l'entrée des grilles et sur les tertres du Champ-de-Mars.

8. Pour prévenir tout accident et ne pas priver le public du coup d'œil de la revue, défense est faite de construire sur les tertres du Champ-de-Mars aucuns amphithéâtres, estrades, ni d'y placer aucunes voitures, charrettes, tonneaux, bancs et chaises.

Les commissaires de police feront enlever tous les objets de cette nature qui se trouveraient placés en contravention à la défense ci-dessus.

9. Aucun pont-volant sur les fossés du Champ-de-Mars ne pourra être établi que par des ouvriers de la profession de charpentier, sur le vu d'une permission écrite de M. le commandant supérieur de l'Ecole-Militaire, et l'usage n'en sera permis qu'après que leur solidité aura été reconnue, la veille de la revue, par les architectes de notre préfecture et les commissaires de police à ce délégués.

10. Les contraventions à la présente ordonnance seront constatées et poursuivies conformément aux lois.

11. La présente ordonnance sera imprimée et affichée dans Paris.

Le chef de la police municipale, les commissaires de police, les officiers de paix et les préposés de la préfecture de police sont chargés de tenir la main à son exécution.

Ils prendront toutes les mesures convenables pour assurer l'ordre pendant la revue, et se concerteront à cet effet avec l'autorité militaire chargée de la police intérieure du Champ-de-Mars.

Le colonel de la garde municipale de la ville de Paris et MM. les commandants des autres corps militaires sont requis de leur prêter main-forte au besoin.

Le conseiller d'État, préfet de police, VIVIEN.

N° 1407. — *Ordonnance concernant l'arrosement* (1).

Paris, le 27 mai 1831.

---

(1) V. les ord. des 27 mai 1834, 1er juin 1837 et 27 juin 1843.

N° 1408. — *Ordonnance concernant les chiens* (1).

Paris, le 20 mai 1831.

N° 1409. — *Ordonnance concernant les regrattières dans les halles et marchés.*

Paris, le 24 mai 1831.

Nous, conseiller d'Etat, préfet de police,

Considérant qu'un grand nombre de regrattières ont envahi le carreau des Innocents et les rues de la Lingerie, du Marché aux Poirées et autres adjacentes;

Qu'elles empêchent le public d'arriver jusqu'aux marchandes placées sous les abris et qui, étant connues, autorisées et placées sous la surveillance de l'autorité, présentent plus de garanties aux consommateurs;

Qu'elles ont amené les marchandes placées sous les abris à abandonner ces abris pour se porter sur la voie publique, afin d'entrer en concurrence avec les regrattières;

Que cet état de choses occasionne des rixes continuelles, trouble la tranquillité, gêne la circulation et donne lieu à des accidents graves;

Qu'il importe de faire immédiatement cesser cet abus, qui a été, dans la journée d'hier, la cause de plusieurs désordres,

Ordonnons ce qui suit :

1. Il est défendu aux marchandes de stationner ailleurs que sous les abris des marchés des Innocents, de la Verdure, du Légat et de la Marée, qui leur sont exclusivement affectés. Celles qui les ont abandonnés devront y rentrer immédiatement.

2. Les regrattières et autres, qui vendent sur éventaires, mannes, mannettes, etc., ne pourront stationner à poste fixe sur aucun point de la voie publique.

3. Les marchandes qui se refuseront à l'exécution des dispositions qui précèdent seront poursuivies conformément à la loi.

4. La présente ordonnance sera imprimée et affichée.

Les commissaires de police, et notamment celui des marchés, le chef de la police municipale, l'inspecteur général et les inspecteurs généraux adjoints des halles et marchés et les préposés sous leurs ordres sont chargés de tenir la main à l'exécution de la présente ordonnance.

Elle sera adressée à M. le colonel commandant la garde municipale de Paris, pour qu'il en assure l'exécution par tous les moyens qui sont à sa disposition.

Le conseiller d'Etat, préfet de police, VIVIEN.

N° 1410. — *Ordonnance concernant les vidangeurs* (2).

Paris, le 4 juin 1831.

Nous, conseiller d'Etat, préfet de police,

Considérant qu'il résulte des rapports et procès-verbaux qui nous

(1) V. l'ord. du 23 juin 1832.

(2) V. l'ord. du 5 juin 1834, l'arr. du 6 juin de la même année et l'ord. du 23 sept. 1843.

ont été adressés que, d'une part, les entrepreneurs et ouvriers qui se livrent à la vidange des fosses d'aisances n'apportent pas dans l'exécution de ce service toutes les précautions qu'il exige, et que, de l'autre, les matières provenant de la vidange, au lieu d'être transportées directement à la voirie, ainsi qu'il est enjoint par les règlements, sont fréquemment et à dessein versées sur la voie publique;

Considérant qu'il est urgent de remédier à un état de choses qui compromet la salubrité;

Vu : 1° l'ordonnance de police concernant les maîtres vidangeurs, du 18 octobre 1771;

2° La loi des 16—24 août 1790, titre XI, article 3, §§ 1er et 5;

3° L'article 471 du Code pénal;

4° L'ordonnance de police concernant les vidangeurs, du 24 août 1808;

En vertu de l'arrêté du gouvernement du 12 messidor an VIII (1er juillet 1800),

Ordonnons ce qui suit :

1re PARTIE.

Ordre du service des vidanges.

1. Aucun entrepreneur de vidanges ne pourra exercer cette profession sans être pourvu d'une permission du préfet de police.

Cette permission sera délivrée à quiconque justifiera :

1° Qu'il a les voitures, chevaux, tinettes, tonneaux, seaux, bridages et autres ustensiles nécessaires au service des vidanges;

2° Qu'il est muni de l'appareil de ventilation appelé fourneau Dalesme.

2. Les voitures de vidanges, chargées ou non chargées, ne pourront circuler dans Paris, savoir :

A compter du 1er octobre jusqu'au 31 mars, avant dix heures du soir, ni après huit heures du matin.

Et à compter du 1er avril jusqu'au 30 septembre, avant onze heures du soir et après six heures du matin.

Elles seront munies, sur le devant, d'une lanterne allumée, portant en gros caractère, et en forme de transparent, le numéro qui sera assigné, par l'inspecteur de la salubrité, à chaque voiture de vidanges.

3. Le travail des ateliers, depuis le 1er octobre jusqu'au 31 mars, commencera à dix heures du soir et finira à sept heures du matin.

Et depuis le 1er avril jusqu'au 30 septembre, il commencera à onze heures du soir et finira à cinq heures du matin.

Néanmoins, pour les fosses à vider dans les quartiers des halles, le travail des ateliers pourra commencer avant les heures fixées par le présent article, en obtenant à cet effet une autorisation spéciale, qui déterminera l'heure à laquelle le travail pourra être entrepris.

Quant aux appareils de fosses mobiles, légalement autorisés, ils pourront être enlevés et transportés à la voirie pendant le jour.

Toutes autres exceptions antérieurement accordées sont formellement révoquées.

4. Il sera placé une lanterne allumée à la porte de chaque maison où sera établi un atelier de vidangeurs.

5. Il ne pourra être employé à chaque atelier moins de quatre ouvriers, dont un chef.

6. Le travail de chaque fosse sera fait et continué à jours consécutifs, aux heures désignées par l'article 3.

Il ne pourra être interrompu que dans le cas prévu par l'article 42 ci-après.

7. Les tinettes ou tonneaux du nouveau modèle, qui auront reçu les matières extraites des fosses, seront hermétiquement fermés.

Les tonneaux devront, comme les tinettes, être placés debout dans les voitures de transport, de manière que la bonde se trouve toujours dans la partie supérieure.

8. Les voitures de transport seront disposées à fond plat, et garnies de traverses assez solides pour empêcher la chute des tonneaux ou tinettes.

Les nom et demeure de l'entrepreneur seront inscrits en gros caractères sur la traverse de devant. L'inscription sera renouvelée aussi souvent qu'il sera nécessaire.

9. Les entrepreneurs faisant usage de grosses tonnes seront tenus d'en fermer les bondes de déchargement, au moyen d'une bande de fer transversale, fixée à demeure au tonneau par l'une de ses extrémités, et fermée à l'autre avec un cadenas fourni par l'administration.

10. L'entrée dans Paris sera interdite aux grosses tonnes dont les bondes de déchargement ne seront point fermées de la manière prescrite en l'article précédent.

Il en sera de même pour les voitures chargées de tonneaux du nouveau modèle, qui ne seront pas disposées ainsi qu'il est ordonné en l'article 8.

11. Défenses sont faites aux entrepreneurs d'avoir dans Paris de grosses tonnes dont les bondes de déchargement ne seraient pas fermées à cadenas.

Des visites journalières seront faites par les agents et préposés de la préfecture de police, à l'effet de surveiller la stricte exécution de cette mesure.

12. Les grosses tonnes trouvées dans Paris, en contravention à l'article précédent, seront, après avoir été déchargées à la voirie, si elles sont pleines, conduites à la fourrière établie rue du Faubourg Saint-Martin, hôtel du Chaudron, n° 239, pour y rester jusqu'à ce qu'elles soient pourvues de cadenas.

13. Les entrepreneurs faisant usage de grosses tonnes les conduiront à la voirie de Montfaucon, pour y être vidées. Un préposé de l'administration sera chargé d'ouvrir les cadenas et de les refermer après le déchargement. Les entrepreneurs faisant usage de tinettes continueront à les conduire et vider à la même voirie, jusqu'à ce qu'il leur soit enjoint, ainsi qu'il est déjà prescrit pour les tonneaux du nouveau modèle, de les conduire au port d'embarquement de la Villette, pour être transportées à la voirie de Bondy.

14. Le versement des matières sur la voie publique, en quelque quantité que ce puisse être, soit volontairement, soit par suite de l'état de dégradation des tonnes, tonneaux ou tinettes, constituera personnellement l'entrepreneur en état de contravention aux dispositions de l'article précédent.

Dans ce cas, l'entrepreneur fera procéder immédiatement à l'enlèvement des matières répandues sur le sol de la voie publique; à son défaut, il y sera pourvu sans délai, administrativement et à ses frais.

15. Il est défendu à tout conducteur de voitures de vidanges de s'écarter, sans nécessité reconnue, de la ligne qui, du lieu de départ, conduit directement à la voirie de Montfaucon ou au port d'embarquement de la Villette.

16. Il est défendu aux vidangeurs de laisser des matières entre les aculoirs et les bords ou parapets des bassins de la voirie.

17. Hors le temps du service, les grosses tonnes, voitures, tinettes et tonneaux ne pourront être déposés ailleurs que dans les environs

de la voirie de Montfaucon, du port d'embarquement de la Villette, et dans les endroits qui, au besoin, seront indiqués.

18. Pendant le temps du service, les voitures, tonneaux et tinettes seront rangés et disposés, au-devant des maisons où se font les vidanges, de manière à nuire le moins possible à la liberté de la circulation.

19. Après le travail de chaque nuit, et avant de quitter l'atelier, les vidangeurs seront tenus de laver les emplacements qu'ils auront occupés.

20. Il leur est défendu de puiser de l'eau avec les seaux destinés aux vidanges.

21. Il sera fait, au moins deux fois par an, des visites chez les entrepreneurs de vidanges, à l'effet de constater l'état des ustensiles nécessaires à l'exercice de leur profession.

Dans le cas où les ustensiles seront reconnus impropres au service, les entrepreneurs auxquels ils appartiennent pourront être privés de leur permission, jusqu'à ce qu'ils les aient renouvelés ou réparés.

22. Il est défendu aux ouvriers vidangeurs de se présenter aux ateliers en état d'ivresse.

23. Les ouvriers vidangeurs qui trouveront dans les fosses des objets qui pourraient indiquer un délit ou des effets quelconques en feront, dans le jour, la déclaration chez un commissaire de police.

2e PARTIE.

Dispositions de sûreté.

24. Aucune fosse d'aisance ne pourra être ouverte que par un entrepreneur de vidanges, quels que soient les causes et motifs de l'ouverture.

25. Lorsque l'ouverture d'une fosse aura un motif autre que celui de sa vidange, l'entrepreneur en donnera avis, dans le jour, à la préfecture de police.

26. Tout entrepreneur chargé de la vidange d'une fosse sera tenu de faire, au bureau du directeur de la salubrité, la déclaration du jour de l'ouverture de la fosse.

27. L'entrepreneur ou l'un de ses chefs d'ateliers sera présent à l'ouverture de la fosse.

28. Lorsqu'il n'aura pu en trouver la clef, il ne pourra en faire rompre la voûte qu'en vertu d'une permission du préfet de police.

29. La vidange d'une fosse ne pourra être commencée que douze heures au moins après son ouverture.

30. Pendant ces douze heures, l'entrepreneur s'assurera, autant que possible, de l'état de la fosse et des tuyaux.

31. Les propriétaires et locataires seront tenus de donner toutes facilités à l'entrepreneur pour le dégorgement des tuyaux et l'introduction de l'air dans la fosse pendant la vidange.

En cas de refus de leur part, il en fera sa déclaration à la préfecture de police.

32. Il est défendu aux entrepreneurs de faire descendre des ouvriers dans une fosse dont les tuyaux ne seraient pas complètement dégorgés.

33. L'entrepreneur, outre les seaux destinés au lavage, est tenu de fournir à chaque atelier, pour l'extraction des matières, au moins quatre seaux munis de cordes et crochets.

34. Les seaux seront passés dans des crochets fermés à ressort.

35. Il est expressément défendu aux ouvriers de retirer, avant la fin de la vidange, les seaux qui seraient tombés dans les fosses.

36. L'entrepreneur fournira chaque atelier d'au moins deux bridages et d'un flacon de chlorure de chaux, dont il sera fait usage au besoin, pour prévenir les dangers d'asphyxie.

37. Il est défendu aux ouvriers de travailler à l'extraction des matières, même des eaux vannes, et de descendre dans les fosses, pour quelque cause que ce soit, sans être ceints d'un bridage.

38. La corde du bridage sera tenue par un ouvrier placé à l'extérieur de la fosse.

Il est défendu à tout ouvrier de se refuser à ce service.

39. Les entrepreneurs sont responsables des suites de toutes contraventions aux sept articles précédents.

40. Lorsque, dans leur travail, des ouvriers auront été frappés du plomb (asphyxiés), le chef d'atelier suspendra la vidange de la fosse.

41. L'entrepreneur sera tenu de faire, dans le jour, à la préfecture de police, sa déclaration de suspension de travail et des causes qui l'auront déterminée.

42. Il ne pourra reprendre le travail qu'avec les précautions et mesures qui lui seront indiquées, selon les circonstances.

43. Aucune fosse ne pourra être allégée sans une autorisation du préfet de police.

44. Il est défendu aux entrepreneurs de laisser des matières au fond des fosses, et de les masquer de quelque manière que ce soit.

45. Aucune fosse précédemment comblée ne pourra être déblayée que par un entrepreneur de vidanges.

46. L'entrepreneur apportera à cette opération les mêmes précautions qu'à la vidange.

3e PARTIE.

Dispositions transitoires.

47. Dans la huitaine de la publication de la présente ordonnance, les entrepreneurs de vidanges actuellement pourvus de permissions en feront le dépôt à la préfecture de police, pour être renouvelées.

48. Un délai de quinze jours est accordé aux entrepreneurs, pour l'exécution des changements nécessités par l'article 8 à celles de leurs voitures qui servent actuellement au transport des tonneaux du nouveau modèle.

A l'expiration de ce terme, aucune voiture de cette espèce ne pourra circuler sans avoir été disposée de manière à transporter les tonneaux debout.

49. A compter du jour de la publication de la présente ordonnance, il est défendu aux entrepreneurs de vidanges de faire confectionner de grosses tonnes, même pour remplacer celles qui, dès à présent ou par la suite, seront reconnues impropres au service.

Ceux qui en font usage devront, dans les trois jours qui suivront cette publication, remettre au bureau du directeur de la salubrité une déclaration, signée d'eux, contenant le nombre de grosses tonnes qu'ils ont en ce moment. Ce directeur fera vérifier immédiatement l'exactitude de ces déclarations et l'état dans lequel se trouvent les grosses tonnes.

Le service des grosses tonnes sera entièrement interdit à l'époque de la suppression de la voirie de Montfaucon.

Dispositions générales.

50. L'entrée et la sortie des voitures de vidanges ne pourront avoir lieu que par la barrière du Combat, à l'exception des voitures chargées de tonneaux du nouveau modèle et d'appareils de fosses mobiles, qui pourront passer par la barrière de Pantin.

51. Les contraventions seront constatées par des rapports ou procès-verbaux qui seront adressés au préfet de police.

52. Il sera pris, au sujet des contraventions, telles mesures de police administrative qu'il appartiendra, sans préjudice des poursuites à exercer devant les tribunaux.

53. La présente ordonnance sera imprimée, affichée et publiée; elle sera, en outre, notifiée à chaque entrepreneur de vidanges.

Le chef de la police municipale, les commissaires de police, les officiers de paix, le directeur de la salubrité, l'architecte commissaire de la petite voirie et les préposés de la préfecture de police en surveilleront et assureront l'exécution, chacun en ce qui le concerne.

Le conseiller d'Etat, préfet de police, VIVIEN.

N° 1411. — *Ordonnance concernant les brocanteurs.*

Paris, le 15 juin 1831.

Nous, conseiller d'Etat, préfet de police,

Considérant que plusieurs dispositions des règlements concernant les brocanteurs ne sont pas exactement observées;

Que d'autres ne sont pas en harmonie avec le principe de la liberté d'industrie consacré par la loi du 17 mars 1791;

Considérant aussi qu'il importe de faire connaître aux personnes qui exercent ou veulent exercer l'état de brocanteur quelles sont les obligations qui leur sont imposées, dans l'intérêt de l'ordre public, par les lois, décrets et ordonnances actuellement en vigueur;

Vu la déclaration du 23 mars 1728, celle du 29 mars 1778, l'ordonnance de police du 8 novembre 1780, le décret du 28 mars 1793, les articles 2, 10, 22, 30 et 32 de l'arrêté du gouvernement du 12 messidor an VIII (1er juillet 1800), l'arrêté du 3 brumaire an IX (25 octobre 1800) et la décision du ministre de la police générale du 25 fructidor an IX (12 septembre 1801),

Ordonnons ce qui suit:

1. Personne ne peut exercer l'état de brocanteur, dans la ville de Paris et dans les communes rurales du ressort de la préfecture de police, sans s'être préalablement fait inscrire sur les registres ouverts à cet effet à ladite préfecture. (*Déclar. du 29 mars* 1778, *art.* 1.)

2. L'impétrant devra être muni de sa patente ou d'une lettre portant décharge du droit de patente et d'un certificat de domicile et d'individualité.

Ce certificat sera délivré par les commissaires de police à Paris et dans les communes rurales où il en existe, et par les maires dans les autres communes.

3. Le déclarant recevra un bulletin d'inscription qu'il sera tenu de faire viser une fois par an (du 1er avril au 30 juin) à la préfecture de police, où il justifiera de sa patente ou d'un certificat d'exemption du droit de patente.

Ce visa ne donnera lieu à aucuns frais.

4. Les permissions délivrées depuis le 1er janvier de la présente année jusqu'à ce jour tiendront lieu du bulletin d'inscription mentionné en l'article 3, jusqu'à ce qu'elles soient dans le cas d'être renouvelées.

Elles seront alors échangées contre un bulletin qui ne sera plus soumis qu'à la formalité du visa annuel, comme il est dit ci-dessus.

Celles qui ont été délivrées antérieurement au 1er janvier 1831 devront être échangées, dans le délai de deux mois, contre des bulletins d'inscription.

Dans les trois jours de la date de leur délivrance, les bulletins d'inscription devront être présentés par les titulaires au visa du commissaire de police du lieu de leur domicile, ou à celui du maire, dans les communes où il n'existe pas de commissaire de police.

5. Les brocanteurs porteront, d'une manière apparente, une médaille en cuivre qui leur sera délivrée à la préfecture de police, et sur laquelle seront gravés leur nom, les initiales de leurs prénoms et le numéro de leur bulletin d'inscription. (*Déclar. du 29 mars 1778, art. 2.*)

La médaille des brocanteurs résidant hors de Paris portera de plus ces mots : *Cantons ruraux.*

6. Il est défendu aux brocanteurs de céder, vendre, prêter ou engager, à qui que ce soit, leurs bulletins d'inscription ou leurs médailles. (*Déclar. du 29 mars 1778, art. 2.*)

Lorsque les brocanteurs renonceront à leur état ou s'absenteront du lieu de leur résidence, ils seront tenus de déposer leurs bulletins d'inscription et médailles ; savoir :

Ceux de Paris, à la préfecture de police ;

Ceux des communes rurales, entre les mains des commissaires de police ou des maires de leurs communes respectives, lesquels les transmettront à la préfecture de police.

En cas de décès, le dépôt en sera fait par leurs héritiers ou ayants cause.

7. Les brocanteurs continueront d'avoir un registre timbré pour inscrire exactement, jour par jour, sans aucun blanc, rature, surcharge ni interligne, les hardes, linges et autres objets qu'ils achèteront, ainsi que les noms et demeures des vendeurs.

Ce registre, qui sera coté et paraphé par le commissaire de police ou le maire du lieu de la résidence du brocanteur, portera en tête les nom, prénoms, âge, demeure et signalement de celui-ci, ainsi que le numéro de sa médaille.

Il sera, tous les mois, examiné et visé par ces fonctionnaires sur le vu de la patente de l'année ou du certificat d'exemption du droit de patente. (*Ord. de police du 8 nov. 1780, art. 3.*)

8. Les brocanteurs qui changeront de demeure en feront la déclaration, non-seulement à la préfecture de police, mais aussi aux commissaires de police ou maires du lieu de leur ancienne et de leur nouvelle résidence. (*Ord. de police du 8 nov. 1780, art. 3.*)

Ces fonctionnaires leur donneront acte, sur leur livre timbré, de cette déclaration.

9. Il est enjoint aux brocanteurs d'être constamment porteurs de leurs bulletins d'inscription, patente et livre timbré ; ils devront les représenter, ainsi que les effets, hardes et autres objets qu'ils auront achetés ou échangés, à toute réquisition des maires, commissaires de police, officiers de paix et agents de la préfecture de police. (*Ord. de police du 8 nov. 1780, art 4.*)

10. Il est défendu aux brocanteurs d'acheter aux enfants des hardes, meubles, linges, livres, bijoux et autres objets quelconques, à moins d'un consentement par écrit en bonne forme de leurs pères, mères ou tuteurs. (*Ord. de police du 8 nov. 1780, art. 1er.*)

Il leur est expressément interdit d'acheter aux soldats leurs armes et effets d'habillement et d'équipement. (*Loi du 28 mars 1793 et ord. royale du 24 juill. 1816.*)

11. Il leur est également défendu de vendre et d'acheter des armes prohibées, telles que fusils et pistolets à vent, poignards, stylets,

tromblons, couteaux en forme de poignard, baïonnettes, pistolets de poche, cannes à épée, à dard ou plombées, etc., et des armes de guerre montées ou non montées. (*Déclar. du* 23 *mars* 1728 ; *déc. du* 2 *niv. an* XIV (12 *mars* 1806), *et ord. royale du* 24 *juill.* 1816.)

12. Les brocanteurs sont tenus de porter leurs marchandises à découvert sans pouvoir les déposer ou étaler sur la voie publique. (*Déclar. du* 29 *mars* 1778, *art.* 5.)

13. Il est interdit aux brocanteurs de se rassembler sur les quais, ponts, halles et marchés, et sur les autres points de la voie publique, pour y faire leur commerce.

Ceux de Paris pourront se réunir sur la seule place de la Rotonde, au-devant des abris du marché du Temple, depuis onze heures du matin jusqu'à deux heures de relevée, sans pouvoir néanmoins y former aucun étalage.

14. L'ordonnance de police du 5 septembre 1828 est rapportée.

15. Il sera pris envers les contrevenants telles mesures administratives qu'il appartiendra, sans préjudice des poursuites à exercer contre eux devant les tribunaux, conformément aux lois et règlements précités, et aux dispositions du Code pénal.

16. La présente ordonnance sera imprimée et affichée dans Paris et dans les communes rurales du ressort de la préfecture de police.

Les sous-préfets des arrondissements de Saint-Denis et de Sceaux, les maires des communes rurales et leurs adjoints, le chef de la police municipale, les commissaires de police, les officiers de paix et les agents de la préfecture de police sont chargés, chacun en ce qui le concerne, de tenir la main à son exécution.

Le conseiller d'Etat, préfet de police, VIVIEN.

N° 1412. — *Ordonnance concernant la répression des délits et contraventions commis par les crieurs d'écrits imprimés, dans le mode de leur publication sur la voie publique* (1).

Paris, le 29 juin 1831.

Nous, conseiller d'Etat, préfet de police,

Vu 1° les articles 1, 5 et 6 de la loi du 10 décembre 1830; 2° les articles 3, § 1, 5 et 7, titre XI, de la loi des 16—24 août 1790 et l'article 10 de l'arrêté du gouvernement du 12 messidor an VIII (1er juillet 1800);

Considérant que l'article 1 de la loi du 10 décembre 1830, prohibant les affiches et placards dans les rues, places et autres lieux publics, des écrits, soit à la main, soit imprimés, gravés ou lithographiés, contenant des nouvelles politiques ou traitant d'objets politiques, ne fait aucune distinction entre les affiches ou placards fixés sur les murs, et les affiches ou placards appliqués sur des poteaux mobiles et portatifs; que cependant un grand nombre d'affiches ou placards sont ainsi, chaque jour, et contrairement aux dispositions de la loi précitée, placés et exposés dans les rues et autres lieux publics;

Considérant qu'il convient de rappeler à l'exécution de la loi, et d'assurer l'effet de ses dispositions;

Considérant que même dans le cas où les affiches et placards ne

---

(1) V. les ord. des 27 déc. 1831, 19 oct. 1833, 22 fév. 1834 et 19 oct. 1839.

contiennent ni annonces, ni nouvelles politiques, leur exposition sur des poteaux mobiles et portatifs occasionne des rassemblements dans le milieu de la voie publique, et nuit à la liberté et à la sûreté de la circulation,

Ordonnons ce qui suit :

1. Défense est faite à toute personne de circuler et stationner sur la voie publique avec des écriteaux ou poteaux portatifs sur lesquels se trouveraient affichés ou placardés des écrits ou imprimés contenant des nouvelles politiques, ou traitant d'objets politiques.

2. Toute personne qui contreviendra à la disposition de l'article précédent sera immédiatement arrêtée par les officiers de police, pour être poursuivie et punie conformément aux articles 1, 5 et 6 de la loi du 10 décembre 1830. (Amende de vingt-cinq à cinq cents francs.— Emprisonnement de six jours à un mois.)

3. Défense est faite à toute personne, et notamment aux crieurs publics, de stationner sur la voie publique pour annoncer des écrits ou des imprimés.

Défense est également faite de placer sur la voie publique des écriteaux portatifs et mobiles contenant des affiches ou placards même non politiques.

4. Les contraventions seront constatées par des procès-verbaux, et les contrevenants seront traduits devant les tribunaux de simple police.

5. La présente ordonnance sera imprimée et affichée dans Paris, et dans le ressort de la préfecture de police.

6. Les commissaires de police de la ville de Paris, les maires, adjoints et commissaires de police des communes rurales du département de la Seine, le chef de la police municipale, les officiers de paix et les préposés de la préfecture de police sont chargés, chacun en ce qui le concerne, d'en assurer l'exécution.

Le colonel de la garde municipale de la ville de Paris, les commandants de la garde nationale et des autres corps militaires sont requis de leur prêter main-forte au besoin.

Le conseiller d'Etat, préfet de police, VIVIEN.

N° 1413. — *Ordonnance qui défend aux voitures de traverser les ponts mobiles du canal Saint-Martin autrement qu'au pas.*

Paris, le 1er juillet 1831.

Nous, conseiller d'Etat, préfet de police,

Considérant que, dans l'intérêt de la sûreté publique, de la libre circulation et du maintien du bon ordre, il importe d'empêcher les voitures de traverser au galop, ni même au trot, les ponts tournants établis sur le canal Saint-Martin ;

En vertu de l'article 22 de l'arrêté du gouvernement du 1er juillet 1800 (12 messidor an VIII),

Ordonnons ce qui suit :

1. Il est expressément défendu aux cochers ou conducteurs de toute espèce de voitures publiques ou particulières, carrosses, cabriolets, diligences, charrettes, voitures de roulage et autres, de conduire leurs

chevaux autrement qu'au pas, en traversant les ponts tournants établis sur toute la ligne du canal Saint-Martin.

2. Les contrevenants seront poursuivis devant le tribunal de police, aux termes des articles 475, 476 et 478 du Code pénal.

3. La présente ordonnance sera imprimée et affichée, notamment aux abords de chaque pont du canal.

Le chef de la police municipale, les commissaires de police, le commissaire de police, inspecteur en chef du service des voitures, les chefs de service extérieur, les préposés de la préfecture de police et les préposés à la surveillance du canal sont chargés de tenir la main à son exécution.

Elle sera adressée, en outre, à M. le colonel commandant la garde municipale, pour qu'il en assure l'exécution par tous les moyens mis à sa disposition.

Le conseiller d'Etat, préfet de police, VIVIEN.

N° 1414. — *Ordonnance concernant les attroupements.*

Paris, le 13 juillet 1831.

Nous, conseiller d'Etat, préfet de police,

Vu les articles 3, titre XI de la loi des 16—24 août 1790; 46, titre I de la loi du 19—22 juillet 1791; 10 et 22 de l'arrêté du 12 messidor an VIII (1er juillet 1800), qui imposent au préfet de police, à Paris, l'obligation de prendre les mesures propres à prévenir ou dissiper les attroupements, les réunions tumultueuses ou menaçant la tranquillité publique, à maintenir la liberté et la sûreté du passage dans les rues, quais, places et voies publiques, qui l'autorisent à publier de nouveau les lois et règlements de police et à rappeler les citoyens à leur observation,

Avons ordonné et ordonnons ce qui suit :

1. Il est défendu de former des attroupements sur les places ou sur la voie publique.

2. Toutes personnes qui formeront des attroupements seront tenues de se disperser à la première sommation des magistrats et officiers civils chargés de la police judiciaire.

Si l'attroupement ne se disperse pas, les sommations seront renouvelées trois fois. Chacune d'elles sera précédée d'un roulement de tambour ou d'un son de trompe. Si les trois sommations sont demeurées inutiles, il pourra être fait emploi de la force, conformément à la loi du 3 août 1791.

Les magistrats chargés de faire lesdites sommations seront décorés d'une écharpe tricolore. (*Art.* 1 *de la loi du* 10 *avril* 1831.)

3. Les personnes qui, après la première des sommations prescrites par le second paragraphe de l'article précédent, continueront à faire partie d'un attroupement, pourront être arrêtées et seront traduites, sans délai, devant les tribunaux de simple police, pour y être punies des peines portées au chapitre 1er du livre IV du Code pénal. (*Art.* 2 *de la même loi.*)

4. Après la seconde sommation, la peine sera de trois mois d'emprisonnement au plus, et après la troisième, si le rassemblement ne s'est pas dissipé, la peine pourra être élevée jusqu'à un an de prison. (*Art.* 3 *de la même loi.*)

5. La peine sera celle d'un emprisonnement de trois mois à deux ans, 1° contre les chefs et les provocateurs de l'attroupement, s'il ne s'est point entièrement dispersé après la troisième sommation; 2° contre tous individus porteurs d'armes apparentes ou cachées, s'ils ont continué à faire partie de l'attroupement après la première sommation. (*Art. 4 de la même loi.*)

6. Si les individus condamnés en vertu des deux articles précédents n'ont pas leur domicile dans le lieu où l'attroupement a été formé, le jugement ou l'arrêt qui les condamnera pourra les obliger, à l'expiration de leur peine, à s'éloigner de ce lieu à un rayon de dix myriamètres, pendant un temps qui n'excédera pas une année, si mieux ils n'aiment retourner à leur domicile. (*Art. 5 de la même loi.*)

7. Tout individu qui, au mépris de l'obligation à lui imposée par le précédent article, serait retrouvé dans les lieux à lui interdits, sera arrêté, traduit devant le tribunal de police correctionnelle et condamné à un emprisonnement qui ne pourra excéder le temps restant à courir pour son éloignement du lieu où aura été commis le délit originaire. (*Art. 6 de la même loi.*)

8. Toute arme saisie sur une personne faisant partie d'un attroupement sera, en cas de condamnation, déclarée définitivement acquise à l'Etat. (*Art. 7 de la même loi.*)

9. Si l'attroupement a un caractère politique, les coupables des délits prévus par les articles 3 et 4 de la présente loi pourront être interdits pendant trois ans au plus, en tout ou en partie, de l'exercice des droits mentionnés dans les quatre premiers paragraphes de l'article 42 du Code pénal. (*Art. 8 de la même loi.*)

10. Toutes personnes qui auraient continué à faire partie d'un attroupement après les trois sommations pourront, pour ce seul fait, être déclarées civilement et solidairement responsables des condamnations pécuniaires qui seront prononcées pour réparation des dommages causés par l'attroupement. (*Art. 9 de la même loi.*)

11. Les peines portées par les dispositions ci-dessus seront prononcées sans préjudice de celles qu'auraient encourues, aux termes du Code pénal, les auteurs et les complices des crimes et délits commis par l'attroupement. Dans le cas du concours de deux peines, la plus grave sera seule appliquée. (*Art. 11 de la même loi.*)

12. Conformément à l'article 471 du Code pénal, il est défendu *d'embarrasser la voie publique en y laissant ou déposant, sans nécessité, des matériaux ou des choses quelconques qui empêchent ou diminuent la liberté ou la sûreté du passage.*

Le conseiller d'Etat, préfet de police, **VIVIEN.**

N° 1415. — *Ordonnance concernant des mesures d'ordre relatives aux fêtes nationales qui seront célébrées dans Paris, les 27, 28 et 29 juillet 1831* (1).

Paris, le 24 juillet 1831.

Nous, conseiller d'Etat, préfet de police,

Vu le programme arrêté le 7 juillet présent mois, par M. le ministre du commerce et des travaux publics, concernant les cérémonies funèbres et les réjouissances et fêtes publiques qui auront lieu dans la ville de Paris, les 27, 28 et 29 de ce mois, à l'occasion de l'anniversaire de la révolution glorieuse de juillet,

---

(1) V. les ord. des 25 juill. 1832 et 1833, 26 juill. 1840 et 1841, et 27 juillet 1844.

Ordonnons ce qui suit :

Dispositions relatives aux cérémonies funèbres du mercredi 27 juillet.

1. Le mercredi 27 juillet, jour fixé pour les cérémonies funèbres, il sera fait, de cinq à huit heures du matin, un balayage extraordinaire dans la ville de Paris, sur les points qui suivent, savoir :

1° La place du Palais-Royal ;
2° La partie de la rue Saint-Honoré entre ladite place et la rue de Richelieu ;
3° Toute la rue de Richelieu ;
4° Les boulevards Montmartre, Poissonnière, Bonne-Nouvelle, Saint-Denis, Saint-Martin, du Temple, des Filles-du-Calvaire, Beaumarchais et la place de la Bastille ;
5° La rue Saint-Antoine ;
6° La place Baudoyer ;
7° La rue du Monceau-Saint-Gervais ;
8° La place de Grève ;
9° Le quai Pelletier ;
10° Le pont Notre-Dame ;
11° La rue de la Juiverie ;
12° La rue Saint-Jacques ;
13° La place du Panthéon ;
14° La rue Saint-Dominique-d'Enfer ;
15° La rue de Tournon ;
16° La rue de Seine ;
17° Les quais de la rive gauche de la Seine ;
18° Le Pont-Royal ;
19° La place du Carrousel,
20° Et la rue de Chartres.

2. Les habitants des rues désignées en l'article précédent sont tenus, chacun en ce qui le concerne, de faire effectuer ce balayage.

3. Depuis l'heure fixée pour ce balayage extraordinaire jusqu'à cinq heures après-midi du même jour, il est défendu de déposer aucune ordure, et de jeter ou de laisser couler aucunes eaux ménagères, sur les points de la voie publique ci-dessus désignés.

4. Le balayage et l'enlèvement des boues seront terminés avant neuf heures du matin, dans les rues et sur les boulevards où le cortége passera.

5. Le même jour, 27 juillet, la circulation et le stationnement des voitures seront interdits à partir de onze heures du matin jusqu'après le passage du cortége du roi sur les points suivants, savoir :

Sur la place du Palais-Royal ;

Dans la rue Saint-Honore, à partir de cette place jusqu'à la rue de Richelieu ;

Dans toute la rue de Richelieu ;

Sur les boulevards Montmartre, Poissonnière, Bonne-Nouvelle, Saint-Denis, Saint-Martin, du Temple, des Filles-du-Calvaire, Beaumarchais,

Et sur toute la place de la Bastille, circonscrite par la rue Saint-Antoine, le boulevard Beaumarchais, les quais du canal Saint-Martin, la rue Amelot, la rue du faubourg Saint-Antoine, la rue de la Contrescarpe et par le boulevard Bourdon.

6. La circulation et le stationnement des voitures seront pareillement interdits ledit jour, à partir de une heure de relevée jusqu'après le passage du cortége, sur les points suivants :

Dans la rue Saint-Antoine ; sur la place Baudoyer ; dans la rue du Monceau-Saint-Gervais ; sur la place de Grève ; le quai Pelletier ; le pont Notre-Dame ; dans la rue de la Juiverie ; la rue Saint-Jacques, et la place du Panthéon.

Et à compter de deux heures de relevée jusqu'après la rentrée du cortége au Palais-Royal, sur les points ci-après, savoir :

Dans la place du Panthéon ;

Dans la rue Saint-Jacques, jusqu'à la rue d'Enfer Saint-Dominique ;

Dans la rue Saint-Dominique-d'Enfer ; dans celle de Tournon ; la rue de Seine ;

Les quais de la rive gauche jusqu'au Pont-Royal ;

Le Pont-Royal ; le quai du Louvre ; la place du Carrousel ; la rue de Chartres, et la place du Palais-Royal.

7. Sont seules exceptées desdites prohibitions les voitures de MM. les membres du corps diplomatique, des ministres, des maréchaux, des autorités civiles et militaires, des membres des deux chambres, du conseil d'Etat et du conseil municipal, ainsi que des députations de l'Institut et des décorés de Juillet qui se rendront, ledit jour 27, à la place de la Bastille, au Panthéon et au Palais-Royal.

8. Le chef de la police municipale fera les dispositions nécessaires pour le défilé et le stationnement des voitures qui se rendront à la place de la Bastille et sur celle du Panthéon, et prendra toutes les mesures de police que les circonstances pourront exiger.

9. Il est défendu aux cochers de quitter les rênes de leurs chevaux, et il leur est enjoint d'obéir aux ordres qui leur seront donnés par les officiers de police et par la garde municipale, chargée de faire observer les consignes.

10. Il est défendu de traverser le cortége, et de monter sur les arbres du boulevard, et sur les parapets du Canal Saint-Martin.

Dispositions relatives à la fête du jeudi 28 juillet.

11. Dans la même journée, la circulation et le stationnement des voitures sont interdits depuis dix heures du matin jusqu'à neuf heures du soir, savoir :

1° Sur le Pont-Royal ;

2° Sur la place et le pont de la Concorde ;

3° Dans la rue Royale ;

4° Dans la rue Saint-Florentin ;

5° Dans toute la rue de Rivoli ;

6° Sur les quais d'Orsay, des Tuileries et de la Conférence ;

7° Dans la grande avenue des Champs-Élysées, et dans toutes celles qui y aboutissent ;

8° Sur la place de la barrière du Trône ;

9° Sur toutes les avenues qui conduisent à cette place,

10° Et dans la rue du faubourg Saint-Antoine, en descendant, jusqu'au débouché de la rue de Montreuil exclusivement.

12. Sont seuls exceptés de la prohibition établie par l'article précédent, les voitures des ambassadeurs, des ministres, des autorités civiles et militaires, et celles de la maison du roi qui se rendraient, soit au Palais-Royal, soit au Champ-de-Mars, ainsi que les courriers de la malle et les diligences.

13. Pendant les journées des 28 et 29 juillet, les voitures qui arriveront à Paris par la route de Vincennes seront dirigées sur les barrières de Montreuil et de Saint-Mandé.

Le 28 juillet, depuis dix heures du matin jusqu'à neuf heures du soir, les voitures qui arriveront à Paris par la barrière de Passy seront dirigées par le pont de l'École-Militaire sur les avenues de cette École.

Celles qui arriveront par la route de Neuilly ne pourront entrer dans Paris par la barrière de l'Etoile, et seront dirigées par la barrière du Roule.

14. Il est défendu de monter sur les parapets des quais et des ponts, sur les piédestaux et statues du pont de la Concorde, pendant la joute sur l'eau qui aura lieu vis-à-vis du quai d'Orsay.

15. A compter de dix heures du matin, le passage d'eau en batelets sera interdit le 28 juillet entre le Pont-Royal et celui de l'Ecole-Militaire, et au port de Bercy pendant la durée de la joute.

16. Il est expressément défendu aux personnes qui se rendront au Champ-de-Mars pour assister aux courses de chevaux qui s'y feront le même jour, d'amener avec elles des chiens, afin de prévenir les accidents que ces animaux pourraient causer en courant après les chevaux.

17. Pendant la durée des courses et des exercices de cavaliers qui auront lieu au Champ-de-Mars, le public ne pourra pénétrer sur l'emplacement qui sera réservé auxdites courses.

18. Le public ne pourra pareillement stationner et circuler que sur les tertres qui bordent le Champ-de-Mars, et aucune personne étrangère aux courses et aux exercices ne devra se placer dans l'intérieur de l'espace où ils s'exécuteront.

19. Il est défendu aux étalagistes de stationner près des grilles et sur les tertres du Champ-de-Mars. Ils ne pourront se placer qu'aux endroits indiqués dans les permissions qu'ils seront tenus d'obtenir du commandant supérieur de l'Ecole-Militaire.

20. Pour prévenir tout accident et ne pas priver le public du coup d'œil des courses, défense est faite de construire sur les tertres du Champ-de-Mars aucuns amphithéâtres, estrades, ni d'y placer aucunes voitures, charrettes, tonneaux, bancs, tables et chaises.

Les commissaires de police feront enlever tous les objets de cette nature qui se trouveraient placés en contravention à la défense ci-dessus.

21. L'établissement de ponts volants sur les fossés du Champ-de-Mars ne pourra avoir lieu qu'à la faveur d'une permission écrite, de M. le commandant supérieur de l'Ecole-Militaire, et l'usage n'en sera autorisé qu'après que leur solidité aura été reconnue par les architectes de la préfecture de police.

22. Il est défendu de construire dans les Champs-Elysées, et notamment dans le grand carré des jeux, ainsi que sur la place de la barrière du Trône, aucuns amphithéâtres, estrades ou établissements de ce genre, autres que ceux autorisés par le programme du gouvernement, ou permis par M. le préfet de la Seine.

23. Il y aura illumination générale dans la soirée du 28 juillet.

Dispositions relatives à la fête militaire du 29 juillet.

24. Des représentations gratuites auront lieu le 29 juillet sur les théâtres de Paris; elles commenceront toutes à trois heures après-midi.

Les portes seront ouvertes au public à deux heures et demie.

25. La circulation et le stationnement des voitures sont interdits ledit jour, à partir de sept heures du matin jusqu'après la revue de la garde nationale et des troupes de ligne, sur les points suivants, savoir :

1° Dans toute la rue du faubourg Saint-Antoine à partir de la barrière du Trône;

2° Sur la place de la Bastille;

3° Sur toute la ligne des boulevards entre ladite place et le monument de la Madeleine;

4° Dans la rue Royale;
5° Sur la place de la Concorde;
6° Dans la rue des Champs-Elysées;
7° Sur le quai des Tuileries;
8° Dans la rue de Rivoli;
9° Dans toute la grande avenue des Champs-Elysées, jusqu'à l'arc de l'Etoile.

26. Le même jour, 29 juillet, la circulation et le stationnement des voitures seront interdits jusqu'à dix heures du soir, savoir : à compter de huit heures du matin jusqu'à quatre heures du soir, 1° sur l'emplacement de la barrière de l'Etoile, et dans l'avenue des Champs-Elysées,

Et 2° sur l'emplacement de la barrière du Trône.

A compter de six heures du matin,

Sur le pont de la Concorde.

A compter de six heures du soir,

Sur la place de la Concorde;

Dans la rue Royale;

Sur les quais d'Orsay, des Tuileries et de la Conférence;

Dans la rue Saint-Florentin;

Dans toute la longueur de la rue de Rivoli, jusqu'à la rue de l'Echelle exclusivement;

Sur le Pont-Royal;

Sur les quais de la rive droite de la Seine, depuis le Pont-Royal jusqu'au Pont-Neuf,

Et sur ceux de la rive gauche, depuis le Pont-Royal jusqu'à la rue des Saints-Pères exclusivement.

Enfin, à compter de quatre heures du soir,

Sur la place de la barrière du T[illegible];

Sur toutes les avenues qui cond[illegible] à cette place,

Et dans la rue du faubourg Sain[illegible]oine, en descendant, jusqu'au débouché de la rue de Montreuil exclusivement.

27. Sont seules exceptées de cette prohibition les voitures des membres du corps diplomatique, des ministres, des maréchaux, des membres des deux chambres, des autorités civiles et militaires, ainsi que celles de la maison du roi qui se rendront au Palais-Royal, dans la journée du 29 juillet.

Ces voitures cependant ne pourront traverser la Seine que sur le Pont-Neuf ou les ponts en amont.

28. A compter de cinq heures après-midi, le passage d'eau en batelet sera interdit le 29 juillet entre le Pont-Royal et celui de l'Ecole Militaire.

29. A partir de sept heures du soir, et jusqu'après le feu d'artifice qui sera tiré sur le pont de la Concorde, aucune personne ne pourra stationner sur le pont des Arts, ni sur le pont suspendu des Invalides, et le passage en sera interdit au public pendant tout ce temps.

30. Il est défendu de monter sur les monuments publics, sur les balustrades de la place de la Concorde, sur les parapets des quais et des ponts, sur les piédestaux et statues du pont de la Concorde, sur les piles de bois dans les chantiers, ainsi que sur les arbres des Champs-Elysées et de la barrière du Trône.

Il est également défendu de monter sur les toits, les entablements et les auvents des maisons, ainsi que sur les échafaudages qui se trouveraient au-devant des bâtiments.

Défenses sont pareillement faites de monter sur les barrières de clôture du chantier existant sur la place de la Concorde.

31. Des pompes et tonneaux à incendie seront disposés à proximité du pont de la Concorde, côté de la chambre des députés, et de la barrière du Trône, pour porter des secours au besoin.

32. Il y aura illumination générale dans Paris dans la soirée du 29.

Dispositions générales.

33. Dans les journées des 27, 28 et 29 juillet, aucune pièce d'artifice ni arme à feu ne pourra être tirée sur la voie publique et dans l'intérieur des habitations, afin de prévenir tout danger d'incendie, et d'éviter des accidents envers les personnes.

Dans les mêmes journées, aucunes estrades, gradins, amphithéâtres ou autres établissements de ce genre ne pourront être construits et posés sur aucune des parties de la voie publique et emplacements où auront lieu les cérémonies, revue et divertissements publics.

34. Les contraventions à la présente ordonnance seront constatées et poursuivies conformément aux lois.

35. La présente ordonnance sera imprimée, publiée et affichée dans Paris.

Le chef de la police municipale, les maires des communes de Passy, Neuilly, Saint-Mandé, Montreuil, Vincennes, de Bercy et de Grenelle, les commissaires de police et les officiers de paix de la ville de Paris, l'architecte commissaire de la petite voirie, l'inspecteur général de la navigation et des ports et les préposés de la préfecture de police sont chargés de tenir la main à son exécution, chacun en ce qui le concerne.

Le colonel de la garde municipale de la ville de Paris et MM. les commandants de la garde nationale et des autres corps militaires sont requis de leur prêter main-forte au besoin.

Le conseill[...]tat, préfet de police, VIVIEN.

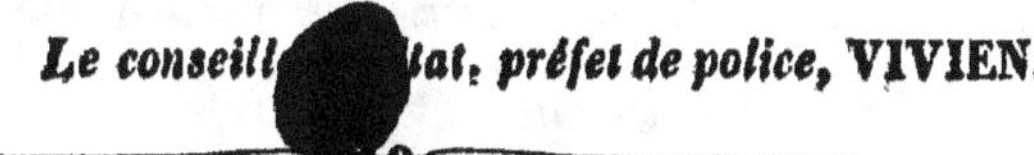

N° 1416. — *Ordonnance concernant l'ouverture de la chasse* (1).

Paris, le 27 août 1831.

N° 1417. — *Avis portant défense de mener des chiens aux courses de chevaux du Champ-de-Mars* (2).

Paris, le 27 août 1831.

N° 1418. — *Ordonnance concernant le trafic des billets de spectacle sur la voie publique* (3).

Paris, le 30 août 1831.

Nous, conseiller d'État, préfet de police,

Vu l'arrêté du gouvernement du 12 messidor an VIII (1er juillet 1800),

(1) V. l'ord. du 22 août 1843.

(2) V. l'avis du 11 oct. 1843.

(3) Rapportée. — V. l'ord. du 22 nov. 1838.

qui nous charge de prendre les dispositions nécessaires au maintien de la tranquillité et du bon ordre au dehors des spectacles;

Considérant qu'un grand nombre d'individus se livrent journellement, sur la voie publique, au trafic des billets de spectacle à l'entrée des théâtres;

Considérant que ce trafic gêne la circulation, compromet l'ordre et la tranquillité publique, donne lieu à des risques et à des escroqueries envers les personnes qui se rendent dans les théâtres et qu'il se fait en fraude de la perception de la taxe des indigents sur le produit des billets délivrés aux bureaux,

Ordonnons ce qui suit :

1. Le commerce des billets de spectacle sur la voie publique, aux abords des théâtres, est interdit.

2. Tout individu trouvé vendant des billets de spectacle sur la voie publique, aux abords des théâtres, sera traduit devant le commissaire de police de service, lequel dressera procès-verbal de la contravention, saisira les billets dont il sera porteur, et prononcera, en cas de délit, l'arrestation provisoire, ainsi que le renvoi devant les tribunaux compétents.

3. La présente ordonnance sera imprimée et affichée partout où besoin sera, notamment à l'extérieur des théâtres et dans les rues environnantes.

4. Les commissaires de police, le commissaire, chef de la police municipale, les officiers de paix et les préposés de la préfecture de police sont chargés de tenir la main à son exécution.

Le colonel de la garde municipale et les officiers et sous-officiers de ce corps sont requis de leur prêter main-forte au besoin.

Le conseiller d[illegible]*préfet de police,* VIVIEN.

N° 1419.— *Ordonnance concernant les voitures de place* (1).

Paris, le 5 septembre 1831.

Nous, conseiller d'Etat, préfet de police,

Considérant que, depuis quelque temps, un grand nombre de loueurs de voitures de place ont réduit le prix de la course à un franc pour les carrosses et à soixante-quinze centimes pour les cabriolets, qu'ils annoncent cette réduction du tarif à l'aide de pavillons placés dans la partie supérieure des voitures;

Qu'il arrive journellement que les cochers, après avoir chargé sur place, à la faveur des pavillons annonçant un prix réduit, enlèvent en route ces pavillons et exigent, au terme de la course, le prix du tarif ordinaire;

Que les cochers que l'on envoie chercher sur les places font disparaître aussi leurs pavillons, en arrivant à la maison où ils ont été appelés;

Que, par suite de la possibilité d'enlever ces pavillons et des abus qu'elle facilite, des discussions et même des querelles se sont fréquemment élevées entre le public et les cochers;

Que beaucoup de cochers dont les voitures annoncent un prix

---

(1) Rapportée. — Voir l'ord. du 15 janv. 1841, les arr. des 15 janv. et 18 fév. 1841, et l'ord. du 25 mai 1842.

réduit refusent de marcher à ce prix lorsque les courses leur paraissent trop longues ;

Considérant, d'un autre côté, que la plupart des personnes qui font usage des voitures de place négligent d'en prendre le numéro ou ne peuvent le distinguer pendant la nuit, d'où il résulte qu'un grand nombre de plaintes et de réclamations ne donnent lieu, le plus souvent, qu'à des recherches infructueuses ;

Que, dans l'intérêt général des citoyens, l'autorité doit prescrire les mesures nécessaires pour mettre un terme à cet état de choses, tout en laissant aux propriétaires de voitures les facultés compatibles avec l'ordre public et la liberté de la circulation ;

Vu 1° Les ordonnances de police des 1er juillet et 14 décembre 1829 ;

2° La loi des 16—24 août 1790, et l'arrêté du gouvernement du 12 messidor an VIII (1er juillet 1800),

Ordonnons ce qui suit :

1. A compter du 15 septembre courant, tout propriétaire de voiture de place sera tenu de délivrer à ses cochers un nombre suffisant de cartes imprimées pour les courses de la journée, indiquant le numéro de la voiture et le prix de la course, conformément au modèle qui sera délivré au bureau du commissaire de police, inspecteur en chef du service des voitures ; ces cartes ne pourront être surchargées ni altérées en aucune manière.

2. Il est enjoint à tout cocher de remettre à la personne qui voudra faire usage de sa voiture, soit à l'heure, soit à la course, et avant qu'elle n'y monte, la carte mentionnée en l'article précédent.

Lorsque plusieurs personnes à la fois prendront la même voiture, le cocher ne sera tenu de livr[illegible] une seule carte.

3. Tout cocher annonçant u[illegible]x réduit, à l'aide d'un pavillon ou de tout autre moyen, sera ten[illegible] marcher à ce prix, à toute réquisition du public, quelle que soit la longueur de la course.

4. Les loueurs qui adopteront un prix réduit pourront seuls placer sur leurs voitures des pavillons ou autres signes indicatifs.

5. Les dispositions des ordonnances des 1er juillet et 14 décembre 1829, auxquelles il n'est pas explicitement dérogé par la présente ordonnance, continueront de recevoir leur exécution.

6. Les contraventions à la présente ordonnance seront constatées, soit par des procès-verbaux, soit par des rapports qui nous seront transmis pour être adressés aux tribunaux compétents.

7. Il sera pris envers les contrevenants telles mesures administratives qu'il appartiendra, sans préjudice des poursuites à exercer devant les tribunaux.

8. La présente ordonnance sera imprimée et affichée.

Le chef de la police municipale, le commissaire de police, inspecteur en chef du service des voitures, les commissaires de police, les officiers de paix et les préposés de la préfecture de police sont chargés de tenir la main à son exécution, chacun en ce qui le concerne.

Elle sera adressée, en outre, à M. le colonel de la garde municipale et à M. le commandant de la gendarmerie départementale de la Seine, pour qu'ils en assurent l'exécution par les moyens qui sont à leur disposition.

Le conseiller d'Etat, préfet de police, VIVIEN.

N° 1420. — *Ordonnance concernant les mesures d'ordre et de sûreté à observer les 11, 18 et 25 septembre 1831, à l'occasion de la fête de Saint-Cloud* (1).

Paris, le 9 septembre 1831.

LOUIS-PHILIPPE, roi des Français,

Sur le rapport de notre président du conseil, ministre secrétaire d'Etat au département de l'intérieur,

Nous avons nommé et nommons :

M. Saulnier, préfet de la Mayenne, préfet de police, en remplacement de M. Vivien, appelé à d'autres fonctions.

Notre président du conseil, ministre secrétaire d'état de l'intérieur, est chargé de l'exécution de la présente ordonnance.

Donné à Paris, le 17 septembre 1831.

Signé LOUIS-PHILIPPE.

N° 1421. — *Ordonnance concernant les étrangers à la ville de Paris* (2).

Paris, le 2 octobre 1831.

N° 1422. — *Ordonnance concernant le passage des voitures aux barrières.*

Paris, le 10 octobre 1831.

Nous, maître des requêtes, préfet de police,

Vu l'article 5 de l'ordonnance de police du 9 mai dernier, ainsi conçu :

« Toute voiture, de quelque espèce que ce soit, même attelée d'un « seul cheval, devra être conduite au pas, en passant aux barrières, « ainsi qu'à la descente des ponts et généralement dans tous les en- « droits où la pente est trop rapide. »

Considérant que cet ordre est journellement enfreint et que son inexécution compromet essentiellement la sûreté publique et peut occasionner de nombreux accidents;

En vertu de l'article 22 de l'arrêté du gouvernement du 1er juillet

---

(1) V. l'ord. du 6 sept. 1843.

(2) V. les ord. des 19 nov. 1831 et 15 juin 1832.

1800 (12 messidor an VIII), et de l'article 156 du décret impérial du 17 mai 1809,

Ordonnons ce qui suit :

1. Il est fait expresse défense à tout conducteur de voitures publiques, de carrosses et cabriolets de place ou de maître et de toutes autres voitures, de quelque espèce que ce soit, de passer, autrement qu'au pas, aux barrières de Paris, ainsi qu'à la descente des ponts et généralement dans tous les endroits où la pente est trop rapide.

2. Les contraventions seront constatées par des procès-verbaux ou rapports qui nous seront transmis pour être déférés aux tribunaux compétents.

En cas de rébellion, les auteurs et fauteurs du délit seront arrêtés et conduits immédiatement devant un commissaire de police.

3. La présente ordonnance sera imprimée et affichée partout où besoin sera.

Le chef de la police municipale, les commissaires de police, le commissaire de police inspecteur en chef du service de place, les officiers de paix, ainsi que tous les autres agents de l'administration et les préposés de l'octroi sont chargés, chacun en ce qui le concerne, d'en surveiller et assurer l'exécution.

Elle sera adressée, en outre, à M. le commandant en chef de la garde nationale de Paris, à M. le commandant de la place de Paris, et au colonel commandant la garde municipale, pour les mettre à même de concourir à son exécution.

Il en sera transmis des exemplaires aux sous-préfets des arrondissements de Saint-Denis et de Sceaux, pour les faire publier et afficher dans l'intérêt de leurs administrés.

Le maître des requêtes, préfet de police, SAULNIER.

N° 1423. — *Ordonnance concernant les mesures de salubrité à observer dans les halles et marchés* (1).

Paris, le 11 octobre 1831.

Nous, maître des requêtes, préfet de police,

Considérant que les détaillants qui occupent des places dans les halles et marchés ne les entretiennent pas avec la propreté convenable ; qu'ils déposent dans les passages réservés à la circulation du public ou sur le sol de leurs places des débris de matières animales ou autres, suivant la nature de leur commerce, qui répandent une odeur infecte, et qu'il importe, dans l'intérêt de la salubrité des quartiers où sont situés ces halles et marchés, de faire cesser promptement cet état de choses ;

Vu les articles 2, 22, 23, 33 et 34 de l'arrêté du gouvernement du 12 messidor an VIII (1er juillet 1800),

Ordonnons ce qui suit :

DISPOSITIONS GÉNÉRALES.

1. Il est enjoint à tous les détaillants établis dans les halles et marchés d'entretenir dans un état constant de propreté l'intérieur et les abords de leurs places.

---

(1) V. l'ord. du 1er avril 1832.

2. Il leur est défendu de jeter, dans les passages réservés pour la circulation, des pailles ou debris quelconques. Tous les débris doivent être rassemblés dans des seaux ou paniers, pour être déposés aux endroits affectés à ces dépôts dans chaque marché.

3. Il est enjoint aux détaillants de n'avoir que des étalages ou ustensiles mobiles ou transportables. Il leur est expressément défendu de les fixer aux poteaux par des clous ou aux murs par des scellements.

Toute dérogation au présent article qui serait nécessitée par des motifs de salubrité, en faveur de certaines espèces de marchandises, sera l'objet de permissions spéciales délivrées par l'administration.

4. Il est défendu de placer sur les entraits du comble des abris, des coffres, des paniers pleins ou vides, et généralement des effets, marchandises ou matériaux quelconques, rien ne devant gêner la circulation de l'air sous les combles.

5. Il est défendu d'élever les étalages latéralement de manière à intercepter la vue et la circulation de l'air d'une place aux places voisines.

6. Il est défendu de conserver dans les étalages des marchandises avariées impropres à la consommation.

7. Tous les mois et plus souvent, s'il est nécessaire, à des jours qui seront désignés par l'administration, les marchands déplaceront leurs etalages et ustensiles quelconques pour nettoyer à fond le sol qu'ils recouvrent.

DISPOSITIONS PARTICULIÈRES A CERTAINES PROFESSIONS.

Tripiers et marchands d'abats.

8. Il est enjoint aux tripiers et marchands d'abats de renouveler l'eau des baquets dans lesquels ils font tremper les têtes, pieds et fressures de veau, les pieds de mouton, etc., assez fréquemment pour qu'elle ne contracte aucune mauvaise odeur.

9. Avant d'opérer ce renouvellement, ils doivent faire écouler entièrement l'eau de trempage, rincer et nettoyer les baquets.

10. Il leur est expressément défendu de jeter dans les passages ou sur le sol de leurs places les marchandises avariées ou des débris quelconques; ils devront les conserver dans des seaux ou baquets qu'ils auront soin de faire enlever tous les jours ou de vider dans les voitures du nettoiement, à leur passage.

11. Après la vidange des baquets de trempage, il leur est enjoint de laver à grande eau la partie du sol par laquelle se sera fait l'écoulement.

12. Les tables et généralement toutes les parties des étalages et ustensiles qui sont en contact avec les marchandises de triperie seront fréquemment grattées et lavées, et au moins tous les soirs avant la fermeture du marché.

13. Une fois au moins par semaine, les tables, seaux et baquets devront être lavés sur tous les points avec une solution de chlorure de sodium ou de chlorure de chaux.

Bouchers et charcutiers.

14. Il est enjoint aux bouchers et charcutiers sur les marchés de gratter et nettoyer leurs tables et notamment les ais sur lesquels ils coupent leurs viandes, de manière qu'il n'y reste aucun débris de chair, de graisse et d'os.

Marchands de volaille et gibier.

15. Il est défendu aux marchands de volaille de placer des cages et paniers vides ou contenant des animaux vivants, dans les cours et passages intérieurs des marchés ou au dehors sur la voie publique.

16. Il leur est défendu de saigner et plumer des volailles, y compris les pigeons, soit à leurs places, soit dans les passages ou aux abords des marchés.

17. Il leur est défendu de jeter sur le sol les intestins de volailles. Ils devront les conserver dans des seaux qui seront vidés dans les voitures du nettoiement et rincés ensuite.

Marchandes de marée et de poisson d'eau douce.

18. Il est expressément défendu de se servir de tampons de papier pour exposer en vente le poisson. On ne pourra employer à cet usage que des blocs de pierre ou de bois ou des terrines de grè renversées.

19. Il leur est enjoint de la manière la plus expresse de déposer les débris et la vidange des poissons dans des seaux qui seront vidés fréquemment et au moins une fois par jour, aux points désignés à cet effet, et immédiatement rincés avec soin.

20. Il leur est enjoint de gratter et laver tous les jours les tables sur lesquelles le poisson est exposé en vente. Ces marchandes devront en outre les laver, ainsi que les baquets servant à l'usage du poisson, au moins une fois par semaine, avec une solution de chlorure de sodium ou de chlorure de chaux.

Marchandes de saline.

21. Il est enjoint aux marchandes de saline de renouveler fréquemment l'eau des baquets où elles font dessaler le poisson.

Les inspecteurs des marchés veilleront à ce que, par un trop long trempage, le poisson ne soit pas altéré et rendu impropre à la consommation.

Ces marchandes devront, en ce qui concerne la propreté de leurs étalages et ustensiles, se conformer à ce qui est prescrit aux marchandes de marée.

Marchandes de viandes cuites.

22. Il est défendu aux marchandes de viandes cuites de jeter, soit dans l'intérieur de leurs places, soit dans les passages ou sur la voie publique, aucun débris de leurs marchandises. Il leur est enjoint de ne conserver et de n'exposer en vente que des viandes saines. Il leur est enjoint aussi de ne renfermer les marchandises qu'elles conservent d'un jour à l'autre que dans des coffres disposés de manière que l'air puisse s'y renouveler; ces coffres devront être nettoyés au moins une fois par semaine, en les lavant avec une solution de chlorure de sodium ou de chlorure de chaux.

23. Les contraventions seront constatées par des procès-verbaux ou rapports qui nous seront adressés pour être transmis au tribunal compétent.

24. La présente ordonnance sera imprimée, publiée et affichée.

25. Le commissaire, chef de la police municipale, les commissaires de police, les officiers de paix, le directeur de la salubrité, l'inspecteur général et les inspecteurs généraux adjoints des halles et marchés et les préposés sous leurs ordres sont chargés de tenir la main à son exécution.

Le maître des requêtes, préfet de police, SAULNIER.

LOUIS-PHILIPPE, roi des Français, etc.,

Vu la lettre adressée à notre président du conseil, ministre secrétaire d'Etat de l'intérieur, par laquelle M. Saulnier, préfet de police, déclare se démettre de ses fonctions;

Sur le rapport de notredit président du conseil, ministre secrétaire d'Etat de l'intérieur;

Nous avons ordonné et ordonnons ce qui suit :

1. M. Gisquet, secrétaire général, remplira, par intérim, les fonctions de préfet de police.

2. Notre président du conseil, ministre secrétaire d'Etat au département de l'intérieur, est chargé de l'exécution de la présente ordonnance.

Donné à Paris, le 15 octobre 1831.

Signé LOUIS-PHILIPPE.

N° 1424. — *Ordonnance concernant les étrangers à la ville de Paris* (1).

Paris, le 19 novembre 1831.

Nous, préfet de police,

Considérant que les lois et règlements de police concernant les maisons garnies, les passe-ports et permis de séjour ne sont pas exécutés d'une manière satisfaisante; que cet état de choses facilite aux vagabonds et gens sans aveu, aux étrangers à la ville de Paris et autres, les moyens de se soustraire à l'attention et à la surveillance de l'autorité; qu'il importe d'y remédier, dans l'intérêt de la sûreté publique, en ramenant à une exécution plus stricte les dispositions législatives et réglementaires dont il s'agit;

Vu les articles 2, 6 et 7 de l'arrêté du gouvernement du 12 messidor an VIII (1er juillet 1800), l'article 5 de la loi du 22 juillet 1791, ensemble les articles 475, § 2, et 478 du Code pénal;

Vu les lois des 28 mars 1792 et 10 vendémiaire an IV (2 octobre 1795) les articles 3 et 7 de la loi du 28 vendémiaire an VI (19 octobre 1797), concernant spécialement les étrangers, les ordonnances de police des 8 novembre 1780, 10 juin 1820, et autres sur la même matière,

Ordonnons ce qui suit :

1. Les personnes qui exercent l'état d'aubergiste, de maître d'hôtel garni ou de logeur sont tenues d'avoir un registre en papier timbré pour l'inscription des voyageurs français et étrangers.

Le registre doit être coté et parafé par le commissaire de police du quartier. (*Ord. du* 8 *nov.* 1780, *art.* 5; *loi du* 22 *juill.* 1791, *art.* 5, *et Code pénal, art.* 475, § 2.)

---

(1) V. l'ord. du 15 juin 1832.

2. Il est enjoint aux aubergistes, maîtres d'hôtels garnis et logeurs d'inscrire jour par jour, de suite, sans aucun blanc ni interligne, les noms, prénoms, âges, qualités, domiciles habituels et professions de tous ceux qui couchent chez eux, même une seule nuit.

Le registre doit indiquer la date de leur entrée et de leur sortie. (*Ord. du 8 nov. 1780 et loi du 22 juill. 1791, mêmes articles.*)

3. Les aubergistes, maîtres d'hôtels garnis et logeurs représenteront leur registre, à toute réquisition, soit aux commissaires de police qui les viseront, soit aux officiers de paix ou aux préposés de la préfecture de police qui pourront aussi les viser. (*Ord. du 8 nov. 1780 et loi du 22 juill. 1791, mêmes articles.*)

4. Faute par eux de se conformer aux dispositions ci-dessus prescrites, ils encourront les peines prononcées par les lois. (*Amende depuis six francs jusqu'à dix inclusivement. art. 475, § 2 du Code pénal, emprisonnement pendant cinq jours, en cas de récidive, art. 478 du même Code.*)

Ils seront, en outre, civilement responsables des restitutions, des indemnités et frais adjugés à ceux à qui un crime ou un délit, commis par des personnes logées sans inscription, aurait causé quelque dommage, sans préjudice de leur responsabilité, dans les cas des articles 1952, 1953 du Code civil. (*Art. 73 du Code pénal.*)

5. Il leur est défendu d'inscrire sciemment sur leur registre, sous des noms faux ou supposés, les personnes logées chez eux, sous les peines prononcées par l'article 154 du Code pénal. (*Emprisonnement de six jours à un mois, Code pénal, art. 154.*)

Il leur est pareillement défendu de donner retraite aux vagabonds, mendiants et gens sans aveu. (*Loi du 10 vend. an* IV.)

6. Les aubergistes, maîtres d'hôtels garnis et logeurs porteront, tous les jours, avant midi, au commissaire de police de leur quartier, les passe-ports des voyageurs français et une note des voyageurs étrangers qui seront arrivés dans leurs auberges, hôtels ou maisons garnis.

En échange de chaque passe-port, le commissaire de police leur remettra un bulletin avec lequel les voyageurs se présenteront, dans les trois jours de leur arrivée, à la préfecture de police, pour y retirer leurs passe-ports et obtenir un visa ou un permis de séjour.

7. Les passe-ports seront laissés à la disposition des voyageurs étrangers à la France, afin que, dans les trois jours de leur arrivée, ils puissent se faire reconnaître par l'ambassadeur, ministre, envoyé ou chargé d'affaires de leur gouvernement et obtenir, à la préfecture de police, un visa ou un permis de séjour.

Les visa ou permis de séjour ne seront accordés aux sujets des puissances représentées à Paris, que d'après la reconnaissance de leurs ambassadeurs, ministres, envoyés ou chargés d'affaires respectifs.

Et aux sujets des puissances non représentées que sur une attestation de banquiers ou de deux citoyens notoirement connus.

8. Les étrangers qui sont hors d'état de se faire reconnaître par l'ambassadeur, ministre, envoyé ou chargé d'affaires de leur gounement, par suite de considérations politiques ou autres, devront également, dans les trois jours de leur arrivée, se présenter à la préfecture de police, pour y faire vérifier leurs passe-ports, et obtenir un visa ou un permis de séjour, s'il y a lieu de l'accorder, selon qu'ils veulent voyager ou résider momentanément dans la capitale. (*Art. 3 de la loi du 28 vend. an* VI.)

9. Tout voyageur arrêté sans passe-port ou feuille de sûreté sera mis en arrestation, à moins qu'il n'ait pour répondant un citoyen domicilié. (*Loi du 28 mars 1792, art. 9; loi du 10 vend. an* IV, *titre* III, *art. 6 et 7.*)

10. Les personnes soit françaises, soit étrangères qui, antérieurement à leur arrivée dans une maison garnie, auraient obtenu des permis de séjour, seront tenues de les remettre, dans les vingt-quatre heures, au maître de la maison garnie dans laquelle elles viendront loger.

Ce dernier sera tenu de les représenter, dans le même délai, au commissaire de police de son quartier.

11. Les personnes qui louent des appartements, portions d'appartements ou chambres meublés, à des étrangers à la ville de Paris, même à des individus qui y font leur résidence habituelle, seront tenues à l'obligation du registre et aux autres formalités prescrites par les articles 1, 2 et 3 de la présente ordonnance, aux aubergistes, maîtres d'hôtels garnis et logeurs, sous peine des condamnations portées aux articles 175, § 2 et 478 du Code pénal.

Le tout sans préjudice de la responsabilité civile, au cas prévu par l'article 73 du même Code, dont les dispositions sont invoquées au deuxième paragraphe de l'article 4 précité de la présente ordonnance.

12. Tous les habitants de Paris qui reçoivent des étrangers à cette ville, pour loger à titre gratuit, dans leurs maisons ou portions de maisons, sont tenus d'en faire la déclaration au commissaire de police du quartier.

Cette déclaration sera faite, dans les trois jours de la présente ordonnance, pour les étrangers qui se trouvent en ce moment à Paris, et pour ceux qui y viendront par la suite, dans les vingt-quatre heures de leur arrivée.

Il leur en sera donné acte.

13. Les concierges ou portiers des maisons non habitées et dans lesquelles logeraient, dès à présent, ou viendraient à loger à l'avenir, des étrangers à la ville de Paris, sont pareillement tenus d'en faire la déclaration dans les mêmes délais au commissaire de police du quartier.

Acte leur en sera pareillement donné.

14. Les propriétaires, locataires, concierges ou portiers porteront aux commissaires de police les passe-ports des étrangers logés dans les maisons désignées aux articles précédents.

En échange de chaque passe-port, le commissaire de police leur remettra un bulletin avec lequel les étrangers à la ville de Paris se présenteront, dans les trois jours de leur arrivée, à la préfecture de police, pour y retirer leurs passe-ports et obtenir un visa ou permis de séjour.

Ils se conformeront d'ailleurs aux dispositions de l'article 10 de la présente ordonnance dans le cas prévu par cet article.

15. Faute par eux de faire les déclarations prescrites par les articles 12 et 13 de la présente ordonnance, les propriétaires, locataires, concierges ou portiers, encourront les peines de police correctionnelle prononcées par la loi. (*Trois mois d'emprisonnement, et, en cas de récidive, détention de six mois, loi du 27 ventôse an* IV, *art.* 3.)

16. Les étrangers qui voyagent dans l'intérieur de la France ou qui y résident, sans y avoir une mission des puissances neutres ou amies du gouvernement français, ou sans y avoir acquis le titre de citoyens, sont placés sous la surveillance spéciale de l'autorité ; elle pourra leur retirer leurs passe-ports et leur enjoindre de sortir du département de la Seine et même du territoire français, si elle juge leur présence susceptible de troubler l'ordre et la tranquillité publique. (*Art. 7 de la loi du 28 vend. an* VI.)

17. Les contraventions seront constatées par des procès-verbaux pour être poursuivies devant les tribunaux conformément aux lois

18. Les dispositions des précédentes ordonnances, relatives aux maisons garnies, aux passe-ports et permis de séjour, qui ne sont pas contraires à la présente ordonnance, continueront d'être exécutées.

19. La présente ordonnance sera imprimée, publiée et affichée.

Les commissaires de police, le commissaire de police chef de la police municipale, les officiers de paix, les inspecteurs des maisons garnies, et tous les préposés de la préfecture de police sont chargés, chacun en ce qui le concerne, de tenir la main à son exécution.

Le préfet de police par intérim, GISQUET.

N° 1425. — *Ordonnance concernant le balayage des rues* (1).

Paris, le 23 novembre 1831.

N° 1426. — *Ordonnance qui interdit l'enlèvement des boues et immondices aux habitants de la campagne et autres personnes étrangères au service du nettoiement de Paris.*

Paris, le 23 novembre 1831.

Nous, préfet de police, par intérim,

Considérant que les habitants de la campagne, qui viennent ramasser des immondices et des fumiers dans les rues de Paris, disséminent les ordures mises en tas sur la voie publique pour choisir les parties de ces immondices qui leur conviennent le mieux, ce qui nuit à la propreté de la ville et à l'exactitude du service du nettoiement;

Qu'il est nécessaire d'adopter pour ce service important un mode d'enlèvement uniforme et régulier;

Vu l'ordonnance de police du 30 août 1813;

Vu les articles 2 et 22 de l'arrêté du 12 messidor an VIII (1er juillet 1800),

Ordonnons ce qui suit :

1. L'ordonnance du 30 août 1813 est rapportée.

En conséquence, il est défendu aux habitants de la campagne, et autres personnes étrangères au service du nettoiement, de ramasser dans Paris, soit de jour, soit de nuit, à l'aide de voitures ou d'autres moyens de transport analogues, des immondices, du petit fumier ou tous autres objets déposés sur la voie publique.

2. Les contrevenants à la présente ordonnance seront poursuivis devant les tribunaux conformément aux lois et règlements.

3. La présente ordonnance sera imprimee et affichée.

Les commissaires de police, le chef de la police municipale, le directeur de la salubrité, les officiers de paix et autres préposés de l'administration sont chargés de faire observer les dispositions de l'ordonnance ci-dessus et de tenir la main à leur exécution.

Il en sera transmis des exemplaires aux sous-préfets des arrondisse-

---

(1) V. les ord. des 29 oct. 1836, 28 oct. 1839 et 1er avril 1843.

ments de Saint-Denis et de Sceaux, pour les faire publier et afficher dans l'intérêt de leurs administrés.

Le préfet de police par intérim, GISQUET.

N° 1427. — *Ordonnance concernant la police de la rivière et des ports, pendant l'hiver et le temps des glaces, grosses eaux et débâcles* (1).

Paris, le 26 novembre 1831.

LOUIS-PHILIPPE, roi des Français, etc.,

Nous avons ordonné et ordonnons ce qui suit :

1. M. Gisquet, secrétaire général chargé par intérim des fonctions de préfet de police, est nommé préfet de police.

2. Notre président du conseil, ministre secrétaire d'Etat au département de l'intérieur, est chargé de l'exécution de la présente ordonnance.

Donné au palais des Tuileries, le 26 novembre 1831.

Signé LOUIS-PHILIPPE.

N° 1428. — *Ordonnance concernant les chéneaux et gouttières destinés à recevoir les eaux pluviales sous l'égout des toits* (2).

Paris, le 30 novembre 1831.

Nous, préfet de police,

Considérant qu'un grand nombre de maisons riveraines de la voie publique sont dépourvues de chéneaux ou de gouttières et de tuyaux de descente, destinés à recevoir et à conduire jusqu'au pavé de la rue, les eaux pluviales provenant de leurs toitures ; que ces eaux, en tombant directement sur le sol, incommodent les passants, dégradent le pavé et enlèvent à la circulation des piétons une partie de largeur des rues, et notamment des trottoirs ;

Considérant qu'il importe de remédier à un état de choses si contraire à la commodité de la circulation ;

Considérant d'ailleurs que si l'établissement des chéneaux ou gouttières et tuyaux de conduite des eaux pluviales doit occasionner quelques dépenses aux propriétaires des maisons qui en sont dépourvues, ces dépenses, réclamées dans un intérêt public, tourneront au profit de leur intérêt particulier, en prévenant les dégradations notables

---

(1) V. les ord. des 1er déc. 1838, 5 déc. 1839 et 25 oct. 1840 (art. 203 et suiv.).

(2) V. les arr. des 1er août et 1er avril 1832.

qu'éprouvent les murs, les devantures de boutique et autres parties de la façade des maisons par la chute des eaux pluviales qui s'écoulent des toits et rejaillissent sur les auvents;

Vu la loi des 16—24 août 1790, titre XI, article 3, et l'article 471 du Code pénal;

En vertu de l'article 22 de l'arrêté du gouvernement du 12 messidor an VIII (1er juillet 1800),

Ordonnons ce qui suit:

1. Dans le délai de quatre mois, à partir de la publication de la présente ordonnance, les propriétaires des maisons bordant la voie publique, et dont les eaux pluviales des toits y tombent directement, seront tenus de faire établir des chéneaux ou des gouttières sous l'égout de ces toits, afin d'en recevoir les eaux, qui seront conduites jusqu'au niveau du pavé de la rue au moyen de tuyaux de descente appliqués le long des murs de face, avec seize centimètres au plus de saillie. (*Art. 3, tit. XI, de la loi des* 16—24 *août* 1790.)

Les gouttières ne pourront être qu'en cuivre, zinc ou tôle étamée, et soutenues par des corbeaux en fer.

Les tuyaux de descente ne pourront être établis qu'en fonte, cuivre, zinc, plomb ou tôle étamée et retenus par des colliers en fer à scellement.

Une cuiller en pierre devra être placée sous le dauphin de ces tuyaux.

2. Il ne sera perçu aucun droit de petite voirie pour les chéneaux, gouttières, tuyaux de conduite ou cuillers destinés à l'écoulement des eaux pluviales, et qui seront établis dans le délai fixé par l'article précédent, conformément à la délibération du conseil municipal de la ville de Paris, en date du 25 de ce mois.

3. Lors de la construction des nouveaux trottoirs, il sera pris les mesures nécessaires pour que les eaux pluviales s'écoulent sous ces trottoirs, au moyen de gargouilles pratiquées à cet effet.

4. Les propriétaires qui ont fait construire des trottoirs, sans avoir pris la mesure prescrite par l'article précédent, seront tenus de s'y conformer dans le délai de quatre mois.

5. Les contraventions seront constatées par des procès-verbaux ou rapports, et poursuivies conformément aux lois et règlements.

6. La présente ordonnance sera imprimée, publiée et affichée.

Le commissaire, chef de la police municipale, les commissaires de police, les officiers de paix, l'architecte commissaire et les architectes inspecteurs de la petite voirie et les préposés de la préfecture de police sont chargés de surveiller et assurer l'exécution de la présente ordonnance.

Le préfet de police, GISQUET.

Approuvé:

Le pair de France, ministre du commerce et des travaux publics,

Cte D'ARGOUT.

N° 1429. — *Ordonnance concernant la tenue du marché aux suifs* (1).

Paris, le 5 décembre 1831.

Nous, préfet de police,

Vu 1° les réclamations qui nous ont été adressées par les fondeurs

---

(1) V. l'ord. du 17 juillet 1811.

faisant le commerce de suif en pain et par les fabricants de chandelles relativement à la tenue du marché aux suifs;

2° Les articles 2, 23, 28, 32 et 33 de l'arrêté du gouvernement du 1er juillet 1800 (12 messidor an VIII);

3° L'article 423 du Code pénal;

Considérant qu'il s'est introduit de nombreux abus dans la tenue du marché aux suifs et qu'il importe dans l'intérêt public d'y mettre un terme, en renouvelant ou en modifiant les anciens règlements sur cette branche de commerce;

Ordonnons ce qui suit:

1. Le marché aux suifs continuera d'avoir lieu les mercredis à la halle aux veaux.

2. Le marché aux suifs tiendra depuis une heure jusqu'à trois heures de relevée.

3. L'ouverture et la fermeture du marché seront annoncées au son de la cloche.

4. La vente du suif en pain sera faite sur échantillon.

5. Les fondeurs faisant le commerce de suif en pain seront tenus d'apporter au marché un échantillon de chacune des espèces et qualités de suif qu'ils auront à vendre.

6. Chaque échantillon sera du poids de trois kilogrammes au moins.

Il portera une étiquette indicative du nom du boucher ou fondeur, et des quantités à vendre conformes à l'échantillon.

Les fondeurs qui apporteront plusieurs échantillons seront tenus de les numéroter.

7. Les fondeurs seront tenus de se rendre au bureau du préposé avant l'ouverture du marché et d'y représenter un certificat du préposé de police des abattoirs constatant les quantités de suif qu'ils ont en dépôt dans lesdits abattoirs.

8. Le préposé du marché inscrira les quantités énoncées dans ce certificat, sur un registre à ce destiné.

9. Les fondeurs seront tenus de déclarer au préposé les quantités vendues sur chaque échantillon, et de se faire accompagner des fabricants de chandelles, afin qu'ils confirment l'exactitude de cette déclaration.

Ces déclarations seront inscrites à la suite de celles qui sont prescrites par l'article 8.

10. La mercuriale sera établie par le préposé du marché en présence des fondeurs et des fabricants de chandelles qui voudront assister à cette opération.

Pour obtenir le prix moyen des suifs vendus dans chaque marché, on divisera la somme totale des produits des ventes par la somme totale des quantités vendues.

La mercuriale ne sera établie que sur les ventes fermes. On ne considérera comme telles que celles qui auront été faites pour les quantités de suifs reconnues exister dans les abattoirs, d'après le certificat exigé par l'article 7.

11. Aucune déclaration de vente ne sera reçue après trois heures.

12. Aussitôt après la clôture du marché, le préposé fera retirer tous les échantillons.

13. Il est défendu de mêler, dans la fonte des suifs, des graisses de porc dites flambart, des graisses vertes et en général celles connues dans le commerce sous la dénomination de petits suifs.

En conséquence, l'introduction de toute matière propre à être mélangée avec le suif est expressément interdite dans les abattoirs et fondoirs.

14. Les fondeurs pourront désormais faire peser des suifs, le dimanche, dans les abattoirs, de six heures à dix heures du matin

15. Toutes les dispositions des précédents règlements et ordonnances continueront d'être observées, en tout ce qui n'est pas contraire à la présente ordonnance.

16. La présente ordonnance ne sera exécutoire qu'à partir du 15 de ce mois.

17. Les contraventions seront constatées par des procès-verbaux ou rapports qui nous seront adressés pour être transmis au tribunal compétent.

18. La présente ordonnance sera imprimée, publiée et affichée.

19. Ampliation de la présente ordonnance sera adressée à M. le préfet de la Seine et à M. le directeur de l'octroi.

20. Elle sera notifiée aux syndic et adjoints des bouchers.

Le commissaire, chef de la police municipale, les commissaires de police et notamment celui du quartier du Jardin-du-Roi, les officiers de paix, l'inspecteur général et les inspecteurs généraux adjoints des halles et marchés et les préposés de la préfecture de police sont chargés, chacun en ce qui le concerne, de tenir la main à son exécution.

Le préfet de police, GISQUET.

N° 1430. — *Ordonnance concernant les saltimbanques, chanteurs, avec ou sans instruments, les bateleurs, escamoteurs, baladins, joueurs d'orgues, musiciens ambulants, et faiseurs de tours sur la voie publique.*

Paris, le 14 décembre 1831.

Nous, préfet de police,

Vu la loi des 16—24 août 1790, titre XI, article 3;

Celles des 19—22 juillet 1791;

L'arrêté du gouvernement du 12 messidor an VIII (1er juillet 1800);

Considérant que le stationnement des saltimbanques, sur les places, quais, ponts, rues, boulevards et passages de la capitale, obstrue la voie publique, empêche la libre circulation des piétons et des voitures, nuit aux commerçants en boutique, occasionne des rassemblements nombreux qui ont déjà fréquemment troublé l'ordre, et que des plaintes s'élèvent, chaque jour, contre ces graves inconvénients;

Considérant que ces sortes de professions sont exclusivement placées sous la surveillance de l'autorité municipale, qui peut en permettre ou suspendre l'exercice suivant les besoins de la libre circulation dans les villes,

Ordonnons ce qui suit:

1. Toutes les permissions de saltimbanques, chanteurs, avec ou sans instruments, de bateleurs, escamoteurs, baladins, joueurs d'orgues, musiciens ambulants, et faiseurs de tours sur la voie publique, qui ont été délivrées jusqu'à ce jour par la préfecture de police, sont révoquées et annulées sans exception, à compter du 1er janvier prochain.

2. Tout individu qui, passé cette époque, sera trouvé sur la voie publique, exerçant l'un desdits métiers, sans pouvoir justifier d'une nouvelle permission délivrée par nous, sera conduit devant les officiers de police, pour être interrogé, et poursuivi, s'il y a lieu, devant les tribunaux compétents.

3. A compter du jour de la publication de la présente ordonnance, de nouvelles autorisations pourront être délivrées par le préfet de police, lesquelles ne seront valables qu'à partir du 1er janvier 1832.

4. Ces permissions ne seront accordées que pour les emplacements désignés en l'article suivant, et sauf le retrait, toutes les fois que les besoins de la circulation l'exigeront.

5. Les individus se livrant à l'une des professions ci-dessus mentionnées ne pourront s'arrêter ni stationner dans la ville de Paris, que sur les emplacements dont la désignation suit: savoir:

1° Sur le boulevard de l'Hôpital;
2° A la montagne Sainte-Géneviève, devant le marché des Carmes;
3° A la place Saint-Sulpice, vis-à-vis l'ancien séminaire;
4° Au marché Saint-Germain, rue Clément;
5° A la butte Mont-Parnasse, près la barrière de ce nom;
6° Au carrefour de l'Observatoire, près la grille du Luxembourg;
7° A la place de l'Institut;
8° Au quai d'Orsay, vis-à-vis le quartier de cavalerie;
9° Au carrefour Saint-Benoît;
10° A la rue de Sèvres, près l'Hospice des Ménages;
11° A la place de la Bastille;
12° Quai des Ormes, place des Poudres et Salpêtres;
13° A la place du Marché-Neuf;
14° A la place du Parvis-Notre-Dame;
15° A la rue Saint-Antoine, près le poste Birague;
16° A la barrière du Trône;
17° A la place du marché Popincourt;
18° A la rue de Vendôme;
19° Place Boucherat;
20° Place Royale;
21° Place du Jardin-des-Plantes;
22° Au boulevard Bondi, près le Château-d'Eau, la première allée bordant la chaussée du boulevard exceptée;
23° Au boulevard Bonne-Nouvelle, côté de la rue Hauteville, à partir de l'axe de cette rue, à l'exception des deux premières allées près la chaussée pavée;
24° Au boulevard de la Galiote;
25° Dans les contre-allées des Champs-Élysées, à l'exception des trois allées bordant la grande avenue de Neuilly;
26° Et sur la place de la Madeleine, côté de la rue Tronchet.

6. Il ne sera accordé aucune permission aux saltimbanques ci-dessus dénommés que sur une demande adressée au préfet de police, énonçant le genre d'industrie auquel ils entendront se livrer sur la voie publique et sur la production d'un certificat de bonnes vie et mœurs.

7. Le certificat exigé par l'article précédent sera délivré par le commissaire de police du quartier où le pétitionnaire sera domicilié, d'après la déclaration de deux pères de famille imposés au rôle de patentes, rendant un bon témoignage de la conduite du pétitionnaire et sous la responsabilité de ces témoins. (*Art. 2 de la loi du 22 juil.* 1791.)

8. Tous les individus de l'une des professions ci-dessus mentionnées ne pourront exercer sur les emplacements indiqués par l'article 5, d'autre industrie que celle spécifiée dans les permissions qui leur auront été délivrées, ni stationner sur d'autres points que ceux qui y seront indiqués.

9. La prohibition résultant de l'article précédent n'est pas applicable aux joueurs d'orgues, lesquels pourront circuler en tous temps, et jusqu'à dix heures de la nuit, dans les rues de la capitale, sans déroger néanmoins aux dispositions de la présente ordonnance relative aux chanteurs, dans le cas où les joueurs d'orgues cumuleraient les deux professions.

10. Les saltimbanques et baladins, chanteurs et autres, dont la nomenclature précède, ne pourront s'établir sur les emplacements indiqués par l'article 5 de la présente ordonnance, avant huit heures du matin, et seront tenus de les quitter avant six heures du soir, depuis le 1er octobre jusqu'au 1er avril, et avant neuf heures du soir, du 1er avril au 1er octobre.

11. Défense expresse leur est faite de rassembler les passants au son de la caisse, de la trompette ou de tout autre instrument bruyant, et d'annoncer leurs exercices par des détonations d'armes à feu.

12. Défense leur est pareillement faite de tirer les cartes, de dire la bonne aventure, de deviner, pronostiquer, interpréter ou expliquer les songes, et de promener dans Paris des animaux dangereux ou malfaisants.

13. Les individus de l'une des professions ci-dessus mentionnées devront toujours, lorsqu'ils exécuteront leur industrie en public, porter ostensiblement une médaille contenant le numéro de leur permission, avec leur nom et celui de leur profession.

14. Tout saltimbanque, joueur d'instruments, chanteur, faiseur de tours ou baladin sera tenu, à la première réquisition des agents de l'autorité, de cesser de jouer, chanter, et d'exercer son industrie dans les lieux publics où l'injonction lui en sera faite; comme aussi d'exhiber en tout temps, aux officiers de police, la permission qu'il aura obtenue.

15. En cas de contravention à l'une des dispositions qui précèdent, les contrevenants pourront être conduits devant les commissaires de police les plus voisins et renvoyés, s'il y a lieu, à la préfecture de police, pour être, suivant les circonstances, privés, soit temporairement, soit définitivement, de leurs permissions, sans préjudice des poursuites à exercer devant les tribunaux.

16. Tout écrit destiné à être chanté, récité ou distribué sur la voie publique, devra être préalablement déposé chez un commissaire de police, conformément aux dispositions de la loi du 10 décembre 1830 et de l'ordonnance de police du 9 avril 1831.

Dispositions générales.

17. Les permissions qui seront délivrées, en conformité de la présente ordonnance, désigneront les emplacements, sur lesquels il sera permis aux saltimbanques et autres individus exerçant des professions analogues, de stationner. Elles ne seront valables que pour un an, et renouvelées, s'il y a lieu, à la préfecture de police.

18. A l'exception du préfet de police, nul agent de la police administrative ne pourra, sous aucun prétexte, délivrer aucune autorisation de saltimbanque, ni tolérer l'exercice de cette industrie.

19. Les commissaires de police, le commissaire chef de la police municipale, les officiers de paix et les préposés de la préfecture de police sont chargés, chacun en ce qui le concerne, d'assurer l'exécution de la présente ordonnance qui sera imprimée, affichée et publiée dans Paris.

Ils rédigeront procès-verbal et feront rapport de toutes les contraventions, opéreront la saisie des imprimés et chansons contraires à la morale, et arrêteront tout chanteur qui distribuerait ou vendrait dans les lieux publics des écrits, sans avoir rempli les formalités exigées par la loi du 10 décembre 1830. (Art. 3.)

Le colonel de la garde municipale de Paris, les commandants de la garde nationale et des autres corps militaires sont requis de leur prêter main-forte au besoin.

Le préfet de police, GISQUET.

N° **1431.** — *Ordonnance concernant les crieurs publics d'écrits imprimés* (1).

Paris, le 27 décembre 1831.

Nous, préfet de police,

Vu 1° le paragraphe 2 de l'article 3, du titre XI, de la loi des 16—24 août 1790;

2° Le numéro 8 de l'article 479 du Code pénal;

3° Les articles 25 et 27 de l'arrêté du gouvernement du 12 messidor an VIII (1er juillet 1800), qui nous charge de la surveillance des colporteurs;

4° Et les dispositions de la loi du 10 décembre 1830 relatives aux crieurs publics d'écrits imprimés;

Considérant qu'en déclarant libre la profession de crieur d'écrit imprimé le législateur n'a pas exempté ceux qui l'exercent de l'obligation de se conformer aux mesures de police qui garantissent l'ordre public;

Considérant que les lois susdatées confèrent au préfet de police, le droit de veiller sur toutes les professions qui exploitent la voie publique, afin que la tranquillité des habitants ne soit pas troublée;

Considérant qu'un grand nombre de crieurs sont dans l'habitude d'annoncer les écrits colportés par eux sous des titres détaillés, ce qui est contraire à la loi, et qu'en outre ils font ce colportage à des heures indues, en proférant des cris qui troublent le repos des citoyens et occasionnent parfois des rassemblements nuisibles à la circulation,

Ordonnons ce qui suit:

1. Les écrits destinés au colportage sur la voie publique ne devant pas être criés sous des titres ou sommaires détaillés, défense expresse est faite à tout crieur de les annoncer autrement que par le simple énoncé du titre général mis en tête de ces écrits.

2. Le colportage et l'annonce, sur la voie publique, des écrits imprimés, ne pourront avoir lieu dans Paris, du 1er avril au 1er octobre, avant huit heures du matin et après huit heures du soir, et du 1er octobre au 1er avril, avant neuf heures du matin et après six heures du soir.

3. Les contraventions aux dispositions de la présente ordonnance seront constatées par des procès-verbaux ou rapports, et poursuivies conformément aux lois.

4. Les ordonnances de police des 12 décembre 1830, 9 avril et 20 juin 1831, concernant l'exercice et la profession de crieurs sont maintenues et continueront à recevoir leur exécution, en tant qu'elles ne sont pas contraires aux dispositions ci-dessus.

5. La présente ordonnance sera imprimée et affichée dans Paris.

Les commissaires de police, le chef de la police municipale, les officiers de paix et les préposés de la préfecture de police sont chargés, chacun en ce qui le concerne, d'en assurer l'exécution, de rédiger les procès-verbaux et rapports de toutes les contraventions, d'opérer la saisie des imprimés contraires aux lois, et d'arrêter les crieurs qui se rendraient coupables de délits prévus par la loi du 10 décembre 1830, pour les faire traduire devant les tribunaux compétents.

Le colonel de la garde municipale de la ville de Paris, les commandants de la garde nationale et des autres corps militaires sont requis de leur prêter main-forte au besoin.

Le préfet de police, GISQUET.

---

(1) V. les ord. des 19 oct. 1833, 22 fév. 1834 et 19 oct. 1839.

FIN DU SECOND VOLUME.

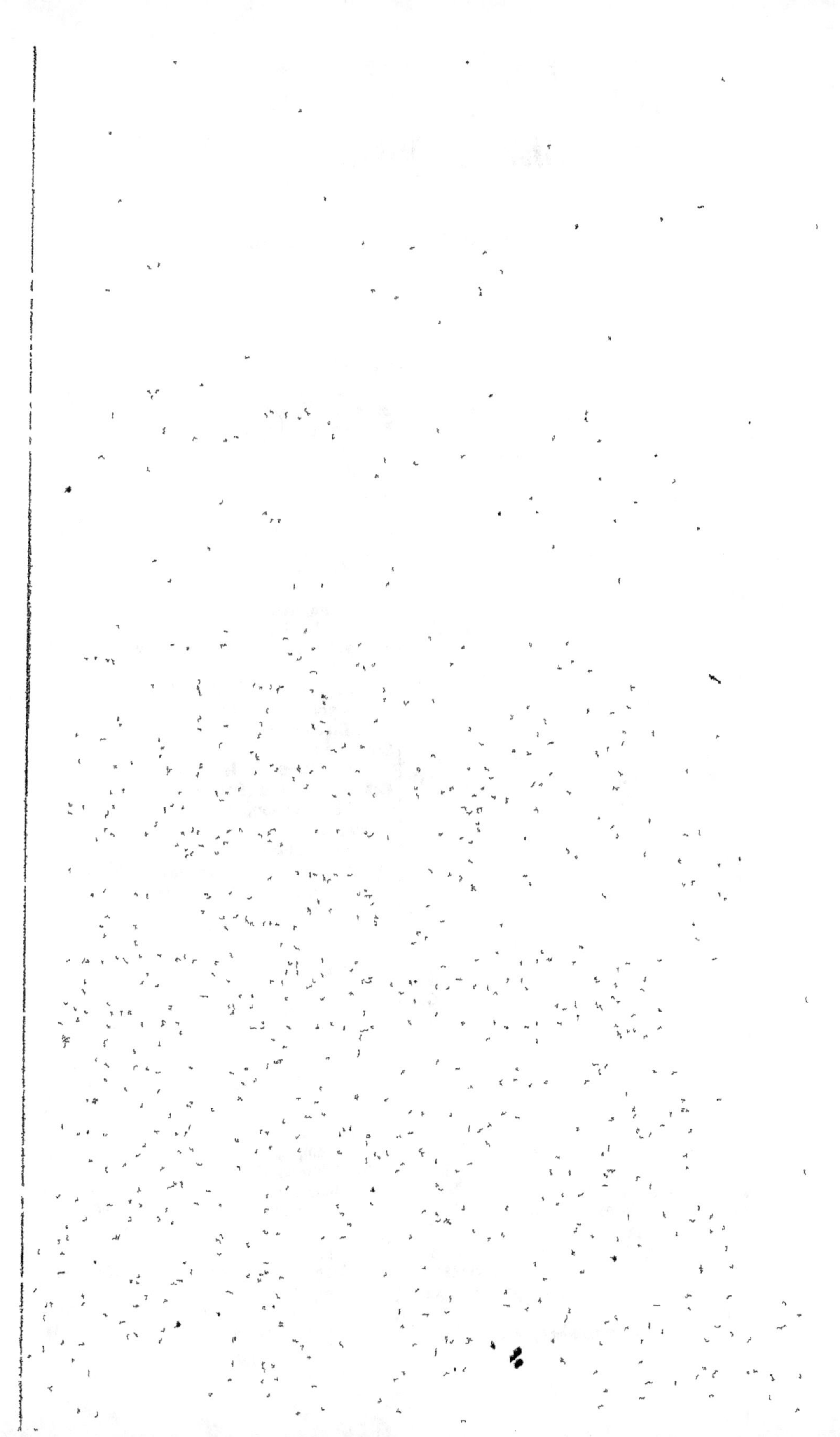

TABLE ALPHABÉTIQUE

DES

MATIÈRES CONTENUES DANS LE SECOND VOLUME.

C.

D

E

FIN DE LA TABLE.